**Die Bonus-Seite**

Ihr Vorteil als Käufer dieses Buches

Auf der Bonus-Webseite zu diesem Buch finden Sie zusätzliche Informationen und Services. Dazu gehört auch ein kostenloser **Testzugang** zur Online-Fassung Ihres Buches. Und der besondere Vorteil: Wenn Sie Ihr **Online-Buch** auch weiterhin nutzen wollen, erhalten Sie den vollen Zugang zum **Vorzugspreis**.

So nutzen Sie Ihren Vorteil

Halten Sie den unten abgedruckten Zugangscode bereit und gehen Sie auf **www.galileodesign.de**. Dort finden Sie den Kasten **Die Bonus-Seite für Buchkäufer**. Klicken Sie auf **Zur Bonus-Seite/Buch registrieren**, und geben Sie Ihren **Zugangscode** ein. Schon stehen Ihnen die Bonus-Angebote zur Verfügung.

Ihr persönlicher
Zugangscode   dv6z-hfeu-2m4c-7a95

Hans Peter Schneeberger
Robert Feix

Adobe InDesign CS4

Das umfassende Handbuch

Galileo Press

Liebe Leserin, lieber Leser,

vielleicht kennen Sie die beiden Autoren ja schon: Hans Peter Schneeberger und Robert Feix haben über viele Jahre ihren Bestseller »Adobe InDesign verständlich erklärt« bei Galileo Design veröffentlicht. Und wenn Sie dieses Werk kennen, erinnern Sie sich sicher, dass es vor Informationen und Hintergrundwissen geradezu überquoll. Nun haben wir den Autoren endlich mehr Platz und mehr Seiten gegeben. Das Ergebnis halten Sie gerade in den Händen: 950 Seiten geballtes Profiwissen zu Adobe InDesign CS4!

Das Buch behandelt alle Aspekte der Software, so dass Sie bei einer Frage rund um Ihr Layoutprogramm nur zu diesem Handbuch greifen müssen, um Hilfe zu finden. Dabei verstehen es die Autoren, auch schwierige Themen klar verständlich und leicht zugänglich zu vermitteln. Durch zahlreiche Schritt-für-Schritt-Anleitungen finden besonders Einsteiger praktische Hilfen, aber auch Fortgeschrittene und Umsteiger von QuarkXPress kommen nicht zu kurz: In der Seitenspalte geben die Autoren viele weiterführende Tipps und Hinweise, die Ihnen die Arbeit mit InDesign CS4 noch weiter erleichtern.

Besonders praktisch ist auch die Referenzkarte zum Buch, auf der die wichtigsten Tastaturbefehle handlich aufbereitet wurden. Auf der DVD haben wir für Sie Demoversionen hilfreicher Plugins und weiterführende Informationen zum Skripten mit InDesign CS4 gesammelt. Über 1 Stunde kostenlose Video-Lektionen runden das Gesamtpaket ab.

Und wem das noch nicht reicht, der findet auf der Website zum Buch weitere Informationen zu den Themen InCopy, Version Cue und Adobe Bridge: *http://www.galileodesign.de/1885*. Einfach auf »BuchUpdates« klicken und den Buch-Code von der vorderen Innenklappe eingeben, schon stehen Ihnen die PDFs zur Verfügung.

Nun bleibt mir nur noch, Ihnen viel Spaß mit diesem Buch zu wünschen. Ich hoffe, dass es seinen festen Platz neben Ihrem Rechner findet und Ihnen stets weiterhelfen wird!

Katharina Geißler
Lektorat Galileo Design

katharina.geissler@galileo-presss.de
www.galileodesign.de
Galileo Press · Rheinwerkallee 4 · 53227 Bonn

Auf einen Blick

Inhalt

Video-Lektionen

Die Video-Lektionen wurden dem Video-Training »Adobe InDesign CS4 – Layouts entwerfen und gestalten«, von Andreas Kuhn (ISBN 978-3-8362-1277-9) entnommen.

Kapitel 1: Grundlagen und Anpassungen
1.1 Arbeitsbereiche anpassen & speichern (02:02 min)
1.2 Lineale und Hilfslinien (07:56 min)
1.3 Ansichten steuern (04:01 min)

Kapitel 2: Professionell gestalten
2.1 Inhalte platzieren und anpassen (09:24 min)
2.2 Transparenzeffekte (09:03 min)
2.3 Erneut transformieren (08:33 min)

Kapitel 3: Perfekt ausgeben
3.1 InDesign-Farbmanagement (07:08 min)
3.2 Suchen und Ersetzen (08:17 min)
3.3 Dokumente überprüfen (09:33 min)

Workshops

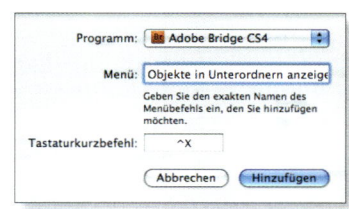

Bilder und Grafiken platzieren

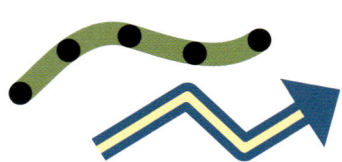

Pfade und Vektoren

Games Academy Hinweistext für einen schönen
Link oder Tipp. Das Schlagwort wird durch ein
verschachteltes Absatzformat und dem Trennzeichen eines geschützten Leerzeichens abgebildet.

Farben

DIN-16518:

I. Venezianische Renaissance-Antiqua
II. Französische Renaissance-Antiqua
III. Barock-Antiqua
IV. Klassizistische Antiqua
V. Serifenbetonte Linear-Antiqua
VI. Serifenlose Linear-Antiqua
VII. Antiqua-Varianten
VIII. Schreibschriften
IX. Handschriftliche Antiqua
X. Gebrochene Schriften
XI. Gotisch
XII. Rundgotisch
XIII. Schwabacher
XIV. Fraktur
XV. Fraktur-Varianten
XVI. Fremde Schriften

Typografie

Textformatierung

Aktive Auszeichnung:
Eine Auszeichnung, die
sich stark aus dem um-
gebenden Text abhebt, z. B.
»fett« oder »unterstrichen«.

Text suchen und korrigieren

Tabellen

Layout

Text verwalten

Text verwalten lassen

Ausgabehilfen

Preflight

Prüfung bei Übernahme von Dokumenten nach InDesign

Lösung von Schriftproblemen

Datum	Kurs	Umsatz
31.12.2008	21,29	4.066.956
30.12.2008	21,05	4.907.810
29.12.2008	20,52	4.958.967
26.12.2008	21,08	1.942.611
24.12.2008	21,13	1.426.616
23.12.2008	20,97	4.394.487
22.12.2008	21,11	5.273.008

Supertramp

Crime of the Century

LP/CD

Once upon a time in 1969, a young Dutch millionaire by the name of Stanley August Miesegaes gave his acquaintance, vocalist and keyboardist Rick Davies, a »genuine opportunity« to form his own band. After placing an ad in Melody Maker, Davies assembled Supertramp. Supertramp released two long-winded progressive rock albums before Miesegaes withdrew his support. With no money or fan base to speak of, the band was forced to redesign their sound. Coming up with a more pop-oriented form of progressive rock, the band had a hit with their third album, Crime of the Century.

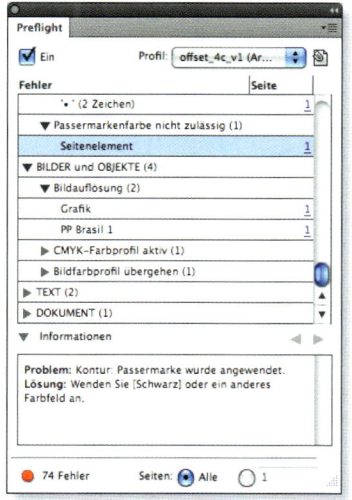

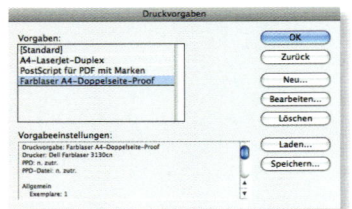

Verpacken

Drucken

Interaktive Dokumente

Vorwort

InDesign liegt nun in Version 6 vor und unser Buch in Version 4. Sowohl Adobe als auch wir haben mit jeder Version kräftig zugelegt. Wir hoffen, dass Sie unser Buch hilfreich finden und dass sowohl Einsteiger als auch Umsteiger von anderen Programmen sowie Aufsteiger von früheren InDesign-Versionen hier finden, was sie benötigen.

Bitte beachten Sie: InDesign unter Windows unterscheidet sich kaum von InDesign unter Mac OS – die Darstellungsmethoden haben sich in Version 6 sogar noch mehr angenähert. Sollten Bezeichnungen oder Tastenkürzel doch unterschiedlich sein, so führen wir beide Bezeichnungen auf und nennen dabei die Windows-Version zuerst. Da eingeschworene Mac-User oft noch die Verwendung der rechten Maustaste verweigern oder an Laptops arbeiten, wo die rechte Maustaste noch nicht abgebildet ist, drücken Sie zum Aufruf des Kontextmenüs die Taste ⌈ctrl⌉ und machen einen Mausklick auf das gewünschte Objekt.

Danke

Den Menschen im Hintergrund, die zur Vollendung dieses Buchs beigetragen haben, sei an dieser Stelle besonderer Dank ausgesprochen. Dieser Dank gilt in erster Linie unseren Familienmitgliedern, die das notwendige Verständnis für die mangelnde Zeit aufgebracht haben, dem Verlag und hier speziell Katharina Geißler für die professionelle Zusammenarbeit.

Viele Beispiele aus dem Buch stammen aus Projekten, die wir in der Praxis mit Firmen gemeinsam umgesetzt haben. Besonderer Dank gilt dabei den Firmen typoplus (Bozen, IT), dem Print-Zeitungsverlag (Innsbruck, AUT) und dem News-Verlag (Wien, AUT).

Spezieller Dank gilt auch den Personen Mag. Eva-Maria Mair und den Schülern des MultiAugustinum (St. Margarethen, Salzburg, AUT) und den Schülern der Abteilung Grafik- und Kommunikationsdesign an der HTL1 Bau und Design (Linz, AUT) für das Überlassen der Bildrechte.

Hans Peter Schneeberger & Robert Feix

1 Das Wunderwerk(spiel)zeug InDesign CS4

Wenn Sie dieses Buch vor sich haben und dabei fast 3 kg Papier in den Händen halten, so schießt jedem Leser der Gedanke durch den Kopf: »Und das alles soll ich wissen? Ich will doch nur einen Flyer machen!«. Wir können Ihnen auch unsere Gedanken verraten: »Und wie sollen wir all das, was das Programm an Funktionen kann, auf 950 Seiten verpacken, so dass der Leser, der etwas Bestimmtes sucht, dies auch findet, und ein ›Neuling‹ das Programm von der Pike auf strukturiert erlernen kann?«

Dieser Herausforderung haben wir uns gestellt und unser bisheriges Standardwerk »Adobe InDesign CS3 verständlich erklärt« vollkommen neu strukturiert, mit Beispielen aus der Praxis angereichert und alle Neuerungen aus InDesign CS4 und die damit verbundenen geänderten Arbeitsweisen eingearbeitet.

1.1 Die Entwicklung von InDesign

Die kreativen Wünsche und die geänderten Arbeitsweisen in der Grafik- und Druckvorstufenszene haben Spuren bei Adobe hinterlassen und unter anderem dazu geführt, dass InDesign im Laufe seiner Geschichte an Funktionalität stark zugenommen hat. Diese Vielfalt an Möglichkeiten verschafft den Kreativen ungeahnte Möglichkeiten und der Druckvorstufe die eine oder andere unerklärliche Überraschung in der Ausgabe.

Nicht nur die kreativen Möglichkeiten begeistert die Anwender sondern immer mehr jene Funktionen, die einerseits gewohnte Arbeitsweisen zur Gänze auf den Kopf stellen und andererseits Automatismen, die eine gestraffte und somit kosteneffiziente Arbeitsweise, ermöglichen.

1.1.1 Flash rückt in den Vordergrund

Neben PDF ist Adobe mit der Übernahme von Macromedia auch im Besitz von Flash. Mit der Vorstellung der Creative Suite 4 hat Adobe die Hausaufgaben hinsichtlich der Integration gemacht.

Auch für die Vorversionen geeignet

Sie können in diesem Buch nicht nur die neuesten Funktionen nachschlagen, sondern Sie werden darin allgemeine Informationen zum Arbeiten mit Adobe InDesign, die auch für frühere Versionen von InDesign gelten, finden.

Um eine klare Abgrenzung zwischen den Versionen zu machen, haben wir explizit bei der Beschreibung der Funktion im Text darauf hingewiesen, ab welcher Version diese Funktion zur Verfügung stand, und wie Arbeitsweisen zu dieser Funktion in früheren Versionen zu begegnen ist.

InDesign ist kein Flash-Erstellungswerkzeug

Während QuarkXPress 8-Anwender mit XPress kleine Flash-Anwendungen erstellen können, ist InDesign ein Layoutwerkzeug, mit dem Inhalte über das neue XFL-Format mit Flash ausgetauscht werden können.

Sowohl Bridge CS4 – die Ausgabe einer Bildergalerie als SWF-Datei – aber auch besonders InDesign CS4 – der Export von InDesign-Dokumenten in SWF bzw. in das neue Flash-Austauschformat XFL – lassen viele Anwender staunen. Die Begeisterung in der Branche ist groß, die Umsetzung hinkt jedoch in manchen Arbeitsweisen.

Mehr über InCopy

Mehr über InCopy erfahren Sie in Kapitel E, »InCopy«, das Sie im Downloadbereich zu diesem Buch auf dem Galileo-Server finden.

Zusammenarbeit mit InCopy | In den letzten Jahren entschieden sich immer mehr große, aber auch kleine Verlage, ihre Monats-, Wochen- oder Tagesproduktionen auf InDesign umzustellen. Diese Entscheidungen sind auf Grund der Unterstützung von Standards wie PDF, XML und Flash, aber auch wegen eines kleinen Programmes mit dem Namen InCopy gefallen. InCopy stellt sozusagen die kleine Schwester von InDesign dar und ist das Werkzeug für »Schreiberlinge«, die sich ausschließlich auf den Text und nicht auf das Layout konzentrieren sollen.

Die Zusammenarbeit der Programme erweist sich als Segen auch für kleine Redaktionen, in denen bislang gar kein Redaktionssystem eingesetzt wurde und der Datenaustausch grundsätzlich über QuarkXPress und Word als Texteditor stattfand. Über das Netzwerk oder über Mail können somit Daten zwischen Redaktionen ausgetauscht werden, wobei gleichzeitig mehrere Personen – Redakteure und ein Layouter – an einer Datei arbeiten können.

Dieser sehr wichtigen Komponente wird deshalb in diesem Buch ein eigenes Kapitel gewidmet. Obwohl darüber ein eigenes Buch geschrieben werden kann, haben wir dennoch versucht, in kurzen Worten den möglichen Prozess zu beschreiben und die wichtigsten Funktionen von InCopy hervorzuheben.

1.1.2 Rüstzeug für die Zukunft

Die technologischen Bausteine von InDesign – PDF, XML, Flash, Unicode – haben sich bewährt und werden in zukünftigen Arbeitsweisen immer öfter zu berücksichtigen sein.

Adobe hat es teilweise sehr gut geschafft, diese Technologien so gut zu verpacken, dass der Anwender sich nicht mit der Technologie an sich auseinandersetzen muss, sondern sich auf die Lösung des Problems konzentrieren kann. Adobe hat mit Transparenzen zwar jene kreative Freiheit in den Markt gebracht, den Kunden – speziell die Druckvorstufe – dadurch jedoch in eine gewisse Abhängigkeit zu Adobe gebracht, da Adobe die einzig funktionierende Lösung, die eine Transparenzreduzierung ermöglicht, besitzt.

Die unklaren Punkte, die sich aus den diversen Arbeitsweisen und Technologien ergeben, haben wir für Sie in diesem Buch aufgearbeitet. So schützen ISO-Standards wie PDF/X jedoch nicht vor Fehlern in der Erstellung. Wir werden Ihnen zeigen, wie Sie eine fehlerfreiere Dokumentenerstellung bewerkstelligen können und somit die ISO-Standards für die PDF-Erstellung auch richtig umsetzen.

1.2 Die Creative Suite 4 Design Standard und Premium

Mit der Einführung der Creative-Suite-Pakete im Jahre 2004 hat Adobe sein Engagement nicht nur auf die Weiterentwicklung der einzelnen Softwarekomponenten konzentriert, sondern eine gesamte Plattform angeboten, die eine »verschmolzenere« Arbeitsweise zwischen Pixel, Vektor, Text, Layout und PDF ermöglicht. Dabei werden die einzelnen Programme über die Adobe Bridge und über VersionCue miteinander verbunden. Das hat auch Konsequenzen für die Softwarelizenz-Modelle.

Die Softwarelizenz zur Adobe Creative Suite ist eine Paketlizenz. Updates können somit nur auf das Gesamtpaket erworben werden. Einzelne Produkte daraus können nicht upgedatet werden. Darüber hinaus ist es nicht zulässig, einzelne Programme auf verschiedenen Arbeitsstationen zu installieren, selbst wenn sie auch tatsächlich kein zweites Mal installiert werden.

Bridge CS4 | Bridge ist die Schaltzentrale der Creative Suite, über die Gleichschaltungen zwischen den Einzelapplikationen erfolgen können. Bridge CS4 ist keine Einzelapplikation, was bedeutet, dass dieses Programm nur in Verbindung mit einer Applikation aus der Creative Suite installiert werden kann.

VersionCue | VersionCue ist eine Servertechnologie, mit der es ermöglicht wird, ein InDesign-Projekt verteilt auf mehrere Arbeitsplätze in gemischten Netzwerken mit PCs und Macs zu bearbeiten. Ist VersionCue installiert, können Sie auf Ihrem Arbeitsplatz ein Projekt anlegen und im Netzwerk bestimmten Anwendern gezielte Tätigkeiten (Dateien) zuweisen.

1.2.1 Änderungen zur Creative Suite 3
Die Konfigurationen der verschiedenen Suites sind im Vergleich zu CS3 fast identisch geblieben. Während es bei der **Creative Suite Design Standard** keine Änderung hinsichtlich des Programmumfangs gab, wurde bei der **Design Premium** bei CS4 noch Fireworks CS4 dazugepackt.

Mehr über Bridge

Mehr über Bridge erfahren Sie in Kapitel D, »Adobe Bridge«, das sich im Downloadbereich zu diesem Buch auf dem Galileo-Server befindet.

Mehr über VersionCue

Mehr über VersionCue erfahren Sie Sie in Kapitel F, »Version-Cue«, das sich im Downloadbereich zu diesem Buch auf dem Galileo-Server befindet.

1.3   Design, Layout und Produktion heute

Ein gutes Layout zur Aufbereitung visueller Informationen wird nicht von einer Software gemacht, sondern glücklicherweise von Ihnen, den Grafikern und Gestaltern am Bildschirm. Dabei – so hat es Jan Tschichold betont – ist eine gute typografische Gestaltung immer daran erkennbar, dass sie sich nicht dem Betrachter aufdrängt, also den Inhalt unterstützt und nicht mit ihm konkurriert. Ein Layout und auch die Schrift ist immer der Träger der Information, sie gleicht einem Schauspieler. Das Publikum wird durch eine überzeugende Verkörperung fasziniert.

Die klassische Auffassung von Design ist heute wieder aktueller denn je, da wir in einer Bilderwelt leben, in der sich Trends und Styles einen sehr hohen Wert anmaßen – oft einen höheren, als der mit ihnen codierte Inhalt wirklich bietet. Hinzu kommen Geschwindigkeit und Verbreitung. Während früher zwischen der Erfassung von Informationen und der Veröffentlichung mehrere Arbeitsschritte und Personen aufgrund der analogen Technologien nötig waren, vergehen heute nur noch wenige Stunden, um die einzelnen Kommunikationskanäle zu bedienen. Ein Bild ist digital in wenigen Sekunden aufgenommen, in ebenso kurzer Zeit auf den Computer überspielt und durch automatische Funktionen druckfertig korrigiert worden. Das Layout kann, abgesehen vom Design, ebenfalls schnell erstellt und für die verschiedenen Kommunikationskanäle in sehr wenigen Schritten aufbereitet werden.

Veränderung in der Typografie | Die typografische Gestaltung hat durch die digitale Technik ein vollkommen verändertes Gesicht erhalten. Während die Zeiten des Bleisatzes rückblickend nostalgisch verklärt werden, kann niemand leugnen, dass heutige digitale Werkzeuge die typografischen Möglichkeiten des Bleisatzes längst übertroffen haben.

Der Einsatz von mikro- und makrotypografischen Möglichkeiten schafft eine ungeahnte Vielfalt, so dass dadurch einerseits sehr experimentell gearbeitet und andererseits dem »modernen« Design die notwendige Note für die Interpretation des Textes in sehr vereinfachter Form verliehen werden kann.

Veränderung in der Gestaltung | Neue Werkzeuge stellen neue Möglichkeiten zur Verfügung. Damit verändern neue Werkzeuge auch die Gestaltung, eine Tatsache, der sich Typografen und Designer stellen müssen. Der Anspruch der Designer sollte deshalb stets sein, dass das Gestaltungsrepertoire nicht durch die Software bestimmt wird, sondern vielmehr die Software dem Designer

Möglichkeiten zur Verfügung stellt, damit er kreative Ideen ohne großen Zusatz- und Kostenaufwand umsetzen kann.

Veränderung der Berufsbilder in der Druckvorstufe | Waren früher die klassischen Berufsbilder des Typografen, des Reprografen und des Layouters bzw. Personen in der Montage für den reibungslosen Ablauf bis zur Erstellung der Druckplatten verantwortlich, so muss heute das gesamte Repertoire an Arbeiten der Einzelbereiche oft in einer Person vereint werden. Das Berufsbild des Druckformenherstellers wurde geschaffen und damit ein Arbeitsumfeld definiert, das, so wie wir es in der Praxis immer wieder erfahren müssen, in nur sehr wenigen Fällen auch gelebt und verstanden werden kann.

Veränderte Kommunikationskanäle | Ob Print, Web, Multimedia oder nur Mobile, dieselben Inhalte müssen möglichst rasch in verschiedene Kommunikationskanälen getragen werden. Ist ja ganz einfach, oder? Man schafft wieder ein Berufsbild – den Mediendesigner, der in nur drei Jahren das verstehen soll, was der Grafiker, der Druckvorstufentechniker, der Webdesigner, der 3D-Spezialist und der Videocutter- und Soundmischer Tag für Tag in der Praxis als Vollzeitbeschäftigter erledigen.

Natürlich müssen heutzutage Inhalte auf verschiedenen »Plattformen« den möglichen Kunden erreichen. Die Vielfalt der Möglichkeiten ist dabei schier unendlich. Verschiedene Berufsbilder versuchen dabei, diesen fast unmöglichen Aufwand zu bewältigen, und schreien nach Werkzeugen, die ihnen das Leben zumindest erleichtern.

1.4   Warum dieses Buch?

InDesign wurde entwickelt, um genau diesen Anforderungen gerecht zu werden. InDesign deckt dabei Anwendungsbereiche von der Kreation und der Produktion bis hin zur Aufbereitung der Daten für die Übernahme auf anderen Kommunikationskanäle ab.

Adobe hat mit InDesign ein sehr mächtiges Werkzeug entwickelt. Die Mächtigkeit des Programms ist auch gleichzeitig sein größtes Manko. Aus dieser Sichtweise könnte man ein InDesign-Buch für Kreative und Künstler, für Reinzeichner und Datenprüfer, für Druckvorstufenprofis und Druckformenhersteller, für Ersteller von Katalogen, die aus Datenbanken automatisiert befüllt werden sollen, oder für Präsentatoren schreiben. Diese Liste ließe sich noch lange fortsetzen.

1.4.1 Was Sie erwartet

Auch wir Autoren sind nur Menschen. Auch wir haben unser Fachwissen in einigen Bereichen, doch nicht in allen. Deshalb haben wir den großen Bogen spannen und Informationen aus verschiedenen Bereichen zusammentragen und diese so aufbereiten müssen, dass jeder Leser für seinen Bereich die notwendigen Hinweise findet.

Diese Buch liefert Ihnen Grundlagenwissen im Bereich der Technik, der Typografie, des Satzes, des Layouts und der Produktion von Daten speziell für den Printbereich, Programmkenntnisse zum Handling der Werkzeuge, Anleitungen für die Umsetzung von grafischen Vorhaben, Rezepte für das Umsetzen von Standards und Konzepte für Arbeitsweisen in der klassischen Printindustrie. Bereiche wie Web, Mobile, Präsentation usw. werden in Form von Beispielen beschrieben, und technisches Hintergrundwissen wird durch die Glossare und Informationskästen zum besseren Verständnis untermauert.

1.4.2 Was Sie hier dennoch nicht finden

Wie Sie das Programm anwenden, um Effekte, Grafiken und Layouts zu erstellen, das vermitteln wir in diesem Buch. Wenn Sie erwarten, dass Sie kreative Tipps und gestalterische Highlights darin finden, dann ist das Buch nicht die richtige Adresse. Unser Ansatz ist die technische Implementierung von Arbeitsabläufen und Prozessen. Die künstlerischen und gestalterischen Aufgaben sind nicht zentraler Punkt der Betrachtung, auch wenn wir uns eine böse Meldung nicht immer verkneifen können.

TEIL I
Grundlagen

KAPITEL 2

2 Das bietet die Version CS4

Wer schon bislang mit InDesign gearbeitet hat, sollte sich beim Umstieg den notwendigen Überblick verschaffen, was neu in der Creative Suite 4 und speziell in InDesign CS4 ist. Schon oft ist man dabei auf Sachen gekommen, die man immer vermisst hat, und schon öfter ist dem einen oder anderen dabei ein Aha-Effekt zu entlocken gewesen.

2.1 Neu in InDesign CS4

Wenn Sie sich selbst einen Überblick über alle neuen oder geänderten Werkzeuge verschaffen wollen, so starten Sie das Programm InDesign CS4 und wählen im Menü FENSTER • ARBEITSBEREICH • [NEUERUNGEN] aus. Dabei blendet InDesign nur jene Bedienfelder, die eine Änderung in CS4 erfahren haben, ein und hebt mit hellblauer Unterlegung alle wichtigen Änderungen in den Menüs hervor. Viel Spaß bei der Entdeckungsreise! Wenn Sie jedoch eher Schritt für Schritt vorgehen wollen, so lesen Sie hier aufmerksam weiter.

2.1.1 Änderungen im Interface

In jeder neuen Creative Suite ist es schon fast traditionell, dass Anpassungen an der Oberfläche stattfinden müssen. Wo sind die Zeiten, als Quark noch mit einer Oberfläche Jahrzehnte auskam? Die Änderungen in der Oberfläche beschränken sich nicht nur auf die Aussage »Aus rund wird eckig«, sondern mit CS4 wurden essentielle Umstellungen, speziell für Macintosh-Anwender, eingearbeitet, und erstmals wurde auch dieses Konzept über alle Anwendungen der Design-Suiten hinweg gleichgeschaltet. Die Neuerungen im Einzelnen sind:

Verbesserungen bei den Arbeitsbereichen | Durch das Erstellen von Arbeitsbereichen können aufgabenorientiert Bedienfeldanordnungen eingerichtet und kann schnell zwischen diesen hin und her geschaltet werden. Neu in CS4 ist, dass Sie den eingerichteten Arbeitsbereich im Verlauf einer Produktion anpassen – er wird

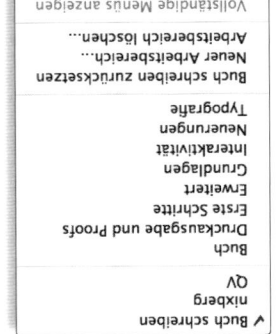

✓ Buch schreiben
nixberg
QV
Buch
Druckausgabe und Proofs
Erste Schritte
Erweitert
Grundlagen
Interaktivität
Neuerungen
Typografie
Buch schreiben zurücksetzen
Neuer Arbeitsbereich...
Arbeitsbereich löschen...
Vollständige Menüs anzeigen

◄ **Abbildung 2.1**
Das ARBEITSBEREICH-Menü aus der neuen Anwendungsleiste von InDesign CS4

auch in einer eigenen Datei gespeichert – und jederzeit den gespeicherten ARBEITSBEREICH ZURÜCKSETZEN können.

Anwendungsleiste | Die neue Steuerungsschaltfläche unterhalb der Menüleiste bei Mac OS X – unter Windows sind die Funktionen in der Menüleiste untergebracht – zeigt immer den gewählten Arbeitsbereich und ermöglicht einen schnellen Wechsel zwischen diesen. Darüber hinaus können Sie damit die Ansicht eines Dokuments ändern, eine Suche durchführen oder rasch auf Elemente wie Adobe Bridge CS4 zugreifen.

▲ **Abbildung 2.2**
Die Anwendungsleiste unter Mac OS X aus InDesign CS4

Die Anwendungsleiste ist in allen Programmen der Design-Suite vorhanden und kann unter Mac OS X über das Menü FENSTER • ANWENDUNGSLEISTE aus- bzw. eingeblendet werden. Wir empfehlen, die Anwendungsleiste immer aktiv zu halten, da diese Funktionen unter Windows ebenfalls permanent zur Verfügung stehen.

Anzeigen von mehreren Seiten | Über die Schaltfläche ▣ in der Anwendungsleiste (Mac OS X) bzw. in der Menüleiste unter Windows können Sie mehrere Dokumente zur Ansicht nebeneinander, untereinander oder nach Ihren eigenen Wünschen in einem einzigen Dokumentfenster anordnen, so dass Sie Inhalte vergleichen und Objekte aus einem Dokument in ein anderes ziehen können.

Anwendungsrahmen | Mac OS-Anwender haben nun die Möglichkeit – wie es Windows-Anwender eigentlich nur kennen –, mit Dokumenten und Bedienfeldern in einem einzigen Fenster zu arbeiten. Damit können Sie in einem Aufwasch das Fenster verschieben oder seine Größe ändern, ohne dabei den Zugriff auf Bedienfelder oder andere geöffnete Dokumente zu verlieren.

Damit hat Adobe die Möglichkeit einer Gleichschaltung zwischen Mac OS X und Windows geschaffen. Selbst für uns eingefleischte Mac OS-Anwender war der Umstieg gewöhnungsbedürftig, die Vorteile sprechen jedoch für die Verwendung dieser Oberfläche. Das irrtümliche »Durchklicken« auf andere im Hintergrund befindliche Fenster wird dadurch ausgeschaltet. Dafür können nun auch Mac OS X-Anwender durch einen Doppelklick auf die graue Fläche im Anwendungsrahmen den Datei ÖFFNEN-Dialog aufrufen.

TOP-TIPP
Gewohnte Mac OS X-Oberfläche wiederherstellen
• Über den Befehl FENSTER • ANWENDUNGSRAHMEN kann das ungewohnte Arbeiten in Anwendungsrahmen ein- oder ausgeschaltet werden.

Dokumentablage in Registerkarten | Durch das Ablegen von Dokumenten in Registerkarten bewahren Sie einen besseren Überblick und können darüber hinaus schneller zwischen den einzelnen geöffneten Dokumenten umschalten.

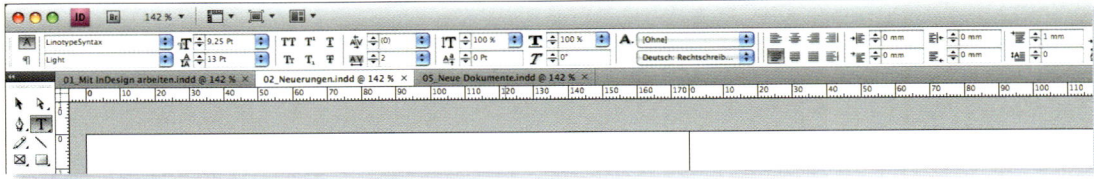

Ordnen Sie die Reihenfolge durch einfaches Verschieben der Registerkarten nach Belieben an. Klicken Sie auf die Registerkarte, um das jeweilige Dokument zu bearbeiten, und klicken Sie auf das Symbol ⊠ , um das geöffnete Dokument zu schließen. Das schnelle Switchen zwischen den Registerkarten geht unter Mac OS X wie gewohnt durch Drücken des Tastenkürzels ⌘+<.

Durch einfaches Herausziehen einer Registerkarte kann das Dokument wiederum schwebend dem Chaos überlassen werden. Chaotisch herumschwebende Fenster können durch einfaches Verschieben unterhalb des Steuerung-Bedienfelds wiederum an die Registerzeile des Fensters angedockt werden (ähnlich wie bei den Bedienfeldern).

Reaktive Bedienfelder | Ziehen Sie artverwandte Inhalte aus einem Bedienfeld in ein anderes, ohne zuerst das Zielbedienfeld zu öffnen. Ziehen Sie dazu beispielsweise ein Farbfeld aus dem Farbfeld-Bedienfeld in das Farbe-Bedienfeld, ohne dieses zuerst zu öffnen.

Positionen der Bedienfelder werden gespeichert | Bedienfelder werden jeweils an derselben Stelle des Bildschirms geöffnet, an der sie geschlossen wurden.

Mausrad-Unterstützung | Die bekannte Funktion, mit Hilfe des Mausrads zwischen den Seiten eines Dokuments vor- und zurückzublättern, wurde verfeinert. Je länger Sie die Maus am oberen oder unteren Rand des Anwendungsfensters belassen, desto schneller erfolgt der Bildlauf durch die Seiten.

Power-Zoom | Verwenden Sie das Hand-Werkzeug zum Verkleinern der Ansicht, indem Sie die Maustaste gedrückt halten.

Wählen Sie dazu entweder das Hand-Werkzeug im Werkzeug-Bedienfeld aus – oder drücken Sie Alt+Leertaste bzw. ⌥+

▲ **Abbildung 2.3**
Mehrere Dokumente sind in InDesign geöffnet und als Registerkarten abgelegt.

HINWEIS

Das Switchen zwischen den Registerkarten erfolgt unter Windows durch Drücken des Tastenkürzels ctrl+⇆.

Objekte zwischen Dokumenten verschieben

Adobe stellt die Funktion der reaktiven Bedienfelder in Photoshop auch für Dokumente zur Verfügung. Das Verschieben ausgewählter Bildinhalte auf die Registerkarte bringt das Dokument in den Vordergrund. Somit können Sie Objekte, ohne diese zuvor in die Zwischenablage abzulegen, in ein anderes – zurzeit nicht im Vordergrund befindliches Dokument – verschieben.

Bei InDesign CS4 wurde das leider vergessen. Wenn Sie Objekte von einem in ein anderes Dokument verschieben wollen, so müssen Sie beide Dokumente zuvor nebeneinander anzeigen lassen.

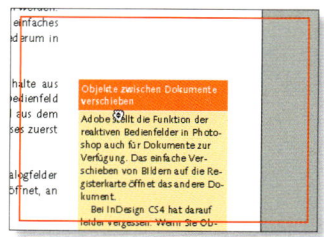

▲ Abbildung 2.4
Der Auswahlrechteckrahmen für
den Zoombereich

Mehr zu magnetischen Hilfslinien

Weiterführende Informationen zu magnetischen Hilfslinien und intelligenten Abmessungen und Abständen erhalten Sie in Abschnitt 8.7.3, »Ausrichten mit magnetischen Hilfslinien«, auf Seite 190.

Leertaste], um temporär auf das Hand-Werkzeug umzuschalten –, und halten Sie die Maustaste gedrückt. Es erscheint ein roter Auswahlrechteckrahmen für den Zoombereich, den Sie dann über Seiten hinweg verschieben können. Beim Loslassen der Taste wird die neue Stelle wieder in der ursprünglichen Zoomeinstellung angezeigt. Vergrößern oder verkleinern Sie das Auswahlrechteck für den Zoombereich entweder durch Drücken der [←]/[→]- bzw. der [↑]/[↓]-Taste oder mit dem Mausrad.

Grundlinienraster auf Punkt basierend | Die Darstellung des Wertes für EINTEILUNG ALLE im Register RASTER der InDesign-Voreinstellungen erfolgt nun in Pt.

Apple-MultiTouch-Support | Wenn Sie InDesign auf einem Apple Notebook betreiben, können Sie nun alle MultiTouch-Vorgänge wie Drehen, Scrollen u. dgl. über das Trackpad ausführen.

2.1.2 Produktivitätssteigernde Funktionen

Neben vielen kleinen Verbesserungen und neuen Funktionen stand bei der Entwicklung von InDesign CS4 die Steigerung der Produktivität ganz im Vordergrund. Diese im Großen und Ganzen sehr gelungene Absicht spiegelt sich in folgenden Funktionen.

Magnetische Hilfslinien | Wie es in Adobe Photoshop und Adobe Illustrator (etwas eingeschränkter) schon immer möglich war, können nun mehrere Objekte auf einmal ausgerichtet, gedreht und deren Abstände sowie Größe an anderen Objekten schneller angepasst werden.

Sie können dabei an der horizontalen oder vertikalen Kante sowie an der Mitte der Seite ausgerichtet werden. Hilfslinien, Objektabmessungen, Drehwinkel und Koordinaten (X, Y) werden dynamisch angezeigt, so dass ein Objekt in Relation zu anderen Objekten im Layout schnell ausgerichtet werden kann.

Intelligente Abmessungen und Abstände | Beim Erstellen, Vergrößern, Verkleinern oder Drehen eines Objekts wird durch das Anzeigen intelligenter Abmessungen – die Option kann in den Voreinstellungen ein- bzw. ausgeschaltet werden – die Breite, Höhe oder Drehung des Objekts angezeigt. Wenn die Abmessungen (Höhe und Breite), die Abstände oder Drehwinkel denen der benachbarten Objekte entsprechen, werden sie hervorgehoben.

Intelligenter Cursor | Beim Transformieren von Objekten zeigt der Cursor in InDesign CS4 die X- und Y-Position, die Breite und die Höhe oder den Drehwinkel an. Damit Sie in diesen Genuss kommen, muss die Option TRANSFORMATIONSWERTE ANZEIGEN im Register BENUTZEROBERFLÄCHE der InDesign-Voreinstellungen aktiviert sein.

Schnelles Löschen von Hilfslinien | Alle auswählbaren Hilfslinien des aktuellen Druckbogens oder der aktuellen Musterseite können über den Befehl ALLE HILFSLINIEN LÖSCHEN aus dem Kontextmenü entfernt werden.

Druckbogenansicht drehen | Die Druckbogenansicht kann vorübergehend zur Eingabe und zum Arbeiten am Dokument gedreht werden. Die Ausgabe erfolgt jedoch in der Originalausrichtung. Informationen zum Drehen von Druckbögen erhalten Sie in Abschnitt 5.5.5, »Druckbogenansicht drehen«, auf Seite 128.

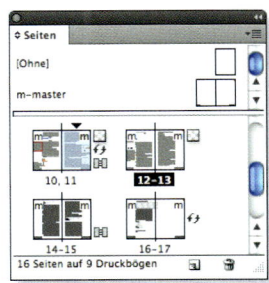

Mehr Informationen im Seiten-Bedienfeld | Da neben der Drehung der Druckbogenansicht auch Seitenübergänge für Seiten festgelegt werden können, muss dem Anbringen von solchen Vorgängen eine entsprechende Visualisierung im Seiten-Bedienfeld folgen.

▲ **Abbildung 2.5**
Symbole im Seiten-Bedienfeld weisen den Anwender auf Zustände dieser Seite (des Druckbogens) hin.

Adobe-Kuler-Integration | Den Zugriff auf Adobe Kuler – eine Online-Austauschplattform für Farben – erfolgt über ein eigenes Bedienfeld, das über den Befehl FENSTER • ERWEITERUNGEN • ADOBE KULER aufgerufen werden kann.

Neustrukturierung und Erweiterung des Verknüpfen-Bedienfelds | Das Verknüpfungen-Bedienfeld wurde vollkommen überarbeitet. Sie können nun darin platzierte Inhalte finden, sortieren und strukturieren. Das Verknüpfungen-Bedienfeld kann über die Bedienfeldoptionen anhand von vielen Einstellungsparametern konfiguriert werden. Damit werden darin Informationen über Skalierung, Drehung und Auflösung jederzeit live angezeigt.

Bildaustausch | Ersetzen Sie alle niedrigauflösenden Platzhalterbilder in einem Aufwasch durch hochauflösende Bilder, indem Sie eine Verknüpfung zu einem neuen Ordner herstellen und Dateinamenserweiterungen ignorieren.

Preflight | Über das neue Bedienfeld PREFLIGHT – die bisherige Funktion PREFLIGHT wurde entfernt – können Sie ein Prüfprofil anlegen und somit Ihr Design bereits beim Erstellen einer Prüfung unterziehen. Damit werden Sie bessere Ergebnisse erzielen, Zeit

Mehr zu Adobe Kuler

Weiterführende Informationen zu Adobe Kuler und der Arbeitsweise damit erhalten Sie in Abschnitt 12.9, »Adobe Kuler«, auf Seite 327.

Mehr zum Verknüpfungen-Bedienfeld

Weiterführende Informationen zum Verknüpfungen-Bedienfeld und zur Möglichkeit eines schnellen Bildaustausches erhalten Sie in Abschnitt 10.9, »Arbeiten mit Verknüpfungen«, auf Seite 256.

Mehr zu Preflight

Weiterführende Informationen zu Preflight in InDesign, zum Anlegen von Prüfprofilen und zum Erstellen von Prüfberichten erhalten Sie im dafür eigens reservierten Kapitel 28, »Preflight«.

sparen und die Produktionskosten senken. Kontinuierliche Preflight-Prüfungen weisen in Echtzeit auf potentielle Produktionsprobleme hin.

Wird während der Arbeit ein Produktionsproblem angezeigt, so kann im Preflight-Bedienfeld schnell zu dem Objekt, das den Fehler ausgelöst hat, gesprungen werden. Kontextbezogene Tipps erleichtern Ihnen das Korrigieren von Fehlern direkt im Layout.

Verbesserungen beim Rückgängigmachen | Bestimmte Aktionen wie Vorschau festlegen und Hilfslinien einblenden werden nicht mehr in die Liste der Aktionen einbezogen, die der Benutzer durch Bearbeiten • Rückgängig widerrufen kann.

2.1.3   Neuerungen im Umgang mit Bildern und Grafiken

Der Schwerpunkt hierbei liegt auf dem besseren Handling von Bildern und Grafiken beim Platzieren und auf der Bearbeitung von Pfaden. Bei Letzterem hat man sich etwas aus FreeHand abgeschaut.

Erstellen eines Kontaktabzugs

Wie Sie einen umfangreicheren Kontaktabzug erstellen, lesen Sie in der Schritt-für-Schritt-Anleitung auf Seite 247.

Kontaktabzug beim Platzieren erstellen | Nun können Sie beim Platzieren von mehreren Bildern rasch einen Kontaktabzug erstellen, indem Sie die Bilder in einem Raster anordnen. Halten Sie dazu beim Platzieren eines Bildstapels die Tasten [Strg]+[⇧] bzw. [⌘]+[⇧] gedrückt. Damit wird ein Bildraster aufgezogen.

Flexibles Bearbeiten von Originalen | Über den Befehl Bearbeiten • Bearbeiten mit können Sie wählen, mit welcher Anwendung ein platziertes Element bearbeitet werden soll. Damit ersparen Sie sich den Umweg über das Betriebssystem, das jeden Bildtyp standardmäßig in einem dafür ausgewählten Standardprogramm öffnen würde.

Beschränkung des Bildes auf die Rahmengröße beim Platzieren | Wenn Sie ein Bild platzieren und dabei den Bildrahmen erst aufziehen, so wird der Rahmen auf die Proportionen der Grafik beschränkt, so dass die Grafik dann proportional in den Rahmen passt. Beim Aufziehen des Rahmens wird Ihnen dabei der Skalierungsfaktor angezeigt. Wenn Sie jedoch beim Aufziehen die [⇧]-Taste gedrückt halten, so wird ein »nichtproportionaler« Rahmen aufgezogen.

Platzieren von Illustrator-Zeichenflächen

Wie Sie beim Importieren auf Illustrator-Zeichenflächen zugreifen, erfahren Sie in Abschnitt 10.4.4, »PDF-Importoptionen«, auf Seite 234.

Platzieren von mehreren Zeichenflächen aus Adobe Illustrator CS4 | Da mit Illustrator CS4 quasi ein »mehrseitiges« Dokument angelegt werden kann, muss beim Platzieren von .ai-Dateien auch darauf Rücksicht genommen werden. Da das AI-Format dem PDF-Format gleichzusetzen ist, verhält sich somit der PLATZIEREN-Dialog von .ai-Dateien wie der von PDF-Dateien.

Erweiterter Pathfinder | Der Pathfinder wurde um Schaltflächen erweitert, mit denen Sie in einem Schritt Pfade verbinden, Pfade öffnen oder Pfade umkehren können.

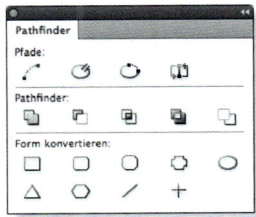

Konvertieren von Pfadpunkten | Über den Menüpunkt OBJEKT • PFADE • PUNKT KONVERTIEREN können nun, wie es in Grafikprogrammen allgemein gültig ist, Punkte über die Befehle LINIEN-ENDE, GLÄTTEN, ECKE und SYMMETRISCH GLÄTTEN konvertiert werden.

Textkontursteuerung | Konturabschlüsse, Endverbindungen, Gehrungsgrenzen und Konturausrichtungen können nun auch auf Konturen bei Text angewandt werden, ohne zuvor Zeichen in Pfade umwandeln zu müssen. Diese Konturoptionen sind somit auch in Formaten verfügbar.

Tastaturbefehle für Skalieren und Größenänderungen | Über BEARBEITEN • TASTATURBEFEHLE können Sie nun Tastaturbefehle zum Vergrößern und Verkleinern von Objekten erstellen. Besonders hervorzuheben dabei ist, dass nun standardmäßig wiederum über das Tastenkürzel ⌜Strg⌟+⌜.⌟/⌜⌘⌟+⌜.⌟ bzw. ⌜Strg⌟+⌜.⌟/⌜⌘⌟+⌜.⌟ Bilder in 1%-Schritten vergrößert und verkleinert werden können.

2.1.4   Neuerungen im Umgang mit Text und Tabellen

Speziell für die Automatisierung des Textimportes müssen erweiterte Formatanweisungen zur Verfügung stehen. Diese und andere Neuerungen sind in InDesign CS4 eingeflossen.

Tabellen im Texteditor editieren | Übersatz in Tabellenzellen kann nun im Textmodus bearbeitet werden. Zur Bearbeitung werden Texte in Form von aufeinanderfolgenden Spalten und Zeilen angezeigt.

Tabellen mit Kommentaren versehen | Kommentare können nun auch in Tabellenzellen angebracht werden.

Bedingter Text | Durch die Verwendung von bedingtem Text können mehrere Versionen eines Dokuments für verschiedene Benutzer und Kanäle erstellt werden. Dazu müssen zuerst im Bedienfeld

> **Bilder um 5 % skalieren**
>
> Wenn Sie die Bildgröße anstelle von 1 % um 5 % verändern wollen, so halten Sie zusätzlich die ⌜Alt⌟- bzw. ⌜⌐⌟-Taste gedrückt.

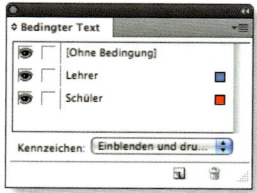

▲ **Abbildung 2.7**
Das Bedienfeld BEDINGTER TEXT

BEDINGTER TEXT Bedingungen festgelegt und auf entsprechende Textstellen angewandt werden. Durch das Ausblenden von Bedingungen wird der Fluss des verbleibenden Textes und der verankerten Objekte in Ihrem Layout automatisch neu berechnet.

Intelligenter Textumfluss | Über die neuen Voreinstellungsoptionen im Register EINGABE kann ein INTELLIGENTER TEXUMTFLUSS ein- oder ausgeschaltet werden. Mit aktiviertem intelligenten Textumfluss verhält sich InDesign CS4 quasi wie ein Textverarbeitungsprogramm, wo beim Erzeugen eines Texüberhangs automatisch eine Folgeseite anlegt bzw. beim Kürzen eines Textes automatisch Seiten gelöscht werden.

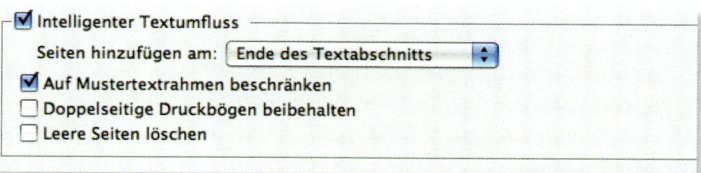

Abbildung 2.8 ▶
Ausschnitt aus dem Voreinstellungs-
dialog des Registers EINGABE

Diese Option kann in einem klassischen Layout öfter zu ungewollten (Seiten-)Umbrüchen führen. Bestimmen Sie demnach bereits im Vorfeld genau, wie InDesign damit umzugehen hat, und wählen Sie aus den dafür zur Verfügung stehenden Optionen die gewünschte Verfahrensweise aus.

Liste der Autokorrekturen bearbeitbar | Einträge in der Autokorrekturliste der Rechtschreibfehler können nun, ohne zuvor Einträge löschen zu müssen, geändert oder hinzugefügt werden.

Verschachtelte Zeilenformate | Mit verschachtelten Zeilenformaten können Sie auf einzelne Zeilen eine Zeichenformatierung anwenden. Diese spezielle Art von verschachtelten Absatzformaten ist in vielen Projekten ein gerngesehene Erweiterung.

Zeilenformate und GREP

Weiterführende Informationen zu diesen beiden Themen erhalten Sie in den Abschnitten 15.2.6, »Formate in Gruppen zusammenfassen«, auf Seite 428 bzw. in 15.4.7, »GREP-Stile«, auf Seite 451.

GREP in Absatzformaten | Damit können Sie ein Zeichenformat auf beliebigen Text in einem Absatz anwenden, der dem definierten GREP-Ausdruck entspricht. Besonders im Database-Publishing, der automatisierten Katalogerstellung, ist das Zuweisen von speziellen Formatierungen damit stark vereinfacht worden.

Formaterstellung in den Dialogen | Durch diese neue Funktion haben Sie in Dialogfeldern, in denen Sie ein Zeichen- oder Absatzformat wählen können, die Möglichkeit, ein neues Format zu erstellen, ohne dabei das Dialogfeld verlassen zu müssen. Speziell für Personen, die das technische Grundgerüst eines Layouts anlegen müssen, schätzen diese Zeitersparnis sehr.

2.1.5 Neuerungen für interaktive Dokumente

Bedingt durch die Integration von Flash in die Creative Suite 4 muss natürlich auch das Erstellen von interaktiven Dokumenten mit InDesign stark vereinfacht werden. Folgende Neuerungen sind dabei anzumerken:

Buttons reloaded | Das überarbeitete Schaltflächen-Bedienfeld ermöglicht eine bessere und intuitivere Vorgehensweise beim Erstellen von Buttons.

Das Anlegen eigener Schaltflächen, mit denen Sie in einem dynamischen Dokument navigieren, einen Film starten oder eine Audiodatei abspielen können, geht damit sehr einfach. In der integrierten **Schaltflächenbibliothek** kann aus einem Pool von Schaltflächen gewählt und neu erstellte Schaltflächen für die spätere Verwendung abgelegt werden.

Seitenübergänge | Für die Präsentation werden Seitenübergänge benötigt. Wenden Sie Seitenübergänge nun direkt in InDesign nur mit einem einzigen Mausklick auf einzelne Seiten oder auf alle Druckbögen an.

Im neuen Seitenübergänge-Bedienfeld wählen Sie aus den einzelnen Übergangstypen aus und bestimmen über Parameter – Richtung und Geschwindigkeit – deren Erscheinungsform. Diese Seitenübergänge können dann in eine PDF- oder SWF-Datei übernommen werden. Bestimmte Seitenübergänge werden jedoch nur in einer SWF-Datei ausgeführt. Beachten Sie also immer den Hinweis auf Seitenübergänge, die speziell nur für SWF vorgesehen sind.

Hyperlinks im neuen Gewand | Mit dem neu gestalteten Hyperlinks-Bedienfeld können schnell und einfach Hyperlinks erstellt werden. Hyperlinks können dabei verwendet werden, um zu externen URLs zu navigieren, Verknüpfungen zu Dateien mit Zusatzinformationen herzustellen, einen E-Mail-Client zu starten oder zu einer Seite innerhalb desselben oder sogar eines anderen Dokuments zu springen.

Das Überprüfen der Funktionsfähigkeit von Hyperlinks kann mit InDesign CS4 direkt im Programm erfolgen. Damit entfällt der permanente Export in eine PDF- oder in eine SWF-Datei bis zur finalen Version, was Ihnen wiederum Zeit erspart.

▲ **Abbildung 2.9**
52 Beispielschaltflächen stehen zur Verfügung. Diese Bibliothek können Sie über das Bedienfeldmenü des Schaltflächen-Bedienfelds aufrufen.

Seitenübergänge in PDF-Dateien

Beachten Sie, dass Seitenübergänge in einer PDF-Datei nur im Vollbildmodus in Acrobat bzw. im Adobe Reader ausgeführt werden.

Infos zu Querverweisen

Weiterführende Informationen zu diesen Themen erhalten Sie in Abschnitt 20.3, »Querverweise«, auf Seite 618.

Erstellen von Querverweisen im Text | Das Einfügen und Verwalten von Querverweisen über das Hyperlink-Bedienfeld erspart viel Zeit und erleichtert die Aktualisierung von größeren Projekten, wie beispielsweise diesem Buch, enorm.

2.1.6 Neuerungen in der Aus- und Übergabe

Mit jeder neuen InDesign-Version wurde auch die entsprechend aktuelle PDF Library – jetzt Version 9 – implementiert. Darüber hinaus wurden generelle Umstellungen für den Austausch von Daten und neue Formate für den Austausch von Flash-Daten eingeführt.

[VDP]

VDP steht für Variable Data Printing. Unter dem Schlagwort werden alle Techniken, die sich mit der Personalisierung und der damit verbundenen optimierten Ausgabe auseinandersetzen, subsumiert.

Datenzusammenführung für VDP | Konnte bislang über das Datenzusammenführung-Bedienfeld lediglich ein neues, zusammengeführtes InDesign-Dokument erstellt werden, ist es nun in der Ausgabe möglich, ein zusammengeführtes PDF-Dokument in einem einzigen Arbeitsschritt, über den Befehl ALS PDF EXPORTIEREN, zu erstellen. In der PDF-Erstellung werden dabei alle statischen Komponenten der Seite in sogenannte **PDF-XObjects** verpackt, womit die Dateigröße der zusammengeführten PDF-Datei minimiert wird.

[PDF-XObjects]

Wiederkehrende Objekte in einer PDF-Datei können als PDF-XObject abgespeichert werden. Wird das Objekt an einer anderen Stelle verwendet, so wird nur eine Referenz auf das Originalobjekt hinterlegt. Dieser Begriff hat jedoch nichts mit PDF/X zu tun!

SWF-Export | Das Erstellen von dynamischen Inhalten, ohne dabei in der Authoring-Umgebung von Adobe Flash arbeiten zu müssen, ist in InDesign nur eingeschränkt möglich. Das Exportieren einer SWF-Datei samt Seitenübergängen, interaktiven Schaltflächen, Rollover-Effekten und Hyperlinks direkt aus InDesign ist jedoch im vollen Umfang möglich.

XFL-Export | InDesign-Layoutdaten können über das neu entwickelte Flash-Austauschformat XFL zum Öffnen in Adobe Flash CS4 abgespeichert werden. Dabei bleibt beim Export InDesign-Text vollständig in Flash CS4 editierbar, hochauflösende Druckelemente (CMYK) werden in Webelemente mit niedriger Auflösung (RGB) konvertiert, und Bilder, die mehrmals in Ihrem InDesign-Dokument platziert wurden, werden als einzelnes Bildelement abgespeichert.

[IDML]

IDML steht für InDesign Markup Language. IDML beschreibt gesamte InDesign-Dokumente in Form einer XML-Datei.

IDML | Über IDML werden Entwickler in die Lage versetzt, InDesign-Dokumente mit Hilfe von Standard-XML-Tools zu assemblieren bzw. zu disassemblieren, ohne dabei die InDesign-Dateien öffnen zu müssen. Beachten Sie, dass IDML zum Abspeichern von InDesign-Dateien für frühere Versionen nicht geeignet ist.

2.1.7 Änderungen zu Version CS3

Auf Grund der geänderten Ausrichtung von InDesign CS4 waren Änderungen zur Vorgängerversion notwendig. Darüber hinaus hat Adobe eine neue Strategie, Fehler erst in einer neuen Programmversion zu beheben, zum Leidwesen der Anwender strikt durchgezogen. Die wichtigsten Änderungen sind:

Entfernte Bedienfelder, Werkzeuge und Befehle | Es stehen das Schaltflächen-Werkzeug, das Bedienfeld Navigator, die PageMaker-Werkzeugleiste und das Menü Datei • Preflight nicht mehr zur Verfügung.

SVG und Adobe Stock Photos | Der Export in eine SVG-Datei und der Zugriff auf Adobe Stock Photos wurden entfernt.

[SVG]
SVG steht für Scaleable Vector Graphic. Dieses Format ist als Gegenformat zu SWF von Adobe entwickelt worden. Durch die Übernahme von Macromedia ist somit dieser Standard überflüssig geworden.

Bug-Fixes | Speziell die Probleme, die durch den PDF-Export aus InDesign durch zu tief verschachtelte PDF-Datei-Strukturen auftraten, wurden alle mit der neuen **PDF Library 9.0** gelöst.

2.1.8 Änderungen in der Zusammenarbeit mit InCopy CS4

Die wesentlichsten Grundsteine in Zusammenarbeit von Adobe InDesign und InCopy wurden mit der Creative Suite 3 in Form der **InCopy-Pakete** gelegt. Damit ist der Austausch von Aufgaben innerhalb eines InCopy-Workflows mit Bordwerkzeugen zu bewerkstelligen. Mit InCopy CS4 wurden notwendige Anpassungen auf Grund des Funktionszuwachses bei InDesign CS4 durchgeführt und kleine Erleichterungen eingebaut.

Doppelseitiges InCopy-Dokument | Beim Anlegen eines leeren InCopy-Dokuments kann nun die Option Doppelseite ausgewählt werden.

Vorschlag im Thesaurus-Bedienfeld | Ist ein Wort im Dokument ausgewählt, so wird es automatisch im Bedienfeld Thesaurus für die Synonymsuche vorgeschlagen.

Löschen von Transformationen | Der Befehl Transformationen löschen wurde im Menü Objekt hinzugefügt. Damit können nun auch InCopy-Anwender Transformationen rückgängig machen.

Bildauflösungen für InCopy-Anwender | Bedingt durch die neuen Funktionen des Verknüpfungen-Bedienfelds kann nun auch in InCopy das Bedienfeld so konfiguriert werden, dass Anwender darin die effektive Auflösung überwachen können.

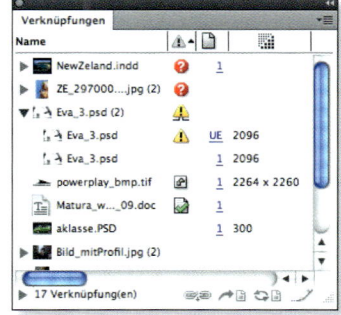

▲ **Abbildung 2.10**
Selbst für InCopy-Anwender ist der Überblick über alle Verknüpfungen und speziell die damit zur Verfügung stehenden Optionen gegeben.

Änderungen der Dateierweiterungen | Aufgrund der neuen Markup Language wurden viele Dateinamenerweiterungen im InCopy-Workflow geändert.

Dateityp	CS3-Erweiterung	CS4-Erweiterung
Aufgabendatei	.inca	.icma
Inhaltsdatei	.incx	.icml
exportierte Datei	.incx	.icml
Paketdatei für InCopy	.incp	.icap
Paketdatei für InDesign	.indp	.idap
InCopy-Vorlagendatei	.inct	.icmt

▲ **Tabelle 2.1**
Auflistung der geänderten Bezeichnungen

2.2 Neu in Adobe Bridge CS4

Auch in Bridge CS4 wurden Änderungen und teilweise Verbesserungen eingebaut. Es wurden jedoch leider auch gewisse praktische Funktionen stillschweigend entfernt.

2.2.1 Allgemeine Neuerungen

Bridge CS4 wurde hinsichtlich der Performance verbessert. Es startet schneller und zeigt Miniaturbilder schneller an. Darüber hinaus benötigt die aktuelle Version weniger Speicherplatz und ermöglicht somit eine schnellere Ausführung von Aufgaben. Durch die neue Möglichkeit, Vorschaubilder in voller Größe im Cache zu speichern, können Bilder schneller vergrößert bzw. verkleinert werden.

2.2.2 Änderungen in der Navigation

Neben der Performancesteigerung sind wesentliche Änderungen in der Navigation festzustellen.

Pfadanzeige permanent

In welchem Ordner Sie sich gerade befinden, erfahren Sie durch den angezeigten Pfad in der Symbolleiste.

Optimierte Arbeitsumgebung | Die neue Symbolleiste am oberen Rand des Arbeitsbereichs enthält Schaltflächen, mit denen Aufgaben wie der Wechsel zwischen Arbeitsbereichen, die Navigation in Ordnern, das Switchen zwischen den Ansichten und der Zugriff auf zuletzt geöffnete Dateien angestoßen werden.

Abbildung 2.11 ▶
In Bridge CS4 behalten Sie eine bessere Übersicht.

Vollbildvorschau | Ausgewählte Bilder können in einer Vollbild-vorschau angezeigt werden, indem Sie die entsprechende Option im Menü ANSICHT wählen oder die [Leertaste] drücken.

Überprüfungsmodus | Bilder können im neuen ÜBERPRÜFUNGS-MODUS angesehen, bewertet, entfernt und gedreht werden. Aus-gewählte Bilder können danach als Kollektion abgespeichert wer-den, um diese zu einem späteren Zeitpunkt wiederum schnell aufrufen zu können.

Kurzbefehle für den Über-prüfungsmodus

Den Überprüfungsmodus starten Sie durch Drücken des Tastatur-kürzels [Strg]+[B] bzw. [⌘]+[B]. Sie verlassen ihn durch Drücken von [Esc].

2.2.3 Verbesserte Filtermöglichkeiten

Neu ist, dass Sie Ihre Bilder anhand von zusätzlichen Metadaten-kriterien, einschließlich WEISSABGLEICH, BELICHTUNGSZEIT, BLEN-DENWERT, KAMERAMODELL und RAW-DATEITYP, filtern können. Dateien aus unterschiedlichen Verzeichnissen können darüber hinaus zusätzlich nach Ordnern sortiert und gefiltert werden.

Das Filtern nach Dateien mit getaggten ICC-Profilen ist speziell in der Grafikindustrie von Bedeutung.

2.2.4 Neue Ausgabemöglichkeiten

Der Wunsch der Ausgabe eines Übersichtsblattes bestand schon seit der ersten Adobe-Bridge-Version. Mit CS4 bietet Adobe:

Integrierte Erstellung von Web-Fotogalerien | Durch die Aus-wahl von Bildern, die Auswahl eines Templates und die Eingabe von Informationen zur Beschreibung der Bilder ist eine Web-Foto-galerie schnell fertiggestellt.

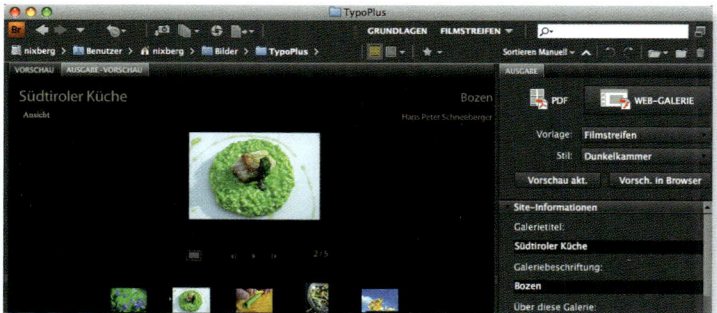

◄ **Abbildung 2.12**
Kontaktabzüge können nun in Bridge CS4 ohne zusätzliches Pro-gramm sowohl als SWF- als auch als PDF-Datei erzeugt werden.

Integrierte Erstellung von PDF-Kontaktabzügen | In ähnlicher Weise werden Kontaktabzüge als PDF erstellt. Da jedem Anwen-der eines Programms der Creative Suite 4 die Adobe Bridge zur Verfügung steht, kann somit jeder sowohl eine Web-Galerie als auch den PDF-Kontaktabzug erzeugen und abspeichern – InDesign und Photoshop sind somit nicht mehr dazu erforderlich.

Kontaktabzüge beim Platzieren erstellen

Wenn Sie wissen wollen, wie Sie dennoch beim Platzieren von Bildern in InDesign CS4 einen Kontaktabzug erstellen können, so erfahren Sie dies in der Schritt-für-Schritt-Anleitung auf Seite 247.

▲ **Abbildung 2.13**
Das unscheinbare Symbol in der Kopfleiste der Filterpalette in Bridge CS3 ließ alle Objekte in den Unterordnern anzeigen.

2.2.5 Was verschwunden ist, und was noch fehlt

Auf Grund der Tatsache, dass Adobe zwei neue Ausgabemöglichkeiten in Bridge CS4 aufgenommen hat, wurden zum Leidwesen aller bisherigen Bridge-Anwender die Möglichkeiten der Erstellung eines Kontaktabzugs über Adobe Photoshop bzw. über InDesign – WERKZEUGE • PHOTOSHOP bzw. WERKZEUGE • INDESIGN – in der Standardinstallation entfernt. Während Sie das Skript zur Erstellung von Kontaktabzügen über Adobe Photoshop noch in den Zusatzordnern der Installations-CDs finden und installieren können, fehlt die Möglichkeit für InDesign komplett.

Die Möglichkeit, sich alle Objekte der Unterordner im Fenster VORSCHAU anzeigen zu lassen, bestand in Bridge CS3 durch Klick auf das Symbol ▣ im Fenster FILTER. Dieses Symbol ist bei Bridge CS4 abhandengekommen, dafür steht dieser Befehl nun als Menüpunkt unter ANSICHT • OBJEKTE IN UNTERORDNER ANZEIGEN zur Verfügung. Leider wurde dafür standardmäßig kein Tastenkürzel angelegt. Mac OS X-Anwender können dieses Manko beheben.

Schritt für Schritt: Tastaturkürzel für Bridge definieren – nur für Mac OS X

Da Adobe in Bridge CS4 das Ändern bzw. Anlegen von Tastaturkürzeln nicht vorgesehen hat, können Mac OS X-Anwender dieses Manko über einen vom Betriebssystem gegebenen Workaround beheben.

1 Systemeinstellungen öffnen
Öffnen Sie die Mac OS X-Systemeinstellungen, indem Sie das Menü • SYSTEMEINSTELLUNGEN aufrufen. Darin klicken Sie auf das Symbol ▣ TASTATUR & MAUS, um zu den Einstellmöglichkeiten für Tastatur und Maus zu gelangen.

2 Tastaturkurzbefehle-Reiter auswählen
Im Reiter TASTATURKURZBEFEHLE stellt das Betriebssystem eine Liste von Tastaturbefehlen zur Verfügung, die in den meisten Fällen Befehle des Anwendungsprogrammes überlagern. Dieser Sachverhalt kann einerseits für gewisse Unannehmlichkeiten sorgen, kann aber auch andererseits dazu genutzt werden, Befehle für Programme zu definieren, die ansonsten nicht mit Tastaturkürzeln erreichbar wären.

Klicken Sie auf den Reiter TASTATURKURZBEFEHLE, und scrollen Sie in der Liste ganz nach unten bis zum Eintrag TASTATUR-KURZ-

BEFEHLE FÜR PROGRAMME. Hier müssen wir nun die Kurzbefehle für Bridge CS4 anlegen.

3 Tastaturbefehl für Bridge CS4 anlegen

Klicken Sie auf das Symbol ⊞ unterhalb der Liste, um ein neues Programm mit dem entsprechenden Tastaturkurzbefehl anzulegen.

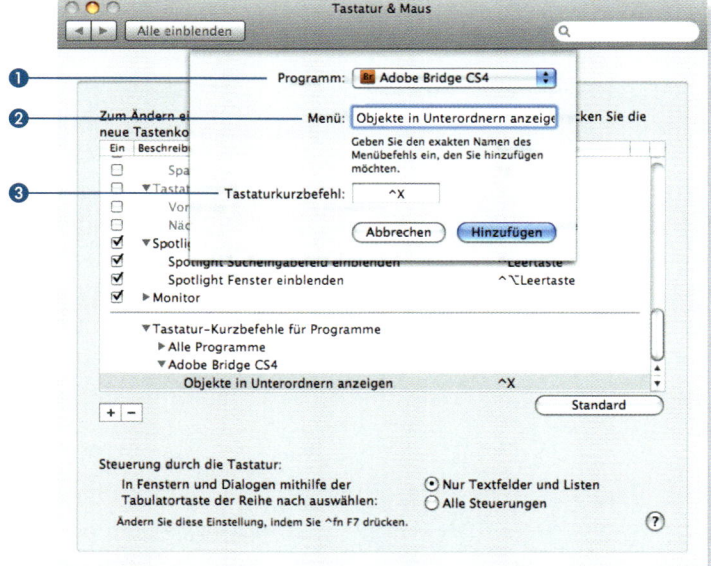

Wählen Sie in der Liste PROGRAMM ❶ ADOBE BRIDGE CS4 aus, und schreiben Sie im Eingabefeld MENÜ ❷ den Menüpunkt in der exakten Schreibweise hinein. Zum Schluss definieren Sie das dafür zu verwendende Tastaturkürzel im Eingabefeld TASTATUR-KURZBEFEHL ❸. Für Mac OS X-Anwender empfiehlt es sich, dabei immer Kombinationen mit der [ctrl]-Taste zu definieren, da dadurch keine Konflikte mit bestehenden Tastaturkürzeln in den Programmen entstehen können.

Bestätigen Sie die Eingaben für das neu definierte Tastaturkürzel durch Klick auf HINZUFÜGEN. ■

Auch wenn neue Möglichkeiten der Ausgabe geschaffen wurden, der einfache Ausdruck des VORSCHAU-Fensters auf einem Laserdrucker, ohne dazu den Umweg über PDF gehen zu müssen, fehlt den Anwendern in jeglicher Hinsicht.

Ebenso geht noch ein Filter nach Farbmodi ab. Diese Vorauswahl könnte einigen Personen noch Vorteile bringen.

2.3 Der Umstieg von QuarkXPress auf InDesign

Der Umstieg von QuarkXPress auf InDesign ist ein aufwendiger Schritt, da sich die Arbeitsweisen deutlich unterscheiden. Der Umstieg führt in den meisten Fällen auch dazu, dass Produktions-weisen und die dabei zugrundeliegenden Dateiformate geändert werden. Das Verwenden von JPEG-komprimierten EPS-Dateien lässt das Arbeiten mit InDesign manchmal zur Qual werden, da lange Verrechnungszeiten in der Ausgabe anfallen.

InDesign CS4 bietet alle Funktionen, die QuarkXPress bis zur Version 5 angeboten hat. Schwieriger wird es schon ab Version 6, in der Anwender von QuarkXPress auf das **Synchronisieren von Objekten** und das Arbeiten mit Projekten zurückgreifen können, d. h., mehrere Dokumente (auch unterschiedlicher Größen) kön-nen in einem Projekt zusammengehalten werden. Diese Arbeits-weisen können mit InDesign CS4 nicht mehr abgebildet werden. Ein Umstieg von Version 7 auf InDesign CS4 gestaltet sich sogar noch aufwendiger, da Arbeitsweisen wie **Composition Zones** und **Job Jackets** sich anders bzw. überhaupt nicht in dieser Form abbilden lassen.

2.3.1 Unterschiede in der Arbeitsweise

Die Differenzen in der Arbeitsweise sind teilweise enorm, weshalb eine Auflistung der Unterschiede nicht vollständig sein kann. Um Sie jedoch nicht ganz zu entmutigen, wollen wir Ihnen nachste-hend einige Hinweise geben, damit Sie möglichst schnell die Logik des Programms verstehen lernen.

Arbeiten mit Rahmen | So wie QuarkXPress ist auch InDesign CS4 rahmenorientiert. Zum Erstellen von Texten werden Textrahmen mit dem Textwerkzeug aufgezogen, zum Platzieren von Bildern und Grafiken werden Bildrahmen mit dem Rechteckrahmen-Werkzeug erstellt. Der Unterschied zu QuarkXPress liegt hierbei darin, dass QuarkXPress (bis Version 8) für den Anwender genau zwischen Text- und Bildrahmen trennt und InDesign CS4 sehr fle-xibel damit umgeht.

Beim Importieren von Bildern oder Texten ist es in InDesign unerheblich, ob der markierte Rahmen ein Text- oder Bildrahmen ist. Hier gilt es, vorsichtig zu sein, denn zu schnell wird ein bereits platziertes Bild durch einen importierten Text ersetzt. Außerdem müssen Sie zum Platzieren überhaupt keinen Rahmen erstellen, InDesign übernimmt dies automatisch. QuarkXPress 8 hat diese Arbeitsweise zur Gänze übernommen.

Das Steuerung-Bedienfeld | Das Steuerung-Bedienfeld von InDesign CS4 entspricht der MASSPALETTE von QuarkXPress. Falls Sie es nicht sofort erkennen, so liegt es daran, dass das Bedienfeld unterhalb der Menüleiste angedockt ist. Möchten Sie wie in QuarkXPress arbeiten, stellen Sie dieses Bedienfeld einfach an den unteren Dokumentrand.

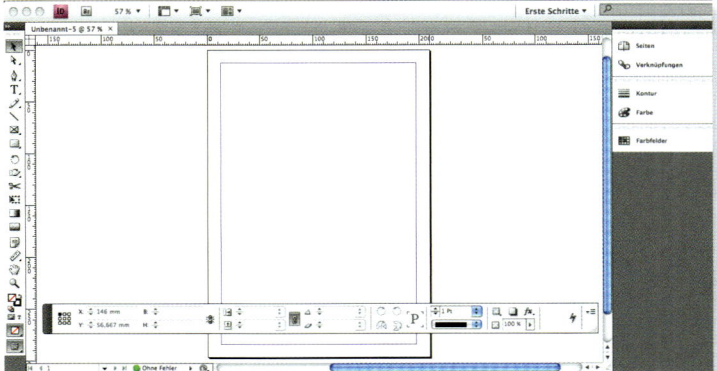

◄ **Abbildung 2.15**
Die Oberfläche von InDesign, wenn sie mit verschobenem Steuerung-Bedienfeld angepasst wurde

Objekt- und Inhaltswerkzeug | Umsteiger haben zu Beginn meistens Schwierigkeiten beim Bearbeiten von Objekten, da sie Objekt- ⊕ und Inhaltswerkzeug 🖑/🖵 nicht in der gewohnten Art vorfinden. InDesign hat die Bearbeitung von Objekten sehr stark an die Vorgehensweise in Adobe Illustrator angelehnt und zur Bearbeitung das Auswahl- ▸ und das Direktauswahl-Werkzeug ▹ bestimmt, die in ihrer Funktion den beiden QuarkXPress-Werkzeugen in nichts nachstehen. Die Bearbeitung von Texten erfolgt in InDesign jedoch ausschließlich mit dem Textwerkzeug T. – seit QuarkXPress 8 ist es auch dort so. Das Direktauswahl-Werkzeug steht darüber hinaus zur Bearbeitung von Pfaden – egal ob es sich um Linien oder um Objektrahmen handelt – zur Verfügung.

Löschen von Objekten | Den Befehl `Strg`+`K` bzw. `⌘`+`K` zum Löschen von Objekten werden viele QuarkXPress-Anwender vermissen. Das Löschen von Objekten erfolgt in InDesign nur über das Auswahl-Werkzeug ▸ und das Drücken der `Entf`- bzw. `←`-Taste.

Arbeiten mit Musterseiten | Musterseiten heißen in InDesign »Mustervorlagen«. Völlig neu für QuarkXPress-Anwender ist, dass Mustervorlagen aufeinander basierend aufgebaut werden können. Das Zuordnen von Mustervorlagen auf Dokumentseiten kann genauso wie in QuarkXPress erfolgen; eine schnellere Vorgehensweise dafür bietet InDesign darüber hinaus auch noch an.

Platzieren rückgängig machen

Wird beim Platzieren irrtümlich der Inhalt ausgetauscht – Sie haben vergessen, den Rahmen zu deaktivieren –, kann das Platzieren in InDesign rückgängig gemacht werden. InDesign stellt dann den zu platzierenden Datenbestand in einem neuen Platziercursor zur Verfügung. Das Einfügen in einen anderen bereitstehenden Rahmen bzw. das Aufziehen eines neuen Objektrahmens ist dann nur noch eine Kleinigkeit.

InDesign-Voreinstellungen

Während QuarkXPress-Anwender durch den Befehl `Strg`+`K` bzw. `⌘`+`K` Objekte löschen können, wird damit in InDesign und allen anderen Adobe-Applikationen der Voreinstellungen-Dialog aufgerufen.

Objekte der Musterseiten können in QuarkXPress auf den Layout-seiten ohne Weiteres bearbeitet und verändert werden. Wenn Sie dies mit InDesign auch tun möchten, müssen Sie das notwendige Tastaturkürzel – `Strg`+`⇧`+Klick bzw. `⌘`+`⇧`+Klick – oder den Befehl Alle Musterseitenobjekte übergehen kennen, mit dem Sie Mustervorlagenobjekte aus der Mustervorlage auf die Layout-seite übergeben können. Sollte dies in gewissen Fällen nicht mög-lich sein, liegt es daran, dass im Layout die Funktion Musterele-mente dürfen überschrieben werden deaktiviert wurde.

Farbe, Volltonfarbe, Verläufe | Mit InDesign können Sie alle Farbräume erstellen, die aus QuarkXPress bekannt sind. Hinsicht-lich der Verläufe bietet InDesign auch noch die Möglichkeit, Ver-läufe auf Linien – dies wird wohl nicht von jedem benötigt – anzu-wenden und, wir sagen es nur ungern, auch Verläufe auf Text zu bringen, ohne diese in Konturen umzuwandeln. Eine wirklich geniale Neuerung besteht darin, Verläufe nun auch transparent auslaufen zu lassen (ist seit QuarkXPress 7 auch dort möglich).

Die aus QuarkXPress bekannten Multi-Ink-Farben gibt es auch in InDesign. Dort werden Sie als Mischdruckfarbe bezeichnet. Auch Tonwerte von Farben können in InDesign angelegt werden.

Typografie | Der geringste Unterschied zu QuarkXPress ist in der Erstellung von Text zu sehen. Alle aus QuarkXPress 5.x bekannten Funktionen sind in InDesign fast identisch abgebildet worden. Sie müssten sich also sehr schnell damit zurechtfinden. Sie sollten nur wissen, dass

▸ **S&B** in InDesign unter dem Absatz-Bedienfeld im Bedienfeld-menü auf die Befehle Abstände und Silbentrennung aufge-teilt wurde;

▸ für die Begriffe **Spationieren** und **Unterschneidung** in InDe-sign die Begriffe Laufweite und Kerning verwendet werden;

▸ InDesign auf $^1/_{1000}$ eines Gevierts in der Angabe von Unter-schneidungswerten zurückgreift, während sich QuarkXPress (wie auch Adobe FreeHand) mit $^1/_{200}$ Einheiten zufriedengibt;

▸ Tabellen in InDesign besser über das Tabellen-, Zellenformate- und Tabellenformate-Bedienfeld zu bearbeiten und zu forma-tieren sind;

▸ das **Verketten** 🔗 und **Entketten** 🔗 von Textrahmen in InDe-sign nicht über ein eigenes Werkzeug möglich ist, sondern dazu einfach das Auswahl-Werkzeug ▸ verwendet wird;

▸ **Absatz-** und **Zeichenformate** anders funktionieren und über **Objektstile** zur schnellen Formatierung von ganzen Objektrah-men verwendet werden können.

Austauschen von Farb-definitionen

Einmal erstellte Farbfelder kön-nen über den Menübefehl Farbfelder speichern aus dem Bedienfeldmenü des Farbfelder-Bedienfelds als **.ase**-Datei abge-speichert und somit allen Pro-grammen der Creative Suite zur Verfügung gestellt werden.

Nicht alle Funktionen sind in InDesign vertreten

Die Auszeichnung einer Zahl durch den Stil Index kann in InDesign nicht direkt erfolgen. InDesign-Anwender würden die-ser Auszeichnung ein Zeichen-format zuweisen, das entweder auf einem korrekten Zeichen ei-ner OpenType-Schrift basiert oder durch Skalierung und einen Grundlinienversatz, so wie es QuarkXPress machen würde, er-stellt wird.

Optischer Randausgleich

Speziell in dieser Hinsicht ist QuarkXPress 8 InDesign CS4 um Welten überlegen. InDesign-An-wender müssen bei dem opti-schen Randausgleich mit den Funktionen aus dem Jahre 1999 zurechtkommen.

Exportieren von Inhalten | Die Erstellung von PDF-Dateien aus XPress basiert speziell ab Version 6 auf dem Jaws Interpreter, wodurch die PDF-Erstellung – auch noch in QuarkXPress 8 – immer über PostScript erfolgt.

In der Erstellung von Web- und medienunabhängigen Dokumenten beschreiten beide Programme unterschiedliche Wege. Während Quark in XPress seit Version 6 eigene Werkzeuge zur Erstellung von Webdokumenten anbietet und somit speziell den dafür notwendigen HTML-Code generieren kann, werden in InDesign Rahmen, Absätze und Zeichen mit Attributen versehen und wird eine Durchmischung aus InDesign-Elementen mit Formatierungsbefehlen von Webdokumenten durchgeführt und exportiert. Der Schwerpunkt in InDesign liegt nicht in der Erstellung von Webdokumenten, sondern darin, aus Printdokumenten Inhalte für einen medienübergreifenden Export zur Verfügung zu stellen.

Arbeiten mit Transparenzen | Während die Arbeit mit Transparenzen in InDesign schon seit Version 2.0 zum Standard gehört, wurden erst mit Version 7 Transparenzen in QuarkXPress zur Verfügung gestellt. Da Quark diesbezüglich noch eher am Beginn steht, werden einfach alle transparenten Objekte in Pixelbilder gewandelt. Es ist nicht möglich, Transparenzen aus QuarkXPress als native Transparenz in ein PDF 1.4 zu überführen. Ein PDF-to-PDF-Workflow ist somit mit XPress noch nicht durchgängig erzielbar, mit InDesign können Sie dabei alle Register ziehen. Fazit: PDF/X-4 ist für QuarkXPress noch in weiter Ferne!

Arbeiten mit Ebenen | Das Arbeiten mit Ebenen funktioniert in beiden Programmen ähnlich. Die Unterschiede liegen hier im Detail. Während in XPress Objekte aus verschiedenen Ebenen gruppiert werden können und dann auch dieser Ebene zugewiesen bleiben, werden gruppierte Objekte in InDesign leider auf eine Ebene gehoben.

Arbeiten mit Bildern | Einige XPress-Anwender haben seit Version 6.0 gerne Bildeffekte über die gleichnamige Palette in XPress verwendet. Diese Arbeitsweise funktioniert in InDesign nicht. Das Anbringen von Bildeffekten ist hier ganz klar Photoshop überlassen; nur kleinere Montagen können Sie über das Effekte-Bedienfeld in InDesign erledigen.

Das Platzieren von PSD-Dateien ist seit XPress 6.x möglich. Der Zugriff auf Ebenen in der PSD-Datei ist, wie nicht anders zu erwarten, auch in InDesign möglich. Während Sie jedoch in XPress nicht

Flash-Daten erstellen

In Sachen SWF-Daten-Erstellung gehen beide Programme ebenfalls einen unterschiedlichen Weg. Während QuarkXPress die Erstellung von Animationen im Layoutprogramm zulässt, können in InDesign keine Animationen – bis auf Seitenübergänge – erstellt werden. QuarkXPress ist also mehr ein Authoring-Tool, InDesign hingegen ein Werkzeug, das die Überführung von Print-Dokumenten in Animationsprojekte über ein Austauschformat mit der Bezeichnung XFL ermöglicht.

Ebenen auch bei Mustervorlagen verwendbar

Während Ebenen in XPress nur für Objekte auf Seiten verwendet werden können, sind sie in InDesign für alle Elemente auf den Mustervorlagen einsetzbar. Darüber hinaus können seit InDesign CS3 Ebenen als SICHTBAR und als NICHT DRUCKBAR definiert werden.

alle Ebeneneffekte aus PSD-Dateien auslesen können, haben Sie in InDesign uneingeschränkten Zugang zu allen Ebenen, Ebeneneffekten, Alpha-Kanälen und Pfaden.

Während das Platzieren von TIFF-JPEG- und TIFF-ZIP-komprimierten Bildbeständen in QuarkXPress nicht möglich ist, können Sie für die Abspeicherung von Daten innerhalb der Creative Suite auf alle TIFF-Kompressionsmethoden zurückgreifen. Damit dürfte Ihnen der Abschied von EPS-JPEG-komprimierten Dateien leichter fallen.

Arbeiten mit Vektoren | Während QuarkXPress-Layouter zur Erstellung von Grafiken fast zu 100 % auf Grafikprogramme wie FreeHand oder Illustrator zurückgegriffen haben, können Anwender von InDesign sehr viele Arbeiten mit den Grafikwerkzeugen Buntstift ✐, Ellipse ◔, Polygon ✸, Glätten ✐, Radieren ✐, Schere ✂, Zeichenfeder ♠ und den restlichen geometrischen Formen erledigen oder Grafiken in Illustrator erzeugen und diese editierbar in InDesign überführen, was jedoch auch dort nur bis zu einer bestimmten Komplexität funktioniert.

Platzieren von PDF-Dateien | Galt bis QuarkXPress 6 die Warnung, keine PDF-Dateien in Layouts zu platzieren, sondern sie durch EPS-Dateien zu ersetzen, so können Sie in InDesign PDFs ungehindert platzieren und sogar beim Platzieren auf bestimmte Seiten oder Bereiche in der PDF-Datei zurückgreifen. Diese Einschränkung gibt es aber seit QuarkXPress 7 nicht mehr, obwohl es auch dort ratsam ist, wegen der Transparenzen keine PDF-Dateien höher als PDF 1.3 zu importieren.

Die Liste der Änderungen in der Arbeitsweise könnte noch fortgesetzt werden, die wichtigen Aspekte haben wir aber behandelt. Der Umstieg auf InDesign sollte kontrolliert erfolgen. In der Praxis hat sich gezeigt, dass zumindest zwei bis drei ganze Tage Training notwendig sind, um Kreative, Setzer und Layouter vollständig in InDesign einzuführen.

Die Einführung bezieht sich auf Funktionen und geänderte Arbeitsweisen, die QuarkXPress-Anwender bisher gewohnt waren. Für Producer, also jene Personen, die InDesign-Dokumente auf ihre Produktionsreife überprüfen und dann korrigieren müssen, wird ein weiterer Tag benötigt, damit alle technischen Hintergründe, die sich durch Transparenzen und deren Reduzierung, den PDF-Export, das PostScript-Generieren usw. ergeben, vermittelt werden können.

3 Arbeitsoberfläche

Jedes Programm hat seine Eigenheiten. Die Bezeichnungen, der Umgang mit den Werkzeugen und die Bedienoberfläche müssen vom Nutzer erst angenommen werden. Werfen Sie in diesem Kapitel einen ersten Blick auf InDesign, und erfahren Sie, wie die Bedienoberfläche aufgebaut ist, wie Sie sich in einem Dokument bewegen können, wo welche Werkzeuge zu finden sind und wie die Menüs strukturiert sind.

3.1 Startbildschirm

Wenn Sie InDesign CS4 starten, erscheint zumindest das erste Mal ein Startbildschirm, der Ihnen als Anfänger sicherlich sehr hilfreich sein wird. Sie können darüber auf die zuletzt verwendeten Dokumente ❶ zugreifen, ein neues Dokument ❸ bzw. Buch oder eine neue Bibliothek erstellen oder auf die Hilfedokumente im Bereich COMMUNITY ❹, die von Adobe angeboten werden, jederzeit online zugreifen.

Wir empfehlen, diesen Startbildschirm durch Aktivierung der Option NICHT MEHR ANZEIGEN ❷ beim Starten nicht mehr anzeigen zu lassen. Sie haben darauf ohnehin über HILFE • STARTBILDSCHIRM immer Zugriff.

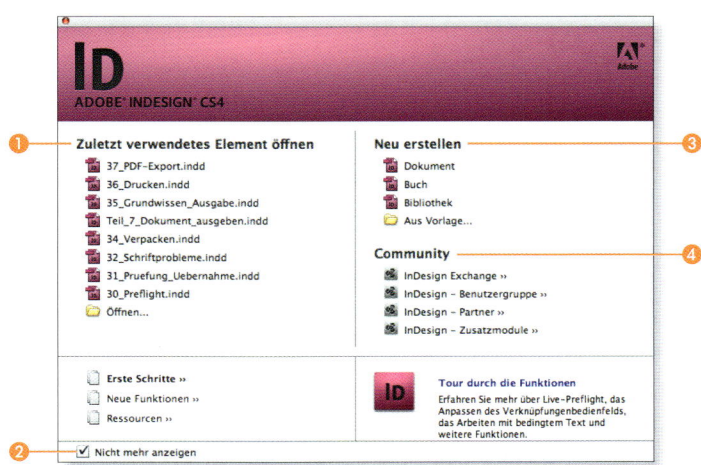

◄ **Abbildung 3.1**
Der Startbildschirm ist für Anfänger sehr hilfreich. In der täglichen Arbeit ist jedoch der Anblick dieses Dialogs morgens ohne Kaffee nicht förderlich, da Sie ihn ohnehin jedes Mal schließen.

3.2   Die Oberfläche

Wenn Sie InDesign starten, zeigt sich der Arbeitsbereich zunächst sehr aufgeräumt. Das liegt an der Strategie, die sich Adobe mit der ersten Creative Suite für die Verwaltung der Paletten – sie werden seit CS3 Bedienfelder genannt – hat einfallen lassen und in die seit der Creative Suite 4 auch Neuerungen eingebaut wurden. Wie sich die Oberfläche Ihnen präsentiert, hängt in erster Linie einmal sehr vom verwendeten Betriebssystem, von der Aktivierung der **Anwendungsleiste** und von der Aktivierung des **Anwendungsrahmens** bei Mac OS X ab.

3.2.1   Anwendungsleiste
Unter »Anwendungsleisten« werden unter Mac OS X die Steuerungsschaltflächen unterhalb der Menüleiste verstanden. Unter Windows werden die Objekte der Anwendungsleiste in der Menüleiste dargestellt.

▼ **Abbildung 3.2**
Die Anwendungsleiste aus InDesign unter Mac OS X

Die Anwendungsleiste zeigt immer den gewählten **Arbeitsbereich** ⑥ – hier BUCH SCHREIBEN – und ermöglicht einen schnellen Wechsel zwischen diesen. Darüber hinaus können Sie damit den **Zoomfaktor** ② zur Darstellung eines Dokuments ändern, die **Anzeigeoptionen** ③ steuern, den **Bildschirmmodus** ④ wechseln, die **Dokumentanordnung** ⑤ wählen, eine **Suche** ⑦ durchführen oder rasch auf Elemente wie **Adobe Bridge CS4** ① zugreifen.

Die Anwendungsleiste ist in allen Programmen der Design Suite vorhanden und kann über das Menü FENSTER • ANWENDUNGSLEISTE, wenn Sie den Anwendungsrahmen nicht aktiviert haben, aus- bzw. eingeblendet werden. Wir haben die Anwendungsleiste in diesem Buch aktiviert gehalten.

▲ **Abbildung 3.3**
ANZEIGEOPTIONEN ③

▲ **Abbildung 3.4**
BILDSCHIRMMODUS ④

3.2.2   Unterschiede zwischen den Betriebssystemen
Die Arbeitsoberfläche ist unter Windows anders organisiert als unter Mac OS X. Unter Windows läuft InDesign (wie jedes Programm) in einem Anwendungsfenster, das in seiner Größe verändert werden kann, in der Regel aber den gesamten Bildschirm belegen wird. Unter Mac OS X wird die gesamte Fläche des Bildschirms als Arbeitsoberfläche betrachtet. Mit der Creative Suite 4 hat Adobe das Verhalten von Windows – Programme laufen in einem Anwendungsfenster – für Mac OS X-Anwender ebenfalls zur Verfügung gestellt und somit eine Gleichschaltung zwischen

▲ **Abbildung 3.5**
DOKUMENT ANORDNEN ⑤

Mac OS und Windows ermöglicht. Wir können somit zwischen fünf Darstellungsversionen unterscheiden. Die nachfolgenden Abbildungen sollen diese verdeutlichen.

Standard-Oberfläche unter Mac OS X mit frei schwebenden Dokumentfenstern | Sind mehrere Dokumente geöffnet, so können Sie wie gewohnt jedes Dokument frei auf der Oberfläche anordnen, in der Größe verändern und frei verschieben.

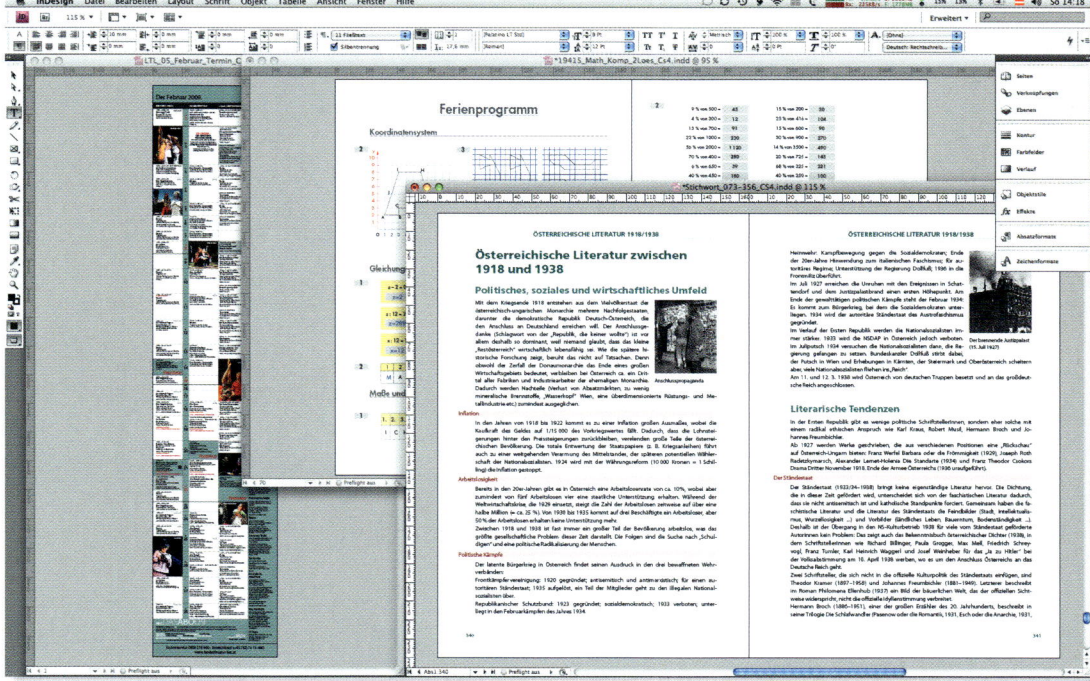

Wenn Sie die Voreinstellungen von InDesign CS4 noch nicht verändert haben, so werden Sie beobachten, dass sich geöffnete Dokumente als Registerkarten in einem Dokumentfester öffnen. Wenn Sie also die Anordnung aus Abbildung 3.6 bevorzugen, so müssen Sie über INDESIGN • VOREINSTELLUNGEN • BENUTZEROBERFLÄCHE die Option DOKUMENTE IN REGISTERKARTE ÖFFNEN deaktivieren.

Standard-Oberfläche unter Mac OS X mit der Verwaltung von mehreren Dokumenten in einem Dokumentfenster | Lassen Sie jedoch die Option DOKUMENTE IN REGISTERKARTEN ÖFFNEN aktiviert, so fasst InDesign alle geöffneten Dokumente in einem Dokumentfenster zusammen, das Sie frei auf der Oberfläche verschieben und in der Größe verändern können.

▲ **Abbildung 3.6**
Oberfläche mit frei schwebenden Dokumentfenstern

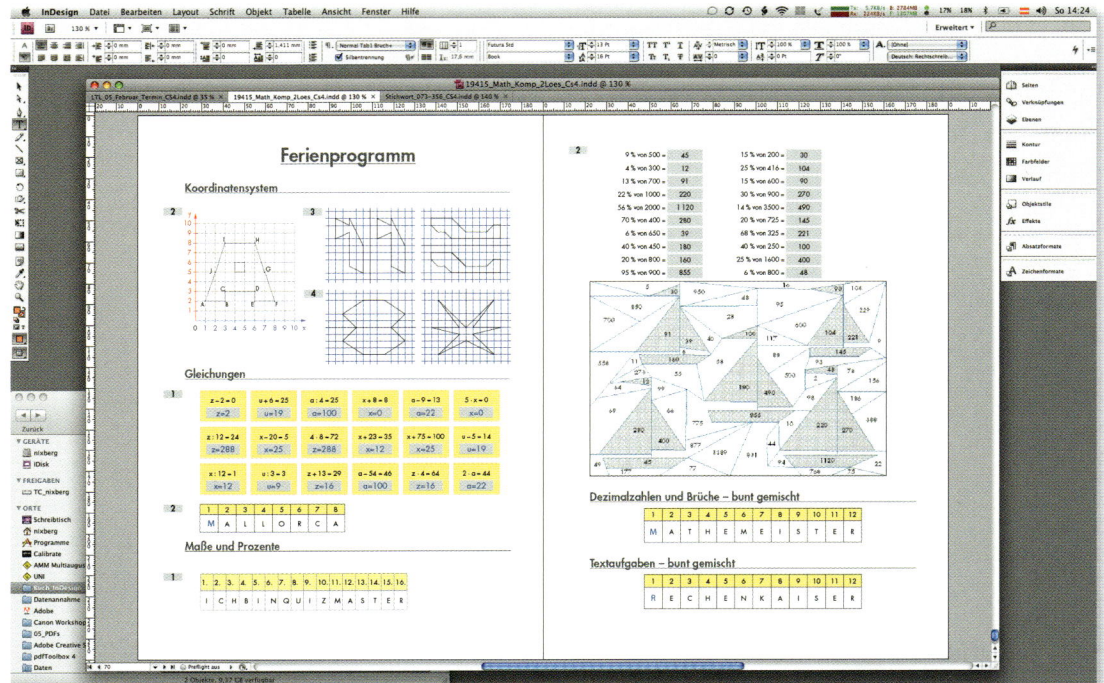

▲ Abbildung 3.7
Oberfläche mit frei schwebendem
Dokumentfenster. Die geöffneten
Dokumente sind hier in Register-
karten abgelegt.

Die einzelnen Dokumente sind dabei in Registerkarten abgelegt. Durch einen Klick auf die Registerkarte wird das Dokument in den Vordergrund gebracht. Die Oberfläche präsentiert sich dann wie in Abbildung 3.7 gezeigt.

Der Mac OS X-Anwender behält dadurch die gewohnte Arbeitsweise bei, durch Klick auf den Schreibtisch bzw. auf ein dahinterliegendes Fenster auf dieses zu wechseln oder durch Doppelklick auf den Dokumentfenstertitel das Dokumentfenster mit allen Registerkarten im Dock abzulegen. Diese Oberfläche wird den meisten Mac OS X-Anwendern wohl am sympathischsten sein. Sie ist auch die bevorzugte Arbeitsweise der Autoren.

Sie können, auch wenn Sie diese Oberflächengestaltung benutzen, jederzeit aus einem Dokument ein schwebendes Dokumentfenster erzeugen, indem Sie einfach auf die Registerkarte klicken und diese per Drag & Drop verschieben.

Mac OS X-Oberfläche mit aktiviertem Anwendungsrahmen |
Um den Mac OS X-Anwendern das annähernd gleiche Verhalten wie unter Windows zur Verfügung zu stellen, kann seit der Creative Suite 4 für jede Anwendung der Anwendungsrahmen – entspricht dem Anwendungsfenster unter Windows – eingeschaltet werden.

Sie können dieses Verhalten über den Befehl FENSTER • ANWEN-
DUNGSRAHMEN jederzeit aus- und einschalten.

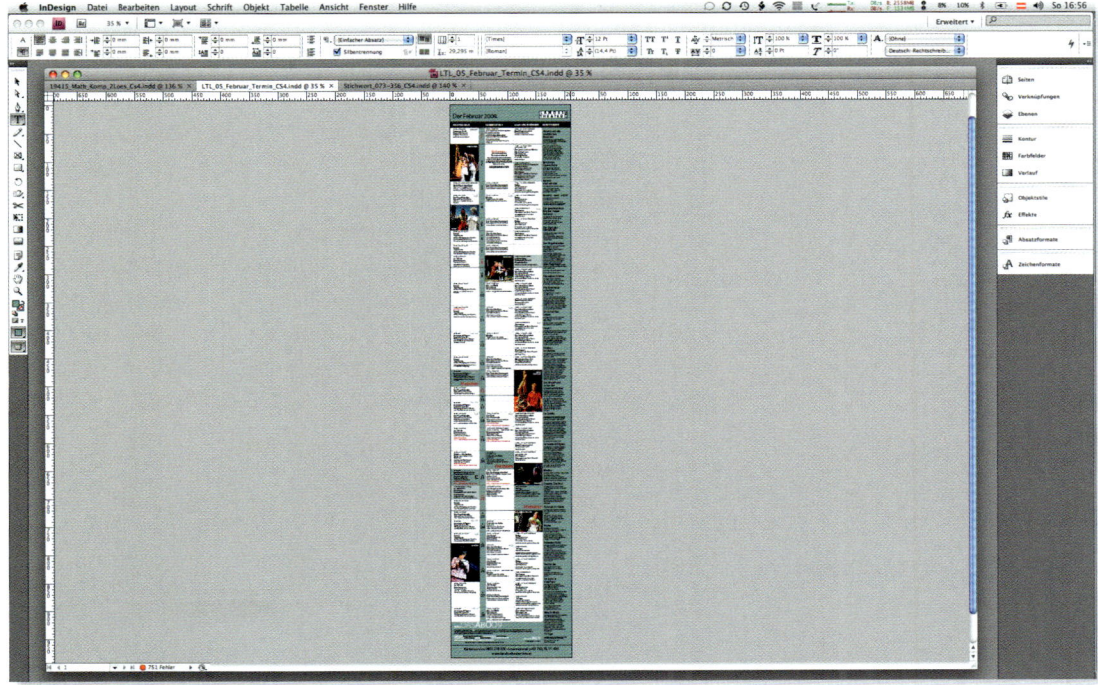

▲ Abbildung 3.8
Oberfläche mit frei schwebendem
Dokumentfenster und aktiviertem
Anwendungsrahmen. Die geöffne-
ten Dokumente sind hier in Regis-
terkarten abgelegt.

Im Unterschied zur zuvor beschriebenen Oberfläche kann nun
nicht mehr auf den Schreibtisch oder auf ein dahinterliegendes
Fenster gewechselt werden. Dafür bleiben einerseits alle anderen
gewohnten Arbeitsweisen, wie das Ablegen im Dock und das
Erzeugen von schwebenden Dokumentfenstern, erhalten, und
andererseits verhält sich der Anwendungsrahmen dann Windows-
konform: Durch einen Doppelklick auf die graue Fläche des
Anwendungsrahmens wird der Befehl ÖFFNEN ausgeführt.

Diese Oberflächenanordnung empfehlen wir Ihnen nicht, da
sich das Dokumentfenster mit allen Registerkarten der geöffneten
Dokumente oberhalb des Anwendungsrahmens befindet, weshalb
Sie somit das Dokumentfenster über die Bedienfelder und auch
über die Anwendungsleiste verschieben können. Das Arbeiten ist
damit sehr schwer möglich.

Wenn Sie die Oberfläche mit aktiviertem Anwendungsrahmen
wählen, so empfehlen wir Ihnen, immer das Dokumentfenster mit
den Registerkarten an das Steuerung-Bedienfeld anzudocken.
Dies können Sie ganz einfach durch Verschieben des Dokumentfensters an die untere Kante des Steuerung-Bedienfelds tun.
Sobald eine blaue Linie erscheint, lassen Sie die Maus los.

Windows-Oberfläche mit frei schwebendem Dokumentfenster | Wenn Sie InDesign unter Windows betreiben, fällt Ihnen im Vergleich zur Mac OS X-Oberfläche sicherlich gleich auf, dass sich die Elemente der Anwendungsleiste – ZOOMFAKTOR, ANZEIGEOPTIONEN, BILDSCHIRMMODUS und DOKUMENTE ANORDNEN – in der Menüleiste von InDesign befinden. InDesign unter Windows kennt also eine **Anwendungsleiste** nicht, weshalb auch kein Menü FENSTER • ANWENDUNGSLEISTE existiert.

Da es unter Windows ein Anwendungsfenster, in dem das Programm abläuft, geben muss, kann somit eine Oberfläche mit schwebenden Fenstern, wobei Sie auf den Desktop oder andere darunterliegende Anwendungsrahmen klicken können, nicht eingerichtet werden. Sie können jedoch ein Dokumentfenster, in dem mehrere Dokumente in Registerkarten angeordnet sind, einrichten.

▲ **Abbildung 3.9**
Oberfläche mit frei schwebendem Dokumentfenster unter Windows. Die geöffneten Dokumente sind hier in Registerkarten abgelegt.

Wie unter Mac OS X können einzelne Dokumente durch Herausziehen der Registerkarte in ein eigenes Dokumentfenster gebracht werden.

Windows-Oberfläche mit angedocktem Dokumentfenster, in dem geöffnete Dokumente in Registerkarten abgelegt sind | Diese Oberfläche entspricht der gängigsten Darstellung der Oberfläche unter Windows. Damit kann schnell zwischen den Dokumenten geswitcht werden und das gesamte Anwendungsfenster inklusive aller geöffneten Dokumente minimiert werden.

Das Andocken des Dokumentfensters funktioniert wie unter Mac OS X durch einfaches Ziehen eines Dokumentfensters an die Unterkante des Steuerung-Bedienfelds.

Wir werden in diesem Buch mit dieser Oberfläche auch unter Mac OS X arbeiten, so dass eine möglichst große Gleichschaltung zwischen den Plattformen erzielt werden kann.

▲ **Abbildung 3.10**
Oberfläche mit angedocktem Dokumentfenster unter Windows. Die geöffneten Dokumente sind hier in Registerkarten abgelegt.

3.2.3   Vereinheitlichen der Oberfläche für Mac OS X

Mac OS X-Anwender sind es gewohnt, mit schwebenden Fenstern zu arbeiten. Damit lassen sie schnell Fenster im Dock verschwinden, man kann schnell ein Fenster mal auf die Seite schieben, man kann ganz schnell auf Dokumentfenster anderer Programme switchen, und man kommt das eine oder andere Mal doch auch ungewollt auf den Schreibtisch.

Diese Möglichkeit bleibt InDesign-Anwendern unter Mac OS X, wenn sie wollen, auch so erhalten. Nach der Grundinstallation von InDesign zeigt sich das Programm mit einem schwebenden Dokumentenrahmen, in dem alle geöffneten Dokumente als Registerkarten abgelegt werden. Um eine Gleichschaltung zwischen

Wenn Sie InDesign zum ersten Mal starten, wird der Arbeitsbereich GRUNDLAGEN aktiviert. Da dieser Arbeitsbereich auch einen reduzierten Befehlsumfang vorsieht, stellen wir sofort auf den Arbeitsbereich ERWEITERT um.

Führen Sie dazu den Befehl FENSTER • ARBEITSBEREICH • [ERWEITERT] und dann den Befehl FENSTER • ARBEITSBEREICH • ERWEITERT ZURÜCKSETZEN aus. Damit kommen Sie auf den unveränderten Arbeitsbereich ERWEITERT zurück. Die Oberfläche sollte sich dann so wie in Abbildung 3.11 darstellen.

Windows und Mac OS X zu erreichen, werden wir für dieses Buch auch unter Mac OS X den Anwendungsrahmen aktivieren. Führen Sie dazu den Befehl FENSTER • ANWENDUNGSRAHMEN aus. InDesign läuft dann als Programm in einem Anwendungsfenster, womit kein Durchklicken auf den Schreibtisch oder auf dahinterliegende Fenster anderer Programme mehr möglich ist.

3.2.4 Elemente der Oberfläche

Die Beschreibung der Oberflächenelemente erfolgt anhand der Mac OS X-Oberfläche. Sollten sich Änderungen hinsichtlich der Windows-Oberfläche ergeben, so wird dies im Text angeführt.

Menüleiste ❶ | Die Darstellung der Menüleiste und auch die Anordnung einiger Befehle in den Menüs unterscheiden sich aufgrund der Gepflogenheiten der beiden Betriebssysteme.

Unter Mac OS findet sich rechts neben dem Apfel-Menü ein eigenes InDesign-Menü. Es beinhaltet neben einigen Standardbefehlen, die vom Betriebssystem zur Verfügung gestellt werden, die Befehle ÜBER INDESIGN, ZUSATZMODULE KONFIGURIEREN, VOREINSTELLUNGEN mit einer Reihe von Submenüs sowie die Befehle INDESIGN AUSBLENDEN und INDESIGN BEENDEN.

Unter Windows erreichen Sie ZUSATZMODULE KONFIGURIEREN und ÜBER INDESIGN über das HILFE-Menü, VOREINSTELLUNGEN über das BEARBEITEN-Menü und den Befehl INDESIGN BEENDEN im Menü DATEI.

▼ **Abbildung 3.11**
Die Arbeitsoberfläche von InDesign der Creative Suite 4 unter Mac OS X

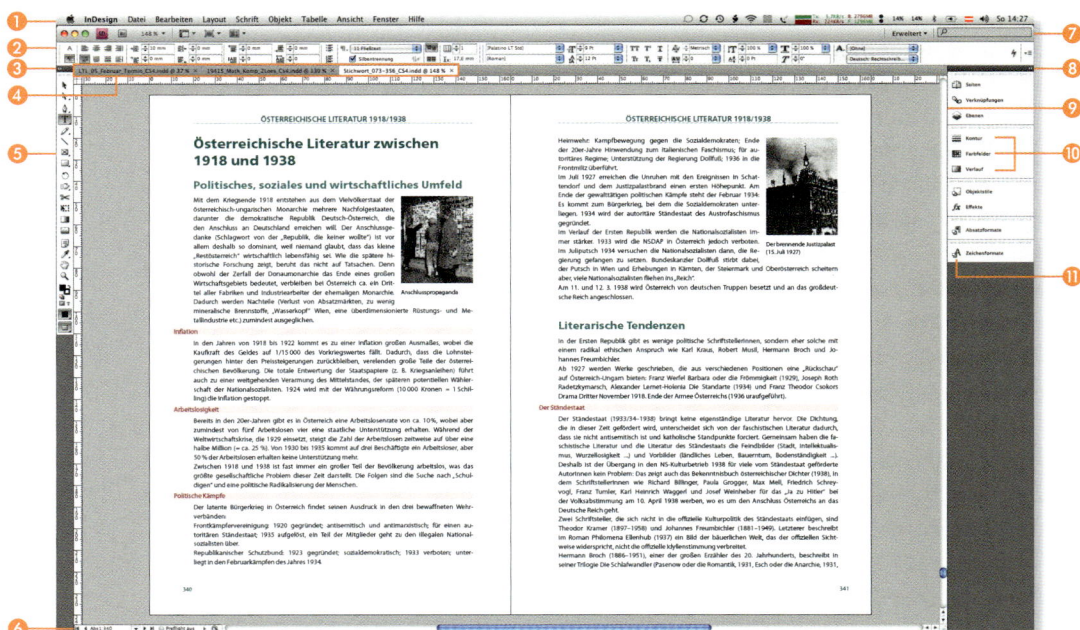

Anwendungsleiste ❼ | Die Funktionen der Anwendungsleiste werden unter Windows am Ende der Menüleiste angehängt.

Unter Mac OS X wird die Anwendungsleiste unterhalb der Menüleiste angedockt. Da wir mit aktiviertem Anwendungsrahmen arbeiten, kann sie auch nicht über FENSTER • ANWENDUNGSLEISTE deaktiviert werden.

Steuerung-Bedienfeld ❷ | Unterhalb der Anwendungsleiste finden Sie das Steuerung-Bedienfeld. Benutzern von QuarkXPress – dort heißt es Maßpalette – wird es vertraut erscheinen. Hier können die wichtigsten Parameter für das aktuell ausgewählte Objekt eingestellt und verändert werden. Das Steuerung-Bedienfeld kann, wie alle anderen Bedienfelder auch, verschoben und angedockt werden.

Auch wenn die Versuchung von QuarkXPress-Umsteigern sehr groß ist, das Steuerung-Bedienfeld an den unteren Rand zu verschieben, so raten wir davon ab. Die Beschreibung in diesem Buch geht von der Grundanordnung aus.

Dokumentfenster ❹ | Unterhalb des Steuerung-Bedienfelds befindet sich das angedockte Dokumentfenster, in dem geöffnete Dokumente in Registerkarten abgelegt sind. Das Umschalten zwischen den Registerkarten erfolgt durch einfachen Klick auf die Registerkarte oder über die Tastenkombination ⌘ + < bzw. Strg + ↹ .

Werkzeuge-Bedienfeld | Am linken Bildschirmrand wird standardmäßig das Werkzeug-Bedienfeld ❺ angezeigt, das in seiner Größe verändert und auch verschoben werden kann. Das Aussehen dieses Bedienfelds kann in den VOREINSTELLUNGEN – im Register BENUTZEROBERFLÄCHE – bzw. durch Klick auf ANDOCKEN MAXIMIEREN ❸ verändert werden. Sie sollten dieses auch maximieren.

Bedienfelder | Am rechten Bildschirmrand sind im Verankerungsbereich die Bedienfelder – sie werden benötigt, um verschiedene Einstellungen vorzunehmen – angedockt.

▶ **Darstellungsform von Bedienfeldern:** – Die **Normalformansicht** des Arbeitsbereichs ERWEITERT ist in Abbildung 3.11 zu sehen. Um die Ansicht nur auf Symbole zu beschränken (**Minimalformdarstellung**), müssen Sie lediglich den Verankerungsbereich durch Ziehen an der linken Kante ❾ – der Cursor ändert sich dabei in das Symbol ↔ – verkleinern.

Lässt sich der Verankerungsbereich nicht verkleinern, so befinden Sie sich in der **Maximalformdarstellung**, die Sie nur durch

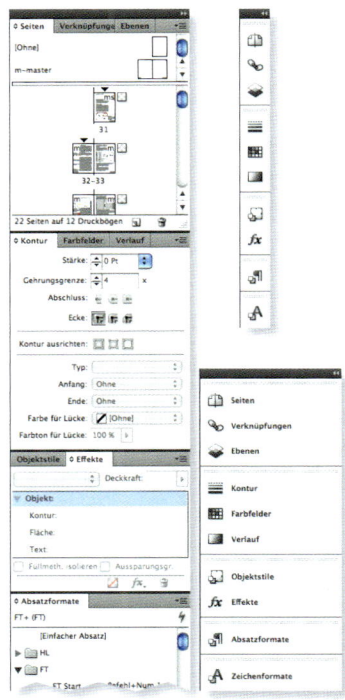

▲ **Abbildung 3.12**
Links: Verankerungsbereich in der Maximalformdarstellung;
rechts oben: Verankerungsbereich in der Minimalformdarstellung;
rechts unten: Verankerungsbereich in der Normalformdarstellung

TIPP

Speziell für den Anfänger sollte
die Option BEDIENFELDER AUTO-
MATISCH AUF SYMBOL MINIMIEREN
deaktiviert werden. Damit behalten Sie fürs Erste besser den
Überblick. Den geübten InDesig-
nern ist die Aktivierung der Option eher zu empfehlen.

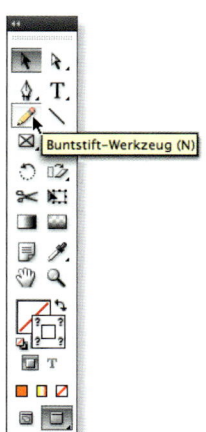

Klick auf ANDOCKEN MAXIMIEREN ❽ wieder umschalten können.

▸ **Verändern der Anordnung von Bedienfeldern:** Im Verankerungsbereich sind einzelne Bedienfelder zu Stapeln ❿ zusammengefasst. Diese können durch Klick auf die Stapel-Titelleiste
und anschließendes Ziehen aus dem Verankerungsbereich her-
aus- bzw. wieder in ihn hineingeschoben werden. Dadurch
wird der Stapel mit allen Bedienfeldern zu einem »schwebenden Bedienfeld« umfunktioniert. Diese Arbeitsweise ist Quark-
XPress-Usern und Creative-Suite-Anwendern der Vorversionen
bereits vertraut. Glücklich, wer einen eigenen Bedienfeldmo-
nitor besitzt und somit die Chance hat, einzelne Bedienfelder,
ja sogar ganze Stapel auf den dafür bereitgestellten zweiten
Monitor zu verschieben.

▸ **Eingabe in Bedienfeldern:** Um in die einzelnen Bedienfelder
zu gelangen, müssen Sie nur auf den jeweiligen Eintrag bzw.
auf die Symbole ⓫ der einzelnen Bedienfelder klicken. Dadurch
werden diese in zweiter Reihe in einem eigenständigen Fenster
geöffnet. Ob Bedienfelder geöffnet bleiben oder nach dem
Verlassen des Feldes geschlossen werden, hängt von den
getroffenen Voreinstellungen ab. Möchten Sie, dass Ihr Bedienfeld so lange geöffnet bleibt, bis Sie ein anderes Bedienfeld
anklicken, so deaktivieren Sie in den VOREINSTELLUNGEN im
Register BENUTZEROBERFLÄCHE die Option BEDIENFELDER AUTO-
MATISCH AUF SYMBOL MINIMIEREN.

Statuszeile ❻ | Der untere Rand des Dokuments wird durch die
Statuszeile begrenzt. In der Statuszeile kann eine Seitennavigation
erfolgen, und es wird in InDesign CS4 der Status der neu hinzu-
gekommenen Preflightmöglichkeit angezeigt.

Für alle Objekte auf der Arbeitsoberfläche gilt, dass kurze Informationen über ihre Funktionen bzw. Inhalte – die **QuickInfo** –
angezeigt werden, wenn Sie den Mauszeiger über einem Werkzeug oder Symbol positionieren. In diesem Fall taucht rechts unter
dem entsprechenden Element ein kleines, gelbes Feld auf, das den
Namen des Werkzeugs mit dem entsprechenden Tastaturbefehl
oder eine kurze Erklärung zur Funktion des Elements enthält.

Gerade für Anfänger, aber auch für Umsteiger ist diese Funktion praktisch. Wenn in diesem Buch etwa vom »Buntstift« die
Rede sein wird, kann das entsprechende Werkzeug im Werkzeug-
Bedienfeld leichter gefunden werden, wenn Sie den Mauszeiger
einmal über dem Werkzeug-Bedienfeld kreisen lassen und die
auftauchenden QuickInfos beobachten. Die Einblendgeschwin-

digkeit können Sie dazu unter VOREINSTELLUNGEN • BENUTZER-
OBERFLÄCHE durch Auswahl der Option QUICKINFO verändern.

3.3 Bedienfelder

Grundsätzlich ist zwischen zwei Arten von Bedienfeldern zu
unterscheiden.

▶ **Bedienfelder zur Grundbedienung:** Ein Teil der Bedienfelder,
  nämlich das Werkzeug- und das Steuerung-Bedienfeld, beziehen sich auf die Grundbedienung des Programms.
  InDesign nimmt in der Grundeinstellung beim Anlegen eines
  neuen Dokuments auf diese beiden Bedienfelder Rücksicht
  und passt das neue Fenster so in die Arbeitsoberfläche ein, dass
  es nicht mit den beiden Bedienfeldern kollidiert. Dies gilt auch
  dann, wenn Sie die Standardposition der beiden Bedienfelder
  verändern. Das Steuerung-Bedienfeld kann allerdings vom
  Benutzer als schwebendes Bedienfeld – so wie es QuarkXPress-
  Anwender kennen – über der Arbeitsoberfläche positioniert
  werden. In diesem Fall wird der Platzbedarf ignoriert.

▶ **Erweiterte Bedienfelder:** Die zweite Art von Bedienfeldern
  dient der Feineinstellung verschiedener Attribute von Layoutelementen. In den unterschiedlichen Situationen der Layout-
  entwicklung oder abhängig vom jeweiligen Arbeitsauftrag werden nicht alle Funktionen benötigt. Die nicht benötigten
  Bedienfelder können bei Bedarf auf Symbole reduziert oder
  ganz geschlossen werden. Sie können vom Benutzer konfiguriert und angeordnet werden, wie es für die jeweilige Situation
  am besten erscheint.

3.3.1 Das Werkzeug-Bedienfeld

Im Werkzeug-Bedienfeld befinden sich alle Werkzeuge, die Sie zur
Bearbeitung der einzelnen Layoutobjekte benötigen. Ihre jeweilige Funktion werden wir Ihnen in den nachfolgenden Kapiteln
erklären. Sie können das Werkzeug-Bedienfeld am oberen Rand ❶
mit der Maus »greifen« und an eine beliebige Stelle auf dem Bildschirm bewegen. Dabei überdeckt das Werkzeug-Bedienfeld
immer sowohl das Dokumentfenster als auch das Steuerung-
Bedienfeld. Die übrigen Bedienfelder können auch das Werkzeug-
Bedienfeld verdecken.

  Das Werkzeug-Bedienfeld verhält sich beim Verschieben wie
alle anderen Bedienfelder auch. Bedienfelder docken automatisch
an, wenn Sie in die Gegend des linken oder rechten Randes der
Arbeitsoberfläche bzw. in die Nähe eines bestehenden Veranke-

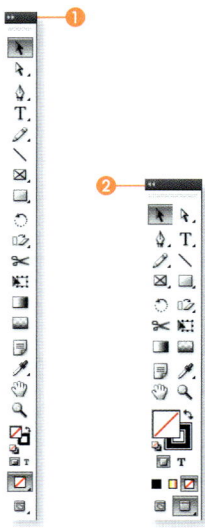

▲ **Abbildung 3.15**
Links: einspaltiges Werkzeug-
Bedienfeld; rechts: zweispaltiges
Werkzeug-Bedienfeld

rungsbereichs kommen. Das erleichtert es Ihnen, Bedienfelder platzsparend und exakt an besonders sinnvollen Positionen abzulegen.

Darüber hinaus können Sie die Anordnung der Werkzeuge im Werkzeug-Bedienfeld beeinflussen, indem Sie auf die Pfeile ② am oberen Rand des Bedienfelds klicken. Beim ersten Klick werden alle Werkzeuge in einer Reihe untereinander dargestellt; beim nächsten Klick werden die Werkzeuge ebenfalls einreihig angeordnet, dann allerdings horizontal.

TIPP

Benutzer, die gerne den linken Rand der Arbeitsoberfläche frei von Bedienfeldern haben, sollten einfach die Werkzeuge als zweiten Verankerungsbereich an der rechten Seite andocken.

Abbildung 3.16 ▸
Einzeiliges Werkzeug-Bedienfeld

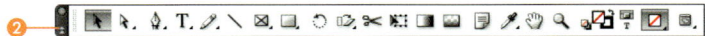

Mit einem weiteren Klick stellen Sie den Ursprungszustand wieder her. Um eine generelle Änderung der Darstellung des Werkzeug-Bedienfelds vorzunehmen, ändern Sie die Einstellung unter VOREINSTELLUNGEN • BENUTZEROBERFLÄCHE durch Auswahl in der Option VERSCHIEBBARES WERKZEUGBEDIENFELD.

3.3.2 Das Steuerung-Bedienfeld

Sie können das Steuerung-Bedienfeld mit dem Menü FENSTER • STEUERUNG oder dem Tastaturkürzel [Strg]+[Alt]+[6] bzw. [⌘]+[⌥]+[6] ein- oder ausblenden.

Hinweis für PageMaker-Umsteiger und CS3-Anwender

Die PageMaker-Anwendern bekannte **Befehlsleiste** stand bis InDesign CS3 unter FENSTER • OBJEKT UND LAYOUT zur Verfügung. Speziell für Umsteiger von Adobe PageMaker war diese Leiste sehr hilfreich.

Mit InDesign CS4 müssen Sie leider davon Abschied nehmen. Die Befehlsleiste wurde ersatzlos gestrichen.

Manipulation des Steuerung-Bedienfelds | Im Normalzustand erscheint das Bedienfeld unter der Menüleiste angedockt. Allerdings kann das Steuerung-Bedienfeld über die Bedienfeldleiste ③ aus dieser Position gezogen werden, womit es sich in ein normales schwebendes Bedienfeld verwandelt.

Aus dem schwebenden Zustand kann das Bedienfeld wieder über die Titelleiste an seine ursprüngliche Position unter der Menüleiste verschoben und angedockt werden.

▲ Abbildung 3.17
Auch das Steuerung-Bedienfeld besitzt ein Bedienfeldmenü.

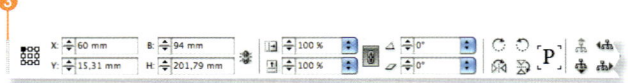

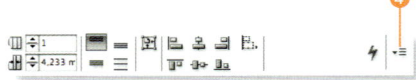

Darüber hinaus verfügt das Steuerung-Bedienfeld, so wie jedes andere Bedienfeld, über ein Bedienfeldmenü ④, über das die Position und der Zustand des Bedienfelds – angedockt oder nicht – mit den drei Befehlen OBEN ANDOCKEN, UNTEN ANDOCKEN und VERSCHIEBBAR, eingestellt werden können. Leider wurde das Symbol für das Bedienfeldmenü ▾≡ von Adobe extrem klein gewählt, was es für den Einsteiger in InDesign schwierig macht, die Funktionen zu finden.

Funktionen des Steuerung-Bedienfelds | Das Steuerung-Bedienfeld ist kontextsensitiv – das bedeutet, die Parameter, die zur Verfügung stehen, ändern sich abhängig vom Objekt, das gerade zur Bearbeitung ausgewählt ist.

▸ **Kontrolle von Objekten:** Sind Objekte – Text-, Bildrahmen oder lediglich ein Pfad – in InDesign ausgewählt, so können hier unter anderem die Position, die Transformation, die Konturstärke, der Konturenstil, die Effekte und die Konturenführung bestimmt werden. Sind mehrere Objekte ausgewählt, so kann darüber hinaus auch noch deren Anordnung zueinander gewählt werden.

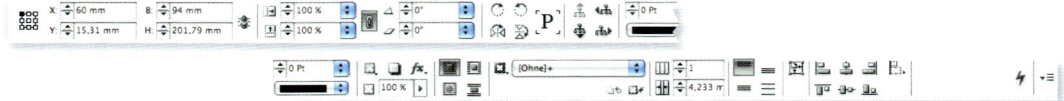

Wenn Sie einen Text- oder einen Bildrahmen gewählt haben, können die Parameter im Bedienfeld darüber hinaus noch variieren.

▸ **Kontrolle von Tabellen:** Ist eine Tabelle ausgewählt, so sehen Sie die dazu benötigten Befehle zum Bestimmen der vertikalen Ausrichtung bzw. der Drehung des Textes in der Zelle, der Zellenhöhe und Zellenbreite, der Anzahl der Spalten und Zeilen in der Tabelle, des Einzugs des Textes in Zellen und für eine eventuelle Zuweisung von Tabellen- oder Zellenformaten.

▲ **Abbildung 3.18**
Das Steuerung-Bedienfeld, wenn ein Textrahmen ausgewählt ist

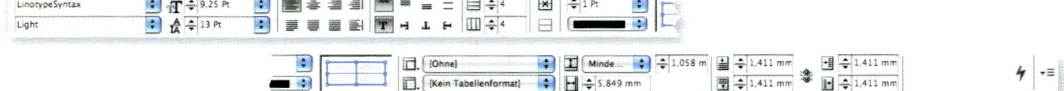

Es stehen natürlich auch Textformatierungsmöglichkeiten zur Verfügung. Diese sind jedoch auf die Auswahl der Schrift bzw. des Schriftschnittes, der Schriftgröße und des Zeilenabstands und der horizontalen Ausrichtung des Textes beschränkt. Sobald Sie eine erweiterte Textformatierung vornehmen wollen, müssen Sie speziell in der Formatierung von Tabellen auf das Absatz- und Zeichen-Bedienfeld zurückgreifen.

▸ **Kontrolle über Texte:** Sobald das Textwerkzeug T ausgewählt ist, zeigt das Steuerung-Bedienfeld die Optionen für Zeichenformatierung A und Absatzformatierung ¶ an.

▲ **Abbildung 3.19**
Das Steuerung-Bedienfeld, wenn eine Tabelle ausgewählt ist

▾ **Abbildung 3.20**
Das Steuerung-Bedienfeld, wenn das Textwerkzeug ausgewählt ist

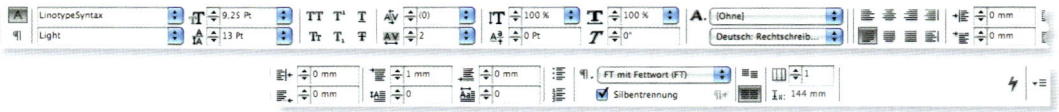

Da speziell bei kleineren Monitoren nicht alle Funktionen in einem Bedienfeld untergebracht werden können, lässt sich das Bedienfeld zwischen den beiden Formatierungszuständen ABSATZ und ZEICHEN umschalten. Natürlich gibt es auch dafür eine Tastenkombination: Strg+Alt+7 bzw. ⌘+⌥+7.

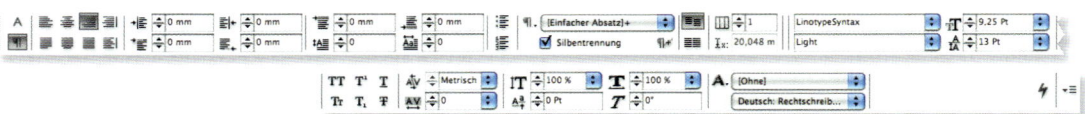

InDesign passt die Anzahl der dargestellten Funktionen intuitiv an die Länge der zur Verfügung stehenden Fläche an. Selbst wenn Sie den Anwendungsrahmen in der Größe verändern, ändert sich die Anzahl der Funktionen im Steuerung-Bedienfeld.

Konfiguration des Steuerung-Bedienfelds | Wenn Sie im Laufe Ihrer Arbeit bemerken, dass Sie gewisse Funktionen niemals über das Steuerung-Bedienfeld ausführen, so können Sie den Umfang der Funktionen selbst bestimmen, indem Sie im Bedienfeldmenü die Funktion ANPASSEN aufrufen.

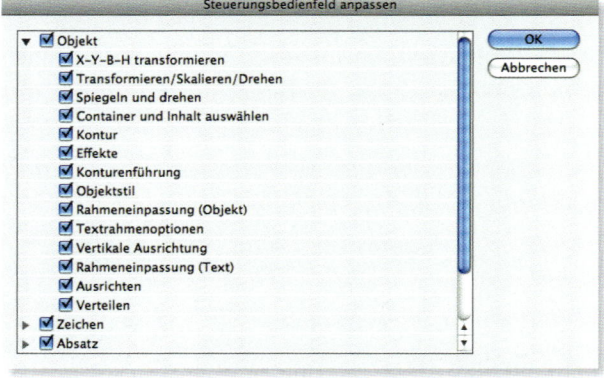

Abbildung 3.22 ▶
Durch Deaktivieren von Funktionen im Dialog STEUERUNGSBEDIENFELD ANPASSEN kann ein sehr schlankes Steuerung-Bedienfeld für jeden Arbeitsbereich angelegt werden.

Zu den zuvor beschriebenen Bereichen OBJEKT, ZEICHEN, ABSATZ, TABELLE und ANDERE können einzelne Funktionen für die Anzeige deaktiviert werden. Im Bereich ANDERE kann nur die SCHNELL ANWENDEN-Option ein- bzw. ausgeschaltet werden.

3.3.3 Bedienfeldstapel

Am rechten Rand befindet sich der Verankerungsbereich, in dem eine Reihe von Bedienfeldstapeln – sie sind optisch durch eine Trennlinie ❸ abgehoben – liegt. Beim gewählten Arbeitsbereich ERWEITERT werden dabei die Bedienfelder im Verankerungsbereich in der Normalformdarstellung zur Verfügung gestellt.

Sie können mit einem Klick auf ein Bedienfeldsymbol bzw. auf den Namen des Bedienfelds den gesamten Bedienfeldstapel aufklappen (Maximalformdarstellung) und dann zwischen den einzelnen Bedienfeldern durch Klick auf den Reiter umschalten.

Hinzufügen und Herauslösen von Bedienfeldern | Das Hinzufügen eines weiteren Bedienfelds zu einem bereits vorliegenden Stapel funktioniert durch Ziehen des gewünschten Bedienfelds in den Stapel – klicken Sie dabei auf den Bedienfeldnamen ❷. Das Herauslösen eines Bedienfelds aus einem Stapel funktioniert auf dieselbe Art und Weise.

Ändern der Bedienfeld-Reihenfolge im Stapel | Das Anordnen der Reihenfolge in einem Stapel kann mit InDesign durch einfaches Verschieben des Bedienfeldnamens ❷ bzw. des Bedienfeldsymbols im Verankerungsbereich bzw. im Stapel erfolgen.

Ändern der Bedienfeldstapel-Reihenfolge im Verankerungsbereich | Um einen gesamten Bedienfeldstapel im Verankerungsbereich an eine andere Stelle zu verschieben, greifen Sie den Stapel an der Stapelkopflinie ❶ an, und verschieben Sie dann den Stapel an die gewünschte Stelle. Beachten Sie dabei, dass die Stapeltrennlinie zwischen den Stapeln, wie in Abbildung 3.24 links gezeigt, blau wird.

Bedienfelder eines Stapels in einen anderen Stapel verschieben | Gehen Sie dazu wie zuvor beschrieben vor. Beachten Sie jedoch dabei, dass dieses Vorhaben nur dann funktioniert, wenn die Stapelkopflinie ❹ des Zielstapels, wie in Abbildung 3.24 rechts abgebildet, blau wird.

Schließen von Bedienfeldern | Während das Schließen eines Bedienfelds in InDesign CS3 durch Klick auf das Symbol × neben dem Bedienfeldnamen erfolgte, so kann dies seit InDesign CS4 nur mehr über das Kontextmenü – Rechtsklick auf den Bedienfeldnamen – über den Befehl Schliessen oder durch Deaktivieren des Bedienfeldnamens im Menü Fenster erfolgen.

Ausblenden eines Bedienfeldstapels | Das Ausblenden eines Stapels kann, je nach gewählter Voreinstellung, erledigt werden,

▸ indem Sie ein anderes Bedienfeld in einem anderen Stapel anklicken – die Option Bedienfelder automatisch auf Symbole minimieren im Register Benutzeroberfläche in den Voreinstellungen ist deaktiviert –, oder

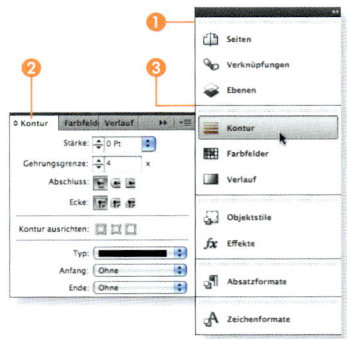

▲ **Abbildung 3.23**
Durch Klick auf das Stapelsymbol öffnet sich der Stapel in der Maximaldarstellungsform.

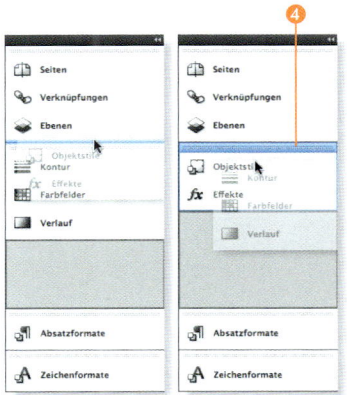

▲ **Abbildung 3.24**
Links: Verschieben eines Bedienfeldstapels an eine andere Position im Verankerungsbereich;
rechts: Verschieben von Bedienfeldern in einen anderen Bedienfeldstapel

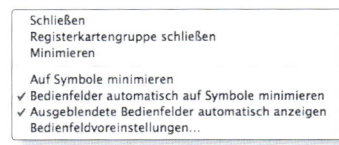

▲ **Abbildung 3.25**
Über das Kontextmenü bei Bedienfeldern können die wesentlichen Arbeitsschritte abgebildet werden.

▲ Abbildung 3.26
Das Farbfelder-Bedienfeld wurde durch Klick in den grauen Bereich im Bedienfeldkopf minimiert. Diese Minimierung gilt jedoch nur für dieses Bedienfeld. Wird beispielsweise auf das Kontur-Bedienfeld umgeschaltet, so zeigt sich dieses in seiner zuletzt getroffenen Einstellung.

Abbildung 3.27 ▶
Links: Bedienfelder in maximierter Form mit eingeblendeten Optionen;
Mitte: Bedienfelder in maximierter Form, jedoch mit ausgeblendeten Optionen;
rechts unten: Bedienfelder in minimierter Form;
rechts oben: Bedienfelder in der Symboldarstellung ⑤, welche Sie durch Doppelklick auf die Bedienfeldstapel-Kopfleiste erhalten

HINWEIS

Den von uns vorgeschlagenen Arbeitsbereich – er beinhaltet auch die Bedienfeldanordnung – finden Sie auf der Buch-DVD im Verzeichnis Settings • Arbeitsbereiche unter dem Namen »Layouten.xml«. Wie Sie diesen Arbeitsbereich zur Verfügung stellen, erfahren Sie in diesem Kapitel auf Seite Seite 84.

▶ indem Sie im Dokument ein Objekt anwählen oder in einen leeren Bereich klicken – die Option BEDIENFELDER AUTOMATISCH AUF SYMBOLE MINIMIEREN im Register BENUTZEROBERFLÄCHE ist aktiviert.

Das Minimieren und Maximieren von Bedienfeldern | Das Minimieren des Bedienfeldstapels kann durch Klick auf den grauen Bereich ② im Bedienfeldkopf oder durch Auswahl des Befehls MINIMIEREN aus dem Kontextmenü erfolgen. Das Maximieren des Bedienfelds erfolgt analog dazu.

Durch Doppelklick auf den jeweiligen Bedienfeldnamen ① oder durch einfachen Klick auf das Symbol ⬍ im Registerfeld können Sie darüber hinaus die einzelnen Bedienfelder minimieren, maximieren bzw. zusätzlich die Optionen – falls vorhanden – im Bedienfeld anzeigen oder ausblenden lassen.

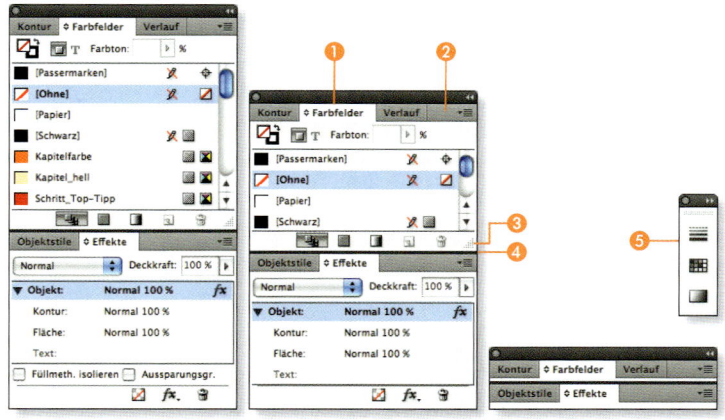

Nicht jedes Bedienfeld bietet Optionen an. Wie in Abbildung 3.27 zu sehen ist, wird das Farbfelder-Bedienfeld in der maximierten Darstellung ohne Optionen etwas kleiner dargestellt. Hingegen fehlen beim Effekte-Bedienfeld die Optionen FÜLLMETH. ISOLIEREN und AUSSPARUNGSGR. zur Gänze.

3.3.4 Bedienfelder im Verankerungsbereich für die beabsichtigte Arbeitsweise einrichten

Normalerweise gönnen sich Layouter und Grafiker den Luxus eines zweiten Monitors, der nur zur Ablage von Bedienfeldern bzw. zur Anzeige der Adobe Bridge verwendet wird. Da sich in wirtschaftlich etwas müderen Zeiten oft dieser Luxus nicht ausgeht, müssen alle Bedienfelder möglichst platzsparend am Monitor angeordnet werden. Aus diesem Grund möchten wir Ihnen eine Bedienfeldanordnung ans Herz legen, mit der Sie beim Durch-

arbeiten des Buches und auch für Ihre tägliche Arbeit gut zurechtkommen werden. Doch zuerst ein paar allgemeine Hinweise.

Verankerungsbereich mehrspaltig machen | Ein Bedienfeldsta-
pel kann durch Ziehen als zusätzlicher Verankerungsbereich neben
dem ersten angedockt werden (linkes Bild in Abbildung 3.28).
Durch Schieben eines Bedienfelds oder Bedienfeldstapels zwischen zwei bestehende Verankerungsbereiche kann dieser dazwischen eingefügt werden (rechtes Bild in Abbildung 3.28).

Veränderung der Höhe und der Breite eines Bedienfelds | Die
Höhe des Bedienfelds – in der Maximalformdarstellung – kann bei
einem schwebenden Stapel oder in einem Verankerungsbereich
mit den Angreifern ❸ bzw. im Verankerungsbereich durch Verschieben der Linie ❹ (Abbildung 3.27) verändert werden.

Die Breite lässt sich im schwebenden Zustand nicht bei allen
Bedienfeldern verändern. Die Breite des Verankerungsbereichs
kann durch Verschieben der linken Kante – es erscheint das Ver-
schieben-Symbol ❻ – verändert werden. Beachten Sie jedoch
auch hier, dass der Verankerungsbereich in der Maximalformdarstellung gewisse Breiten von Bedienfeldern nicht unterschreiten
kann. In der Normalformdarstellung kann die Breite des Verankerungsbereichs auf das Symbol reduziert werden.

Schritt für Schritt: Bedienfeldanordnung für den täglichen Gebrauch einrichten

1 **Ausgangspunkt – Arbeitsbereich [Erweitert]**
Wenn Sie den Hinweiskasten »Arbeitsvorbereitung« auf Seite 68
ausgeführt haben, so müsste sich der Verankerungsbereich wie
auf Seite 68 abgebildet, darstellen. Wählen Sie ansonsten den Befehl Fenster • Arbeitsbereich • [Erweitert] aus.

2 **Reduzieren auf Symbole und den zweiten Verankerungs-bereich anlegen**
Die Normalformdarstellung des Verankerungsbereichs reduzieren
Sie auf Bedienfeldsymbole, indem Sie auf die linke Kante des Ver-
ankerungsbereiches zeigen und mit dem Symbol ⬌ die Breite des
Verankerungsbereiches auf die Symbole minimieren. Das Ergeb-
nis ist im linken Bild der Abbildung 3.30 zu sehen.

Danach docken Sie das Symbol des Seiten-Bedienfelds durch
Verschieben des Symbols ⬚ an der rechten Kante des Verankerungsbereichs an (rechtes Bild).

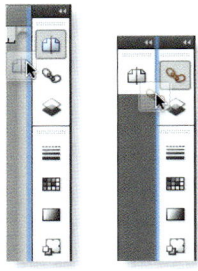

▲ **Abbildung 3.28**
Links: Das Bedienfeld Seiten wird
an der linken Kante des Verankerungsbereichs angedockt.
Rechts: Das Bedienfeld Verknüpfungen wird zwischen den Verankerungsbereichen eingefügt.

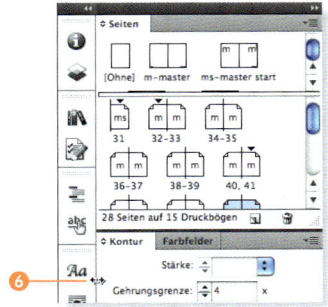

▲ **Abbildung 3.29**
Die Breite des Verankerungsbereichs in der Maximalformdarstellung kann gewisse Maße nicht unterschreiten.

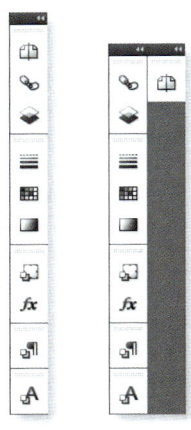

▲ **Abbildung 3.30**
Ergebnis von Schritt 2

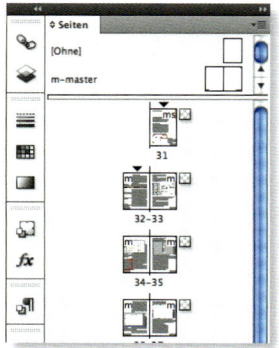

▲ **Abbildung 3.31**
Der rechte Verankerungsbereich
wird in der Maximalformdarstellung, der linke Verankerungsbereich
in der Symboldarstellung angezeigt.

Abbildung 3.32 ▶
In den BEDIENFELDOPTIONEN des
Seiten-Bedienfelds kann die Anord-
nung der Doppelseiten in einer ver-
tikalen Form geändert werden.
Deaktivieren der Option VERTIKAL
ANZEIGEN ❶ lässt die Doppelseiten-
anordnung in horizontaler Form zu.

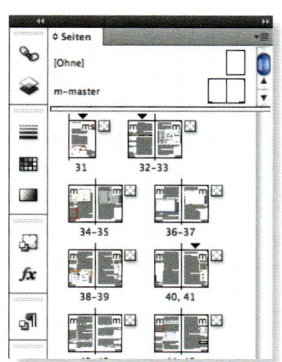

▲ **Abbildung 3.33**
Ergebnis von Schritt 3

3 **Seiten-Bedienfeld konfigurieren**

Als Nächstes erweitern wir die Darstellungsform des rechten Verankerungsbereichs auf die Maximalformdarstellung. Dazu klicken
Sie einmalig auf das BEDIENFELD ERWEITERN-Symbol ▬◀◀ im Kopfbereich des Verankerungsbereichs.

Die Verankerungsbereiche zeigen sich dann wie in Abbildung
3.31 dargestellt. Das Seiten-Bedienfeld nimmt nun die gesamte
Höhe des verfügbaren Platzes im Verankerungsbereich ein, der
linke Verankerungsbereich bleibt auf Symbole reduziert.

Da wir mit dem verfügbaren Platz haushalten müssen, empfehlen wir, an dieser Stelle die vertikale Anordnung der Doppelseiten im Seiten-Bedienfeld auf eine platzsparendere Form umzustellen. Rufen Sie dazu im Bedienfeldmenü die BEDIENFELDOPTI-
ONEN auf, und deaktivieren Sie im Bereich SEITEN die Option
VERTIKAL ANZEIGEN ❶.

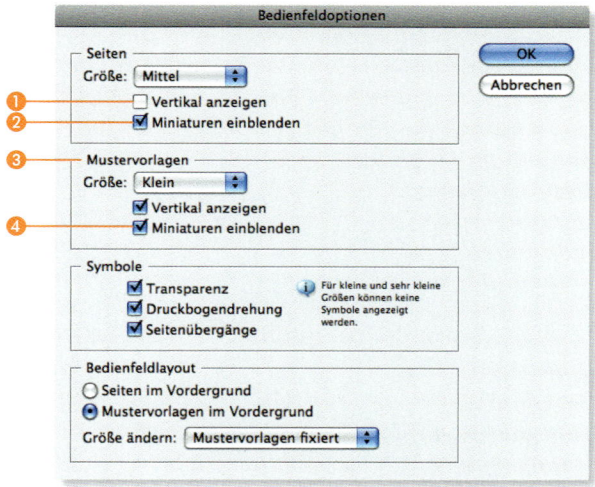

Damit werden die Doppelseiten nun im Seitenbereich horizontal
angeordnet. Ob Sie das auch für die MUSTERVORLAGEN ❸ machen
wollen, bleibt Ihnen vorbehalten.

Sollten Sie jedoch ein leistungsschwaches System besitzen, so
empfehlen wir, hier zusätzlich die Option MINIATUREN EINBLEN-
DEN (❷ bzw. ❹) für beide Bereiche zu deaktivieren.

4 **Weitere Bedienfelder hinzufügen und die Verankerungsbereiche fertigstellen**

In Abbildung 3.34 sehen Sie den fertig konfigurierten Verankerungsbereich, der aus zwei Verankerungsbereichen besteht:

▶ **Rechter Verankerungsbereich:** Darin werden die Bedienfelder, welche zum Layouten am häufigsten verwendet werden,

in der Maximalformdarstellung gezeigt. Die Breite dieses Bereichs sollte den Erfordernissen, die sich aus den einzelnen Bedienfeldern ergeben – es sollen alle Spalten im Verknüpfungen-Bedienfeld angezeigt werden –, angepasst werden.

▶ **Linker Verankerungsbereich:** Darin werden alle jene Bedienfelder eingefügt, die seltener verwendet werden müssen. Bedienfelder, die Sie überhaupt nie benötigen, sollten auch in diesem Bereich nicht aufgenommen werden.

Konfigurieren Sie nun den rechten Verankerungsbereich, indem Sie die vorgesehenen Bedienfelder über das Menü Fenster aufrufen und dann an die vorgesehene Stelle verschieben.

▶ Ebenen: Stellen Sie diese rechts neben das Seiten-Bedienfeld.

▶ Farbfelder: Docken Sie unterhalb des Seiten-Bedienfelds das Farbfelder-Bedienfeld an. Verschieben Sie dazu das Bedienfeld an die untere Kante des Seiten-Bedienfelds, bis ein blauer Strich erkennbar ist.

▶ Kontur: Dieses Bedienfeld – es dient der Eingabe von Konturstärken und -formen – wird neben den Farbfeldern eingefügt.

▶ Absatz- und Zeichenformate: Die Bedienfelder zum Anlegen und Zuweisen von Typoformaten werden unterhalb des Objektstapels Farbfelder und Kontur angedockt.

▶ Verknüpfungen: Der permanente Überblick über die verknüpften Datenbestände ist wichtig. Docken Sie dieses Bedienfeld ganz unten alleinstehend an, und blenden Sie die Verknüpfungsinformationen aus.

Konfigurieren Sie nun den linken Verankerungsbereich mit den von uns vorgeschlagenen Bedienfeldstapeln.

▶ Preflight 🔲 und Informationen 🔵: Der erste Stapel dient der Kontrolle des Dokuments und dem Auslesen von Informationen zu ausgewählten Objekten. Beachten Sie, dass das Bedienfeld Preflight über das Menü Fenster • Ausgabe aufgerufen werden muss.

▶ Separations- 🔲 und Reduzierungsvorschau 🔲: Die Bedienfelder werden zur Kontrolle von Dokumenten benötigt. Auch sie befinden sich unter Fenster • Ausgabe.

▶ Objektstile 🔲 und Effekte *fx*: Damit können Effekte und Stile einzelnen Objekten zugewiesen werden.

▶ Verlauf 🔲 und Konturenführung 🔲: Modifizieren Sie damit Verläufe bzw. bestimmen Sie, wie Texte verdrängt (konturengeführt oder umflossen) werden sollen.

▶ Zeichen 🅰, Absatz ¶ und Glyphen *fx*: Speziell beim Editieren von Tabellen müssen Sie öfter auf Zeichen- und Absatzforma-

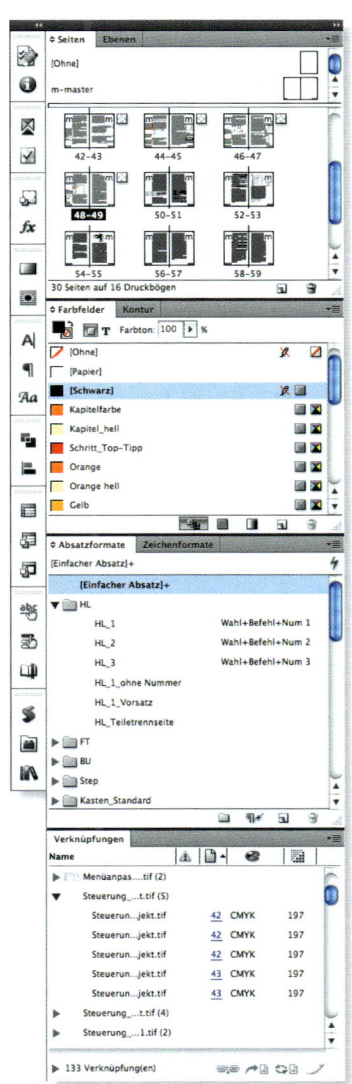

▲ **Abbildung 3.34**
Ergebnis von Schritt 4 – eine übersichtliche und praxisgerechte Anordnung der Verankerungsbereiche

Andocken von Bedienfeldern

Auch schwebende Bedienfelder können untereinander an einen Stapel angedockt werden. Ziehen Sie dazu ein Bedienfeld an seinem Bedienfeldnamen an die Unterkante eines anderen schwebenden Bedienfelds, bis ein blauer Strich erscheint. Die beiden Bedienfelder werden dann untereinander in einem Bedienfeldstapel zusammengefasst und können miteinander bewegt werden.

tierungen zurückgreifen. Dazu sollten Sie diese Bedienfelder im Griff haben. Absatz- und Zeichenformatierung erledigen Sie ja normalerweise über das Steuerung-Bedienfeld. Über GLYPHEN haben Sie Zugriff auf alle verfügbaren Sonderzeichen der aktuell gewählten Schrift.

- PATHFINDER und AUSRICHTEN: Viel Arbeit können Sie sich beim Erstellen von geometrischen Formen und bei deren Ausrichtung über diese Bedienfelder sparen. Ob Sie das Ausrichten-Bedienfeld auf Grund der magnetischen Hilfslinien noch benötigen, entscheiden Sie selbst. Beide Bedienfelder finden Sie unter FENSTER • OBJEKT UND LAYOUT.
- TABELLE, TABELLENFORMATE und ZELLENFORMATE: Damit können Tabellen bis ins Detail formatiert und für eine spätere Aktualisierung aufbereitet werden. Alle drei Bedienfelder bekommen Sie, wenn Sie das Bedienfeld TABELLE unter FENSTER • SCHRIFT UND TABELLEN aufrufen.
- HYPERLINKS, SCHALTFLÄCHEN und LESEZEICHEN: Diese Bedienfelder werden beim Erstellen von interaktiven Dokumenten am häufigsten benötigt. Sie können diese Bedienfelder über FENSTER • INTERAKTIV aufrufen. Sollten Sie viele interaktive Dokumente erstellen, ist zu überlegen, ob Sie sich dafür nicht einen gesonderten Arbeitsbereich einrichten.
- SKRIPTEN, KULER und BEISPIELSCHALTFLÄCHEN: Greifen Sie darüber auf mitgelieferte Skripte, die Online-Farbhilfe KULER und auf Beispielschaltflächen zurück.

Diese Anordnung wird Ihnen helfen, den Überblick über die hunderten Möglichkeiten und die vielen Bedienfelder zu wahren. Probieren Sie es aus! ■

3.3.5 Aufbau und Funktionen von Bedienfeldern

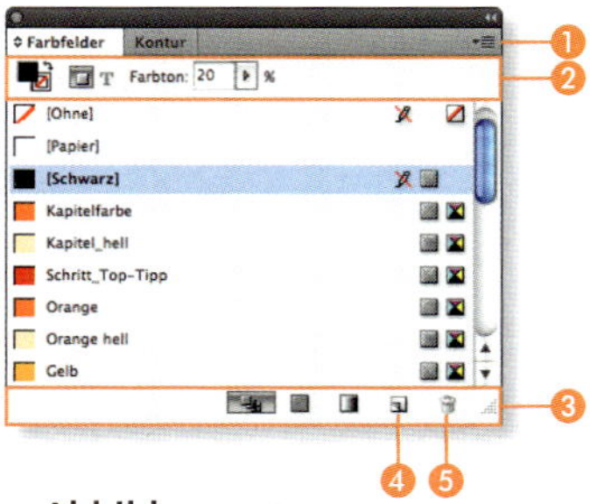

▲ **Abbildung 3.35**
Die einzelnen Bereiche und Funktionen in einem Bedienfeld

Ein Bedienfeld kann einen **Eingabebereich** ❷ zum Eintragen von Werten haben und eine **Aktionsleiste** ❸ besitzen, mit der die Darstellung des Bedienfelds beeinflusst werden kann oder in der Detailinformationen zu manchen Elementen erscheinen.

Bedienfelder können über ein Bedienfeldmenü ❶ verfügen, mit dem – abhängig vom betreffenden Bedienfeld – zusätzliche Menübefehle aufgerufen werden können (hier verstecken sich all jene Befehle, die Sie im Laufe der Zeit für das Feintuning Ihrer Arbeitsweise benötigen).

Manche Bedienfelder dienen lediglich der Dateneingabe (z. B. Verlauf- oder Steuerung-Bedienfeld), in anderen Bedienfeldern können Werte ausgelesen werden, z. B. im Informationen-Bedienfeld, und in einer dritten Art von Bedienfeldern können Sie neue Elemente für Ihr Dokument selbst definieren, z. B. EBENEN, FARB-FELDER oder FORMATE.

Bei der letzten Art von Bedienfeldern finden Sie in der Aktionsleiste das Symbol ⊡ ❹ – mit einem Klick auf dieses Symbol legen Sie ein neues Element an. Rechts neben diesem Symbol finden Sie einen kleinen Papierkorb ⯊ ❺, mit dem Sie Einträge aus dem Bedienfeld wieder entfernen können.

3.3.6 Bedienfeldoptionen

Einige Bedienfelder (z. B. Zeichen-, Absatz-, Effekte-, Ausrichten-, Pathfinder- und Kontur-Bedienfeld) zeigen standardmäßig nur einen Teil ihrer Optionen an. Im Bedienfeldmenü finden Sie die Funktion OPTIONEN EINBLENDEN bzw. OPTIONEN AUSBLENDEN, mit der Sie den Umfang der angezeigten Optionen verändern können.

3.3.7 Einträge in Bedienfeldern anordnen

Bedienfelder, deren Einträge Sie selbst anlegen können (wie z. B. Absatzformate oder Farbfelder), haben grundsätzlich unbeschränkten Platzbedarf – je mehr Einträge Sie definieren, umso länger wird die Liste. Taucht ein Scrollbalken ❻ auf, so ist das der Hinweis, dass der Platz nicht mehr zur Anzeige des gesamten Inhalts ausreicht. Um den zur Verfügung stehenden Platz effizienter zu nutzen, bieten die unterschiedlichen Bedienfelder die Möglichkeit, auf alternative Darstellungen und Anordnungen der Einträge umzuschalten, die Einträge zu verschieben oder, seit InDesign CS3, Gruppen ❼ zur besseren Gliederung der Einträge zu erstellen. Das Farbfelder-Bedienfeld beispielsweise erlaubt es, in allen Ansichten die einzelnen Einträge manuell anzuordnen. Seit InDesign CS3 funktioniert das manuelle Anordnen jetzt auch für andere Bedienfelder. Nehmen Sie einen Eintrag, und verschieben Sie ihn an die gewünschte Position. Die aktuelle Einfügeposition wird mit einem blauen Balken markiert.

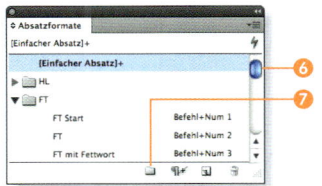

▲ **Abbildung 3.36**
Seit InDesign CS3 können in einigen Bedienfeldern Eintragungen in Gruppen zusammengefasst werden.

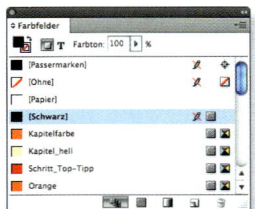  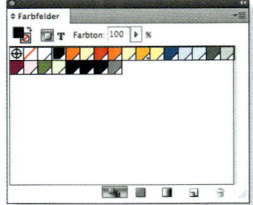 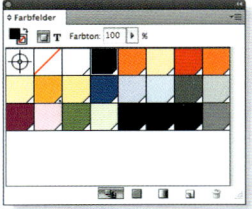

3.3.8 Werte in Bedienfelder eingeben

Für sämtliche Eingabefelder in InDesign-Bedienfeldern gilt: Sie können den darin enthaltenen Wert auswählen und einfach über-

▲ **Abbildung 3.37**
Verschiedene Darstellungsvarianten des Farbfelder-Bedienfelds

▲ Abbildung 3.38
In den Eingabefeldern für numerische Werte können Sie grundsätzlich alle Grundrechenarten verwenden. Allerdings dürfen Sie (leider) keine Klammern setzen (Quark-XPress erlaubt das!).

schreiben. Der neue Wert wird auf das ausgewählte Objekt übertragen, sobald Sie ⌷Enter⌷ bzw. ⏎ drücken oder das Eingabefeld mit der Tabulatortaste ⇥ verlassen. Darüber hinaus können Sie einen bestehenden Wert in einem Eingabefeld erhöhen bzw. verringern, indem Sie den Eintrag mit der Pfeiltaste nach oben ↑ (höherer Wert) oder nach unten ↓ (geringerer Wert) verändern. Einstellungen, die Sie mit den Pfeiltasten verändern, werden unmittelbar auf das ausgewählte Objekt übertragen. Das funktioniert sogar für die Schriftauswahl im Steuerung-Bedienfeld! Dieselbe Funktion ist aber auch mit den Auf- und Ab-Pfeilen ⬍ neben den Eingabefeldern erreichbar.

Außerdem ist in die Eingabefelder ein kleiner Rechner eingebaut. Sie können hier simple Berechnungen vornehmen. Dabei ist InDesign auf die Grundrechenarten – auch eine Klammersetzung für die Berechnung ist nicht zulässig – beschränkt. In Abbildung 3.38 sehen Sie eine Linie, die derzeit eine Stärke von 16 Pt aufweist. Sie können nun im Eingabefeld für die Linienstärke z. B. »–4« hinter den aktuellen Wert schreiben. Sobald Sie die Eingabetaste drücken oder per Tabulator das Feld verlassen, wird der neue Wert berechnet und angewendet. Das funktioniert auch mit prozentualen Werten: Um das Ergebnis in diesem Beispiel zu erreichen, können Sie also auch »–25 %« hinter den aktuellen Wert schreiben, und InDesign wird die Stärke der Linie auf 12 Pt setzen.

Eingabefelder verwenden eine Standardeinheit – in unserem Beispiel sind das Pt (Punkt). Sie können auch andere Einheiten eintragen und auch mit ihnen rechnen. Eine Eingabe von »16 pt + 1 mm« führt somit zu einem Ergebnis von 18,835 Pt.

Als Einheiten können die »normalen« Längeneinheiten Millimeter und Zoll verwendet werden und die Standardeinheit im elektronischen Satz, der Punkt (auch bekannt als DTP-Punkt – ist nicht mit dem Didot-Punkt identisch). Zusätzlich können die beiden Einheiten Pica und Cicero verwendet werden.

Einheit	Formulierung	Beschreibung
Zoll	Zoll oder "	Beträgt 2,54 cm.
Millimeter	mm	
Pica	p (nach dem Wert)	Sind 12 Pt (DTP-Punkte).
Punkt	p (vor dem Wert) bzw. pt nach dem Wert	Der DTP-Punkt beträgt 0,353 mm.
Cicero	c (nach dem Wert)	Sind 12 Pt (Didot-Punkte). Ein Didot-Punkt entspricht 0,375 mm.

▲ Tabelle 3.1
Maßeinheiten, die beim Rechnen in den Eingabefeldern eingegeben werden können

3.3.9 Arbeitsbereiche

Wenn Sie an mehreren Projekten arbeiten oder in Ihrem Job mit InDesign unterschiedliche Arbeiten wie Layout, Satz, Datenkontrolle usw. verrichten müssen, wird Ihre Arbeitsumgebung jedes Mal unterschiedlich aufgebaut sein.

Wir haben in der Schritt-für-Schritt-Anleitung in Abschnitt 3.3.4 die Bedienfeldanordnung für den täglichen Gebrauch von InDesign eingerichtet. Wenn wir nun das Werkzeug-Bedienfeld am linken Bildschirmrand noch auf zweispaltig stellen, so ist unser Arbeitsbereich – Werkzeug-Bedienfeld, Steuerung-Bedienfeld und die beiden Verankerungsbereiche – fertig eingerichtet.

Wenn ich nicht an diesem Buch schreibe, sondern die Produktionskontrolle der InDesign-Dateien für den Jahresbericht der Privatschule des MultiAugustinums erledige, ist diese Anordnung jedoch außerordentlich ungünstig. Zur Kontrolle wären die Separations- und Reduzierungsvorschau gekoppelt mit dem Seiten-Bedienfeld und dem Verknüpfungen-Bedienfeld besser geeignet.

Für solche Situationen können Sie sich einen neuen Arbeitsbereich einrichten, in dem speziell die Bedienfelder, die für die Ausgabekontrolle dienlich sind, wie Separationsvorschau und Reduzierungsvorschau, im maximierten Zustand vorliegen. Einmal eingerichtet, speichere ich den Arbeitsbereich über das Menü FENSTER • ARBEITSBEREICH • NEUER ARBEITSBEREICH ab.

Arbeitsbereich speichern | Der Menüpunkt NEUER ARBEITSBEREICH konfrontiert Sie mit einem Dialogfenster, in dem Sie den Namen für die aktuelle Anordnung des Arbeitsbereichs und Ihre Darstellungsoptionen speichern können. Aktivieren Sie die Option MENÜANPASSUNG, wenn Sie zusätzlich zur Anordnung der Bedienfelder auch den Funktionsumfang der Menüs beschränkt haben (dazu später).

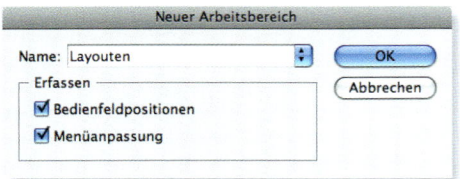

◄ **Abbildung 3.39**
Der Dialog NEUER ARBEITSBEREICH

Arbeitsbereiche verwalten | Wenn Sie den Dialog mit OK bestätigen, wird ein Arbeitsbereich-Set in Form einer XML-Datei abgespeichert. Das Übernehmen von Arbeitsbereichen für andere Arbeitsplätze ist somit einfach möglich. Sie müssen nur wissen, wo Sie den abgespeicherten Arbeitsplatz finden bzw. wohin Sie einen Arbeitsbereich – beispielsweise unseren Arbeitsbereich

---

TOP-TIPP
Arbeitsbereiche über Tastenkürzel wechseln

Sie können bis zu fünf Arbeitsbereichen Tastenkürzel zuweisen. Gehen Sie dazu im Menü BEARBEITEN • TASTATURBEFEHLE in den Produktbereich FENSTER-MENÜ. Dort können Sie für die ersten fünf Arbeitsbereiche – ARBEITSBEREICH: ARBEITSBEREICH LADEN – Tastenkürzel eintragen. Da es nur fünf sein dürfen, sollten Sie die wichtigsten Arbeitsbereiche über eine führende Ziffer im Namen an den Beginn der Liste stellen, z. B. »1_Buch schreiben«, »2_Korrektur« usw.

Die Arbeitsbereiche werden unter Mac OS X standardmäßig im Verzeichnis BENUTZER/LIBRARY/PREFERENCES/ADOBE INDESIGN/VERSION 6.0/DE_DE/WORKSPACES und unter Windows unter DOKUMENTE UND EINSTELLUNGEN/BENUTZER/ANWENDUNGSDATEN/ADOBE/INDESIGN/VERSION 6.0/DE_DE/WORKSPACES/ als XML-Dateien abgelegt. Die programmspezifischen Arbeitsbereiche liegen im Verzeichnis INDESIGN-PROGRAMM-ORDNER/PRESETS/INDESIGN WORKSPACES/DE_DE.

✓ Buch schreiben
  Datenkontrolle
  Layouten
  Manz
  nixberg
  QV

  [Buch]
  [Druckausgabe und Proofs]
  [Erste Schritte]
  [Erweitert]
  [Grundlagen]
  [Interaktivität]
  [Neuerungen]
  [Typografie]

  Buch schreiben zurücksetzen
  Neuer Arbeitsbereich...
  Arbeitsbereich löschen...

  Vollständige Menüs anzeigen

▲ **Abbildung 3.40**
InDesign bietet einige Arbeitsbereiche an. Über dieses Menü können die Arbeitsbereiche verwaltet werden.

»Layouten« von der beigefügten DVD – kopieren müssen, um darauf in InDesign zugreifen zu können. Im nebenstehenden Informationskasten können Sie die entsprechenden Verzeichnisse auslesen. Kopieren Sie den abgespeicherten Arbeitsbereich immer nur in das Benutzerverzeichnis damit halten Sie für den Fall, dass sich am System ein anderer Benutzer einloggt, das entsprechende ARBEITSBEREICH-Menü kurz.

Arbeitsbereiche auswählen und löschen | In Abbildung 3.40 sehen Sie bereits gespeicherte Arbeitsbereiche. Im oberen Bereich befinden sich alle benutzerspezifischen, im Bereich darunter alle programmspezifischen Arbeitsbereiche – diese sind alle in eckigen Klammern angeführt. Aus dem Menü können Sie auch erkennen, dass speziell für InDesign-Anwender, die auf CS4 umsteigen, ein eigener Arbeitsbereich [NEUERUNGEN] eingerichtet wurde. Dieser Arbeitsbereich färbt Ihnen alle Menüeinträge, in denen Neuerungen verborgen sind, blau ein.

Wenn Sie einen Arbeitsbereich ausgewählt haben und während der Arbeit den Arbeitsbereich etwas modifizieren, so speichert sich InDesign den aktuell veränderten Arbeitsbereich ab. Dieser zuletzt ausgewählte Arbeitsbereich wird Ihnen beim Neustart des Programms automatisch wieder angezeigt. Wenn Sie zu einem späteren Zeitpunkt erneut diesen Arbeitsbereich auswählen, so wird Ihnen nicht der Original-Arbeitsbereich, sondern der modifizierte angezeigt. Wenn Sie auf den ursprünglich gespeicherten Arbeitsbereich zurückstellen wollen, so müssen Sie den Befehl NAME ZURÜCKSETZEN – in unserer Abbildung BUCH SCHREIBEN ZURÜCKSETZEN – ausführen.

So sehr diese Funktion zur Ordnung auf der Arbeitsoberfläche beitragen kann, so sehr kann die Übersichtlichkeit im Menü ARBEITSBEREICH leiden, wenn sich viele Varianten ansammeln. Um gespeicherte Arbeitsbereiche wieder zu löschen, rufen Sie FENSTER • ARBEITSBEREICH • ARBEITSBEREICH LÖSCHEN auf, wählen Sie den zu löschenden Arbeitsbereich aus dem Menü, und klicken Sie auf LÖSCHEN.

3.4   Werkzeuge

Die Werkzeuge der Adobe-Programme ähneln sich sehr, und insgesamt geht der Trend auch in die Richtung, dass alle Hersteller in derselben Aufgabenklasse sich immer mehr in ihrem Erscheinungsbild angleichen. Da wir Erfahrungen mit anderen Programmen voraussetzen und die einzelnen Werkzeuge in den folgenden

Kapiteln näher beschrieben werden, erfolgen hier lediglich eine Darstellung der Struktur des Werkzeug-Bedienfelds und eine Kurzerklärung der Werkzeuge mit angehängtem Tastenkürzel.

3.4.1 Die Struktur des Werkzeug-Bedienfelds

Die verschiedenen Werkzeuge sind im Werkzeug-Bedienfeld zu Gruppen – mit ähnlichen Aufgabenstellungen – zusammengefasst. Werkzeuggruppen sind mit einem kleinen Dreieck gekennzeichnet. Halten Sie die Maustaste auf dem Werkzeug gedrückt, um die alternativen Varianten im Ausklappmenü aufzurufen und auszuwählen. Um den Namen des jeweiligen Werkzeugs bzw. das Tastenkürzel zu erfahren, stellen Sie den Cursor auf das Werkzeug, bis ein QUICKINFO-Feld erscheint.

TOP-TIPP
Werkzeuge im Ausklappmenü auswählen

Wenn Sie auf ein Werkzeug mit Ausklappmenü mit der `ctrl`- bzw. `Strg`-Taste drücken, so erscheint gleich das Ausklappmenü, und Sie müssen nicht mehr so lange warten.

Wenn Sie jedoch die `Alt`- bzw. `⌥`-Taste gedrückt halten und auf das Werkzeug mit dem Ausklappmenü klicken, so wird automatisch das nächste Werkzeug im Aufklappmenü ausgewählt.

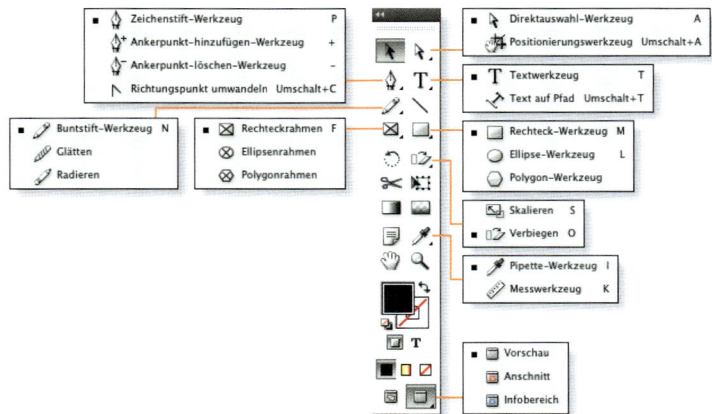

◄ **Abbildung 3.41**
Das Werkzeug-Bedienfeld mit allen Werkzeugen. Im Unterschied zur Version CS3 wurden kleine Änderungen vorgenommen, da das Button-Werkzeug aus dem Werkzeug-Bedienfeld entfernt wurde.

Auswahl-Werkzeuge | Mit dem Auswahl-Werkzeug ▶ `V` werden ganze Objekte ausgewählt, während mit dem Direktauswahl-Werkzeug ▶, `A` nur Objektteile, wie einzelne Punkte eines Pfades oder der Inhalt eines Bildrahmens (also das Bild), ausgewählt werden. Im Ausklappmenü des Direktauswahl-Werkzeugs ist noch das Positionierungswerkzeug ⚓ `⇧`+`A` zu finden, das von Page-Maker stammt und in InDesign nur von wenigen Anwendern für Positionierungs- und Beschneidearbeiten verwendet wird.

Zwischen Auswahl- und Direktauswahl wechseln

`Strg`+`⇥` bzw.`ctrl`+`⇥` oder bei Bildrahmen durch Doppelklick

Zeichenstift-Werkzeuge | Einen Pfad erstellen Sie mit dem Zeichenstift-Werkzeug ✒, `P`. Im Ausklappmenü des Zeichenstifts sind weitere Werkzeuge zur Pfadbearbeitung wie Ankerpunkt hinzufügen ✒ `+`, Ankerpunkt löschen ✒ `−` und Richtungspunkt umwandeln ↖ `⇧`+`C` untergebracht.

Verketten von Textrahmen

QuarkXPress-Benutzern wird das Fehlen der Werkzeuge zum Ver- und Entketten von Textrahmen auffallen. Diese Funktionen werden von den Auswahl-Werkzeugen in Verbindung mit den Textrahmen übernommen. Lesen Sie dazu mehr in Abschnitt 9.8, »Textfluss und Textverkettung«, auf Seite 222.

Textwerkzeuge | Zum Erstellen von Textrahmen und zum Bearbeiten von Texten und Tabellen wird das Textwerkzeug **T.** `T`

verwendet. Ihm unterlegt ist das Text auf Pfad-Werkzeug ✒ ⇧ + T , mit dem Texte entlang von Linien gesetzt werden können.

Freihandzeichenwerkzeuge | Der Buntstift ✏. N dient dazu, Freihandformen – die letztlich als normaler Pfad erscheinen – zu erstellen. Die Werkzeuge Glätten ✐ und Radieren ✑ dienen zum Modifizieren dieser Pfade. Glätten vereinfacht Pfade, indem die Anzahl der Ankerpunkte reduziert wird, und Radieren entfernt Pfadkomponenten. Mit dem Linienzeichner-Werkzeug ╲ < können Sie alle Arten von geraden Linien ziehen. In Verbindung mit gedrückter ⇧ -Taste funktioniert das nur in 45°-Schritten.

Einstellungen für Werkzeuge

Manche Werkzeuge, z. B. das Polygon-Werkzeug, reagieren auf einen Doppelklick: Sie öffnen ein Eingabefenster, in dem Sie Werte per Tastatur eingeben können, oder sie öffnen das zu ihnen gehörende Bedienfeld.

Rahmen-Werkzeuge | Der Rechteckrahmen ⊠, F dient dazu, Rahmen aufzuziehen, die dann später mit Inhalten gefüllt werden. Die beiden zugehörigen Werkzeuge Ellipsenrahmen ⊗ und Polygonrahmen ⊗ sind für die anderen Formen von Rahmen zuständig. Rechteck ▢ M mit seinen Kollegen Ellipse ○ L und Polygon ○ sind prinzipiell für dieselben Aufgaben geeignet. Im Unterschied zum Rechteckrahmen und dessen Varianten können sie schon standardmäßig mit einer Kontur und Fläche versehen sein. Beachten Sie jedoch immer, dass, wenn Sie einen Rahmen erstellen und einen Text laden, dieser zum Textrahmen wird; wird ein Bild in den Rahmen geladen, so wird er zum Bildrahmen.

Transformieren- und Schere-Werkzeuge | Mit dem Schere-Werkzeug ✂ C können Pfade getrennt werden, indem man auf die gewünschte Trennstelle des Pfads klickt. Grundsätzlich können alle Objekte aus Pfaden damit zerschnitten werden. Textrahmen können allerdings nur geöffnet, also an einer Stelle aufgeschnitten werden. Mit dem Drehen-Werkzeug ↻ R können Objekte rotiert werden, wobei Sie den Rotationspunkt ebenfalls mit diesem Werkzeug festlegen können. In der danebenliegenden Werkzeuggruppe befindet sich das Skalieren-Werkzeug ▧ S , das eine horizontale und vertikale Skalierung von Objekten ermöglicht. Mit dem Verbiegen-Werkzeug ▱ O können Objekte verzerrt und dabei gedreht werden. Noch besser können Sie solche Operationen mit dem Frei Transformieren-Werkzeug ▦ E erledigen, das in Kombination mit der ⇧ -Taste auch für proportionale Skalierung sorgt.

Verlaufs-Werkzeuge | Mit dem Verlaufsfarbfeld-Werkzeug ▭ G werden die Verlaufsrichtung sowie der Start- und Endpunkt des Verlaufs bestimmt. Für eine sinnvolle Arbeit mit dem Verlaufsfarbfeld-Werkzeug benötigen Sie unbedingt das Verlauf-Bedienfeld, das Sie mit einem Doppelklick auf das Werkzeug öffnen, oder bereits definierte Verlaufsfarbfelder. Mit dem Weiche-Verlaufs-kante-Werkzeug ☐ ⬚+Ⓖ können Sie auf elegante Art und Weise nach transparent verlaufende Objekte, es können auch Bilder sein, erstellen. Dabei erstellen Sie einen Effekt, den Sie über den Einstellungsdialog genau bestimmen. Den Einstellungsdialog erhalten Sie wie beim Verlaufsfarbfeld-Werkzeug über einen Doppelklick auf das Werkzeug oder über das Effekte-Bedienfeld.

Notiz-, Pipette- und Messwerkzeug | Mit dem Notiz-Werkzeug ▤ können Anmerkungen in Form von Notizzetteln für den nachfolgenden Bearbeiter an die Datei angebracht und somit auch für InCopy-Anwender in der Abstimmung verwendet werden.

Mit der Pipette ⬚ Ⓘ können natürlich Farben aufgenommen und übertragen werden. Photoshop-Anwendern wird sie bekannt erscheinen, allerdings ist ihre Funktion in InDesign wesentlich erweitert worden. Sie funktioniert hier z. B. auch mit Text. Beim ersten Klick auf ein Element wird dessen Farbe bzw. die Formatierung des Textes aufgenommen, die dann mit dem nächsten Klick auf ein anderes Objekt bzw. einen Text übertragen werden kann. Dieses Objekt kann auch in einem anderen Dokument liegen. Zum erneuten Aufnehmen von Farbe muss die Ⓐⓛⓣ- bzw. ⬚-Taste gedrückt werden. Im Ausklappmenü befindet sich das Messwerkzeug ⬚ Ⓚ, mit dem Abstände zwischen Objekten in Ihrem Dokument ausgemessen werden können.

Zoomwerkzeuge | Die vorerst letzte Zeile im Bedienfeld beinhaltet die Hand ✋ Ⓗ und das Zoomwerkzeug 🔍 Ⓩ, die beide der Navigation im Dokument dienen (dazu später mehr).

Farbgebungs-Werkzeuge | Im unteren Drittel des Werkzeug-Bedienfelds befinden sich die Formatierungswerkzeuge. Mit diesen Werkzeugen kann eingestellt werden, ob sich Farbgebungen auf Flächen oder deren Kontur ❶ bzw. Formatierungen auf Rahmen ❸ oder auf Text ❻ auswirken. Der jeweiligen Auswahl kann eine Füllfarbe ❹ oder ein Verlauf ❽ zugewiesen werden. Schließlich kann die Farbgebung auch gelöscht werden ❼.

Kontur und Fläche können vertauscht ❺ ⬚+Ⓧ und alle Einstellungen auf den Standard Ⓓ – Schwarz/keine Flächenfüllung – zurückgestellt werden ❷. Durch Drücken von Ⓧ wird Kontur oder Fläche in den Vordergrund gebracht.

Ein Doppelklick auf FARBE ANWENDEN ❹ oder VERLAUF ANWENDEN ❽ öffnet das dazugehörige Bedienfeld, das Sie in jedem Fall benötigen, um diese Werkzeuge genau kontrollieren zu können.

Zoom- und Hand-Werkzeug

Wenn Sie vorübergehend auf das Hand-Werkzeug umschalten müssen, drücken Sie die Ⓐⓛⓣ- bzw. ⬚-Taste. Zum temporären Umschalten auf das Zoomwerkzeug drücken Sie Ⓢⓣⓡⓖ bzw. ⌘+Ⓛⓔⓔⓡⓣⓐⓢⓣⓔ. Drücken Sie zuerst die Befehlstaste und danach die Leerschritttaste, damit Sie keine ungewollten Leerzeichen im Text erstellen.

Hand-Werkzeug vorübergehend auswählen

Nutzen Sie Ⓐⓛⓣ+Ⓛⓔⓔⓡⓣⓐⓢⓣⓔ bzw. ⬚+Ⓛⓔⓔⓡⓣⓐⓢⓣⓔ – sowohl für Text- als auch Layoutmodus.

Zoomwerkzeug vorübergehend auswählen

Nutzen Sie Ⓢⓣⓡⓖ+Ⓛⓔⓔⓡⓣⓐⓢⓣⓔ bzw. ⌘+Ⓛⓔⓔⓡⓣⓐⓢⓣⓔ – sowohl für Text- als auch Layoutmodus.

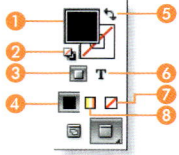

▲ **Abbildung 3.42**
Farbgebungs- und Formatierungswerkzeuge aus dem Werkzeug-Bedienfeld

Während sich InDesign um alle Hilfslinien inklusive Grundlinienraster kümmert, müssen Sie in QuarkXPress Hilfslinien und Objektbegrenzungen mit F7 und das Grundlinienraster separat mit Alt + F7 ein- bzw. ausblenden.

HINWEIS

Mehr Informationen zu den verschiedenen Ansichtsmodi erhalten Sie in Abschnitt 27.1, »Der Vorschau-Modus«, auf Seite 709.

Die beiden letzten Werkzeuge des Bedienfelds betreffen die Darstellung Ihres Dokuments. Der Ansichtsmodus NORMAL ▣ stellt alle Hilfslinien, das Grundlinienraster und alle anderen Objektbegrenzungen dar, sofern sie nicht über das ANSICHT-Menü explizit deaktiviert worden sind. Mit dem Modus VORSCHAU ▣, können Sie all diese Hilfslinien und Objektbegrenzungen ausblenden und Ihr Dokument so betrachten, wie es nach der Produktion – also beschnitten – aussehen würde. Wollen Sie jedoch das Dokument einschließlich des Anschnitts bzw. Infobereichs darstellen, so wählen Sie die Ansichtsmodi ANSCHNITT ▣, bzw. INFOBEREICH ▣. Das Umschalten zwischen dem letztgewählten Ansichtsmodus und NORMAL erledigen Sie durch Drücken des Tastenkürzels W. Da das Aktivieren eines Ansichtsmodus auch im Textmodus funktionieren soll, empfehlen wir, dafür ein benutzerdefiniertes Tastenkürzel zu definieren.

3.5   Menüs

Menüs sind auf einer grafischen Benutzeroberfläche ein zentrales Instrument, um dem ungeübten Anwender den Zugang zu allen Funktionen zu ermöglichen. Menüs sind im Arbeitsablauf in unterschiedlichen Varianten anzutreffen.

Für alle Menüformen gilt, dass die Menüeinträge alphabetisch sortiert werden können. Halten Sie die Tasten Strg + Alt + ⇧ bzw. ⌘ + ⌥ + ⇧ gedrückt, und klicken Sie auf ein Menü – alle Einträge erscheinen nun alphabetisch sortiert. Möglicherweise ist diese Funktion für Anfänger sinnvoll, die bei der Suche nach einem bestimmten Menübefehl so leichter fündig werden.

▶ **Menüeinträge der Menüleiste:** Damit werden die wesentlichen Funktionen des Programms aufgerufen oder bestimmte Einstellungen vorgenommen – Sie kennen das Prinzip von der Bedienung Ihres Betriebssystems und dessen Programmen.
▶ **Bedienfeldmenüs:** Darin befinden sich Menüeinträge, die im Zusammenhang mit dem jeweiligen Bedienfeld zu sehen sind, wie z. B. Bedienfeldoptionen.
▶ **Kontextmenüs:** Die Kontextmenüs sind bestimmten Objekten zugeordnet und bieten Funktionen an, die in der jeweiligen Situation für das betroffene Element möglich und sinnvoll sind. Das Vorhandensein von Kontextmenüs ist dabei nicht unmittelbar erkennbar – Sie müssen einfach ausprobieren, ob sie existieren.

Mit einer Mehrbutton-Maus erreichen Sie Kontextmenüs mit der rechten Maustaste. Mit einer Einbutton-Maus drücken Sie die ctrl-Taste, während Sie klicken.

InDesign ist so konzipiert, dass es Ihnen jederzeit genau die Funktionen anbietet, die zum aktuellen Zeitpunkt sinnvoll sind. Dieses Konzept findet sich im Steuerung-Bedienfeld wieder, es ist aber auch über Kontextmenüs konsequent in jedem Objekt Ihres Layouts und zum Teil sogar bei Elementen der Benutzerschnittstelle umgesetzt. Unter Windows sind Kontextmenüs immer schon in allen Applikationen und im Betriebssystem selbst präsent gewesen und als »Rechtsklick« bekannt. Für – vor allem langjährige – Macintosh-Benutzer sind Kontextmenüs eine eher ungewohnte Angelegenheit. Die Verwendung der Kontextmenüs wird für eine effiziente Arbeitsweise von uns dringend empfohlen.

Rechtsklick auf leeren Bereich

Ein Rechtsklick auf einen leeren Bereich Ihres Dokuments zeigt ein Kontextmenü, das hauptsächlich Darstellungs- und Navigationsoptionen anbietet.

3.5.1 Menüs konfigurieren

InDesign wartet mit einer Unmenge an Funktionen auf, die jedoch in voller »Ausbaustufe« für bestimmte Arbeitsumgebungen unübersichtlich sind. Oft müssen Redakteure in kleinen Verlagen mit der Vollversion von InDesign arbeiten, was häufig den Effekt hat, dass die Redakteure sich bemüßigt fühlen, Layoutarbeiten zu übernehmen und Objekte zu verschieben oder gar den Text so zu spationieren, dass ein Lesen unmöglich wird.

Adobe hat seit InDesign CS3 Vorkehrungen getroffen, dass Systemadministratoren InDesign im Umfang der Bedienfeldfunktionen und der Menüs frei konfigurieren und solche Konfigurationen in Form von Arbeitsbereichen abspeichern können. Damit können über Arbeitsbereiche das Erscheinungsbild und der Funktionsumfang von InDesign auf die Arbeitsstationen verteilt werden.

Konfiguration des Steuerung-Bedienfelds

Die Konfiguration des Steuerung-Bedienfelds können Sie nicht über das herkömmliche Menü durchführen. Konfigurieren Sie das Bedienfeld, indem Sie aus dem Bedienfeldmenü die Option ANPASSEN auswählen.

Eigenen Menüsatz anlegen | Führen Sie dazu den Befehl BEARBEITEN • MENÜS aus. Im MENÜANPASSUNG-Dialog können Sie für Menüeinträge einen bereits definierten Menüsatz über die Option SATZ ❶ auswählen. Um einen neuen Menüsatz zu erstellen, wählen Sie zuerst in der KATEGORIE ❷ aus, ob Sie ANWENDUNGSMENÜS oder KONTEXT- und BEDIENFELDMENÜS konfigurieren möchten. Wie Sie in Abbildung 3.43 sehen, sind im gewählten Menüsatz »Redakteur« die Befehlsgruppe NEU mit allen Unterbefehlen zum Erstellen von Dokumenten, Bibliotheken usw. sowie die Befehle PLATZIEREN und XML IMPORTIEREN deaktiviert. Ein Menü wird durch Deaktivierung der Sichtbarkeit ☻ ❹ ausgeblendet.

[Menüsatz]

Unter einem Menüsatz versteht man eine Kombination von ein- bzw. ausgeblendeten Menüeinträgen. Ein abgespeicherter Menüsatz wird in den Default-Dateien von InDesign abgespeichert. Leider ist das Exportieren des Menüsatzes nicht möglich, was für einen Roll-out – das Verteilen von Software für eine bestimmte Benutzergruppe in einem Unternehmen – für Systemadministratoren aber sinnvoll wäre.

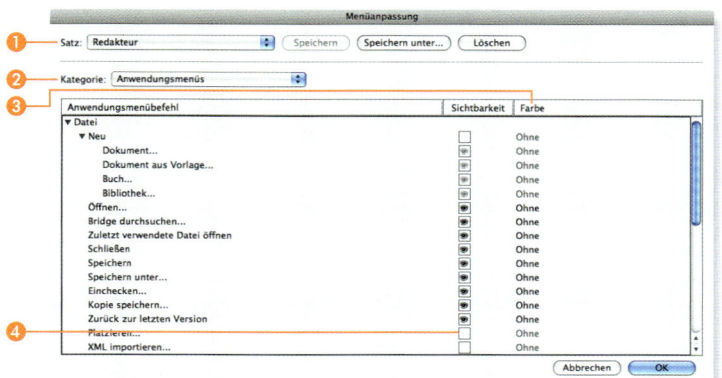

◀ **Abbildung 3.43**
Der MENÜANPASSUNG-Dialog von InDesign CS4. Sie können damit Anwendungs-, Bedienfeld- und Kontextmenüs ausblenden. Das Ausblenden von Werkzeugen funktioniert aber leider nicht.
Die Möglichkeit der Kennzeichnung von Menüeinträgen über FARBE ❸ kann bei der Einführung von Arbeitsweisen sehr hilfreich sein.

Einmal eingerichtete Menüsätze können vom Anwender durch Drücken der [Strg]- bzw. [⌘]-Taste und Klick auf das Menü jederzeit umgangen werden, womit wiederum dem Anwender alle Befehle zur Verfügung stehen.

Darüber hinaus kann der Anwender durch Ausführen des Befehls ALLE MENÜBEFEHLE EINBLENDEN – der in jedem Menü, wo ein Menübefehl ausgeblendet wurde, erscheint – einen Menüsatz ebenfalls umgehen.

▲ **Abbildung 3.44**
Der SCHNELL ANWENDEN-Dialog, den Sie auch durch Klick auf das Symbol ⚡ im Steuerung- und in allen Format- und Stil-Bedienfeldern aufrufen können – allerdings wird dadurch der Name des Dialoges ad absurdum geführt.

✓ Absatzformate einschließen (a:)
✓ Zeichenformate einschließen (z:)
✓ Objektstile einschließen (o:)
✓ Menübefehle einschließen (m:)
  Skripte einschließen (s:)
✓ Tabellenformate einschließen (t:)
✓ Textvariablen einschließen (v:)
✓ Zellenformate einschließen (e:)
✓ Bedingungen einschließen (b:)

  Ausgeblendete Menübefehle einblenden

▲ **Abbildung 3.45**
Verschiedene Filtermöglichkeiten im SCHNELL ANWENDEN-Dialog

Speichern Sie einen Menüsatz durch Klick auf den Button SPEICHERN UNTER ab. Vergessen Sie dann nicht, beim Abspeichern des benutzerdefinierten Arbeitsbereichs die Option MENÜANPASSUNG aus Abbildung 3.39 von Seite 83 zu aktivieren, wenn das Ausblenden der Menüs mit dem Arbeitsbereich gemeinsam abgespeichert werden soll.

Was Sie aber an dieser Stelle vermissen werden, ist, Werkzeuge ausblenden zu können. Diese Konfiguration könnte jedoch über das Herausnehmen von Plug-ins – viele Werkzeuge stehen als separates Plug-in zur Verfügung – aus dem entsprechenden Ordner des Programmes vorgenommen werden. Welche Konstellationen von Plug-ins – gewisse Plug-ins stehen in wechselseitiger Beziehung – entfernt werden können, müssen Sie austesten. Wir raten jedoch von solchen Eingriffen eher ab, da uns bislang zu wenig Erfahrungswerte vorliegen. Für Redakteure wäre ohnehin das Programm Adobe InCopy die bessere Wahl.

3.5.2 Schnell anwenden von Menüs

Die Möglichkeit, über BEARBEITEN • SCHNELL ANWENDEN oder durch Drücken des Tastenkürzels [Strg]+[↵] bzw. [⌘]+[↵] schnell an die Absatz-, Zeichenformate und Objektstile zu gelangen, wurde bereits mit InDesign CS2 eingeführt. Durch Ausführen des Befehls wird der Dialog SCHNELL ANWENDEN angezeigt, in dem Sie durch Eingabe des gewünschten Begriffs nach allen im Dokument vorhandenen Befehlen, angelegten Formaten und Stilen suchen können. Wurde die Auswahl gefiltert, so können Sie sich durch Drücken der Pfeiltasten [↑]/[↓] schnell in der Liste bewegen, den entsprechenden Eintrag auswählen und durch Drücken von [↵] das Ausführen des Befehls erwirken.

Da in vielen Produktionen eine Unmenge von Formaten und Stilen verwendet werden, hilft den Anwendern selbst das Filtern der Einträge oft nicht weiter. Sie könnten für diesen Fall eine Filterung nach Funktionsgruppen durchführen. Wählen Sie durch Drücken des Symbols ▼ im SCHNELL ANWENDEN-Dialog die **Filteroptionen** aus. Wenn Sie beispielsweise nicht wollen, dass die Menübefehle beim Filtern einbezogen werden, so deaktivieren Sie den Eintrag MENÜBEFEHLE EINSCHLIESSEN (M:).

Die Kürzel am Ende des Eintrages (M:) bedeuten, dass Sie im Gegenzug durch Eingabe des Begriffes »m: Suchbegriff« nur in Menüeinträgen nach dem Suchbegriff suchen. Diese Funktion hilft den Personen, die nach bestimmten Funktionen in InDesign CS4 suchen wollen, ohne sich durch alle Menüformen klicken zu müssen.

3.6 Navigation

Egal, ob Sie ein Dokument mit 100 Seiten bearbeiten oder ein A3-Plakat: In jedem Fall müssen Sie einerseits den Überblick über Ihr gesamtes Dokument behalten, aber andererseits auch einzelne Teile des Dokuments im Detail bearbeiten können. Neben verschiedenen Möglichkeiten, sich in der Struktur des Dokuments zu bewegen, gibt es deshalb eine Reihe von Methoden, die Sichtweise auf die gewünschte Stelle des Dokuments zu verändern.

3.6.1 Seite – Druckbogen – Montagefläche

Ihr Dokument besteht zumindest aus einer Seite. Wenn Sie InDesign einsetzen, um in einer Büroumgebung Berichte und Rundschreiben zu erstellen, deckt sich eine Dokumentseite üblicherweise mit einer Seite, wie Sie sie dann auf Ihrem Drucker ausgeben. Auch wenn der Einsatz von InDesign in einer Büroumgebung durchaus sinnvoll wäre, so ist das zentrale Einsatzgebiet von InDesign doch die professionelle Druckvorstufe; dort werden Dokumentseiten eher selten auf einzelne Seiten gedruckt, sondern zumeist mehrere Seiten auf einem Bogen zusammengefasst.

Mehrseitige Publikationen – wie dieses Buch – bestehen immer aus sich gegenüberliegenden Seiten, die zusammengehören und als Einheit betrachtet werden. Eine einzelne **Dokumentseite** ❶ gibt es lediglich als erste und als letzte Seite. Da in unserem Kulturkreis von links nach rechts gelesen wird, beginnen mehrseitige Dokumente mit einer rechten Seite und enden mit einer linken. Aus Sicht von InDesign werden zwei oder mehr zusammengehörige Seiten als **Druckbogen** ❸ bezeichnet. Der Begriff »Druckbogen« wird also in InDesign missverständlich eingesetzt.

[Druckbogen]
Ein Druckbogen im Sinn des industriellen Druckprozesses umfasst mehrere Seiten, die erst nachdem der gesamte Bogen mehrfach gefaltet wurde, richtig zueinander stehen. Um einen solchen Bogen, wie ihn die Druckerei benötigt, zu erstellen – man spricht von Ausschießen –, benötigt man schon eine gewisse Sachkenntnis über den Produktionsprozess.

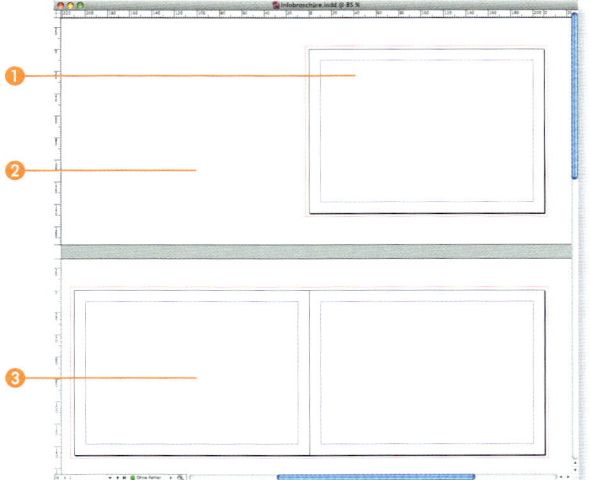

◄ **Abbildung 3.46**
Die Bereiche in einem Dokument: Seite ❶, Druckbogen ❸ und Montagefläche ❷

▼ **Abbildung 3.47**
Montagefläche mit drei Seiten ❹; Bild- ❺ und ein Textobjekt ❻ auf der Montagefläche; Textobjekt ❼, das über die Montagefläche hinausragt

InDesign bildet die logische Struktur eines Dokuments ab und betrachtet auch den Druckbogen als Einheit.

In der Zeit vor dem elektronischen Layout arbeiteten Layouter an einem Lichttisch, auf dem eine transparente Folie mit dem Satzspiegel lag und auf dem die Einzelteile des Layouts – ebenfalls auf transparenten Folien – montiert wurden. Dazu waren natürlich Ablageflächen notwendig, auf denen diese Einzelteile zunächst einmal zwischengelagert wurden, bis sich der ideale Platz fand. Heute erledigen wir diese Arbeit zwar elektronisch, die prinzipielle Arbeitsweise hat sich aber nicht verändert. InDesign bringt deshalb eine **Montagefläche** ❷ mit, auf der Elemente abgelegt werden können. Elemente, die auf der Montagefläche liegen, werden nicht ausgegeben.

Montagefläche vergrößern | Die Montagefläche wächst mit dem Druckbogen. Wenn Sie einen Druckbogen mit mehreren Seiten erstellen, bleibt immer genügend Ablagefläche am rechten und linken Rand vorhanden. Die Werte für den Abstand der Montagefläche am unteren und oberen Rand können Sie über die VOREINSTELLUNGEN von InDesign im Register HILFSLINIEN UND MONTAGEFLÄCHEN durch Ändern des Werts bei der Option MINIMALER VERTIKALER OFFSET einstellen.

Wenn Sie den Hinweis aus dem Infokasten befolgen, können Sie ohne größere Mühe auch mehrere Seiten zu einem Druckbogen zusammenstellen. Darüber hinaus ist InDesign nicht empfindlich, wenn Sie, wie in Abbildung 3.47 gezeigt, Textkästen über die Montagefläche hinaus platzieren wollen. Fühlen Sie sich frei, und stellen Sie Ihre Objekte an die entsprechende Stelle!

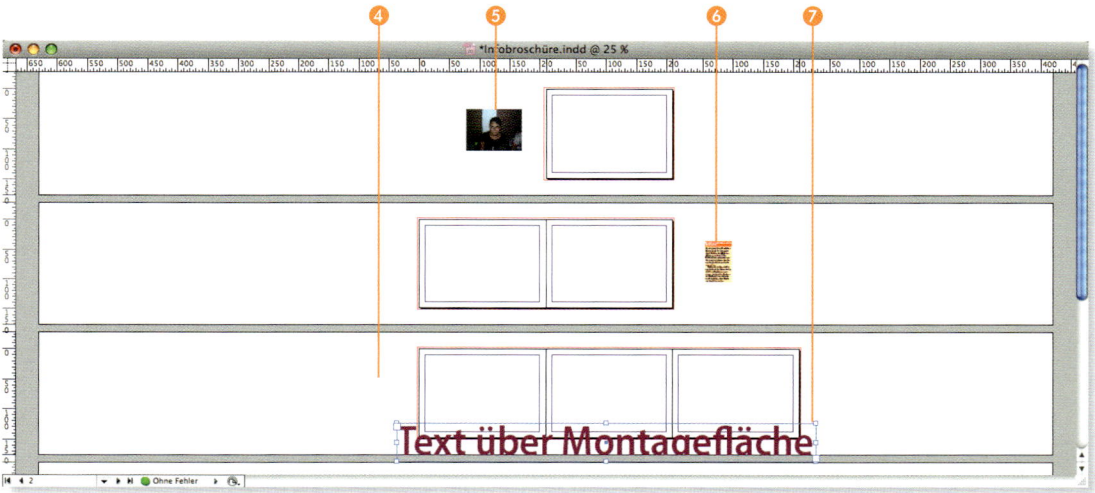

Ansicht wählen | InDesign bietet Ihnen die Möglichkeit, alle drei Flächen in Ihr Dokumentfenster einzupassen. Durch Ändern der Größe des Dokumentfensters werden die dargestellten Bereiche ebenfalls angepasst und skaliert.

▶ **Dokumentfenster einpassen:** Wählen Sie dazu ANSICHT • SEITE IN FENSTER EINPASSEN, oder drücken Sie das Tastaturkürzel ⌈Strg⌉+⌈0⌉ bzw. ⌈⌘⌉+⌈0⌉.

▶ **Druckbogen in das Dokumentfenster einpassen:** Wählen Sie das Menü ANSICHT • DRUCKBOGEN IN FENSTER EINPASSEN, oder drücken Sie die Tastenkombination ⌈Strg⌉+⌈Alt⌉+⌈0⌉ bzw. ⌈⌘⌉+⌈⌥⌉+⌈0⌉.

▶ **Montagefläche in Ihr Dokumentfenster einpassen:** Wählen Sie dazu das Menü ANSICHT • GANZE MONTAGEFLÄCHE oder das Tastenkürzel ⌈Strg⌉+⌈Alt⌉+⌈⇧⌉+⌈0⌉ bzw. ⌈⌘⌉+⌈⌥⌉+⌈⇧⌉+⌈0⌉.

Um die Montagefläche ganz auszublenden und nur Ihre Dokumentseiten so anzuzeigen, wie sie gedruckt werden, klicken Sie auf VORSCHAU ▣ im Werkzeug-Bedienfeld.

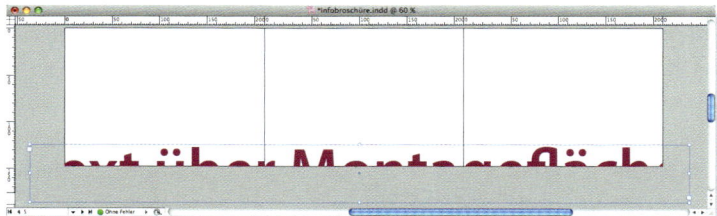

◀ **Abbildung 3.48**
Drei Seiten in einem Druckbogen, zusammengestellt mit aktiviertem Vorschau-Modus

3.6.2 Navigation über das Seiten-Bedienfeld

Wenn hier von Dokumentseiten die Rede war, blieb bislang die Frage offen, woher diese Seiten eigentlich kommen. Über das fachgerechte Anlegen von Seiten und das Definieren von Mustervorlagen wird in Abschnitt 5.5, »Das Seiten-Bedienfeld«, auf Seite 121, noch ausführlich die Rede sein. Für die Navigation mit Hilfe des Seiten-Bedienfelds müssen Sie vorerst nur Folgendes wissen: Das Seiten-Bedienfeld wird von InDesign standardmäßig angezeigt. Sollte es aber dennoch für Sie nicht sichtbar sein, wählen Sie das Menü FENSTER • SEITEN.

Das Seiten-Bedienfeld besteht aus zwei Bereichen. Im oberen Bereich befinden sich die **Mustervorlagen** ❽. Von diesen Mustervorlagen werden die **Dokumentseiten** ❾ abgeleitet, indem die Mustervorlagen in den Layoutbereich in der unteren Hälfte gezogen werden.

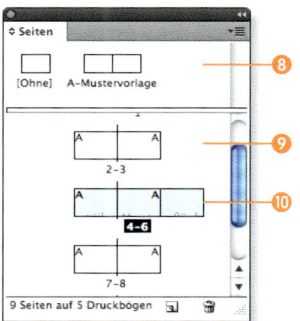

▲ **Abbildung 3.49**
Das Seiten-Bedienfeld mit dem Mustervorlagenbereich ❽, dem Dokumentseiten-Bereich ❾ und einem ausgewählten Druckbogen ❿

Seiten auswählen | Um eine einzelne Seite in diesem Dokument auszuwählen, bringen Sie zunächst die gewünschte Seite im Seiten-Bedienfeld per Scrollbalken ins Blickfeld. Ein Doppelklick auf die gewünschte Seite stellt sie im Dokumentfenster dar, wobei die derzeitige Skalierung der Seite erhalten bleibt. Wurde die Größe also über eine der Funktionen zum Einpassen festgelegt, wird auch die Seite im entsprechenden Kontext angezeigt. Ein Doppelklick auf die Seitennummern eines Druckbogens bringt den Bogen am Bund ausgerichtet ins Blickfeld, wobei auch hier der derzeitige Ansichtsmodus erhalten bleibt.

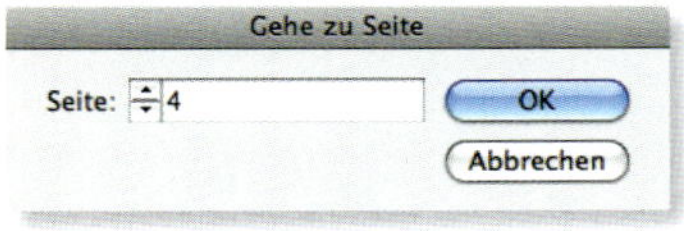

Seiten direkt anspringen | Um eine Seite direkt anzusteuern, können Sie auch die Tastenkombination ⟨Strg⟩+⟨J⟩ bzw. ⟨⌘⟩+⟨J⟩ verwenden. QuarkXPress-Anwender werden diese Tastenkombination möglicherweise kennen. So wie bei QuarkXPress öffnet sich mit InDesign ein Dialog, in den Sie die Seitennummer, die Sie anspringen wollen, eingeben können.

Seiten über Statuszeile anspringen | In der Statuszeile wird die aktuell gewählte Seite ❸ angezeigt. Durch Auswählen dieser Seitennummer und Eingabe der gewünschten Seitenzahl können Sie ebenfalls auf jede Seite springen.

In der Statusleiste sind noch weitere Navigationselemente untergebracht. Sie können eine Seite zurück- ❷ oder vorblättern ❺ und die erste ❶ und die letzte ❻ Seite direkt anspringen. Mit dem Seitenauswahl-Menü ❹ können Sie aus den Dokumentseiten inklusive Mustervorlagen gezielt auswählen.

Wenn in einem Dokument mehrere Abschnitte mit eigener Seitennummerierung vorhanden sind, macht die direkte Auswahl von Seiten meistens nicht mehr viel Spaß, da dann die Abschnittsbezeichnung eingegeben werden muss.

Blättern über Menübefehle | Die Funktionen zum Blättern können Sie auch über die Menübefehle Erste Seite, Vorherige Seite, Nächste Seite, Letzte Seite, Zurück und Vor im Menü Layout aufrufen. Die entsprechenden Tastaturkürzel dazu entnehmen Sie der Anzeige im Menü oder der Zusammenfassung in Tabelle 3.2.

▲ **Abbildung 3.50**
Der Gehe zu Seite-Dialog. Bis zu InDesign CS2 wurde mit der Tastenkombination ⟨Strg⟩+⟨J⟩ bzw. ⟨⌘⟩+⟨J⟩ das Eingabefeld in der Statuszeile aktiviert.

▲ **Abbildung 3.51**
Navigationsmöglichkeiten in der Statuszeile des Dokumentfensters

Befehl	Windows	Max OS X
Erste Seite/Letzte Seite	⟨Strg⟩+⟨⇧⟩+⟨Bild↑⟩/⟨Bild↓⟩	⟨⌘⟩+⟨⇧⟩+⟨Bild↑⟩/⟨Bild↓⟩
Nächste Seite/Vorherige Seite	⟨⇧⟩+⟨Bild↓⟩/⟨Bild↑⟩	⟨⇧⟩+⟨Bild↓⟩/⟨Bild↑⟩
Nächster Druckbogen/Vorheriger Druckbogen	⟨Alt⟩+⟨Bild↓⟩/⟨Bild↑⟩	⟨⌥⟩+⟨Bild↓⟩/⟨Bild↑⟩
In den zuletzt angesehenen Seiten blättern	⟨Strg⟩+⟨Bild↓⟩/⟨Strg⟩+⟨Bild↑⟩	⟨⌘⟩+⟨Bild↓⟩/⟨⌘⟩+⟨Bild↑⟩

▲ **Tabelle 3.2**
Tastenkürzelübersicht zum Blättern in InDesign

3.7   Zoomen

Unter »Zoomen« versteht man die Änderung der Ansichtsgröße. InDesign bietet hierfür ein eigenes Werkzeug 🔍 im Werkzeug-Bedienfeld. Mit dem Zoomwerkzeug – oft auch einfach als Lupe bezeichnet – können Sie einen rechteckigen Bereich in Ihrem Dokument markieren, der anschließend in Ihr Dokumentfenster eingepasst wird.

Zoom-Werkzeug | Ein Klick mit dem Zoomwerkzeug 🔍 auf einen Punkt in Ihrem Dokument – das Symbol 🔍 ist zu sehen – führt dazu, dass genau die angeklickte Stelle ins Zentrum Ihres Dokumentfensters gestellt und der Zoomfaktor um eine Stufe (25 %) erhöht wird. Wenn Sie die [Alt]- bzw. [⌥]-Taste gedrückt halten, während das Zoomwerkzeug ausgewählt ist, ändert sich das in der Lupe dargestellte Pluszeichen in ein Minuszeichen 🔍, und anstatt zu vergrößern, wird nun die Ansicht verkleinert. Auch in diesem Zustand können Sie einen Bereich auswählen.

Da ein verkleinerter Bereich logischerweise nicht in das Fenster eingepasst werden kann, sind die Ergebnisse nicht unbedingt immer vorhersehbar. Am meisten Sinn hat diese Variante des Zoomens dann, wenn der ausgewählte Bereich die aktuelle Fenstergröße überschreitet. Beim Aufziehen des Auswahlrahmens scrollt das Fenster automatisch, und der zu große Bereich kann dann in das Fenster eingepasst werden.

Umschalten auf das Zoomwerkzeug | Sie können aus jedem Werkzeug kurzfristig in das Zoomwerkzeug umschalten. Unter Windows drücken Sie dazu [Strg]+Leertaste, um die vergrößernde, und [Strg]+[Alt]+Leertaste, um die verkleinernde Lupe aufzurufen. Unter Mac OS drücken Sie [⌘]+Leertaste bzw. [⌘]+[⌥]+Leertaste. Solange die Tasten gedrückt sind, steht das Zoomwerkzeug zur Verfügung; wenn Sie die Tasten wieder loslassen, wird in das letzte Werkzeug umgeschaltet.

Zoomen über Anwendungsleiste | Die bei einem einfachen Klick verwendete Zoomstufe wird in der Anwendungsleiste angezeigt. InDesign kann die Ansicht bis zu 4.000 % vergrößern und auf bis zu 5 % verkleinern. Diese Anzeige ist ein Eingabefeld, in dem Sie die gewünschte Zoomstufe direkt eintragen können.

Zoomen über Menü und Tastenkürzel | Ausgehend vom aktuellen Zoomfaktor können Sie die Vergrößerung um jeweils eine Stufe hinaufsetzen, indem Sie das Menü Ansicht • Einzoomen

Zoomwerkzeug während der Textbearbeitung

Die im Text erwähnte Tastenkombination funktioniert auch, wenn der Textcursor in einem Text steht. Allerdings müssen Sie dabei darauf achten, dass Sie die Leertaste zuerst loslassen, sonst müssen Sie mit ungewollten Leerzeichen im Text rechnen. Zum Aktivieren des Tastenkürzels hingegen müssen Sie darauf Acht geben, dass Sie zuerst die Befehlstaste ([Strg]/[⌘]) und danach die Leertaste drücken.

Navigator-Bedienfeld

Allen InDesign-Anwendern, die bislang über das Navigator-Bedienfeld gezoomt und gescrollt haben, muss an dieser Stelle mitgeteilt werden, dass dieses Bedienfeld mit InDesign CS4 nicht mehr zur Verfügung steht. Wir gehen davon aus, dass dies wahrscheinlich niemandem auffallen wird!

Überdruckenvorschau	⌥⇧⌘Y
Proof einrichten	▶
Farbproof	
Einzoomen	⌘+
Auszoomen	⌘−
Seite in Fenster einpassen	⌘0
Druckbogen in Fenster einpassen	⌥⌘0
Originalgröße	⌘1
Ganze Montagefläche	⌥⇧⌘0

▲ **Abbildung 3.52**
Ausschnitt aus dem Menü Ansicht. Wir empfehlen, sich speziell den Befehl Druckbogen im Fenster einpassen zu merken, der sehr schnell Gesamtübersichten anzeigt.

wählen oder die Tastenkombination Strg+⊕ bzw. ⌘+⊕ eingeben. In die umgekehrte Richtung geht das mit Ansicht • Auszoomen oder mit Strg+⊟ bzw. ⌘+⊟. Wenn Sie dabei ein Element Ihres Layouts ausgewählt haben, wird dieses Element immer zentriert im Fenster dargestellt.

Neben Einzoomen und Auszoomen stehen die Befehle Seite in Fenster einpassen, Druckbogen in Fenster einpassen und Ganze Montagefläche zur Verfügung. Die Tastenkombinationen dazu entnehmen Sie entweder Abbildung 3.52 oder unserer Tastaturkürzelübersicht auf der Buch-DVD.

Zwei interessante Möglichkeiten seien hier dennoch erwähnt. Durch das Drücken der Tastenkombination Strg+Alt+2 bzw. ⌘+⌥+2 wird zur letzten Zoomstufe gewechselt. Weiters können Sie durch Ausführen der Tastenkombination Strg+Alt+⊕ bzw. ⌘+⌥+⊕ das »Ausgewählte« in das Fenster einpassen.

Ein Doppelklick auf das Hand-Werkzeug 🖐 passt den aktuellen Druckbogen in Ihr Dokumentfenster ein, ein Doppelklick auf das Zoomwerkzeug 🔍 stellt die Skalierung auf 100 % ein.

3.8 Scrollen im Dokumentfenster

Um eine bestimmte Stelle in Ihrem Dokument zu erreichen, ohne dabei die Zoomstufe zu verändern, können Sie Ihr Dokumentfenster natürlich ganz normal scrollen.

Verschieben mit Hand-Werkzeug | Wählen Sie dazu das Hand-Werkzeug 🖐 aus dem Werkzeug-Bedienfeld aus. Damit können Sie eine beliebige Stelle Ihres Dokuments »greifen« und die Ansicht innerhalb des Dokumentfensters verschieben.

Auch auf dieses Werkzeug können Sie temporär in jeder Situation umschalten. Die Möglichkeiten:

▶ **Drücken der Leertaste:** Wenn ein anderes als das Textwerkzeug ausgewählt ist, drücken Sie die Leertaste. Damit wird das aktuelle Werkzeug auf die Hand umgeschaltet, bis Sie die Leertaste wieder loslassen.

▶ **Drücken der Alt-Taste:** Ist ein Text ausgewählt oder blinkt der Textcursor in einem Text, würde die Leertaste natürlich Leerzeichen erzeugen. Deshalb gibt es für genau diese Situation die Taste Alt bzw. ⌥.

Bereich über Auswahlrahmen bestimmen | Neu in InDesign CS4 ist, dass, wenn Sie die Tastenkombination Alt+Leertaste bzw.

⎇+‎Leertaste‎ drücken – das Hand-Werkzeug 🖑 erscheint – und gleichzeitig länger die Maustaste gedrückt halten, ein roter Auswahlrahmen erscheint und sich die Ansicht auszoomt. Sie können diesen Auswahlrahmen dann auf eine andere Stelle oder eine andere Seite verschieben und die Maustaste loslassen.

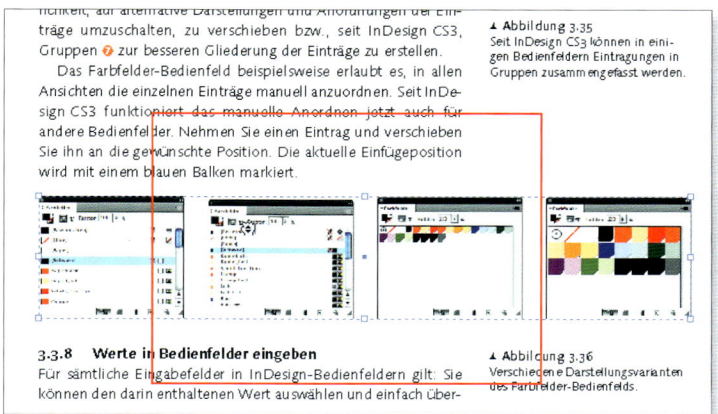

◄ **Abbildung 3.53**
Die neue Möglichkeit, Bereiche über den Auswahlrahmen zu finden, werden Sie speziell, wenn Sie in vielen kleinen Textkästen Änderungen durchführen müssen, schätzen lernen.

Nachdem Sie die Maustaste losgelassen haben, wird an die ausgewählte Stelle verschoben und im selben Zoomfaktor wie zuvor eingezoomt.

Sie können jedoch nicht nur den Auswahlrahmen verschieben, sondern auch den Ausschnitt des Rahmens festlegen. Drücken Sie dazu, sobald Sie den Auswahlrahmen sehen, die Tasten ↓/↑ bzw. ←/→, um die Auswahl zu vergrößern oder zu verkleinern.

3.9   Tastaturbefehle

InDesign kann über weite Strecken per Tastatur bedient werden, einige Funktionen sind sogar nur über die Tastatur erreichbar. Insgesamt werden über 1.000 Funktionen unterstützt, die jedoch nicht alle per Tastatur aufgerufen werden können – es müsste sonst auf sehr abstruse Kombinationen zurückgegriffen werden, die mit dem Begriff »Tastenkürzel« nicht mehr viel zu tun hätten.

3.9.1   Der Tastaturbefehle-Dialog

Manuell mit Tastenkombinationen belegbar sind jedoch all diese Funktionen. Rufen Sie das Menü BEARBEITEN • TASTATURBEFEHLE auf, um die Tastenbelegungen zu konfigurieren.

Tastaturbefehle sind in einem SATZ ❷ organisiert. Mit InDesign werden drei Sätze mitgeliefert: [STANDARD] beschreibt die Adobe-Empfehlung und ist dabei sehr stark an Programme wie Photo-

HINWEIS

Eine Übersicht zu allen belegten Tastenkürzeln befindet sich auf der Buch-DVD in Zusatzkapitel C, »Tastenkürzel«.

shop und Illustrator angelehnt. Als Alternativen stehen die Sätze [TASTATURBEFEHLE QUARKXPRESS 4.0] und [TASTATURBEFEHLE PAGE-MAKER 7.0] zur Verfügung, um den Umstieg zu erleichtern. Von einer Verwendung raten wir jedoch ab, da Ihnen viele Möglichkeiten verstellt bleiben.

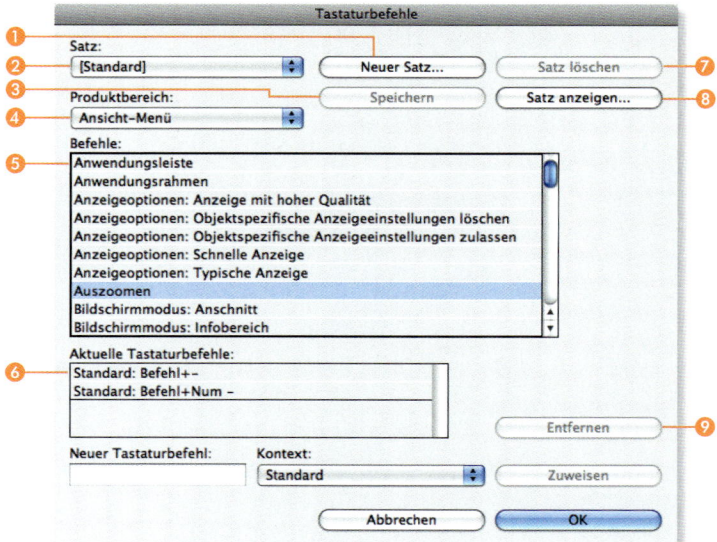

Abbildung 3.54 ▶
Die Anpassung der Tastaturbefehle ist für viele Anwender ein Muss, wollen sie einen geschmeidigen Arbeitsfluss sicherstellen. Verzichten Sie jedoch in jedem Fall darauf, die mitgelieferten Sätze für Quark-XPress bzw. Adobe PageMaker zu verwenden, da Ihnen dadurch sehr viele Möglichkeiten gar nicht geboten werden.

Finden von Tastaturkürzeln

Um schnell nach einem Tastenkürzel zu suchen, öffnen wir immer das Tastaturkürzelset über den Button SATZ ANZEIGEN und suchen darin dann mit der normalen Suchfunktion.

Kontext ist wichtig

Welche Belegung wann zum Einsatz kommt, hängt allein vom gewählten KONTEXT ab! Welche es dabei gibt, erfahren Sie in der Schritt-für-Schritt-Anleitung.

▶ NEUER SATZ ❶: Sie können damit einen eigenen Satz erstellen, wobei Sie einen Namen und eine Vorlage wählen müssen.

▶ SPEICHERN ❸: Änderungen an einem Satz müssen gespeichert werden.

▶ SATZ LÖSCHEN ❼: Entfernt den ausgewählten Satz aus der Satz-Sammlung.

▶ SATZ ANZEIGEN ❽: Um einen Überblick über den gesamten Satz zu erlangen, können Sie die gesamte Definition damit in eine Textdatei schreiben lassen und daraus beispielsweise Ihre ganz persönliche Liste der wichtigsten Tastenbelegungen erstellen.

▶ PRODUKTBEREICH ❹: Ein Satz ist in sich wieder in sogenannte Produktbereiche gegliedert, die zusammengehörige Funktionen/Befehle zu einer Gruppe vereinen.

▶ BEFEHLE ❺: In diesem Bereich werden alle Befehle des ausgewählten Produktbereichs, denen ein Tastaturkürzel zugewiesen werden kann, angezeigt.

▶ AKTUELLE TASTATURBEFEHLE ❻: Zeigt die aktuelle Belegung des ausgewählten Befehls an. Es kann jedoch durchaus mehrere Belegungen für einen Befehl geben.

▶ ENTFERNEN ❾: Einzelne Einträge in der Liste können markiert und damit gelöscht werden.

3.9.2 Definieren eines eigenen Tastaturkürzel-Satzes

Das Verändern der Tastaturbefehle kann in bestimmten Arbeitsumgebungen durchaus sinnvoll sein, allerdings ist äußerste Genauigkeit gefordert. Um brauchbare Tastenbefehle zu definieren und unangenehme Kollisionen mit vorhandenen Befehlen zu vermeiden, benötigen Sie einen guten Überblick über den Satz, den Sie als Basis für Ihren eigenen Satz verwenden. Es stellt sich die Frage, ob Sie dann aber noch Tastaturbefehle ändern müssen/wollen.

Nachstehende Schritt-für-Schritt-Anleitung zeigt Ihnen, wie Sie Änderungen durchführen und den neuen Satz abspeichern können. Welche Tastenkürzel Sie sinnvollerweise für Ihre Arbeitsweise ändern sollten, lesen Sie in der nebenstehenden Box.

Schritt für Schritt: Erstellen eines Tastaturkürzel-Satzes

1 **Tastaturbefehle-Dialog öffnen**
Öffnen Sie über BEARBEITEN • TASTATURBEFEHLE den Editor, um sich einen eigenen, für Ihre Bedürfnisse modifizierten Tastaturkürzel-Satz anzulegen.

2 **Anlegen eines neuen Satzes**
Wählen Sie den Satz [STANDARD] aus, und drücken Sie die Schaltfläche NEUER SATZ.

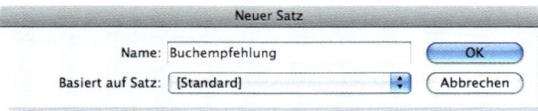

Bezeichnen Sie den neuen Satz mit einem Namen, und lassen Sie ihn auf [STANDARD] basieren. Bestätigen Sie die Eingabe mit OK. Damit haben Sie ein Duplikat des Satzes angelegt, womit Sie jederzeit zurückschalten können.

3 **Produktbereich und Befehl wählen**
Um einen bestimmten Befehl zu finden, wählen Sie die übergeordnete Gruppe aus dem Auswahlmenü PRODUKTBEREICH **10** aus. Am Beispiel des Direktauswahl-Werkzeugs wollen wir nun eine Änderung vornehmen.

Dem Direktauswahl-Werkzeug ist standardmäßig Ⓐ zugewiesen. Wenn Sie jedoch gerade Text schreiben und über ein Tastaturkürzel dieses Werkzeug auswählen wollen, so werden Sie mit Ⓐ nicht wirklich zum Ziel gelangen. Um für den Textmodus ein Tastenkürzel zu definieren, müssen Sie im PRODUKTBEREICH den

Sinnvolle Änderungen

Neben der Änderung der Tastenkürzel für das Auswahl- und Direktauswahl-Werkzeug empfehlen wir Ihnen, folgende Änderungen vorzunehmen:
1. das Umschalten auf die Vorschau, den Anschnitt- und den Infobereich
2. das Ein- und Ausschalten der dynamischen Rechtschreibprüfung
3. das Einfügen eines geschützten Leerraums mit fester Breite
4. das Umschalten zwischen den fünf am meisten verwendeten Arbeitsbereichen
5. das Aktivieren der korrekten Zeichen für OpenType hoch- und tiefgestellt
6. den Zugriff auf alle verwendeten Skripte

◄ **Abbildung 3.55**
NEUER SATZ-Dialog

Auf der Buch-DVD finden Sie im Ordner SETTINGS • TASTATURKUERZEL-SETS den abgespeicherten Satz »Buchempfehlung.indk« zu dieser Schritt-für-Schritt-Anleitung.

Eintrag WERKZEUGE und in BEFEHLE ⑪ den Eintrag DIREKTAUS-WAHL-WERKZEUG aktivieren.

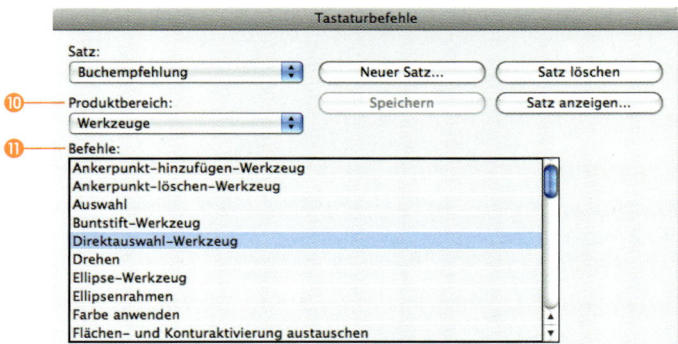

Abbildung 3.56 ▶
Die Wahl des Befehls bzw. des Werkzeugs erfolgt, indem Sie zuvor die Summe an Befehlen durch die Wahl des Produktbereichs filtern.

4 Tastenkürzel zuweisen

Um eine neue Tastenbelegung zu definieren, wählen Sie zuerst aus dem Menü KONTEXT ⑫ den Funktionsbereich TEXT aus. Drü-cken Sie die neue Tastenkombination ⌈Strg⌉+⌈A⌉ bzw. ⌈ctrl⌉+⌈A⌉ im Feld NEUER TASTATURBEFEHL ⑬ ein, und bestätigen Sie die Ein-gabe mit ZUWEISEN ⑭. Sie können nun darüber hinaus dasselbe Tastenkürzel für den Funktionsbereich TABELLE und zusätzlich für den Funktionsbereich STANDARD festlegen.

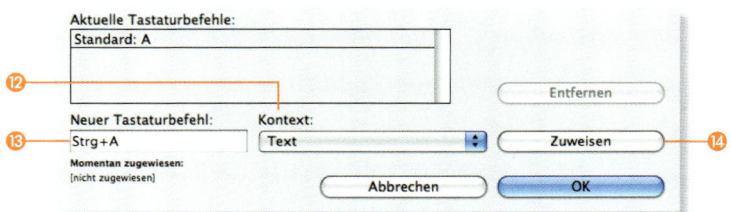

Abbildung 3.57 ▶
Für Mac OS X-Anwender eignet sich für die Wahl eines benutzerde-finierten Tastaturbefehls die ⌈ctrl⌉-Taste, da diese in den Standardsät-zen kaum in Verwendung ist.

5 Weitere Änderungen vornehmen

Weitere Änderungen am Satz können Sie vornehmen, indem Sie Schritt 3 und 4 für die gewünschten Einträge durchführen.

6 Abspeichern des Satzes

Nach getaner Arbeit vergessen Sie nicht, SPEICHERN zu drücken, wonach der Tastaturkürzel-Satz Ihnen für Ihre tägliche Arbeit zur Verfügung steht. ◼

Wo sind die Tastaturkürzel-Sets gespeichert?

Mac OS X: BENUTZER/LIBRARY/ PREFERENCES/ADOBE INDESIGN/ VERSION 6.0/DE_DE/INDESIGN SHORTCUT SETS
Windows: DOKUMENTE UND EIN-STELLUNGEN/BENUTZER/ANWEN-DUNGSDATEN/ADOBE/INDESIGN/ VERSION 6.0/DE_DE/INDESIGN SHORTCUT SETS

Die abgespeicherten Sätze stehen als Datei zur Verfügung und können somit auch auf andere Arbeitsplätze übertragen werden. Beachten Sie, dass ein Austausch zwischen Windows und Mac OS, aufgrund der unterschiedlichen Tastaturen, nicht möglich ist.

4 Voreinstellungen

Nachdem Sie sich nun mit der Oberfläche des Programms vertraut gemacht, einen Arbeitsbereich eingerichtet und das Tastaturkürzel-Set für die von Ihnen gewählte Form erstellt haben, sind es nun nur noch wenige Schritte, bis Sie endlich mit dem ersten Dokument anfangen können.

In diesem Kapitel erfahren Sie, welche Schritte erledigt werden müssen, um Ihnen eine praxisgerechte Arbeitsweise sicherzustellen. Die Schritte sind:

▶ deaktivieren von Preloads zur Steigerung der Performance der Creative Suite 4
▶ die Grundeinstellungen für Adobe Bridge CS4 vornehmen
▶ die Farbeinstellungen für die gesamte Creative Suite 4 über Adobe Bridge CS4 synchronisieren
▶ die empfohlenen Änderungen der InDesign-Voreinstellungen vornehmen
▶ die Einstellungen hinsichtlich Transformieren von Linienstärken vornehmen

4.1 Deaktivieren von Preloads

Dass Programme der Creative Suite plötzlich so schnell starten, hat nichts mit der optimierten Programmierung von Adobe zu tun. Der Trick: Alle Programme werden bereits beim Starten des Systems im Hintergrund in gewisser Weise geladen. Das Laden von Programmen benötigt einerseits etwas Zeit, andererseits werden dadurch Ressourcen des Systems reserviert.

Mit der Installation eines Programmes aus der Creative Suite wird standardmäßig das Programm **Adobe Bridge CS4** installiert. Sie können die Installation des Programmes gar nicht verhindern bzw. können Sie auch nicht das Programm Adobe Bridge CS4 alleine installieren. Adobe Bridge ist neben dem Finder-/Explorer-Ersatz auch die Schaltzentrale für die Creative Suite und stellt wichtige Funktionen für die Programme zur Verfügung bzw. verteilt diese. Das Deaktivieren von Preloads kann nur über Adobe Bridge erfolgen.

Adobe Bridge CS4

Die Schaltzentrale der Creative Suite ist aus unserer Sicht ein wichtiger Bestandteil der gesamten Suite. Das Arbeiten mit Bridge macht speziell zum Betrachten von Bildern und bei der Verwendung von Snippets sehr viel Sinn. Ob Sie damit arbeiten wollen oder nicht, bleibt Ihren Vorlieben vorbehalten. Für das Vornehmen der Einstellungen müssen Sie dieses Programm jedoch zumindest einmal anwenden.

Obwohl von uns die Verwendung von Adobe Bridge CS4 ausdrücklich empfohlen wird, steht in diesem Buch dafür leider kein Platz zur Verfügung. Die Beschreibung der Arbeitsweise stellen wir Ihnen dennoch in einem eigenen Kapitel D, »Adobe Bridge«, im Downloadbereich zu diesem Buch zur Verfügung.

Schritt für Schritt: Deaktivieren der Preloads

1 Starten von Adobe Bridge CS4

Starten Sie Adobe Bridge CS4, indem Sie auf das Icon ▣ in der Anwendungsleiste von InDesign klicken, oder rufen Sie das Programm aus dem Programmordner auf.

Sollten Sie schon beim Starten von Bridge CS4 eine Fehlermeldung hinsichtlich nicht ladbarer Teile bekommen, so können Sie diese Fehlermeldung durch Bestätigen von OK übergehen.

2 Voreinstellungen aufrufen

So wie in jedem Adobe-Programm können Sie die Programm-Voreinstellungen über das Tastenkürzel [Strg]+[K] bzw. [⌘]+[K] oder über das Menü ADOBE BRIDGE CS4 • EINSTELLUNGEN (Mac OS X) bzw. BEARBEITEN • EINSTELLUNGEN (Windows) aufrufen.

3 Startskripte deaktivieren

Im Voreinstellungen-Dialog wählen Sie das Register STARTSKRIPTE aus und deaktivieren darin alle jene Programme und Komponenten, die Sie in Ihrer täglichen Arbeit ohnehin nie bis selten benötigen.

Abbildung 4.1 ▶
Durch das Deaktivieren von Startskripten für Programme, die Sie nie bis selten zu verwenden beabsichtigen, können Ressourcen für Ihr Rechnersystem freigehalten werden.

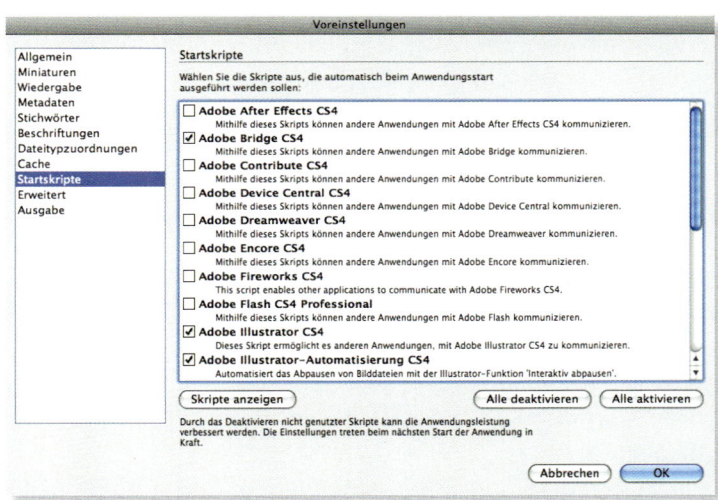

Deaktivieren Sie alle Preloads, ausgenommen jene von Adobe Bridge CS4, Adobe Illustrator CS4 und die Automatisierungen zu Illustrator CS4. Sie können diese aber auch deaktivieren, wenn Sie deren häufige Verwendung nicht beabsichtigen.

Trotz Deaktivieren eines Preloads kann das Programm selbstverständlich jederzeit aufgerufen und ausgeführt werden. Das Starten des Programms dauert dann eben etwas länger.

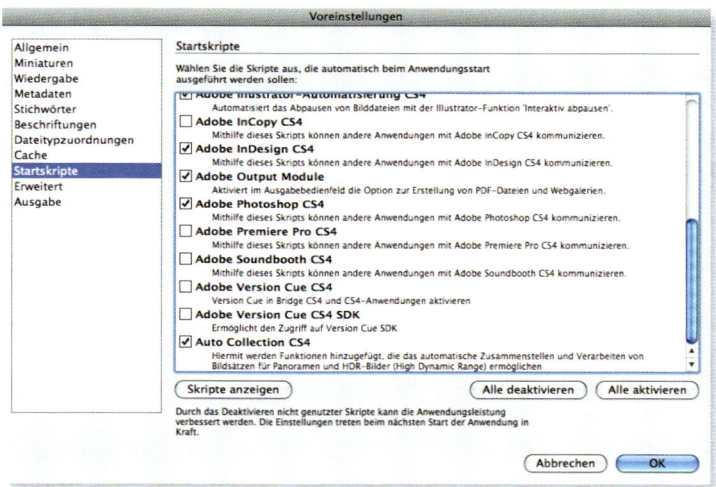

◄ **Abbildung 4.2**
Die Länge der Liste aller Startskripte
ist abhängig davon, welche Creative
Suite Sie installiert haben. Haben
Sie die Master Collection installiert,
müssen Sie natürlich die meisten
Entscheidungen treffen.

Scrollen Sie die Liste etwas weiter nach unten, und deaktivieren
Sie weitere Startskripte nach Ihrem Geschmack. Beachten Sie nur,
dass, wenn Sie beispielsweise ADOBE OUTPUT MODULE deaktivieren, damit die Funktionalität in Bridge CS4 auch nicht zur Verfügung steht.

4 **Beenden der Voreinstellungen**

Bestätigen Sie die Änderungen durch Klick auf OK. Damit haben
Sie für den nächsten Start Ihres Computersystems die gewünschten Preloads deaktiviert. ■

4.2 Grundeinstellung für Bridge CS4 vornehmen

Da wir uns ja gerade in Adobe Bridge CS4 befinden, sollten Sie
eventuell noch hilfreiche Optionen, die Ihnen das Arbeiten etwas
erleichtern, aktivieren. Falls Sie nicht mit Adobe Bridge CS4 arbeiten wollen, so überspringen Sie diesen Punkt.

Unsere Empfehlungen zum Aktivieren von Grundeinstellungen
in Adobe Bridge CS4 sind:

Register »Allgemein« | Aktivieren Sie die Option CAMERA RAW-
EINSTELLUNGEN IN BRIDGE PER DOPPELKLICK BEARBEITEN, wenn Sie
in Ihrer Umgebung viel mit Camera-Raw-Daten arbeiten müssen.

Register »Miniaturen« | Wir empfehlen, in diesem Register die
Voreinstellungen laut Abbildung 4.3 vorzunehmen.

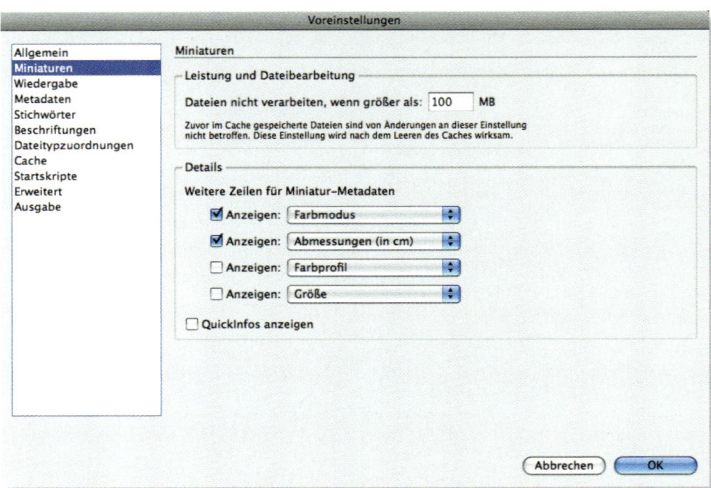

Setzen Sie die Option Dateien nicht verarbeiten, wenn grösser als: etwas herunter, und aktivieren Sie im Bereich Details die Anzeige des Farbmodus und die Anzeige der Grösse von Bildern. Damit können Sie RGB von CMYK schon beim Betrachten unterscheiden.

Die QuickInfos sollten zumindest für die Verwendung von Adobe Bridge deaktiviert bleiben, da sie dort sehr lästig wirken, wenn Bilder betrachtet werden müssen.

Andere Register | In allen anderen Registern können Sie mit den von Adobe getroffenen Grundeinstellungen gut arbeiten. Die meisten Parameter beziehen sich nur auf die Verarbeitung von Dateien und die Farbgebung von Kennzeichnungen.

Lediglich im Register Dateitypzuordnungen könnten Sie vom Finder/Explorer abweichende Einstellungen zum Öffnen von Dateien über Adobe Bridge CS4 vornehmen.

Farbmanagement

Welche spezielle Auswirkung die getroffene Farbeinstellung für InDesign hat, erfahren Sie in Abschnitt 23.2, »Farbeinstellungen«, auf Seite 676 und auf den nachfolgenden Seiten.

Die zu verwendenden Profile und die Farbeinstellungsdateien für die Druckproduktion befinden sich auf der Buch-DVD im Ordner Settings • Farbmanagement.

4.3 Synchronisieren der Farbeinstellung für die Programme der Creative Suite

Wenn Sie Ihre Farbeinstellungen mit Adobe Photoshop CS4 gemacht und als Set abgespeichert haben, so müssten Sie dieses Set in allen Programmen separat laden, wenn Sie eine Gleichschaltung der Farbeinstellungen über alle Programme der Creative Suite hinweg verwenden wollen.

Mit Adobe Bridge CS4 können Sie über den Befehl Bearbeiten • Creative Suite-Farbeinstellungen oder durch Drücken der Tastenkombination ⌨Strg+⇧+K bzw. ⌘+⇧+K jedes angelegte Set ❸ – Sie müssen zuerst die Sets im System laden, dazu mehr in Kapitel 24, »Farbmanagement« – mit einem Klick über alle Adobe-Creative-Suite-Standardprogramme hinweg synchronisieren.

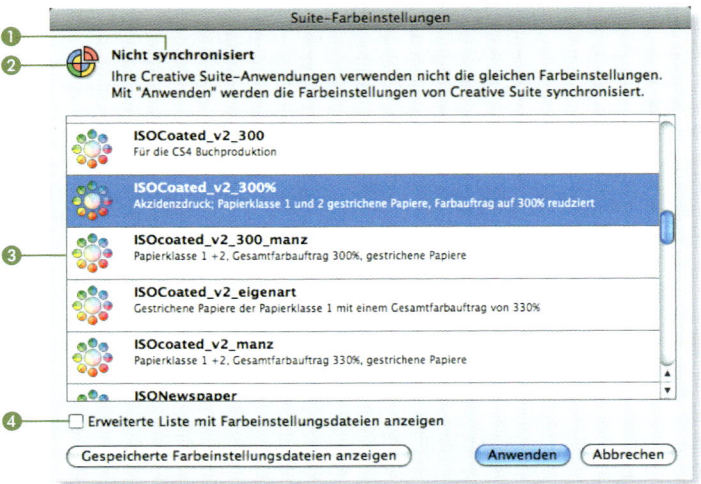

◄ **Abbildung 4.4**
Wählen Sie in der Liste das von Ihnen abgespeicherte Farbeinstellungsset aus, und klicken Sie auf ANWENDEN. Ab diesem Zeitpunkt sind alle Programme der CS4 und CS3 inklusive Acrobat 8 und 9 mit demselben Set versehen. Sollten Sie in der Liste Ihr Set nicht finden, so müssen Sie die Checkbox ERWEITERTE LISTE MIT FARBEINSTELLUNGSDATEIEN ANZEIGEN ❹ aktivieren.

Achten Sie darauf, dass das Symbol ❷ nicht wie in Abbildung 4.4, sondern wie wie in Abbildung 4.5 aussieht und der Eintrag von NICHT SYNCHRONISIERT ❶ auf SYNCHRONISIERT ❺ geändert wurde.

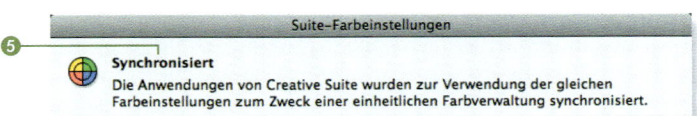

◄ **Abbildung 4.5**
Alle Programme der Creative Suite 4 und 3 sind synchronisiert.

Damit haben Sie alle Programme der Creative Suite 4 auf den Farbstandard, entsprechend dem ISO-Standard für ISOCoated_v2 mit einem Gesamtfarbauftrag von 300 %, eingestellt.

4.4 InDesign-Voreinstellungen

InDesign bietet eine Fülle von Voreinstellungen, die das Verhalten des Programms und bestimmter Funktionen wesentlich beeinflussen. Wir empfehlen, diese Voreinstellungen bereits vor der Arbeit vorzunehmen, da eine nachträgliche Änderung sich teilweise nicht auf die bereits erstellten Dokumente auswirken würde.

Generell wird zwischen zwei Arten von Voreinstellungen unterschieden: solche, die sich auf das Programm insgesamt beziehen, und solche, die sich auf das jeweilige Dokument auswirken. In den nachfolgenden Abbildungen wird dies gesondert ausgewiesen. Dort werden die dokumentspezifischen Einstellungen mit dem Zeichen ➡ versehen sein. Alle anderen Voreinstellungen sind programmspezifisch.

Voreinstellungen lassen sich leider nicht speichern. Änderungen an Voreinstellungen werden beim Schließen des Programms automatisch in die InDesign-Präferenzen geschrieben. Das Verteilen dieser Präferenzen auf andere Arbeitsplätze ist aus unserer Sicht nur dann empfehlenswert, wenn es sich wirklich um 100 % identische Konfigurationen und Installationen handelt. Sind Unterschiede in der Installation gegeben, kann solch eine Datei zu schwerwiegenden Fehlern, ja sogar zum Verweigern des Starts von InDesign führen.

Schritt für Schritt: Ändern der InDesign-Voreinstellungen nach den Empfehlungen der Autoren

1 Starten von InDesign ohne geöffnetes Dokument
Um die grundsätzlichen Einstellungen des Programms vorzunehmen, empfehlen wir, kein Dokument zu öffnen, denn dadurch würden sich einige Funktionen nur auf das geöffnete Dokument auswirken.

2 Voreinstellungen öffnen
So wie bei Adobe Bridge kommen Sie auch hier über das Tastenkürzel ⌨Strg⌨+⌨K⌨ bzw. ⌨⌘⌨+⌨K⌨ oder über den Aufruf im Menü INDESIGN • VOREINSTELLUNGEN (Mac OS) bzw. BEARBEITEN • VOREINSTELLUNGEN (Windows) zu den Voreinstellungen des Programms.

3 »Allgemein«, »Benutzeroberfläche« und »Eingabe«
Wählen Sie im Register ALLGEMEIN in jedem Fall die Option AUF INHALT ANWENDEN ❶, da dadurch der Schriftgrad nach einer Skalierung des Textrahmens korrekt angezeigt wird.

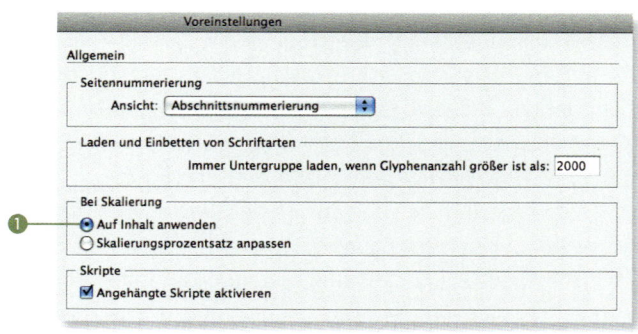

Abbildung 4.6 ▶
Durch die Wahl der Option AUF INHALT ANWENDEN (Standardeinstellung) kann der lästige Fehler der Vorgängerversionen, wo die korrekte Textgröße und Linienstärke in Klammern angegeben wurde, umgangen werden.

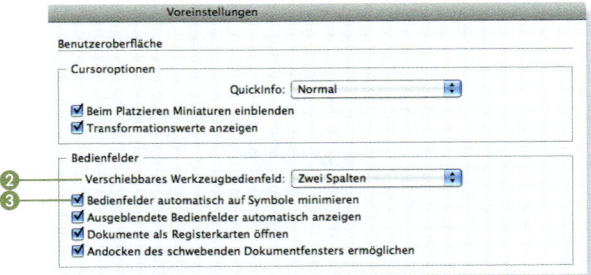

◀ **Abbildung 4.7**
Schalten Sie die Option VERSCHIEB-
BARES WERKZEUGBEDIENFELD ❷ auf
ZWEI SPALTEN um, da dadurch die
Werkzeuge übersichtlicher zur Ver-
fügung stehen. Auch die Option
BEDIENFELDER AUTOMATISCH AUF
SYMBOLE MINIMIEREN ❸ macht in
der täglichen Arbeit viel Sinn.

Die erweiterten Einstellungen zu den Bedienfeldern beziehen
sich vor allem auf die Gestaltung der Oberfläche innerhalb des
Dokumentrahmens, der für Mac OS-Anwender ziemliches Neu-
land ist.

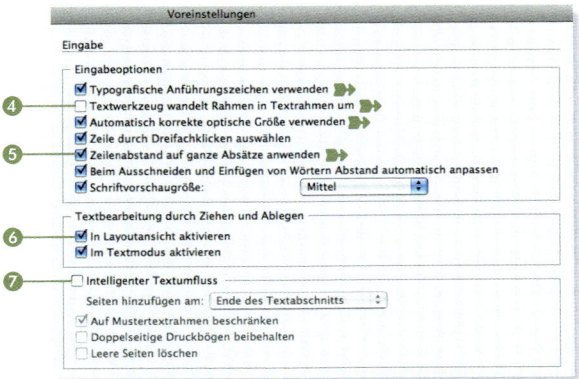

◀ **Abbildung 4.8**
Deaktivieren Sie die Option TEXT-
WERKZEUG WANDELT RAHMEN IN
TEXTRAHMEN UM ❹, womit ein irr-
tümliches Wandeln eines leeren
Bildrahmens in einen Textrahmen
nicht mehr erfolgen kann. Warum
Adobe den Zeilenabstand als Zei-
chen- und nicht als Absatzattribut
standardmäßig vorsieht, ist uns ein
Rätsel. Aktivieren Sie dringend die
Option ZEILENABSTAND AUF GANZE
ABSÄTZE ANWENDEN ❺.

Aktivieren Sie die Option IN LAYOUTANSICHT AKTIVIEREN ❻ im Abschnitt TEXTBEARBEITUNG DURCH ZIEHEN UND ABLEGEN, da dadurch
die Möglichkeit einen Text per Drag&Drop zu verschieben, gegeben ist. XPress-Anwender kennen diese Funktion durch die
Option TEXT ZIEHEN UND LOSLASSEN. Die sicherlich praktischen
Optionen in INTELLIGENTER TEXTUMFLUSS ❼, die mit InDesign CS4
eingeführt wurden, stellen für die Druckvorstufe eher ein Hinder-
niss dar, da Druckdokumente immer im Vorhinein genau geplant
werden und somit ein automatisches Hinzufügen oder sogar
Löschen von Seiten sicherlich kontraproduktiv wäre.

4 »Erweiterte Eingabe«, »Satz« und »Raster«

Im Register ERWEITERTE EINGABE sind standardmäßig keine Änderungen vorzunehmen. Wenn Sie jedoch die Skalierung für hoch-
und tiefgestellte Buchstaben ändern wollen, dann sind Sie hier
richtig.

Im Register SATZ aktivieren Sie abweichend nur die Option TEXT
NEBEN OBJEKT AUSRICHTEN ❽, womit umfließende linksbündige

Texte auf der linken Seite des Objekts durch Blocksatz ausgetrieben werden und rechts neben dem Objekt weiterhin flattern.

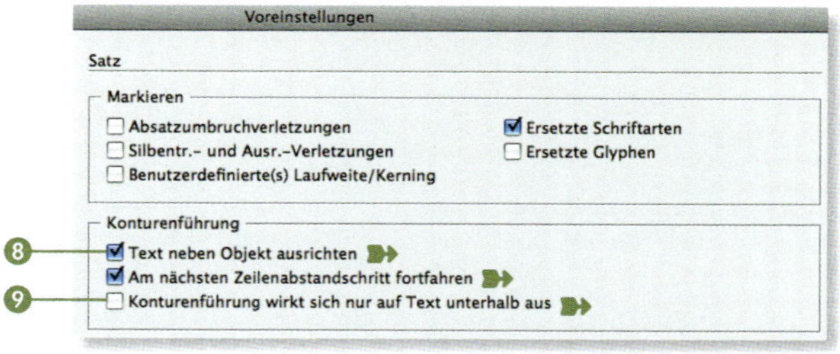

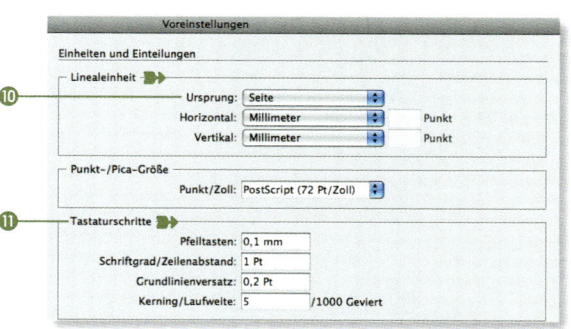

Abbildung 4.9 ▶
Durch die Wahl der Option KONTURENFÜHRUNG WIRKT SICH NUR AUF TEXT UNTERHALB AUS ❾ entstehen ähnliche Verhältnisse, wie dies in QuarkXPress in Sachen Umfließen der Fall ist.

Die standardmäßig eingestellten TASTATURSCHRITTE ⓫ sind viel zu groß. Ändern Sie die Werte laut Vorgabe in Abbildung 4.10.

Abbildung 4.10 ▶
Der Default-Wert DRUCKBOGEN in der Option URSPRUNG ❿ sollte auf SEITE gestellt werden, da damit jede Seite ein eigenes Lineal bekommt und Sie somit immer von der linken Kante der Seite mit der X-Koordinate 0 ausgehen können.

5 »Raster«, »Hilfslinien und Montagefläche« und »Wörterbuch«

Ändern Sie die penetrante Farbe des Grundlinienrasters, da auf dieses beim Layouten mit InDesign sehr viel Bezug genommen wird. Beschränken Sie die Anzeige des Grundlinienrasters – wenn Sie ohne Marginalspalte arbeiten – auf den Satzspiegel durch die Auswahl von OBEREM RAND in der Option RELATIV ZU ⓬.

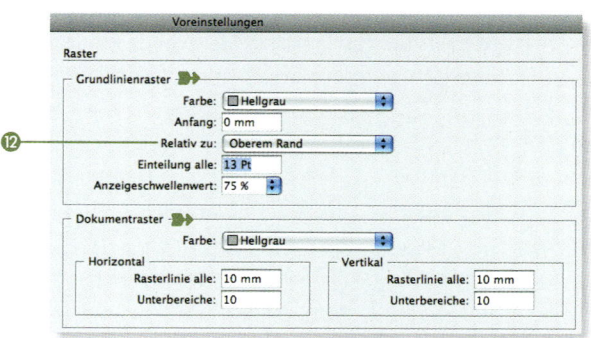

Abbildung 4.11 ▶
InDesign-Voreinstellungen zur Verwendung von Rastern in einem Dokument. Falls Sie beabsichtigen, mit dem Dokumentraster zu arbeiten, so stellen Sie sich dieses nach Ihren Wünschen ein. Die Werte in der Abbildung führen zu einem Millimeterpapier als Dokumentraster.

Im Register HILFSLINIEN UND MONTAGEFLÄCHEN sind keine Änderungen zu machen, es sei denn, Sie wollen die Hilfslinienfarben verändern, die Montagefläche für das Dokument vergrößern oder Teile der magnetischen Hilfslinien deaktivieren.

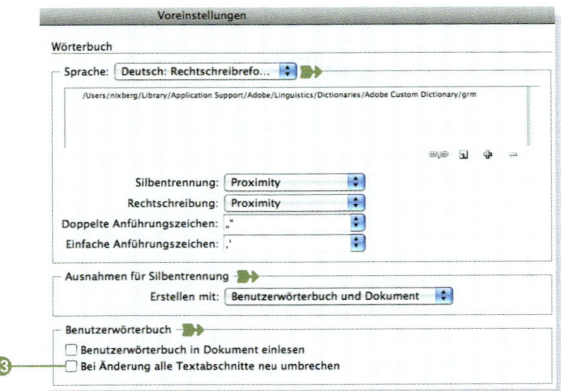

◄ **Abbildung 4.12**
Deaktivieren Sie die Option BEI ÄNDERUNG ALLE TEXTABSCHNITTE NEU UMBRECHEN ⑬, wenn Sie Einzelkämpfer sind und nur Ihre Daten für die Ausgabe erzeugen. Aktivieren Sie diese Option, wenn Sie gezielt in Arbeitsgruppen mit Wörterbüchern arbeiten.

6 »Rechtschreibung«, »Autokorrektur«, »Textmodusanzeige« und »Notizen«

Im Register RECHTSCHREIBUNG können Sie einerseits die DYNAMISCHE RECHTSCHREIBPRÜFUNG aktivieren – Sie können diese aber auch über den Befehl BEARBEITEN • RECHTSCHREIBPRÜFUNG • DYNAMISCHE RECHTSCHREIBPRÜFUNG aktivieren – und andererseits festlegen, welche Vorkommnisse die dynamische Rechtschreibkorrektur und in welcher Farbe sie diese durch unterwellte Linien anzeigen soll. Treffen Sie hier Ihre persönliche Wahl.

In den Registern AUTOKORREKTUR, NOTIZEN und TEXTMODUSANZEIGE müssen keine Änderungen vorgenommen werden. Das Aktivieren der Autokorrektur können Sie auch über den Befehl BEARBEITEN • RECHTSCHREIBPRÜFUNG • AUTOKORREKTUR erledigen.

> **Automatisches Update abstellen**
>
> Wollen Sie nicht immer zwischendurch durch die Meldung, dass ein Update zum Download bereitsteht, gestört werden, so müssen Sie einmalig den Updateprozess anstoßen und beim Adobe Updater in den Voreinstellungen auf manuell umstellen.

7 »Anzeigeleistung« und »Schwarzdarstellung«

Stellen Sie im Register ANZEIGELEISTUNG den Wert in der Option TEXT AUSGRAUEN UNTER ⑮ auf 0 Pt, da dadurch auch Texte am Monitor bei extremer Verkleinerung noch lesbar bleiben und nicht zur Darstellung ausgegraut werden.

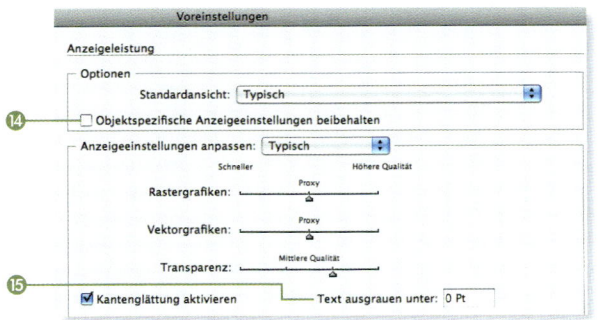

◄ **Abbildung 4.13**
Die Grundparameter des Registers ANZEIGELEISTUNG sind für eine performante und qualitativ hochwertige Anzeige von Bildern und Texten am Monitor generell gut eingestellt. Aktivieren Sie die Option OBJEKTSPEZIFISCHE ANZEIGEEINSTELLUNGEN BEIBEHALTEN ⑭ nicht, da dadurch die Dateigröße des InDesign-Dokuments wesentlich in die Höhe schnellt.

Wählen Sie sowohl in der Option AM BILDSCHIRM als auch BEIM DRUCK/EXPORT den Wert ALLE SCHWARZTÖNE KORREKT ANZEIGEN/AUSGEBEN aus, damit Sie bereits bei gewählter Überdruckenvorschau am Monitor die Farbunterschiede überdruckender schwarzer Flächen erkennen können.

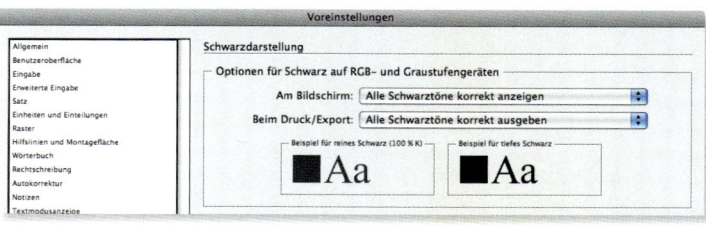

Abbildung 4.14 ▶
Die Änderung der Voreinstellung zur Schwarzdarstellung macht das Suchen nach unbeabsichtigten überdruckenden Schwarzflächen bereits am Monitor möglich.

8 »Dateihandhabung« und »Zwischenablageoptionen«

Im Register DATEIHANDHABUNG sind neue Optionen in Bezug auf VERKNÜPFUNGEN hinzugefügt worden. Die Wahl der Option VERKNÜPFUNGEN VOR DEM ÖFFNEN DES DOKUMENTS ÜBERPRÜFEN ❶ ist für die Produktion sinnvoll. Wenn Sie jedoch die Option FEHLENDE VERKNÜPFUNGEN VOR DEM ÖFFNEN DES DOKUMENTS SUCHEN ❶ aktiviert lassen, so durchsucht InDesign alle verfügbaren Verzeichnisse nach den fehlenden Verknüpfungen. Dies kann in größeren Arbeitsgruppen und bei mehreren Serververzeichnissen enorm viel Zeit in Anspruch nehmen. Deaktivieren Sie also in diesem Fall immer diese Option, und suchen Sie nach den fehlenden Verknüpfungen lieber händisch.

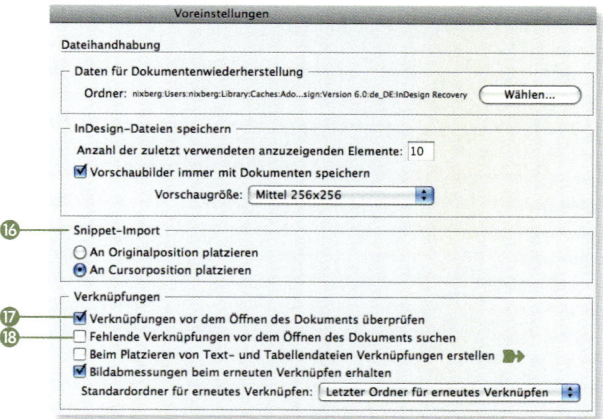

Abbildung 4.15 ▶
Bestimmen Sie, wenn Sie mit Snippets arbeiten wollen, über die Optionen im Bereich SNIPPET-IMPORT ❶, ob die Snippets beim Platzieren an der Cursor- oder an der Originalposition platziert werden sollen. Sie können das Verhalten beim Platzieren von Snippets durch das Drücken der ⌥Alt⌥- bzw. ⌥⌥-Taste jeweils auf die nicht aktivierte Option ändern.

Im Register ZWISCHENABLAGEOPTIONEN müssen keine Änderungen vorgenommen werden.

Wir haben nun die wichtigsten Voreinstellungen geändert. Einer Arbeitsweise ohne allzu große Überraschungen sollte damit nichts mehr im Wege stehen. ■

TEIL II
Ein Dokument aufbauen

5 Neue Dokumente

Wie kann man die Funktionen von InDesign am einleuchtendsten näherbringen? Diese Frage stellte sich uns zu Beginn dieses Kapitels. Die praxisgerechte Vermittlung von Funktionen anhand eines Projekts erschien uns, für die doch relativ trockenen Inhalte, am sinnvollsten.

Doch welches Projekt ist hierfür geeignet? InDesign als Layoutprogramm bietet Möglichkeiten zur Gestaltung von einseitigen und mehrseitigen Flyern, zur Erstellung mehrseitiger Folder in Tabernakel- oder Zickzack-Falz, von Magazinen, Zeitungen und Geschäftsberichten, von wissenschaftlichen Publikationen, Projektarbeiten und Büchern. Die Antwort: Es muss sich um ein Projekt handeln, das mehrere Seiten in Farbe, mehrere Kapitel sowie Text-, Bild- und Grafikelemente umfasst.

5.1 Erste Gedanken zum Projekt

Das Thema unseres Projekts lautet: »Vom grafischen Entwurf zur digitalen Visualisierung«. Dabei handelt es sich um eine Projektarbeit, die in verschiedenen Kapiteln die Umsetzung von der Handzeichnung bis hin zur digitalen Visualisierung entwickelt und mit einer abschließenden Gegenüberstellung des grafischen Entwurfs und des digitalen Ergebnisses endet.

Um dies realisieren zu können, wird die Projektarbeit in vier Kapitel unterteilt: Einleitung, der grafische Entwurf, die digitale Visualisierung und die Gegenüberstellung. Jedes Kapitel hat einen speziellen Kapitelanfang, und es gibt ein Inhaltsverzeichnis.

Da es sich um eine sehr grafisch ausgerichtete Arbeit handelt, darf mit stilistischen Elementen nicht gegeizt werden. Farbe ist also wichtig. Die Arbeit kann durchgängig als 4c-Datei aufgebaut werden; das Reduzieren auf eine 2c-Variante aus Kostengründen ist nicht erforderlich. Eine perfekte Typografie ist zwingend gefordert und somit auch ein ausgewogener Aufbau des Layouts erwünscht.

Das Projekt soll im Anschluss im 60er-Raster auf 100 Gramm starkem, satiniertem Papier im Offsetverfahren gedruckt werden.

HINWEIS

Das Thema »Vom grafischen Entwurf zur digitalen Visualisierung« ist in diesem Zusammenhang hier nur insofern interessant, weil dadurch die Struktur des Projekts vorgegeben wird.

[60er-Raster]
In Programmen der Druckvorstufe wird die Rasterweite in lpi (lines per inch) angegeben. Der Begriff 60er-Raster (60 Linien pro Zentimeter) ist deutscher Sprachgebrauch und entspricht einer Rasterweite von 150 lpi.

Als Bindung wird die Fadenheftung gewählt. Der Umschlag soll auf einem 250 Gramm starken Karton gedruckt werden.

Speziell zur Darstellung einer quer liegenden Grafik wird eine Allonge – ein aufklappbarer Teil des Umschlags oder eine aufklappbare Seite im Hauptteil des Buches (Kern) – auf der Rückseite des Umschlags vorgesehen.

5.2 Überlegungen zu Umfang, Seitenformat und Satzspiegel

Die ersten Überlegungen zum Projektkern sind in Bezug auf das **Seitenformat** zu treffen. Welches Format ist das geeignetste, um eine Projektarbeit mit dem gestellten Thema in ein angemessenes Gewand zu packen? Ganze Bücher widmen sich diesem Thema.

Die Gedanken, mit denen wir dabei gespielt haben, lassen sich in ein paar Fragen zusammenfassen: Nehmen wir ein Standardpapierformat? Es wäre günstig in der Produktion und mutet bekannt, und somit auch langweilig, an. Oder sollen wir auf ein Quartformat zurückgreifen? Wir entschieden uns für ein ausgefalleneres Seitenformat, es wurde schließlich mit 195 x 246 mm festgelegt.

Die nächste, alles entscheidende Frage ist die Frage nach der Größe des **Satzspiegels**. Wie breit soll dieser sein? Sollen wir einspaltig oder mehrspaltig werden? Wäre eine Marginalspalte in Verbindung mit einem Einspalter optimal? Wie breit soll dann die Marginalspalte, wie breit der Satzspiegel sein? Muss sich der Satzspiegel zwischen rechter und linker Seite unterscheiden? Welche Ränder sind oben, außen, in der Mitte und unten zu wählen?

Die Antwort auf die Frage nach der Breite des Satzspiegels kann nur in Zusammenhang mit der gewählten Schrift, der gewählten Schriftgröße und der daraus resultierenden Zeilenlänge erfolgen. Die Höhe des Satzspiegels ergibt sich aus den Mindesträndern, die zum Angreifen des Gedruckten benötigt werden, sowie aus dem gewählten Zeilenabstand, der den notwendigen Grauwert im Mengentext gewährleistet. Auch zu diesem Thema können Sie Fachliteratur unterschiedlichster Ausrichtung studieren. Jede Projektart, ob Buch, Zeitung, Magazin, wissenschaftliche Arbeit oder Geschäftsbericht, folgt dabei eigenen Gesetzen, die es kennenzulernen und umzusetzen gilt. Wir haben uns für die Verwendung der Schrift »Mayriad Pro« entschieden, die jedem InDesign-Anwender zum Nachvollziehen des Projekts zur Verfügung steht. Der Schriftgrad wird mit 10 Pt, der Zeilenabstand mit 5 mm bestimmt, womit wir einer einfachen Regel (Zeilenabstand = halber Schriftgrad in Millimeter) gefolgt sind.

Die BREITE des Satzspiegels wird mit 95 mm, die HÖHE mit 185 mm – ein Vielfaches des Zeilenabstandes – festgelegt. Wir haben uns auf ein doppelseitiges Layout geeinigt und die Ränder wie folgt bestimmt: INNEN 30 mm, AUSSEN 70 mm, OBEN 28 mm und UNTEN 33 mm.

Bedingt durch die Satzspiegelbreite, die gewählte Schriftgröße und den gewählten Zeilenabstand können somit in einer Zeile um die 60 Zeichen (eine gerade noch vertretbare Anzahl an Zeichen für die Gewährleistung einer guten Lesbarkeit) und auf einer Seite 37 Zeilen gesetzt werden. Um zusätzliche Informationen im Layout unterbringen zu können, haben wir uns entschieden, eine Marginalspalte mit der Breite von 40 mm zu verwenden, die einen Abstand von 10 mm zum Satzspiegel einhält.

[Schriftsippe]
Schriften können nach unterschiedlichen Methoden klassifiziert werden. Eine relativ neue Klasse von Schriften sind in Großfamilien, den Schriftsippen, organisiert. In den Sippen finden sich Schriftfamilien mit unterschiedlichen Stilen, die aber dennoch zueinander passen, weil sie aufeinander abgestimmt wurden.

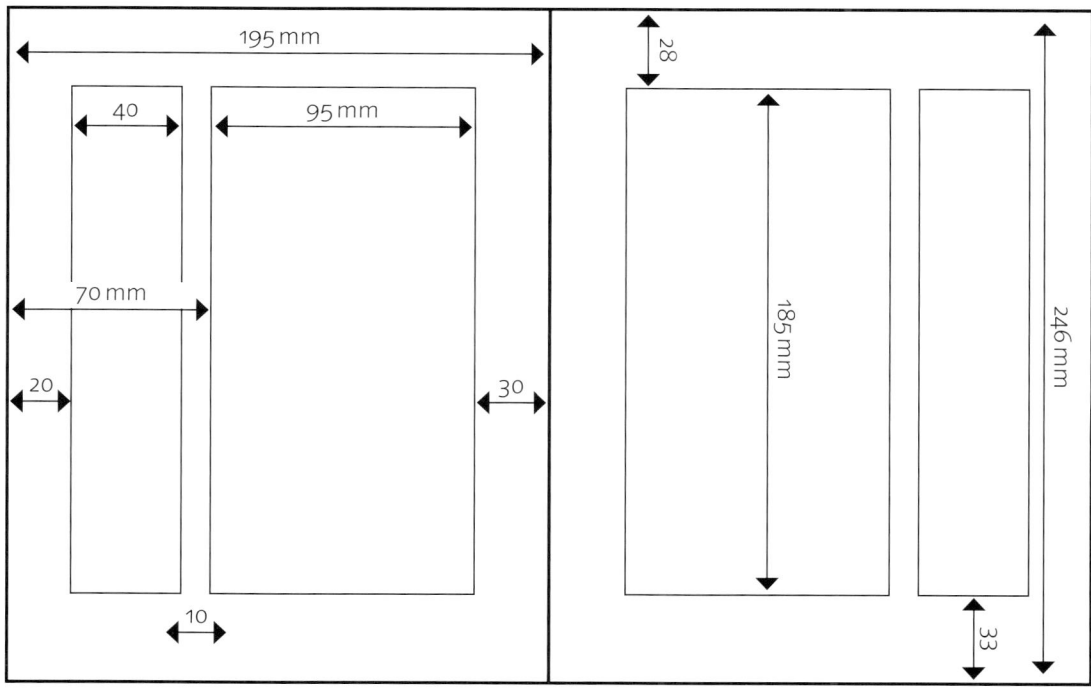

Der **Umfang** des Projekts ergibt sich aus dem vorliegenden Manuskript zuzüglich Zwischenblättern für die einzelnen Abschnitte und Umschlag. Aus dem Manuskript ergibt sich ein Gesamtumfang von 72 Seiten, der vierseitige Umschlag erhält eine Allonge – das macht somit insgesamt sechs Seiten für den Umschlag. Achten Sie bei Druckprojekten darauf, ein Vielfaches von vier als Seitenanzahl anzupeilen, da diese meistens auf Druckbögen mit mindestens vier Seiten gedruckt werden. Bei mehrseitigen Arbeiten sollte die Seitenanzahl zumindest durch zwei teilbar sein.

▲ **Abbildung 5.1**
Der Satzspiegel: unser Layout für die Projektarbeit

5.3 Ein neues Dokument anlegen

Nachdem nun die Grundlagenarbeit abgeschlossen ist, können wir an die Umsetzung in InDesign herangehen und unser Projekt gemäß den Vorgaben anlegen. Starten Sie InDesign, und führen Sie den Befehl DATEI • NEU • DOKUMENT bzw. $\boxed{\text{Strg}}$+$\boxed{\text{N}}$ aus.

Abbildung 5.2 ▶
Erstellen eines neuen Dokuments

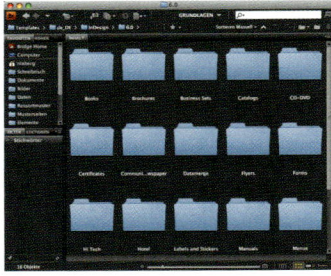

▲ **Abbildung 5.3**
Verzeichnis aller Templates für InDesign CS4

Wie Sie aus der Abbildung erkennen können, sind über den Befehl NEU drei weitere Befehle zum Anlegen eines Dokuments aus einer Vorlage, zum Anlegen eines Buches und zum Anlegen einer Bibliothek zu erreichen. Weitere Befehle könnten durch die Installation von Plug-ins auftauchen. Wenn Sie den Befehl DATEI • NEU • DOKUMENT AUS VORLAGE aufrufen, so wird Bridge CS4 geöffnet, und die von Adobe zur Verfügung gestellten Templates werden im Fenster INHALT angezeigt. Wissenswertes zum Erstellen und Arbeiten mit Bibliotheken erfahren Sie in Kapitel 22, »Recycling – Objekte wiederverwenden«, zum Buchsatz in Kapitel 21, »Buch, Inhaltsverzeichnis und Index«.

5.3.1 Grundlegende Parameter der Dokumentenanlage

Nachdem Sie den Befehl ausgeführt haben, öffnet sich der Dialog NEUES DOKUMENT. Legen Sie hier Seitenanzahl, Seitenorientierung, Seitenformat, die Anzahl der Spalten und die Ränder des Satzspiegels fest.

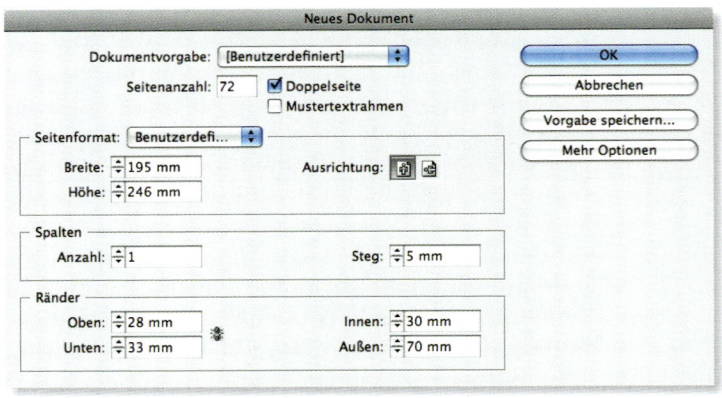

Abbildung 5.4 ▶
Der Dialog NEUES DOKUMENT ermöglicht die Eingabe der Seitengröße, der Spaltenanzahl und der
-abstände sowie der Ränder für den
Satzspiegel.

Allgemein | Legen Sie zunächst die grundlegenden Parameter hinsichtlich Projektumfang fest, und bestimmen Sie, ob es sich um ein einseitiges oder doppelseitiges Layout handelt.

- ▶ **Seitenanzahl:** Definieren Sie hier die gewünschte Seitenanzahl. InDesign CS4 generiert damit die vorgegebene Anzahl von Dokumentseiten im neuen Dokument, ein nachträgliches Hinzufügen weiterer Seiten ist selbstverständlich jederzeit möglich. Die Anzahl der Seiten ist in InDesign mit 9.999 Seiten beschränkt, wir geben für unser Projekt jedoch 72 ein.
- ▶ **Doppelseite:** Aktivieren Sie diese Option, wenn Sie Zeitschriften, mehrseitige Broschüren oder ein Buch erstellen möchten. Die Option veranlasst InDesign, die Seiten im Seiten-Bedienfeld paarweise zusammenzustellen und somit auch im Satzspiegel zwischen rechter und linker Seite zu unterscheiden, indem die Stege am Bund gespiegelt werden. Ist die Option deaktiviert, werden Einzelseiten erstellt. Anwendung findet diese Einstellung bei Plakaten, Anzeigen, Visitenkarten und anderen einfachen Drucksachen. Für unsere Projektarbeit aktivieren wir die Option DOPPELSEITE.
- ▶ **Mustertextrahmen:** Diese Funktion erstellt im Dokument automatisch einen Textrahmen im Ausmaß des Satzspiegels. Aktivieren Sie diese Option, wenn Sie über mehrere Seiten mit dem gleichen Satzspiegel arbeiten wollen. Immer wenn Sie eine neue Seite einfügen, wird automatisch ein Textrahmen zur Verfügung gestellt. In der Praxis wird diese eigentlich sehr nützliche Option fast immer deaktiviert, da ein Textrahmen schnell genau dort aufgezogen ist, wo er gebraucht wird.
Wenn es Ihnen aber nur darum geht, dass Sie einen vorliegenden Text in InDesign CS4 einfließen lassen möchten, so ist das Aktivieren dieser Funktion nicht zwingend, da InDesign beim Importieren von Texten automatisch innerhalb des Satzspiegels einen Textrahmen anlegt. Wenn Sie jedoch auf den intelligenten Textfluss zurückgreifen wollen, dann ist es ein Muss.

Seitenformat | In diesem Bereich des Dialoges definieren Sie die BREITE und die HÖHE des Endformats sowie die Ausrichtung (HOCH 📄 oder QUER 📄) der Seite. Die Eingabe der Werte kann dabei in jeglicher von InDesign verarbeitbaren Maßeinheit erfolgen.

Da meistens mit Standardformaten gearbeitet wird, bietet InDesign im Popup-Menü SEITENFORMAT neben US-Formaten auch DIN-Formate sowie das Format der Compact Disc (Format des Booklets) an. Die Liste der Seitenformate können Sie beliebig editieren. Öffnen Sie dazu in einem Texteditor die Datei »New Doc Sizes.txt« aus dem Ordner PROGRAMME • ADOBE INDESIGN CS4 • PRESETS • PAGE SIZES • DE_DE. Folgen Sie dort den Anweisungen, und speichern Sie die Datei erneut als ».txt« ab. Ohne

[Doppelseite]
Gegenüberliegende bzw. zusammengehörige Seiten werden gleich zu einem Bogen zusammengefasst.

Intelligenter Textfluss

In InDesign CS4 funktioniert das automatische Hinzufügen von neuen Seiten beim Schreiben in InDesign standardmäßig nur dann, wenn auf den Mustervorlagen ein verketteter Mustertextrahmen angelegt wurde.

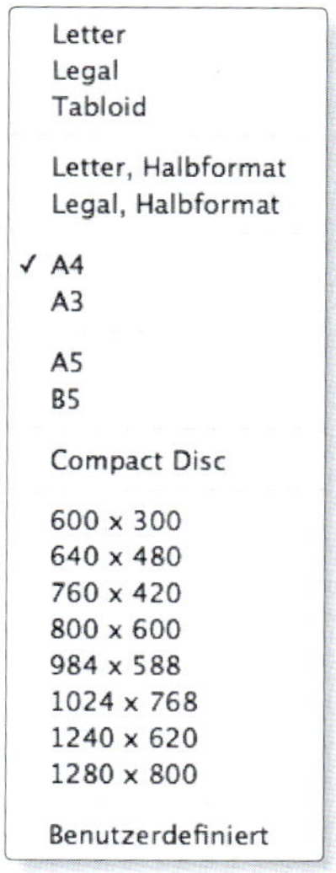

```
Letter
Legal
Tabloid

Letter, Halbformat
Legal, Halbformat

✓ A4
  A3

  A5
  B5

Compact Disc

600 × 300
640 × 480
760 × 420
800 × 600
984 × 588
1024 × 768
1240 × 620
1280 × 800

Benutzerdefiniert
```

▲ **Abbildung 5.5**
Die Auswahl von vordefinierten Standardseitenformaten aus dem Popup-Menü des Dialogs NEUES DOKUMENT

einen Neustart können Sie sofort auf die neuen Seitenformate zugreifen. Sie können aber Ihre getroffenen Einstellungen auch einfach nur speichern.

Für unsere Projektarbeit geben Sie direkt im Dialog die vorgesehenen Werte 195 mm und 246 mm ein.

Spalten | Wenn das zu bearbeitende Projekt durchgängig auf mehrere Spalten ausgelegt ist, definieren Sie dies durch Eingabe der Werte für die ANZAHL der Spalten und für den STEG. Selbst wenn Sie einen Wert für den STEG angeben, stellt dieser nicht den Default-Wert für die Breite des Steges im Dokument dar. Es können bis zu 216 Spalten pro Seite angelegt werden.

Ränder | Der Satzspiegel wird über die Eingabe der RÄNDER bestimmt. Die Ränder der Projektarbeit werden mit OBEN 28 mm, UNTEN 33 mm, INNEN 30 mm und AUSSEN 70 mm festgelegt. Achten Sie bei der Eingabe darauf, dass der Verkettungsbutton ❶ nicht aktiviert ist, da ansonsten Eingaben in einem Feld immer automatisch in die anderen übertragen werden. Sollten Sie anstelle von INNEN und AUSSEN die Bezeichnungen LINKS und RECHTS sehen, so haben Sie vergessen, die Option DOPPELSEITE zu aktivieren.

5.3.2 Erweiterte Parameter der Dokumentenanlage

Bis auf die Möglichkeit der Eingabe des Dokumentumfangs (SEITENANZAHL) und der freien Editierbarkeit von Seitenformaten sind alle bisher genannten Optionen identisch zu QuarkXPress. Wenn Sie im Dialog NEUES DOKUMENT den Button MEHR OPTIONEN drücken, so erweitert sich das Dialogfeld um die Möglichkeit der Eingabe des **Anschnitts** und des **Infobereichs**.

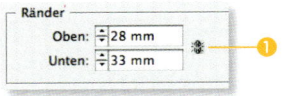

▲ **Abbildung 5.6**
Damit für OBEN, UNTEN, INNEN und AUSSEN getrennt Werte eingegeben werden können, muss der Verkettungsbutton entkettet sein.

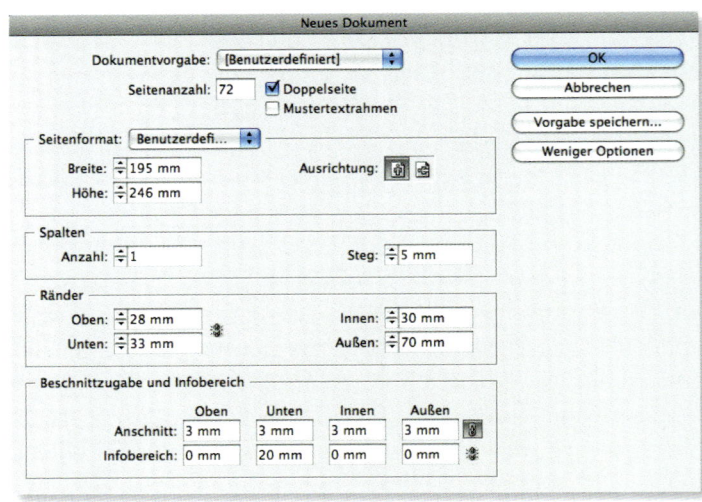

Abbildung 5.7 ▶
Die erweiterten Optionen im Dialog NEUES DOKUMENT

Beschnittzugabe und Infobereich | Bestimmen Sie hier die Dimension der zusätzlichen Flächen um das Endformat.

▶ **Beschnittzugabe:** Der Beschnittzugabe-Bereich dient zum Beschneiden von Objekten, die über das Endformat reichen. Neben der Beschneidung kommt dieser Option auch noch bei der Wahl der Vorschau und bei der Ausgabe von Dokumenten eine zentrale Rolle zu.

Für unsere Projektarbeit wählen wir einen ANSCHNITT von 3 mm, da wir in der Kopfzeile die Kapitel durch Farbbalken, die abfallend bis an den Rand laufen, kennzeichnen wollen.

▶ **Infobereich:** Der Infobereich kann Anweisungen an die Druckerei oder Informationen zum Dokument beinhalten, womit bereits bei der Erstellung die Informationen für die Ausgabe im Dokument untergebracht werden können. Für unsere Projektarbeit definieren wir nur unten einen INFOBEREICH. Wir wollen später in diesem Bereich einen Hinweis bezüglich Archivierung für den Nachdruck anbringen, um ihn mit auszugeben. Geben Sie die Werte laut Abbildung 5.7 ein. So wie dem Anschnitt kommt auch dem Infobereich bei der Vorschau sowie bei der Ausgabe eine gesonderte Rolle zu.

Bevor Sie die Eingaben durch Drücken von OK bestätigen, sollten Sie sich überlegen, ob Sie dieses Dokumentformat eventuell für spätere Arbeiten als Vorgabe abspeichern wollen.

5.3.3 Dokumentvorgaben

Das Abspeichern einer Dokumentvorgabe erfolgt einfach durch Drücken des Buttons VORGABE SPEICHERN im NEUES DOKUMENT-Dialog. Geben Sie der Vorgabe im Dialog einen Namen, und bestätigen Sie ihn mit OK.

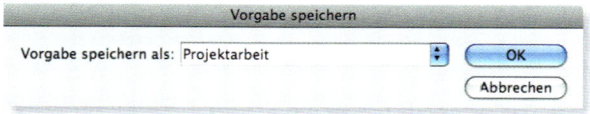

Eine andere Möglichkeit besteht im Ausführen des Befehls DATEI • DOKUMENTVORGABEN • DEFINIEREN. Nachdem Sie im erscheinenden Dialog den Button NEU betätigt haben, bekommen Sie den Dialog NEUE DOKUMENTVORGABEN angezeigt, worin Sie die gewünschten Eingaben vornehmen können. Um schnell ein neues Dokument, basierend auf einer Vorgabe, zu erstellen, müssen Sie lediglich die Vorgabe in diesem Menü auswählen, die gewünschte Seitenanzahl im erscheinenden Dialog ändern und mit OK bestätigen.

[Abfallend]
Abfallend bedeutet, dass Objekte über den Rand hinaus – aus der Seite abfallend – platziert werden, damit genügend Spielraum zum Beschneiden des Endformats besteht.

Hinweis für XPress-Anwender

Um Anweisungen für die Druckerei innerhalb eines Textrahmens zu setzen, mussten Quark-XPress-Anwender bis dato immer den Rahmen von den Koordinaten her mindestens innerhalb des Seitenformates positionieren. Diese Einschränkung entfällt durch die Verwendung des Infobereichs.

Auf der Buch-DVD finden Sie im Ordner BEISPIELMATERIAL • KAPITEL_05 das fertige Dokument »Projektarbeit.indd«.

◀ **Abbildung 5.8**
Vergeben Sie einen sprechenden Namen für Ihre Dokumentvorgabe.

Um einem neuen Dokument eine Vorlage zuzuweisen, haben Sie zusätzlich die Möglichkeit, ein Dokument anzulegen und im Pop-up-Menü DOKUMENTVORGABE des NEUES DOKUMENT-Dialogs die gewünschte Vorgabe auszuwählen, die Seitenanzahl anzupassen und mit OK zu bestätigen.

Die Vorgabe [STANDARD] wird von InDesign immer benutzt, wenn Sie ein neues Dokument über den Tastaturbefehl ⌘+N bzw. Strg+N anlegen. Überlegen Sie also, welche Einstellungen Sie häufig verwenden werden, und überschreiben Sie dann die Werte im DOKUMENTVORGABEN-Dialog für den Eintrag [STANDARD], denn die Standardwerte von 12,7 mm für die Ränder stellen in jedem Fall sicherlich keine gewollte Absicht dar.

5.4 Die Bereiche eines Dokuments

Nach dem Bestätigen mit OK erscheint ein neues Dokument. Verschiedene farbige Hilfslinien kennzeichnen in der Grundeinstellung die unterschiedlichen Bereiche. Die Farben der Ränder können Sie in den Voreinstellungen von InDesign CS4 unter BEARBEITEN • VOREINSTELLUNGEN • HILFSLINIEN UND MONTAGEFLÄCHE (Windows) bzw. INDESIGN • VOREINSTELLUNGEN • HILFSLINIEN UND MONTAGEFLÄCHE (Mac) festlegen.

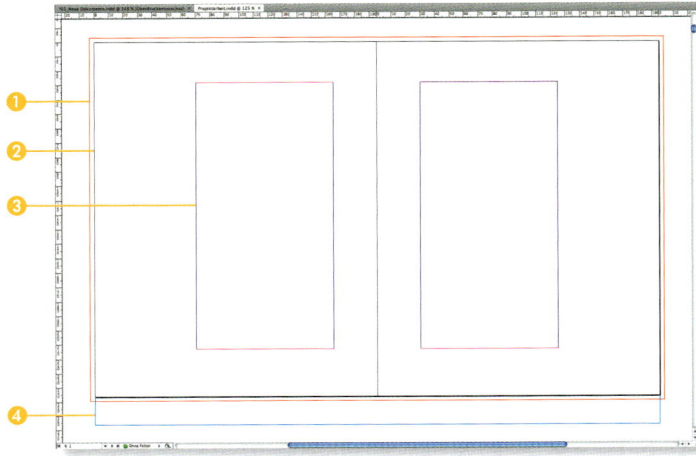

- **Infobereich:** ❹ Die rasterblaue Begrenzung umfasst den Info-bereich. Hier können Informationen zu den Druckbögen, wie allgemeine Dokumenteninformationen oder Farbkeile für die Qualitätskontrolle, abgelegt werden.
- **Anschnitt:** ❶ Die feuerrote Linie beschreibt den Beschnittzuga-be-Bereich. Dieser wird auch als Bruttoformat oder auf Öster-reichisch bzw. in FreeHand als »Überfüller« bezeichnet.
- **Seitenformat:** ❷ Eine schwarze Begrenzung mit Schatten begrenzt das Endformat, auch manchmal als das Nettoformat bezeichnet.
- **Ränder:** ❸ Normalerweise beschreiben die magenta- und rosa-farbenen Linien den definierten Satzspiegel. Auf Grund unserer Voreinstellung sind Spalten- und Ränderhilfslinien lila gefärbt.

5.5   Das Seiten-Bedienfeld

Die Zentrale zum Aktivieren, Einfügen, Verschieben und zum Löschen von Seiten ist das Seiten-Bedienfeld. Sollte das Bedien-feld nicht angezeigt werden, können Sie es über das Menü FENS-TER • SEITEN, durch einfachen Klick auf das Symbol ⬚ aus den Bedienfeldern der rechten Seite oder über F12 aufrufen.

Unsere Projektarbeit umfasst 72 Seiten. Das Seiten-Bedienfeld zeigt sich bei gewähltem Arbeitsbereich ERWEITERT so, wie dies in Abbildung 5.11 dargestellt ist. MUSTERVORLAGEN ❺ – darauf wer-den wiederkehrende Elemente der Seite angelegt – sind im obe-ren Teil, die DOKUMENTSEITEN ❻ – hier erfolgt das eigentliche Layout – im unteren Teil des Bedienfeldes abgebildet. Standard-mäßig wird eine Dokumentvorschau auf den DOKUMENTSEITEN angezeigt. Da unser Projekt noch keine Elemente, Grafiken oder Texte auf den Seiten besitzt, werden somit nur leere, weiße Seiten angezeigt.

5.5.1   Bedienfeldoptionen
Vielen QuarkXPress-Anwendern dürfte die Darstellung aus Abbil-dung 5.11 geläufig sein – nein, nicht ganz, denn Sie haben sicher-lich in XPress die Seiten-Palette mindestens viermal so hoch auf-gezogen. Schließlich wollen Sie ja mehrere Seiten ohne Scrollen anspringen können. Da InDesign mit sehr vielen Bedienfeldern arbeitet, gilt als oberstes Gebot, die einzelnen Bedienfelder so klein wie möglich zu halten. Damit mehrere Dokumentseiten im Bedienfeld dargestellt werden können, empfehlen wir, im Bedien-feldmenü ❼ die BEDIENFELDOPTIONEN aufzurufen und die Optio-nen so zu wählen, wie in Abbildung 5.13 dargestellt.

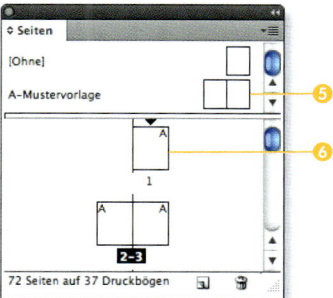

▲ **Abbildung 5.11**
Das Seiten-Bedienfeld des Arbeits-bereiches ERWEITERT im Falle unse-rer Projektarbeit

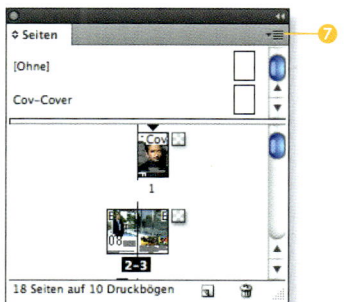

▲ **Abbildung 5.12**
Sobald Bilder und Texte auf den Dokumentseiten platziert wurden, wird eine Vorschau angezeigt.

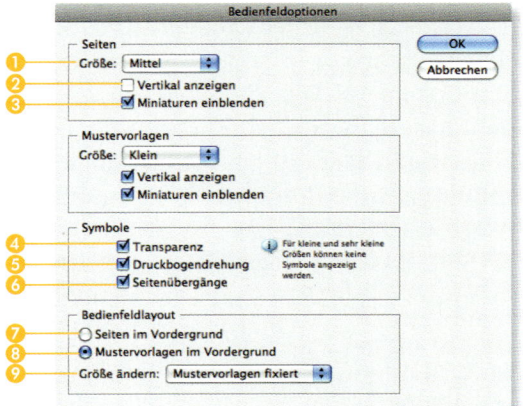

Abbildung 5.13 ►
Mit den BEDIENFELDOPTIONEN können Sie das Erscheinungsbild des
Seiten-Bedienfeldes bestimmen.
Das Generieren von Miniaturen »on
the fly« – diese werden nicht mit
dem Dokument gespeichert – benötigt hohe Rechnerleistung.

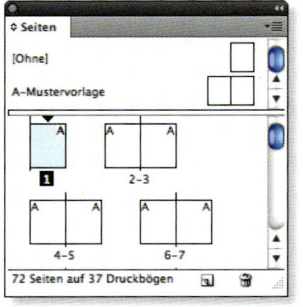

▲ **Abbildung 5.14**
Das Seiten-Bedienfeld mit deakti-
vierter Option VERTIKAL ANZEIGEN.
Wenn Sie die GRÖSSE der Seitensymbole noch auf KLEIN stellen,
können viele Seiten in einem kleinen Bedienfeld dargestellt werden.

HINWEIS

Beachten Sie, dass, sobald der
Eintrag KLEIN bzw. SEHR KLEIN in
der Option GRÖSSE ausgewählt
wurde, keine Symbole für TRANS-
PARENZ, DRUCKBOGENDREHUNG
und SEITENÜBERGÄNGE im Seiten-
Bedienfeld angezeigt werden.
Dies wird Ihnen auch in den BE-
DIENFELDOPTIONEN im Bereich
SYMBOLE als Warnhinweis zur
Kenntnis gebracht.

Seiten | Hier bestimmen Sie neben der GRÖSSE der Dokument-
Seitensymbole auch deren Anordnung.

► **Vertikal anzeigen:** Durch das Deaktivieren der Option VERTI-
KAL ANZEIGEN ❷ werden in der Folge die Seitensymbole nicht
mehr vertikal, sondern nebeneinander aufgereiht, soweit der
Platz reicht (Abbildung 5.14).

► **Miniaturen einblenden:** Bestimmen Sie über die Option MINI-
ATUREN EINBLENDEN ❸, ob InDesign CS4 bereits im Seiten-
Bedienfeld Miniaturansichten der Dokumentseiten darstellen
soll. Das ist eine besonders sinnvolle Funktion, mit der Sie nun
gezielt die gewünschte Seite aktivieren können, benötigt
jedoch dafür enorm viel an Rechnerressourcen. Darüber hinaus
kann die Option nicht aktiviert werden, sobald Sie die GRÖSSE ❶
der Seitensymbole in der gleichnamigen Einblendliste auf KLEIN
oder SEHR KLEIN gestellt haben.

Mustervorlagen | Die Einstellungen sind analog zum Bereich SEI-
TEN vorzunehmen, allerdings ist davon nur der obere Bereich des
Seiten-Bedienfeldes betroffen.

Symbole | Dieser neue Bereich wurde bedingt durch zwei neue
Funktionen, die mit InDesign CS4 eingeführt wurden, notwendig.
Es geht dabei um die Kennzeichnung bestimmter Attribute, die
den Seiten anhaften.

► **Transparenz:** ❹ Sobald sich auf dem Druckbogen Transparenzen – ja, es reicht, wenn sich lediglich ein transparentes Objekt
auf der rechten oder linken Seite befindet – befinden, wird dies
bei aktivierter Option dem Layouter durch das Symbol ⊡ in der
oberen rechten Ecke des Druckbogens angezeigt.

► **Druckbogendrehung:** ❺ Wurde der Druckbogen zur besseren
Bearbeitung von gestürzten Seiten gedreht, wird dies dem Lay-

outer bei aktivierter Option durch das Symbol ✦✦ rechts in der Mitte des Druckbogens angezeigt. Wie Sie Druckbögen drehen, erfahren Sie auf Seite 128 in diesem Kapitel.

▶ **Seitenübergänge:** ❻ Wurde dem Druckbogen für die Ausgabe einer interaktiven PDF- oder SWF-Datei eine Seitenüberblendung hinzugefügt, so wird dies dem Layouter bei aktivierter Option durch das Symbol ▦ rechts unten neben dem Druckbogen angezeigt. Welche Seitenübergänge es gibt, wie Sie Seitenübergänge an Druckbögen anbringen bzw. löschen erfahren Sie in Abschnitt 36.5, »Seitenübergänge«, auf Seite 898.

Bedienfeldlayout | Darin legen Sie fest, ob der Bereich MUSTER-VORLAGE über oder unterhalb des Seitenbereiches im Bedienfeld angeordnet ist.

▶ Mit der Option SEITEN IM VORDERGRUND ❼ können Sie die bestehende Anordnung – oben Mustervorlagen, unten Dokumentseiten – umdrehen.

▶ Durch die Aktivierung der Option MUSTERVORLAGEN IM VORDERGRUND ❽ wird der Ausgangszustand wieder hergestellt. Diese Anordnung ist auch allen QuarkXPress-Umsteigern geläufig und sollte nicht umgestellt werden.

▶ Mit den Optionen im Popup-Menü GRÖSSE ÄNDERN ❾ bestimmen Sie, ob bei einer Vergrößerung des Seiten-Bedienfelds der Mustervorlagenbereich – Option MUSTERVORLAGEN FIXIERT – bzw. der Seitenbereich fixiert bleibt oder ob sich beide Bereiche proportional verändern.

Wenn Sie die Option VERTIKAL ANZEIGEN im Bereich SEITEN deaktivieren und darüber hinaus noch den Eintrag KLEIN in der Option GRÖSSE auswählen, stellt sich das Seiten-Bedienfeld unserer Projektarbeit wie in Abbildung 5.16 gezeigt dar. Damit ist ein guter Überblick über das gesamte Dokument geschaffen und ein schnelleres Springen zu einer bestimmten Seite um ein Vielfaches erleichtert worden. Wie Sie von einer Seite auf die nächste gelangen, wie Sie zwischen den Seiten hin und her springen und am schnellsten auf eine bestimmte Seite kommen, haben Sie bereits in Abschnitt 3.6, »Navigation«, auf Seite 91 erfahren.

5.5.2 Einfügen und Löschen von Seiten

Wenn Sie im Dialog NEUES DOKUMENT nicht genügend oder zu viele Seiten für das Dokument angelegt haben, besteht natürlich die Möglichkeit, weitere Seiten nachträglich beliebig hinzuzufügen oder auch gezielt einzufügen bzw. überflüssige Seiten zu löschen. Folgende Optionen stehen Ihnen dabei zur Verfügung:

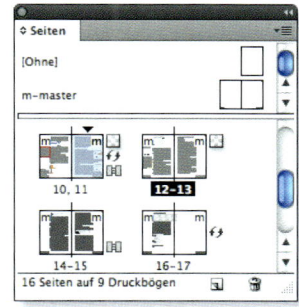

▲ **Abbildung 5.15**
Das Seiten-Bedienfeld, woraus für den Layouter erkennbar ist, dass der Druckbogen 10–11 eine Transparenz besitzt, einen Seitenübergang enthält und zur Darstellung in InDesign CS4 gedreht wurde.

Performanceprobleme mit InDesign CS4

Wenn Sie InDesign CS4 auf einem etwas schwächer ausgestatteten Rechner betreiben, so empfehlen wir Ihnen, die Option MINIATUREN EINBLENDEN zu deaktivieren.

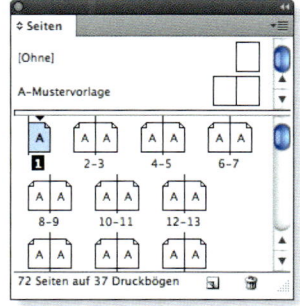

▲ **Abbildung 5.16**
Viel Überblick in einem kleinen Seiten-Bedienfeld durch Deaktivieren der entsprechenden Optionen

Abbildung 5.17 ▶
Der Dialog SEITEN EINFÜGEN

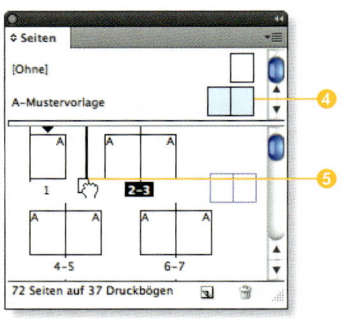

▲ **Abbildung 5.18**
Eine Doppelseite wird durch Ziehen
aus dem Mustervorlagenbereich ❹
in den Dokumentseitenbereich
nach Seite 1 ❺ eingefügt.

Eine Seite einfügen | Durch Drücken des Symbols ▣ oder durch
Drücken der Tastenkombination ⌜Strg⌟+⌜⇧⌟+⌜P⌟ bzw. ⌜⌘⌟+⌜⇧⌟+⌜P⌟
wird eine neue Seite nach dem aktivierten Druckbogen in das
Dokument eingefügt. Nachfolgende Seiten werden um die eingefügte Seite verschoben, was in den meisten Fällen jedoch zu Verschiebungen im Layout führt. Für die neue Seite wird dieselbe
Mustervorlage verwendet wie für die vorhandene aktive Seite.

Mehrere Seiten einfügen | Über das Bedienfeldmenü können Sie
den Befehl SEITEN EINFÜGEN aufrufen, oder Sie drücken das Symbol ▣ mit gedrückter ⌜Alt⌟- bzw. ⌜⌐⌟-Taste. Hier können Sie die
Anzahl der einzufügenden SEITEN ❶ und die Einfügeposition über
die Option EINFÜGEN ❷ exakt bestimmen. Dabei stehen zur Auswahl: NACH SEITE, VOR SEITE, AM ANFANG DES DOKUMENTS und
AM ENDE DES DOKUMENTS. Welche Mustervorlage dabei der Seite
zugrunde liegt, definiert die Option MUSTERVORLAGE ❸.

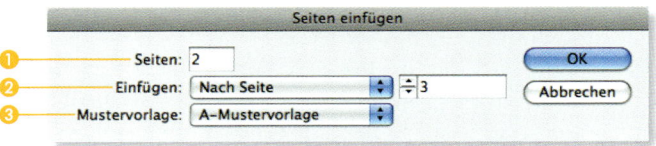

Sie können aber auch über DATEI • DOKUMENT EINRICHTEN die
Gesamtzahl der Dokumentseiten ändern. In diesem Fall fügt
InDesign CS4 die zusätzlichen Seiten am Ende des Dokuments,
meist auch die praktikabelste Form, hinzu.

**Manuelles Einfügen von Seiten durch Ziehen aus dem Muster-
vorlagenbereich in den Seitenbereich |** Wenn Sie eine Muster-
vorlage in den Dokumentseitenbereich ziehen – klicken Sie dabei
am besten auf den Namen der Mustervorlage –, können Sie zwischen zwei Seiten eine Doppelseite einfügen. Ziehen Sie das Symbol, bis es sich wie in Abbildung 5.18 zeigt. Beim Loslassen werden die Seiten an jener Stelle eingefügt und die nachfolgenden
Seiten um die Doppelseite nach hinten verschoben.

Wollen Sie nur eine Seite hinzufügen, so klicken Sie auf eine
Seite im Mustervorlagenbereich und ziehen diese dann an die
dafür vorgesehene Stelle.

Ausgewählte Seiten löschen | Durch Klicken auf das Symbol 🗑
oder Ausführen des Befehls SEITE(N) LÖSCHEN aus dem Bedienfeldmenü bzw. LAYOUT • SEITEN • SEITEN LÖSCHEN können ausgewählte Seite(n) gelöscht werden – InDesign CS4 warnt Sie daraufhin mit einer Meldung, dass Objekte auf den Seiten verlorengehen.

Um mehrere Seiten zu aktivieren, bedienen Sie sich der ⬆-Taste oder der Strg- bzw. ⌘-Taste.

Wird eine Seite aus einem Druckbogen herausgelöscht, so werden nicht zwingend alle Objekte gelöscht. Objekte, die auf der Montagefläche stehen, bleiben an derselben Position auf der »nachrutschenden« Seite stehen. Seien Sie sich dessen bewusst, dass Objekte nur dann gelöscht werden, wenn der überwiegende Teil des Objekts auf der Seite positioniert ist.

5.5.3 Ändern der Seitenanordnung

Beim Einfügen der Seiten wird Ihnen aufgefallen sein, dass, egal ob Sie eine Seite oder eine Doppelseite einfügen, immer die jeweils folgenden Seiten weitergeschoben werden. Es ist in unserem Projektbeispiel weder möglich, eine einzelne Seite zwischen zwei Druckbögen hinzuzufügen noch eine dritte Seite einem Druckbogen anzuhängen. Diese Funktion würden wir aber benötigen, um beispielsweise eine Allonge für unseren Umschlag erstellen zu können. Der Grund für dieses »automatische« Vorwärtsschieben und Beibehalten von Doppelseiten ist durch den Befehl NEUE DOKUMENTSEITENANORDNUNG ZULASSEN aus dem Bedienfeldmenü begründet. Dieser Befehl ist standardmäßig aktiviert, sollte aus unserer Sicht jedoch für die tägliche Arbeit deaktiviert werden. Um also eine weitere Seite an eine Doppelseite anzuhängen, gibt es in InDesign CS4 zwei Verfahren:

Neue Dokumentseitenanordnung zulassen | Deaktivieren Sie den Befehl im Bedienfeldmenü des Seiten-Bedienfels. Dadurch können Einzel- oder Doppelseiten an die gewünschte Seite bzw. an den Druckbogen angehängt werden. Deaktivieren Sie diese Option speziell dann, wenn Sie in Projekten Seiten im Dokument verschieben müssen. Eine automatische Anpassung der Objekte auf den Seiten wird dadurch verhindert.

Wenn Sie diese Option deaktiviert haben, kann es beim Einfügen von mehreren Seiten zu folgender Fehlermeldung kommen.

Löschen von Seiten

Sind Textrahmen miteinander über Seiten hinweg verkettet, wird durch das Löschen einer Seite nicht der Text gelöscht, sondern lediglich die Seite mit dem Textrahmen. Bedingt durch die Verkettung wird der darin bestehende Text in den nachfolgenden Textrahmen weitergeschoben.

Vorsicht: Neue Dokumentseitenanordnung zulassen

Wurde die Option NEUE DOKUMENTSEITENANORDNUNG deaktiviert, so führt die Option NACH SEITE im SEITEN EINFÜGEN-Dialog dazu, dass die einzufügenden Seiten an die markierten Druckbogen angehängt werden.

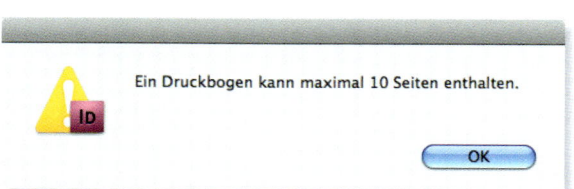

◄ **Abbildung 5.19**
Fehlermeldung, wenn versucht wird, mehr als zehn Seiten zu einem Druckbogen zusammenfassen bzw. durch Verschieben zu erzeugen.

Diese Fehlermeldung ist die logische Folge, wenn Sie eine Seite im Dokumentseitenbereich aktiviert haben und über den Befehl SEITEN EINFÜGEN aus dem Bedienfeldmenü des Seiten-Bedienfelds

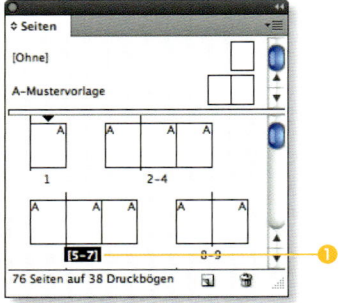

▲ Abbildung 5.20
Zusätzliche Seiten wurden an eine Doppelseite angehängt. Der neue Druckbogen 2–4 ist durch Deaktivieren der Option NEUE DOKUMENTSEITENANORDNUNG ZULASSEN entstanden, der Druckbogen [5–7] durch Markieren des Druckbogens über den Befehl NEUE DRUCKBOGENANORDNUNG ZULASSEN.

mit ausgewähltem Eintrag NACH SEITE in der Option EINFÜGEN mehr als neun Seiten einfügen wollen.

Neue Druckbogenanordnung zulassen | Ebenfalls im Bedienfeldmenü des Seiten-Bedienfelds befindet sich der Befehl NEUE DRUCKBOGENANORDNUNG ZULASSEN – bis InDesign CS2 hieß der Befehl DRUCKBOGEN ZUSAMMENHALTEN. Dadurch wird der aktivierte Druckbogen zu einer Einheit zusammengefasst. Zu erkennen ist dies an der Seitenbezeichnung [5–7] ❶. Der Unterschied zum oben genannten Verfahren liegt darin, dass die Funktion NEUE DOKUMENTSEITENANORDNUNG ZULASSEN für alle Seiten gilt, die Option NEUE DRUCKBOGENANORDNUNG ZULASSEN hingegen nur für den ausgewählten Druckbogen.

5.5.4 Verschieben und Duplizieren von Seiten

Nachdem Sie nun wissen, wie man einzelne bzw. mehrere Seiten an einer bestimmten Stelle einügen kann, müssen Sie nun auch davon in Kenntnis gesetzt werden, wie Sie am einfachsten Seiten in einem Dokument bzw. in ein anderes Dokument verschieben oder auch duplizieren.

Verschieben | Das Verschieben von Seiten erfolgt entweder über Drag & Drop von Einzelseiten bzw. Druckbögen an die gewünschte Stelle im Dokumentseitenbereich oder über das Bedienfeldmenü und SEITEN VERSCHIEBEN bzw. den Befehl LAYOUT • SEITEN • SEITEN VERSCHIEBEN.

Bis InDesign CS3 konnten Sie durch Drag & Drop nicht so einfach Seite(n) an eine x-beliebige Seite im Dokument verschieben, da Sie beim Verschieben im Dokumentseitenbereich nicht scrollen konnten. Dieses Manko wurde mit InDesign CS4 endlich behoben. Wir empfehlen Ihnen ohnehin den Aufruf des SEITEN VERSCHIEBEN-Dialogs, da Sie darin eine exakte Kontrolle zum Verschieben von Seiten, sogar über Dokumente hinweg, besitzen.

Abbildung 5.21 ▶
Der SEITEN VERSCHIEBEN-Dialog aus dem Bedienfeldmenü des Seiten-Bedienfelds

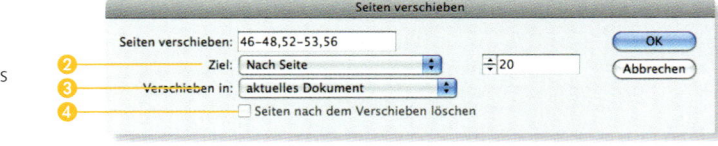

▶ **Seiten verschieben:** Geben Sie hier den zu verschiebenden Seitenbereich ein. Sollten Sie zuvor Seiten im Seitenbereich markiert haben, wird automatisch dieser Seitenbereich hier eingetragen. Sogar das Verschieben von mehreren unabhängigen Seitenbereichen und Einzelseiten ist möglich.

▶ **Ziel:** An welche Stelle im Dokument die Seiten verschoben werden sollen, bestimmen Sie über Auswahl eines Eintrags in der Option Ziel ❷. Es stehen dabei die Möglichkeiten Nach Seite, Vor Seite, Am Anfang des Dokuments oder Am Ende des Dokuments zur Verfügung. Bei Nach Seite und Vor Seite müssen Sie natürlich noch eine Seitennummer angeben.

▶ **Verschieben in:** Das Verschieben von Seiten können Sie nun auch über Dokumente hinweg erledigen. Öffnen Sie dazu neben dem Quell- auch das Zieldokument, und wählen Sie dann unter der Option Verschieben in ❸ das Zieldokument aus. Sobald Sie ein Zieldokument ausgewählt haben, können Sie bestimmen, ob die Seite aus dem Quelldokument nach dem Verschieben gelöscht werden oder erhalten bleiben soll.

▶ **Seiten nach dem Verschieben löschen:** Aktivieren Sie die Checkbox Seiten nach dem Verschieben löschen ❹, wenn die zu verschiebenden Seiten aus dem Quelldokument entfernt werden sollen.

Ganze Seiten von einem Dokument übernehmen

Anwender, die es gewohnt sind, alles zu markieren und über Kopieren und Einfügen den gesamten Seitenaufbau in das andere Dokument zu bringen, sind gut beraten, wenn sie sich der genialen Funktion bedienen, Seiten einfach per Drag & Drop zwischen Dokumenten zu verschieben oder dies über den Seiten verschieben-Dialog abzubilden.

Beim Verschieben von Seiten innerhalb eines Dokuments per Drag & Drop müssen Sie Präzision an den Tag legen, denn bereits geringfügige Veränderungen in der Position bewirken, dass die Seite sich einmal rechts und ein anderes Mal links vom Bund anhängt. Achten Sie genau auf die kleinen Pfeilabbildungen, die beim Verschieben von Seiten zu sehen sind.

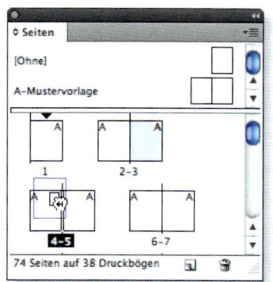 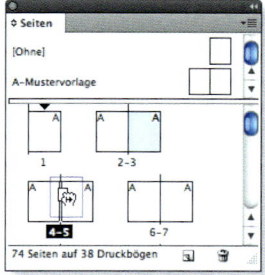 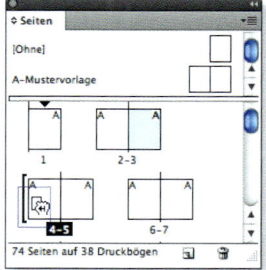 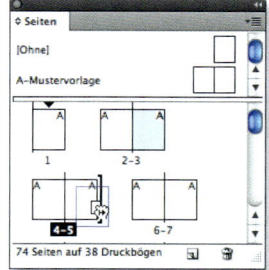

In der ersten Abbildung wird die Seite als linke Seite nach Seite 4 eingefügt. In der zweiten Abbildung wird die Seite als rechte Seite vor Seite 5 eingefügt. In der dritten Abbildung wird die Seite als linke Seite vor Seite 4 eingefügt und in der letzten Abbildung als rechte nach Seite 5.

Während das Vorgehen der ersten beiden Abbildungen in jedem Fall möglich ist, können die Ergebnisse der letzten beiden Abbildungen nur erzielt werden, wenn die Option Neue Dokumentseitenanordnung zulassen deaktiviert ist.

▲ **Abbildung 5.22**
Nur eine kleine Positionsänderung, und der Pfeil zeigt nach links oder rechts (erste und zweite Abbildung).

Wenn Sie nur eine Seite in voller Größe dargestellt bekommen wollen, so klicken Sie auf das Seiten-Symbol im Seiten-Bedienfeld.

Wollen Sie hingegen den Druckbogen anzeigen, so klicken Sie auf die Seitenziffern unter den Seiten-Symbolen.

Abbildung 5.23 ▶
Das Bedienfeldmenü des Seiten-Bedienfeldes. Sie können damit SEITEN EINFÜGEN, DUPLIZIEREN, VERSCHIEBEN und LÖSCHEN. Das automatische Ändern der Seitenanordnung kann durch die Befehle NEUE DOKUMENTSEITENANORDNUNG ZULASSEN ❷ und NEUE DRUCKBOGENANORDNUNG ZULASSEN ❸ unterbunden werden.

Das Drehen der Druckbogenansicht hat keinen Einfluss auf die Druck- und Ausgabeergebnisse. Wenn jedoch die Druckbogenansicht während des Druckvorgangs noch aktiviert ist, müssen Sie im Bereich EINRICHTEN des Dialogfelds DRUCKEN möglicherweise die Ausrichtung ändern, um sicherzustellen, dass der gedrehte Druckbogen wie dargestellt gedruckt wird.

Sie sollten immer vor dem Drucken die Drehung der Druckbogenansicht aufheben!

Duplizieren | Das Duplizieren von Seiten erfolgt entweder durch Ziehen der Seitenbereichszahl unter einem Druckbogen auf das Symbol ▦, über das Bedienfeldmenü, über den Befehl LAYOUT • SEITEN • SEITEN DUPLIZIEREN oder durch Markieren eines Druckbogens bzw. einer Seite und Verschieben der Seite bei gedrückter ⟨Alt⟩- bzw. ⟨⌥⟩-Taste.

Die Befehle im Bedienfeldmenü nennen sich, je nachdem, ob lediglich eine Seite oder eine Doppelseite aktiviert ist, entweder SEITE DUPLIZIEREN oder DRUCKBOGEN DUPLIZIEREN.

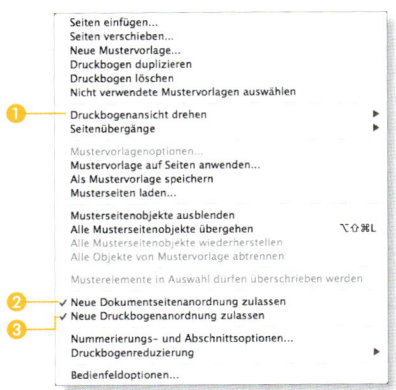

5.5.5 Druckbogenansicht drehen

In gewissen Situationen müssen gestürzte bzw. gedrehte Inhalte bearbeitet werden. Anstatt den Kopf zur Seite zu legen oder den Monitor zu drehen, um den Text lesen zu können, haben Sie seit InDesign CS4 die Möglichkeit, die Druckbogenansicht zu drehen.

Drehung ausführen | Zum Drehen der Druckbogenansicht markieren Sie den gewünschten Druckbogen im Seiten-Bedienfeld und führen dann im Bedienfeldmenü den Befehl DRUCKBOGENANSICHT DREHEN ❶ aus. Darin haben Sie die Möglichkeiten, entweder den Druckbogen um 90° IM UZS, 90° GEGEN UZS oder 180° zu drehen. Haben Sie die Option zum Anzeigen der SYMBOLE in den Bedienfeldoptionen markiert, so erscheint das Symbol ↻ neben dem Druckbogen.

Drehung entfernen | Einmal angebrachte Drehungen der Druckbogenansicht sollten vor der Ausgabe entfernt werden. Dazu führen Sie am einfachsten einen Rechtsklick auf das Symbol neben dem Druckbogen im Seiten-Bedienfeld aus und wählen den Befehl DREHUNG LÖSCHEN. Natürlich findet sich dieser Befehl auch im Bedienfeldmenü unter DRUCKBOGENANSICHT DREHEN wieder.

6 Ebenen

Mit Hilfe von Ebenen ist es möglich, Rahmen in den Vorder- oder Hintergrund zu stellen, mehrsprachige Textversionen zu verwalten und eine genaue Kontrolle oder das Einblenden von nicht druckbaren Objekten zu gewährleisten. Als es InDesign noch nicht gab und QuarkXPress noch keine Ebenen beherrschte, haben alle Anwender nach dieser Möglichkeit in einem Layoutprogramm geschrien. InDesign und aktuelle QuarkXPress-Versionen beherrschen nun Ebenen, und jetzt möchte sich keiner mehr an die Forderung vor Jahren erinnern, obwohl bestimmte Problemstellungen ohne Ebenen nicht sinnvoll handhabbar sind.

6.1 Überlegungen zu Ebenen

Ebenen in InDesign sind schlicht und einfach transparente Folien, die übereinander angeordnet sind. In InDesign angelegte Ebenen stehen auf jeder Seite – im Unterschied zu QuarkXPress auch auf den Mustervorlagen – im Zugriff und haben dort auch immer dieselbe Funktion. Sie können somit der InDesign-Ebenen im Unterschied zu Photoshop keine Transparenz hinzufügen oder Maskierungen auf Ebenen vornehmen. Ebenen sind sehr einfach gestrickt, womit ihre Anwendungsmöglichkeiten eher eingeschränkt sind.

Dennoch ist bei komplexen Dokumenten eine Ebenenverwaltung enorm hilfreich und eröffnet dem Anwender bei der Dokumentplanung viele Freiheiten. Ebenen helfen dem Anwender dabei, Objekte einfach und gezielt auszuwählen, schneller bearbeitbar zu machen und in einem Dokument verschiedenste Layoutversionen zusammenzuhalten.

Doch worin liegen nun die Vorteile, wenn sich der Layouter die Mühe antut, mit Ebenen zu arbeiten? Im Überblick können die Vorteile von Ebenen in folgenden Punkten liegen:

- ▶ Trennung von Text-, Bild- und Vektoren, um mehr Struktur und Ordnung in ein Dokument zu bringen
- ▶ Trennung der Objekte auf Ebenen nach Zuordnung der Funktionen in einem Arbeitsfluss. Bildredakteure sollen nur Bilder und Bildtexte bearbeiten, Redakteure sollen nur ihre Kolumnen

Objekte nach vorne oder hinten stellen

Unabhängig von den genannten Vorteilen, Projekte mit Ebenen in InDesign-Dokumenten anzulegen, lässt sich jedes Layout auch ohne Ebenen bearbeiten und ausgeben. InDesign arbeitet zwar immer mit einer Ebene, jedoch kann über die Befehle OBJEKT • ANORDNEN • IN DEN VORDERGRUND bzw. OBJEKT • ANORDNEN • IN DEN HINTERGRUND die Objektreihenfolge beliebig sortiert werden.

Bei sehr komplexen Layouts kann dabei schon mal die Übersicht verlorengehen, wenn Sie Objekte in den Vordergrund bzw. Hintergrund stellen. In Dokumenten mit Ebenen kann eine Reihenfolge schneller verändert werden.

und Geschichten schreiben, und Producer sollen auf die Vollständigkeit von Fotocredits und die Platzierung der Inserate achten.

▶ Trennung der Objekte auf Ebenen für die schnellere Verarbeitungsgeschwindigkeit in komplexen Projekten

▶ Erstellen von Hilfsebenen, wodurch produktionstechnische Stolpersteine – Probleme mit Texten in Verbindung mit Schlagschatten – von vornherein ausgeschaltet werden

▶ Erstellen einer eigenen Hilfslinienebene, um Hilfslinien separat von den anderen Ebenen zu schützen oder ein- und auszublenden

▶ Erstellen einer Info-Ebene, die zum Anbringen von Anmerkungen bestimmt ist, worüber die interne Kommunikation zwischen den Layoutern abgebildet werden kann

▶ Aufbau von Projekten in Ebenen, um mehrsprachige Textversionen in einer Layoutdatei zu verwalten und damit die Aktualisierung der Daten zu vereinfachen.

▶ Aufbau von Layouts in Ebenen, um identische Layoutentwürfe mit alternativen Bildmotiven abzubilden

▶ Aufbau von Projekten in Ebenen, um damit das durchdachte Musterseitenkonzept nicht durch Herauslösen von Objekten zu gefährden

▶ Aufbau von Ebenen, damit in nachfolgenden Workflows in PDF-Dateien leichter Verarbeitungsschritte durchgeführt werden können. InDesign CS4 ermöglicht es durch den nativen Export, diese Ebenenstruktur sogar noch in einer PDF 1.5-Datei abzubilden.

Anhand von drei Beispielen möchten wir Ihnen das Einsatzgebiet für Ebenen in Praxisprojekten kurz vorstellen. Wie Sie Ebenen anlegen, wie Sie Objekte auf den Ebenen bewegen und welche Optionen dafür von InDesign CS4 angeboten werden, beschreiben wir dann im Anschluss.

6.1.1 Ebenen im Magazinlayout

Die Erstellung von Magazinen stellt für die Layouter, die Redakteure und die Producer, eingeschnürt in ein sehr enges Zeitkorsett, Ausgabe für Ausgabe immer wieder eine Herausforderung dar. Um dabei nicht zu oft die Nerven zu verlieren, sind ein durchdachtes Konzept, eine gute Arbeitsvorbereitung und die Schaffung des Rahmens eine Grundlage, um eine möglichst rasche Umsetzung der Ideen in der Produktion zu schaffen.

In vielen Magazinen wird meist Layout vor Text gearbeitet. Dabei werden zuerst mit dem Redakteur Textlänge, Anzahl der

Zusatzinformationskästen oder Tabellen, Anzahl von Bildern und der im Artikel beschriebene Text besprochen. Danach wird, aufbauend auf diesem Wissen, das erste Layout – meist gefüllt mit Blindtexten – erstellt und zur Begutachtung vorgelegt.

Der Aufbau des Layouts muss rasch und modulartig erfolgen und den Anforderungen, die beispielsweise ein eingeführtes Redaktionssystem mit sich bringt, gerecht werden. Unser gezeigtes Beispiel stammt aus einem Frauenmagazin, das mit einem Redaktionssystem produziert werden muss. Anhand von zwei Kriterien wird die sinnvolle Verwendung von Ebenen erklärt:

1. Zum Freischalten der Texte müssen schnell alle Textrahmen für den Layouter angreifbar sein, damit das Freischalten für den Redakteur nicht in zusätzlicher Arbeit ausartet, und
2. die Streckenkennzeichnung ❹ soll auf der Musterseite angelegt sein, womit einerseits ein irrtümliches Verschieben des Objektes verhindert und andererseits dieses Objekt einmalig für mehrere Seiten pro Strecke zur Verfügung gestellt wird.

Das Magazin wurde, wie Sie aus Abbildung 6.1 sehen können, aus fünf Ebenen aufgebaut. Die Textrahmen – Vorspann ❷, Story ❸, zwei Infokästen ❺ – stehen auf der Ebene TEXT, die Headline ❶ auf der Ebene VORDERGRUND. Das Bild steht auf der Ebene BILD.

Auf der Buch-DVD finden Sie im Ordner BEISPIELMATERIAL • KAPITEL_06 das fertige Dokument »Beauty.indd«.

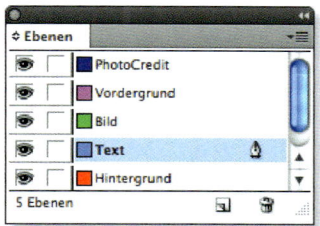

▲ **Abbildung 6.1**
Das Ebenen-Bedienfeld aus dem Beispiel-Magazin

▼ **Abbildung 6.2**
Unser Beispieldokument – eine Doppelseite aus dem Frauenmagazin WOMAN

Antwort auf Kriterium 1 | Für das Redaktionssystem muss der Layouter alle Textrahmen, die der Redakteur schreiben wird, freischalten. Dazu muss eine schnelle Möglichkeit geschaffen werden, diese auszuwählen, um den Befehl FREISCHALTEN für das Redaktionssystem auszuführen. Durch Klick auf den Ebeneneintrag TEXT mit gedrückter Alt- bzw- ⌥-Taste kann der Layouter somit sehr schnell alle Rahmen dieser Ebene aktivieren und freischalten. Ähnlich verfährt der Layouter, wenn er alle Bildtexte, Bilder und auch den Fotocredit für die entsprechenden Personen in der Reaktion freischalten möchte.

Antwort auf Kriterium 2 | Die Streckenkennzeichnung ❹ wurde korrekterweise auf den Mustervorlagen angelegt, da im Falle einer längeren Dokumentenstrecke nicht auf jeder Seite die Streckenkennzeichnung ausgefüllt werden muss. Das einmalige Eingeben der Streckenkennzeichnung – in diesem Falle wurde dies über eine Textvariable gelöst – verhindert, dass diese irrtümlich bei Änderungen der Streckenkennzeichnung auf den Folgeseiten vergessen wird. Eigentlich ganz logisch! Doch was würde passieren, wenn das Magazin nur auf einer Ebene aufgebaut wäre und Sie, wie in unserem Beispiel gezeigt, ein abfallendes Bild hinter die Streckenbezeichnung platzieren sollen? Die Streckenkennzeichnung würde immer hinter dem Bild angeordnet sein. Auch das Ausführen des Befehls OBJEKT • ANORDNEN • IN DEN HINTERGRUND würde an diesem Sachverhalt nichts ändern, denn Sie können mit diesem Befehl nur Objekte in den Ebenen ordnen, hinter die Objekte einer Mustervorlage kann jedoch kein Objekt auf den Layoutseiten verschoben werden.

Die nicht elegante Lösung für dieses Problem wäre, wenn Sie die Streckenkennzeichnung aus der Mustervorlage herauslösen und dann über die Befehle IN DEN HINTERGRUND bzw. IN DEN VORDERGRUND aus dem Menü OBJEKT • ANORDNEN in die richtige Objektreihenfolge bringen. Der Nachteil dieser Variante ist, dass dadurch eine Textänderung auf der Mustervorlage nicht mehr auf das herausgelöste Objekt angewandt wird und dass dadurch eventuell irrtümlich dieser Textrahmen dem Redakteur zur Bearbeitung freigegeben würde.

Die elegante Lösung ist: Legen Sie im Dokument neben der Arbeitsebene zumindest eine Ebene VORDERGRUND an. Stellen Sie dann alle Mustervorlagenobjekte, die immer sichtbar sein müssen, auf die Ebene VORDERGRUND. Dadurch sind Objekte, die auf der Ebene BILD platziert werden, immer in der Objektanordnung unterhalb der Ebene VORDERGRUND. Eleganter geht es wohl nicht!

6.1.2 Ebenen für Sprachmutationen

Mehrsprachige Dokumente können über einzelne Sprachebenen, getrennt von einer Bildebene und zusätzlichen Vordergrund- und Hintergrundebenen, hervorragend organisiert werden. Wird ein Bild ausgetauscht, wird eine kleine Layoutänderung auf der Dokumentvorlage gemacht; werden zusätzlich Bilder, die nur in gewissen Sprachen erscheinen müssen – Warnhinweise und dergleichen – benötigt oder müssen einfach nur Seiten im Dokument verschoben werden, so sind diese Aufgaben somit nur einmal – nicht wie üblich in mehreren Sprachdokumenten – durchzuführen. Etwas aufwendiger wird die Sache, wenn Änderungen im Layout auch hinsichtlich der Textrahmen durchgeführt werden müssen. Sind jedoch alle Textrahmen in einem Dokument, so können relativ schnell dieselben Werte für den veränderten Textrahmen auf alle drei Sprachebenen übertragen werden.

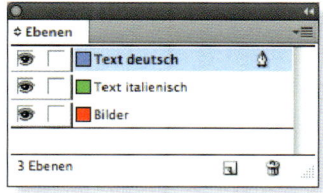

▲ **Abbildung 6.3**
Das Ebenen-Bedienfeld aus dem Kochbuch

Auf der Buch-DVD finden Sie im Ordner Beispielmaterial • Kapitel_06 das Dokument »Kochbuch.indd«.

Der Aufbau von mehrsprachigen Dokumenten mit Ebenen in InDesign CS4 stellt jedoch gewisse Anforderungen an das Layout. So muss der Layouter im Aufbau des Dokuments auf gewisse Dinge Rücksicht nehmen:

▶ **Textlängen:** Für ein deutsch-, englisch- oder italienischsprachiges Dokument ist zu berücksichtigen, dass Texte in Deutsch

▲ **Abbildung 6.4**
Unser Beispieldokument – eine Doppelseite mit überlagerten Sprachebenen aus »Meine Südtiroler Küche« von Herbert Hintner, das in Italienisch und Deutsch abgefasst wurde

und Italienisch länger sind als im kompakteren Englisch. Das bedeutet, dass im Satzspiegel kleine Pufferzonen eingerichtet werden müssen, die – gleich ob mit Text gefüllt oder nicht – das Gesamtbild des Layouts nicht stören dürfen.

▸ **Interaktion zwischen Text und Bild:** Texte sollen mit Bildern im Layout nicht in Berührung kommen, damit in der Ausgabe separate Druckplatten für die jeweilige Sprache und separate Druckplatten für den restlichen Dokumenteninhalt ausgegeben werden können. Damit werden enorme Kosten in der Produktion eingespart, denn es ist schon – bei einem dreisprachigen Dokument – ein Unterschied, ob ich sieben Druckplatten für einen Bogen benötige oder ob ich zwölf Druckplatten dafür verschwenden muss.

▸ **Text und Effekte:** Vermeiden Sie auch, irgendwelche Effekte auf Texte anzuwenden, da ansonsten in der Ausgabe gewisse Textstellen in ein Pixelbild umgewandelt werden müssen, weshalb hier wiederum Text auf mehreren Druckplatten ausgegeben würde.

▸ **Absatzformate:** Darüber hinaus ist es notwendig, dass Sie für jede Sprache eigene Absatzformate anlegen, damit der Text in der jeweiligen Sprache korrekt umbrochen wird. Dazu verwenden Sie Absatzformate, die aufeinander basieren und sich nur im verwendeten Wörterbuch unterscheiden.

6.1.3 Organisations- und produktionsbedingte Ebenen

Auch wenn Sie kein mehrsprachiges Dokument und auch kein Periodikum erstellen müssen, liegen aus unserer Sicht einige organisatorische und für eine spätere technisch perfekte Ausgabe auch produktionsbedingte Gründe vor, um Sie davon zu überzeugen, doch mit Ebenen in all Ihren InDesign-Projekten zu arbeiten.

Ebene für die interne Kommunikation und zur Fehlervermeidung in der Ausgabe | Legen Sie, sobald mehrere Personen an einem Projekt arbeiten müssen, eine nicht druckbare Ebene mit der Bezeichnung INTERN an. Wie Sie eine nicht druckbare Ebene anlegen, erfahren Sie in diesem Kapitel auf Seite 140.

Doch was sollen Layouter und Grafiker mit dieser Ebene anfangen? Hier ein paar kleine Hinweise:

▸ **Inserateplatzierung:** Die ganze Finanzierung der Medienlandschaft basiert auf dem Kampf um Inserate. Inserate müssen im Layout untergebracht werden, und wie es so in der Praxis eben ist, stehen diese Bestandteile in der Produktion erst kurz vor Abgabeschluss zur Verfügung. Meistens werden von Firmen Inserate in derselben Größe, jedoch im Inhalt unterschiedlich

HINWEIS

Nähere Informationen zum Aufbau von aufeinander basierenden Absatzformaten können Sie in Abschnitt 15.4.3, »Aufeinander basierende Absatzformate«, auf Seite 443 nachlesen.

geschaltet. Der Layouter kann, um eine bessere Abstimmung des Layouts zu erreichen, bereits das Inserat der letzten Produktion platzieren und dieses dabei auf die Ebene INTERN stellen. Dadurch ist gegeben, dass der Layouter sich ein besseres Gesamtbild von der gestalteten Seite machen kann, und sichergestellt, dass das Inserat nicht irrtümlich in der Ausgabe erscheint. Steht das Originalinserat zur Verfügung, so muss nur noch der Austausch des bereits korrekt platzierten Inserates erfolgen, gefolgt vom Verschieben des Inserates auf eine der Produktionsebenen.

> **HINWEIS**
>
> Beachten Sie jedoch für die Ausgabe in eine PostScript- oder PDF-Datei genau, welche Auswahl Sie im Druck- bzw. PDF-Export-Dialog in der Option EBENE DRUCKEN bzw. EBENEN EXPORTIEREN getroffen haben.
>
> Informationen zu Auswirkungen der getroffenen Einstellungen in der Option EBENE DRUCKEN erhalten Sie auf Seite 798, zu EBENEN EXPORTIEREN auf Seite 840.

▶ **Hinweise:** Notizen zum Layout, Informationen für Personen, die zu einem späteren Zeitpunkt das Dokument weiterbearbeiten müssen, oder Informationen für die Reproabteilung zur Übermittlung von Wünschen, was mit den Bildern gemacht werden soll, können ebenfalls auf der Ebene INTERN abgebildet werden. Auch hier wird sichergestellt, dass nicht irrtümlich interne Anweisungen im gedruckten Projekt erscheinen. Oder würde es bei Ihrem Chef ein gutes Bild machen, wenn in der Firmenbroschüre die Anmerkung »aktuelles schlankeres Bild vom Alten einfügen« erscheinen würde?

Vorder- und Hintergrundebene | Legen Sie zusätzlich zu einer Arbeitsebene noch eine Vorder- und eine Hintergrundebene an. Wie Sie diese bezeichnen – »oben«, »unten«, »vorne«, »hinten«, »Musterobjekt«, »Rest« – bleibt Ihrer Kreativität überlassen. Vergeben Sie jedoch einen Namen, und arbeiten Sie nicht mit den Bezeichnungen »Ebene 1«, »Ebene 2« usw.

Doch was sollen Layouter und Grafiker mit diesen Ebenen anfangen? Hier ein paar kleine Hinweise:

▶ **Vollflächige Hintergründe:** In einigen Projekten werden vollflächige Abbildungen oder Farbflächen im Hintergrund benötigt. Solche Objekte können, wenn es sich durch das gesamte Projekt hindurchzieht, auf der Mustervorlagenseite platziert werden. Ist dies jedoch nur sporadisch der Fall, so können solche Objekte auf der Hintergrundebene angebracht und über das Sperren der Ebene vor einem weiteren unbeabsichtigten Zugriff durch den Layouter geschützt werden.

▶ **Anbringen von Mustervorlagenobjekten:** Wie schon zuvor beim Magazin bemerkt wurde, müssen Mustervorlagenobjekte, die immer in der obersten Hierarchie erscheinen müssen, auf der Vordergrundebene angebracht werden. Damit wird sichergestellt, dass nicht irrtümlich die Pagina oder eine Streckenkennzeichnung durch ein platziertes Objekt verdeckt wird.

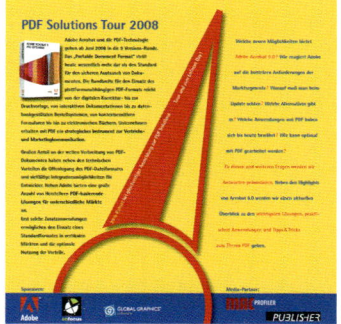

▲ **Abbildung 6.5**
Sowohl die gelbe als auch die blaue Fläche wurden in diesem Projekt auf der Hintergrundebene angebracht.

HINWEIS

Nähere Informationen zur Transparenzreduzierung und den dabei zu beachtenden Vorgehensweisen können Sie in Kapitel 24, »Transparenzen«, nachlesen.

Ebenen und Transparenzen | Als Faustregel und als Hinweis auf die spätere Transparenzreduzierung sollten Sie unbedingt beachten, dass Sie Texte oberhalb von Bildern platziert werden sollen. Das hat folgenden Hintergrund: Bei der Transparenzreduzierung werden Objekte mit Effekten mit darunterliegenden Objekten verrechnet. Dabei wird kein Unterschied gemacht, ob es sich dabei um Texte, Vektoren oder Bilder handelt. Wird beispielsweise ein Schlagschatten auf ein platziertes Bild angewandt und wurde irrtümlich dieses Objekt in der Objektanordnung oberhalb eines benachbarten Textkastens gebracht, so muss der Schlagschatten bei der Transparenzreduzierung mit dem Text verrechnet werden. Dadurch können teilweise Texte in Pixelbilder umgewandelt oder mit einer zusätzlichen Kontur versehen werden, was bei niedrigauflösenden Ausgabegeräten in einigen Fällen zur Verdickung der Schrift führen würde.

Ob Sie nun eigene Ebenen für Text und Bild anlegen oder ob Sie nur im Fall der Fälle das betroffene Objekt auf die Hintergrundebene stellen, bleibt Ihrer Arbeitsweise überlassen. Auch wenn das Anlegen einer Text- und Bildebene, gerade hinsichtlich der Ausgabeproblematiken, sinnvoll wäre, so können wir aus der Praxis erkennen, dass in sehr vielen Layouts eine solche Trennung nicht wirklich abbildbar ist.

HINWEIS

Nähere Informationen zu PDF-Versionen können Sie in Abschnitt 34.1.2, »PDF-Spezifikationen«, auf Seite 833 nachlesen.

Ebenen für das PDF übergeben | Da seit der PDF-Version 1.5 auch in PDF-Dateien Ebenen vorhanden sein und Sie durch den nativen PDF-Export auch InDesign-Ebenen nach PDF übergeben können, tun sich für so manche Workflows ungeahnte Möglichkeiten auf, die eine Vereinfachung der Handhabung nach sich ziehen können. Denken Sie einmal darüber nach. Es werden Ihnen sicherlich einige Ideen kommen, um aus diesen Möglichkeiten für Sie Kapital schlagen zu können.

Ebenen für Lackformen | Wollen Sie im Druck zusätzlich partiell lackieren, um die Brillanz des Druckbildes zu erhöhen oder die Bilder oder schwarze Flächen vor Fettspuren zu schützen, die durch das Angreifen mit den Fingern am Druckprodukt haften bleiben, so müssen die Daten bereits im Vorfeld mit einer eigenen Lackfarbe angelegt und die entsprechenden Bereiche mit dem Farbfeld für Lack versehen sein. Auch diese Idee kann über eine eigene Lackebene abgebildet werden. Legen Sie dazu zuerst die Lackfarbe als Volltonfarbe und eine Ebene mit der Bezeichnung LACK an. Dann duplizieren Sie alle Objekte, die lackiert werden sollten, auf die zuvor erstellte Ebene, löschen die Inhalte aus den Bildkästen und füllen diese dann mit der angelegten Farbe LACK.

Nun können Sie jederzeit die Ebene Lack zur besseren Bearbeitung des Dokuments deaktivieren und in der Ausgabe schlussendlich einen eigenen Lackauszug für die Druckerei generieren.

6.2 Das Ebenen-Bedienfeld

Die Voraussetzung für das Arbeiten mit Ebenen ist das eingeblendete Ebenen-Bedienfeld. Es ist im Arbeitsbereich Erweitert als zweites Symbol in der zweiten Bedienfeldreihe verankert und durch das Symbol ⬡ schnell zu erkennen. Sollten Sie das Ebenen-Bedienfeld entfernt haben, können Sie es jederzeit über das Menü Fenster • Ebenen oder über das Tastaturkürzel F7 einblenden.

Zur besseren Strukturierung von Dokumenten empfiehlt es sich, gleich zu Beginn die voraussichtlich benötigten Ebenen anzulegen. Dabei ist es ratsam, die Standardbezeichnungen wie »Ebene 1«, »Ebene 2« usw. durch geeignete sprechende Ebenenbezeichnungen zu ersetzen. Es empfiehlt sich, immer mindestens drei Ebenen, eine **Arbeitsebene** für Texte und Bilder, eine **Hintergrund-** und eine **Vordergrundebene**, anzulegen.

Wie bei allen Bedienfeldern in InDesign CS4 können Sie durch Drücken des Symbols Neue Ebene erstellen 🔲 ❺ eine neue Ebene anlegen und durch Drücken des Symbols Ausgewählte Ebenen löschen 🗑 ❾ die aktive Ebene entfernen. Die Sichtbarkeit 👁 ❹ einer Ebene – die Ebenen Deutsch ❸ und Englisch sind derzeit ausgeblendet – bzw. die Eigenschaft, ob eine Ebene gesperrt 🔒 ❶ ist oder nicht – die Ebenen Hintergrund und Vordergrund sind derzeit nicht zur Bearbeitung freigegeben –, können für jede Ebene getrennt festgelegt werden.

HINWEIS

Bilder können aber auch in Photoshop mit einer Volltonfarbe Lack versehen und dann als PSD-Datei in InDesign platziert werden. Reproduktionstechnisch ist diese Arbeitsweise jener der mit der Ebene Lack gleichzusetzen.

Der Vorteil dieser Arbeitsweise über Photoshop liegt darin, dass Sie den Lack am Objekt viel genauer und selektiver anbringen und darüber hinaus noch im Layout das Bild skalieren können, ohne immer das Original- und das Lackobjekt zu verändern.

Der Nachteil ist, dass Sie auf den Lack-Kanal immer Rücksicht nehmen müssen, wenn das Bild mehrfach verwendet wird.

Ebenenbezeichnung ist kursiv

Alle Ebenen, deren Ebenenbezeichnungen kursiv ❻ dargestellt werden, sind Ebenen, die als »nicht druckbare Ebene« gekennzeichnet wurden. Nähere Informationen dazu finden Sie auf Seite 140.

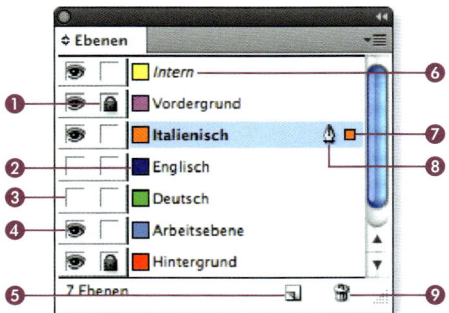

◄ **Abbildung 6.6**
Das Ebenen-Bedienfeld und alle seine möglichen Ausprägungen

Das Farbfeld ❷ vor dem Ebenennamen verleiht den Rahmen der darauf befindlichen Objekte beim Aktivieren die entsprechende Farbe. Die derzeit aktive Ebene wird durch das Zeichenstift-Werkzeug-Symbol 🖋 ❽ angezeigt. Es signalisiert dem Anwender, dass das nächste Objekt, das gezeichnet oder – in Abhängigkeit von der gewählten Option – eingefügt wird, der Ebene ITALIENISCH zugeordnet wird. Ist ein Objekt im InDesign-Dokument ausgewählt, so erscheint der Markierungspunkt ■ ❼; sind mehrere Objekte unterschiedlicher Ebenen ausgewählt, so erscheint der Markierungspunkt auf jeder einzelnen Ebene.

6.2.1 Ebenenreihenfolge verändern und Objekte auf eine andere Ebene verschieben

Das Verschieben von Ebenen erfolgt durch einfaches Ziehen der Ebenenbezeichnung an eine andere Position in der Liste. Wenn Sie jedoch lediglich ein Objekt von einer Ebene auf eine andere verschieben oder kopieren wollen, so stehen Ihnen zwei Vorgehensweisen zur Verfügung:

- Zuerst müssen Sie das gewünschte Objekt im Layout aktivieren. Verschieben Sie den Markierungspunkt ■ ❼ im Ebenen-Bedienfeld auf die gewünschte Ebene.
- Kopieren Sie das gewünschte Objekt über Strg+C bzw. ⌘+C in die Zwischenablage. Wählen Sie dann die Zielebene im Ebenen-Bedienfeld aus, und führen Sie den Befehl BEARBEITEN • IN ORIGINALPOSITION EINFÜGEN aus oder drücken Sie das Tastenkürzel Strg+Alt+⇧+V bzw. ⌘+Alt+⇧+V. Sollten Sie noch keine Änderungen im Bedienfeldmenü vorgenommen haben, so wird das Objekt auf der Zielebene eingefügt.

Eingefügtes Objekt befindet sich nicht auf der Zielebene

Erscheint das eingefügte Objekt auf derselben Ebene, obwohl Sie eine andere Ebene ausgewählt haben, so wurde nicht der Befehl EBENEN BEIM EINFÜGEN ERHALTEN aus dem Bedienfeldmenü des Ebenen-Bedienfeldes aktiviert.

6.2.2 Funktionen im Bedienfeldmenü

Ob sich ein Objekt nun auf der gewünschten Ebene befindet, erkennen Sie an der geänderten Farbe des Markierungsrahmens des ausgewählten Objekts.

Einige der zu Abbildung 6.6 erklärten Funktionen können auch über das Bedienfeldmenü aufgerufen werden. Zusätzliche erklärungsbedürftige Funktionen sind:

- **Neue Ebene:** Im Unterschied zu der zuvor beschriebenen Funktion öffnet sich nach dem Ausführen des Befehls ein eigener Ebenenoptionen-Dialog. Sie können jedoch durch Klick auf das Symbol NEUE EBENE ERSTELLEN in Verbindung mit Alt bzw. ⌥ ebenfalls eine neue Ebene anlegen und dabei den Ebenenoptionen-Dialog öffnen.
- **Ebene »Name« duplizieren:** Es wird ein Duplikat der gesamten Ebene des Dokuments, also mit allen Objekten der Ebene, erstellt. Führen Sie diesen Befehl aus, wenn Sie stellungsgleich Objekte auf eine neue Ebene bringen möchten. Nach Aufruf des Befehls erscheint der Dialog EBENEN DUPLIZIEREN, in dem

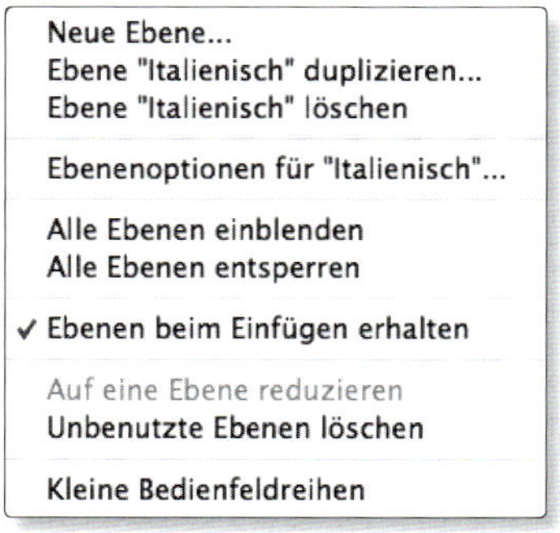
Neue Ebene...
Ebene "Italienisch" duplizieren...
Ebene "Italienisch" löschen
Ebenenoptionen für "Italienisch"...
Alle Ebenen einblenden
Alle Ebenen entsperren
✓ Ebenen beim Einfügen erhalten
Auf eine Ebene reduzieren
Unbenutzte Ebenen löschen
Kleine Bedienfeldreihen

▲ **Abbildung 6.7**
Das Bedienfeldmenü des Ebenen-Bedienfeldes

Sie den Namen und die Ebenenoptionen für die neu erstellte Ebene einstellen können.

▶ **Ebenen beim Einfügen erhalten:** Diese Option ist standardmäßig nicht aktiviert. Die Aktivierung hätte zur Folge, dass, wenn Sie ein Objekt der Ebene DEUTSCH kopieren und danach die Ebene ITALIENISCH aktivieren und das Objekt aus der Zwischenablage einfügen, das Objekt weiterhin der Ebene DEUTSCH zugewiesen wäre. Ist die Option deaktiviert, so wird das eingefügte Objekt der Ebene ITALIENISCH zugewiesen.

▶ **Auf eine Ebene reduzieren:** Sind zwei oder mehrere Ebenen im Bedienfeld markiert, so können diese zu einer Ebene verschmolzen werden, ohne dabei Objekte der einzelnen Ebenen zu verlieren.

▶ **Unbenutzte Ebenen löschen:** Alle unbenutzten Ebenen werden mit diesem Befehl markiert und ohne weitere Warnmeldung eliminiert.

▶ **Kleine Bedienfeldreihen:** Wenn Sie sehr viele Ebenen in einem Dokument verwenden, können Sie auf diese kompaktere Darstellungsform umschalten. Mit mehr als drei bis fünf Ebenen zu arbeiten, ist nicht empfehlenswert.

6.2.3 Ebenenoptionen

Besonderes Augenmerk sollte beim Erstellen von Ebenen auf den EBENENOPTIONEN liegen. Die dortigen Funktionen lassen weitere Ideen für den Aufbau einer Dokumentenstruktur zu:

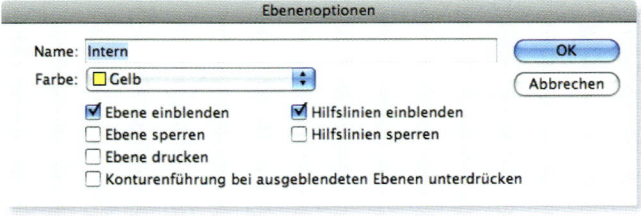

▶ **Name:** Vergeben Sie hier einen »sprechenden« Namen für die Ebene.

▶ **Farbe:** Wählen Sie eine entsprechende Farbe aus. Sie ist maßgebend für die Farbe eines aktivierten Rahmens. Über BENUTZERDEFINIERT können Sie dort jede gewünschte Farbe auswählen. Beachten Sie dazu den nebenstehenden Tipp.

▶ **Ebene einblenden:** Regelt das Ein- bzw. Ausblenden von Ebenen.

▶ **Hilfslinien einblenden:** Aus dieser Option ist ersichtlich, dass Hilfslinien bestimmten Ebenen zugeordnet und somit gemeinsam mit den Objekten einer Ebene ein- bzw. ausgeblendet

---

InDesign-Vorgehensweise beim Ebenenreduzieren

Alle Objekte werden beim Reduzieren auf die zuerst aktivierte Ebene – nicht wie vermutet auf die unterste Ebene – reduziert.

Keine Ordner und Gruppen bei Ebenen

Obwohl in vielen anderen Bedienfeldern die Möglichkeit existiert, Elemente in Gruppen zusammenzufassen, funktioniert dies bei Ebenen nicht.

◀ **Abbildung 6.8**
Die EBENENOPTIONEN des Ebenen-Bedienfelds von InDesign, die seit Version InDesign CS3 um die Option EBENE DRUCKEN erweitert wurden

TIPP

Wählen Sie nie Schwarz als Ebenenfarbe aus, da die Farbe des Inhaltsrahmens bei Bildern immer die Komplementärfarbe der Ebenenfarbe besitzt und somit Weiß wäre.

werden können. Ob Sie eine eigene Hilfslinienebene generieren und auf allen anderen Ebenen die Hilfslinien ausblenden lassen, bleibt Ihrer Fantasie und Arbeitsweise überlassen. Weiterführende Informationen zum Thema Hilfslinien erhalten Sie im nächsten Kapitel, »Hilfslinien und Lineale«.

▶ **Ebene sperren:** Sperrt und entsperrt die Ebene und regelt somit den Zugriff auf die Objekte dieser Ebene.

▶ **Hilfslinien sperren:** Hilfslinien, die einer Ebene zugewiesen sind, können hiermit gegen ungewolltes Verschieben separat gesperrt werden. Daraus ergeben sich unterschiedliche Konzepte zum Aufbau der Dokumente.

HINWEIS

Beachten Sie auch, dass Objekte einer solchen Ebene durch das Aktivieren der ÜBERDRUCKENVORSCHAU aus dem Menü ANSICHT bzw. durch Aktivieren des VORSCHAU-MODUS in der Werkzeugleiste ebenfalls ausgeblendet werden.

▶ **Ebene drucken:** Durch Deaktivieren dieser Funktion können Ebenen quasi als Vorlagenebene – nicht druckbare Ebene – definiert werden. Dieses Konzept kennen viele Macromedia-Freehand- und Adobe-Illustrator-Anwender, die Vorlagen zum Nachzeichnen auf einer nicht druckbaren Ebene positionieren. Ein anderer Anwendungszweck dafür wurde Ihnen am Beispiel der Ebene INTERN, die zur verbesserten Kommunikation zwischen Layoutern und der Druckvorstufe verwendet werden kann, in diesem Kapitel bereits gezeigt.

▶ **Konturenführung bei ausgeblendeten Ebenen unterdrücken:** Wird die Option aktiviert, so werden textverdrängende Objekte nach dem Ausblenden der Ebene auf nicht umfließend gestellt. Es erfolgt dadurch ein komplett neuer Umbruch des Textes. Die Standardeinstellung behält somit konturengeführte Texte so bei, als wäre das Objekt noch sichtbar. Die Anwendungsmöglichkeiten für diese Option sind allerdings sehr eingeschränkt.

Konturenführendes Objekt

Soll in Ausnahmefällen ein unsichtbares Objekt zur Konturenführung verwendet werden, so sollten Sie dazu einen Pfad ohne Kontur verwenden.

6.3 Tipps zum Umgang mit Ebenen

Zum Arbeiten mit Ebenen möchten wir Ihnen noch ein paar wichtige Hinweise geben.

Ausblenden aller Ebenen bis auf eine | Angenommen, Sie wollen nur den deutschen Text bearbeiten und dazu alle anderen Ebenen ausblenden. Klicken Sie dazu auf das Symbol 👁 vor der jeweiligen Ebenenbezeichnung, und halten Sie dabei die ⎇-bzw. ⌥-Taste gedrückt. Alle anderen Ebenen werden dann ausgeblendet. Zum Einblenden der Ebenen verfahren Sie analog.

HINWEIS

Photoshop-Anwender sind das Ausblenden und das Schützen von Ebenen durch einfaches Darüberstreichen über die Symbole 👁 bzw. 🔒 der verschiedenen Ebenen gewohnt. Sie können diese Arbeitsweise auch bei InDesign so beibehalten.

Sperren aller Ebenen bis auf eine | So, wie Sie zuvor beim Ausblenden verfahren sind, können Sie diesen Vorgang auch durch

Klick auf das Symbol 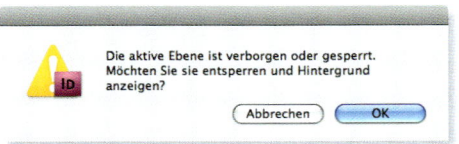 vor der jeweiligen Ebenenbezeichnung und Drücken der ⌈Alt⌉- bzw. ⌈⌥⌉-Taste erledigen.

Zugriff auf gesperrte Ebenen | Sollten Sie beim Versuch, einen Rahmen zu erstellen, einmal das Symbol ⍉ sehen, so versuchen Sie gerade, auf eine geschützte Ebene zuzugreifen. Klicken Sie auf die Arbeitsfläche, und eine Warnmeldung erscheint.

> Die aktive Ebene ist verborgen oder gesperrt. Möchten Sie sie entsperren und Hintergrund anzeigen?
>
> (Abbrechen)   (OK)

◄ **Abbildung 6.9**
Diese Warnmeldung erscheint, wenn Sie versuchen, auf einer gesperrten oder verborgenen Ebene Objekte zu erstellen.

Markieren aller Objekte einer Ebene | Das Markieren aller Objekte einer Ebene auf einem Druckbogen erfolgt, indem Sie das Auswahl-Werkzeug ⯈ auswählen und mit gedrückter ⌈Alt⌉- bzw. ⌈⌥⌉-Taste auf die Ebenenbezeichnung im Ebenen-Bedienfeld klicken.

Ausgewählte Objekte auf eine ausgeblendete oder gesperrte Ebene verschieben | Dieses eigentlich unmögliche Unterfangen können Sie dennoch erledigen, indem Sie die ⌈Strg⌉- bzw. ⌈⌘⌉-Taste drücken, während Sie den Markierungspunkt ■ auf die Zielebene verschieben.

Ausgewählte Objekte auf andere Ebene kopieren | Wie in InDesign CS4 üblich, können Objekte durch Drücken der ⌈Alt⌉- bzw. ⌈⌥⌉-Taste dupliziert werden. Markieren Sie die gewünschten Objekte, und drücken Sie diese Taste, während Sie den Markierungspunkt ■ auf die Zielebene verschieben.

In Kombination mit der ⌈Strg⌉- bzw. ⌈⌘⌉-Taste können Sie damit auch Objekte auf eine ausgeblendete bzw. gesperrte Ebene kopieren und somit duplizieren.

6.4   Anlegen der Ebenen für unser Projekt

Wir wollen unsere Projektarbeit natürlich auf Ebenen aufbauen. Dazu beabsichtigen wir, das Projekt in drei Ebenen – einer Vorder-, einer Hintergrundebene und einer Arbeitsebene, auf der Text und Bild arrangiert werden – anzulegen. Die nachstehende Schritt-für-Schritt-Anleitung zeigt, wie Sie drei Grundebenen und darüber hinaus Ebenen für die interne Kommunikation und für die Umsetzung mehrsprachiger Projekte anlegen.

Auf der Buch-DVD finden Sie im Ordner BEISPIELMATERIAL • KAPITEL_05 das Ausgangsdokument »Projektarbeit.indd« und im Ordner KAPITEL_06 das mit Ebenen versehene Dokument »Projektarbeit_Ebenen.indd«.

Schritt für Schritt: Grundebenen und Ebenen für ein mehrsprachiges Projekt anlegen

1 Dokument einrichten

Erstellen Sie das neue Dokument, legen Sie darin Seitenanzahl, Satzspiegel, Stegbreite und eine mögliche Doppelseitigkeit fest. Jedem neu erstellten Dokument ist eine Ebene mit der Bezeichnung EBENE 1 zugrunde gelegt.

2 Anlegen der Grundebenen

Öffnen Sie das Ebenen-Bedienfeld, und führen Sie einen Doppelklick auf EBENE 1 aus. Im erscheinenden EBENENOPTIONEN-Dialog wählen Sie die Einstellungen aus Abbildung 6.10 aus und ändern den Namen der Ebene auf ARBEITSEBENE ab.

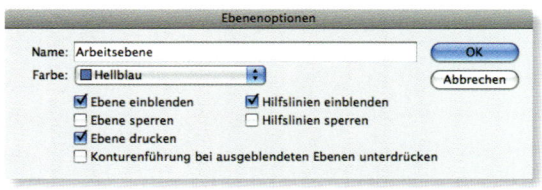

Abbildung 6.10 ▶
Der EBENENOPTIONEN-Dialog zum Steuern des Ebenenverhaltens

Bestätigen Sie den Dialog, und legen Sie danach noch die Ebenen VORDERGRUND und HINDERGRUND an. Vergessen Sie dabei nicht, mit gedrückter ⸢Alt⸣- bzw. ⸢⌥⸣-Taste auf das Symbol ⬛ im Ebenen-Bedienfeld zu drücken. Im EBENENOPTIONEN-Dialog ändern Sie lediglich den Namen.

3 Zusätzliche Ebenen anlegen

Legen Sie noch die Ebene INTERN in der gewünschten Ebenenanordnung an. Hier deaktivieren Sie die Option EBENE DRUCKEN.

Zum Setzen des deutschsprachigen Textes erstellen Sie noch eine Ebene mit der Bezeichnung DEUTSCH. Hier lassen Sie in den Ebenenoptionen wiederum die Grundeinstellungen aktiviert.

4 Finalisieren der Version »Deutsch«

Bevor Sie an eine Mutation für eine andere Sprache denken, müssen Sie zuerst das Layout für die deutsche Version finalisieren und stellungsrichtig abspeichern.

5 Mehrsprachigkeit hinzufügen

Wählen Sie im Ebenen-Bedienfeld die Ebene DEUTSCH aus, und führen Sie dann den Befehl EBENE „DEUTSCH" DUPLIZIEREN aus dem Bedienfeldmenü aus. Nach dem Umbenennen der Ebene können Sie nun den italienischen Text einfügen. ■

Auf der Buch-DVD finden Sie im Ordner BEISPIELMATERIAL • KAPITEL_06 die zwei Textdokumente »Deutscher_Text.txt« und »Italienischer_Text.txt«, die Sie in die jeweiligen Ebenen einfügen können.

7 Hilfslinien und Lineale

Hilfslinien sind in der Layoutphase eines Projekts sehr wichtig. Sie dienen der Ausrichtung und der Gliederung von Objekten in einem Layout und müssen daher flexibel einsetzbar sein. Damit die Flexibilität gewährleistet ist, werden in InDesign CS4 Hilfslinien wie Rahmen behandelt, die exakt positioniert, verschoben und gelöscht werden können. InDesign CS4 bietet in dieser Hinsicht fast alles, was sich Profis für das Layout wünschen. InDesign kennt verschiedene Arten von Hilfslinien. Diese wären:

▶ Randhilfslinien
▶ Spaltenhilfslinien
▶ frei wählbare Hilfslinien (nur horizontal und vertikal)
▶ Anschnitt-Hilfslinien
▶ Infobereichs-Hilfslinien
▶ Hilfslinien des Grundlinien- und Dokumentenrasters
▶ magnetische Hilfslinien

All diese Hilfslinienarten stehen in InDesign zur Verfügung und können zur Anlage von Projekten sinnvoll vom Layouter verwendet werden. Versuchen Sie, mit möglichst wenigen Hilfslinien zu agieren. Zu viele Hilfslinien stören den Betrachter des Dokuments.

7.1 Lineale

Lineale sind der Ursprung jeglicher Bemaßung und somit auch jeder Hilfslinie. Sollten keine Lineale sichtbar sein, blenden Sie sie über ANSICHT • LINEALE EINBLENDEN oder über das Kürzel ⌈Strg⌉+⌈R⌉ bzw. ⌈⌘⌉+⌈R⌉ ein. Ein horizontales und ein vertikales Lineal begrenzen nun das Dokument an der oberen und linken Seite. Das Ausblenden funktioniert dann natürlich über das gleiche Tastaturkürzel.

Die verwendete Maßeinheit der Lineale wird von den getroffenen Voreinstellungen im Menü INDESIGN • VOREINSTELLUNGEN • EINHEITEN UND EINTEILUNGEN (Mac) bzw. BEARBEITEN • VOREINSTELLUNGEN • EINHEITEN UND EINTEILUNGEN (Windows) bestimmt. Wenn Sie jedoch kurzfristig auf eine andere Maßeinheit

---

Alternative zu Hilfslinien

Wenn Sie längere Zeit mit Adobe InDesign arbeiten, werden Sie feststellen, dass es neben Hilfslinien eine Vielzahl von anderen Möglichkeiten gibt, Objekte anzuordnen. Obwohl viele Dokumente in der Praxis in InDesign meist nur ausgestattet mit Grundlinienraster und Satzspiegel- und Spaltenhilfslinien angelegt werden, erscheint es uns jedoch vor allem für Quark-XPress-Umsteiger extrem wichtig, den exakten Umgang mit Hilfslinien zu erklären.

Magnetische Hilfslinien

Informationen zu magnetischen Hilfslinien und intelligenten Abmessungen und Abständen erhalten Sie in Abschnitt 8.7.3, »Ausrichten mit magnetischen Hilfslinien«, auf Seite 190.

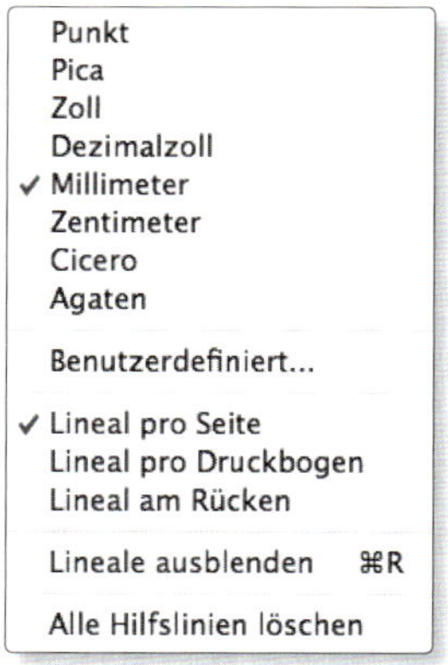

```
  Punkt
  Pica
  Zoll
  Dezimalzoll
✓ Millimeter
  Zentimeter
  Cicero
  Agaten

  Benutzerdefiniert…

✓ Lineal pro Seite
  Lineal pro Druckbogen
  Lineal am Rücken

  Lineale ausblenden    ⌘R

  Alle Hilfslinien löschen
```

▲ **Abbildung 7.1**
Die Möglichkeiten des Kontextmenüs eines Lineals durch Klick auf das Lineal. Der Eintrag ALLE HILFSLINIEN LÖSCHEN wird erstmals in InDesign CS4 angeboten.

TIPP

Das Arbeiten mit einem Lineal pro Seite entspricht den Gewohnheiten der Layouter und Grafiker. Stellen Sie in jedem Fall die Option LINEAL PRO SEITE als Default-Wert im Reiter EINHEITEN UND EINTEILUNGEN in den Voreinstellungen von InDesign CS4 ein.

Manuelles Positionieren

Natürlich können Objekte auch numerisch positioniert, mit dem Ausrichten-Bedienfeld aneinander ausgerichtet und mit den neuen magnetischen Hilfslinien manuell exakt positioniert und ausgerichtet werden.

umsteigen wollen, so müssen Sie dies nicht in den Voreinstellungen tun, sondern es reicht, wenn Sie mit der rechten Maustaste auf das horizontale oder vertikale Lineal klicken und im Kontextmenü eine andere Maßeinheit festlegen. Wie Sie dem Menü entnehmen können, können Sie auch LINEAL PRO SEITE, LINEAL PRO DRUCKBOGEN und LINEAL AM RÜCKEN auswählen. Das Ausblenden der Lineale erfolgt über den Befehl LINEALE AUSBLENDEN.

Der **Ursprung** des Koordinatensystems liegt standardmäßig in der linken oberen Ecke des Dokuments. Je nach Einstellung kann sich der Ursprung – er wird in InDesign **Bezugspunkt** genannt – jedoch verschieben.

▶ **Lineal pro Druckbogen:** Ist dieser Eintrag gewählt, so läuft die Bemaßung des horizontalen Lineals vom Ursprung durchgehend über den ganzen Druckbogen hinweg. Wenn sich beispielsweise zwei A4-Seiten auf einem Druckbogen befinden, beginnt die linke Seite bei x=0 und endet bei 210 mm; die rechte Seite beginnt bei x=210 mm und endet bei 420 mm. Alle Objekte der rechten Seite würden somit ausgehend vom Nullpunkt in Bezug auf die x-Koordinate eingegeben werden.

▶ **Lineal pro Seite:** Ist jedoch LINEAL PRO SEITE ausgewählt, so wird jeder einzelnen Seite im Druckbogen ein eigenes Koordinatensystem mit Ursprung in der linken oberen Ecke spendiert.

▶ **Lineal am Rücken:** Dadurch wird der Druckbogen in zwei Bereiche – links und rechts des Bundes – aufgeteilt. Diese Einstellung unterscheidet sich von LINEAL PRO SEITE nur dann, wenn zumindest in einem Bereich (rechts oder links des Bundes) mehrere Dokumentseiten angelegt wurden. Alle Seiten im selben Bereich verwenden dann das gleiche Koordinatensystem.

Der Ursprung einer Seite – der Nullpunkt der Lineale – kann vom Anwender pro Dokument individuell gesetzt und fixiert werden.

Nullpunkt verschieben | Um den Nullpunkt an eine andere Position im Dokument zu verschieben, klicken Sie in den Kreuzungsbereich des horizontalen und vertikalen Lineals ❶ und ziehen das Fadenkreuz auf die gewünschte Position im Dokument. Das Verschieben des Nullpunkts hat nur in ganz speziellen Situationen – z.B. wenn Sie mit einem größeren Dokumentenformat arbeiten und die Positionsangaben nur innerhalb des Satzspiegels eingeben wollen – seine Berechtigung.

Nullpunkt auf Standard zurücksetzen | Sollte der Nullpunkt irrtümlich versetzt worden sein, so können Sie ihn auf die Pro

grammvoreinstellung zurücksetzen, indem Sie in den Kreuzungsbereich der Lineale doppelklicken.

Nullpunkt fixieren und lösen | Sollten Sie aber bewusst den
Nullpunkt verschoben haben, so ist es ratsam, diesen auch zu
fixieren. Das Fixieren erfolgt, indem Sie über dem Kreuzungsbereich im Kontextmenü den Befehl NULLPUNKT FIXIEREN aktivieren.
Sobald Sie den Nullpunkt fixiert haben, ist der Kreuzungsbereich
weiß.

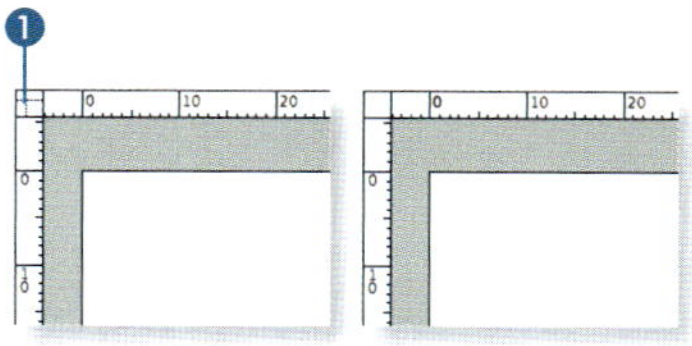

▲ **Abbildung 7.2**
Links: Im Kreuzungsbereich kann
der Nullpunkt noch verschoben
werden.
Rechts: Der Nullpunkt wurde über
das Kontextmenü fixiert.

7.2   Hilfslinien

Lineale sind der Ausgangspunkt zum Erstellen von Hilfslinien.
Wenn Sie also Hilfslinien durch Drag & Drop an einer Position im
Dokument anbringen wollen, so müssen Sie zuerst natürlich das
Lineal eingeblendet haben.

Beachten Sie jedoch, dass in InDesign CS4 nur horizontale und
vertikale Hilfslinien zur Verfügung stehen und dass Sie, wie Sie es
eventuell aus Adobe Illustrator gewohnt sind, ein Hilfslinienkon-
strukt nicht in ein zeichnendes (druckendes) Objekt konvertieren
können und umgekehrt.

7.2.1   Hilfslinien erstellen, positionieren, übertragen und löschen

Hilfslinien werden erstellt, indem sie mit gedrückter Maustaste
aus dem horizontalen oder vertikalen Lineal herausgezogen und
auf der Montagefläche positioniert werden. Da Hilfslinien Objekte
sind, können sie jederzeit aktiviert, verschoben und über die
Entf-Taste oder ←-Taste gelöscht werden. Nachstehend einige
Hinweise zum Erstellen und Positionieren von Hilfslinien:

Hilfslinien auf einer Seite erstellen | Ziehen Sie aus dem Lineal
eine Hilfslinie mit gedrückter Maustaste heraus, und bewegen Sie
sie entweder auf die linke oder rechte Seite Ihres Druckbogens.
Die Hilfslinie kann dabei jeden Wert im Lineal annehmen. Wenn
Sie gleichzeitig die ⇧-Taste drücken, so können Sie nur Hilfslinien erstellen, die sich genau mit den Einteilungen (Teilstriche) im
Lineal decken.

Hilfslinien für einen Druckbogen erstellen | Hilfslinien, die über
eine Seite oder über zwei Seiten (Druckbogen) hinausragen, können auf zweierlei Arten erstellt werden: Ziehen Sie dazu entweder
die Hilfslinie außerhalb des Druckbogens aus dem Lineal heraus

> **TOP-TIPP**
> **Schnelleres Anfassen von Hilfs-**
> **linien zum späteren Zeitpunkt**
>
> Ziehen Sie Hilfslinien immer mit
> gedrückter Strg- bzw. ⌘-Taste
> aus dem Lineal heraus. Dadurch
> können Sie die Hilfslinien später
> leichter außerhalb des Druckbo-
> gens markieren und verschieben.

– wie bei QuarkXPress –, oder halten Sie gleichzeitig die `Strg`- bzw. `⌘`-Taste gedrückt, womit Sie die Hilfslinie auch auf die Seite ziehen können.

Dies funktioniert auch für vertikale Hilfslinien, die über die Seite hinausragen sollen.

Hilfslinien um InDesign-Objektrahmen erstellen | Wenn Sie bereits einige Objekte – Text- oder Bildrahmen – auf der Dokumentseite angebracht haben, so besteht oft der Wunsch, dass – um die Objekte bzw. am Mittelpunkt der Objekte ausgerichtet – Hilfslinien angelegt werden sollen. InDesign CS4 stellt dafür keine eigene Funktion mittels Bordwerkzeugen zur Verfügung. Dennoch können Sie dieses Vorhaben über das Skript »ADDGUIDES« abbilden. Lesen Sie dazu mehr in Zusatzkapitel B, »Skripte«, das sich auch der Buch-DVD im Ordner ZUSATZKAPITEL befindet.

Hilfslinien positionieren | Eine Hilfslinie ist ein Objekt und kann somit jederzeit mit dem Auswahl-Werkzeug ◤ aktiviert und verschoben werden. XPress 7-Umsteiger brauchen mit InDesign CS4 nicht mehr auf die XPert-Tools zurückzugreifen bzw. die Zoomstufe 400 % zu aktivieren, um eine Hilfslinie genau zu positionieren, sondern können direkt über das Steuerung- oder Transformieren-Bedienfeld die X-Position für die vertikalen und die Y-Position für die horizontalen Hilfslinien eingeben.

Schritt für Schritt: Eine Hilfslinie schnell auf einer bestimmten Position erstellen

Wenn Sie eine horizontale Hilfslinie schnell auf der Y-Position 199 mm anlegen wollen, so ist das in zwei Steps zu erledigen.

1 Hilfslinie an beliebige Position stellen
Aktivieren Sie das Auswahl-Werkzeug ◤ , ziehen Sie aus dem horizontalen Lineal eine Hilfslinie heraus, und stellen Sie diese an eine beliebige Position im Dokument. Ob Sie dabei mit gedrückter `Strg`- bzw. `⌘`-Taste die Hilfslinie über den Druckbogen hinweg angelegt haben oder nicht, spielt dabei keine Rolle.

2 Position eingeben und bestätigen
Drücken Sie `Strg`+`6` bzw. `⌘`+`6`, womit Sie sofort in das Eingabefeld der Y-Position im Steuerung-Bedienfeld springen und den eingegebenen Wert markiert haben. Geben Sie danach den Wert »199« ein, und drücken Sie `↵`. ■

Hilfslinien auswählen, kopieren und auf anderer Seite einfügen | Haben Sie die benötigten Hilfslinien oder ein Hilfslinienraster erstellt, so können Sie, solange noch kein Text- oder Grafikrahmen aufgezogen wurde, über den Befehl `Strg`+`A` bzw. `⌘`+`A` alle Hilfslinien auswählen. Sind bereits Objekte platziert, können Sie Hilfslinien wie jedes andere Objekt mit dem Auswahl-Werkzeug markieren. Mit gedrückter `⇧`-Taste können Sie somit mehrere Hilfslinien markieren. Wenn Sie die Hilfslinien kopieren und auf einer anderen Seite einsetzen, stehen sie dort an exakt der gleichen Position. Falls Sie jedoch bestimmte Hilfslinien auf jeder Seite benötigen, so sollten Sie die Hilfslinien auf der Mustervorlage anbringen und den Originalseiten die Mustervorlage zuweisen.

Hilfslinien und Ebenen | Sie können Hilfslinien auch verschiedenen Ebenen zuordnen. Achten Sie also beim Aufziehen von Hilfslinien darauf, welche Ebene Sie aktiviert haben. Sobald Sie eine Hilfslinie aus dem Lineal herausziehen, wird sie der derzeit aktiven Ebene zugeordnet. Welche Hilfslinie welcher Ebene zugeordnet ist, erkennen Sie, wie bei anderen Rahmen und Linien, an der entsprechenden Markierungsfarbe. Sind Hilfslinien auf einer »roten« Ebene erstellt worden, so sind sie im aktivierten Zustand auch »rot« markiert. Das Verschieben einer Hilfslinie auf eine andere Ebene funktioniert wie bei allen anderen Objekten durch das Verschieben des Markierungspunktes im Ebenen-Bedienfeld. Wie wir schon bei der Beschreibung der EBENENOPTIONEN – siehe dazu Seite 139 – kennengelernt haben, können auf diese Weise die Hilfslinien mit der Ebene ein- und ausgeblendet und für die Ebene gesperrt werden.

Hilfslinien sperren bzw. entsperren | Die Position von Hilfslinien kann in bestimmten Fällen gegen unerwünschtes Verschieben oder Löschen geschützt werden. Über den Befehl ANSICHT • RASTER UND HILFSLINIEN • HILFSLINIEN SPERREN – auch über einen rechten Mausklick bei aktivierter Hilfslinie ausführbar – bzw. über das Tastaturkürzel `Strg`+`Alt`+`Ü` bzw. `⌘`+`⌥`+`Ü` werden alle Hilfslinien gesperrt. Achtung: Einzelne Hilfslinien können nicht über diesen Befehl gesperrt werden. Da Hilfslinien quasi InDesign-Objekten gleichgestellt sind, müssen Sie das Sperren einer Hilfslinie über den Befehl OBJEKT • POSITION SPERREN, über das Kontextmenü bei markierter Hilfslinie oder über `Strg`+`L` bzw. `⌘`+`L` erledigen.

Das Sperren und Entsperren von Hilfslinien kann in InDesign CS4 auf vielfältigste Art und Weise erfolgen. In der Praxis werden wir

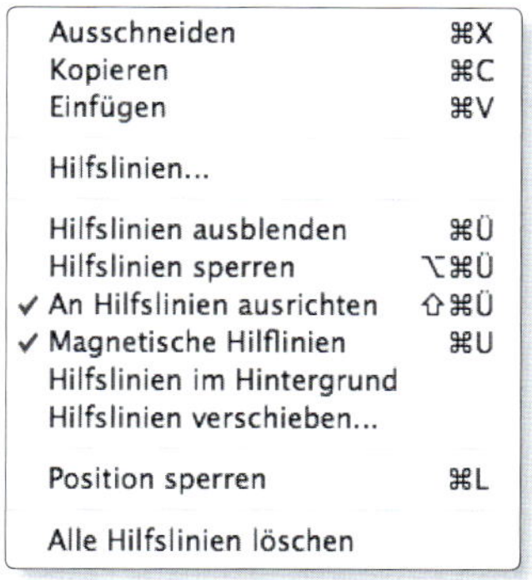

Kopieren von Hilfslinien zwischen Dokumenten

Das Kopieren von Hilfslinien kann auch zwischen Dokumenten erfolgen. Sinn ergibt das jedoch nur, wenn beide Dokumente im gleichen Seitenformat vorliegen, da sonst die Hilfslinien ausgehend vom Nullpunkt des neuen Dokuments platziert würden.

Ausschneiden	⌘X
Kopieren	⌘C
Einfügen	⌘V
Hilfslinien...	
Hilfslinien ausblenden	⌘Ü
Hilfslinien sperren	⌥⌘Ü
✓ An Hilfslinien ausrichten	⇧⌘Ü
✓ Magnetische Hilflinien	⌘U
Hilfslinien im Hintergrund	
Hilfslinien verschieben...	
Position sperren	⌘L
Alle Hilfslinien löschen	

▲ **Abbildung 7.3**
Die Möglichkeiten des Kontextmenüs einer Hilfslinie. Damit können Sie die wichtigsten Befehle im Zusammenhang mit Hilfslinien ausführen.

immer wieder mit der Frage konfrontiert: »Wie kann die Hilfslinie verschoben werden, wenn ich sie doch nicht markieren kann?« Deshalb möchten wir Ihnen kurz Gründe für nicht aktivier- und verschiebbare Hilfslinien nennen:

▶ Die Hilfslinie steht auf der Mustervorlage und muss zum Aktivieren herausgelöst werden.

▶ Alle Hilfslinien wurden über den Befehl HILFSLINIEN SPERREN aus dem Menü ANSICHT • RASTER UND HILFSLINIEN für das gesamte Dokument gesperrt.

▶ Die Hilfslinien wurden über den Befehl HILFSLINIEN SPERREN aus den EBENENOPTIONEN des Ebenen-Bedienfelds für die aktuelle Ebene gesperrt.

▶ Die Hilfslinien der Ebene sind nicht aktivierbar, obwohl der Befehl HILFSLINIEN SPERREN in den EBENENOPTIONEN nicht aktiviert ist. Dann ist die jeweilige Ebene für jeglichen Zugriff gesperrt.

▶ Die Hilfslinie wurde mit dem Befehl OBJEKT • POSITION SPERREN gegen unbeabsichtigtes Verschieben gesperrt.

Hilfslinien ausblenden und einblenden | Hilfslinien werden zum einen über den Befehl ANSICHT • RASTER UND HILFSLINIEN • HILFSLINIEN AUSBLENDEN oder über das Tastaturkürzel ⌷Strg⌷+⌷Ü⌷ bzw. ⌘+⌷Ü⌷ ausgeblendet. Darüber hinaus werden auch alle Hilfslinien durch die Anwahl des VORSCHAUMODUS im Werkzeug-Bedienfeld bzw. über Aktivierung der ÜBERDRUCKENVORSCHAU aus dem Menü ANSICHT ausgeblendet – eine wirklich sinnvolle Einrichtung. Das Einblenden der Hilfslinien erfolgt analog zum Ausblenden.

Weshalb Hilfslinien nicht sichtbar sind, kann verschiedenste Gründe haben. Deshalb seien hier exemplarisch einige davon genannt:

▶ Die Hilfslinien wurden über den Befehl ANSICHT • RASTER UND HILFSLINIEN • HILFSLINIEN AUSBLENDEN ausgeblendet. Blenden Sie die Hilfslinien über ⌷Strg⌷+⌷Ü⌷ bzw. ⌘+⌷Ü⌷ wiederum ein.

▶ Der VORSCHAU-MODUS im Werkzeug-Bedienfeld ▣ ist aktiviert. Deaktivieren Sie ihn durch Klick auf das Symbol ▣ oder durch Drücken der Taste ⌷W⌷.

▶ Die entsprechende Ebene wurde im Ebenen-Bedienfeld ausgeblendet. Blenden Sie die Ebene, auf der sich die Hilfslinie befindet, über einen Klick auf das Symbol 👁 ein.

▶ Ein weißes Objekt steht oberhalb der Hilfslinie. Dies kann jedoch nur der Fall sein, wenn im Register HILFSLINIEN UND MONTAGEFLÄCHEN der VOREINSTELLUNGEN die Option HILFSLINIEN IM HINTERGRUND aktiviert ist. Ändern Sie dort diese Vor-

---

einstellung, wenn Sie alle Hilfslinien im Vordergrund – das ist auch der Standardfall – sehen wollen.

Hilfslinien einer Farbe und einer Zoomstufe zuordnen | Im Kontextmenü einer Hilfslinie gibt es unter anderem einen Menüpunkt HILFSLINIEN, den Sie aber auch über das Menü LAYOUT • HILFSLINIEN aufrufen können.

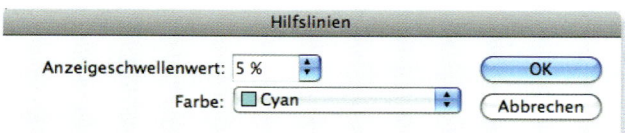

◄ **Abbildung 7.4**
Optionen, die für jede einzelne Hilfslinie eingestellt werden können

Über diesen Dialog können Sie jeder Hilfslinie eine Farbe zuordnen, die angezeigt wird, wenn die Hilfslinie nicht aktiviert ist, und festlegen, ab welcher Zoomstufe die Hilfslinie überhaupt angezeigt wird.

▶ **Farbe:** Ist die Hilfslinie aktiviert, so wird sie standardmäßig in der Ebenenfarbe eingefärbt. Durch Auswahl einer FARBE in diesem Dialog werden aktuell markierte Hilfslinien für die Darstellung im nicht aktivierten Zustand in der gewählten Farbe angezeigt. Der Sinn kann darin liegen, dass auch Hilfslinien bestimmten Arten von Objekten zugewiesen werden können. So wäre das Einfärben sämtlicher Hilfslinien, die speziell für die Bildplatzierung benötigt werden, in derselben Farbe sinnvoll.

▶ **Anzeigeschwellenwert:** Über den ANZEIGESCHWELLENWERT legen Sie fest, ab welcher Zoomstufe die Hilfslinie angezeigt wird. Hilfslinien, die auf einen Anzeigeschwellenwert von 70 % gestellt sind, würden sich somit automatisch in der NORMAL-ANSICHT ausblenden, wenn zur Darstellung des Druckbogens von InDesign CS4 unter 70 % gezoomt werden muss.

7.2.2 Erstellen eines Hilfslinienrasters

Ein gutes Layout besticht durch Ordnung. Die Platzierung von Objekten passiert dabei nicht zufällig, sondern folgt meistens bestimmten Gesetzmäßigkeiten, die häufig auf Basis eines Rasters entwickelt werden. Mit InDesign CS4 kann ein Hilfslinienraster erstellt werden, um einzelne Hilfslinien an bestimmten regelmäßigen Positionen im Layout zu platzieren.

Den Befehl zum Erstellen eines Hilfslinienrasters rufen Sie über das Menü LAYOUT • HILFSLINIEN ERSTELLEN auf. Legen Sie darin die Anzahl der Zeilen- und Spaltenhilfslinien fest, und bestimmen Sie, ob diese innerhalb des Satzspiegels – RÄNDER ❹ – oder bezogen auf das Papierformat – SEITE ❶ – verteilt werden sollen. Bereits

TIPP

Färben Sie Hilfslinien, an denen im Layout Textrahmen ausgerichtet werden sollen, einheitlich ein. Färben Sie Hilfslinien, an denen Bilder oder Kästen ausgerichtet werden sollen, in einer anderen Farbe ein.

Speziell wenn Sie nur mit einer Arbeitsebene arbeiten, sollten Sie eine Trennung in der farbigen Darstellung der Hilfslinien vornehmen. Dadurch können Layouter die Objekte schneller positionieren, ohne immer nachdenken zu müssen, welche Hilfslinie nun eigentlich für welche Begrenzung zuständig ist.

händisch erstellte Linien können über die Option Vorhandene Hilfslinien entfernen ❷ auch entfernt werden.

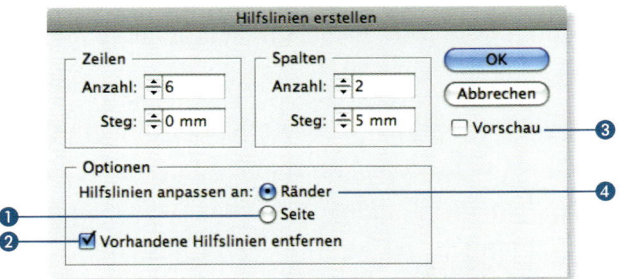

Abbildung 7.5 ▶
Erstellen eines Hilfslinienrasters über den Befehl Hilfslinien erstellen aus dem Menü Layout

Zeilen und Spalten | Geben Sie die Anzahl der Spalten und den Steg sowie die Anzahl der Zeilen, meistens ohne Steg, ein. Aktivieren Sie den Button Vorschau ❸, um immer einen Überblick über das gerade erstellte Hilfslinienraster zu haben.

Optionen | Wählen Sie aus, ob sich das Hilfslinienraster am Seitenrand (Papierformat) oder am Satzspiegel ausrichten soll. Für den Seitenrand wählen Sie die Option Seite ❶, für den Satzspiegel die Option Ränder ❹. Bereits erstellte Hilfslinien werden automatisch gelöscht und durch das neue Hilfslinienraster überschrieben, wenn Sie die Option Vorhandene Hilfslinien entfernen ❷ aktivieren.

Das Erstellen eines Hilfslinienrasters durch Eingabe einer bestimmten Start- bzw. Endposition und der gewünschten Anzahl an Hilfslinien im Zwischenraum ist leider in InDesign nicht möglich. In dieser Hinsicht kann in QuarkXPress 7 in Verbindung mit den XPert-Tools etwas vielschichtiger mit Hilfslinien umgegangen werden. In QuarkXPress 8 wird dem Anwender hinsichtlich dem Erstellen von Hilfslinien und Hilfslinienrastern über InDesign hinausgehende Funktionalität zur Verfügung gestellt.

> **Wo wird das Hilfslinienraster eigentlich angelegt?**
>
> Achten Sie vor dem Aufrufen des Befehls Hilfslinien erstellen darauf, welche Ebene Sie aktiviert und ob Sie einen Druckbogen oder nur eine Seite im Seiten-Bedienfeld ausgewählt haben, denn das Hilfslinienraster wird nur auf der ausgewählten Seite und Ebene erstellt.

Schritt für Schritt: Eine vertikale Hilfslinie mittig im Satzspiegel schnell erstellen

Zur Teilung des Satzspiegels in zwei Hälften wollen wir nun mittig im Satzspiegel eine Hilfslinie erstellen.

Da wir in der Praxis des Öfteren erfahren mussten, dass Layouter nicht einmal die Dokumentengröße, die Ränder, ja geschweige denn die Breite des Satzspiegels des aktuellen Dokuments wissen, ist diese doch unscheinbare Aufgabe für viele eine eher unangenehme Arbeit, da gerechnet werden muss.

Noch schwieriger gestaltet sich das Vorhaben, wenn im Dokument ungleiche Ränder für LINKS und RECHTS bzw. für INNEN und AUSSEN angelegt wurden. Mit etwas Köpfchen können Sie diese simple Aufgabe ganz schnell erledigen.

1 **Markieren der Einzel- oder Doppelseite**

Wollen Sie dieses Vorhaben nur auf einer Seite ausführen, so doppelklicken Sie im Seiten-Bedienfeld auf die jeweilige Seite. Wollen Sie jedoch die Satzspiegeltrennung mittels Hilfsline auf der Doppelseite ausführen, so müssen Sie zuerst den Druckbogen markieren.

Soll dieses Vorhaben für ein ganzes Dokument gelten, so muss zuvor die Mustervorlage – einseitig- oder doppelseitig – markiert werden.

2 **Anlegen eines Hilfslinienrasters**

Führen Sie den Befehl LAYOUT • HILFSLINIEN ERSTELLEN aus, und geben Sie im Dialog HILFSLINIEN ERSTELLEN die Werte aus Abbildung 7.6 ein.

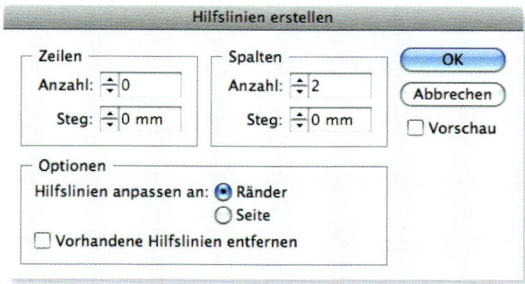

◄ **Abbildung 7.6**
Der HILFSLINIEN ERSTELLEN-Dialog mit den Einstellungen zum Ereugen eines zweispaltigen Rasters bezogen auf den Satzspiegel

Wollen Sie noch andere Hilfslinien auf der Seite entfernen, so markieren Sie die Option VORHANDENE HILFSLINIEN ENTFERNEN.

Bestätigen Sie die gewählten Einstellungen durch Drücken von OK. Damit wird an der linken und rechten Satzspiegelkante und in der Mitte des Satzspiegels eine Hilfslinie angelegt. Sie sehen: So einfach geht das! ■

Natürlich können Sie die Hilfslinie auch erstellen, indem Sie die Koordinaten der Hilfslinie über die X-Koordinate eingeben bzw. über MITTIG AUSRICHTEN im Ausrichten-Bedienfeld anpassen, wenn die Option AN RÄNDERN AUSRICHTEN gewählt ist. Nähere Hinweise dazu erhalten Sie in Abschnitt 8.7.2, »Objekte im Layout ausrichten oder verteilen«, auf Seite 188.

7.3 Grundlinien- und Dokumentraster

Das Ausrichten von Rahmen an Hilfslinien ist eine Möglichkeit, Ordnung in ein Layout zu bekommen. InDesign CS4 bietet darüber hinaus noch zwei weitere Raster: das **Dokumentraster** und das **Grundlinienraster**. Auch diese können im Layout dazu verwendet werden, Objekte auszurichten.

7.3.1 Dokumentraster

Beim Verschieben von Objekten lassen sich Objekte nicht exakt positionieren

Sollten Sie beim Platzieren von Objekten das Gefühl haben, dass sich das Objekt nicht exakt auf einer Hilfslinie ausrichten lässt, so liegt der Grund meistens darin, dass Sie die Option ANSICHT • RASTER UND HILFSLINIEN • AM DOKUMENTRASTER AUSRICHTEN aktiviert haben.

Unter einem Dokumentraster versteht man quasi ein elektronisches Millimeterpapier, das Sie über BEARBEITEN • VOREINSTELLUNGEN • RASTER (Windows) bzw. INDESIGN • VOREINSTELLUNGEN • RASTER (Mac OS X) definieren und über das Menü ANSICHT • RASTER UND HILFSLINIEN • DOKUMENTRASTER einblenden sowie die Tastenkombination ⌷Strg⌷+⌷ß⌷ bzw. ⌷⌘⌷+⌷ß⌷ sichtbar machen können. Die Werte unserer Voreinstellungen (Abbildung 7.8) erzeugen ein hellgraues Raster, bei dem pro Millimeter ein dünner und pro Zentimeter ein dickerer Rasterstrich horizontal und vertikal gezeichnet wird. Dabei wird das Raster im Hintergrund über die Option RASTER IM HINTERGRUND ❹ angelegt.

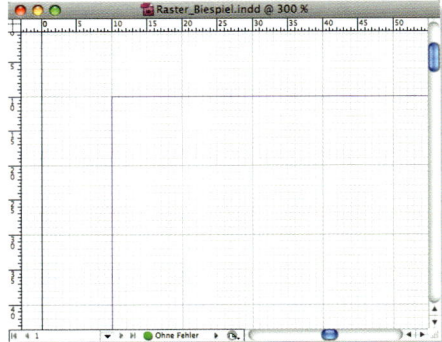

Abbildung 7.7 ▶
Das Millimeterpapier, das Sie durch Wahl der Parameter in den Voreinstellungen aus Abbildung 7.8 erhalten

Ausrichtung erfolgt auf Basis der Kontur

Bei Objekten mit Konturen wird immer der Umriss und nicht der Pfad des Objekts zur Ausrichtung verwendet. Die Lage der Kontur auf dem Pfad wird also nicht berücksichtigt.

Ein Dokumentraster kann gut zum Ausrichten und Anordnen von Objekten in einem Layout verwendet werden. Wenn Sie zusätzlich das Menü ANSICHT • RASTER UND HILFSLINIEN • AM DOKUMENTRASTER AUSRICHTEN aktiviert haben, sind die Hilfslinien des Rasters magnetisch, wodurch Objekte beim Ausrichten automatisch angezogen werden und es so nicht zu Ungenauigkeiten kommt.

7.3.2 Grundlinienraster

Unter einem Grundlinienraster versteht man ein Raster, an dem sich Textzeilen ausrichten können. Die Gründe für den Einsatz eines Grundlinienrasters sind vielfältig:

- **Zeilen in Spalten sollen nicht gegeneinander verlaufen:** Wenn Zeilen in nebeneinanderliegenden Spalten nicht auf derselben Grundlinie stehen, führt dies zu einem unruhigen Layout. Speziell bei Mengensatz – so wie in unserer Projektarbeit – ist das Verwenden des Grundlinienrasters nahezu Pflicht.
- **Texte der Rückseite schlagen durch:** Die Texte der Papierrückseite können bei dünnem Papier und bei Nichtaktivierung des Grundlinienrasters sichtbar werden, wodurch die Lesbarkeit des Textes leidet.
- **Ausrichten von Bildern am Grundlinienraster:** In vielen Fällen sollen Bildunterkanten mit der Grundlinie des danebenstehenden Textes abschließen. Durch die Aktivierung des Grundlinienrasters kann diese Ausrichtung sehr schnell im Layout vorgenommen werden.

Definieren des Grundlinienrasters | Das allgemeine Grundlinienraster für ein Dokument wird über das Register RASTER in den Voreinstellungen von InDesign festgelegt.

[handschriftliche Notiz: Indesign >> Voreinstellungen > Raster]

◄ Abbildung 7.8
Der VOREINSTELLUNGEN-Dialog zum Thema Raster. Neben der Definition des Grundlinienrasters können Sie hier auch ein Dokumentraster festlegen und beeinflussen, ob die Raster im Vorder- oder im Hintergrund ❻ des Dokuments angezeigt werden.

- **Anfang:** Jedes Grundlinienraster besitzt einen Startpunkt, an dem es auf einer Seite bzw. im Satzspiegel wirksam wird; Sie definieren ihn über die Option ANFANG ❷.
- **Relativ zu:** ❸ Damit kann der Startpunkt Bezug nehmend auf den gewählten Rand festgelegt werden.
  - OBEREM SEITENRAND: Als Bezug wird hier die Seitengröße (Endformat) verwendet. Das Grundlinienraster verläuft somit über die ganze Seite bzw. Doppelseite.
  - OBEREM RAND: Als Bezug wird hier der definierte Satzspiegel verwendet. Das Grundlinienraster wird visuell auf den Satzspiegel beschränkt. Auch wenn das Grundlinienraster außerhalb des Satzspiegels nicht sichtbar ist, können außerhalb liegende Objekte daran ausgerichtet werden.

▶ **Einteilung alle:** Die Schrittweite des Grundlinienrasters (so heißt es in QuarkXPress) wird in InDesign CS4 über die Option Einteilung alle ❹ festgelegt. Hier geben Sie normalerweise die Größe des Zeilenabstandes ein. Damit kann der Zeilenabstand eines Textes, der auf Grundlinienraster gesetzt wurde, nicht mehr fließend kontrolliert werden, sondern nur mehr in Sprüngen des Rasters.

▶ **Farbe:** ❶ Die Wahl einer nicht zu dominanten Farbe aus dem gleichnamigen Menü macht das Arbeiten mit Grundlinienrastern noch angenehmer.

▶ **Anzeigeschwellenwert ❺:** So wie beim Dokumentraster wird auch hier festgelegt, ab welcher Zoomstufe das Grundlinienraster überhaupt eingeblendet werden soll. Wenn Sie beispielsweise beim Anzeigen der Doppelseite – Tastaturkombination Strg+Alt+0 oder ⌥+⌘+⌥+0 – automatisch das Grundlinienraster ausblenden wollen, so geben Sie den dafür zu verwendenden Zoomfaktor ein.

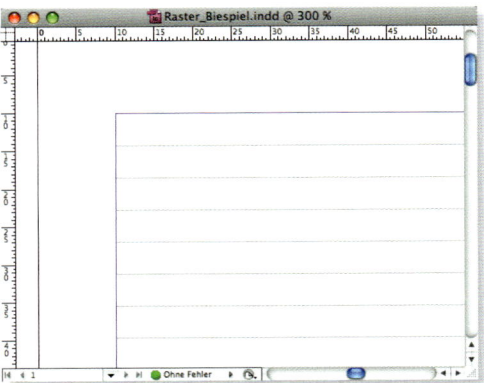

Abbildung 7.9 ▶
Das Grundlinienraster, das Sie durch Wahl der Parameter in den Voreinstellungen aus Abbildung 7.8 bekommen. Da in der Option Relativ zu der Eintrag Oberem Rand gewählt wurde, werden die Hilfslinien des Grundlinienrasters nicht über den Satzspiegel hinaus angezeigt.

Einblenden des Grundlinienrasters | Das Grundlinienraster wird über das Menü Ansicht • Raster und Hilfslinien • Grundlinienraster einblenden bzw. Alt+Strg+ß oder ⌥+⌘+ß angezeigt.

Absätze eines Textes können dann über das Absatz- oder Steuerung-Bedienfeld – siehe dazu Seite 362 – wahlweise am Grundlinienraster ausgerichtet werden. Das Ausrichten von Objekten auf das Grundlinienraster ist mit dem Menü Ansicht • Raster und Hilfslinien • An Hilfslinien ausrichten verbunden. Sie können das Ausrichten über die Tastenkombination ⇧+Strg+Ü bzw. ⇧+⌘+Ü ein- bzw. ausschalten.

Das Grundlinienraster ist ein sehr wichtiges Instrumentarium, um Ordnung im Layout und in der Typografie entstehen zu lassen. Setzen Sie sich deshalb mit der Arbeitsweise und den verschiedenen Möglichkeiten – z. B. auch damit, ein abweichendes Grundlinienraster für einen Textrahmen zu definieren – auseinander.

7.4 Dokumentformat und Satzspiegel ändern

Das nachträgliche Ändern von Endformaten ist immer eine extrem lästige Sache, da es dabei nicht nur beim Ausführen des Befehls bleibt, sondern immer ganze Satz- und Layoutumbrüche mit sich bringt. Dennoch müssen Sie auch diese Funktion in InDesign kennen.

7.4.1 Dokumentformat ändern
Haben Sie ein Dokument angelegt, so stehen Breite und Höhe des Endformats sowie der Satzspiegel, der über Ränder definiert wurde, bereits fest. Die Dokumentgröße können Sie nachträglich nur über den Dialog des Menüs DATEI • DOKUMENT EINRICHTEN ändern.

Unterschiedliche Seitengrößen

Alle Änderungen über den Befehl DATEI • DOKUMENT EINRICHTEN betreffen immer das gesamte Dokument und nicht nur die aktivierte Seite. Sie können in InDesign keine unterschiedlichen Seitengrößen in einem Dokument erzeugen!

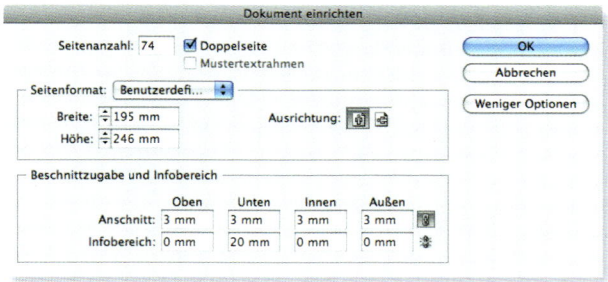

◄ **Abbildung 7.10**
Änderungen im DOKUMENT EINRICHTEN-Dialog betreffen das gesamte Dokument.

Sie können ein bestehendes Doppelseitenlayout mit einem Klick auf die Option DOPPELSEITE auf ein einseitiges Dokument zurücksetzen, nachträglich die BREITE und HÖHE des Dokuments ändern und darüber hinaus einen noch nicht vorhandenen ANSCHNITT und INFOBEREICH hinzufügen oder diese nachträglich ändern.

Wenn Sie beispielsweise das Dokument in der Breite ändern müssen – Sie müssen mehr Bund dem Dokument hinzufügen, dürfen jedoch dabei den Satzspiegel nicht ändern –, so ändern Sie einfach die BREITE im DOKUMENT EINRICHTEN-Dialog, und bestätigen Sie dies durch Drücken auf OK. Sie werden feststellen, dass nach der Änderung der Inhalt des Dokuments horizontal mittig auf der Seite verschoben wird. Bei einem umfangreichen Dokument würde das nun bedeuten, dass Sie alle Objekte einer jeden Seite um einen gewissen Betrag nach außen verschieben müssen. Beginnen Sie in diesem Fall nicht einfach mit dem Verschieben der

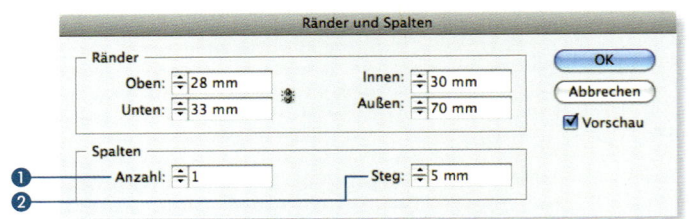

Auf der Buch-DVD finden Sie im Ordner ZUSATZKAPITEL das Dokument B, »Skripten«.

Objekte auf den Seiten, sondern lesen Sie in Zusatzkapitel B, »Skripten«, nach, wie Sie diese Aufgabe schnell mit dem Skript »AdjustLayout.jsx« erledigen können.

7.4.2 Satzspiegel ändern

Das Ändern des Satzspiegels in einem Dokument ist im Unterschied zum Ändern des Dokumentformats nur für die jeweils aktivierte Seite bzw. den aktivierten Druckbogen – dies kann aber auch eine Mustervorlage sein – möglich. Achten Sie also vor Ausführen des Befehls darauf, dass Sie die gewünschte Seite oder den gewünschten Druckbogen markiert haben.

Eine Änderung des Satzspiegels auf einer Mustervorlage wirkt sich auf alle Seiten aus, die auf dieser Seite basieren. Vor allem in einem Layout für Magazine weichen manche Seiten vom definierten Satzspiegel ab. Damit Sie auch für diese Seiten einen »benutzerdefinierten« Satzspiegel festlegen können, müssen Sie lediglich die zu ändernde Seite über das Seiten-Bedienfeld durch einen Doppelklick aktivieren, um dann über das Menü LAYOUT • RÄNDER UND SPALTEN die notwendigen Änderungen vornehmen zu können.

> **Spalteneinstellungen für einen Textrahmen ändern**
>
> Einstellungen im Dialog RÄNDER UND SPALTEN wirken sich nicht auf die Spalteneinstellungen innerhalb eines Textrahmens aus. Änderungen diesbezüglich werden ausschließlich in den TEXTRAHMENOPTIONEN vorgenommen, die Sie über das Menü OBJEKT • TEXTRAHMENOPTIONEN aufrufen können.

Abbildung 7.11 ►
Änderungen im RÄNDER UND SPALTEN-Dialog wirken sich auf die aktivierte Seite bzw. den aktivierten Druckbogen aus.

Bestimmen Sie für die ausgewählte Seite den gewünschten Druckbogen sowie die neuen RÄNDER, und legen Sie bei Bedarf eine andere Spaltenanzahl fest. Steht anstelle von INNEN und AUSSEN nun RECHTS und LINKS, so haben Sie die Option DOPPELSEITE in Abbildung 7.10 nicht ausgewählt.

> **Unterschiedliche Satzspiegel**
>
> Unterschiedliche Satzspiegel werden in der Regel nicht manuell, sondern über Mustervorlagen eingerichtet.

7.4.3 Unregelmäßige Spalteneinteilung erstellen

Die Eingabe mehrerer Spalten unter der Option ANZAHL ❶ in Verbindung mit der Spaltenbreite, die Sie über die Option STEG ❷ festlegen, erzeugt auf der aktivierten Seite bzw. dem aktivierten Druckbogen immer gleich breite Spalten. In sehr vielen Fällen ist jedoch eine unregelmäßige Spaltenverteilung vorgesehen.

Wechseln Sie zum Erstellen von unregelmäßigen Spaltenbreiten auf die dazugehörige Mustervorlage. Zum Verschieben der Spaltenhilfslinien müssen Sie jedoch zuerst den standardmäßig aktivierten Befehl ANSICHT • RASTER UND HILFSLINIEN • SPALTEN-

> **HINWEIS**
>
> Das Verschieben von Spaltenhilfslinien über den Satzspiegel bzw. über die Seite hinaus ist nicht möglich.

HILFSLINIEN SPERREN deaktivieren. Nun können Sie mit dem Auswahl-Werkzeug ▶ die Spaltenhilfslinien verschieben.

Das Erstellen unterschiedlicher Stegbreiten ist jedoch leider nicht einmal mit InDesign CS4 möglich.

7.5 Linealeinstellungen und Raster für unser Projekt einstellen

Für unsere Projektarbeit wollen wir in den Linealeinstellungen keine Änderung der Maßeinheit – wir bleiben auf Millimeter – vornehmen. Wir wollen jedoch den Nullpunkt fixieren, damit ein irrtümlicher Versatz des Nullpunktes verhindert wird.

Das Grundlinienraster wollen wir ausgehend vom Satzspiegel festlegen und dabei die Schrittweite auf 14 Pt stellen, da wir planen, den Mengentext mit einer Schriftgröße von 10 Pt auf 14 Pt – 10 Pt Schriftgröße mit einem Zeilenabstand von 14 Pt – zu setzen. Das mögliche Nachjustieren des Satzspiegels hinsichtlich der Höhe wird durch die Wahl dieser Parameter jedoch nicht zu verhindern sein.

Auch wenn wir quasi zweispaltig – der Mengentext und die Marginalspalte – das Dokument aufbauen wollen, sollten wir dieses Konzept nicht über unregelmäßige Spaltenhilfslinien, sondern über einen einspaltigen Textrahmen und eine außerhalb des Satzspiegels angeordnete Marginalspalte lösen. Führen Sie zur Umsetzung dieser Vorhaben nachstehende Schritte aus.

Hilfslinien für das Projekt anlegen

Die benötigen Hilfslinien für das Projekt werden wir zu einem späteren Zeitpunkt anlegen. Lesen Sie dazu mehr in Abschnitt 13.2.4, »Hilfslinien anlegen«, auf Seite 332.

Schritt für Schritt: Linealeinstellungen und Raster festlegen

1 Projektarbeit öffnen und Nullpunkt fixieren

Öffnen Sie unsere 72-seitige Projektarbeit, und führen Sie den Befehl NULLPUNKT FIXIEREN, den Sie über einen Rechtsklick in den Kreuzungsbereichs des Lineals aufrufen können, aus. Der Kreuzungsbereich wird leer – wie in Abbildung 7.12 gezeigt.

Auf der Buch-DVD finden Sie im Ordner BEISPIELMATERIAL • KAPITEL_07 das Dokument »Projektarbeit_Raster.indd«.

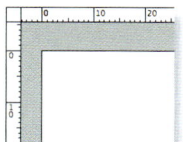

◄ **Abbildung 7.12**
Ist der Nullpunkt fixiert, so ist der Kreuzungsbereich der Lineale leer.

2 Grundlinienraster für Schrift und Zeilenabstand

Zur Definition des Grundlinienrasters rufen Sie das Register RASTER in den InDesign-Voreinstellungen auf.

Geben Sie die Werte aus Abbildung 7.13 ein, um das Dokumentraster für das gesamte Dokument festzulegen.

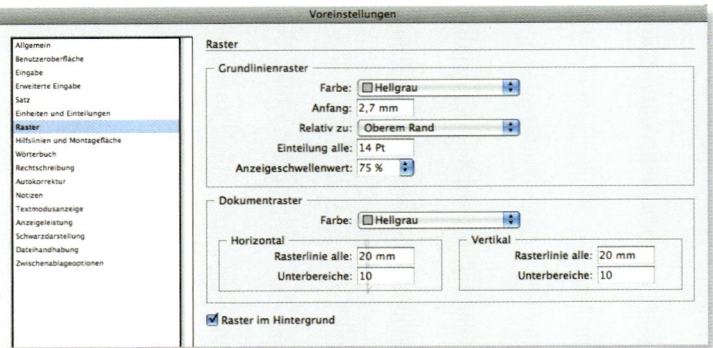

Der Wert für ANFANG wurde mit 2,7 mm festgelegt, damit die Versalhöhe unserer Schrift »Myriad Pro Regular« bei einer Schriftgröße von 10 Pt bündig mit der Oberkante des Satzspiegels ist.

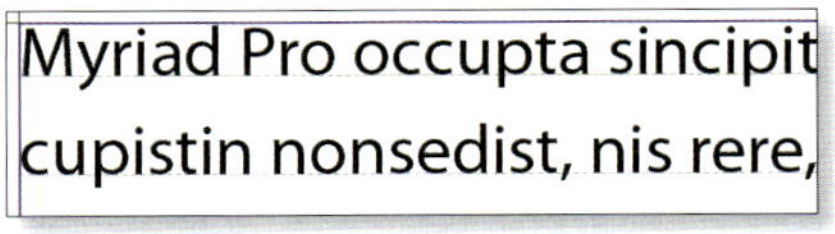

Abbildung 7.14 ►
Der Wert in ANFANG wurde angepasst, bis die Versalhöhen mit der oberen Satzspiegelkante abschließen.

Myriad Pro occupta sincipit
cupistin nonsedist, nis rere,

3 Satzspiegel ändern

Wenn Sie auf den unteren Satzspiegelrand des Dokuments einen Blick werfen, so werden Sie sehen, dass der untere Rand sich nicht mit der letzten Grundlinie unseres Grundlinienrasters deckt.

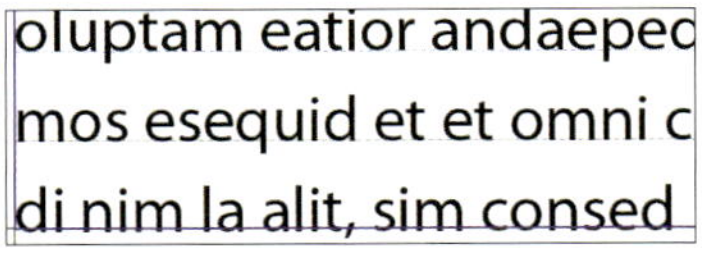

Abbildung 7.15 ►
Die letzte Zeile des Grundlinierasters (violette Linie) schließt nicht mit dem Satzspiegel bündig ab.

oluptam eatior andaeped
mos esequid et et omni c
di nim la alit, sim consed

Damit dieser Fehler behoben wird, müssen wir den Rand für UNTEN anpassen. Markieren Sie dazu zuerst die Mustervorlage A-MUSTERVORLAGE durch einen Doppelklick auf das Symbol im Seiten-Bedienfeld, rufen Sie danach den Befehl LAYOUT • RÄNDER UND SPALTEN auf, und ändern Sie den Rand UNTEN auf 32,75 mm. Bestätigen Sie den Dialog mit OK.

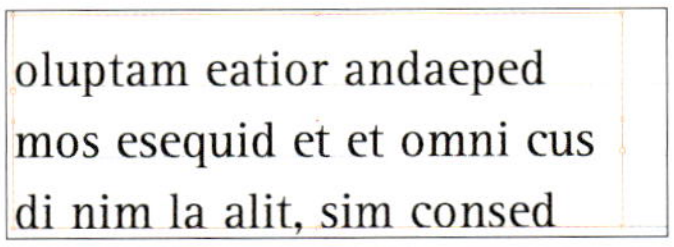

Abbildung 7.16 ►
Die Änderung des Satzsspiegelrandes UNTEN lässt Satzspiegel und Grundlinienraster bündig werden.

oluptam eatior andaeped
mos esequid et et omni cus
di nim la alit, sim consed

Damit sind nun das Grundlinienraster und der Satzspiegel in Einklang gebracht worden. Nun können wir loslegen! ■

8 Der Umgang mit Rahmen

Alle Objekte innerhalb von InDesign CS4 werden als Rahmen behandelt. Der Umgang mit Rahmen gehört somit zu den Grundfähigkeiten, um schnell mit dem Layoutprogramm arbeiten zu können.

8.1 Rahmenkonzepte

Das Rahmenkonzept von InDesign CS4 ist sehr einfach. Jedes Objekt bedient sich eines Objektrahmens, um die Inhalte im Layout zu platzieren und deren Größe zu bestimmen. Unterschieden wird lediglich zwischen Rahmen,

▶ in denen Inhalte wie Bilder oder Grafiken gehalten werden (wir nennen diese Rahmen der Einfachheit halber ab jetzt immer **Bildrahmen**),

▶ in denen Texte geschrieben und formatiert werden können (in Zukunft **Textrahmen** genannt), und

▶ Rahmen, die zur direkten grafischen Bearbeitung – dem Erstellen von Formen und Flächen – vorgesehen sind (in Zukunft **Grafikrahmen** genannt).

Die Handhabung der Rahmen ist dabei für alle Rahmentypen gleich, minimale Unterschiede in der Bearbeitung ergeben sich nur durch den Inhalt des Rahmens.

Die Trennung der Rahmentypen ist sinnvoll, denn Bild- und Textrahmen, die durch das Rechteckrahmen-Werkzeug ⊠. – mit dem dazugehörigen Ellipsen- ⊗ und Polygonrahmen-Werkzeug ⊗ – und das Textwerkzeug **T.** erzeugt werden, besitzen standardmäßig keine Kontur- und Flächenfarbe. Hingegen wird mit dem Rechteck-Werkzeug ▢. ein Rahmen (Grafikrahmen) erstellt, der sowohl Kontur als auch Füllung bereits beim Aufziehen des Rahmens enthalten kann. Damit soll nicht der Anschein erweckt werden, dass dem Rechteckrahmen-Werkzeug keine Kontur und keine Flächenfarbe verabreicht werden kann, sondern aufgezeigt werden, dass bestimmte Werkzeuge für bestimmte Arten von Rahmen verwendet werden sollen.

Technische Betrachtung

Technisch gesehen ist ein Rahmen ein Pfad, der mit unterschiedlichen Inhalten gefüllt werden kann. Dieser Inhalt kann jederzeit ausgetauscht und somit so aus einem Bildrahmen ein Textrahmen erzeugt werden.

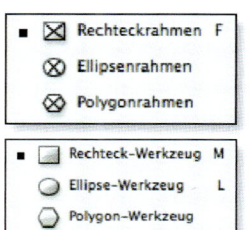

▲ **Abbildung 8.1**
Verschiedene Formen stehen dem Anwender sowohl im Fly-out-Menü des Rechteckrahmen- als auch des Rechteck-Werkzeugs zur Verfügung.

8.2 Rahmen erstellen und positionieren

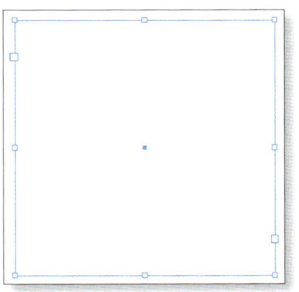

Rahmentrennung

Während mit QuarkXPress bis Version 7 noch eine klare Trennung zwischen Text,- Bild- und Grafikrahmen im Programm gegeben war, so ist mit QuarkXPress 8 diese starre Trennung, so wie es in InDesign schon immer der Fall war, gefallen. Nun verhält sich QuarkXPress in Sachen Rahmenhandhabung gleich wie InDesign.

Mit welchen Werkzeugen sollen Sie nun Rahmen erstellen? Wie kann ich am schnellsten gewisse Rahmengrößen anlegen und genau positionieren? Wieso benötige ich überhaupt drei verschiedene Werkzeuge, wenn doch die Trennung zwischen Text-, Bild- und Grafikrahmen eigentlich nicht gegeben ist? Kann ich alter XPress-Hase genauso weiterarbeiten, wie ich es in QuarkXPress 7 gewohnt war? All diese Fragen sollten in diesem Abschnitt für Sie ausreichend beantwortet werden. Ihren Arbeitsstil bestimmen Sie jedoch selbst!

8.2.1 Rahmenwerkzeuge

Zum Erstellen von Rahmen bietet InDesign CS4 drei Werkzeuge an: das Textwerkzeug, das Rechteckrahmen-Werkzeug und das Rechteck-Werkzeug. Die Verwendung der Werkzeuge kann wie folgt beschrieben werden:

Textwerkzeug T. | Verwenden Sie dieses Werkzeug, um Texte zu bearbeiten und um Textrahmen aufzuziehen, die weder mit einer Kontur noch mit einer Flächenfarbe versehen sein sollen. Das nachträgliche Einfärben und Versehen mit einer Kontur ist natürlich jederzeit möglich. Textrahmen werden in erster Linie zum Schreiben bzw. zum Platzieren von Texten verwendet. Bedingt durch die offene Art und Weise der Rahmenhandhabung ist auch das Platzieren von Grafiken und Bildern in einem Textrahmen möglich. Dabei wird der Rahmen automatisch in einen Rechteckrahmen – oder seine Verwandten – umgewandelt. Sie können den Textrahmen auch mittels Eingabe über den Befehl OBJEKT • INHALT • GRAFIK oder durch Platzieren eines Bildes umwandeln. Die typische Darstellung eines aktivierten Textrahmens ist in Abbildung 8.2 zu sehen.

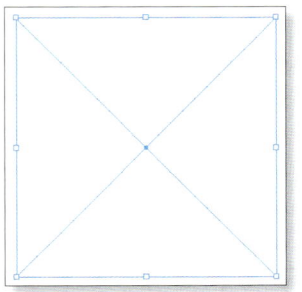

▲ **Abbildung 8.2**
Ein Textrahmen. Die markanten Merkmale sind die Textverkettungsmarken am linken oberen und rechten unteren Rand.

Rechteckrahmen-Werkzeug ⊠. | Verwenden Sie diesen Rahmentyp, um im Layout einen Container für zu platzierende Bilder, Illustrationen oder Logos (Bildrahmen) einzurichten. Dieser Platzhalter hat standardmäßig wie der Textrahmen weder Kontur- noch Flächenfüllung. Auch hier gibt es selbstverständlich die Möglichkeit einer nachträglichen Veränderung. Das spätere Umwandeln eines leeren Rechteckrahmens in einen Textrahmen ist durch einen Klick mit dem Textwerkzeug auf den Rechteckrahmen oder über den Befehl OBJEKT • INHALT • TEXT möglich. Die typische Darstellungsform eines Platzhalters mit dem durchkreuzten Rahmen ist in Abbildung 8.3 zu sehen.

▲ **Abbildung 8.3**
Ein Bildrahmen. Das Kreuz im Rahmen ist typisch dafür.

Rechteck-Werkzeug ▢ | Verwenden Sie diesen Rahmentyp, wenn Sie eine reine Fläche oder einen Rahmen mit Kontur ohne Inhalt oder die Kombination beider (Grafikrahmen) in Ihrem Layout benötigen. Je nach Voreinstellung der Konturstärke sowie der Kontur- und Flächenfarbe werden dem Rahmen bereits beim Aufziehen alle Attribute zugewiesen. Ein nachträgliches Umwandeln in einen Text- bzw. Rechteckrahmen erfolgt über den Befehl OBJEKT • INHALT • TEXT bzw. GRAFIK oder über das Platzieren eines Textes bzw. Bildes in den Rahmen. Das Umwandeln eines Text- bzw. Rechteckrahmens in ein Rechteck erfolgt über den Befehl OBJEKT • INHALT • NICHT ZUGEWIESEN. Die typische Darstellung eines solchen Rahmens ist in Abbildung 8.4 zu sehen.

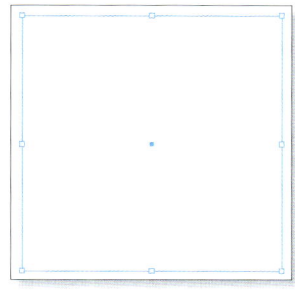

▲ **Abbildung 8.4**
Ein Rahmen, der mit dem Rechteck-Werkzeug erstellt wurde

Unterschied zu Quark | Ein wesentlicher Unterschied zu QuarkXPress – einschließlich Version 7 – besteht darin, dass in InDesign keine strenge Trennung zwischen Text- und Bildrahmen erfolgt. Es können in InDesign in einem leeren Text-, Bild- oder Grafikrahmen alle möglichen Elemente platziert oder Texte geschrieben werden. Ist der Rahmen mit Inhalt gefüllt, so handelt es sich intern auch um einen Bild- oder Textrahmen. QuarkXPress-Anwender konnten in einen Textrahmen nur Text laden und in einen Bildrahmen nur Bilder bzw. Grafiken. Rahmen, die in InDesign mit dem Rechteck-Werkzeug aufgezogen werden, können in QuarkXPress nur über die Zuweisung KEIN INHALT erzeugt werden.

8.2.2 Der Aufbau von Rahmen

Ein Rahmen besteht generell aus einer **Fläche** und einer **Kontur**. (In QuarkXPress wird die Fläche als Inhalt und die Kontur als Rahmen oder Linie bezeichnet.) Der Kontur können Attribute wie Konturstärke oder Konturtyp (gestrichelt, gepunktet, streifig oder durchgängig) sowie die Konturfarbe – eine reine Farbe, ein Farbton oder ein Verlauf – zugewiesen werden. Die Fläche kann hingegen nur mit einer Flächenfarbe, einem Farbton oder einem Verlauf eingefärbt und darüber hinaus mit Bildern, Grafiken oder auch Text versehen werden.

Ein Rahmen wird standardmäßig durch neun Punkte – siehe Abbildung 8.4 – beschrieben. Acht Punkte stehen am Rand zum Anfassen zur Verfügung, und der Mittelpunkt stellt das rechnerische Zentrum des Rahmens dar. Im Unterschied zu QuarkXPress können in InDesign alle Rahmentypen, somit auch Text- und Bildrahmen, »offen« sein. Eine gefüllte Fläche wird dann durch die direkte Verbindung zwischen Anfangs- und Endpunkt – wie dem Adobe Illustrator-Anwender bekannt ist – beschnitten. Auch Bilder und Text werden in derselben Art und Weise abgeschnitten.

Umwandeln von Bild- und Grafikrahmen in einen Textrahmen

Beachten Sie, dass standardmäßig mit einem Klick bei ausgewähltem Textwerkzeug auf einen leeren Bild- oder Grafikrahmen dieser sofort in einen Textrahmen umgewandelt wird. Um dieses Verhalten zu ändern, empfehlen wir Ihnen, die Option TEXTWERKZEUG WANDELT RAHMEN IN TEXTRAHMEN UM im Register EINGABE der InDesign-Voreinstellungen zu deaktivieren.

▲ **Abbildung 8.5**
Rahmen müssen in InDesign nicht geschlossen sein. Offene Rahmen sollten jedoch weitestgehend vermieden werden.

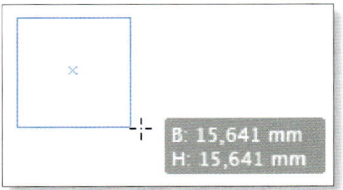

▲ **Abbildung 8.6**
Manuelles Aufziehen eines Rahmens mit der Anzeige der Größe

Abbildung 8.7 ▶▶
Ellipsen- und Rechteckerstellung durch numerische Eingabe

Abbildung 8.8 ▶
Erstellung eines Sterns durch numerische Eingabe. Über die ANZAHL DER SEITEN und den Prozentwert der STERNFORM bestimmen Sie die Form des Polygons.

8.2.3 Erstellen von Rahmen

Ein Rahmen ist schnell erstellt. Wählen Sie eines der zuvor genannten Werkzeuge im Werkzeug-Bedienfeld aus, und ziehen Sie mit gedrückter Maustaste einen Rahmen auf Ihrer Seite auf. Die Größe des Rahmens wird Ihnen durch die neue Option in InDesign CS4 sofort am Objekt angezeigt. Sie erhalten – im normalen Ansichtsmodus 🔳 – nach dem Loslassen einen aktiven Rahmen. Lediglich wenn Sie das Textwerkzeug verwendet haben, blinkt der Cursor, zur Texteingabe im Textrahmen bereit.

Mit dem Rechteckrahmen-, Rechteck- und Textwerkzeug können in Kombination mit diversen Tastenkombinationen gezielt Formen erstellt werden.

Erstellen von Quadraten und Kreisen | Mit gleichzeitig gedrückter ⇧-Taste ziehen Sie ein Quadrat auf. Bei der Ellipse erzielen Sie dadurch einen Kreis, beim Polygon ein gleichseitiges Vieleck.

Erstellen von Rahmen aus dem Zentrum | Drücken Sie während des Aufziehens des Rahmens gleichzeitig die Alt- bzw. ⌥-Taste. Der Rahmen wird aus dem Mittelpunkt heraus aufgezogen.

Erstellen eines Kreises, Quadrats bzw. gleichseitigen Vielecks aus dem Zentrum | Kombiniert mit der Alt+⇧ bzw. ⌥+⇧-Taste ziehen Sie aus dem Mittelpunkt heraus ein Quadrat, einen Kreis oder ein gleichseitiges Vieleck auf.

Numerische Eingabe der Breite und Höhe | Um die Eingabe numerisch vorzunehmen, wählen Sie eines der Werkzeuge – jedoch nicht das Textwerkzeug – zum Erstellen von Rahmen aus und klicken einfach auf die Seite oder auf die Montagefläche. Je nachdem, ob Sie ein Rechteck, eine Ellipse oder ein Polygon gewählt haben, erscheint der entsprechende Dialog.

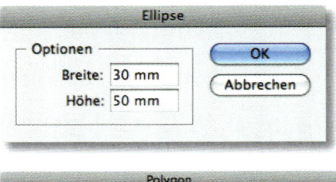

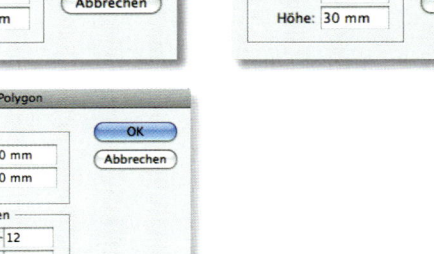

War die numerische Eingabe bis InDesign CS nur bei der Ellipsen- und der Rechteckform in dieser Art zulässig, kann die Eingabe der Werte seit InDesign CS2 auch beim Polygonrahmen-Werkzeug auf diese Weise erfolgen. In allen drei Dialogen können Sie durch Eingabe der BREITE und der HÖHE die Größe des zu erstellenden Rechtecks, der Ellipse und des Polygons bestimmen. Darüber hinaus müssen Sie bei der Eingabe eines Polygons die ANZAHL DER SEITEN und die STERNFORM, mit der die Tiefe der Einbuchtungen im Stern in Prozent definiert wird, angeben.

Anzahl der Seiten und Sternform beim Aufziehen des Polygons bestimmen | Eine spezielle Möglichkeit stellt InDesign beim Aufziehen von Polygonen zur Verfügung: So wie bei Adobe Illustrator können Sie die Anzahl der Seiten und die Sternform beim Aufziehen des Polygons verändern.

▶ **Anzahl der Seiten verändern:** Während des Erstellens des Polygons kann durch Drücken der Pfeiltaste ⬆ die Anzahl der Seiten auf maximal 100 erhöht werden. Drücken Sie hingegen die ⬇-Taste, so verringert sich die Anzahl der Seiten auf maximal drei Seiten.

▶ **Verändern der Sternform:** Während des Erstellens des Polygons können durch Drücken der Pfeiltaste ➡ die Einbuchtungen der Sternform vergrößert werden. Drücken Sie hingegen die ⬅-Taste, so verringert sich die Einbuchtung der Sternform auf ein normales Polygon.

Wenn Sie noch mit InDesign CS3 arbeiten, so müssen Sie, damit sich Anzahl der Seiten oder die Sternform ändert, immer die Maus bewegen. Dieser kleine Schönheitsfehler wurde nun endlich in InDesign CS4 behoben. Nun müssen Sie nur mehr das Polygon aufziehen und, bevor Sie loslassen, die entsprechenden Pfeiltasten drücken.

Die Werte aus Abbildung 8.8 ergeben einen Stern mit zwölf Zacken; die Einbuchtungen zum Mittelpunkt hin betragen 35 % (ca. ⅓ des Radius). Wird der Prozentwert auf 0 % gesetzt, so erhalten Sie ein zwölfseitiges Vieleck; wird der Prozentwert auf 100 % gestellt, so erhalten Sie einen Strahlenstern, bestehend aus zwölf Einzelstrahlen. Alle Formen sind in Abbildung 8.10 zu sehen.

8.2.4 Exakte Bestimmung der Position und der Größe

Ein schnell aufgezogener Rahmen wurde aus Sicht eines Layouters nur visuell in der Position und in der Dimension bestimmt. Doch alles im Leben hat seine Ordnung. Dies gilt auch für die Position und die Größe der verwendeten Rahmen. Vor allem bei Projekten

TIPP

Um eine Eingabe in den Dialogen rückgängig zu machen, drücken Sie die ⎇- bzw. ⌥-Taste, wodurch sich der Button ABBRECHEN in ZURÜCK ändert. Ein Klick auf ZURÜCK stellt die Ausgangswerte wieder her.

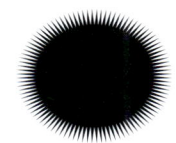

▲ **Abbildung 8.9**
Links: maximale Seitenanzahl eines Polygons von 100
Rechts: minimale Seiteanzahl von 3

HINWEIS

Das nachträgliche Ändern der Sternform und der Anzahl der Seiten ist über die Pfeiltasten nicht mehr möglich. Hier können Sie nur noch auf FORM KONVERTIEREN zurückgreifen. Lesen Sie dazu mehr in Abschnitt 11.3.2, »Pathfinder«, auf Seite 295.

▲ **Abbildung 8.10**
Polygonvariationen

wie Zeitungen, Magazine, Dissertationen und auch unserer Projektarbeit spielen bestimmte Rahmenbreiten, die sich aus der Spaltenbreite oder aus der Breite des Satzspiegels ergeben, eine zentrale Rolle. Die Rahmenhöhe ist dabei meistens flexibel. Doch auch hier können sich Höhen auf ein Vielfaches des Zeilenabstandes beschränken und am Grundlinienraster ausgerichtet werden.

Um Rahmen exakt zu positionieren und die Breite und die Höhe zu bestimmen, bietet InDesign CS4 zwei Möglichkeiten an: Zentral können die Werte über das Steuerung- und das Transformieren-Bedienfeld gesteuert werden. Das Steuerung-Bedienfeld steht den Anwendern in der Standardansicht unterhalb der Menüleiste zur Verfügung. Das Transformieren-Bedienfeld muss über das Menü FENSTER • OBJEKT UND LAYOUT • TRANSFORMIEREN oder durch Klick auf das Symbol ▣ in der Bedienfeldleiste aufgerufen werden. Waren InDesign-Anwender bislang gewohnt, dieses Bedienfeld über das Tastaturkürzel F9 aufzurufen, so können Sie dies seit InDesign CS3 nur mehr über das Menü erledigen. Das Tastenkürzel wurde aus Kompatibilitätsgründen zum Betriebssystem Mac OS X gestrichen, wo F9 bereits anderweitig vergeben ist. Hinzu kommt, dass das Aufrufen des Transformieren-Bedienfeldes eigentlich unnötig ist, da alle Einstellungen im Steuerung-Bedienfeld identisch abgebildet werden können.

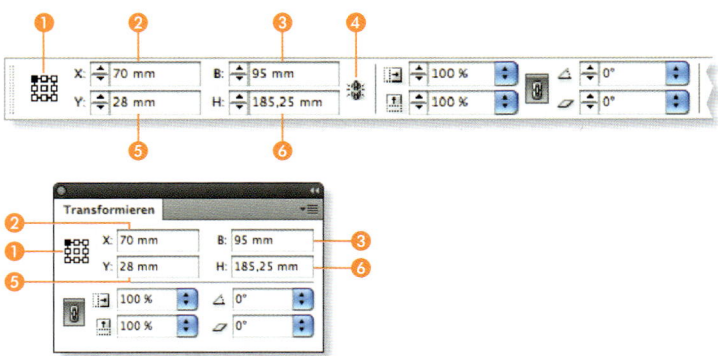

Abbildung 8.11 ▶
Das Steuerung- und das Transformieren-Bedienfeld

TOP-TIPP
Schnelle Eingabe der Werte

Ziehen Sie den Rahmen auf. Drücken Sie das Tastaturkürzel Strg + 6 bzw. ⌘ + 6. Geben Sie den X-WERT ein, drücken Sie ⇥, und geben Sie dann den Y-WERT ein. Mit ↵ beenden Sie die Eingabe.

Der Bezugspunkt ❶ kann vom Anwender frei gewählt werden. Alle Eingaben über das Bedienfeld erfolgen in Abhängigkeit vom gewählten Bezugspunkt. Für QuarkXPress-Anwender stellt diese Möglichkeit zu Beginn die größten Schwierigkeiten dar, da sie zumeist davon ausgehen, dass der Ursprung eines Rahmens immer der linke obere Rahmenpunkt ist. Wenn Sie diesen Zustand jedoch herstellen möchten, wählen Sie den linken oberen Punkt im **Ursprung** aus. InDesign CS4 schreibt beim Beenden des Programms den zuletzt gewählten Punkt in die Voreinstellungsdatei. Wie wir später aber noch sehen werden, kann für jeden Rahmen

der Ursprung unterschiedlich über die RAHMENEINPASSUNGSOPTI-
ONEN festgelegt werden. Seien Sie also nicht verwundert, wenn
Sie bestehende Rahmen aktivieren und dabei immer einen ande-
ren Ursprung markiert bekommen.

Durch die Eingabe der X-Koordinate ❷ bestimmen Sie den Versatz des linken oberen Punkts vom linken Rand, mit der Y-Koor-
dinate ❺ hingegen den Versatz vom oberen Rand. Achten Sie
darauf, dass sich eingegebene Werte immer auf die Maßeinheit
des aktuell gewählten Lineals beziehen. Verschieben Sie den
Ursprung im Lineal nicht, denn damit verwirren Sie den ungeübten Benutzer sicherlich vollends.

Bestimmen Sie durch die Eingabe von BREITE ❸ und HÖHE ❻
die Größe des Rahmens. Sollte sich bei der Eingabe der BREITE
automatisch der Wert der HÖHE verändern, so haben Sie die
Option PROPORTIONEN FÜR BREITE UND HÖHE BEIBEHALTEN ❹ aktiviert. Deaktivieren Sie dieses Verhalten durch Klicken auf das
Symbol 🔗. Wenn das Symbol die Darstellung 🔗 besitzt, können
Sie nicht-proportionale Verhältnisse eingeben.

8.3   Rahmen transformieren

Das Verschieben, Drehen, Skalieren, Spiegeln und Verzerren von
Rahmen kann über die dazu vorgesehenen Werkzeuge oder per
Eingabe über das Steuerung- und das Transformieren-Bedienfeld
sowie über Eingabedialoge in den jeweiligen Werkzeugen erfolgen.

8.3.1   Werkzeuge zum Transformieren von Rahmen

Doch zuerst einmal wollen wir uns die vier Werkzeuge, mit denen
eine Transformation von Rahmen durchgeführt werden kann,
etwas genauer ansehen. Voraus angemerkt sei, dass einerseits bei
allen Transformationen in Verbindung mit der ⇧-Taste immer die
Proportionen erhalten bleiben oder feste Winkel angenommen
werden und andererseits Transformationen sich auf den gewählten Ursprung beziehen.

Drehen-Werkzeug ↻ | Durch Aktivieren des Werkzeugs oder
durch Drücken der Taste Ⓡ erhält der ausgewählte Rahmen an
der Position des gewählten Ursprungs ein Fadenkreuz ✛. Dieses
Fadenkreuz stellt den Bezugspunkt für die Drehung, den **Rotationspunkt**, dar. Mit gedrückter Maustaste kann das Objekt nun
beliebig um diesen Punkt gedreht werden. Halten Sie gleichzeitig
die ⇧-Taste gedrückt, so kann nur in 45°-Schritten gedreht wer-

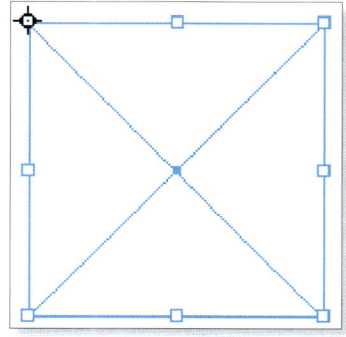

▲ **Abbildung 8.12**
Das Fadenkreuz (links oben) markiert den Rotationspunkt.

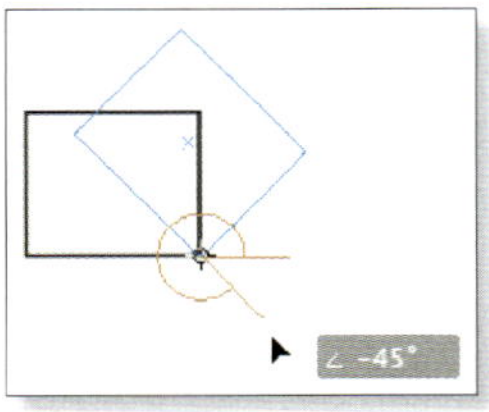

▲ **Abbildung 8.13**
Anzeige des Winkels beim manuellen Drehen von Objekten

den. Wenn Sie zu drehen beginnen und nachträglich die [Alt]- bzw. [⌥]-Taste drücken, so wird zugleich ein Duplikat erstellt.

Beim manuellen Rotieren wird der Rotationswinkel direkt beim Objekt angezeigt. Diese neue Funktion ist standardmäßig in InDesign CS4 eingeschaltet und vereinfacht somit das Rotieren und alle anderen Bearbeitungsprozesse enorm. Wenn Sie die Anzeige der Transformationswerte nicht wünschen, so müssen Sie die Option TRANSFORMATIONSWERTE ANZEIGEN im Register BENUTZEROBERFLÄCHE der InDesign CS4-Voreinstellungen deaktivieren.

Als Bezugspunkt kann im Ursprung ❶ (Abbildung 8.11) jeder der neun Punkte, also auch der Mittelpunkt, bereits vor oder nach dem Anwählen des Drehen-Werkzeugs festgelegt werden. Wenn Sie jedoch den Bezugspunkt verlegen möchten, so verschieben Sie ihn an die gewünschte Stelle, klicken bei ausgewähltem Werkzeug an die vorgesehene Stelle oder ändern den Bezugspunkt über das Steuerung- bzw. Transformieren-Bedienfeld.

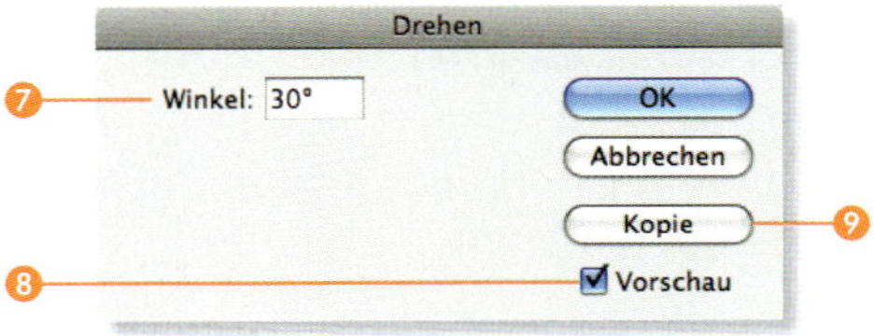

Abbildung 8.14 ▶
Die numerische Eingabe für das Drehen-Werkzeug, die u.a. durch Klick auf das Symbol im Steuerung-Bedienfeld bei gedrückter [Alt]- bzw. [⌥]-Taste erscheint.

Verschieben des Rotationspunktes

Ist das Rotationswerkzeug ausgewählt, so wird die Auswahl des Objekts durch Klicken auf eine Stelle außerhalb des Objekts nicht aufgehoben. Das Klicken verschiebt in diesem Fall den Rotationspunkt auf diese Stelle.

Durch Doppelklick auf das Drehen-Werkzeug oder durch Klick auf den gewünschten Rotationspunkt bei gedrückter [Alt]- bzw. [⌥]-Taste erscheint der Dialog aus Abbildung 8.14, in den Sie den WINKEL ❼ numerisch eingeben können. Ein positiver Rotationswinkel dreht das ausgewählte Objekt im Uhrzeigersinn um den Rotationspunkt, ein negativer Winkel somit gegen den Uhrzeigersinn. Damit Sie die Aktion auch gut kontrollieren können, sollten Sie die VORSCHAU ❽ markieren. Durch Drücken des Buttons KOPIE ❾ erzeugen Sie ein zweites gedrehtes Objekt.

Ob das Objekt mit Inhalt, der Rahmen ohne Inhalt oder nur der Inhalt gedreht wird, hängt von folgenden Faktoren ab:

- **Drehen des Objekts mit Inhalt:** Dazu wählen Sie das Objekt vor dem Drehen mit dem Auswahl-Werkzeug aus.
- **Drehen des Rahmens ohne Inhalt:** Dazu markieren Sie den Rahmen mit dem Direktauswahl-Werkzeug. Achten Sie darauf, dass alle Ankerpunkte des Rahmens markiert sind (sie sind nicht weiß). Sollte dies nicht der Fall sein, so markieren Sie alle Punkte durch Klick mit gedrückter [Alt]- bzw. [⌥]-Taste auf irgendeinen Punkt des Pfades.
- **Drehen des Inhalts:** Dazu markieren Sie den Inhalt – das Bild oder die Grafik – mit dem Direktauswahl-Werkzeug. Achten

Sie darauf, dass der Inhaltsrahmen – die Farbe des Rahmens ist nun eine andere – sichtbar ist.

Die beschriebene Vorgehensweise gilt für alle Transformationsarten seit InDesign CS3. Der Unterschied zu früheren Versionen besteht dabei darin, dass die Option INHALTE TRANSFORMIEREN aus dem Bedienfeldmenü des Steuerung- bzw. Transformieren-Bedienfeldes und somit auch aus den Eingabedialogen der Transformationswerkzeuge abhanden gekommen ist. Auch InDesign CS4 verhält sich nun für QuarkXPress-Anwender erwartungskonform.

Das Drehen kann also per Hand oder über die Eingabe im DRE-HEN-Dialog erfolgen. Sie können darüber hinaus noch den Winkel über das Steuerung-Bedienfeld eingeben oder durch Klick auf das Symbol ○ UM 90° DREHEN (UHRZEIGERSINN) oder auf das Symbol ○ UM 90° DREHEN (GEGEN UHRZEIGERSINN) im Steuerung-Bedienfeld das ausgewählte Objekt in 90°-Schritten drehen.

Ist ein Objekt gedreht, so erkennen Sie das durch die symbolhafte Drehung des Symbols ⌐P⌐ im Steuerung-Bedienfeld. Den exakten Winkel können Sie aus dem Feld daneben auslesen, die Rotation auf den Ausgangswert zurückstellen können Sie, indem Sie einen Rechtsklick auf das Symbol ⌐P⌐ ausführen und den Befehl TRANSFORMATIONEN LÖSCHEN wählen.

Skalieren-Werkzeug ⬚ **|** Die Skalieren-Funktion arbeitet ähnlich wie das Drehen-Werkzeug. Wählen Sie einen Rahmen aus, und klicken Sie auf das Skalieren-Werkzeug oder drücken Sie die Taste ⌐S⌐. Auch hier erhalten Sie einen Ausgangspunkt für die Skalierung, der identisch mit dem gewählten Bezugspunkt ist. Ziehen Sie die Maus in die gewünschte Richtung, und das Objekt wird unproportional skaliert. Wenn Sie rechts neben den Skalierungspunkt klicken und dann mit gedrückter Maustaste nach links skalieren, so wird das Objekt um die horizontale Skalierungsachse gespiegelt und zusätzlich skaliert. Das horizontale oder vertikale Spiegeln geht aber auch einfacher (siehe Abschnitt 8.3.3).

Keine Transformationswerte

Waren wir bis jetzt angenehm von der Anzeige der Transformationswerte beim Aufziehen und Rotieren von Rahmen überrascht, so müssen wir in der Handhabung des Skalieren-Werkzeugs auf diese kleine Annehmlichkeit verzichten. Die prozentuelle Skalierung wird aber im Steuerung-Bedienfeld während des Skalierens live angezeigt.

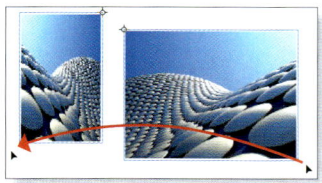

◀ **Abbildung 8.16**
Erzeugen eines gespiegelten und skalierten Bildes durch das Skalieren-Werkzeug

Das Verschieben des Skalierungspunkts funktioniert analog zum Verschieben des Rotationspunkts. Etwas anders verhält es sich,

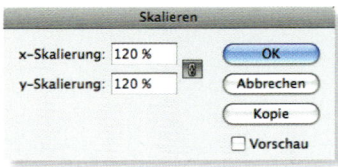

▲ **Abbildung 8.17**
Der Eingabedialog des Skalieren-Werkzeugs

wenn Sie beim Skalieren die ⟨⇧⟩-Taste gedrückt halten. Durch Ziehen in die Senkrechte bzw. in die Waagrechte wird nur vertikal bzw. horizontal skaliert. Ziehen Sie jedoch nach rechts unten, so wird der Rahmen (mit Inhalt) proportional vergrößert.

Ist ein Rahmen markiert, kann durch einen Doppelklick auf das dazugehörige Werkzeug-Symbol oder durch einen Klick an die gewünschte Stelle mit gedrückter ⟨Alt⟩- bzw. ⟨⌥⟩-Taste der Eingabedialog zum Skalieren geöffnet werden. Darin können Sie numerisch die gewünschten Werte und Einstellungen analog zum Drehen-Werkzeug eingeben.

Ich finde das Verbiegen-Werkzeug in der Werkzeugleiste nicht

Sollten Sie das Verbiegen-Werkzeug nicht in der Werkzeugleiste sehen, so müssen Sie mit gedrückter ⟨Alt⟩- bzw. ⟨⌥⟩-Taste auf das Symbol des Skalieren-Werkzeugs klicken oder die Taste ⟨O⟩ drücken.

Verbiegen-Werkzeug ⟲ **|** Diese Funktion dient der Scherung eines Rahmens, und zwar in zwei Richtungen. Dadurch können Bilder, Grafiken und Texte in einer pseudodreidimensionalen Art verzogen und dabei skaliert werden. Das Verbiegen-Werkzeug verhält sich analog zum Skalieren-Werkzeug. Um wirklich ansprechende Ergebnisse damit zu erzeugen, benötigen Sie etwas Geduld und vor allem viel Übung. Vielleicht hilft es Ihnen, wenn Sie numerische Werte im Eingabedialog eingeben und dabei die Vorschau aktivieren.

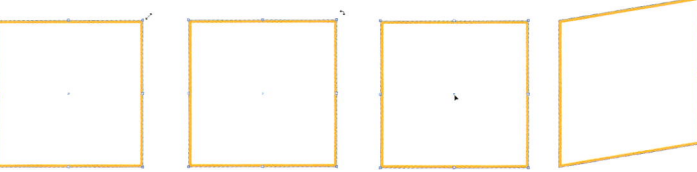

Abbildung 8.18 ▶
Anwendungsbeispiele des Verbiegen-Werkzeugs

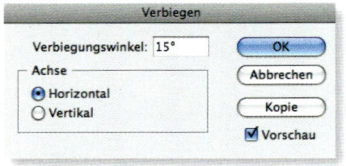

▲ **Abbildung 8.19**
Der Eingabedialog des Verbiegen-Werkzeugs

Speziell auch im Verbiegen-Eingabedialog sind die Änderungen seit InDesign CS3 zu den Vorversionen deutlich sichtbar. Das Verbiegen ist seither nur auf Horizontal und Vertikal beschränkt. Was Sie dabei verbiegen, hängt davon ab, mit welchem Werkzeug Sie die Auswahl vorgenommen haben.

Frei Transformieren-Werkzeug ⬚ **|** Das aus Adobe Photoshop und Adobe Illustrator bekannte Werkzeug ist ein Kombinationswerkzeug, mit dem Sie sowohl verschieben, drehen, skalieren, spiegeln und verbiegen als auch frei transformieren können. Sie erreichen das Werkzeug durch Drücken von ⟨E⟩.

Abbildung 8.20 ▶
Die verschiedenen Symbole des Frei Transformieren-Werkzeugs: Skalieren, Rotieren, Verschieben und Verbiegen

Markieren Sie einen Rahmen, und aktivieren Sie das Frei Transformieren-Werkzeug. Die Funktionsweise ist schnell erklärt:

▶ **Skalieren:** Um zu skalieren, bewegen Sie den Cursor auf einen Anfasserpunkt des Markierungsrahmens – dabei wandelt sich der Cursor in das Symbol ↗ um. Wollen Sie dabei das Objekt ausgehend vom Zentrum skalieren, so vergessen Sie nicht, die ⌈Alt⌉- bzw. ⌈⌥⌉-Taste zu drücken.

▶ **Drehen:** Um drehen zu können, müssen Sie den Cursor irgendwo außerhalb des Rahmens in die Nähe eines Anfasserpunktes bewegen. Erscheint das Symbol ↻, so können Sie klicken und rotieren.

▶ **Verschieben:** Um den Rahmen zu verschieben, platzieren Sie den Cursor ▶ innerhalb des Objekts und verschieben das Objekt an die neue Position.

▶ **Verbiegen:** Lediglich beim Verbiegen müssen Sie zuerst auf einen Anfasserpunkt, jedoch nicht einen Anfasser im Eck, klicken und nachträglich zusätzlich die Steuerungstasten drücken:

   ▶ Drücken der ⌈Strg⌉- bzw. ⌈⌘⌉-Taste verzerrt nur eine Seite, während die andere Seite an ihrer Position bleibt. Der Cursor wandelt sich in das Symbol ▶⁞.

   ▶ Drücken der ⌈Strg⌉+⌈Alt⌉- bzw. ⌈⌘⌉+⌈⌥⌉-Taste verzerrt in beide Richtungen.

Um zu spiegeln – wie Sie gezielt spiegeln, erfahren Sie genauer auf Seite 171 –, müssen Sie einen Griffpunkt des Markierungsrahmens über die gegenüberliegende Kante hinaus verschieben. Ein so vielseitig einsetzbares Werkzeug verzichtet da gerne auf einen Eingabedialog, um die Transformation numerisch einzugeben.

8.3.2 Verschieben von Objekten

Zum Verschieben von Objekten steht dem Anwender das Auswahl-Werkzeug ▶ und zum Verschieben von Inhalten das Direktauswahl-Werkzeug ▶ zur Verfügung. Das Verschieben von Objekten um einen bestimmten Wert innerhalb eines Druckbogens erfolgt entweder über einen Doppelklick auf das aktivierte Auswahl-Werkzeug, über den Befehl OBJEKT • TRANSFORMIEREN • VERSCHIEBEN oder über das Tastenkürzel ⌈Strg⌉+⌈⇧⌉+⌈M⌉- bzw. ⌈⌘⌉+⌈⇧⌉+⌈M⌉.

Verschieben Sie das ausgewählte Objekt horizontal und/oder vertikal durch Eingabe eines Werts in HORIZONTAL bzw. VERTIKAL. Durch Eingaben in diesen Feldern werden automatisch die Werte in ABSTAND und WINKEL angepasst. Wenn Sie lieber das Objekt entlang einer vom Winkel definierten Achse verschieben wollen, können Sie Werte in ABSTAND und WINKEL eingeben.

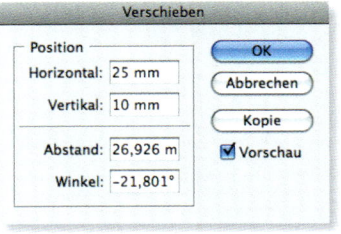

▲ **Abbildung 8.21**
Der VERSCHIEBEN-Dialog von Adobe InDesign, der unter anderem durch Klick auf X bzw. Y im Steuerung-Bedienfeld bei gedrückter ⌈Alt⌉- bzw. ⌈⌥⌉-Taste erscheint.

Das Verschieben von Objekten kann aber auch über andere Befehle ausgeführt werden. Dazu zählen:

▸ **Ausschneiden und Einfügen:** Ausgewählte Objekte können von einer Seite auf die andere bzw. in andere Dokumente verschoben werden. Wählen Sie dazu das Objekt aus, und führen Sie den Befehl BEARBEITEN • AUSSCHNEIDEN aus. Springen Sie auf die gewünschte Seite im Dokument, und führen Sie den Befehl BEARBEITEN • EINFÜGEN aus. Das kopierte Objekt wird in der Mitte am Monitor eingefügt.

▸ **Objekt an Originalstelle auf eine andere Seite verschieben:** Gehen Sie dazu wie zuvor beschrieben vor. Beim Einfügen wählen Sie lediglich den Befehl BEARBEITEN • AN ORIGINALPOSITION EINFÜGEN aus.

▸ **Objekt mit Pfeiltasten verschieben:** Das Verschieben über die Pfeiltasten kann ebenfalls schnell zum gewünschten Ergebnis führen. In welchen Schritten dabei verschoben wird, hängt von den Voreinstellungen im Register EINHEITEN UND EINTEILUNGEN ab. Wird dabei zusätzlich die $\boxed{⇧}$-Taste gedrückt, so verschiebt sich das Objekt um den zehnfachen Wert.

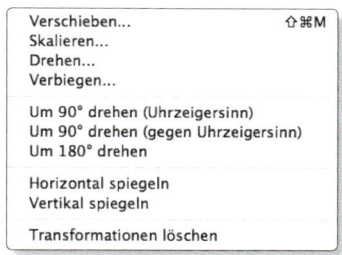

▲ **Abbildung 8.22**
Die verschiedenen Möglichkeiten des Menüs OBJEKT • TRANSFORMIEREN

Andere Möglichkeiten, die ein Verschieben, Drehen, Skalieren und Verbiegen über einen Eingabedialog ermöglichen, bestehen im Ausführen der Befehle OBJEKT • TRANSFORMIEREN • VERSCHIEBEN, OBJEKT • TRANSFORMIEREN • SKALIEREN, OBJEKT • TRANSFORMIEREN • DREHEN und OBJEKT • TRANSFORMIEREN • VERBIEGEN Dabei gelangen Sie zu den bisher gezeigten Eingabedialogen.

Auch die bereits zuvor beim Drehen genannten Funktionen UM 90° DREHEN (UHRZEIGERSINN), UM 90° DREHEN (GEGEN UHRZEIGERSINN) und TRANSFORMATIONEN LÖSCHEN können hier aufgerufen werden. Die Funktion UM 180° DREHEN finden Sie jedoch nur in diesem Menüeintrag.

Alle bisher beschriebenen Funktionen können auch über das Steuerung- und das Transformieren-Bedienfeld eingegeben werden.

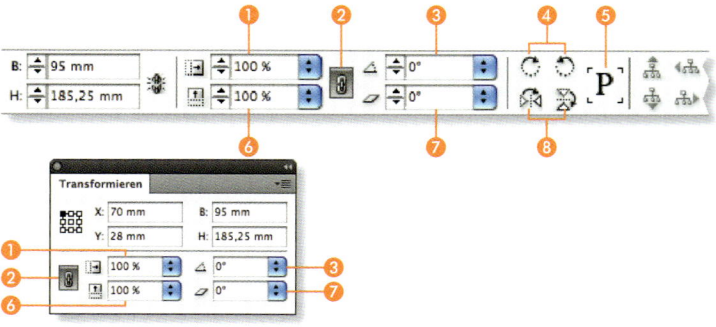

Abbildung 8.23 ▸
Das Steuerung- und das Transformieren-Bedienfeld

Das Skalieren eines ausgewählten Rahmens erfolgt durch Eingabe eines Prozentwerts für die X-Skalierung ❶ und die entsprechende Y-Skalierung ❻. Damit Sie immer über die Eingabe proportional skalieren, ist die Option Proportionen beim Skalieren Beibehalten ❷ aktiviert. Rotieren ❸ und Verbiegen ❼ erfolgt über die Eingabe der gewünschten Winkel.

8.3.3 Spiegeln von Objekten

Wie Sie im Menü Objekt • Transformieren bereits gesehen haben, gibt es noch weitere Befehle, die ein schnelles Drehen und Spiegeln ermöglichen. Über das Drehen haben wir uns ja schon zuvor ausführlich unterhalten. Hinsichtlich Spiegeln muss jedoch speziell für InDesign-Anwender früherer Versionen einiges angemerkt werden.

Die Funktion Spiegeln war bis InDesign CS2 nur über das jeweilige Bedienfeldmenü des Steuerung- und des Transformieren-Bedienfelds auswählbar. Da somit diese Funktion für fast alle InDesign-Anwender nicht gefunden werden konnte, wurde eine Spiegelung meist über das Transformieren-Werkzeug – wir haben auf der vorigen Doppelseite darüber geschrieben – erledigt. Mit InDesign CS3 wurde dieses Manko durch Hinzufügen der Symbole ⬚ Horizontal spiegeln und ⬚ Vertikal spiegeln ❽ im Steuerung-Bedienfeld behoben. Auch die Symbole für das Rotieren ❹ wurden erst mit InDesign CS3 hinzugefügt. Ob das Bild gespiegelt oder rotiert ist, können Sie nun einfach über das Symbol ⌜P⌟ ❺ erkennen. Drehungen drehen das Symbol ⌜P⌟, Spiegelungen lassen das P im Symbol mit einer Outline und gespiegelt ⌜P⌟ erscheinen. Damit haben Sie auf einen Blick erfasst, was mit dem aktivierten Objekt passiert ist.

Wollen Sie alle Transformationen hinsichtlich Rotieren und Spiegeln rückgängig machen, so erledigen Sie das am einfachsten über einen Rechtsklick auf das Symbol ⌜P⌟ und den Befehl Transformationen löschen. Natürlich steht Ihnen auch der Befehl Objekt • Transformieren • Transformationen löschen, der neu in InDesign CS4 hinzugekommen ist, zur Verfügung.

Die Eingabe der Werte erfolgt, wie in allen Feldern des Transformieren- und des Steuerung-Bedienfeldes, über direkte Eingabe oder die Auswahl vordefinierter Werte aus dem Popup-Menü des jeweiligen Eingabefeldes. Wenn Sie den Cursor im Eingabefeld positionieren, können Sie auch die Werte über die Pfeiltasten ⌜↑⌟/⌜↓⌟ hinauf- oder heruntersetzen. Schneller kann man nun doch keine Änderung von Werten vornehmen!

HINWEIS

Erweiterte Funktionen zum Erstellen von Transformationen erlernen Sie in Abschnitt 8.9.3, »Wiederholen von Transformationen«, auf Seite 199.

8.4 Rahmenformen ändern

Wie Sie Rahmen erstellen, diese exakt positionieren und mit den dafür vorgesehenen Werkzeugen verändern können, dürfte Ihnen jetzt bekannt sein. Doch es ist nicht immer angenehm, in einem Arbeitsgang zwischen Werkzeugen zu wechseln. Viele Standardarbeiten wie das Vergrößern, Verschieben und Verkleinern von Rahmen können einfacher bewerkstelligt werden. Nur das Verformen von Rahmen – sie sind meistens viereckig – kann ausschließlich über spezielle Techniken erfolgen.

8.4.1 Werkzeuge zum Ändern von Rahmenformen

Die für die einfache Bearbeitung vorgesehenen Werkzeuge sind das Auswahl-Werkzeug ▶ V bzw. Esc , wenn Sie gerade einen Text schreiben, das Direktauswahl-Werkzeug ▶, A und das Zeichenstift-Werkzeug ♦ P . Mit diesen Werkzeugen ist es möglich, Rahmen, die im Wesentlichen aus einem Pfad und aus der darin eingeschlossenen Fläche bestehen, zu bearbeiten. InDesign unterscheidet dabei, ob Sie nur den Rahmen als Ganzes oder den Inhalt bzw. die Kontur bearbeiten wollen.

Diese Trennung kommt über das Auswahl- und Direktauswahl-Werkzeug zum Ausdruck. In Verbindung mit diversen Tastaturkürzeln können schnell Positions-, Größen- und Formveränderungen durchgeführt werden. Beginnen wir mit dem Auswahl-Werkzeug:

Auswahl-Werkzeug ▶ | Das Verhalten dieses Werkzeugs ist in Teilen aus der Beschreibung des Frei Transformieren-Werkzeugs bekannt.

▶ **Rahmen mit Inhalt verschieben:** Dabei müssen Sie innerhalb des markierten Rahmens den Cursor positionieren und verschieben.

▶ **Rahmengröße ändern:** Um die Größe des Rahmens zu verändern, ohne dabei den Inhalt zu skalieren, müssen Sie auf einen Griffpunkt des Markierungsrahmens klicken und dann ziehen.

▶ **Rahmen mit und ohne Inhalt proportional skalieren:** Bei gleichzeitig gedrückter ⬙ -Taste wird der Rahmen (ohne Inhalt) proportional vergrößert bzw. verkleinert. Wenn Sie zusätzlich zur ⬙ -Taste die Strg - bzw. ⌘ -Taste gedrückt haben, so wird der gesamte Inhalt mit Rahmen und Kontur proportional skaliert.

▶ **Rahmen mit und ohne Inhalt verzerren:** Das unproportionale Skalieren von Rahmen mitsamt des Inhalts erfolgt durch Ziehen bei gedrückter Strg - bzw. ⌘ -Taste.

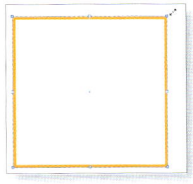 

◄ **Abbildung 8.24**
Die linke Abbildung zeigt das Symbol, das beim Skalieren von Rahmen zu sehen ist. Die rechte Abbildung zeigt, wie ein Rahmen mit Inhalt skaliert wird.

▶ **Anpassen des Rahmens an den Inhalt:** Dies erfolgt über Doppelklick auf einen Anfasserpunkt. Es ist dabei zu unterscheiden, ob Sie auf einen Eckpunktanfasser oder auf einen Breiten- bzw. Höhenpunktanfasser doppelklicken. Im ersten Fall wird der Rahmen sowohl in der Höhe als auch in der Breite an den Inhalt angepasst; im zweiten Fall wird der Rahmen an die Breite bzw. die Höhe des Inhalts angepasst. Es ist auch wichtig, zu wissen, dass der Punkt, auf den Sie doppelklicken, verändert wird und nicht, wie zu vermuten wäre, von diesem Punkt ausgehend eine Änderung durchgeführt wird. Also: Wollen Sie beispielsweise einen Textrahmen mit Übersatz nach rechts erweitern, so klicken Sie auf den rechten Breitenpunktanfasser. Wollen Sie ihn links an die Breite anpassen, so klicken Sie auf den linken Breitenpunktanfasser.

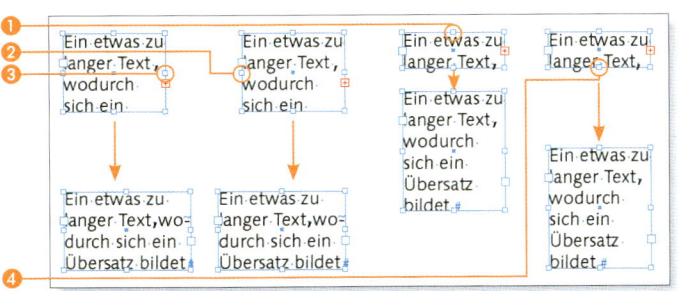

◄ **Abbildung 8.25**
Abhängig davon, auf welchem Anfasser Sie einen Doppelklick ausführen, erfolgt die Anpassung des Textrahmens.

Durch einen Doppelklick auf den rechten Breitenanfasser ❸ wird der Rahmen ausgehend von links so weit in die Breite verschoben, dass der ganze Text im Rahmen sichtbar ist. Analog wird durch einen Doppelklick auf den linken Breitenanfasser ❷ der Textrahmen von rechts ausgehend links angepasst. Wenn Sie hingegen auf den oberen Höhenanfasser ❶ doppelt klicken, so passt sich der Rahmen ausgehend von der unteren Rahmenkante nach oben an. Analog verfährt das Programm, wenn Sie auf den unteren Höhenanfasser ❹ doppelt klicken. Ausgehend von der oberen Rahmenkante wird der Textrahmen nach unten angepasst. Letztere Möglichkeit kann auch durch Ausführen des Tastaturkürzels Strg + Alt + C bzw. ⌘ + ⌥ + C erfolgen. Sollten die Möglichkeiten nicht funktionieren, so lesen Sie den nebenstehenden Hinweis.

HINWEIS

Die Möglichkeit der Anpassung der Rahmen durch einen Doppelklick auf einen Anfasserpunkt funktioniert bei Textrahmen nur so lange, wie kein mehrspaltiger Textrahmen angelegt bzw. der Textrahmen noch nicht mit einem anderen Textrahmen verkettet wurde.

Direktauswahl-Werkzeug | Um den Inhalt eines Rahmens oder die Form der Kontur zu ändern, verwenden Sie dieses Werkzeug, das Sie unter anderem auch über das Tastaturkürzel Ⓐ auswählen können. Markieren Sie einen Rahmen mit dem Auswahl-Werkzeug, und schalten Sie anschließend, am einfachsten durch einen Doppelklick (geht nur bei Bild- und nicht bei Textrahmen), auf das Direktauswahl-Werkzeug um.

Abbildung 8.26 ▶
Links: ausgewähltes Rechteck mit dem Direktauswahl-Werkzeug
Restliche: drei Formen des Direktauswahl-Werkzeugs durch rote Kreise markiert

Die uns bisher bekannten acht Punkte des Markierungsrahmens verschwinden, und stattdessen werden die einzelnen Pfadpunkte des Rahmens angezeigt (linkes Bild in Abbildung 8.26). Welche Arbeiten können nun mit diesem Werkzeug erledigt werden?

▶ **Linie verschieben:** Wenn Sie den Cursor auf eine Linie zwischen zwei Pfadpunkten bewegen, so ändert sich die Darstellung des Direktauswahl-Werkzeugs. Wird das Werkzeug durch einen kleinen Strich ⬡ ergänzt, so können Sie die Linie zwischen den beiden Ankerpunkten verschieben.

▶ **Einzelnen Punkt verschieben:** Bewegen Sie hingegen den Cursor auf einen Ankerpunkt – das Werkzeug wird um einen kleinen weißen Punkt ⬡ ergänzt –, so können Sie den Pfadpunkt markieren und ihn mit gedrückter Maustaste verschieben.

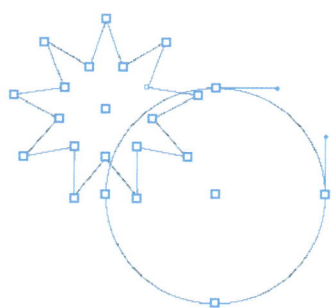

▲ Abbildung 8.27
Mit dem Direktauswahl-Werkzeug können alle Pfadpunkte eines Rahmens ausgewählt und verschoben werden.

▶ **Objekt verschieben:** Wenn Sie den Cursor auf die Fläche des Objektes bewegen, so ändert der Cursor die Darstellungsform auf das Symbol ▶. Damit können Sie das Objekt auch mit dem Direktauswahl-Werkzeug verschieben.

Durch das Verschieben von Pfadpunkten können somit verschiedenste Formen eines Rahmens erzeugt werden. Erzeugen Sie einen Stern, und verschieben Sie eine Spitze, um damit einen unregelmäßigen Stern zu erstellen, oder erzeugen Sie eine Raute, indem Sie die Linie der oberen Seite eines Rechtecks verschieben.

Ein Spezialfall ist das Löschen eines markierten Pfadpunktes durch Drücken der ⌫Entf⌫-Taste bzw. ⌫←⌫-Taste. Dadurch wird ein Rahmen quasi »aufgeschnitten«, und es ist keine durchgängige Kontur mehr erkennbar. Erstellen Sie auf diese Weise aus einem Kreis einen Halbkreis, der an der Unterseite keine Kontur besitzt. Erstellen Sie damit aus einem Quadrat einen Pfeil (durch anschließendes Rotieren) oder ein Kreissegment, indem Sie zwei der vier Pfadpunkte löschen.

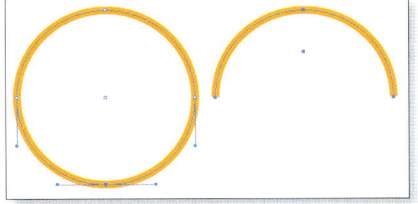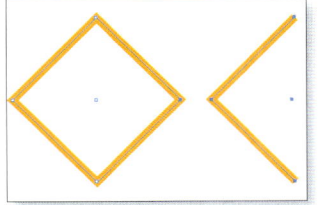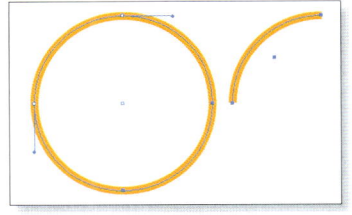

▲ **Abbildung 8.28**
Links: Löschen des unteren Pfadpunkts erzeugt einen Halbkreis.
Mitte: Löschen des rechten Pfadpunkts erstellt einen Pfeil.
Rechts: Markieren und Löschen des rechten und unteren Pfadpunkts erstellt ein Kreissegment.

Zeichenstift-Werkzeug ✎ **|** Da es sich bei einem Rahmen um einen Pfad handelt, können einzelne Punkte verändert werden. Um jedoch einen Punkt aus dem Pfad zu löschen (ohne dass der Rahmen dabei »offen« wird), einen neuen Pfadpunkt hinzuzufügen, einen Kurvenpunkt asymmetrisch zu verändern oder aus einem Kurvenpunkt einen Eckpunkt zu machen, bedarf es des Zeichenstift-Werkzeugs, das in seiner Arbeitsweise genauer in Abschnitt 11.2.2, »Konturenstile«, auf Seite 290 vorgestellt wird.

Scheren-Werkzeug ✂ **|** Zum Verändern der Form eines Rahmens sollte hier auch noch das Scheren-Werkzeug kurz genannt werden. Durch einfaches Markieren von Pfadpunkten können damit Rahmen aufgeschnitten und somit in zwei Hälften zerteilt werden. Achtung: Textrahmen können nur mit der Schere geöffnet, jedoch nicht durchgeschnitten werden. Erweiterte Arbeitsweisen mit diesem Werkzeug werden in Abschnitt 11.1.6, »Pfade zerschneiden und verbinden«, auf Seite 281 vorgestellt.

8.4.2 Verändern von Rahmenformen durch Eckenoptionen

Gerade bei geometrischen Figuren ergibt sich gelegentlich der Bedarf, die Kontur zu modifizieren, indem z. B. Kanten abgerundet werden. Einige solcher Modifikationen können Sie durchführen, indem Sie einen Pfad auswählen und ECKENOPTIONEN aus dem Menü OBJEKT aufrufen.

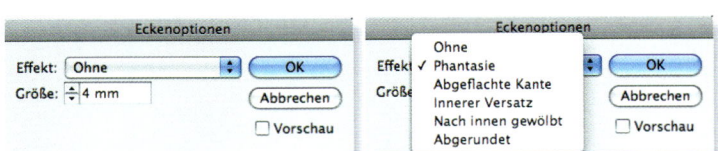

◄ **Abbildung 8.29**
Der ECKENOPTIONEN-Dialog

▶ **Effekt:** Über das Menü EFFEKT wird bestimmt, wie Ecken verändert werden sollen.
▶ **Größe:** Damit wird festgelegt, wie stark diese Veränderung ausfallen soll. Werte in GRÖSSE definieren den Radius eines gedach-

ten Kreises, der in eine Ecke geschmiegt wird und die Wirkung des Effekts begrenzt. Deshalb kann er einerseits nicht kleiner als 0 werden, zeigt aber andererseits ab einer bestimmten Obergrenze keine Wirkung mehr. Ist der Radius einmal so groß, dass er die beteiligten Pfadsegmente der Ecke überdeckt, hat eine weitere Ausdehnung des Wirkungsradius keinen Effekt mehr.

Sie können ECKENOPTIONEN auf offene und geschlossene Pfade anwenden. Allerdings wirken sie nur – der Name deutet es an – auf eckige Pfadübergänge. In Kurvenpunkten sind die Effekte unwirksam.

Da die Auswahl an Standardeffekten, die hier angeboten werden, schwer zu beschreiben ist, stellen wir die Effekte einfach anhand eines Beispiels dar. Der Ausgangspunkt ist dabei ein sechseckiges Polygon:

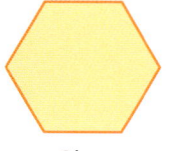
Ohne

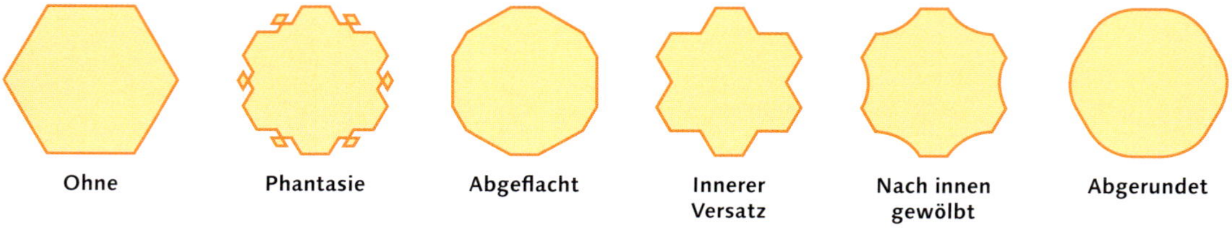

Phantasie

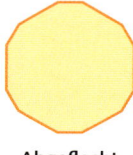
Abgeflacht

Innerer
Versatz

Nach innen
gewölbt

Abgerundet

▲ **Abbildung 8.30**
Die verfügbaren Standard-Ecken-optionen aus InDesign CS4

Die ECKENOPTIONEN lassen also die Grundform unverändert und können auch wieder entfernt werden, indem Sie den EFFEKT eines Pfades wieder auf OHNE setzen.

8.4.3 Rahmenformveränderung durch Form konvertieren

Wenn Sie die Form eines Objekts verändern möchten, können Sie dazu aus dem Menü OBJEKT • FORM KONVERTIEREN aus verschiedenen Formen auswählen. Wir wollen Ihnen (und uns) an dieser Stelle die Erklärung ersparen, wie ein Dreieck aussieht – die Bezeichnungen erscheinen uns selbsterklärend.

Bestimmte Fakten sollten Sie zu den FORM KONVERTIEREN-Funktionen jedoch kennen:

▶ In welche Art von Polygon – bestimmt über die ANZAHL DER SEITEN und STERNFORM (siehe Seite 163) – gewandelt wird, ergibt sich aus den Default-Einstellungen des Polygon-Werkzeuges, die Sie über einen Doppelklick auf das Werkzeug im Werkzeug-Bedienfeld ändern können.

▶ Ein Dreieck ist immer gleichschenkelig und wird bei der Konvertierung immer im Objektrahmen der ursprünglichen Form eingepasst.

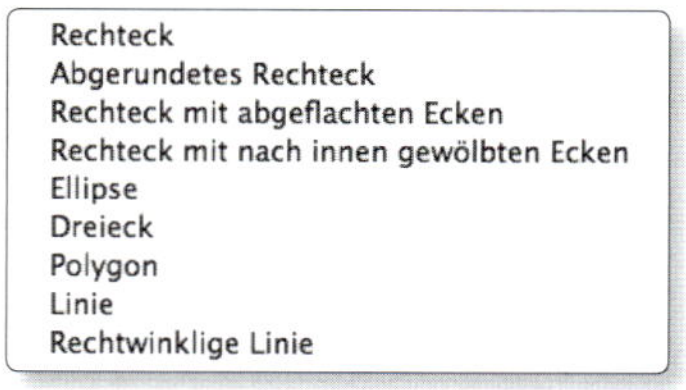

Rechteck
Abgerundetes Rechteck
Rechteck mit abgeflachten Ecken
Rechteck mit nach innen gewölbten Ecken
Ellipse
Dreieck
Polygon
Linie
Rechtwinklige Linie

▲ **Abbildung 8.31**
Die verschiedenen Möglichkeiten aus dem Menü OBJEKT • FORM KONVERTIEREN

- Bei Objekten mit Eckenoptionen werden die Effekte in die neue Form übernommen, sofern für diese Form Eckenoptionen möglich sind, ansonsten gehen sie verloren.
- Orthogonale Linien können zwar eine starke Kontur besitzen und deshalb eine Fläche belegen, aber trotzdem nicht in eine Form verwandelt werden, die eine Fläche in Form eines Objektrahmens besitzt. Bei Linien, die nicht ausschließlich horizontal oder vertikal verlaufen, funktioniert das schon, weil hier die Ausdehnung bereits über eine Fläche beschrieben wird.
- Werden Objekte wie Kreise oder Rechtecke in eine Linie konvertiert, so kann eine Rückkonvertierung in einen Kreis oder ein Rechteck nicht mehr erfolgen.

All diese Konvertierungen können in InDesign CS4 auch über das Bedienfeld PATHFINDER durchgeführt werden. Sie können den Pathfinder entweder über das Menü FENSTER • OBJEKT UND LAYOUT • PATHFINDER oder durch Klick auf das Symbol 🖫 in der Bedienfeldleiste aufrufen.

Während im oberen Teil des Bedienfelds Formen miteinander verrechnet werden können, stehen im unteren Teil die zuvor genannten FORM KONVERTIEREN-Möglichkeiten zur Verfügung.

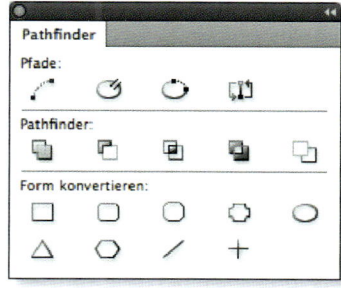

▲ **Abbildung 8.32**
Das Bedienfeld Pathfinder mit den FORM KONVERTIEREN-Optionen.

Schritt für Schritt: Umwandeln von mehreren Sternen mit acht Seiten in Sterne mit fünf Seiten (Europa-Sterne)

1 **Die Ausgangssituation**

Sie haben viel Zeit dafür verwendet, einen Kreis aus Sternen zu erstellen. Dafür haben Sie beim Erstellen im POLYGON-Eingabedialog die Werte für die ANZAHL DER SEITEN auf 8 und für die STERNFORM auf 35 % gestellt.

Auf der Buch-DVD finden Sie im Ordner BEISPIELMATERIAL • KAPITEL_08 das Ausgangsdokument »Europa_Sterne.indd«.

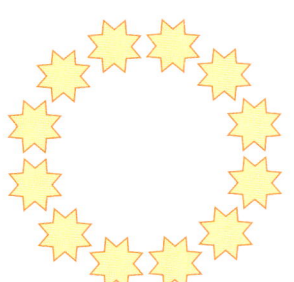

◄ **Abbildung 8.33**
Die Ausgangssituatio: Die Sterne besitzen acht Seiten und eine Sternform von 35 %.

Das Ausgangsobjekt ist fertig – wie sie dieses erstellen, erfahren Sie noch in diesem Kapitel in Abschnitt 8.9.3, »Wiederholen von Transformationen«, auf Seite 199.

Ihr Auftraggeber sieht die Grafik und bemängelt, dass Europa-Sterne nur fünf Seiten besitzen. Die Frage, die sich nun stellt, ist: Wie kann ich diese Änderung am schnellsten durchführen?

Wenn Sie nun einfach alle Sterne auswählen und das Menü OBJEKT • FORM KONVERTIEREN • POLYGON auswählen (oder auf das entsprechende Symbol im Pathfinder klicken), ändert sich zwar möglicherweise die Grafik, jedoch Ihr gewünschtes Ergebnis kann damit nicht erzielt werden.

2   Ändern der Default-Einstellungen im Polygon-Werkzeug
Da die FORM KONVERTIEREN-Möglichkeiten auf die Default-Einstellungen der Werkzeuge zurückgreifen, müssen Sie zuerst diese Einstellung entsprechend Ihrem Wunsch ändern.

Führen Sie dazu einen Doppelklick auf das Polygon-Werkzeug aus – dabei ist es unerheblich, ob Sie auf das Symbol ⊗. oder ◔. klicken –, und geben Sie die Werte aus Abbildung 8.34 ein.

Abbildung 8.34 ▶
Der Polygon-Einstellungen-Dialog

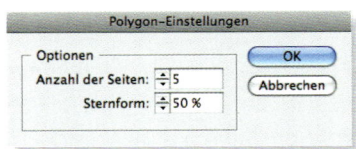

3   Objekte auswählen und Form konvertieren
Wählen Sie alle Sterne dieser Grafik aus, und führen Sie nun den Befehl OBJEKT • FORM KONVERTIEREN • POLYGON aus, oder klicken Sie auf das entsprechende Symbol im Pathfinder.

Abbildung 8.34 ▶
Das Endergebnis

So einfach kann das Arbeiten sein. Wir sind uns sicher, dass sehr viele Anwender die Grafik erneut erstellt hätten. ■

8.4.4   Rahmenformen in freie Formen umwandeln
Der Wunsch, geometrische Objekte in x-beliebige Formen zu wandeln, kann mit InDesign auf verschiedene Art und Weise realisiert werden. An dieser Stelle soll nur ein kurzer Überblick über die Möglichkeiten gegeben werden.

Mehrere Objekte zu einer Form wandeln | Wenn Sie beispielsweise einen Torbogen erstellen wollen, so kann dies durch Zeichnen mit dem Zeichenstift-Werkzeug erfolgen oder einfach durch Verschmelzen eines Kreises mit einem Rechteck.

Um mit dem Zeichenstift-Werkzeug dieses Objekt zu erstellen, nehmen viele Anwender Hilfslinien zur Hand, um die entsprechenden Pfadpunkte an der dafür vorgesehenen Stelle zu platzieren. Einfacher geht es aber, wenn Sie ein Rechteck und einen Kreis aufziehen und diese über den Pathfinder verschmelzen.

Schritt für Schritt: Einen Torbogen aus geometrischen Formen erstellen

1 **Rechteck zeichnen und Flächen- und Konturattribute bestimmen**

Ziehen Sie ein Rechteck auf, füllen Sie es mit dem gewünschten Farbton, und legen Sie die gewünschte Konturstärke und Konturfarbe fest.

◄ **Abbildung 8.36**
Die Ausgangssituation: ein gefülltes Quadrat, versehen mit einer Kontur

2 **Duplizieren und Verschieben des Rechtecks**

Nun duplizieren Sie das Rechteck und verschieben es mit dem Mittelpunkt auf die obere Kante des Rechtecks. Dies erledigen Sie, indem Sie das Auswahl-Werkzeug ▶ wählen und mit gedrückter ⎇+⇧- bzw. ⌥+⇧-Taste das Rechteck mit dem Mittelpunkt auf die obere Rahmenkante verschieben.

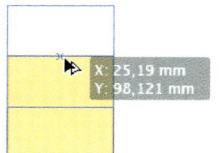

◄ **Abbildung 8.37**
Links: Das Quadrat wird dupliziert. Rechts: das Ergebnis

3 **Oberes Rechteck in Kreis umwandeln**

Markieren Sie das obere Rechteck, und führen Sie den Befehl Objekt • Form konvertieren • Ellipse aus.

◄ **Abbildung 8.38**
Das obere Quadrat wird über Form konvertieren in einen Kreis gewandelt.

4 **Objekte miteinander verschmelzen**

Nun müssen Sie beide Objekte markieren und über das Menü OBJEKT • PATHFINDER • ADDIEREN zu einem Objekt verschmelzen.

Abbildung 8.39 ▶
Das Endergebnis

Sie können diesen Vorgang natürlich auch über das Bedienfeld PATHFINDER durch Klick auf das entsprechende Symbol 🗔 erledigen. ■

Darüber hinausgehende Informationen zum Bedienfeld PATHFINDER und die Beschreibung aller Funktionen erhalten Sie in Abschnitt 11.3.2, »Pathfinder«, auf Seite 295.

Geometrische Objekte in freie Formen umwandeln | Ausgehend von einem geometrischen Objekt kann jede Abwandlung der Objekte am einfachsten über das Zeichenstift-Werkzeug erfolgen. Wie Sie entsprechende Pfadpunkte hinzufügen, diese löschen und auch verändern, erfahren Sie in Abschnitt 11.1.5, »Pfade bearbeiten«, auf Seite 279.

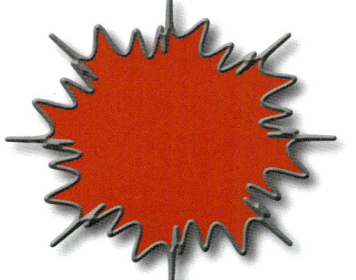

▲ **Abbildung 8.40**
Ganz schnell kann ein Rechteck in diese zufällige Form über Skripte umgewandelt werden.

Zufällige Rahmenformen aus geometrischen Objekten erstellen | Um zufällige Konstrukte aus geometrischen Objekten generieren zu lassen, bedarf es der Verwendung der in InDesign CS4 installierten Skripte. Die Sonderform in Abbildung 8.40 wurde ausgehend von einem Rechteck über das Skript »PathEffects« in Kombination mit dem Skript »AddPoints« erstellt. Welche Skripte zur Verfügung stehen und was diese eigentlich machen, erfahren Sie in Zusatzkapitel B, »Skripten«, auf der Buch-DVD.

8.5   Rahmen und Objekte duplizieren

Oft benötigt man einzelne Objekte, die man mühevoll erstellt hat, oder ganze Gruppen von Objekten ein zweites Mal. Das gilt z. B. auch für Textrahmen, die Sie an einer anderen Stelle in genau der gleichen Dimension mit der gleichen Kontur und Füllung usw. brauchen. InDesign CS4 stellt dazu eine Reihe von Möglichkeiten zur Verfügung.

8.5.1 Einfaches Duplizieren

Das einfache Duplizieren von Objekten oder Objektgruppen kann auf verschiedene Art erfolgen. Je nachdem, welches Endergebnis gewünscht wird, wählen Sie eine der nachfolgenden Vorgehensweisen aus:

Duplizieren über das Menü | Rufen Sie BEARBEITEN • DUPLIZIEREN auf, oder drücken Sie die Tastenkombination `Alt`+`⇧`+`Strg`+`D` bzw. `⌥`+`⇧`+`⌘`+`D`. Ihr Objekt wird dupliziert und, um ein kleines Stück horizontal und vertikal versetzt, neben das Original gestellt.

Duplizieren über Kopieren und Einsetzen | Im Unterschied zum Befehl DUPLIZIEREN verwendet die Abfolge der Befehle BEARBEITEN • KOPIEREN (`Strg`+`C` bzw. `⌘`+`C`) und BEARBEITEN • EINSETZEN (`Strg`+`V` bzw. `⌘`+`V`) die Zwischenablage – der Inhalt bleibt also in der Zwischenablage erhalten. Zusätzlich setzt InDesign ein Objekt, das über die Zwischenablage eingesetzt wird, immer in die Mitte des Dokumentfensters, wo man es in den meisten Fällen nicht wirklich haben will.

Duplizieren an derselben Stelle | Um zwei Arbeitsschritte kommen Sie nicht herum, wenn Sie die Kopie eines Objekts dem Original genau überlagern bzw. das Objekt auf einer anderen Seite an derselben Position einfügen wollen.

Für diese Fälle wählen Sie beim Einfügen des Objekts den Menübefehl BEARBEITEN • AN ORIGINALPOSITION EINFÜGEN oder benutzen das – etwas unbequem zu drückende – Tastenkürzel `Alt`+`⇧`+`Strg`+`V` bzw. `⌥`+`⇧`+`⌘`+`V`.

Duplizieren um einen visuell bestimmten Versatz | Ein Duplikat anlegen und die Zielposition in einem Schritt festlegen können Sie, wenn Sie ein ausgewähltes Objekt mit dem Auswahl- oder Direktauswahl-Werkzeug bei gedrückter `Alt`- bzw. `⌥`-Taste bewegen. Das Originalobjekt bleibt bestehen, und InDesign erzeugt automatisch ein Duplikat, das Sie an die neue Position bewegen können. Dieser damit erzeugte Versatz ist ab sofort Default-Wert für eventuell erstellte Duplikate über den zuvor beschriebenen Befehl BEARBEITEN • DUPLIZIEREN.

8.5.2 Mehrfaches Duplizieren

Bei vielen Duplikaten sind allerdings auch die zuvor beschriebenen Möglichkeiten recht mühsam, da das exakte Positionieren vieler Duplikate gut geplant werden will.

Versatz beim Duplizieren

Welcher Versatz dabei zum Tragen kommt, ist davon abhängig, welchen horizontalen und vertikalen Versatz Sie das letzte Mal entweder im DUPLIZIEREN UND VERSETZT EINFÜGEN-Dialog eingegeben bzw. durch das Verschieben von Objekten mit gedrückter `Alt`- bzw. `⌥`-Taste durchgeführt haben.

Ein Duplikat an der Originalposition erstellen

Um ein Objekt an der Originalposition zu duplizieren, können Sie alternativ folgende Vorgehensweise wählen:

Markieren Sie das Objekt, und erzeugen Sie durch einmaliges Drücken einer Cursor-Taste bei gedrückter `Alt`- bzw. `⌥`-Taste ein Duplikat. Lassen Sie dann die `Alt`- bzw. `⌥`-Taste los, und drücken Sie die Pfeiltaste in die entgegengesetzte Richtung.

Mehrere Objekte mit bestimmten Versatz duplizieren | Wählen Sie das Objekt aus, das Sie mehrfach duplizieren und gleich exakt positionieren wollen, und rufen Sie BEARBEITEN • DUPLIZIEREN UND VERSETZT EINFÜGEN auf.

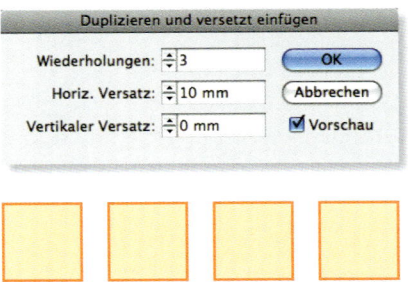

Abbildung 8.41 ▶
Der Dialog DUPLIZIEREN UND VERSETZT EINFÜGEN. Die darunterstehenden vier Quadrate wurden mit dieser Einstellung dupliziert.

▶ **Wiederholungen:** Damit legen Sie fest, wie oft das Objekt dupliziert werden soll. Beachten Sie, dass, wenn Sie die Zahl Drei eingeben, im Endeffekt vier Objekte gezeichnet werden.
▶ **Horiz. Versatz** und **Vertikaler Versatz:** Damit legen Sie fest, in welchem Abstand die Duplikate angelegt werden sollen. Dabei wird von der linken bzw. oberen Kante des Objekts ausgegangen.
Wenn Sie sowohl einen horizontalen als auch einen vertikalen Versatz eintragen, ergibt sich dabei eine »diagonale« Anordnung der Duplikate.
▶ **Vorschau:** Erst mit InDesign CS3 wurde eine Vorschaumöglichkeit in diese Funktion eingebaut. Durch diese hilfreiche Funktion kann das Ergebnis visuell schnell kontrolliert abgesetzt werden, ohne herumzurechnen.

Alternative Vorgehensweisen zum mehrfachen Duplizieren von Objekten | Mit dem zuvor Erlernten können Sie nun schnell eine Mehrfachduplizierung vornehmen. Die Varianten sind:
▶ Durch mehrfaches Ausführen des Befehls OBJEKT • DUPLIZIEREN kann ein Objekt immer um denselben – eher unbestimmten – Wert versetzt dupliziert werden.
▶ Durch Verschieben des Objektes mit gedrückter ⎇ALT⎇- bzw. ⌥-Taste kann das erste Duplikat visuell an die Zielposition verschoben werden. Wenn Sie dann den Befehl OBJEKT • DUPLIZIEREN erneut aufrufen, so wird im selben Abstand ein zusätzliches Duplikat erstellt.
▶ Anstelle des Befehls OBJEKT • DUPLIZIEREN kann auch der Befehl OBJEKT • ERNEUT TRANSFORMIEREN • ERNEUT TRANSFORMIEREN aufgerufen werden. Der Befehl ist auch über das Tastenkürzel ⎇Strg⎇+⎇Alt⎇+③ bzw. ⌘+⌥+③ ansprechbar.

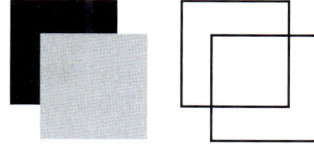

8.6   Objektanordnung vornehmen

Haben Sie mehrere Rahmen bzw. Objekte aufgezogen oder durch Duplizieren erstellt, so können diese sich teilweise überlagern oder zur Gänze durch andere Objekte verdeckt sein. Für den Anwender ist es extrem wichtig, zu jeder Zeit Objekte auswählen und diese in die richtige Objektanordnung bringen zu können.

Generell sei hierbei angemerkt, dass das zuletzt durch ein Werkzeug aufgezogene oder über die Zwischenablage eingefügte Objekt sich immer an der obersten Stelle in der Objektanordnung befindet. Etwas anders verhält es sich beim Duplizieren von Objekten, denn hier wird das duplizierte Objekt eine Schicht oberhalb des Ausgangsobjekts erstellt.

▲ **Abbildung 8.42**
Das graue Quadrat liegt über dem schwarzen Quadrat. Aber welcher Rahmen überlappt welchen?

◄ **Abbildung 8.43**
Beispiel der Objektanordnung durch Kopieren und Duplizieren

Im oben gezeigten Beispiel ist links der Ausgangszustand, ein Quadrat mit heller Fläche und ein Quadrat mit dunkler Fläche, abgebildet. Dabei wurde zuerst das helle und dann das dunkle Quadrat über ein Werkzeug erstellt. In der mittleren Abbildung ist zu sehen, dass durch das Kopieren und Einfügen des linken, hellen Quadrates dieses in der Objektanordnung ganz in den Vordergrund gestellt wird. Wird hingegen das linke, helle Quadrat dupliziert – hier durch Verschieben mit dem Auswahl-Werkzeug bei gedrückter Alt- bzw. ⌥-Taste –, so wird das Quadrat zwar oberhalb des hellen, jedoch unterhalb des dunklen Quadrates in der Objektanordnung eingefügt.

8.6.1   Objektanordnung in einer Ebene

Objekte können sich somit auf der gleichen Ebene überlappen. Die Anordnung ist in einem solchen Fall nicht immer ohne Weiteres erkennbar. Um hier klare Verhältnisse zu schaffen, finden Sie im Menü OBJEKT • ANORDNEN bzw. im Kontextmenü eines Objekts vier Menübefehle, mit denen Sie Objekte in ihrer Anordnung gegeneinander verschieben können:

▶ **In den Vordergrund:** Damit wird das ausgewählte Objekt auf der gleichen Ebene ganz nach oben gesetzt. Das Tastenkürzel Strg+⇧+Ä bzw. ⌘+⇧+Ä sollten Sie sich für eine schnelle Arbeitsweise gut einprägen.

▶ **In den Hintergrund:** Damit wird das ausgewählte Objekt auf der gleichen Ebene ganz nach unten gesetzt. Auch dieses Tas-

Kleiner Scherz am Rande

Wie kann man sich denn solche komischen Kurzbefehle zum Verschieben von Objekten in den Vordergrund bzw. in den Hintergrund merken? Ganz einfach:

Tiroler Ureinwohner kommentieren das Verschwinden von Sachen immer mit dem Laut »Ö«. Wenn sie wiederum das Gesuchte gefunden haben, tun sie ihre Freude durch den Laut »Aaahh« kund.

tenkürzel $\boxed{\text{Strg}}$+$\boxed{\diamond}$+$\boxed{\ddot{\text{O}}}$ bzw. $\boxed{\mathcal{H}}$+$\boxed{\diamond}$+$\boxed{\ddot{\text{O}}}$ sollten Sie sich gut einprägen.

▶ **Schrittweise nach vorn** bzw. **Schrittweise nach hinten:** Mit diesen beiden Befehlen können Sie das ausgewählte Objekt fein dosiert innerhalb des Objektstapels verschieben. Wenn Ihr Layout nur aus einer Ebene aufgebaut ist und es sich dabei um einen etwas komplexeren Aufbau handelt, zeigt die Ausführung dieser Befehle schon das eine oder andere Mal keine Auswirkung, da sich nebeneinanderliegende Objekte nicht zwangsläufig auch untereinander im Objektstapel berühren müssen.

8.6.2 Objektanordnung durch Ebenen

Eine Objektanordnung kann auch durch Verschieben der Objekte auf eine andere Ebene erfolgen. Diese Vorgehensweise entspricht eher einem kontrollierten Aufbau der Objektanordnung und schafft speziell bei umfangreichen Projekten den Durchblick.

Wie Sie dabei vorgehen, haben Sie bereits in Abschnitt 6.2.1, »Ebenenreihenfolge verändern und Objekte auf eine andere Ebene verschieben«, auf Seite 138 erfahren.

8.6.3 Dahinterliegende Objekte auswählen

Ist ein Objekt zur Gänze durch andere Objekte verdeckt, so wäre die Vorgehensweise, zuerst alle anderen Objekte in den Hintergrund zu stellen, um das verdeckte Objekt sichtbar und somit auch auswählbar zu machen, sicherlich der falsche Weg.

InDesign stellt dem Anwender zum »Durchklicken« innerhalb eines Objektstapels die Möglichkeit zur Verfügung, dies durch einfache Klicks auf das Objekt bei gedrückter $\boxed{\text{Strg}}$- bzw. $\boxed{\mathcal{H}}$- Taste zu erledigen.

8.6.4 Dahinterliegende Objekte verschieben

Wenn Sie nun das verdeckte Objekt durch das »Durchklicken« auswählen konnten, so müssen Sie dieses Objekt nicht zuerst in den Vordergrund bringen, um es an eine andere Stelle zu verschieben. Dennoch führt ein einfacher Klick auf das Objekt – irgendwo auf der Fläche – dabei nicht zum Erfolg, da dabei wiederum das oberste Objekt in der Objektanordnung ausgewählt würde.

Das Verschieben des verdeckten Objekts gelingt am besten durch Klick auf den Objektmittelpunkt oder auf den Rand des Objekts. Natürlich kann das markierte Objekt auch durch Drücken der Cursor-Pfeile in alle Himmelsrichtungen verschoben werden.

Darunterliegende Objekte können nicht ausgewählt werden

Wenn Sie durch Drücken der $\boxed{\text{Strg}}$- bzw. $\boxed{\mathcal{H}}$-Taste ein darunterliegendes Objekt nicht auswählen können, so sind die Objekte miteinander gruppiert worden. Wie Sie dennoch darunterliegende Objekte in einer Gruppe auswählen können, erfahren Sie in diesem Kapitel auf Seite 194.

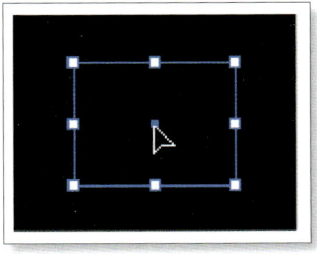

▲ **Abbildung 8.44**
Wählen Sie den Objektmittelpunkt zum Verschieben von Objekten aus.

8.7 Objekte ausrichten und verteilen

Layoutrahmen einzeln zu positionieren, ist zeitraubend und mühsam, inbesondere wenn Rahmen regelmäßig an anderen Rahmen, am Satzspiegel oder am Seitenrand ausgerichtet werden sollen. Neben der Möglichkeit, die Ausrichtung anhand von Hilfslinien zu bewerkstelligen – wie Sie mit Hilfslinien arbeiten und diese anlegen, haben Sie in Kapitel 7, »Hilfslinien und Lineale«, schon gelesen, stellt InDesign CS4 für diese Anforderungen darüber hinausgehende, leicht zu bedienende Werkzeuge zur Verfügung.

Jegliche Art von Objektansammlung kann über das Ausrichten-Bedienfeld erfolgen, das Sie über das Menü Fenster • Objekte und Layout • Ausrichten , durch Klick auf das Symbol in der Bedienfeldleiste oder durch Drücken der Tastenkombination ⇧+F7 aufrufen können.

Mit der Vorstellung von InDesign CS3 wurden im Bedienfeld wichtige Änderungen vorgenommen. Seither können Sie festlegen, ob Sie Objekte zueinander – An Auswahl ausrichten – oder an einem vom Layout vorgegebenen Rand – Druckbogen, Seite oder Satzspiegel – ausrichten wollen. Betrachten wir zunächst das Ausrichten von Objekten zueinander – dies sind die Standardfunktionen. Stellen Sie hierzu im Bedienfeld An Auswahl ausrichten ❹ ein.

8.7.1 Objekte aneinander ausrichten oder verteilen

Sie können mehrere Objekte ausrichten ❶ oder mehrere Objekte verteilen ❷, wobei dabei zwischen den Objekten zusätzlich ein Abstand über die Option Abstand verwenden ❸ vorgegeben werden kann.

Über die Funktionen in Abstand verteilen ❺ können Objekte innerhalb des ausgewählten Bereichs verteilt werden, wodurch der Abstand zwischen den Objekten gleichmäßig aufgeteilt wird. Über die Option Abstand verwenden ❻ kann, wie bei Objekte verteilen, ein zusätzlicher Abstand zwischen den Objekten einfügt werden.

Objekte können generell vertikal und horizontal ausgerichtet und verteilt werden. Dabei kann in jeder Ausrichtungsart der Bezugspunkt der Ausrichtung zusätzlich unterschiedlich gewählt werden.

Objekte aneinander ausrichten | Die Funktionsgruppe dient dazu, ausgewählte Objekte vertikal auszurichten. Eine Ausrichtung kann dabei an der linken Kante , am Mittelpunkt oder an der rechten Kante der ausgewählten Objekte vorge-

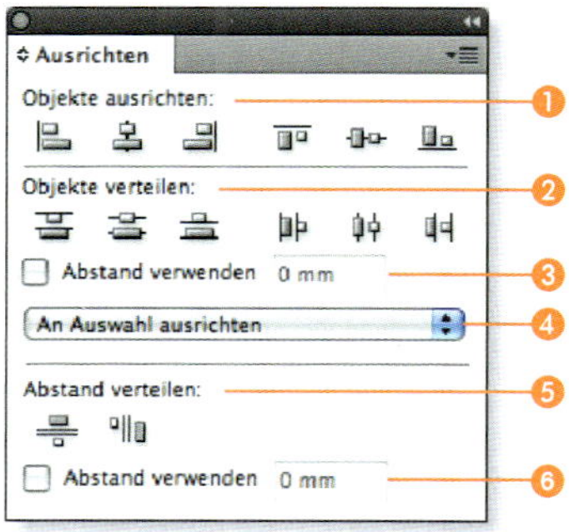

▲ **Abbildung 8.45**
Das Bedienfeld Ausrichten mit gewählter Standardfunktion An Auswahl ausrichten.

Gedrehte Objekte

Bei gedrehten Rahmen ist es schwierig, von einer linken, rechten, oberen und unteren Kante zu sprechen. Die Ergebnisse sind deshalb nicht unbedingt vorhersehbar.

nommen werden. Bei einer Ausrichtung an der linken oder rechten Kante werden alle Objekte an der linken bzw. rechten Kante des am weitesten links/rechts stehenden Objekts ausgerichtet. Bei der Ausrichtung am Mittelpunkt wird jener Bezugspunkt – rechnerischer Mittelpunkt zwischen den beiden äußersten der ausgewählten Objekte – verwendet; die horizontale Position der ausgerichteten Objekte ändert sich dadurch nicht.

Die Funktionsgruppe dient zur horizontalen Ausrichtung mehrerer Objekte, wobei sich alle Funktionen analog zu denen der vertikalen Ausrichtung verhalten. Die vertikale Position der Objekte bleibt unverändert, und die Ausrichtung erfolgt an der Ober- bzw. Unterkante oder dem Mittelpunkt.

Mehrere Objekte am Mittelpunkt ausrichten

Um zwei Objekte genau übereinanderzulegen, wählen Sie die beiden Objekte aus und richten sie zuerst vertikal und dann horizontal am Mittelpunkt aus. Damit decken sich die Mittelpunkte und somit die beiden Objekte technisch ganz exakt.

Schritt für Schritt: Eine Zielscheibe erstellen

1 Vier Kreise erstellen und einfärben

Erstellen Sie als Erstes vier Kreise mit den Radien 40 mm, 30 mm, 20 mm und 10 mm, und färben Sie diese dann mit den gewünschten Flächenfarben ein. Achten Sie darauf, dass Sie mit dem großen Kreis beginnen und sich dann bis zum kleinen Kreis durcharbeiten, denn der große Kreis muss das unterste Objekt im Objektstapel sein. Die Position der Kreise ist vollkommen egal.

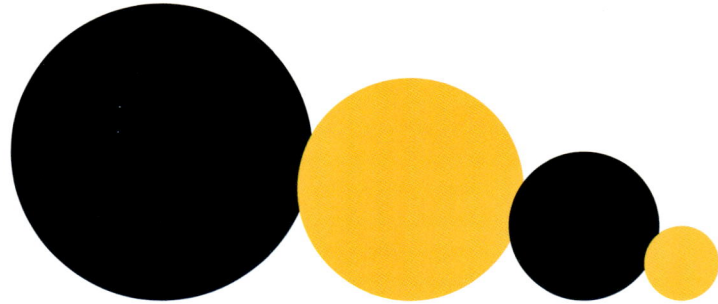

Abbildung 8.46 ▸
Vier Kreise mit regelmäßig abgestuften Radien abwechselnd eingefärbt

2 Eine horizontale und vertikale Linie erstellen

Wählen Sie das Linienzeichner-Werkzeug aus, und ziehen Sie bei gedrückter ⇧-Taste eine horizontale Linie. Die Konturstärke wird mit 1 Pt und die Länge mit 50 mm festgelegt. Färben Sie dann die Linie noch rot ein.

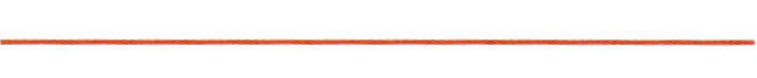

Abbildung 8.47 ▸
Eine waagrechte rote Linie

Duplizieren Sie diese Linie, indem Sie das Auswahl-Werkzeug wählen und sie mit gedrückter Alt- bzw. ⌥-Taste durch Verschieben duplizieren. Drehen Sie die duplizierte Linie um 90°.

Dies können Sie am schnellsten erledigen, indem Sie auf das Symbol ↻ im Steuerung-Bedienfeld klicken.

3 Objekte ausrichten

Markieren Sie zum Schluss alle erstellten Objekte – vier Kreise und zwei Linien –, und klicken Sie im Ausrichten-Bedienfed auf die Symbole 🖫 und 🖙.

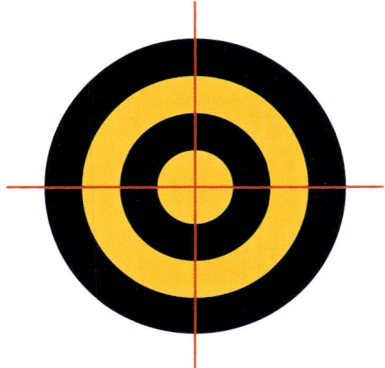

◄ **Abbildung 8.48**
Das Endergebnis – eine Zielscheibe

Damit werden alle Objekte am Mittelpunkt horizontal und vertikal ausgerichtet. Die fertige Zielscheibe müsste sich dann wie in Abbildung 8.48 darstellen. ■

Unter OBJEKTE VERTEILEN finden Sie wiederum zwei Funktionsgruppen zur vertikalen 🖩 🖩 🖩 und horizontalen 🖩 🖩 🖩 Verteilung von Objekten. Der Unterschied zum Ausrichten ist hier lediglich, dass die äußeren Objekte ihre vertikale/horizontale Position nicht ändern, sondern nur die Objekte, die zwischen den beiden liegen, gleichmäßig verteilt werden. Daraus folgt, dass diese Funktionen nur Wirkung zeigen, wenn Sie zumindest drei Objekte ausgewählt haben. Dabei können Sie in beiden Funktionsgruppen auswählen, ob die linke oder rechte Kante oder der Objektmittelpunkt zur Verteilung herangezogen werden soll.

Völlig anders verhalten sich die Funktionen aber, wenn Sie die Option ABSTAND VERWENDEN ❸ (siehe dazu Abbildung 8.45) aktivieren und im entsprechenden Feld einen Wert eintragen. Dann erfolgt keine gleichmäßige Verteilung der Objekte zwischen den äußeren Objekten mehr, sondern es werden die gewählten Objekte im festgelegten Abstand gegeneinander versetzt. Dabei können Sie wieder wählen, ob die Kanten oder die Objektmittelpunkte gestaffelt werden sollen. Das funktioniert auch mit nur zwei Objekten. Bei der vertikalen Verteilung ändert sich die hori-

TOP-TIPP
Objekte an einem bestimmten Objekt ausrichten

Sie haben drei Objekte ausgewählt und wollen alle Objekte am mittleren Objekt links ausrichten. Wenn Sie im Ausrichten-Bedienfeld auf das Symbol klicken, so werden alle Objekte am linken ausgewählten Objekt links ausgerichtet.

Wenn Sie jedoch zuvor das mittlere Objekt sperren – Menü OBJEKT • POSITION SPERREN – und dann das Symbol im Ausrichten-Bedienfeld klicken, so werden alle Objekte an der linken Kante des gesperrten Objekts ausgerichtet.

zontale und bei der horizontalen Verteilung die vertikale Position der beteiligten Objekte nicht.

Alle diese Ausrichtungs- und Verteilungsfunktionen beziehen sich auf die Kanten oder die Mittelpunkte der Objekte.

Objekte aneinander verteilen | Mit der Zusatzoption ABSTAND VERTEILEN werden Objekte vertikal ⬍ oder horizontal ⬌ ausgerichtet, indem der Abstand zwischen ihnen gleichmäßig verteilt wird. Welcher rechnerische Wert sich für den Abstand dabei ergibt, hängt von den beiden Bezugsobjekten – das jeweils linke/obere und das jeweils rechte/untere – ab. Somit ist logisch, dass diese Option wiederum nur dann funktioniert, wenn zumindest drei Objekte beteiligt sind.

Wenn Sie allerdings die Option ABSTAND VERWENDEN aktivieren und einen entsprechenden Eintrag im dazugehörigen Feld machen, werden die Abstände wiederum absolut festgelegt, was auch bei zwei Objekten funktioniert und damit die Anordnung der Objekte auf der entsprechenden Achse verändert.

8.7.2 Objekte im Layout ausrichten oder verteilen

Was viele ehemalige FreeHand-Anwender schon immer vermisst haben, Objekte im Layout (Satzspiegel, Seite oder Druckbogen) auszurichten, ist seit InDesign CS3 möglich.

Auf welchen Teil des Layouts sich die Ausrichtung beziehen soll, können Sie im Menü des Ausrichten-Bedienfelds einstellen. Neben der bereits bekannten Einstellung AN AUSWAHL AUSRICHTEN gibt es folgende Möglichkeiten:

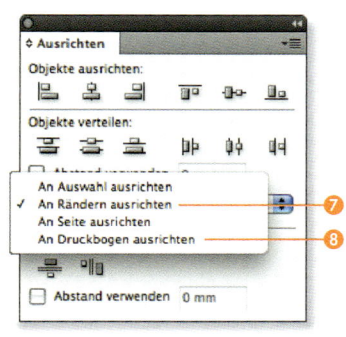

An Rändern ausrichten ❼ | Das Bezugsobjekt für die Ausrichtung ist hier der Satzspiegel der jeweiligen Seite. Damit können Sie sehr schnell mehrere Grafiken innerhalb des Satzspiegels horizontal verteilen. Beachten Sie, dass Sie dafür zuerst AN RÄNDERN AUSRICHTEN auswählen müssen und erst nachträglich auf das Symbol ⬌ klicken. Das nachträgliche Ändern des Bezugs auf AN RÄNDER AUSRICHTEN führt zu keiner Veränderung.

An Seite ausrichten | Die einzelnen Objekte werden am Endformat – also an der Seite, die unter DATEI • DOKUMENT EINRICHTEN definiert wurde – ausgerichtet.

An Druckbogen ausrichten ❽ | Bei einem Dokument mit einzelnen Seiten ist diese Option identisch mit AN SEITE AUSRICHTEN, bei allen anderen Dokumenten ist die Bezugsfläche die Fläche, die der aktuelle Druckbogen einnimmt. Bei einem zweiseitigen Layout sind die Bezugsflächen also die beiden gegenüberliegenden Seiten, und bei Bögen, die aus mehreren Seiten zusammengestellt wurden, ist die Bezugsfläche der Gesamtumriss aller zum Bogen gehörenden Seiten.

Einelne Objekte ausrichten | Da bei allen drei Optionen bereits ein Bezugsobjekt existiert, können somit einzelne Objekte im Layout ausgerichtet werden. Haben Sie mehrere Objekte ausgewählt, werden alle Objekte mit ihrer entsprechenden Kante im Layout eingerichtet.

Wenn Sie mehrere Objekte verteilen und keinen Abstand vorgeben, werden die Objekte gleichmäßig im jeweiligen Layout verteilt. Kommt ein Abstand ins Spiel, orientiert sich InDesign an der linken bzw. oberen Kante der begrenzenden Fläche. So können einzelne Objekte auch von der Seite rutschen. Für das Verteilen von Abständen gilt dasselbe, weshalb sich die Ergebnisse bei mehreren Objekten nicht unbedingt ohne Weiteres vorsehen lassen. Natürlich hat InDesign immer die gleiche Vorgehensweise, jedoch reicht bei vielen Objekten die Vorstellungskraft nicht aus.

Für sehr viele Objekte werden Sie diese Möglichkeiten aber auch kaum einsetzen. Wesentlich ist, dass seit InDesign CS3 einzelne Objekte exakt im Satzspiegel, auf der Seite oder einem Bogen zentriert werden können, indem Sie dieses Objekt für die jeweilige Bezugsgröße einfach horizontal und vertikal ausrichten.

> **Gesperrte Objekte**
>
> Wenn sich die Ausrichtungs- und Verteilungswerkzeuge nicht so verhalten, wie Sie es erwarten, überprüfen Sie, ob ein Objekt der Gruppe, die Sie ausrichten wollen, mit OBJEKT • POSITION SPERREN fixiert wurde. Entsperren Sie dieses Objekt, und alles sollte sich ordnungsgemäß verhalten.

Schritt für Schritt: Eine vertikale Hilfslinie mittig im Satzspiegel über das Ausrichten-Bedienfeld erstellen

Nicht nur InDesign-Objekte können über das Ausrichten-Bedienfeld ausgerichtet bzw. verteilt werden. Nachdem für InDesign Hilfslinien auch Objekte darstellen, können natürlich auch Hilfslinien damit exakt ausgerichtet bzw. verteilt werden.

1 Vertikale Hilfslinie erstellen

Erstellen Sie eine vertikale Hilfslinie, indem Sie sie aus dem vertikalen Lineal herausziehen und auf die gewünschte Seite verschieben. Die Position der Hilfslinie ist dabei egal, sie muss nur auf der gewünschten Seite und nicht auf dem Druckbogen liegen.

2 Ausgewählte Hilfslinie über das Ausrichten-Bedienfeld mittig im Satzspiegel positionieren

Wählen Sie zuerst die Hilfslinie aus, und aktivieren Sie dann den Eintrag AN RÄNDERN AUSRICHTEN ❼ im Ausrichten-Bedienfeld.

Klicken Sie erst dann auf das Symbol ⚓ bei OBJEKTE AUSRICHTEN. Die Hilfslinie wird damit mittig im Satzspiegel ausgerichtet. ■

8.7.3 Ausrichten mit magnetischen Hilfslinien

Magnetische Hilfslinien wurden erstmals mit Photoshop CS eingeführt. Photoshop-Anwender liebten diese Funktion, da damit das Ausrichten von Objekten an anderen Elementen in der Photoshop-Datei wesentlich erleichtert wurde. Das wunderbar hilfreiche Konzept hat mit CS4 nun die Hauptprogramme Photoshop, Illustrator und InDesign endlich erreicht.

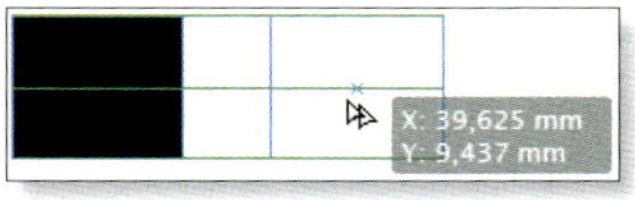

Wie funktioniert das Konzept? Beim Ziehen oder Erstellen eines Objekts werden vorübergehend Hilfslinien angezeigt, an denen Sie erkennen, dass das Objekt an einer Kante, an der Seitenmitte oder an einem anderen Seitenobjekt ausgerichtet wird.

Magnetische Hilfslinien werden standardmäßig angezeigt. Sie können sie jedoch insgesamt deaktivieren oder einzelne Kategorien der magnetischen Hilfslinien deaktivieren.

Magnetische Hilfslinien insgesamt deaktivieren | In sehr komplexen Layouts kann das Anzeigen von magnetischen Hilfslinien eher als störend denn als hilfreich angesehen werden. Wenn Sie die Anzeige von magnetischen Hilfslinien generell deaktivieren wollen, so müssen Sie den Befehl ANSICHT • RASTER UND HILFSLINIEN • MAGNETISCHE HILFSLINIEN ausführen oder die Tastenkombination ⟨Strg⟩+⟨U⟩ bzw. ⟨⌘⟩+⟨U⟩ drücken.

Einzelne Kategorien von magnetischen Hilfslinien anzeigen lassen | Welche Art von magnetischen Hilfslinien überhaupt angezeigt wird, bestimmen Sie über das Register HILFSLINIEN UND MONTAGEFLÄCHE der InDesign-VOREINSTELLUNGEN.

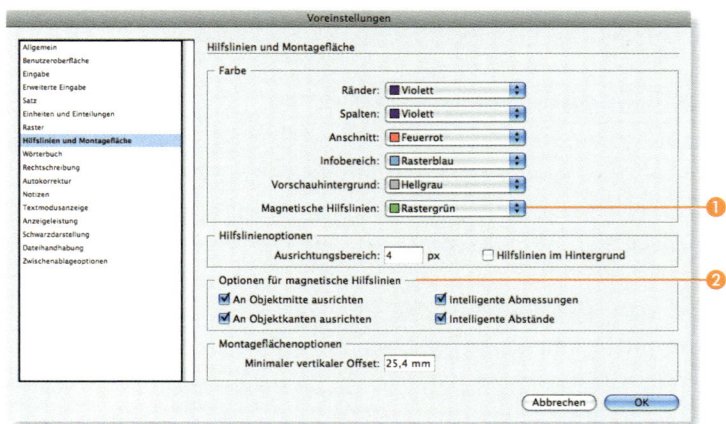

▲ Abbildung 8.50
Wird ein Objekt dupliziert und/oder verschoben, so werden magnetische Hilfslinien – die Standardfarbe ist Grün – an der oberen und unteren Kante als auch entlang des Mittelpunkts zur leichteren Ausrichtung angezeigt.

> **Anzeige von magnetischen Hilfslinien über Ebenen hinweg**
>
> Magnetische Hilfslinien werden, auch wenn sich die verschobenen Objekte auf einer anderen Ebene befinden, gegenüber Objekten anderer Ebenen angezeigt. Selbst wenn Objekte auf gesperrten Ebenen liegen, werden die Hilfslinien noch angezeigt.

Abbildung 8.51 ▶
Das Register HILFSLINIEN UND MONTAGEFLÄCHE der InDesign-VOREINSTELLUNGEN. Darin können Sie einerseits die Farbe der MAGNETISCHEN HILFSLINIEN ❶ als auch die Arten der Hilfslinien, die angezeigt werden sollen, im Bereich OPTIONEN FÜR MAGNETISCHE HILFSLINIEN ❷ auswählen.

▶ **An Objektmitte ausrichten:** Diese intelligente Objektausrichtung ermöglicht ein einfaches Ausrichten – Objekte rasten beim Verschieben automatisch am Mittelpunkt benachbarter Objekte ein – an der Mitte von Seitenobjekten. Zusätzlich zur Ausrichtung werden magnetische Hilfslinien dynamisch erstellt, um dem Anwender anzuzeigen, an welchem Objekt die Ausrichtung erfolgt.

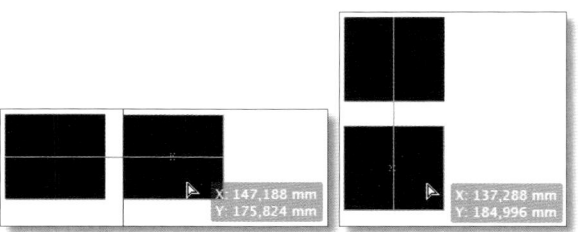

◀ **Abbildung 8.52**
Ist nur AN OBJEKTMITTE AUSRICHTEN aktiviert, so werden nur Hilfslinien, die eine mittige Ausrichtung ermöglichen, angezeigt.

Bemerkenswert an der linken Abbildung ist, dass neben der grünen, horizontalen magnetischen Hilfslinie auch eine vertikale, violette Hilfslinie beim Verschieben dieses Objekts angezeigt wird. Diese vertikale magnetische Spaltenhilfslinie zeigt dem Anwender in diesem Fall, dass einerseits beide Objekte horizontal mittig ausgerichtet sind und dass darüber hinaus die linke Kante des zweiten Objektes mittig im Satzspiegel angeordnet ist.

▶ **An Objektkante ausrichten:** Durch diese intelligente Objektausrichtung werden die Objekte beim Verschieben automatisch an der oberen/unteren bzw. an der linken oder rechten Objektkante benachbarter Objekte ausgerichtet.

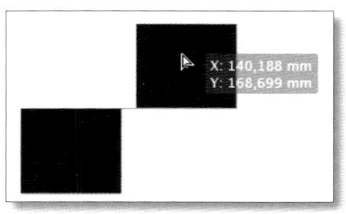
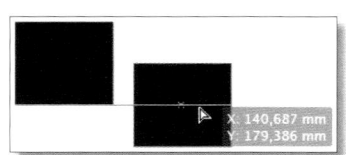
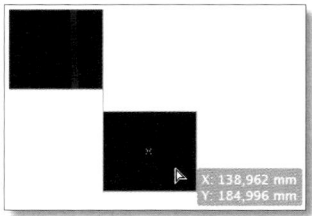

Besonders zu erwähnen ist, dass auch eine Ausrichtung des Mittelpunktes des verschobenen Objektes zu einer Objektkante durchgeführt wird (mittlere Abbildung).

▶ **Intelligente Abmessungen:** Intelligente Abmessungen werden bezugnehmend auf andere Objekte angezeigt, wenn Sie Seitenobjekte erstellen, drehen oder deren Größe ändern.
Wenn Sie beispielsweise ein Objekt auf der Seite um 17° gedreht haben, wird ein Drehsymbol angezeigt, wenn Sie ein anderes Objekt ebenfalls um 17° drehen. Mit Hilfe dieses Hin-

▲ **Abbildung 8.53**
Ist nur AN OBJEKTKANTE AUSRICHTEN aktiviert, so werden nur Hilfslinien, die eine Ausrichtung an der oberen/unteren bzw. linken/rechten Kante ermöglichen, angezeigt.

weises können Sie das Objekt am selben Drehwinkel ausrichten wie das benachbarte Objekt.

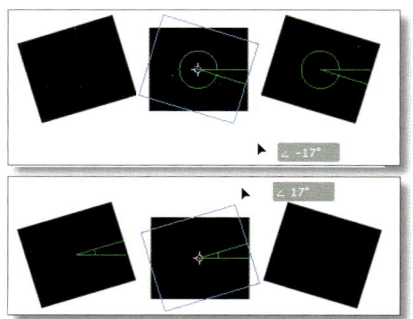

Abbildung 8.54 ▶
Intelligente Abmessungen zeigen an, wenn der Drehwinkel des Objekts mit einem Winkel eines benachbarten Objekts übereinstimmt.

Ähnlich ist es, wenn Sie die Größe eines Objekts neben einem anderen Objekt ändern. In diesem Fall wird Ihnen durch ein Liniensegment mit Pfeilen an beiden Enden angezeigt, wenn das Objekt dieselbe Breite oder Länge hat wie das benachbarte Objekt.

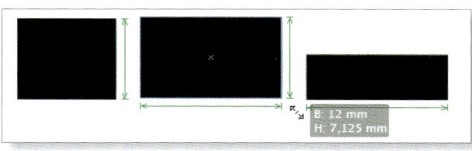

Abbildung 8.55 ▶
Beim Skalieren eines Objekts wird angezeigt, wann das Objekt in der Breite oder Höhe mit einem benachbarten Objekt übereinstimmt.

▶ **Intelligente Abstände:** Damit können Sie Seitenobjekte schnell anordnen, da temporäre Hilfslinien angezeigt werden, wenn der Abstand zwischen Objekten gleich ist.

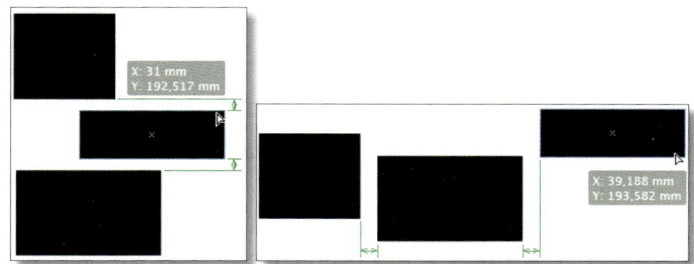

Abbildung 8.56 ▶
Beim Verschieben eines Objekts wird angezeigt, wann das Objekt im selben Abstand zu benachbarten Objekten steht.

Wenn Sie ein Objekt verschieben oder seine Größe ändern, wird die Position des Cursors in einem grauen Kästchen als X- und Y-Werte angezeigt. Diese Anzeige ist unabhängig von den magnetischen Hilfslinien zu sehen.

Wenn Sie diese Anzeige nicht wünschen, so müssen Sie die entsprechende Voreinstellung TRANSFORMATIONSWERTE ANZEIGEN im Register BENUTZEROBERFLÄCHE der InDesign-Voreinstellungen deaktivieren.

Welche magnetischen Hilfslinien sollen angezeigt werden?

Wir empfehlen, grundsätzlich alle magnetischen Hilfslinien anzeigen zu lassen. Sollten Sie in einem komplexen Layout die Anzeige dieser eher als störend denn als hilfreich empfinden, so können Sie die Anzeige der magnetischen Hilfslinien temporär über das Tastaturkürzel Strg+U bzw. ⌘+U deaktivieren.

8.8   Objektgruppen

Die Ausrichtungs- und Verteilungsfunktionen brauchen eine gewisse Übung. Wenn Sie nun nach einigem Training viele Objekte so angeordnet haben, wie Sie es wollten, sollte sich diese Anordnung natürlich nicht mehr ändern. Sie können die Position aller beteiligten Objekte natürlich sperren, allerdings bedeutet »Anordnung zueinander« zumeist noch nicht, dass auch schon die richtige Position der Objektgruppe gefunden wurde.

In diesem Fall müssten Sie alle Objekte wieder entsperren, und eine kleine Unachtsamkeit beim Auswählen aller Objekte würde die ganze Arbeit leicht wieder zunichtemachen.

8.8.1   Objekte gruppieren

Damit so etwas nicht passiert, sollten Sie Objekte, die sich in ihrer Position zueinander nicht mehr verändern sollen, gruppieren. Wählen Sie dazu aus dem Menü OBJEKT die Funktion GRUPPIEREN. Die unvermeidliche Tastenkombination ist `Strg`+`G` bzw. `⌘`+`G`. Um eine Objektgruppe wieder in ihre Einzelkomponenten aufzulösen, wählen Sie OBJEKT • GRUPPIERUNG AUFHEBEN oder drücken die Tastenkombination `Strg`+`⇧`+`G` bzw. `⌘`+`⇧`+`G`.

Gruppierte Objekte werden mit einem einzigen Auswahlrahmen umgeben und können miteinander bewegt werden. Die Objekte innerhalb der Gruppe können mit dem Direktauswahl-Werkzeug trotzdem noch getrennt bearbeitet werden. Der Rahmen einer Gruppe unterscheidet sich optisch von einem normalen Objektrahmen durch eine gröber gestrichelte Linie, um die Rahmen so besser unterscheiden zu können.

▲ **Abbildung 8.57**
Vier Objekte (oben) werden zu einer Gruppe (unten) zusammengefasst.

Gruppieren von gesperrten Objekten | Sie können aber keine Objektansammlung gruppieren, die sowohl gesperrte als auch nicht gesperrte Objekte enthält – wenn Sie es versuchen, können Sie aber entscheiden, wie die betroffenen Objekte behandelt werden sollen:

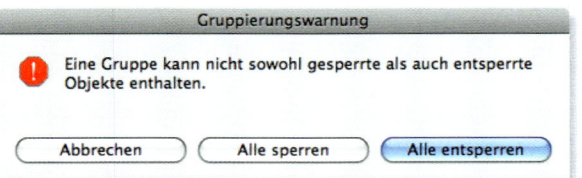

◄ **Abbildung 8.58**
GRUPPIERUNGSWARNUNG, wenn sich in einer Objektgruppe sowohl gesperrte als auch nicht gesperrte Objekte befinden

Gruppieren von Objekten unterschiedlicher Ebenen | Wenn Sie Objekte, die sich auf unterschiedlichen Ebenen befinden, gruppieren wollen, werden alle Objekte der Gruppe auf eine Ebene gestellt. Die ganze Gruppe wird dabei in die Ebene des am weitesten oben liegenden Objektes verschoben.

8.8.2 Objekte in Gruppen auswählen

Im Abschnitt 8.6, »Objektanordnung vornehmen«, auf Seite 183 haben wir Ihnen gezeigt, wie Sie die Stapelordnung von Objekten verändern können. Was wir Ihnen aber verschwiegen haben, ist, wie Sie ein Objekt einer Gruppe auswählen können, das zur Gänze von einem darüberliegenden Objekt verdeckt wird. Diese Methoden reichen wir nun nach, da sie für beide Arten, sich locker überlappende oder verknüpfte Objekte, im Wesentlichen gleich funktionieren.

Übereinanderliegende Objekte auswählen | Der einfachste Fall ist, wenn sich Objekte, die in keiner besonderen Beziehung zueinander stehen, überlappen. Solange von jedem Objektrahmen ein Stück angeklickt werden kann, ist das kein Problem – Sie klicken das Objekt mit einem der beiden Auswahl-Werkzeuge an, um es auszuwählen. Wenn ein Objekt vollständig ein anderes verdeckt, müssen Sie zunächst das oben liegende Objekt auswählen und können dann die Auswahl im Objektstapel mit den Befehlen des Menüs OBJEKT • AUSWÄHLEN verschieben.

Die vier Menübefehle ERSTES OBJEKT DARÜBER, NÄCHSTES OBJEKT DARÜBER, NÄCHSTES OBJEKT DARUNTER und LETZTES OBJEKT DARUNTER sind selbsterklärend und den Befehlen zum Anordnen im gleichnamigen Menü sehr ähnlich. Diese Befehle finden Sie auch im Kontextmenü aller Objekte – dieser Zugang ist vorzuziehen – und können über die entsprechenden Tastaturkürzel ausgeführt werden.

Objekte in Containern bzw. Gruppen auswählen | Gruppierte Objekte besitzen einen Gruppenrahmen, der einen Behälter für die einzelnen Objekte darstellt. Solche Objektgruppen können auch in andere Objekte eingesetzt werden – wie, zeigen wir Ihnen in Abschnitt 11.3.3, »Objekte in die Auswahl einfügen«, auf Seite 298. Dieses Objekt wird dann zum Behälter (Container) der ganzen Gruppe. Auch bei gruppierten Objekten und Objektgruppen, die in andere Objekte eingesetzt sind, können Sie die einzelnen Objekte weiterhin auswählen und bearbeiten.

Zum Bearbeiten von Objekten in einer Gruppe wählen Sie das Direktauswahl-Werkzeug ➤ aus und aktivieren damit das gewünschte Objekt. Mit gedrückter [⇧]-Taste können Sie zusätzliche Objekte in der Gruppe auswählen – man spricht dann vom Gruppenauswahl-Werkzeug. Sobald Sie ein oder mehrere Objekte

▲ **Abbildung 8.59**
Über das Direktauswahl-Werkzeug können bei gedrückter [⇧]-Taste mehrere Objekte in der Gruppe ausgewählt werden.

in der Gruppe ausgewählt haben, können Sie es/sie wiederum mit allen Werkzeugen bearbeiten. Allerdings kann ein bereits ausgewähltes Objekt so nicht wieder aus der Auswahl entfernt werden. Um dies zu tun, aktivieren Sie zunächst alle Punkte des Objekts (Gruppenauswahl-Werkzeug) und klicken dann mit gedrückter ⟨⇧⟩-Taste auf den Mittelpunkt des Objekts, das aus der Auswahl entfernt werden soll. Anstelle des Gruppenauswahl-Werkzeugs können Sie auch auch mit gedrückter ⟨⇧⟩-Taste auf den Mittelpunkt des Objekts klicken, um es ganz auszuwählen.

Auch innerhalb einer Gruppe haben die einzelnen Objekte eine Reihenfolge. Wurden beispielsweise mehrere Objekte in einer Gruppe zusammengefasst und im Anschluss mehrere solcher Gruppen wiederum gruppiert, so erhalten Sie eine verschachtelte Gruppe. Wenn diese übergeordnete Gruppe danach ausgeschnitten und in einen weiteren Rahmen innen eingefügt wurde, so dient dieser Rahmen als Container für die darinliegende verschachtelte Gruppe.

Um Objekte in diesem Objektstapel auszuwählen bzw. zu verändern, stehen Ihnen weitere Befehle im Menü OBJEKT • AUSWÄHLEN zur Verfügung. Die vier Menübefehle CONTAINER, INHALT, VORHERIGES OBJEKT und NÄCHSTES OBJEKT verfügen über keine Tastaturbefehle und wären deshalb in ihrer Anwendung sehr aufwendig. Es gibt aber eine Abkürzung zu diesen Befehlen: Sobald Sie eine Objektgruppe oder ein Objekt ausgewählt haben, stehen im Steuerung-Bedienfeld alle Befehle als Schaltflächen zur Verfügung. Wählen Sie mit dem Auswahl-Werkzeug eine Gruppe aus. Die Gruppe wird durch eine gestrichelte Linie ❶ umgeben. Die Objektauswahl-Schaltfläche stellt sich dann wie in Abbildung 8.61 gezeigt dar.

▶ **Inhalt** ⊕ : Um den Inhalt des Containers auszuwählen müssen Sie eine Stufe nach unten steigen. Dies erledigen Sie durch Klick auf diese Schaltfläche. Allerdings werden dadurch nicht alle Elemente des Inhalts ausgewählt, sondern nur jenes Element, das am weitesten oben im Objektstapel liegt.

▶ **Container** ♣ : Unter Container wird der Rahmen verstanden, der die gesamte Objektgruppe umfasst. Ist ein Objekt in der Gruppe ausgewählt ❸, so kann durch Klick auf diese Schaltfläche ganz nach oben im Objektstapel gesprungen werden.

▶ **Vorheriges Objekt** ⊹ : Ist ein einzelnes Objekt innerhalb der Gruppe ausgewählt, wählen Sie das vorherige Objekt – das ist das Objekt, das als nächstes unter dem aktuell ausgewählten liegt – im Objektstapel aus. Welches Objekt dabei ausgewählt wird, ist, wenn Sie nicht selbst die Datei aufgebaut haben, nicht vorhersehbar.

▲ **Abbildung 8.60**
Ausschnitt aus dem Steuerung-Bedienfeld mit den Funktionen zum Auswählen von Objekten in einem Container

▲ **Abbildung 8.61**
Eine ausgewählte Gruppe (links). Die Schaltfläche CONTAINER ❷ kann jetzt nicht ausgewählt werden.

▲ **Abbildung 8.62**
Das oberste Objekt im Objektstapel ist ausgewählt (links). Die Schaltfläche CONTAINER ❹ kann jetzt ausgewählt werden.

▶ **Nächstes Objekt** ⚓: Hier geht es in die Gegenrichtung – Sie bewegen die Auswahl zum Objekt oberhalb des aktuell ausgewählten.

Teilpfade von verknüpften Pfaden auswählen | Die Teilpfade eines verknüpften Pfades können Sie einzeln auswählen, indem Sie mit dem Direktauswahl-Werkzeug auf den Pfad (nicht auf einen Punkt) klicken. Um einen Teilpfad – in unserem Beispiel aus Abbildung 8.63 ist es die Punze des Buchstabens – zu verschieben, müssen alle Punkte ausgewählt sein.

Um die Auswahl innerhalb eines verknüpften Pfades zu verändern, müssen Sie eine Zusatzfunktion des Direktauswahl-Werkzeugs ausnutzen: Drücken Sie die [Alt]- bzw. [⌥]-Taste, und das Direktauswahl-Werkzeug verwandelt sich in das Gruppenauswahl-Werkzeug – der Mauszeiger wird zur Kennzeichnung mit einem Plus versehen. Machen Sie mit dem Gruppenauswahl-Werkzeug einen zweiten Klick auf den ausgewählten Teilpfad. Damit werden alle Punkte des Teilpfades ausgewählt. Ein weiterer Klick mit dem Gruppenauswahl-Werkzeug auf den Teilpfad wählt schließlich den gesamten verknüpften Pfad aus. Sobald Sie die gewünschte Auswahl hergestellt haben, können Sie den Pfad wie gewohnt bearbeiten.

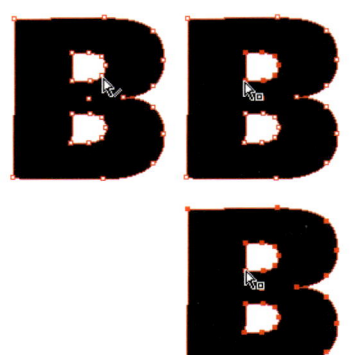

▲ **Abbildung 8.63**
Ein Klick mit dem Direktauswahl-Werkzeug wählt einen Teilpfad aus (oben links), ein weiterer Klick mit gedrückter [Alt]- bzw. [⌥]-Taste wählt alle Teilpfad-Punkte aus (oben rechts) und ein dritter Klick den gesamten verknüpften Pfad (unten).

8.9　Spezialitäten zu Skalieren und Transformieren

8.9.1　Objekte skalieren

Die Funktionen zum Skalieren von Rahmen haben wir bereits in Abschnitt 8.3, »Rahmen transformieren«, auf Seite 165 behandelt. Da Rahmen auch Vektoren sind und Rahmen oft als grafisches Element – mit einer Konturstärke versehen – eingesetzt werden, muss beim Skalieren die zentrale Frage gestellt werden: Soll die Konturstärke beim Skalieren verändert werden, oder soll nur das Objekt, bei gleichbleibender Konturstärke, skaliert werden?

Die Grundeinstellung von InDesign CS4 ist, dass sich die Konturstärke beim Skalieren verändert. Das gilt somit auch für das Skalieren eines Objektes. Wenn Sie dies nicht wollen, so müssen Sie die Option KONTURSTÄRKE BEIM SKALIEREN ANPASSEN ❶ im Bedienfeldmenü des Steuerung-Bedienfelds deaktivieren.

Beachten Sie, dass das Ändern dieses Verhaltens nur für die Station gilt, an der Sie gerade arbeiten. Sie können somit dem aktuell geöffneten Dokument das Verhalten nicht mitgeben.

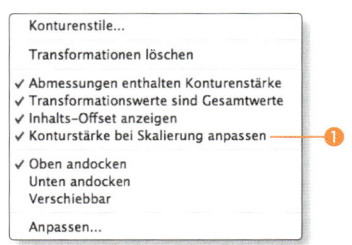

▲ **Abbildung 8.64**
Bedienfeldmenü des Steuerung-Bedienfelds. Um bei einer Transformation die Konturstärke nicht skalieren zu lassen, muss die Option KONTURSTÄRKE BEI SKALIERUNG ANPASSEN ❺ abgewählt werden.

Wir empfehlen Ihnen, sich gleich bei der Installation von InDesign CS4 für eine Grundeinstellung für die Skalierung von Konturstärken zu entscheiden. Unserer Ansicht nach sollten Sie zu Ihrer Sicherheit das Skalieren der Konturstärke nicht erlauben. Falls Sie zu einem Zeitpunkt jedoch das Verändern der Konturstärke beim Skalieren benötigen, so können Sie diese Einstellung kurzzeitig aktivieren. Vergessen Sie jedoch im Anschluss nicht, die Option wieder zu deaktivieren.

HINWEIS

Umsteiger von InDesign CS2 oder Vorversionen konnten beim Skalieren entscheiden, ob die Konturstärke mitskaliert werden soll oder nicht. Diese Vorgehensweise wurde mit InDesign CS3 ad acta gelegt.

◄ **Abbildung 8.65**
Der linke Stern wurde ohne aktivierte Option KONTURSTÄRKE BEIM SKALIEREN ANPASSEN erstellt. Beim rechten Stern war die Option aktiviert.

8.9.2 Eigenartiges Verhalten bei skalierten Objekten nach einer Übernahme von InDesign-Dokumenten

Mit der Einführung von InDesign CS3 wurde der Umgang mit Skalieren von Objekten vollständig neu programmiert. Dies hat zur Folge, dass ältere InDesign-Dokumente in InDesign CS4 hinsichtlich Konturstärke und Angabe zur Schriftgröße ein eigenartiges Verhalten an den Tag legen. Folgende Sachverhalte können Sie antreffen:

► Die Konturstärke wird mit 3 mm angegeben, erscheint jedoch visuell sehr viel kleiner.
► Zwei Linien mit einer Konturstärke von 5 Pt stehen nebeneinander, eine ist aber dünner als die andere.
► Die Textgröße wird mit 12 Pt (7,92 Pt) angegeben.

Warum ist das so und wie kann ich in InDesign CS4 dieselbe Arbeitsweise erzwingen? | Adobe sah bis InDesign CS vor, dass das Programm mit Objekthierarchien arbeitet, die beliebig tief verschachtelt sein können. Das hat zur Folge, dass, wenn Sie eine Gruppe aus Text, Bild und Konturen auf 66 % verkleinern, den Objekten lediglich der Skalierungsfaktor angeheftet wird, die Originalgrößen jedoch in der Anzeige erhalten bleiben. So wird ein Text mit 12 Pt auf die Größe von 7,92 Pt verkleinert und somit die Größe im Steuerung-Bedienfeld mit 12 Pt (7,92 Pt) angegeben. Der erste Wert stellt die Originalgröße, der Wert in der Klammer die tatsächliche Schriftgröße dar. Ganz gleich verhält sich dies mit den Konturstärken. Ein Unterschied ist jedoch gegeben: Es wird nur die Originalkonturstärke angezeigt, die tatsächliche Stärke wird hier nicht angezeigt.

Ändern der Schriftgröße ist nicht möglich

Wird die Schriftgröße mit 12 Pt (7,92 Pt) angegeben, so können Sie die Schriftgröße nicht einfach auf 8 Pt stellen, indem Sie diesen Wert eingeben. Wenn Sie das machen, wird die absolute Schriftgröße mit dem zugewiesenen Skalierungswert multipliziert.

Mit der Umstellung auf InDesign CS3 wurde diese Arbeitsweise zur Gänze überholt. Jedoch besteht für Anwender, die sich mit dieser Arbeitsweise bereits arrangiert haben, noch die Möglichkeit, dieses Verhalten für CS4 zu erzwingen. Wählen Sie in diesem Fall die Option SKALIERUNGSPROZENTSATZ ANPASSEN ❶ im Register ALLGEMEIN der InDesign-VOREINSTELLUNGEN aus.

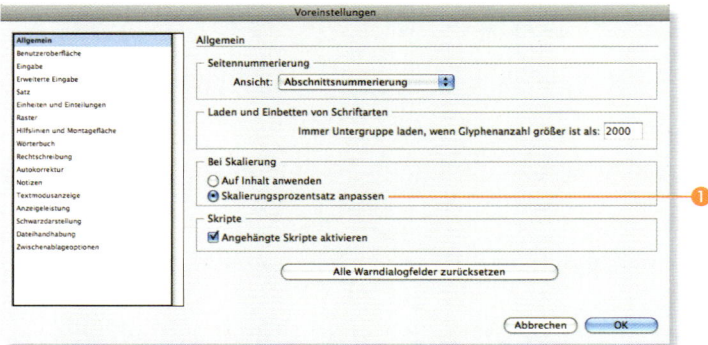

Abbildung 8.65 ▶
Wählen Sie diese Voreinstellung, wenn Sie hinsichtlich Skalierung dasselbe Verhalten, wie es Ihnen aus älteren InDesign-Versionen bekannt war, in InDesign CS4 haben möchten.

Durch die Auswahl dieser Option steht Ihnen die zuvor beschriebene Option KONTURSTÄRKE BEIM SKALIEREN ANPASSEN nicht mehr im Steuerung-Bedienfeld zur Verfügung. Die Konsequenz:

▶ Linien werden automatisch beim Skalieren in der Konturstärke angepasst. Der Wert der Konturstärke ändert sich im Eingabefeld nicht, eine Skalierung ist dadurch nicht erkennbar.

▶ Die Schrift wird vergrößert, und die Angabe der Schriftgröße erfolgt beispielsweise als »12 Pt (7,92 Pt)«.

Konturstärke zurückstellen, damit die korrekte Stärke angezeigt wird | Wenn Sie nicht korrekt angegebene Konturstärken in einem übernommenen InDesign-Dokument finden, so können Sie dieses Verhalten nicht einfach durch Aktivieren der korrekten Voreinstellung in InDesign CS4 lösen. Sie müssen in diesem Fall alle Objekte auf dem Druckbogen markieren und den Befehl SKALIERUNG ALS 100 % NEU DEFINIEREN aus dem Bedienfeldmenü des Steuerung-Bedienfelds ausführen. Die korrekten Größen für die Konturstärken werden nun angezeigt.

Beobachten Sie genau, ob sich etwas auf der Seite verändert. Speziell bei konturgeführten Texten und bei angebrachten Effekten kann es dadurch zu ungewollten Ergebnissen kommen.

Schriftgröße 12 Pt (7,92) auf 7,92 umstellen | Dieses Problem können Sie beheben, indem Sie den/die Textrahmen markieren und ebenfalls den Befehl SKALIERUNG ALS 100 % NEU DEFINIEREN aus dem Bedienfeldmenü auswählen.

»Skalierung als 100 % neu definieren« nicht verfügbar

Wenn Ihnen der Befehl im Bedienfeldmenü des Steuerung-Bedienfelds nicht zur Verfügung steht, so befinden sich keinerlei Objekte mit einem angehefteten Skalierungsprozentsatz auf der Seite.

Wenn Sie diesen Vorgang für eine Gruppe von Textrahmen ausführen wollen, so funktioniert dies nur, wenn Sie die Gruppe auswählen, ungruppieren und danach erst den Befehl ausführen.

8.9.3 Wiederholen von Transformationen

Einmal getätigte Transformationen in Bezug auf Skalieren, Verschieben, Drehen und Verbiegen können Sie mit dem Befehl Objekt • Erneut transformieren und den dazugehörigen Menüeinträgen elegant lösen.

Erstellen Sie dazu zuerst ein Objekt, und führen Sie eine der Transformationen aus dem Menü Objekt • Transformieren aus. In den Eingabedialogen kann der Button Kopie gedrückt werden, wodurch ein transformierter Klon erstellt wird. Um eine weitere Kopie mit denselben Transformationswerten zu erstellen, führen Sie den Befehl Objekt • Erneut transformieren • Erneut transformieren bzw. das Tastenkürzel [Strg]+[Alt]+[3] bzw. [⌘]+[⌥]+[3] aus.

Duplizieren von Objekten

Wie man Objekte duplizieren kann, haben wir in diesem Kapitel schon gelernt. Wir möchten Sie darauf hinweisen, dass Sie mit dem Befehl Erneut transformieren diesen Vorgang ebenfalls erledigen können. Somit müssen Sie sich nur einen Kurzbefehl merken und schlagen damit zwei Fliegen auf einem Schlag.

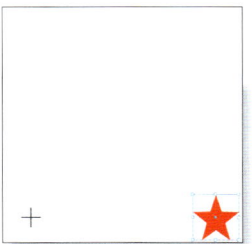 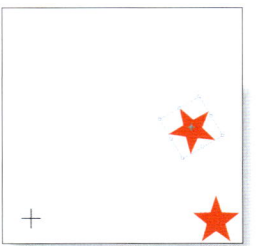 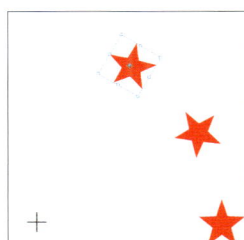 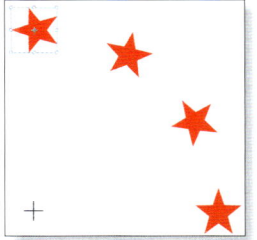

Die Vorgehensweise in Abbildung 8.67 kann wie folgt beschrieben werden: Zuerst wurde ein Stern mit fünf Seiten erstellt (links). Danach wurde das Rotieren-Werkzeug ausgewählt und mit der [Alt]- bzw. [⌥]-Taste auf den schwarzen Punkt geklickt. Im erscheinenden Dialog wurde 30° eingegeben und auf den Button Kopie ❷ gedrückt (zweites Bild von links). Nach Bestätigung des Eingabedialogs wurde über das Tastenkürzel [Strg]+[Alt]+[3] bzw. [⌘]+[⌥]+[3] die Transformation wiederholt (drittes Bild von links). Ein neuerliches Drücken der Tastenkombination erzeugt den vierten Stern (Bild rechts).

Damit haben wir die Sterne sehr schnell um einen Rotationspunkt rotiert. Jedoch haben sich die Sterne nicht nur um den Rotationspunkt, sondern auch in sich um die 30° nach links gedreht. Wenn Sie einmal einen Blick auf die Europa-Flagge werfen, so werden Sie erkennen, dass der Sternenkreis aus Sternen besteht, die in sich nicht gedreht sind.

Da InDesign die Schritte der Abfolge für das ausgewählte Objekt aufzeichnet, bis Sie ein anderes Objekt aktivieren, kann

▲ **Abbildung 8.67**
Schrittweise Erstellung von Sternen, die sich um den Drehpunkt + in 30°-Schritten positionieren, mit der Erneut transformieren-Funktion

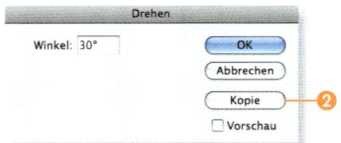

▲ **Abbildung 8.68**
Eingabe des Rotationswinkels im Drehen-Dialog

▲ **Abbildung 8.69**
Die Europa-Flagge

auch dieses Problem mit InDesign gelöst werden. Dazu müssen Sie nur eine Abfolge von Transformierungen, z. B. Rotieren und dann Transformieren, auf ein Objekt anwenden und mit dem Befehl OBJEKT • ERNEUT TRANSFORMIEREN • ERNEUT TRANSFORMIEREN – ABFOLGE oder durch Tastenkombination ⌷Strg⌷+⌷Alt⌷+⌷4⌷ bzw. ⌷⌘⌷+⌷⌥⌷+⌷4⌷ die letzte Abfolge von Schritten erneut auf das Objekt anwenden.

Schritt für Schritt: Erstellen der Europa-Flagge

1   **Blaue Flagge und gelben Stern erstellen**

Erstellen Sie ein Rechteck mit den Maßen 22 mm mal 16 mm, und färben Sie die Fläche mit Blau (C = 100 | M = 70 | Y = 0 | K = 0) ein. Erstellen Sie dann mit dem Polygon-Werkzeug einen Stern mit fünf Seiten und einer STERNFORM von 50 %. Die Größe des Sterns wird mit 2 mm mal 2 mm, die Farbe mit (C = 0 | M = 15 | Y = 100 | K = 0) festgelegt.

Bedienen Sie sich zweier Hilfslinien, und ordnen Sie Stern und Rechteck wie in Abbildung 8.70 gezeigt an.

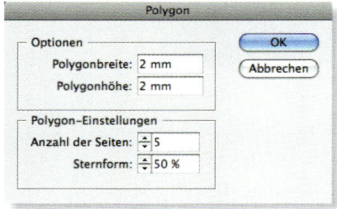

Abbildung 8.70 ▶
Erstellen eines gelben Sterns mit fünf Seiten und einer STERNFORM von 50 %

2   **Den Stern um 30° um den Mittelpunkt rotieren**

Wählen Sie mit dem Auswahl-Werkzeug den Stern aus, und wechseln Sie dann auf das Drehen-Werkzeug. Drücken Sie in diesem Fall nicht das Tastenkürzel ⌷D⌷, da dadurch der Stern auf Standardfläche und -kontur – schwarze Kontur mit keiner Flächenfarbe – zurückgesetzt wird.

Nun müssen Sie den Cursor genau auf den gewünschten Rotationspunkt (Schnittpunkt beider Hilfslinien) stellen und mit gedrückter ⌷Alt⌷- bzw. ⌷⌥⌷-Taste auf den Punkt klicken.

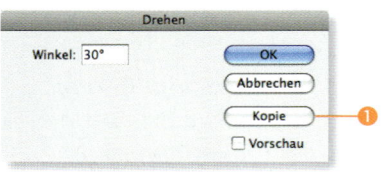

Abbildung 8.71 ▶
Setzen des Rotationspunktes und Erstellen einer Kopie

Im DREHEN-Dialog geben Sie jetzt 30° ein und klicken dann den Button KOPIE ❶. Der Dialog schließt sich, und eine rotierte Kopie des Sterns wurde erstellt und ist ausgewählt.

Es ist nun wichtig, dass Sie nicht inzwischen eine andere Tätigkeit ausführen oder etwa den ausgewählten Stern deaktivieren, da Sie damit die Transformationsfolge unterbrächen.

3   Den rotierten Stern in sich zurückdrehen

Das Ergebnis des zweiten Schrittes stellt sich überlicherweise wie in Abbildung 8.72 gezeigt dar. Beachten Sie, welcher Punkt im Ursprung ausgewählt ist! In den meisten Fällen ist der linke obere Punkt ausgewählt.

Nachdem wir ja den Stern in sich zurückdrehen wollen, müssen wir zuvor den Rotationspunkt im Ursprung auf das Zentrum ✦ setzen. Der Rotationspunkt müsste sich dann, wie in Abbildung 8.72 rechts gezeigt, in die Mitte des Sterns verschieben.

◄ **Abbildung 8.72**
Die Kopie des Sterns soll in sich zurückgedreht werden. Dazu muss der Mittelpunkt der Kopie über den Klick im Ursprung auf den Mittelpunkt gesetzt werden.

Führen Sie einen Doppelklick auf das Drehen-Werkzeug aus, und geben Sie im erscheinenden Dialog »–30°« ein.

Der entscheidende Punkt ist nun, dass Sie jetzt nicht mehr den Button KOPIE drücken, sondern die Eingabe mit OK ❷ bestätigen.

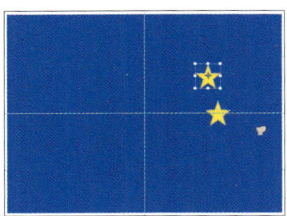 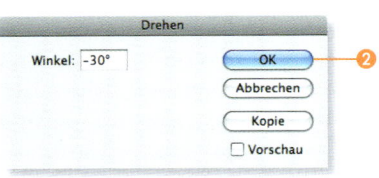

◄ **Abbildung 8.73**
Die Kopie des Sterns ist wiederum auf 0° gesetzt.

Damit haben Sie die Transformationsreihenfolge festgelegt und abgeschlossen. Beide Sterne stehen nun in derselben Ausrichtung, jedoch um den Rotationspunkt gedreht, zur Verfügung.

4   Wiederholen der Transformationsfolge

Nun müssen Sie nur noch zehnmal den Befehl OBJEKT • ERNEUT TRANSFORMIEREN • ERNEUT TRANSFORMIEREN – ABFOLGE ausfüh-

ren oder das Tastenkürzel [Strg]+[Alt]+[4] bzw. [⌘]+[⌥]+[4]
drücken.

Das Ergebnis kann sich sehen lassen. Ein allzu großer Aufwand ist
dafür wohl nicht betrieben worden. ■

Neben den zwei Befehlen ERNEUT TRANSFORMIEREN und ERNEUT
TRANSFORMIEREN – ABFOLGE stehen im Menü OBJEKT • ERNEUT
TRANSFORMIEREN noch zwei weitere Befehle zur Verfügung: ER-
NEUT TRANSFORMIEREN – EINZELN bzw. ERNEUT TRANSFORMIEREN
– ABFOLGE, EINZELN. Diese beiden Befehle unterscheiden sich von
den zuerst beschriebenen nur dadurch, dass durch sie Transfor-
mationen nur auf einzelne Objekte einer Gruppe und nicht auf
die gesamte Gruppe angewandt werden.

Sie sehen also, dass Rahmen in InDesign eine zentrale Rolle
spielen. Deshalb haben wir uns mit diesem Thema etwas genauer
auseinandergesetzt und Ihnen schon zu einem relativ frühen Zeitpunkt auch alle Transformationsmöglichkeiten beschrieben.

8.9.4 Abschließendes Beispiel

Wenn Sie alle Möglichkeiten in diesem Kapitel verstanden haben,
sollten Sie das Beispiel aus Abbildung 8.75 mit geringem Aufwand
in wenigen Minuten – ca. 3 Minuten als Vorgabe – erstellen können. Die Schritte sind:

1. Kreis erstellen, mit Kontur und Flächenfarbe versehen
2. Eine kurze Linie auf 12 Uhr anlegen, um –30° um den Mittelpunkt rotieren und die Länge der Linie mit Skalieren etwas
   vergrößern. Mit ERNEUT TRANSFORMIEREN – ABFOLGE erneut elf
   Mal transformieren.
3. Uhrzeitform mit abgerundeten Ecken, einer Kontur und weißer
   Fläche erstellen. Diese dann ebenfalls um –30° rotieren lassen
   und als zweiten Schritt in sich zurückdrehen. Die Transforma-
   tionsabfolge abschließen und ebenfalls mit ERNEUT TRANSFOR-
   MIEREN – ABFOLGE erneut elf Mal transformieren.
4. Nun müssen Sie nur noch die Zahlen austauschen. Nur keine
   Angst: Dies geht dann wirklich nicht mehr automatisch.

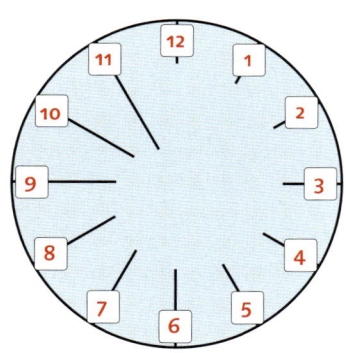

9 Texte platzieren und bearbeiten

Bisher haben wir erfahren, wie Rahmen als Objekte funktionieren, wie sie verändert bzw. transformiert und wie sie exakt auf eine bestimmte Position, auf einer bestimmten Ebene mit oder ohne Hilfslinien, positioniert werden können. Ein Layout besteht eben nicht nur aus leeren Rahmen, sondern lebt von Inhalten und der Anordnung. In diesem und im nächsten Kapitel werden wir uns die Arbeitsweisen mit Text- und Bildrahmen näher ansehen. Beginnen wir mit den Textrahmen.

9.1 Grundlagen zum Textrahmen

Der am meisten eingesetzte Rahmen ist der Textrahmen. Er enthält den Text, der in InDesign gesetzt wird, und ähnelt in der Arbeitsweise den Textrahmen in QuarkXPress sehr. Textrahmen können wie Grafikrahmen verschoben und in der Größe sowie in der Form manipuliert werden. Zum Aufziehen eines Rahmens, zum Schreiben oder zum Editieren von Texten ist das Textwerkzeug T, zu verwenden. Zum Positionieren sowie zum Verändern der Größe nehmen Sie das Auswahl-Werkzeug ↖, zum Ändern der Form des Textrahmens sollten Sie das Direktauswahl- ↘. oder das Zeichenstift-Werkzeug ♦. verwenden.

Beim Aufziehen des Textrahmens ist die Startposition für die Positionierung des Rahmens entscheidend. Sobald Sie das Textwerkzeug ausgewählt haben und den Cursor auf die Montagefläche der Seite bewegen, erscheint die Textmarke ⌶ (I-Beam). Die Startposition (linker oberer X/Y-Wert) des Textrahmens ist dabei der Schnittpunkt aus horizontalem und vertikalem Strich in der Textmarke. Beachten Sie die Textmarke ganz genau. Befindet sich nämlich der Cursor in der Nähe einer Hilfslinie – Grundlinienraster, Dokumentraster oder eine normale Hilfslinie –, ändert sich die Textmarke in das Symbol ⌶ (magnetische Textmarke). Damit können Sie beim Layouten sehr schnell im Raster Textrahmen, ausgerichtet an den Hilfslinien, erstellen.

Technische Betrachtung

Auch Textrahmen sind technisch betrachtet nur Pfade. Ihr Inhalt kann jederzeit ausgetauscht und somit aus einem Textrahmen ein Bildrahmen erzeugt werden.

[I-Beam]

Der Begriff steht für einen I-förmigen Balken, der als typischer Maus-Cursor für die Einfügenmarke bei Textverarbeitungsprogrammen eingesetzt wird.

Sobald Sie den Rahmen aufgezogen haben, blinkt der Textcursor im Rahmen. InDesign ist somit zur Texteingabe bereit. Dieser Zustand wird als **Textbearbeitungsmodus** bezeichnet. Das Umschalten auf den **Grafikmodus** können Sie einerseits durch Aktivieren des Auswahl-Werkzeugs oder seit InDesign CS3 auch durch Drücken der `Esc`-Taste herbeiführen. Der neuerliche Wechsel in den Textbearbeitungsmodus erfolgt durch einen Doppelklick in den Text.

Erstellen Sie nun zu Übungszwecken auf einer leeren Seite unserer Projektarbeit einen Textrahmen. Der Textrahmen sollte auf der linken Seite innerhalb des Satzspiegels aufgezogen werden. Daraus ergeben sich folgende Koordinaten: X = 70, Y = 28, B = 95, H = 185, die Sie aus dem Steuerung-Bedienfeld jederzeit auslesen können.

9.2 Schreiben, Kopieren und Platzieren von Texten

Wie kommt der Text in einen Textrahmen? Um Texte in InDesign CS4 zu bringen, gibt es verschiedene Möglichkeiten, die je nach Arbeitsweise herangezogen werden können.

9.2.1 Texte in InDesign schreiben

Die einfachste Möglichkeit stellt dabei das Schreiben von Texten in InDesign dar. Text kann, wenn Absatz- und Zeichenformate bereits definiert sind, gleich beim Schreiben sehr schnell formatiert und ausgezeichnet werden. Die Vielfältigkeit, die InDesign hinsichtlich Formatierung bietet, könnte als Vorbild für so manche Textverarbeitungsprogramme dienen. Die integrierte Rechtschreibprüfung, die Möglichkeit, beim Schreiben automatische Eingabekorrekturen durchzuführen, und alle typografischen Feinheiten, wie unterschiedlich große Leerräume, der Zugriff auf Sonderzeichen oder das Trennen mit weichen Trennungen, machen das Schreiben in InDesign sehr komfortabel.

9.2.2 Texte durch Kopieren hinzufügen

Texte, die meist bereits in Microsoft Word, in einem E-Mail- oder einem anderen Texteditor vorliegen, können auf zwei Wegen in InDesign gebracht werden. Die dabei in der Praxis gängigste Form ist, neben dem InDesign-Dokument auch das entsprechende Textdokument z. B. in Word zu öffnen und die Texte durch Kopieren über die Zwischenablage in einen bereits definierten Rahmen einzufügen.

Ob Sie dabei den reinen Text oder formatierten Text wählen, wodurch auch die Formatvorlagen aus Word übernommen werden, hängt von den gewählten Voreinstellungen ab.

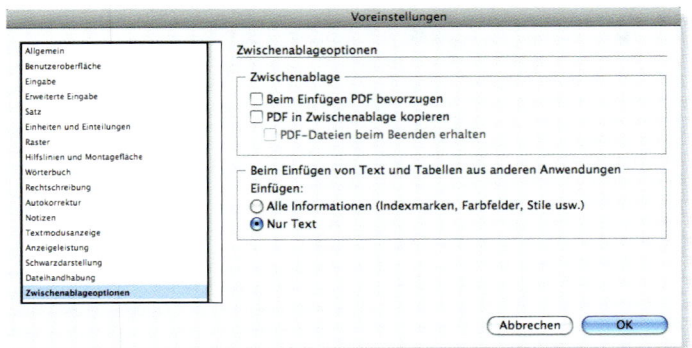

◀ Abbildung 9.1
Die Default-Einstellung im Register ZWISCHENABLAGEOPTIONEN, mit der nur der reine Text beim Einfügen von Text übernommen wird, ist eine gute Wahl, da Sie ansonsten zu viel Mist an Absatz- und Zeichenformaten durch das Einfügen in Ihre sauber angelegte InDesign-Datei bekommen.

Mit InDesign CS4 können Sie in den VOREINSTELLUNGEN im Register ZWISCHENABLAGEOPTIONEN im Bereich BEIM EINFÜGEN VON TEXT UND TABELLEN AUS ANDEREN ANWENDUNGEN durch Aktivierung der Option NUR TEXT (ist Default-Einstellung von InDesign CS4)das Übernehmen der Formatierung und der Formatvorlagen abschalten.

Texte aus anderen Programmen kopieren | Texte aus Word, aus E-Mail- oder anderen Texteditoren werden somit über den Befehl BEARBEITEN • EINFÜGEN oder über die Tastenkombination $\boxed{\text{Strg}}$+ $\boxed{\text{V}}$ bzw. $\boxed{\text{⌘}}$+$\boxed{\text{V}}$ ohne Formatierung in den InDesign-Textrahmen eingefügt. Welche Formatierung dem Text in InDesign zugewiesen wird, ist abhängig davon, welches Absatz- oder Zeichenformat dem Textcursor in InDesign zugewiesen wurde. Wenn Sie keine spezielle Formatierung wünschen, empfehlen wir Ihnen, zuerst im Bedienfeld ABSATZFORMATE auf [EINFACHER ABSATZ] und im Bedienfeld ZEICHENFORMATE auf [OHNE] zu stellen, bevor Sie den Befehl EINFÜGEN ausführen.

Nicht absatzweise kopieren

Kopieren Sie immer den ganzen Text aus der Textdatei über die Zwischenablage nach InDesign, und kopieren Sie dabei ja nicht absatzweise Text für Text in eigene Textkästen.

Texte aus anderen InDesign-Dokumenten kopieren | Der zuvor beschriebene Weg würde beim Kopieren und Einfügen von Textpassagen aus anderen InDesign-Dokumenten dazu führen, dass nicht nur der Text, sondern auch die Formatierung des Textes aus dem Ursprungsdokument übernommen würde. An dieser Stelle greift die Voreinstellung in den ZWISCHENABLAGEOPTIONEN von InDesign nicht mehr.

Um dennoch nur den Text in das Zieldokument zu übertragen, stehen der Befehl BEARBEITEN • UNFORMATIERT EINFÜGEN oder das entsprechende Tastenkürzel $\boxed{\text{Strg}}$+$\boxed{\text{⇧}}$+$\boxed{\text{V}}$ bzw. $\boxed{\text{⌘}}$+$\boxed{\text{⇧}}$+$\boxed{\text{V}}$ zur

Verfügung. Dadurch werden nur Textzeichen inklusive aller Weißräume und anderer typographischer Spezialitäten eingefügt und
in der zugrundeliegenden Formatierung ausgezeichnet.

9.2.3   Texte durch Platzieren hinzufügen

Für umfangreichere Textvorlagen aus Word ist die zuvor beschriebene Arbeitsweise allerdings sehr aufwendig. InDesign wurde mit
einer Reihe von Text-Import-Filtern versehen, mit denen ohne
großen Aufwand das Platzieren von Texten aus Textverarbeitungs-
und Tabellenkalkulationsprogrammen ermöglicht wird. Ja, Sie
haben richtig gelesen! Excel-Dateien (.»xls«) können innerhalb
eines InDesign-Textrahmens als reiner Text oder als Tabelle platziert werden. Mehr dazu erfahren Sie in Abschnitt 17.2, »Tabellen
einfügen, umwandeln und importieren«, auf Seite 498.

Sie können über DATEI • PLATZIEREN oder das Tastaturkürzel
⌃Strg⌄+⌃D⌄ bzw. ⌃⌘⌄+⌃D⌄ – XPress-Umsteiger können sich diesen
Befehl mittels Eselsbrücke »D steht für ›**D**en Text platzieren‹«
merken – den Platziervorgang starten. Beim Platzieren von Texten/
Tabellen können fünf verschiedene Vorgangsweisen unterschie-
den werden:

Die Textmarke steht in einem Textrahmen | Nach dem Aufzie-
hen eines Textrahmens steht der Textcursor bereits innerhalb des
Rahmens. Führen Sie nun den Befehl PLATZIEREN aus, so wird der
Text in den Rahmen platziert. Ein Textüberhang wird durch die
Textüberlauf-Marke (siehe dazu Seite 222) angezeigt.

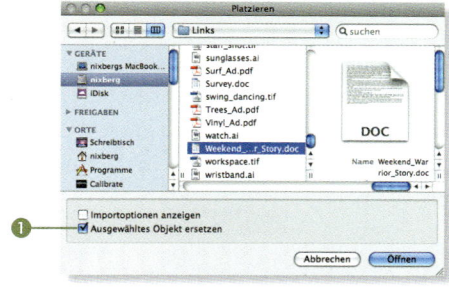

Abbildung 9.2 ▶
Der PLATZIEREN-Dialog mit gewähl-
ter Option AUSGEWÄHLTES OBJEKT
ERSETZEN ❶

Steht der Textcursor in einem bereits vorhandenen Text, so wird
der neue Text beim Platzieren genau an dieser Stelle eingefügt.
Nachfolgender Text wird am Ende des Textes angehängt.

Ein Textrahmen ist markiert | Markieren Sie einen Textrahmen
mit dem Auswahl-Werkzeug, und führen Sie den Befehl PLATZIE-
REN aus. Der Text wird in den markierten Rahmen platziert. Sollte
sich bereits Text im Rahmen befinden, so wird dieser, wenn die

Option AUSGEWÄHLTES OBJEKT ERSETZEN ❶ im PLATZIEREN-Dialog aktiviert ist, durch den neuen Text überschrieben.

Ein Grafikrahmen ist markiert | Während QuarkXPress-Anwender bis Version 7.3 in diesem Fall gar keinen Text platzieren konnten, sind InDesign-Anwender in der Lage, einen Text in einen Grafikrahmen zu platzieren und somit den Rahmen in einen Textrahmen umzuwandeln. Ist im Grafikrahmen bereits ein Bild oder eine Grafik vorhanden, so wird das Bild bzw. die Grafik gelöscht und durch Text ersetzt. Das ist oft praktisch, allerdings können auch schnell Fehler passieren. Gott sei Dank gibt es in InDesign das Tastaturkürzel Strg+Z bzw. ⌘+Z, womit sogar der Platzieren-Befehl rückgängig gemacht werden kann und dabei der Text im Platzier-Cursor zum Platzieren erhalten bleibt.

Ein leerer Textrahmen steht bereit | Im Zusammenspiel mit Adobe Bridge CS4 können Textdateien per Drag & Drop aus der Bridge bzw. aus dem Arbeitsplatz/Finder auf den leeren Textrahmen verschoben werden. Das dabei gezeigte Symbol ist in Abbildung 9.3 zu sehen. Das Platzieren von Texten aus der Bridge auf bereits gefüllte Text- bzw. Bildrahmen funktioniert nicht.

Platzieren, ohne einen Rahmen markiert zu haben | Wenn Sie keinen Rahmen markiert haben, können Sie dennoch den PLATZIEREN-Befehl ausführen. Adobe PageMaker-Anwendern und ist das Platzieren von Texten in dieser Form bekannt, QuarkXPress-Anwendern bis zu Version 8 dagegen vollkommen fremd.

Deaktivieren Sie zuvor ausgewählte Objekte, indem Sie den Befehl BEARBEITEN • AUSWAHL AUFHEBEN oder die Tastenkombination Strg+⇧+A bzw. ⌘+⇧+A ausführen. Nach der Ausführung des Befehls PLATZIEREN ändert sich der Cursor in das in InDesign CS3 neu hinzugefügte Text-platzieren-Symbol.

Zeigt sich das Text-platzieren-Symbol wie in Abbildung 9.4 links dargestellt 📄, so können Sie damit einen Textrahmen aufziehen, in den sich der geladene Text dann einfügt, oder Sie können an eine beliebige Stelle auf der Montagefläche klicken, wodurch sich automatisch ein Textrahmen einfügt, der den geladenen Text enthält.

Wenn Sie mit dem Text-platzieren-Symbol über einen leeren Text- oder nicht zugewiesen Rahmen fahren, ändert sich der Cursor. Das rechte Symbol 📄 aus Abbildung 9.4 zeigt, dass sich darunter ein leerer Rahmen befindet und durch einen Klick der geladene Text in den Rahmen eingefügt würde. Eine spezielle Form des Text-platzieren-Symbols ist das Symbol 📄. Durch diese Dar-

TOP-TIPP
Vor dem Platzieren beachten

Um nicht unerwartet Texte oder Bilder durch den PLATZIEREN-Befehl zu löschen, empfehlen wir, vor dem Ausführen des Befehls den Befehl BEARBEITEN • AUSWAHL AUFHEBEN (Strg+⇧+A bzw. ⌘+⇧+A) auszuführen, um damit eine eventuell vorhandene Auswahl aufzuheben.

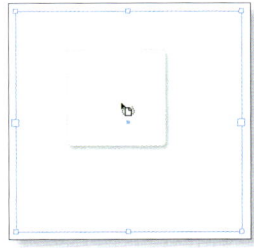

▲ **Abbildung 9.3**
Ein Textdokument wird von Adobe Bridge auf einen leeren Textrahmen gezogen und dadurch platziert.

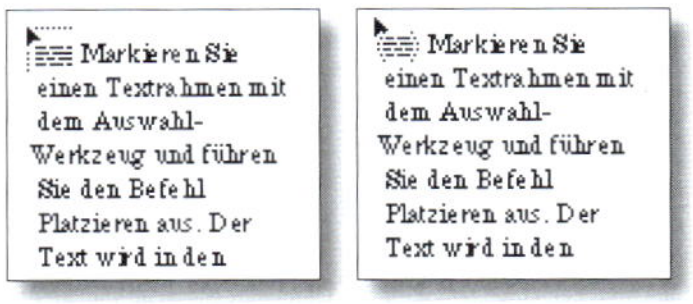

▲ **Abbildung 9.4**
Die Text-platzieren-Symbole in InDesign CS4 zeigen den zu platzierenden Text an.

HINWEIS

In diesem Zustand zeigt sich der Platzieren-Cursor auch, wenn das Text-Plazieren rückgängig gemacht wurde.

Das Abbrechen des Text-Platzierens erreichen Sie durch Drücken von Esc oder durch Auswahl eines anderen Werkzeugs.

stellung wird dem Anwender symbolisiert, dass sich das Text-platzieren-Symbol an einer Hilfslinie orientiert und dadurch automatisch die linke bzw. obere Kante des Textrahmens an der Hilfslinie ausrichtet. Das Ersetzen von platzierten Bildern durch eines der Symbole ist glücklicherweise nicht vorgesehen. Dies passiert nur, wenn Sie einen Text platzieren und dabei einen Bildrahmen in InDesign ausgewählt haben und die Option AUSWAHL ERSETZEN nicht deaktiviert haben.

9.3 Texte importieren

Sie können nun in Ihrem aufgezogenen Rahmen über die zuvor beschriebenen Möglichkeiten Texte in das InDesign-Dokument bringen. Um jedoch beim Platzieren keine ungewollten »Konvertierungen« bzw. den Verlust von Auszeichnungen zu erleben, können beim Platzieren spezielle Textimportoptionen ausgewählt werden.

9.3.1 Was ist das richtige Format für den Austausch von Texten?

In umfangreicheren Projekten werden meistens Texte in Microsoft Word erstellt und dann dem Layouter zur Verfügung gestellt. In der Zusammenarbeit zwischen der schreibenden und der layoutenden Zunft könnte durch eine bessere Absprache der Reibungsverlust minimiert werden. Verschiedene Arbeitsweisen sind dabei möglich:

► **Übernahme von unformatierten Texten:** Werden Texte in Word geschrieben und zur Formatierung dabei keine Formatvorlagen verwendet, so empfehlen wir, die Texte unformatiert in das Layoutprogramm zu übernehmen. Das geeignete Dateiformat dafür ist ».txt« – reine Textdateien –, da Sie damit wirklich jeglichen »Schwachsinn« an Formatierung aus dem Text herausnehmen können.

► **Übernahme von vorformatierten Texten:** Wenn dem Schreibenden ein Word-Dokumenttemplate zur Verfügung gestellt wird, in dem bereits Formatvorlagen zur Auszeichnung vorbereitet sind, kann, mit gutem Willen des Schreibenden, bereits beim Schreiben dem Text die notwendige Auszeichnung zugewiesen werden. Diese Vorformatierung kann der Layouter beim Import geschickt umsetzen, wodurch viel Zeit durch Formatieren des Textes im Layoutprogramm erspart werden könnte. Für diese Arbeitsweise sind Formate wie RTF und ».doc« die beste Wahl.

▶ **Übernahme von formatierten Texten aus InDesign oder Textdumps aus Datenbanken:** Ein Austausch von Textabschnitten zwischen zwei InDesign-Dokumenten oder auch aus Datenbanken heraus kann hervorragend über das **Adobe InDesign Tagged-Text-Format** erfolgen, da über diese spezielle Textbeschreibung Informationen zu Absatz- und Zeichenformaten beim Importieren mitgegeben werden können.

Beim Erstellen eines Dumps aus Datenbanken heraus müssen dabei Texte mit den entsprechenden InDesign-Tags angereichert werden, damit eine saubere Zuordnung im InDesign-Dokument erfolgen kann. Damit auch Bilder, verbunden mit formatierten Texten, eingelesen werden können, stehen diverse Erweiterungen in Form von Plug-ins zur Verfügung. Das Plug-in **Xtags** von EM-Software kann dabei mit sehr guten Funktionen aufwarten und wird explizit von uns dafür empfohlen.

▶ **Nachträgliche Änderungen im bereits fertigen Dokument:** Wurden die Texte im Layout platziert und formatiert, gibt es häufig durch Kundenkorrekturen noch Änderungen am Text. Es stellt sich dabei immer die Frage: »An welcher Stelle sollen die Änderungen vorgenommen werden?«

  ▶ **Textänderungen im Layout:** Diese Arbeitsweise stellt die wohl gängigste Form dar. Der Haken dabei ist, dass Übernahmefehler entstehen können. Eine mögliche Lösung wäre das Eingeben der Änderungen durch den Schreibenden. Da sich nicht jeder dafür ein InDesign zulegen möchte und damit sich Schreibende – mit den Werkzeugen und Funktionen in InDesign – nicht am Layout vergreifen können, gibt es **Adobe InCopy CS4**, wodurch der Schreibende nur noch seine Texte bearbeiten kann.

  ▶ **Textänderung durch Aktualisierung:** In InDesign werden standardmäßig Texte durch den Import in das Layout übernommen. Eine Verknüpfung mit der Originaldatei besteht dabei nicht. Wenn Sie jedoch in den VOREINSTELLUNGEN im Register DATEIHANDHABUNG die Option BEIM PLATZIEREN VON TEXT- UND TABELLENDATEIEN VERKNÜPFUNGEN ERSTELLEN ❶ aktiviert haben, so wird beim Platzieren eine Verknüpfung zu dieser Datei hergestellt.

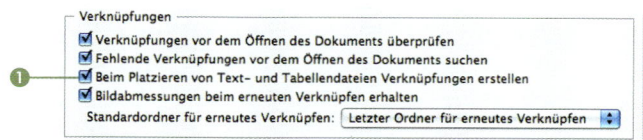

XML hat das Adobe InDesign Tagged-Text-Format abgelöst

Da das ADOBE INDESIGN TAGGED-TEXT-FORMAT nur für InDesign und das XPRESS TAGGED-TEXT-FORMAT nur für QuarkXPress verwendet werden kann, haben beide Softwarepakete in den letzten Versionen Schnittstellen zu XML, einen internationalen Standard zur Beschreibung von Daten, verabreicht bekommen. Wie Sie über XML einen Datenimport mit gleichzeitiger Formatierung abbilden können, lesen Sie in Kapitel 38, »Publishing mit XML«.

HINWEIS

Wie Sie einen Workflow zwischen InDesign und InCopy aufbauen und welche Möglichkeiten die Schreibenden dann in InCopy haben, erfahren Sie in Kapitel E »InCopy« das im Downloadbereich zu diesem Buch zur Verfügung steht.

◀ **Abbildung 9.5**
Der Abschnitt VERKNÜPFUNGEN des Registers DATEIHANDHABUNG der InDesign-Voreinstellungen.

Eine Änderung in der verknüpften Datei könnte somit aktualisiert werden. Auch wenn diese Arbeitsweise sehr einleuchtend klingt, können wir Ihnen zumindest bei Textdateien nur abraten, solche Aktualisierungen in einem Projekt einzuplanen. Der Grund: Es müssen in einem Layout, zumindest was Umbrüche angeht, Änderungen am Text vorgenommen werden, die bei einer Aktualisierung des Textes wiederum alle verlorengehen würden.

Bei Tabellen sieht die Sache hingegen schon anders aus. Hier kann eine Aktualisierung in gewissen Fällen sehr viel Zeit ersparen. Wie Sie solche Arbeitsweisen einrichten, erfahren Sie in Abschnitt 17.8, »Aktualisieren von importierten Inhalten«, auf Seite 535.

9.3.2 Texte über Importoptionen platzieren

Ob es sich um eine Microsoft Word-, eine RTF- oder eine reine Textdatei handelt, spielt für InDesign CS4 keine Rolle. Je nach Format bietet InDesign CS4 unterschiedliche Einstellungen in den Importoptionen an, mit denen Sie genau regeln können, welcher Inhalt in welcher Form – formatiert oder unformatiert – in InDesign CS4 übernommen werden soll.

HINWEIS

Importoptionen können durch Verschieben – Drag & Drop – von Texten aus Bridge CS4 bzw. dem Arbeitsplatz oder Finder nicht aufgerufen werden.

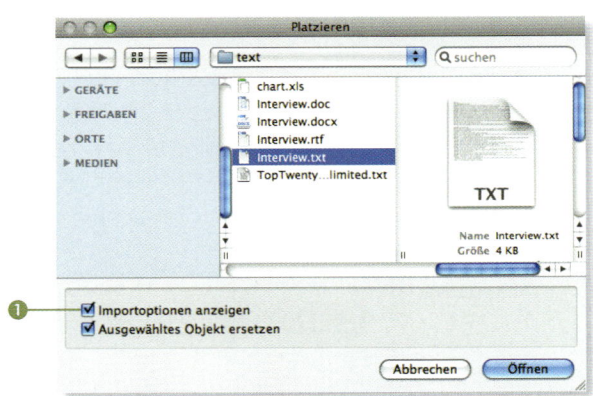

Abbildung 9.6 ▶
Der PLATZIEREN-Dialog mit aktivierter Option IMPORTOPTIONEN ANZEIGEN.

TOP-TIPP
Importoptionen vorübergehend aufrufen

Sie können die Importoptionen auch temporär aktivieren, indem Sie beim Platzieren die ⇧-Taste gedrückt halten.

Die TEXTIMPORTOPTIONEN erreichen Sie, indem Sie den Befehl DATEI • PLATZIEREN oder das Tastaturkürzel ⌈Strg⌉+⌈D⌉ bzw. ⌈⌘⌉+⌈D⌉ ausführen und im PLATZIEREN-Dialog die Option IMPORTOPTIONEN ANZEIGEN ❶ aktivieren. Wählen Sie das Textdokument aus, und bestätigen Sie den Befehl mit ÖFFNEN. Abhängig von dem zu platzierenden Dateiformat erscheint ein gesonderter TEXTIMPORTOPTIONEN-Dialog.

Import einer reinen Textdatei | Die einfachste Textdatei ist eine Nur-Text- oder eine ASCII-Datei. Diese enthalten alle verwendeten Zeichen und Steuerzeichen wie Tabulatoren und Zeilenschaltungen, jedoch keinerlei Formatierung.

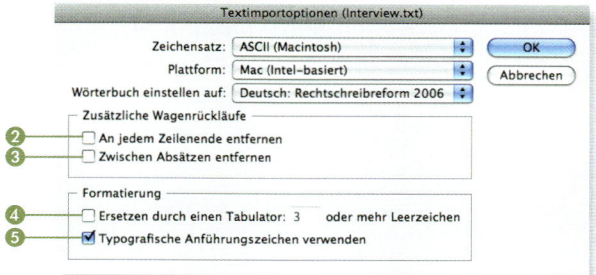

◄ **Abbildung 9.7**
Spezielle TEXTIMPORTOPTIONEN, die beim Import von ASCII- bzw. Nur-Text-Dateien wählbar sind.

▶ **Zeichensatz:** Standardmäßig ist hier der Zeichensatz ausgewählt, der der Standardsprache von InDesign CS4 entspricht. Um jedoch Texte zu importieren, die auf anderen Grundlagen basierend abgespeichert wurden, können Sie verschiedene Zeichensätze wie ANSI, UNICODE oder WINDOWS CE auswählen. Beim Importieren konvertiert InDesign den Text für die interne Verarbeitung in das UNICODE-FORMAT UTF-8.

▶ **Plattform:** Legen Sie hier fest, auf welcher Plattform die Textdatei abgespeichert wurde. Fehler wie fehlende bzw. konvertierte Umlaute oder nichtvorhandene »ß« können damit behoben werden.

▶ **Wörterbuch einstellen auf:** Legen Sie damit fest, welches Wörterbuch auf den importierten Text angewendet werden soll. Durch die Zuordnung des korrekten Wörterbuchs können Wörter sofort richtig getrennt und einer Rechtschreibprüfung unterzogen werden. Die Autokorrektur von InDesign CS4 wird dabei nicht angewandt.

▶ **Zusätzliche Wagenrückläufe:** Sollten Sie Textdateien erhalten, die durch Zeilenschaltungen am Ende einer jeden Zeile erstellt worden sind – eine Lieblingsdisziplin von Word-Vollprofis –, so können Sie diese durch die Aktivierung der Option AN JEDEM ZEILENENDE ENTFERNEN ❷ beheben. Aktivieren Sie die Option ZWISCHEN ABSÄTZEN ENTFERNEN ❸, wenn mehrere hintereinander auftauchende Zeilenschaltungen auf eine Zeilenschaltung reduziert werden sollen.

▶ **Formatierung:** Da Texte aus Datenbanken manches Mal zur Trennung zwischen den Feldern mit Leerzeichen aufgefüllt werden, kann mit der Option ERSETZEN DURCH EINEN TABULATOR: 3 ODER MEHR LEERZEICHEN ❹ eine längere Serie von Leerzeichen durch ein Tab-Zeichen ersetzt werden. Wählen Sie als Untergrenze mindestens zwei Leerzeichen, da ohnehin niemals zwei Leerzeichen in Folge stehen dürfen!

HINWEIS

Aufgrund der Rechtschreibreformen der deutschen Sprache sind in InDesign CS4 mehrere Wörterbücher für die deutsche Sprache installiert.

[Wagenrücklauf]
Es gab auch eine Zeit vor dem Computer. Im Zeitalter der Schreibmaschine wurde der Wagen mit der Andruckwalze zum Einspannen des Papierbogens über das Biegen eines Hebels zurückgesetzt, um eine neue Zeile zu beginnen. Wer diesen mit einem leisen Klingeln quittierten Arbeitsschritt nicht mehr kennt, der sollte einmal auf dem Dachboden die Adler, Olympia oder Erika mit Duoband herausholen.

Gerade Anführungszeichen (" ") und Apostrophe (' ') können mit der Option TYPOGRAFISCHE ANFÜHRUNGSZEICHEN VERWENDEN ❺ rasch in typografische Anführungszeichen („ " – auch 99–66 genannt) und Apostrophe (‚ ') umgewandelt werden. Wenn Sie im Register WÖRTERBUCH der InDesign-Voreinstellungen in den Optionen für DOPPELTE ANFÜHRUNGSZEICHEN ❶ die französischen Guillemets (»«) eingetragen haben, werden diese natürlich für die Umwandlung beim Textimport verwendet.

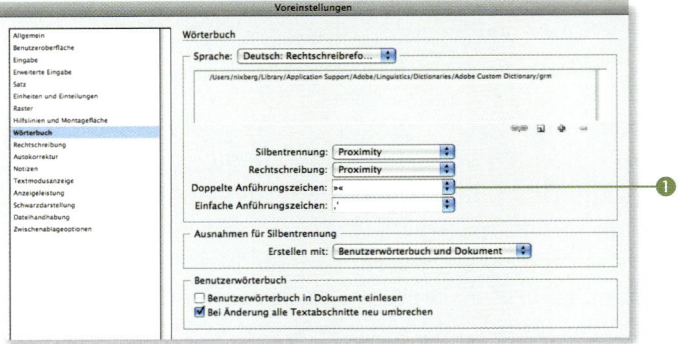

Abbildung 9.8 ▶
Die Einstellungen im Register WÖR-
TERBUCH der InDesign-Voreinstel-
lungen entscheiden, welche typo-
grafischen Anführungszeichen beim
Import zugewiesen werden.

Import von RTF-Dateien | Ein etwas umfangreicheres Textformat ist RTF. RTF-Dateien enthalten, wie der Name »Rich Text Format« schon aussagt, neben den Text- und Steuerzeichen auch noch Formatierungsanweisungen wie Schriftfamilie, Schriftschnitt, Größe, Einzüge, Seitenumbrüche, Farben und noch vieles mehr. Es werden RTF 1.4, 1.5, 1.6 und RTF-J, für japanischen Text, vom Importfilter unterstützt. Die TEXTIMPORTOPTIONEN sind identisch mit jenen eines Word-Imports.

Import von Word-Dateien | Welche Optionen beim Importieren von Texten aus Word-Dokumenten zur Verfügung stehen und vor allem, welche Arbeitsweisen sich daraus ergeben, wird ausführlich in Abschnitt 15.5.7, »Formate aus Word-Dokumenten überneh-men«, auf Seite 465 beschrieben.

Import von Adobe InDesign Tagged-Text-Dateien | Eine spezi-elle Form, Texte in InDesign zu platzieren, stellt der Import von Tagged-Text-Dateien dar. Darunter versteht man Textdateien, die mit speziellen, für InDesign interpretierbaren Tags (Markierungen) ausgestattet wurden. Solche Textdateien werden meistens auto-matisiert aus Datenbanken zum Setzen von Kleinanzeigen, Immo-bilienanzeigen usw. erzeugt. Nähere Informationen zu Adobe InDesign Tagged-Text erhalten Sie in Abschnitt 35.1.3, »Adobe InDesign-Tagged-Text«, auf Seite 860.

9.3.3 Mit Blindtext arbeiten

InDesign bietet, gerade für die Layoutphase, die Möglichkeit, einen Blindtext genau in der Länge des zur Verfügung stehenden Rahmens einfließen zu lassen. Dazu stellen Sie den Textcursor in einen Textrahmen und führen den Befehl SCHRIFT • MIT PLATZHALTERTEXT FÜLLEN (auch über die Auswahl im Kontextmenü) aus. Ein aus Kunstwörtern bestehender Text fließt in der ausgewählten Formatierung bis zum Rahmenende ein. Der Text zeichnet sich dadurch aus, dass er nicht immer derselbe ist, sondern wirklich beim Einfügen jedes Mal neu generiert wird. Das Manko dieses Blindtextes ist, dass dabei zu kurze Wörter generiert werden, womit die Beurteilung des Grauwertes beim Einstellen der SILBENTRENNUNG und der ABSTÄNDE nicht wirklich optimal ist. Verwenden Sie eher einen in der jeweils verwendeten Sprache abgefassten Blindtext.

Jabber

QuarkXPress-Anwender kennen die Funktion BLINDTEXT unter JABBER.

Eigenen Blindtext verwenden | Ihre persönlichen Blindtexte können Sie einerseits weiterhin durch Import oder Kopieren einsetzen. Wenn Sie jedoch Ihren eigenen Blindtext mit dem Befehl MIT PLATZHALTERTEXT FÜLLEN einfließen lassen wollen, so können Sie auch dies mit InDesign CS4 abbilden.

Dazu müssen Sie lediglich den gewünschten Text in InDesign schreiben, im Format NUR TEXT mit der Bezeichnung »Platzhalter.txt« abspeichern und dann die Datei in den Programmordner von InDesign CS4 kopieren. Sobald sich diese Datei dort befindet, greift InDesign beim nächsten Ausführen des Befehls darauf zurück.

> Tecaer spiet dol upta tam rempor abori ommolupta que ani nobita voluptas sitem excest vendis rero tendae con estia.

▲ **Abbildung 9.9**
Standard-Platzhaltertext aus InDesign CS4. Ihre Lateinkenntnisse nützen Ihnen für die Übersetzung des Textes nichts. :-)

9.4 Markieren von Texten

Das Markieren von Text kann in InDesign auf unterschiedlichste Art und Weise erfolgen. Das klassische »Darüberstreichen« beim Markieren ist in der Praxis weitverbreitet. Dadurch schleichen sich beim Arbeiten mit InDesign oft kleine Fehler ein. Fragen wie »Wo habe ich im Dokument eine Times verwendet?«, die sich vor allem beim Öffnen eines Dokuments stellt, oder »Wieso kann ich den Zeilenabstand in dieser Zeile nicht verkleinern?« könnten durch exaktes Markieren von Texten verhindert werden. Welche Möglichkeiten der Textmarkierung bestehen in InDesign CS4?

Markieren eines Wortes | Durch einen Doppelklick mit dem Textwerkzeug auf ein Wort wird dieses markiert. Beachten Sie, dass das Leerzeichen nach dem Wort nicht markiert ist.

Markieren einer Zeile | Dies können Sie mit einem Dreifachklick schnell durchführen. Sollte bei Ihnen dadurch der ganze Absatz ausgewählt werden, so haben Sie in den InDesign-Voreinstellungen im Register EINGABE die Option ZEILEN DURCH DREIFACHKLICK AUSWÄHLEN deaktiviert.

Markieren eines Absatzes | Wie könnte es anders sein – Sie müssen einen Vierfachklick vornehmen. Beachten Sie dabei, dass dadurch auch das letzte Zeichen eines Absatzes – die Zeilenschaltung – ebenfalls mit ausgewählt wird. Sollte bei Ihnen dadurch der gesamte Text ausgewählt werden, so haben Sie in den InDesign-Voreinstellungen im Register EINGABE die Option ZEILEN DURCH DREIFACHKLICK AUSWÄHLEN deaktiviert.

Markieren des gesamten Textes eines Textflusses inklusive Übersatz | Dies erreichen Sie entweder durch einen Fünffachklick oder schneller durch Drücken des Tastenkürzels ⌷Strg⌷+⌷A⌷ bzw. ⌷⌘⌷+⌷A⌷.

Zeichenweise markieren nach rechts bzw. nach links | Steht der Textcursor im Text, so können Sie einfach durch Drücken der Tastenkombination ⌷⇧⌷+⌷→⌷ bzw. ⌷⇧⌷+⌷←⌷ den nächsten bzw. vorhergehenden Buchstaben markieren.

Wortweise markieren nach rechts bzw. nach links | Steht der Textcursor im Text, so können Sie durch Drücken der Tastenkombination ⌷Strg⌷+⌷⇧⌷+⌷→⌷ bzw. ⌷⌘⌷+⌷⇧⌷+⌷←⌷ das nächste bzw. vorhergehende Wort, inklusive des nachfolgenden Leerzeichens, markieren.

Zeilenweise markieren nach oben bzw. nach unten | Steht der Textcursor im Text, so können Sie durch Drücken der Tastenkombination ⌷⇧⌷+⌷↑⌷ bzw. ⌷⇧⌷+⌷↓⌷ die vorige/nachfolgende Zeile bis zur vertikalen Cursorposition auswählen.

Absatzweise markieren nach oben bzw. nach unten | Steht der Textcursor im Text, so können Sie durch Drücken der Tastenkombination ⌷Strg⌷+⌷⇧⌷+⌷↑⌷ bzw. ⌷⌘⌷+⌷⇧⌷+⌷↓⌷ zuerst den aktuellen Absatz bis zum Anfang/Ende auswählen und mit erneutem Drücken der Tastenkombination den vorigen/nachfolgenden Absatz auswählen.

Bis zum Anfang bzw. Ende der Zeile auswählen | Steht der Textcursor im Text, so können Sie durch Drücken der Tastenkombination ⌂+Pos1 bzw. ⌂+home die Zeile bis zum Anfang auswählen. Drücken Sie hingegen ⌂+Ende bzw. ⌂+end, wird der Rest der aktuellen Zeile markiert.

Bis zum Anfang des Textabschnitts auswählen | Ausgehend vom Textcursor im Text können Sie durch Drücken der Tastenkombination Strg+⌂+Pos1 bzw. ⌘+⌂+home den Text bis zum Anfang des Textabschnittes – über verkettete Textrahmen hinweg – auswählen.

Bis zum Ende des Textabschnitts auswählen | Ausgehend vom Textcursor im Text können Sie durch Drücken der Tastenkombination Strg+⌂+Ende bzw. ⌘+⌂+end den Text bis zum Ende des Textabschnittes, dabei wird auch der Übersatz markiert, auswählen.

Nutzen Sie diese vielfältigen Möglichkeiten, um möglichst schnell Text gezielt auszuwählen. Word-Anwendern sollten diese Möglichkeiten schon sehr bekannt vorkommen!

9.5 Das Informationen-Bedienfeld in Verbindung mit Text

Das Informationen-Bedienfeld, das Sie über den Befehl FENSTER • INFORMATIONEN bzw. F8 aufrufen können, bietet in Verbindung mit Text viele interessante Hinweise.

Stellen Sie den Cursor in den aktuellen Text, um an die entsprechenden Informationen zu gelangen. Sollten Sie nicht alles sehen, was in Abbildung 9.10 dargestellt ist, so müssen Sie den Befehl OPTIONEN EINBLENDEN im Bedienfeldmenü aktivieren.

Das Informationen-Bedienfeld zeigt neben der aktuellen Cursorposition – einer überflüssigen Information – auch die BREITE und HÖHE ❶ des aktuellen Rahmens an. Den interessanteren Teil stellt jedoch die darunter befindliche Information dar. Sie sehen auf einen Blick, wie viele ZEICHEN, WÖRTER, ZEILEN und ABSÄTZE sich im ausgewählten Text befinden. Wenn Sie den gesamten Text markieren, können zusätzlich die Zahlen mit einem + und einer Zahl versehen sein, wodurch der Übersatztext in Zahlen für Sie dargestellt wird. Damit ist für Sie beim Schreiben immer ersichtlich, wie viele ZEICHEN, WÖRTER und ABSÄTZE sich derzeit im Übersatz befinden.

Bei ZEILEN ❷ steht bei einem Übersatz immer ein Fragezeichen, weil das Programm die Anzahl der Zeilen nur errechnen kann,

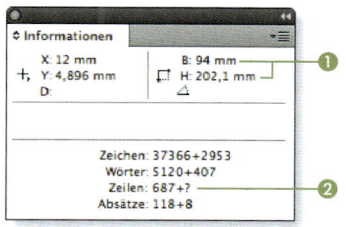

▲ **Abbildung 9.10**
Das Informationen-Bedienfeld in Verbindung mit Text

Übersatztext

Die Anzahl der Wörter im Übersatz des Informationen-Bedienfelds sagt einem Redakteur nicht viel. Wie Sie einen Übersatz bearbeiten, können erfahren Sie in diesem Kapitel auf Seite 221.

wenn es weiß, in welcher Spaltenbreite der Text fortfahren würde. Warum man dabei nicht davon ausgeht, dass der Text in der gleichen Spaltenbreite fortfährt, erscheint unlogisch. Eine seriöse Lösung für die Angaben scheint es nicht zu geben.

9.6 Textrahmenoptionen

Wird ein Textrahmen aufgezogen und mit Text gefüllt, so geht InDesign davon aus, dass der Text bis zum Rand – sowohl oben/unten als auch links/rechts – laufen kann. Alle Formatierungen des Textes werden dabei der aktuell ausgewählten Zeichen- und Absatzformatierung entnommen. Die Formatierung des Textrahmens in Bezug auf Versatzabstand sowie vertikale Ausrichtung und das Festlegen des Grundlinienrasters für den Textrahmen wird durch die Textrahmenoptionen bestimmt.

Diese erreichen Sie über das Menü OBJEKT • TEXTRAHMENOPTIONEN, über das Tastenkürzel Strg+B bzw. ⌘+B oder über das Kontextmenü eines Textrahmens. Haben Sie das Auswahl- oder das Direktauswahl-Werkzeug aktiviert, so können Sie darüber hinaus durch Doppelklick bei gedrückter Alt- bzw. ⌥-Taste den Dialog aufrufen.

Der Dialog ist in InDesign in zwei Register – ALLGEMEIN und GRUNDLINIENOPTIONEN – aufgeteilt.

9.6.1 Einstellungen im Register »Allgemein«

Im Register ALLGEMEIN bestimmen Sie alle Einstellungen hinsichtlich der Spaltigkeit des Textrahmens, des Textabstandes zum Textrahmen und der vertikalen Ausrichtung des Textes im Rahmen.

Abbildung 9.11 ▶
Über die TEXTRAHMENOPTIONEN können Sie die ANZAHL und BREITE der SPALTEN, den VERSATZABSTAND sowie die VERTIKALE AUSRICHTUNG des Textes im Textrahmen bestimmen.

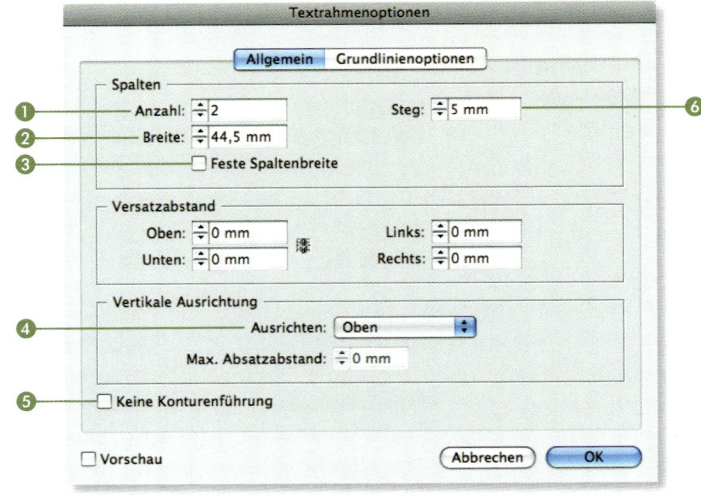

Spalten | Definieren Sie hier die Anzahl ❶ der Spalten und den entsprechenden Spaltenabstand, auch Steg ❻ genannt. Bei einer Rahmenbreite von 95 mm, einer Anzahl von zwei Spalten mit 5 mm Steg würde sich automatisch im Eingabefeld für die Breite ❷ »45 mm« eintragen.

Sie könnten aber auch im Eingabefeld für die Breite die gewünschte Spaltenbreite eingeben, wodurch sich automatisch die Rahmenbreite im Layout ändern würde.

Wenn Sie die Option Feste Spaltenbreite ❸ aktivieren, wird sich je nach Anzahl und gesetzter Breite die Rahmenbreite entsprechend ändern.

Textrahmenoptionen für mehrere Rahmen festlegen

Wenn Sie die gleichen Textrahmeneigenschaften für mehrere Textrahmen verwenden möchten, erstellen Sie einen **Objektstil**, und wenden Sie diesen auf die gewünschten Rahmen an.

Wie Sie Objektstile anlegen und auf Rahmen anwenden, können Sie in Abschnitt 18.4.7, »Nach Objektstilen suchen«, auf Seite 574 nachlesen.

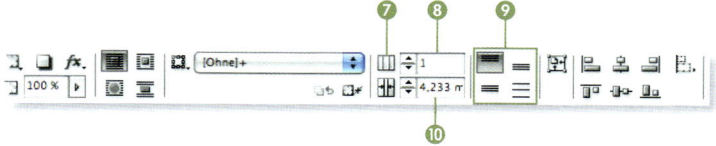

◀ **Abbildung 9.12**
Eingabe von Spaltenanzahl ❽ und vertikaler Ausrichtung ❾

Eine elegante Lösung zur Eingabe der Spaltenanzahl steht darüber hinaus im Steuerung-Bedienfeld zur Verfügung. Geben Sie die Anzahl der Spalten in das dafür vorgesehene Feld ❽ im Steuerung-Bedienfeld ein. Der Spaltenabstand – Steg ❿ – kann seit InDesign CS4 auch hier eingegeben werden, was das Aufrufen der Textrahmenoptionen somit nicht immer erforderlich macht.

Zu den Textrahmenoptionen gelangen Sie, wie bereits für andere Eingabewerte erwähnt, durch Klicken bei gedrückter Alt- bzw. ⌥-Taste auf das Symbol ▥ ❼ vor dem Eingabefeld.

Versatzabstand | Mit diesen Abständen legen Sie fest, wie weit der Text im Rahmen von der Rahmenkante entfernt liegen soll. Diese Funktion ist nützlich, wenn Sie eine Textspalte über einer farbigen Fläche anordnen wollen und der Textkörper dabei nicht die Rahmenkante berühren soll (siehe Abbildung 9.13). QuarkXPress-Anwender (bis Version 4.1) waren hier fast immer angehalten, einen Rahmen für eine Farbfläche aufzuziehen und einen kleineren Textkasten über die Farbfläche zu stellen, da über die Option Texteinzug nur ein Wert für alle Seiten festgelegt werden konnte.

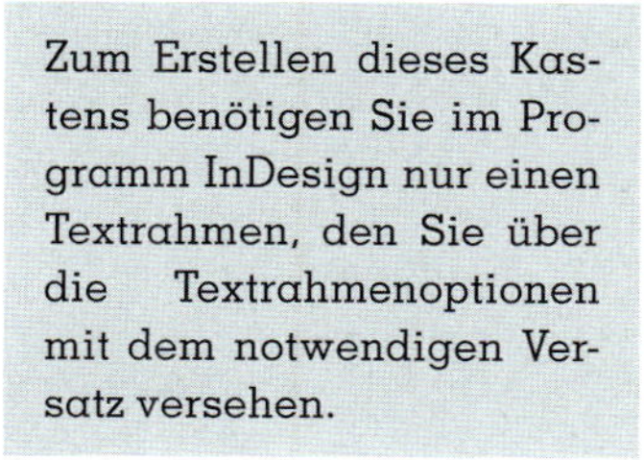

Zum Erstellen dieses Kastens benötigen Sie im Programm InDesign nur einen Textrahmen, den Sie über die Textrahmenoptionen mit dem notwendigen Versatz versehen.

▲ **Abbildung 9.13**
Text in einem Textrahmen mit Versatzabstand

Vertikale Ausrichtung | Die vertikale Ausrichtung im Textrahmen bezieht sich auf den gesamten Inhalt. Die dafür im Popup-Menü Ausrichtung ❹ zur Verfügung stehenden Optionen wie Oben, Zentriert und Unten sprechen für sich. Die Option Vertikaler Keil hingegen sorgt dafür, dass alle Zeilen, unabhängig vom eingestellten Zeilenabstand, auf die volle Rahmenhöhe verteilt wer-

HINWEIS

Konturenführende Objekte, die den Textrahmen berühren, setzen die Option VERTIKALER KEIL außer Kraft. Wenn Sie die Option in den TEXTRAHMENOPTIONEN nicht aktivieren können, so liegt dies daran, dass ein Objekt den aktivierten Textrahmen umfließt oder der Textrahmen keine rechteckige Form besitzt.

den – abzüglich der Werte OBEN und UNTEN, die über VERSATZABSTAND definiert wurden. Alle vier Optionen können über das Steuerung-Bedienfeld durch Drücken der dafür vorgesehenen Buttons ❾ (siehe Abbildung 9.12) aktiviert werden.

Eine Besonderheit des vertikalen Keils ist, dass in seine Berechnung auch bestehende Absätze im Text einbezogen werden können. Sobald Sie die Option VERTIKALER KEIL aktiviert haben, können Sie im Eingabefeld für MAX. ABSATZABSTAND einen Wert eingeben, der dann zum vertikalen Zeilenabstand addiert wird und somit den gesamten Abstand zwischen zwei Absätzen ergibt. Beachten Sie, dass der Begriff VERTIKALER KEIL der TEXTRAHMENOPTIONEN im Steuerung-Bedienfeld BLOCKSATZ VERTIKAL lautet.

> Wer den Mund hält,
> wenn er merkt,
> dass er Unrecht hat,
> ist weise.
>
> Wer den Mund hält,
> obwohl er Recht hat,
> ist verheiratet.

> Die Frau ist nicht aus
> der Rippe des Mannes
> geschaffen, sondern aus
> dessen Gehirn.
>
> Der Beweis ist einfach: Die
> Rippe hat der Mann noch …

Abbildung 9.14 ▶
Speziell bei Sprüchen wird zwischen den Absätzen mehr Abstand verlangt. In Verbindung mit dem VERTIKALEN KEIL kann dies über das Eingabefeld MAX. ABSATZABSTAND – bei beiden Rahmen wurde 3 mm eingegeben – geregelt werden.

Hinweise speziell für XPress-Umsteiger | Durch die Einschränkungen, die in Bezug auf den Versatzabstand bei QuarkXPress 4.1 gegeben waren – in QuarkXPress konnte man nur einen Textabstand, der somit auf allen Seiten gleich war, definieren –, sind vor allem Umsteiger von Version 4.x besonders auf diese Funktionalitäten hinzuweisen. Seit QuarkXPress 6.5 wird nun auch diese Funktion geboten.

Alle gängigen QuarkXPress-Versionen – einschließlich QuarkXPress 8 – berechnen den Versatzabstand unten auf Basis möglicher Unterlängen. InDesign hingegen berechnet den Versatzabstand auf Basis der Grundlinie. Damit könnten im Extremfall Unterlängen aus dem Textrahmen heraushängen.

> Wer heiratet, kann die
> Sorgen teilen, die er
> vorher gar nicht hatte!

▲ Abbildung 9.15
Ein Spruch, der unten ausgerichtet wurde. Ist kein Versatzabstand unten definiert, so ragen Unterlängen aus dem Rahmen heraus.

Keine Konturenführung | Die Option ❺ (siehe Abbildung 9.11) ist zu aktivieren, wenn Sie einen Textrahmen über einem auf Konturenführung gestellten Objekt platzieren wollen. Dies ist beispielsweise der Fall, wenn Sie ein Bild konturengeführt im Layout platzieren und Sie dennoch im Bild eine Bildbeschreibung – im nebenstehenden Bild der Text »Nicht verdrängte Bildbeschreibung« – anbringen möchten.

Ein Text wird vom Bild verdrängt, indem die Konturenführung in Adobe InDesign aktiviert wurde. Es muss dennoch ein Text über dem Bild platziert werden.

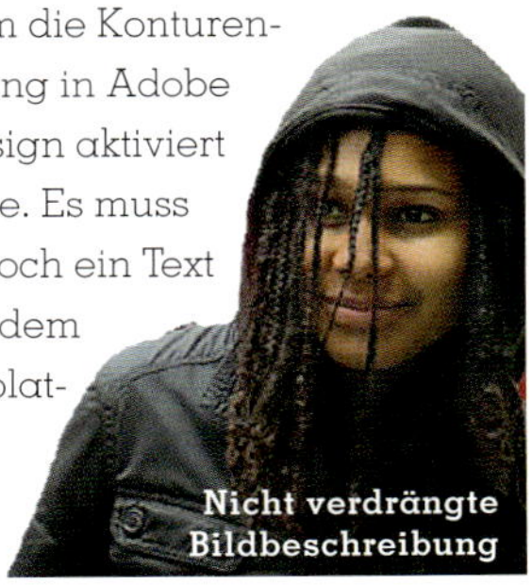

▲ Abbildung 9.16
Durch die Option KEINE KONTURENFÜHRUNG kann Text auf konturenführende Objekte gestellt werden.

Durch Aktivieren der Option KEINE KONTURENFÜHRUNG wird das Verdrängen des Textes für diesen Rahmen außer Kraft gesetzt. Nähere Informationen zur Erstellung und Bearbeitung einer Konturenführung erhalten Sie in Abschnitt 18.1, »Konturenführung und Formsatz«, auf Seite 541.

9.6.2 Einstellungen im Register »Grundlinienoptionen«

Die Verwendung unterschiedlicher Grundlinienraster in einem Dokument ist oft für viele Arbeitsweisen gewünscht. Seit InDesign CS2 wird diese Option angeboten, womit für jeden Textrahmen ein vom Dokument-Grundlinienraster entkoppeltes Grundlinienraster definiert werden kann.

◄ **Abbildung 9.17**
GRUNDLINIENOPTIONEN in den TEXTRAHMENOPTIONEN

Erste Grundlinie | Über die Optionen in ERSTE GRUNDLINIE kann der Versatz der ersten Grundlinie basierend auf einem vordefinierten OFFSET ❶ und einem zusätzlichen Wert im Rahmen festgelegt werden. Standardmäßig ist dieser Wert bei InDesign CS4 mit OBERLÄNGE und einem Wert – MIN. ❼ – von 0 mm eingestellt. Dadurch wird die Grundlinie der ersten Zeile um die Versalhöhe zuzüglich der Oberlänge von der oberen Rahmenkante aus versetzt.

▶ **Offset:** Im Popup-Menü haben Sie hier verschiedene Einstellungen zur Auswahl (Abbildung 9.18). Die Ausrichtung des Abstandes auf die Versalhöhe wird durch die Option GROSS-BUCHSTABENHÖHE, die Ausrichtung der Zeilen durch den eingestellten Zeilenabstand durch die Option ZEILENABSTAND und die Ausrichtung auf die Mittellänge durch die Option X-HÖHE eingestellt.

Durch die Option FIXIERT wird die erste Grundlinie mit der oberen Rahmenkante gleichgeschaltet, was dafür genutzt werden kann, Texte oberhalb des Rahmens zu setzen. Ein zusätzlicher Versatz oberhalb des Rahmens müsste mit einem Grund-

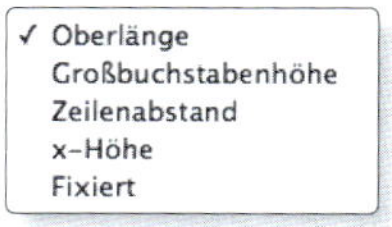

TOP-TIPP
Grundlinienraster für verkettete Rahmen definieren

Soll das Grundlinienraster für alle in einer Verkettung befindlichen Rahmen gelten, auch wenn diese noch keinen Text enthalten, so platzieren Sie die Einfügemarke im Text und stellen erst dann in den TEXTRAHMENOPTIONEN die gewünschten GRUNDLINIENOPTIONEN ein.

✓ Oberlänge
Großbuchstabenhöhe
Zeilenabstand
x-Höhe
Fixiert

▲ **Abbildung 9.18**
Optionen zur Ausrichtung der ersten Grundlinie im Rahmen

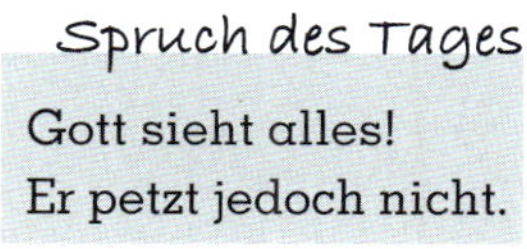

Spruch des Tages

Gott sieht alles!
Er petzt jedoch nicht.

▲ **Abbildung 9.19**
»Spruch des Tages« wurde im Eingabefeld MIN. ❼ auf »0 mm« gesetzt. Damit ist die obere Rahmenkante mit der Grundlinie des Textes gleichgeschaltet. Die Eingabe eines Minuswerts ist nicht möglich.

Oberem Seitenrand
Oberem Rand
Oberem Rahmenrand
✓ Oberem Versatz

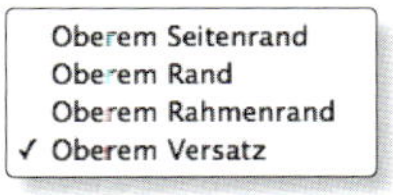

▲ **Abbildung 9.20**
Optionen zur Berechnung der Position der Grundlinien in Abhängigkeit vom Dokumentenformat, vom gewählten Satzspiegel, von der Position des Textrahmens und vom gewählten Versatz im Textrahmen.

linienversatz erfolgen, da die Eingabe von Minuswerten in der Option MIN. nicht zulässig ist.

▶ **Min.:** Geben Sie den gewünschten Versatz der ersten Grundlinie – vom ausgewählten OFFSET ausgehend – im Eingabefeld MIN. ❻ ein. Die Eingabe eines Wertes in Verbindung mit den anderen Optionen ist nicht zu empfehlen, da damit eine exakte Positionierung fast unmöglich wird.

Wenn Sie kein Grundlinienraster verwenden und die obere Kante des Textrahmens an einem Raster ausrichten möchten, empfehlen wir, die Optionen GROSSBUCHSTABENHÖHE oder FIXIERT zu wählen. Damit steuern Sie die Lage der ersten Grundlinie in einem Textrahmen am elegantesten.

Grundlinienraster | Legen Sie darin ein vom Dokument-Grundlinienraster entkoppeltes Textrahmen-Grundlinienraster fest:

▶ **Benutzerdefiniertes Grundlinienraster:** Um ein entkoppeltes Raster zu nutzen, muss die Checkbox BENUTZERDEFINIERTES GRUNDLINIENRASTER VERWENDEN ❷ aktiviert werden.

▶ **Anfang und Relativ zu:** Bevor Sie über die Option ANFANG ❸ festlegen, wo das Grundlinienraster beginnen soll, sollten Sie sich zuerst darüber im Klaren sein, von welcher Position aus das Raster berechnet wird. Bestimmen Sie also zuerst unter RELATIV ZU ❹ den absoluten Startwert.

▶ OBEREM SEITENRAND: Dabei erfolgt die Berechnung von der Oberkante des Endformates (Papierformates). Dabei ist es nicht von Bedeutung, ob der Nullpunkt im Lineal verschoben wurde.

▶ OBEREM RAND: Mit der Wahl dieses Eintrags erfolgt die Berechnung von der Oberkante des definierten Satzspiegels.

▶ OBEREM RAHMENRAND: Dieser Eintrag bezieht sich dann logischerweise auf den aktuell ausgewählten Textrahmen.

▶ OBEREM VERSATZ: Mit der Auswahl dieses Eintrags wird die erste Grundlinie um den Eintrag des Versatzes OBEN im Register ALLGEMEIN verschoben.

▶ **Einteilung alle:** ❺ Damit bestimmen Sie die Schrittweite – so wird es auch in QuarkXPress bezeichnet – des Abstandes der einzelnen Grundlinien. In der Regel ist dieser Abstand mit dem gewählten Zeilenabstand identisch. Seit InDesign CS4 geben Sie den Wert des Zeilenabstandes wie vermutet in Pt ein. Bis einschließlich InDesign CS3 wird, nachdem Sie das Feld verlassen haben, der Wert anhand der Linealvoreinstellungen in Millimeter umgerechnet.

▸ **Farbe:** Mit FARBE ❻ bestimmen Sie den Farbton des Grundlinienrasters. Halten Sie sich aber auch hier am besten an die Ebenenfarbe.

9.7 Text im Textmodus bearbeiten

Die Funktion IM TEXTMODUS BEARBEITEN ist für Adobe-PageMaker-Anwender – dort als **Story Editor** bezeichnet – ein altbekanntes Feature. Texte können dadurch in einer vereinfachten Darstellung am Monitor bearbeitet werden. Diese vereinfachte Darstellung ermöglicht es, dass man in der Korrektur bzw. in der Texterstellung nicht durch Layout und Formatierung von der Arbeit abgelenkt wird. In welcher Schriftart und Schriftgröße Texte dargestellt werden, können Sie selbst in den InDesign-Voreinstellungen im Register TEXTMODUSANZEIGE bestimmen.

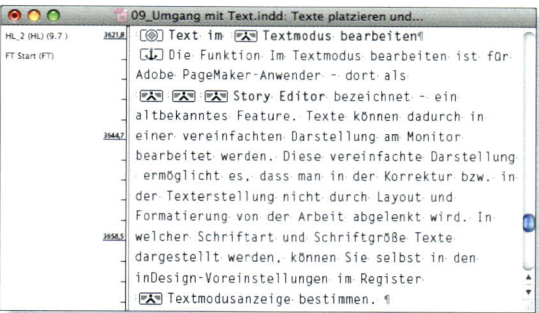

Für jeden Textabschnitt gibt es ein eigenes Textmodus-Fenster, das den vorhandenen Text, auch den Übersatz, ohne Unterbrechung in einer einzigen, links ausgerichteten Spalte abbildet. Die Titelleiste des Fensters zeigt Dateiname und die ersten Wörter des Textflusses an. InDesign-Platzhalter wie Variablen und Verankerungen werden in Form von Symbolen eingefügt. Im deutlich gekennzeichneten Übersatzbereich ❶ können Texte elegant bearbeitet werden.

Textmodus aufrufen | In das Textmodus-Fenster können Sie über den Befehl BEARBEITEN • IM TEXTMODUS BEARBEITEN, den gleichlautenden Befehl aus dem Kontextmenü oder über das Tastaturkürzel ⌈Strg⌉+⌈Y⌉ bzw. ⌈⌘⌉+⌈Y⌉ umschalten. Führen Sie alle gewünschten Textänderungen durch. Änderungen werden sofort im Originallayout aktualisiert. Der Inhalt in Tabellenzellen kann über diesen Modus erst seit InDesign CS4 bearbeitet werden. In früheren Versionen war nur ein Platzhalter zu sehen.

◂ **Abbildung 9.21**
Das Textmodus-Fenster zeigt in der linken Spalte die dem Text zugewiesenen Absatzformate, die rechte Spalte enthält den Text. Im Textfenster werden nur bestimmte Auszeichnungen wie fett und kursiv abgebildet. Aufzählungen ⌈◉⌉, Indexmarkierungen und Verankerungen ⌈↘⌉ und Variablen ⌈Kapitelnummer⌉ 9 werden als Symbole angezeigt.

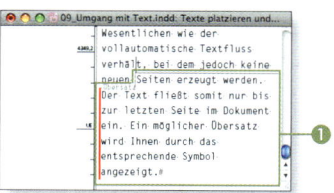

▴ **Abbildung 9.22**
Anzeige des Übersatzes im Textmodus

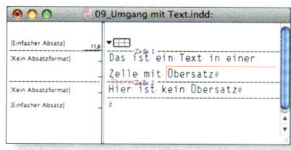

▴ **Abbildung 9.23**
Übersatz in Tabellenzellen kann seit InDesign CS4 nun auch im Textmodus geändert werden.

Textmodus verlassen | Sie verlassen den Textmodus durch Schließen des Fensters oder über das Drücken der gleichen Tastaturkürzel.

9.8   Textfluss und Textverkettung

Nicht jeder Text findet auf einer Seite in einem Rahmen Platz. Längere Texte müssen somit über mehrere Rahmen, die sich auf derselben oder auf einer anderen Seite im Dokument befinden können, verteilt werden.

9.8.1   Verketten von Textrahmen

Externe Verkettung von Texten

InDesign CS4 kann sehr viel, eine externe Verkettung von Textrahmen in ein anderes Dokument ist jedoch nicht möglich.

Um Texte über Rahmen und Seiten hinweg zu setzen, müssen Textrahmen miteinander verknüpft werden. QuarkXPress-Anwender vermissen im Werkzeug-Bedienfeld das Verkettungs- und Entkettungswerkzeug, mit dem dies in QuarkXPress abgebildet worden ist. Adobe PageMaker-Anwender hingegen kennen die Vorgehensweise des Textverkettens, wie es in Adobe InDesign CS4 gehandhabt wird.

Jeder Textrahmen besitzt einen **Eingang** und einen **Ausgang**, über die Verbindungen zu anderen Textrahmen hergestellt werden können. Diese Ein- und Ausgänge können dabei verschiedene Symbole enthalten. Bevor wir an das Verknüpfen von Textrahmen gehen, sollen zuerst die Symbole erklärt werden.

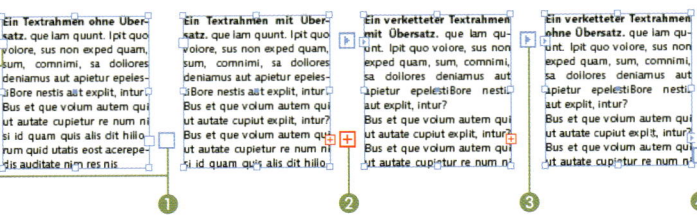

Abbildung 9.24 ▶
Der Ein- bzw. Ausgang eines Textrahmens gibt Auskunft über den Textfluss.

❶ **Leerer Ein- bzw. Ausgang:** Das Symbol ☐ zeigt, dass hier der Textabschnitt beginnt und auch endet.

❷ **Ein rotes [+]-Zeichen am Ausgang:** Das Symbol ⊞ sagt uns, dass ein Übersatz vorhanden ist. Der gesamte Text befindet sich zwar im Rahmen, es kann aber nicht alles dargestellt werden. Wie viel Übersatz vorhanden ist, können Sie aus dem Informationen-Bedienfeld oder über den Textmodus auslesen.

❸ **Ein Pfeil im Eingang:** Steht das Symbol ▶ am Eingang des Textrahmens, so wissen wir, dass der Textrahmen mit einem anderen Textrahmen davor verbunden ist.

Textverkettung und Löschen von Textrahmen

Wenn Sie einen Textrahmen aus einem Textfluss löschen, so wird der Text nicht gelöscht. Der Text fließt automatisch in den nächsten Rahmen weiter.

4 **Ein Pfeil am Ausgang:** Befindet sich das Symbol im Ausgang, so wissen wir, dass weiterer Text in einem verknüpften Textrahmen folgt.

Um zwei Textrahmen miteinander zu verketten, aktivieren Sie mit dem Auswahl- oder dem Direktauswahl-Werkzeug zuerst den ersten Rahmen und klicken dann auf den Ausgang. Je nach Tätigkeit ändert sich der Cursor:

- **Text-platzieren-Symbol:** Damit können Sie einen neuen Textrahmen aufziehen bzw. durch einfachen Klick innerhalb des Satzspiegels einen neuen Textrahmen in der Breite des Satzspiegels erstellen lassen.
- **Verketten-Symbol:** Dieses Symbol erhalten Sie, wenn Sie das Text-platzieren-Symbol über einen anderen Rahmen – egal ob dieser leer oder bereits mit Text gefüllt ist – bewegen. Ein einfacher Klick in den zweiten Rahmen erstellt die Verknüpfung, mit der der Text automatisch bis zum Ende des Zielrahmens einfließt. Ob und wie der Text automatisch noch in weitere Rahmen weiterfließen kann, erfahren Sie auf der nächsten Seite.
- **Entketten-Symbol:** Bereits verknüpfte Textrahmen können gelöst werden, indem Sie mit dem Auswahl-Werkzeug den verknüpften Rahmen markieren und auf den Eingang klicken. Wenn Sie den Cursor innerhalb des Rahmens bewegen, so ändert sich die Form des Cursors in das Entketten-Symbol. Ein einfacher Klick auf den Rahmen löst die Verknüpfung.

▲ **Abbildung 9.25**
Das Text-platzieren-Symbol (links) ändert sich beim Verketten (Mitte) und beim Entketten (rechts).

Verkettungsvorgang abbrechen

Wollen Sie den Verkettungsvorgang abbrechen, so klicken Sie einfach auf das Auswahl-Werkzeug.

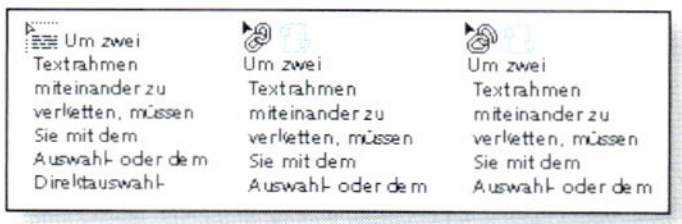

Textverkettung sichtbar machen | Um die Verkettung für Sie sichtbar zu machen, nutzen Sie den Befehl Ansicht • Textverkettungen einblenden. Immer, wenn Sie mit dem Auswahl-Werkzeug einen Textrahmen markieren, sehen Sie die Verbindungslinien.

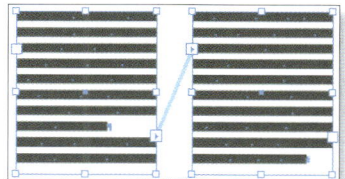

▲ **Abbildung 9.26**
Das Anzeigen der Textverkettungen erfolgt über das Menü Ansicht • Textverkettungen einblenden.

Textrahmen in bestehenden Textfluss einfügen | Wurde ein Dokument aufgebaut und der Textfluss über mehrere verkettete Textrahmen darin bereits festgelegt, so ergeben sich immer wieder Situationen, in denen zusätzlicher Text in den Textfluss eingefügt werden soll. Das Einfügen von Texten ist Standardarbeit – meistens durch Copy & Paste. Soll jedoch der Text in einem eigenen Textrahmen erscheinen, muss wie folgt vorgegangen werden:

Um zwischen Rahmen 1 und Rahmen 2 einen Textrahmen einzufügen, wählen Sie das Auswahl-Werkzeug, verschieben Rahmen 2 und klicken auf den Ausgang von Rahmen 1. Es erscheint jetzt das Text-platzieren-Symbol. Ziehen Sie einfach mit dem Symbol

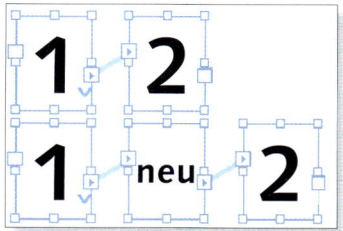

▲ **Abbildung 9.27**
Es soll in einen bestehenden Textfluss ein weiterer Textrahmen eingefügt werden.

Bildrahmen in einem Textrahmen verankern

Um einen Bildrahmen im Textfluss zu verankern, müssen Sie nur den Bildrahmen mit dem Auswahl-Werkzeug auswählen, ausschneiden und an die gewünschte Textstelle einfügen. Wie Sie jedoch professionell verankerte Objekte erstellen können, erfahren Sie in Abschnitt 18.3, »Verankerte Objekte«, auf Seite 552.

Verketteten Textrahmen ohne Übersatz duplizieren

Wurde bislang ein Textrahmen aus einem Textfluss dupliziert, so blieb immer der nachfolgende Text als Übersatz erhalten. Duplizieren Sie einen Textrahmen aus dem Textfluss mittels Auswahl-Werkzeug in Kombination mit gedrückter [Alt]- bzw. [⌥]-Taste, so entsteht ein herausgelöster Textrahmen ohne Übersatz. Eine Neuerung, die es seit InDesign CS3 gibt.

Intelligenter Textfluss und Platzieren von Texten

Die Neuerung in InDesign CS4, einen intelligenten Textfluss – automatisches Hinzufügen von Seiten – zu ermöglichen, funktioniert nur beim Schreiben eines Textes in InDesign und nicht beim Platzieren von Texten. Verwenden Sie, wenn Sie neue Seiten automatisch hinzufügen wollen, den vollautomatischen Textverkettungsmodus.

einen neuen Textrahmen an beliebiger Stelle auf. Sobald Sie die Maustaste loslassen, fließt der Text aus Rahmen 1 sofort in den neuen Textrahmen über. Die Verkettung des neuen Textrahmens mit dem bestehenden Textrahmen 2 erledigt InDesign.

9.8.2 Steuern des Textflusses

Beim Platzieren von Texten können Sie sich für eine der nachstehenden Vorgehensweisen entscheiden.

Manuelles Verketten | Ist ein Übersatz im Textrahmen vorhanden, so wird der Ausgang mit dem Symbol ⊞ versehen. Um den Übersatz sichtbar zu machen, klicken Sie auf das Symbol – das Text-platzieren-Symbol ▦ erscheint – und verketten es mit den nachfolgenden Rahmen bzw. dem neuen Textrahmen.

Halbautomatisches Verketten | Eine Vereinfachung des Verkettens durch manuelles Verknüpfen erreichen Sie, wenn Sie die [Alt]- bzw. [⌥]-Taste gedrückt halten. Dadurch wandelt sich das Text-platzieren-Symbol ▦ in das halbautomatische Text-platzieren-Symbol ▦ . Der Unterschied dabei ist, dass nach dem Platzieren des Textes automatisch, solange Sie die [Alt]- bzw. [⌥]-Taste gedrückt halten, das Text-platzieren-Symbol beibehalten bleibt und Sie somit schnell Rahmen für Rahmen – bestehende oder durch Neu-Aufziehen – miteinander verknüpfen können.

Vollautomatische Verkettung | Durch Drücken der [⇧]-Taste schalten Sie beim Verknüpfen in den vollautomatischen Textfluss um. Das Symbol ▦ sorgt dafür, dass beim Platzieren Textrahmen vollautomatisiert innerhalb des gewählten Satzspiegels und innerhalb von Leerseiten hinzugefügt werden, und zwar so lange, bis der gesamte Text im Dokument sichtbar ist. Dabei legt InDesign CS4 so viele Seiten an, wie tatsächlich zur Darstellung des gesamten Textabschnitts auf dem gewählten Satzspiegel benötigt werden. Wurde der Satzspiegel als dreispaltiges Layout auf der Mustervorlage angelegt, so werden dadurch automatisch drei Textrahmen aufgezogen, die miteinander verknüpft sind.

Vollautomatische Verkettung mit fixer Seitenanzahl | Durch Drücken der [Alt]+[⇧]- bzw. [⌥]+[⇧]-Taste schalten Sie in einen vollautomatischen Textfluss mit fixierten Seiten um, der sich im Wesentlichen wie der vollautomatische Textfluss verhält, bei dem jedoch keine neuen Seiten erzeugt werden. Der Text fließt somit nur bis zur letzten Seite im Dokument ein. Ein möglicher Übersatz wird Ihnen durch das entsprechende Symbol angezeigt.

10 Bilder und Grafiken platzieren

Ein Layoutprogramm soll nicht nur mit Text hervorragend umgehen können, es muss vor allem auch eine Bild- bzw. Grafikintegration ermöglichen. Zu diesem Zweck steht in InDesign der zweite Rahmentyp – der Bildrahmen – zur Verfügung.

10.1 Grundlegende Gedanken

Das Aufziehen von Platzhaltern für Grafik- und Bildbestände erfolgt auf dieselbe Art, wie Sie es bereits bei den Textrahmen gelesen haben. Welche Bildformate platziert werden können, hängt im Wesentlichen von den zur Verfügung stehenden Importfiltern ab. Sind die Bestände einmal importiert, müssen Sie sie noch exakt positionieren und den Ausschnitt bestimmen.

Wer in der Vergangenheit mit Ungenauigkeiten in der Bildschirmdarstellung konfrontiert war und wer einfache Montagearbeiten immer mit Adobe Photoshop vornehmen musste, wird InDesign richtig zu schätzen lernen. InDesign hat sich von einem »Montageprogramm«, wie es QuarkXPress bis zur Version 4.1 war, zu einem richtigen Layout- und Kreativprogramm entwickelt. In Verbindung mit Transparenzen, den neuen Effekten, der Unterstützung nativer Dateiformate und einer hervorragenden Bildschirmdarstellungsqualität bietet das Programm jene Vorteile, die heutzutage kein Layouter und Grafiker mehr missen möchte.

InDesign CS4 akzeptiert nahezu alle Standardformate – von TIFF über EPS, DCS 1.0 und DCS 2.0, JPEG, BMP bis hin zu PDF – für Bild- und Vektordateien. Darüber hinaus unterstützt InDesign CS4 die nativen Formate von Photoshop und Adobe Illustrator – das PSD- und das AI-Format – und seit InDesign CS3 auch InDesign-Dateien. Damit können Sie mit InDesign-Dateien, Bild- und Grafikbeständen arbeiten, in denen Alpha-Kanäle, Ebeneneffekte, Einstellungsebenen, Ebenenkompositionen, Freistellpfade sowie Schmuckfarben integriert sind – ein unglaublicher Vorteil für alle Designer, die unter Zeitdruck gute Ergebnisse präsentieren und dabei sofort beurteilen müssen, wie sich ein Photoshop-Composing in das Layout einfügt.

Verwendung von EPS

Die Umstellung von QuarkXPress auf InDesign zieht meistens auch ein Umdenken in der Verwendung des Dateiformats für Bildbestände nach sich. Das bisher gut funktionierende EPS wird dabei zunehmend ins Abseits gestellt. Sie werden die Vorzüge von TIFF- und PSD-Dateien erkennen und somit Ihre Bildbestände zukünftig nur noch in diesen Dateiformaten abspeichern. Die Verwendung von EPS für Vektordaten bzw. gemischte Inhalte hat oft noch seine Berechtigung. Aber auch da werden Sie die Vorteile der Nutzung von PDF und AI anstelle von EPS erkennen.

Der Nachteil, den manche sehen, ist, dass man dadurch mit sehr großen Dateien im Layout arbeitet. Wir können Sie da schnell beruhigen. Die Praxis zeigt: Wer die Vorteile von InDesign CS4 in Bezug auf Composing ausnutzt, benötigt keine 30-Ebenen-Photoshop-Dateien mehr, um seine Vorstellungen zu verwirklichen. Photoshop-Dateien mit bis zu fünf Ebenen sind dann die Norm, mit der Sie sicherlich auskommen werden. Darüber hinaus können Sie ja Ihre gewohnte Arbeitsweise mit InDesign fortsetzen.

Wenn Sie aber dennoch die Composings in Adobe Photoshop erstellen wollen, so setzen Sie dort die Funktion der Ebenenkomposition ein, die mit Photoshop CS eingeführt wurde. Erstellen Sie in Photoshop verschiedene »Views« auf Ihre Komposition, die durch einfaches Aktivieren und Deaktivieren von Ebenen erfolgen, und speichern Sie diese Ansichten im Bedienfeld EBENEN-KOMP. im PSD-Format ab. Was Sie davon haben, erklären wir Ihnen in Abschnitt 10.4.2, »PSD-Bildimportoptionen«, auf Seite 231.

10.2 Dateiformate

Bevor Sie mehr zum Platzieren erfahren, erhalten Sie vorab Informationen zur Frage: Welches Dateiformat wähle ich, wenn ich Bild- (Pixel-) und Grafikdateien (Vektoren bzw. Pixel-Vektor-Kombinationen) abspeichern möchte?

Tabelle 10.1 sollte Ihnen die Grundlage dafür liefern. Die Möglichkeiten, Sound-, Videoformate und Animationsdaten zu integrieren, werden hier nicht behandelt.

▼ **Tabelle 10.1**
Speicherformate und ihre Anwendungsgebiete

Format	Verwendung	Unterstützte Funktionen in InDesign CS4
TIFF	Bitmap-, Graustufen- und Farbbilder	Kompressionen: ohne, JPEG, ZIP, LZW; Freistellpfade, Schmuckfarben, Alpha-Kanäle, Ebenen, Transparenzen, Farbmanagement
EPS	Graustufen- bzw. 4c-Farbbilder und -vektoren	Kompression: ohne, JPEG; Freistellpfade, Schmuckfarben, Duplex, Triplex, Quadruplex
PSD	Bitmap-, Graustufen- und Farbbilder	Kompression: ZIP; Freistellpfade, Schmuckfarben, Duplex, Alpha-Kanäle, Ebenen, -kompositionen, Transparenzen, Farbmanagement
PDF	alles	Kompression: ohne, ZIP, CCITT, JPEG, JPEG2000; Transparenzen ab PDF 1.4, Farbmanagement
JPEG	Graustufen- und Farbbilder	Kompression: JPEG; Freistellpfade, Farbmanagement
DCS 1.0	CMYK-Bilder	Kompression: ohne, JPEG; Freistellpfade
DCS 2.0	CMYK-Bilder und Schmuckfarben	Kompression: ohne, JPEG; Freistellpfade, Schmuckfarben
JPEG	Graustufen- und Farbbilder	Kompression: JPEG; Freistellpfade, Farbmanagement

Format	Verwendung	Unterstützte Funktionen in InDesign CS4
GIF	indizierte Bilder	Kompression: ZIP; ist nur für den Einsatz am Monitor bestimmt.
PNG	Online-Dokumente	Transparenzen, Alpha-Kanäle; patentfreie Alternative zu GIF
BMP	RGB-Bilder	Ist für Office-Dokumente bestimmt.
AI	Vektor- und gemischte Daten	Ist zur Übergabe von Illustrator-Dateien an InDesign als Container geeignet. InDesign unterstützt keine speziellen Funktionen aus dem Format.
InDesign	vollständige Inseraten-sujets oder einzelne Artikel in Redaktions-umgebungen	Inserate, die in InDesign erstellt wurden, müssen nicht in ein PDF überführt werden. Müssen mehrere Kollegen zur selben Zeit Texte in das Layout schreiben, so kann dies über einzelne angelegte Artikel (als InDesign-Datei), die im Layout zusammengeführt werden, erfolgen.

▲ **Tabelle 10.1 (Forts.)**
Speicherformate und ihre Anwendungsgebiete

Wie Sie der Tabelle entnehmen können, spricht sehr viel für die Verwendung von TIFF und PSD in Verbindung mit Bilddaten sowie für PDF, AI und InDesign-Dateien als Format für gemischte Layout- und Grafikdaten.

Wenn Sie Daten nur innerhalb der Creative Suite austauschen, so können Sie fast uneingeschränkt die Datenformate mit ihren Eigenschaften nutzen. Müssen Sie jedoch Datenbestände generieren, die sowohl für Adobe FreeHand als auch für CorelDRAW und QuarkXPress verwendbar sein sollen, so müssen Sie sich auf den kleinsten gemeinsamen Nenner – er wird durch XPress 4.1 repräsentiert – begeben. Verwenden Sie dann nur TIFF, EPS, PDF und ab XPress 6.5 PDF und PSD. Speichern Sie TIFF-Daten entweder unkomprimiert oder mit der Kompression LZW ab. EPS-Bestände können JPEG-komprimiert verwendet werden, und PDF-Dateien müssen in PDF 1.3 vorliegen. Lediglich mit Quark-XPress 7 und 8 könnten PDF 1.4-Dateien (mit Transparenzen) verwendet werden – es wird jedoch auch hier, aufgrund der Transparenzreduzierungsschwächen von QuarkXPress 7 bzw. 8, davon abgeraten. Alle anderen Varianten führen zu Problemen in der Produktion. Zwar beschränken Sie so Ihre Möglichkeiten, eine Produktion ist dennoch gut zu bewältigen.

10.3 Platzieren von Bildern, Grafiken und PDF-Dateien

Das Platzieren von Bild- oder Grafikdateien funktioniert wie das Platzieren von Texten. Ob Sie einen Rahmen vorher aufgezogen haben, keinen Rahmen bestimmt haben oder ob Sie die Datei per Drag & Drop vom Schreibtisch bzw. aus Bridge CS4 auf die Montagefläche ziehen: Die Arbeitsweise ist analog zur Vorgehensweise

HINWEIS

JPEG2000-Daten können nicht importiert werden.

Platzieren versus Kopieren

Bringen Sie Bild- und Grafikbestände immer über den Befehl PLATZIEREN auf Ihrem Druckbogen an, da InDesign damit eine Verknüpfung zu den Originaldateien aufrechterhält. Eine Aktualisierung bzw. das Austauschen von Bildern ist somit wesentlich einfacher. Durch Kopieren von Bildern und Grafiken über die Zwischenablage können Sie diesen Vorteil nicht mehr nutzen. Ob die Qualität beim Kopieren ausreichend ist, kann nicht allgemeingültig beantwortet werden. Eine einzige Ausnahme besteht nur in Zusammenhang mit der Übergabe von AICB-Grafikbeständen aus Illustrator.

Ist die Option AICB im Register DATEI VERARBEITEN UND ZWISCHENABLAGE gewählt, so können über die Zwischenablage Illustrationen mit editierbaren Pfaden in InDesign eingefügt werden.

mit Textrahmen. Zusätzliche Informationen dazu können Sie im Abschnitt 9.2.3, »Texte durch Platzieren hinzufügen«, auf Seite 206 nachlesen. Die Unterschiede bestehen einerseits im Symbol und andererseits in einer geänderten Vorgehensweise beim Platzieren von Bildern in InDesign CS4.

10.3.1 Vorgehensweisen beim Platzieren von Bildern

Je nachdem, ob ein Bild in einen Rahmen eingefügt bzw. ersetzt wird oder irgendwo auf der Arbeitsfläche platziert werden soll, unterscheidet man verschiedene Vorgehensweisen. Führen Sie das Platzieren entweder über den Befehl DATEI • PLATZIEREN, das Tastaturkürzel [Strg]+[D] bzw. [⌘]+[D] oder durch Verschieben der Datei aus dem Windows-Explorer bzw. dem Mac OS-Finder oder aus Bridge CS4 aus.

▲ **Abbildung 10.1**
Das Bild wurde in einem leeren Bildrahmen platziert. Es wird ein Ausschnitt in Originalgröße gezeigt.

Bild in Bildrahmen platzieren | Steht ein Platzhalterrahmen für ein Bild im Layout bereits zur Verfügung, so wird das Bild in Originalgröße im Rahmen eingefügt. In den meisten Fällen sehen Sie dann nur einen Ausschnitt des gesamten Bildes.

Bild in Originalgröße platzieren | Steht kein Bildrahmen im Layout zur Verfügung, so wird das Bild in Originalgröße an der entsprechenden Stelle platziert. InDesign erstellt dabei automatisch einen Bildrahmen.

▲ **Abbildung 10.2**
Ein Klick mit dem Bild-platzieren-Symbol platziert das Bild in der Originalgröße.

Bild proportional durch Aufziehen eines Rahmens platzieren | Wird mit dem Bild-platzieren-Symbol ein neuer Bildrahmen aufgezogen, so wird der Bildrahmen seit InDesign CS4 automatisch proportional aufgezogen und das gesamte Bild füllend im Rahmen positioniert. Mit welchem Prozentsatz dabei das Bild verkleinert bzw. vergrößert im Layout platziert wird, wird Ihnen bereits beim Platzieren des Bildes über die Transformationswerte angegeben.

Wollen Sie beim Aufziehen des Bildrahmens einen nicht den Proportionen des Bildes entsprechenden Rahmen erstellen, so müssen Sie beim Ziehen die [⇧]-Taste gedrückt halten. Sie erstellen damit zwar einen x-beliebig großen Rahmen, das Bild wird dennoch proportional bildfüllend in den Rahmen geladen.

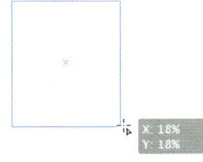

▲ **Abbildung 10.3**
Beim Aufziehen eines Bildrahmens mit dem Bild-platzieren-Symbol (links) werden die Transformationswerte während des Aufziehens (rechts) angegeben.

Bild ersetzen | Soll ein bereits platziertes Bild durch ein anderes ersetzt werden, so kann dies entweder durch Aktivieren der Option AUSGEWÄHLTES OBJEKT ERSETZEN im BILD PLATZIEREN-Dialog oder durch einfaches Verschieben einer Datei aus dem Explorer bzw. Finder oder über die Bridge CS4 auf ein bestehendes Bild im Layout erfolgen. Dabei bleiben Position des Bildes und der

Skalierungsfaktor im Rahmen erhalten. Natürlich kann dieser Vorgang auch über das Verknüpfungen-Bedienfeld für einzelne und mehrere Vorkommnisse des Bildes durch Drücken des Buttons ERNEUT VERKNÜPFEN ausgeführt werden. Mehr dazu erfahren Sie noch in diesem Kapitel in Abschnitt 10.9, »Arbeiten mit Verknüpfungen«, auf Seite 256.

10.3.2 Bild-platzieren-Symbole

Anstelle des Text-platzieren-Symbols ▦ bei Textrahmen wird das Bild-platzieren-Symbol ⫘ bzw. ⫘, wenn es in der Nähe einer Hilfslinie steht, angezeigt. Die Form des Cursors ändert sich in das Symbol ⫘, wenn Sie den Cursor über einen leeren Grafikrahmen bewegen.

   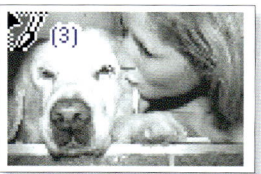

Seit InDesign CS3 besteht die Möglichkeit, sich im Bild-platzieren-Symbol zusätzlich noch ein Preview des Bildes anzeigen zu lassen.

▲ **Abbildung 10.4**
Die Bild-platzieren-Symbole werden seit InDesign CS3 durch eine Bildvorschau ergänzt.

Aktivieren der Anzeige | Ob ein Miniatursymbol beim Platzieren-Symbol angehängt wird oder nicht, hängt von den getroffenen Voreinstellungen im Register BENUTZEROBERFLÄCHE ab. Wenn Sie eine Vorschau nicht angezeigt bekommen wollen, so müssen Sie dort die Option BEIM PLATZIEREN MINIATUREN EINBLENDEN deaktivieren.

10.3.3 Mehrere Bilder in einem Vorgang platzieren

Seit InDesign CS3 können Sie im PLATZIEREN-Dialog mehrere Dateien durch Drücken der ⌈Strg⌉- bzw. ⌈⌘⌉- oder der ⌈⇧⌉-Taste auswählen. Damit wird es Ihnen ermöglicht, in einem Aufwasch mehrere Bilder zu platzieren. Sie können natürlich auch mehrere Bilder im Windows-Explorer bzw. Mac OS-Finder oder in Bridge CS4 auswählen und dann auf die Arbeitsfläche im InDesign-Dokument ziehen.

Sind mehrere Bilder zum Platzieren ausgewählt, so erscheint neben dem Bild-platzieren-Symbol zusätzlich eine Zahl, die die Anzahl der zu platzierenden Bilder wiedergibt. Wie Sie dabei auswählen, welches Bild Sie nun platzieren wollen oder wie Sie ein Bild aus dem Platzierstapel löschen, erfahren Sie auf Seite 239.

Auswahl von Dateien

Die zusammenhängende Auswahl von Dateien in einer Liste erfolgt durch Drücken der ⌈⇧⌉-Taste. Wollen Sie jedoch in einer Liste mehrere Dateien einzeln auswählen, so drücken Sie ⌈⌘⌉.

10.4 Bildimportoptionen

Wie beim Import von Textdateien können Sie auch bei Bild- und Grafikdateien die Option IMPORTOPTIONEN ANZEIGEN aktivieren. Je nach vorliegendem Dateiformat ändern sich die angebotenen Optionen deutlich.

Nachstehend möchten wir Ihnen die Importoptionen für TIFF, PSD, EPS und PDF erläutern. Waren in InDesign CS die TIFF- und PSD-Optionen noch identisch, tun sich seit InDesign CS2 im Importdialog von PSD interessante neue Arbeitsweisen auf. Ausführliche Informationen zu Textimportoptionen haben Sie ja bereits in Abschnitt 9.3.2, »Texte über Importoptionen platzieren«, auf Seite 210 erhalten.

10.4.1 TIFF-Bildimportoptionen

Die Importoptionen für TIFF-Dateien gliedern sich in die Register BILD und FARBE.

Bild | Darin können Beschneidungspfade, die in Photoshop als solche definiert wurden, als Default-Pfade für den Freisteller verwendet werden.

▸ **Photoshop-Beschneidungspfad anwenden:** Ist diese Option deaktiviert, wird beim Importieren das ganze Bild – nicht freigestellt – platziert. Sind weitere Pfade in der TIFF-Datei angelegt und gespeichert worden, so können diese beim Import leider nicht ausgewählt werden. Wie Sie dennoch auf die anderen Beschneidungspfade zugreifen können, erfahren Sie noch in diesem Kapitel in Abschnitt 10.8.1, »InDesign-Kontaktabzug erstellen«, auf Seite 247.

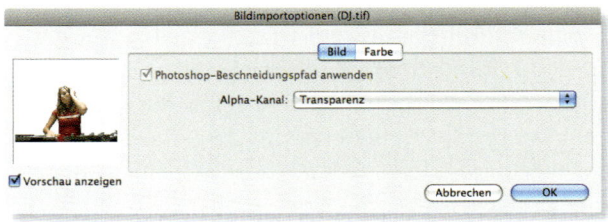

Abbildung 10.5 ▸
Das Register BILD der Importoptionen von TIFF-Dateien

▸ **Alpha-Kanal:** Der Zugriff auf alle vorhandenen Alpha-Kanäle in der TIFF-Datei ist durch die Auswahl des Kanals möglich. Damit lassen sich Freisteller, die in Photoshop auf transparentem Hintergrund erstellt wurden, sowie verlaufende Bilder in perfekter Qualität in InDesign CS4 platzieren und ausgeben. Um Bilder nach transparent verlaufend zu erstellen, bietet InDesign CS4 neben dem Weiche-Verlaufskante-Werkzeug

auch im erweiterten Effekte-Bedienfeld alternative Vorgehensweisen an.

Das Beispiel in Abbildung 10.6 zeigt, wie eine einfache Montage
schnell damit umzusetzen ist. Die Frau wurde mit ausgewähltem
Alpha-Kanal auf den Hintergrund in InDesign platziert. Der Text
wurde geschrieben und hinter das Bild der Frau gestellt.

▲ **Abbildung 10.6**
Eine Bild-Text-Montage in InDesign

Farbe | Im Register FARBE können Sie dem importierten Bild ein
Quellprofil und einen Rendering Intent zuweisen.

▶ **Profil:** Durch die Wahl des Eintrages DOKUMENTSTANDARD VER-
WENDEN greifen Sie auf das im Bild angehängte Profil zurück.
Das Auswählen eines anderen Profils weist dem importierten
Bild das neue Quellprofil zu, was eigentlich nur dann Sinn hat,
wenn dem TIFF-Bild kein Profil beim Abspeichern angehängt
wurde. Der Default-Wert für das zugewiesene Profil wird von
den Farbeinstellungen von InDesign bestimmt.

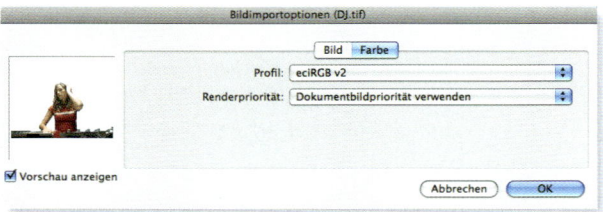

◀ **Abbildung 10.7**
Das Register FARBE der BILDIMPORT-
OPTIONEN von TIFF-Dateien

▶ **Renderingpriorität:** Damit weisen Sie dem Bild den bevorzug-
ten Rendering Intent zu. Speziell bei RGB-Bildern würde dieser
dann im Zuge der Farbkonvertierung herangezogen werden.

Beachten Sie: In beiden Fällen kommt es dabei nicht zu einer
Konvertierung der Bildbestände. Es wird dem Bild lediglich ein
Quellprofil zugewiesen, damit eine möglichst originalgetreue
Farbwiedergabe am Monitor erfolgen kann.

10.4.2 PSD-Bildimportoptionen

Die Importoptionen für PSD-Dateien gliedern sich in InDesign CS4
in die Reiter **Bild**, **Farbe** und **Ebenen**. Die Register BILD und FARBE
sind analog zu den TIFF-Bildimportoptionen.

Ebene | Im Bereich EBENEN EINBLENDEN können Sie auf jede ein-
zelne Ebene und Ebenengruppe zugreifen, um diese zu aktivieren
bzw. zu deaktivieren. Diese Möglichkeit schafft ungeahnte Flexibilität in der Kreation und der Mehrfachverwendung einzelner
PSD-Dateien innerhalb eines Layouts.

Rendering Intent

Das Verschieben nicht druckba-
rer Farben in den Bereich druck-
barer Farben kann auf unterschiedlichste Art und Weise
erfolgen. Die dafür verantwortlichen Algorithmen werden als
Rendering Intent oder Render-
priorität bezeichnet. Speziell für
das Layout sind der perzeptive
bzw. der relativ farbmetrische
Rendering Intent von Bedeutung.

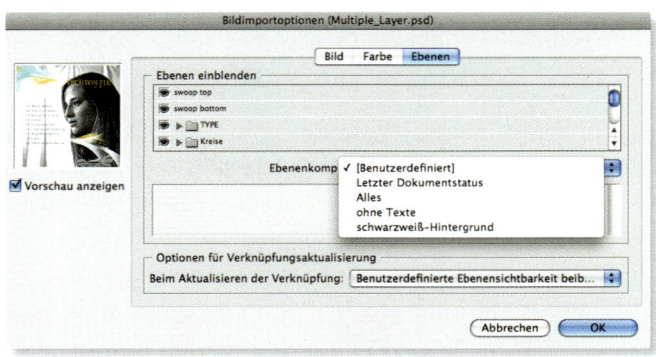

Sollten Sie in Photoshop diverse »Views« in Form von **Ebenen-kompositionen** angelegt haben, so können Sie beim Import von Bildern auf diese sehr schnell durch die Wahl einer Ebenenkom-position in der Option EBENENKOMP. zugreifen.

Im Bereich OPTIONEN FÜR VERKNÜPFUNGSAKTUALISIERUNG müs-sen Sie zuletzt noch festlegen, wie InDesign verfahren soll, wenn Bildbestände verändert worden sind.

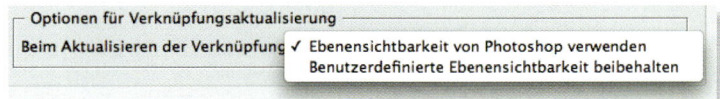

▶ **Ebenensichtbarkeit von Photoshop verwenden:** Wenn Sie sich jedoch für diesen Wert entscheiden, so wird nach einer Aktualisierung wiederum der Originalzustand – jener, der beim Abspeichern der PSD-Datei bestand – importiert.

▶ **Benutzerdefinierte Ebenensichtbarkeit beibehalten:** Wählen Sie diesen Eintrag, wenn Sie einzelne Ebenen beim Importieren oder im Nachhinein über das Menü OBJEKT • OBJEKTEBENEN-OPTIONEN deaktiviert haben. Dadurch bleiben die nicht sicht-baren Ebenen auch bei einer Aktualisierung des Bildes ausge-blendet.

10.4.3 EPS-Bildimportoptionen

Die Importoptionen bei EPS-Dateien beschränken sich auf we-nige, jedoch für die Darstellung am Monitor sehr wichtige Einstel-lungen.

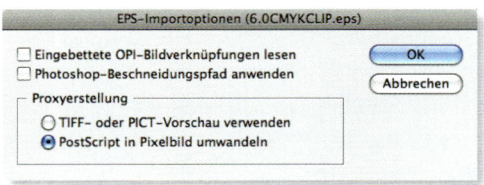

- **Eingebettete OPI-Bildverknüpfungen lesen:** Diese Option ist nur zu aktivieren, wenn Sie im Zusammenhang mit OPI-Workflows produzieren.
- **Photoshop-Beschneidungspfad anwenden:** Wenn Sie den gespeicherten Beschneidungspfad in einer EPS-Datei standardmäßig anwenden wollen, so aktivieren Sie diese Option. Bleibt die Option deaktiviert, so wird die gesamte EPS-Datei platziert. Beachten Sie, dass Sie nur dann auf den Beschneidungspfad zurückgreifen können, wenn ein Pfad in Photoshop auch als Beschneidungspfad abgespeichert wurde.

Proxyerstellung | Wenn Sie EPS-Dateien platzieren, so können Sie über diese Optionen festlegen, ob InDesign das 72-ppi-Vorschaubild aus der EPS-Datei platzieren soll oder ob eine hochaufgelöste Vorschaudarstellung, die in das InDesign-Dokument hineingerechnet wird, berechnet werden soll.
- **TIFF- oder PICT-Vorschau verwenden:** Wählen Sie diese Option, wenn in InDesign das 72-ppi-Vorschaubild aus der EPS-Datei platziert werden soll. Dabei werden, speziell bei älteren EPS-Dateien, transparente Stellen eines Logos nicht transparent, sondern weiß am Monitor dargestellt.
- **PostScript in Pixelbild umwandeln:** Aktivieren Sie diese Option, um eine farbgetreuere und hochauflösende Darstellung am Monitor zu erlangen. Der Nachteil liegt hierbei in den Berechnungszeiten, was jedoch durch die farbgetreuere und vor allem die korrekte Abbildung von älteren EPS-Dateien sofort wettgemacht wird.

Aktivieren Sie immer die Option PostScript in Pixelbild umwandeln, da es sonst zu einer falschen Darstellung älterer EPS-Dateien am Monitor kommen kann. In Abbildung 10.11 wurde auf einer gelben Fläche zweimal das gleiche Logo platziert. Links wurde es mit aktivierter Option PostScript in Pixelbild umwandeln platziert und rechts mit der Standardoption TIFF- oder PICT-Vorschau verwenden. Der eigentlich transparente Hintergrund wird als weißes Viereck am Monitor dargestellt; er würde jedoch korrekt ausgegeben.

Wenn Sie dieses Darstellungsproblem bei Ihren Dokumenten ebenfalls haben, so können Sie eine korrekte Darstellung am Monitor dennoch erhalten:
- **Anzeige mit hoher Qualität:** Durch das Umschalten auf die hochaufgelöste Darstellung über den Befehl Objekt • Anzeigeleistung • Anzeige mit hoher Qualität kann temporär dieses Problem auch in der Darstellung am Monitor korrigiert werden.

[OPI]
OPI steht für **Open Prepress Interface** und stellt eine Arbeitsweise dar, mit der im Layout lediglich niedrigaufgelöste Bilder zum Platzieren verwendet werden, die dann bei der Ausgabe von einem OPI-Server durch Feindaten ersetzt werden.

TOP-TIPP
Platzieren von EPS-Dateien

Um immer eine hochauflösende und farbgetreue EPS-Vorschau in InDesign zu erhalten, müssen Sie die Option PostScript in Pixelbild umwandeln in den EPS-Importoptionen einmalig aktivieren. InDesign merkt sich diese Voreinstellung für zukünftige EPS-Platziervorgänge.

▲ **Abbildung 10.11**
Eine EPS-Datei wurde mit den unterschiedlichen Importoptionen zweimal platziert. Die eigentlich perfekte Vorschau von InDesign kann weiße Stellen in der PICT-Preview – eine Altlast – nicht korrekt darstellen.

Keine Vorschau in der EPS-Datei gespeichert

Besitzt eine EPS-Datei keine Vorschau, so wird beim Importieren in InDesign automatisch eine Vorschau berechnet.

Der Nachteil dabei ist, dass Anwender diesen Modus dann nie wieder verlassen und damit InDesign in der Verarbeitung am Monitor extrem langsam werden kann.

HINWEIS

Nähere Informationen zur Überdruckenvorschau erhalten Sie auf Seite 710.

HINWEIS

Wird eine Datei mehrmals in ein Dokument importiert, so gelten die Proxyeinstellungen der ersten Instanz für alle Instanzen dieser Datei.

▶ **Überdruckenvorschau:** Durch die Aktivierung der Überdruckenvorschau über den Befehl ANSICHT • ÜBERDRUCKENVOR-SCHAU – Strg+Alt+⇧+Y bzw. ⌘+⌥+⇧+Y – kann ebenfalls temporär die Ansicht für alle Objekte hochaufgelöst erfolgen. Die Wahrscheinlichkeit, dass Anwender diesen Modus ein- bzw. ausschalten, ist größer als bei der zuvor genannten Möglichkeit.

▶ **Proxyeinstellungen ändern:** Das nachträgliche Ändern der Proxyeinstellung beim EPS-Import auf POSTSCRIPT IN PIXELBILD UMWANDELN anstelle der Standardoption TIFF- ODER PICT-VORSCHAU VERWENDEN führt für das bereits erstellte Dokument leider zu keinem Ergebnis. Dennoch sollten Sie die Einstellung ändern, damit Sie bei zukünftigen InDesign-Arbeiten nicht wieder dieses Problem ereilt.

10.4.4 PDF-Importoptionen

Eine Spezialität von InDesign ist der PDF-Importdialog, durch den Sie beim Platzieren exakt auf bestimmte Bereiche, Seiten und Ebenen in einer PDF- und AI-Datei zurückgreifen können.

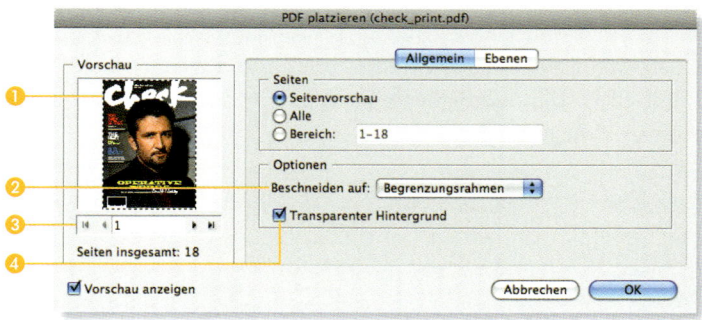

Abbildung 10.12 ▶
Das Register ALLGEMEIN des Dialogs PDF PLATZIEREN. Bestimmen Sie damit, welche Seiten einer mehrseitigen PDF-Datei und auch welcher Ausschnitt der jeweiligen Seite platziert werden soll.

Allgemein | Hier bestimmen Sie, welche Seite(n) und welcher Ausschnitt der Seite platziert werden soll und ob weiße Bereiche des Dokuments transparent erscheinen sollen oder nicht.

▶ **Seitenangabe:** Hier können Sie sehen, wie viele Seiten ❸ sich in der PDF-Datei befinden und welche Seite angezeigt und platziert werden soll. Gehen Sie auf die Seite, die Sie platzieren wollen, indem Sie auf die Steuerungspfeile klicken. Wollen Sie mehrere Seiten importieren, so geben Sie den zu platzierenden Seitenbereich in der Option BEREICH ein. Die Eingabe »1,2,2-3« platziert dabei Seite 1 und 2 und die Doppelseite 2–3, jedoch leider als Einzelseiten.

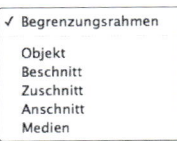

▶ **Beschneiden auf:** Liegen in der PDF-Datei Seitenbereiche (PDF-Boxen) vor, so können Sie mit der Option BESCHNEIDEN AUF ❷ auf eine der fünf möglichen PDF-Boxen (siehe dazu Abbildung 10.13) zurückgreifen.

▲ **Abbildung 10.13**
Mögliche Optionen zum Beschneiden der PDF-Datei. Es werden jedoch immer alle Optionen angezeigt, auch wenn bestimmte Boxen nicht vorhanden sind.

> ▶ BEGRENZUNGSRAHMEN: Durch die Auswahl dieses Eintrages – dies ist der Default-Wert – wird der Begrenzungsrahmen der PDF-Seite platziert, oder anders gesagt, der kleinste Bereich, der die Seitenobjekte einschließt, inklusive der Druckmarken. Diese Option spielt besonders beim Platzieren von Illustrator-Dateien eine entscheidende Rolle. Lesen Sie dazu auf der nächsten Seite mehr.

> ▶ OBJEKT: Durch die Auswahl dieses Eintrags greifen Sie auf die **ArtBox** – vom Dokumentenersteller angelegter Objektbereich – in der PDF-Datei zurück. Diese ist jedoch meistens mit der Trim- oder CropBox, in Abhängigkeit vom PDF-Erstellerprogramm, gleichgeschaltet.

> ▶ BESCHNITT: Ist in der PDF-Datei ein Beschneidungsrahmen (**CropBox** ❽) angelegt worden, so können Sie durch Anwahl dieser Option genau auf diesen Bereich zurückgreifen.

> ▶ ZUSCHNITT: Wählen Sie diesen Eintrag, um den Teil der PDF-Datei zu platzieren, der dem Bereich des Endformats entspricht. Die entsprechende PDF-Box ist die **TrimBox** ❼.

> ▶ ANSCHNITT: Wählen Sie diesen Eintrag, wenn Sie den Endformat-Bereich inklusive des Anschnitts, beispielsweise für abfallende Inserate, platzieren wollen. Die entsprechende PDF-Box ist die **BleedBox** ❻.

> ▶ MEDIEN: Wählen Sie diesen Eintrag, um das gesamte PDF in der Originalgröße inklusive aller Druckermarken zu platzieren. Die entsprechende PDF-Box ist die **MediaBox** ❺.

Überschrift
Die Boxen in einer PDF-Datei sind für weiterführende Schritte in der Druckvorstufe ein sehr wichtiges Hilfsmittel.

▲ **Abbildung 10.14**
Die Boxen, die beim Schreiben einer PDF-Datei erstellt werden müssen

InDesign bezeichnet die Boxen leider etwas anders als allgemein üblich. Je nachdem, welchen Seitenbereich Sie ausgewählt haben, wird in der VORSCHAU ❶ durch eine gestrichelte Linie der zu platzierende Bereich eingefasst.

▶ **Transparenter Hintergrund:** Da in den meisten PDF-Dateien ein über den Anschnitt hinausreichender Bereich, der Medienrahmen, definiert ist, können Sie den weißen Bereich durch Aktivieren von TRANSPARENTER HINTERGRUND ❹ ausblenden.

▶ **Alle PDF-Seiten platzieren:** Wählen Sie dazu im Bereich SEITEN die Option ALLE aus. Ihnen wird das PDF-platzieren-Symbol 🗺 angezeigt. Ziert ein [+]-Zeichen das Acrobat-Symbol, so ist das die Kennzeichnung eines mehrseitigen PDF. Durch einfaches Klicken auf den gewünschten Druckbogenbereich wird beim ersten Klick die erste Seite, beim zweiten Klick die zweite

▲ **Abbildung 10.15**
Die verschiedenen PDF-platzieren-Symbole, die etwas von den normalen Bild-platzieren-Symbolen abweichen. Das mittlere Symbol weist wiederum auf die Nähe zu einer Hilfslinie hin. Das rechte obere Symbol zeigt, dass ein mehrseitiges PDF platziert wird. Das rechte untere Symbol zeigt, dass ein mehrseitiges PDF auf einer Seite platziert wird.

Seite usw. platziert. Sie können damit sehr schnell viele Seiten einer PDF-Datei im Layout platzieren. Wollen Sie jedoch lediglich alle Seiten automatisch auf der Seite platzieren, so drücken Sie zusätzlich die ⟨Alt⟩- bzw. ⟨⌥⟩-Taste. Das PDF-platzieren-Symbol ändert sich daraufhin in 𝕏. Etwas schwierig sind die Symbole mit eingeblendeter Miniaturvorschau schon zu erkennen.

Ebenen | So wie bei PSD-Dateien können Sie auch bei PDF-Dateien auf unterschiedliche Ebenen zurückgreifen und die Verfahrensweise für eine Aktualisierung festlegen.

▶ **Ebenen einblenden:** Bestimmen Sie hier, welche Ebenen zur Darstellung und zur Ausgabe verwendet werden sollen. Klicken Sie dazu auf das Symbol 👁, um eine derzeit sichtbare Ebene auszublenden. Das Deaktivieren einer Ebene wird auch in der Vorschau – hier ohne Text – abgebildet.

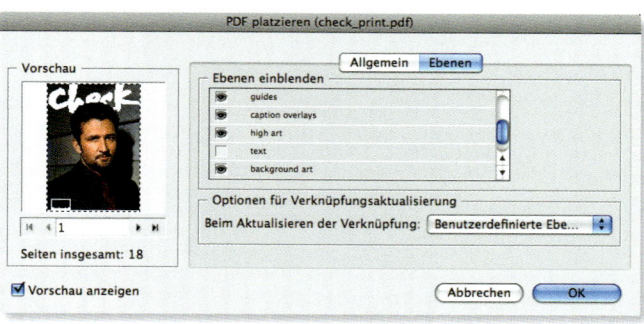

Abbildung 10.16 ▶
Ähnlich wie beim PSD-Import wählen Sie die zu verarbeitenden Ebenen aus und regeln, wie bei Aktualisierungen verfahren werden soll.

▶ **Optionen für Verknüpfungsaktualisierung:** Legen Sie auch hier analog zum PSD-Importdialog Ihre Strategie zur Handhabung von Aktualisierungen fest.

10.4.5 Adobe Illustrator-Importoptionen

Das Adobe Ilustrator-Format (.ai) entspricht inhaltlich einem PDF. Deshalb unterscheidet sich der Importdialog in keiner Weise zum PDF PLATZIEREN-Dialog. Warum wir aber dennoch an dieser Stelle speziell auf dieses Dateiformat eingehen, hat einen bestimmten Grund, der in der Praxis immer dazu führt, dass Anwender sich statt für das .ai-Format immer noch für EPS als das Dateiformat für Vektorgrafiken entscheiden.

Das Problem: Wenn Sie ein Logo, abgespeichert als EPS, in InDesign platzieren, so wird dieses sauber, beschnitten durch die in PostScript definierte BoundingBox, platziert. Keine Ungenauigkeiten und vor allem keine weißen Ränder werden um das Logo herum angezeigt und gedruckt (Abbildung 10.17).

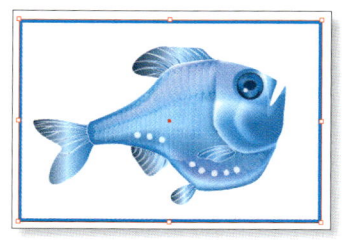

▲ **Abbildung 10.17**
Die EPS-Datei wird im InDesign-Rahmen bis zum Rand platziert.

Wenn Sie denselben Vorgang mit einer .ai-Datei durchführen, so wird, aus für Sie unerklärlichen Gründen, das Logo mit einem bestimmten Rand versetzt im Bildrahmen platziert. Dieser Sachverhalt ist darauf zurückzuführen, dass Illustrator dabei einen Bereichsrahmen definiert, der keiner PDF-Box entspricht.

Die Lösung: Dieser Umstand tritt in InDesign nur zutage, wenn in den Importoptionen des PDF PLATZIEREN-Dialogs die Option BESCHNEIDEN AUF auf den Wert BEGRENZUNGSRAHMEN gesetzt wurde. Aktivieren Sie den Wert OBJEKT, dann verhält sich der Import, wie es sein soll.

▲ **Abbildung 10.18**
Die .ai-Datei wird im Bildrahmen etwas versetzt vom Rand platziert.

10.5 Gemischte Inhalte und InDesign-Dateien platzieren

Generell sollten Bilder, Texte und InDesign-Dokumente immer über den Befehl DATEI • PLATZIEREN in ein Layout eingebaut werden, da über ihn sämtliche Parameter der Importoptionen ausgeschöpft werden können. Sind jedoch die Importoptionen nicht von Bedeutung, können Bilder, Grafiken, PDF-Dateien, Texte und InDesign-Dateien auch per Drag & Drop aus der Bridge CS4 oder vom Windows-Explorer bzw. Mac OS-Finder auf den Druckbogen oder in bereits vordefinierte Text- oder Bildrahmen verschoben werden.

Gemischte Inhalte platzieren | Markieren Sie alle Bilder und Texte, die Sie für das Layout benötigen – es können auch InDesign-Dateien sein –, entweder über DATEI • PLATZIEREN oder einfach in der Bridge CS4. Verschieben Sie die ausgewählten bzw. markierten Objekte auf die Arbeitsfläche des Layouts. Beim Verschieben erscheint das Symbol aus Abbildung 10.19. Wechseln Sie zurück in InDesign CS4, wo sich das Symbol in das bereits bekannte Platzieren-Symbol (Abbildung 10.20) ändert.

Wir wissen, dass die Zahl im Zeiger die Menge der zu platzierenden Dateien angibt und dass sich das Platzieren-Symbol ändert, wenn sich die Marke über einem leeren Rahmen bzw. auf einem freien Hintergrund befindet. Nun müssen also nur noch die Dateien platziert werden. Durch einfaches Klicken in vordefinierte Rahmen können die Bilder gezielt platziert werden. Sie können aber auch durch Drücken der Cursortasten ←/→ bzw. ↑/↓ ein Bild überspringen oder durch Drücken der Esc-Taste ein Bild aus dem Platzierstapel löschen. Diese Vorgehensweise ist eine intuitive Möglichkeit, die speziell beim Befüllen vordefinierter Templates viel Zeit spart.

▲ **Abbildung 10.19**
Wenn Sie mehrere Objekte durch Drag & Drop aus Bridge CS4 heraus auf die Arbeitsfläche platzieren, erscheint dieses Symbol.

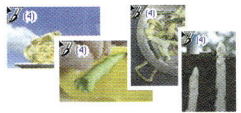

▲ **Abbildung 10.20**
Vier verschiedene Bilder in einem Platzierstapel. Mit den Cursorpfeilen können Sie zwischen den Bildern hin und her schalten.

InDesign-Dokumente platzieren | Das Platzieren von InDesign-Dokumenten funktioniert analog zum Platzieren von PDF- oder .ai-Dateien. Der Unterschied liegt nur im Bereich OPTIONEN.

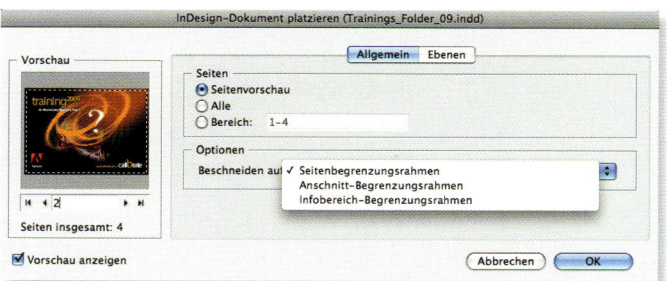

Abbildung 10.21 ▶
Der InDesign-Importdialog. Wählen Sie den InDesign-Seitenbereich aus, den Sie platzieren wollen.

Optionen | Anstelle der Seitenbereiche einer PDF-Datei (PDF-Boxen) können Sie beim Platzieren auf die InDesign-Seitenbereiche SEITENBEGRENZUNGSRAHMEN, ANSCHNITT-BEGRENZUNGSRAHMEN und INFOBEREICH-BEGRENZUNGSRAHMEN zurückgreifen. Ansonsten verfahren Sie in den Registern ALLGEMEIN und EBENEN, wie es beim Import von PDF-Dateien beschrieben wurde.

Das Platzieren von InDesign-Dateien kann in verschiedenen Situationen sehr hilfreich sein. Lassen Sie uns kurz auf die Anwendungsgebiete und die damit verbundenen Vor- und Nachteile eingehen:

▶ **Platzieren von Inseraten:** Wurde Inserate für ein Magazin im eigenen Haus produziert, so ist es in vielen Fällen sinnvoll, nicht zuerst ein PDF zu erzeugen, um dieses zu platzieren, sondern gleich die InDesign-Datei zu platzieren. Änderungen im Inserat können damit sehr schnell durchgeführt und im Layout aktualisiert werden. Der Nachteil: Sie müssen den Zugriff auf die Schriften und die Bilder sicherstellen.

▶ **Zwei Personen müssen in einem Dokument arbeiten:** Angenommen, in einem Layout muss ein Terminkalender in der Randspalte von einer anderen Person gesetzt werden. Wie wäre es, wenn Sie eine Datei in der korrekten Größe des Terminkalenders anlegen und im Layout platzieren? Der Terminkalender kann je nach Fortschritt im Layout aktualisiert werden. Auch hierbei muss der Zugriff auf Schriften und Bilder sichergestellt sein.

Mehrere Personen müssen an einer InDesign-Datei arbeiten

Damit nicht der falsche Eindruck entsteht, dass wir InDesign als *das* Redaktionssystem ansehen, verweisen wir hier auf elegantere Möglichkeiten in Zusammenarbeit mit InCopy. Mehr dazu lesen Sie in Kapitel E, »InCopy«, das sich im Webbereich zu diesem Buch auf dem Galileo-Server befindet.

▶ **Übersicht wahren:** Sie sind verantwortlich für die Produktion eines Magazins. Dabei ist Ihr größter Wunsch, einen Überblick über den Fortschritt auf den einzelnen Seiten zu haben. Warum platzieren Sie nicht die einzelnen Dokumente in einer neuen InDesign-Datei und aktualisieren, wann immer Sie wollen, Ihre

Datei? Sie können damit zwar den Fortschritt schnell erkennen, eine Textkorrektur kann jedoch nur im Originaldokument durchgeführt werden.

- **Manueller Ausschuss:** Erstellen Sie Ihr gewünschtes Ausschussschema, und platzieren Sie darauf die gewünschten Seiten des InDesign-Dokuments. Egal, ob Sie dabei Visitenkarten oder ganze Bücher ausschießen wollen, es ist gar keine so schlechte Idee und spart mögliche teure Lösungen für den Ausschuss. Der Nachteil liegt hier ganz klar in der Erstellung des Schemas. Eine Aktualisierung einer anderen InDesign-Datei geht hingegen sehr schnell.

HINWEIS

Sie können nicht nur InDesign CS4-Dateien positionieren, auch ältere InDesign-Dateien können platziert werden. Diese werden jedoch beim Platzieren zuerst von InDesign, mit all den damit verbundenen Änderungen, konvertiert.

10.6 Bildrahmen bearbeiten

Wenn Sie eine Grafik oder ein Bild in einem vordefinierten Rahmen platziert haben, so entsprechen Breite und Höhe des Bildes meistens nicht den Dimensionen des Rahmens – das Bild passt also nicht genau in den Rahmen. Sie müssen entweder das Bild in den Rahmen einpassen oder den Rahmen an das Bild anpassen.

10.6.1 Bilder mit Bildrahmen positionieren, beschneiden und skalieren

Das Bearbeiten von Bildrahmen ist identisch mit dem Bearbeiten von Textrahmen. Mit dem Auswahl-Werkzeug können Sie einerseits die Position des Rahmens verändern, indem Sie in den Rahmen klicken und ihn verschieben, andererseits ein Bild beschneiden oder den Ausschnitt vergrößern, indem Sie auf einen Rahmenanfasser klicken und ziehen.

Position und Größe des Bildrahmens bestimmen | Durch die Auswahl eines Rahmens mit dem Auswahl-Werkzeug markieren Sie den Bildrahmen. Die Farbe des Markierungsrahmens und der Anfasser ist jedoch, wie bereits ausgeführt, von der Ebenenfarbe abhängig.

▲ **Abbildung 10.22**
Ein mit dem Auswahl-Werkzeug ausgewähltes Bild mit dazu passendem Steuerung-Bedienfeld

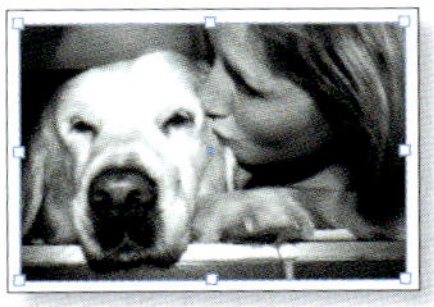

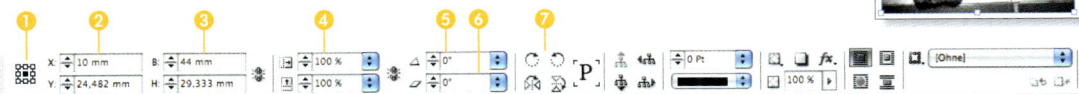

Die Position kann durch einfaches Klicken auf und Ziehen am Bildrahmen oder Mittelpunkt des Bildes verändert werden. Die Position des Bildrahmens wird durch die Koordinaten X/Y ❷ und die Größe durch B/H ❸ bestimmt. Alle Werte im Steuerung-Bedienfeld beziehen sich dabei auf den Bezugspunkt ❶. Die

Größe des Bildrahmens kann durch Klicken und Ziehen eines Anfasserpunktes frei verändert werden. Bei gleichzeitig gedrückter ⇧-Taste wird der Grafikrahmen (aber nicht der Inhalt) proportional vergrößert bzw. verkleinert.

Wollen Sie den Bildrahmen an die Bildhöhe anpassen, so führen Sie einen Doppelklick auf den oberen oder unteren mittleren Anfasser aus. Wollen Sie hingegen den Bildrahmen an die Bildbreite anpassen, so doppelklicken Sie auf den linken oder rechten mittleren Bildanfasser. Wollen Sie den Bildrahmen an das Bild anpassen, so führt ein Doppelklick auf einen der Eckenanfasser oder die Tastenkombination Strg+Alt+C bzw. ⌘+⌥+C zum Erfolg.

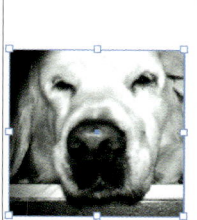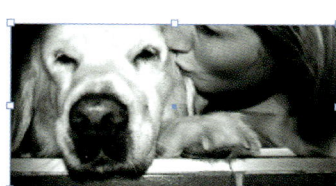

▲ **Abbildung 10.23**
Durch einen Doppelklick auf einen der Anfasser kann der Bildrahmen an die Bildhöhe (zweites Bild), an die Bildbreite (drittes Bild) oder an Bildhöhe und -breite (viertes Bild) angepasst werden.

Bildgröße mit Rahmen verändern | Wenn Sie das Bild mit Rahmen skalieren wollen, so können Sie zwischen zwei Arten wählen.

▶ **Durch Ziehen:** Wenn Sie beim Ziehen Strg+⇧ bzw. ⌘+⇧ gedrückt halten, so wird der Inhalt mit dem Rahmen proportional skaliert. Ohne ⇧-Taste wird das Bild mit Bildrahmen verzerrt.

▶ **Durch Tastenkombination:** Durch Drücken der Tastenkombination Strg+. bzw. ⌘+. kann ein ausgewählter Bildrahmen mit dem Inhalt proportional vergrößert werden. Wenn Sie anstelle von . (Punkt) das , (Komma) drücken, so wird das Bild mit Bildrahmen verkleinert. Durch zusätzliches Drücken der Alt- bzw. ⌥-Taste geht es etwas schneller!

Ob das Bild skaliert ist oder nicht, können Sie mit ausgewähltem Auswahl-Werkzeug nicht erkennen. Selbst wenn Sie den Prozentwert im Steuerung-Bedienfeld händisch ändern, wechselt der Prozentwert im Feld x-Skalierung ▣ bzw. ▣ ❹ wiederum zurück auf 100 %. Wenn Sie unbedingt den Skalierungsprozentsatz in Kombination mit dem Auswahl-Werkzeug sehen wollen, so müssen Sie in den InDesign-Voreinstellungen die Option Skalierungsprozentsatz anpassen im Register Allgemein aktivieren und auf die Default-Einstellung Auf Inhalt anwenden verzichten. Wir empfehlen, diese Einstellung **nicht** umzustellen!

Gemeinsames Verzerren, Rotieren und Spiegeln von Bildern und Bildrahmen | Das Rotieren ↻ ↺ bzw. das Spiegeln ⮂ ⮀ des Rahmens (mit Bildinhalt) erledigen Sie am bequemsten durch Klick auf das jeweilige Symbol ❼ im Steuerung-Bedienfeld. Ob der Bildrahmen gespiegelt oder rotiert wurde, erkennen Sie an den Symbolen (Abbildung 10.24). Natürlich können Sie auch den Winkel im Steuerung-Bedienfeld durch Eingabe eines Wertes im Eingabefeld Drehwinkel ⊿ ❺ bestimmen. Das Verbiegen eines Bildes funktioniert auf dieselbe Weise. Geben Sie dazu im Eingabefeld Verbiegungswinkel ⟋ ❻ Ihren gewünschten Winkel ein. Beachten Sie, dass Sie beim Spiegeln, Rotieren und Spiegeln des Bildes um die Bildmitte auch den dazu passenden Bezugspunkt ▦ im Steuerung-Bedienfeld aktiviert haben müssen und dass durch die Auswahl des Bildrahmens mit dem Auswahl-Werkzeug immer Bildrahmen und Bild gemeinsam transformiert werden.

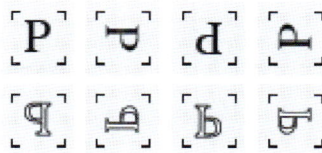

▲ **Abbildung 10.24**
Obere Reihe: rotierte Objekte
Untere Reihe: rotierte und gespiegelte Objekte

10.6.2 Bildrahmen verzerren und rotieren

In manchen Situationen ist es notwendig, nur den Bildrahmen (ohne Bild) zu transformieren. Zu diesem Zweck verfahren Sie wie zuvor beschrieben, Sie müssen jedoch dazu sicherstellen, dass nur der Bildrahmen ausgewählt ist.

Bildrahmen auswählen | Die Auswahl des Bildrahmens erfolgt in zwei Schritten:

1. Wählen Sie mit dem Auswahl-Werkzeug das Bild aus, und wechseln Sie dann im Werkzeug-Bedienfeld auf das Direktauswahl-Werkzeug ▸. – oder durch Drücken der Taste Ⓐ. Dies können Sie auch erreichen, indem Sie mit dem Auswahl-Werkzeug einen Doppelklick auf das Bild ausführen. Dass der Bildrahmen ausgewählt, ist erkennen Sie daran, dass anstelle der acht Anfasserpunkte nur noch vier nicht eingefärbte Eckpunkte zu sehen sind. Damit haben Sie zwar den Bildrahmen, jedoch nicht die Pfadpunkte auf dem Rahmen ausgewählt.

2. Das Markieren aller Pfadpunkte erfolgt nun, indem Sie die Alt - bzw. ⌥ -Taste gedrückt halten und mit dem Direktauswahl-Werkzeug auf einen Pfadpunkt klicken. Nun sind die zuvor weißen Eckpunkte in der Rahmenfarbe gefüllt eingefärbt.

Bildrahmenform verändern | Eine besondere Funktion kommt hier dem Direktauswahl-Werkzeug ▸. zu. Wie bei allen Rahmen können damit Pfadpunkte versetzt oder gelöscht werden. Das Versetzen eines Pfadpunktes erfolgt durch Auswahl eines nicht eingefärbten Eckpunkts und Verschieben dieses Punktes an die gewünschte Stelle. Wie Sie Pfadpunkte hinzufügen, löschen oder

TOP-TIPP
Zwischen Auswahl- und Direktauswahl-Werkzeug wechseln

Durch Doppelklicks auf ein Bild können Sie seit InDesign CS3 schnell zwischen Auswahl- und Direktauswahl-Werkzeug umschalten.

Wenn Sie jedoch einen Dreifachklick ausführen, so wird nicht nur auf das Direktauswahl-Werkzeug umgeschaltet, sondern darüber hinaus das Bild im Bildrahmen ausgewählt.

wie Sie aus Eckpunkten Kurvenpunkte erstellen, erfahren Sie gleich in Abschnitt 11.2, »Aussehen eines Pfads bestimmen«, auf Seite 288. Welche Möglichkeiten der Veränderung eines Rahmens in InDesign bestehen, haben Sie ja schon in Abschnitt 8.3, »Rahmen transformieren«, auf Seite 165 gelesen.

10.6.3 Bilder im Bildrahmen verschieben und skalieren

Um das Bild im Rahmen zu verschieben oder zu transformieren, muss ebenfalls das Direktauswahl-Werkzeug gewählt sein. Wählen Sie das Direktauswahl-Werkzeug aus (Doppelklick auf das Objekt genügt), und bewegen Sie den Cursor über das platzierte Bild. Der Cursor wandelt sich in eine Hand. Jetzt weiß jeder Layouter, was er nun machen kann: Klicken Sie auf das Bild; dann wird ein Rahmen angezeigt, der die Originalgröße des Bildes darstellt.

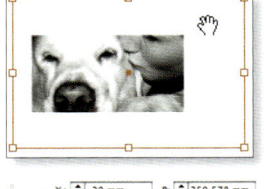

▲ Abbildung 10.25
Ein mit dem Direktauswahl-Werkzeug ausgewähltes Bild und das dazu passende Steuerung-Bedienfeld

Im Unterschied zum zuvor Beschriebenen ist die Rahmenfarbe hier Orange-Braun. Da die Farbe des Rahmens für das Bild immer die Komplementärfarbe zur Ebenenfarbe ist, sollten Sie die Ebenenfarbe nie auf Schwarz stellen. Sobald Sie einen braunen Bildrahmen sehen, wissen Sie, dass hier ein Bild aktiviert ist und nicht der dazugehörende Rahmen.

Die Maße im Steuerung-Bedienfeld ändern sich entsprechend. Die Koordinaten für X und Y sind jetzt keine absoluten Koordinaten mehr, sondern sie sind relativ zum Bildrahmen zu sehen. Auch die Breite und Höhe kennzeichnen die Originalgröße des Bildes. Mit welchem Prozentsatz das Bild skaliert wurde, können Sie nun in den Eingabefeldern ⬛🔼20,55264🔼 bzw. ⬛🔼20,55264🔼 sehen.

Bild im Rahmen verschieben | Das Hand-Symbol deutet aber auch darauf hin, dass Sie mit dem Direktauswahl-Werkzeug den Inhalt des Rahmens verschieben können. Wenn Sie sich dabei etwas Zeit lassen, klicken und etwas warten, so bietet InDesign Ihnen eine abgedimmte Vorschau des nicht platzierten Bildteiles an – ein sensationelles Verhalten, wenn es darum geht, den richtigen Ausschnitt eines Bildes ins rechte Licht zu rücken.

Natürlich können Sie auch das Verschieben über die Eingabe im Steuerung-Bedienfeld über die X- und Y-Koordinaten durchführen oder durch Drücken der Cursorpfeile ⬅/➡ bzw. ⬆/⬇. In welchen Sprüngen dabei verschoben wird, hängt von den Voreinstellungen im Register Einheiten und Einteilungen in der Option Pfeiltasten ab. Wollen Sie größere Sprünge beim Ver-

▲ Abbildung 10.26
Verschieben von Bildern durch das Direktauswahl-Werkzeug mit einer abgedimmten Vorschau

schieben verwenden, ändern Sie die Voreinstellung, oder drücken Sie zusätzlich die ⌂-Taste, während Sie die Pfeiltasten drücken.

Bild im Rahmen transformieren | Haben Sie das Bild im Rahmen ausgewählt, so können Sie jegliche Transformation – Skalieren, Rotieren, Spiegeln und Verzerren – entweder durch ein entsprechendes Werkzeug im Werkzeug-Bedienfeld oder über die Eingabe von Werten im Steuerung-Bedienfeld erledigen. Worauf Sie dabei achten sollten, haben Sie ja bereits in Abschnitt 8.3, »Rahmen transformieren«, auf Seite 165 gelesen.

Bild im Rahmen einpassen | Natürlich sind Sie in gewissen Situationen darauf beschränkt, Bilder in vorhandene Rahmen optimal einzupassen. QuarkXPress- und Adobe PageMaker-Anwender haben sich dabei spezielle Techniken erarbeitet. Das Einpassen von Bildern kann einerseits über das Skalieren des Bildinhalts (brauner Rahmen) mit den uns bekannten Werkzeugen und andererseits über bestimmte Befehle und die dazu passenden Tastaturkürzel erfolgen. InDesign CS4 wartet hier im Vergleich zu den bekannten Funktionen aus QuarkXPress mit dem Befehl OBJEKT • ANPASSEN • RAHMEN PROPORTIONAL FÜLLEN und mit dem Befehl OBJEKT • ANPASSEN • RAHMENEINPASSUNGSOPTIONEN auf.

Alle Befehle können über das Menü OBJEKT • ANPASSEN, über die Symbole im Steuerung-Bedienfeld oder über Tastaturkürzel aufgerufen werden. Die Optionen im Einzelnen:

▸ **Inhalt an Rahmen anpassen:** Damit wird das Bild vollflächig verzerrt im Rahmen eingepasst. Die Proportionen bleiben nicht erhalten! Den Befehl können Sie auch über das Symbol ❶ im Steuerung-Bedienfeld oder über die Tastenkombination Strg+Alt+E bzw. ⌘+⌥+E ausführen.

▸ **Rahmen an Inhalt anpassen:** Damit wird der Bildrahmen an das Bild angepasst. Eine Veränderung der Auflösung des Bildes erfolgt dabei in einer Richtung! Den Befehl können Sie auch über das Symbol ❹ im Steuerung-Bedienfeld oder über das Tastaturkürzel Strg+Alt+C bzw. ⌘+⌥+C ausführen.

▸ **Inhalt zentrieren:** Damit wird das Bild im vorhandenen Rahmen zentriert eingepasst. Die Bildgröße ändert sich dabei nicht! Den Befehl können Sie auch über das Symbol ❸ im Steuerung-Bedienfeld oder über die Tastenkombination Strg+⌂+E bzw. ⌘+⌂+E ausführen.

▸ **Inhalt proportional anpassen:** Damit wird das Bild zur Gänze proportional im Rahmen eingepasst. Die Proportionen bleiben erhalten, die Bildauflösung passt sich dementsprechend an! Den Befehl können Sie auch über das Symbol ❷ im Steuerung-

TIPP

Beachten Sie beim Ändern der Breite im Eingabefeld des Steuerung-Bedienfelds, dass dabei standardmäßig nur die Breite, nicht jedoch proportional die Höhe angepasst wird. Sie erhalten dadurch ein verzerrtes Bild.

Wenn Sie die Proportionen beibehalten wollen, so aktivieren Sie zuvor das Symbol 🔲 rechts neben den Eingabefeldern.

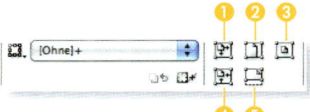

▲ **Abbildung 10.27**
Die Anpassen-Symbole des Steuerung-Bedienfelds

▲ **Abbildung 10.28**
Der Inhalt wurde hier an den roten Rahmen angepasst.

▲ **Abbildung 10.29**
Der Inhalt wurde hier proportional im roten Rahmen eingepasst.

▲ Abbildung 10.30
Der Inhalt wurde hier proportional an der schmaleren Seite des Rahmens im roten Rahmen eingepasst.

TOP-TIPP
Bilder immer proportional gefüllt in den Bildrahmen laden

Hinterlegen Sie den Wert RAHMEN PROPORTIONAL FÜLLEN mit dem Objektstil [EINFACHER GRAFIKRAHMEN], womit diese Einstellung jedem neu aufgezogenen Grafikrahmen mitgegeben wird.

Abbildung 10.31 ▶
Mit den RAHMENEINPASSUNGSOPTIONEN können Sie leeren Grafikrahmen bereits beim Layouten Einpassungsoptionen verabreichen.

Rahmen proportional füllen aus dem Zentrum heraus

Während beim Ausführen des Befehls RAHMEN PROPORTIONAL FÜLLEN immer von der oberen linken Koordinate ausgegangen wird, können Sie den BEZUGSPUNKT in den RAHMENEINPASSUNGSOPTIONEN frei wählen. Erstellen Sie einen Objektstil, und wenden Sie diesen dann auf die gewünschten Bilder an.

Bedienfeld oder über das Tastaturkürzel [Strg]+[Alt]+[⇧]+[E] bzw. [⌘]+[⌥]+[⇧]+[E] ausführen.

▶ **Rahmen proportional füllen:** Durch den Befehl RAHMEN PROPORTIONAL FÜLLEN passen Sie Bilder an der schmaleren Seite des Originals in den Rahmen ein. Die Proportionen bleiben erhalten, die Bildauflösung passt sich dementsprechend an. Die Einpassung erfolgt immer von der linken oberen Ecke aus. Das Ändern des Bezugspunktes im Steuerung-Bedienfeld hat keine Auswirkung auf diesen Befehl. Den Befehl können Sie auch über das Symbol ❺ im Steuerung-Bedienfeld oder über das Tastaturkürzel [Strg]+[Alt]+[⇧]+[C] bzw. [⌘]+[⌥]+[⇧]+[C] ausführen.

Rahmeneinpassungsoptionen | Mit dem Befehl RAHMENEINPASSUNGSOPTIONEN aus dem Menü OBJEKT • ANPASSEN können Sie den Bildrahmen bereits vor dem Befüllen mit Einpassungsparametern versehen, was speziell in der automatisierten Dokumenterstellung für das Importieren von Bildern oder als beabsichtigter Default-Wert für InDesign von zentraler Bedeutung ist.

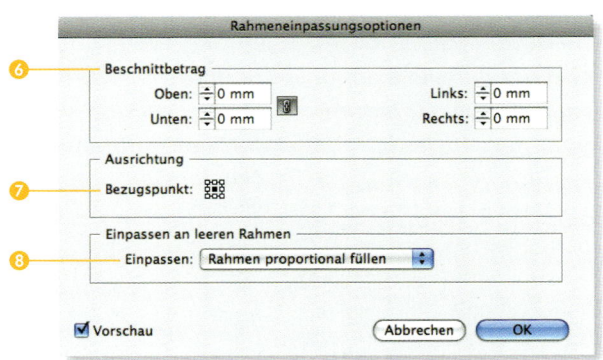

▶ **Beschnittbetrag ❻:** In diesem Bereich können Sie einen Versatz des Bildes im Rahmen absolut festlegen. Das automatisierte Platzieren von Bildern mit einem Abstand von 2 mm – Sie müssen in diesem Fall den Wert »–2 mm« eingeben – von der oberen Bildkante ist damit schon beim Platzieren möglich.

▶ **Bezugspunkt ❼:** Im Bereich AUSRICHTUNG fixieren Sie den BEZUGSPUNKT für die Einpassungsoptionen der anderen beiden Bereiche. Damit können Sie festlegen, dass der Inhalt immer vom Mittelpunkt aus proportional gefüllt wird.

▶ **Einpassen ❽:** Im Bereich EINPASSEN AN LEEREN RAHMEN können Sie über die Option EINPASSEN Ihre bevorzugte Einpassungsstrategie hinterlegen. Wir empfehlen, eine Grundeinstellung – BEZUGSPUNKT mittig und RAHMEN PROPORTIONAL FÜLLEN (siehe Abbildung 10.31) – zu wählen und diese Werte im Objektstil [Einfacher Grafikrahmen] zu definieren.

10.6.4 Schnelles Freistellen von Bildern

In vielen Produktionen müssen Layouter schnell im Layout Grobbilder platzieren, die jedoch noch ohne Pfade abgespeichert werden, und das Bild in sehr groben Zügen freistellen.

Dazu böten sich mehrere Arbeitsweisen an. Einerseits kann mit dem Zeichenstift-Werkzeug zuerst ein Polygon-Bildrahmen gezeichnet werden, andererseits nachträglich ein platziertes Bild mittels dieses Werkzeugs grob freigestellt werden. Beide Wege sind sehr zeitaufwendig. In Verbindung mit dem Buntstift-Werkzeug ✐ können Sie solche Vorhaben relativ schnell abbilden.

Freistellen eines Bildes mit dem Buntstift-Werkzeug

1 **Bild platzieren und auf die gewünschte Größe bringen**
Platzieren Sie zuerst das Bild im Layout, und bringen Sie es auf die richtige Größe und den korrekten Ausschnitt.

2 **Wechseln des Werkzeugs**
Markieren Sie danach das Direktauswahl-Werkzeug ▶ , damit der Pfad des Bildrahmens – mit den vier Eckpunkten – sichtbar ist. Wechseln Sie daraufhin auf das Buntstift-Werkzeug ✐ .

3 **Zeichen des Freistellers**
Beginnen Sie, vom Bildrahmenpfad ausgehend, den groben Freisteller zu zeichnen. Zeichnen Sie den Freisteller, und beenden Sie das Zeichnen am Ausgangspunkt des Pfades.

▲ **Abbildung 10.32**
Durch die Auswahl des Direktauswahl-Werkzeugs werden die vier Eckpunkte des Bildrahmens sichtbar. Der Pfad ist somit editierbar.

◀ **Abbildung 10.33**
Der gezeichnete Freisteller. Gehen Sie dabei immer vom editierbaren Bildrahmen aus.

Wenn Sie den Buntstift nun loslassen, steht Ihnen das grob freigestellte Bild zur weiteren Verarbeitung zur Verfügung.

Abbildung 10.34 ▶
Das freigestellte Bild

Sie sehen, dass damit sehr schnell ein grober Freisteller erstellt werden kann, der zumindest für die Konturenführung des Textes herangezogen werden kann. Ein sauberer Freisteller wird von den Pixelkünstlern über Masken und/oder Pfade zurechtgelegt. ■

10.7 Das Informationen-Bedienfeld und Bilderrahmen

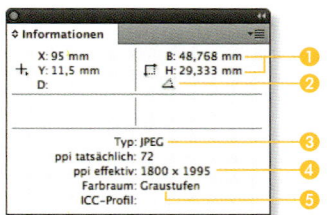

▲ **Abbildung 10.35**
Das Informationen-Bedienfeld in Verbindung mit einem ausgewählten Bild

Das Informationen-Bedienfeld liefert vor allem in Verbindung mit Bildern sehr aufschlussreiche Informationen. Neben der aktuellen Cursorposition, der BREITE und HÖHE ❶ des Bildrahmens bzw. des Originalbildes und der Winkelung ❷ – wird nur während der Drehung angezeigt – des Bildes durch den Rahmen oder im Rahmen kann der Anwender den Dateityp (Typ ❸), die tatsächliche Bildauflösung (PPI TATSÄCHLICH), die effektive Bildauflösung (PPI EFFEKTIV ❹), den FARBRAUM ❺ sowie das angehängte ICC-PROFIL auslesen. Beachtenswert ist vor allem, dass sogar Schmuckfarben (Volltonfarben) in PSD- oder TIFF-Dateien angezeigt werden. Von zentraler Bedeutung sind drei Parameter:

▶ **ppi effektiv:** Die effektive Auflösung – Ausgabeauflösung – errechnet sich aus der tatsächlichen Auflösung (PPI TATSÄCHLICH) multipliziert/dividiert mit dem Skalierungsfaktor. Beachten Sie speziell, wenn zwei Werte hier angezeigt werden, dass das Bild verzerrt sein muss. Bei proportional skalierten Bildern sind die Werte identisch.

▶ **Farbraum:** Damit erkennen Sie schon sehr früh, ob ein RGB-Bild platziert wurde. Diese Information ist speziell für Anwender von InDesign vor CS4 wichtig. CS4-Anwender lassen sich diesen Fehler eher über das Preflight-Bedienfeld anzeigen.

▶ **ICC-Profil:** Sie erkennen speziell bei RGB-Bildern, ob die Anzeige des Bildes am Monitor durch Zuweisung des Dokument-RGB-Profils oder durch ein angehängtes Profil für die farbliche Darstellung erfolgt.

Zuweisen eines ICC-Profils

Wenn Sie einem platzierten Bild ein anderes Quellprofil zuweisen wollen, so tun Sie das über das Menü OBJEKT • FARBEINSTELLUNGEN FÜR BILD.

Da in PDF-, AI-, InDesign- und EPS-Dateien verschiedene Inhalte – Pixel und Vektoren – und deshalb auch unterschiedliche Farbräume vorhanden sein können, wird die Information bei bestimmten Dateitypen nicht angezeigt. Lediglich reine Pixel-PDF- und -EPS-Dateien können ihre Farbräume bekanntgeben.

10.8   Spezialitäten mit Bildern

In Bildern können zusätzliche Informationen wie Alpha-Kanäle, Masken, Sonderfarben, Freistellpfade und dergleichen abgespeichert sein. Wie Sie auf diese Informationen zugreifen können und welche sonstigen Spezialitäten es beim Platzieren gibt, möchten wir Ihnen hier kurz vorstellen.

10.8.1   InDesign-Kontaktabzug erstellen

Mit der Einführung der Adobe Bridge stellte Adobe einige »Bridge-Aktionen« zur Verfügung. Dabei war speziell für InDesign-Anwender interessant, dass man Bilder in der Bridge auswählen und über den Befehl WERKZEUGE • INDESIGN • INDESIGN-KONTAKTABZUG ERSTELLEN (Befehl aus Bridge CS3) einen Kontaktabzug in Windeseile, basierend auf einer vordefinierten InDesign-Datei, erstellen konnte.

Mit der Vorstellung von Bridge CS4 staunten viele Anwender, dass Adobe diese Funktion aus welchen Gründen auch immer aus Bridge CS4 entfernt hat. Adobe hat zwar eine andere Möglichkeit eingebaut, mit der nun auch Nicht-InDesign-Anwender einen Kontaktabzug als PDF erstellen können, dennoch fehlt uns und vielen Anwendern diese Funktion sehr. Wie Sie einen Kontaktabzug als PDF und als SWF erstellen können, erfahren Sie in Zusatzkapitel D, »Adobe Bridge«, das Sie sich als Webbonus zu diesem Buch vom Galileo-Server herunterladen können.

Adobe bietet jedoch in InDesign CS4 eine kleine Alternative dazu an. In der nachstehenden Schritt-für-Schritt-Anleitung erfahren Sie, wie Sie in einem regelmäßigen Raster eine größere Anzahl von Bildern schnell platzieren können.

Schritt für Schritt: Erstellen eines Kontaktabzugs mit variabler Bildanzahl und variablem Bildabstand

1   Bilder auswählen

Angenommen, Sie wollen eine größere Anzahl von Bildern in einem regelmäßigen Raster platzieren, so müssen Sie eine InDe-

▲ **Abbildung 10.36**
Das Bild-platzieren-Symbol mit 32
geladenen Bildern

sign-Datei geöffnet haben, Bilder in Bridge CS4 bzw. dem Win-
dows-Explorer/Mac OS-Finder auswählen und diese Auswahl auf
die Arbeitsfläche von InDesign ziehen.

2 Erstellen eines Standard-Kontaktabzugs

Sie sehen das typische Bild-platzieren-Symbol mit der Zahl im
Symbol, die uns anzeigt, wie viele Bilder platziert werden sollen.

Drücken Sie nun die [Strg]+[⇧]- bzw. [⌘]+[⇧]-Taste. Es erscheint das Symbol ▦, mit dem angezeigt wird, dass Sie einen
Kontaktabzug von standardmäßig acht Bildern machen wollen.

Wenn Sie nun klicken, erstellt InDesign einen Kontaktabzug
von acht Bildern bei einem Querformat; bei einem Hochformat
sind es neun Bilder. Die restlichen, noch nicht platzierten Bilder
bleiben im Platzierstapel stehen. Das erste Bild wird dabei standardmäßig auf den Koordinaten X=0 und Y=0 platziert. Die
Größe der Bilder wird aus der zur Verfügung stehenden Seitengröße (Achtung, nicht Satzspiegel) und der Anzahl der platzierten
Bilder pro Seite berechnet. Das Ergebnis sieht aus wie in Abbildung 10.37.

Abbildung 10.37 ►
Der Standard-Kontaktabzug – bis
auf den Seitenrand gefüllt – ohne
zusätzlich gedrückte Tastenkombination

3 Den Kontaktabzug anpassen

Sie wollen jedoch nicht nur acht Bilder auf dem Querformat platzieren, sondern Sie wollen einerseits innerhalb des Satzspiegels
und andererseits mehr Bilder platzieren.

Um den Kontaktabzug innerhalb des Satzspiegels zu platzieren, müssen Sie nur bei gedrückter [Strg]+[⇧]- bzw. [⌘]+[⇧]-
Taste den Cursor an der linken oberen Satzspiegelkante platzieren
und ein Rechteck bis zur unteren rechten Satzspiegelkante aufziehen. Am Monitor wird ein Raster wie in Abbildung 10.38
gezeigt.

◄ **Abbildung 10.38**
Ein geändertes Raster zum Platzieren von zwölf Bildern auf einer Seite

Damit Sie aber, wie in der Abbildung gezeigt, zwölf Bilder platzieren können, müssen Sie die Maustaste gedrückt lassen und mit den Cursorpfeilen die Anzahl der Bilder erhöhen oder verringern. Drücken Sie ←/→, wird die Anzahl der Spalten verringert bzw. erhöht. Drücken Sie jedoch ↑/↓, so wird die Anzahl der Zeilen jeweils um eine Zeile reduziert oder erhöht.

Haben Sie die gewünschte Spalten- und Zeilenanzahl festgelegt, können Sie die Maustaste loslassen.

4   Den Abstand zwischen den Bildern verändern

Nun wissen wir, wie man die Anzahl der Bilder pro Seite verändert. Um jedoch genügend Platz für die Bildbeschriftung unterhalb des Bildes zu bekommen, müssen die Abstände zwischen den Bildern zumindest in der Horizontalen angepasst werden.

Dazu gehen Sie wie zuvor beschrieben vor und ziehen innerhalb des Satzspiegels das Platzierrechteck auf. Wenn Sie das Raster sehen, so halten Sie die Maustaste gedrückt und ändern durch nachträgliches Drücken der ⌂-Taste und Betätigung der Cursorpfeile den Abstand zwischen den Bildern in der Horizontalen und der Vertikalen. Das Ergebnis:

◄ **Abbildung 10.39**
Ein geändertes Raster zum Platzieren von 20 Bildern auf einer Seite. Der horizontale und vertikale Abstand wurde darüber hinaus angepasst, damit eine Bildunterschrift noch zwischen den Bildern Platz finden kann.

Wenn Sie nun die Maustaste loslassen, werden alle geladenen Bilder in die kleinen Bildrähmchen platziert.

Nachdem wir hoch- und quergestellte Bilder in unserem Stapel geladen hatten, ist nun natürlich bei manchen Bildern der Bildrahmen größer als das Bild. Drücken Sie die Tastenkombination $\boxed{\text{Strg}}$+$\boxed{\text{Alt}}$+$\boxed{\text{C}}$ bzw. $\boxed{\text{⌘}}$+$\boxed{\text{⌥}}$+$\boxed{\text{C}}$, wodurch nun alle Bildrahmen an das Bild angepasst werden. Das Ergebnis:

Abbildung 10.40 ▶
Der fertige Kontaktabzug, wobei die Rahmen schon über den entsprechenden Befehl RAHMEN AN INHALT ANPASSEN angepasst wurden

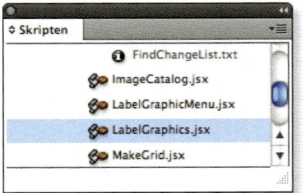

▲ **Abbildung 10.41**
Das Skripten-Bedienfeld mit ausgewähltem Skript »LabelGraphics.jsx«

5 **Eine Bildbeschriftung hinzufügen**

Was nun fehlt, ist die Bildbeschriftung. Um diese zu erstellen, müssen wir auf ein Standard-Skript zurückgreifen. Rufen Sie dazu das Skripten-Bedienfeld aus dem Menü FENSTER • AUTOMATISIERUNG auf, und suchen Sie im Ordner ANWENDUNG/SAMPLES/ JAVA SCRIPT das Skript »LabelGraphics.jsx«.

Ein Doppelklick auf das Skript führt den Befehl aus und zeigt Ihnen einen Dialog, in dem Sie die Parameter LABEL HEIGHT (Höhe des Textrahmens), LABEL OFFSET (Versatz vom oberen Textrand gemessen vom Zeilenabstand aus) und LABEL STYLE (Absatzformat) für die Bildbeschriftung auswählen können.

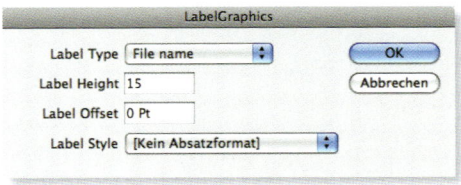

Abbildung 10.42 ▶
Die Parameter, die Sie beim Ausführen des Skripts einstellen können

Über die Auswahlliste in der Option LABEL TYPE könnten Sie sogar noch auf zwei Felder der XMP-Daten zurückgreifen. Das Ergebnis kann sich sehen lassen.

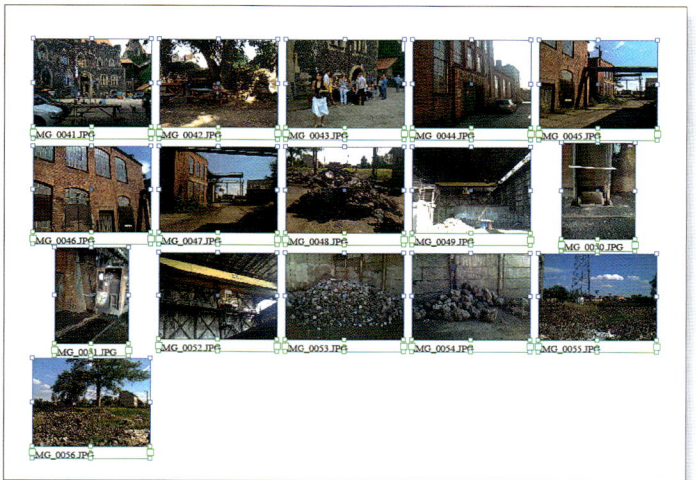

◀ **Abbildung 10.43**
Der fertige Kontaktabzug mit einge-
fügten Bildbezeichnungen, die
durch das Skript auf eine eigene
Ebene – für ein eventuelles schnelles Ausblenden – gestellt wurden.

Bevor Sie fortfahren, sollten Sie noch die Einheiten im Lineal zurück auf Millimeter stellen. Das Skript stellt leider sowohl das horizontale als auch das vertikale Lineal auf die Einheit Punkt um. ■

10.8.2 Bilder auf eine bestimmte Breite bringen

Wie Sie Bilder vergrößern bzw. verkleinern, haben Sie ja schon
gelernt. Doch wie Sie einzelne oder mehrere Bilder auf ein und
dieselbe Breite oder Höhe bringen, bedarf kleiner Hinweise bzw.
einiger Tricks.

Einzelnes Bild auf eine bestimmte Breite bringen | Sie haben
ein Bild in der Breite von 66 mm im richtigen Ausschnitt im Layout
platziert. Aufgrund einer kleinen Formatänderung möchten Sie
nun das Bild jedoch auf die Breite von 70 mm bringen.

Nichts einfacher als das, denken Sie. Man muss doch nur das
Bild markieren und im Steuerung-Bedienfeld die neue Breite des
Rahmens eingeben. Wenn Sie das tun, ändert sich ja dieser Rahmen auch tatsächlich auf die neue Breite, das Bild jedoch wird
nicht mitskaliert.

Die Lösung: Markieren Sie das Bild mit dem Auswahl-Werkzeug, und geben Sie im Eingabefeld der X-SKALIERUNG ❶ einfach
»30 mm« ein. Achten Sie jedoch darauf, dass die Option PROPOR-
TIONEN BEIM SKALIEREN BEIBEHALTEN ❷ aktiviert ist.

Auch wenn Sie nun denken, das hätten Sie ja auch durch die
Änderung der Breite des Rahmens und dann mit erneutem Aufruf

▼ **Abbildung 10.44**
Oben: Bild mit gewähltem Ausschnitt mit einer Breite von 20 mm
Unten: das Bild in der Breite von
30 mm

des Befehls Rahmen proportional füllen erledigen können, so stimmt das. Wurde jedoch ein Bildausschnitt gewählt, so funktionieren Ihre Überlegungen nicht mehr.

Mehrere Bilder auf dieselbe Höhe bringen | Sie können den zuvor beschriebenen Weg auf mehrere Bilder einzeln anwenden, das verschlingt aber eine Menge Zeit. Unter bestimmten Gegebenheiten kann man sich diese Zeit ersparen und eine getätigte Transformation über die Befehle in Erneut transformieren aus dem Menü Objekt erneut ausführen.

Schritt für Schritt: Mehrere Bilder auf dieselbe Höhe bringen

1 Das Problem und das Ziel

Sie haben eine Reihe von Bildern waagrecht in beliebiger Größe und unregelmäßig verteilt platziert. Die Bilder werden vollflächig, ohne einen Ausschnitt gewählt zu haben, angezeigt.

Abbildung 10.45 ▶
Ungleich große und unregelmäßig platzierte Bilder waagrecht angeordnet

Ziel: Alle Bilder auf die gleiche Höhe (27 mm) bringen und in der Satzspiegelbreite gleichmäßig verteilen.

2 Ein Bild auf die korrekte Höhe bringen

Wählen Sie mit dem Auswahl-Werkzeug ein Bild aus, und bringen Sie die Höhe des Rahmens auf 27 mm.

Abbildung 10.46 ▶
Ein Bild wird mit aktivierter Option Proportionen für Breite und Höhe beibehalten auf die richtige Höhe gebracht.

Dies erreichen Sie am schnellsten, indem Sie im Steuerung-Bedienfeld die Option Proportionen für Breite und Höhe beibehalten 🔲 aktivieren und im Eingabefeld der Höhe den Wert »27 mm« eingeben.

3 **Rahmen proportional füllen**

Führen Sie dann den Befehl Objekt • Anpassen • Rahmen proportional füllen aus. Dadurch wird das Bild wiederum vollflächig in den Rahmen eingepasst.

4 **Alle Bilder auf dieselbe Höhe bringen und ausrichten**

Wählen Sie nun alle Bilder aus, und führen Sie den Befehl Objekt •
Erneut transformieren • Erneut transformieren – Abfolge,
Einzeln aus.

◄ **Abbildung 10.47**
Die Transformationsfolge – Bildrah-
mengröße ändern und Rahmen
proportional füllen – wird über
den Befehl Erneut transformieren - Abfolge, einzeln auf jedes
einzelne Bild in der Auswahl übertragen.

Zum Schluss müssen Sie nun nur noch die Objekte über das Ausrichten-Bedienfeld innerhalb des Satzspiegels gleichmäßig ausrichten. Fertig ist der Spaß. ■

10.8.3 Auslesen und Anwenden von Pfaden und Alpha-Kanälen

Haben Sie Bilder, die in Photoshop mit Pfaden oder Alpha-Kanälen – ein unsichtbarer Kanal, der transparente Bereiche eines Bildes definiert – erstellt worden sind, in InDesign CS4 platziert, so
können Sie, wie bereits beschrieben, schon in den Importoptionen zumindest auf die Alpha-Kanäle bzw. den definierten
Beschneidungspfad eingehen. Wenn Sie dies jedoch beim Importieren zu aktivieren vergessen haben, so können Sie in InDesign
jederzeit auch nachträglich auf diese Informationen zurückgreifen.

Um auf Pfade und Alpha-Kanäle in Bildern zurückzugreifen,
markieren Sie das Bild und führen den Befehl Objekt • Beschneidungspfad • Optionen aus, oder betätigen Sie das Tastaturkürzel
Strg + Alt + ⇧ + K bzw. ⌘ + ⌥ + ⇧ + K. Aus unerklärlichen
Gründen finden Sie diesen Menübefehl nicht im Kontextmenü.

▶ Im Dialog Beschneidungspfad (Abbildung 10.50) wählen Sie
in der Option Art eine der Möglichkeiten aus (Abbildung
10.49):

▶ Kanten suchen: Diese Option erstellt einen Pfad, der Pixelpunkte innerhalb des gewählten Schwellenwerts umschließt.
Dies führt jedoch nur bei Bildern mit einem sehr hellen bis
weißen Hintergrund zum gewünschten Ergebnis.

▲ **Abbildung 10.48**
Durch Auswahl der Option An
Rändern Ausrichten und Klick auf
den Button Abstände waagrecht
verteilen erhalten Sie das Ergebnis
der Schritt-für-Schritt-Anleitung.

▲ **Abbildung 10.49**
Die Beschneidungspfad-Arten Kanten suchen, Alpha-Kanal und
Photoshop-Pfad. Wurde der Freistellpfad in InDesign vom Layouter
verändert, so wird der Eintrag Vom
Benutzer geänderter Pfad aktiv.

▶ ALPHA-KANAL: Damit greifen Sie auf vorhandene Alpha-Kanäle bzw. Transparenzen in der platzierten Bilddatei zu.

▶ PHOTOSHOP-PFAD: Über diese Option können Sie auf alle abgespeicherten Pfade (auch den Beschneidungspfad) in der importierten Datei zugreifen.

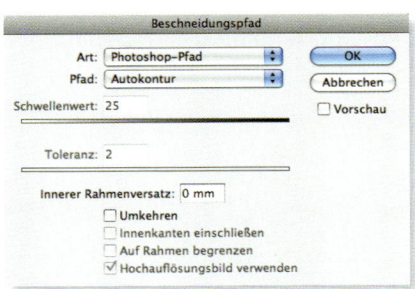

Abbildung 10.50 ▶
Der Dialog BESCHNEIDUNGSPFAD, in dem Sie nachträglich Beschneidungspfade auswählen können.

▶ **Pfad:** Sollten Sie mehrere Pfade in der Bilddatei abgespeichert haben, so können Sie hier den Pfad auswählen, der als Freisteller verwendet werden soll. Wurde ein Pfad in Photoshop als Freistellpfad gespeichert, so wird dieser standardmäßig beim Platzieren des Bildes verwendet. Wollen Sie diesen Pfad jedoch nicht verwenden, so können Sie ihn in den Beschneidungspfadoptionen oder bereits in den Importoptionen durch Deaktivieren der Option PHOTOSHOP-BESCHNEIDUNGSPFAD VERWENDEN aufheben.

▶ **Schwellenwert und Toleranz:** Da es sich bei einem Pfad um eine klare Kontur handelt, können Sie hier keine Schwellenwertverschiebungen durchführen. Wären dagegen Alpha-Kanäle, Transparenzen oder die Option KANTEN SUCHEN im Spiel, so könnten Anpassungen des Freistellers mit den Optionen SCHWELLENWERT und TOLERANZ vorgenommen werden. Die Ergebnisse sind dabei meist nicht zufriedenstellend.

▶ **Innerer Rahmenversatz:** Sie können damit den Beschneidungspfad erweitern oder verkleinern. So können Fehler bei Streupixeln behoben werden.

▶ **Umkehren:** Die Aktivierung dieser Option veranlasst, dass Bildbereiche innerhalb des Beschneidungspfades ausgeblendet und dafür Bildbereiche außerhalb des Beschneidungspfades eingeblendet werden. Eine hilfreiche Funktion, wenn der Beschneidungspfad bereits in der Photoshop-, TIFF-, EPS- oder JPEG-Datei den falschen Bereich maskiert.

▶ **Innenkanten einschließen:** In Verbindung mit KANTEN SUCHEN, wo über den SCHWELLENWERT die Transparenz je nach Helligkeit bestimmt wird, können Sie damit den Pfad für helle Bereiche, die den Grenzwert erreichen, im Bild erweitern.

► **Auf Rahmen begrenzen:** Der Standardwert sorgt dafür, dass Bilder, die größer als der Bildrahmen sind, auch durch den Bildrahmen beschnitten werden. Wird die Option deaktiviert, ragt der Pfad über die Rahmenkanten hinaus.

Nachdem Sie den gewünschten Pfad ausgewählt und den BESCHNEIDUNGSPFAD-Dialog mit OK bestätigt haben, bemerken Sie, dass der Inhaltsrahmen (brauner Rahmen) nun den Beschneidungspfad darstellt. Dieser Rahmen könnte nachträglich durch den Layouter verändert werden, um kleine Fehler, die im Beschneidungspfad vorliegen, noch zu ändern. Wir weisen Sie jedoch hier ausdrücklich darauf hin, dass Änderungen im Beschneidungspfad im Originaldokument – Photoshop-Datei – vorzunehmen sind, da eine Änderung des Beschneidungspfades in Photoshop bei einer Aktualisierung des Bildes nicht den benutzerdefinierten Beschneidungspfad in InDesign überschreiben würde. Damit würde die gewünschte Änderung des Beschneidungspfades durch InDesign ignoriert.

10.8.4 Nachträgliches Ändern von Objektebenen
Wie beim Platzieren von Bildern bereits beschrieben, können Sie schon beim Import von PSD-, PDF- und AI-Dateien entscheiden, welche Ebenen zur Ansicht und somit zur Ausgabe in InDesign CS4 aktiviert werden sollen. Wurde eine benutzerdefinierte Ebenenansicht verwendet, so können Sie diese Ansicht durch Ausführen des Befehls OBJEKT • OBJEKTEBENENOPTIONEN oder durch den gleichnamigen Befehl im Kontextmenü nachträglich verändern.

Hochauflösungsbild verwenden

Durch die Wahl der Option HOCHAUFLÖSUNGSBILD VERWENDEN werden die Bildbereiche auf der Grundlage der tatsächlichen Datei berechnet, um die größtmögliche Präzision zu erzielen. Diese Option steht in Verbindung mit der Option ALPHA-KANAL NICHT VERFÜGBAR, da in InDesign ein Alpha-Kanal immer mit der tatsächlichen Auflösung verwendet wird.

Zurücksetzen geänderter Beschneidungspfade

Wurde ein Beschneidungspfad durch den Anwender geändert, so sollte dies durch erneute Auswahl des Photoshop-Beschneidungspfades im BESCHNEIDUNGSPFAD-Dialog zurückgesetzt werden.

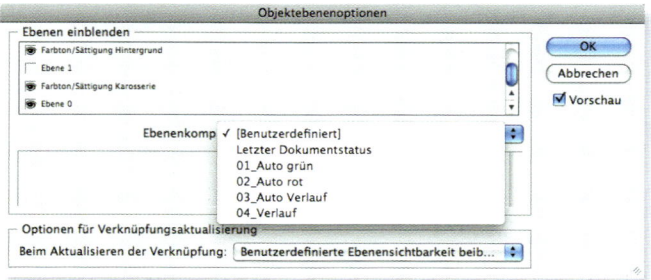

◄ **Abbildung 10.51**
Ändern einer benutzerdefinierten Ansicht im Bildimport-Dialog. Dies ist nachträglich noch über den Befehl OBJEKT • OBJEKTEBENENOPTIONEN möglich.

Vor allem, wenn Sie in Photoshop mit Ebenenkompositionen oder in PDF-Dateien mit Sprachmutationen gearbeitet haben, steht Ihnen ein schnelles Umschalten zwischen den einzelnen »Views« bzw. »Sprachvarianten« bequem zur Verfügung.

Bilder, die mit einer benutzerdefinierten Ansicht platziert worden sind, und PDF-Dateien, für die eine benutzerdefinierte Ebene ausgewählt wurde, bekommen darüber hinaus im Verknüpfun-

gen-Bedienfeld einen Hinweis in Form eines Eintrages – dazu aber
später. Damit lässt sich sehr schnell erkennen, bei welchen Bildern
bzw. Sujets Sie besondere Vorsicht in der Kontrolle walten lassen
sollten, damit nicht durch eine automatische Aktualisierung falsche »Views« geladen werden.

10.8.5 Kopieren eines Bildes in einen leeren Bildrahmen

Ein in der Praxis sehr gerne falsch durchgeführter Arbeitsschritt ist
das Kopieren eines platzierten Bildes in einen anderen leeren Bildrahmen.

Der falsche Weg | Umsteiger von QuarkXPress markieren zu die-
sem Zweck das Bild mit dem Auswahl-Werkzeug und kopieren es
über die Tastenkombination Strg+C bzw. ⌘+C in die Zwischenablage. Dann markieren sie den leeren Bildrahmen und
fügen den Inhalt der Zwischenablage in den Bildrahmen über den
Befehl BEARBEITEN • IN DIE AUSWAHL EINFÜGEN bzw. über die Tastenkombination Strg+Alt+V bzw. ⌘+⌥+V ein. Damit
haben sie eine Verschachtelung von Bildrahmen erzeugt, da sie ja
einen Bildrahmen mit dem Bildinhalt in einen weiteren Bildrahmen eingefügt haben. Die Handhabung dieser Verschachtelung
bedarf einiger Übung. Wie Sie damit umgehen sollten, können Sie
in Abschnitt 8.8.2, »Objekte in Gruppen auswählen«, auf Seite 194
nachlesen.

Der richtige Weg | Wählen Sie zuerst, bevor Sie den KOPIEREN-
Befehl ausführen, das Bild mit dem Direktauswahl-Werkzeug aus.
Damit wird nur das Bild kopiert und somit nur das Bild in den
neuen Bildrahmen eingefügt.

10.9 Arbeiten mit Verknüpfungen

Durch das Platzieren von Dateien in InDesign werden, damit eine
korrekte Positionierung durchgeführt werden kann, Voransichten
zur Verfügung gestellt. Platzierte Daten können dabei entweder
lediglich verknüpft oder in das InDesign-Dokument eingebettet
werden.

Verknüpftes Bildmaterial | Das platzierte Bildmaterial ist mit
dem InDesign-Dokument lediglich verknüpft. Dadurch bleibt das
Material vom Dokument unabhängig, womit auch die Dateigröße
des InDesign-Dokuments möglichst klein gehalten werden kann.
Selbstverständlich können Sie alle Transformationen in InDesign

auch auf dieses Material anwenden, der Zugriff auf einzelne Bild-komponenten (Pixel) bleibt jedoch den dafür vorgesehenen Pro-grammen wie Photoshop vorbehalten.

Werden verknüpfte Bilder mehrfach verwendet, so kann dies ohne Einschränkung erfolgen. Die Dokumentengröße nimmt dabei zwar ein wenig zu, aber nicht in dem gleichen Ausmaß, als wenn Sie neue Bilder platzieren würden. Darüber hinaus können Sie alle Verknüpfungen desselben Bildes in einem Aufwasch aktu-alisieren.

Beim Exportieren oder Drucken werden die Vorschauansichten durch die Originaldaten ausgetauscht, womit einer hochauflösen-den Ausgabe nichts im Weg steht. Ist jedoch die Verknüpfung nicht aktuell, so kann nur die Voransicht – also ein niedrigauflö-sendes Bild – in der Ausgabe verwendet werden.

Eingebettetes Bildmaterial | Werden importierte Grafiken/Bil-der eingebettet, so werden diese in der vollen Auflösung in das Dokument aufgenommen. Damit ist klar, dass die Dateigröße des InDesign-Dokuments um die Dateigröße (in kB) der eingebetteten Objekte zunimmt.

Durch das Einbetten wird das InDesign-Dokument von exter-nen Verweisen entkoppelt und somit unabhängig. Die Bearbei-tung eines Bildes aus InDesign heraus in Photoshop geht dann jedoch nicht mehr. Der Status eines eingebetteten Bildes kann über das Verknüpfungen-Bedienfeld geändert werden.

Standardmäßig werden Grafikdateien, die kleiner als 48 kB sind, automatisch in das InDesign-Dokument aufgenommen. Es bleibt jedoch für diese Daten eine Verknüpfung zur Originaldatei erhal-ten, womit ein Aktualisieren auch weiterhin möglich ist.

Alle Bilder im Blick | Die Übersicht über alle verknüpften Dateien wird in InDesign über das Verknüpfungen-Bedienfeld ∾ abgebil-det. Während alle Grafik- und Layoutprogramme nur Verknüpfun-gen zu Grafikdateien halten können, können mit InDesign (seit QuarkXPress 7 nun auch dort möglich) darüber hinaus Verknüp-fungen zu Text- und Excel-Dateien bestehen bleiben. Letztere sind dabei von den getroffenen Voreinstellungen in InDesign abhängig.

Wenn Sie ein Dokument öffnen, in dem Verknüpfungen beste-hen, die entweder als nicht aktuell (modifiziert) oder als fehlend erkannt werden, öffnet InDesign automatisch das Verknüpfun-gen-Bedienfeld, mit dem es sehr einfach ist, Verknüpfungspro-bleme zu lösen. Dabei erlaubt InDesign das erneute Verknüpfen von Grafiken mit unterschiedlichen Namen und unterschiedlichen Dateiformaten. Alle Transformations-, Positionierungs- und Be-

QuarkXPress und Links

QuarkXPress-Anwender mussten immer über den Befehl VERWEN-DUNG die Liste der Bilder einse-hen. Bei sehr umfangreichen Do-kumenten war die Generierung der Liste sehr oft eine Gedulds-frage. Das Pendant in InDesign ist das Verknüpfungen-Bedien-feld, das als eigenständiges Be-dienfeld immer zur Verfügung steht – sofern es eingeblendet ist. Sie haben mit InDesign CS4 damit eine hervorragende Kon-trolle über alle verknüpften und eingebetteten Dateien.

HINWEIS

Wenn Sie ein Dokument in ei-nen anderen Ordner oder auf einen anderen Datenträger ver-schieben, so müssen Sie auch die verknüpften Grafikdateien verschieben bzw. neu verknüp-fen, da diese nicht innerhalb des Dokuments gespeichert werden.

schneidungsparameter bleiben beim erneuten Verknüpfen natürlich erhalten.

10.9.1 Das Verknüpfungen-Bedienfeld im Überblick

Das Bedienfeld VERKNÜPFUNGEN können Sie über den Befehl FENSTER • VERKNÜPFUNGEN oder über einen Klick auf das Symbol ◦ in der Symbolleiste öffnen.

Mit InDesign CS4 präsentiert sich das vollkommen überarbeitete Bedienfeld in einer sehr übersichtlichen Form. Gespickt mit neuen Möglichkeiten ist das Bedienfeld nun endlich so ausgerüstet, wie man es schon seit vielen Versionen gefordert hat.

Die neue Anordnung teilt das Bedienfeld in zwei Bereiche, das Listenfeld für die Verknüpfungen und die VERKNÜPFUNGSINFORMATIONEN, die das Informationen-Bedienfeld in Zusammenhang mit Bildern ziemlich überflüssig erscheinen lassen.

Listenfeld der Verknüpfungen | Im oberen Teil des Bedienfelds werden alle platzierten Objekte in Listenform angezeigt. Das Bedienfeld erscheint standardmäßig in einer gewissen Form:

▶ **Kategoriespalten:** Es stehen die Spalten für den NAMEN ❸ der Datei, die Kennzeichnung des STATUS ❶ und der Angabe der SEITE ❷ zur Verfügung. Weitere Kategoriespalten können über die Bedienfeldoptionen eingeblendet werden. Lesen Sie dazu mehr auf Seite 260.

▶ **Sortierung:** Wurden bis CS3 standardmäßig die Einträge nach ihrem Status – fehlende, modifizierte und aktuelle Verknüpfungen – sortiert, so ist die Reihenfolge nun abhängig davon, in welcher Kategoriespalte welche Reihenfolge über das jeweilige Symbol gewählt wurde, z. B. ▯▾ oder ▯▾ .

▶ **Miniatur:** Eine Miniatur ❺ zeigt Ihnen sofort, um welches Bild es sich handelt.

▶ **Mehrfachverwendung:** Wurden Bilder mehrfach in der Datei platziert, so werden sie in einer Gruppe zusammengefasst. Dabei wird am Ende des Namens ▶ ▦ Bild_mitProfil.jpg (2) in runden Klammern angegeben, wie viele Vorkommen in der Datei angetroffen wurden. Durch Klick auf das Symbol ▶ ❹ wird die Liste aller Einträge sichtbar. Erst darin können Sie erkennen, auf welcher Seite sich die jeweilige Instanz des Bildes befindet.

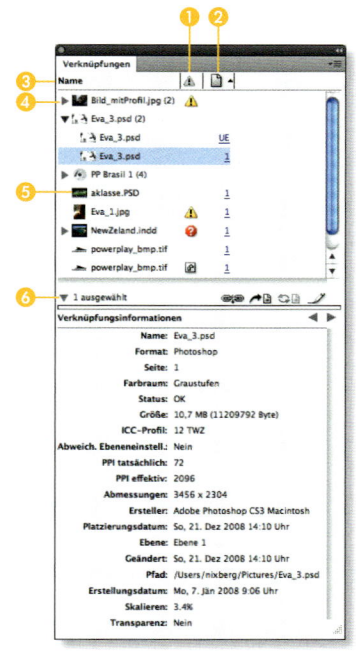

▲ **Abbildung 10.52**
Das Verknüpfungen-Bedienfeld. Es ist in zwei Bereiche eingeteilt. Beide Bereiche können je nach Konfiguration in den Bedienfeldoptionen stark von der hier gezeigten Abbildung abweichen.

Verknüpfungsinformationen | In diesem Bereich können Sie alle Informationen zum ausgewählten Bild ablesen. Welche Informationen dabei angezeigt werden und ob überhaupt dieser Bereich zum Aufklappen ❻ zur Verfügung steht, kann individuell über die Bedienfeldoptionen bestimmt werden.

Status der Einträge erkennen | In der Kategoriespalte STATUS sind manche Einträge mit einem Symbol versehen. Am Symbol können Sie ersehen, was es mit diesem Eintrag auf sich hat; befindet sich kein Symbol in dieser Spalte, so handelt es sich um eine aufrechte aktualisierte Verknüpfung.

▶ **Fehlende Verknüpfungen:** ❼ Sie werden durch das Symbol ❷ dargestellt. Ein Grund dafür kann sein, dass Bilder in einen anderen Ordner verschoben worden sind. Das Verschieben oder Umbenennen einer Datei oder eines Ordners, während das dazugehörige Dokument geöffnet ist, veranlasst InDesign leider nicht, alle Pfade zu aktualisieren. Ein weiterer Grund für die fehlende Verknüpfung könnte sein, dass Bilder, die zuerst im EPS-Format vorlagen, nun über Photoshop in ein TIFF-Format gespeichert wurden. Eine automatische Zuweisung ist in InDesign nicht vorgesehen, ein entsprechender Workaround ist jedoch seit CS4 möglich. Fehlende Verknüpfungen müssen mit den Originaldateien über den ERNEUT VERKNÜPFEN-Button ⧉ in der Aktionsleiste ⓬ neu verbunden werden.

▶ **Geänderte Verknüpfung:** ❾ Geänderte Verknüpfungen werden durch das Symbol ⚠ dargestellt. Das Aktualisieren des Bildes erfolgt über den Button VERKNÜPFUNGEN AKTUALISIEREN ⟳ in der Aktionsleiste ⓬ oder durch den gleichnamigen Befehl des Bedienfeldmenüs.
Eine etwas andere Version des Symbols ⚠ ❽ wird angezeigt, wenn eine Grafik geändert und eine oder mehrere Instanzen entsprechend aktualisiert werden, andere jedoch nicht.

▶ **Eingebettete Datei:** ❿ Das Symbol ▣ weist Sie darauf hin, dass dieses Bild platziert worden ist, jedoch die Grafik vom Anwender über den Menüpunkt VERKNÜPFUNG EINBETTEN aus dem Bedienfeldmenü komplett in die InDesign-Datei übernommen wurde.

Seitenbezug erkennen | In der Kategoriespalte SEITE ❷ wird die Seitenzahl angegeben, auf der sich diese Verknüpfung befindet. Anstelle der Seitenzahlen können Abkürzungen wie **MF** (Bilder auf der Montagefläche), **UE** (verankerte Bilder im Übersatz), **A** für den Präfix einer Mustervorlage (für Bilder, die sich auf einer Mustervorlage befinden) vorkommen bzw. **VT** für Bilder in verborgenen Texten.

Springen Sie zu einem Bild, indem Sie auf die Seitenzahl in der Spalte oder – wie bis InDesign CS3 – auf das Symbol ↱▣ GEHE ZU VERKNÜPFUNG klicken, oder führen Sie den gleichnamigen Befehl des Bedienfeldmenüs aus.

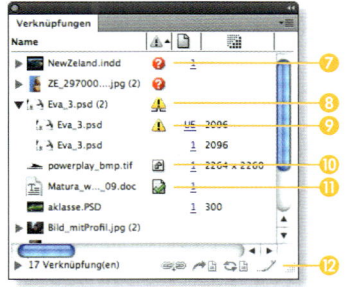

▲ **Abbildung 10.53**
Das Verknüpfungen-Bedienfeld mit ausgeblendeten Verknüpfungsinformationen. Die Einträge wurden hier in der Kategoriespalte STATUS nach dem Zustand aufsteigend sortiert. Textverknüpfungen werden dabei durch ein eigenes Symbol ⓫ gekennzeichnet.

10.9.2 Das Verknüpfungen-Bedienfeld konfigurieren

Das Verknüpfungen-Bedienfeld kann abweichend von der Grund-einstellung mit weiteren Spaltenkategorien, die zusätzliche Informationen zu den Grafiken bieten, versehen werden. Für jede Kategorie kann dabei angegeben werden, ob diese als Spalte im Verknüpfungen-Bedienfeld wie auch im Bereich VERKNÜPFUNGS-INFORMATIONEN erscheinen soll.

Einstellungen | Um eine Änderung im Verknüpfungen-Bedienfeld vorzunehmen, wählen Sie aus dem Bedienfeldmenü den Eintrag BEDIENFELDOPTIONEN aus. Im erscheinenden Dialog aktivieren Sie die entsprechenden Kontrollkästchen.

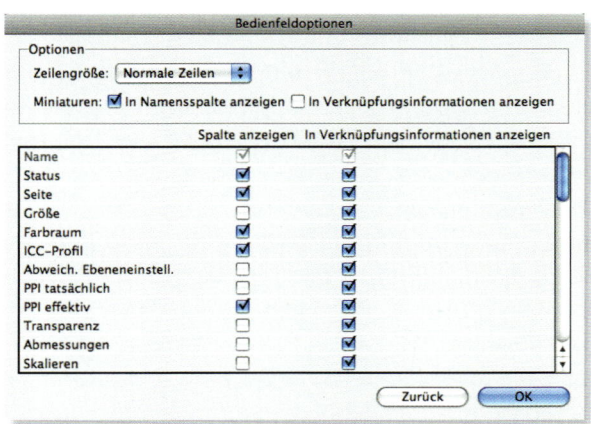

▶ **Zeilengröße:** Wählen Sie zwischen KLEINE ZEILEN, NORMALE ZEILEN und GROSSE ZEILEN aus, um die Größe des Eintrags zu bestimmen.

▶ **Miniaturen:** Ob Sie eine Miniaturvorschau in der Namens-spalte und/oder in den VERKNÜPFUNGSINFORMATIONEN anzeigen lassen wollen, bestimmen Sie durch die Wahl der jeweiligen Checkbox.

HINWEIS

Jegliches Anzeigen von Miniaturen bedeutet einen zusätzlichen Performanceverlust, da InDesign einen permanenten Redraw dieser Voransichten, wenn Sie gerade angezeigt werden, durchführt.

Zur Verfügung stehende Kategorieren | Viele Kategorien stehen zum Einblenden zur Verfügung. Wir wollen in der nachfolgenden Liste die Bedeutung und die Idee, die damit verwirklicht werden kann, bewerten.

▶ **Status:** Beschreibt den Zustand der jeweiligen Verknüpfung. Das Anzeigen ist ein Muss für jegliche Konfiguration.

▶ **Seite:** Auf welcher Seite sich das Bild befindet, ist sicherlich eine wichtige Information, besonders wenn Verknüpfungen im Übersatz, auf den Musterseiten, in verborgenen Textstellen oder auf der Montagefläche stehen. Also ein Muss!

Steht keine Seitenzahl in dieser Spalte, so handelt es sich um eine Gruppe von mehrfach platzierten Dateien. Auf welcher Seite sich das jeweilige Vorkommen der Datei befindet, können Sie nur erkennen, wenn Sie die Gruppe öffnen, indem Sie auf das Symbol ▸ klicken.

▸ **Größe:** Darunter wird die Dateigröße der verknüpften Datei verstanden. Diese Kategorie ist also nicht immer sinnvoll.

▸ **Farbraum:** Kann der Verknüpfung ein eindeutiger Farbraum entnommen werden, so ist diese Kategorie sehr hilfreich, wenn Sie schnell alle RGB-Bilder im Überblick aufgelistet bekommen wollen. Unsere Empfehlung: Aktivieren!

▸ **ICC-Profil:** Speziell, wenn Sie farbmetrisch korrekt arbeiten wollen, sollten Sie immer einen Überblick darüber haben, welches Quellprofil das jeweils importierte Bild besitzt. Sie können damit sehr schnell Bilder finden, denen kein Quellprofil, was speziell bei RGB-Bildern nicht zu empfehlen ist, zugewiesen ist.

▸ **Abweich. Ebeneneinstell.:** An dem simplen Eintrag JA (1) in dieser Spalte können Sie sofort erkennen, ob ein Layouter einer PSD- oder PDF-Datei eine abweichende Ebenensichtbarkeit für die Darstellung und Ausgabe aus InDesign zugewiesen hat. Ein Doppelklick auf den Eintrag öffnet sofort die OBJEKTEBENENOPTIONEN aus dem Menü OBJEKT. Diese Kategorie ist speziell für Datenübernehmer wie Druckdienstleister interessant. Abweichende Ebenensichtbarkeiten sollten bei Dienstleistern auch sofort zu erkennen sein.

▸ **PPI tatsächlich:** Damit wird die tatsächliche Auflösung des Bildes in der Originalapplikation angezeigt. Für die Praxis kann diese Anzeige entfallen.

▸ **PPI effektiv:** Um schnell die Auflösung der platzierten Bilder für die Ausgabe erkennen zu können, sollte diese Kategorie immer aktiviert sein. Sie finden damit schnell Bilder, die durch die Skalierung unter eine bestimmte Auflösung gefallen sind, und auch Bilder, die nicht proportional skaliert wurden. Ob Bilder nicht proportional skaliert wurden erkennen Sie, wenn Sie zwei Werte in der Spalte PPI EFFEKTIV ❶ angezeigt bekommen.

▸ **Transparenz:** Ist der Bildrahmen mit irgendeinem Effekt oder einer Transparenz versehen, so steht in dieser Kategoriespalte JA. Bitte beachten Sie, dass nur Transparenzen auf Bildrahmen erkannt werden. Transparenzen, die auf dem Bildinhalt angebracht wurden, erkennt InDesign nicht und lässt Sie im Glauben, dass dem Bild keine Transparenz anhaftet. Das Einblenden der Kategorie ist für Druckdienstleister zu empfehlen, normale Layouter und Grafiker benötigen diese Information eher nicht.

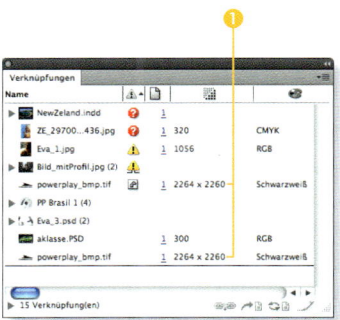

▲ **Abbildung 10.55**
Sind zwei Werte ❶ in der Kategoriespalte PPI EFFEKTIV zu sehen, so ist das Bild verzerrt.

▶ **Abmessungen:** Die Angabe der Abmessung erfolgt nur in Pixel. Eine Abmessungsangabe in einer Maßeinheit wäre sinnvoller.

▶ **Skalieren:** Speziell für QuarkXPress-Umsteiger ist diese Information hilfreich, da sie eigentlich immer mit Skalierungsprozentsätzen gearbeitet haben, um zu erkennen, ob das Bild die richtige Auflösung für die Ausgabe besitzt.

▶ **Verzerren:** Zeigt an, ob ein Bild in InDesign horizontal oder vertikal verzerrt wurde.

▶ **Drehung:** Damit erkennen Sie, ob in welchem Winkel der Bildrahmen gedreht wurde und.

▶ **Ebene:** Daran sehen Sie schnell, auf welcher Ebene (InDesign-Ebene) sich die jeweilige Verknüpfung befindet. Speziell, wenn Sie mit einer nicht druckenden Ebene arbeiten, sollten Sie schnell erkennen können, ob sich noch platzierte Objekte auf dieser Ebene befinden.

▶ **Pfad:** Damit wird Ihnen der gesamte Verknüpfungspfad angezeigt. Dieser kann ziemlich lang sein und kann in keiner Weise übersichtlich im Bedienfeld angezeigt werden.

▶ **Format:** Wenn Sie schon nicht aus der Dateiendung im Namen erkennen können, welches Dateiformat hier verwendet wurde, so können Sie sich über diese Spalte anzeigen lassen, welches Dateiformat der Verknüpfung zugrunde liegt.

▶ **Verknüpfungstyp:** Hier steht aktuell nur der Eintrag IMPORTIEREN zur Verfügung. Andere Zustände konnten bislang noch nicht festgestellt werden.

▶ **Autor bzw. Titel:** Speziell in Redaktionen müssen Bildunterschriften angebracht werden. Wenn in den Metadaten der Bilder die Bildunterschriften im Feld für AUTOR oder TITEL eingesetzt würden, könnten Layouter ganz einfach über das Verknüpfungen-Bedienfeld auf diese Information zugreifen.

▶ **Ersteller:** Damit ist nicht der Fotograf gemeint, sondern die Erstellungsapplikation. Ist für die normale Arbeitsweise nicht immer wichtig.

▶ **Platzierungsdatum:** Gibt an, an welchem Tag das Bild platziert wurde. Eventuell ist diese Information für Aktualisierungen und Überprüfungen interessant.

▶ **Coypright:** Auch hier werden Informationen aus dem Metadatenfeld COPYRIGHT angezeigt. Dort sollten zumindest die Informationen zum Urheber eingetragen sein. Layouter können somit schnell für die Erstellung des Fotocredits auf diese Information zurückgreifen.

▶ **Geändert:** Damit wird das Aktualisierungsdatum der Verknüpfung preisgegeben. Kann ebenfalls in gewissen Arbeitsweisen als sinnvolle Information verwendet werden.

- **Anzahl Unterverknüpfungen:** Speziell wenn Sie InDesign- oder EPS-Dateien platzieren, in denen weitere Verknüpfungen von Bildern gefunden werden, ist die Angabe der Anzahl von Unterverknüpfungen sehr interessant. Sie können durch einen Klick auf das Symbol vor der InDesign- bzw. EPS-Datei alle Unterverknüpfungen ansehen und auf Aktualität beurteilen.
- **Erstellungsdatum:** Damit wird Ihnen das Erstellungsdatum des Bildes angezeigt. Die Anzeige ist nicht immer sinnvoll.
- **Ordner 0 bis Ordner 8:** Für die Aktualisierung von Bildern ist es immer wichtig zu wissen, in welchem Ordner sich eigentlich das platzierte Bild befindet. Da die Anzeige des gesamten Pfades zwar möglich ist, jedoch damit sicherlich nicht schnell der Speicherort erkennbar ist, bietet Adobe eine Möglichkeit an, sich Pfadsegmente im Verknüpfungen-Bedienfeld anzeigen zu lassen. Lautet der Pfad beispielsweise USER/NIXBERG/DATEN/ BUCH CS4/SATZDATEN/KAPITEL 10/BILDER, so würde in der Spalte ORDNER 0 das letzte Segment des Pfades – hier BILDER – angezeigt. In der Spalte ORDNER 1 würde das vorletzte Segment des Pfades – in unserem Fall KAPITEL 10 – angezeigt usw. Damit lässt sich schnell ein Überblick über Bilder, die sich in einer bestimmten Ordnerhierarchie befinden, verschaffen.
- **Laufwerk:** Speziell wenn sich beispielsweise Bilder zum Layouten auf dem lokalen Verzeichnis C: und die Druckdaten auf dem Laufwerk F: am Server befinden, kann Ihr Dokument hinsichtlich Aktualität der Verknüpfungen zu den Druckdaten schnell überprüft werden.
- **Textabschnittstatus, Anzahl Notizen, Änderungen verfolgen, Textabschnittsetikett und Aufgabe:** Diese Informationen stehen nur zur Verfügung, wenn Sie Textabschnitte für InCopy freigegeben haben. Wenn Sie Texte auf diese Weise freigegeben haben, so kann die Information zu den einzelnen Bereichen sehr hilfreich sein. Was mit den einzelnen Begriffen gemeint ist, lesen Sie in Kapitel E »InCopy«, das sich im Downloadbereich zu diesem Buch am Galileo-Server befindet nach.

▼ **Abbildung 10.56**
Ein Vorschlag, wie das optimale Verknüpfungen-Bedienfeld aussehen kann. Es benötigt zwar etwas viel Platz, die Informationen, die Sie ihm entnehmen können, sind jedoch enorm.

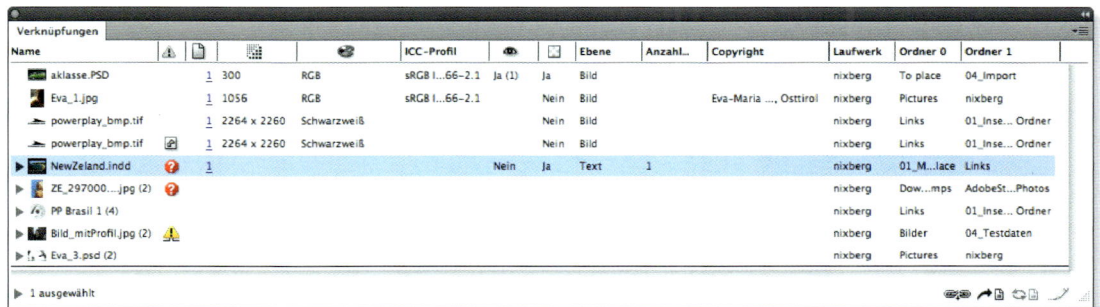

Ändern der Spalten-Reihenfolge und der Spaltenbreite | Sie können die Reihenfolge der Spalten ändern, indem Sie eine Spalte markieren und an eine andere Stelle ziehen. Ziehen Sie an den Spaltengrenzen, um die Spaltenbreite zu ändern.

Ändern der Sortierreihenfolge | Wenn Sie auf einen Kategorietitel klicken, werden die Verknüpfungen in aufsteigender Reihenfolge nach dieser Kategorie geordnet. Bei erneutem Klicken wird die Sortierreihenfolge umgedreht (absteigend) .

10.9.3 Voreinstellungen zur Bildaktualisierung

Etwas überarbeitet wurden die Voreinstellungen zur Bildaktualisierung ❶ in InDesign CS4. Je nach gewählter Option können verschiedene Strategien für diverse Arbeitsweisen abgebildet werden. Rufen Sie dafür das Register DATEIHANDHABUNG der InDesign-Voreinstellungen auf.

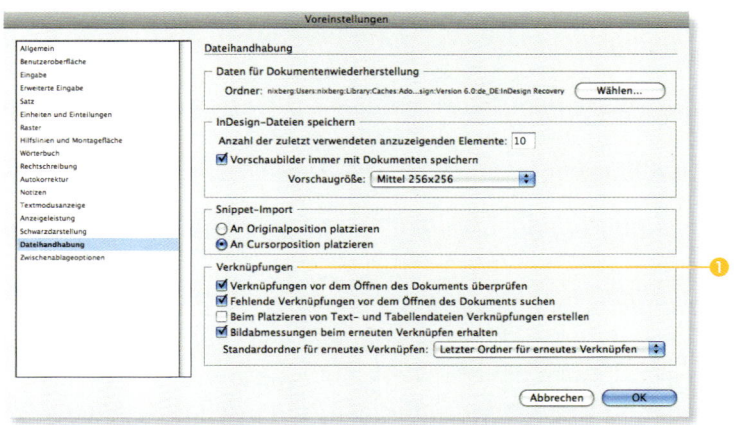

Abbildung 10.57 ▶
Die Optionen im Bereich VERKNÜP-FUNGEN der InDesign-Voreinstellungen regeln die Verfahrensweisen, wie InDesign in bestimmten Situationen reagieren soll.

▶ **Verknüpfungen vor dem Öffnen des Dokuments überprüfen:** Mit dieser Standardeinstellung veranlassen Sie InDesign, beim Öffnen alle Verknüpfungen auf deren Aktualität hin zu überprüfen. In einigen Arbeitsweisen ist das Erscheinen der Warnmeldung, dass Verknüpfungen nicht aktuell sind bzw. fehlen, nicht erwünscht. Durch Deaktivieren der Option unterbinden Sie somit die Warnmeldung für diese Station.

▶ **Fehlende Verknüpfungen vor dem Öffnen des Dokuments suchen:** Damit wird InDesign veranlasst, das Problem mit den fehlenden Verknüpfungen durch eigenmächtiges Suchen im Dateisystem zu lösen. In manchen Fällen ist das Deaktivieren der Option sinnvoll, wenn beispielsweise das Öffnen von InDesign-Dateien verlangsamt wird, weil InDesign versucht, im Dateisystem des Servers die Verknüpfungsproblematik zu lösen.

▶ **Beim Platzieren von Text- und Tabellendateien Verknüpfungen erstellen:** Diese Option muss nur dann aktiviert werden, wenn Sie beispielsweise Excel-Tabellen in InDesign aktualisieren wollen.

▶ **Bildabmessungen beim erneuten Verknüpfen erhalten:** Beim Aktualisieren oder Wiederherstellen einer Verknüpfung über die Funktion ERNEUT VERKNÜPFEN bleiben alle in InDesign vorgenommenen Transformationen erhalten, sofern Sie diese Option aktiviert haben.

10.9.4 Aktualisieren und erneutes Verknüpfen von platzierten Bildern

Nachdem Sie nun das Bedienfeld Ihren Anforderungen entsprechend konfiguriert haben, müssen Sie nur noch die Grundarbeiten zum Aktualisieren und erneuten Verknüpfen beherrschen.

Erneut verknüpfen | Fehlende Verknüpfungen werden mit dem Symbol ❷ im Verknüpfungen-Bedienfeld angezeigt. Die Ursachen dafür wurden bereits genannt. Sie haben verschiedene Möglichkeiten, die Verknüpfung wiederherzustellen,

▶ **Einzelne fehlende Verknüpfung händisch zuordnen:** Dazu markieren Sie den Eintrag in der Liste der Verknüpfungen und klicken auf den Button VERKNÜPFUNG AKTUALISIEREN ⟳▣ in der Aktionsleiste oder führen den gleichnamigen Befehl aus dem Bedienfeldmenü aus. Im erscheinendem SUCHEN-Dialog wählen Sie das zu verknüpfende Bild aus.

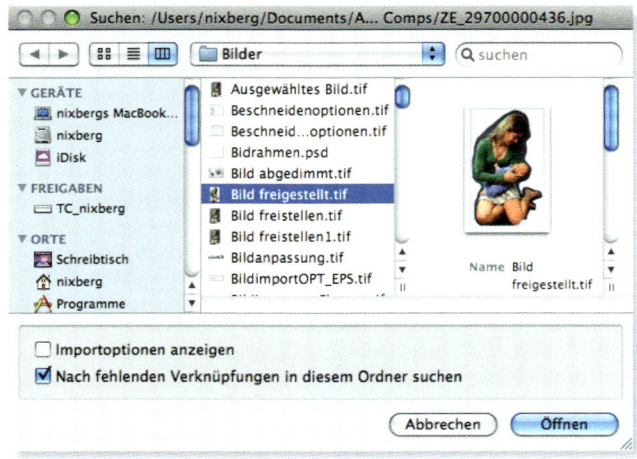

▶ IMPORTOPTIONEN ANZEIGEN: Diese Option ist nur dann zu aktivieren, wenn Sie beim erneuten Verknüpfen der Datei eine geänderte Importstrategie verfolgen wollen.

◀ **Abbildung 10.58**
Der SUCHEN-Dialog mit den Optionen, die beim erneuten Verknüpfen zur Verfügung stehen

▶ Nach fehlenden Verknüpfungen in diesem Ordner suchen: Diese Option veranlasst InDesign CS4, im aktuell gewählten Ordner automatisch nach dem gesuchten Dateinamen zu suchen. Wird ein passender Eintrag gefunden, so wird dieser automatisch ausgewählt.

Wenn Sie die Auswahl bestätigen, so wird die Verknüpfung zur ausgewählten Datei hergestellt und die Vorschau in InDesign aktualisiert. Wurde das eben verknüpfte Bild mehrfach in InDesign platziert, so wird damit nur der aktuell ausgewählte Eintrag neu verknüpft und aktualisiert. Sollen mehrere Bilder in einem Schritt aktualisiert werden, so sind alle Einträge zuvor im Verknüpfungen-Bedienfeld zu markieren. Markieren Sie dabei einzelne Einträge durch Drücken der ⌜Strg⌟- bzw. ⌜⌘⌟-Taste.

▶ **Alle fehlenden Verknüpfungen über den Suchen-Dialog neu zuordnen:** Dazu verfahren Sie ähnlich wie zuvor beschrieben. Sie müssen nur mit gedrückter ⌜Alt⌟- bzw. ⌜⌥⌟-Taste auf den Button Verknüpfung aktualisieren ↻▣ in der Aktionsleiste klicken. Damit wird einerseits für jeden Eintrag fehlender Verknüpfungen der Suchen-Dialog angezeigt, und mehrfach platzierte Bilder werden in einem Aufwasch neu verknüpft und aktualisiert.

▶ **Alle fehlenden Verknüpfungen ohne den Suchen-Dialog neu zuordnen:** Um schnell alle Bilder neu zu verknüpfen, empfehlen wir, alle Bilder im gleichen Ordner wie die InDesign-Datei zu speichern und dann das InDesign-Dokument erneut zu öffnen. InDesign sucht fehlende Bilder zunächst anhand des hinterlegten Speicherpfades und dann in dem Verzeichnis, in dem sich auch das InDesign-Dokument befindet.

Gehe zu | Damit Sie das gewählte Bild in der Liste anspringen und genau inspizieren können, klicken Sie entweder auf die Seitenzahl in der Spaltenkategorie Seite oder einfach auf das Gehe zu-Symbol ↪▣ in der Aktionsleiste. InDesign zoomt dann bildschirmfüllend auf das Bild.

Verknüpfungen aktualisieren | Modifizierte Verknüpfungen werden mit dem Symbol ⚠ im Verknüpfungen-Bedienfeld angezeigt. Auch hier stehen verschiedene Strategien zur Verfügung:

▶ **Ausgewählte Datei aktualisieren:** Wählen Sie zum Aktualisieren den gewünschten Eintrag in der Liste aus. Das Aktualisieren der Verknüpfung selbst erfolgt entweder durch Klick auf das Symbol ↻▣ oder durch Ausführen des gleichnamigen Befehls aus dem Bedienfeldmenü. Damit haben Sie nur den ausgewählten Eintrag in der Liste aktualisiert, und InDesign berechnet die neue Vorschau.

▶ **Alle Verknüpfungen aktualisieren:** Verfahren Sie wie zuvor beschrieben, halten Sie jedoch dabei die ⌷Alt⌷- bzw. ⌷⌥⌷-Taste gedrückt, während Sie auf Verknüpfung aktualisieren 🔄🖼 klicken.

In vielen Arbeitsweisen werden für das Erstlayout niedrigauflösende Bilder platziert und grob freigestellt. Nachdem die Reproarbeiten an den Originalbildern abgeschlossen sind, besteht der Wunsch, möglichst schnell die niedrigauflösenden Bilder durch die hochauflösenden Bilder in InDesign zu ersetzen. Dies konnte bislang nur dann abgebildet werden, wenn Dateiname und Dateiendung identisch waren. Mit InDesign CS4 kam hinsichtlich dieser Arbeitsweise eine entscheidende Verbesserung hinzu.

Die nachstehende Schritt-für-Schritt-Anleitung zeigt Ihnen, wie Sie niedrigauflösende JPEG-Bilder durch gleichnamige hochauflösende TIFF-Bilder ersetzen können.

Schritt für Schritt: Aktualisieren von niedrigauflösenden JPEG-Bildern durch hochauflösende TIFF-Bilder

1 **Auswählen der Bilder im Verknüpfungen-Bedienfeld**

Bringen Sie das Verknüpfungen-Bedienfeld über das Menü Fenster • Verknüpfungen in der Vordergrund.

Um schnell alle niedrigauflösenden Bilder in der Liste zu finden, sortieren Sie die Einträge durch Klick in den Kategorietitel der Spalte Auflösung. Dadurch wird die Liste aufsteigend nach der Auflösung sortiert.

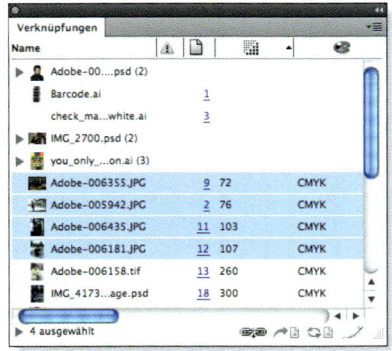

◀ **Abbildung 10.59**
Alle Bilder, die neu zugewiesen werden sollen, müssen zuerst in der nach Auflösung sortierten Liste ausgewählt werden.

Wählen Sie dann darin die zu ersetzenden Einträge durch einfachen Klick mit gedrückter ⌷Strg⌷- bzw. ⌷⌘⌷- oder ⌷⇧⌷-Taste aus.

2 Zuweisung vornehmen

Rufen Sie über das Bedienfeldmenü den Befehl ERNEUT MIT ORDNER VERKNÜPFEN auf.

Abbildung 10.60 ▶
Auswahl des Ordners mit den hochauflösenden Bilddaten im Dateisystem Ihres Computers

Suchen Sie den Ordner, in dem sich die hochauflösenden Bilder befinden, in Ihrem Dateisystem. In diesem Ordner sollen alle Bilder mit dem gleichen Dateinamen, jedoch einer anderen Dateierweiterung liegen.

Aktivieren Sie je nach Vorgehensweise die Option GLEICHER DATEINAME UND GLEICHE ERWEITERUNG oder wie in unserem Fall GLEICHER DATEINAME, JEDOCH MIT DIESER ERWEITERUNG, und tragen Sie im dazugehörigen Feld die geänderte Dateierweiterung ein. In unserem Fall müssen wir dazu »TIF« eingeben.

3 Zuweisung abschließen

Drücken Sie auf den Button AUSWÄHLEN. InDesign führt für jeden gefundenen Eintrag einen neuen Import durch. Dies wird dem Anwender durch einen Zeitbalken auch signalisiert. Das Ergebnis müsste die neu generierte Liste wie in Abbildung 10.61 sein.

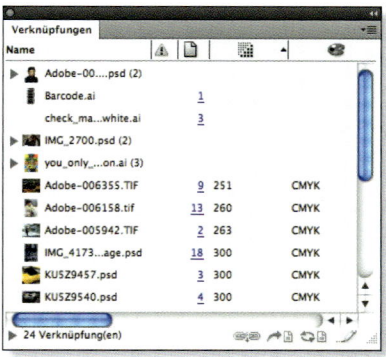

Abbildung 10.61 ▶
Das Ergebnis des Bildertauschs

Damit haben Sie sehr schnell eine Neuzuordnung vorgenommen. Eine längst überfällige Funktion, die erst mit der Version CS4 Einzug in InDesign gefunden hat. ■

10.9.5 Öffnen von Bildern in der Ausgangsapplikation

Liegt das Bild im falschen Farbraum vor, muss es farblich geändert bzw. retuschiert oder soll der Beschneidungspfad des Bildes überarbeitet werden, so können diese Veränderungen nur in der Originalapplikation erfolgen.

Öffnen Sie das Bild bzw. die Grafik im Ursprungsprogramm – meistens Photoshop, Illustrator oder Acrobat – durch Drücken des Symbols ORIGINAL BEARBEITEN ✎ im Verknüpfungen-Bedienfeld. Geübte Anwender werden das Tastenkürzel [Alt] bzw. [⌥] und Doppelklick mit dem Auswahl- bzw. Direktauswahl-Werkzeug auf das Bild verwenden. Führen Sie die gewünschten Änderungen durch, und speichern Sie die Datei ab.

Nachdem Sie die Datei geschlossen haben, werden Sie bemerken, dass eine Aktualisierung des Bildes in InDesign sofort durchgeführt wird. InDesign aktualisiert automatisch nur Verknüpfungen, wenn Sie diese aus InDesign geöffnet haben. Wurde ein Bild, das mehrfach im InDesign-Dokument platziert ist, aus InDesign geöffnet und geändert, so wird durch das Abspeichern der Änderung nur jenes Bild in InDesign automatisch aktualisiert, das Sie geöffnet haben. Alle anderen Verknüpfungen werden im Verknüpfungen-Bedienfeld als modifiziert ⚠ gekennzeichnet. Durch diese Arbeitsweise ersparen Sie sich viel Zeit für das Datenhandling.

10.9.6 Einbetten und Herauslösen platzierter Grafiken

Nachdem Bilder in InDesign platziert wurden, besteht eine Verknüpfung zur aktuellen Datei auf der Festplatte oder auf einem Server. Anwender von InDesign haben wie PageMaker-Anwender die Möglichkeit, jede einzelne Grafik in die InDesign-Datei einzubetten. Einbetten bedeutet, dass sich einerseits das InDesign-Dokument um die Dateigröße der Verknüpfung vergrößert und andererseits das Hantieren mit Grafiken für den Druckvorstufenbetrieb bei Änderungen erschwert wird. Oiginale von Bildern, die in das Dokument eingebettet sind, können nicht mehr über das Symbol ORIGINAL BEARBEITEN ✎, über das Tastaturkürzel [Alt] bzw. [⌥] und Doppelklick oder im Kontextmenü geöffnet werden. Sie müssen in diesem Fall zuerst die Einbettung der Datei aufheben.

Einbetten von Verknüpfungen | Das Einbetten einer Verknüpfung bzw. eines Bildes erfolgt über den Befehl VERKNÜPFUNG EINBETTEN aus dem Bedienfeldmenü des Verknüpfungen-Bedienfelds. Eingebettete Dateien erkennen Sie am Symbol 🖻, das sich in der Kategoriespalte STATUS zeigt. InDesign merkt sich trotz Einbettung

Photoshop-EPS-Dateien öffnen sich in Illustrator?

Mit welcher Anwendung die verknüpfte Datei geöffnet wird, hängt von den Einstellungen, die Sie auf Systemebene zugewiesen haben, ab. Eine Änderung der Dateizuordnung in Bridge CS4 wirkt sich darauf nicht aus.

TOP-TIPP
Verknüpfungen in anderem Programm öffnen

Durch den Doppelklick mit gedrückter [Alt]- bzw. [⌥]-Taste werden Verknüpfungen in ihrer Ausgangsapplikation geöffnet. Das Öffnen der ausgewählten Verknüpfung in einem anderen Programm kann über den Befehl ÖFFNEN MIT aus dem Bedienfeldmenü erfolgen.

Einbetten von Dateien nicht immer notwendig

Verwenden Sie die Funktion des Einbettens von Dateien nur bewusst. Eine beschränkte Bearbeitungsmöglichkeit und die Dateigröße sind dafür Grund genug.

Verwenden Sie diese Funktion nur, wenn Sie Logos auf den Mustervorlagen verwenden. Wenn Sie Warnmeldungen zu fehlenden Bildern beim Öffnen der InDesign-Datei unterbinden möchten, erreichen Sie das einfacher, indem Sie die Option der InDesign-Voreinstellung VERKNÜPFUNGEN VOR DEM ÖFFNEN DES DOKUMENTS ÜBERPRÜFEN im Register DATEIHANDHABUNG aktivieren.

den Speicherort (Pfad) und den Dateinamen, wodurch eine Aufhebung der Einbettung möglich wird.

Herauslösen von Bildern, die über die Zwischenablage in InDesign kopiert wurden | Wurden Bilder über die Zwischenablage in das InDesign-Dokument kopiert, so sind keine Einträge im Verknüpfungen-Bedienfeld hinterlegt. Damit ist das Herauslösen und das Bearbeiten der Bilder und Grafiken im Originalprogramm nicht mehr möglich.

Die einzige Möglichkeit, an das Bild heranzukommen, ist, die InDesign-Datei in ein PDF – ohne Komprimierung – zu konvertieren und das Bild in Acrobat mit dem TouchUp-Objektwerkzeug herauszulösen.

Schritt für Schritt: Aufhebung der Einbettung von Verknüpfungen

1 Markieren des Eintrags
Markieren Sie im Verknüpfungen-Bedienfeld den Eintrag des eingebetteten Objekts.

2 Einbettung aufheben
Wählen Sie im Bedienfeldmenü den Eintrag Einbettung von Verknüpfung aufheben.

3 Wahl der Strategie
Im erscheinenden Dialog wählen Sie Ja, wenn Sie den mit abgespeicherten Pfad verwenden und somit wiederum eine Verknüpfung zur Originaldatei erstellen wollen. Damit InDesign einen Pfad erneut aktivieren kann, müssen zwei Voraussetzungen erfüllt sein: Der Dateiname muss mit dem Namen der Ursprungsdatei übereinstimmen, und der Speicherort (Pfad zur Originaldatei) muss ebenfalls identisch sein.

Abbildung 10.62 ▶
Die Warnmeldung, in der Sie bestimmen können, ob eine Verknüpfung zur Originaldatei am selben Ort mit demselben Namen hergestellt, oder ob die Datei aus InDesign extrahiert werden soll.

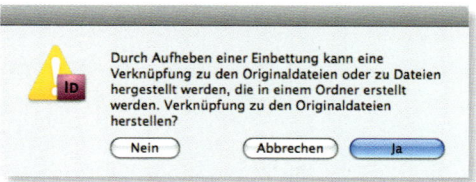

Wenn Sie ein Dokument, das Sie nicht auf Ihrer Arbeitsstation erstellt haben, bearbeiten müssen, so werden Sie mit großer Wahrscheinlichkeit weder das Originalbild besitzen noch dieselbe Filestruktur auf Ihrer Arbeitsstation vorliegen haben. In diesem Fall müssen Sie das Bild herauslösen (extrahieren) und an der gewünschten Stelle abspeichern. Dies können Sie durchführen, wenn Sie auf NEIN klicken. ■

10.9.7 Aufhebung der Verknüpfungen platzierter Textdateien

Anders als bei Grafiken wird mit InDesign eine Textdatei komplett in das Dokument übernommen. Somit ist ein freies Editieren des Textes in InDesign möglich.

Ist die Option BEIM PLATZIEREN VON TEXT- UND TABELLENDATEIEN VERKNÜPFUNG ERSTELLEN in den Voreinstellungen von InDesign im Register DATEIHANDHABUNG aktiviert, so kann zusätzlich die Verknüpfung zu den Text- und Tabellendateien erhalten bleiben, was dazu führt, dass im Verknüpfungen-Bedienfeld der Dokumentname gefolgt von einem Symbol [Matura_w..._09.doc] aufgelistet wird. So kann der Benutzer überprüfen, ob an den platzierten Text- bzw. Tabellendokumenten eine Änderung vorgenommen wurde.

Einmal platzierte Text- bzw. Tabellendokumente können über das Bedienfeldmenü des Verknüpfungen-Bedienfelds mit dem Befehl VERKNÜPFUNG AUFHEBEN entkoppelt werden. Dies ist dann sinnvoll, wenn der Text ausschließlich in InDesign CS4 verändert werden soll. In Verbindung mit dem Aktualisieren von Tabellen sollten Sie sich jedoch das Loslösen wirklich gut überlegen.

10.9.8 Anzeigen von Metadaten zu Verknüpfungen

Enthalten verknüpfte Dateien Metadaten, so können Sie über den Befehl HILFSPROGRAMME • XMP-DATEIINFORMATIONEN aus dem Bedienfeldmenü auf diese Informationen zurückgreifen, um sie selektiv durch Kopieren für das Layout zu übernehmen. Die Möglichkeit der Änderung der Metadaten für verknüpfte Dateien ist jedoch nicht gegeben. Diese müssen in der Originalapplikation durchgeführt werden.

10.9.9 Informationen zu verknüpften Dateien

Mehr Informationen über eine verknüpfte Datei erhalten Sie, wenn Sie auf den jeweiligen Eintrag im Bedienfeld doppelklicken. Dadurch wird der Bereich **Verknüpfungsinformationen** im Bedienfeld aufgeklappt. Darin können Sie dann all jene Informationen auslesen, die Sie für diesen Bereich in den Bedienfeldoptionen aktiviert haben.

Vorsicht bei konvertierten InDesign-2.0-Dokumenten

Handelt es sich um ein aus InDesign 2.0 konvertiertes Dokument, so müssen Sie damit rechnen, dass im Verknüpfungen-Bedienfeld auch Textdokumente enthalten sein können. Aktualisieren Sie dann unter keinen Umständen alle Einträge im Bedienfeld, da sonst alle Textdateien neu importiert werden und somit alle Formatierungen und Korrekturen in InDesign verlorengehen!

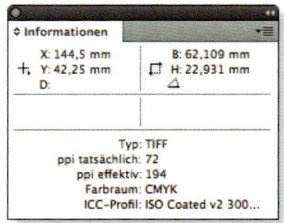

▲ Abbildung 10.63
Das Informationen-Bedienfeld mit den Informationen zu einem aktivierten Bild

Wenn Sie nicht alle Informationen benötigen, reicht meistens die Verwendung des Informationen-Bedienfelds aus, in dem Sie die effektive Auflösung der Bilder, den verwendeten Farbraum, den Dateityp und die Information zum angehängten Profil auslesen können.

10.9.10 Weitere Möglichkeiten im Bedienfeldmenü

Im Bedienfeldmenü sind viele der bisher gezeigten Funktionen wie ERNEUT VERKNÜPFEN, ERNEUT MIT ORDNER VERKNÜPFEN, VERKNÜPFUNG AKTUALISIEREN, ALLE VERKNÜPFUNGEN AKTUALISIEREN, GEHE ZU VERKNÜPFUNG, VERKNÜPFUNG EINBETTEN und ORIGINAL BEARBEITEN ebenfalls aufzurufen. Darüber hinaus können Sie auf weitere Dienste zurückgreifen.

▲ Abbildung 10.64
Die Möglichkeiten im Bedienfeldmenü des Verknüpfen-Bedienfelds

Bearbeiten mit | Damit können ausgewählte Verknüpfungen in anderen Programmen gezielt aus InDesign heraus geöffnet werden.

Im Finder/Explorer anzeigen bzw. In Bridge anzeigen | In vielen Fällen ist es hilfreich, zur Originaldatei im Dateisystem zu springen. Je nachdem, ob Sie sich diese dabei im Finder/Explorer oder in Bridge CS4 anzeigen lassen wollen, wählen Sie den entsprechenden Befehl.

Hilfsprogramme | Darunter verbergen sich weitere Dienste, die Ihnen das Leben mit Bildern sehr vereinfachen können:

```
/Users/nixberg/Daten/
Buch_InDesign_CS4/03_
Satzdaten/10_Bilder_
Grafiken/Bilder/Bild
abgedimmt.tif
```

▲ Abbildung 10.65
Beispiel eines vollständigen Pfades

```
nixberg:Users:nixberg:
Daten:Buch_InDesign_
CS4:03_Satzdaten:10_
Bilder_
Grafiken:Bilder: Bild
abgedimmt.tif
```

▲ Abbildung 10.66
Beispiel eines Plattformstilpfades

▶ NACH FEHLENDEN VERKNÜPFUNGEN SUCHEN: Damit stoßen Sie die Routine an, nach fehlenden Verknüpfungen zu suchen, die standardmäßig beim Öffnen eines InDesign-Dokuments durchgeführt wird.
▶ VERKNÜPFUNG(EN) KOPIEREN NACH: Mit diesem Befehl können Sie Verknüpfungen in einen anderen Ordner kopieren und dabei den Pfad zu den kopierten Dateien umleiten. Dieser Befehl ist besonders hilfreich, wenn Dateien während der Arbeit auf ein anderes Laufwerk verschoben werden sollen.
▶ XMP-DATEIINFORMATIONEN: Öffnen Sie damit den dem Bild zugeordneten XMP-Dialog.
▶ VOLLSTÄNDIGEN PFAD KOPIEREN: Sie kopieren damit den vollständigen Pfad des ausgewählten Bildes. So können Sie beispielsweise den Speicherort der Grafikdateien an Personen im Grafikteam weitergeben.
▶ PLATTFORMSTILPFAD KOPIEREN: Damit wird der Speicherpfad wie zuvor, jedoch in einer anderen Form kopiert. Bei der Skripterstellung ist es sinnvoller, diesen Pfad zu verwenden.

11 Pfade und Vektoren

Der Bedarf an Werkzeugen für die Erstellung und Bearbeitung von Grafiken erscheint in einem Layoutprogramm auf den ersten Blick gering. Trotzdem bietet InDesign viele Werkzeuge zur Bearbeitung von Pfaden. Selbstverständlich ist Adobe Illustrator das geeignetere Werkzeug für Grafiker, aber auch im Layoutbereich gibt es eine Reihe von Anwendungen für Vektoren. Sie tauchen in allen Konturen auf und werden benötigt, um Text um diese Konturen herumzuführen. Darüber hinaus muss nicht auf jede kleine Grafik mit Illustrator eingeschlagen werden.

11.1 Pfade

Zunächst einige Worte zu den verschiedenen Bezeichnungen: Der Begriff »Vektor« bezeichnet in Mathematik und Physik zumeist eine Richtung oder eine Kraft, die in eine bestimmte Richtung zeigt und eine bestimmte Größe besitzt. Aus diesen Eigenschaften kann man auch die Bedeutung in der Grafik ableiten. Vektoren beschreiben hier Linien, die sichtbar sein können, aber nicht müssen. Diese Linien haben eine bestimmte Richtung und Länge und beschreiben eine Form. Ist die Linie sichtbar, hat sie zusätzlich eine Stärke und andere Eigenschaften wie Farbe, Farbton und Form.

11.1.1 Die Anatomie von Pfaden

Sie können in InDesign kein Objekt erstellen, ohne dabei einen Pfad anzulegen. Ein normaler Textrahmen nimmt eine Fläche ein, die von einem Pfad begrenzt wird.

Konkret gibt es im Fall eines Quadrats (Rechtecks) vier Punkte, die mit Linien verbunden sind und somit den Rahmen bilden. Diese Punkte werden **Ankerpunkte** genannt. Sie können einzeln bewegt und verändert werden.

Ein Rahmen in InDesign ist die klassische Form eines geschlossenen Pfades – die vier Punkte sind miteinander verbunden. Wenn Sie mit dem Linienzeichner eine Linie ziehen, entsteht ebenfalls ein Pfad. Dieser ist allerdings offen. Das bedeutet, dass

---

Vektor, Pfad, Zeichenweg

Grafiker sagen zu Vektoren auch gerne »Pfade«, weil Vektoren eben einen bestimmten Weg beschreiben. Altgediente Free-Hand-Hasen sagen auch gelegentlich »Zeichenweg«. Wir werden hier die Begriffe »Pfad« und »Vektor« gleichwertig verwenden, auch wenn gelegentlich Diskussionen über Unterschiede entbrennen.

Rahmen als Pfad

Gerade Umsteiger von Quark-XPress haben bestimmt schon die Erfahrung gemacht, dass sie mit dem Direktauswahl-Werkzeug versuchten, einen Rahmen in seiner Größe zu verändern, und tatsächlich nur eine Ecke aus der Form herausgezogen haben.

---

die beiden Ankerpunkte, die Anfangs- und Endpunkt der Linie markieren, mit keinen weiteren Linien mehr verbunden sind. In einem Ankerpunkt treffen genau zwei Pfadsegmente aufeinander, oder es endet ein Segment im Ankerpunkt. Es gibt keinen Ankerpunkt, der drei oder mehr Linien verbindet!

Die Art, wie sich zwei Liniensegmente in einem Ankerpunkt treffen können, muss ebenfalls unterschieden werden.

Abbildung 11.1 ▶
Die verschiedenen Pfadübergänge

▶ **Eckpunkt**: Zunächst können zwei gerade Segmente aufeinandertreffen ❶. Dabei entsteht eine Ecke im Ankerpunkt. Bei einem normalen InDesign-Rahmen passiert genau dies.

▶ **Kurvenpunkt**: Zum anderen können aber auch zwei gekrümmte Linien aufeinandertreffen ❷. In diesem Fall entsteht im Ankerpunkt ein weicher Übergang und keine Ecke.

▶ **Anschlusspunkt**: Zu guter Letzt kann eine gekrümmte auf eine gerade Linie treffen ❸ – dabei entsteht zwar eine Ecke, diese ist aber ganz allein Eigentum der geraden Linie.

Beim Zeichnen eines Pfades bestimmen Sie je nach Werkzeughandhabung, ob Sie einen Eck- oder einen Kurvenpunkt erzeugen. Dabei ist es oft hilfreich, wenn durch einfaches Klicken die Form zunächst grob aus Eckpunkten aufgebaut wird. Die Feinabstimmung des Pfades wird dann vorgenommen, indem Sie die einzelnen Punkte in eine andere Form ändern.

Um den Pfad zu ändern, müssen Sie zuerst die Ankerpunkte sichtbar machen, indem Sie das Objekt mit dem Direktauswahl-Werkzeug ♦ anklicken. Ob die Linie sichtbar ist, bestimmen Sie, indem Sie dem Pfad eine Kontur bzw. eine Konturstärke und eine Farbe zuweisen – über Konturen werden wir uns noch später in diesem Kapitel unterhalten.

Die Krümmung des Pfades wird durch Tangenten im Kurvenpunkt beschrieben und kann damit auch geändert werden. Die Tangenten können an ihren Endpunkten angefasst und um den Ankerpunkt gedreht oder in ihrer Länge verändert werden. Der Pfad folgt dabei den Bewegungen der Tangente und schmiegt sich immer exakt an diese an. Die Lage der Tangente bestimmt die Verzerrung des Pfades, und die Länge der einzelnen Tangentenschenkel wiederum bestimmt, wie weit die Krümmung über den Ankerpunkt hinausgezogen wird.

▲ **Abbildung 11.2**
Verzerrung eines Pfades durch unterschiedliche Lage und Länge der Tangentenschenkel. Illustrator nennt einen Ankerpunkt mit gleich langen Tangentenschenkeln einen **symmetrischen Kurvenpunkt**, einen Ankerpunkt mit ungleich langen Tangentenschenkeln einen **asymmetrischen Kurvenpunkt**.

Ein Anschlusspunkt, in dem eine Linie endet, besitzt nur einen Tangentenschenkel, der die Form des gekrümmten Pfadstückes beeinflusst. Als Sonderform können auch zwei gekrümmte Linien in einem Ankerpunkt aufeinandertreffen und dabei trotzdem eine Ecke bilden. In diesem Fall werden tatsächlich zwei voneinander unabhängige Tangentenschenkel an den Pfad angelegt, die auch getrennt voneinander bewegt werden können.

▲ **Abbildung 11.3**
Eckige Übergänge zwischen Pfad-
segmenten. In Illustrator wird ein
solcher Ankerpunkt **gewinkelter**
bzw. **spitzer Kurvenpunkt** genannt.

11.1.2 Pfadwerkzeuge

Die Bearbeitung von Pfaden und Ankerpunkten kann auf jeden Pfad angewendet werden, also auch auf Pfade, die ganz automatisch entstehen, wenn Sie einen Rahmen oder eine Linie zeichnen, eine Konturenführung erstellen, oder auf Freistellpfade, die in platzierten Bildern enthalten sind. Sämtliche Werkzeuge finden Sie im Werkzeug-Bedienfeld im Wesentlichen in zwei Gruppen.

Die erste Gruppe umfasst alle Werkzeuge zur exakten Konstruktion von Pfaden. Hierbei handelt es sich um die vier Werkzeuge ZEICHENSTIFT, ANKERPUNKT HINZUFÜGEN, ANKERPUNKT LÖSCHEN und RICHTUNGSPUNKT UMWANDELN, die Sie aus einem Menü auswählen können. Die zweite Gruppe umfasst die Freihand-Werkzeuge BUNTSTIFT, GLÄTTEN und RADIEREN, die ebenfalls in einem Menü zusammengefasst sind.

Die meisten Werkzeuge können über Tastaturbefehle aufgerufen werden:

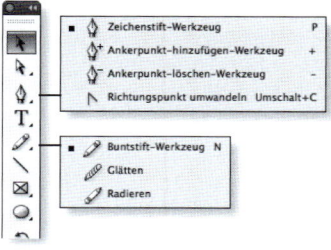

▲ **Abbildung 11.4**
Die Werkzeuge zur Pfadbearbeitung

Werkzeug	Windows	Mac OS
Zeichenstift	P	P
Ankerpunkt hinzufügen	+	+
Ankerpunkt löschen	-	-
Richtungspunkt umwandeln	⬦+C	⬦+C
Buntstift	N	N

▲ **Tabelle 11.1**
Tastaturbefehle zum Aufrufen der Pfadwerkzeuge

Werkzeuge auswählen

Wenn Sie die Alt- bzw. ⌥-Taste gedrückt halten, während Sie auf ein Pfadwerkzeug im Werkzeug-Bedienfeld klicken, wird auf das nächste Werkzeug der Gruppe umgeschaltet und dieses ausgewählt – das funktioniert auch bei allen anderen Werkzeuggruppen.

11.1.3 Erstellen von Pfaden aus geraden Linien

Das zentrale Werkzeug zum Erstellen eines Pfades ist das Zeichenstift-Werkzeug ✏. Wählen Sie es aus, und machen Sie einen Klick auf der Arbeitsfläche. Damit wird ein erster Ankerpunkt gesetzt. Um einen weiteren Ankerpunkt zu setzen, klicken Sie an eine andere Stelle. InDesign verbindet beide Punkte mit einer Linie. Setzen Sie einen dritten Punkt an eine Stelle, so dass sich letztlich ein etwa gleichseitiges Dreieck ergibt. Nähern Sie sich nun Ihrem Ausgangspunkt, wird dem Zeichenstift-Mauszeiger

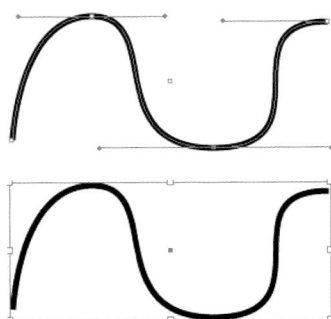

▲ Abbildung 11.5
Auswahl eines Pfades mit dem Direktauswahl-Werkzeug (oben) und dem Auswahl-Werkzeug (unten)

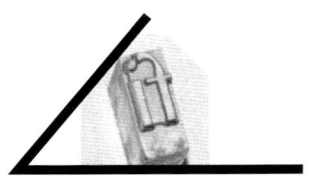

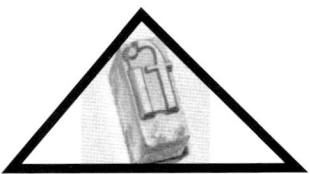

▲ Abbildung 11.6
Ein offener Pfad (oben) und ein geschlossener Pfad (unten) mit Bildfüllung

ein kleiner Kreis hinzugefügt ♣. Dieser Kreis ist das Zeichen dafür, dass Ihr Pfad nun geschlossen wird.

Pfade müssen aber nicht geschlossen werden. Wenn Sie nach dem dritten Punkt die [Strg]- bzw. [⌘]-Taste drücken und einen weiteren Klick machen, wird der Pfad zwar beendet, aber nicht geschlossen. Das Auswählen eines anderen Werkzeugs oder ein zusätzlicher Klick auf das Zeichenstift-Werkzeug führt zum selben Ergebnis.

Machen Sie nun mit dem Auswahl-Werkzeug einen Klick auf den Pfad. Nun wird der Rahmen ausgewählt, der Ihren Pfad umfasst; der Pfad selbst ist Inhalt dieses Rahmens. Somit ist klar, dass Sie die Dimensionen Ihres Pfades einfach durch Änderung des umfassenden Rahmens verändern können.

Die Tatsache, dass auch bei Pfaden konsequent zwischen Inhalt und Rahmen unterschieden wird, hat den angenehmen Nebeneffekt, dass Sie Ihren Pfad nun füllen können, egal, ob er geschlossen ist oder nicht. Auch offene Pfade füllen zu können, ist keine Selbstverständlichkeit. Neben normalen Farbfüllungen ist es auch möglich, Bilder und Texte in die Fläche, die der Pfad umgibt, zu platzieren. Der Inhalt wird auf der offenen Seite der Form so beschnitten, als wenn die beiden Endpunkte miteinander verbunden wären.

Klicken Sie nun mit dem Direktauswahl-Werkzeug – mit einem Doppelklick auf den Pfad können Sie zwischen Auswahl- und Direktauswahl-Werkzeug umschalten – auf den Pfad, und bewegen Sie den Mauszeiger über die Pfadkomponenten. Der Mauszeiger ändert sich abhängig davon, welche Pfadkomponente Sie berühren. Der Zeiger ♣ bedeutet, dass Sie einen Ankerpunkt bearbeiten oder verschieben können. Mit dem Zeiger ♣ können Sie die Linien zwischen zwei Ankerpunkten auswählen und bewegen.

11.1.4 Richtungslinien und Richtungspunkte

Bislang haben wir etwas salopp von »gekrümmten« Pfaden gesprochen. Der korrekte Begriff, wie ihn Adobe verwendet, lautet allerdings »Richtungslinie«. Hier kommt der Charakter des Pfades so richtig durch. Der Ankerpunkt, in dem ein Pfad seine Richtung ändert, wird von Adobe »Richtungspunkt« genannt. Das Zeichnen gekrümmter Pfade (wir finden diesen Begriff einfach besser …) funktioniert ganz ähnlich wie bei geraden Pfaden und vor allem auch beim Zeichenstift-Werkzeug.

Wenn Sie einen Ankerpunkt setzen und bei gedrückter Maustaste am Ankerpunkt ziehen, werden die beiden Tangentenschenkel aus dem Ankerpunkt symmetrisch herausgezogen.

Dadurch entsteht ein Kurvenpunkt. Der Pfad passt sich dabei an Ihre Bewegungen an. Der Rest läuft wie bisher: Schließen Sie die Form, oder beenden Sie den Pfad, indem Sie die `Strg`- bzw. `⌘`-Taste drücken, während Sie einen Mausklick machen. Die beiden Tangentenschenkel sind zunächst immer gleich lang.

Diese Art, Pfade zu erstellen, erfordert erfahrungsgemäß eine gewisse Übung und vor allem ein großes Maß an Vorstellungsvermögen. Sie müssen einerseits die gewünschte Form im Kopf haben und andererseits diese Form auf die technische Umsetzung mit Ankerpunkten und Tangentenschenkeln abbilden können. Das gelingt nicht immer, weshalb es eine Reihe von Funktionen gibt, um einen Pfad nachträglich zu verändern. Aber auch während der Pfaderstellung können Sie Einfluss auf den Pfad nehmen und Korrekturen anbringen:

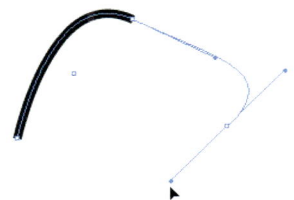

▲ **Abbildung 11.7**
Klicken Sie, um einen Ankerpunkt zu setzen, und ziehen Sie bei gedrückter Maustaste, um die Tangentenschenkel aus dem Ankerpunkt zu ziehen.

Ankerpunkt verschieben | Egal, ob Sie bereits Tangenten aus dem Ankerpunkt gezogen haben oder nicht: Solange Sie die Maustaste gedrückt halten, können Sie zusätzlich die Leeraste drücken, während Sie den Cursor bewegen. Die aktuelle Anordnung von Ankerpunkt und Tangenten kann nun noch verschoben werden.

Gewinkelten Pfad erstellen | Um beim Zeichnen einen Anschlusspunkt von einem gekrümmten zu einem geraden Pfadsegment zu erstellen, setzen Sie zunächst einen normalen Ankerpunkt und ziehen beide Schenkel aus dem Punkt. Drücken Sie dann die `Alt`- bzw. `⌥`-Taste, und bewegen Sie den aktuellen Tangentenschenkel weiter. Die gedrückte `Alt`/`⌥`-Taste entkoppelt in diesem Fall die beiden Schenkel. Sie können sowohl die Länge als auch den Winkel der beiden Schenkel zueinander verändern und den aktuellen Schenkel auch ganz in den Ankerpunkt zurückschieben.

Tangentenschenkel unmittelbar nach dem Herausziehen löschen | Sobald Sie ein Schenkelpaar aus einem Ankerpunkt herausgezogen haben, können Sie die `Alt`/`⌥`-Taste drücken und auf einen Anfasser des Schenkels klicken. Der dazugehörige Schenkel wird gelöscht und der Ankerpunkt so in einen Anschlusspunkt verwandelt. Der Pfad wird dadurch nicht beendet – Sie können also ganz normal weiterzeichnen.

Tangentenschenkel in 45°-Schritten bewegen | Drücken Sie die `⇧`-Taste, um dafür sorgen, dass sich die Tangentenschenkel nur mehr in 45°-Schritten bewegen lassen. Diese Funktion benö-

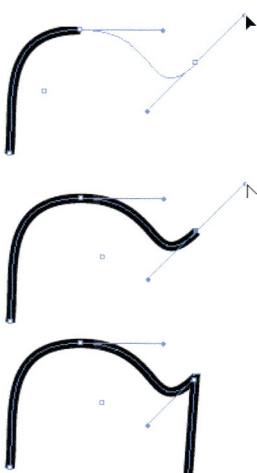

▲ **Abbildung 11.8**
Beim Zeichnen einen Anschlusspunkt erstellen: Ziehen Sie einen Schenkel aus dem Ankerpunkt (oben), drücken Sie die `Alt`/`⌥`-Taste, und klicken Sie auf einen Anfasser des Schenkels (Mitte), um den Schenkel zu löschen und einen Anschlusspunkt zu erstellen. Wenn Sie weiterzeichnen, wird mit einer geraden Linie fortgesetzt (unten).

tigen Sie häufig, wenn Sie gleichmäßige geometrische Figuren zeichnen.

Zusätzlich können Sie mit der ⌜Strg⌝- bzw. ⌜⌘⌝-Taste das Zeichenstift-Werkzeug jederzeit in das Direktauswahl-Werkzeug verwandeln, um beispielsweise einen Punkt noch zu verschieben.

Schritt für Schritt: Einen geschlossenen Pfad erstellen

Sie werden nun eine einfache geometrische Form erstellen. Folgende Grafik dient Ihnen als Vorlage – wir haben die Hilfslinien, die Sie benötigen werden, grau hervorgehoben:

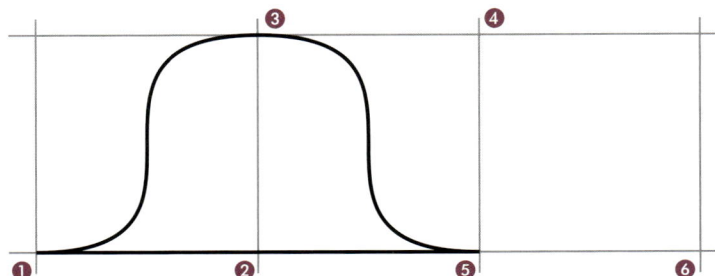

Abbildung 11.9 ▶
»Malen nach Zahen« – die Nummern in dieser Schablone folgen der Reihenfolge der Schritte.

▲ Abbildung 11.10
Stellen Sie die Kontur für die Form im Kontur-Bedienfeld auf 2 Pt, wie hier gezeigt – Details zum Kontur-Bedienfeld erfahren Sie in Abschnitt 11.2.1.

1 **Hilfslinien anlegen und Konturstärke festlegen**
Legen Sie vier vertikale Hilfslinien mit einem Abstand von 40 mm und zwei horizontale Hilfslinien, ebenfalls mit einem Abstand von 40 mm, an. Öffnen Sie das Kontur-Bedienfeld über FENSTER•KONTUR oder ⌜Strg⌝+⌜F10⌝ bzw. ⌜⌘⌝+⌜F10⌝, und legen Sie im Kontur-Bedienfeld die STÄRKE auf 2 Pt fest.

2 **Die linke Hälfte der Form zeichnen**
Wählen Sie das Zeichenstift-Werkzeug, und klicken Sie in den Kreuzungspunkt der Hilfslinien ❶. Halten Sie die Maustaste gedrückt, und ziehen Sie die Tangentenschenkel aus dem Punkt. Ziehen Sie den rechten Schenkel genau auf den Kreuzungspunkt ❷. Lassen Sie die Maustaste los.

3 **Den Scheitelpunkt zeichnen**
Klicken Sie auf den Kreuzungspunkt ❸, und ziehen Sie den Tangentenschenkel genau bis zum Kreuzungspunkt ❹.

4 **Die rechte Hälfte der Form mit einer Ecke zeichnen**
Klicken Sie nun auf den Kreuzungspunkt ❺, und ziehen Sie den Tangentenschenkel bis zum Punkt ❻. Drücken Sie anschließend

die ⎡Alt⎤- bzw. ⎡⌥⎤-Taste, und klicken Sie auf den Tangentenschenkel, den Sie gerade aus dem Ankerpunkt gezogen haben, um ihn zu löschen.

Wenn Sie die Form nicht schließen möchten, müssen Sie den Pfad nun beenden – dies geschieht automatisch, wenn Sie auf ein anderes Werkzeug wechseln oder ganz einfach die ⎡Strg⎤- bzw. ⎡⌘⎤-Taste drücken und einen Mausklick machen. Hierdurch wechseln Sie kurzfristig zum Direktauswahl-Werkzeug, beenden den Pfad und lassen die Form offen. Wollen Sie die Form jedoch schließen, klicken Sie auf den Ausgangspunkt ❶.   ■

Die Methode, eine gleichmäßige Form über Hilfslinien festzulegen, hat sich gerade für Anfänger gut bewährt. Wenn Sie eine Vorlage nachzeichnen möchten, können Sie zuerst ein Raster aus Hilfslinien festlegen, in dem die Kreuzungspunkte an den markanten Punkten liegen, wo der Pfad seine Richtung ändern wird.

11.1.5 Pfade bearbeiten

Auch die beste Planung und die ausgeprägteste Fantasie führt nicht zwingend zu einem perfekten Ergebnis im ersten Anlauf. Sie werden Ankerpunkte hinzufügen und löschen und die Art, wie ein Pfad seine Richtung ändert, verändern wollen bzw. müssen. Dazu gibt es unterschiedliche Methoden, die in verschiedenen Situationen bevorzugt werden. Grundsätzlich gilt, dass alle Werkzeuge immer von einem bestimmten Zustand ausgehen.

Sollte sich ein Werkzeug nicht so verhalten, wie wir es hier beschreiben, liegt das zumeist an einer falschen Pfadauswahl. Heben Sie zunächst die Auswahl auf, indem Sie Bearbeiten • Auswahl aufheben wählen oder die Tastenkombination ⎡Strg⎤+⎡⇧⎤+⎡A⎤ bzw. ⎡⌘⎤+⎡⇧⎤+⎡A⎤ drücken. Wählen Sie dann den betreffenden Pfad mit dem Direktauswahl-Werkzeug aus.

Um einen einzelnen Ankerpunkt zu verschieben oder die Richtung des Pfades im Punkt zu verändern, klicken Sie diesen Punkt mit dem Direktauswahl-Werkzeug an. Der Ankerpunkt wird gefüllt, und seine Tangentenschenkel werden angezeigt. Zusätzlich werden die Tangentenschenkel der beiden zugehörigen Pfadsegmente in den benachbarten Ankerpunkten angezeigt. Diese beiden Schenkel beeinflussen den Verlauf des Pfades in diesem Bereich nämlich ebenfalls. Greifen Sie den Punkt, und verschieben Sie ihn an die gewollte Stelle, oder verändern Sie sowohl die Position als auch die Länge der Tangentenschenkel.

Die Länge der Schenkel können Sie getrennt verändern; den Winkel, den die beiden zueinander haben, allerdings nur dann,

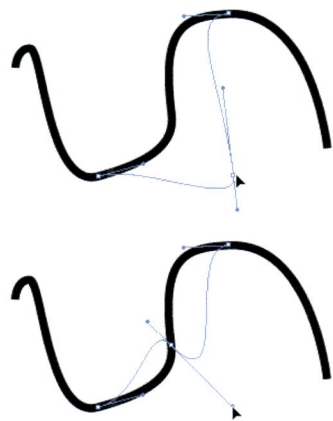

▲ **Abbildung 11.11**
Ankerpunkt versetzen (oben)
und Tangentenschenkel bewegen
(unten)

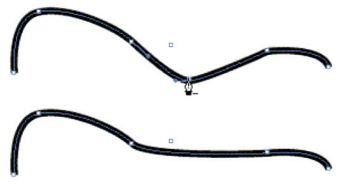

▲ Abbildung 11.12
Aus dem Pfad oben wird ein Ankerpunkt gelöscht, wodurch sich die untere Form ergibt.

Abbildung 11.13 ▶
Ein Klick mit dem Richtungspunkt umwandeln-Werkzeug verändert eine Kurve (links) in eine Ecke (Mitte). Getrennte Tangentenschenkel sehen Sie rechts.

wenn die beiden Schenkel schon getrennt wurden – dazu kommen wir später. Während Sie den Ankerpunkt oder die Tangentenanfasser der Schenkel bewegen, verändert sich der Mauszeiger zu einem Pfeil ▶; die neue Kontur wird selbstverständlich angezeigt. Natürlich können Sie auch gekrümmte Pfade mit dem Direktauswahl-Werkzeug und dem ▶-Cursor verschieben.

Ankerpunkt hinzufügen | Um Ihrem Pfad einen Ankerpunkt hinzuzufügen, wählen Sie zunächst den Pfad aus und klicken dann mit dem Ankerpunkt-hinzufügen-Werkzeug ⬦ an die Stelle in Ihrem Pfad, wo der Punkt eingefügt werden soll. Solange Sie die Maustaste noch gedrückt halten, können Sie natürlich auch gleich die Tangenten aus dem neuen Punkt ziehen.

Ankerpunkt löschen | Um einen Ankerpunkt zu löschen, klicken Sie mit dem Ankerpunkt-löschen-Werkzeug ⬦ auf den betreffenden Punkt. Handelt es sich dabei um einen Endpunkt eines offenen Pfades, so wird damit das letzte Pfadsegment gelöscht. Wird ein Ankerpunkt innerhalb eines geschlossenen Pfades oder im Innenbereich eines offenen Pfades gelöscht, so entsteht ein neues Pfadsegment, das den vorhergehenden und den nachfolgenden Ankerpunkt verbindet.

Richtungspunkt umwandeln | Mit dem Direktauswahl-Werkzeug können Sie lediglich die Länge der einzelnen Tangentenschenkel verändern, nicht aber den Winkel zwischen den beiden Schenkeln. Dazu müssen Sie zuerst die Art, in der der Pfad seine Richtung im Ankerpunkt wechselt, mit dem Richtungspunkt umwandeln-Werkzeug ▶ verändern.

  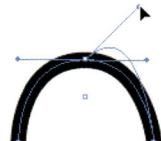

Dabei gibt es mehrere Möglichkeiten:
1. **Es handelt sich um einen Kurvenpunkt:** Klicken Sie mit dem Richtungspunkt umwandeln-Werkzeug auf den Ankerpunkt. Der Ankerpunkt wird auf einen Eckpunkt umgestellt, womit die beiden Pfadsegmente »geradegebogen« werden.
2. **Der Ankerpunkt ist bereits ein Eckpunkt:** Klicken Sie mit dem Richtungspunkt umwandeln-Werkzeug auf den Ankerpunkt, und ziehen Sie die Tangentenschenkel in Zeichenrichtung heraus.

3. **Im Ankerpunkt existiert bereits ein Tangentenschenkel:** Fassen Sie einen einzelnen Schenkel an seinem Tangentenanfasser an, und verschieben Sie ihn. Bei zwei Schenkeln ändern Sie damit den Winkel zwischen den beiden Schenkeln, sie werden also entkoppelt. Sie können einen einzelnen Schenkel auch in den Ankerpunkt zurückschieben. Um einen Schenkel zu löschen, genügt seit InDesign CS4 ein einfacher Klick auf den Anfasser des zu löschenden Schenkels.

Mit InDesign CS4 wurden Menübefehle eingeführt, um Ankerpunkte gezielt zu wandeln. Im Menü OBJEKT • PFADE • PUNKT KONVERTIEREN finden Sie folgende Funktionen:

▶ LINIENENDE entfernt die Richtungslinien aus dem ausgewählten Ankerpunkt und verwandelt ihn somit in einen Eckpunkt.

▶ ECKE entkoppelt die Schenkel im ausgewählten Punkt und wandelt ihn somit in einen Anschlusspunkt.

▶ GLÄTTEN koppelt die zwei entkoppelten Schenkel, ohne jedoch die Länge der einzelnen Schenkel zu verändern.

▶ SYMMETRISCH GLÄTTEN dagegen koppelt die beiden Schenkel und passt die Länge beider Schenkel an die Länge des zuletzt veränderten Schenkels an.

Sind die beiden Tangentenschenkel einmal getrennt, können sie auch mit dem Direktauswahl-Werkzeug getrennt bewegt werden.

11.1.6 Pfade zerschneiden und verbinden

Das Entfernen eines Ankerpunktes mit dem Ankerpunkt-löschen-Werkzeug dient primär dazu, eine Form zu vereinfachen. Da die Pfadsegmente verbunden bleiben, flacht sich die Form zumeist ab, und der gesamte Pfad wird vereinfacht. Wenn eine Form im ersten Anlauf etwas zu holprig geraten ist, kann sie so gut optimiert werden.

Ankerpunkt löschen | Sie können einen Ankerpunkt auch löschen, indem Sie ihn mit dem Direktauswahl-Werkzeug markieren (er ist dann gefüllt) und ihn wie jedes andere Element löschen. Der Ankerpunkt nimmt dabei die beiden Pfadsegmente, die sich in ihm treffen, mit ins Nirwana. Dabei zerfällt der Pfad also in zwei Teile. Allerdings wird auch etwas mehr gelöscht, als Sie vielleicht erwartet haben.

Pfad zerschneiden | Wenn Sie also einen Pfad in mehrere Teile zerschneiden, dabei aber alle Pfadkomponenten erhalten wollen, hilft Ihnen auch diese Funktion nicht. InDesign bietet deshalb

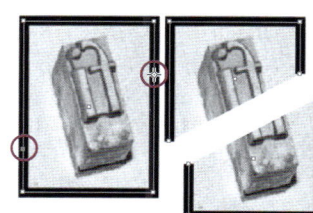

▲ **Abbildung 11.14**
Der Bildrahmen links wird mit zwei Klicks mit dem Schere-Werkzeug in zwei Bildrahmen zerlegt (rechts). Die Schneidepunkte sind mit einem kleinen Kreis gekennzeichnet.

dafür ein eigenes Werkzeug – die Schere ✂ – an. Es befindet sich im Werkzeug-Bedienfeld etwas abseits der anderen Pfadwerkzeuge.

Um einen Pfad zu zerschneiden, wählen Sie das Schere-Werkzeug aus und klicken auf die Stelle des Pfades, an der geschnitten werden soll. Der Pfad muss dabei nicht ausgewählt sein. Ein kleines Fadenkreuz kennzeichnet den Schnittpunkt auf dem Pfad.

Ein offener Pfad zerfällt mit einem Schnitt in zwei Teilpfade, die wirklich vollständig getrennt sind. Ein geschlossener Pfad wird mit einem Schnitt »aufgeschnitten« und mit einem weiteren Schnitt in zwei getrennte Pfade verwandelt.

Da Rahmen in InDesign nichts anderes als Pfade sind, können sie natürlich auch zerschnitten werden, wobei allerdings wesentlich ist, welchen Inhalt ein Rahmen hat. Ein Bildrahmen oder ein Rahmen ohne Inhalt (aber z. B. mit Kontur und Füllung) kann so in zwei Pfade zerlegt werden, die als offene Pfade aber genau den Inhalt erhalten, den der ursprüngliche Rahmen hatte. Auch die Konturen bleiben erhalten; da aber nun offene Pfade entstanden sind, fehlt die Kontur entlang der Schnittlinie.

Ein Textrahmen kann dagegen nicht in zwei Teilpfade zerschnitten werden. Hier können Sie lediglich die Kontur des Rahmens aufschneiden. Der Inhalt bleibt dabei erhalten, die Kontur ist geöffnet und kann so eine Lücke aufweisen.

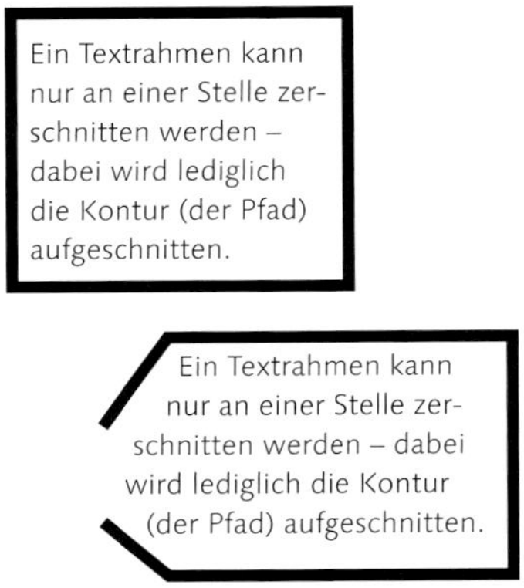

Pfade verbinden | Um die Lücke wieder zu schließen, können wir erneut auf das Zeichenstift-Werkzeug zurückgreifen. Klicken Sie mit dem Zeichenstift auf einen Endpunkt des Pfades – damit wird dieser Punkt wieder aufgenommen, und Sie können weitere Ankerpunkte setzen oder den Pfad schließen, indem Sie auf den anderen Endpunkt des Pfades klicken. Sobald Sie den Endpunkt getroffen haben, zeigt InDesign ein Verbindungssymbol ✏ an.

Wenn Sie einen offenen Pfad auf die gerade beschriebene Weise schließen, ändert sich an der Kontur – um genau zu sein, an ihrer Stärke, ihrer Farbe, ihrem Stil – nichts. Wenn Sie allerdings Pfade mit sichtbaren Konturen unterschiedlicher Eigenschaften miteinander verbinden, ist die Reihenfolge beim Verbinden entscheidend. Dabei gilt: Der aus der Verbindung mehrerer Pfade (Sie können mehrere Pfade in einem Arbeitsgang verbinden) resultierende Pfad übernimmt alle Konturattribute des Pfades, der dem Gesamtpfad als letzter hinzugefügt wurde.

Ganz anders verhält sich die Sache mit der in InDesign CS4 neuen Funktion OBJEKT • PFADE • ECKE, die im Pathfinder-Bedienfeld korrekt PFAD ZUSAMMENFÜGEN benannt wird und insgesamt drei Funktionen übernimmt:

Ein Textrahmen kann nur an einer Stelle zerschnitten werden – dabei wird lediglich die Kontur (der Pfad) aufgeschnitten.

Ein Textrahmen kann nur an einer Stelle zerschnitten werden – dabei wird lediglich die Kontur (der Pfad) aufgeschnitten.

▲ **Abbildung 11.15**
Ein Textrahmen kann nur an einer Stelle aufgeschnitten werden. Werden die Ankerpunkte versetzt, folgt der Text der Kontur.

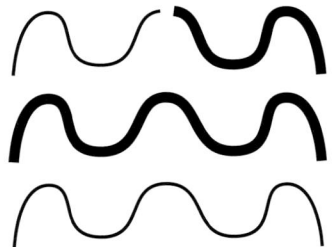

▲ **Abbildung 11.16**
Die beiden Pfade (oben) werden miteinander verbunden. Wird der rechte Endpunkt des dünnen Pfades mit dem linken Endpunkt des dicken Pfades verbunden, wird die Kontur des dicken Pfades übernommen (Mitte). In umgekehrter Richtung übernimmt der resultierende Pfad die Kontur des dünnen Pfades (unten).

1. Wenn genau **ein** offener Pfad ausgewählt ist, wird dieser geschlossen – Ecke unterscheidet sich in diesem Fall nicht von der Funktion Pfad schliessen, die Sie gleich kennenlernen werden.
2. Sind **zwei** offene Pfade ausgewählt, werden die beiden Pfade an den beiden Ankerpunkten, die am nächsten liegen, zu einem offenen Pfad verbunden.
3. Sind die Endpunkte zweier getrennter Pfade ausgewählt, werden die beiden Pfade an genau diesen Punkten miteinander verbunden. Der resultierende Pfad übernimmt hier die Eigenschaften des Pfades, dessen Endpunkt Sie als Erstes ausgewählt haben.

Sind mehr als zwei offene Pfade ausgewählt, hat die Funktion keine Auswirkung. Enthält die Auswahl einen geschlossenen Pfad, so wird dieser ignoriert.

11.1.7 Pfade öffnen und schließen

Wenn **ein** offener Pfad lediglich geschlossen werden soll, können Sie also auf die Funktion Ecke zurückgreifen. Wenn Sie jedoch mehrere offene Pfade in einem Arbeitsgang schließen wollen, benutzen Sie besser Objekt • Pfade • Pfad schliessen. Bei jedem ausgewählten Pfad werden die beiden Endpunkte verbunden, und das Ergebnis entspricht dem, das Sie auch mit dem Zeichenstift erreicht hätten. Da diese Funktion relativ häufig gebraucht wird, wäre es günstig, wenn sie über einen Tastaturbefehl erreichbar wäre – hier werden wir aber noch auf eine zukünftige Version von InDesign warten müssen.

Tastaturbefehl definieren

Wie Sie eigenen Tastaturbefehle definieren können, können Sie auf Seite 99 nachlesen.

Im Menü Objekt • Pfade finden Sie auch den Befehl Pfad öffnen, mit dem geschlossene Pfade an dem Ankerpunkt geöffnet werden, der zuletzt gezeichnet wurde. Welcher Punkt das tatsächlich ist, ist natürlich nicht immer vorhersehbar, da z. B. bei einem Polygon-Rahmen nicht direkt erkennbar ist, welcher Ankerpunkt von InDesign zuletzt gesetzt wurde. Sobald der Pfad geöffnet ist, wird der Punkt, an dem der Pfad geöffnet wurde, jedoch für Sie ausgewählt. Es wäre schön, wenn man zuerst einen Ankerpunkt auswählen könnte und der Pfad dann an genau diesem Punkt geöffnet würde, aber leider wirkt sich eine solche Auswahl nicht auf das Ergebnis aus. Auch hier können wir lediglich auf eine zukünftige Version vertrauen.

Im Pathfinder-Bedienfeld werden die Funktionen des Pfade-Menüs ebenfalls angeboten – siehe Seite 295. Den Befehl im Menü Objekt • Pfade • Pfad umkehren werden wir ebenfalls dort behandeln.

Punkte und Segmente löschen

Wenn Sie einen Ankerpunkt mit dem Direktauswahl-Werkzeug markieren und mit der `Entf`- bzw. `←`-Taste löschen, dann wird nicht nur der Ankerpunkt gelöscht, sondern auch die zwei Pfadsegmente, die in ihm münden. Ein geschlossener Pfad wird dadurch logischerweise geöffnet. Ein offener Pfad wird in zwei getrennte Pfade zerlegt.

11.1.8 Universalwerkzeug Zeichenstift

Mit dem Zeichenstift-Werkzeug können Sie nicht nur zeichnen, sondern auch Pfade manipulieren. Tatsächlich ist es gewissermaßen das »Schweizer Messer« unter den Pfadwerkzeugen, weil es sämtliche Funktionen der bisher vorgestellten Werkzeuge übernehmen kann. Einige Funktionen trägt es dabei direkt in sich, für andere Funktionen müssen zusätzliche Tasten gedrückt werden.

Werkzeug	Aktion
Direktauswahl-Werkzeug	`Strg` bzw. `⌘`
Ankerpunkt hinzufügen	Auf gewünschte Stelle im Pfad klicken
Ankerpunkt löschen	Auf einen Ankerpunkt klicken
Richtungspunkt umwandeln	`Alt` bzw. `⌥`

▲ **Tabelle 11.2**
Funktionen des Zeichenstift-Werkzeugs

Durch Kombination der internen Funktionen mit den über die Zusatztasten erreichbaren Funktionen können Sie mit einem einzigen Werkzeug alle anderen Werkzeuge simulieren:

Funktion	Aktion
Verschieben eines Ankerpunktes	`Strg` bzw. `⌘` und Ankerpunkt bewegen
Verschieben eines Pfadsegments	`Strg` bzw. `⌘` und Pfadsegment bewegen
Ankerpunkt hinzufügen	Auf gewünschte Stelle im Pfad klicken
Ankerpunkt löschen, Pfad erhalten	Auf einen bestehenden Ankerpunkt klicken
Ankerpunkt löschen, Pfad trennen	Mit `Strg` bzw. `⌘` einen Ankerpunkt markieren und löschen
Wandeln eines Eckpunkts in einen symmetrischen Kurvenpunkt	Mit `Strg` bzw. `⌘` einen Ankerpunkt aktivieren und dann mit `Alt` bzw. `⌥` Tangentenschenkel aus dem Ankerpunkt ziehen
Wandeln eines Kurvenpunkts in einen Anschlusspunkt	Mit `Strg` bzw. `⌘` einen Ankerpunkt aktivieren und dann mit `Alt` bzw. `⌥` die Tangentenschenkel getrennt bewegen
Wandeln eines Kurvenpunkts in einen Eckpunkt	Klick mit `Alt` bzw. `⌥` auf den Ankerpunkt
Erzeugen eines asymmetrischen Kurvenpunkts	Mit `Strg` bzw. `⌘` einen Ankerpunkt aktivieren und dann mit `Strg` bzw. `⌘` Tangentenschenkel bewegen

▲ **Tabelle 11.3**
Funktionen des Zeichenstift-Werkzeugs

All diese Funktionen beziehen sich auf jeweils einen Punkt. Mit den Funktionen im Menü OBJEKT • PFADE • PUNKT konvertieren können Sie seit InDesign CS4 auch mehrere Punkte gleichzeitig wandeln. Wählen Sie mehrere Punkte aus, indem Sie auf alle

Punkte mit gedrückter ⬙-Taste klicken, oder benutzen Sie das Direktauswahl-Werkzeug, um einen Auswahlrahmen um alle Punkte zu ziehen. Ein Lasso, wie in Illustrator, gibt es leider nicht.

11.1.9 Die Freihand-Werkzeuge

Die vielen Funktionen des Zeichenstift-Werkzeugs brauchen natürlich ein gewisses Training. Das Hauptproblem für viele Layouter ist jedoch die bereits angesprochene abstrakte Abbildung einer Form in das doch recht technische Gebilde »Vektor«. Um den Umgang mit Pfaden etwas natürlicher zu gestalten, bietet InDesign drei weitere Pfadwerkzeuge an: das Buntstift-Werkzeug ✐, das Glätten-Werkzeug ✐ und das Radieren-Werkzeug ✐. Das Buntstift-Werkzeug können Sie auch mit der Taste Ⓝ erreichen.

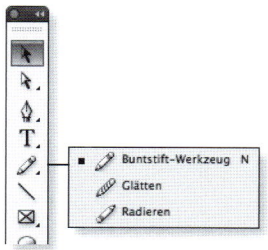

▲ **Abbildung 11.17**
Die Freihand-Werkzeuge

Buntstift | Wenn Sie mit dem Buntstift-Werkzeug eine Linie zeichnen, hinterlässt es zunächst nur eine Spur aus winzigen Punkten, die von InDesign in einen Pfad umgerechnet werden, sobald Sie den Stift absetzen (also die Maustaste loslassen). Dabei entstehen zumeist eher »krakelige« Linien, die aber als Pfade mit allen Pfadwerkzeugen bearbeitet werden können. Mit den anderen beiden Freihand-Werkzeugen können die Formen darüber hinaus entschärft werden. Um den entstehenden Pfad von vornherein besser anzulegen, können Sie das Buntstift-Werkzeug nach Ihren eigenen Wünschen einstellen, indem Sie einen Doppelklick auf das Werkzeug im Werkzeug-Bedienfeld machen. So gelangen Sie in das Fenster VOREINSTELLUNGEN FÜR BUNTSTIFT-WERKZEUG, in dem Sie fünf Parameter festlegen können.

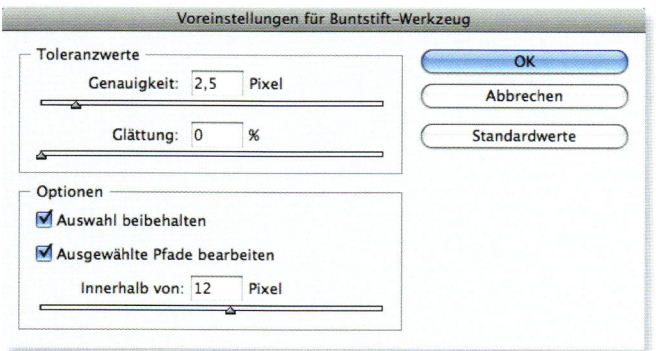

◄ **Abbildung 11.18**
VOREINSTELLUNGEN FÜR BUNTSTIFT-WERKZEUG

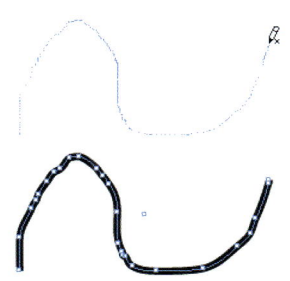

Toleranzwerte | Im Bereich TOLERANZWERTE bestimmen Sie, wie exakt den handgezeichneten Linien gefolgt werden soll.

▶ GENAUIGKEIT: Sie können einen Wert zwischen 0,5 und 20 Pixel eingeben. InDesign geht davon aus, dass Sie beim Zeichnen

▲ **Abbildung 11.19**
Eine freihändig gezeichnete Linie und ihre Darstellung als Pfad

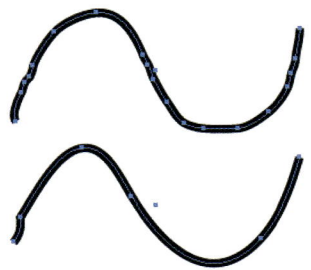

▲ Abbildung 11.20
Eine Form, die mit den Standard-einstellungen erzeugt wurde (oben) – und etwa die gleiche Form mit der GENAUIGKEIT 10 Pixel und einer GLÄTTUNG von 100 % (unten).

von der idealen Form geringfügig abweichen werden. Je geringer der Wert ist, desto früher wird Ihre Bewegung als Richtungswechsel des Pfades interpretiert. Ein höherer Wert erzeugt eine gleichmäßigere Kurve, da geringfügige Abweichungen ignoriert werden.

▸ GLÄTTUNG: Der Wert der GLÄTTUNG reicht von 0 % bis 100 %. Höhere Werte führen zu weniger Ankerpunkten und somit zu einer glatteren Kurve. Der Standardwert beträgt 0 %, d. h., es findet keine Glättung statt.

Optionen | Der Abschnitt OPTIONEN legt fest, wie mit einem bereits gezeichneten Pfad verfahren werden soll.

▸ AUSWAHL BEIBEHALTEN: Ist diese Option aktiviert, wird der neu gezeichnete Pfad nach dem Zeichnen ausgewählt und kann somit sofort nachbearbeitet werden.

▸ AUSGEWÄHLTE PFADE BEARBEITEN: Wenn Sie einen Pfad ausgewählt haben, können Sie ihn mit dem Buntstift weiterbearbeiten, z. B. verlängern oder einzelne Pfadsegmente neu zeichnen, sofern Sie eine bestimmte Distanz zum Pfad einhalten.

▸ INNERHALB VON: Dieser Wert kann in einem Bereich von 2 bis 20 Pixel eingestellt werden und gehört zur Option AUSGEWÄHLTE PFADE BEARBEITEN. Sie legen damit fest, ab wann die Bearbeitung eines ausgewählten Pfades wirksam werden soll, also die erwähnte Distanz. Der Standardwert 12 Pixel bedeutet, dass Sie den ausgewählten Pfad verlängern, wenn Sie im Abstand von maximal 12 Pixel vom Endpunkt des Pfades aus gesehen mit dem Buntstift zeichnen. Wird hingegen außerhalb des Abstandes von 12 Pixel das Zeichnen des Pfades fortgesetzt, so wird ein neuer Pfad erstellt, eine Verbindung zum anderen Pfad besteht somit nicht.

Freistellen mit dem Buntstift

Bitte beachten Sie die sehr praktische Anwendung des Buntstiftes zum schnellen Freistellen eines Bildes auf Seite 245.

Vorsicht mit dem Glätten-Werkzeug

Durch mehrfaches Anwenden des Glätten-Werkzeugs können Sie einen Pfad »zu Tode glätten« – der Optimierungsprozess führt nicht zwingend zu einer Reduktion von Ankerpunkten, sondern kann auch zusätzliche Ankerpunkte einfügen, um die Form zu erhalten.

Pfade glätten | Wenn Sie mit dem Ankerpunkt-löschen- oder dem Zeichenstift-Werkzeug Ankerpunkte aus einem Pfad entfernen, beeinflussen Sie die Form wesentlich. Eine Glättung des Pfades ist auf diese Weise nur möglich, wenn sich viele Ankerpunkte nah beieinander befinden. Die Ergebnisse sind oft schwer abzuschätzen. Hier setzt das Glätten-Werkzeug 🖉 an.

Sie können damit einem ausgewählten Pfad folgen, und das Werkzeug wird im überstrichenen Bereich den Pfad glätten, indem zwar Ankerpunkte entfernt werden, die Form des Pfades dabei aber im Wesentlichen erhalten bleibt. Auch das Glätten-Werkzeug kann eingestellt werden, wenn Sie auf das Werkzeug doppelklicken. Sie finden dann die beiden Optionen aus dem Bereich TOLERANZWERTE des Buntstift-Werkzeugs vor, die auch vollkommen gleich zu verstehen sind. Damit erklärt sich auch die Funktion des Glätten-Werkzeugs: Im Prinzip wird der Bereich des Pfades, den Sie überstreichen, mit den geänderten Parametern neu gezeichnet.

Pfadabschnitte wegradieren | Das Radieren-Werkzeug ✐ ist auf die gleiche Weise zu handhaben – Sie überstreichen damit einen Bereich eines ausgewählten Pfades. Der betroffene Bereich wird aus dem Pfad entfernt. Somit verhält sich das Radieren-Werkzeug wie eine Mischung aus Schere-Werkzeug und dem Löschen von Ankerpunkten bzw. Pfadsegmenten. Einstellungen können Sie für das Radieren-Werkzeug nicht vornehmen.

Die drei Freihand-Werkzeuge sind mit der Maus nur schwer zu kontrollieren und mit den üblichen Zeigewerkzeugen, wie sie bei Laptop-Computern zum Einsatz kommen, noch schwerer. In Kombination mit einem Grafiktablett können Sie allerdings sehr intuitiv und elegant damit arbeiten. Alle drei Werkzeuge können mit der ⌈Strg⌉- bzw. ⌈⌘⌉-Taste in das Direktauswahl-Werkzeug umgeschaltet werden. Das Buntstift-Werkzeug wird in Kombination mit der ⌈Alt⌉- bzw. ⌈⌥⌉-Taste zum Glätten-Werkzeug.

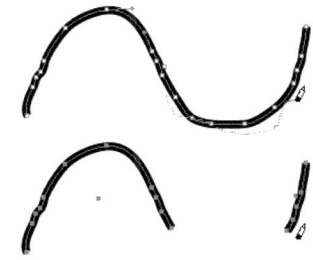

▲ **Abbildung 11.21**
Überstreichen Sie mit dem Radieren-Werkzeug einen Bereich eines ausgewählten Pfads, um Ankerpunkte und dazugehörige Pfadsegmente zu löschen. Eine exakte Kontrolle bietet dieses Werkzeug somit nicht.

11.1.10 Das Linienzeichner-Werkzeug

Das Aufziehen einer Linie mit dem Linienzeichner ╲ erfolgt analog zum Aufziehen von Rahmen. Wählen Sie das Werkzeug ╲ im Werkzeug-Bedienfeld aus, und bewegen Sie den Cursor auf die Montagefläche. Beginnen Sie, eine Linie zu zeichnen, indem Sie klicken und die Linie in der gewünschten Länge in die gewünschte Richtung ziehen und am Endpunkt loslassen.

Auch hier helfen die uns bekannten Tastaturkürzel, Linien gezielter zu erstellen. Durch gleichzeitiges Drücken der ⌈⇧⌉-Taste können Sie Linien nur in 45°-Abstufungen zeichnen. Sollten Sie anstelle der ⌈⇧⌉-Taste die ⌈Alt⌉- bzw. ⌈⌥⌉-Taste gedrückt halten, so wird eine symmetrische Linie aus dem gesetzten Startpunkt (somit Mittelpunkt des Objekts) heraus gezeichnet. Die Kombination beider Tasten führt dazu, dass Sie aus dem Startpunkt in 45°-Schritten eine symmetrische Linie erstellen.

Ansonsten kann zum Linienzeichner nur noch gesagt werden, dass eine Linie als Kontur selbstverständlich nichts anderes als ein Pfad ist. Sie können Linien auch erstellen, indem Sie mit dem Zeichenstift-Werkzeug zwei Punkte setzen (mit dem Linienzeichner-Werkzeug wird die Linie aufgezogen). Das Ergebnis ist das gleiche. Sie können Linien, die mit dem Linienzeichner-Werkzeug erstellt wurden, über ihre Endpunkte an bestehende Pfade anbinden und auch alle anderen Funktionen auf sie anwenden.

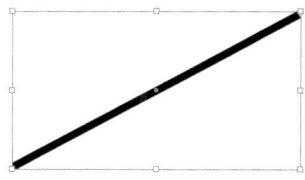

▲ **Abbildung 11.22**
Auch eine Linie, die mit dem Linienzeichner-Werkzeug erstellt wurde, ist von einem normalen Objektrahmen umgeben und unterscheidet sich nicht von einem geraden Pfadsegment, das z. B. mit dem Zeichenstift entstanden ist.

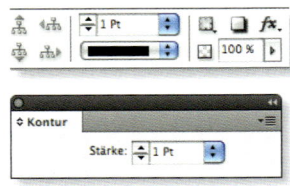

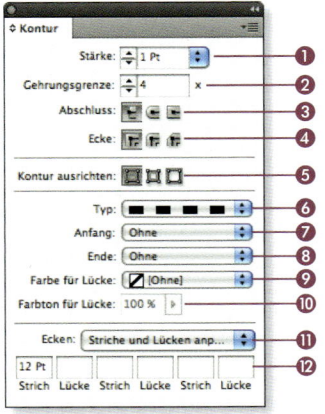

▲ Abbildung 11.23
Im Steuerung-Bedienfeld gibt es lediglich die beiden Einstellungen für die STÄRKE und den TYP. Sind die Optionen des Kontur-Bedienfelds ausgeblendet, kann gar nur mehr die STÄRKE eingestellt werden.

▲ Abbildung 11.24
Verschiedene Linienattribute können über das Kontur-Bedienfeld zugewiesen werden. Einträge in ⓬ können nur erfolgen, wenn der Typ GESTRICHELT aktiviert ist.

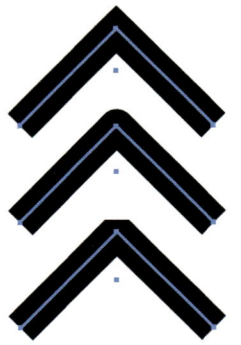

▲ Abbildung 11.26
Eckenformen

11.2 Aussehen eines Pfads bestimmen

Nicht nur Objekte, die Sie mit den beschriebenen Werkzeugen erstellen, bestehen aus Pfaden; auch Rahmen sind Objekte, die von einem Pfad begrenzt sind. Es nun an der Zeit, sich über Konturen und deren Attribute wie Stärke und Form und auch diverse Sonderformen zu unterhalten.

11.2.1 Das Kontur-Bedienfeld

Es können einer Kontur nicht nur Attribute wie Konturenstärke und Linientyp aus dem Steuerung-Bedienfeld zugewiesen werden. Um alle Attribute zuweisen zu können, müssen Sie sich der Optionen des Kontur-Bedienfelds, das Sie über das Menü FENSTER • KONTUR oder über das Tastaturkürzel [F10] bzw. [⌘]+[F10] erreichen, bedienen. Sollten Sie das Kontur-Bedienfeld in seiner Sparversion – nur die STÄRKE wird angezeigt – sehen, so müssen Sie im Bedienfeldmenü den Befehl OPTIONEN EINBLENDEN ausführen oder auf die Pfeile ✧ vor dem Bedienfeldnamen klicken.

So wie im Steuerung-Bedienfeld können Sie auch im Kontur-Bedienfeld die STÄRKE ❶ der Linie eingeben oder über das Popup-Menü ⬓ auswählen. Es ist natürlich auch hier zulässig, die Stärke in einer anderen Maßeinheit einzugeben oder im Eingabefeld eine Berechnung durchzuführen. Die resultierende Maßeinheit ist abhängig von den getroffenen Voreinstellungen.

Eine Linie besteht aus einem Anfangs- und einem Endpunkt. Die Form, wie eine Linie vorn und hinten abgeschlossen wird, bestimmen Sie über die Option ABSCHLUSS ❸. Die Auswirkungen der drei möglichen Optionen – ABGEFLACHTER ABSCHLUSS ▤, ABGERUNDETER ABSCHLUSS ▥ oder ÜBERSTEHENDER ABSCHLUSS ▦ – sehen Sie hier:

▲ Abbildung 11.25
Abschlussvarianten

Ähnlich wie beim Abschluss können Sie auch die Form der ECKE ❹ wählen. Ob die Ecken spitz, abgerundet oder abgeflacht sind, hängt darüber hinaus mit der GEHRUNGSGRENZE ❷ zusammen. Je spitzer eine Ecke ist, umso größer muss die Gehrungsgrenze gesetzt werden, damit die Ecke nicht automatisch abgeflacht wird. Je niedriger die Gehrungsgrenze gesetzt wird, um so eher wird eine Abflachung der Ecken erfolgen.

Ein wesentlicher Punkt ist die Option KONTUR AUSRICHTEN ❺. Das Zusammenspiel mit der Objektgröße soll dazu an einem Beispiel verdeutlicht werden. Angenommen, Sie ziehen einen Rahmen mit einer Breite von 15 mm x 15 mm auf:

Wählen Sie zuerst die Option KONTUR INNEN AUSRICHTEN 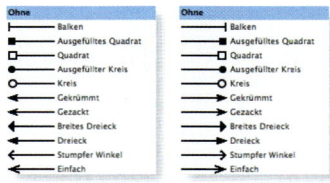 (mittleres Symbol der Option KONTUR AUSRICHTEN), und weisen Sie der Kontur eine STÄRKE von 1 mm zu, so bleibt der Rahmen 15 mm x 15 mm groß, und die 1 mm starke Kontur wächst nach innen. Wählen Sie hingegen zuerst die Option KONTUR MITTIG AUSRICHTEN 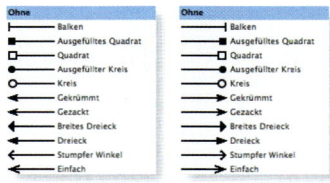 (linkes Symbol), so sind die neuen Ausmaße des Rahmens 15,5 mm x 15,5 mm. Haben Sie die Option KONTUR AUSSEN AUSRICHTEN 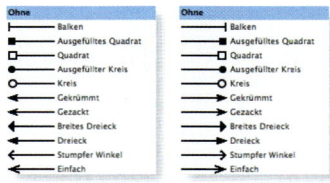 gewählt, so ist die neue Rahmengröße 16 mm x 16 mm.

Für QuarkXPress-Anwender ist zu empfehlen, die mittlere Option KONTUR INNEN AUSRICHTEN auszuwählen, da dies den Standardvorgaben von QuarkXPress entspricht. Bis InDesign CS2 führte diese Arbeitsweise dazu, dass die Breite oder Höhe eines Rahmens anstelle von 15 mm immer mit 14,997 mm (oder Ähnlichem) angegeben wurde. Dieses lästige Verhalten wurde mit InDesign CS3 und auch in Adobe Illustrator CS3 behoben.

Mit ANFANG ❼ und ENDE ❽ können Sie spezielle Formen zur Erstellung von Pfeilen auswählen. Alle entsprechenden Formen sind in Abbildung 11.27 zu sehen. Das Editieren der Spitzenformen ist in InDesign nicht vorgesehen, weshalb der Einsatz der Linienanfänge und -enden in sehr vielen Fällen unbrauchbar ist.

Mit der Option TYP ❻ können aus einer definierten Liste verschiedene Linientypen ausgewählt werden. Wie Sie aus der Liste erkennen, gibt es dabei durchgehende und gestrichelte Linien sowie Linienformen, die sich durch Streifen aufbauen. Wir werden später noch sehen, dass es einfach ist, einer Linie eine Farbe bzw. einen Farbton zuzuweisen. Wenn das für eine Linie möglich ist, muss es auch für die »weißen« Teile einer Linie oder eines Streifens gelten. Genau diese Zuweisung können Sie mit den Optionen FARBE FÜR LÜCKE ❾ und FARBTON FÜR LÜCKE ❿ vornehmen. Es ergeben sich dadurch interessante Möglichkeiten für Unterstreichungen und grafische Formen.

Wurde in der Option TYP die Linienform GESTRICHELT ausgewählt, so werden am Ende des Bedienfelds sechs Eingabefelder ⓬ hinzugefügt. Der erste Wert definiert die Strichlänge des ersten Strichs in der gestrichelten Linie. Der zweite Wert legt die Länge der Lücke fest. Fahren Sie dementsprechend mit den restlichen Eingabefeldern fort. Wird kein weiterer Wert eingegeben, so wiederholt sich die definierte Länge des Strichs und der Lücke für den Rest der gestrichelten Linie.

Über die Option ECKEN ⓫ können Sie festlegen, wie InDesign die Ecken für eine gestrichelte Linie ausführen soll. Wählen Sie

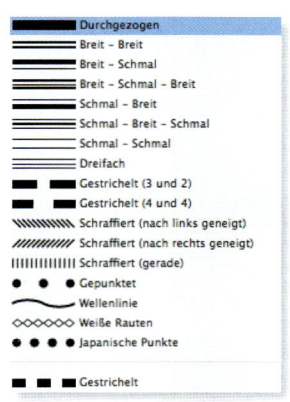

▲ **Abbildung 11.27**
Mögliche Linienanfänge und Linienenden

▲ **Abbildung 11.28**
Standard-Linientypen von InDesign CS4

dabei zwischen OHNE, STRICHE ANPASSEN, LÜCKEN ANPASSEN oder STRICHE UND LÜCKEN ANPASSEN. In den meisten Fällen führt die letzte Option zur besten grafischen Form.

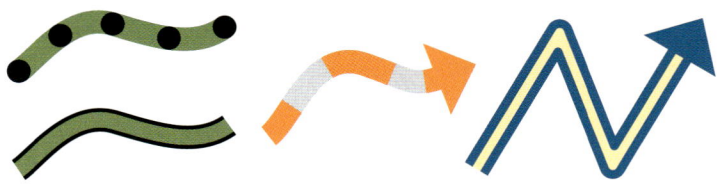

Abbildung 11.29 ▶
Die vier verschiedenen Optionen zum Anpassen der Striche bzw. Lücken über die Option ECKE

Es lassen sich somit über das Kontur-Bedienfeld unterschiedlichste Formen erstellen, wie in Abbildung 11.30 gezeigt.

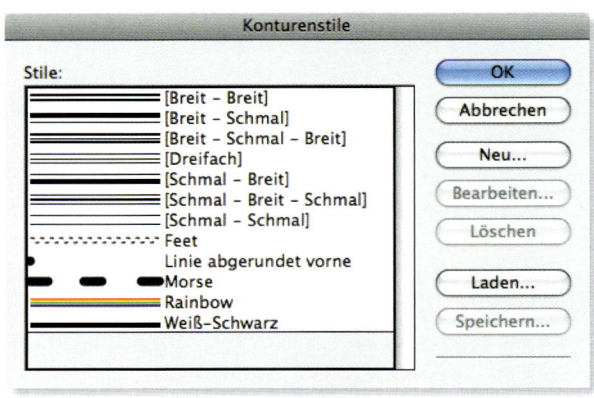

Abbildung 11.30 ▶
Wahre grafische Prachtstücke von Linienformen mit unterschiedlichen Attributen

11.2.2 Konturenstile

Die Liste der definierten Konturenstile aus der Option TYP (siehe Abbildung 11.28) umfasst einerseits eine umfangreiche Sammlung an Standardstilen, die vor allem PageMaker- und QuarkXPress-Anwender gewohnt waren, und andererseits spezielle Effektstile, die Sie nicht selbst im Konturenstile-Editor erstellen könnten. Alle vorhandenen Konturen können Sie in den Dialogen UNTERSTREICHEN, DURCHSTREICHEN, ABSATZLINIEN und TABELLEN verwenden.

Einen Konturenstil erstellen | Um eigene Formen für Linien und Streifen zu erstellen, öffnen Sie die KONTURENSTILE, die Sie über das Bedienfeldmenü des Kontur-Bedienfelds oder über das Bedienfeldmenü des Steuerung-Bedienfelds aufrufen können.

Abbildung 11.31 ▶
Der Konturenstile-Editor. Alle Konturen in eckigen Klammern sind Standardkonturen, die Sie nicht löschen können. Eine Spielerei ist die Linie »Rainbow«, die Sie erhalten, wenn Sie eine neue Streifenkontur definieren und dieser den Namen »Rainbow« geben. »Feet« erhalten Sie, wenn Sie eine Strichkontur mit Namen »Feet« anlegen.

Über den Editor können Sie einen neuen Konturenstil erstellen, vorhandene BEARBEITEN oder LÖSCHEN bzw. ausgewählte Konturenstile SPEICHERN und diese dann in anderen Dokumenten wieder LADEN.

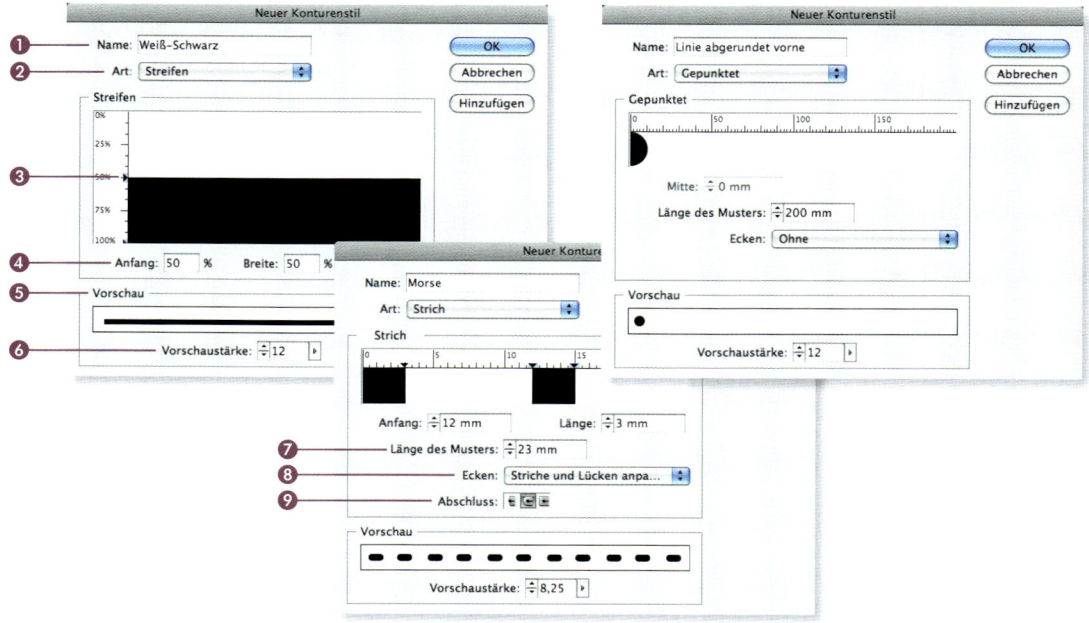

Drücken Sie NEU, um einen eigenen Konturenstil zu erstellen. Im eigentlichen Editor müssen Sie zuerst den NAMEN ❶ des Stils festlegen. Danach wählen Sie unter der Option ART ❷ aus, welche Art von Linie (GEPUNKTET, STRICH oder STREIFEN) Sie erstellen wollen. Je nach Typ unterscheiden sich die Eingabedialoge. Um eine benutzerdefinierte Streifen- oder eine Strich-Linienform zu erstellen, müssen Sie lediglich im Lineal die Randmarken ❸ (Anfang und Ende) bewegen. Das Ergebnis der Änderungen wird Ihnen permanent angezeigt.

Um beispielsweise eine zusätzliche Linie innerhalb des Streifens hinzuzufügen, müssen Sie nur im leeren Bereich des Lineals einen neuen Strich aufziehen. Bei STREIFEN und STRICH können Sie die Anfangs- und Endmarke ❹ auch numerisch eingeben. Bei den Linientypen GEPUNKTET und STRICH können Sie die LÄNGE DES MUSTERS ❼ darüber hinaus nummerisch bestimmen. Zur permanenten Kontrolle steht Ihnen im Bereich VORSCHAU ❺ immer die aktualisierte Form der Kontur zur Begutachtung zur Verfügung. Mit der notwendigen VORSCHAUSTÄRKE ❻ können Sie sich darüber hinaus die Erscheinungsweise der Kontur in einer bestimmten Strich- bzw. Streifenstärke anzeigen lassen. Die Möglichkeit,

▲ **Abbildung 11.32**
Je nachdem, ob Sie einen Konturenstil für STREIFEN, GEPUNKTET oder STRICH erstellen wollen, müssen unterschiedliche Dialoge bearbeitet werden.

Tabellenlinien

Wenn in einer Tabelle die senkrechten Linien nicht die horizontalen Linien berühren, sondern im Abstand von z. B. 1 mm enden sollen, können Sie einen Konturenstil weiß–schwarz–weiß anlegen und diesen auf die horizontalen Linien in einer etwas größeren Konturstärke anwenden.

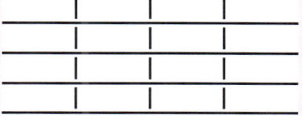

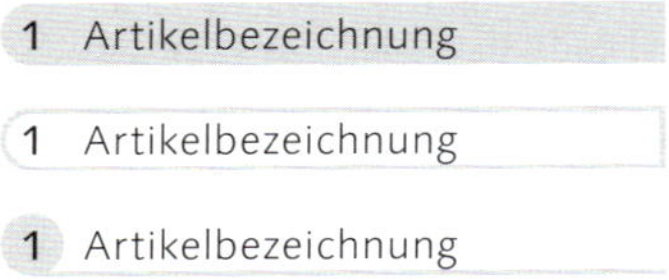

1 Artikelbezeichnung

1 Artikelbezeichnung

1 Artikelbezeichnung

▲ **Abbildung 11.33**
Mögliche Absatzlinien, die durch Verwendung des Konturenstils »Linie abgerundet vorne« aus Abbildung 11.32 erzeugt werden können. In Verbindung mit normalen Linien funktioniert dieser Konturenstil nicht. Verwenden Sie in diesem Fall die Option ABSCHLUSS des Kontur-Bedienfelds.

ECKEN ❽ und ABSCHLUSS ❾ bei Linien zu definieren, rundet den gesamten Konturenstile-Editor ab. Um eine Linie zu erstellen, die nur links abgerundet ist, müssen Sie die Werte aus dem Konturenstil LINIE ABGERUNDET VORNE in Abbildung 11.32 einstellen. Bedingt durch die große Länge des Musters wird nur zu Beginn der Linie ein Punkt gesetzt. Um eine Kontur zu erstellen, die nach außen hin eine weiße Kontur gefolgt von einer schwarzen Linie besitzt, müssen Sie die Werte aus dem Konturenstil WEISS-SCHWARZ aus Abbildung 11.32 einstellen.

Konturenstile verwalten | Erstellte Linien und Streifen werden dann mit dem Dokument und in den Programmvorgaben abgespeichert. Wenn Sie die Programmvorgaben zurücksetzen, werden auch definierte Konturenstile gelöscht. Also sichern Sie Ihre Kunstwerke in einer gesonderten Datei durch Drücken des Buttons SPEICHERN. Die erzeugte Datei bekommt die Endung ».inst«.

11.3 Pfade, Rahmen und Objekte verschachteln

Wie Sie bereits wissen, gibt es in Pfaden keine »Abzweigungen«; Sie können also keine Ankerpunkte erzeugen, in denen mehr als zwei Pfadsegmente münden. Trotzdem können Pfade aber miteinander kombiniert werden. Dabei ist es allerdings wichtig, zu verstehen, wie sich dabei die Eigenschaften der beteiligten Pfade verändern.

11.3.1 Pfade verknüpfen
Komplexe Formen können nicht in einem einzigen Pfad erstellt werden. Selbst simple Signets oder Ornamente sind schon aus mehreren Pfaden zusammengesetzt. Dabei ist es günstig, wenn die einzelnen Teilpfade bearbeitbar bleiben, aber trotzdem die gesamte Konstruktion wie ein einziges Objekt behandelt werden kann.

▲ **Abbildung 11.34**
Ein solches Signet besteht aus zwei verknüpften Pfaden, wobei das schwarze Quadrat ein simpler Rahmen ist.

Wählen Sie zwei oder mehrere Pfade aus, und rufen Sie den Befehl OBJEKT • PFADE • VERKNÜPFTEN PFAD ERSTELLEN auf, oder drücken Sie die Tastenkombination [Strg]+[8] bzw. [⌘]+[8]. Es entsteht nun ein neuer Pfad, der die Ausgangspfade als Teilpfade enthält.

Da aber ein übergeordneter einzelner Pfad entsteht, muss wiederum geklärt werden, welche Attribute die Pfadkontur und die Fläche haben sollen. InDesign geht dabei so vor, dass das Ergebnis alle Attribute von dem Objekt übernimmt, das am weitesten hinten liegt. Deshalb ist es wichtig, dass Sie die einzelnen Pfade zuerst in die richtige Reihenfolge bringen, bevor Sie sie verknüpfen.

Ein weiterer wichtiger Aspekt ist, dass InDesign beim erstmaligen Verknüpfen von Pfaden diese Pfade als »gegenläufig« betrachtet. Das bedeutet, dass Überlappungen automatisch entfernt werden, womit ein Signet wie in Abbildung 11.34 also tatsächlich ein Loch in Kleeblattform enthält. Pfade haben also eine Richtung, wie es sich für Vektoren eben gehört. Die Richtung des Pfads legt dabei fest, wie er mit anderen Pfaden interagiert. Die Pfadrichtung ist natürlich umkehrbar, wie wir Ihnen gleich zeigen werden.

Werden verknüpfte Pfade mit dem Menübefehl OBJEKT • PFADE • VERKNÜPFTEN PFAD LÖSEN wieder getrennt, übernehmen die einzelnen Teilpfade die Richtung des Gesamtpfades. Bevor Sie solche Pfade wieder verknüpfen, sollten Sie die Pfadrichtung also wieder ändern. Aber natürlich können Sie auch das im Nachhinein noch erledigen und so auch die Wechselwirkung vieler verknüpfter Pfade zueinander noch exakt kontrollieren.

[Even-Odd-Füllung]
Das Prinzip der gegenläufigen Pfade kommt aus PostScript und wird dort Even-Odd-Füllung genannt. Die Zeichenrichtung von überlagernden Pfaden bestimmt, ob die eingeschlossene Fläche schwarz oder weiß (durchsichtig) ist.

Schritt für Schritt: Verknüpfte Pfade erstellen

1 Die beiden Teilpfade erstellen

Erstellen Sie zunächst ein Quadrat mit einer Kantenlänge von 20 mm, und füllen Sie es rot. Setzen Sie die Kontur auf 0 Pt. Als Nächstes erstellen Sie ein sechseckiges Polygon, füllen Sie es blau, und geben Sie ihm eine innenliegende Kontur von 5 Pt. Stellen Sie die Dimensionen des Objektrahmens auf 15 × 15 mm.

In der Wahl der Attribute der beiden Objekte ist hier lediglich wichtig, dass das kleine Objekt zur Gänze im großen Objekt liegen kann und dass sich die Eigenschaften der beiden Pfade deutlich unterscheiden.

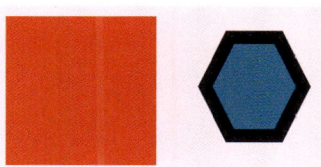

▲ **Abbildung 11.35**
Diese beiden Pfade werden verknüpft – die Eigenschaften des Polygons werden dabei bald verlorengehen. Der farbige Hintergrund dient lediglich dazu, die Auswirkungen einer Pfad-Verknüpfung besser sichtbar zu machen. Er ist an der Verknüpfung selbst jedoch nicht beteiligt.

2 Anordnung prüfen/korrigieren

Wenn Sie das kleine Polygon tatsächlich nach dem großen Quadrat erstellt haben, liegt es im Objektstapel bereits über dem großen Quadrat. Um sicherzugehen, wählen Sie das kleine Polygon aus und anschließend OBJEKT • ANORDNEN • IN DEN VORDERGRUND oder drücken ⇧+Strg+Ä bzw. ⇧+⌘+Ä.

3 Übereinanderlegen und beide Objekte auswählen

Legen Sie das kleine Polygon in das große Quadrat (die neuen magnetischen Hilfslinien von InDesign CS4 sind dabei eine große Hilfe), lassen Sie es selektiert, und wählen Sie das große Quadrat

▲ Abbildung 11.36
Die beiden Pfade sind gegenläufig. Deshalb spart das Polygon das Quadrat aus.

▲ Abbildung 11.37
Nach dem Lösen der Verknüpfung wird deutlich sichtbar, dass alle Teilpfade dieselben Eigenschaften haben.

▲ Abbildung 11.38
Die beiden Pfade sind wieder verknüpft, aber haben die gleiche Richtung.

▲ Abbildung 11.39
Nachdem die Richtung des Polygons umgekehrt wurde, spart der überlappende Bereich das Quadrat wieder aus.

zusätzlich aus, indem Sie die ⟨⬆⟩-Taste drücken und auf das große Quadrat klicken.

4 Verknüpften Pfad erstellen

Wählen Sie OBJEKT • PFADE • VERKNÜPFTEN PFAD ERSTELLEN, oder drücken Sie ⟨Strg⟩+⟨8⟩ bzw. ⟨⌘⟩+⟨8⟩. Wie Sie sehen, spart das Polygon nun das Quadrat aus und übernimmt alle Eigenschaften vom untenliegenden Quadrat. Da die beiden Pfade nun als ein Pfad behandelt werden, können sie logischerweise keine unterschiedlichen Eigenschaften mehr haben. Vergewissern Sie sich, dass der Innenraum der neuen Form nun wirklich transparent ist, indem Sie sie über ein anderes Objekt stellen.

5 Verknüpfung aufheben

Heben Sie die Verknüpfung wieder auf, indem Sie den Pfad auswählen und den Menübefehl OBJEKT • PFADE • VERKNÜPFTEN PFAD LÖSEN aufrufen oder das Tastenkürzel ⟨Strg⟩+⟨Alt⟩+⟨⬆⟩+⟨8⟩ bzw. ⟨⌘⟩+⟨⌥⟩+⟨⬆⟩+⟨8⟩ verwenden. Nun werden Sie feststellen, dass das Polygon wirklich alle Eigenschaften des großen Quadrats übernommen hat.

6 Polygon verschieben und neu verknüpfen

Ziehen Sie das kleine Polygon so auf die rechte Kante des großen Quadrats, dass sich die beiden überlappen, und erstellen Sie aus den beiden Pfaden einen neuen verknüpften Pfad.

7 Teilpfad auswählen und umkehren

Wählen Sie nun mit dem Direktauswahl-Werkzeug das kleine Polygon aus. Sie können sehen, dass beide Teilpfade in der Gesamtform existieren. Wählen Sie einen einzelnen Punkt der Kontur des Polygons aus, um sicherzustellen, dass der richtige Pfad ausgewählt ist.

Wählen Sie den Menübefehl OBJEKT • PFADE • PFAD UMKEHREN. Die Überlappung wird nun wieder aus der Form entfernt. Dabei bleiben beide Pfad natürlich wieder erhalten. ■

Verknüpfte Pfade benötigen Sie sehr oft in der Logo- und Signetgestaltung. Wenn Sie eine Schrift in einen Pfad wandeln – dazu später in 18.2, »Texte und Pfade«, mehr –, werden die Öffnungen mancher Buchstaben über verknüpfte Pfade umgesetzt. Sie brauchen verknüpfte Pfade aber auch dann, wenn Sie getrennte Formen mit einem zusammenhängenden Inhalt füllen möchten. Nomale Farb- oder Verlaufsfüllungen sind dabei kein Problem –

Das Chorprojekt „Brahms-Requiem" erhält seine besondere Note durch die Einfügung türkisch gesprochener Texte. Musiziert wird die „Londoner Fassung", d. h. Chor, Sopran- und Baritonsolo werden von einem vierhändig gespielten Flügel begleitet. Zwischen die sieben Abschnitte der Originalkomposition von Johannes Brahms werden Gedichte von *Yunus Emre* rezitiert, einem islamischen Mystiker des 13. Jahrhunderts. Diese Texte führen inhaltlich zu den darauf folgenden Textpassagen des „Deutschen Requiems" hin.

Am Flügel spielen die Pianisten *Dr. Paul Sturm,* Dozent an der Hochschule Nürnberg, und *Tuğçe Özaytekin* von der Staatsoper Izmir. Die Musikalische Leitung hat *Wolfgang Riedelbauch.*

Der Chor *Franconia Vocalis* hat das Werk in der selben Besetzung und Zusammenstellung am 30. April diesen Jahres in Izmir in Zusammenarbeit mit dem Goethe-Institut und mit Unterstützung durch den Bürgermeister der Stadt Izmir aufgeführt. Die Schirmherrschaft hatte der deutsche Generalkonsul übernommen.

Wir sehen dieses Konzert auch im Zusammenhang mit dem Gastspiel von *Izmir Barok* und dem türkischen *Pera-Ensemble* am Eröffnungswochenende der Internationalen Festtage für Alte Musik „Musica Franconia" in Nürnberg am 8. und 10. Juli diesen Jahres. Die Schirmherrschaft hatte Frau Ece Öztürk Çil, Generalkonsulin der Republik Türkei in Nürnberg.

Im kommenden Jahr wird der Chor in der großen Synagoge von Izmir **„Deutsche Psalmen" von Louis Lewandowski** aufführen, die dieser „Sr. Majestät dem Könige von Bayern Ludwig II. in tiefster Ehrfurcht zugeeignet" und zum Teil für die Nürnberger Synagoge komponiert hat.

Diese romantischen Psalmen im Stile Mendelssohns für Chor, 4 Soli und Klavier bzw. Orgel, haben wir mit großem Publikumserfolg im vergangenen Jahr beim Musikfestival Besançon aufgeführt. Wir werden dieses Konzert am 25. September diesen Jahres in der Synagoge Ermreuth wiederholen.

Der Kammerchor **Franconia Vocalis** wurde von Wolfgang Riedelbauch mit Beginn des neuen Jahrtausends gegründet und vereint Chorsänger/innen aus dem gesamten mittelfränkischen Raum zu besonderen Projekten. Der Chor musiziert hauptsächlich Werke, die zu Franken in Beziehung stehen, und wirkt regelmäßig im FRÄNKISCHEN SOMMER mit, dessen Intendanz Wolfgang Riedelbauch seit 2000 innehat.

Entsprechend dieser musikalischen Ausrichtung werden auch die Konzertorte gewählt: von Kloster Banz bis Weißenburg, von Rothenburg o. d. Tauber bis Schnaittach. Eine weitere Besonderheit im Repertoire stellt die jüdische Liturgie des 19. Jahrhunderts dar, verbunden mit Konzerten in Synagogen. Konzertreisen ins Ausland (Holland, Polen, Frankreich, Türkei) runden die Choraktivitäten ab.

Aktuelle Konzerttermine finden Sie auf unserer Homepage:
www.franconia-vocalis.de

Kammerchor
FRANCONIA VOCALIS

GEISTLICHE CHORMUSIK
DER ROMANTIK
(zum Teil für die Synagoge komponiert)

Louis Lewandowski (1821–1894), "Deutsche Psalmen"
Franz Schubert (1797–1828), "Tow l'hodos ladonoj" Psalm 92

▪ **Sonntag, 25. September | 17:30 Uhr | Synagoge Ermreuth**

Ausführende
Corinna Schreiter, Sopran ▪ Renate Kaschmieder, Alt ▪ Reiner Geißdörfer, Tenor
Markus Simon, Bass ▪ Paul Sturm, Klavier ▪ Kammerchor Franconia Vocalis
Künstlerische Leitung: Wolfgang Riedelbauch

Johannes Brahms "Ein Deutsches Requiem"
Für Soli, Chor und Klavier zu 4 Händen (Londoner Fassung)
Mit Zwischentexten von Yunus Emre (1238–1320)

▪ **Sonntag, 9. Oktober | 20 Uhr | St. Johannis, Forchheim**
In Zusammenarbeit mit der Stadt Forchheim und der Yunus-Emre-Gemeinde Forchheim

▪ **Donnerstag, 13. Oktober | 20 Uhr | St. Martha, Nürnberg**
Schirmherrin: Frau Ece Özdemir Çil, Generalkonsulin der Republik Türkei

Ausführende
Corinna Schreiter, Sopran ▪ Markus Simon, Bass
Tuğçe Özaytekin und Paul Sturm, Klavier ▪ Kammerchor Franconia Vocalis
Künstlerische Leitung: Wolfgang Riedelbauch

Einlass ca. 30 Minuten vor Konzertbeginn

www.franconia-vocali

dazu reicht es aus, wenn Sie die beteiligten Objekte gruppieren. Für eine Füllung z.B. mit einem Pixelbild müssen Sie die Pfade jedoch verknüpfen.

11.3.2 Pathfinder

Oft will man komplexe Pfade erstellen, ohne ihre Einzelteile zu erhalten. So können Sie Teile aus Pfaden ausstanzen und die neue Form wieder als eigenständigen Pfad bearbeiten. Auf diese Weise verschmolzene Pfade verändern in der Regel ihre Form und gehen so verloren.

Die nötigen Befehle finden Sie einerseits im Pathfinder-Bedienfeld ◼, das Sie im Menü Fenster • Objekt und Layout aufrufen können, und andererseits im Menü Objekt • Pathfinder mit insgesamt fünf Menübefehlen, die den fünf oberen Schaltflächen des Pathfinder-Bedienfelds entsprechen.

Bereits in InDesign CS2 wurde das Pathfinder-Bedienfeld kräftig ausgebaut und enthält seitdem alle Funktionen aus dem Menü Objekt • Form konvertieren und fast alle Befehle aus dem Menü Objekt • Pfade in Form von Schaltflächen. Die Funktionen aus Objekt • Pfade • Punkt konvertieren fehlen, weil sie sich nicht auf Formen, sondern auf Ankerpunkte beziehen. In InDesign CS4 wurde die Funktion Pfad zusammenfügen in das Pathfinder-Bedienfeld eingebaut, und dabei wurden auch die restlichen Funktionen etwas umsortiert. Das Pathfinder-Bedienfeld ist in drei Funktionsgruppen aufgeteilt.

Pfade | Die vier Funktionen sind alte Bekannte, die hier über Icons dargestellt und sehr schnell aufzurufen sind: Pfad zusammenfügen ⌢, das im Menü Objekt • Pfade allerdings Ecke heißt, Pfad öffnen ⌀, Pfad schliessen ⌀ und Pfad umkehren ⬚.

Form konvertieren | Im unteren Bereich des Pathfinder-Bedienfelds können Sie mit einem einzigen Klick sämtliche Transformationen für Pfadformen aus Objekt • Form konvertieren aufrufen (wir verwenden die Namen der Menübefehle): Rechteck ▢, Abgerundetes Rechteck ▢, Rechteck mit abgeflachten Ecken ▢, Rechteck mit nach innen gewölbten Ecken ▢, Ellipse ◯, Dreieck △, Polygon ◯, Linie ╱ und Rechtwinklige Linie +.

Die durch diese Funktionen entstehenden Formen entsprechen den Formen, die durch Objekt • Eckenoptionen erzeugt werden. Sie sind also über einen Effekt beschrieben, der auf einen Pfad angewendet wird und lediglich das Aussehen verändert, aber nicht den Pfad.

▲ **Abbildung 11.40**
Auch Objekte, die sich nicht berühren, kann man verknüpfen und dann auch mit **einem** Bild füllen.

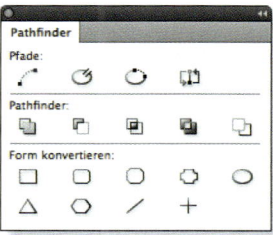

▲ **Abbildung 11.41**
Pathfinder-Bedienfeld

Eigenartige Namensgebung

Bis InDesign CS3 hatte Adobe aus einem unerfindlichen Grund die Funktion Addieren aus dem Pathfinder-Bedienfeld im Menü Objekte • Pathfinder in Hinzufügen umgetauft – die Funktionen waren jedoch vollkommen identisch.

Mit InDesign CS4 wurden die Bezeichnungen tatsächlich vereinheitlicht. Allerdings wurde mit der Bezeichnung Objekt • Pfade • Ecke für Pfad zusammenfügen gleich wieder ein würdiger Nachfolger gefunden.

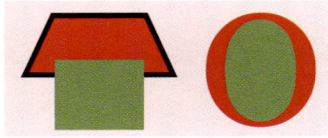

▲ Abbildung 11.42
Die Ausgangsform für die verschiedenen PATHFINDER-Funktionen.
Auch hier dient der farbige Hintergrund lediglich dazu, die Auswirkungen der Funktionen besser
sichtbar zu machen.

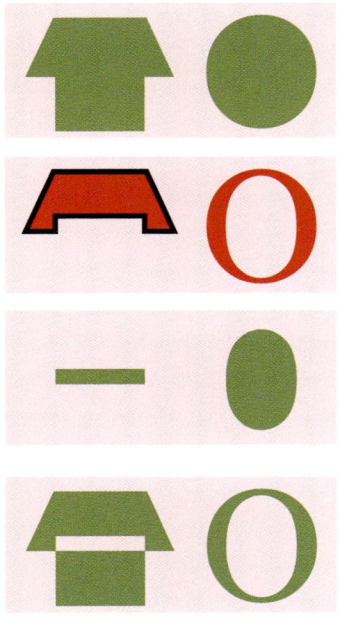

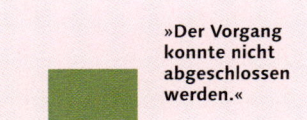

Pathfinder | Im mittleren Bereich des Bedienfelds finden Sie die Funktionen aus dem Menü PFADE • PATHFINDER, die sich gering-fügig anders verhalten, wenn Sie sie auf Pfade anwenden, die sich vollständig überlappen, als bei Pfaden, die sich nur teilweise über-lappen. Das Endergebnis ist immer dasselbe, aber die Art, in der die modifizierten Pfade vorliegen, kann sich unterscheiden.

Wir gehen in der folgenden Aufstellung von den beiden For-men in Abbildung 11.42 aus, wobei jede Funktion auf die beiden Formen getrennt angewendet wird. In der Randspalte finden Sie neben der Beschreibung der Funktion das jeweilige Ergebnis.

▶ ADDIEREN : Der Umriss der beiden Pfade wird zu einem Pfad ausgeweitet, der als zusammenhängende Form vorliegt. Der resultierende Pfad übernimmt die Eigenschaften des obenlie-genden Pfades.

▶ SUBTRAHIEREN : Der überlappende Teil des obenliegenden Pfades wird aus dem untenliegenden Pfad ausgestanzt. Das Ergebnis übernimmt die Eigenschaften des unteren Pfades. Bei Objekten, die sich vollständig überlappen, entsteht ein ver-knüpfter Pfad, den Sie auch wieder lösen können.

▶ SCHNITTMENGE BILDEN : Aus beiden Pfaden werden alle Bereiche entfernt, die sich nicht überlappen. Der resultierende Pfad übernimmt die Eigenschaften des obenliegenden Pfades. Bei zwei Objekten, die sich vollständig überlappen, verschwin-det dadurch einfach das größte Objekt.

▶ ÜBERLAPPUNG AUSSCHLIESSEN : Aus beiden Pfaden werden alle Bereiche entfernt, die sich überlappen. Dies entspricht der normalen Funktion PFADE • VERKNÜPFTEN PFAD ERSTELLEN. Allerdings übernimmt hier im Gegensatz dazu der resultierende Pfad die Eigenschaften des obenliegenden Pfades. Die beiden Objekte müssen sich wirklich überlappen, damit die PATHFIN-DER-Funktion funktioniert, was für einen verknüpften Pfad keine Voraussetzung ist.

▶ HINTERES OBJEKT ABZIEHEN : Der untenliegende Pfad wird zur Gänze entfernt. Zusätzlich werden alle Überlappungen gelöscht. Bei einem obenliegenden Pfad, der zur Gänze im unteren Pfad liegt, kann das natürlich nicht funktionieren – Sie werden mit der Warnung »Der Vorgang konnte nicht abge-schlossen werden. Das Pathfinder-Ergebnis beschreibt einen leeren Bereich.« informiert, und die Pfade werden nicht ange-tastet.

Die PATHFINDER-Funktionen werden häufig in der Logo- und Sig-net-Gestaltung verwendet oder auch für optische Effekte, wie in folgendem Beispiel.

Schritt für Schritt: Pathfinder anwenden

1 **Schriftzug erstellen**

Erstellen Sie einen großen, fetten Schriftzug und färben Sie ihn ein. Die Farbe der Schrift wird bei den folgenden Transformationen in das Ergebnis einfließen.

2 **Schrift in Pfade wandeln**

Wählen Sie den Textrahmen aus (**nicht** die Schrift!), und wählen Sie SCHRIFT • IN PFADE UMWANDELN. Diese Funktion werden wir auf Seite 551 noch ausführlich behandeln – wir wenden Sie an dieser Stelle schon einmal an.

3 **Eine zweite Form anlegen**

Stellen Sie eine gefüllte Fläche hinter das Ergebnis, so dass sie in etwa die untere Hälfte der Schrift überlagert. Die Art der Füllung ist egal, da sie im nächsten Schritt ohnehin verlorengehen wird; sie dient hier nur der besseren Sichtbarkeit beim Positionieren der Fläche.

◄ **Abbildung 11.43**
Achten Sie darauf, dass die Oberkante der Fläche die Querstriche der Schrift etwa halbiert.

4 **Überlappung ausschließen**

Wählen Sie beide Objekte aus, und klicken Sie im Pathfinder-Bedienfeld auf die Funktion ÜBERLAPPUNG AUSSCHLIESSEN ▣.

◄ **Abbildung 11.44**
Es entsteht ein verknüpfter Pfad, deshalb übernimmt das Ergebnis die Eigenschaften der Schrift.

Als Ergebnis liegt nun ein verknüpfter Pfad vor. Aus der Fläche sind die überlappenden Anteile der Schrift ausgespart, und die Reste der Schrift haben die Füllung der Fläche übernommen. Der Pfad sollte ausgewählt sein.

5 **Verknüpfte Pfade lösen und füllen**

Wählen Sie nun PFADE • VERKNÜPFTEN PFAD LÖSEN aus dem Menü OBJEKT.

◄ **Abbildung 11.45**
Die getrennten Pfade können beliebig bearbeitet, sollten dann aber zumindest gruppiert werden.

Die einzelnen Komponenten erscheinen nun in ihren eigenen Objektrahmen. Die Einzelteile der Schrift können jetzt einzeln oder als Gruppe ausgewählt und beliebig gefüllt werden. Die Punzen (Innenräume von Zeichen wie e oder o), die bei dieser Operation nicht geteilt wurden, müssen Sie dabei gesondert behandeln.

Sie können die Zeichen mit Punzen z. B. wieder mit ihren Punzen zu verbundenen Pfaden wandeln, müssen dann aber die Pfadrichtung der innenliegenden Pfade umkehren, damit sie ausgespart werden. ■

Wenn Sie Objekte mit und ohne Eckeneffekte über PATHFINDER-Funktionen verknüpfen, werden die Effekte in den resultierenden Pfad hineingerechnet. Der Effekt an sich geht also verloren; die Darstellung wird erhalten. Dafür fügt InDesign zusätzliche Ankerpunkte in das Ergebnis ein. In der ersten Version von InDesign CS überlebte der Eckeneffekt abhängig von der Funktion, was nicht immer die erwarteten Ergebnisse lieferte.

11.3.3 Objekte in die Auswahl einfügen

Bei vielen grafischen Aufgabenstellungen ist es notwendig, verschiedene Komponenten in eine bestimmte Form einzusetzen und somit zu beschneiden. FreeHand-Anwender kennen diese Funktion als »Innen einsetzen«, Illustrator-Anwender verwenden hierzu »Schnittmasken«.

InDesign beherrscht diese Disziplin natürlich auch, und wir werden Ihnen in der Folge zeigen, wie Sie solche Konstruktionen erstellen und bearbeiten können. Das Ziel ist es, den Lageplan aus Abbildung 11.46 zu erstellen.

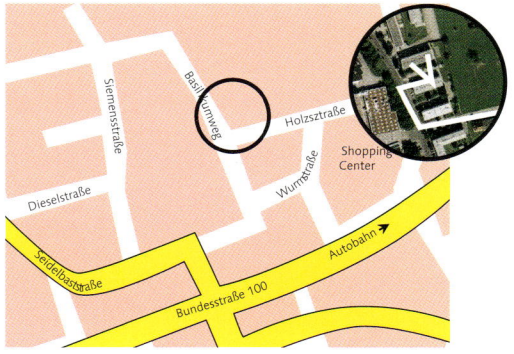

Abbildung 11.46 ▶
Ein solcher Lageplan besteht aus Pfaden, Schrift und Pixelbildern, die allesamt von anderen Pfaden beschnitten sind.

Der Lageplan besteht aus mehreren Komponenten. Zum einen wäre hier die Straßenkarte, die von einer Vorlage aus simplen, eingefärbten Flächen nachgezeichnet wurde. Die gelbe Hauptverkehrsstraße wird zusätzlich mit einer Kontur dargestellt. Da sie im Plan an mehreren Stellen offen ist, ragt sie in der Rohzeichnung über das Endformat hinaus und muss also beschnitten werden. Diese Beschneidung begrenzt dabei mehrere Pfade und gleichzeitig die Beschriftung der Straße. Die Detaildarstellung als Pixelbild, kombiniert mit einem Pfad als Wegbeschreibung, wird von einem Kreis beschnitten, der Pixelbild und Pfad enthalten muss. Beide Grafiken können dann ganz normal – zusammen mit der Markierung der Detailansicht – montiert werden.

[handschriftliche Notiz: x Ausschneiden: Objekt > Auswählen > Inhalt]

Schritt für Schritt: In Auswahl einfügen

BEISPIELMATERIAL •
KAPITEL_11 • LAGEPLAN_ROH.INDD

1 **Rohmaterial vorbereiten**

Erstellen Sie zunächst die Straßenkarte aus einfachen, gefüllten Flächen. Die Straßenzüge ergeben sich aus den Abständen zwischen diesen Flächen. Lediglich der Hauptverkehrsweg wird als eigenständige Form über die Karte gelegt. Wie Sie in Abbildung 11.47 sehen, können Sie in den Randbereichen recht ungenau sein, da diese ohnehin beschnitten werden. Fügen Sie die Straßenbeschriftung hinzu.

2 **Beschneidung vorbereiten**

Legen Sie den Rahmen fest, der den Lageplan begrenzen soll. Wählen Sie dann alle Komponenten der Straßenkarte aus, und gruppieren Sie sie. Dieser Schritt stellt sicher, dass Sie alle Komponenten in das Rechteck einsetzen können. Sobald mehr als ein Objekt in eine Form eingesetzt werden soll, müssen die Objekte gruppiert werden! **x**

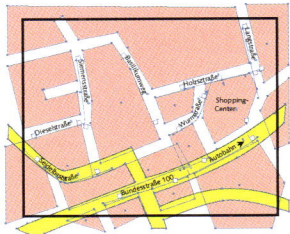

▲ **Abbildung 11.47**
Die Rohversion des Plans ist in den Randbereichen recht ungenau, weil die Ränder ohnehin beschnitten werden. Das gewünschte Endformat ist zur Orientierung eingezeichnet.

3 **In Auswahl einfügen**

Kopieren Sie nun die Objektgruppe des Straßenplans, oder schneiden Sie sie aus. Wählen Sie den Rahmen aus, und rufen Sie IN DIE AUSWAHL EINFÜGEN aus dem Menü BEARBEITEN auf. Die Objektgruppe erscheint nun im Rahmen und wird von dessen Kontur (in unserem Fall ist diese aber 0 Pt stark) begrenzt.

4 **Detailansicht erstellen**

Platzieren Sie das Bild mit der Detailansicht, und fügen Sie einen Pfad hinzu, der die Zufahrt beschreibt. Gruppieren Sie auch diese beiden Komponenten. Erstellen Sie einen Kreis, der die Detailansicht aufnehmen soll, und setzen Sie die Detailansicht-Gruppe in diesen Kreis ein wie in Schritt 3 beschrieben.

▲ **Abbildung 11.48**
Die Pixelbild-Detailansicht wird mit einem Pfad versehen (oben) und in einen Kreis eingesetzt (unten).

5 Einzelteile montieren

Sie können nun die Einzelteile des Lageplans in die richtigen Positionen, z. B. wie in Abbildung 11.46 zu sehen, bringen. Möglicherweise müssen Sie nun einige Korrekturen vornehmen.

6 Detailansicht korrigieren

Wenn die Orientierung der Detailansicht noch nicht zur Karte bzw. zum Straßenverlauf passt, markieren Sie sie, und klicken Sie auf Inhalt auswählen ⚓ im Steuerung-Bedienfeld. Dadurch wird die Objektgruppe im Kreis ausgewählt und kann bearbeitet werden. Wählen Sie das Drehen-Werkzeug ↻ und einen Rotationspunkt, und drehen Sie den Inhalt des Kreises in die gewünschte Position. Nun können Sie die Montage endgültig abschließen, indem Sie alle Komponenten gruppieren und an ihrem Bestimmungsort absetzen. ■

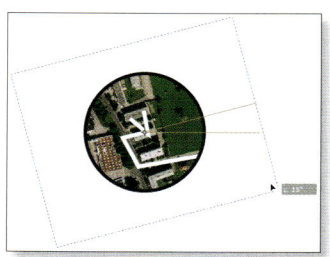

▲ **Abbildung 11.49**
Auch Objekte und Objektgruppen, die in ein anderes Objekt eingesetzt wurden, sind noch bearbeitbar.

Objektgruppen, die in andere Objekte eingesetzt wurden, bleiben natürlich Objektgruppen und können – wie Sie im letzten Schritt gesehen haben – innerhalb der Gruppe ausgewählt und bearbeitet werden, wie gewohnt – schlagen Sie im Zweifelsfall in Abschnitt 8.8, »Objektgruppen«, nach.

11.4   Sonderformen erstellen

Die sichtbaren Konturen von Rahmen definieren sich in ihrem Aussehen zunächst einmal über das Werkzeug, das Sie zum Zeichnen des Rahmens verwenden (Rechteck, Ellipse oder Polygon). Dabei entstehen Pfade, die Sie mit den normalen Pfadwerkzeugen bearbeiten können.

11.4.1   Eckenoptionen wandeln

Sollen diese Standardrahmen z. B. über eingezogene Ecken verfügen, können Sie die Eckenoptionen anwenden (siehe Seite 175) oder eine Wandlung über den PATHFINDER vornehmen, wie Sie in diesem Kapitel gesehen haben. In beiden Fällen werden jedoch lediglich Effekte auf den Pfad angewendet, der den Rahmen darstellt. Die entstehende Form liegt also nicht in einem Pfad vor.

Um angewendete Eckenoptionen in einen Pfad zu wandeln, können Sie einen einfachen Trick anwenden: Legen Sie einen beliebigen, geschlossenen Pfad in den Rahmen, dessen Eckenoptionen gewandelt werden sollen. Dieser Hilfspfad muss zur Gänze im Rahmen liegen. Wählen Sie beide Objekte aus, und wählen Sie

▲ **Abbildung 11.50**
Auf das Polygon oben ist die PHANTASIE-Option angewendet worden. Legen Sie z. B. einen Kreis in den Rahmen, und ADDIEREN Sie beide Formen mit der gleichnamigen PATHFINDER-Funktion. Die entstehende Form (unten) ist nun aus bearbeitbaren Pfaden aufgebaut.

ADDIEREN aus dem Pathfinder-Bedienfeld oder dem Menü OBJEKT • PATHFINDER. Der Hilfspfad geht dabei verloren, aber die Form des Rahmens verändert sich dadurch nicht. Allerdings liegt der Rahmen dann als Pfad vor, der den ursprünglichen Effekt beschreibt und ist nun vollständig bearbeitbar.

11.4.2 Skript »CornerEffects.jsx«

Eine andere Möglichkeit, solche Formen zu erstellen, wäre das Skript »CornerEffects.jsx«, das allerdings noch eine sehr praktische Zusatzfunktion bietet. Rufen Sie das Skripten-Bedienfeld über FENSTER • AUTOMATISIERUNG • SKRIPTEN oder den Tastaturbefehl ⌜Strg⌟+⌜Alt⌟+⌜F11⌟ bzw. ⌘+⌥+⌜F11⌟ auf, öffnen Sie im Bedienfeld den Ordner ANWENDUNG, dann SAMPLES und dann JAVASCRIPT, indem Sie jeweils auf das Symbol ▶ neben den Ordnernamen klicken.

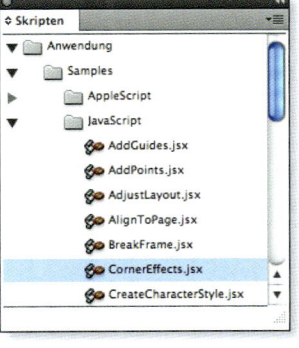

▲ **Abbildung 11.51**
Das Skripten-Bedienfeld mit dem Skript »CornerEffects.jsx«.

Legen Sie einen Rahmen an, lassen Sie den Rahmen ausgewählt, und machen Sie einen Doppelklick auf den Eintrag COR-NEREFFECTS.JSX im Skripten-Bedienfeld. Das Skript liegt im Standardlieferumfang von InDesign nur englischsprachig vor, Sie werden jedoch keine Schwierigkeiten haben, die angebotenen CORNER TYPES den bekannten ECKENOPTIONEN zuzuordnen.

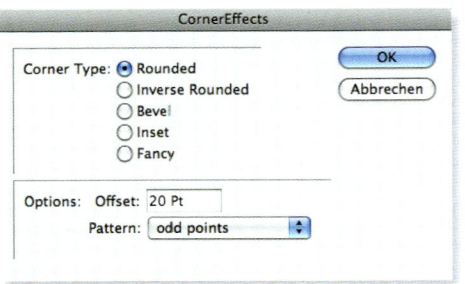 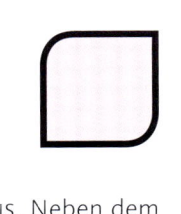

◀ **Abbildung 11.52**
Mit diesen Einstellungen wird das Quadrat oben in die Form unten gewandelt.

Der interessante Teil des Fensters steckt in OPTIONS. Neben dem Eingabefeld OFFSET – entspricht der GRÖSSE der Eckenoptionen, also der Stärke, mit dem sich der Effekt auswirken soll – finden Sie hier das Menü PATTERN, in dem Sie festlegen können, auf welche Punkte des Pfads der jeweilige Effekt angewendet werden soll.

Neben einer Reihe von Möglichkeiten, die Funktion nur auf den ersten, den letzten, jeden dritten usw. Punkt des Pfads anzuwenden, finden Sie auch die beiden Muster ODD POINTS und EVEN POINTS, die die ausgewählte Funktion nur auf jeden zweiten Ankerpunkt beginnend beim ersten Punkt (»odd«=ungerade) oder dem zweiten Punkt (»even«=gerade) des Pfads anwenden.

Die durch dieses Skript entstehenden Formen sind keine Effekte, wie der Name vermuten lässt, sondern Pfade, die Sie mit

Einheit auf mm zurückstellen!

Die meisten Skripte verwenden als Maßeinheit Punkt. Seien Sie also nicht überrascht, dass, nachdem Sie das Skript zum ersten Mal ausgeführt haben, die Lineale und somit auch die Eingabefelder nun auf die Einheit Pt umgestellt sind.

Stellen Sie einfach die Lineale über deren Kontextmenüs wieder auf mm um. Am einfachsten – und für beide Lineale zugleich – geht das über das Kontextmenü des Ursprungs.

▲ **Abbildung 11.53**
Wenn Sie die Form aus Abbildung 11.52 mit dem PATHFINDER aus drei Pfaden erstellen (links), hinterlässt der PATHFINDER zusätzliche Ankerpunkte, die entfernt werden müssen (rechts). »CornerEffects.jsx« erstellt die Form nur mit den notwendigen Ankerpunkten.

den normalen Pfadwerkzeugen bearbeiten können. Um eine Form wie in Abbildung 11.52 zu erstellen, müssen Sie sie entweder überhaupt selbst zeichnen oder mit dem PATHFINDER ein Rechteck mit abgerundeten Kanten und zwei Quadrate für die Ecken addieren. Mit »CornerEffects.jsx« geht das viel einfacher.

11.4.3 Skript »PathEffects.jsx«

Die Eckenoption PHANTASIE bzw. FANCY (im Skript »CornerEffects«) dürften eher selten gebraucht werden. Haben Sie dagegen öfter Bedarf an ausgefallenen Formen, werfen Sie einen Blick auf das Skript »PathEffects.jsx«, das Sie ebenfalls im Ordner JAVASCRIPT im Skripten-Bedienfeld finden.

Erstellen Sie einen Pfad, lassen Sie ihn ausgewählt, und rufen Sie das Skript über einen Doppelklick auf PATHEFFECTS.JSX im Skripten-Bedienfeld auf.

Abbildung 11.54 ▶
PATHEFFECTS verfügt zusätzlich über die Option COPY PATH. Ist sie aktiviert, bleibt der ausgewählte Pfad unangerührt, und die ausgewählte Funktion wird nur auf eine Kopie des Pfades angewendet.
Mit den unteren drei Funktionen können Sie alle Ankerpunkte in Eckpunkte (RETRACTALL), den Pfad in ein Rechteck (MAKERECTANGLE) bzw. in eine Ellipse (MAKEOVAL) wandeln.

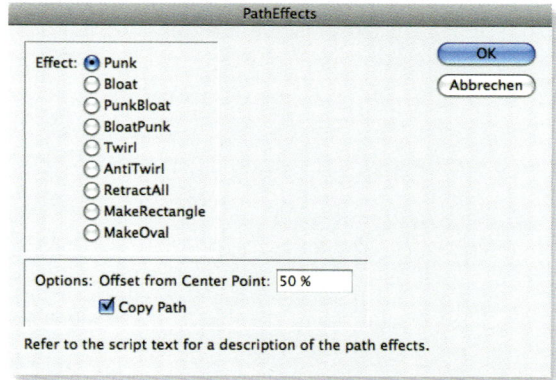

Um dieses Skript zu erforschen, ist Ihr Spieltrieb gefordert. Die Anwendung der ersten sechs Funktionen sehen Sie in Abbildung 11.55 (Ausgangsform ist jeweils das Polygon ganz links):

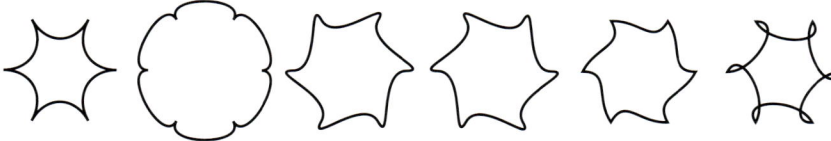

▲ **Abbildung 11.55**
Die ersten sechs Funktionen (von oben nach unten) von »PathEffects.jsx« auf das Polygon ganz links angewendet.

Die Funktionen verändern den Pfad, indem die Schenkel (Richtungslinien) der einzelnen Ankerpunkte entweder vom Mittelpunkt der Form weg- oder zu ihm hinbewegt werden. Wie weit diese Bewegung geht, stellen Sie über OFFSET FROM CENTER POINT ein. Verfügt ein Ankerpunkt über keine Schenkel, so werden sie hinzugefügt.

12 Farben

Der Einsatz von Farbe nimmt in der gesamten Kommunikation eine zentrale Stellung ein. Farben dienen der Information, der Orientierung und der Steigerung der Informationsaufnahme.

Adobe InDesign bietet Ihnen alles, was man zum Thema Farbe benötigt. Farben, Farbtöne, Volltonfarben, normale Verläufe und seit in InDesign CS3 auch weiche Verläufe sowie Kombinationen in Form von Mischdruckfarben gehören zum Repertoire. Das Erstellen von Farben kann in unterschiedlicher Weise erfolgen. Sie können Farben über den FARBWÄHLER, das Farbfelder-Bedienfeld oder über die Pipette des Farbe-Bedienfelds 🎨 erstellen, mit der Sie eine Farbe intuitiv aus dem Spektrum am unteren Rand des Bedienfelds aufnehmen können.

Zur Anlage und speziell zur Weitergabe von InDesign-Dokumenten ist es wichtig, dass Farben als fixer Bestandteil eines Dokuments im Farbfelder-Bedienfeld ▦ benannt und abgelegt werden, damit eine Korrektur von Farben für Sie nicht zum Überlebenstraining wird. Volltonfarben aus importierten Grafiken werden ebenfalls dort abgelegt.

> 💿 Auf der Buch-DVD finden Sie im Ordner BEISPIELMATERIAL • KAPITEL_12 das fertige Dokument »Projektarbeit_Farbe«.

12.1 Der Farbwähler

Welche Farbfüllung bzw. Konturfüllung das aktuell ausgewählte Objekt besitzt, erkennen Sie am schnellsten anhand des Werkzeug-Bedienfelds im Symbol des Quadrats ❶ und der Kontur ❷. Ein rot durchgestrichenes Symbol zeigt an, dass die Fläche bzw. die Kontur keine zugewiesene Farbe besitzt. Die Angaben aus der Abbildung 12.1 symbolisieren somit, dass das gewählte Objekt eine rote Fläche mit keiner gefärbten Kontur besitzt. Besitzt die Kontur keine Farbe, so kann daraus ersehen werden, dass die Kontur auch keine Konturstärke besitzt.

▲ **Abbildung 12.1**
Das Werkzeug-Bedienfeld gibt Auskunft über den »Farbzustand« des gewählten Objektes.

12.1.1 Eine Farbe wählen

Führen Sie einen Doppelklick auf das Quadrat (Füllung) oder das Kontur-Symbol aus. Damit öffnen Sie den FARBWÄHLER, den Sie vielleicht schon aus Adobe Photoshop kennen.

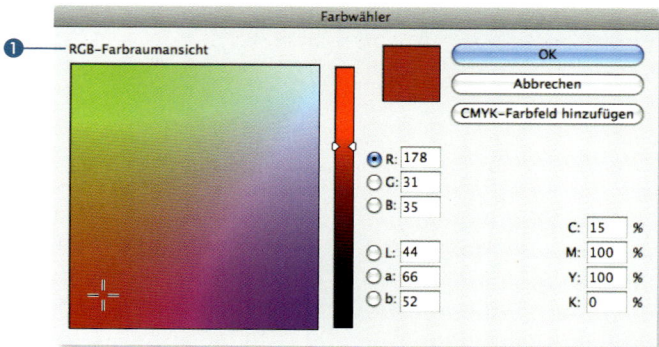

Abbildung 12.2 ►
Der FARBWÄHLER erleichtert das Anmischen von Farben. Eine farbverbindliche Darstellung der CMYK-Werte in der Farbraumansicht ist damit nicht gegeben.

Mit einem Klick in das Farbspektrum wählen Sie eine Farbe aus. Es werden dadurch gleichzeitig die RGB-, Lab- und CMYK-Werte der ausgewählten Farbe angezeigt, die in Abhängigkeit vom gewählten Dokument-Arbeitsfarbraum für RGB und CMYK von der Abbildung abweichen können. Das Farbspektrum wird dabei immer im RGB-Farbraum – RGB-FARBRAUMANSICHT ❶ – angezeigt.

12.1.2 Die Farbräume

Zur Eingabe im FARBWÄHLER stehen die drei Farbräume RGB, Lab und CMYK zur Verfügung. Sonderfarben wie Gold, Pantone, HKS und dergleichen können hier nicht angemischt werden.

RGB | Geben Sie in den Eingabefeldern die gewünschten RGB-Werte von 0 bis 255 ein. Ein absolutes Schwarz wird in RGB durch 0, 0, 0 wiedergegeben. Ein absolutes Weiß somit mit 255, 255, 255. Wenn Sie in das Eingabefeld eines der RGB-Werte klicken, ändert sich der Button CMYK-FARBFELDER HINZUFÜGEN in RGB-FARBE HINZUFÜGEN. Durch Klick auf den Button können Sie die angelegte Farbe dem Farbfelder-Bedienfeld hinzufügen.

Lab | Im Lab-Modus bestimmt der L-Kanal die Luminanz von 0 bis 100 %, der a-Kanal die Rot-Grün-Achse und der b-Kanal die Gelb-Blau-Achse. Die Werte der a- und b-Achse können von –127 bis +127 betragen. Betragen die Werte in beiden Achsen 0, so haben Sie ein technisch neutrales Grau erreicht. Durch Klick auf einen Button bei Lab ändert sich der Button CMYK-FARBFELDER HINZUFÜGEN in LAB-FARBE HINZUFÜGEN.

CMYK | Da das Anmischen von RGB- und Lab-Farben für Personen in der Druckvorstufe eher intuitiv erfolgen muss, beschränken wir uns nun auf die CMYK-Mischung. Sie können Werte zwischen 0 und 100 eingeben. Die Eingabe von Kommastellen für Farbe ist in InDesign nicht vorgesehen und auch nicht sinnvoll.

Farbquäler

Obwohl das Anmischen von Farben über CMYK im FARBWÄHLER möglich ist, wird dennoch das Farbspektrum immer in RGB angezeigt. Das erschwert das Anmischen von Farben für den Ungeübten enorm. Darüber hinaus fehlt in diesem Dialog auch die **Farbumfangswarnung**, die jeder Photoshop-Anwender nützlich findet, wenn es darum geht, Farben anzumischen und die Farbwerte an die Grenzen des Druckbaren zu bringen.

12.2 Das Farbfelder-Bedienfeld

Bevor wir jedoch Farben anlegen, sollten wir uns über die Symbolik im Farbfelder-Bedienfeld klarwerden. Das Bedienfeld können Sie im Menü FENSTER • FARBFELDER oder über das Tastenkürzel ⌜F5⌟ oder durch Klick auf das Symbol ▦ in der Bedienfeldleiste aufrufen.

In Abbildung 12.3 wollen wir Ihnen die drei möglichen Darstellungsformen gegenüberstellen.

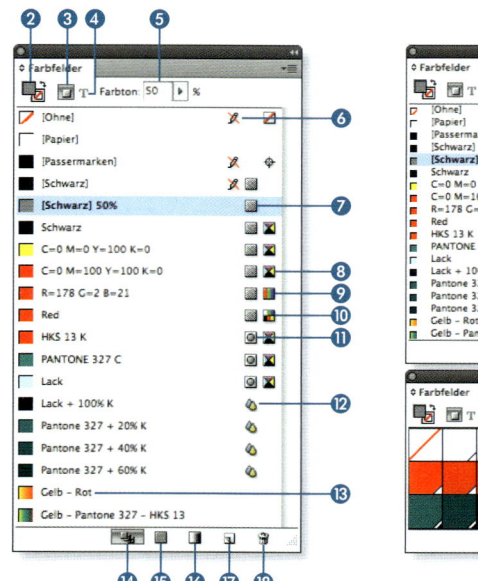

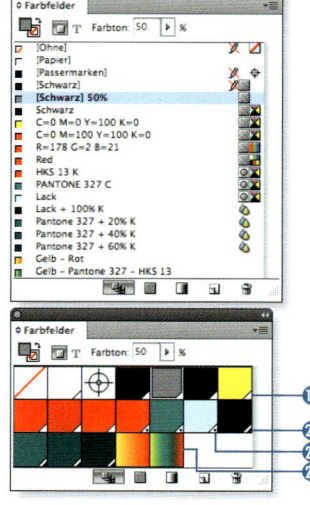

◀ **Abbildung 12.3**
Das Farbfelder-Bedienfeld kann als Namensliste (linke Abbildung), als kleine Namensliste (rechte Abbildung oben) oder als großes (rechte Abbildung unten) und kleines Farbfeld dargestellt werden. Das Umschalten auf die verschiedenen Ansichten erledigen Sie über die gleichnamigen Optionen des Bedienfeldmenüs.

Im **Kopfbereich** des Bedienfelds sehen Sie eine Miniatur des Werkzeugs Fläche und Kontur ❷ aus dem Werkzeug-Bedienfeld. Dann folgen die zwei Symbole FORMATIERUNG WIRKT SICH AUF RAHMEN AUS ❸, das der Farbzuweisung für Rahmenflächen und Konturen dient, sowie FORMATIERUNG WIRKT SICH AUF TEXT AUS ❹, das zur Farbzuweisung auf Text und dessen Kontur verwendet wird. Daneben finden Sie das Eingabefeld zur Farbtonerstellung ❺. Im **mittleren Bereich** befindet sich, je nach gewählter Darstellungsform NAME, NAME (KLEIN), KLEINES FARBFELD oder GROSSES FARBFELD, eine Liste aller im Dokument befindlichen Farbfelder, Verläufe und Farbtöne.

An der **unteren Bedienfeldkante** finden Sie die Buttons ALLE FARBFELDER EINBLENDEN ▦ ❿, FARBFELDER EINBLENDEN ▩ ⓯ (durch den nur Farben und Farbtöne in der Liste angezeigt werden), VERLAUFSFELDER EINBLENDEN ▨ ⓰, NEUES FARBFELD ▣ ⓱ und FARBFELD LÖSCHEN 🗑 ⓲.

Hilfe, ich sehe meine angelegten Verläufe nicht!

Wenn Sie nach dem Erstellen von Farbverläufen diese nicht im Farbfelder-Bedienfeld sehen, haben Sie wahrscheinlich nicht den Button ALLE FARBFELDER EINBLENDEN ❿ in der Fußzeile des Farbfelder-Bedienfelds aktiviert.

[Passermarken]

Die Farbe [PASSERMAKEN] dient der Markierung von Schittmarken und Passkreuzen, die auf allen Farbauszügen vorhanden sein müssen. Sie ist als CMYK-Farbe (100|100|100|100 + 100 % jeder verwendeten Schmuckfarbe definiert.

Die Farbe [PAPIER] kann durch den Anwender selbst festgelegt werden. Damit lässt sich beispielsweise ein Papierton – etwas der Papierton der Financial Times – zur Simulation der Kontraste am Monitor definieren. **Achtung:** Der gewählte Papierton wird nicht ausgegeben. Papier ist somit immer weiß, egal, welcher Farbwert eingestellt ist.

Mit **Prozessfarben** sind Farbdefinitionen gemeint, die in der Ausgabe (Separation) in die vier Skalenfarben aufgeteilt werden. **Volltonfarben**, auch als Sonder- oder Schmuckfarben bezeichnet, sind dagegen Farben, die als eigenständige Farben gedruckt werden sollen. Typische Beispiele für die Verwendung von Volltonfarben sind Lacke, fluoreszierende Farben, Gold, Silber und andere Metalltöne, die vorwiegend durch die Farbenhersteller Pantone oder HKS verkauft werden.

[Mischdruckfarben]
Mischdruckfarben sind Farben, die zumindest aus zwei Farben, entweder einer Skalafarbe und einer Volltonfarbe oder aus zwei Volltonfarben, bestehen.

Aufbau der Farbliste | Der Eintrag einer Farbe in der Farbliste hat immer denselben Aufbau. Zuerst wird die Farbe in einem kleinen Farbfeld, gefolgt vom Farbnamen, dargestellt. Die Namen können dabei in eckigen Klammern, z. B. [SCHWARZ], als Farbwertangabe (z. B. C=100 M=0 Y=0 K=0) oder selbst definiert ausgeführt sein. Farben in eckigen Klammern sagen uns, dass sie »Grundfarben« sind und somit nicht gelöscht werden können. Das Symbol 🖊 ❻ bedeutet, dass die Farbwerte der Farbe nicht geändert werden können.

Alle Farben, die nicht geschützt und nicht als Volltonfarbe über eine EPS-, PDF-, TIFF- oder PSD-Datei importiert worden sind, können jederzeit umgestellt werden. Bei importierten Volltonfarben kann nur der Farbmodus geändert werden, nicht jedoch die Farbwerte.

Farbtyp und Farbmodus | Die letzten beiden Symbole eines Farbeintrags signalisieren uns einerseits den Farbtyp und andererseits den gewählten Farbmodus.

Beim **Farbtyp** wird zwischen PROZESS ▦ ❼ und VOLLTON ◙ ⓫ unterschieden. Die Darstellung des Farbtyps in der großen Farbfeld-Darstellung (Abbildung 12.3 rechts unten) erfolgt im rechten unteren Dreieck des Farbfelds. Ist das Dreieck leer ⓳, so handelt es sich um eine Prozessfarbe. Ist ein Punkt im Dreieck ㉑ zu sehen, so handelt es sich um eine Volltonfarbe.

Der **Farbmodus** bestimmt, in welchem Farbraum die Farbdefinition vorgenommen wurde. Dabei wird zwischen Lab ▨ ❿, RGB ▦ ❾ und CMYK ▨ ❽ unterschieden. Der Farbmodus ist aus der großen Farbfeld-Darstellung (Abbildung 12.3 rechts unten) nicht ersichtlich.

Eine Besonderheit dabei ist, dass, wenn Sie Volltonfarben aus den mitgelieferten Farbskalen HKS bzw. Pantone auswählen, diese zwar als Volltonfarben gekennzeichnet sind, ihnen als Farbmodus jedoch CMYK zugewiesen wird. Dies resultiert daraus, dass für jede Volltonfarbe ein sogenannter Alternativfarbraum hinterlegt ist, und der ist eben CMYK. Damit wissen wir immer, mit welchen CMYK-Werten eine Volltonfarbe durch eine CMYK-Umwandlung separiert würde. Eine davon abweichende Vorgehensweise steht im Druckfarben-Manager zur Verfügung.

Mischdruckfarben und Verläufe | Eine Mischdruckfarbe erkennen Sie am Symbol 🎨 ⓬ und ⓴ Ein Verlauf ⓭ und ㉒ kann aus verschiedenen Farben bzw. seit InDesign CS3 auch aus transparenten Bereichen zusammengesetzt sein, weshalb keine Farbtyp- und Farbmodus-Kennzeichnung vorliegt.

12.3 Erstellen und Löschen von Farben über das Farbfelder-Bedienfeld

Das Erstellen von Farben führt über das Farbfelder-Bedienfeld schnell und vor allem mit exakt definierten Farbwerten zum gewünschten Ergebnis.

12.3.1 Erstellen einer Prozess- und Volltonfarbe

Rufen Sie die Funktion NEUES FARBFELD im Bedienfeldmenü des Farbfelder-Bedienfelds auf. Für Tastaturkürzel-Liebhaber empfiehlt es sich, das NEUES FARBFELD-Symbol ⬛ bei gleichzeitig gedrückter ⌥Alt- bzw. ⌥⌥-Taste zu klicken. Im erscheinenden Dialog können Sie Farben sowohl für den gewünschten Farbtyp als auch für den Farbmodus erstellen.

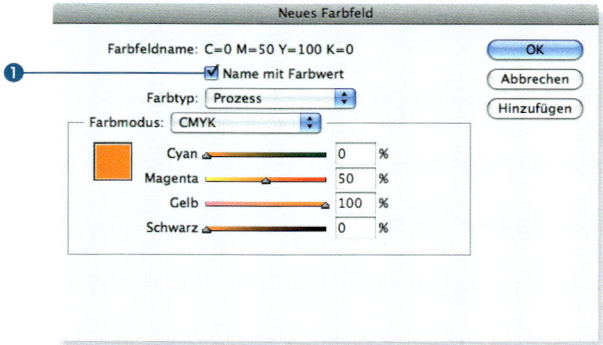

◄ Abbildung 12.4
Ein neues Farbfeld definieren. Legen Sie den gewünschten FARBTYP und FARBMODUS fest, und bestimmen Sie den Farbnamen.

▶ **Farbfeldname:** Standardmäßig wird der FARBFELDNAME automatisch aus den eingegebenen Werten (CMYK, RGB, Lab) generiert. Wenn Sie jedoch einen eigenen Farbnamen vergeben wollen, müssen Sie die Checkbox NAME MIT FARBWERT ❶ deaktivieren.

▶ **Farbtyp:** Ob Sie eine Prozessfarbe oder eine Volltonfarbe erstellen wollen, legen Sie mit der Option FARBTYP ❷ fest.

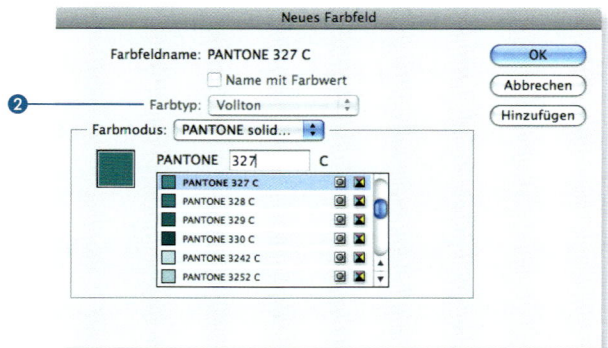

◄ Abbildung 12.5
Eingabe einer Pantone-Farbe über die entsprechende Farbnummer im System

---

TOP-TIPP
Farbfeld anlegen

Wählen Sie zuerst eine bereits definierte Farbe aus, und klicken Sie danach mit ⌥Alt bzw. ⌥⌥ auf das neue Farbfeld-Symbol. Damit werden die Farbwerte der zuerst gewählten Farbe der neuen Farbe zugrunde gelegt. Achten Sie dabei darauf, dass nichts markiert ist, da sonst das Objekt die Farbe zugewiesen bekommt.

Namen von Farben

Speziell in umfangreicheren Projekten ist es absolut ratsam, den Farben eine eindeutige Kennzeichnung zukommen zu lassen, denn es ist in der Praxis nicht unüblich, dass Farbnamen wie »Rot«, »HKS 13«, »Red«, »Kapitelfarbe« usw. eigentlich dasselbe beabsichtigen und somit auf eine Farbe zurückzuführen wären.

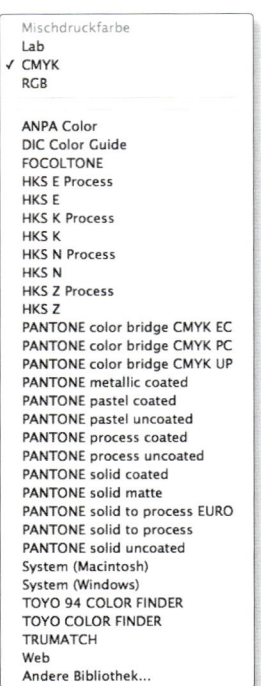

▲ Abbildung 12.6
Alle Farbmodi, die zur Definition
von Farben in InDesign CS4 zur
Verfügung stehen

▶ **Farbmodus:** Wählen Sie den gewünschten FARBMODUS aus der
Liste der verfügbaren Farbmodi (Abbildung 12.6) zum Eingeben der Farbnummern aus. Sollen Sie beispielsweise eine Pantone-Farbe definieren, so können Sie die Nummer der Farbe
über das Eingabefeld festlegen. Es wird Ihnen dabei auffallen,
dass Sie in diesem Fall FARBFELDNAME und FARBTYP nicht mehr
ändern können. Wenn Sie auf die CMYK-Werte der Pantone-
Farbe zurückgreifen wollen, ändern Sie den FARBMODUS wiederum auf CMYK.

Haben Sie die Definition eines Farbfeldes vorgenommen, so können Sie durch Drücken auf den Button HINZUFÜGEN die aktuell
eingestellten Farbwerte als Farbfeld der Liste anfügen. Sie können
damit weiterhin im Dialog NEUES FARBFELD bleiben und weitere
Farben anlegen. Mit OK bestätigen Sie die Eingabe, und der Eingabedialog wird geschlossen.

12.3.2 Farbtöne anlegen

Unter Farbtönen versteht man die einheitliche Rücknahme des
Farbauftrags in einer Farbe. Das Definieren von Farbtönen ist einfach: Markieren Sie den Basisfarbton in der Liste, und führen Sie
danach aus dem Bedienfeldmenü den Befehl NEUES FARBTONFELD
aus. Im Eingabedialog geben Sie in das Feld FARBTON ❶ den
gewünschten Prozentwert ein.

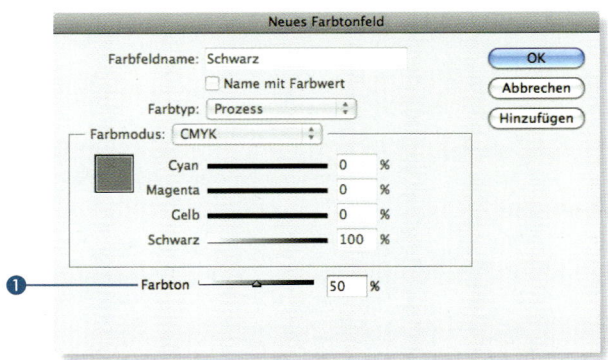

Abbildung 12.7 ▶
Definieren eines 50 % schwarzen
Farbtonfelds

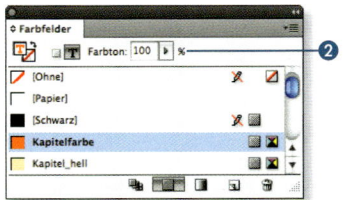

▲ Abbildung 12.8
Eingabe des Farbtons im Bedienfeld

An dieser Stelle fragen Sie sich vielleicht, ob es nicht einfacher
wäre, einen Farbton erst im Layout durch Setzen des Prozentwerts
im Eingabefeld FARBTON ❷ zu erzielen. Diese Arbeitsweise steht
Ihnen natürlich zur Verfügung. Es empfiehlt sich jedoch, die Farbtöne auch im Farbfelder-Bedienfeld anzulegen, denn wie oft ist es
im Layout schon passiert, dass nach dem Proof festgestellt wird,
dass die Farbtöne zu dunkel gewählt wurden? Sie können nun alle
eingefärbten Farbtöne im Dokument suchen und durch den hel-

leren Farbton ersetzen, oder Sie ändern lediglich den FARBTON im Farbfelder-Bedienfeld. Den Vorteil einer nachträglichen Korrektur sollte man sich nicht entgehen lassen.

12.3.3 Löschen von Farben

Farben können einzeln oder, wenn mehrere in der Farbliste aktiviert wurden, gemeinsam gelöscht werden. Der Vorgang des Löschens soll jedoch sehr gut überlegt sein.

Alle überflüssigen Farben aus dem Dokument entfernen | Bevor wir jedoch eine Farbe anlegen, empfehlen wir, alle überflüssigen Farben aus dem Dokument zu entfernen, damit der Überblick über die verwendeten Farben gewahrt bleibt. Dazu wählen Sie im Bedienfeldmenü den Befehl ALLE NICHT VERWENDETEN AUSWÄHLEN. Dadurch werden alle nicht im Dokument verwendeten Farben in der Farbfeldliste markiert. Schauen Sie sich die Liste der Farben an, und entscheiden Sie, ob eventuell die eine oder andere Farbe doch nicht gelöscht werden soll.

Um eine Farbe aus der Auswahl zu entfernen, müssen Sie nur die ⌈Strg⌉- bzw. ⌈⌘⌉-Taste drücken und auf den entsprechenden Eintrag klicken. Um die ausgewählten Farben zu löschen, drücken Sie auf das Symbol FARBFELDER LÖSCHEN 🗑. Alle Farben werden ohne weitere Rückfrage aus dem Farbfelder-Bedienfeld entfernt.

Löschen von verwendeten Farben | Wenn Sie versuchen, eine Farbe zu löschen, die im Dokument verwendet worden ist, werden Sie durch einen Dialog aufgefordert, eine andere Farbe zur Kennzeichnung der eingefärbten Objekte zu wählen.

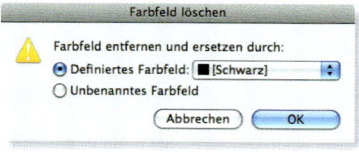

- ▶ DEFINIERTES FARBFELD: Löschen Sie Farben, indem Sie sie durch die ausgewählte Farbe ersetzen.
- ▶ UNBENANNTES FARBFELD: Das Umwandeln in ein unbenanntes Farbfeld erhält die Farbwerte für die zugewiesenen Objekte, das Farbfeld wird jedoch aus dem Bedienfeld gelöscht. Damit kann diese Farbe nicht mehr global geändert werden.

Unbenannte Farben | Wurden im Layout Farben einzelnen Objekten zugewiesen – über Farbaufnahme durch die Pipette bzw. über das Farbe-Bedienfeld durch einfachen Klick in das

---

Farbtöne in Photoshop

Der Begriff »Farbton« wird in Adobe Photoshop durch die Bezeichnung »Deckkraft« abgebildet.

HINWEIS

Falls Sie nebenstehende Anweisung durchführen, wenn kein Dokument geöffnet ist, so wird jedes neue Dokument nur mit den »nicht löschbaren« Farben angelegt.

◀ **Abbildung 12.9**
Löschen einer in Verwendung befindlichen Farbe

Anlegen von Primärfarben

Wenn Sie beim Anlegen der Farben die Farbnamen »Magenta«, »Gelb« oder »Cyan« verwenden, werden Sie darauf hingewiesen, dass diese bereits definiert sind. Verwenden Sie eine andere Bezeichnung wie z. B. »100 M«, oder ergänzen Sie den Farbnamen mit einem Leerzeichen.

Spektrum –, so haben Sie unbenannte Farbfelder erstellt. Um diese Farbwerte einerseits in das Farbfelder-Bedienfeld aufzunehmen und andererseits damit einen Bezug zwischen Objektfarben und den Einträgen im Farbfelder-Bedienfeld herzustellen, müssen Sie nur im Bedienfeldmenü den Befehl UNBENANNTE FARBEN HINZUFÜGEN auswählen. Damit können sich beispielsweise Druckdienstleister, die das Dokument überarbeiten müssen, ganz einfach einen Überblick über die verwendeten Farben verschaffen.

Farbliste sortieren | Farbfelder können sortiert und zusammengestellt werden, indem Sie den Eintrag wie bei den Ebenen nach oben oder unten verschieben. Die Möglichkeit, Gruppen von Farben anzulegen, wie dies seit InDesign CS3 für Absatz-, Zeichen-, Zellen- und Tabellenformate sowie Objektstile möglich ist, fehlt.

12.3.4 Erstellen von Verlaufsfeldern

Der Weisheit »Hat der Grafiker nichts drauf, macht er einen Verlauf« können wir uns nur bedingt anschließen. Verläufe können neben ihrer eigentlichen Funktion in Verbindung mit Transparenzen bzw. als transparent auslaufende Verläufe genial eingesetzt werden.

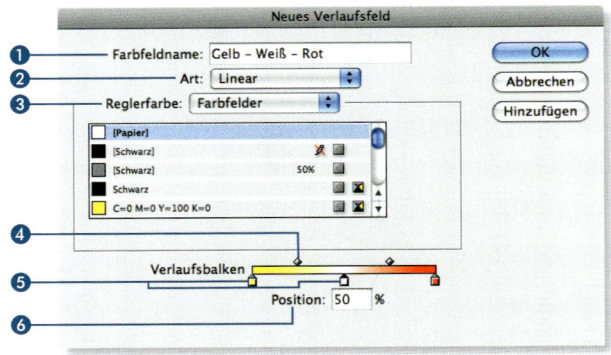

Abbildung 12.10 ▶
Die Definition eines Verlaufs. Dabei ist es noch unerheblich, ob der Verlauf ein deckender oder ein transparent auslaufender Verlauf werden wird.

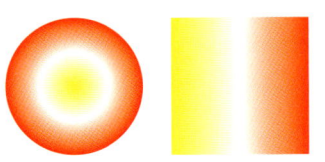

▲ Abbildung 12.11
Radialer bzw. linearer Verlauf

Um einen Verlauf zu erstellen, führen Sie den Befehl NEUES VERLAUFSFELD aus dem Bedienfeldmenü aus. Das Definieren von Verlaufsfeldern funktioniert wie in Adobe Photoshop oder Adobe Illustrator.

▶ FARBFELDNAME ❶: Geben Sie dem Verlauf einen treffenden Namen.

▶ ART ❷: Mit dieser Option bestimmen Sie, ob Sie einen linearen oder einen radialen Verlauf erstellen wollen. Standardmäßig wird ein Weiß-Schwarz-Verlauf angezeigt.

▶ VERLAUFSBALKEN: Um dem Verlauf eine Farbe zuordnen zu können, müssen Sie zuerst auf einen der Regler ❺ klicken.

- ▶ REGLERFARBE ❸: Über diese Option können Sie nun auf die bereits definierten Farbfelder zurückgreifen.

Jetzt können Sie für den ersten und dann für den letzten Regler die Farbe definieren. Auch hier zahlt es sich aus, wenn Sie bereits definierte Farbfelder verwenden. Einerseits können Sie dann auf definierte Farbtöne im Verlauf zurückgreifen, und andererseits führt eine spätere Änderung einer definierten Farbe auch zu einer Anpassung des Verlaufs. Wollen Sie diesen Vorteil aber nicht einsetzen, können Sie über die Option REGLERFARBE einen anderen Farbraum zum Definieren der Reglerfarbe bestimmen. Zur Verfügung stehen Lab, CMYK und RGB.

Zusätzliche Farbe im Verlauf einbauen | Eine zusätzliche Farbe können Sie durch Hinzufügen eines weiteren Reglers ❺ in einen Verlauf hineinbringen. Dazu müssen Sie nur zwischen die bestehenden Regler unterhalb des Verlaufsbalkens klicken und den neuen Regler an die gewünschte Position bringen. Ist ein Regler aktiviert, so kann er auch über die numerische Eingabe der POSITION ❻ exakt gesetzt werden. Durch das Verschieben der Reglerpositionen können Sie sehr einfach einen asymmetrischen Verlauf erstellen.

Verlaufsübergänge einstellen | Eine besondere Aufgabe hat das Positionssymbol ❹ zu erfüllen. Ein Verlauf wird normalerweise »fließend« von einer Farbe in die andere bzw. nach transparent überführt. Durch Verschieben des Positionssymbols können Sie breitere oder kürzere Verlaufsübergänge erstellen.

Verlauf mit hartem Farbübergang erstellen | Wenn zwei Regler auf dieselbe Position gestellt werden – dies kann nur über die numerische Eingabe der Position erfolgen –, so kann auch ein Verlauf erstellt werden, der aus einem weichen und einem harten Übergang besteht. Somit können Sie den Kastentitel »TV-Tipp«, wie in Abbildung 12.13 dargestellt, mit nur einem einzigen Textkasten abbilden. Ein kurzer Verlauf von Weiß auf Dunkelrot und daran anschließend ein Verlauf von Rot auf Rot ermöglicht dieses Vorhaben.

Da Sie auch Verläufe auf Linien anwenden können, ergeben sich daraus noch zusätzliche interessante Möglichkeiten. Abbildung 12.14 auf der nächsten Seite zeigt Ihnen dazu ein Beispiel aus einem österreichischen Multimedia-Magazin. Der Kastentitel muss mit einer dunkelblauen und einer hellblauen Fläche unterlegt werden. Dieses Vorhaben wäre eigentlich mit einfachen

Lab
CMYK
RGB
✓ Farbfelder

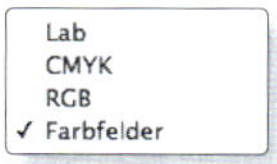

▲ **Abbildung 12.12**
Farbmodi für Reglerfarben

▲ **Abbildung 12.13**
Während das Bild an der linken Seite mit einem normalen Schlagschatten versehen ist, muss der rote Titelbalken mit einem Dunkelrot auf Weiß verlaufenden Schatten versehen werden. Am harten Übergang zwischen Dunkelrot und Rot stehen beide Regler an derselben Position.

▲ **Abbildung 12.14**
Eine hart verlaufende Absatzlinie
oben gekoppelt mit einer punktier-
ten Absatzlinie darunter

Absatzlinien darüber und darunter – mehr Informationen dazu
erhalten Sie in Abschnitt 14.5.11, »Absatzlinien«, auf Seite 403 –
abbildbar. Doch da zusätzlich eine punktierte Linie an der unteren
Titelkanten stehen muss, hilft nur noch, eine ABSATZLINIE DARÜ-
BER, die mit einem harten Verlaufsübergang ausgestattet ist, dafür
zu verwenden. Den entsprechenden Verlauf erstellen Sie durch
Eingabe von numerischen Positionen. Wie das geht, erfahren Sie
in der nachfolgenden Schritt-für-Schritt-Anleitung.

Schritt für Schritt: Verlauf mit hartem Übergang erstellen

1 **Anlegen des Basisverlaufs**
Rufen Sie aus dem Bedienfeldmenü des Farbfelder-Bedienfelds
den Befehl NEUES VERLAUFSFELD auf.

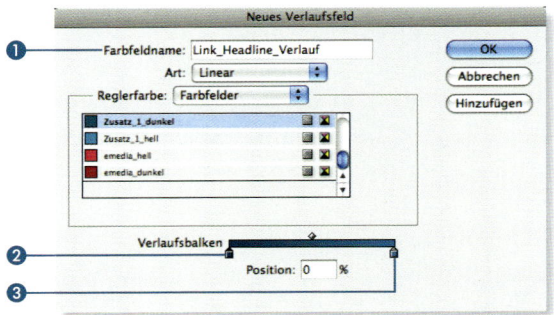

Abbildung 12.15 ►
Anlegen eines Verlaufs von einer
dunkleren zu einer helleren Farbe

Geben Sie den Namen für den Verlauf im Eingabefeld FARBFELD-
NAME ❶ ein.

Wählen Sie dann den ersten Regler ❷ aus, und weisen Sie die
dunklere Farbe aus den Farbfeldern zu. Dann wählen Sie den
zweiten Regler ❸ aus und weisen diesem die hellere Farbe zu.
Das Ergebnis müsste dann wie in Abbildung 12.15 aussehen.

2 **Zwei Regler hinzufügen**
Fügen Sie einen weiteren Regler ❹ hinzu, und setzen Sie diesen
auf die dunklere Farbe. Stellen Sie dann die POSITION des Reglers
auf 33 %. An dieser Position soll der harte Verlaufsübergang erfolgen.

Fügen Sie dann den zusätzlichen Regler ❺ hinzu, und färben
Sie diesen mit der helleren Farbe ein. Welche Position Sie diesem
Regler geben, ist egal. Wichtig ist nur, dass der neue Regler ❺
rechts neben dem ersten ❹ steht und dass er auch als zweiter
angelegt wurde. Der Dialog stellt sich dann dar wie in Abbildung
12.16 .

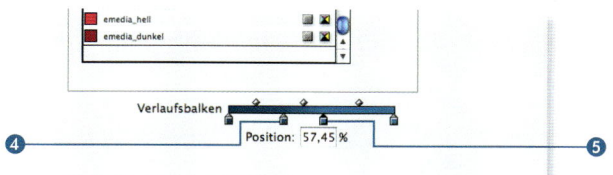

3 **Bestimmen der Position für den zweiten Regler**

Abschließend müssen Sie nur noch den zweiten Regler ❼ auswählen und ebenfalls dessen POSITION ❻ auf 33% stellen.

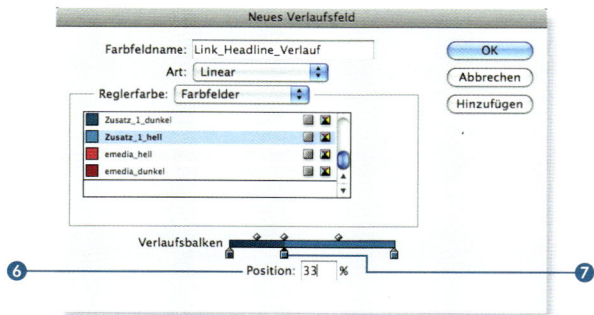

◄ **Abbildung 12.17**
Auswählen des zweiten Reglers ❼ und Eingabe der POSITION. Es stehen nun zwei Regler übereinander an der gleichen Position.

Damit haben Sie den Verlauf mit einem harten Übergang erstellt. Bestätigen Sie Ihre Eingabe mit OK. ■

Verwenden von Volltonfarben in Verläufen | Seit InDesign CS2 können Vollton-zu-Vollton-Farbverläufe erstellt werden, ohne dass dadurch eine Konvertierung nach CMYK erfolgt. InDesign CS4 kann Verläufe von Vollton- zu Volltonfarben, Verläufe von Vollton- zu Prozessfarben als auch Verläufe nach transparent korrekt erstellen und ausgeben.

Damit ein Vollton-zu-Vollton-Verlauf korrekt ausgegeben werden kann, bedient man sich eines Tricks: Die verlaufenden Volltonfarben werden gegenüber der zweiten Farbe auf Überdrucken gestellt, woraus sich eine adäquate Abbildung im Druck ergibt.

12.3.5 Erstellen von Mischdruckfarben

Bei Mischdruckfarben handelt es sich um Farben, die aus zumindest einer Volltonfarbe und einer oder mehreren anderen Farben »gemischt« werden. Das Einsatzgebiet ist vor allem bei 2c-Produktionen, bestehend aus Schwarz und einer Volltonfarbe, zu finden, oder in Produktionen, bei denen Lack in Verbindung mit Farbe eingesetzt werden soll.

Lassen Sie uns an einem Beispiel das Einsatzgebiet erklären: Angenommen, Sie sollen einen Geschäftsbericht erstellen. Aus

Darstellungsproblem bei Volltonfarbverläufen

Wenn Sie einen Verlauf, in dem eine Volltonfarbe vorkommt, in ein PDF exportieren, könnte es passieren, dass der Verlauf nicht korrekt im PDF angezeigt wird. Es handelt sich dabei nicht um ein Problem von InDesign oder PDF, sondern lediglich um ein Darstellungsproblem.

Volltonfarben werden zur korrekten Abbildung auf ÜBERDRUCKEN gestellt. Aktivieren Sie zum Anzeigen der Verläufe unbedingt die Überdrucken-Vorschau in Acrobat Professional bzw. dem Adobe Reader (ab Version 7).

Korrekte Darstellung von Volltonfarben

Waren in InDesign CS keine Unterschiede in der Darstellung am Monitor zwischen einer Volltonfarbe und dem CMYK-Pendant zu sehen, können diese, bedingt durch die Erweiterungen im PDF-Standard, seit InDesign CS2 korrekt dargestellt werden. Damit werden Ihnen am Monitor möglichst originalgetreu die Farbwerte einer Pantone- bzw. HKS-Farbe im Vergleich zu den CMYK-Pendants angezeigt.

CI-Gründen dürfen Sie nur PANTONE ORANGE 021 C (als Volltonfarbe) und Schwarz einsetzen.

Geschäftsberichte zeichnen sich meistens durch das Vorhandensein vieler Tabellen aus. Um Tabellen attraktiver zu gestalten, werden gerne Zeilen farbig hinterlegt. Sie haben nun die Möglichkeit, die Zeilen schwarz oder orange mit allen Farbtonabstufungen – Schwarz 10 %, Schwarz 20 % bis Orange 80 %, Orange 90 % – zu hinterlegen. Das Leben ist manchmal grau genug, weshalb Sie gerne die Tabellen mit Orange-Farbtönen hinterlegen würden – eine wahrscheinlich nicht optimale Grafikerleistung. Durch die Verwendung einer Mischdruckfarbe können Sie sämtliche Farbkombinationen wie beispielsweise Orange 100 % + Schwarz 10 % und somit dunklere Orangetöne erstellen, obwohl Sie nur mit zwei Farben arbeiten dürfen.

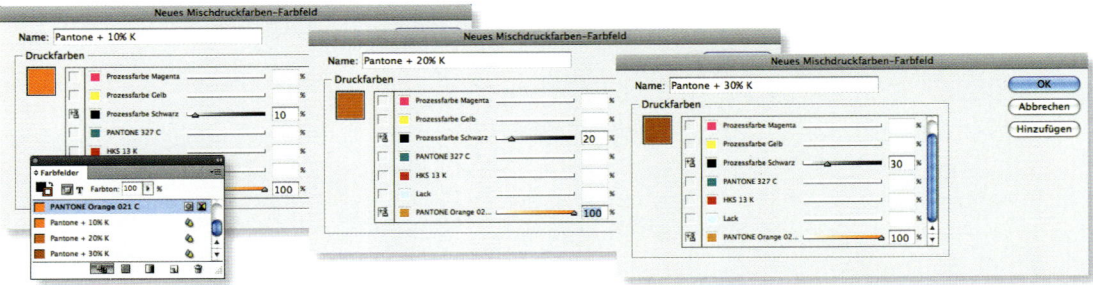

▲ **Abbildung 12.18**
Mit Mischdruckfarben können in 2c-Produktionen mehrere Farbabstufungen erzeugt werden.

Partielles Lackieren | Ein anderes Einsatzgebiet ist, wenn Sie bestimmte Schwarzpartien – gewisse Headlines oder Flächen – aus Effektgründen partiell lackieren möchten. Mit Mischdruckfarben erstellen Sie sehr schnell neben »Schwarz« auch ein »Schwarz +Lack«, wodurch Sie nun alles, was Sie schwarz und lackiert haben möchten, einfach mit der neuen Mischdruckfarbe einfärben.

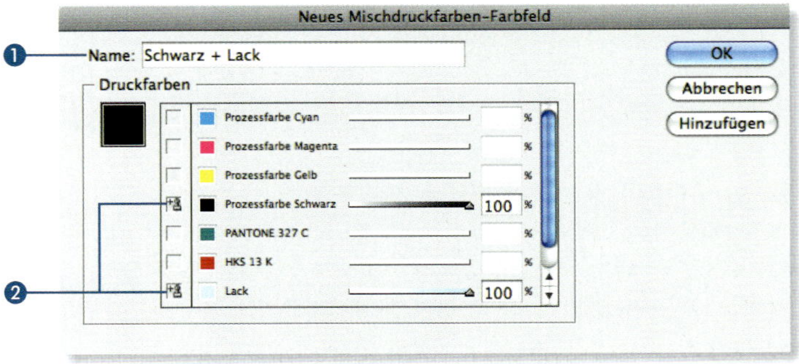

Abbildung 12.19 ▶
Anlegen einer Mischdruckfarbe. Bei Mischdruckfarben können Sie zwei oder mehr Vollton- bzw. Prozessfarben miteinander kombinieren.

Mischdruckfarben anlegen | Eine Mischdruckfarbe legen Sie an, indem Sie aus dem Bedienfeldmenü den Befehl NEUES MISCHDRUCKFARBEN-FARBFELD ausführen. Vergeben Sie darin einen entsprechenden NAMEN ❶, und aktivieren Sie in den Aktivierungsfeldern ❷ die Farben, die zur Mischdruckfarbe gehören. Sie müssen dann noch den Prozentwert definieren, mit dem die einzelnen Farben im Druck gemischt werden sollen.

Mischdruckfarben-Gruppe anlegen | Das Erstellen einer Mischdruckfarben-Gruppe ist sehr einfach. Aktivieren Sie alle Farben, die in der Mischdruckfarbe vorhanden sein sollen, und bestimmen Sie den Anfangswert, die Anzahl der Wiederholungen und in welcher Abstufung ❸ Mischdruckfarben erstellt werden sollen.

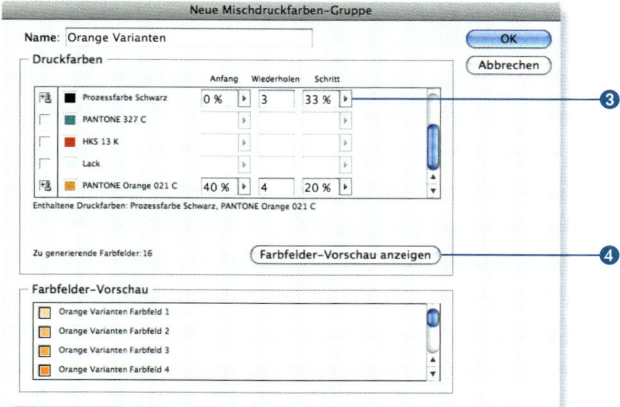

◄ **Abbildung 12.20**
Sollten Sie mehrere Abstufungen von Mischdruckfarben benötigen, so empfehlen wir Ihnen, dies über den Befehl NEUE MISCHDRUCKFARBEN-GRUPPE aus dem Bedienfeldmenü zu erledigen.

Durch Anklicken des Buttons FARBFELDER-VORSCHAU ANZEIGEN ❹ sehen Sie alle Farbfelder, die generiert werden.

Gesamtfarbauftrag beachten | Beim Anlegen von Mischdruckfarben, bestehend aus drei oder vier Farben, ist sehr schnell der maximale Gesamtfarbauftrag erreicht. Der Gesamtfarbauftrag sollte nie überschritten werden, da das Druckbild der gegenüberliegenden Seite auf die abgelegte Seite durchschlagen kann. Tabelle 12.1 gibt einen kurzen Überblick über den Gesamtfarbauftrag der gängigen ISO-Profile und die damit zu bedruckenden Papierklassen.

Profilname	Papierklasse	Gesamtfarbauftrag
ISOCoated v2 (ECI)	Papierklasse 1 + 2	330 %
ISOCoated v2 300 % (ECI)	Papierklasse 1 + 2	300 %
ISO Uncoated	Papierklasse 4	320 %
ISO Uncoated yellowished	Papierklasse 5	320 %
ISO WebCoated	Papierklasse 3 (LWC)	300 %
ISO Newspaper	Papierklasse 3 (LWC)	240 %

◄ **Tabelle 12.1**
Übersicht über die ISO-Profile und den damit maximal zu erreichenden Gesamtfarbauftrags

12.4 Farben auf Konturen, Flächen, Text oder Textkontur anwenden

Nachdem Sie nun imstande sind, Text-, Grafikrahmen sowie Konturen und Farben zu erstellen, dürfte es für Sie durch die Kombination aller bisher genannten Bedienfelder eine einfache Übung werden, Farben auch zuzuweisen. Sie können Flächen, Konturen und den Lücken einer Kontur eine Farbe zuweisen.

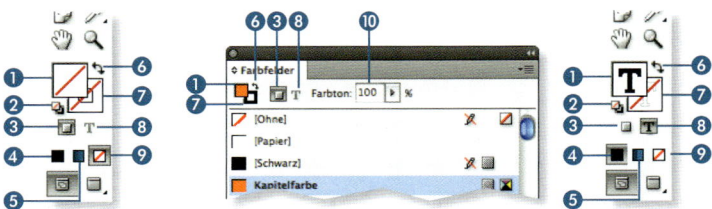

Abbildung 12.21 ▶
Zuweisen der Farben über das Werkzeuge- bzw. Farbfelder-Bedienfeld

Bevor Sie Farben zuweisen, ist es wichtig, sich darüber im Klaren zu sein, ob Sie eine Farbe einem Rahmen bzw. einer Kontur oder einem Text zuweisen möchten. Die Auswahl nehmen Sie mit dem Symbol für FLÄCHE ❸ bzw. TEXT ❽ vor. Sind das Flächensymbol ❶ und das Konturensymbol ❼ mit einer roten Diagonale durchgestrichen, so besitzt der aktivierte Rahmen weder eine Flächennoch eine Konturfarbe bzw. Konturstärke. Im Falle des Textes bedeutet die Abbildung, dass der Text eine schwarze Fläche, jedoch keine Konturfarbe – der Normalzustand einer Glyphe – besitzt.

Fläche mit Farbe füllen | Einen Rahmen können Sie auf zweierlei Art mit Farbe füllen.

1. Sie müssen zuvor den Text- bzw. Grafikrahmen aktiviert haben. Danach klicken Sie auf das Flächensymbol ❶ und wählen aus dem Farbfelder-Bedienfeld die gewünschte Flächenfarbe aus.
2. Sie haben keinen Rahmen aktiviert oder über das Tastaturkürzel [Strg]+[⇧]+[A] bzw. [⌘]+[⇧]+[A] alles deaktiviert. Dann ziehen Sie aus dem Farbfelder-Bedienfeld die gewünschte Farbe auf die leere Fläche, die Sie einfärben wollen. Der Cursor verändert sich und zeigt damit an, dass die darunterliegende Fläche nun eingefärbt werden kann.

Kontur mit Farbe füllen | Um der Kontur des Rahmens eine Farbe zuzuweisen, müssen Sie ihr zuerst im Kontur- oder Steuerung-Bedienfeld eine Konturstärke geben. Danach klicken Sie auf das Kontursymbol ❼ – das Symbol springt dabei in den Vordergrund – und weisen (wie bei der Fläche) der Kontur die gewünschte

Konturfarbe zu. So wie bei der Fläche können Sie auch durch Ziehen einer Farbe aus dem Farbfelder-Bedienfeld auf die Kontur des Objekts diese mit Farbe versehen. Der Cursor ändert sich dabei in das Symbol ▸.

Sie können beiden Elementen – Fläche oder Kontur – alle Farbfelder, Farbtöne, Mischdruckfarben sowie Verläufe zuordnen.

Standard-Kontur- und -Flächenfarbe herstellen | Durch Drücken auf das Standardflächen- und -kontur-Symbol ❷ setzen Sie den aktivierten Rahmen auf den Standardwert, keine Flächenfarbe und eine 1 Pt starke schwarze Kontur, zurück – eine sehr wertvolle Funktion, die Sie durch Drücken von ⌨D ausführen können. Den schnellen Wechsel der Kontur- und Flächenfarbe erledigen Sie durch Drücken des Symbols Fläche und Kontur austauschen ❻.

Farbe und Verlauf auf Fläche oder Kontur anwenden | Durch Klick auf das Symbol Farbe anwenden ❹ wird die darin gezeigte Farbe auf die gewählte Kontur oder Fläche angewandt. Um einen Verlauf anzuwenden, klicken Sie auf das Symbol Verlauf anwenden ❺. Um die Farbzuweisung zu entfernen, klicken Sie auf das Symbol Keine anwenden ❾. Natürlich können Sie dies auch über das Farbfelder-Bedienfeld erledigen.

Zum Einfärben von Text gehen Sie analog vor. Achten Sie jedoch darauf, dass normalerweise eine Schrift nur aus einer Fläche besteht und somit keine Kontur besitzt. Versuchen Sie dennoch, das Beispiel in Abbildung 12.22 nachzubauen.

Schneller Tausch zwischen Flächen- und Konturfarbe

Zum schnellen Austausch der Flächen- und Konturfarbe eines Rahmens drücken Sie das Tastaturkürzel ⇧+X. Um lediglich das Konturen- oder Flächensymbol in den Vordergrund zu stellen, drücken Sie nur X.

▲ **Abbildung 12.22**
Beispiel zur Farbzuweisung bei Text. Sie benötigen dazu einen Verlauf mit einem harten Übergang. Eine grafische Meisterleistung :-)

12.5 Das Farbe-Bedienfeld

Neben dem Farbfelder-Bedienfeld steht das Farbe-Bedienfeld, das Sie über das Menü Fenster • Farbe, die F6-Taste oder durch Drücken auf das Symbol 🐞 bei den Bedienfeldern aufrufen, als eine weitere, eventuell intuitivere Methode zur Verfügung, Farben und Farbtonfelder zu definieren.

12.5.1 Farben definieren

Eine Farbe definieren Sie, indem Sie im Bedienfeldmenü den gewünschten Farbraum auswählen (siehe Abbildung 12.24) und dann entweder im Farbfeld-Spektrum ⓫ mit der Pipette – sie erscheint automatisch, sobald der Mauszeiger das Spektrum berührt – die gewünschte Farbe durch Klicken auswählen oder durch numerische Eingabe der Prozentwerte bestimmen. Die Farben [Schwarz] ⓮ bzw. [Papier] ⓭ können Sie am rechten Ende

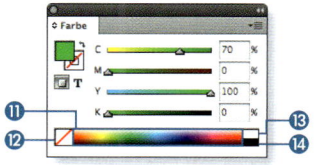

▲ **Abbildung 12.23**
Das Farbe-Bedienfeld

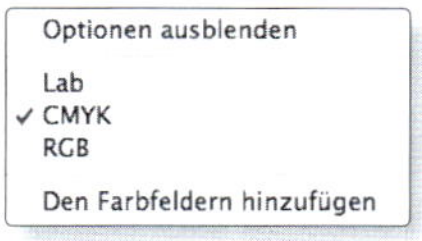

▲ **Abbildung 12.24**
Das Bedienfeldmenü des Farbe-Bedienfelds

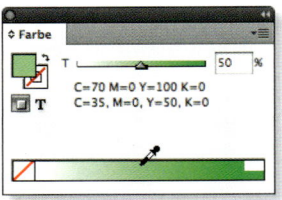

▲ **Abbildung 12.25**
Definieren eines Farbtons im Farbe-Bedienfeld mit dem Farbton-Spektrum. Wenn Sie jedoch diesen Modus wiederum verlassen wollen, so müssen Sie den gewünschten Farbraum im Bedienfeldmenü auswählen.

des Farbfeldspektrums, die Farbe [OHNE] ⑫ am linken Rand auswählen.

12.5.2 Objekt einfärben oder Farbe den Farbfeldern hinzufügen

Entspricht die Farbe Ihren Vorstellungen, so können Sie sie durch Ziehen auf ein Objekt anwenden oder durch Ziehen auf das Farbfelder-Bedienfeld dort hinzufügen. Letzteren Schritt können Sie auch über das Bedienfeldmenü mit dem Befehl DEN FARBFELDERN HINZUFÜGEN erledigen.

12.5.3 Farbtöne erzeugen

Aktivieren Sie eine Farbe im Farbfelder-Bedienfeld, und beachten Sie die Änderungen im Farbe-Bedienfeld. Das Bedienfeld ändert sich insofern, als Sie über das Farbtonspektrum mit der Pipette nun einen Farbton durch Klicken auswählen können. Die numerische Eingabe ist auch hier selbstverständlich möglich. Ein ausgewählter Farbton kann auf ein Objekt gezogen oder durch Ziehen auf das Farbfelder-Bedienfeld dort hinzufügt werden. Letzteren Schritt können Sie auch hier über den Befehl DEN FARBFELDERN HINZUFÜGEN im Farbfelder-Bedienfeld erledigen.

12.6 Verläufe

Wie Sie einen Verlauf im Farbfelder-Bedienfeld anlegen und ihn auf eine Fläche bzw. Kontur anwenden, ist Ihnen schon bekannt. Da Sie aber nicht immer einen horizontalen linearen Verlauf wünschen, muss es noch Möglichkeiten geben, den Winkel und die Verlaufsbreite zu bestimmen. Diese Möglichkeiten bestehen im **Verlauf-Bedienfeld** und durch das **Verlaufsfarbfeld-Werkzeug**.

12.6.1 Das Verlaufsfarbfeld-Werkzeug

Erstellen Sie einen Rahmen, und färben Sie diesen mit unserem bereits definierten Gelb-Weiß-Rot-Verlauf ein. Dann wählen Sie aus dem Werkzeug-Bedienfeld das Verlaufsfarbfeld-Werkzeug ▭ – Tastaturkürzel ⒢ – aus.

Fahren Sie mit dem Cursor an die Position, an der Sie den Startpunkt des Verlaufs setzen wollen. Klicken Sie, ziehen Sie in die gewünschte Verlaufsrichtung, und lassen Sie an der gewünschten Stelle (Endpunkt des Verlaufs) die Maustaste los. Sie sehen, dass sich die Verlaufsbreite umso kürzer darstellt, je näher Sie Start- und Endpunkt zueinander setzen. Jene Teile der Form, die nicht überstrichen wurden, werden mit den beiden Endfarben

▲ **Abbildung 12.26**
Links: Aufziehen des Verlaufs durch das Verlaufsfarbfeld-Werkzeug
Rechts: der fertige Verlauf

aufgefüllt. Wenn Sie beim Ziehen die ⌂-Taste gedrückt halten, kann der Verlauf nur in 45°-Schritten aufgezogen werden.

12.6.2   Das Verlauf-Bedienfeld

Wie der Verlauf aufgebaut ist, können Sie sich im Verlauf-Bedienfeld ansehen. Das Bedienfeld können Sie über das Menü FENSTER • VERLAUF oder durch einen Klick auf das Verlaufsfarbfeld-Werkzeug ▦ in den Vordergrund bringen.

Sollte das Bedienfeld nicht das zeigen, was in Abbildung 12.27 dargestellt wird, so müssen Sie noch den Befehl OPTIONEN EINBLENDEN im Bedienfeldmenü ausführen oder im Bedienfeldreiter einmal auf die Pfeile klicken. Wenn Sie im Bedienfeld keine Änderungen machen können, so müssen Sie natürlich zuerst das Objekt mit dem Verlauf mit dem Auswahl-Werkzeug markieren. Folgende Einstellungen können Sie vornehmen:

- ▶ **Typ:** Wählen Sie aus, ob Sie einen linearen oder einen radialen Verlauf für das ausgewählte Objekt verwenden wollen.
- ▶ **Winkel:** Ändern Sie hier nachträglich den Verlaufswinkel.
- ▶ **Umkehren:** Damit können Sie die Verlaufsrichtung umdrehen. Klicken Sie dazu auf das Symbol ⇄.
- ▶ **Verlaufsbalken, Regler und Position:**
  - ▶ Position des Reglers: Verschieben Sie die Regler ❷ in die gewünschte Position, oder bestimmen Sie über das Eingabefeld POSITION die Position des Reglers.
  - ▶ Neuen Regler hinzufügen: Fügen Sie neue Regler an der Unterseite des Verlaufsbalkens durch einfachen Klick hinzu.
  - ▶ Positionssymbol: Über die Stellung des Positionssymbols ❶ wird der Übergang zwischen der Start- und der Endfarbe des Verlaufs bestimmt.
  - ▶ Farbe dem Regler zuweisen: Um einem Regler eine andere Farbe zuzuweisen, müssen Sie ihn markieren und im Farbfelder- bzw. Farbe-Bedienfeld mit Alt bzw. ⌥ die Farbe anklicken.

Sie sehen, dass Sie mit dem Verlauf-Bedienfeld eigentlich alles numerisch bestimmen können. Nur die Koordinaten des Start- bzw. Endpunkts lassen sich nicht numerisch eingeben. Damit wird das Rekonstruieren eines Verlaufs zur Glückssache. Sogar die Übernahme des Verlaufes mit der Pipette versagt hier zur Gänze.

Radialverlauf | Das Arbeiten mit Radialverläufen erfolgt wie soeben beschrieben. Eine Spezialität des radialen Verlaufs ist, dass man hier nicht nur symmetrische Verläufe, sondern auch asymmetrische Verläufe, die einen 3D-Effekt abbilden, erzeugen kann.

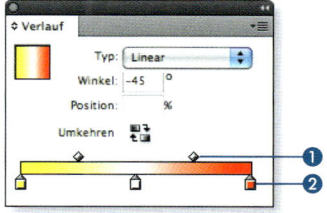

▲ **Abbildung 12.27**
Das Verlauf-Bedienfeld mit einem Gelb-Weiß-Rot-Verlauf, der sich bei einem Quadrat in der Diagonalen erstreckt.

Verlauf über mehrere Objekte

Sind mehrere Objekte ausgewählt, wird der Verlauf durch Ziehen mit dem Verlaufsfarbfeld-Werkzeug auf alle Objekte durchgängig angewandt.

Soll jedoch der Verlauf für jedes einzelne Objekt angewandt werden, so müssen Sie die entsprechenden Objekte markieren und im Farbfelder-Bedienfeld einen Verlauf auswählen.

▲ **Abbildung 12.28**
Ein spezieller radialer Verlauf

▲ **Abbildung 12.29**
Ein Verlauf verläuft vom Inhalt (Vordergrund) ins Nichts (transparent).

Um das in Abbildung 12.28 gezeigte Ergebnis zu erstellen, ziehen Sie zunächst den Verlauf von der Mitte nach oben (etwas außerhalb des Kreises) auf. Danach klicken Sie einmal mit dem Verlaufsfarbfeld-Werkzeug an den gewünschten Punkt, wo die hellere Farbe den hellsten Punkt haben soll. Das Egebniss müsste dann so wie nebenstehend gezeigt aussehen.

Sollte InDesign nicht das machen, was Sie wollen, so empfehlen wir, in diesem Fall den Kreis erneut aufzuziehen und den Vorgang zu wiederholen. In manchen Fällen sind den Objekten Parameter zugewiesen, mit denen dieser Effekt nicht beim ersten Veruch erzielt werden kann.

12.6.3 Das Weiche-Verlaufskante-Werkzeug

Mit dem Weiche-Verlaufskante-Werkzeug 🔲 – dieses konnte in InDesign CS3 nur über das Flyout-Menü des Verlaufsfarbfeld-Werkzeugs ausgewählt werden – können Sie Objekte im Hintergrund verblassen lassen.

Verwenden Sie dieses Werkzeug, wie Sie es vom Verlaufsfarbfeld-Werkzeug kennen. Der Unterschied liegt lediglich darin, dass zur Verwendung des Weiche-Verlaufskante-Werkzeuges kein Farbverlauf definiert werden muss. Sie können diesen Effekt in InDesign auf alle Objekte anwenden (einen Verlauf, ein platziertes Bild, einen Text usw.). Wie Sie diesen Effekt steuern und einstellen, erfahren Sie genauer in Abschnitt 25.3.8, »Weiche Verlaufskante«, auf Seite 700.

12.7 Spezialitäten bei Farben

Durch die Verwendung von Farben können Anwender den einen oder anderen Effekt erzielen. In diesem Abschnitt möchten wir speziell auf ein paar Sachverhalte, die in Zusammenhang mit Farbe wichtig sind, hinweisen.

12.7.1 Die Farben Schwarz und [Schwarz]

Schwarz ist nicht gleich [SCHWARZ]! In der Praxis finden wir immer wieder zumindest zwei Farbfelder, die beide mit 100 % K definiert sind, im Farbfeder-Bedienfeld vor. Dies kann beabsichtigt sein, ist jedoch in fast allen Fällen eher unbeabsichtigt, da diese Farben durch eine Konvertierung aus QuarkXPress übernommen wurden.

Sie mögen nun denken: Wo sehen die Autoren das Problem, wenn sich unnütze, nichtverwendete Farben im Farbfelder-Bedienfeld befinden? Wir wollen Ihnen deshalb an dieser Stelle die dazu notwendige Erklärung liefern.

[Schwarz] | Dieses Farbfeld ist in jedem InDesign-Dokument vorhanden und kann auch nicht gelöscht werden. Wenn Sie dieses Schwarz zum Einfärben von Flächen oder Texten verwenden und die Grundeinstellungen in InDesign diesbezüglich nicht verändert haben, so wird diese Fläche bzw. der Text gegenüber dem Hintergrund überdruckt.

Der Grund dafür liegt in den VOREINSTELLUNGEN von InDesign, wo im Register SCHWARZDARSTELLUNG die Option FARBFELD [SCHWARZ] 100 % ÜBERDRUCKEN aktiviert ist.

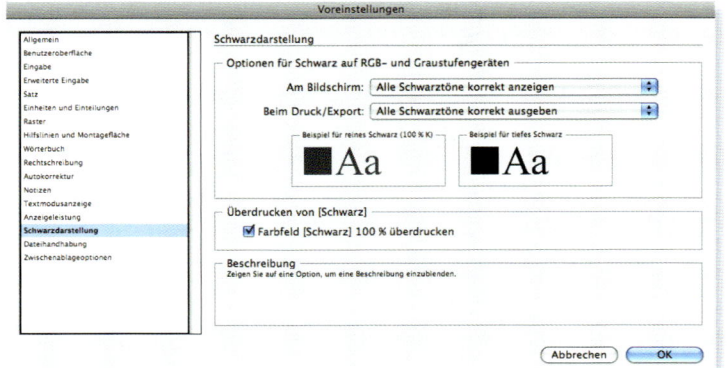

◄ **Abbildung 12.30**
Die VOREINSTELLUNGEN des Registers SCHWARZDARSTELLUNG in InDesign CS4

Sie sollten diese Grundeinstellung nicht ändern. Welche negativen Effekte bzw. welche Vorteile dadurch für die Druckvorstufe gegeben sind, lesen Sie am einfachsten in Abschnitt 27.2.1, »Überdrucken und dessen Sinnhaftigkeit«, auf Seite 712 nach.

Schwarz | Werden Objekte mit dem Farbfeld SCHWARZ (ohne eckige Klammer) eingefärbt, so werden diese Objekte immer gegenüber dem Hintergrund ausgespart. Die Möglichkeit eines »Blitzers« ist im Druck gegeben.

Tiefschwarz | Darunter versteht man eine Farbe Schwarz, wo neben 100 % K zumindest eine weitere Farbe – meistens Cyan mit 60 % – untergemischt wird. Diese Farbe wird gegenüber dem Hintergrund natürlich ausgespart, sie besitzt jedoch zumindest im Cyan-Farbkanal Werte, womit einerseits ein »dunkleres« Schwarz im Druck erzeugt wird und andererseits die Gefahr des »Blitzers« eher gebannt ist.

12.7.2 Einfärben von Bitmap- und Graustufenbildern

Ein wesentlicher Vorteil von TIFF- und PSD-Dateien ist, dass sich Bilder, die im Bitmap- oder Graustufenmodus abgespeichert worden sind, im Layoutprogramm einfärben lassen. Dies ist vor allem

Tiefschwarz

Die empfohlenen Werte für Tiefschwarz sind C = 60 %, M = 0 %, Y = 0 %, K = 100 %. Wem dieses Schwarz zu »kühl« vorkommt, der sollte die Werte C = 50 %, M = 50 %, Y = 0 %, K = 100 % wählen. Fügen Sie nicht noch Gelb hinzu, da Sie sonst bald in Gefahr laufen, den maximalen Gesamtfarbauftrag zu überschreiten.

bei zweifarbigen Logos interessant, die erst im Layout die Farbe zugewiesen bekommen sollen.

Import von Volltonfarben

Seit InDesign CS3 führt das Programm beim Importieren von Volltonfarben mit uneinheitlichen Farbkennungen – C, CV, CVS – diese automatisch zusammen. Ein Mappen von Schmuckfarben mit uneinheitlicher Farbkennung ist aus diesem Grunde fast nicht mehr notwendig. Ausgenommen ist nur, wenn Sie in InDesign uneinheitliche Kennungen für Volltonfarben anlegen.

Bilder einfärben | Zum Einfärben der Bilder müssen Sie aber Folgendes berücksichtigen: Wollen Sie nur das Bild (alle schwarzen Pixel) durch eine andere Farbe ersetzen, so wählen Sie das Bild mit dem Direktauswahl-Werkzeug aus und klicken danach auf das entsprechende Farbfeld im Farbfelder-Bedienfeld. Wollen Sie den Hintergrund (weiße Pixel) einfärben, so markieren Sie zuerst das Bild mit dem Auswahl-Werkzeug und danach die Farbe im Farbe- oder Farbfelder-Bedienfeld. Das Zuweisen von Farbverläufen auf Bilder geht nicht, das Zuweisen von transparent auslaufenden Verläufen jedoch schon!

Ist die Ausgabe von eingefärbten Schwarz-Weiß- und Graustufenbildern für QuarkXPress-Anwender mit der notwendigen Vorsicht zu genießen, können InDesign-Anwender diese Funktion uneingeschränkt nutzen. Sogar die Verwendung von Schmuckfarben stellt kein Problem dar. Stellen Sie sich Abbildung 12.31 in Verbindung mit Lack vor – eine interessante Erscheinung.

12.7.3 Druckfarben-Manager

Das wohl genialste Tool des Farbfelder-Bedienfelds ist der Druckfarben-Manager. Sie werden ihn vor allem dann schätzen lernen, wenn Sie mit vielen Fremddateien, die mit unzähligen Schmuckfarben und den unmöglichsten Farbbezeichnungen angeliefert werden, arbeiten müssen. Ein kleines Beispiel soll die Problematik erklären. In den CI-Richtlinien einer Firma steht: »Unsere Firmenfarbe Gelb ist für die 4c-Produktion in C=0 M=0 Y=100 K=0 und für die 2c-Produktion entweder in HKS 03 K oder Pantone 102 C anzuliefern.«

Genau das befolgen auch die Grafiker und liefern Grafiken in Volltonfarben mit unterschiedlichen Namen an. Sie platzieren nun Grafik für Grafik in das Layout. Befinden sich Volltonfarben in einer importierten Grafik, so werden diese automatisch beim Platzieren im Farbfelder-Bedienfeld mit der vom Grafiker gewählten Farbbezeichnung aufgenommen. Was ist zu tun? Sie haben nun als Layouter die Möglichkeit, alle Grafiken zu öffnen und die Farben in den Originalen zu vereinheitlichen, sofern Sie die Erzeuger-Applikation in der korrekten Version installiert haben. Alternativ greifen Sie auf den Druckfarben-Manager zurück, der in der Lage ist, zwei Farben auf einen Auszug (Auszugsfarbe) »zusammenzumappen«. Darüber hinaus können Sie darin für die Ausgabe bestimmen, welche Auszüge gedruckt werden und ob vorhandene Volltonfarben in Prozessfarben umgewandelt werden sollen.

Druckfarben-Manager aufrufen | Rufen Sie den Druckfarben-Manager über das Bedienfeldmenü des Farbfelder-Bedienfelds auf. Sie können darauf jedoch auch im Druck- und Exportdialog von InDesign zurückgreifen, da Sie meistens erst bei der Ausgabe wissen, was im Druck gewünscht ist.

Parameter im Druckfarben-Manager | Der Druckfarben-Manager liefert Ihnen Informationen über alle im Dokument verwendeten Volltonfarben und zur Art, Dichte und Druckabfolge. Auf einen Blick erkennen Sie, wie viele Separationen aus Ihrem InDesign-Dokument für die Belichtung ausgegeben würden. Verschiedene Einstellungen ermöglichen sehr unterschiedliche Verarbeitungsschritte.

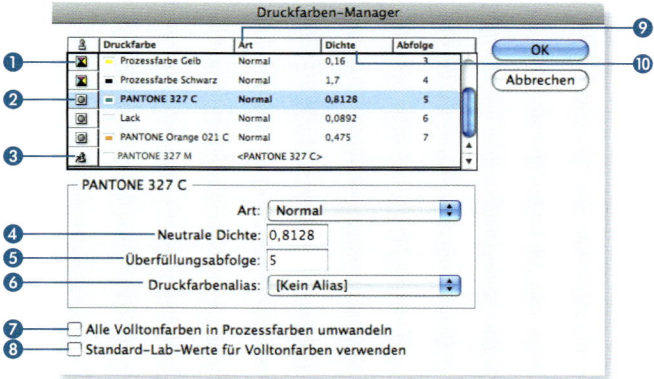

◀ **Abbildung 12.32**
Der DRUCKFARBEN-MANAGER mit der Option, bei der Konvertierung der Volltonfarben nicht nur auf die Alternativ-CMYK-Werte, sondern auf die dahinterliegenden Lab-Werte zurückzugreifen.

▶ **Vorhandene Prozessfarben ❶:** Den vier Prozessfarben sind die Standardwerte für die DICHTE ❿ und die ART ❾ zugewiesen. Änderungen sind nicht erforderlich.

▶ **Vorhandene Volltonfarben:** Alle vorhandenen Volltonfarben werden durch das bekannte Symbol ❷ dargestellt. Einzelne Volltonfarben können durch Klick auf das Symbol in eine Prozessfarbe umgewandelt werden.

▶ **Gemappte Volltonfarben ❸:** Die Volltonfarbe PANTONE 327 M wurde der Volltonfarbe PANTONE 327 C über die Einstellung DRUCKFARBENALIAS ❻ zugewiesen. Durch die Zuweisung werden alle PANTONE 327 M-Farbelemente ausgegeben – dabei ist es unerheblich, ob die Elemente in InDesign erstellt oder über eine Datei importiert wurden. Die digitale Kontrolle der Auszüge über das Separationsvorschau-Bedienfeld zeigt Ihnen dann das Ergebnis. Dazu aber später mehr in Abschnitt 27.4, »Die Separationsvorschau«, auf Seite 720.

▶ **Alle Volltonfarben in Prozessfarben umwandeln ❼:** Durch die Aktivierung dieser Option werden alle Volltonfarben des

Tipp zum »Mappen« von Farben

»Mappen« Sie Farben durch den Druckfarben-Manager erst in der Ausgabe, denn erst in diesem Stadium ist klar, wie viele Auszüge aus dem InDesign-Dokument ausgegeben werden sollen. Wie Sie den Druckfarben-Manager im Druck- bzw. Exportdialog aufrufen können, erfahren Sie in Abschnitt 33.3.6, »Register ›Farbmanagement‹«, auf Seite 810.

»Mappen« löscht nicht den Farbeintrag im Bedienfeld

Durch das »Mappen« von Volltonfarben werden gemappte Farben nicht aus dem Farbfelder-Bedienfeld gelöscht. Die Zuweisung erfolgt erst in der Ausgabe und somit auch in der Separationsvorschau.

Dokuments in Prozessfarben umgewandelt. Die Umwandlung erfolgt dabei in CMYK-Werte des »Alternate Color Space«, die den Volltonfarben hinterlegt sind. Leider wurden die alternativen Farbwerte vom Farbhersteller Pantone öfter angepasst, was immer zu leichten Farbverschiebungen in der Ausgabe führt, wenn ältere Logos mit Volltonfarben innerhalb von Projekten verwendet werden.

- **Standard-Lab-Werte für Volltonfarben verwenden ❽:** Durch diese Funktion werden für die Konvertierung der Volltonfarben nach CMYK die hinterlegten Lab-Werte herangezogen. Damit können durch das Colormanagement im Zielfarbraum für Volltonfarben des Ausgabegerätes »korrektere« Farben abgebildet werden. So können auch die entsprechenden Farbverschiebungen für ältere Logos angeglichen werden.

In einem Überfüllungs-Workflow können Sie darüber hinaus über die Eingabe NEUTRALE DICHTE ❹ einstellen, wann überfüllt wird, und die ÜBERFÜLLUNGSABFOLGE ❺ der Druckfarben festlegen.

12.8 Löschen, Hinzufügen, Umwandeln, Ersetzen und Duplizieren von Farben

Wie Sie Farben anlegen, benennen, löschen und ersetzen, haben Sie in den vorangegangenen Abschnitten teilweise schon erfahren. Zu diesem Thema möchten wir Ihnen hier noch einige Arbeitsweisen mitgeben.

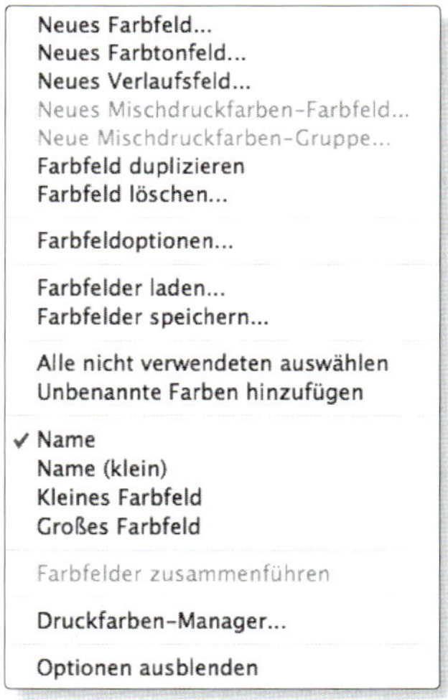

▲ **Abbildung 12.33**
Das Bedienfeldmenü des Farbfelder-Bedienfelds bietet erweiterte Funktionen zur Handhabung von Farben an.

12.8.1 Unbenannte Farben hinzufügen

Beim Erstellen von Dokumenten werden die Farben nicht immer im Vorhinein sauber über das Farbfelder-Bedienfeld angelegt. Viele Anwender mischen sich die Farben über das Farbe-Bedienfeld zusammen und weisen sie den Objekten zu. Nachdem die Farbwahl getroffen wurde, bietet InDesign Ihnen nun die Möglichkeit, über den Befehl UNBENANNTE FARBEN HINZUFÜGEN aus dem Bedienfeldmenü des Farbfelder-Bedienfelds alle im Dokument undefinierten Farben als Farbfelder aufzunehmen. Der Farbname wird dabei automatisch durch die entsprechenden CMYK- bzw. RGB-Werte angelegt.

12.8.2 Importierte Volltonfarben umwandeln oder löschen

Volltonfarben aus platzierten PDF- oder EPS-Dateien und Volltonfarbkanäle aus Adobe-Photoshop-PSD- und TIFF-Dateien werden im Farbfelder-Bedienfeld als Volltonfarben angezeigt.

Umwandeln von importierten Volltonfarben | Sie können diese Farben auf Objekte in Ihrem Dokument anwenden oder sie in Prozessfarben konvertieren. Dies können Sie entweder über den zuvor gezeigten Weg im Druckfarben-Manager oder durch einfachen Doppelklick auf das Farbfeld im Farbfelder-Bedienfeld und Umstellen des Farbtyps im FARBFELDER DEFINIEREN-Dialog erledigen. Sie können jedoch nicht Farbwerte neu definieren.

Importierte Volltonfarben löschen | Volltonfarben, die durch das Platzieren von Grafiken im Farbfelder-Bedienfeld aufgenommen werden, können, solange die Grafik noch im Layout vorhanden ist, nicht gelöscht und durch eine andere Farbe ersetzt werden. Wenn Sie die platzierte Grafik löschen, werden die Farben in InDesign-Farben konvertiert und bleiben erhalten. Sie können sie dann bearbeiten oder löschen.

Farben lassen sich nicht löschen

Sollte sich eine Volltonfarbe, obwohl kein Bezug mehr zu importierten Grafiken besteht, nicht löschen lassen, so hilft es in den meisten Fällen, das InDesign-Dokument in das InDesign-Austauschformat zu exportieren und dann erneut zu öffnen.

12.8.3 Duplizieren von Farben

Das Duplizieren von Farben erfolgt über den Befehl FARBFELD DUPLIZIEREN aus dem Bedienfeldmenü oder durch Markieren der Farbe in der Liste und anschließenden Klick (oder durch Daraufziehen der Farbe) auf den Button ⬛ NEUE FARBE ERSTELLEN.

12.8.4 Farbfelder zusammenführen

Wenn Sie irrtümlich dieselben Farben mit unterschiedlichen Bezeichnungen im Farbfelder-Bedienfeld erzeugt haben, können Sie über das Bedienfeldmenü FARBFELDER ZUSAMMENFÜHREN die Farben auf einen Eintrag reduzieren.

Dabei geht InDesign wie bei den Ebenen vor, wobei die zuerst aktivierte Farbe jener Farbeintrag ist, der nach dem Ausführen des Befehls erhalten bleibt. Das Zusammenführen mehrerer unterschiedlicher Volltonfarben, die aus importierten Grafiken entstanden sind, funktioniert natürlich nicht über diesen Befehl, sondern nur über den Druckfarben-Manager.

12.8.5 Farbfelder zwischen Programmen der Creative Suite austauschen

Farbfelder, die Sie in einer der Adobe-Creative-Suite-Anwendungen erstellt haben, können exportiert und somit allen anderen Applikationen der Suite zur Verfügung gestellt werden.

Legen Sie dazu alle Farben im Farbfelder-Bedienfeld von InDesign an, und löschen Sie alle nicht benötigten Farben heraus. Wählen Sie die gewünschten Farben im Farbfelder-Bedienfeld aus. Speichern Sie diese Farben in eine Farbfelderbibliothek – **ASE-Datei** –, indem Sie den Befehl FARBFELDER SPEICHERN aus

dem Bedienfeldmenü ausführen. Bezeichnen Sie die Datei nach Ihren Wünschen, und speichern Sie sie an der gewünschten Stelle ab.

Das Symbol einer gespeicherten Farbfelderbibliothek ist in Abbildung 12.34 zu sehen. Diese ASE-Datei kann nun in jeder Creative-Suite-Anwendung ganz einfach über den Befehl FARBFELDER LADEN aus dem Bedienfeldmenü des Farbfelder-Bedienfelds importiert werden.

Leider können nicht alle angelegten Farbdefinitionen abgespeichert werden. Eine Warnmeldung macht Sie darauf aufmerksam.

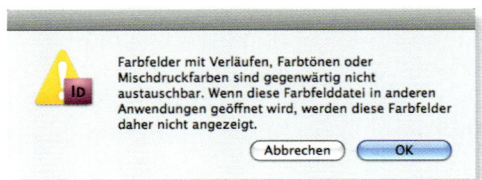

12.8.6 Farbfelder suchen und ersetzen

Durch die SUCHEN/ERSETZEN-Funktion in InDesign können (fast) alle Objekte identifiziert und durch andere grafische Eigenschaften ersetzt werden, auch Farbfelder.

Wenn Sie also Objekte suchen wollen, denen eine bestimmte Farbe zugewiesen wurde, so rufen Sie aus dem Menü BEARBEITEN den Befehl SUCHEN/ERSETZEN – Strg+F bzw. ⌘+F – auf, und wählen Sie dann den Reiter OBJEKT aus.

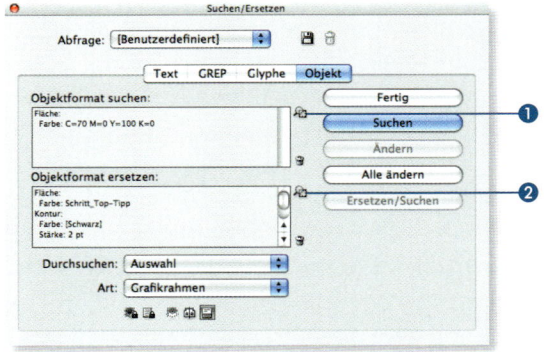

Objektformat suchen | Klicken Sie in diesem Bereich auf das Symbol 🔄 ❶ und stellen Sie im erscheinenden Dialog OPTIONEN FÜR OBJEKTFORMATSUCHE jene Suchkriterien ein, nach denen im Dokument gesucht werden soll. **Wichtig:** Sie können hier nur nach Attributen von Objekten (Rahmen) suchen. Nach farbigen Texten können Sie im Reiter TEXT suchen.

Objektformat ersetzen | Klicken Sie hier ebenfalls auf das Symbol 🖼 ❷, womit Sie im Dialog OPTIONEN FÜR OBJEKTFORMATERSETZUNG jene Attribute festlegen können, die durch das Ersetzen den spezifisch gefundenen Objekten zugewiesen werden sollen.

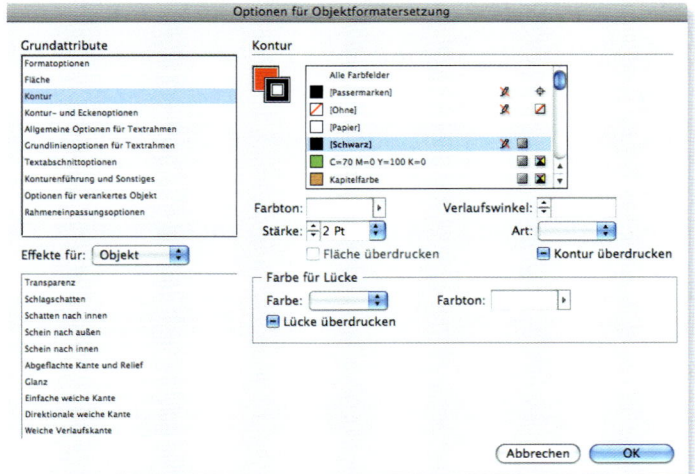

◄ **Abbildung 12.37**
Der Dialog OPTIONEN FÜR OBJEKTFORMATERSETZUNG in einer – Photoshop hat nachhelfen müssen – reduzierteren Darstellungsform.

Starten Sie nach dem Festlegen der Parameter die Suche durch Klick auf den Button SUCHEN. Verabreichen Sie dann dem gefundenen Objekt durch Klick auf ÄNDERN die neuen Attribute. Durch Klick auf ALLE ÄNDERN werden alle Objekte, die gefunden werden, mit den neuen Attributen versehen.

12.9 Adobe Kuler

Mit der Creative Suite 4 wurde Adobe Kuler, ein Hilfsprogramm zum weltweiten Austauschen von Farbkombinationen, als Erweiterung in jedes Programm der Design Suite aufgenommen.

Rufen Sie Adobe Kuler über das Menü FENSTER • ERWEITERUNGEN • ADOBE KULER oder durch Klick auf das Icon 🔲 in der Bedienfeld-Leiste auf.

Im Kuler-Bedienfeld können Sie im Suchen-Feld ❸ zu bestimmten Begriffen nach Farbschematas suchen. Bestätigen Sie die Eingabe, und die Datenbank wird nach Farbschematas durchsucht. Die gefundenen Einträge werden in der Suchergebnis-Liste ❹ angezeigt.

Gefällt Ihnen eine Farbkombination, so wählen Sie diese aus und klicken dann auf das Symbol 🔳 AUSGEWÄHLTES SCHEMA ZU FARBFELDERN HINZUFÜGEN ❻. Wollen Sie jedoch das gewählte Schema noch überarbeiten, so klicken Sie auf das Symbol 🎨 ❺.

▲ **Abbildung 12.38**
Der Bereich DURCHSUCHEN im Adobe-Kuler-Bedienfeld

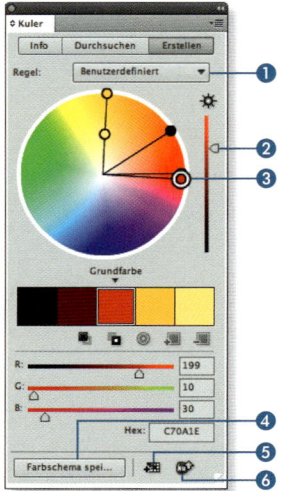

▲ **Abbildung 12.39**
Der Bereich ERSTELLEN im Adobe-Kuler-Bedienfeld

▲ **Abbildung 12.40**
Als Desktop-Air-Applikation steht Kuler als Standalone-Programm zur Verfügung.

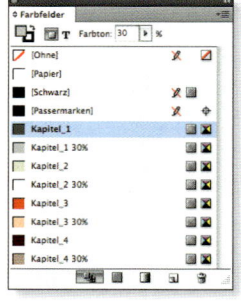

▲ **Abbildung 12.41**
Die benötigten Farbfelder und Farbtöne unserer Projektarbeit

Durch den Klick schaltet Kuler in den Bereich ERSTELLEN um. Sie sehen einen Farbkreis, in dem die fünf Farben des Farbschemas angezeigt werden. Die Leitfarbe – GRUNDFARBE ❸ – ist speziell durch einen weißen Ring markiert. Durch das Verschieben der einzelnen Farben im Farbkreis oder durch Eingabe anderer RGB-Werte – Schemata können nur in RGB angelegt werden – kann das Farbschema verändert werden.

Wählen Sie im Auswahlmenü REGEL ❶ entweder ANALOG, MONOCHROMATISCH, TRIADE, KOMPLEMENTÄR, ZUSAMMENGESETZT oder SCHATTIERUNG aus, wodurch das Farbschema ausgehend von der Grundfarbe überarbeitet wird. Solange Sie eine der oben genannten Optionen als REGEL gewählt haben, bleibt durch das Verschieben der GRUNDFARBE bzw. Ändern der HELLIGKEIT ❷ der Abstand der Farben zueinander erhalten. Erst durch das Umstellen auf BENUTZERDEFINIERT können Sie alle Farben getrennt bearbeitet.

Sind die Änderungen abgeschlossen, so können Sie entweder das Farbschema lokal speichern ❹, dem FARBFELDER-BEDIENFELD HINZUFÜGEN ❺ oder das Farbschema online in KULER LADEN ❻. Klicken Sie dazu auf die dementsprechenden Buttons.

12.10 Anlegen der Farben für das Projekt

Zum Schluss legen wir nun für unser Projekt die Farben für die vier Kapitel an. Greifen wir dabei auf Kuler zurück.

Schritt für Schritt: Farben für das Projekt anlegen

1 **In Adobe Kuler Farben suchen und hinzufügen**
Zum Thema der Projektarbeit passend, suchen wir nach dem Begriff »Digital«. Fügen Sie das Farbschema »Digital« dem Farbfelder-Bedienfeld Ihrer Projektarbeit hinzu.

2 **Hinzugefügte Farbfelder in CMYK wandeln**
Da die hinzugefügten Farben alle in RGB aus Adobe Kuler übernommen wurden, müssen Sie noch alle Farben durch Änderung des Farbmodus in CMYK konvertieren.

Erledigen Sie dies durch einen Doppelklick auf das Farbfeld, die Änderung des Farbmodus, die Vergabe eines Farbnamens – »Kapitel_1«, usw. – und das Bereinigen der Farbwerte.

3 **Farbtöne hinzufügen**
Zum Schluss legen wir noch zu jeder Kapitelfarbe einen Farbton mit 30 % an. Das Ergebnis ist in Abbildung 12.41 zu sehen. ■

13 Mustervorlagen

Nachdem wir die Grundwerkzeuge und die dazugehörigen Arbeitsschritte kennengelernt haben, ist es an der Zeit, unsere Projektarbeit, die derzeit nur aus einem Dokument mit 72 Doppelseiten und einem Satzspiegel von 195 x 246 mm besteht, mit konkreten Layoutelementen auszustatten.

Bevor wir dies angehen, sollten wir uns noch darüber klarwerden, welche Struktur unsere Projektarbeit hat. Basierend auf dieser Überlegung sind Mustervorlagen anzufertigen, die als Grundlage für jede Seite der Projektarbeit dienen werden.

13.1 Sinn und Zweck von Mustervorlagen

Wozu braucht man Mustervorlagen? Was bringt man sinnvollerweise darauf unter? Mustervorlagen sind Grundseiten, die aus bestimmten Elementen (Objekten) aufgebaut sind. Einer Dokumentseite liegt immer eine und nur eine Mustervorlage zugrunde. Der Begriff »Mustervorlage« ist der interne Begriff von InDesign für den allgemein bekannten Begriff »Musterseite«, wie ihn alle QuarkXPress-Anwender kennen.

13.1.1 Was wird auf einer Mustervorlage platziert?

Auf einer Mustervorlage sollen Objekte untergebracht werden, die standgenau auf den einzelnen Dokumentseiten erscheinen sollen. Typische Objekte für Mustervorlagen sind zum Beispiel die Pagina, das Firmenlogo, Kolumnentitel oder auch Registerflächen, die gerne zur Kennzeichnung von Kapiteln verwendet werden. Auch Satzspiegel und Hilfslinien sind zu definierende Elemente auf einer Mustervorlage.

13.1.2 Wann sollten Mustervorlagen angelegt werden?

Handelt es sich bei der Arbeit um einen Einseiter oder einen kleinen A6-Folder mit sechs Seiten, so werden Sie in den meisten Fällen mit der Standard-Mustervorlage A-MUSTERVORLAGE zurechtkommen. Es reicht meistens, den Satzspiegel festzulegen und eventuell ein Hilfslinienraster darüberzustreuen.

Farben anlegen

Haben Sie die Farben für unsere Projektarbeit aus dem vorherigen Kapitel angelegt?

Wenn nicht, dann holen Sie das noch nach, oder greifen Sie auf das Dokument »Projektarbeit_Farbe« zurück, das sich im Verzeichnis BEISPIELMATERIAL • KAPITEL_12 auf der Buch-DVD befindet.

A-Mustervorlage

Beim Anlegen eines Dokuments entsteht automatisch eine Mustervorlage mit der Bezeichnung A-MUSTERVORLAGE.

Sie können also gar nicht ohne Mustervorlagen arbeiten. Warum legen Sie sich dann nicht eigene Mustervorlagen an?

Anlegen von Mustervorlagen

Sobald nur ein einziges Element auf zwei Seiten erscheinen soll, ist eine Mustervorlage anzulegen. Ersparen Sie sich das Ausrichten desselben Objekts auf der immer gleichbleibenden Position.

Selbst die Änderung eines Satzspiegels könnte so im Nachhinein noch relativ elegant abgewickelt werden.

[Pagina]

Unter dem Begriff Pagina versteht man die Seitenziffer. Die Paginierung ist somit das fortlaufende Nummerieren eines Druckwerks mit der Seitenziffer.

[Abschnittsmarke]

Darunter wird ein Text-Platzhalter verstanden, der zur Kennzeichnung von Abschnittsbezeichnungen wie Kapitelüberschriften und dergleichen auf Mustervorlagen eingesetzt werden kann.

[Kapitelnummer]

In umfangreicheren Projekten erfolgt eine Kennzeichnung eines Kapitels durch eine Kapitelnummer. Eine Kapitelnummer kann pro Dokument nur einmal vergeben werden.

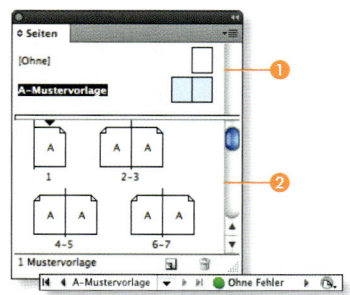

▲ **Abbildung 13.1**
Ein Doppelklick auf den Namen A-MUSTERVORLAGE aktiviert die Mustervorlage. Beachten Sie dabei auch, dass in der Statuszeile (links unten im Dokumentenfenster) der Name der Mustervorlage erscheint.

Wird jedoch eine mehrseitige Broschüre, eine Zeitschrift oder ein Buch erstellt, so ist das Arbeiten mit mehreren Mustervorlagen unumgänglich. Das Verwalten der Pagina, diverser Textvariablen wie Abschnittsmarke oder Kapitelnummer und der Kolumnentitel wird dadurch sehr vereinfacht. Oder können Sie sich vorstellen, in einem 100-seitigen Dokument die Pagina auf jeder Seite an dieselbe Stelle zu setzen und dazu noch die Seitenanzahl manuell einzugeben? Stellen Sie sich einfach vor, Sie müssten dem Dokument Seiten – am Anfang oder mitten darin – hinzufügen oder Seiten im Dokument vor- oder nachreihen, dann verstehen Sie schnell, worin der Sinn von Mustervorlagen und speziell der darauffliegenden Textvariablen liegt.

InDesign unterstützt Sie beim Erstellen und Anwenden von Mustervorlagen auf sehr intelligente Art und Weise. Viele Funktionen stehen zur Verfügung, um die Arbeit möglichst reibungslos ausführen zu können. Legen Sie mit uns gemeinsam, unter Zuhilfenahme aller bisherigen Erkenntnisse, Mustervorlagen für unsere Projektarbeit – aus Kapitel 5, »Neue Dokumente«, – an, und platzieren Sie darauf die notwendigen Elemente, die wir auf jeder Seite und auf den Seiten der einzelnen Kapitel benötigen.

13.2   Erstellen einer Mustervorlage

Zuerst fragen wir uns, welche Elemente auf jeder Seite vorkommen sollen. Es ist sinnvoll, wenn sich die notwendigen Hilfslinien, der Satzspiegel, die Marginalspalte und die Pagina sowie der Kolumnentitel auf dem Master befinden.

Wie uns aus Abschnitt 5.5, »Das Seiten-Bedienfeld«, auf Seite 121 bekannt ist, ist das Bedienfeld in zwei Bereiche unterteilt. Während sich im oberen Teil die **Mustervorlagen** ❶ befinden, sind im unteren Teil die **Dokumentseiten** ❷ platziert.

13.2.1   Ändern der Mustervorlagenbezeichnung

Wir wollen zu Beginn einen Mustervorlagen-Master anlegen, auf dem sich nur Elemente befinden, die sich auf jeder Seite wiederholen. Dazu werden wir die bestehende Mustervorlage A-MUSTERVORLAGE einfach umbenennen. Das Ändern der Mustervorlagenbezeichnung erfolgt in den MUSTERVORLAGENOPTIONEN, die Sie auf zweierlei Wege aufrufen können:

1. Aktivieren Sie die verfügbare Mustervorlage mit einem Doppelklick auf die Bezeichnung A-MUSTERVORLAGE. Rufen Sie danach über das Bedienfeldmenü den Befehl MUSTERVORLAGENOPTIONEN FÜR "A-MUSTERVORLAGE" aus.

2. Drücken Sie ⌐Alt⌐ bzw. ⌐⌥⌐, und klicken Sie doppelt auf den Namen A-MUSTERVORLAGE.

Im Dialog geben Sie die Werte aus Abbildung 13.2 ein.

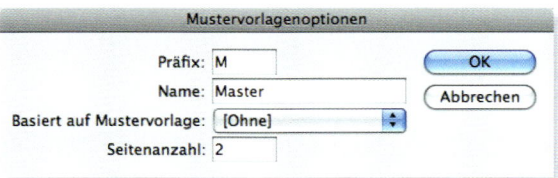

◄ **Abbildung 13.2**
MUSTERVORLAGENOPTIONEN aus dem Bedienfeldmenü des Seiten-Bedienfelds

▶ PRÄFIX: Der Buchstabe bezeichnet die zugrundeliegende Mustervorlage auf den Seitenminiaturen im Seiten-Bedienfeld. Stellen Sie das A auf M – für »Master« – um.

▶ NAME: Vergeben Sie einen kurzen, prägnanten Namen, und vermeiden Sie, alles als »Mustervorlage 1« usw. zu bezeichnen.

▶ BASIERT AUF MUSTERVORLAGE: Da der Master eigenständig ist, ist die Option [OHNE] zu wählen. Hier weisen Sie für unsere weiteren Mustervorlagen die eben erstellte M-Master-Mustervorlage als Basis zu.

▶ SEITENANZAHL: Legen Sie fest, aus wie vielen Seiten die Mustervorlage bestehen soll. Für ein einseitiges Dokument wählen Sie 1; in unserem Fall, wo wir in der Projektarbeit zwischen rechter und linker Seite unterscheiden wollen, wählen wir 2.

Nachdem Sie den Dialog mit OK bestätigt haben, werden alle »A« auf den Dokumentensymbolen des Seiten-Bedienfelds durch »M« ersetzt, und der Name der Mustervorlage auf »Master« geändert.

Präfix als Information nutzen

Verwenden Sie für das Präfix sprechende Buchstabenkombinationen wie **S** für Sport, **K** für Kultur, **P** für Politik, **IHV** für Inhaltsverzeichnis, **V** für Vorwort usw., anstatt einfach nach dem Alphabet vorzugehen. Sie können das Präfix mit maximal drei Buchstaben versehen.

Erstellen einer Mustervorlage von einer Dokumentseite

Ausgehend von einer Dokumentseite kann eine Mustervorlage erzeugt werden. Ziehen Sie dazu entweder den ganzen Druckbogen aus dem Seitenbereich des Seiten-Bedienfelds auf den Mustervorlagenbereich, oder wählen Sie im Seiten-Bedienfeld einen Druckbogen und dann im Bedienfeldmenü die Option ALS MUSTERVORLAGE SPEICHERN aus.

◄ **Abbildung 13.3**
Die Doppelseite unseres Masters zu Beginn der Arbeiten. Der äußere (rote) Rahmen kennzeichnet den Anschnittbereich, der schwarze Rahmen stellt das Endformat dar.

13.2.2 Linealeinstellung und Grundlinienraster überprüfen

Der Master besteht aus einem definierten Satzspiegel. Dem Dokument ist ein Standard-Grundlinienraster zugewiesen. Sollten Sie das **Grundlinienraster** nicht sehen, so müssen Sie den Befehl Ansicht • Grundlinienraster einblenden aktivieren. Das Grundlinienraster für unsere Projektarbeit haben wir bereits in Abschnitt 7.5, »Linealeinstellungen und Raster für unser Projekt einstellen«, auf Seite 157 angelegt.

Überprüfen Sie als Nächstes, ob die **Linealeinstellungen** stimmen. Stellen Sie sonst im Kontextmenü des Lineals Lineal pro Seite ein. Anschließend sollten Sie das Lineal gegen unerwünschten Versatz des Nullpunkts schützen. Aktivieren Sie hierzu im Kontextmenü des Kreuzungsbereichs der Lineale den Befehl Nullpunkt fixieren.

13.2.3 Textrahmen auf der Mustervorlage anbringen

Nun beginnen wir, die ersten Textrahmen auf dem Master zu platzieren. Wir benötigen mindestens vier Rahmen auf der Doppelseite: je einen Textrahmen für die Marginalspalte der rechten bzw. linken Seite und einen Textrahmen für den Mengensatz innerhalb des Satzspiegels. Gerade bei den letzteren beiden Rahmen ist fraglich, ob überhaupt ein Mustertextrahmen aufgezogen werden soll, denn wenn Sie die vollautomatische Textplatzierung verwenden, würde ja automatisch beim Einfließen des Textes ein Textrahmen erstellt. Wir hätten dann zwei identisch übereinanderliegende Textrahmen. Da wir jedoch die Projektarbeit über Copy&Paste mit Texten bestücken wollen, schalten wir beim Platzieren auf den manuellen bzw. halbautomatischen Textfluss um. Wir erstellen somit für den Satzspiegel sowohl auf der linken als auch auf der rechten Seite einen Mustertextrahmen und verketten diese beiden Rahmen miteinander.

Ziehen Sie nun auf der linken und der rechten Seite einen Textrahmen innerhalb des Satzspiegels auf. Die Koordinaten müssten mit den Satzspiegelrändern übereinstimmen. Verketten Sie beide Rahmen, wie Sie es bereits in Abschnitt 9.8, »Textfluss und Textverkettung«, auf Seite 222 gelernt haben.

13.2.4 Hilfslinien anlegen

Unser nächster Arbeitsschritt führt uns zu den Hilfslinien, denn es gilt, die wesentlichen Hilfslinien auf dem Mustervorlagen-Master zu setzen. Erstellen Sie nun folgende Hilfslinien:

Hilfslinien für obere und untere Kante des Satzspiegels | Ziehen Sie je eine horizontale Hilfslinie über den Druckbogen an die

---

Mustertextrahmen erforderlich

Sollten Sie ein umfangreiches Buch, eine große Projektarbeit oder eine Dissertation erstellen müssen mit einem Layout, das durchgängig zweispaltig innerhalb des Satzspiegels aufgebaut ist, so ist das Anbringen von zweispaltigen Mustertextrahmen, die darüber hinaus miteinander verkettet sind, dringend zu empfehlen.

▲ **Abbildung 13.4**
Achten Sie darauf, dass beim Anlegen der Textrahmen zuvor die Ebene Deutsch ausgewählt wurde. Diese Ebenenhierarchie haben wir bereits in Kapitel 6, »Ebenen«, auf Seite 141 erstellt.

Oberseite (y = 28 mm) und an die Unterseite (y = 213,239 mm) des Satzspiegels. Zur Erinnerung: Beim Aufziehen der Hilfslinie sollten Sie die ⌈Strg⌉- bzw. ⌘-Taste gedrückt halten, womit die Hilfslinie gleich über dem gesamten Druckbogen erstellt wird.

Hilfslinien für die seitliche Begrenzung des Satzspiegels | Ebenso möchten wir die seitlichen Grenzen des Satzspiegels mit Hilfslinien versehen. Ziehen Sie auf der linken Seite eine Hilfslinie an die linke (x = 70 mm) und eine an die rechte (x = 165 mm) Kante des Satzspiegels. Genauso verfahren Sie mit den Hilfslinien zur Begrenzung des Satzspiegels auf der rechten Seite. Die Koordinaten für diese Hilfslinien sind: x = 30 mm und x = 125 mm.

Hilfslinien für die Marginalspalte | Zur Erstellung der Textrahmen für die Marginalien-Textkästen sollen ebenfalls zwei Hilfslinien angelegt werden. Die Koordinaten für die linke Seite sind x = 20 mm und x = 60 mm. Für die rechte Seite lauten die Koordinaten: x = 135 mm und x = 175 mm. Sollte es bei der Eingabe der Koordinaten für die Hilfslinie der rechten Seite Probleme geben, so haben Sie den Schritt der Überprüfung der Linealeinstellungen übersprungen. Holen Sie diesen unbedingt nach!

Hilfslinien für Bilder | Bilder, die in der Marginalspalte platziert werden, dürfen in unserem Fall auch in den Satzspiegel reichen. Damit die entsprechende Ordnung im Layout gewahrt bleibt, setzen wir eine Hilfslinie. Dazu aktivieren Sie die Ebene ARBEITSEBENE (wir haben sie bereits bei der Behandlung der Ebenen für unsere Projektarbeit erstellt) und ziehen eine vertikale Hilfslinie auf die Position x = 95 mm für die linke Seite und eine auf die Position x = 100 mm für die rechte Seite.

Markieren Sie dann beide Hilfslinien, und versehen Sie sie mit einer anderen Farbe. Zur Erinnerung: Hilfslinien markieren und im Kontextmenü den Befehl HILFSLINIEN ausführen.

Textkasten für Marginalie | Nachdem wir nun die Hilfslinien für die Marginalspalte erstellt haben, empfehlen wir für die Projektarbeit, die entsprechenden Marginalien-Textkästen noch auf der Mustervorlage zu erstellen. Die Koordinaten des Textkastens bei aktiviertem linken oberen Ursprung für die linke Seite lauten x = 20, y = 28, B = 40, H = 184. Erstellen Sie analog durch Duplizieren und Verschieben des Textkastens mit gedrückter ⌈Alt⌉+⌈⇧⌉- bzw. ⌈⌥⌉+⌈⇧⌉-Taste auch den rechten Marginalien-Textkasten. Eine Textrahmen-Verkettung ist hier nicht sinnvoll.

Hilfslinien über Druckbogen hinweg anlegen

Sie können Hilfslinien über den Druckbogen hinweg auch anlegen, wenn Sie beim Erstellen der Hilfslinie diese auf die Montagefläche ziehen und ablegen.

Hilfslinien einfärben

Das Einfärben von Hilfslinien für das Platzieren von Bildern oder Textkästen kann den Layouter beim Platzieren sehr unterstützen. Damit kann nicht mehr so leicht beispielsweise ein Bild an der falschen Kante abgelegt werden.

13.2.5 Erstellen der automatischen Pagina und einer Abschnittsmarke

Einer der wesentlichen Vorteile von Mustervorlagen ist, dass auf sie eine automatische Pagina gesetzt werden kann, die sich den jeweiligen Neuumbrüchen und den geänderten Seitenanordnungen anpasst. Darüber hinaus können Sie seit InDesign CS2 eine sogenannte Abschnittsmarke setzen, die ebenfalls am sinnvollsten auf einer Mustervorlage unterzubringen ist. Wir werden diese Abschnittsmarke in unserer Projektarbeit als Platzhaltermarke für den Kolumnentitel verwenden. Doch zunächst zum Setzen der Pagina.

Pagina erstellen | Auf der linken Seite soll die Pagina links unten, bündig mit der Marginalspalte und um ca. eine Leerzeile nach unten versetzt, angebracht werden.

▶ **Hilfslinie für den Textrahmen erstellen:** Erstellen Sie auf der Position y = 220,2 mm eine Hilfslinie über den Druckbogen, die als Oberkante unseres Textrahmens für die Pagina dienen soll.

▶ **Textrahmen aufziehen:** Ziehen Sie dann an der Kreuzung der beiden Hilfslinien x = 20 mm und y = 220,2 mm einen Textrahmen mit einer Breite von 100 mm und einer Höhe von 5 mm auf.

▶ **Festlegen der Schrift:** Nach dem Aufziehen blinkt der Textcursor im Rahmen. Stellen Sie nun die gewünschte Schrift, den Schriftgrad und den Schriftschnitt ein. Wir wählen für die Projektarbeit die Schrift »Rotis Sans Serif«, den Schriftschnitt »55« und den Schriftgrad 10 Pt aus.

▶ **Platzhalter für aktuelle Seitenzahl einfügen:** Diesen Platzhalter fügen Sie durch Ausführen des Befehls Schrift • Sonderzeichen einfügen • Marken • Aktuelle Seitenzahl oder durch Drücken des Tastaturkürzels Strg + Alt + ⇧ + N bzw. ⌘ + ⌥ + ⇧ + N aus. Als Platzhalter erscheint der Buchstabe »M« (jener Buchstabe, den Sie als Präfix in den Mustervorlagenoptionen für die Musterseite definiert haben).

▶ **Kolumnentitel fertigstellen:** Neben der Pagina möchten wir auf der linken Seite der Projektarbeit immer den Titel der Arbeit erscheinen lassen. Unsere Wunschvorgabe für den Kolumnentitel sieht wie folgt aus: »M | Vom grafischen Entwurf bis zur digitalen Visualisierung«. Wir müssen nun nach der Pagina einen fixen Leerraum einfügen. Dazu führen Sie den Befehl Schrift • Leerraum einfügen • Halbgeviert aus, wodurch ein Leerraum in der Breite eines Halbgevierts (= halber Schriftgrad) eingefügt wird. Den senkrechten Strich bekommen Sie, indem Sie das Tastaturkürzel ⌥ + 7 (Mac OS) bzw. unter

Windows `AltGr`+`<` drücken. Danach folgen wiederum das fixe Leerzeichen in der Größe eines Halbgevierts und der Text »Vom grafischen Entwurf bis zur digitalen Visualisierung«.

Duplizieren des Pagina-Rahmens | Ähnlich wie auf der linken Seite benötigen wir auf der rechten Seite ebenfalls die Pagina. Doch hier wollen wir den Kolumnentitel mit der aktuellen Kapitelüberschrift versehen. Gehen Sie dazu wie folgt vor:

Duplizieren Sie den Rahmen der linken Seite mit der Pagina, indem Sie die `Alt`- bzw. `⌥`-Taste gedrückt halten und bei gleichzeitig gedrückter `⇧`-Taste den Rahmen horizontal bis zur rechten Hilfslinie der Außenbegrenzung der rechten Marginalspalte ziehen. Sie haben dadurch den Rahmen dupliziert und auf die korrekte Position auf der rechten Seite gestellt.

Rechtsbündig ausgerichteten Abschnittsmarke einfügen | Nun gilt es, den Kolumnentitel für die rechte Seite zu erstellen.

▸ **Text rechtsbündig ausrichten:** Dazu markieren Sie den Text im Rahmen (zuerst Doppelklick, damit wandelt sich das Auswahl-Werkzeug in das Textwerkzeug, und dann ein Dreifachklick, um den gesamten Text zu markieren) und stellen ihn entweder im Steuerung-Bedienfeld oder über den Befehl SCHRIFT • ABSATZ ¶ auf rechtsbündig (siehe Abbildung 13.5). Wenn Sie jedoch mit dem Auswahl-Werkzeug den Textrahmen markiert haben, so stehen im Steuerung-Bedienfeld die Ausrichtungsmöglichkeiten nicht zur Verfügung. Für diesen Fall empfehlen wir, das Tastaturkürzel `Strg`+`⇧`+`R` bzw. `⌘`+`⇧`+`R` zu drücken.

▸ **Abschnittsmarke einfügen:** Nun überschreiben wir den markierten Text, indem wir die Abschnittsmarke über den Befehl SCHRIFT • SONDERZEICHEN EINFÜGEN • MARKEN • ABSCHNITTSMARKE einsetzen.

▸ **Leerräume einfügen:** Der Abschnittsmarke folgen ein Halbgeviert-Leerzeichen, ein senkrechter Strich, ein weiteres Halbgeviert-Leerzeichen und der Platzhalter für die automatische Seitennummerierung. Die damit erzeugte Textzeile sieht nun wie folgt aus: »Abschnitt | M«.

Rahmen vor dem Überschreiben bzw. vor einer Positionsänderung schützen | Während die erstellten Textrahmen für die Marginalspalte und für den Mengensatz auf den Originalseiten überschrieben werden können oder sich ihre Höhenposition ändern kann, bleiben die Textrahmen für die Kolumnentitel immer an derselben Stelle und sie müssen auch nicht auf den Originalseiten

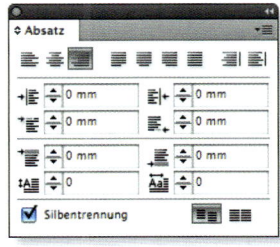

▲ **Abbildung 13.5**
Verwenden Sie das Absatz-Bedienfeld zur rechtsbündigen Ausrichtung eines Absatzes.

überschrieben werden. Das Schützen von Rahmen gegen eine Positionsänderung erfolgt über den Befehl OBJEKT • POSITION SPERREN oder durch Drücken von Strg+L bzw. ⌘+L.

Das Schützen von Rahmen auf der Mustervorlage vor dem Überschreiben (Herauslösen auf den Dokumentseiten) erfolgt durch Deaktivieren des Befehls MUSTERELEMENTE IN AUSWAHL DÜRFEN ÜBERSCHRIEBEN WERDEN – dieser Befehl ist standardmäßig aktiviert – im Bedienfeldmenü des Seiten-Bedienfelds.

Markieren Sie beide Kolumnentitel-Textrahmen, und schützen Sie diese vor dem Überschreiben, indem Sie den Befehl aus dem Kontextmenü deaktivieren.

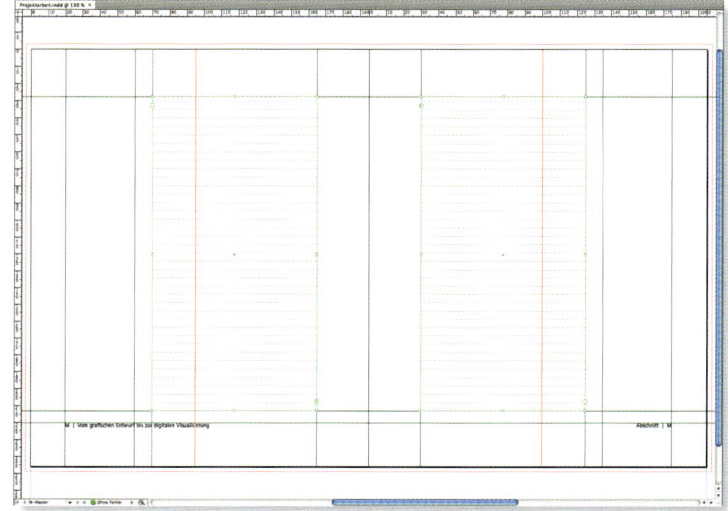

Abbildung 13.6 ►
Die Doppelseite unseres Mustervorlagen-Masters nach getaner Arbeit. Zur besseren Veranschaulichung wurden die Hilfslinien mit einer etwas markanteren Farbe versehen.

13.3 Hierarchische Mustervorlagen erstellen

Basierend auf unserer Mustervorlage »Master« möchten wir weitere Mustervorlagen erstellen. Wir denken dabei an einen Master für den »Kapitelanfang« und einen Master für »Kapiteltext«, und das für alle vier Kapitel.

13.3.1 Weitere Mustervorlagen anlegen

Um eine neue Mustervorlage anzulegen, führen Sie den Befehl NEUE MUSTERVORLAGE aus dem Bedienfeldmenü des Seiten-Bedienfelds oder aus dem Kontextmenü aus. Im erscheinenden Dialog geben Sie das PRÄFIX »K1« und den Namen »Kapitel 1« ein. Legen Sie fest, dass diese Mustervorlage auf unserem bereits erstellten M-MASTER basiert, und klicken Sie auf OK.

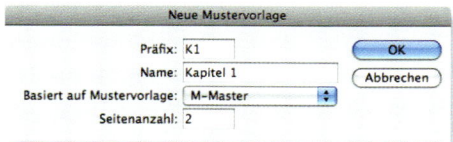

◄ **Abbildung 13.7**
Erstellen einer Mustervorlage, basierend auf einer bereits bestehenden Vorlage

Jede Doppelseite eines Kapitels soll über den Master hinaus noch mit einem kleinen Farbbalken auf der linken Seite gekennzeichnet sein – als eine Orientierungshilfe für den Leser, damit er immer weiß, in welchem Kapitel er sich gerade befindet.

Dazu markieren Sie im Steuerung-Bedienfeld den linken oberen Ursprungspunkt und ziehen dann ein Viereck – mit dem Rechteck-Werkzeug – auf der linken Seite links oben auf. Versehen Sie das Viereck im Anschluss mit folgenden Koordinaten: x=−3, y =−3, B =12, H =20, und färben Sie nur die Fläche mit der Farbe KAPITEL 1 (dunkleres Grau) aus dem Farbfelder-Bedienfeld ein. Sie haben nun einen kleinen Farbbalken erstellt, der um 3 mm über den Rand hinaus (abfallend) positioniert wird. Dieser Anschnitt wird zum Beschneiden auf das Endformat benötigt, da es sonst zu einem ungewollten weißen Rand am Farbbalken kommen kann.

▲ **Abbildung 13.8**
In der linken oberen Ecke soll ein Farbbalken in der jeweiligen Kapitelfarbe abfallend angebracht werden.

Mustervorlage für Kapitel 2 anlegen | Führen Sie dazu erneut den Befehl NEUE MUSTERVORLAGE aus dem Bedienfeldmenü oder über das Kontextmenü aus. Bezeichnen Sie das PRÄFIX mit »K2«, den Namen mit »Kapitel 2«, und wählen Sie in der Option BASIERT AUF MUSTERVORLAGE: K1-KAPITEL 1 aus.

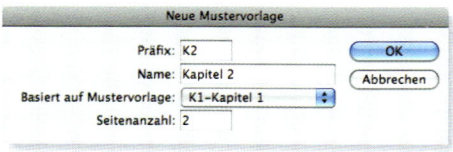

◄ **Abbildung 13.9**
Erstellen einer Mustervorlage für die Kapiteltextseiten – hier für Kapitel 2

Damit haben Sie eine Mustervorlage erstellt, die auf dem zuerst erstellten K1-MASTER basiert. Der einzige Unterschied für Kapitel 2 ist, dass anstelle von Grau das Farbfeld KAPITEL 2 (Beige) verwendet wird. Sie denken sich nun: »Nichts einfacher als das«, und versuchen, den Balken zu markieren, um ihn einzufärben. Aber das funktioniert nicht: Alle Elemente auf der Mustervorlage sind ja Elemente, die zu einer anderen Mustervorlage gehören (in diesem Fall zu Kapitel 1).

Objekten aus Mustervorlagen herauslösen | Um ein Objekt anzuwählen, um es zu löschen oder zu verändern, müssen Sie das Objekt zuerst aus der Mustervorlage herauslösen. Dazu markieren

Im Unterschied zu QuarkXPress, wo alle Elemente der Musterseite auf den Originalseiten bearbeitet werden können, müssen in InDesign Elemente der Mustervorlage vor der Bearbeitung herausgelöst werden. Das Herauslösen der Elemente kann durch einfachen Klick in Verbindung mit gedrückter `Strg`+`⇧`- bzw. `⌘`+`⇧`-Taste mit dem Auswahl-Werkzeug erfolgen. Damit können Sie jedes Element – mit Ausnahme jener Elemente, die vom Überschreiben ausgenommen wurden – einzeln herauslösen.

Um alle Elemente der Mustervorlage in einem Schritt herauszulösen, wählen Sie den Befehl ALLE MUSTERSEITENOBJEKTE ÜBERGEBEN aus dem Bedienfeldmenü des Seiten-Bedienfelds.

Haben Sie Mustervorlagen-Mutationen aufeinander basieren lassen, so ist es in manchen Fällen gewünscht, dass einzelne herausgelöste Objekte den Bezug zur basierten Mustervorlage verlieren.

Dieses Vorhaben können Sie mit dem in InDesign CS4 neu hinzugefügten Befehl AUSGEWÄHLTE OBJEKTE VON MUSTERVORLAGE ABTRENNEN aus dem Bedienfeldmenü realisieren. Sind keine Objekte ausgewählt, so lautet der Befehl ALLE OBJEKTE VON MUSTERVORLAGE ABTRENNEN.

Sie das Auswahl-Werkzeug, drücken die `Strg`+`⇧`- bzw. `⌘`+`⇧`-Taste und klicken auf den grauen Farbbalken. Damit haben Sie den Rahmen aus der Basis-Mustervorlage herausgelöst – das Objekt gehört nun der Mustervorlage »K2«. Nun können Sie den Farbbalken auf Beige umfärben.

Duplizieren von Mustervorlagen | Wenn Sie sich jetzt die Frage stellen, weshalb man nicht einfach über den Befehl MUSTERDRUCKBOGEN "K1-KAPITEL 1" DUPLIZIEREN aus dem Bedienfeldmenü des Seiten-Bedienfelds ein Duplikat der Musterseite erzeugt, so möchten wir an dieser Stelle die Unterschiede zwischen beiden Vorgehensweisen erklären.

▶ **Mustervorlage duplizieren:** Durch das Duplizieren von Mustervorlagen werden komplett eigenständige Mustervorlagen erzeugt, die keinen Bezug zur ursprünglichen Mustervorlage »K1« besitzen. Im Falle einer Änderung – beispielsweise soll der Farbbalken etwas breiter gemacht werden – muss dieser Schritt für alle eigenständigen Mustervorlagen erfolgen.

▶ **Mustervorlagen basieren auf:** Obwohl Objekte durch das Herauslösen vom Mustervorlagen-Master quasi auf die aktuelle Mustervorlage übertragen wurden, bleibt dennoch hinsichtlich der Objektkoordinaten der Bezug zum Mustervorlagen-Master erhalten. Das bedeutet, dass eine Änderung der Position von Objekten auf dem Mustervorlagen-Master automatisch auf herausgelöste Objekte übertragen wird. Diesen Vorteil sollte man gezielt beim Aufbau von Mustervorlagen einsetzen.

Mustervorlagen für Kapitel 3 und 4 anlegen | Legen Sie jetzt den Master für Kapitel 3 und Kapitel 4 an. Lassen Sie dabei die neuen Mustervorlagen immer auf der K1_KAPITEL 1-Mustervorlage basieren. Färben Sie den Farbbalken für Kapitel 3 mit der Farbe KAPITEL 3 (Rot) und für Kapitel 4 mit der Farbe KAPITEL 4 (Lila) ein. Auch dabei muss der Farbbalken herausgelöst und umgefärbt werden.

13.3.2 Mustervorlagen für den Kapitelanfang anlegen

Zum Abschluss erstellen wir noch eine eigene Mustervorlage für den Kapitelanfang. Die Änderungen, die sich für diese Mustervorlage gegenüber dem Master ergeben, sind einerseits ein in der Höhe verkürzter Satzspiegel der linken Seite und andererseits eine Kapitelüberschrift, die automatisch die Länge des Farbbalkens an die Länge des Titels anpasst. Legen Sie dazu eine neue Mustervorlage über den Befehl NEUE MUSTERVORLAGE des Bedienfeldmenüs des Seiten-Bedienfelds an. Bezeichnen Sie das PRÄFIX mit »KA1«

und den Namen mit »Kapitelanfang 1«. Die neue Mustervorlage sollte dabei auf der Mustervorlage KQ-KAPITEL 1 basieren. Geben Sie die Daten im NEUE MUSTERVORLAGE-Dialog ein, und bestätigen Sie diesen mit OK.

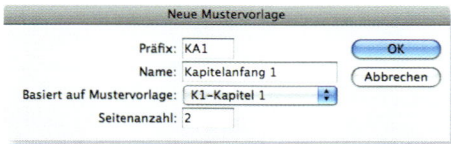

◄ **Abbildung 13.10**
Erstellen einer Mustervorlage für den Kapitelanfang

Ändern des Satzspiegels | Nun wollen wir zuerst den Satzspiegel für die linke Seite etwas modifizieren. Dazu aktivieren Sie nur die linke Seite der Mustervorlage durch einen Doppelklick auf das linke Seitensymbol der Mustervorlage »Kapitelanfang 1«.

Das nachträgliche Ändern des Satzspiegels erfolgt über den Befehl LAYOUT • RÄNDER UND SPALTEN. Geben Sie die Werte laut Abbildung 13.11 ein, und bestätigen Sie die Eingabe durch Drücken auf OK.

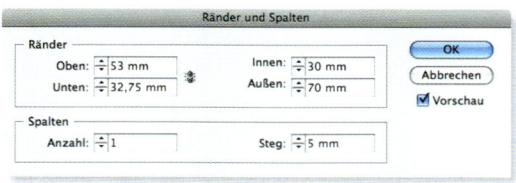

◄ **Abbildung 13.11**
Ändern der Ränder für die linke Seite des Kapitelanfangs

Anpassen des Textrahmens | Der Textrahmen, der im Mustervorlagen-Master definiert wurde, steht nach wie vor an derselben Position. Lösen Sie zuerst den Textrahmen heraus, und verschieben Sie nun die Oberkante des Textrahmens genau auf die Oberkante des Satzspiegels (53 mm).

Dazu müssen Sie zuerst den Textrahmen herauslösen und dann entsprechend verkleinern. Genauso sollten Sie mit dem Textrahmen der Marginalspalte verfahren.

Löschen des kleinen Farbbalkens | Da wir bei einem Kapitelanfang die kleine Farbmarke auf der linken Seite nicht benötigen, müssen wir sie zuerst herauslösen und dann löschen. Anstelle dieser kleinen Farbmarke soll ein Farbbalken in der Kapitelfarbe angebracht werden, der automatisch mit der Länge der Kapitelüberschrift »mitwächst«. Wie das geht, erklären wir gleich.

Erstellen der Kapitelüberschrift | Als Nächstes gilt es, die Kapitelüberschrift in entsprechender Schriftgröße und mit dem gewünschten Schriftschnitt in einen speziell dafür einzurichtenden

Mustervorlagen zwischen Dokumenten austauschen

Sie können Mustervorlagen innerhalb eines Dokuments oder zwischen Dokumenten kopieren oder verschieben, um sie als Grundlage für neue Mustervorlagen zu verwenden.

Um Mustervorlagen in ein anderes Dokument zu übertragen, öffnen Sie das Quell- und das Zieldokument und führen aus dem Bedienfeldmenü den Befehl MUSTERSEITEN VERSCHIEBEN aus. Warum Adobe nun »Musterseiten« dazu sagt, ist zwar aus Anwendersicht egal, dass Adobe damit eingesteht, Mustervorlagen eigentlich Musterseiten zu nennen, kann daraus nicht abgelesen werden :-).

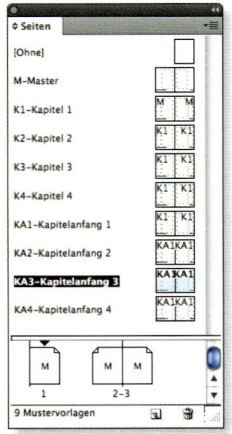

Absatzformat anlegen und für Inhaltsverzeichnis vorbereiten

Die Kapitelüberschrift würde in der Praxis darüber hinaus als Absatzformat definiert, damit sie in ein automatisch erstelltes Inhaltsverzeichnis aufgenommen werden könnte.

Wie Sie ein Absatzformat erstellen, erfahren Sie in Kapitel 15, »Textformatierung«, und wie Sie ein Inhaltsverzeichnis anlegen, lesen Sie in Kapitel 21, »Buch, Inhaltsverzeichnis und Index«.

Rahmen zu stellen und diesen mit einer »intelligenten« Linie zu versehen. Ziehen Sie dazu einen Rahmen auf den Koordinaten x = 20, y = 33 mit einer Breite von 145 mm und einer Höhe von 15 mm auf. Setzen Sie in den Rahmen die Abschnittsmarke über den Befehl Schrift • Sonderzeichen einfügen • Marken • Abschnittsmarke ein. Formatieren Sie die Abschnittsmarke »Abschnitt« mit der Schrift »Myriad Pro«, dem Schriftschnitt »Black« und dem Schriftgrad »30 Pt«.

Absatzlinie für Kapitelüberschrift anlegen | Im Anschluss gilt es noch, die »intelligente« Linie zu setzen. Hier greifen wir etwas vor; die notwendigen Erklärungen dazu finden Sie in Abschnitt 14.5.11, »Absatzlinien«, auf Seite 403.

Um diese intelligente Linie zu definieren, bedienen wir uns einer sogenannten **Absatzlinie**. Klicken Sie mit dem Textwerkzeug irgendwo in die Abschnittsmarke »Abschnitt« hinein, und rufen Sie den Befehl Absatzlinien entweder über das Bedienfeldmenü des Absatz- bzw. des Steuerung-Bedienfelds auf oder über die Tastenkombination [Strg]+[Alt]+[J] bzw. [⌘]+[⌥]+[J].

Abbildung 13.12 ▶
Erstellen einer »intelligenten« Absatzlinie für den Kapiteltitel mit Farbbalken. Wählen Sie Linie darüber aus, und aktivieren Sie die Checkbox Absatzlinie ein.

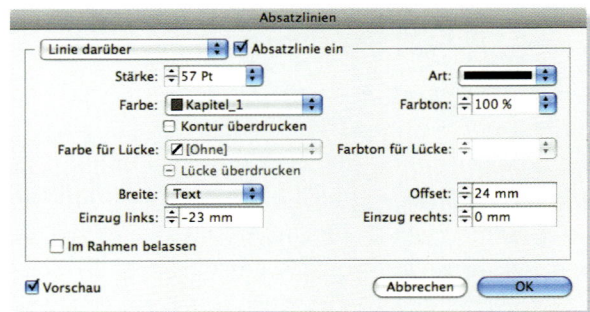

Die Stärke 57 Pt entspricht dabei der Höhe des Farbbalkens, die Farbe: Kapitel_1 (Grau) steht für Kapitel 1, die Breite ist auf Text gestellt, womit sich die Länge der Linie automatisch an die Textlänge anpasst, der Offset von 24 mm entspricht dem Versatz der Linie von der Grundlinie des Textes. Der Einzug links von –23 mm entspricht dem Versatz des Linienanfangs von –20 mm bis zum Seitenrand und zusätzlichen 3 mm für den Anschnitt. Damit haben wir unsere intelligente Linie erstellt.

▲ Abbildung 13.13
Das Seiten-Bedienfeld nach dem Anlegen aller Mustervorlagen

Restliche Mustervorlagen für die Kapitelanfänge erstellen | Jetzt müssen Sie nur noch die Mustervorlagen für Kapitelanfang 2, Kapitelanfang 3 und Kapitelanfang 4 erstellen.

Gehen Sie dabei wie zuvor beschrieben vor. Legen Sie jeweils eine neue Mustervorlage an, benennen Sie diese laut unseren

Vorgaben, und lassen Sie jede auf der Mustervorlage KA1-Kapi-
telanfang 1 basieren. Lösen Sie dann den Textrahmen für die
Kapitelüberschriften heraus, und weisen Sie danach in der Absatzlinie die entsprechenden Kapitelfarben – Kapitel 2 ist beige, Kapitel 3 ist rot und Kapitel 4 ist violett – zu.

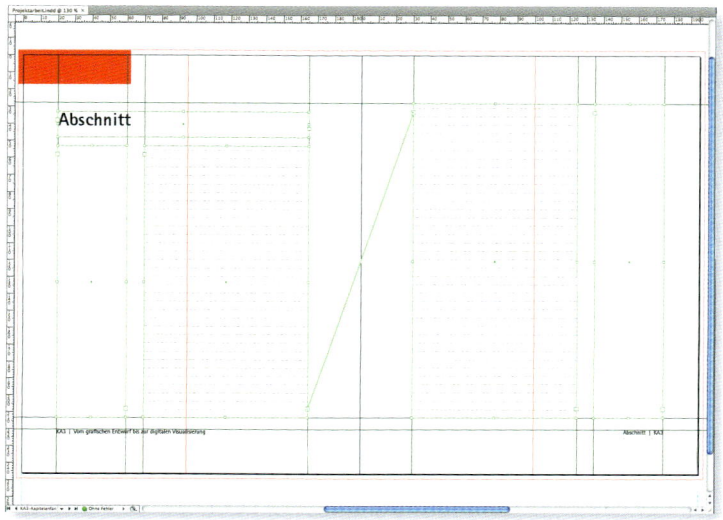

13.4　Mit Mustervorlagen umgehen

Nachdem Sie nun wissen, wie man hierarchisch aufbauende Mustervorlagen anlegt, ist es an der Zeit, dass Sie in Kenntnis gesetzt
werden, auf welche Art und Weise Mustervorlagen noch erstellt
bzw. von anderen Projekten übernommen werden können und
wie Sie überflüssige Mustervorlagen löschen.

13.4.1　Dokumentseiten als Mustervorlage speichern

Wenn Sie irrtümlich eine Mustervorlage auf einer Dokumentseite
angelegt haben, so speichern Sie sie am einfachsten über den
Befehl Als Mustervorlage speichern aus dem Bedienfeldmenü
des Seiten-Bedienfelds.

InDesign erstellt dadurch von den aktuell ausgewählten Dokumentseiten inklusive aller Seitenelemente und Hilfslinien eine
Mustervorlage mit der Bezeichnung »A-Mustervorlage«.

13.4.2　Mustervorlagen von anderen Dokumenten
übernehmen

Die Übernahme von Mustervorlagen aus anderen Dokumenten
kann auf dreierlei Art und Weise umgesetzt werden. In allen Fäl-

**Dokumentseiten händisch
übertragen**

Sie können diesen Vorgang jedoch auch händisch durchführen, indem Sie eine neue Mustervorlage anlegen und dann
über Bearbeiten • Kopieren alle
Seitenelemente auswählen und
über Bearbeiten • An Originalposition einfügen auf der neu
erstellten Mustervorlage einsetzen. Nachteil: Sie müssen die
Hilfslinien in einem zweiten Ko-
piervorgang übertragen.

len wird jedoch vorausgesetzt, dass Quell- und Zieldokument die gleichen Dokumentgrößen und Ausrichtung (hoch und quer) besitzen.

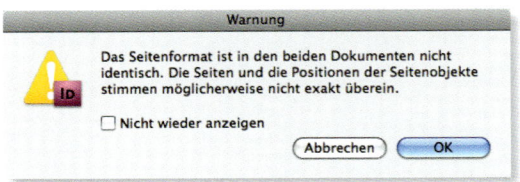

Abbildung 13.15 ▶
Warnmeldung, wenn die Seitengröße der Mustervorlage des Zieldokuments nicht mit dem Seitenformat des Quelldokuments
übereinstimmt.

Musterseiten laden | Durch Aufrufen des Befehls MUSTERSEITEN LADEN aus dem Bedienfeldmenü können Sie ein anderes InDesign-Dokument auswählen und alle Mustervorlagen des Quelldokuments übernehmen. Leider kann beim Öffnen des Dokuments keine Auswahl getroffen werden.

Musterseiten verschieben | Um Mustervorlagen über den Befehl MUSTERSEITEN VERSCHIEBEN aus dem Bedienfeldmenü zu verschieben, müssen sowohl Quell- als auch Zieldokument geöffnet sein. Wählen Sie im Quelldokument eine Mustervorlage aus, und führen Sie den Befehl aus. Im erscheinenden Dialog wählen Sie das Zieldokument aus und bestimmen, ob die Mustervorlage im Anschluss gelöscht werden soll oder nicht. Damit können Sie gezielt einzelne Mustervorlagen aus Projekten übernehmen.

Abbildung 13.16 ▶
Der MUSTERSEITEN VERSCHIEBEN-
Dialog aus InDesign CS4

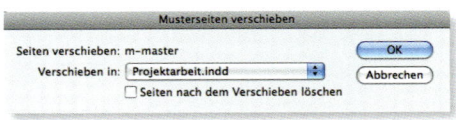

Musterseiten per Drag & Drop überführen | Wenn Sie sowohl Quell- als auch Zieldokument nebeneinander angeordnet haben – dies geht am schnellsten über die Funktion DOKUMENT ANORDNEN ❶ in der Anwendungsleiste –, können Sie auch Mustervorlagen durch Drag & Drop in das Zieldokument übernehmen.

▲ **Abbildung 13.17**
Dokumente nebeneinander anordnen geht am schnellsten über die
DOKUMENT ANORDNEN-Funktion
aus der Anwendungsleiste.

13.4.3 Mustervorlagen löschen

Das Löschen einer Mustervorlage erfolgt durch Auswahl der zu löschenden Mustervorlage und Ausführen des Befehls MUSTER-DRUCKBOGEN LÖSCHEN aus dem Bedienfeldmenü.

Wenn Sie nicht verwendete Mustervorlagen löschen wollen, so führen Sie zuerst den Befehl NICHTVERWENDETE MUSTERVORLAGEN AUSWÄHLEN aus. Löschen Sie dann die ausgewählten Mustervorlagen entweder über das Bedienfeldmenü oder durch Klick auf das Symbol 🗑 im Seiten-Bedienfeld.

13.5 Zuordnen der Mustervorlagen auf die Dokumentseiten

Nachdem nun alle Mustervorlagen definiert sind, können wir sie den Dokumentseiten zuweisen. Für unsere Projektarbeit gehen wir davon aus, dass Seite 1 leer bleibt und auf den Seiten 2–3 das Inhaltsverzeichnis gesetzt werden soll. Die Seiten 4–15 sind für Kapitel 1 vorgesehen, Seite 16–33 für Kapitel 2, Seite 34–57 für Kapitel 3 und Seite 58–71 für Kapitel 4. Seite 72 bleibt wiederum leer. Das Zuweisen kann auf zweierlei Arten erfolgen:

Ziehen der Mustervorlage auf die Dokumentseite | Um Seite 1 die Mustervorlage [OHNE] zuzuweisen, brauchen Sie lediglich das Mustervorlagen-Symbol irgendwo auf Seite 1 zu ziehen (siehe Abbildung 13.18).

Wollen Sie jedoch einer Doppelseite eine Mustervorlage zuweisen, so empfehlen wir Ihnen (bis einschließlich InDesign CS3), nicht das Symbol zu greifen und zu ziehen, sondern den Namen der Mustervorlage, z. B. KA1_KAPITELANFANG 1, zu aktivieren und auf das Dokumentseiten-Symbol zu ziehen. Bei InDesign CS4 kann derselbe Vorgang auch durch das Greifen einer Mustervorlagenseite erfolgen.

Achten Sie dabei darauf, was beim Daraufziehen schwarz eingerahmt wird. Wird nur die rechte oder die linke Seite schwarz umrandet, wird die Mustervorlage auch nur auf diese Seite angewendet. Um beiden Seiten die Mustervorlage zuzuweisen, empfehlen wir Ihnen, an das linke oder rechte untere Eck der Dokumentseite im Seiten-Bedienfeld zu ziehen. Damit ist die Doppelseite – siehe Abbildung 13.19 – schwarz umrandet, womit der Doppelseite auch die Mustervorlage zugewiesen wird.

Zuweisen einer Musterseite auf mehrere Dokumentseiten | Wenn Sie genügend Zeit haben, können Sie nun die Mustervorlage durch Ziehen jeder einzelnen Doppelseite zuweisen. Schneller geht es, wenn Sie laut unseren Vorgaben die Seiten 6–15 durch Klicken auf Seite 6 und dann durch Klicken auf Seite 15 bei gleichzeitig gedrückter ⇧-Taste aktivieren und den Befehl MUSTERVORLAGE AUF SEITEN ANWENDEN aus dem Bedienfeldmenü des Seiten-Bedienfelds auswählen.

Im sich öffnenden Dialog wählen Sie bei der Option MUSTERVORLAGEN ANWENDEN die Mustervorlage K1-KAPITEL 1 aus und geben unter AUF SEITEN den gewünschten Seitenbereich an. Durch das Markieren der Seiten im Vorfeld sind diese bereits eingetragen. Sie können hier aber selbst bestimmen, welche Seiten

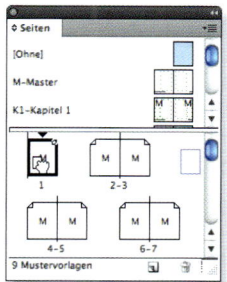

▲ **Abbildung 13.18**
Zuweisen der Mustervorlage auf eine Dokumentseite durch Drag & Drop

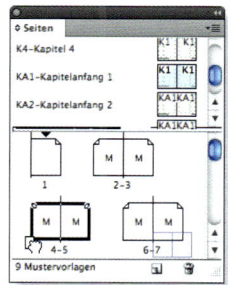

▲ **Abbildung 13.19**
Zuweisen der Mustervorlage auf eine Doppelseite

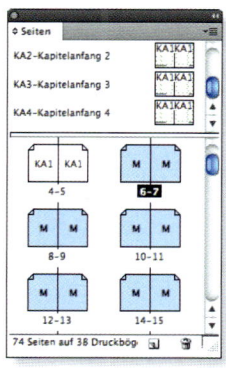

▲ **Abbildung 13.20**
Markieren mehrerer Seiten im Seiten-Bedienfeld

die ausgewählte Mustervorlage zugewiesen bekommen sollen. Ein Eintrag »6-15;18; 22-23« würde bedeuten, dass den Dokumentseiten 6 bis 15, der Seite 18 und den Seiten 22 und 23 die Mustervorlage zugewiesen würde.

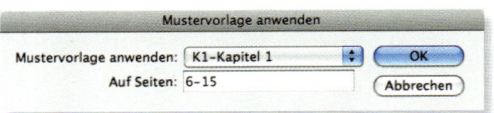

Weisen Sie nun den Seiten 16 bis 33 die Mustervorlage KAPITEL 2, den Seiten 34 bis 57 die Mustervorlage KAPITEL 3 und den Seiten 58 bis 71 die Mustervorlage KAPITEL 4 zu. Seite 72 wird die Mustervorlage [OHNE] zugewiesen.

Was jetzt noch fehlt, ist, dass Sie den ersten Seiten der jeweiligen Kapitel die Mustervorlage des Kapitelanfangs zuweisen. Führen Sie diese Zuweisung durch, indem Sie durch Drag & Drop die Musterseitenvorlage für KAPITELANFANG 1 den Seiten 4–5, für KAPITELANFANG 2 den Seiten 16–17, für KAPITELANFANG 3 den Seiten 34–35 und für KAPITELANFANG 4 den Seiten 58–59 zuweisen.

Das Seiten-Bedienfeld müsste danach Abbildung 13.22 entsprechen. Seien Sie jedoch nicht irritiert, wenn auf den Kapitelanfangsseiten nur eine kleine farbige Fläche, jedoch nicht der Kapitelname zu sehen ist. Die Ursache dafür liegt in dem noch zu definierenden Abschnittsparameter.

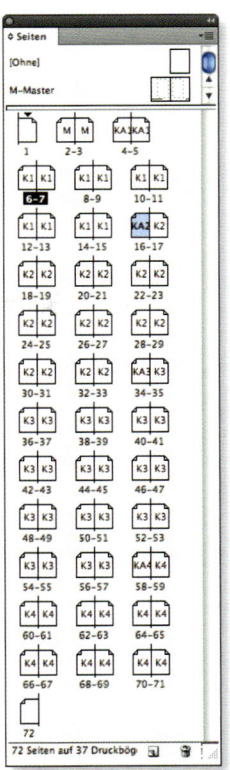

▲ **Abbildung 13.22**
Das fertige Seiten-Bedienfeld

13.6   Setzen von Abschnitten

InDesigns Begriff »Abschnitt« kann in unserem Projekt mit dem Wort »Kapitel« gleichgesetzt werden. Viele QuarkXPress-Anwender kennen diese Funktion entweder unter dem Begriff »Ressort« oder unter »Abschnitt«.

Während QuarkXPress-Anwender diese Funktion lediglich benötigen, um die Paginierung zu ändern, so kann in InDesign darüber hinaus die ABSCHNITTSMARKE ❶, die in unserem Projekt als Platzhalter für die Kapitelüberschriften dient, eingegeben werden. Seit InDesign CS3 kann auch noch die KAPITELNUMMERIERUNG ❷ für das Dokument einmalig vergeben werden.

Der Vorteil der **Abschnittsmarken** wird erst jetzt so richtig klar, denn Sie müssen nur einmal pro Abschnitt eine Kapitelüberschrift definieren. Sie wird dann automatisch in der Kapitelüberschrift der Mustervorlage »Kapitelanfang« und in den Kolumnentitel aller Dokumentseiten eingefügt. Ein nachträgliches Einfügen von Seiten repaginiert die Seitennummern und fügt automatisch auf den Seiten den korrekten Kolumnentitel ein.

Die Funktion **Kapitelnummer** kann speziell bei langen Dokumenten verwendet werden, so wie in diesem Buch für die Nummerierung der Bildunterschriften – z. B. »Abbildung 13.1«, wobei die erste Zahl die Referenz auf das Kapitel darstellt und die folgende Zahl fortlaufend erhöht wird – und so die oft lästigen Anpassungsfehler verhindern und das schnelle Verschieben von Textstellen zwischen Dokumenten (Kapiteln) vereinfachen.

Diese doch sehr interessanten Funktionen verstecken sich im Bedienfeldmenü des Seiten-Bedienfelds. Bevor Sie den Befehl jedoch aufrufen, müssen Sie die jeweilige Kapitelanfangsseite im Seiten-Bedienfeld aktivieren. Doppelklicken Sie auf Seite 4, und führen Sie danach den Befehl NUMMERIERUNGS- UND ABSCHNITTS-OPTIONEN aus dem Bedienfeldmenü aus. Im erscheinenden Dialog NEUER ABSCHNITT legen Sie die gewünschte Kapitelnummer und die ABSCHNITTSMARKE fest.

Abschnittspräfix – Probleme und richtiges Einsetzen

Wenn Sie das Abschnittspräfix der Pagina voranstellen wollen, so ist diese Funktion sinnvoll. Sollten Sie jedoch dieses Feature nicht benötigen, raten wir allen Anwendern vor InDesign CS4 – der Default-Eintrag existiert nicht mehr – dringend, den automatischen Eintrag ABS1:, ABS2: usw. zu löschen, da Sie sonst beim Drucken bzw. beim Exportieren eines PDF im Seitenbereich immer das Abschnittspräfix eingeben müssten.

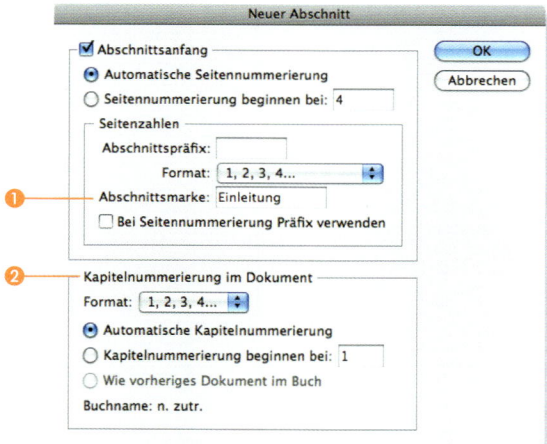

◄ **Abbildung 13.23**
Die NUMMERIERUNGS- UND AB-SCHNITTSOPTIONEN. Informationen zum Anlegen und zur Verwendung von Kapitelnummern erhalten Sie in Abschnitt 21.1.2, »Nummerierungsoptionen«, auf Seite 633.

Abschnittsanfang | Aktivieren Sie die Option ABSCHNITTSAN-FANG, wenn Sie die aktivierte Seite als erste Seite eines Abschnitts kennzeichnen wollen.

▶ AUTOMATISCHE SEITENNUMMERIERUNG: Ist diese Option gewählt, so kümmert sich InDesign darum, dass die Pagina »normal« weitergezählt und kein spezieller Seitensprung durchgeführt wird.

▶ SEITENNUMMERIERUNG BEGINNEN BEI: Wollen Sie, dass beispielsweise die Seitennummer der Seite 4 mit 6 beginnt, so müssen Sie diese Option aktivieren und im Eingabefeld die entsprechende Seitennummer eintragen. Diese Option wird oft verwendet, wenn eine Allonge benötigt und dafür eine zusätz-

Automatische Seitennummerierung bei Büchern

Achten Sie darauf, wenn Sie mehrere Dokumente in einem Buch zusammenfassen wollen, dass die Option AUTOMATISCHE SEITENNUMMERIERUNG bei den Dokumenten im ersten Abschnittsanfang eingestellt ist, da ansonsten die automatische Repaginierung im Falle einer Änderung des Seitenumfangs nicht funktioniert.

Einleitung

4 | Vom grafischen Entwurf bis zur digitalen Visualisierung

▲ **Abbildung 13.24**
Die Startseite unseres Kapitels 1

Auf der Buch-DVD finden Sie im Ordner Beispielmaterial • Kapitel_13 das finale Dokument »Projektarbeit_fertig.indd«. Überprüfen Sie damit, ob Sie alle Schritte korrekt ausgeführt haben.

liche Seite an einer Doppelseite angefügt wird. Das zusätzliche Einfügen einer Seite würde die automatische Paginierung durcheinanderbringen. Mit dem Setzen eines neuen Abschnitts können Sie die eingefügte Seite außer Kraft setzen und eine fixe Pagina für die Folgeseite vergeben.

▶ Seitenzahlen:

  ▶ Abschnittspräfix: Verwenden Sie die Option nur, wenn Sie vor der Seitenzahl einen Zusatz einfügen wollen. Ein typisches Beispiel dafür wäre, wenn Sie einer Seitennummer immer einen senkrechten Strich und einen Halbgeviert-Leerraum voranstellen wollen – »| 1«. Auch könnte man sich vorstellen, dass Sie die Seitennummer in einem Anhang mit »Anhang I, Anhang II« versehen wollen.

  ▶ Format: Damit wählen Sie die Form der Seitenzahl aus.

Im Eingabefeld der Option Abschnittsmarke fügen Sie nun den Titel des Kapitels ein. Wichtig ist, dass der eingefügte Text in der Formatierung der Abschnittsmarke auf der Mustervorlage dargestellt wird. Eine zusätzliche paarweise Unterschneidung von Buchstaben ist dabei natürlich nicht mehr möglich.

Wenn Sie beispielsweise den Titel »1. Einleitung« nennen wollen – wobei die Zahl »1.« vom Wort »Einleitung« durch ein Halbgeviert-Leerzeichen getrennt sein soll –, so können Sie den Halbgeviert-Leerraum nicht im Dialog auswählen. Die einzige Möglichkeit, so etwas umzusetzen, besteht darin, dass Sie zuerst einen Textrahmen auf der Montagefläche aufziehen, den Text nach Wunsch setzen (mit Halbgeviert-Leerraum) und dann per Copy & Paste in den Dialog einfügen. Die Aktivierung der Option Bei Seitennummerierung Präfix verwenden stellt das oben definierte Präfix der Seitennummer voran.

Aktivieren Sie die Option Abschnittsanfang, fügen Sie in der Abschnittsmarke den Titel des Kapitels ein, und bestätigen Sie den Dialog mit OK. Betrachten Sie nun Seite 4, und Sie sehen die Früchte Ihrer bislang geleisteten Arbeit! Fahren Sie jetzt für jeden Kapitelanfang wie beschrieben fort. Damit haben Sie es bald geschafft, den Kern der Arbeit fertigzustellen. Den Umschlag würden wir in einer eigenen InDesign-Datei anlegen.

Sie müssen nur noch die Datei korrekt abspeichern. InDesign-Dokumente erhalten die Dateindung ».indd«. Dabei steht ».ind« für »InDesign« und der weitere Buchstabe »d« für »Document«. Neben ».indd« werden Sie mit ».indt« – steht dabei für »Template« –, ».indl« für »Library«, ».indb« für »Book« und ».inds« bzw. ».idms« (seit InDesign CS4) für »Snippets« Bekanntschaft machen.

TEIL III
Typografie, Formatieren und Organisieren

14   Typografie

Nach einem spektakulären Kulturverlust in der Frühzeit des Desktop-Publishings ist erfreulicherweise wieder der Trend zu schöner und korrekter Typografie festzustellen. InDesign setzt hier neue Maßstäbe und bietet neben einer Fülle von Standardfunktionen volle OpenType-Unterstützung und viele Spezialfunktionen, um Layouts so zu gestalten, dass Publikationen gerne angesehen und vor allem gerne gelesen werden. Der Begriff der Typografie greift sehr weit – in diesem Kapitel werden wir hauptsächlich die Kernbereiche Schrift, Zeichen und Absatz behandeln.

14.1   Fonttechnologie

Bevor Schrift – hoffentlich korrekt und respektvoll – angewendet werden kann, ist oft eine technische Hürde zu nehmen: Welche Schriften funktionieren technisch gut, wie unterscheiden sich die diversen Fontformate, und welche sind zu bevorzugen?

Schaffen wir also zunächst die Basis, um Schriften in der Folge auch richtig anwenden zu können, wobei wir die technischen Details nicht zu sehr übertreiben wollen – sie würden den Rahmen sprengen und auch nicht bei allen Lesern auf Interesse stoßen. Betrachten wir lieber die geschichtlichen Hintergründe, anhand derer die unterschiedlichen Eigenschaften gut dargestellt werden können.

[Font]

In der Zeit des Lichtsatzes wurden Schriften auf Filmstreifen belichtet und von diesen Filmen wiederum neue Filme mit dem gewünschten Text – schon frei skalierbar – belichtet. Diese Filmstreifen wurden Fonts genannt. Dieser Name hat sich auch für digitale Schriften eingebürgert.

14.1.1   Vorgeschichte

Als Apple Computer 1984 den Macintosh vorstellte, staunte die Fachwelt nicht schlecht – Grafik, Schrift und Bilder wurden so dargestellt, wie sie später auch gedruckt wurden. Auf erschwinglichen Computersystemen war so etwas bislang nicht möglich gewesen. Aus heutiger Sicht wirkt diese Leistung etwas mickrig. Die Schriften und Grafiken waren nämlich als 72-dpi-Lineart-Bilder ausgeführt. Jedes gängige Mobiltelefon bietet heute auf seinem Display eine bessere Grafikdarstellung.

Das Problem der ersten Generation der digitalen Schriften war, dass die Fläche der einzelnen Glyphen nicht vollständig gefüllt

[Glyphe]

Ein übergeordneter Begriff für »Schriftzeichen«

werden konnte. Diese Problematik ist bis heute erhalten geblieben, konnte aber wesentlich entschärft werden.

Sämtliche Ausgaben – egal ob auf dem Monitor oder auf Papier – müssen aus Punkten zusammengesetzt werden. Ist die Auflösung (das Auflösungsvermögen) des Ausgabegeräts gering, sind die Punkte im Verhältnis zur zu füllenden Form relativ groß. Bei höheren Auflösungen tritt das Problem ebenfalls bei kleinen Schriften auf.

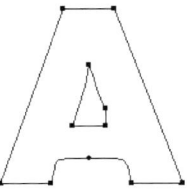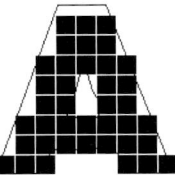

Abbildung 14.1 ▶
Ein Zeichen, sein Umriss und eine – sehr unzulängliche – Füllung des Umrisses.

Feinheiten in der Formgebung der einzelnen Zeichen gehen so verloren, und die Schriften können nicht skaliert werden, weil die Punkte in einer größeren/kleineren Fläche anders verteilt werden müssen.

Für jede Schriftgröße muss ein eigener Bitmap-Zeichensatz vorhanden sein. Um die Ergebnisse auf Papier zu bringen, waren Nadeldrucker im Einsatz, die in ihrer Frühzeit gerade einmal die doppelte Bildschirmauflösung erreichten. Somit war klar, dass dieser Zustand nicht auf Dauer durchgehalten werden konnte.

Die Einschränkungen des Bildschirms konnten nicht ohne Weiteres behoben werden, im Druck allerdings konnten Technologien genutzt werden, die eine dramatische Qualitätsverbesserung brachten.

14.1.2   Fontformate

Die Definition solcher hochqualitativen Schriften war zunächst von einigen Konkurrenzkämpfen geprägt. Die folgende Auflistung ist unter diesem Hintergrund in chronologischer Abfolge zu verstehen.

Type 1-Schriften (PostScript-Schriften) | Zunächst bot Adobe eine geniale Lösung an: Die Darstellung von grafischen Daten auf dem Bildschirm wurde von der Druckausgabe entkoppelt. Beim Drucken wurden die Funktionen, die die Darstellung von Daten auf dem Bildschirm realisieren, in eine neutrale Seitenbeschreibungssprache umgewandelt. Das Ausgabegerät interpretiert diese Seitenbeschreibung und setzt sie, den Möglichkeiten des jeweiligen Ausgabegerätes entsprechend, um. Schrift wurde nur mehr durch ihren Umriss beschrieben, der frei skalierbar war. Die möglichst exakte Füllung der Fläche war Aufgabe des RIPs. Die neue Seitenbeschreibungssprache wurde PostScript getauft und dominiert heute die gesamte Druckvorstufe. Adobe wurde einer der größten Softwarehersteller weltweit und der Spezialist für digitale Medienproduktion – und die Type 1-Schriften haben sich zum Standard der Druckindustrie entwickelt.

Das Kernproblem der Darstellung digitaler Schrift wurde damit allerdings nicht eliminiert. Bei geringen Ausgabeauflösungen oder sehr kleinen Schriften konnte zwar der Umriss der Schrift frei skaliert werden, die Füllung mit den in der Relation zu großen Punkten hätte das Ergebnis jedoch nach wie vor ziemlich entstellt. Deshalb wurden die PostScript-Schriften mit zusätzlichen »Fähigkeiten« ausgestattet. Die Schriftdesigner konnten Hinweise für den RIP in der Schrift hinterlegen, mit denen der RIP bei ungünstigen Skalierungen eine verbesserte Darstellung erzeugen konnte. Diese Technologie ist als **Hinting** (Type 1) oder **Instructions** (TrueType) bekannt. Darüber hinaus können den PostScript-Schriften ».afm«-Dateien mitgegeben werden, in denen festgelegt ist, wie Zeichenpaare zueinander ausgerichtet werden sollen. Professionelle Satz- und Layoutprogramme werten diese Informationen aus und sorgen so für eine Darstellung der Schrift, wie sie vom Schriftdesigner geplant war. 1985 erschien der Apple Laser-Writer als erster PostScript-Drucker, und in den folgenden Jahren eroberte PostScript die Druckvorstufe.

TrueType-Schriften | Die Welt schien in Ordnung – Schriften konnten nun frei skaliert und in der jeweils optimalen Qualität ausgegeben werden. Adobe hatte eine Monopolstellung im Bereich der Druckausgabe inne und dominierte mit der PostScript-Technologie eine ganze Industrie. Das schien allerdings noch nicht zu reichen. Deshalb wurden die Type 1-Schriften von Adobe codiert, und die Definition dieser Codierung wurde unter Verschluss gehalten.

So war es außer Adobe niemandem möglich, PostScript-Schriften zu erstellen, und neben der RIP-Software mussten auch die Schriften von Adobe bezogen werden.

Das konnten die Softwarehersteller wiederum nicht dulden, und so kam es zu einer ungewöhnlichen Allianz der ewigen Kontrahenten Apple und Microsoft. Apple definierte eine eigene Schrift-Technologie mit der Bezeichnung TrueType, und Microsoft lizenzierte sie. TrueType-Schriften verfolgen die gleiche Strategie wie PostScript-Schriften. Die einzelnen Glyphen werden als skalierbare Pfade, die den Umriss der Schrift definieren, beschrieben. Das »Rastern« der Schrift, also die Umsetzung der Form in eine mit Punkten gefüllte Fläche, wurde von den Betriebssystemen erledigt, wobei auch hier »Instructions« zum Einsatz kamen. Dies ermöglichte eine qualitativ hochwertige Ausgabe von Schrift auf Geräten, die nicht PostScript unterstützten.

Adobe reagierte auf diese Kampfansage. 1990 und somit noch ein Jahr vor dem Erscheinen von TrueType wurde die Type 1-Spezifikation veröffentlicht, womit es nun auch anderen Unternehmen möglich war, PostScript-Schriften zu erstellen und anzubieten. Als Apple und Microsoft 1991 mit TrueType auf den Markt kamen, führte das also zu der kuriosen Situation, dass TrueType-Schriften eigentlich nicht mehr gebraucht wurden.

Da die TrueType-Schriften mit der PostScript-Technologie nicht gut zusammenspielten, kam es zu extrem schwierigen Produktionsbedingungen in der Druckvorstufe. Anwender ignorierten die Inkompatibilitäten zwischen der aktuellen PostScript-Technik und den TrueType-Schriften und verwendeten fröhlich TrueType-Schriften, die in der Qualitätsproduktion nicht ausgegeben werden konnten. Erst mit PostScript Level 2 (Version 2017.104) implementierte Adobe in seinen PostScript-RIPs auch die Unterstützung von TrueType-Schriften über den TrueType-Scaler, der TrueType-Schriften in das Type 1-ähnliche Type 42-Format umwandelte.

Die technischen Probleme aus ihrer Anfangszeit haften den TrueType-Schriften auch heute noch an. Obwohl sie mit heutiger Technik problemlos produziert werden können, sind sie in vielen Druckvorstufen-Unternehmen nach wie vor nicht gern gesehen. Es haftet ihnen weiterhin der Makel an, dass sie eigentlich nur aus strategischen Überlegungen heraus entwickelt wurden. Tatsächlich haben es Apple und Microsoft lange nicht geschafft, die eigene TrueType-Definition so weit umzusetzen, dass die gleichen Schriftdateien auf den Betriebssystemen beider Hersteller verwendbar gewesen wären. Auch dieses Problem ist heute gemildert: Mac OS X kann Windows-TrueType-Schriften direkt übernehmen – umgekehrt funktioniert das allerdings nach wie vor nicht.

OpenType-Schriften | In den folgenden zehn Jahren war die Schriften-Landschaft von Problemen gekennzeichnet:

▶ Type 1-Schriften konnten nicht zwischen den beiden dominierenden Betriebssystemen ausgetauscht werden.
▶ Zur Darstellung von Type 1-Schriften auf dem Bildschirm war der ATM notwendig.
▶ Type 1-Schriften sind Single-Byte-Schriften und deshalb auf 256 Zeichen pro Schriftschnitt beschränkt.

- TrueType-Schriften waren nicht zwischen den Systemen austauschbar.
- Nach anfänglichen technischen Problemen konnten sich True-Type-Schriften in der Druckindustrie nicht durchsetzen.
- Obwohl TrueType eine erweiterte Zeichencodierung bot, gab es keine Struktur, mit der diese Fähigkeit auch sinnvoll genutzt werden konnte. Multinationale Zeichensätze oder Expert-Schnitte, die den Satz typografischer Spezialitäten wie Linien, Ligaturen, Brüche, spezielle osteuropäische Zeichen etc. ermöglichten, wurden als eigenständige Schriften erstellt und waren nur schwer anzuwenden.

Mit diesen Zuständen waren nicht nur die Anwender und die Dienstleister in der Druckvorstufe unglücklich, sondern auch die Schriftenhersteller. Qualitätsschriften, deren Herstellung ganz erheblichen Aufwand verursacht, mussten für beide Betriebssysteme gewartet, verwaltet und vertrieben werden. Deshalb erfolgte mit der Definition der OpenType-Schriften durch Adobe und Microsoft der nächste Versuch, Ordnung ins Chaos zu bringen.

OpenType ist kein neues Schriftformat, sondern lediglich ein »Containerformat«, das sowohl PostScript- als auch TrueType-Schriften enthalten kann. Der Container stellt sicher, dass die Schrift zwischen den Betriebssystemen ausgetauscht werden kann. Darüber hinaus sind die in OpenType-Dateien enthaltenen Schriften Unicode-codiert. Dadurch kann ein wesentlich erweiterter Zeichensatz abgebildet werden. Diese Zeichensätze können in Ebenen angeordnet sein, die jeweils eine unterschiedliche Funktion haben und Layout Features genannt werden.

Diese **Layout Features** können eine Reihe von typografischen Feinheiten abbilden. Alle Zeichensätze können in unterschiedlichen nationalen Ausprägungen vorhanden sein, und alle Funktionen sind so strukturiert, dass sie untereinander verknüpft werden können, womit z. B. alternative Glyphen angeboten und ausgewählt werden können. Wie Sie diese Funktionen in InDesign nutzen, werden Sie in Abschnitt 14.2.5, »OpenType« ab Seite 362 kennenlernen.

OpenType-Schriften können grundsätzlich auf allen modernen Betriebssystemen mit Unicode-Unterstützung verwendet und mit Hilfe des ATM auch auf älteren Betriebssystemen eingesetzt werden. Das bedeutet allerdings nicht, dass Sie in allen Programmen problemlos mit OpenType arbeiten können. Unicode-Fähigkeit ist die Voraussetzung für Programme, um OpenType-Schriften in vollem Umfang zu nutzen. Bei den derzeit aktuellen Programmen für die Druckvorstufe können Sie von Unicode- und somit OpenType-

---

Zeichencodierung

PostScript-Schriften sind pro Schriftschnitt auf 256 Zeichen beschränkt. TrueType-Schriften können aufgrund eines erweiterten Codebereichs wesentlich mehr Glyphen aufnehmen, was ein echter Vorteil der TrueType-Schriften ist, der jedoch kaum genutzt wurde.

[Unicode]
Unicode ist ein internationaler Standard, der die Kodierung fast aller weltweit verwendeten Glyphen regelt. Pro Glyphe stehen 16 Bit zur Verfügung, womit in Unicode-Zeichensätzen genügend Platz für alle gängigen Schriftsysteme inklusive Kyrillisch, Arabisch, Hebräisch und der asiatischen Schriftsysteme bietet.

Bedingte Ligaturen
Brüche
Ordinalzeichen
Schwungschrift
[Titelschriftvarianten]
✓ [Kontextbedingte Varianten]
Alles in Kapitälchen
Null mit Schrägstrich
Formatsätze ▶
Positionalform ▶

Hochgestellt
Tiefgestellt
Zähler
Nenner

Versalziffern für Tabellen
Proportionale Mediävalziffern
Proportionale Versalziffern
Mediävalziffern für Tabellen
✓ Standardzahlenformat

▲ **Abbildung 14.2**
Die von InDesign unterstützten Layout Features

Unterstützung ausgehen. Für die Adobe CS-Linie (CS bis CS4) gilt das auf jeden Fall. QuarkXPress-Benutzer müssen zumindest Version 7 verwenden.

Die Mehrheit der OpenType-Schriften bietet allerdings auch noch keine Layout Features. Zumeist wurden nur die bekannten Schriftschnitte in das OpenType-Format übertragen und mit wichtigen Ergänzungen, wie dem €-Zeichen, ausgestattet. Ein kleiner Teil der OpenType-Schriften liegt bereits in voll ausgestatteten Versionen vor. Diese Schriften bieten meist einen Großteil der Layout Features an und sind für eine qualitativ hochwertige Typografie die erste Wahl. Dummerweise sind einer OpenType-Schriftdatei der Inhalt und der Umfang an Layout Features nicht anzusehen.

14.1.3   Schriften laden und der InDesign-Fonts-Ordner

Bevor Sie eine digitale Schrift verwenden können, muss sie natürlich erst einmal auf Ihrem System installiert werden. Hierzu gibt es eine Reihe von Hilfsmitteln und Verfahren, die wir hier aber nicht alle behandeln können – wir beschränken uns auf die Bordmittel der aktuellen Systeme, die den Systemvoraussetzungen von InDesign CS4 entsprechen. Weiter gehen wir davon aus, dass Sie technisch intakte und vollständige Schriften verwenden.

Schriften mit den systemeigenen Werkzeugen laden | Wenn es Ihre Arbeitsumgebung nicht erlaubt, Änderungen an Ihrem System vorzunehmen, sollten Sie mit Ihrem System-Administrator sprechen und eventuell über die Anschaffung eines Schriftverwaltungs-Werkzeugs (z. B. Suitcase oder FontReserve) nachdenken, da diese Werkzeuge den Systemstatus nicht verändern und Ihnen die Arbeit in jedem Fall erleichtern. Mac-Benutzern sei hier besonders der Linotype **FontExplorer® X** empfohlen, den sie kostenfrei direkt von der Linotype-Website unter *www.linotype.com* herunterladen können.

Sofern Sie ohne Einschränkungen Änderungen an Ihrem System vornehmen können, gehen Sie nach der entsprechenden Anleitung für Ihr Betriebssystem vor.

Schritt für Schritt: Schriften unter Windows XP laden

1   **Systemsteuerung starten**
Öffnen Sie das Fenster ARBEITSPLATZ • SYSTEMSTEUERUNG • SCHRIFTARTEN, und wählen Sie das Menü DATEI • NEUE SCHRIFTART INSTALLIEREN.

2   Schrift auswählen

Öffnen Sie den Ordner, der die zu installierende Schrift enthält.

3   Schriftschnitt auswählen

Wählen Sie aus der Liste der Schriftarten die Schriftschnitte aus, die Sie installieren möchten.

4   Installation abschliessen

Klicken Sie auf OK, um die ausgewählten Schriften zu installieren. Nach der Installation wird das Fenster SCHRIFTARTEN HINZUFÜGEN automatisch geschlossen.   ■

Schritt für Schritt: Schriften unter Windows Vista laden

1   Systemsteuerung starten

Starten Sie die SYSTEMSTEUERUNG aus dem Menü START, und klicken Sie auf DARSTELLUNG UND PERSONALISIERUNG. Wählen Sie aus dem Kontextmenü der Schriftliste NEUE SCHRIFTART INSTALLIEREN.

2   Schrift auswählen

Öffnen Sie den Ordner, der die zu installierende Schrift enthält.

3   Schriftschnitt auswählen

Wählen Sie aus der Liste der Schriftarten die Schriftschnitte aus, die Sie installieren möchten.

4   Installation abschliessen

Klicken Sie auf OK, um die ausgewählten Schriften zu installieren. Schließen Sie die SYSTEMSTEUERUNG.   ■

Schritt für Schritt: Schriften ab Mac OS X 10.4 laden

1   Schriftsammlung starten

Öffnen Sie das Symbol Ihrer Festplatte. Sollte die Symbolleiste im Fenster nicht sichtbar sein, wählen Sie das Finder-Menü DARSTELLUNG • SYMBOLLEISTE EINBLENDEN. Wählen Sie aus der linken Spalte des Fensters den Ordner PROGRAMME, und starten Sie in diesem Ordner das Programm SCHRIFTSAMMLUNG.

2   Gruppe auswählen

Wählen Sie in der Spalte SAMMLUNG eine Schriftgruppe aus, oder legen Sie zunächst eine neue Gruppe an, indem Sie auf die Taste ⊕ unter der Spalte SAMMLUNG klicken.

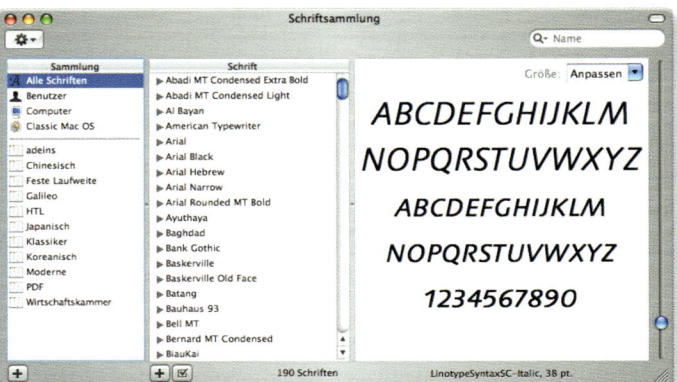

Abbildung 14.3 ▶
Das Hauptfenster der SCHRIFTSAMM-LUNG unter Mac OS X 10.4. Die Möglichkeit, Schriften für die Classic-Umgebung zu installieren, gibt es ab Mac OS X 10.5 und auf allen Macs mit Intel-Prozessor nicht mehr.

3 Schrift hinzufügen

Wählen Sie das Menü ABLAGE • SCHRIFTEN HINZUFÜGEN, oder klicken Sie auf die Taste ⊕ unter der Spalte SCHRIFT, und wählen Sie im Dateidialog die gewünschte Schrift aus.

4 Schrift auswählen

Klicken Sie auf ÖFFNEN, um die Schrift hinzuzufügen. Standardmäßig werden Schriften dem Benutzer zugeordnet – dies können Sie jedoch in den Voreinstellungen der Schriftsammlung ändern.

5 Schrift öffnen

Die Schrift wird installiert und Sie können das Programm SCHRIFT-SAMMLUNG schließen. ■

▲ **Abbildung 14.4**
Die Vorschau der Schriftsammlung, die bei einem Doppelklick auf eine Schrift geöffnet wird.

Unter Mac OS X können Sie die Installation beschleunigen, indem Sie auf eine Schriftkomponente im Finder einen Doppelklick machen. Sie bekommen dann eine Schriftprobe der jeweiligen Schrift präsentiert, die tatsächlich von der Schriftsammlung dargestellt wird. In diesem Voransicht-Fenster können Sie einfach auf INSTALLIEREN klicken. Damit ersparen Sie sich das Suchen der gewünschten Schrift auf der Festplatte, müssen dann aber die Zuordnung zu einer Gruppe manuell erledigen.

Darüber hinaus können Sie auch einzelne Schriftkomponenten oder ganze Schrift-Ordner direkt in das Hauptfenster der SCHRIFT-SAMMLUNG ziehen. Die Schriftsammlung erledigt dann alles Weitere für Sie.

Der InDesign-Fonts-Ordner | Um nicht auf die Schriftverwaltung der verschiedenen Betriebssysteme angewiesen zu sein, hat Adobe für InDesign eine eigene Möglichkeit vorgesehen, Schriften für InDesign verfügbar zu machen. Im Programmordner von InDesign finden Sie einen Ordner FONTS, der standardmäßig leer ist. Sie können Ihre Schriften manuell direkt in diesen Ordner kopieren – auch wenn InDesign bereits gestartet ist – und sofort verwenden. Allerdings wirklich nur mit InDesign.

Der enorme Zusatznutzen dieses Ordners ist, dass damit nicht nur OpenType-, sondern auch TrueType-Schriften zwischen Windows und Mac OS X ausgetauscht werden können, obwohl das von den Betriebssystemen selbst nicht oder nur eingeschränkt unterstützt wird.

14.1.4 Welche Schriftentechnologie soll ich verwenden?

OpenType-Schriften sind bereits recht weit verbreitet, und die Zukunft gehört ganz sicher den OpenType-Schriften. Allerdings gibt es keinen Grund, bestehende Schriftsammlungen zu entsorgen. Erfreulicherweise sind die technischen Probleme in der Verwendung der diversen Technologien größtenteils behoben.

Die Adobe-Schriftbibliothek liegt zur Gänze als OpenType-Version vor, und Adobe bietet die »alten« Technologien auch nicht mehr an. Andere Schriftenhersteller werden sicher nachziehen, sofern das nicht schon geschehen ist.

Wenn Sie gezwungen sind, in einer Arbeitsgruppe mit unterschiedlichen Softwareprodukten zu arbeiten, achten Sie beim Einsatz von OpenType-Schriften darauf, dass alle beteiligten Softwarekomponenten auch problemlos damit umgehen können. Innerhalb der Creative Suite ist das selbstverständlich der Fall.

14.2 Das Zeichen

Jede Aufgabe erfordert das richtige Werkzeug. Für die Bearbeitung von Pixelbildern hat sich Photoshop als Platzhirsch etabliert; bei der Erstellung von Vektorgrafiken ist Macromedia/Adobe FreeHand noch weitverbreitet, verliert aber zunehmend gegen Adobe Illustrator, der – bis Illustrator CS3 – nicht so leicht als Layoutprogramm missbraucht werden kann wie sein Kontrahent.

Der Plan von Adobe ist hier durchaus leicht nachvollziehbar. Für Layout- und Textgestaltung ist InDesign das richtige Werkzeug, auch wenn sich hier viele Funktionen für die Beeinflussung von Pixelbildern und eine leistungsstarke Bearbeitung von Vektorgrafiken finden. Die anderen Werkzeuge sind gut integriert und

---

TIPP

Sie müssen nicht einzelne Schriften in den Fonts-Ordner kopieren. InDesign akzeptiert auch Schrift-Ordner, die vollständig nach Schriften durchsucht werden.

Schriften im Fonts-Ordner

TrueType-Schriften von Windows werden von Mac OS X direkt unterstützt. Type 1-Schriften dagegen nicht, sie können aber über den Fonts-Ordner doch verwendet werden. Unter Windows funktionieren Type 1-Schriften vom Macintosh aufgrund des Datenformats, das von Windows nicht gelesen werden kann, leider immer noch nicht.

TrueType und Normen

Aus unverständlichen Gründen wird in vielen Normen (z. B. ÖNORM 1305: Inseratenanlieferung für österreichische Tageszeitungen) die Verwendung von TrueType explizit ausgeklammert.

---

dfont

Mac OS X-Benutzer sind mit Schriften konfrontiert, die die Dateiendung ».dfont« aufweisen. Diese Schriften werden primär vom Betriebssystem selbst verwendet und sind ein Überbleibsel aus der vorherigen Systemversion. Es handelt sich dabei um TrueType-Schriften. Sie sollten sie trotzdem nicht verwenden, weil Sie sonst mit Problemen in der Datenübergabe nach Windows rechnen müssen.

Auf der Buch-DVD finden Sie unter BEISPIELMATERIAL • KAPITEL_14 das Dokument »Mikrotypografie.pdf«.

können bei Bedarf direkt aus InDesign heraus angesteuert werden. Dreh- und Angelpunkt der Layoutgestaltung ist jedoch InDesign, und somit sind hier alle Funktionen und Möglichkeiten der Mikrotypografie (Zeichen) und Makrotypografie (Absatz und Fläche) versammelt.

14.2.1 Das Zeichen- und Steuerung-Bedienfeld

Das Zeichen-Bedienfeld **A** war von jeher ein zentraler Punkt für die typografischen Grundfunktionen von InDesign. Zusätzlich sind sämtliche Funktionen des Zeichen-Bedienfelds auch im Steuerung-Bedienfeld untergebracht. Das Steuerung-Bedienfeld passt sich kontextsensitiv an die aktuelle Situation an, deckt die beiden Bereiche Zeichen **A** (»Zeichenformatierung«) und Absatz **¶** (»Absatzformatierungssteuerung«) ab und bietet darüber hinaus zusätzliche Funktionen. Bei Monitoren mit hoher Auflösung (mehr Platz in der Horizontalen) werden im rechten Teil des Bedienfelds im Absatzmodus zusätzlich Funktionen für Zeichen eingeblendet und umgekehrt.

Sollte das Steuerung-Bedienfeld nicht eingeblendet sein, öffnen Sie es über das Menü FENSTER • STEUERUNG. Die Darstellungsoptionen des Steuerung-Bedienfelds können Sie in Kapitel 3.3, »Bedienfelder«, ab Seite 71 nachschlagen. Sollten Sie lieber mit dem herkömmlichen Zeichen-Bedienfeld arbeiten wollen, so finden Sie es in der Standardeinstellung von InDesign bereits am rechten Bildschirmrand angedockt. Ansonsten können Sie es über das Menü FENSTER • SCHRIFT UND TABELLEN • ZEICHEN bzw. über das Menü SCHRIFT • ZEICHEN oder das Tastenkürzel Strg+T bzw. ⌘+T einblenden.

Darstellung des Steuerung-Bedienfelds

InDesign stellt ab Version CS3 bei horizontalen Auflösungen des Monitors über 1.024 Pixel im rechten Teil des Bedienfelds weitere Optionen dar. Wir beschränken uns in der Darstellung auf den Teil, der auf allen Monitoren sichtbar ist.

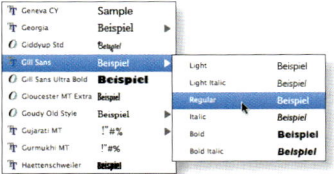

▲ **Abbildung 14.5**
Ab InDesign CS2 werden nicht nur die Namen der Schnitte in den Auswahlfeldern angezeigt, sondern die Schrift selbst, sofern Sie Ihre Voreinstellungen entsprechend getroffen haben.

Abbildung 14.6 ▼ ▶
Zeichen-Bedienfeld und Steuerung-Bedienfeld Zeichen

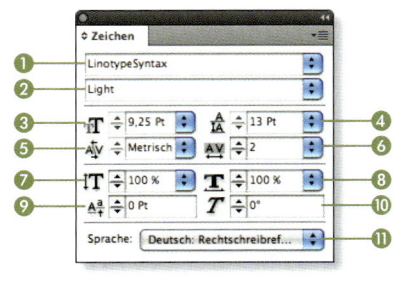

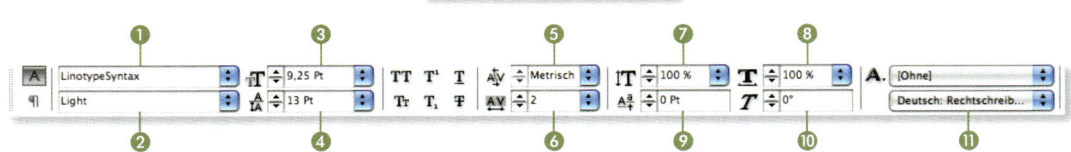

SCHRIFTFAMILIE ❶ und SCHRIFTSCHNITT ❷ können getrennt eingestellt werden. Sofern Sie in den VOREINSTELLUNGEN im Abschnitt

Eingabe die Option Schriftvorschaugrösse aktiviert haben, werden die verschiedenen Familien/Schnitte auch real dargestellt. Der Zeilenabstand ❹ wird automatisch vom Schriftgrad ❸ abgeleitet, indem der Schriftgröße 20 % zugeschlagen werden. Das entspricht der gängigen Praxis im digitalen Satz und kann in den Abständeeinstellungen verändert werden. In beiden Feldern kann aus einem Menü ausgewählt oder ein Wert eingetragen werden.

InDesign unterscheidet genau zwischen Kerning ❺ und Laufweite ❻ – auf die möglichen Einstellungen und Unterschiede zu QuarkXPress werden wir später noch im Detail eingehen.

Die Vertikale ❼ und Horizontale Skalierung ❽ unterscheidet sich wohltuend von den Einstellungsmöglichkeiten von QuarkXPress. Einige grundsätzliche Überlegungen zum Verzerren von Schrift – wozu auch Verzerren (Pseudo-Kursiv) ❿ gehört – werden wir ebenfalls später noch anstellen.

Der Grundlinienversatz ❾ wird z. B. für chemische und mathematische Formeln benötigt und erlaubt es, Textelemente in Punkten oder Bruchteilen davon über oder – mit einem negativen Betrag – unter ihre normale Schriftlinie zu verschieben.

Die Sprache des Textes ⓫ wird für die Rechtschreibprüfung und Silbentrennung benötigt. Da technisch gesehen ein Wort lediglich eine Ansammlung von Zeichen darstellt (semiotisch ist die Sache nicht ganz so einfach), ist die Funktion an dieser Stelle sinnvoll.

Zeilenabstand

Der Zeilenabstand wird von Grundlinie zu Grundlinie gemessen.

Ungewöhnlich ist in InDesign, dass der Zeilenabstand als Attribut der Schrift gehandhabt wird. Eigentlich bestimmt der Zeilenabstand die Platzverhältnisse innerhalb des Absatzes und sollte somit auch ein Absatzattribut sein.

Um den Zeilenabstand auf den ganzen Absatz anzuwenden, schalten Sie in den Voreinstellungen unter Eingabe die Option Zeilenabstand auf ganze Absätze anwenden ein.

Tastenkürzel zur Schriftskalierung

QuarkXPress bietet Tastenkürzel zum Skalieren von Schrift an. Seit InDesign CS2 können Sie für die horizontale und vertikale Skalierung selbst Tastenkürzel über Bearbeiten • Tastaturbefehle… definieren. Eine Standardbelegung gibt es nicht!

14.2.2 Zusatzfunktionen des Steuerung-Bedienfelds

Neben den Grundfunktionen des Zeichen-Bedienfelds bietet das Steuerung-Bedienfeld zusätzliche Funktionen, die im Zeichen-Bedienfeld über das Bedienfeldmenü aufgerufen werden müssen.

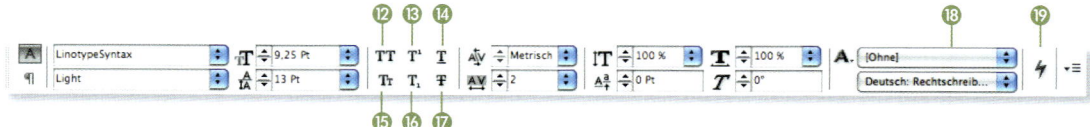

Sofern Sie Zeichenformate definiert haben, können Sie ein Format über das Menü Zeichenformat ⓲ oder über die Funktion Schnell anwenden ⓳ auswählen – das Erstellen und Anwenden von Zeichenformaten werden Sie später in diesem Kapitel kennenlernen.

Um einen ausgewählten Text in Versalien ⓬ oder Kapitälchen ⓯ darzustellen, klicken Sie auf die entsprechenden Schaltflächen. Eine Darstellung in Versalien ist unkritisch und hängt letztlich von Ihren Bedürfnissen ab.

▲ **Abbildung 14.7**
Die Zusatzfunktionen des Steuerung-Bedienfelds

Kapitälchen sollten jedoch immer mit einem entsprechenden Schriftschnitt gesetzt werden. InDesign macht mit dieser Funktion nämlich nichts anderes, als die Kleinbuchstaben als Versalien darzustellen und etwas kleiner zu machen. Um welchen Betrag diese Skalierung erfolgt, können Sie in den VOREINSTELLUNGEN • ERWEITERTE EINGABE einstellen – die Standardeinstellung ist 70 %. Skalierte Versalien reduzieren auch ihre Strichstärken (Duktus), die dann nicht mehr zu den »echten« Versalien passen.

ECHTE KAPITÄLCHEN
FALSCHE KAPITÄLCHEN

Wie Sie hier sehen, ist der Unterschied gravierend. Beide Schriftproben haben die gleiche Größe von 24 Pt und verwenden dieselbe Stärke »Medium«, unterscheiden sich aber in der Darstellung der Gemeinen (Kleinbuchstaben) erheblich. In den »echten« Kapitälchen hat der Schriftdesigner darauf geachtet, dass die Strichstärken der Gemeinen zu den Versalien passen. Die Strichstärke der »falschen« Kapitälchen wird jedoch ebenfalls um 70 % skaliert und wirkt nun zu dünn.

HOCHGESTELLT ⓭ und TIEFGESTELLT ⓰ sind jeweils eine Kombination aus Grundlinienversatz und Schriftskalierung. Auch hier können Sie den Betrag der Skalierung unter VOREINSTELLUNGEN • ERWEITERTE EINGABE verändern. Sofern Sie einen Schriftschnitt besitzen, der die notwendigen hoch- und tiefgestellten Indexziffern anbietet, sollten Sie diesen auch verwenden. Bitte beachten Sie, dass es die Auszeichnung »Index« aus QuarkXPress in InDesign nicht gibt – falls Sie Daten aus QuarkXPress übernehmen, müssen Sie diese Textteile also manuell korrigieren!

UNTERSTRICHEN ⓮ und DURCHGESTRICHEN ⓱ sind für einen Lesetext vollkommen ungeeignete Auszeichnungsmethoden. Vor allem stellt sich die Frage, warum man einen gerade geschriebenen Text ~~durchstreichen~~ sollte. Solche Stilelemente haben wohl in der Verwendung von Text als grafisches Element ihre Berechtigung, in einem Lesetext haben sie nichts verloren. Allerdings erlaubt InDesign über die beiden Bedienfeldmenüs UNTERSTREICHUNGSOPTIONEN und DURCHSTREICHUNGSOPTIONEN, die verwendeten Linien genau zu beeinflussen – wie, zeigen wir Ihnen ab Seite 367.

Wenn Sie mit dem Zeichen-Bedienfeld arbeiten, können Sie die Zusatzfunktionen des Steuerung-Bedienfelds über das Bedienfeldmenü erreichen. Hier finden Sie auch die Unter- und Durchstreichungsoptionen sowie die Funktion KEIN UMBRUCH, mit der

Sie eine ungewollte Trennung unterbinden können. Für ein einzelnes Wort erreichen Sie das einfacher, indem Sie vor das betreffende Wort einen bedingten Trennstrich setzen. Unter Windows funktioniert das mit der Tastenkombination ⌜Strg⌝+⌜⇧⌝+⌜-⌝, unter Mac OS mit ⌜⌘⌝+⌜⇧⌝+⌜-⌝.

Für Wortgruppen, die nicht getrennt werden sollen – z. B. Namen – kommen Sie um diese Funktion jedoch nicht herum. Dabei sollten Sie aber beachten, dass Sie sie nie auf eine Textmenge anwenden dürfen, die länger als die Spaltenbreite ist. Das würde zu einem Spaltenumbruch führen, da der Text dann ja nicht mehr in die aktuelle Spalte passt.

Seit InDesign CS3 finden Sie im Menü des Steuerung-Bedienfelds auch noch einige Absatzattribute, auf die wir später eingehen werden.

14.2.3 Tastaturbefehle

Die meisten Textformatierungen können Sie über Tastaturbefehle erreichen; einige Einstellungen erreichen Sie sogar nur über Tastaturbefehle wie z.B. »fett« ⌜Strg⌝+⌜⇧⌝+⌜B⌝ bzw. ⌜⌘⌝+⌜⇧⌝+⌜B⌝ oder »kursiv« ⌜Strg⌝+⌜⇧⌝+⌜I⌝ bzw. ⌜⌘⌝+⌜⇧⌝+⌜I⌝ – eine vollständige Liste aller Tastenkürzel finden Sie auf der Buch-DVD.

Beachten Sie dabei, dass die Befehle für solche Textauszeichnungen das entsprechende Attribut jeweils ein- und ausschalten und dass bei der Veränderung von Wortzwischenräumen diese ausgewählt sein müssen (entweder einzelne Zwischenräume oder mehrere Zwischenräume in einer Textauswahl über mehrere Zeichen hinweg). Beim Umschalten zum Schriftschnitt »Bold« (fett) muss in der aktuellen Schriftfamilie ein Schnitt existieren, der als »Bold« erkannt wird – das funktioniert jedoch nicht immer, weil nicht der Name ausgewertet wird, sondern das interne Attribut »Bold« der betreffenden Schrift. Es kann somit auch vorkommen, dass der Semibold- oder Extrabold-Schnitt einer Schrift ausgewählt wird. Das Gleiche gilt auch für »Italic«, also kursiv. Diese Tastenkürzel ändern also den Schriftschnitt nur, sofern vorhanden.

14.2.4 Groß-/Kleinschreibung ändern

Im Menü SCHRIFT finden Sie noch vier weitere Funktionen zur Schriftgestaltung unter dem Menüpunkt GROSS-/KLEINSCHREIBUNG ÄNDERN. Die Namen dieser Funktionen – GROSSBUCHSTABEN, KLEINBUCHSTABEN, ERSTER BUCHSTABE IM WORT GROSS und ERSTER BUCHSTABE IM SATZ GROSS – und die Schreibweise im Menü beschreibt ihre Auswirkung ausreichend.

Allerdings ist etwas rätselhaft, warum diese Funktionen nicht den Zeichenattributen zugeordnet sind und somit in den dazuge-

▲ Abbildung 14.8
Das Bedienfeldmenü des Zeichen-Bedienfelds. Das Menü des Steuerung-Bedienfelds zeigt hier nur eine Untermenge an, weil die Funktionen im Steuerung-Bedienfeld direkt erreicht werden können.

 Zusatzkapitel C, »Tastenkuerzel«

Wozu ein Zeichen-Bedienfeld?

Wenn Sie einen oder mehrere Textrahmen ausgewählt haben, schaltet das Steuerung-Bedienfeld in den Objektmodus. Mit dem Zeichen-Bedienfeld können Sie aber weiterhin den gesamten Text in allen Rahmen formatieren.

Outline und Schlagschatten

Positiv fällt auf, dass andere typografische Scheußlichkeiten wie Outline-Schrift oder schattierte Schrift als Standardfunktionen gar nicht angeboten werden und als grafische Elemente mit anderen Funktionen erstellt werden müssen. Das sollte sicherstellen, dass diese Stilmittel nicht leichtfertig verwendet, sondern gezielt genau so eingesetzt werden, wie es sinnvoll und nötig ist.

hörigen Bedienfeldern bzw. in deren Menüs untergebracht wurden. Das führt offensichtlich auch dazu, dass diese Funktionen nicht in Zeichen- und Absatzformaten verwendet werden können und in jedem Fall manuell angewendet werden müssen.

14.2.5 OpenType

Die zweite Option im Bedienfeldmenü des Zeichen-Bedienfelds (und erste Option beim Steuerung-Bedienfeld) ist die sehr mächtige Funktion OPENTYPE. Wie Sie aus den Ausführungen in Abschnitt 14.1, »Fonttechnologie«, ab Seite 349 bereits erfahren haben, sind OpenType-Schriften die aktuelle Entwicklung in der Schrift-Technologie.

OpenType-Schriften verfügen über die Möglichkeit, zusätzliche typografische Funktionen über sogenannte Layout Features zur Verfügung zu stellen. Mit dem Befehl OPENTYPE aus dem Bedienfeldmenü können Sie auf diese Funktionen zugreifen – selbstverständlich nur dann, wenn Sie auch eine OpenType-Schrift ausgewählt haben und diese Schrift das gewünschte Layout Feature auch anbietet.

Allerdings unterstützen derzeit noch relativ wenig OpenType-Schriften die gesamte Palette der Layout Features. Die nicht unterstützten Optionen sind im OPENTYPE-Menü in eckige Klammern gesetzt (siehe Abbildung 14.9: [TITELSCHRIFTVARIANTEN]). Da es sich bei den einzelnen Optionen zum Teil um sehr spezielle Feinheiten der Typografie handelt, sind Änderungen, die sich durch eine Umstellung ergeben, für ein untrainiertes Auge nicht auf Anhieb erkennbar. Viele Feinheiten sind auf dem Monitor nur in extremer Vergrößerung zu erkennen und werden erst im Druck mit hochauflösenden Geräten sichtbar.

| Bedingte Ligaturen |
| Brüche |
| Ordinalzeichen |
| Schwungschrift |
| [Titelschriftvarianten] |
| ✓ [Kontextbedingte Varianten] |
| Alles in Kapitälchen |
| Null mit Schrägstrich |
| Formatsätze ▶ |
| Positionalform ▶ |
| Hochgestellt |
| Tiefgestellt |
| Zähler |
| Nenner |
| Versalziffern für Tabellen |
| Proportionale Mediävalziffern |
| Proportionale Versalziffern |
| Mediävalziffern für Tabellen |
| ✓ Standardzahlenformat |

▲ **Abbildung 14.9**
OpenType-Menü im Bedienfeldmenü des Zeichen-Bedienfelds

Layout Feature	Beispiel	Schrift
Bedingte Ligaturen	ct, sp, st	Warnock Pro
Brüche	345/754, 6/8	Minion Pro
Ordinalzeichen	1st, 2nd, 3rd, 10th, № 7	Warnock Pro
Schwungschrift	Schwung-Schrift	Warnock Pro
Titelschrift	TITELSCHRIFT	Adobe Garamond
Kontextbedingte Varianten	Kontextbedingte Varianten	Voluta Script Pro
Alles in Kapitälchen	KAPITÄLCHEN	Warnock Pro
Null mit Schrägstrich	1.000.000	Warnock Pro
Hochgestellt	m³	Warnock Pro

▲ **Tabelle 14.1**
OpenType-Layout Features

Layout Feature	Beispiel	Schrift
Tiefgestellt	H_2O	Warnock Pro
Zähler	$^5/$	Warnock Pro
Nenner	$/_6$	Warnock Pro
Versalziffern für Tabellen	1234567890	Warnock Pro
Proportionale Mediävalziffern	1234567890	Warnock Pro
Proportionale Versalziffern	1234567890	Warnock Pro
Mediävalziffern für Tabellen	1234567890	Warnock Pro
Standardzahlenformat	1234567890	Warnock Pro

▲ **Tabelle 14.1 (Forts.)**
OpenType-Layout Features

Bedingte Ligaturen | Manche Zeichenkombinationen erfordern bestimmte Abstände, wie z. B. fi oder fl. Die beiden Zeichen werden näher zusammengerückt als andere Zeichen und bilden eine Einheit. Im Bleisatz gab es für solche Zeichenkombinationen – sprich Ligaturen – eigene Bleikegel. InDesign kann auf die Standardligaturen in der Schrift zugreifen, sofern sie in der Schrift existieren. Sie erreichen diese Funktion über das Bedienfeldmenü des Zeichen-Bedienfelds. OpenType-Schriften führen zusätzlich den Begriff der bedingten Ligatur ein. Dabei werden bestimmte Zeichenkombinationen durch Verbindungsstriche zu einer Einheit zusammengefasst. Dieses Stilmittel ist allerdings nicht für jeden Text geeignet.

ct, sp, st

Brüche | Bruchzahlen werden üblicherweise mit einem Schrägstrich dargestellt: 1/4 – diese Darstellung ist aus typografischer Sicht jedoch falsch. Zähler und Nenner müssen hoch- bzw. tiefgestellt werden: ¼. Wie Sie jedoch an diesem Beispiel erkennen können, ergeben sich hier wiederum Probleme mit den unterschiedlichen Strichstärken (zum Vergleich – so sollte es aussehen: ¼), die aus der Skalierung der Ziffern resultieren. Das Problem kann über den Einsatz von sogenannten Expert-Schnitten umgangen werden. Eine gut ausgestattete OpenType-Schrift liefert diese Formen bereits mit. Allerdings bieten hier manche Schriften nur Varianten für Brüche an, in denen sowohl Nenner als auch Zähler einstellig sind.

$345/_{754}$, $6/_8$

[Expert-Schnitt]
Ein Expert-Schnitt ist ein Schriftschnitt, der unterschiedliche Schriftzeichen, die im »normalen« Lesetext nicht vorkommen, vereint. Das können Linien, Bruchziffern, Ligaturen, Sonderzeichen verschiedener Sprachen, aber auch Ornamente und andere grafische Elemente sein.

Ordinalzeichen | Ordinalzeichen sind in der deutschsprachigen Typografie nicht besonders ausgezeichnet. In Tabelle 14.1 sehen Sie englische Beispiele und das Ordinalzeichen für »Nummer«. Wenn die verwendete Schrift Ordinalzeichen unterstützt und die

1st, 2nd, 3rd, 10th, № 7

Funktion eingeschaltet ist, werden die Hochstellungen für st, nd usw. automatisch formatiert. Auch in anderen Sprachen können diese Ordinalzeichen wirksam werden.

Schwung-Schrift

Schwungschrift | Schwungschrift verändert die letzten Buchstaben und die Versalzeichen von Wörtern. Das Wortende wird mit einem Fähnchen versehen.

TITELSCHRIFT

Titelschriftvarianten | Wenn Titel in Versalien gesetzt werden, werden in der Detailtypografie besondere Regeln für Zeichenabstände wirksam. Die Strichstärke der Schrift ist bei sehr großen Schriftgraden nicht immer passend. Die Titelschriftvarianten bieten hier eigene Darstellungen der Versalbuchstaben. Sie sollten diese Funktion wirklich nur im Versalsatz einsetzen. Bei »normalem« Text passen sonst die Versalien nicht mehr zu den Gemeinen.

Kontextbedingte Varianten

Kontextbedingte Varianten | Schon Gutenberg ließ für einige Zeichen unterschiedliche Varianten schneiden, die je nach ihrem Umfeld oder den Platzverhältnissen eingesetzt wurden. OpenType bietet mit den kontextbedingten Varianten ein ähnliches Konzept. Derartige Varianten müssen natürlich ganz genau kontrolliert werden. Der automatisierte Satzprozess liefert verständlicherweise auch nur ein Ergebnis, das immer gleiche Muster bietet. Das gezeigte Beispiel in der handschriftlichen Schrift Voluta Script Pro zeigt, dass kleine Modifikationen – z.B. der Querstrich im t – die handschriftliche Anmutung noch verstärken kann.

ALLES IN KAPITÄLCHEN

Alles in Kapitälchen | Diese Funktion darf nicht mit dem Kapitälchen-Schnitt einer Schrift verwechselt werden. Genau genommen stellt sie lediglich eine alternative Form des Versalsatzes zur Verfügung, wobei die Versalien aber nur die Höhe der Gemeinen erreichen.

1.000.000

Null mit Schrägstrich | Um 0 und O besser unterscheidbar zu machen, können Sie auf die verschiedenen Zahlenformate oder auch – seit InDesign CS2 – auf dieses Layout Feature zurückgreifen. Die Unterstützung in den verschiedenen Schriften ist allerdings recht spärlich und zumeist auf die Ziffern fixer Breite beschränkt.

Formatsätze | In Formatsätzen sind verschiedene stilistische Alternativen einer Schrift zu Gruppen zusammengefasst. Es können bis zu 15 solcher Gruppen verwendet werden. Sollten Sie mehrere Gruppen ausgewählt haben, wird nur die Gruppe mit der niedrigsten Nummer angewendet. Die Unterschiede in den verschiedenen Gruppen können sehr diffizil sein, und nur sehr wenige Schriften bieten dieses Layout Feature überhaupt an. In den Versalien der Poetica Std sind die Unterschiede allerdings recht gut sichtbar:

Einen schnellen Überblick über die verschiedenen Varianten bietet Ihnen das Glyphen-Bedienfeld – siehe Seite 377.

Positionalform | Im arabischen Schriftsystem (möglicherweise auch in anderen) ändern einzelne Zeichen ihre Form in Abhängigkeit von der Position innerhalb des Wortes. Die jeweiligen Glyphenformen können hier gezielt ausgewählt werden. ALLGEMEINE FORM nimmt keine Rücksicht auf die Position, AUTOMATISCHE FORM bestimmt die Form aus der Position im Wort. Die restlichen Optionen legen die Positionsform unabhängig von der tatsächlichen Position des Zeichens im Wort fest.

Die Positionalform ist der kontextbedingten Variante nicht unähnlich. Solche Zeichenmutationen sind aber zumeist nur in handschriftlich anmutenden Schriften zu finden. Obwohl die Positionalform, z. B. in der Warnock Pro, teilweise angeboten wird, ist keine Änderung im Aussehen der Zeichen feststellbar.

Hochgestellt und Tiefgestellt | Wie Sie bereits wissen, führen die Standardfunktionen für hoch- und tiefgestellte Zeichen, die die vorhandenen Ziffern lediglich skalieren, zu veränderten Strichstärken, die dann nicht mehr zu den anderen Zeichen des Schriftschnitts passen. Gegen dieses Problem muss im Normalfall mit eigenen Expert-Schnitten für den Formelsatz vorgegangen werden. OpenType-Schriften können innerhalb eines Schnitts eigene Indexziffern anbieten und Ihnen so das Leben wesentlich erleichtern.

Zähler und Nenner | Hier ist die Situation wie bei den Indexziffern, nur dass besonders auf die Ausrichtung zum Schrägstrich Rücksicht genommen wird.

Versalziffern für Tabellen | Diese Option liefert Versalziffern gleicher Breite, was bei der Mehrheit der Schriften Standard ist, weil damit gut Zahlenkolonnen gesetzt werden können. Im Bleisatz waren sie die einzig praktikable Möglichkeit, schnell und exakt

$$m^3 \qquad H_2O$$

[Versalziffern]
Versalziffern haben eine einheitliche Höhe und sind heute der Regelfall.

$$5/ \qquad /6$$

$$1234567890$$

Unter Mediävalziffern (mittelalter-lichen Ziffern) versteht man Zif-fern, die Unter- und Oberlängen haben. Sie leiten sich aus den mit-telalterlichen Handschriften ab.

1234567890

1234567890

1234567890

1234567890

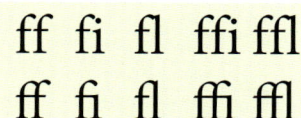

▲ **Abbildung 14.10**
Die klassischen Buchstabenverbin-dungen, die oft als Ligaturen darge-stellt werden. Oben treffen die Zei-chen »normal« aufeinander, unten wurden sie als Ligaturen formatiert.

ausgerichtet Zahlen zu setzen. Heute löst man dieses Problem mit Tabulatoren und Tabellen. Der Hinweis auf Tabellen ist aus heuti-ger Sicht also eher missverständlich.

Proportionale Mediävalziffern | »Proportional« bedeutet, dass jede Ziffer genauso breit ist, wie es ihr Schriftbild verlangt. 1 ist somit schmaler als 8. »Mediäval« bedeutet, dass die Ziffern Unter- und Oberlängen haben.

Proportionale Versalziffern | Dies sind folglich Versalziffern mit schwankenden Ziffernbreiten. Bei Zahlen in einem Fließtext wir-ken sie harmonischer, für den Satz von Zahlenkolonnen sind sie allerdings nicht geeignet, weil die Spaltenstruktur verlorengeht.

Mediävalziffern für Tabellen | Damit ist der Ziffernreigen kom-plett. Hiermit verwenden Sie Ziffern mit Unter- und Oberlängen, die alle eine einheitliche Breite haben.

Standardzahlenformat | Welches Aussehen die Standardzahlen haben, wird vom Schriftdesigner festgelegt. In der großen Mehr-heit der digitalen Schriften kommen allerdings einheitlich breite Versalziffern zum Einsatz. Meistens wird hier also kein Unter-schied zu den Versalziffern für Tabellen vorliegen, lediglich die Breite könnte sich unterscheiden. Die Standardbreite von Ziffern im Bleisatz war ein Halbgeviert. Die Breite der nicht proportiona-len Ziffern ist zwar für alle Ziffern gleich, über die absolute Breite ist damit allerdings nichts ausgesagt, und sie kann somit vom Halbgeviert abweichen.

14.2.6 Ligaturen

Mit Ligaturen haben Sie zuvor in Form der bedingten Ligaturen als Layout Feature von OpenType-Schriften Bekanntschaft gemacht. Allerdings sind Ligaturen keine Erfindung des Open-Type-Zeitalters und als typografische Spezialität schon lange in Verwendung. InDesign kann Ligaturen auch in anderen Schriften anwenden, sofern diese Schriften auch Ligaturen anbieten, was bei vielen Qualitätsschriften der Fall ist. Die Option LIGATUREN im Bedienfeldmenü des Zeichen- und des Steuerung-Bedienfelds ist standardmäßig eingeschaltet. InDesign tauscht dann Zeichengrup-pen, die als Ligatur in Frage kommen, gegen einzelne Zeichen aus. Tatsächlich geschieht das erst beim Druck bzw. bei der PDF-Aus-gabe Ihres Dokuments.

Obwohl auch auf dem Monitor Ligaturen dargestellt werden, können Sie weiterhin die einzelnen Zeichen einer Ligatur auswählen. Aus diesem Grund stören Ligaturen auch nicht in der Rechtschreibprüfung – intern betrachtet InDesign Ligaturen immer als getrennte Zeichen.

Verbindung unterdrücken | An dieser Stelle ist ein Vorgriff auf das Thema »Sonderzeichen« notwendig. Im Menü SCHRIFT • SONDERZEICHEN EINFÜGEN • ANDERE finden Sie den Menüpunkt VERBINDUNG UNTERDRÜCKEN, mit dem Sie Ligaturen im Einzelfall deaktivieren können. Eine Satzregel besagt nämlich, dass keine Ligaturen über Silbengrenzen hinweg gebildet werden dürfen. »aufladen« wäre also falsch und sollte richtig als »aufladen« gesetzt werden. Wenn Sie das Sonderzeichen VERBINDUNG UNTERDRÜCKEN zwischen f und l setzen, wird an dieser Stelle keine Ligatur gebildet.

14.2.7 Unterstreichungs- und Durchstreichungsoptionen

Die wenigsten Schriftfamilien verfügen über Schnitte mit Unterstreichungen oder Durchstreichungen. Das ist auch verständlich, weil in einem Mengentext diese Stile ohnehin nicht vernünftig einsetzbar sind. Die elektronisch erzeugten Varianten wurden auch eher stiefmütterlich behandelt und waren zumeist in ihrer Stärke und Position recht unglücklich gestaltet, was eine Verwendung umso weniger empfahl.

InDesign bietet nun alle Einstellmöglichkeiten für Unter- und Durchstreichungen. Die Optionen unterscheiden sich nur in einem kleinen Detail: der Lage der Linie. Interessanterweise gibt es aber keine Einstellmöglichkeit für Wortunter- und -durchstreichungen.

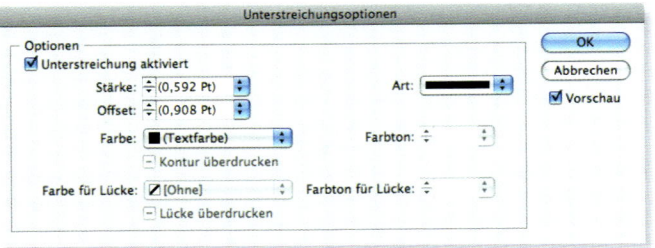

▶ **Unterstreichung aktiviert:** Dies entspricht dem Auswählen von Unterstrichen im Bedienfeldmenü.
▶ **Stärke:** Die Stärke der Linie, wobei bei Linien wie BREIT–SCHMAL–BREIT die Stärke natürlich von Ober- zu Unterkante gemessen wird.
▶ **Art:** Eine ganze Reihe von Linienformen ist bereits vordefiniert und kann hier ausgewählt werden. Wie das Anlegen neuer

◀ **Abbildung 14.11**
UNTERSTREICHUNGSOPTIONEN, die im Übrigen genau die gleichen Einstellmöglichkeiten wie die DURCHSTREICHUNGSOPTIONEN bieten

Arten erfolgt, erfahren Sie in Abschnitt 11.2.2, »Konturenstile« ab Seite 290.

▶ **Offset:** Damit ist der Versatz der Linie von der Grundlinie des Textes gemeint. Hier liegt der einzige Unterschied zu den Durchstreichungsoptionen. Ein positiver Wert versetzt die Linie unter die Grundlinie. In den Durchstreichungsoptionen verschiebt ein positiver Wert die Linie über die Grundlinie.

▶ **Farbe und Farbton:** Die Farbe der Unterstreichung steht standardmäßig auf Textfarbe, was in den meisten Fällen auch die richtige Einstellung sein dürfte. Sie können natürlich jede definierte Farbe zuweisen und unter Farbton den Tonwert eintragen. Sie sollten dafür jedoch immer ein Tonwertfeld anlegen.

▶ **Kontur überdrucken:** Wenn die Linie in der Textfarbe gedruckt wird, wird sie wie der Text behandelt und verwendet somit auch die Überdrucken-Einstellungen des Textes. Wenn Sie eine abweichende Farbe verwenden, können Sie hier festlegen, ob überdruckt werden soll oder nicht. Sie sollten diese Option nur dann anwenden, wenn ein dringender Anlass dazu besteht, ansonsten erzielen Sie in der Ausgabe unbeabsichtigte Effekte.

▶ **Farbe für Lücke, Farbton für Lücke, Lücke überdrucken:** In allen gestrichelten Linien entstehen Lücken, aber auch parallel verlaufende Linien bilden einen Abstand aus, der gefüllt werden kann. Alle drei Einstellungen verhalten sich dabei genauso wie bei der Linie selbst. Die Überdrucken/Aussparen-Problematik potenziert sich hier natürlich, weshalb Sie diesbezüglich keine Einstellungen vornehmen sollten, wenn es keinen triftigen Grund dafür gibt.

14.2.8 Kerning und Laufweite

QuarkXPress-Benutzer sind gewohnt, dass QuarkXPress im Kontext unterscheidet, ob ein Buchstabenpaar zueinander angeglichen werden (Unterschneidung) oder ob der Abstand zwischen mehreren Zeichen verändert werden soll (Spationierung). Die beiden Bezeichnungen sind die in der deutschen Setzersprache etablierten Begriffe. InDesign verwendet »Kerning« anstelle von »Unterschneidung« und »Laufweite« anstelle von »Spationierung«.

Dafür bietet InDesign aber eine sehr exakte Kontrolle dieser Eigenschaften, die jeweils in Schritten von einem $^1/_{1000}$-Geviert verändert werden können – QuarkXPress und Adobe FreeHand arbeiten hingegen mit einem $^1/_{200}$-Geviert.

Zu einigen Vorgaben, die Sie aus den Menüs der Eingabefelder wählen können, kennt Kerning zusätzlich zwei weitere Einstellungen:

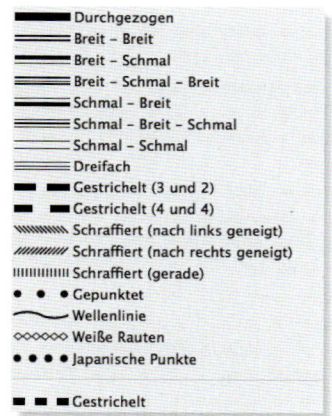

▲ **Abbildung 14.12**
Die standardmäßig verfügbaren Linienarten

Metrisch | Schriften guter Qualität enthalten Unterschneidungs-tabellen, in denen die Abstände zwischen bestimmten Zeichen-kombinationen vermerkt sind. Die Einstellung METRISCH greift auf diese Vorgaben zurück und ist auch die Standardeinstellung.

Optisch | Mit dieser Einstellung versucht InDesign, die Platzver-hältnisse anhand der Buchstabenformen zu errechnen. Diese Ein-stellung ist sinnvoll, wenn Sie in einer Zeile mehrere Schriftarten und -grade mischen und somit die metrischen Abstände nicht mehr stimmen. Besonders zu empfehlen ist die Einstellung OPTISCH in Verbindung mit Zahlen, da zwischen der Ziffer 1 und den anderen Ziffern zumeist ein zu großer Zwischenraum ent-steht. Bei OpenType-Schriften, die proportionale Ziffern als Lay-out Feature anbieten, sollten Sie natürlich mit diesen Ziffern arbeiten und brauchen dann die Option OPTISCH nicht.

Steht der Cursor zwischen zwei Zeichen, wird im Feld KERNING der aktuelle Wert angezeigt, wobei Werte, die aus metrischen oder optischen Einstellungen resultieren, in Klammern dargestellt werden.

Änderungen im Kerning bleiben erhalten, wenn der gleiche Text auch in seiner Laufweite verändert wird. Die einzelnen Ein-stellungen summieren sich dann, und die relativen Einstellungen verändern sich somit nicht.

Mit der Tastenkombination `Alt`+`→`/`←` bzw. `⌥`+`→`/`←` können die Abstände zwischen Zeichen verändert werden, wobei dabei aber kein Unterschied mehr zwischen Kerning und Lauf-weite gemacht wird.

14.2.9 Verzerren von Schrift

Einige Funktionen führen implizit zu einer Verzerrung bzw. Ska-lierung von Schrift (KAPITÄLCHEN, TIEFGESTELLT, HOCHGESTELLT). Auf die damit verbundene Problematik der skalierten Strichstär-ken haben wir bereits hingewiesen. Wenn Sie keine Expert- oder OpenType-Pro-Schriften zur Verfügung haben oder der Produkti-onsrahmen eine Detailarbeit nicht zulässt, werden Sie um den Einsatz dieser Funktionen nicht umhinkommen.

Bei den beiden Funktionen VERTIKALE SKALIERUNG und HORI-ZONTALE SKALIERUNG stehen die Dinge allerdings anders. Werden diese bei grafischen Arbeiten – z. B. Logo- oder Signetgestaltung – eingesetzt, ist dagegen natürlich nichts einzuwenden, für Lesetext sind die beiden Funktionen allerdings absolut tabu. Die Schriften-hersteller treiben einen enormen Aufwand, um Schrift schließlich so aussehen zu lassen wie geplant und somit einen Text gut lesbar

Laufweite

Der Begriff »Laufweite« ist etwas unglücklich gewählt, da Lauf-weite eine Eigenschaft ist, die in der Schrift steckt, hier aber eine Methode der Änderung der Platzverhältnisse zwischen Zei-chen bezeichnet.

Vorsicht!

Das Ausgleichen größerer Text-mengen durch die Option OPTISCH bremst das Arbeits-tempo von InDesign ganz erheb-lich!

TIPP

Die Schrittweite, mit der die Cursortasten arbeiten, kann in den Voreinstellungen verändert werden. Halten Sie die `⇧`-Taste zusätzlich gedrückt, erhöht sich der Wert um das Fünffache des eingestellten Vorgabewerts.

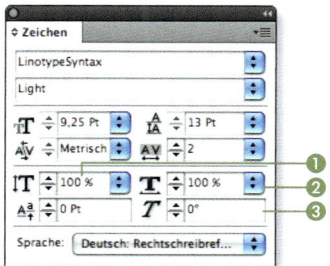

▲ **Abbildung 14.13**
VERTIKALE SKALIERUNG ❶, HORIZON-TALE SKALIERUNG ❷ und VERZER-REN ❸ im Zeichen-Bedienfeld

zu machen, was ja letztlich die Aufgabe der Typografie ist. Eine gut ausgestattete Qualitätsschrift funktioniert somit von sich aus, und InDesign leistet viel, um korrekte und ansprechende Ergebnisse zu erzeugen. Das Verzerren von Schrift stört dieses Gefüge ganz erheblich und widerspricht somit den Idealen der guten Lesetypografie. Zusätzlich ist es aber auch eine Frage des Respekts vor der kulturellen Leistung der Schriftdesigner. Würden Sie es lustig finden, wenn die zuständige Behörde Ihr Bild im Führerschein horizontal auf 150 % skalieren würde?

Die Funktion VERZERREN (PSEUDO-KURSIV) beschreibt in ihrem Namen schon sehr gut, was sie einer Schrift antun kann. Auch hier gilt, dass die Anwendung im grafischen Bereich durchaus angebracht oder notwendig sein kann; in der Lesetypografie hat sie jedoch nichts verloren. Verwenden Sie immer einen kursiven Schnitt, und überdenken Sie Ihre Schriftwahl, wenn in der verwendeten Schriftfamilie kein Kursivschnitt vorhanden sein sollte.

In Abbildung 14.14 sehen Sie links in der ersten Zeile den Standard-Schnitt der Garamond und in der zweiten Zeile den Italic-Schnitt. Die dritte Zeile kursiviert den Standard-Schnitt mit einem Winkel von 18°, was in etwa dem Winkel des Kursiv-Schnitts entspricht. Sie sehen, dass es im Schriftdesign nicht mit einer puren Verzerrung getan ist. Sämtliche Buchstabenformen – besonders auffällig das a – sind im Kursiv-Schnitt speziell gestaltet worden. Um den Unterschied noch besser sichtbar zu machen, haben wir rechts beide Varianten übereinandergestellt, wobei der Umriss der künstlichen Kursivierung den echten Kursiv-Schnitt überlagert. Die beiden haben so wenig miteinander zu tun, dass in unserem Führerschein-Beispiel nun anstatt Ihres Fotos das Bild eines Fremden zu sehen wäre.

Garamond
Garamond italic *Garamond*
Garamond

Pseudo-Kursiv kann und muss manchmal verwendet werden, wenn Sie keinen Einfluss auf die Schriftwahl haben, aber auch für grafische Anwendungen, wenn z. B. bestimmte Zeichen nur als Vorlage dienen und letztlich als Pfad weiterverwendet werden, oder eine Linksneigung gebraucht wird. Bei Grotesk-Schnitten – also serifenlosen – kann eine sanfte Kursivierung oft ebenfalls vertretbar sein. Bei guten Antiqua-Schriften sollte es immer einen eigenen kursiven Schnitt geben, den Sie auch verwenden sollten.

Glyphenabstand

Wir werden Ihnen auf Seite 398 die Funktion GLYHENABSTAND vorstellen, die Blocksatz durch Skalierung der einzelnen Zeichen verbessert. InDesign optimiert dabei den Grauwert des Absatzes und steuert so gegen die optischen Auswirkungen einer – sehr moderaten – Verzerrung der einzelnen Glyphen. Obwohl hier also Zeichen verzerrt werden, ist das Ergebnis nicht mit brutalen Verzerrungen vergleichbar, die mit den Skalierungsfunktionen erzeugt werden können (aber nicht zwangsläufig müssen!).

Abbildung 14.14 ▶
Vergleich einer echten (Mitte links) und einer durch Verzerren entstandenen (unten) Kursiven

[Kursiv]
Ursprünglich die Bezeichnung für Handschriften. Bei Satzschriften werden auch die Bezeichnungen »Italic« oder »Oblique« verwendet.

14.3 Besondere Zeichen

Wie Sie sehen, ist ein gutes Ergebnis nicht nur von der Werkzeughandhabung abhängig. Es gilt auch, die bewährten Regeln des Schriftsatzes zu kennen und anzuwenden. Schriftsetzer unterscheiden sehr genau, welche Abstände wo gemacht werden müssen, und vielen erfahrenen Setzern blutet das Herz, wenn Trennstriche als Gedankenstriche verwendet werden. Dieser saloppe Umgang mit Schrift ist eine Erscheinung aus der Frühzeit der Datenverarbeitung. Programmierer sahen keinen Bedarf für verschiedene Striche oder Leerzeichen. Deshalb waren diese Zeichen auf den ersten Computersystemen und deren Tastaturen nicht vorgesehen. Das ist bis heute so geblieben und hat sich als Standard etabliert. InDesign macht es Ihnen allerdings leicht, diese typografischen Feinheiten umzusetzen, die wir in der Folge näher beleuchten wollen.

14.3.1 Leerräume

Leerraum oder auch Weißraum genannt tritt an allen Stellen der typografischen Gestaltung auf. Kerning, Laufweite, Einzüge, Zeilenabstand, Tabulatoren usw. steuern die Verteilung von Zeichen und sorgen im Idealfall für einen angenehmen Grauwert im Text und somit für eine gute Lesbarkeit. Darüber hinaus gibt es aber neben ästhetischen Überlegungen auch Erfahrungswerte, wie einzelne Textbereiche sinnvoll voneinander zu trennen sind. Die wichtigsten Zwischenräume finden Sie im Menü SCHRIFT • LEERRAUM EINFÜGEN.

Das Fatale an Leerzeichen ist, dass sie sich zwar bemerkbar machen, aus ihrem »Aussehen« aber nicht direkt geschlossen werden kann, um welches Zeichen es sich handelt. Aktivieren Sie deshalb die Option SCHRIFT • VERBORGENE ZEICHEN EINBLENDEN ([Alt]+[Strg]+[I] bzw. [⌥]+[⌘]+[I]). Nun werden alle nicht direkt sichtbaren Zeichen, wie Absatzmarken, Tabulatoren etc., in Ihrem Text mit eigenen Symbolen angezeigt.

▸ GEVIERT: Ein Geviert ist genauso breit wie der Schriftgrad hoch, bei einer 12 Pt-Schrift also auch 12 Pt. Geviert-Leerzeichen wurden im Bleisatz gebraucht, um Einzüge in der ersten Zeile eines Absatzes zu erzeugen. Im digitalen Satz gibt es dafür entsprechende Funktionen, womit das Geviert-Leerzeichen zunehmend bedeutungslos wird. Trotzdem ist es ein guter Anhaltspunkt für die Wahl des richtigen Einzugs in der ersten Zeile, und: In diesem Buch ist das Geviert-Leerzeichen in den Kolumnentiteln zwischen Kapitelnummer und Titel eingesetzt.

▲ **Abbildung 14.15**
Die Tastatur einer Monotype-Satzmaschine aus dem Jahr 1931 zeigt, dass Schriftsetzer gewohnt sind, mit etwas mehr einzelnen Zeichen umzugehen, als es z. B. in der Textverarbeitung üblich ist.

Geviert	⇧⌘M
Halbgeviert	⇧⌘N
Geschütztes Leerzeichen	⌥⌘X
Geschütztes Leerzeichen (feste Breite)	
1/24-Geviert	
Sechstelgeviert	
Achtelgeviert	⌥⇧⌘M
Viertelgeviert	
Drittelgeviert	
Interpunktionsleerzeichen	
Ziffernleerzeichen	
Ausgleichs–Leerzeichen	

▲ **Abbildung 14.16**
Menü SCHRIFT • LEERRAUM EINFÜGEN

> **Verboten!**
>
> Weißraum mit zwei oder mehr Leerzeichen zu schaffen, ist absolut verboten! Nutzen Sie die vielfältigen Leerräume, die InDesign anbietet.

Eine Stellungnahme wurde zu den Vorfällen leider nicht abgegeben. Frau Dr. Dr. Müller erklärte die spektakulären Verluste zu einem besonderen Unglück, gegen das man …

Eine Stellungnahme wurde zu den Vorfällen leider nicht abgegeben. Frau Dr. Dr. Müller erklärte die spektakulären Verluste zu einem besonderen Unglück, gegen das man …

▲ **Abbildung 14.17**
Der Name soll nicht von den Titeln getrennt werden. Im oberen Absatz wird dazu das geschützte Leerzeichen verwendet, im unteren Absatz GESCHÜTZTES LEERZEICHEN (FESTE BREITE) eingestellt. Die Platzverteilung innerhalb der Zeile wird völlig anders.

[Drittelsatz]
Im Bleisatz wurden zumeist Wortabstände von einem Drittelgeviert verwendet, gelegentlich jedoch auch Viertelgeviert, was aber schon recht eng ist. Um klarzustellen, wie gesetzt wurde, sprachen Setzer von »Drittelsatz« bzw. »Viertelsatz«. InDesign bietet diese beiden Größen erst seit Version CS3 an!

Zahlen und Einheiten

Zwischen Zahlen und ihren Einheiten, aber z. B. auch bei 10 % sollte ein Achtelgeviert gesetzt werden. Der Vorteil aller dieser Geviert-Bruchteile ist dabei, dass sie wie geschützte Leerzeichen wirken und deshalb alle diese Zahlenangaben nicht getrennt werden.

▶ HALBGEVIERT: Ein halbes Geviert ist immer noch ein ziemlich großer Abstand und wird deshalb heute ebenfalls sehr wenig verwendet. Ziffern sind in den meisten Schriften ein Halbgeviert breit, womit sich eine Anwendung im Satz von Zahlenkolonnen anbietet – allerdings ist diese Aufgabe mit Tabulatoren und Tabellen eleganter zu lösen.

▶ GESCHÜTZTES LEERZEICHEN: Das geschützte Leerzeichen verbindet zwei Wörter, was bewirkt, dass verbundene Wörter bei einem Zeilenumbruch nicht voneinander getrennt werden. Allerdings wird die Breite dieses Leerzeichens im Blocksatz variabel gehalten und somit zumeist ein besseres Satzbild erreicht. Sie benötigen es z. B. zwischen Titel und Namen des Titelinhabers oder anderen Wortkombinationen, die unbedingt zusammengehalten werden sollen. Dieses GESCHÜTZTE LEERZEICHEN wurde mit InDesign CS3 eingeführt und kann mit dem Tastenkürzel [Strg]+[Alt]+[X] bzw. [⌘]+[⌥]+[X] in den Text eingefügt werden. Dieses Tastenkürzel war bis InDesign CS2 dem »normalen« geschützten Leerzeichen – jetzt: GESCHÜTZTES LEERZEICHEN (FESTE BREITE) – zugeordnet. Umsteiger von Version CS2 müssen sich also umgewöhnen oder das Tastenkürzel ändern.

▶ GESCHÜTZTES LEERZEICHEN (FESTE BREITE): Dieses geschützte Leerzeichen ist genauso breit wie der normale Wortzwischenraum, ändert im Blocksatz aber nicht seine Breite.

▶ $^1/_{24}$-GEVIERT, SECHSTELGEVIERT, ACHTELGEVIERT, VIERTELGEVIERT, DRITTELGEVIERT: Diese Leerzeichen unterschiedlicher, fixer Breite kommen in den unterschiedlichsten Situationen zum Einsatz. Ein so schmales Leerzeichen wie das $^1/_{24}$-Geviert kann als Trennzeichen vor oder zwischen Satzzeichen verwendet werden. Allerdings streiten hier die Typografen, ob die nötigen Freiräume nicht schon in der Schrift vorgesehen sein sollten. Abkürzungen mehrerer Wörter, wie »z. B.«, sollten mit einem kleinen Zwischenraum gesetzt werden. Das Achtelgeviert wäre hierzu geeignet. Außerdem wird es vor und nach einem Geviert- oder Halbgeviertstrich verwendet. Viertelgeviert und Drittelgeviert waren die üblichen Wortzwischenräume im Bleisatz und können somit auch als solche verwendet werden. Das Sechstelgeviert hat in der typografischen Tradition keine besondere Bedeutung und ist hier nur als zusätzliches Angebot zu sehen.

▶ INTERPUNKTIONSLEERZEICHEN: Die Breite des Interpunktionsleerzeichens entspricht der Breite von Ausrufezeichen, Punkt oder Doppelpunkt, was in etwa einem Viertelgeviert entspricht – so ist das Interpunktionsleerzeichen auch bei Abkürzungen einsetzbar, da sich der Abstand zwischen einem Viertel- und einem Achtelgeviert bewegen soll.

▶ ZIFFERNLEERZEICHEN: Das Ziffernleerzeichen ist genauso breit wie die Standardziffern in der verwendeten Schrift und kann somit im Satz von Zahlenkolonnen verwendet werden. Wie Sie wissen, gibt es allerdings auch Proportionalziffern, die keine einheitliche Breite haben und somit für eine Kombination mit dem Ziffernleerzeichen nicht in Frage kommen.

▶ AUSGLEICHS-LEERZEICHEN: Bei Absätzen mit BLOCKSATZ (ALLE ZEILEN) wird auch die letzte Zeile des Absatzes über die Spaltenbreite ausgetrieben, was aber meistens zu sehr großen und hässlichen Wortabständen führt. Wenn Sie die Zeilenbreite voll ausnutzen müssen – z. B., um einen Artikel mit einem Redakteurkürzel abzuschließen –, setzen Sie vor das Kürzel ein Ausgleichsleerzeichen, das dann den gesamten verfügbaren Platz in der Zeile einnimmt.

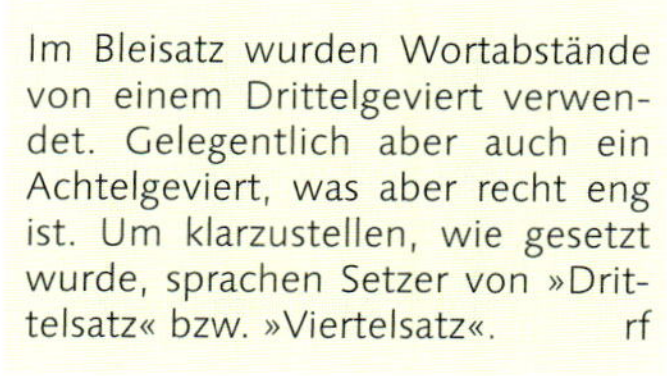

Wenn Sie Textteile per Drag & Drop oder über die Zwischenablage an einen neuen Ort verschieben, kümmert sich InDesign darum, dass Wortzwischenräume eingefügt werden, falls das nötig ist. Das funktioniert allerdings erst ab InDesign CS2 und nur für reguläre Wortzwischenräume – alle hier beschriebenen Leerzeichen werden nur berücksichtigt, wenn sie auch als Teil des Textes ausgewählt wurden.

Die Symbole, mit denen die Leerzeichen angezeigt werden, und die dazugehörigen Tastenkürzel sind in Tabelle 14.2 zusammengefasst:

Im Bleisatz wurden Wortabstände von einem Drittelgeviert verwendet. Gelegentlich aber auch ein Achtelgeviert, was aber recht eng ist. Um klarzustellen, wie gesetzt wurde, sprachen Setzer von »Drittelsatz« bzw. »Viertelsatz«. rf

▲ **Abbildung 14.18**
Das Ausgleichs-Leerzeichen hat eine situationsabhängige Breite. Da diese Breite sehr groß ausfallen kann, kann sich der gesamte Absatzumbruch dramatisch verändern.

Voreinstellungen

Damit Wortabstände beim Einsetzen automatisch eingefügt werden, müssen Sie im Bereich EINGABE der Voreinstellungen die Option BEIM AUSSCHNEIDEN UND EINFÜGEN VON WÖRTERN ABSTAND AUTOMATISCH ANPASSEN aktivieren.

Zeichen	Symbol	Windows	Mac OS
Geviert	⊤̇	⇧ + Strg + M	⇧ + ⌘ + M
Halbgeviert	⊤	⇧ + Strg + N	⇧ + ⌘ + N
geschütztes Leerzeichen (flexibel)	⌄	Alt + Strg + X	⌥ + ⌘ + X
geschütztes Leerzeichen (feste Breite)	⌃	—	—
1/24-Geviert	··	—	—
Sechstelgeviert	·ˌ	—	—
Achtelgeviert	·˙	Alt + ⇧ + Strg + M	⌥ + ⇧ + ⌘ + M
Viertelgeviert	·ˌ·	—	—

◀ **Tabelle 14.2**
Alle Leerräume, ihre Tastenkürzel und ihre Symbole, die Sie durch das Einblenden von Sonderzeichen erhalten. Die Grundlinie ist eingeblendet.

Zeichen	Symbol	Windows	Mac OS
Drittelgeviert	$\cdot$	—	—
Interpunktions-leerzeichen	$!$	—	—
Ziffernleerzeichen	#	—	—
Ausgleichs-Leerzeichen	$\sim$	—	—

▲ **Tabelle 14.2 (Forts.)**
Alle Leerräume, ihre Tastenkürzel und ihre Symbole, die Sie durch das Einblenden von Sonderzeichen erhalten. Die Grundlinie ist eingeblendet.

14.3.2 Verschiedene Striche

Ein weites Feld, um die Gesetze der Detailtypografie zu verletzen, sind die verschiedenen Striche, die in Texten auftreten können. Grundsätzlich gibt es davon vier. Einer davon (Divis) hat im digitalen Satz verschiedene Funktionen, behält dabei aber sein Aussehen. OpenType-Schriften können allerdings einige Varianten zu den einzelnen Strichen anbieten, die sich in Strichstärke und Grundlinienversatz unterscheiden.

Geviertstrich | Der Geviertstrich belegt den Platz eines Gevierts, nutzt diesen Platz aber nicht ganz aus und ist somit kein Geviert lang. Heute wird er nur mehr selten verwendet, obwohl er als Auslassungsstrich in Zahlenkolonnen durchaus sinnvoll genutzt werden kann (siehe Tabelle 14.2).

Halbgeviertstrich | Die Länge beträgt tatsächlich ein Halbgeviert und belegt die gesamte Breite, so dass mit dem Halbgeviertstrich durchgängige Linien gezogen werden könnten (was Sie aber nicht tun sollten). Der Halbgeviertstrich wird oft als Trennstrich missbraucht, was aber falsch ist. Der Trennstrich ist wesentlich kürzer. Aufgrund der Länge des Halbgeviertstrichs sollte er mit verringerten Abständen vor und nach dem Strich gesetzt werden und nicht am Zeilenanfang stehen – verbinden Sie ihn deshalb mit dem vorausgehenden Wort mit einem geschützten Leerzeichen. Der Achtelgeviert-Leerraum wäre hierfür gut geeignet.

Minus | Das Minus im Formelsatz ist ebenfalls ein Halbgeviert lang, zumeist etwas dünner und steht in der Zeile etwas höher, was aber in minderwertigen Schriften oft nicht berücksichtigt wird. Zudem ist es zwar in den meisten Schriften vorhanden, aber bei TrueType- und PostScript-Schriften an unterschiedlichen Stellen untergebracht. Das trifft vor allem für Schriften auf den beiden Plattformen Windows und Mac OS zu.

Divis, Trennzeichen, Bindestrich | Ein Divis erscheint, wenn Sie die Taste ⊟ Ihrer Tastatur drücken. Es hat sowohl die Funktion, Wörter zu teilen, als auch, sie zu verbinden, und kann als Ergänzungsstrich verwendet werden. Ein Divis wird immer ohne Leerraum zu den angrenzenden Zeichen gesetzt. Es übernimmt im digitalen Satz einige Funktionen, mit denen die automatische Silbentrennung beeinflusst werden kann.

Divis Anwendung

Trennung: Trenn-
          strich
Bindestrich: TrueType-Schriften
Ergänzungsstrich: Zeichen- und
          Absatzformatierung

Umbruch optimieren | Wenn Sie mit einem **Zeilenumbruch** nicht zufrieden sind, müssen Sie den Umbruch der Zeile innerhalb des Absatzes manuell korrigieren. Die wichtigste Methode ist hier, die Silbentrennung zu überprüfen und gegebenenfalls zu korrigieren. Prinzipiell können Sie Wörter teilen, indem Sie an der gewünschten Trennstelle ein Divis eingeben. Erreicht das Wort den Spaltenrand und ist ein Umbruch nötig, wird an genau dieser Stelle getrennt werden, weil ein normales Divis – genauso wie ein Leerzeichen – als Worttrennzeichen behandelt wird.

Bricht der Text aber neu um, weil Wörter hinzukommen oder gelöscht werden oder andere Korrekturen den Text verändern, bliebe das Divis im Text stehen. Beispiele dafür sehen Sie fast täglich in Ihrer Tageszeitung oder z. B. im Teletext, wo durch die beengten Platzverhältnisse unterschiedliche Trennvarianten ausprobiert und dann »vergessen« werden. Dabei wäre die Lösung ganz einfach: Verwenden Sie einen **bedingten Trennstrich**. Sie erreichen ihn über Schrift • Sonderzeichen einfügen • Bedingter Trennstrich bzw. über die Tastenkombination ⌂+Strg+⊟ oder ⌂+⌘+⊟. Kommt das Wort mit dem bedingten Trennstrich zur Trennung in Frage, wird an der angegebenen Stelle getrennt und der Trennstrich sichtbar gemacht. Ist die Trennung nicht mehr nötig, verschwindet der Trennstrich automatisch wieder.

InDesign verhält sich bei der Eingabe des bedingten Trennstrichs etwas eigenwillig, denn die Eingabe funktioniert in manchen Fällen nicht. Meistens hilft es, den Trennstrich zu setzen, dann ein Leerzeichen einzufügen und dieses Leerzeichen wieder zu löschen. Dadurch wird InDesign anscheinend angehalten, den Zeilenumbruch neu zu berechnen. Weitere Ursachen, warum das Einfügen des bedingten Trennstrichs nicht funktioniert, können sein:

1. Ein Wort, das nicht am Rand der Spalte steht – es stehen also noch Wortteile oder ein Wort davor oder dahinter – kann über den bedingten Trennstrich nicht getrennt werden.
2. Der Adobe-Absatzsetzer stellt eine Grauwertverletzung fest und verweigert daher die Silbentrennung.

3. Es sind bereits zu viele Silbentrennungsstriche (Trennungen in Folge) vorhanden.
4. Das Wort kann an dieser Stele nicht getrennt werden, da dabei zu kurze Vor- oder Nachsilben entstehen würden.
5. Auf das Wort wurde KEIN UMBRUCH oder [KEINE SPRACHE] angewendet.

Trennungen verhindern

Zwei weitere Möglichkeiten, eine Trennung zu verhindern:
1. Markieren Sie das betreffende Wort, und wählen Sie KEIN UMBRUCH aus dem Bedienfeldmenü des Zeichen-Bedienfelds.
2. Setzen Sie die Sprache des Wortes auf [KEINE SPRACHE] – InDesign findet dann kein Wörterbuch und kann das Wort nicht trennen.

Wenn Sie möchten, dass ein bestimmtes Wort gar nicht getrennt wird – das ist vor allem bei Eigennamen gewünscht –, setzen Sie den bedingten Trennstrich vor das Wort, das nicht geteilt werden soll.

Andererseits gibt es bestimmte Wortverbindungen, die zwar ein Divis enthalten, aber trotzdem nicht getrennt werden sollen, z. B. Firmennamen. In diesem Fall verwenden Sie den **geschützten Trennstrich** anstelle des Trennzeichens. Sie können ihn über SCHRIFT • SONDERZEICHEN EINFÜGEN • GESCHÜTZTER TRENNSTRICH bzw. das Tastenkürzel `Alt`+`Strg`+`-` oder `⌥`+`⌘`+`-` in Ihren Text einsetzen.

Strich		Windows	Mac OS
Geviert GID: 197 Unicode: 2014	—	SCHRIFT • SONDERZEICHEN EINFÜGEN • TRENN- UND GEDANKENSTRICHE • GEVIERTSTRICH	SCHRIFT • SONDERZEICHEN EINFÜGEN • TRENN- UND GEDANKENSTRICHE • GEVIERTSTRICH
Halbgeviert GID: 196 Unicode: 2013	–	SCHRIFT • SONDERZEICHEN EINFÜGEN • TRENN- UND GEDANKENSTRICHE • HALBGEVIERTSTRICH	SCHRIFT • SONDERZEICHEN EINFÜGEN • TRENN- UND GEDANKENSTRICHE • HALBGEVIERTSTRICH
Minus GID: 19 Unicode: 2212	–	über das Glyphen-Bedienfeld	über das Glyphen-Bedienfeld
Divis GID: 34 Unicode: 002D	-	`-`	`-`

▲ **Tabelle 14.3**
Die verschiedenen Trenn- und Gedankenstriche. GID ist die Nummer der Glyphe im Zeichensatz, und Unicode ist die Nummer der Glyphe in der Unicode-Spezifikation. Mit diesen Werten können Sie im Suchen/Ersetzen-Bedienfeld von InDesign nach den entsprechenden Zeichen suchen.

14.3.3 Weitere Sonderzeichen

Sie haben nun bereits mit dem Menü SCHRIFT • SONDERZEICHEN EINFÜGEN Bekanntschaft gemacht und festgestellt, dass es hier noch eine Reihe von weiteren Sonderzeichen gibt, die Sie einsetzen können. Im Untermenü SYMBOLE finden Sie folgende druckbare Zeichen:

Sonderzeichen		Windows	Mac OS
Aufzählungszeichen	•	`Alt`+`8`	`⌥`+`Ü`
Copyrightsymbol	©	`Alt`+`G`	`⌥`+`G`
Auslassungszeichen	…	`Alt`+`Ü`	`⌥`+`.`
Absatzmarke	¶	`Alt`+`7`	`⌥`+`3`
Symbol für ein-getragene Marke	®	`Alt`+`R`	`⌥`+`R`
Paragrafenzeichen	§	`Alt`+`6` oder `⇧`+`3`	`⇧`+`3`
Symbol für Marke	™	`Alt`+`2`	`⌥`+`⇧`+`D`

▲ **Tabelle 14.4**
SONDERZEICHEN EINFÜGEN • SYMBOLE

Die verschiedenen **Anführungszeichen** können ebenfalls über ein eigenes Untermenü ausgewählt werden. Das ist für verschachtelte Anführungszeichen auch notwendig, da InDesign nicht richtig mit ihnen umgehen kann. Die Form der Anführungszeichen legen Sie in den Voreinstellungen im Register WÖRTERBUCH fest, wobei allerdings festzustellen ist, dass es nicht für alle doppelten Anführungszeichen auch passende Gegenstücke gibt – hier ist noch Bedarf an Nachbesserung. In einigen Schriften – z. B. der Verdana – sind die passenden Zeichen allerdings auch nicht belegt und können deshalb nicht richtig dargestellt werden.

Französische Anführungs-zeichen

Für die »französchen Anführungszeichen«, wie wir sie in diesem Buch verwenden und wie sie in der deutschsprachigen Typografie auch vollkommen korrekt sind, kennt InDesign leider keine einfache Ausführung.

14.3.4 Glyphen und Glyphensätze

Natürlich sind das bei Weitem noch nicht alle Sonderzeichen, die es gibt. Gerade bei OpenType-Schriften können noch viele Hunderte Schmuck- und Sonderzeichen zur Verfügung stehen. Mit aktivierten OpenType-Funktionen kümmert sich InDesign für Sie darum, dass die entsprechenden Glyphen an den richtigen Stellen eingefügt werden.

Wenn Sie aber auf ganz bestimmte Sonderzeichen zugreifen wollen, hilft Ihnen auch die beste Automatik nicht. Schon mit Type 1- und TrueType-Schriften war es schwierig, den Überblick zu bewahren; im Umgang mit OpenType-Schriften, mit einigen Zigtausend Glyphen, ist dies jedoch nahezu unmöglich. InDesign hilft auch hier mit einem eigenen Bedienfeld – Sie können es über die Menüs SCHRIFT • GLYPHEN oder FENSTER • SCHRIFT UND TABELLEN • GLYPHEN aufrufen.

Zunächst einmal können Sie hier die Schriftfamilie ❸ und den Schriftschnitt ❻ auswählen. Diese Auswahl wird auch auf einen markierten Text übertragen. Die Anzahl der dargestellten Glyphen und somit auch ihre Größe können mit den Schaltflächen ❼ und ❽ verändert werden.

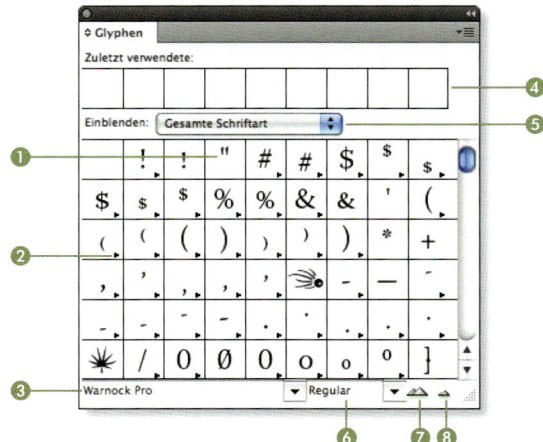

▲ **Abbildung 14.20**
Glyphen-Alternativen

Zuletzt verwendete Glyphen

Die Darstellung der Anzahl der verwendeten Glyphen ist abhängig von der Größe des Bedienfelds. Wenn Sie wirklich alle zuletzt verwendeten Glyphen anzeigen lassen wollen, so wählen Sie im Menü EINBLENDEN ❺ den gleichnamigen Eintrag aus.

Bei Type 1- und TrueType-Schriften werden die einzelnen Glyphen ohne Zusatz dargestellt ❶. Bei OpenType-Schriften werden hier allerdings alternative Glyphen, sofern vorhanden, angeboten. Glyphen mit alternativen Darstellungen sind mit einem kleinen Menüdreieck gekennzeichnet ❷ – mit einem Klick auf ein solches Menü können Sie sich die Alternativen anzeigen lassen und auswählen.

Über das Menü EINBLENDEN ❺ kann bei Type 1- und TrueType-Schriften ab InDesign CS3 der Zeichensatz in Funktionsgruppen wie Währungssymbole, Interpunktionszeichen usw. dargestellt werden. GESAMTE SCHRIFTART zeigt alle belegten Zeichen der ausgewählten Schrift an, ALTERNATIVEN FÜR AUSWAHL dagegen immer nur das im Bedienfeld ausgewählte Zeichen, da der Mechanismus für alternative Glyphen nur in OpenType-Schriften verfügbar ist.

Bei einer ausgewählten OpenType-Schrift erhalten Sie über EINBLENDEN allerdings den vollen Zugriff auf alle Layout Features der aktuellen Schrift – auch jene, die nicht über Funktionen im OPENTYPE-Menü des Zeichen-Bedienfelds aktiviert werden können. So können Sie einen bestimmten Bereich auswählen und bekommen die entsprechenden Glyphen im Bedienfeld angezeigt. Verfügt eine Schrift über bestimmte Layout Features nicht, werden sie im Menü auch nicht angezeigt. Unglücklicherweise ist InDesign in der Bezeichnung der Layout Features nicht sehr konsistent.

Im Feld ZULETZT VERWENDETE: ❹ protokolliert das Bedienfeld die zuletzt verwendeten Glyphen für Sie mit. Dieses Feature wurde mit InDesign CS3 eingeführt und ist ungemein praktisch, da bisher die mehrfache Verwendung einer Glyphe entweder mit erneutem Suchen im Bedienfeld oder mit der Definition eines Glyphensatzes verbunden war. Nun können Sie sich also sehr elegant durch den Wust von Glyphen arbeiten und sich dabei einen guten Überblick über die vorhandenen Schriften und deren Umfang verschaffen.

Darüber hinaus hat Adobe die Möglichkeit vorgesehen, sogenannte **Glyphensätze** anzulegen. Damit können Sie Glyphen, die Sie wiederkehrend beim Setzen Ihrer Publikation benötigen, als Set zusammenstellen. Ein Glyphensatz ist ein Behälter für einzelne Glyphen, wobei Sie festlegen können, ob nur die Glyphe an sich oder auch sonstige Attribute, wie Schriftfamilie, Schriftschnitt etc., gespeichert werden sollen.

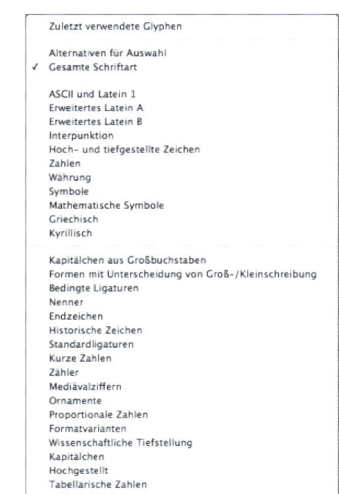

▲ **Abbildung 14.21**
Das Menü EINBLENDEN der Schrift Warnock Pro

Schritt für Schritt: Glyphensatz anlegen und verwenden

1 **Neuer Glyphensatz**
Wählen Sie NEUER GLYPHENSATZ aus dem Bedienfeldmenü des Glyphen-Bedienfelds.

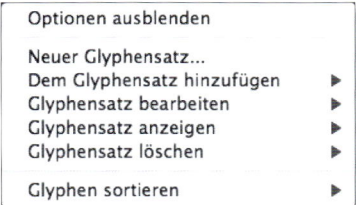

◀ **Abbildung 14.22**
Bedienfeldmenü des Glyphen-Bedienfelds

2 **Glypensatz benennen**
Benennen Sie im nun erscheinenden Fenster Ihren neuen Glyphensatz. Mit dem Menü EINFÜGEREIHENFOLGE legen Sie fest, ob neue Glyphen in der Reihenfolge, in der sie in den Satz aufgenommen wurden, sortiert werden (AM ANFANG EINFÜGEN oder AM ENDE ANHÄNGEN) oder die Glyphen im Satz nach ihrem Code (UNICODE-REIGENFOLGE) sortiert werden sollen.

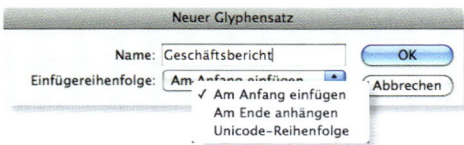

◀ **Abbildung 14.23**
NEUER GLYPHENSATZ. Die EINFÜGEREIHENFOLGE können Sie auch nachträglich noch ändern.

3 **Glyphen in Glyphensatz aufnehmen**
Wählen Sie eine Glyphe aus dem Glyphen-Bedienfeld aus, und rufen Sie aus dem Bedienfeldmenü DEM GLYPHENSATZ HINZUFÜ-

GEN • GESCHÄFTSBERICHT auf. Wiederholen Sie diesen Schritt für alle Glyphen, die Sie in Ihren Glyphensatz aufnehmen wollen. Dabei können Sie verschiedene Schriftfamilien und Schriftschnitte mischen. Leider können Sie keine Mehrfachauswahl vornehmen.

4   **Glypen aus dem Glyphensatz verwenden**

Wählen Sie aus dem Menü EINBLENDEN den Glyphensatz GESCHÄFTSBERICHT aus. Positionieren Sie den Cursor in einem Text, und machen Sie einen Doppelklick auf eine Glyphe, um sie an der Cursorposition einzufügen. ■

Die Glyphensätze werden von InDesign automatisch verwaltet und gespeichert. Sie sind dem Programm und nicht etwa einem Dokument zugeordnet und somit immer verfügbar, sobald sie angelegt wurden. Werden allerdings die Voreinstellungen von InDesign wiederhergestellt, so werden dabei auch die Glyphensätze gelöscht! Das Sichern von Glyphensätzen ist nicht möglich.

Um einen Glyphensatz zu bearbeiten, wählen Sie im Bedienfeldmenü GLYPHENSATZ BEARBEITEN • [IHR GLYPHENSATZ].

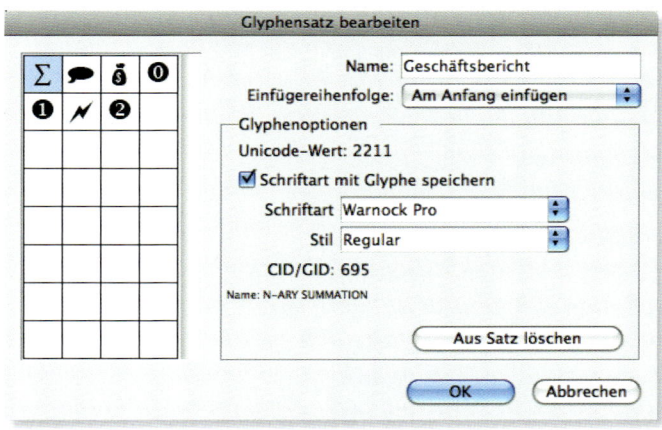

Abbildung 14.24 ▶
GLYPHENSATZ BEARBEITEN. CID/GID ist die interne Nummer einer Glyphe. Die GID und der Unicode-Wert einer Glyphe werden von InDesign angezeigt, wenn Sie im Glyphen-Bedienfeld den Mauszeiger über eine Glyphe stellen.

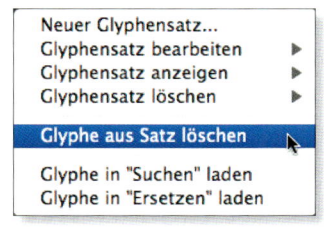

▲ Abbildung 14.25
Kontextmenü einer einzelnen Glyphe eines Glyphensatzes

Hier können Sie den Namen des Satzes modifizieren und z. B. die SCHRIFTART nachträglich ändern, was aber nur sinnvoll ist, wenn es sich um eine Glyphe handelt, die in der neuen Schrift auch an derselben Stelle vorhanden ist.

Wenn Sie SCHRIFTART MIT GLYPHE SPEICHERN deaktivieren, wird nur mehr der Code der Glyphe gespeichert und somit beim Einsetzen einer Glyphe in einen vorhandenen Text die Schriftart nicht geändert, sondern die Glyphe im aktuellen Schriftschnitt dargestellt. Zusätzlich können Sie die EINFÜGEREIHENFOLGE hier noch ändern. Einzelne Glyphen können mit einem Klick auf Aus Satz löschen entfernt werden. Schneller erreichen Sie das, indem Sie im Glyphen-Bedienfeld für die entsprechende Glyphe aus ihrem Kontextmenü Glyphe aus Satz löschen wählen. Hier (und im Bedienfeldmenü des Glyphen-Bedienfelds) finden Sie auch die Funktionen, um Glyphensätze zu löschen.

Im Kontextmenü einer Glyphe finden Sie zwei interessante Zusatzfunktionen: Mit Glyphe in "Suchen" laden bzw. Glyphe in "Ersetzen" laden können Sie einzelne Glyphen in die Suchen/Ersetzen-Funktion übernehmen, was praktisch ist, da exotische Zeichen dort nur schwer eingegeben werden können.

Zuletzt verwendete Glyphen löschen

Die Liste der Glyphen, die unter Zuletzt verwendete gespeichert werden, ist letztlich auch nichts anderes als ein Glyphensatz. Sie können diesen Glyphensatz zwar nicht löschen, seinen Inhalt jedoch schon. Wählen Sie dazu Glyphensatz löschen • Zuletzt verwendete Glyphen aus dem Bedienfeldmenü des Glyphen-Bedienfelds.

14.4 Steuerzeichen

Neben den bisher vorgestellten Zeichen gibt es eine Reihe von Sonderzeichen, die keine Zeichen im eigentlichen Sinne sind, sondern vielmehr Funktionen, die einen variablen Datenbestand des Dokuments anzeigen oder Strukturen erzeugen und steuern. Diese Steuerzeichen sind wie alle bisherigen Sonderzeichen über das Menü Schrift • Sonderzeichen einfügen erreichbar.

14.4.1 Seitenzahlen, Abschnittsmarken und Fußnotennummern

Seitenzahlen sind im Endergebnis natürlich sichtbare Zeichen, aber selbstverständlich hat sich InDesign um die korrekte Nummerierung zu kümmern. Deshalb werden Seitenzahlen nicht manuell erstellt, sondern über Platzhalter, die z.T. nur auf Mustervorlagen sinnvoll eingesetzt werden können. Die Gestaltung dieser Platzhalter erfolgt ganz normal; um den Inhalt kümmert sich InDesign. Diese Sonderzeichen sind im Menü Schrift • Sonderzeichen einfügen im Untermenü Marken gruppiert:

▶ Aktuelle Seitenzahl: Fügt die Seitenzahl der Seite, auf der dieses Sonderzeichen steht, in den Text ein. Bricht der Text auf eine andere Seite um, ändert sich die Seitenzahl entsprechend.

▶ Nächste Seitenzahl: Damit wird nicht etwa die Zahl der nächsten physikalischen Seite angezeigt, sondern die Seitenzahl der Seite, auf die der Text umbrechen wird. Wenn Sie einen Textrahmen auf Seite 3 mit einem Rahmen auf Seite 10 verbinden und sich das Sonderzeichen Nächste Seitenzahl auf Seite 3 befindet, wird »10« angezeigt.

▶ Vorherige Seitenzahl: Hier ist es umgekehrt: Es wird angezeigt, auf welcher Seite der Text steht, von der der Umbruch auf die aktuelle Seite erfolgt ist.

[Pagina]

Der korrekte Begriff für »Seitenzahl« lautet »Pagina«. Die fortlaufende Nummerierung eines Dokuments nennt man »Paginierung«.

Aktuelle Seitenanzahl:

Alt + ⇧ + Strg + N
bzw. ⌥ + ⇧ + ⌘ + N

Nächste und vorherige Seitenzahl

In vielen englischsprachigen Tageszeitungen und Magazinen hat sich die Unsitte eingebürgert, einen Artikel in der gesamten Publikation zu verteilen und mit solchen Marken – »weiter auf Seite« bzw. »Fortsetzung von Seite« – zu verbinden.

Abschnittsmarken

Abschnittsmarken werden von InDesign wie ein einzelnes Zeichen behandelt. Deshalb können sie nicht über mehrere Zeilen umbrechen. Auch andere Mechanismen, wie verschachtelte Formate – siehe Kapitel 15.4, »Absatzformate« – funktionieren deshalb mit Abschnittsmarken nicht.

▶ Abschnittsmarke: Sie können jeder Seite Ihres Dokuments einen Textabschnitt zuweisen, an dem z. B. die Seitennummerierung neu gestartet werden soll. Mit einem solchen Textabschnitt können Sie auch eine Abschnittsmarke definieren, die ihre Gültigkeit bis zum nächsten Textabschnitt behält und die in Ihrem Text angezeigt werden kann. Der Kolumnentitel auf der rechten Seite unten dieses Buches und auch unserer Projektarbeit aus Kapitel 13.6 ist eine solche Abschnittsmarke, die sich auf der Mustervorlage befindet und somit auf jeder Seite von InDesign automatisch verwaltet und angezeigt wird.

▶ Fussnotennummer: Wenn Sie mit Fußnoten arbeiten, verwaltet InDesign die Indexziffern der einzelnen Fußnoten automatisch. Allerdings kann es vorkommen, dass – aus welchem Grund auch immer – ein Fußnoteneintrag gelöscht wird. Um den zugehörigen Index wieder in Ihr Dokument einsetzen zu lassen, benötigen Sie dieses Steuerzeichen. Da das nur in einem Fußnotenabschnitt möglich ist, ist dieser Menüpunkt auch nur auswählbar, wenn sich der Textcursor in einem Fußnoteneintrag befindet. Wie Sie mit Fußnoten arbeiten, erfahren Sie in Abschnitt 19.1, »Fußnoten«.

14.4.2   Tabulatoren

Tabulator in Tabellen

Bei Tabellen wechselt die ⇥-Taste zwischen den Tabellen-Zellen. Wenn Sie also in einer Tabellen-Zelle einen Tabulator benötigen, müssen Sie ihn über das Menü einsetzen.

Tabulatoren dienen der Strukturierung von Absätzen – deshalb werden wir sie im Detail in Abschnitt 14.5, »Der Absatz«, behandeln. Technisch gesehen sind Tabulatoren einzelne Steuerzeichen, weshalb sie auch im Menü Schrift • Sonderzeichen einfügen • Andere erscheinen. Der normale Tabulator kann hier per Menüauswahl eingesetzt werden, wofür es aber zumeist keinen Grund gibt, da jede Tastatur dafür eine eigene Taste anbietet.

Anders ist es beim Sonderzeichen Schrift • Sonderzeichen einfügen • Andere • Tabulator für Einzug rechts. Wenn Sie eine Tabelle setzen, die immer über die gesamte Spaltenbreite laufen soll, muss sich stets ein Teil der Zeile am rechten Spaltenrand ausrichten. Das klassische Beispiel für solch eine »rechte Seite« wäre eine Speisekarte, deren Preise immer am rechten Spaltenrand stehen.

Tabulatoren »skalieren«

Wenn Sie einen Textrahmen mit gedrückter Strg- bzw. ⌘-Taste skalieren, wird nicht nur der Text mit dem Rahmen skaliert, es werden auch die Tabulatorpositionen entsprechend angepasst. QuarkXPress-Anwender müssen sich bei Änderungen nicht nur um die Schrift kümmern, sondern auch die Tabulatoren versetzen.

Kaffee	2,60	Kaffee	2,60
Tee	2,20	Tee	2,20
Wasser	1,80	Wasser	1,80

Wie Sie später sehen werden, kann man das Problem mit einem fixen, rechts ausgerichteten Tabulator lösen. Dafür ist ein zusätzlicher Arbeitsschritt notwendig, und es hat den Nachteil, dass sich die Spaltenbreite nicht mehr ändern darf bzw. bei einer Änderung auch der Tabulator versetzt werden muss. Der TABULATOR FÜR EINZUG RECHTS dagegen kann schon während der Texteingabe mit ⌂+⇥ festgelegt werden und richtet sich dann immer am rechten Spaltenrand aus, auch wenn sich die Spaltenbreite verändert.

14.4.3 Einzug bis hierhin

Einzüge sind ebenfalls eine Methode, um Absätze zu strukturieren, weshalb wir sie im nächsten Abschnitt ausführlicher behandeln werden. Aber auch zum Thema Einzüge gibt es einen Sonderfall, der als Sonderzeichen flexibel in Ihren Text eingesetzt werden kann.

»Einzug bis hierhin« für QuarkXPress-Anwender

Die gleiche Funktion erreichen Sie in QuarkXPress mit Strg+B bzw. ⌘+#.

> 09:00h Abfahrt mit unserem modernen Reisebus mit Klimaanlage, Satelliten-TV und Bar
> 12:00h Ankunft in der Raststation »Heiß und Fettig«, gemeinsames Mittagessen, Gelegenheit zum Einkauf von Reiseverpflegung

In diesem Beispiel wurde nach der Uhrzeit ein Leerzeichen und dann ein EINZUG BIS HIERHIN gesetzt. Dadurch brechen alle folgenden Zeilen nur bis zu diesem Einzug um. In einem solchen Fall sollten Sie keine Mediävalziffern verwenden. Da diese proportional sind, würde der Einzug in jedem Absatz an einer anderen Stelle landen. Solche Konstruktionen sind deshalb mit »echten« Einzügen besser zu kontrollieren. In einem einzelnen Absatz ist der EINZUG BIS HIERHIN aber oft sehr praktisch und hat den Vorteil, dass er eben als einzelnes Zeichen in Ihrem Text mitläuft. Wenn wir die Zeitangabe wie folgt umstellen, ändert sich der Einzug automatisch:

> 09:00 Uhr Abfahrt mit unserem modernen Reisebus mit Klimaanlage, Satelliten-TV und Bar
> 12:00 Uhr Ankunft in der Raststation »Heiß und Fettig«, gemeinsames Mittagessen, Gelegenheit zum Einkauf von Reiseverpflegung

Sie können den EINZUG BIS HIERHIN über die Tastatur eingeben, indem Sie Strg+⌐ bzw. ⌘+⌐ drücken, oder über das Menü SCHRIFT • SONDERZEICHEN EINFÜGEN • ANDERE • EINZUG BIS HIERHIN einfügen. Bei mehreren Einzügen in einer Zeile orientiert sich InDesign an dem Einzug, der am weitesten rechts steht. In unterschiedlichen Zeilen können Sie in einem Absatz durchaus mehrere »Einzüge bis hierhin« verwenden. Dadurch ergibt sich innerhalb eines Absatzes eine Treppenstruktur.

Einzug bis hierhin

Der EINZUG BIS HIERHIN macht sich immer erst in der folgenden Zeile des Absatzes bemerkbar, in der er selbst gesetzt wurde, und wirkt nur innerhalb des aktuellen Absatzes. Wenn Sie ihn trotzdem über mehrere Absätze mitnehmen möchten, können Sie im Flattersatz Absatzumbrüche mit einem harten Zeilenumbruch (siehe nächste Seite) simulieren.

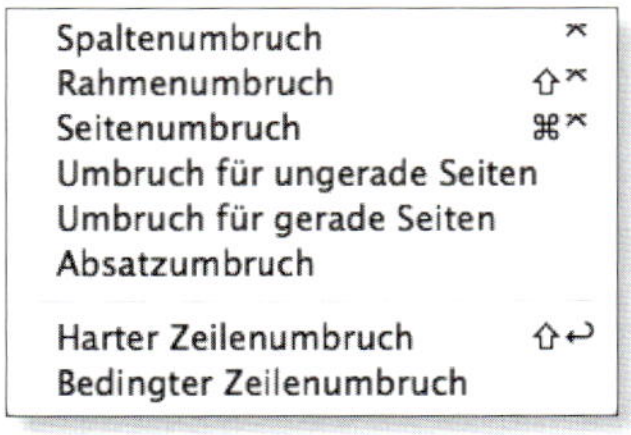

▲ **Abbildung 14.26**
SCHRIFT • UMBRUCHZEICHEN EINFÜ-
GEN: Die wichtigsten Umbruchzeichen können über Tastenkürzel eingegeben werden.

**Umbruch für
gerade/ungerade Seite**

Je weiter der fortlaufende Text
nach einem Umbruch entfernt
ist, desto wichtiger ist es, den
Leser sicher an diese Stelle zu
führen. Hier sind die Sonderzeichen NÄCHSTE und VORHERIGE
SEITENZAHL unbedingt notwendig, die Sie für solche Verweise
einsetzen sollten.

**Harter Zeilenumbruch und
Blocksatz**

Da der harte Zeilenumbruch den
Absatz tatsächlich nicht teilt,
wird die umbrochene Zeile weiterhin im Blocksatz gesetzt, was
zumeist extrem große Wortzwischenräume erzeugt und entsprechend hässlich ist. In diesem
Fall sollten Sie vor der harten
Zeilenschaltung ein Ausgleichs-
Leerzeichen setzen.

14.4.4 Umbrüche

Die letzte Art von Sonderzeichen, die Sie in Ihren Text einfügen
können, sind die Umbruchzeichen, die Sie über SCHRIFT •
UMBRUCHZEICHEN EINFÜGEN erreichen. Ein Teil dieser Umbrüche
ist nur sinnvoll, wenn sie in mindestens zwei verketteten Textrahmen oder in einem Rahmen mit Spalten angewendet werden.

▶ SPALTENUMBRUCH: In einem mehrspaltigen Textrahmen können
Sie mit dem Spaltenumbruch ⎡Enter⎤ (auf dem Ziffernblock)
bzw. ⎡⌤⎤ dafür sorgen, dass ein Text in die nächste Spalte des
Rahmens umbricht. Gibt es in diesem Rahmen keine Spalte
mehr, wird in den nächsten verketteten Rahmen umbrochen.

▶ RAHMENUMBRUCH: Der Rahmenumbruch führt dazu, dass ein
Text in jedem Fall in den nächsten Rahmen umbricht – auch
dann, wenn noch freie Textspalten verfügbar sind. Enthält ein
Rahmen nur eine Spalte, besteht kein Unterschied zum
SPALTENUMBRUCH. Das Tastenkürzel lautet: ⎡⇧⎤+⎡Enter⎤ bzw.
⎡⇧⎤+⎡⌤⎤.

▶ SEITENUMBRUCH: Der Seitenumbruch führt dazu, dass der Text
in einer Reihe von Textrahmen zum nächsten Rahmen auf einer
neuen Seite umbricht, obwohl in der Textverkettung auf derselben Seite noch Spalten oder Textrahmen frei wären. Sie können den Seitenumbruch über die Tastatur mit ⎡Strg⎤+⎡Enter⎤
bzw. ⎡⌘⎤+⎡⌤⎤ eingeben.

▶ UMBRUCH FÜR UNGERADE SEITEN: Entspricht dem SEITENUM-
BRUCH, wobei aber nur der nächste Rahmen auf einer ungeraden (rechten) Seite verwendet wird.

▶ UMBRUCH FÜR GERADE SEITEN: Entspricht dem SEITENUMBRUCH,
wobei aber nur der nächste Rahmen auf einer geraden (linken)
Seite verwendet wird.

▶ ABSATZUMBRUCH: Der Absatzumbruch ist der Standardfall, mit
dem ein Absatz abgeschlossen wird. Er entspricht dem Drücken
auf die Zeilenschaltung ⎡↵⎤.

▶ HARTER ZEILENUMBRUCH: Mit dem harten Zeilenumbruch wird
ein Absatz geteilt, wobei er aber als Absatz erhalten bleibt. Alle
Absatzeigenschaften bleiben also für alle Einzelteile bestehen,
optisch ergibt sich aber der Eindruck mehrerer Absätze. Sie
können den harten Zeilenumbruch über die Tastatur mit
⎡⇧⎤+⎡↵⎤ eingeben.

▶ BEDINGTER ZEILENUMBRUCH: Der bedingte Zeilenumbruch ist
gewissermaßen das Gegenstück zum bedingten Trennstrich.
Wenn Sie ihn in einem Wort setzen und dieses Wort erreicht
das Zeilenende, so wird es zwar abgeteilt, es erscheint aber
kein Trennstrich, was nur selten gewünscht sein dürfte. Der
bedingte Zeilenumbruch könnte eingesetzt werden, wenn Sie

einen Ergänzungsbindestrich in die nächste Zeile umbrechen wollen (siehe Beispiel in der Randspalte). In diesem Fall steht ein Ergänzungsbindestrich vor »Schikane« und muss genau umbrochen werden, wie nebenstehend zu sehen ist. InDesign löst diese Situationen oft richtig, aber nicht immer (siehe rechts oben). Sie können hier für klare Verhältnisse sorgen, wenn Sie vor den Ergänzungsbindestrich einen bedingten Zeilenumbruch setzen (rechts unten).

Bsp.: »Behörden-Willkür und -
Schikane«

»Behörden-Willkür und
-Schikane«

14.4.5 Löschen von Steuerzeichen

Bedingungen ändern sich, und somit kann auch so manches Sonderzeichen plötzlich nicht mehr gewünscht sein. Um diese Sonderzeichen zu löschen, müssen Sie sie zunächst einmal lokalisieren. Blenden Sie also zunächst alle Sonderzeichen mit dem Menübefehl SCHRIFT • VERBORGENE ZEICHEN EINBLENDEN oder dem Tastenkürzel [Strg]+[Alt]+[I] bzw. [⌘]+[⌥]+[I] ein. Versuchen Sie nun, das betreffende Sonderzeichen auszuwählen. Das gelingt nicht bei allen Sonderzeichen auf Anhieb, und manchmal ist schlicht nicht zu erkennen, ob die Auswahl funktioniert hat. Falls das Zeichen eindeutig ausgewählt wurde, können Sie es wie gewohnt löschen.

Ansonsten setzen Sie die Einfügemarke vor das Zeichen, das dem Sonderzeichen folgt. Benutzen Sie dazu gegebenenfalls die Cursortasten. Nun drücken Sie die Rückschritt-Taste [←] – damit sollte das Sonderzeichen endgültig verschwinden.

14.4.6 Symbole und Tastenkürzel der Steuerzeichen

Damit Sie nicht die falschen Steuerzeichen auswählen und löschen, geben wir Ihnen zum Abschluss noch einen Überblick, wie die verschiedenen Steuerzeichen aussehen, sofern Sie SCHRIFT • VERBORGENE ZEICHEN EINBLENDEN aktiviert haben:

Steuerzeichen		Windows	Mac OS
Tabulator	»	[⇥]	[⇥]
Tabulator für Einzug rechts	⊣	[⇧]+[⇥]	[⇧]+[⇥]
Einzug bis hierhin	⊥	[⇧]+[·]	[⇧]+[·]
Spaltenumbruch	⌐	[Enter]	[↗]
Rahmenumbruch	⌐	[⇧]+[Enter]	[⇧]+[↗]
Seitenumbruch	⌐	[Strg]+[Enter]	[⌘]+[↗]
Umbruch für ungerade Seite	⌐	—	—
Umbruch für gerade Seite	⌐	—	—

◄ **Tabelle 14.5**
Aussehen der Steuerzeichen und ihre Tastenkürzel

Steuerzeichen		Windows	Mac OS
Absatzumbruch	¶	↵	↵
harter Zeilenumbruch	¬	⇧ + ↵	⇧ + ↵
bedingter Zeilenumbruch	⊥	–	–

▲ **Tabelle 14.5 (Forts.)**
Aussehen der Steuerzeichen und ihre Tastenkürzel

Für Umbrüche zu geraden und ungeraden Seiten und den bedingten Zeilenumbruch gibt es keine Tastenkürzel – diese können aber
unter SCHRIFT • TASTATURBEFEHLE belegt werden.

14.5   Der Absatz

Einzelne Wörter und die Zeichen, aus denen sie bestehen, sind
die kleinsten Einheiten in einem Text. Sie bilden Zeilen, die zu
Absätzen zusammengefasst sind. Die Absätze verfügen wiederum
über eine Reihe von Attributen. Dabei sollten Sie sich immer vor
Augen halten, dass der Absatz zwar aus Text besteht, die Eigenschaften des Textes – Schriftart, Schriftgrad etc. – nie mit den
Eigenschaften des Absatzes vermischt werden. Der Absatz, der
den Text trägt, beschreibt primär die Platzverhältnisse und wie ein
Text eine Fläche belegt. Dabei kann der Absatz zwar Eigenschaften
des Textes, wie z. B. die Laufweite bei Blocksatz, beeinflussen,
aber trotzdem bleibt in diesem Fall die Laufweite eine Eigenschaft
des Textes.

14.5.1   Das Absatz- und Steuerung-Bedienfeld
Alle grundsätzlichen Anmerkungen über das Zeichen-Bedienfeld
in Abschnitt 14.2, »Das Zeichen«, gelten auch für das Absatz-
Bedienfeld ¶.

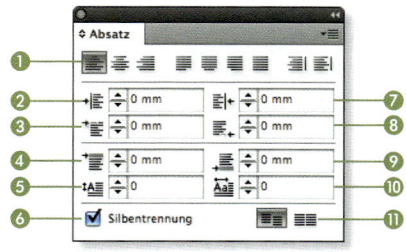

Abbildung 14.27 ▶
Absatz-Bedienfeld und
Steuerung-Bedienfeld ABSATZ

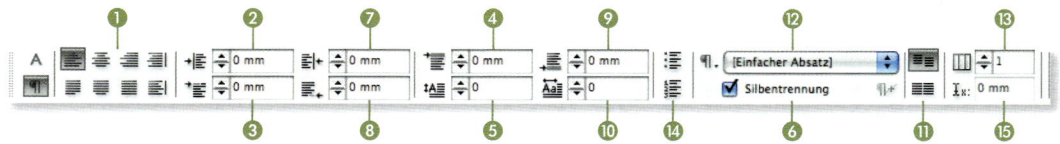

Sofern es nicht sichtbar ist, blenden Sie es über das Menü FENSTER
• SCHRIFT UND TABELLEN • ABSATZ oder die Tastenkombination
[Alt]+[Strg]+[T] bzw. [⌥]+[⌘]+[T] ein, oder verwenden Sie das
Steuerung-Bedienfeld ABSATZ.

Im Absatz-Bedienfeld steuern Sie alle grundlegenden Funktionen wie die Absatzausrichtung ❶, den EINZUG LINKS ❷ oder
RECHTS ❼ und ob bzw. wie weit die erste Zeile eingezogen werden
soll ❸. Genau wie der Einzug in der ersten Zeile dient auch ein
Einzug in der letzten Zeile dazu, Absätze besser zu kennzeichnen.
Gerade im Blocksatz kann es vorkommen, dass die letzte Zeile
eines Absatzes über die gesamte Spaltenbreite läuft und somit das
Ende des Absatzes nicht mehr erkannt wird. Für solche Fälle kön-
nen Sie auch einen rechten Einzug für die letzte Zeile festlegen ❽.
Die Einzüge in erster und letzter Zeile summieren sich zu den
Einzügen für den Gesamtabsatz.

Darüber hinaus können Sie einen ABSTAND DAVOR ❹ oder
DANACH ❾ dem Absatz definieren sowie ein hängendes Initial
über seine Höhe ❺ und die Anzahl der Zeichen ❿ festlegen. Die
SILBENTRENNUNG ❻ beeinflusst die Platzverteilung im Absatz ganz
wesentlich und kann hier gezielt ein- und ausgeschaltet werden.
Ob sich der Absatz am Grundlinienraster ausrichten soll, kann
ebenfalls in beiden Bedienfeldern festgelegt werden ⓫.

Im Steuerung-Bedienfeld wird zusätzlich die Position des Textcursors angezeigt ⓯, und Sie können die Anzahl der Spalten des
Textrahmens verändern ⓭. Den Steg (Spaltenabstand) können Sie
hier leider nicht verändern, was diese Option nur beschränkt sinnvoll macht. Sofern Sie Absatzformate verwenden, können Sie sie
Ihrem Absatz zuordnen ⓬.

Die letzten beiden Funktionen haben nichts mit Absätzen zu
tun. Die Information über die Cursorposition ist lediglich
beschränkt nützlich, und die Anzahl der Textspalten ist eine Eigenschaft des Textrahmens und nicht der Absätze. Die Bedienfeldmenüs der beiden Bedienfelder unterscheiden sich in einigen ganz
wesentlichen Punkten, auf die wir später noch eingehen werden.

Die Funktionen für Aufzählungslisten und nummerierte Listen
⓮ beziehen sich immer auf mehrere Absätze, die als Listen behandelt und dargestellt werden können.

14.5.2 Absatzausrichtung

Die Absatzausrichtung bedarf wohl keiner großen Erklärung.
InDesign hat allerdings einige Spezialitäten zu bieten und insgesamt ein sehr großes Repertoire an Ausrichtungsmöglichkeiten,
die wir zumindest kurz auflisten wollen.

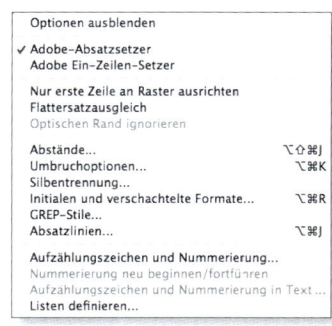

▲ **Abbildung 14.28**
Bedienfeldmenü des
Absatz-Bedienfelds

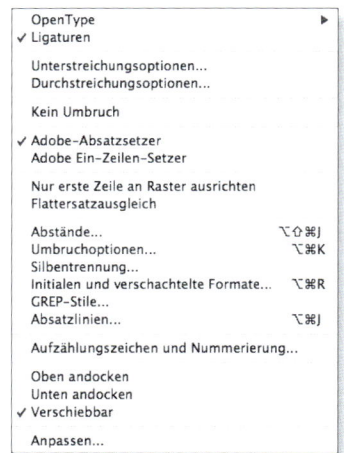

▲ **Abbildung 14.29**
Bedienfeldmenü des
Steuerung-Bedienfelds

- Linksbündig ausrichten: Das ist der Standardfall – alle Zeilen haben einen gemeinsamen linken Bund und belegen ansonsten so viel Platz, wie sie benötigen. Ein weiterer Zeilenausgleich findet nicht statt.
- Zentrieren: Die Zeilenbreite wird hierdurch ebenfalls nicht beeinflusst. Jede Zeile wird an der Mittelachse der Spaltenbreite ausgerichtet.
- Rechtsbündig ausrichten: Alle Zeilen haben einen gemeinsamen rechten Bund und belegen ansonsten so viel Platz, wie sie benötigen. Ein weiterer Zeilenausgleich findet nicht statt.
- Blocksatz, letzte Zeile linksbündig: Der Standardfall im Blocksatz. Alle Zeilen werden über die Spaltenbreite »ausgetrieben«. Wie die Berechnung der Abstände erfolgen soll, kann beeinflusst werden. Die letzte Zeile wird nicht ausgeglichen, weil das in den meisten Fällen zu unschönen Löchern führen würde.
- Blocksatz, letzte Zeile zentriert: Dies ist eine exotische Variante, die Sie eher selten brauchen werden.
- Blocksatz, letzte Zeile rechtsbündig: Der zweite Exot – auch diese Variante werden Sie selten benötigen. Diese Ausrichtungsvariante wird nur im Absatz-Bedienfeld angezeigt.
- Blocksatz (alle Zeilen): XPress-Benutzer kennen diese Ausrichtung als »erzwungenen Blocksatz«. Da bei kurzen letzten Zeilen extreme Löcher zwischen Wörtern und Zeichen entstehen können, ist der Einsatz dieser Absatzausrichtung in den meisten Fällen eher nicht angebracht – siehe Abbildung 14.30. InDesign verfügt über Funktionen, die dieses Verhalten in den meisten Fällen entschärfen können – Details erfahren Sie in Abschnitt 14.5.7, »Absatz- und Ein-Zeilen-Setzer«, ab Seite 396. Wie Sie aber im Abschnitt 14.3.1, »Leerräume«, erfahren haben, kann diese Ausrichtung allerdings in Kombination mit dem Ausgleichsleerzeichen für interessante Absatzabschlüsse eingesetzt werden.
- Am Rücken ausrichten: Befindet sich ein so ausgerichteter Absatz auf einer linken Seite Ihrer Publikation, so entspricht diese Ausrichtung rechtsbündig. Ändert dieser Absatz seine Position auf eine rechte Seite, wird er auf linksbündig umgestellt.
- Nicht am Rücken ausrichten: Befindet sich der so ausgerichtete Absatz auf einer linken Seite Ihrer Publikation, so entspricht diese Ausrichtung linksbündig. Ändert dieser Absatz seine Position auf eine rechte Seite, wird er auf rechtsbündig umgestellt.

Vorsicht!

Ungeübte Benutzer verwechseln oft das Symbol für Blocksatz, letzte Zeile linksbündig mit dem Symbol für Blocksatz (alle Zeilen). Vergewissern Sie sich, dass Sie im Normalfall Blocksatz, letzte Zeile linksbündig verwenden.

Einfluss der Stereotypie auf die S c h r i f t f o r m Das Problem liegt in der Erstellung der Matrize. Da die Matrize unter sehr hohem Druck erstellt wird, können feine Serifen oder dünne Haarstriche verbogen werden oder gar abbrechen. Für dieses Druckverfahren sind also Schrifttypen notwendig, die einen soliden und möglichst gleichmäßigen Duktus und ausgeprägte und stabile Serifen aufw e i s e n .

▲ **Abbildung 14.30**
Blocksatz (alle Zeilen) kann sehr hässliche Ergebnisse produzieren.

Die letzten beiden Ausrichtungsvarianten können in jeder Layout-situation hilfreich sein. Wenn z. B. Bildunterschriften in einem Buch am Bund gespiegelt werden sollen, wird die Ausrichtung automatisch von InDesign korrigiert, wenn sich die Position einer Bildunterschrift auf eine gegenüberliegende Seite ändert. Geradezu unverzichtbar werden diese zwei Ausrichtungsarten, wenn Sie im Text verankerte Objekte verwenden, da sich hier die Position der Objekte mit dem Textfluss ändert und die Ausrichtung damit automatisch mitgeändert werden kann. Wie Sie Objekte im Text verankern und mitlaufen lassen, erfahren Sie in Kapitel 18.3, »Verankerte Objekte«.

14.5.3 Abstände und Einzüge

Das Wort »Absatz« wird zumeist ganz selbstverständlich verwendet, ohne dass dabei überlegt wird, was es eigentlich bedeutet. Aufgabe des Absatzes ist es, inhaltlich abgeschlossene Texteinheiten auch optisch voneinander »abzusetzen«. Hierzu gibt es mehrere Methoden, die aber alle den Weißraum um den Absatz herum oder an einzelnen Seiten verändern.

Die beliebteste Methode von Textverarbeitungsbenutzern ist diesbezüglich die **Leerzeile**. Das ist prinzipiell keine schlechte Wahl. Im Bleisatz wurden oft Abstände von einer halben Zeile oder geringer verwendet. Solche Abstände haben den Nachteil, dass sie bei Mengentext einen eher unruhigen Eindruck verursachen und dass damit manchmal keine Registerhaltigkeit möglich ist.

Bei Titelzeilen oder Zwischentiteln, die sich im Schriftgrad oft vom Mengentext unterscheiden, kann Registerhaltigkeit ohnehin nicht gewährleistet werden, und es gibt auch keinen Grund, solche Absätze – denn auch Titelzeilen sind nur Absätze – in die Textproportionen des Lesetextes zu zwängen.

Um die Abstände einzelner Absätze zu anderen Absätzen zu kontrollieren, können Sie einen Abstand vor oder nach einem Absatz festlegen. Eine Kombination beider Abstände will gut überlegt sein, da sie sich natürlich summieren und somit meist nicht zum gewünschten Ergebnis führen. Für mehrere Absätze, die sich am Grundlinienraster ausrichten, ist die Festlegung von Abständen zumeist unsinnig, da in diesem Fall immer ein Mehrfaches des Zeilenabstands des Grundlinienrasters verwendet wird.

Absatzabstände sind aus produktionstechnischer Sicht Platzverschwendung. Eine ökonomisch sehr günstige und ästhetisch recht angenehme Art des »Absetzens« ist ein **Einzug in der ersten Zeile** eines Absatzes. In diesem Buch sehen Sie diese Version in den meisten Absätzen.

[Registerhaltigkeit]
Registerhaltigkeit bedeutet, dass sich alle Zeilen auf allen Seiten an einem gleichen Grundlinienraster orientieren.

TIPP
Der ABSTAND DAVOR kann für die erste Zeile einer Textspalte nicht verwendet werden. Dafür müssen Sie die entsprechenden TEXTRAHMENOPTIONEN oder ein Grundlinienraster verwenden.

Der Einzug des folgenden Ab-
satzes ist eindeutig zu groß. Es
entsteht eine Lücke, die über
zwei Zeilen reicht und den Leser
irritiert.
        Der Einzug dieses
Absatzes ist eindeutig zu groß. Es
entsteht ein Lücke, die über zwei
Zeilen reicht und den Leser irri-
tiert.

▲ **Abbildung 14.31**
Ein viel zu großer Einzug – bei
Gedichtbänden aber manchmal zu
sehen.

Abbildung 14.32 ▶
Einstellungen für hängende Einzüge
in der ersten Zeile

Einen allzu großzügigen Einzug in der ersten Zeile sollten Sie jedoch vermeiden, da dadurch Lücken entstehen, die die Absätze nicht nur trennen, sondern völlig voneinander entkoppeln. Als Faustregel können Sie annehmen, dass ein Einzug von einem Geviert in der Regel ausreicht, um den Absatz gut sichtbar zu kennzeichnen. Wichtig ist, den Einzug so zu wählen, dass das kürzeste Wort (bzw. der kürzeste Wortanteil) in der letzten Zeile des vorhergehenden Absatzes den Absatz in jedem Fall überragt.

Die Unsitte, Einzüge mit Leerzeichen zu konstruieren, ist allerdings vollkommen tabu! Ein Einzug ist ein kontrollierter Weißraum und kein Zeichen Ihrer Schrift. InDesign bietet Ihnen eine exakte Kontrolle des Einzugs im Absatz-Bedienfeld.

Eine weitere Möglichkeit, Absätze besonders zu kennzeichnen, ist es, den gesamten Absatz einzuziehen, was InDesign sowohl am linken als auch am rechten Rand vorsieht. Diese Methode werden Sie im Regelfall nur für einzelne Absätze in einer Serie von Absätzen anwenden. Relativ beliebt ist der linke Einzug in Kombination mit einem hängenden **Einzug in der ersten Zeile** des Absatzes:

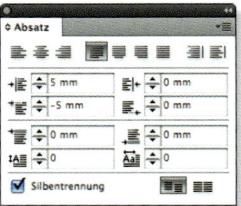

Stereotypie: Das Problem liegt in der Erstellung der Matrize. Da die Matrize unter sehr hohem Druck erstellt wird, können feine Serifen oder dünne Haarstriche verbogen werden oder gar abbrechen. Für dieses Druckverfahren sind also Schrifttypen notwendig, die einen soliden und möglichst gleichmäßigen Duktus und ausgeprägte und stabile Serifen aufweisen.

Dabei legen Sie zunächst den Einzug für den gesamten Absatz fest und ziehen anschließend die erste Zeile um genau denselben Betrag, allerdings negativ, ein.

Hängende Einzüge sind eine wunderbare Methode, um Aufzählungen zu setzen. In der ersten Zeile steht das Aufzählungszeichen, dann folgt ein Tabulator, der an der gleichen Position wie der linke Einzug steht. Der Rest des Absatzes wird somit genauso weit wie der Beginn der ersten Zeile nach dem Aufzählungszeichen eingezogen. Auch der EINZUG BIS HIERHIN wäre eine geeignete Methode, um Aufzählungen elegant umzusetzen.

14.5.4   Hängende Initialen

Als weitere und ebenfalls sehr beliebte Art, Absätze zu kennzeichen, können Sie hängende Initialen verwenden, wie im nächsten Absatz demonstriert. Im Feld EIN ODER MEHRERE ZEICHEN ALS INITIALE ▦ geben Sie die Anzahl der Zeichen ein und im Feld INITIALHÖHE (ZEILEN) ▦, über wie viele Zeilen Ihr(e) Inital(en) »hängen« soll(en).

Hängende Initialen sind zwar eine reizvolle typografische Spezialität, sie wollen jedoch gut dosiert sein. Als Trennung aller Absätze sind sie absolut nicht geeignet. Üblicherweise wird lediglich ein Artikelbeginn in einer Zeitung damit versehen. Weiters sollten Sie beachten, dass ein Absatz mit einem hängenden Initial zumindest doppelt so viele Zeilen lang sein sollte, wie sein Initial hoch ist. Eine Kombination mit Einzügen – auch dem Einzug bis hierhin, z. B. nach dem oder den Initialzeichen – ist natürlich möglich.

Hängende Initialen verursachen bei sämtlichen Zeichen mit Unterlängen – Unterlängen gibt es auch bei manchen Versalien – das Problem, dass die Unterlänge in die Zeile(n) unterhalb der Initiale reicht und damit die dortigen Zeichen überlagert. InDesign hatte bis zu Version CS2 das spezielle Problem, dass bei Glyphen mit geraden Strichen und ohne Serifen das Initial nicht bis zum linken Rand reichte, da jedes Zeichen von einem Weißraum umgeben ist und dieser Weißraum nicht entfernt wurde. Seit InDesign CS3 sind diese Probleme allerdings Geschichte – rufen Sie Initialen und verschachtelte Formate aus dem Bedienfeldmenü des Steuerung- oder Absatz-Bedienfelds auf.

Tipp für InDesign CS2

Bei serifenlosen Schriften entfernt InDesign CS2 das »Vorfleisch« nicht korrekt, was dazu führt, dass Initialen mit geraden Strichen – wie H oder D – nicht optisch bündig am linken Rand stehen. Setzen Sie in diesem Fall vor das gewünschte Initialzeichen einen Weißraum (z. B. ein Achtelgeviert), und erhöhen Sie die Anzahl der Initialzeichen um eins. Nun unterschneiden Sie die beiden (Kerning verringern), bis die Initiale korrekt ausgerichtet ist.

Initialen und verschachtelte Formate
Initialen
Zeilen
Zeichen
Zeichenformat
3
1
[Ohne]
Linke Kante ausrichten
Skalierung für Unterlängen
OK
Abbrechen
Vorschau
Verschachtelte Formate
Klicken Sie auf "Neues verschachteltes Format", um ein verschachteltes Format zu erstellen.
Neues verschachteltes Format
Löschen
Verschachtelte Zeilenformate
Klicken Sie auf "Neues Zeilenformat", um ein Zeilenformat zu erstellen.
Neues Zeilenformat
Löschen

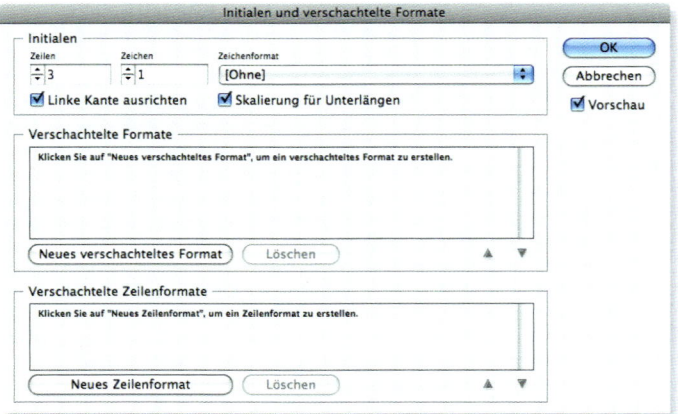

◂ **Abbildung 14.33**
Der Initialen und verschachtelte Formate-Dialog zur Steuerung von hängenden Initialen

Um den Weißraum am linken Rand der Initiale zu entfernen, wählen Sie Linke Kante ausrichten. Um ein Initialzeichen so zu skalieren, dass die Unterlänge nicht mehr in die folgenden Zeilen reicht, entscheiden Sie sich für Skalierung für Unterlängen.

Immer wieder das gleiche Problem: der Winter ist zu lang und wenn der Frühling dann da ist: „Es ist viel zu warm, das war ja gar kein Winter"…
Immer wieder das gleiche Problem: der Winter ist zu lang und wenn der Frühling dann da ist: „Es ist viel zu warm das war ja gar kein Winter"…
Jahr für Jahr das gleiche Problem: der Winter ist zu lang und wenn der Frühling dann da ist: „Es ist viel zu warm, das war ja gar kein Winter"…
Jahr für Jahr das gleiche Problem: der Winter ist zu lang und wenn der Frühling dann da ist: „Es ist viel zu warm, das war ja gar kein Winter"…

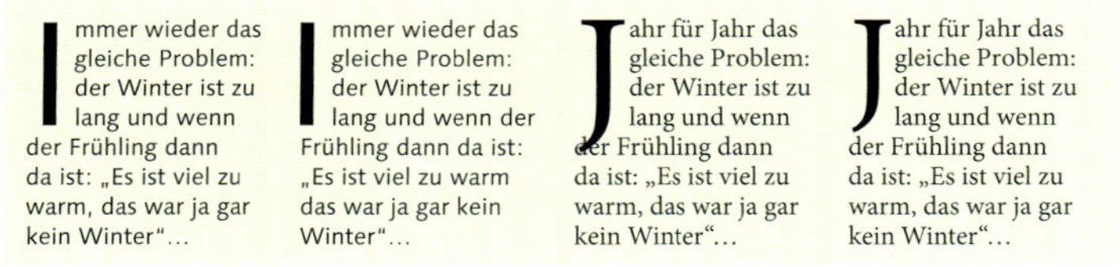

◂ **Abbildung 14.34**
In den beiden linken Spalten sehen Sie die Funktion Linke Kante ausrichten in Aktion und in den beiden rechten Spalten Skalierung für Unterlängen.

Sie können und müssen beide Optionen manchmal kombinieren. Das ist vor allem bei Kursiven der Fall, egal ob diese einen kursiven Schnitt darstellen oder kursiv im Sinne von handschriftlichem Charakter sind.

Zusätzlich können Sie hier den Initialzeichen ein ZEICHENFORMAT zuweisen. Dies ist nötig, wenn Sie z. B. Ornamente als Initialen verwenden. Solange Sie nur manuelle Formatierungen vornehmen, können Sie das allerdings auch direkt im Text machen. Die beiden Abschnitte VERSCHACHTELTE FORMATE und VERSCHACHTELTE ZEILENFORMATE sind ebenfalls bei manueller Formatierung nicht sinnvoll anzuwenden – wir werden sie ausführlich in Kapitel 15, »Textformatierung«, behandeln.

Ein besonders kräftiges Initial gebraucht üblicherweise einen fetteren Schnitt der verwendeten Schrift.

14.5.5 Grundlinienraster

Wie wir bereits ausgeführt haben, ist es bei textlastigen Publikationen anzustreben, die Lesetextanteile an einem Grundlinienraster auszurichten. Dadurch wird verhindert, dass bei mehrspaltigen Texten nebeneinanderliegende Spalten gegeneinander verlaufen. Noch wichtiger ist, dass ein Grundlinienraster verhindert, dass der Inhalt der Rückseite eines Blattes – der ja im Regelfall durch das Papier scheint – sich mit dem Inhalt der Vorderseite überlagert:

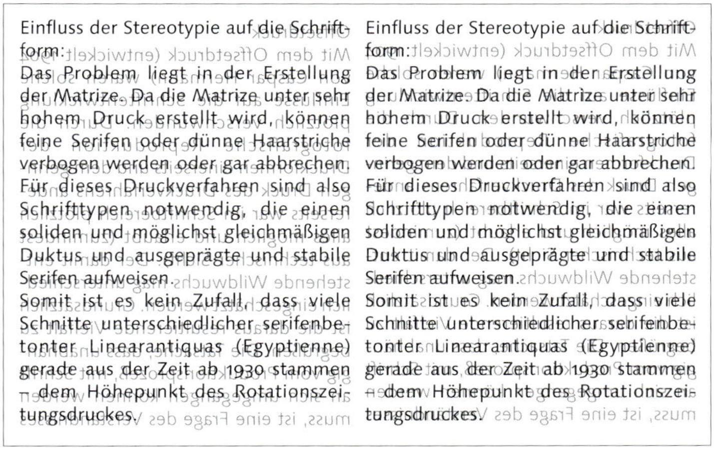

Abbildung 14.35 ▸
Der Text auf der Rückseite der Seite scheint auf die Vorderseite durch.

Die linke Spalte stammt aus einem nicht registerhaltigen Dokument – das Textmuster der Rückseite überlagert den Text der Vorderseite. Das Muster der Rückseite ist auch in der rechten Spalte zu sehen. Das Textmuster orientiert sich jedoch am Grundlinienraster, wodurch zumindest die Struktur der Weißräume erhalten bleibt und die Zeilenführung nicht gestört wird.

Wie Sie ein Grundlinienraster einrichten, haben Sie bereits in Kapitel 7.3, »Grundlinien- und Dokumentraster«, erfahren. Um einzelne Absätze am Grundlinienraster auszurichten, klicken Sie auf ≡≡≡ und, um die Ausrichtung wieder aufzuheben, auf ≡≡≡ des Absatz-Bedienfelds bzw. des Steuerung-Bedienfelds.

Im Regelfall werden Sie ein Grundlinienraster definieren, das den Zeilenabstand des Mengentextes in Ihrem Dokument abbildet. Allerdings können Sie auch ein feineres Raster definieren, um es etwa als Montageraster zu verwenden. Dabei muss Ihnen allerdings bewusst sein, dass dann zumindest jede zweite Zeile des Rasters vom Text übersprungen wird. Diese Tatsache ist kein Problem, solange Sie dies kontrolliert einsetzen.

Allerdings gibt es eine Reihe von Situationen, in denen Sie dieses Verhalten grundsätzlich abschalten möchten. In diesen Fällen müssen Sie die betreffenden Absätze eben nicht am Grundlinienraster ausrichten, was aber auch oft nicht befriedigend wirkt. Aus dieser Misere hilft Ihnen InDesign mit der Option NUR ERSTE ZEILE AN RASTER ausrichten im Bedienfeldmenü des Absatz-Bedienfelds bzw. des Steuerung-Bedienfelds:

Grundlinienraster in Textrahmen

In Kapitel 9.6, »Textrahmenoptionen«, haben Sie bereits erfahren, wie Sie ein Grundlinienraster definieren können, das von dem des Dokuments abweicht. Damit können Sie z. B. dafür sorgen, dass in der Marginalspalte ein abweichendes Grundlinienraster verwendet wird – und trotzdem in diesen Bereichen Registerhaltigkeit gewährleisten.

Ein Grundlinienraster eines Textrahmens überschreibt dabei immer lokal das dokumentweite Raster.

Einfluss der Stereotypie auf die Schriftform:
Das Problem liegt in der Erstellung der Matrize. Da die Matrize unter sehr hohem Druck erstellt wird, können feine Serifen oder dünne Haarstriche verbogen werden oder gar abbrechen. Für dieses Druckverfahren sind also Schrifttypen notwendig, die einen soliden und möglichst gleichmäßigen Duktus und ausgeprägte und stabile Serifen aufweisen.

Einfluss der Stereotypie auf die Schriftform:
Das Problem liegt in der Erstellung der Matrize. Da die Matrize unter sehr hohem Druck erstellt wird, können feine Serifen oder dünne Haarstriche verbogen werden oder gar abbrechen. Für dieses Druckverfahren sind also Schrifttypen notwendig, die einen soliden und möglichst gleichmäßigen Duktus und ausgeprägte und stabile Serifen aufweisen.

Einfluss der Stereotypie auf die Schriftform:
Das Problem liegt in der Erstellung der Matrize. Da die Matrize unter sehr hohem Druck erstellt wird, können feine Serifen oder dünne Haarstriche verbogen werden oder gar abbrechen. Für dieses Druckverfahren sind also Schrifttypen notwendig, die einen soliden und möglichst gleichmäßigen Duktus und ausgeprägte und stabile Serifen aufweisen.

◄ **Abbildung 14.36**
NUR ERSTE ZEILE AN RASTER AUSRICHTEN kann in solchen Situationen harmonische Platzverhältnisse schaffen.

In der linken Spalte sehen Sie den Titelabsatz, der nicht am Grundlinienraster ausgerichtet ist. In der mittleren Spalte wird der Titel ins Grundlinienraster gezwungen und überspringt somit eine Zeile des Rasters, was außerordentlich hässliche Platzverhältnisse schafft. In der rechten Spalte wurde lediglich die erste Zeile der Überschrift am Grundlinienraster ausgerichtet. Dadurch wird das Ideal der Registerhaltigkeit weitgehend eingehalten, und trotzdem sind die Zeilenabstände innerhalb des Titel-Absatzes vollständig kontrollierbar.

In Zeitschriften haben Artikel-Vorspänne meist einen größeren Schriftgrad und somit einen größeren Zeilenabstand als der restliche Text. Deshalb können sie nicht am Grundlinienraster ausgerichtet werden. Damit der Text in der danebenliegenden Spalte trotzdem auf derselben Höhe wie der Vorspann beginnt, wird der Vorspann nur an der ersten Zeile ausgerichtet. Am Beispiel oben können Sie beim Vergleich der ersten beiden Spalten noch erkennen, dass die beiden Spalten ansonsten gegeneinander verlaufen würden.

Nur erste Zeile am Raster ausrichten

Diese Funktion wirkt unscheinbar, ist aber tatsächlich eine großartige Sache. XPress-Anwender mussten bis Version 8 auf eine so flexible Handhabung des Grundlinienrasters warten. Exakt diese Funktion gibt es aber nach wie vor nicht.

Selbstverständlich kann diese Option auch auf Grundlinienraster von Textrahmen angewendet werden, ist dann aber nur für mehrspaltige Textrahmen sinnvoll, da in diesem Fall der Bezug zum umgebenden Raster des Dokuments nicht mehr vorhanden ist.

14.5.6 Silbentrennung

Hinter der kleinen Option Silbentrennung verbirgt sich eine enorm leistungsstarke Funktion, die große Auswirkungen auf sämtliche Ausrichtungsarten von Absätzen hat. Sie steht in einer Wechselwirkung mit allen anderen Technologien, die InDesign zum Zeilenausgleich im Flatter- und Blocksatz einsetzt und die Sie in der Folge noch kennenlernen werden.

Die Standardeinstellungen, die wirksam werden, wenn Sie diese Option im Absatz-Bedienfeld bzw. dem Steuerung-Bedienfeld einschalten, sind von Adobe ganz gut gewählt, sollten aber über den Menübefehl Silbentrennung aus den entsprechenden Bedienfeldmenüs an die jeweilige Satzsituation angepasst werden.

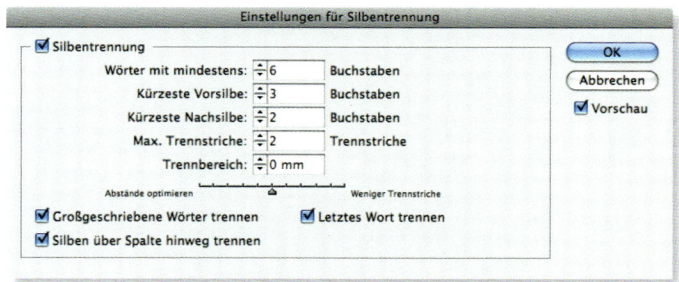

Abbildung 14.37 ▶
Einstellungen für Silben-
Trennung: Diese Einstellungen
eignen sich für Texte mit einer
Spaltenbreite von unter 40 mm und
einem Schriftgrad von unter 9 Pt.

Silbentrennung | Aktiviert die Silbentrennung für den ausgewählten Absatz und deckt sich mit der Option im Steuerung- und Absatz-Bedienfeld.

▶ Wörter mit mindestens: Damit ein Wort zur Trennung in Frage kommt, muss es zumindest so viele Zeichen lang sein, wie Sie sie in diesem Feld eintragen.

▶ Kürzeste Vorsilbe: Die Silbe, die vor der Trennung in der Zeile stehen bleibt, muss zumindest so viele Zeichen lang sein wie hier angegeben.

▶ Kürzeste Nachsilbe: Der Wortteil, der in die nächste Zeile umbricht, muss mindestens so viele Zeichen lang sein wie hier angegeben. In der Regel darf diese letzte Silbe um ein Zeichen kürzer sein als der Wortteil, der in der vorherigen Zeile stehenbleibt.

Da der erste Wortteil mit einem Trennstrich abgeschlossen wird, entsteht am rechten Rand also etwas mehr Weißraum, der durch ein zusätzliches Zeichen kompensiert wird. Vor dem umbrochenen Wortteil gibt es keinen überschüssigen Weißraum, der kompensiert werden müsste.

▶ MAX. TRENNSTRICHE: Da die Trennstriche also sehr wenig Substanz aufweisen und eine Häufung von Trennstrichen am rechten Rand somit ebenfalls viel Weißraum entstehen lassen würde, können Sie die maximale Anzahl von Trennstrichen in Folge beschränken.

▶ TRENNBEREICH: Der Trennbereich wird nur im Flattersatz wirksam und nur bei Verwendung des Adobe Ein-Zeilen-Setzers (siehe nächster Abschnitt). Er stellt eine Zone am rechten Rand (bei linksbündigem Flattersatz) dar, in den ein Wort hineinragen muss, um getrennt zu werden. Ein brauchbarer Wert wäre hier die Breite von maximal zwei Gevierten. Ein Wert von 0 veranlasst InDesign dazu, zu trennen, wo immer es möglich ist. Das entspricht der Standardeinstellung von QuarkXPress.
Je breiter diese Zone ist, umso mehr Weißraum wird am rechten Rand der Spalte entstehen, da Wörter dann ja früher geteilt werden.

▶ ABSTÄNDE OPTIMIEREN – WENIGER TRENNSTRICHE: Mit diesem Regler können Sie festlegen, ob Sie eher gewillt sind, viele Trennzeichen zu akzeptieren, oder ob eher die Abstände zwischen den Wörtern verändert werden sollen. Obwohl eine Änderung der Abstände nur im Blocksatz in Frage kommt, wirkt die Einstellung auch auf Flattersatz und verändert die Anzahl der Trennungen. Um InDesign CS4 so einzustellen wie InDesign 1.5, stellen Sie diesen Regler ganz nach links.

▶ GROSSGESCHRIEBENE WÖRTER TRENNEN: QuarkXPress-Benutzer kennen das Problem, dass in QuarkXPress bis Version 4 diese Option standardmäßig abgeschaltet ist. Adobe hat offensichtlich auf die nationalen Anforderungen Rücksicht genommen und schaltet die Trennung großgeschriebener Wörter grundsätzlich ein. Im deutschsprachigen Satz würden ansonsten die Hauptwörter nicht getrennt, was praktisch nie zu guten Ergebnissen führt.

▶ LETZTES WORT TRENNEN: Wenn das letzte Wort eines Absatzes geteilt wird, kann sich eine kurze Silbe als letztes Textelement in der letzten Zeile ergeben. Gerade dann, wenn der folgende Absatz einen Einzug in der ersten Zeile hat, kann ein hässliches Loch zwischen den Absätzen entstehen.
Mit dieser Option können Sie diese Situation entschärfen, indem Sie sie abschalten. Das letzte Wort wird dann nicht geteilt, sondern in seiner gesamten Länge in die letzte Zeile umbrochen. Dadurch verschieben sich jedoch die Platzverhältnisse in der vorletzten Zeile bzw. im gesamten Absatz.

Maximale Anzahl von Trennstrichen

Ab drei Trennstrichen in Serie entsteht am rechten Bund ein optisches Loch – Sie sollten also die Anzahl der Trennstriche auf maximal drei beschränken.

Trennbereich = Silbentrennzone

Der Trennbereich heißt in QuarkXPress Silbentrennzone und ist dort standardmäßig auf 0 gesetzt.
Der korrekte Wert ist von der Spaltenbreite, der Schriftgröße und der Laufweite der Schrift abhängig. Der Standardwert von 12,7 mm erscheint uns jedoch als Ausgangspunkt in jedem Fall zu hoch.

[Rausatz]

Der Trennbereich dient dazu, einen stark flatternden Satz etwas zu entschärfen, indem starke Unterschiede in der Zeilenlänge durch Worttrennungen ausgeglichen werden. Diese Vorstufe zum Blocksatz wird »Rausatz« genannt.

In diesem Absatz wird das letzte Wort geteilt, wodurch eine einzelne Silbe in die letzten Zeile umbricht.

Hier wird das letzte Wort nicht geteilt, also in seiner gesamten Länge in die nächste Zeile umbrochen.

Dadurch sieht zwar der Einzug besser aus, allerdings leidet durch den Umbruch die vorletzte Zeile.

▲ **Abbildung 14.38**
Im ersten Absatz wird das letzte Wort abgeteilt, wodurch eine Lücke zum nächsten Absatz entsteht. Das letzte Wort des mittleren Absatzes wurde nicht geteilt. Die längere letzte Zeile wirkt für den folgenden Einzug besser, allerdings enthält die vorletzte Zeile nun größere Löcher.

- Silben über Spalte hinweg trennen: Wenn ein Text in die nächste Spalte oder den nächsten Rahmen umbricht, sind Worttrennungen an genau dieser Stelle eher ungünstig. Wenn Sie diese Option ausschalten, wird das betroffene Wort zur Gänze in die nächste Spalte umbrochen, wodurch sich natürlich wiederum die Platzverhältnisse im Absatz ändern.

Die Silbentrennung wird von den Einstellungen, die Sie unter Voreinstellungen • Wörterbuch vorgenommen haben, gesteuert. Wie Sie die automatische Silbentrennung manuell korrigieren können, lesen Sie auf Seite 375 nach.

Die Auswirkungen aller Einstellungen sind so vielfältig, dass sie nicht alle beschrieben werden können. Wenn Sie mit den Einstellungen experimentieren, sollten Sie deshalb in jedem Fall die Option Vorschau aktivieren und genau beobachten, wie sich Ihre Änderungen auswirken.

14.5.7 Absatz- und Ein-Zeilen-Setzer

Im Blocksatz besteht die Kunst darin, die Zeilen eines Absatzes so an beiden Rändern auszurichten, dass innerhalb der Zeile keine allzu großen (idealerweise gar keine) Abstände mit einer Breite über dem normalen Wortabstand entstehen. Im Bleisatz war das eine Hauptbeschäftigung der Setzer und eine sehr langwierige Aufgabe, die große Genauigkeit erforderte.

Als Maß für einen gut ausgeglichenen Absatz dient die gute Grauwertverteilung. Wenn ein Absatz aus einem bestimmten Abstand betrachtet wird, sollte das Textmuster möglichst gleichmäßig erscheinen.

[Austreiben]
Der Fachbegriff für das Ausgleichen einer Zeile ist »Austreiben«.

Satzprogramme erleichtern uns diese Aufgabe ganz enorm, dennoch gibt es verschiedene Methoden, die unterschiedlich gute Ergebnisse liefern. Die klassische Methode, wie sie von Handsetzern angewendet wurde und wie sie z. B. auch QuarkXPress verwendet, ist die Einzelbetrachtung jeder Zeile. Jede Zeile wird unter Berücksichtigung verschiedener Optimierungsparameter, wie Anzahl der Trennungen in Folge oder Weißräume, die hinzugefügt oder entfernt werden können, ausgeglichen. Die Grauwertverteilung des Absatzes ergibt sich als Summe der einzelnen Zeilen. Eine Änderung in einer Zeile kann natürlich Auswirkungen auf die folgenden Zeilen haben und sogar dazu führen, dass sämtliche Zeilen neu bearbeitet werden müssen. Am Prinzip, jede Zeile getrennt zu bearbeiten, ändert sich dadurch allerdings nichts.

Diese Arbeitsmethode kennt InDesign natürlich auch, und dieser Modus wird **Adobe Ein-Zeilen-Setzer** genannt. Darüber hinaus beherrscht InDesign aber auch eine Methode, die den gesamten Absatz beim Ausgleichen aller Zeilen berücksichtigt und das technische Kriterium »Grauwert« direkt als Optimierungsziel anwendet – diese Methode nennt sich **Adobe-Absatzsetzer**.

Welchen Setzer Sie verwenden wollen, wählen Sie im Bedienfeldmenü des Absatz-Bedienfelds bzw. des Steuerung-Bedienfelds unter den entsprechenden Namen. Im Normalfall liefert der Absatzsetzer ganz ausgezeichnete Ergebnisse. Für Umsteiger von XPress ist sein Verhalten allerdings etwas gewöhnungsbedürftig. Kleine Änderungen in einer Zeile führen u. U. zu einem drastischen Umbruch des ganzen Absatzes. Typografie-Experten können zur gezielten Kontrolle des Zeilenausgleichs auf den Ein-Zeilen-Setzer zurückgreifen und ihn mit den üblichen Blocksatzregeln parametrieren.

Um eine Zeile im Blocksatz gut auszurichten, gibt es grundsätzlich drei Möglichkeiten:

▶ **Silbentrennung**: Wenn ein Wort nicht mehr in die Zeile passt, soll es nach Möglichkeit so getrennt werden, dass ein Wortteil mit einer Länge zur Verfügung steht, die die Zeile möglichst optimal auffüllt.

▶ **Änderung der Wortabstände**: Muss nach der Silbentrennung die Zeile noch immer aufgefüllt werden (der Regelfall), kommt nur noch die Veränderung der Wortabstände in Frage, die entweder so weit vergrößert werden, bis die Zeile gefüllt ist, oder auch verringert werden, bis ein größerer Teil des getrennten Wortes oder das ganze Wort in die Zeile passt. Nach einer geänderten Silbentrennung müssen natürlich wiederum die Wortabstände neu betrachtet und gegebenenfalls korrigiert werden.

▶ **Änderung der Zeichenabstände**: Zu guter Letzt können noch die Abstände zwischen den Zeichen verändert – verringert oder vergrößert – werden. Solche Änderungen beeinflussen allerdings auch sehr schnell den Charakter der Schrift, weshalb sie nur sehr fein dosiert werden sollten.

Wie Sie sehen, ist das Austreiben einer einzelnen Zeile Schwerstarbeit. Wenn wir uns diese Arbeit von einem geeigneten Werkzeug abnehmen lassen, ist allerdings klar, dass dieses Werkzeug eben auch nur Standardergebnisse liefern kann. Deshalb wird im digitalen Satz meist ein Satz an Regeln vorgegeben, der einen Rahmen definiert, in dem sich die Programme bewegen müssen, um ein möglichst ideales Ergebnis zu erreichen. Diese Spielräume müssen der jeweiligen Situation angepasst sein und die Spaltenbreite, die Schriftgröße und die Laufweite der Schrift berücksichtigen.

**TOP-TIPP
Probleme mit dem Adobe-Absatzsetzer**

Der Adobe-Absatzsetzer liefert grundsätzlich sehr gute Ergebnisse, er optimiert jedoch rein technisch. Wenn Sie manuelle Umbrüche anbringen müssen oder der Workflow in der Zeitschriftenproduktion eine nachfolgende Textkorrektur durch Korrektoren und Chefredakteure vorsieht, funktioniert das oft nicht, weil sich dieser Umbruch auf den gesamten Absatz auswirken würde. Wenn Sie Ihren Text also sehr fein manuell umbrechen möchten, verwenden Sie am besten den Adobe Ein-Zeilen-Setzer. Das gilt ganz besonders für QuarkXPress-Benutzer, die viel Erfahrung im manuellen Umbruch gesammelt haben – lassen Sie sich nicht vom Absatzsetzer ins Handwerk pfuschen!

Die Grauwertoptimierung des Absatzsetzers funktioniert auch dann nicht richtig, wenn Schriften im Text gemischt sind oder z. B. Bilder in den Text eingebettet sind.

[Keil]
Schriftsetzer nennen den Wortabstand auch »Keil«.

Die Vorgaben zur Silbentrennung, die Teil dieser Regeln sind, haben Sie bereits kennengelernt. Die Definition der Spielräume für Abstandsänderungen finden Sie im Bedienfeldmenü des Absatz-Bedienfelds bzw. des Steuerung-Bedienfelds unter ABSTÄNDE.

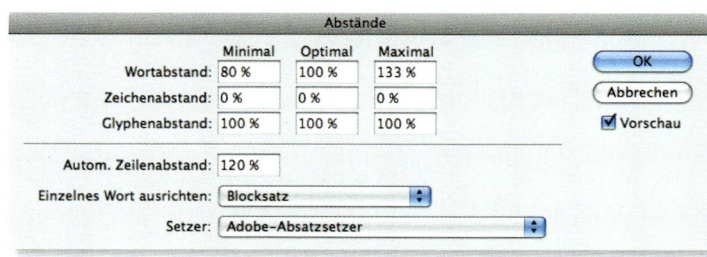

Abbildung 14.39 ▶
Abstände definieren

WORTABSTAND und ZEICHENABSTAND bilden die beiden Strategien zum Austreiben einer Zeile, wie oben beschrieben, ab. Beim Wortabstand können drei Werte eingegeben werden, die sich jeweils als prozentuale Werte des »normalen Wortabstands« verstehen. Adobe bietet somit eine Bezugsgröße an, die die meisten Benutzer erwarten. Viele altgediente XPress-Benutzer gehen fälschlicherweise davon aus, dass sich XPress bei den vergleichbaren Einstellungen am Wortzwischenraum orientiert – tatsächlich ist es aber ein Halbgeviert. Der Wert für OPTIMAL legt fest, wie der unveränderte Wortabstand aussehen soll; MINIMAL definiert, wie weit der Wortzwischenraum verringert werden darf – ein Wert von 75 % bedeutet also, dass der Zwischenraum um 25 % reduziert werden kann. MAXIMAL bestimmt, um wie viel der Wortzwischenraum verbreitert werden darf: Ein Wert von 135 % lässt somit einen zusätzlichen Raum von 35 % des Wortabstandes zu.

Nach dem gleichen Prinzip können die Zeichenabstände verändert werden, wobei als Bezugsgröße die gesamte verfügbare Information aus Kerning und Laufweite berücksichtigt wird.

Minimale und maximale Werte werden nur bei Blocksatz berücksichtigt, der optimale Wert auch bei Flattersatz.

Die dritte Zeile, GLYPHENABSTAND, bietet ein zusätzliches Verfahren an, das im Bleisatz nicht möglich war und bei dem vermutlich auch sehr robuste Schriftsetzer in tiefe Ohnmacht fallen, wenn sie nur daran denken. Bis InDesign CS2 wurde diese Funktion noch »Glyphe-Skalierung« genannt, was wesentlich besser beschreibt, was sie tatsächlich tut. Offensichtlich wurden aber sehr viele Schriftspezialisten tatsächlich allein von diesem Namen schon so abgeschreckt, dass sie diese Funktion wohl niemals angewendet haben.

InDesign bietet hier nämlich an, die Schriftzeichen zu skalieren, um einen besseren Blocksatz zu ermöglichen. Unsere Meinung

Maximaler Wortabstand

Die Einstellung für den maximalen Wortabstand wird als letztes Kriterium berücksichtigt und kann oft nicht eingehalten werden. Überschüssiger Weißraum muss ja schließlich irgendwo untergebracht werden, und so muss InDesign diesen Wert oft ignorieren, um eine Zeile tatsächlich austreiben zu können.

S&B = Abstände ...

Die unter QuarkXPress nicht zu Unrecht gefürchteten S&B-Einstellungen (Silbentrennung & Blocksatz) sind in InDesign auf mehrere Funktionen aufgeteilt. SILBENTRENNUNG haben Sie bereits kennengelernt. Die Blocksatzregeln verbergen sich hinter ABSTÄNDE im Bedienfeldmenü und sind aufgrund der beiden unterschiedlichen Satzmethoden etwas verfeinert und deshalb umso mehr mit etwas Respekt zu betrachten.

zum Verzerren von Schrift haben wir bereits dargelegt, und Adobe selbst empfiehlt GLYPHENABSTAND nur für den Ein-Zeilen-Setzer, da er in Verbindung mit dem Absatzsetzer ungewöhnliche Ergebnisse liefert. Tatsächlich wendet InDesign auch bei sehr großzügigen Werten den GLYPHENABSTAND nur sehr dezent an:

Einfluss der Stereotypie auf die Schriftform:	Einfluss der Stereotypie auf die Schriftform:
Das Problem liegt in der Erstellung der Matrize. Da die Matrize unter sehr hohem Druck erstellt wird, können feine Serifen oder dünne Haarstriche verbogen werden oder gar abbrechen. Für dieses Druckverfahren sind also Schrifttypen notwendig, die einen soliden und möglichst gleichmäßigen Duktus und ausgeprägte und stabile Serifen aufweisen.	Das Problem liegt in der Erstellung der Matrize. Da die Matrize unter sehr hohem Druck erstellt wird, können feine Serifen oder dünne Haarstriche verbogen werden oder gar abbrechen. Für dieses Druckverfahren sind also Schrifttypen notwendig, die einen soliden und möglichst gleichmäßigen Duktus und ausgeprägte und stabile Serifen aufweisen.

◀ **Abbildung 14.40**
Auch bei extremen Werten (rechte Spalte) wirkt das Ergebnis von GLYPHENABSTAND nicht verzerrt.

Die rechte Spalte wurde mit dem Ein-Zeilen-Setzer und einem GLYPHENABSTAND von 60 %, 100 %, 160 % gesetzt – das Ergebnis ist besser, als es zu erwarten wäre. Dennoch ist das Verzerren von Schrift eine heikle Angelegenheit. Unter AUTOM. ZEILENABSTAND können Sie den Zeilenabstand absatzbezogen festlegen – sofern Sie nicht ohnehin ein Grundlinienraster verwenden.

Wenn im Blocksatz ein einzelnes Wort im Absatz auf einer eigenen Zeile steht – das kann nur bei im Verhältnis zur Schriftgröße sehr schmalen Spalten passieren –, stellt sich die Frage, wie mit diesem Wort zu verfahren ist. Unter EINZELNES WORT AUSRICHTEN können Sie unter vier Möglichkeiten wählen: BLOCKSATZ treibt das Wort über die Spaltenbreite aus und sperrt es somit; LINKSBÜNDIG AUSRICHTEN, ZENTRIERT und RECHTSBÜNDIG AUSRICHTEN verändern das Wort nicht und richten es nur entsprechend aus, was natürlich zu Weißräumen am Beginn oder Ende der Zeile führt.

Zu guter Letzt können Sie noch den SETZER für den Absatz wählen – dies entspricht den Einstellungen des Bedienfeldmenüs.

14.5.8 Flattersatzausgleich

Wie Sie gesehen haben, hat der Blocksatz seine Tücken. Aber auch wenn Sie eine Publikation im Flattersatz erstellen, sollten Sie sich einige Gedanken über den Zeilenumbruch machen. Extrem flatternde Zeilen behindern den Lesefluss und sollten deshalb vermieden werden. Aber natürlich bietet InDesign auch diesbezüglich Unterstützung: Die Option FLATTERSATZAUSGLEICH im Bedienfeldmenü sorgt dafür, dass Zeilen in linksbündigen, zent-

Nur Mut!

GLYPHENABSTAND ist für alte Hasen sicher eine recht ungewöhnliche Methode, aber versuchen Sie einmal folgende Einstellungen:

95 %	100 %	135 %
0 %	0 %	0 %
98 %	100 %	100 %

Mit freiem Auge ist die sehr geringe Skalierung nicht festzustellen, schafft aber trotzdem sehr günstige Platzverhältnisse.

Verwechslungsgefahr!

Verwechseln Sie den FLATTERSATZAUSGLEICH nicht mit dem TRENNBEREICH! Der Trennbereich legt fest, **wann** ein Wort getrennt werden soll, der Flattersatzausgleich stellt gleiche Zeilenlängen her, greift dabei aber auf die Einstellungen der Silbentrennung inklusive des Trennbereichs zurück.

Der Einfluss der Stereotypie auf
die Schriftform

Der Einfluss der Stereotypie auf die Schriftform

Der Einfluss der Stereotypie
auf die Schriftform

Der Einfluss der Stereo-
typie auf die Schriftform

▲ **Abbildung 14.41**
Auswirkungen des Flattersatzausgleichs. Der rechte Spaltenrand ist
zur Orientierung eingezeichnet.

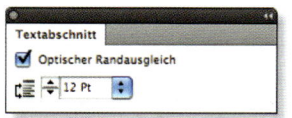

▲ **Abbildung 14.42**
Textabschnitt-Bedienfeld

rierten oder rechtsbündigen Absätzen in ihrer Länge aneinander
angepasst werden. Das funktioniert allerdings nur mit dem
Absatzsetzer; der Ein-Zeilen-Setzer ignoriert diese Einstellung.

Adobe empfiehlt die Verwendung des Flattersatzausgleichs bei
mehrzeiligen Zwischentiteln und für zentriert gesetzten Text. Wir
können uns diesen Empfehlungen nur beschränkt anschließen. In
Abbildung 14.41 sehen Sie die Auswirkungen bei bestimmten –
zugegebenermaßen ungünstigen – Satzsituationen.

Die erste Headline wurde ohne, die zweite mit Flattersatz
gesetzt. Das Ziel, gleich lange Zeilen zu erzeugen, führt zu einer
ungünstigen Silbentrennung, die Sie manuell korrigieren müssen.
Bei einer noch schmaleren Spalte funktioniert zwar die Teilung in
der vierten Headline, allerdings sollten Sie Worttrennungen in
Titeln aber vermeiden, was genau zum Ergebnis in der dritten
Headline führen würde, die sich ohne Flattersatzausgleich selbst
einstellt.

Verwenden Sie den Flattersatzausgleich nicht, um Headlines
auszugleichen. Kritsche Satzsituationen sollten Sie besser manuell
mit harten Zeilenumbrüchen erledigen.

14.5.9   Optischer Randausgleich

Typografie ist der ständige Kampf mit dem Weißraum. In allen
gängigen Satzprogrammen – und ganz besonders bei InDesign –
wird von den Softwareherstellern enormer Aufwand betrieben,
um die Platzverhältnisse genau zu kontrollieren und exakte Bünde
einhalten zu können.

Dieser technische Ansatz war von jeher der Hauptkritikpunkt
am Desktop-Publishing. Die exakte technische Ausrichtung eines
Textes an einem Bund berücksichtigt nicht die ästhetischen Erfor-
dernisse mancher Zeichen. So sollte z. B. ein A oder ein W etwas
über den Bund hinausgezogen werden, damit die weißen Keile,
mit denen diese Zeichen umgeben sind, nicht zu sehr stören.
Adobe hat diese Kritik zwar gehört und in InDesign die Möglichkeit eingebaut, Text mit einem optischen Randausgleich zu versehen.

Die Umsetzung erfolgte allerdings ziemlich halbherzig. Diesen
Randausgleich können Sie nämlich nicht gezielt auf einzelne
Absätze anwenden – er gilt immer für einen ganzen Textabschnitt.
InDesign versteht darunter einen oder mehrere verkettete Text-
rahmen.

Um den optischen Randausgleich für einen Textabschnitt festzulegen, öffnen Sie das Textabschnitt-Bedienfeld 🖼, indem Sie
den Menübefehl SCHRIFT • TEXTABSCHNITT oder FENSTER • SCHRIFT
UND TABELLEN • TEXTABSCHNITT aufrufen. Wählen Sie einen Text-

rahmen oder setzen Sie den Textcursor in den Textfluss, und aktivieren Sie die Option Optischer Randausgleich im Textabschnitt-Bedienfeld. Da die Einstellung auf die ganze Textkette wirkt und in einem umfangreichen Text natürlich auch unterschiedliche Schriftgrößen vorkommen können, müssen Sie festlegen, an welcher Schriftgröße sich der optische Randausgleich orientieren soll. Stellen Sie jene Schriftgröße ein, die in Ihrem Text am häufigsten vorkommt. Sie können jedoch für einzelne Absätze den optischen Randausgleich deaktivieren, indem Sie den Textcursor in den betreffenden Absatz stellen und Optischen Rand ignorieren aus dem Bedienfeldmenü des Steuerung- oder Absatz-Bedienfelds wählen.

Wie sich der optische Randausgleich bemerkbar macht, sehen Sie in Abbildung 14.43. Der obere Ausschnitt eines Absatzes ist technisch am linken Rand ausgerichtet. Alle Zeichen orientieren sich an einem gemeinsamen Bund. Der untere Absatz verwendet den optischen Randausgleich, und somit werden das hängende Initial W und die Halbgeviertstriche als Aufzählungszeichen recht deutlich über den Bund hinausgezogen.

14.5.10 Absatzumbrüche, Schusterjungen und Hurenkinder

Im Satz umfangreicher Texte wie diesem Buch oder Zeitschriften dürfen einige Dinge nicht passieren, die allesamt wiederum mit der Platzverteilung auf einer Seite zu tun haben. Es gibt eine Fülle von Regeln, die unter einen Hut gebracht werden müssen, was aber oft schlicht und einfach nicht gelingt. Die wichtigsten Regeln wären:

1. Wenn ein Text in die nächste Spalte oder Seite umbricht, sollen im Absatz, der dadurch getrennt wird, zumindest zwei Zeilen vor dem Umbruch stehen bleiben. Eine Verletzung dieser Regel – es bleibt nur die erste Zeile des Absatzes stehen – führt zu einem sogenannten »Schusterjungen«.

2. Andererseits muss der Anteil des Absatzes, der in die nächste Spalte oder Seite umbricht, aus mindestens zwei Zeilen bestehen. Eine Verletzung dieser Regel nennt man »Hurenkind«.

3. Ein Zwischentitel darf nicht als letzter Absatz in einer Spalte/Seite stehen, und er darf nicht umbrochen werden, auch wenn er über mehrere Zeilen läuft. Einem Zwischentitel müssen zumindest zwei Zeilen folgen.

4. Alle Texte auf einer Doppelseite – auch in Spalten – müssen auf derselben Höhe enden, sofern dort nicht ein anderes Element, wie z. B. ein Bild, den Text verdrängt.

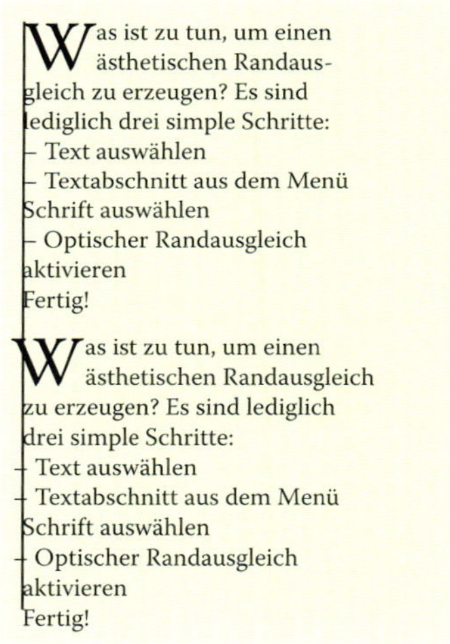

Was ist zu tun, um einen ästhetischen Randausgleich zu erzeugen? Es sind lediglich drei simple Schritte:
– Text auswählen
– Textabschnitt aus dem Menü Schrift auswählen
– Optischer Randausgleich aktivieren
Fertig!

Was ist zu tun, um einen ästhetischen Randausgleich zu erzeugen? Es sind lediglich drei simple Schritte:
– Text auswählen
– Textabschnitt aus dem Menü Schrift auswählen
– Optischer Randausgleich aktivieren
Fertig!

▲ **Abbildung 14.43**
Technischer Randausgleich (ober.) im Vergleich zum optischen Randausgleich (unten)

Gerade die vierte Regel verkompliziert die Aufgabe erheblich. Alle anderen Regeln sind vergleichsweise einfach zu befolgen, wenn keine einheitliche Kolumnenhöhe eingehalten werden muss.

Wenn die erste Zeile eines Absatzes als letzte Zeile in einer Textspalte steht, nennen Setzer das einen »Schusterjungen«.

In diesem Absatz ist das auch schon passiert. Andererseits soll eine Textspalte auch nicht mit einer Zeile beginnen, die noch zum vorhergehenden Absatz gehört. So eine Zeile nennen die Setzer ein »Hurenkind«.

Das sehen Sie oben. Hurenkinder und Schusterjungen stören den Grauwert einer Textspalte und sollten vermieden werden.

▲ **Abbildung 14.44**
In der ersten Spalte sehen Sie einen klassischen Schusterjungen, in der dritten Spalte ein Hurenkind.

Sie können diese Umbruchregeln steuern, indem Sie im Bedienfeldmenü des Absatz-Bedienfelds oder des Steuerung-Bedienfelds den Menüpunkt UMBRUCHOPTIONEN aufrufen.

Abbildung 14.45 ▶
UMBRUCHOPTIONEN

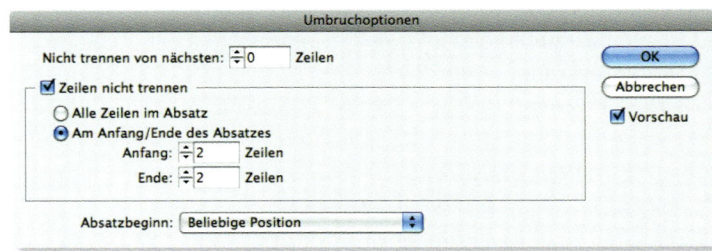

▶ NICHT TRENNEN VON NÄCHSTEN [X] ZEILEN: Mit dieser Einstellung können Sie zwei Absätze beschränkt zusammenhalten (so heißt diese Funktion auch in QuarkXPress: MIT NÄCHSTEM ¶ ZUSAMMENHALTEN). Die Anzahl der Zeilen, die Sie hier eintragen, bezieht sich also auf den Absatz, der dem Absatz folgt, für den Sie diese Einstellung vornehmen. Muss dieser Folgeabsatz umbrochen werden, geschieht das nur, wenn zumindest so viele Zeilen, wie Sie hier angegeben haben, unter dem vorhergehenden Absatz stehen bleiben können. Ansonsten würde dieser Absatz ebenfalls in die nächste Spalte übernommen. Sie können maximal fünf Zeilen angeben. Diese Funktion ist ideal für Zwischentitel, denen zumindest drei Zeilen folgen sollen.

▶ ZEILEN NICHT TRENNEN: Hier aktivieren Sie die Regelung für Schusterjungen und Hurenkinder, die sie dann noch näher definieren müssen.

▶ ALLE ZEILEN IM ABSATZ: Dies ist die generelle Vermeidung von Absatzumbrüchen und somit auch von Schusterjungen und Hurenkindern. Die Zeilen eines so eingestellten Absatzes werden nie getrennt, und es wird immer der gesamte Absatz in die nächste Spalte umbrochen. Das ist z. B. bei mehrzeiligen Zwischentiteln notwendig – Zwischentitel sollten zwar nicht über mehrere Zeilen laufen, aber auch lediglich zwei Zeilen dürfen keinesfalls getrennt werden. Diese

Spalten- und Seitenumbruch

Technisch gesehen besteht hier kein Unterschied. Ein Absatzumbruch auf die nächste Seite erfolgt genau genommen ja ebenfalls in eine Spalte. Wir verwenden die beiden Begriffe gleichwertig.

Strategie führt dann allerdings zu einem »tanzenden Kolumnenfuß«, weil nur selten alle Spalten mit derselben Linie abschließen.

▶ AM ANFANG/ENDE DES ABSATZES: Die Einstellung für ANFANG regelt die Behandlung von Schusterjungen. Bei einer Einstellung von »2« wird der gesamte Absatz in die nächste Spalte umbrochen, wenn nur die erste Zeile in der vorherigen Spalte stehen bliebe. Das führt natürlich zu einer Leerzeile am Ende der vorherigen Spalte. Je größer Sie diese Einstellung wählen, umso größer wird auch die Lücke. ENDE legt fest, wie viele Zeilen mindestens in die nächste Spalte umbrochen werden müssen. Bei einer Einstellung von »2« wird also mindestens eine zweite Zeile »mitgenommen« – auch dadurch entsteht natürlich eine Lücke, die umso größer werden kann, je höher der Wert eingestellt ist.

▶ ABSATZBEGINN: Wenn ein Absatz umbrochen werden muss, wird er im Regelfall an der nächsten freien Position der Textkette positioniert. Sie können allerdings auch andere Ziele festlegen. Diese Ziele haben wir in Abschnitt 14.4.4, »Umbrüche«, bereits als manuelle Umbrüche vorgestellt.

Die verschiedenen Einstellungen sind in sich immer logisch, können aber oft in der Realität nicht angewendet werden. Wenn ein Absatz nur drei Zeilen lang ist und sowohl Schusterjungen als auch Hurenkinder vermieden werden sollen, landet InDesign in einem Dilemma, aus dem es sich auch nicht selbstständig befreien kann. Muss ein dreizeiliger Absatz umbrochen werden, können schlicht nicht alle Regeln eingehalten werden. In solchen Fällen müssen Sie manuell eingreifen. Um diese Problemstellen aufzuspüren, können Sie Verstöße gegen die Umbruchregeln sichtbar machen, indem Sie unter VOREINSTELLUNGEN • SATZ die Option ABSATZUMBRUCHVERLETZUNGEN aktivieren. InDesign hinterlegt die betroffenen Umbrüche nun in verschiedenen Gelbtönen, je nach Schwere der Verletzung.

14.5.11 Absatzlinien

In Abschnitt 14.5.3, »Abstände und Einzüge«, haben wir Ihnen gezeigt, wie Absätze mit Weißraum voneinander getrennt werden. In vielen Publikationen ist Platz aber derartige Mangelware, dass eine weitere Methode der Absatztrennung zum Einsatz kommt. In Versandhauskatalogen kommt zumeist dem Produkt selbst in Form einer Abbildung der meiste Platz zu. Die Beschreibung des Artikels muss demnach eher platzsparend ausfallen, was zumeist relativ kleine Schriftgrade zur Folge hat. Zusätzlich wäre

---

Schusterjunge und Hurenkind

Die beiden Begriffe sind alte Setzersprache. Da man die in ihnen steckende Diffamierung heutzutage vermeiden möchte, bürgern sich langsam die englischen Fachbegriffe »orphan« und »widow« ein – ob das wirklich vernünftiger klingt, überlassen wir Ihrem Urteil. Wir versuchen, die Setzersprache nicht zu verändern. Ansonsten müssten wir hier – als Österreicher – auch »Schusterbub« sagen.

Österreichische Setzer verwenden hier tatsächlich ein paar Fachbegriffe, die noch etwas würziger sind – wir werden sie Ihnen deshalb verschweigen.

✓ Beliebige Position
  In nächster Spalte
  In nächstem Rahmen
  Auf nächster Seite
  Auf nächster ungerader Seite
  Auf nächster gerader Seite

▲ **Abbildung 14.46**
Die sechs Möglichkeiten für das Ziel eines Textumbruchs aus dem Menü ABSATZBEGINN der UMBRUCHOPTIONEN

jede Leerzeile und sogar ein Einzug verschenkter Platz für die Produktpräsentation. Hier wird zumeist mit Linien zwischen Absätzen gearbeitet. Aber auch in Tageszeitungen sind Linien als Trennung zwischen Kurzmeldungen zu finden.

3 **Pullover** in modisch-körpernaher Form mit rundem Ausschnitt. Grau-meliert. Material: 50% Polyacryl, 25 % Mohair, 25% Polyester.

15-711-1	Größe 38, 40, 42	298,–
15-711-2	Größe 44, 46	319,–

4 **Pullover** mit V-Ausschnitt mit Streifen im Maschinenstrick. Länge 52 cm. Rot. Material: 100% Polyacryl.

21-654-1	Größe 32, 34, 36	199,–
21-654-2	Größe 38, 40	219,–
21-654-3	Größe 42, 44	239,–

▲ **Abbildung 14.47**
Ein Beispiel für Absatzlinien

In unserem Beispiel in Abbildung 14.47 sehen Sie eine typische Artikelbeschreibung, wie sie in Warenkatalogen verwendet wird. Die einzelnen Artikel sind mit einer Suchziffer gekennzeichnet, um ein Artikelbild dem Text zuordnen zu können. Nach einer kurzen Beschreibung folgt eine kleine Tabelle mit Bestellnummer, Größenangaben und Preis in jeder Zeile. Die letzte Zeile ist mit einer Linie abgeschlossen, damit die nächste Artikelbeschreibung leichter von der vorherigen unterschieden werden kann. Derartige Linien könnte man natürlich als grafisches Objekt unter der letzten Zeile einziehen, allerdings hätten Sie das Problem, dass Sie bei jeder Positionsänderung auch die Position der Linie korrigieren müssten. Solche Positionsänderungen ergeben sich aber ständig durch Änderungen – und somit Neuumbruch – der Artikelbeschreibung.

Deshalb haben Sie die Möglichkeit, Absätze mit Linien vorher oder nachher zu versehen. Die nötigen Einstellungen können Sie über den Aufruf von ABSATZLINIEN im Bedienfeldmenü des Absatz-Bedienfelds vornehmen.

Abbildung 14.48 ▶
ABSATZLINIEN: Beachten Sie, dass in diesem Dialog eigentlich zwei Dialoge versteckt sind. Sie müssen zunächst im Menü oben links auswählen, ob Sie die LINIE DARUNTER oder die LINIE DARÜBER bearbeiten wollen.

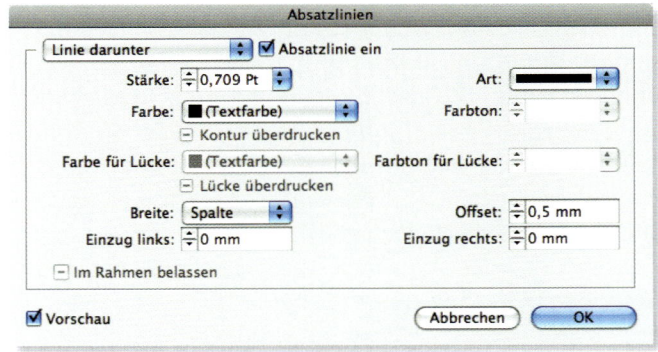

Die Einstellungsmöglichkeiten sind den Optionen für Unterstreichung und Durchstreichung sehr ähnlich, und auch die standardmäßig verfügbaren Linien sind die gleichen.

- LINIE DARUNTER/LINIE DARÜBER: Wählen Sie, ob Sie eine Linie unter oder über dem Absatz erstellen wollen.
- ABSATZLINIE EIN: Um die Linie sichtbar zu machen, aktivieren Sie diese Option. Wenn Sie sowohl vor als auch nach dem Absatz eine Linie haben möchten, müssen Sie beide Linien getrennt aktivieren.

- ▶ STÄRKE, ART, FARBE, FARBTON, KONTUR ÜBERDRUCKEN, FARBE FÜR LÜCKE, FARBTON FÜR LÜCKE und LÜCKE ÜBERDRUCKEN: Diese Einstellungen sind identisch mit den Einstellungen der Unterstreichungs- und Durchstreichungsoptionen auf Seite 367.
- ▶ BREITE: Wählen Sie SPALTE, wenn die Linie über die gesamte Spaltenbreite reichen soll. Wenn die Linie so lang sein soll wie die zugehörige Textzeile, wählen Sie die Option TEXT.
- ▶ OFFSET: Ein OFFSET von 0 bedeutet, dass die Linie auf der Grundlinie der Zeile stehen wird. Ein positiver Wert bei LINIE DARUNTER verschiebt die Linie unter und ein negativer Wert über die Grundlinie. Bei LINIE DARÜBER ist es genau umgekehrt.
- ▶ EINZUG LINKS und EINZUG RECHTS: Neben den beiden Einstellungen für BREITE können Sie hier zusätzlich Einzüge auf beiden Seiten der Linie definieren und die Länge der Linie bzw. ihre Reichweite weiter einschränken.
- ▶ IM RAHMEN BELASSEN: Diese Option ist nur für eine LINIE DARÜBER aktivierbar und wird lediglich aktiv, wenn der betroffene Absatz als erster in einem Rahmen bzw. einer Spalte liegt. Wird die Option aktiviert und treffen diese Bedingungen zu, kann die Linie mit dem OFFSET nur bis zur Oberkante des Rahmens verschoben werden. Übersteigt der OFFSET diese Distanz, wird der Absatz nach unten geschoben. Diese Option ist in InDesign CS3 eingeführt worden und verursacht gelegentlich Probleme mit der Vorschau.

Negative Einzüge

Die Einträge für Einzug links und Einzug rechts können auch negativ sein. Dann reichen die Linien über die Spaltenränder hinaus. Das wird gebraucht, wenn ein Textrahmen mit einem sichtbaren Rand über Versatzabstände verfügt, die Linien aber bis zum Rand reichen sollen. Bei einem linken Versatzabstand von 2 mm stellen Sie den Einzug links auf −2 mm.

Beispiel 1 | Mit Absatzlinien können Sie interessante Zwischentitel gestalten. In den folgenden Beispielen verwenden wir eine Spaltenbreite von 42 mm. Die Schrift der Zwischentitel – und nur die interessieren uns hier – ist die Helvetica Bold Condensed mit einem Schriftgrad von 10 Pt. Auf die Kontrolle der Abstände vor/nach den Zwischentiteln werden wir nicht näher eingehen.

Einstellungen für die Abbildung 14.49 – »Kontakte«

Linie darüber:	Stärke:	12 Pt
	Farbe:	[SCHWARZ]
	Farbton:	70 %
	Breite:	SPALTE
	Offset:	−0,8 mm
	Einzug links:	0 mm
	Einzug rechts:	0 mm

Bei einem Schriftgrad von 12 Pt ragt die Linie 2 Pt über den Text hinaus und wird deshalb um 0,8 mm unter die Grundlinie gezo-

Mercedes 230 SEL, Bj. 1988, Privatverkauf, 128.000 km, Garagenzustand, VB: 3.400,– €, Tel.: 04852/65556 (ab 18.00 Uhr)

Opel Astra 1,9 TD, Bj.1998, Autohaus Mazda-Eder, 177.000 km, gutem Zustand, VB: 9.000,– €, Tel.: 04877/2323

Kontakte

Landwirt, 39 sucht nette, arbeitsame Frau für Bewirtschaftung eines Bergbauernhofes in Südbayern, Heirat nicht ausgeschlossen; Zuschriften unter C-23456-1 an die Red.

Hausfrau, 55 gut erhalten und noch willig sucht (München) Hausmann zur gemeinsamen Betreuung der schuldenfreien Küche, neben Arbeit auch noch Liebe erbeten; Zuschriften unter C-23456-2 an die Redaktion

▲ **Abbildung 14.49**
Ein inverser Zwischentitel auf einem grauen Feld

gen. Die Schriftfarbe muss natürlich auf [Papier] gesetzt werden. Eine Linie darunter gibt es hier nicht.

Beispiel 2 | In unserem zweiten Beispiel entwickeln wir diese Version weiter – die Einstellungen für Linie darüber sind deshalb identisch zu den Einstellungen des ersten Beispiels. Die Linie darunter ist um 2 Pt schmaler und wird mit einem Offset von –3,1 mm genau über die obere Linie gelegt – dadurch entstehen die »Rahmenlinien« oben und unten. Damit auch am linken und rechten Rand eine Linie entsteht, wird die Linie auf beiden Seiten um 0,35 mm eingezogen. An diesem Beispiel ist gut zu sehen, dass die »Linie darunter« über der »Linie darüber« liegt (wie in einer Ebene). Der Rahmen besteht also nicht aus echten Linien, sondern aus der Überlappung der Flächen, die von den Absatzlinien gebildet werden.

Mercedes 230 SEL, Bj. 1988, Privatverkauf, 128.000 km, Garagenzustand, VB: 3.400,– €, Tel.: 04852/65556 (ab 18.00 Uhr)

Opel Astra 1,9 TD, Bj.1998, Autohaus Mazda-Eder, 177.000 km, gutem Zustand, VB: 9.000,– €, Tel.: 04877/2323

Kontakte

Landwirt, 39 sucht nette, arbeitsame Frau für Bewirtschaftung eines Bergbauernhofes in Südbayern, Heirat nicht ausgeschlossen; Zuschriften unter C-23456-1 an die Red.

Hausfrau, 55 gut erhalten und noch willig sucht (München) Hausmann zur gemeinsamen Betreuung der schuldenfreien Küche, neben Arbeit auch noch Liebe erbeten; Zuschriften unter C-23456-2 an die Redaktion

▲ **Abbildung 14.50**
Ein Zwischentitel auf einem grauen Feld

Einstellungen für die Abbildung 14.50 – »Kontakte«:

Linie darüber:	Stärke:	12 Pt
	Farbe:	[Schwarz]
	Farbton:	100 %
	Breite:	Spalte
	Offset:	–0,8 mm
	Einzug links:	0 mm
	Einzug rechts:	0 mm
Linie darunter:	Stärke:	10 Pt
	Farbe:	[Schwarz]
	Farbton:	20 %
	Breite:	Spalte
	Offset:	–3,1 mm
	Einzug links:	0,35 mm
	Einzug rechts:	0,35 mm

Mercedes 230 SEL, Bj. 1988, Privatverkauf, 128.000 km, Garagenzustand, VB: 3.400,– €, Tel.: 04852/65556 (ab 18.00 Uhr)

Opel Astra 1,9 TD, Bj.1998, Autohaus Mazda-Eder, 177.000 km, gutem Zustand, VB: 9.000,– €, Tel.: 04877/2323

3.2 Heiratssachen

Landwirt, 39 sucht nette, arbeitsame Frau für Bewirtschaftung eines Bergbauernhofes in Südbayern, Heirat nicht ausgeschlossen; Zuschriften unter C-23456-1 an die Red.

Hausfrau, 55 gut erhalten und noch willig sucht (München) Hausmann zur gemeinsamen Betreuung der schuldenfreien Küche, neben Arbeit auch noch Liebe erbeten; Zuschriften unter C-23456-2 an die Redaktion

▲ **Abbildung 14.51**
Die beiden Absatzlinien wurden mit einem Einzug zusammengestutzt und mit Offsets nebeneinandergestellt.

Beispiel 3 | Das dritte Beispiel ist eine Mischform aus den beiden ersten Beispielen. Die Linien sind gleich breit und werden per Offset-Einstellung so versetzt, dass sie genau übereinander iegen.

Einstellungen für die Abbildung 14.51 – »Heiratssachen«:

Linie darüber:	Stärke:	12 Pt
	Farbe:	[Schwarz]
	Farbton:	100 %
	Breite:	Spalte
	Offset:	–0,8 mm

	Einzug links:	0 mm
	Einzug rechts:	35,5 mm
Linie darunter:	Stärke:	12 Pt
	Farbe:	[SCHWARZ]
	Farbton:	20 %
	Breite:	SPALTE
	Offset:	– 3,42 mm
	Einzug links:	7,5 mm
	Einzug rechts:	0 mm

Allerdings werden die Linien mit Einzügen so weit gekürzt, dass sie sich optisch nicht berühren, sondern ein Abstand bleibt. Die »Linie darüber« hat einen rechten Einzug von 35,5 mm. Bei einer Spaltenbreite von 42 mm ist sie somit 6,5 mm lang. Die Länge der »Linie darunter« ergibt somit 34,5 mm. In der Gesamtlänge fehlt also ein Betrag von 1 mm, der sich als Lücke zwischen den beiden Linien bemerkbar macht.

Der Text des Zwischentitels ist etwas eingezogen, und die Ziffern »3.2« wurden auf [PAPIER] eingefärbt. Das Wort »Heiratssachen« beginnt an einem Tabulator, der genau so weit hinter der Lücke steht, dass sich der Text harmonisch in die graue Fläche einfügt.

Solche Beispiele sind natürlich immer mit etwas Tüftelei verbunden, aber einmal ausgearbeitet, sind sie eine sehr bequeme Methode, schnell und elegant recht anspruchsvolle Gestaltungsaufgaben zu lösen. Werden sie über Absatzformate – siehe die folgenden Abschnitte – umgesetzt, können sie mit einem einzigen Klick in Ihrem Layout angewendet werden.

Die letzte Option aus dem Bedienfeldmenü des Absatz-Bedienfelds – GREP-STILE – bleiben wir Ihnen an dieser Stelle weiterhin schuldig. Diese recht leistungsstarke Funktion ist nur in Kombination mit Absatzformaten sinnvoll einsetzbar, weshalb wir sie im Abschnitt 15.4, »Absatzformate« behandeln werden.

14.5.12 Aufgaben

Wie Sie sehen, sind die Einsatzgebiete für Absatzlinien sehr vielfältig. Versuchen Sie, die beiden Aufgaben in der Marginalspalte selbstständig zu lösen. Mögliche Lösungen finden Sie auf der Buch-DVD. Versuchen Sie in Aufgabe 14.1, den Rahmen und die Linie zwischen dem Wochentag und dem Datum mit Absatzlinien zu realisieren. In Aufgabe 14.2 werden Sie allein mit Absatzlinien nicht zum Ziel kommen. Bedenken Sie, dass auch Durch- und Unterstreichung Linien sind.

Einzüge

Die Einzüge sind in mm angegeben, die Linienstärke allerdings in Pt – deshalb unterscheiden sich die Stärken der horizontalen und der vertikalen Linien geringfügig. Um auch die Einzüge in Pt zu definieren, muss lediglich bei der Eingabe die Einheit hinzugefügt werden.

Lösungen und Lösungshinweise zu den beiden Aufgaben finden Sie auf der Buch-DVD.

sectet eros numsan henim nos alisit et nostrud et adigna consequat

Freitag
01.07

quatum nulla conullu ptatism oluptatem volobor suscipsuscin ver sent volum eliquis et velit at ulputat, conulla am, se euipisc iliquis num

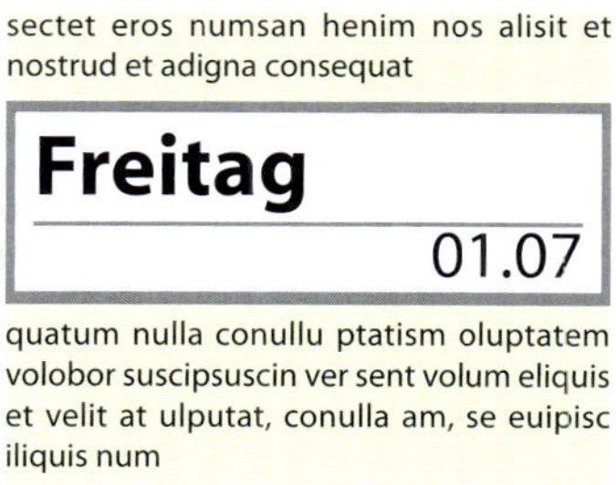

▲ **Abbildung 14.52**
Ergebnis von Aufgabe 14.1

Sonderschau

▲ **Abbildung 14.53**
Ergebnis von Aufgabe 14.2

14.6 Tabulatoren

```
3 Pullover in modisch-körperna-
  her Form mit rundem Ausschnitt.
Grau-meliert. Material: 50% Polyac-
ryl, 25 % Mohair, 25% Polyester.¶
815-711a»Größe 38, 40, 42 ↓ 298,–¶
815-711b»Größe 44, 46 ↓ 319,–¶
4 Pullover mit·V-Ausschnitt mit
  Streifen im Maschinenstrick.
Länge 52 cm. Rot. Material: 100%
Polyacryl¶
321-654a»Größe 32, 34, 36 ↓ 199,–¶
321-654b»Größe 38, 40 ↓ 219,–¶
321-654c»Größe 42, 44 ↓ 239,–¶
```

▲ **Abbildung 14.54**
Beispiel einer Artikelbeschreibung
mit allen Steuerzeichen

Für das Beispiel in Abbildung 14.54 benötigen Sie die Möglichkeit, die tabellarischen Zeilen genau zu kontrollieren – so etwas
wird bei solchen Aufgabenstellungen mit Tabulatoren gelöst.
Möglicherweise empfinden Sie den letzten Satz als banal. Allerdings scheinen Tabulatoren zu den großen Geheimnissen der elektronischen Textbearbeitung zu gehören. Gerade bei EDV-Anfän-
gern und bei Umsteigern von Textverarbeitungen (manchmal aber
auch bei Umsteigern von XPress) erleben wir in Schulungen immer
wieder, dass versucht wird, Tabellenspalten über Leerzeichen auszurichten. Bei Proportionalschrift ist das nahezu unmöglich.

Tatsächlich sind Tabulatoren eigenartige »Zeitgenossen«. Wir
sind ihnen schon als einzelne Zeichen im Menü SCHRIFT • SON-
DERZEICHEN EINFÜGEN • ANDERE begegnet, woraus ja folgt, dass
ein Tabulator zunächst einmal ein einzelnes Zeichen ist. Andererseits nimmt ein Tabulator in der Regel wesentlich mehr Platz ein
als ein einzelnes Zeichen, und dieser Platz schwankt zusätzlich
auch noch.

Tabulatoren sind also Steuerzeichen (einzelne Zeichen), die im
Normalfall Weißraum schaffen, der aber immer genau so viel Platz
einnimmt, dass der dem Tabulator folgende Text stets an der gleichen Stelle beginnt. Sehen wir uns das Beispiel aus einem Versandhauskatalog in Abbildung 14.54 einmal näher an. Wir werden
dieses Beispiel im nächsten Kapitel noch weiter strapazieren; an
dieser Stelle interessieren wir uns lediglich für die Zeilen mit den
Artikelnummern, Größenangaben und Preisen. Die letzte Stelle
der Artikelnummer ist immer ein Buchstabe.

In proportionalen Schriften nehmen die einzelnen Buchstaben
immer nur genauso viel Platz ein, wie sie wirklich benötigen. Die
mittlere Spalte beginnt hier immer mit dem Wort »Größe« und
sollte über alle Zeilen immer im gleichen Abstand zum linken
Spaltenrand beginnen. An dieser Stelle benötigen wir einen Tabulator, der den variablen Platz zwischen Artikelnummer und mitt-
lerer Spalte auffüllt.

14.6.1 Tabulatoren-Bedienfeld

Rufen Sie das Tabulatoren-Bedienfeld über SCHRIFT • TABULATO-
REN auf, oder öffnen Sie es mit dem Tastenbefehl Strg+⇧+T
bzw. ⌘+⇧+T. Zunächst ist zum Tabulatoren-Bedienfeld zu
sagen, dass es sich nicht so verhält wie die anderen Bedienfelder
– es kann nicht in Registerkarten abgelegt werden und ist deshalb
immer ein schwebendes Bedienfeld. Dafür kann es allerdings an
Textspalten angedockt werden.

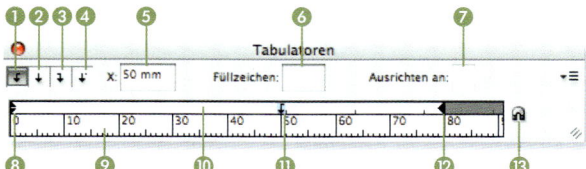

◄ **Abbildung 14.55**
Tabulatoren-Bedienfeld

Im unteren Bereich des Bedienfelds finden sich das Spaltenlineal **9** und der Ablagebereich für die einzelnen Tabulatoren **10**. Hier können Sie auch die linken Einzüge der Textspalte verändern. Wenn Sie das obere Dreieck des linken Einzugs **8** verschieben, verändern Sie damit den Einzug in der ersten Zeile; mit dem unteren Dreieck beeinflussen Sie den Einzug der gesamten Spalte. Der rechte Einzug **12** ist folglich nur ein einziger Regler.

Um einen neuen Tabulator zu setzen, legen Sie zunächst fest, welchen Sie verwenden wollen:

▶ LINKSBÜNDIGER TABULATOR **1**: Der Text, der diesem Tabulator folgt, wird ab seiner Position nach rechts verdrängt.

▶ ZENTRIERTER TABULATOR **2**: Text, der an dieser Position eingegeben wird, wird zentriert an diesem Tabulator ausgerichtet.

▶ RECHTSBÜNDIGER TABULATOR **3**: Ein Text, der diesem Tabulator folgt, wird ab dieser Position nach links verdrängt.

▶ DEZIMAL (ODER ANDERES ANGEGEBENES ZEICHEN) **4**: Gebraucht wird dieser Tabulator für Zahlenkolonnen, die am Dezimaltrenner ausgerichtet werden. Im deutschsprachigen Raum ist das ein Komma, das schon für Sie in AUSRICHTEN AN **7** eingetragen ist, sobald Sie einen solchen Tabulator in die Tabulatorablage setzen. Sie können aber jedes beliebige Zeichen eintragen und auf diese Art einen Tabulator definieren, der sich an diesem Zeichen (z. B. €, –, :) orientiert.

14.6.2 Setzen von Tabulatoren

Nachdem Sie einen Tabulator ausgewählt haben, klicken Sie in den Ablagebereich **11** an die Stelle, an die der Tabulator gesetzt werden soll. Sofern Sie den Tabulator nur optisch ausrichten, ist die Sache damit erledigt.

Wenn Sie den Tabulator allerdings an einer bestimmten Stelle absetzen wollen, müssen Sie meistens die Position numerisch festlegen. Dazu markieren Sie den Tabulator und tragen im Feld X: **5** die gewünschte Position ein.

Grundsätzlich wird der Weißraum bis zur Tabulatorposition nicht gesondert gekennzeichnet. Für Inhaltsverzeichnisse, Preislisten etc. werden jedoch manchmal FÜLLZEICHEN **6** benötigt. Tragen Sie hier das gewünschte Zeichen oder die Zeichenkombination ein. Das Ergebnis könnte dann z. B. so aussehen:

Preise:	12,80
	7,–
Sport:	0:1
	7:12
Distanzen:	Paris – Dakar
	Linz – Matrei

▲ **Abbildung 14.56**
Beispiele für Tabulatoren, die sich an unterschiedlichen Zeichen orientieren

Tabulator für Einzug rechts

Bereits seit InDesign CS2 übernimmt der Tabulator für Einzug rechts ⌂+⇥ das Füllzeichen von jenem Tabulator, der am nächsten zum rechten Rand steht, und zwar unabhängig davon, ob er vor oder nach dieser Tabulatorposition eingesetzt wird.

Füllzeichen 1: . . . . Leerzeichen
Füllzeichen 2: · - - - - - · Leerzeichen - Leerzeichen

Die Zeichensequenz darf maximal acht Zeichen lang sein. Zur Eingabe besonderer Zeichen – wie in Füllzeichen 2 der Mittelpunkt – müssen Sie die Zeichensequenz in Ihrem Text zusammenstellen und dann in das Füllzeichen-Feld kopieren. Eine Direkteingabe über das Glyphen-Bedienfeld funktioniert hier nicht.

Sie werden feststellen, dass sich der Abstand des ersten Füllzeichens zum Text vor dem Tabulator verändert. Das liegt daran, dass sich die Position des ersten Füllzeichens am linken Bund der Textspalte orientiert. Damit ist sichergestellt, dass die Füllzeichen in mehreren Zeilen nicht gegeneinander versetzt erscheinen. Über zusätzliche Weißräume ist dieser schwankende Abstand somit auch nicht zu kontrollieren.

Wenn Sie auf gleiche Abstände zwischen Füllzeichen und Text Wert legen, können Sie jedoch vor und nach dem Tabulator z. B. ein Halbgeviert setzen und für den Tabulator selbst die Unterstreichung aktivieren. Passen Sie die Stärke der Unterstreichung an die verwendete Schrift an, wählen Sie einen geeigneten Stil, und setzen Sie den Offset auf 0. Bei unterbrochenen Unterstreichungen werden die Linienmuster nun zwar gegeneinander verlaufen, aber die Abstände zum »Füllzeichen« können Sie jetzt exakt kontrollieren.

14.6.3 Handhabung des Tabulator-Bedienfelds

Die Tatsache, dass das Tabulatoren-Bedienfeld grundsätzlich ein schwebendes Bedienfeld ist, macht sich insofern unangenehm bemerkbar, als Sie die Tabulatoren an einer Stelle auf der Arbeitsfläche festlegen, sie aber an einer anderen Stelle wirksam werden. Deshalb sollten Sie das Tabulatoren-Bedienfeld über die Spalte stellen, in der Sie die Tabulatoren positionieren. Das können Sie manuell vornehmen oder sich von InDesign helfen lassen: Klicken Sie auf Bedienfeld über Textrahmen positionieren ⓭.

Das funktioniert nur, wenn über dem Textrahmen ausreichend Platz ist, um das Bedienfeld anzuzeigen. Die Bildschirmansicht wird von InDesign nicht verändert, um den nötigen Platz zu schaffen! Aber auch, wenn das Bedienfeld nicht über dem Textrahmen positioniert werden kann, lässt sich die Position eines Tabulators noch gut einschätzen, indem Sie ihn anklicken und die Maustaste gedrückt halten. InDesign blendet dann in der Textspalte eine Linie ein, an der Sie sich orientieren können. Wenn Sie einen Tabulator auf diese Art verschieben, folgt die Linie Ihren Einstellungen.

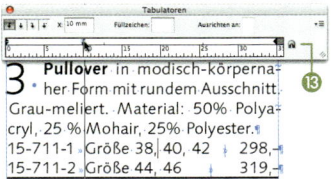

▲ **Abbildung 14.57**
Markierungslinie beim Verschieben eines Tabulators und Bedienfeld über Textrahmen positionieren.

14.6.4 Tabulatoren löschen und duplizieren

Um einen Tabulator zu löschen, ziehen Sie ihn einfach aus dem Lineal heraus. Wenn Sie alle Tabulatoren löschen möchten, wählen Sie ALLE LÖSCHEN aus dem Bedienfeldmenü.

Dort finden Sie auch einen Befehl, um Tabulatoren zu duplizieren. Setzen Sie zunächst einen Tabulator oder nehmen Sie einen bestehenden, und wählen Sie dann TABULATOR WIEDERHOLEN aus dem Bedienfeldmenü. Der ausgewählte Tabulator wird so lange wiederholt, bis die gesamte Spaltenbreite überschritten ist. Als Basis für die Abstände der neuen Tabulatoren dient der Abstand zum linken Einzug oder – wenn zwischen dem zu duplizierenden Tabulator und dem Einzug andere Tabulatoren stehen – der Abstand zum nächstgelegenen Tabulator.

Wenn das Tabulatoren-Bedienfeld über dem Textrahmen positioniert wurde, reicht das Spaltenlineal im Regelfall genau über die Spaltenbreite. Sollten Sie auf den Bereich außerhalb der Spaltenbreite zugreifen wollen, können Sie das Lineal jedoch verschieben, indem Sie das Lineal mit dem Mauszeiger fassen – er verwandelt sich in eine Hand, sobald Sie ihn über das Lineal stellen – und nach links verschieben.

14.7 Aufzählungszeichen und Nummerierung

Bei der Erstellung von Listen werden meistens verschiedene Aufzählungszeichen wie Ziffern, Punkte, Striche etc. gebraucht. InDesign unterstützt Sie hier einerseits über das Glyphen-Bedienfeld und über Glyphen-Sätze, wenn es sich um exotische Zeichen handelt. Andererseits können Sie die Funktion AUFZÄHLUNGSZEICHEN UND NUMMERIERUNG aufrufen, um Listen und Aufzählungen automatisch erstellen zu lassen.

14.7.1 Grundfunktionen für Listen

Die beiden Funktionen LISTE MIT AUFZÄHLUNGSZEICHEN ▤ und NUMMERIERTE LISTE ▤ können über die Bedienfeldmenüs des Steuerung- und des Absatz-Bedienfelds aufgerufen werden und wirken auf alle ausgewählten Absätze. Außerdem können Sie sämtliche Funktionen über das Menü SCHRIFT • AUFZÄHLUNGS- UND NUMMERIERTE LISTEN aufrufen.

Die Funktion NUMMERIERTE LISTE nummeriert alle Absätze durch und fügt in der Standardeinstellung entsprechende Einzüge hinzu. LISTE MIT AUFZÄHLUNGSZEICHEN versieht die Absätze mit einem Aufzählungszeichen, das Sie natürlich – genauso wie die

Bewegte Geschichte

Die Funktion AUFZÄHLUNGSZEICHEN UND NUMMERIERUNG stammt ursprünglich aus dem PageMaker-Plug-in-Pack, das in der ersten Version von InDesign CS zunächst als Zusatzprodukt erhältlich war und später bereits mitgeliefert wurde. Mit InDesign CS2 wurden diese PageMaker-Plug-ins standardmäßig mitinstalliert und waren auch schon etwas besser in die Programmoberfläche integriert. In InDesign CS3 gab es noch das Bedienfeld BEFEHLSLEISTE, das noch ein Überbleibsel des PageMaker-Plug-in-Packs war und in FENSTER • OBJEKTE UND LAYOUT aufrufbar war. Mit InDesign CS4 ist die Integration nun endgültig abgeschlossen – das Befehlsleiste-Bedienfeld gibt es nicht mehr, und die restlichen Funktionen aus diesem Bedienfeld sind in die Anwendungsleiste gewandert.

DIN-16518:

- **I:** Venezianische Renaissance-Antiqua
- **II:** Französische Renaissance-Antiqua
- **III:** Barock-Antiqua
- **IV:** Klassizistische Antiqua
- **V:** Serifenbetonte Linear-Antiqua
- **VI:** Serifenlose Linear-Antiqua
- **VII:** Antiqua-Varianten
- **VIII:** Schreibschriften
- **IX:** Handschriftliche Antiqua
- **X:** Gebrochene Schriften
  - Gotisch
  - Rundgotisch
  - Schwabacher
  - Fraktur
  - Fraktur-Varianten
- **XI:** Fremde Schriften

▲ **Abbildung 14.58**
Nummerierte Absätze

Darstellung der Ziffern – konfigurieren können. Wie so etwas aussehen könnte, sehen Sie in Abbildung 14.58. Die Standardnummerierung erfolgt mit arabischen Ziffern, und das Aufzählungszeichen ist der Punkt • (auch als »Bullet« bekannt).

Diese Standardeinstellungen dürften zwar in den meisten Fällen die grundsätzlich gewollten sein, müssen aber doch zumeist in den Details etwas justiert werden.

Dazu können Sie im Bedienfeldmenü des Absatz-Bedienfelds oder des Steuerung-Bedienfelds den Menüpunkt Aufzählungszeichen und Nummerierung aufrufen oder einen Klick auf eines der beiden Symbole mit gedrückter Alt- bzw. ⌥-Taste machen. Wenn Sie mehrere Absätze ausgewählt haben und diese aufrufen, können Sie die gewünschte Listendarstellung für diese Absätze aktivieren.

Abbildung 14.59 ►
Nummerierungsformat, mit dem die Liste mit den römischen Ziffern in Abbildung 14.58 erstellt wurde

Listen ein- und ausschalten

Egal ob Sie die Funktion über die Schaltflächen im Steuerung-Bedienfeld oder über einen Aufruf von Aufzählungszeichen und Nummerierung zuweisen: Im Steuerung-Bedienfeld wird die Anwendung der jeweiligen Funktion markiert und kann dort auch wieder deaktiviert werden, indem Sie ein weiteres Mal auf die markierte Schaltfläche klicken.

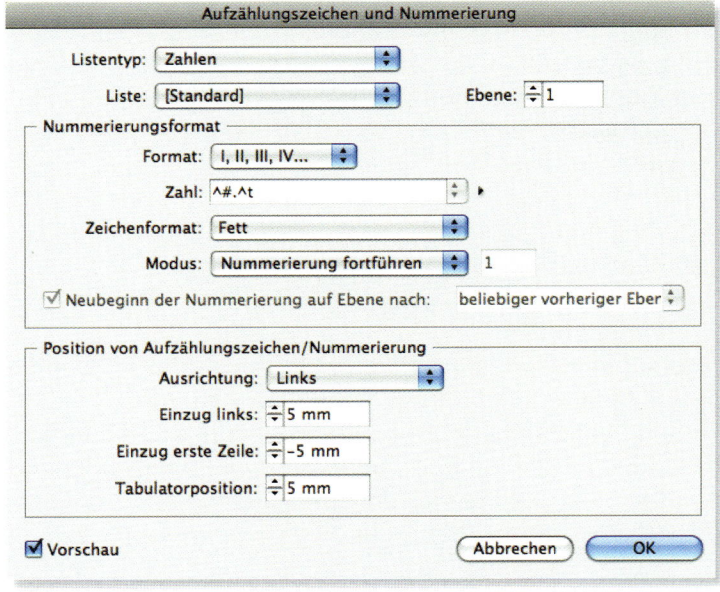

Im Fenster Aufzählungszeichen und Nummerierung können Sie unter Listentyp zwischen den drei Möglichkeiten Ohne, Aufzählungszeichen und Zahlen wählen. Abhängig von Ihrer Auswahl verändert sich die obere Hälfte des Fensters.

Hinter dem Menü Liste versteckt sich nicht etwa die Möglichkeit, die Einstellungen zu speichern, sondern eine Funktion zur Definition von Listen, die über mehrere Textabschnitte und sogar mehrere Dokumente hinweg nummeriert werden sollen. Listen sind für jede Art von Nummerierung sehr praktisch, da sie aber auch über Dokumente hinweg funktionieren, werden wir sie Ihnen erst in 20.1, »Listen« ab Seite 601 näher vorstellen.

Die Option EBENE, die dazu dient, verschachtelte Listen (Adobe nennt sie »Konturlisten«) zu erstellen, werden wir später in diesem Kapitel an einem Beispiel beschreiben.

14.7.2 Nummerierte Liste

Bei der Erstellung einer automatisch nummerierten Liste können Sie im Bereich NUMMERIERUNGSFORMAT folgende Einstellungen treffen:

- ▶ FORMAT: Hier legen Sie fest, nach welchem System die Liste nummeriert werden soll. Neben allen Nummerierungsarten, die auch für die Pagina verwendet werden können, finden Sie hier zusätzliche Optionen mit einer oder mehreren führenden Nullen.

- ▶ ZAHL: Hier wird die komplette Absatznummerierung zusammengestellt. In unserem Fall – Abbildung 14.58 und Abbildung 14.62 – besteht sie aus ^# (dem Platzhalter für die Nummer), einem Doppelpunkt und einem Tabulator ^t. Sichtbare Zeichen und einige Leerräume können Sie aus dem Menü, das sich über das Dreieck öffnet, auswählen. Einige zusätzliche Nummernoptionen – dazu kommen wir später noch – können aus demselben Menü unter ZAHLENPLATZHALTER EINFÜGEN festgelegt werden. Weitere druckbare Zeichen können Sie natürlich direkt eintragen. Sollten Sie mit Ihren Eingaben die vorgeschriebene Reihenfolge der Einzelteile verletzen, werden Sie mit einem Warndialog davon abgehalten.

- ▶ ZEICHENFORMAT: Grundsätzlich werden die Formateinstellungen für die Nummerierung aus dem ausgewählten Absatz übernommen. Wenn Sie Nummern anders darstellen wollen, können Sie hier ein Zeichenformat auswählen. Wie Sie Zeichenformate erstellen, werden Sie in Kapitel 15, »Textformatierung«, kennenlernen. Für die Standardformatierung einer Liste benötigen wir sie vorerst nicht.

- ▶ MODUS: Natürlich muss eine Nummerierung nicht bei 1 beginnen. Hier können Sie festlegen, mit welchem Wert eine Liste starten soll. Für Listen, die von anderen Absätzen unterbrochen werden, können Sie bestimmen, wie nach dieser Unterbrechung weiter nummeriert werden soll.

- ▶ NEUBEGINN DER NUMMERIERUNG AUF EBENE NACH: Sobald Sie mit Konturlisten – also verschachtelten Listen über zumindest zwei Ebenen – arbeiten, können Sie festlegen, wann eine Hierarchiestufe wieder bei 1 starten soll. Näheres erfahren Sie in Kapitel 20.1, »Listen«, ab Seite 601.

Im Bereich POSITION VON AUFZÄHLUNGSZEICHEN/NUMMERIERUNG legen Sie fest, wo die Nummerierung oder die Aufzäh-

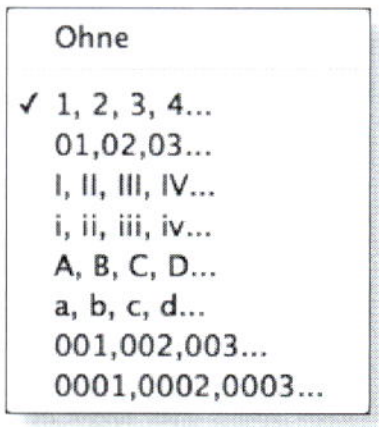

▲ **Abbildung 14.60**
Die verschiedenen Nummernformate

▲ **Abbildung 14.61**
Die Absatznummern werden aus einer laufenden Nummer, einem Punkt und einem Tabulator zusammengestellt.

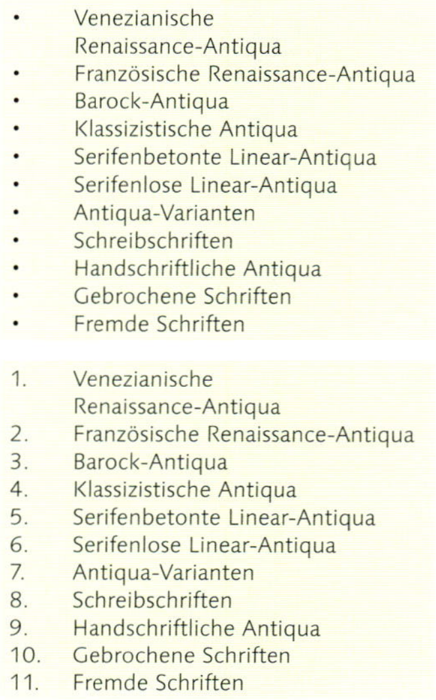

▲ **Abbildung 14.62**
Die Standardformatierung der Liste mit Aufzählungszeichen (oben) und der nummerierten Liste

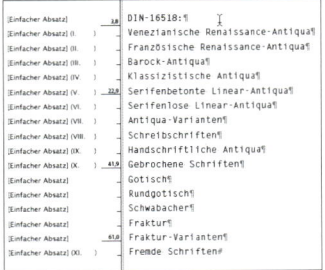

▲ **Abbildung 14.63**
Im Textmodus wird zwar die Nummerierung einer Liste in der Formatierungsspalte angezeigt, eine Aufzählungsliste ist hier aber nicht zu erkennen.

Abbildung 14.64 ▶
Einstellungen für
AUFZÄHLUNGSZEICHEN

lungspunkte platziert werden sollen. Diese Einstellungen sind für nummerierte Listen und Aufzählungslisten identisch.

▶ AUSRICHTUNG: Die AUSRICHTUNG bezieht sich auf die Nummerierung, die Einstellung wirkt sich aber nur aus, wenn ausreichend Platz links der Nummerierung vorhanden ist. Das ist nur dann der Fall, wenn der Listeneintrag selbst einen linken Einzug besitzt.

▶ EINZUG LINKS: Genau hier können Sie den Einzug einstellen, um die Ausrichtung auch wirksam werden zu lassen.

▶ EINZUG ERSTE ZEILE: Die erste Zeile kann gesondert eingezogen werden. Die Standardeinstellung ist hier ein hängender Einzug, der bis zum Spaltenrand zurückreicht.

▶ TABULATORPOSITION: InDesign setzt einen »virtuellen« Tabulator zwischen Nummernzeichen und Inhalt (deshalb das ^t in ZAHL). Standardmäßig ist dieser Tabulator nicht sichtbar und wird von InDesign nur intern verwendet, um auch die erste Zeile eines Eintrags mit dem Einzug der folgenden Zeilen abschließen zu lassen. Wenn Sie diesen Abstand verändern möchten, definieren Sie hier eine Tabulatorposition – dies funktioniert, obwohl das Feld inaktiv erscheint. Ein so gesetzter Tabulator wird dann auch im Absatz sichtbar sein und kann auch nur dort gelöscht werden.

14.7.3 Aufzählungszeichen

Im Modus AUFZÄHLUNGSZEICHEN werden die Einstellungen für LISTE und EBENE deaktiviert, der Abschnitt für die Positionseinstellungen bleibt unverändert, aber der mittlere Abschnitt des Fensters wird umgeschaltet:

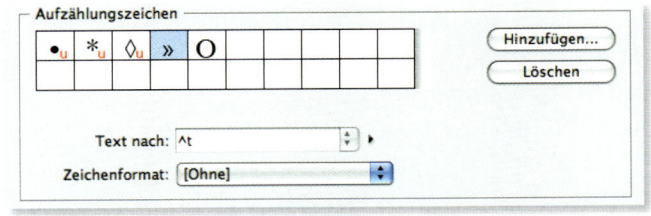

Unter AUFZÄHLUNGSZEICHEN können Sie neben den Einstellungen für die Schrift über ein ZEICHENFORMAT noch ein Zeichen aus der Tabelle auswählen. Über HINZUFÜGEN können Sie noch weitere Zeichen – aus einer beliebigen Schrift – in die Tabelle einfügen. In TEXT NACH können Sie Zeichen festlegen, die dem Aufzählungszeichen folgen sollen – standardmäßig ist hier wiederum ein Tabulator eingetragen.

Schritt für Schritt: Eine verschachtelte Liste erstellen

1 **Text vorbereiten**

Tippen Sie den Text aus Abbildung 14.58 ab, oder erstellen Sie einen vergleichbaren Text. Legen Sie die grundsätzlichen Parameter fest, z. B. Schriftgröße 9 Pt bei einer Spaltenbreite von 65 mm. Eine geeignete Schrift wäre z. B. Gill Sans.

2 **Liste erstellen**

Wählen Sie alle Zeilen nach der Überschrift aus, und klicken Sie auf NUMMERIERTE LISTE ⊞ im Steuerung-Bedienfeld Absatz.

3 **Hauptliste formatieren**

Rufen Sie AUFZÄHLUNGSZEICHEN UND NUMMERIERUNG aus dem Bedienfeldmenü des Steuerung- oder Absatz-Bedienfelds auf, und schalten Sie die VORSCHAU ein. Stellen Sie das FORMAT auf römische Ziffern in Versalien, stellen Sie den EINZUG LINKS auf 8 mm und EINZUG ERSTE ZEILE auf –8 mm.

4 **Unterliste umstellen**

Wählen Sie die Zeilen XI bis XV aus, und klicken Sie auf LISTE MIT AUFZÄHLUNGSZEICHEN ⊞ im Steuerung-Bedienfeld ABSATZ. Wie Sie sehen, erkennt InDesign automatisch, dass die Hauptliste unterbrochen wurde, und korrigiert die Nummerierung selbstständig. Dieser Schritt war für die weitere Gestaltung eigentlich nicht nötig, aber so haben Sie gesehen, dass InDesign unterschiedliche Listentypen automatisch verschachtelt.

5 **Unterliste formatieren**

Rufen Sie AUFZÄHLUNGSZEICHEN UND NUMMERIERUNG aus dem Bedienfeldmenü des Steuerung- oder Absatz-Bedienfelds auf (die VORSCHAU sollte bereits eingeschaltet sein). Stellen Sie den LISTENTYP auf ZAHLEN um. Die Nummerierung der Liste ist nun wieder fortlaufend. Allerdings sollte die Unterliste eine eigene Nummerierung haben. Indem Sie EBENE auf »2« stellen, erreichen Sie genau das. Die Nummerierung läuft nun innerhalb des ausgewählten Blocks von I bis V. Stellen Sie jetzt das FORMAT auf kleine römische Ziffern um.

6 **Unterliste einziehen**

Erhöhen Sie den EINZUG LINKS auf 16 mm, um die Unterliste weiter einzuziehen, und stellen Sie die AUSRICHTUNG auf MITTE (hier ist nun genug Platz, um die Auswirkung zu sehen).

DIN-16518:
Venezianische Renaissance-Antiqua
Französische Renaissance-Antiqua
Barock-Antiqua
Klassizistische Antiqua
Serifenbetonte Linear-Antiqua
Serifenlose Linear-Antiqua
Antiqua-Varianten
Schreibschriften
Handschriftliche Antiqua
Gebrochene Schriften
Gotisch
Rundgotisch
Schwabacher
Fraktur
Fraktur-Varianten
Fremde Schriften

DIN-16518:
1. Venezianische Renaissance-Antiqua
2. Französische Renaissance-Antiqua
3. Barock-Antiqua
4. Klassizistische Antiqua
5. Serifenbetonte Linear-Antiqua
6. Serifenlose Linear-Antiqua
7. Antiqua-Varianten
8. Schreibschriften
9. Handschriftliche Antiqua
10. Gebrochene Schriften
11. Gotisch
12. Rundgotisch
13. Schwabacher
14. Fraktur
15. Fraktur-Varianten
16. Fremde Schriften

DIN-16518:
I. Venezianische Renaissance-Antiqua
II. Französische Renaissance-Antiqua
III. Barock-Antiqua
IV. Klassizistische Antiqua
V. Serifenbetonte Linear-Antiqua
VI. Serifenlose Linear-Antiqua
VII. Antiqua-Varianten
VIII. Schreibschriften
IX. Handschriftliche Antiqua
X. Gebrochene Schriften
XI. Gotisch
XII. Rundgotisch
XIII. Schwabacher
XIV. Fraktur
XV. Fraktur-Varianten
XVI. Fremde Schriften

▲ **Abbildung 14.65**
Oben: Schritt 1
Mitte: Schritt 2
Unten: Schritt 3

DIN-16518:
I.   Venezianische Renaissance-Antiqua
II. Französische Renaissance-Antiqua
III. Barock-Antiqua
IV. Klassizistische Antiqua
V.   Serifenbetonte Linear-Antiqua
VI. Serifenlose Linear-Antiqua
VII. Antiqua-Varianten
VIII. Schreibschriften
IX. Handschriftliche Antiqua
X.   Gebrochene Schriften
•   Gotisch
•   Rundgotisch
•   Schwabacher
•   Fraktur
•   Fraktur-Varianten
XI. Fremde Schriften

DIN-16518:
I.   Venezianische Renaissance-Antiqua
II. Französische Renaissance-Antiqua
III. Barock-Antiqua
IV. Klassizistische Antiqua
V.   Serifenbetonte Linear-Antiqua
VI. Serifenlose Linear-Antiqua
VII. Antiqua-Varianten
VIII. Schreibschriften
IX. Handschriftliche Antiqua
X.   Gebrochene Schriften
i.   Gotisch
ii. Rundgotisch
iii. Schwabacher
iv. Fraktur
v.   Fraktur-Varianten
XI. Fremde Schriften

DIN-16518:
I.   Venezianische Renaissance-Antiqua
II. Französische Renaissance-Antiqua
III. Barock-Antiqua
IV. Klassizistische Antiqua
V.   Serifenbetonte Linear-Antiqua
VI. Serifenlose Linear-Antiqua
VII. Antiqua-Varianten
VIII. Schreibschriften
IX. Handschriftliche Antiqua
X.   Gebrochene Schriften
   i.   Gotisch
   ii. Rundgotisch
   iii. Schwabacher
   iv. Fraktur
   v.   Fraktur-Varianten
XI. Fremde Schriften

▲ **Abbildung 14.66**
Linke Spalte: Schritt 4
Mittlere Spalte: Schritt 5
Rechte Spalte: Schritt 6

Legen Sie die Tabulatorposition mit 12 mm fest, um den Listentext näher an die Nummerierung heranzurücken. ■

Da solche Konstruktionen also schnell relativ aufwendig werden und solche Listendefinitionen nicht gespeichert werden können, empfiehlt es sich, für Listen, die mehrfach gestaltet werden müssen, Absatzformate zu erstellen – wie dies funktioniert, werden Sie im nächsten Kapitel erfahren.

Sollten Sie hingegen eine Liste nicht mehr verändern wollen, können Sie sie von der jeweiligen Funktion entkoppeln und die Formatierung in einen »normalen« Text umwandeln. Wählen Sie hierzu die betreffende Liste aus, und klicken Sie auf Aufzählungszeichen in Text konvertieren bzw. Nummerierung in Text konvertieren aus dem Bedienfeldmenü des Absatz-Bedienfelds oder aus dem Kontextmenü der ausgewählten Liste.

Die Möglichkeit, die Formatierung der Liste weiterhin über Aufzählungszeichen und Nummerierung zu steuern, geht damit jedoch verloren. Sie können nun allerdings unterschiedliche Listen ineinanderkopieren und zusammenschneiden, wie Sie es möchten.

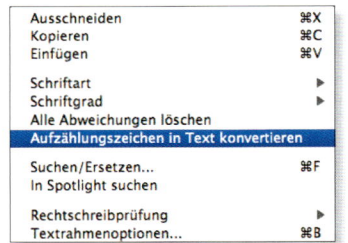

▲ **Abbildung 14.67**
Ausschnitt aus dem Kontextmenü einer Liste, wo Sie – neben vielen anderen Funktionen – auch die Möglichkeit finden, eine Liste in einen Text zu konvertieren.

14.7.4   Nummerierte Listen aus Word übernehmen
Im Office-Bereich ist MS Word sicher das Flaggschiff in Sachen Textverarbeitung. Viele Funktionen in Word sind kompliziert, und Word neigt auch dazu, bestimmte Dinge mit einer gewissen Automatik zu erledigen, die nicht jedermanns Geschmack ist. Beim Erstellen von verschachtelten Listen ist Word jedoch vorbildlich. Die Hierarchiestufen werden einfach über die Tabulatortaste gesteuert. ⇥ rückt die Hierarchiestufe weiter ein, und ⇧+⇥ legt einen Listeneintrag wieder eine Hierarchiestufe höher.

Wir müssen es leider zugeben: Bei manuell formatierten Listen kann InDesign von Word noch etwas dazulernen. Allerdings spielt InDesign seine Kraft erst aus, wenn die eigenen – und recht gut kontrollierbaren – Automatismen ins Spiel kommen.

Wie können Sie jedoch Listen aus Word-Dokumenten übernehmen? Prinzipiell haben Sie zwei Möglichkeiten, die wiederum jeweils zwei Ergebnisse produzieren:

Per Drag & Drop bzw. Copy & Paste | Markieren Sie eine Liste in Word, und ziehen Sie den Text in ein InDesign-Dokument. Abhängig von den InDesign-Voreinstellungen ZWISCHENABLAGE-OPTIONEN erhalten Sie zwei unterschiedliche Ergebnisse.

Drag & Drop vs. Copy & Paste

InDesign unterscheidet bei Word-Daten die beiden Möglichkeiten nicht – die Ergebnisse sind die gleichen. Ob Sie also lieber Texte kopieren und einsetzen oder per Mausbewegung verschieben, hängt ganz von Ihrer Arbeitsweise ab.

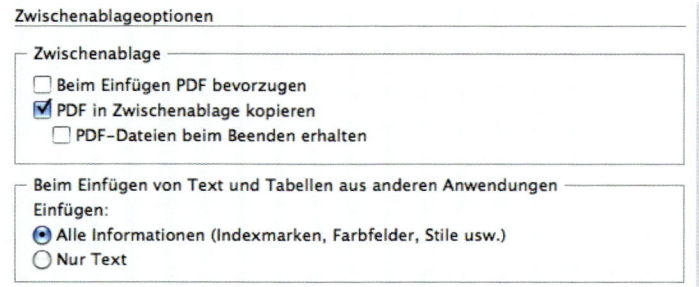

◀ **Abbildung 14.68**
Die ZWISCHENABLAGEOPTIONEN aus den InDesign-Voreinstellungen.

▶ **Nur Text:** Unter BEIM EINFÜGEN VON TEXT UND TABELLEN AUS ANDEREN ANWENDUNGEN ist die Option NUR TEXT gewählt: Sie erhalten die Liste in einer reinen Textform. Die Nummern und Aufzählungszeichen sind zwar vorhanden, aber es gibt weder Tabulatoren, noch werden irgendwelche Listenfunktionen übertragen.

▶ **Alle Informationen (Indexmarken, Farbfelder, Stile usw.):** Unter BEIM EINFÜGEN VON TEXT UND TABELLEN AUS ANDEREN ANWENDUNGEN ist die Option ALLE INFORMATIONEN (INDEXMARKEN, FARBFELDER, STILE USW.) gewählt: Sie erhalten eine Liste mit sämtlichen Einstellungen für Hierarchieebenen und sämtlichen Absatzeinstellungen in Form von Absatzformaten. Damit sind solche Listen voll weiterverwend- und bearbeitbar.

Platzieren von Word-Dateien | Die MICROSOFT WORD-IMPORT-OPTIONEN werden wir in Kapitel 15.5.7, »Formate aus Word-Dokumenten übernehmen«, ab Seite 465 noch näher beleuchten. Je nachdem, wie Sie den Import parametrieren, passieren wieder zwei unterschiedliche Dinge.

▶ **Formate und Formatierung aus Text und Tabellen entfernen:** Unter FORMATIERUNG ist die Option FORMATE UND FORMATIE-

Unformatiert einfügen

Sie können Text aus dem Clipboard jederzeit über BEARBEITEN • UNFORMATIERT EINFÜGEN oder Strg+⇧+V bzw. ⌘+⇧+V oder – sofern der Textcursor in einem Textrahmen steht – mit dem gleichnamigen Befehl aus dem Kontextmenü als unformatierten Text einsetzen. Wenn Sie den Text mit der Maus verschieben, führt die Tastenkombination Strg+Alt+⇧ bzw. ⌘+Alt+⇧ zum gleichen Ziel.

RUNG AUS TEXT UND TABELLEN ENTFERNEN gewählt: Sie erhalten wiederum reinen Text, allerdings ohne Nummern oder Aufzählungszeichen.

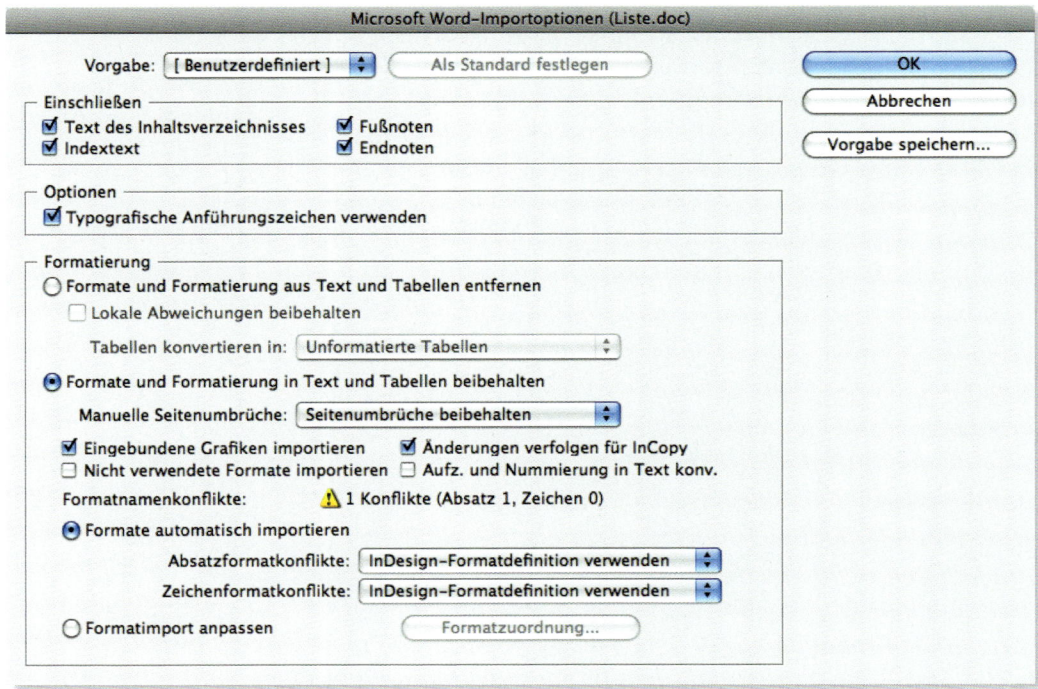

▶ **Formate und Formatierung in Text und Tabellen beibehalten:** Wenn unter FORMATIERUNG die Option FORMATE UND FORMATIERUNG IN TEXT UND TABELLEN BEIBEHALTEN gewählt ist, erhalten Sie eine Liste mit sämtlichen Einstellungen für Hierarchieebenen und sämtlichen Absatzeinstellungen in Form von Absatzformaten. Damit sind solche Listen voll weiterverwend- und bearbeitbar.

Um jedoch alle diese Einstellungen wirklich ausnutzen zu können, ist es notwendig, den nächsten Schritt zu tun. Im nächsten Kapitel werden Sie erfahren, wie Absatzformate funktionieren und wie Sie so die aus dem Word-Dokument stammenden Formate bearbeiten und an Ihre Bedürfnisse anpassen können.

15 Textformatierung

»Hier noch auszeichnen, hier die Schrift in blau, und die Bildunterschriften sehen langweilig aus – die musst du auch noch ändern.« Mit solchen Sätzen kann man Layoutern viel Freude bereiten und ihnen den Tag versüßen. Der Arbeitsalltag ist voll mit Änderungen. Das kostet Zeit und birgt die Gefahr von Fehlern, wenn nicht an allen Stellen exakt die gleichen Änderungen vorgenommen werden. InDesign hilft Ihnen, zügig zu arbeiten, und gewährleistet dabei auch noch, Fehler so weit wie möglich zu vermeiden.

15.1 Möglichkeiten der Textformatierung

Sowohl im Entwurfsprozess als auch in der Produktion sind Methoden gefragt, mit denen Sie schnell und sicher Varianten probieren, Änderungen umsetzen und den gewünschten Zustand einheitlich herstellen können. Hier bietet InDesign viele Möglichkeiten, Formatierungen zwischen Textteilen und Dokumenten auszutauschen, und liefert mit den Absatz- und Zeichenformaten darüber hinaus die notwendige Sicherheit und Schutz vor Formatierungsfehlern.

15.1.1 Textformatierung mit Bedienfeldern

Im gesamten Kapitel 14, »Typografie«, haben Sie Text über das Zeichen- und das Absatz- bzw. das Steuerung-Bedienfeld in den beiden Modi ZEICHENFORMATIERUNG bzw. ABSATZFORMATIERUNGSSTEUERUNG und die Bedienfeldmenüs dieser Bedienfelder formatiert. Wir haben bereits mehrfach darauf hingewiesen, dass für eine sichere und schnelle Textformatierung der Einsatz von Zeichen- und Absatzformaten unumgänglich ist. Die Beschreibung der Formate wird den größeren Teil dieses Kapitels einnehmen.

Im Entwurfsprozess jedoch sind und bleiben die Bedienfelder die erste Wahl, wobei es prinzipiell egal ist, ob Sie über das Steuerung-Bedienfeld arbeiten oder das Zeichen- und Absatz-Bedienfeld. Trotzdem gibt es kleine Unterschiede, aber auch Vor- und Nachteile.

Absätze teilen

Nicht nur das wiederholte Erstellen bestimmter Formatierungseinstellungen ist lästig, oft müssen Einstellungen zurückgenommen werden. Wenn Sie einen Absatz mit einer normalen Zeilenschaltung teilen, bleiben die Formatierungen natürlich für beide Absätze erhalten. Gerade bei sehr auffälligen Formatierungen wie hängenden Initialen oder Absatzlinien führt das gelegentlich zu Irritationen und in den meisten Fällen eben dazu, dass einige Klicks notwendig sind, um nun überflüssige Formatierungen zurückzunehmen.

Unterschiede | Die Absatzausrichtung BLOCKSATZ, LETZTE ZEILE RECHTSBÜNDIG gibt es nur im Absatz-Bedienfeld.

Vorteile | Da das Steuerung-Bedienfeld kontextsensitiv ist, können Sie keine Textformatierungen auf Basis von Textrahmen vornehmen. Das Steuerung-Bedienfeld schaltet in diesem Fall auf die Objekteigenschaften des Textrahmens um. Da Zeichen- und Absatz-Bedienfeld ihren Status nicht ändern, können Sie mit diesen beiden Bedienfeldern einen oder mehrere Textrahmen auswählen und Formatierungen auf den gesamten in diesen Rahmen enthaltenen Text anwenden.

Nachteil | Der wesentliche Nachteil der Formatierung über die Bedienfelder ist, dass diese Formatierungen eben manuell gemacht werden müssen. Bei gleichen Einstellungen an mehreren Stellen im Text also mehrfach. Und das ist mit vielen Klicks und oft auch Fehlern verbunden. In der Entwurfsphase können Sie bei solchen Problemen auf das Pipette-Werkzeug zurückgreifen.

15.1.2 Textformatierung mit der Pipette

Die Pipette ✎ ist ein Standardwerkzeug, das Sie aus dem Werkzeug-Bedienfeld auswählen können. Es dient dazu, Objektattribute aufzunehmen und auf andere Objekte zu übertragen – das funktioniert auch mit Textattributen. Die Pipette ist das ideale Werkzeug, um in der Entwurfsphase verschiedene Varianten schnell gegenüberzustellen und zu vergleichen.

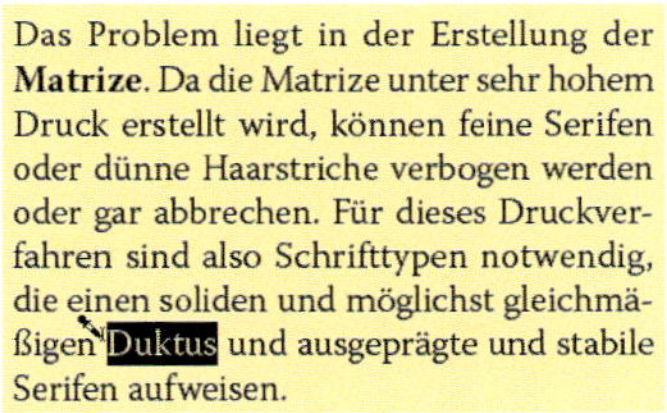

Sobald Sie die Pipette ausgewählt haben, wird Ihr Mauszeiger leer dargestellt ✎ – das bedeutet, dass die Pipette nun bereit ist, eine Formatierung aufzunehmen. Dies geschieht, indem Sie auf den Textteil klicken, dessen Attribute Sie auf andere Texte übertragen möchten. Damit ändert sich der Pipette-Zeiger und sieht nun gefüllt aus ◥. Wenn Sie diesen Zeiger über einen anderen Textteil bewegen, ändert er sich in einen gefüllten Zeiger mit einer kleinen Einfügemarke ◥, die anzeigt, dass Sie einen Text, den Sie nun auswählen, mit den aufgenommenen Textattributen formatieren können. Ein Doppelklick auf ein Wort überträgt die Formatierung auf dieses Wort und ein Dreifachklick auf die ganze Zeile.

Eine zweite Möglichkeit funktioniert umgekehrt: Markieren Sie zunächst den Text, den Sie formatieren möchten. Wählen Sie dann das Pipette-Werkzeug aus, und klicken Sie auf den Text, dessen Formatierung auf die Auswahl übertragen werden soll.

Bei beiden Methoden bleiben die ausgewählten Textattribute in der Pipette gespeichert. Sie bleibt also gefüllt, und Sie können die aufgenommene Formatierung auf weitere Textteile übertra-

Das Problem liegt in der Erstellung der **Matrize**. Da die Matrize unter sehr hohem Druck erstellt wird, können feine Serifen oder dünne Haarstriche verbogen werden oder gar abbrechen. Für dieses Druckverfahren sind also Schrifttypen notwendig, die einen soliden und möglichst gleichmäßigen Duktus und ausgeprägte und stabile Serifen aufweisen.

▲ **Abbildung 15.1**
Klicken Sie zuerst mit der Pipette auf das Wort »Matrize«, und wählen Sie dann das Wort »Duktus« aus, um die Formatierung zu übertragen.

gen. Die in der Pipette gespeicherte Vorlage wird zurückgesetzt, sobald Sie ein anderes Werkzeug auswählen. Sie können aber jederzeit eine neue Einstellung aufnehmen, indem Sie bei gefüllter Pipette die ⌥Alt⌫- bzw. die ⌥⌫-Taste drücken. Während Sie die Taste gedrückt halten, ändert sich der Mauszeiger wieder in die leere Pipette ✐, und Sie können eine neue Formatierung aufnehmen.

In der Standardeinstellung ist bei beiden beschriebenen Methoden entscheidend, wie der Text formatiert wurde. Ist der Text mit Formaten gestaltet worden, werden die gesamten Formatinformationen übernommen. Das macht sich so bemerkbar, dass Sie zwar einen Text markieren können, wenn Sie aber dann mit der Pipette Attribute aus einem Text übernehmen, der mit einem Absatzformat gestaltet wurde, wird nicht nur der ausgewählte Text neu formatiert, sondern die gesamte Absatzformatierung übernommen.

Mit Formaten machen wir Sie im Anschluss bekannt. Das Problem ist aber insofern ein universelles, als es immer wieder Situationen geben kann, in denen Sie das Standardverhalten der Pipette ändern und ihre Funktion auf einige Attribute einschränken möchten. Das erreichen Sie, indem Sie auf das Pipette-Werkzeug doppelklicken.

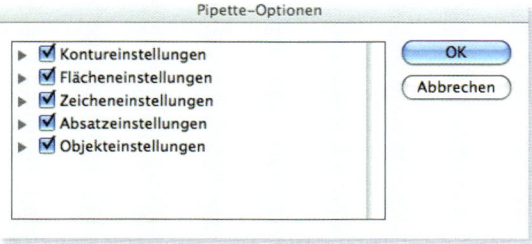

In den erscheinenden PIPETTE-OPTIONEN können Sie genau festlegen, welche Attribute aufgenommen/übertragen werden sollen. Die insgesamt fünf Einstellungsbereiche können aufgeklappt werden und bieten Ihnen dann die Möglichkeit, jedes Detail der Formatierung ein- und auszuschalten. Wenn Sie im Abschnitt ZEICHENEINSTELLUNGEN alle Optionen mit Ausnahme von FARBE und FARBTON ausschalten, werden in der Folge eben auch nur die Farbinformationen auf das Ziel übertragen; alle anderen Textattribute bleiben unverändert.

Leider können die PIPTETTE-OPTIONEN nicht verändert werden, wenn bereits eine Formatierung aufgenommen wurde, weil das Aufrufen der Optionen die Pipette zurücksetzt. Es wäre gelegentlich sehr praktisch, wenn man einzelne Attribute nachträglich

Das Problem liegt in der Erstellung der **Matrize**. Da die Matrize unter sehr hohem Druck erstellt wird, können feine Serifen oder dünne Haarstriche verbogen werden oder gar abbrechen. Für dieses Druckverfahren sind also Schrifttypen notwendig, die einen soliden und möglichst gleichmäßigen **Duktus** und ausgeprägte und stabile Serifen aufweisen.

▲ **Abbildung 15.2**
Markieren Sie erst den zu formatierenden Text, und klicken Sie dann mit der Pipette auf die Vorlage.

TIPP

Die Pipette kann zum Austausch von Formatinformationen zwischen Dokumenten verwendet werden. Sie können also in einem Dokument eine Formatierung aufnehmen und die gefüllte Pipette in einem anderen Dokument anwenden. Zeichen- und Absatzformate werden dabei natürlich ebenfalls übertragen.

◄ **Abbildung 15.3**
PIPETTE-OPTIONEN

TOP-TIPP
Nur Absatzattribute

Wenn Sie bei geladener Pipette die ⇧-Taste drücken, ändert sich die Werkzeugdarstellung in: ✐. Wenn Sie nun auf einen Text klicken, werden nur die Absatzattribute übertragen.

- ▼ ☑ Zeicheneinstellungen
  - ☑ Zeichenformat
  - ☑ Schriftart
  - ☑ Schriftgrad
  - ☑ Farbe und Farbton
  - ☑ Zeilenabstand
  - ☑ Kerning, Laufweite
  - ☑ Unterstrichen
  - ☑ Durchgestrichen
  - ☑ Ligaturen
  - ☑ Skalieren, Verzerren
  - ☑ Grundlinienversatz
  - ☑ Großbuchstaben, Position
  - ☑ Sprache
  - ☑ Kein Umbruch
  - ☑ Konturstärke
  - ☑ OpenType
  - ☑ Konturecke
  - ☑ Konturausrichtung
  - ☑ Gehrungsgrenze

▲ **Abbildung 15.4**
Zeichen-Optionen der
Pipette-Optionen

abschalten und somit unterschiedliche Varianten erstellen könnte. Die Stärke der Pipette liegt gerade in der Möglichkeit, sehr schnell kleine Korrekturen vorzunehmen. Für die Gestaltung umfangreicher Publikationen ist das Pipette-Werkzeug nicht geeignet. Deshalb bieten professionelle Satzprogramme hier weitergehende Möglichkeiten – in QuarkXPress werden diese Stilvorlagen genannt; InDesign nennt sie Zeichen- und Absatzformate.

15.1.3 Textformatierung mit Zeichen- und Absatzformaten

Das manuelle Formatieren langer und textlastiger Dokumente – egal ob mit oder ohne Pipette – hat im Wesentlichen folgende drei Nachteile:

1. Sich wiederholende Textformatierungen müssen für jedes Element neu vorgenommen werden. Das kann bei exzessiver Nutzung der Formatierungsoptionen eine langwierige Arbeit sein.
2. Die immer wiederkehrenden Formatierungen bergen viele Fehlerquellen in sich. Einmal wird die Schriftgröße falsch eingestellt, ein anderes Mal möglicherweise der Schriftschnitt.
3. Änderungen in der Typografie ziehen sich immer durch alle Details der Publikation. Jedes Element muss stets neu bearbeitet werden.

Deshalb wird das Konzept der Vorlagen, die Sie bereits in Form von Musterseiten kennengelernt haben, auch auf die Textgestaltung und auf andere Bereiche der Gestaltung übertragen.

Dabei wird zunächst abstrakt beschrieben, wie ein bestimmter Textteil oder Absatz aussehen soll. In einem zweiten Schritt wird die abstrakte Vorlage auf die realen Elemente Ihrer Publikation übertragen. Dieser Zusatzaufwand rechtfertigt sich dadurch, dass Sie mit dieser Strategie alle potentiellen Probleme auf einmal erledigen können.

Da die Vorlage alle Formatierungsattribute enthält, sparen Sie sich beim Übertragen der Vorlage die Einstellung aller einzelnen Attribute. Einmal definiert, können alle Auszeichnungsmerkmale mit einem Klick auf bestehende Elemente übertragen werden.

Das führt unmittelbar zum zweiten Vorteil: Da es nur eine zentrale Definition gibt, ist sichergestellt, dass alle davon abgeleiteten Formatierungen auch genauso aussehen, wie Sie es beabsichtigt haben. Es kann kein Detail übersehen werden.

Die Textanteile, die über Formate gestaltet wurden, übernehmen nicht die Attribute der Vorlage auf der physikalischen Ebene, sondern auf einer logischen: »Dieser Textteil sieht so aus wie die Vorlage.« Das bedeutet, dass Sie die abstrakte Definition – »das Aussehen« – ändern können und sich somit alle davon abgeleiteten Textelemente automatisch anpassen. Die entsprechenden Textelemente erben das Aussehen, nicht die einzelnen Attribute. Änderungen in der Typografie sind somit mit wenigen Mausklicks erledigt. Das bewährt sich besonders in der Entwurfsphase einer Publikation, kann aber auch bei Anpassungen periodischer Publikationen den Aufwand drastisch reduzieren.

Ein Element, das mit einer Formatvorlage formatiert wurde, ist dabei jedoch nicht starr auf das vorgegebene Format eingestellt, sondern Sie können jederzeit einzelne Attribute im Text korrigieren oder ergänzen. Einer Feinarbeit steht damit also nichts im Weg.

Da Formate darüber hinaus voneinander lernen können, können Sie hierarchische Beziehungen aufbauen, in denen, von einem Wurzelformat ausgehend, alle anderen Formate abgeleitet und nur mehr in Details angepasst werden. Eine Änderung des Wurzelformats (oder jedes in der Hierarchie übergeordneten Formats) überträgt sich auf alle davon abgeleiteten Formate.

Formate können zwischen Dokumenten ausgetauscht werden. Formate, die Sie in Word-Dokumenten angelegt haben, können beim Textimport auf InDesign-Formate umgestellt werden. Darüber hinaus sind Formate die Grundlage für viele Weiterverarbeitungsprozesse, wie z. B. für das Erstellen von Inhaltsverzeichnissen, die Übergabe von Daten an andere Programme und den XHTML- oder XML-Export. Da hier zumeist der Inhalt vom Erscheinungsbild getrennt wird, sind Formate notwendig, um das Erscheinungsbild sauber zu beschreiben.

An dieser Stelle möchten wir nur die Zeichenformate und Absatzformate betrachten. Beide werden über eigene Bedienfelder abgebildet, die standardmäßig in den Registerkarten am Bildschirmrand untergebracht sind. Diese Bedienfelder stellen eine Liste der definierten Formate zur Verfügung und geben Ihnen die Möglichkeit, Formate aus anderen Dokumenten zu übernehmen, Formate zu definieren, zu ändern und wieder zu löschen.

Die Absatzformate können alle Absatzattribute abbilden, die Sie in Abschnitt 14.5, »Der Absatz«, zur Absatzformatierung kennengelernt haben. Darüber hinaus enthalten sie auch alle Informationen zum Text, den der jeweilige Absatz trägt. Das ist für XPress-Benutzer u. U. etwas ungewohnt. Deshalb stellen wir nun kurz die Unterschiede dar. Die Details zur Anwendung von Absatzformaten erfahren Sie in Abschnitt 15.4, »Absatzformate«, auf Seite 438. Wenn Sie also Neueinsteiger in InDesign sind, können Sie dierekt zu Abschnitt 15.2, »Grundlegende Handhabung von Absatz- und Zeichenformaten«, springen.

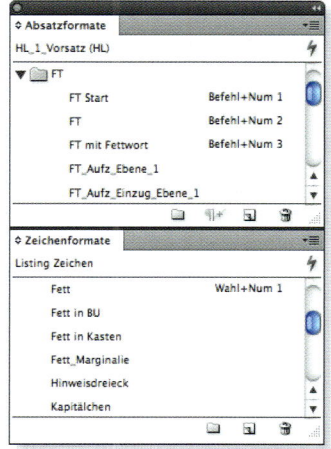

▲ **Abbildung 15.5**
Absatzformate- und Zeichenformate-Bedienfeld in einer schwebenden Registerkarte mit einigen Formaten, die wir in diesem Buch verwenden

15.1.4 Unterschiede zu QuarkXPress

Zeichen- und Absatzformate werden in QuarkXPress als »Stilvorlage« bezeichnet. Bis zu Version 3 gab es in QuarkXPress nur eine Art von Stilvorlagen, in denen Absatz- und Textattribute definiert wurden – dies entspricht den Absatzformaten von InDesign.

Mit Version 4 – bislang ist diese Strategie unverändert – wurden Zeichenstilvorlagen eingeführt, die den Zeichenformaten in InDesign entsprechen. Die Zeichenstilvorlagen können auf einzelne Textanteile angewendet, aber auch in der Definition der Absatzstilvorlagen eingesetzt werden.

In der Definition von Absatzstilvorlagen können Sie in QuarkXPress entscheiden, ob Sie einem Absatz eine bestehende Zeichenstilvorlage zuordnen wollen. Sie können jedoch auch in einem Zwischenschritt eine Zeichenstilvorlage definieren und dann zuweisen, oder Sie definieren die Zeichenattribute des Textes direkt in der Absatzstilvorlage. Letzteres entspricht der Methodik von QuarkXPress 3 und auch von InDesign.

Der große Vorteil des Verbindens von Zeichen- und Absatzstilvorlage ist, dass eine einheitliche Textformatierung in mehreren Absatzstilvorlagen verwendet werden kann. Das ist die bevorzugte Variante von QuarkXPress-Profis. Viele QuarkXPress-Benutzer verwenden aber weiterhin die Definition der Textattribute im Absatz. Bei der Übergabe von Dokumenten führt dies manchmal zu Irritationen, da die verwendete Methode aus den Informationen des Stilvorlagen-Bedienfelds nicht erkennbar ist. Deshalb wird die »alte« Methode manchmal als Fehlerzustand identifiziert und dann versucht, einen Fehler zu korrigieren, wo tatsächlich keiner ist.

> **Zeichen und Absatz verbinden**
>
> In Händen von Profis ist das Verbinden von Zeichen- und Absatzstilvorlagen eine gute Methode. Wenn Sie auf InDesign umsteigen, müssen Sie sich diese Methode allerdings abgewöhnen, da InDesign nur isolierte Zeichenformate unterstützt. Die Textinformation in Absatzformaten muss in der Absatzdefinition erfolgen. Anders gesagt: Zeichenformate sind eben nur für Buchstaben und Wörter und nicht für Absätze gedacht, was logisch ist.

15.2 Grundlegende Handhabung von Absatz- und Zeichenformaten

Die grundsätzlichen Konzepte von Formaten sollten nun geklärt sein. Betrachten wir nun einige Eigenschaften, die beide Arten von Formaten (aber auch andere Hilfsmittel, wie Tabellen- und Zellenstile oder Objektstile) gemein haben, und wie Sie diese Eigenschaften in der Praxis am besten ausnutzen können.

15.2.1 Die Bedienfelder

Die Bedienfelder **Zeichenformate** ⚟ und **Absatzformate** ⚟ sind standardmäßig am rechten Bildschirmrand angedockt oder können im Menü FENSTER • SCHRIFT UND TABELLEN aufgerufen werden. Das Zeichenformate-Bedienfeld können Sie auch mit

Strg + ⇧ + F11 bzw. ⌘ - ⇧ + F11 und das Absatzformat-
Bedienfeld über Strg + F11 bzw. ⌘ + F11 aufrufen.

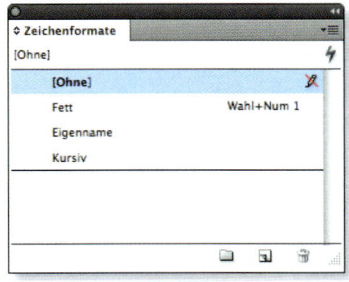
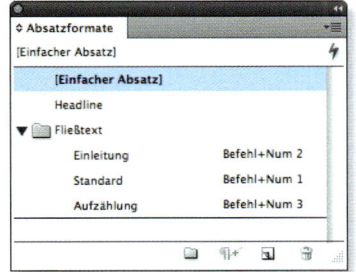

◀ **Abbildung 15.6**
Absatzformate- und Zeichenformate-Bedienfeld. Im Absatzformate-Bedienfeld sind einige
Formate zu einer Gruppe zusammengefasst.

Beide Bedienfelder sind gleich aufgebaut. Die Unterschiede werden wir bei den jeweiligen Formaten behandeln. Das Anlegen
neuer Formate funktioniert bei beiden Varianten gleich.

15.2.2 Formate anlegen

Um ein neues Zeichen- oder Absatzformat zu erstellen, rufen Sie
Neues Zeichenformat aus dem Bedienfeldmenü des Zeichenfor-
mat-Bedienfelds bzw. Neues Absatzformat aus dem Bedienfeldmenü des Absatzformate-Bedienfelds auf oder klicken mit
gedrückter Alt- bzw. ⌥-Taste auf ◰. Wenn Sie einen einfachen Klick auf ◰ machen, wird zwar ein neues Format angelegt,
Sie müssen es jedoch über einen Doppelklick zur Bearbeitung
aufrufen.

In der Folge erscheint das Fenster Neues Zeichenformat bzw.
Neues Absatzformat. Beide Fenster sind in mehrere Abschnitte
gegliedert, mit denen Sie sämtliche Attribute definieren können.
Der erste Abschnitt, Allgemein, dient zur Verwaltung des Formats. Legen Sie zunächst einen Namen für Ihr Format fest, und
tragen Sie ihn unter Formatname ein.

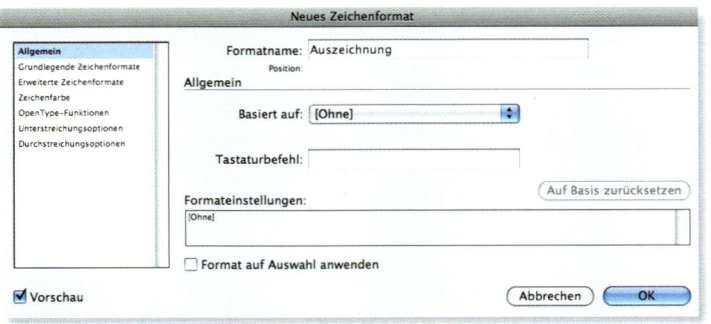

◀ **Abbildung 15.7**
Abschnitt Allgemein des Fensters
Neues Zeichenformat. Unter
Formateinstellungen zeigt
InDesign eine Zusammenfassung
aller derzeitigen Einstellungen Ihres
Formats.

Sie sind in der Namenswahl nicht eingeschränkt. Vermeiden Sie
sowohl die Sonderzeichen &, :, < und > in den Namen als auch

Zahlen am Beginn des Namens von Formaten. Wenn Ihr Layout auf Basis von XML weiterverarbeitet wird, kann dies zu Fehlern führen. Umlaute dürfen Sie allerdings verwenden.

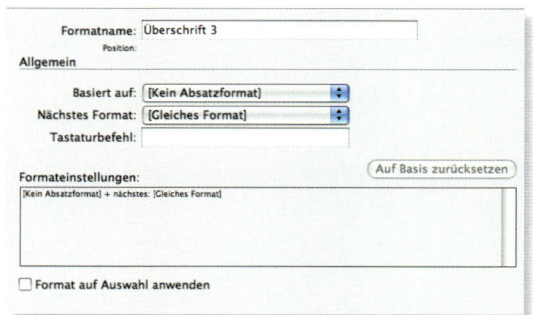

Abbildung 15.8 ▶
Abschnitt ALLGEMEIN des Fensters NEUES ABSATZFORMAT: Der einzige Unterschied zu NEUES ZEICHENFORMAT liegt in der Option NÄCHSTES FORMAT, die wir später noch ausführlich behandeln werden.

Sie können folgende zusätzliche Einstellungen bei beiden Formaten vornehmen:

▶ **Basiert auf:** Mit BASIERT AUF können Sie festlegen, welche Attribute von einem bestehenden Zeichenformat übernommen werden sollen. Zu dieser leistungsstarken Funktion werden wir uns später noch ein paar Gedanken machen und sie in Abschnitt 15.4, »Absatzformate«, näher durchleuchten.

▶ **Tastaturbefehl:** Sie könnten dem Zeichenformat einen Tastaturbefehl zuordnen, über den Sie das Format auf Textteile anwenden könnten. Der Konjunktiv im letzten Satz ist bewusst gewählt. InDesign bietet eine fast unüberschaubare Menge an Tastaturbefehlen, und die freien Möglichkeiten sind beschränkt. Als Tastaturbefehle für Formate lässt InDesign nur die Ziffern der Zehnertastatur zu. Dazu muss die [Num]-Taste gedrückt sein. Unter Windows können Sie dann eine beliebige Kombination aus [Strg]-, [Alt]- oder [⇧]-Taste und zusätzlicher Ziffer der Zehnertastatur drücken. Unter Mac OS X benötigen Sie die üblichen Steuertasten [ctrl], [⌘], [⌥] und [⇧]. Die gewählte Tastenkombination wird im Zeichenformate-Bedienfeld neben dem Eintrag Ihres Formats auch angezeigt, sofern der Platz dazu ausreicht. Unzulässige Tastenkombinationen werden von InDesign verweigert; Fehler sind also nicht möglich.

▶ **Auf Basis zurücksetzen:** Wenn Sie bei Ihren Experimenten viele Einstellungen verändert haben, können Sie alle Änderungen rückgängig machen, indem Sie auf AUF BASIS ZURÜCKSETZEN klicken. Das Absatzformat wird in den Zustand zurückversetzt, in dem es sich befand, als Sie es neu angelegt haben.

▶ **Format auf Auswahl anwenden:** FORMAT AUF AUSWAHL ANWENDEN ist nur aktiv, wenn Sie ein neues Format definieren. Wenn Sie diese Option aktivieren, wird die neue Definition sofort auf den ausgewählten Text angewendet. Diese Option ist praktisch, wenn Sie ein Format aus einem bereits gestalteten Text ableiten und es diesem Text in einem Arbeitsgang zuweisen möchten. Wenn Sie ein bestehendes Zeichenformat ändern, ist diese Option nicht auswählbar.

15.2.3 Formate sinnvoll benennen

Jedes Format muss einen eindeutigen Namen haben. Gleichnamige Formate können zwar existieren, müssen aber in unterschiedlichen Formatgruppen liegen. Da die Formatgruppen wiederum eindeutige Namen haben, ist der einzelne Formatname somit automatisch wieder eindeutig. InDesign stellt bei allen Funktionen den Namen der Formatgruppe in Klammer hinter den Formatnamen. Wie Sie solche Formatgruppen anlegen, werden Sie in Abschnitt 15.2.6 erfahren.

In der Praxis zeigt sich, dass Sie sich, wenn Sie viele Formate haben, ein Schema zurechtlegen sollten, um das gewünschte Format leichter aufzufinden. In der Realität finden wir immer wieder Zeichenformate mit Namen wie »Times fett 9 Pt« vor. Solche Namen sollten Sie vermeiden, denn der Vorteil von Formaten ist ja gerade, dass sie jederzeit die gesamte Typografie in Ihrem Dokument umstellen können, indem Sie wenige Formate ändern. Ändert sich die Schrift, müssen Sie aber auch den Namen des Formats ändern. Oftmals wird dies jedoch übersehen. Werden solche Dokumente weitergegeben, ist die Verwirrung groß. Verwenden Sie also sprechende Namen!

Der Name sollte die Funktion des Formats wiedergeben, nicht den Inhalt. Das gilt auch für extreme Abkürzungen oder Wortkreationen wie »qudlbrmft«. Dies mag Sie persönlich erheitern, wer jedoch auch immer Ihr Dokument weiterbearbeiten muss, benötigt ausgesprochen viel Humor, um mit solchen Bezeichnungen arbeiten zu können. Den Namen eines Zeichenformats können Sie über FORMATOPTIONEN im Bedienfeldmenü ändern. Seit InDesign CS3 können die Namen aber auch direkt in der Liste des Bedienfelds geändert werden, indem Sie auf den Namen eines bereits ausgewählten Formats klicken. Es erscheint ein Editierrahmen, in dem Sie einen neuen Namen eingeben können. Indem Sie die ↵-Taste drücken oder einen Klick außerhalb des Editierrahmens machen, wird die Änderung übernommen.

15.2.4 Wann sollen Formate aufeinander basieren?

Sie haben sicher schon viel in unserem Buch gelesen, und es ist Ihnen sicher aufgefallen, dass der Haupttext zum größten Teil aus zwei Arten von Absätzen besteht: Absätze ohne Einzug in der

Neues Format erstellen

Wenn Sie ohne gedrückte Alt- bzw. ⌥-Taste ein Format anlegen und dann editieren, bearbeiten Sie auch ein bereits existierendes Format – deshalb ist dann die Option FORMAT AUF AUSWAHL ANWENDEN ebenfalls nicht verfügbar.

Welche Funktion hat »Times fett 9 Pt«?

Es ist manchmal schwierig, einen »Funktionsnamen« für ein Format zu finden. Wenn Sie ein Zeichenformat definieren, über das Sie einzelne Wörter fett auszeichnen wollen, können Sie das Format einfach »fett« oder »Auszeichnung« nennen. Wenn Sie einen fetten Schnitt sowohl in Ihrem Haupttext als auch in Bildunterschriften aber in unterschiedlichen Größen verwenden, wären z. B. »Auszeichnung Haupttext« und »Auszeichnung BU« geeignete Namen. Ändert sich die Auszeichnungsmethode dann auf »kursiv«, muss der Name der Formate nicht geändert werden – ihre Funktion hat sich ja auch nicht geändert.

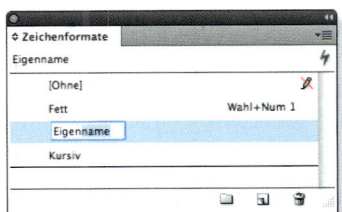

▲ **Abbildung 15.9**
Formatnamen können direkt im Bedienfeld editiert werden.

[Auszeichnung]
Die Hervorhebung eines Textteils,
z. B. eines einzelnen Wortes.

[Aktive Auszeichnung]
Eine Auszeichnung, die sich stark
von dem umgebenden Text abhebt, z. B. »fett« oder »unterstrichen«.

[Integrierte Auszeichnung]
Eine Auszeichnung, die sich gut in
den umgebenden Text einfügt,
z. B. »kursiv« oder »Kapitälchen«.

▲ **Abbildung 15.10**
Zeichenformate anordnen

ersten Zeile (sie stehen am Beginn einer Seite oder nach Objekten,
die in den Text eingefügt sind – nennen wir sie »Startabsatz«) und
Absätze mit einem solchen Einzug (sie folgen dem Absatz ohne
Einzug bis zum Seitenende oder bis zu einem in den Text einge-
fügten Objekt – nennen wir diese Art »Standardabsatz«).

Die beiden Absatzarten unterscheiden sich wirklich nur im
Einzug. Genau das ist die Situation, in der Absätze aufeinander
basieren sollen. Wenn der Startabsatz auf dem Standardabsatz
basiert, können Sie sich in der Definition darauf beschränken, den
Einzug zu korrigieren. Alle anderen Attribute werden vom Standardabsatz übernommen, und diese Attribute bleiben auch mit
dessen Definition verbunden. Wird die Schriftgröße im Standardabsatz verändert, ändert sich somit die Schriftgröße im Startabsatz ganz automatisch. Alle Attribute werden auf das abgeleitete Format übertragen, solange sie nicht im abgeleiteten Format
manuell verändert wurden. Diese Vererbung würde bei unseren
Formaten also nicht mehr funktionieren, wenn die Schriftgröße
im Startabsatz bereits auf einen konkreten Wert gesetzt wurde.
Würde beim Standardabsatz z. B. der Einzug in der ersten Zeile
ergänzt, würde der Startabsatz seinen eigenen Einzug behalten.

Bei umfangreichen Publikationen ist allerdings eine gewisse
Planung notwendig. Die dafür notwendige Zeit ist gut investiert,
wenn es Änderungen an der Typografie gibt, seien es Planungsän-
derungen oder Fehlerkorrekturen. Eine gut ausgearbeitete Struktur erlaubt Änderungen mit wenigen Mausklicks.

15.2.5 Formate sortieren

InDesign legt neu angelegte Formate nach keinem erkennbaren
Muster im jeweiligen Bedienfeld ab. Die Anordnung/Abfolge der
Einträge können Sie auf unterschiedliche Art selbst festlegen.

Greifen Sie ein Zeichenformat einfach mit dem Mauszeiger,
und verschieben Sie es an eine andere Stelle in der Liste. Sollten
Sie eine alphabetische Ordnung vorziehen, können Sie NACH
NAME SORTIEREN im Bedienfeldmenü aufrufen.

Bei kleinen Dokumenten mit wenigen Formaten ist der Überblick über alle Definitionen auf diese Weise zwar zu wahren, in
umfangreichen Projekten wäre die Scrollerei und Sucherei in den
Bedienfeldern allerdings außerordentlich mühsam. Deshalb gibt
es (seit InDesign CS3) endlich die Möglichkeit, Formate in Grup-
pen/Ordnern zusammenzufassen.

15.2.6 Formate in Gruppen zusammenfassen

Klicken Sie auf NEUE FORMATGRUPPE ERSTELLEN 📁 , oder wählen
Sie NEUE FORMATGRUPPE aus dem Bedienfeldmenü. Beim Anlegen

über das Bedienfeldmenü werden Sie zunächst nach einem Namen für die Gruppe gefragt, ein Klick auf  erzeugt direkt eine Formatgruppe mit einem Standardnamen, den Sie aber direkt im Bedienfeld ändern können (wie zuvor bei den Formatnamen beschrieben).

Ein Klick auf Neue Formatgruppe erstellen mit gedrückter Alt- bzw. ⌥-Taste führt wiederum direkt zum Fenster Neue Formatgruppe, wo Sie den Namen der Gruppe eingeben können. Dabei müssen Sie jedoch auf eindeutige Namen achten – eine Gruppe kann nicht identisch mit einem einzelnen Format benannt werden, solange sich die beiden auf der gleichen Ebene in der Liste befinden.

Einzelne Formate können Sie nun direkt in den entsprechenden Ordner ziehen. Mehrere Formate können Sie zunächst auswählen und dann blockweise in einen Ordner bewegen, oder über In Gruppe kopieren aus dem Bedienfeldmenü. Allerdings entstehen dann wirklich lediglich Kopien. Die Originale müssen noch gezielt gelöscht werden, was zu lästigen Zuordnungsfragen führen kann. In einem solchen Fall ist es einfacher, wenn Sie alle Formate auswählen und Neue Gruppe aus Formaten aus dem Bedienfeldmenü aufrufen. Sie werden nun nach einem Namen für die neue Gruppe gefragt, die Gruppe wird angelegt, und alle Formate werden in diese Gruppe verschoben.

Die Gruppenordner können natürlich wieder nach Belieben in der Liste verschoben werden. Zusätzlich können diese Ordner aber auch ineinander verschachtelt werden, was endgültig die Möglichkeit bietet, auch eine große Anzahl an Formaten zu bändigen und zu strukturieren. Formatgruppen werden über das Dreieck neben dem Namen auf- und zugeklappt. Befehle, über die Sie alle Gruppen gleichzeitig auf- oder zuklappen – Alle Formatgruppen öffnen und Alle Formatgruppen schliessen –, finden Sie im Bedienfeldmenü.

Wenn Sie eine Gruppe löschen, werden auch alle darin enthaltenen Formate gelöscht – InDesign fragt Sie jedoch zur Sicherheit vorher noch nach Ihrem Einverständnis und gibt Ihnen die Möglichkeit, Nachfolger für die zu löschenden Formate zu nominieren.

15.3 Zeichenformate

Alle Attribute, die Sie in Zeichenformaten festlegen können, finden Sie später auch in den Absatzformaten. Allerdings werden alle Zeichenattribute in Absatzformaten auf den gesamten Text eines Absatzes übertragen. Zeichenformate sind für Textmengen, die

▲ **Abbildung 15.11**
Wenn Sie mehrere Formate in eine Gruppe kopieren wollen, müssen Sie das Ziel aus der Liste der existierenden Gruppen auswählen.

Mehrere Formate auswählen

Eine zusammenhängende Liste von Formaten können Sie auswählen, indem Sie zunächst das erste Format markieren und dann mit gedrückter ⇧-Taste das letzte Format.

Nicht beieinander liegende Formate wählen Sie aus, indem Sie bei jedem Klick auf ein zusätzliches Format die Strg- bzw. ⌘-Taste gedrückt halten.

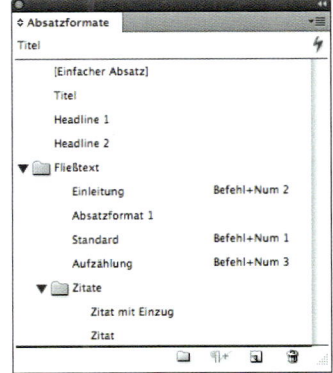

▲ **Abbildung 15.12**
Einzelne Formate und veschachtelte Formatgruppen im Absatzformate-Bedienfeld.

kleiner als ein Absatz sind gedacht. Dadurch ergeben sich einige Unterschiede in Struktur und Anwendung.

15.3.1 Das Zeichenformat »[Ohne]«

Das Zeichenformat [OHNE] existiert in jedem neuen Dokument. Es wird von InDesign vorgegeben und kann weder verändert noch gelöscht werden. Es hat im Wesentlichen zwei Funktionen:

1. Prinzipiell basiert jedes Zeichenformat auf einem anderen. Wenn Sie eine neue Verkettung aufeinander basierender Formate starten wollen, dann wählen Sie für BASIERT AUF das Zeichenformat [OHNE]. Da dieses Format keinerlei Eigenschaften hat, beginnen Sie also wieder bei null.

2. Zeichenformate werden immer auf ausgewählten Text angewendet. Dieser Text hat jedoch schon Schriftattribute auf Basis des Absatzes erhalten. Wenn Sie die Formatierung in einem Text über ein Zeichenformat rückgängig machen wollen, weisen Sie dem Text das Zeichenformat [OHNE] zu. Da dieses Format keinerlei Eigenschaften hat, werden die Schriftattribute des Absatzes wieder wirksam.

15.3.2 Ein Zeichenformat anlegen

Erstellen Sie nun ein neues Zeichenformat, und blättern Sie durch die einzelnen Bereiche. Sie werden alte Bekannte aus den bisherigen Kapiteln antreffen, deren Wiederholung wir Ihnen hier ersparen.

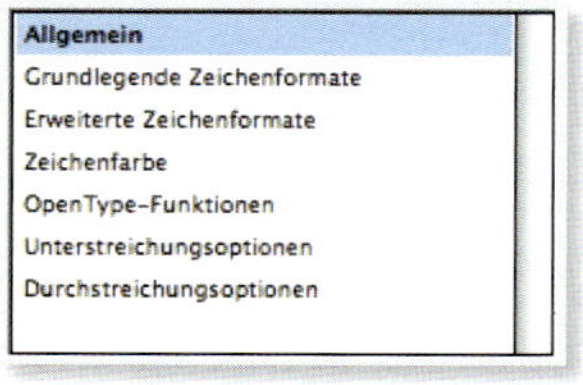

Wenn Sie sich in der Auswirkung der einzelnen Textattribute noch nicht ganz sicher sind, wählen Sie vor der Definition des Zeichenformats einen Text aus, und aktivieren Sie im Fenster NEUES ZEICHENFORMAT die Option VORSCHAU – Sie können dann alle Einstellungen direkt in Ihrem Dokument nachvollziehen.

Wir haben zwar das Thema Farbe in Kapitel 12 bereits behandelt, Ihnen jedoch in Kapitel 14, »Typografie«, verschwiegen, wie Sie Farbe auf Texte anwenden können. Deshalb reichen wir die Farbeinstellungen für Texte bzw. deren Konturen (Register ZEICHENFARBE) hier nach.

▶ **Fläche** $\boxed{T}$**:** Wenn Sie die Schrift einfärben wollen, aktivieren Sie dieses Symbol und wählen aus der Liste der definierten Farben die gewünschte Farbe aus. Bei neu angelegten Formaten ist die Farbe zunächst undefiniert, und FLÄCHE (und auch die Kontur) wird mit Fragezeichen gekennzeichnet $\boxed{?}$. In diesem Fall lässt InDesign die Farbe des Textes, auf den das Zeichenformat angewendet wird, unverändert. Sollten Sie in der Liste der definierten Farben die richtige Farbe nicht finden, können Sie mit einem Doppelklick auf eines der Symbole Textfarbe $\boxed{T}$ oder

---

Allgemein
Grundlegende Zeichenformate
Erweiterte Zeichenformate
Zeichenfarbe
OpenType-Funktionen
Unterstreichungsoptionen
Durchstreichungsoptionen

▲ **Abbildung 15.13**
Sämtliche Zeichen-Attribute sind für die Definition von Zeichenformaten in sieben Bereiche gegliedert.

Konturfarbe T̄ ein Fenster zum Definieren eines neuen Farbfeldes aufrufen.

◄ **Abbildung 15.14**
Abschnitt ZEICHENFARBE – Einstellungen für die Schriftfläche

▶ **Farbton:** Diese Einstellung können Sie sowohl für die Zeichenfarbe als auch für die Kontur vornehmen. Wir empfehlen Ihnen
jedoch, dafür ein Farbtonfeld zu definieren und zu verwenden.
▶ **Fläche überdrucken:** Wenn die Schrift überdrucken soll, aktivieren Sie diese Option (standardmäßig ist sie schon aktiviert,
was allerdings nur bei schwarzem Text sinnvoll ist), ansonsten
würde die Schrift aus dem Hintergrund ausgespart.

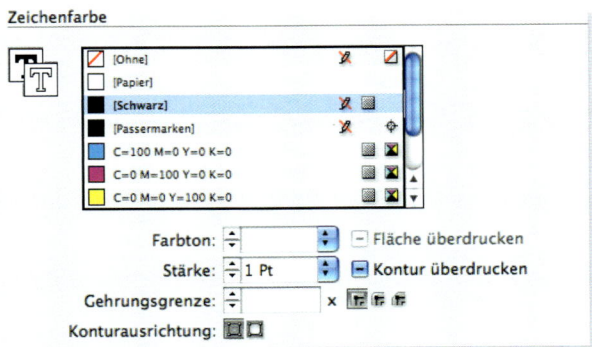

◄ **Abbildung 15.15**
Abschnitt ZEICHENFARBE – Einstellungen für die Schriftkontur

▶ **Zeichenkontur** T̄ **oder** ▱**:** Text kann als Umriss dargestellt
werden. Hier legen Sie die Farbe des Umrisses fest. Ist die Farbe
des Umrisses nicht definiert (⊡), existiert auch die Kontur
nicht, und InDesign stellt die Fläche der einzelnen Zeichen dar.
Ansonsten müssen Sie noch weitere Einstellungen vornehmen
und der Kontur z. B. auch eine STÄRKE geben.
▶ **Stärke:** Dies bezieht sich auf die Stärke der Schriftkontur und
ist deshalb nur auswählbar, wenn Sie das Zeichenkontur-Sym-
bol aktiviert haben. Legen Sie die STÄRKE der Kontur fest,
indem Sie eine Vorgabe aus dem Menü wählen oder den
gewünschten Wert eintragen.

▶ **Kontur überdrucken:** Wie bei der Schriftfläche legen Sie hier fest, ob die Kontur aus dem Hintergrund ausgespart werden oder ob sie den Hintergrund überdrucken soll.

Neu in InDesign CS4 sind die Einstellungen für die GEHRUNGS-GRENZE und die KONTURAUSRICHTUNG:

▶ **Gehrungsgrenze:** Hier gelten alle Regeln für Konturen, die Sie schon kennen. Beachten Sie vor allem, dass eine numerische Eingabe der GEHRUNGSGRENZE nur für GEHRUNGSECKEN 🔳 möglich ist und auch dann die Kontur eine bestimmte Mindeststärke haben muss, damit die GEHRUNGSGRENZE aktiv bzw. sichtbar wird. Das dürfte nur bei sehr großen Schriftgraden der Fall sein.

▶ **Konturausrichtung:** Da Schriftkonturen nicht auf Pfaden basieren, gibt es hier keine Möglichkeit, die Kontur mittig auszurichten. Die Möglichkeiten KONTUR MITTIG AUSRICHTEN 🔳 und KONTUR AUSSEN AUSRICHTEN 🔳 sind jedoch eine der zwar kleinen, aber sehr praktischen Neuerungen von InDesign CS4. Aber natürlich funktioniert die Sache auch nur dann, wenn der Schriftgrad in einem vernünftigen Verhältnis zur Kontur steht – es ist einsichtig, dass eine 10 Pt starke Kontur nicht in einer 10 Pt großen Schrift liegen kann.

Schritt für Schritt: Zeichenformat definieren

1 **Zeichenformate-Bedienfeld aufrufen**
Blenden Sie das Zeichenformate-Bedienfeld ein, oder rufen Sie es über SCHRIFT • ZEICHENFORMATE auf.

2 **Neues Zeichenformat**
Wählen Sie NEUES ZEICHENFORMAT aus dem Bedienfeldmenü. Das Fenster NEUES ZEICHENFORMAT erscheint.

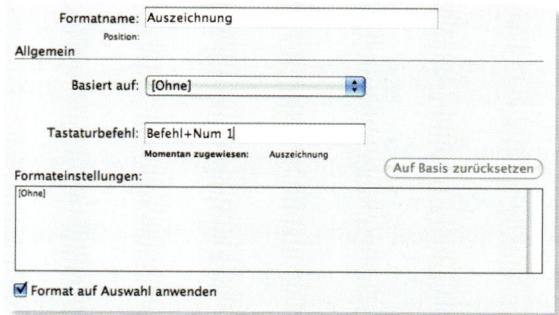

Abbildung 15.16 ▶
NEUES ZEICHENFORMAT mit bereits zugewiesenem TASTATURBEFEHL 1. FORMAT AUF AUSWAHL ANWENDEN ist aktiviert, um das neue Format dem Absatz zuzuweisen, von dem es abgeleitet wurde.

3 **Benennen und Tastaturbefehl festlegen**

Benennen Sie das neue Zeichenformat mit »Auszeichnung«. Stellen Sie sicher, dass die ⌷Num⌷-Taste gedrückt ist, setzen Sie den Cursor in das Feld Tastaturbefehl, und drücken Sie die Tastenkombination ⌷Strg⌷+⌷1⌷ bzw. ⌷⌘⌷+⌷1⌷, wobei Sie die Tasten des Zehnerblocks verwenden müssen. Das Festlegen des Tastaturbefehls ist optional.

4 **Zeichenattribute festlegen**

Wählen Sie den Abschnitt Grundlegende Zeichenformate aus, und stellen Sie für Schriftfamilie »Warnock Pro«, für den Schriftschnitt »Semibold Italic«, als Grösse »9 Pt« und bei Laufweite »5« ein. Die Schrift Warnock Pro wird mit InDesign installiert und sollte Ihnen somit zur Verfügung stehen. Klicken Sie auf OK, um die Definition des Zeichenformats abzuschließen.

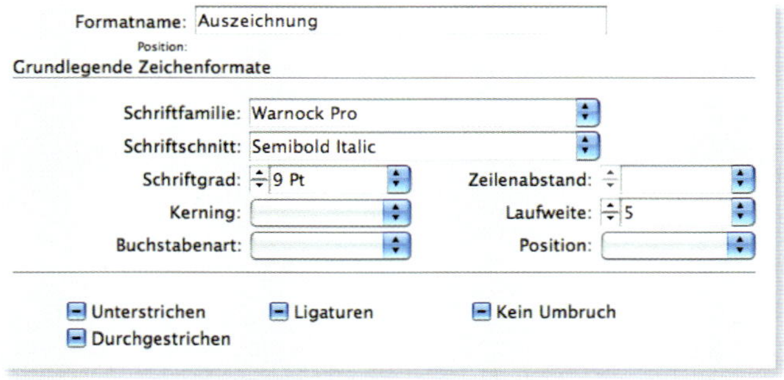

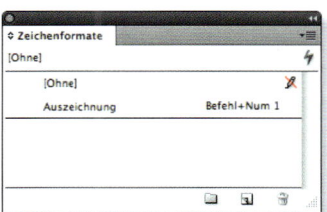

◀ **Abbildung 15.17**
Grundlegende Einstellungen für unser Zeichenformat

▲ **Abbildung 15.18**
Unser Zeichenformat erscheint im Zeichenformate-Bedienfeld. Der vergebene Tastaturbefehl ist eingeblendet.

Das Zeichenformat wird nun im Zeichenformate-Bedienfeld angezeigt und kann ab sofort verwendet werden. ■

15.3.3 Zeichenformate anwenden und ändern

Das soeben definierte Zeichenformat ist dafür gedacht, in einem Text, der aus der Warnock Pro Regular in 9 Pt gesetzt ist, einzelne Wörter auszuzeichnen. Um das Format anzuwenden, markieren Sie im betreffenden Text ein Wort und klicken auf Auszeichnung im Zeichenformate-Bedienfeld. Wenn Sie den Tastaturbefehl eingetragen haben, können Sie auch ⌷Strg⌷+⌷1⌷ bzw. ⌷⌘⌷+⌷1⌷ verwenden – jeweils mit gedrückter ⌷Num⌷-Taste und den Ziffern auf der Zehnertastatur. Der ausgewählte Text wird nun in der Definition des Zeichenformats dargestellt.

Wenn Sie danach der Meinung sind, dass die Darstellung der Auszeichnung etwas unglücklich gewählt wurde, können Sie das Zeichenformat und somit alle damit formatierten Textanteile einfach ändern, müssen aber auf ein kleines Problem Rücksicht neh-

Format ohne Schriftfamilie

Die Angabe der Schriftfamilie ist nicht notwendig, wenn sichergestellt ist, dass im Absatz, in dem das Zeichenformat angewendet wird, die Schriftfamilie auf Warnock Pro gestellt ist.

men: Grundsätzlich können Sie die Definition des Formats ändern, indem Sie im Zeichenformate-Bedienfeld auf das Format doppelklicken. Haben Sie dabei allerdings einen Text ausgewählt, wird der erste Klick das Format auf den ausgewählten Text anwenden. Um dies zu vermeiden, halten Sie die Tasten [Strg]+[Alt]+[⇧] bzw. [⌘]+[⌥]+[⇧] gedrückt und machen einen Doppelklick auf den Namen des Zeichenformats. Nun wird das Fenster ZEICHENFORMATOPTIONEN angezeigt, in dem Sie alle Einstellungen des Formats verändern können. In diesem Fall wäre eine Umstellung des Schriftschnitts auf ITALIC eine gute Idee. Sobald Sie das Fenster wieder mit OK schließen, werden alle Änderungen in die Formatierung des Textes übernommen.

15.3.4 Abweichendes Zeichenformat

Wenn Sie nun mit der Definition des Zeichenformats zufrieden sind, kann es dennoch sein, dass Sie in Einzelfällen die Textformatierung geringfügig verändern wollen. So können Sie z.B. in einzelnen Wörtern die Laufweite noch etwas erhöhen. Das ist grundsätzlich kein Problem, aber die abstrakte Definition des Zeichenformats deckt sich damit nicht mehr mit der realen Darstellung. InDesign macht Sie auf diesen Zustand aufmerksam, indem neben dem Namen des Formats im Zeichenformate-Bedienfeld ein Plus dargestellt wird.

Um festzustellen, welche Abweichung genau vorliegt, positionieren Sie den Mauszeiger über dem Namen des betroffenen Zeichenformats. InDesign blendet nach kurzer Zeit einen Tipp-Rahmen ein, in dem die abweichenden Attribute angeführt sind.

Es werden nur Abweichungen erkannt, die in der Definition des Zeichenformats **eindeutig** zugewiesen wurden. In unserem Beispiel würde also eine Änderung der Zeichenkontur nicht als Abweichung gewertet. Deshalb erkennen Sie nicht, wenn ein Attribut manuell verändert wurde, da InDesign es nicht als Abweichung anzeigt. Wenn Sie also die Unterstreichung im Zeichenformat nicht explizit abschalten, werden Sie am Namen des Zeichenformats nicht erkennen, ob Ihr Dokument eine manuelle Unterstreichung enthält. Das ist insofern fatal, als Sie u.U. sehr wohl ein Zeichenformt mit einer Unterstreichung einsetzen und die manuelle Unterstreichung natürlich nicht verändert wird, wenn Sie im Zeichenformat z.B. den Offset der Linie verändern. In diesem Fall wird die manuelle Unterstreichung im Zeichenformat zwar nachträglich als Abweichung markiert – dies ist allerdings sehr leicht zu übersehen.

Weiters erkennen Sie eine Abweichung nur, wenn der ausgewählte Text nicht mehrere Abweichungen enthält. Bei mehreren

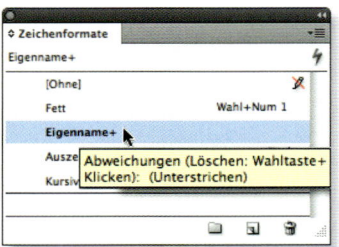

▲ **Abbildung 15.19**
InDesign zeigt Ihnen die Abweichungen in einem Zeichenformat, wenn Sie den Mauszeiger über den Formatnamen stellen.

Abweichungen wird kein Zeichenformat im Zeichenformate-Bedienfeld markiert, und über der Liste der Formatnamen wird (GEMISCHT) angezeigt.

Wenn Sie eine Abweichung eindeutig identifiziert (und ausgewählt) haben, klicken Sie auf den Namen des Zeichenformats, um die Textattribute wieder an die Zeichenformat-Definition anzupassen, oder auf [OHNE], um die Zuordnung des Formats wieder aufzuheben. Eine Mischform dieser beiden Varianten erreichen Sie, wenn Sie VERKNÜPFUNG MIT FORMAT AUFHEBEN aus dem Bedienfeldmenü aufrufen. Die Formatierung bleibt erhalten, aber dem Text wird das Format [OHNE] zugewiesen – ganz so, wie wenn Sie den Text manuell verändert hätten.

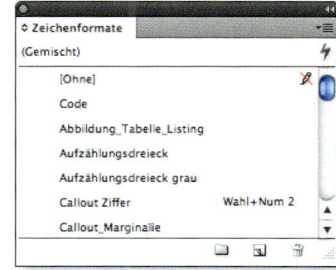

▲ **Abbildung 15.20**
Im ausgewählten Text gibt es mehrere Abweichungen. Deshalb wird im Zeichenformate-Bedienfeld (GEMISCHT) eingeblendet.

15.3.5 Formate duplizieren, löschen und neu definieren

Im Regelfall werden Sie sogar bei kleineren Publikationen eine beachtliche Anzahl an Formaten erreichen. Zur Verwaltung und Organisation benötigen Sie noch einige Funktionen, die Sie im Zeichenformate-Bedienfeld bzw. dessen Bedienfeldmenü finden.

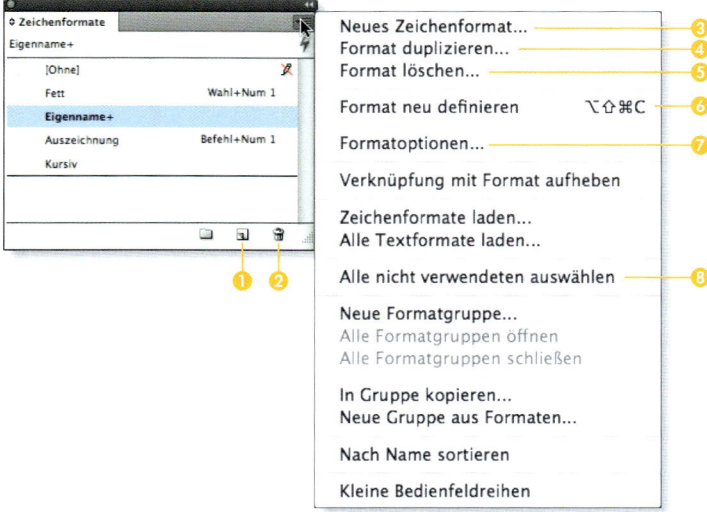

◄ **Abbildung 15.21**
Weitere Funktionen des Zeichenformate-Bedienfelds

Wie Sie ein neues Format über das Menü NEUES ZEICHENFORMAT ❸ erstellen, wissen Sie schon. Wie bei Adobe-Programmen üblich, können Sie das aber auch über einen Klick auf NEUES FORMAT ERSTELLEN ❶ erledigen. Eine Kopie eines bestehenden Formats können Sie über das Menü FORMAT DUPLIZIEREN ❹ anlegen, aber auch, indem Sie es aus der Liste auf das Symbol NEUES FORMAT ERSTELLEN ❶ ziehen.

Nicht mehr benötigte Formate können Sie über das Menü FORMAT LÖSCHEN ❺ oder einen Klick auf das Symbol AUSGEWÄHLTE

Formate löschen ❷ entfernen. Sofern das Zeichenformat auf einen Text in Ihrem Dokument angewendet wurde – also in Gebrauch ist – müssen Sie festlegen, wie in der Folge zu verfahren ist.

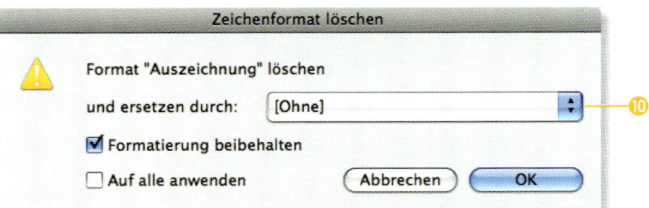

Aus dem Menü Format löschen und ersetzen durch ❿ können Sie ein Zeichenformat auswählen, mit dem der Text, der mit dem zu löschenden Format gesetzt wurde, nach dem Löschen des Originalformats gestaltet werden soll. Wenn Sie [Ohne] auswählen, müssen Sie entscheiden, ob der Text seine Formatierung behalten soll. Aktivieren Sie in diesem Fall die Option Formatierung beibehalten. Wenn Sie diese Option abschalten, wird der Text mit den Standardattributen formatiert.

Wurde ein Zeichenformat in Ihrem Dokument nicht verwendet, löscht InDesign CS4 es ohne Rückfragen. Sollten Sie mehrere Zeichenformate nicht oder nicht mehr verwenden und löschen wollen, können Sie zunächst einmal das Menü Alle nicht verwendeten auswählen ❽ aufrufen. InDesign markiert dann alle nicht verwendeten Formate für Sie, und Sie können diese dann als Block auf Ausgewählte Formate löschen ❷ ziehen. Wenn Sie mehrere Formate löschen möchten, die noch in Verwendung sind, werden Sie für jedes Format mit dem Fenster Zeichenformat löschen konfrontiert. Allerdings erscheint dann die Zusatzoption Auf alle anwenden, mit der Sie für sämtliche zu löschenden Formate genau einen Nachfolger bestimmen können.

Um die Attribute eines Formats zu verändern, wählen Sie Formatoptionen ❼ oder doppelklicken auf das gewünschte Format. Sie gelangen dann in das Fenster Zeichenformatoptionen, das sich vom Fenster Neues Zeichenformat nur durch den Namen unterscheidet.

Eine ausgesprochen praktische Funktion versteckt sich hinter Format neu definieren ❻, die Sie auch über die Tastenkombination `Strg`+`Alt`+`⇧`+`C` bzw. `⌘`+`⌥`+`⇧`+`C` schnell erreichen können. Wenn Sie die Formatierung eines Textteiles verändern (und somit ein abweichendes Zeichenformat erhalten), sich genau diese Änderung aber als günstiger erweist, können Sie mit diesem Befehl die aktuelle Formatierung auf die Definition übertragen und somit in einem Arbeitsgang alle Formatierungen in Ihrem Dokument entsprechend ändern. Dazu ist allerdings notwendig, dass bereits ein Zeichenformat existiert und dass Sie einen Text ausgewählt haben, der zwar ursprünglich mit dem Format gestaltet wurde, nun aber anders formatiert wurde.

Falls Sie nun eine Funktion vermissen, mit der aus der Formatierung eines Textes die Definition eines Zeichenformats abgeleitet werden kann, unterschätzen Sie InDesign: Sie können einen Text beliebig formatieren, auswählen und dann NEUES ZEICHENFORMAT aufrufen. In diesem Fall sind alle Textattribute im Fenster NEUES ZEICHENFORMAT bereits für Sie eingetragen. Benennen Sie Ihr neues Format, und legen Sie gegebenenfalls einen Tastaturbefehl fest, und die Definition ist bereits erledigt.

15.3.6 Zeichenformate in verschachtelten Absatzformaten

Zeichenformate sind für Textmengen bestimmt, die kleiner als ein Absatz sind. Sie haben bereits zwei Funktionen in Kapitel 14, »Typografie«, kennengelernt, in denen Sie nun Zeichenformate einsetzen können:

Hängende Initiale | Um ein oder mehrere Initialzeichen in Farbe und etwas fetter als den restlichen Text zu setzen, definieren Sie ein Zeichenformat »Fett«, in dem der SCHRIFTSCHNITT auf den BoldSchnitt des zugrundeliegenden Textes gestellt und eine FARBE ausgewählt wird, und weisen Sie es in der Funktion INITIALEN UND VERSCHACHTELTE FORMATE als ZEICHENFORMAT zu.

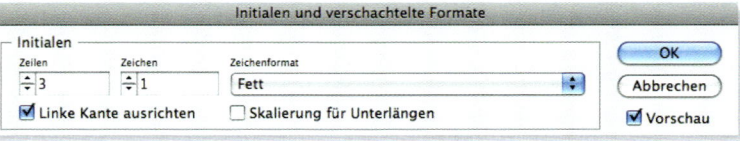

Aktive Auszeichnung: Eine Auszeichnung, die sich stark aus dem umgebenden Text abhebt, z. B. »fett« oder »unterstrichen«.

Aufzählungszeichen und Nummerierung | Wenn Sie eine nummerierte Liste mit römischen Ziffern verwenden und diese Ziffern etwas »römischer« aussehen lassen wollen, definieren Sie ein Zeichenformat mit einem Schriftschnitt, der der römischen Capitalis nachempfunden ist (die Schrift Trajan wäre so ein Kandidat), und weisen Sie dieses Format in der Funktion AUFZÄHLUNGSZEICHEN UND NUMMERIERUNG ebenfalls als ZEICHENFORMAT zu.

Wir sprechen bei solchen Konstruktionen von **verschachtelten Formaten**. Um das »Verschachteln« der Zeichenformate in den Absatz sorgt InDesign auf unsere Anweisung hin – und hier liegt auch der Nachteil: Wir müssen InDesign bei jeder Anwendung wieder von Neuem anweisen, die entsprechenden Zeichenfor-

▲ **Abbildung 15.23**
Anwendung eines Zeichenformats bei hängenden Initialen

mate auch anzuwenden. Solche Verschachtelungen können wesentlich komplexer werden und sind – auch bei diesen beiden Funktionen, darauf haben wir bereits hingewiesen – sinnvoll und effizient nur über Absatzformate einzusetzen.

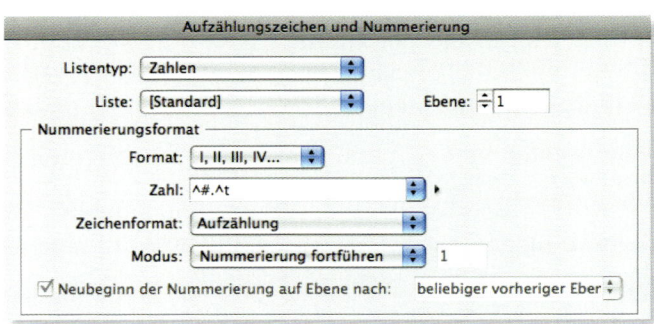

Abbildung 15.24 ▲ ▶
Anwendung eines Zeichenformats bei einer nummerierten Liste

15.4 Absatzformate

Es ist nun nicht mehr schwierig zu erraten, dass das zentrale Element für Absatzformate das Absatzformate-Bedienfeld ist, das im Standard-Arbeitsbereich in einer Registerkarte am rechten Bildschirmrand sichtbar sein sollte. Ansonsten können Sie sie es über SCHRIFT • ABSATZFORMATE, über FENSTER • SCHRIFT UND TABELLEN • ABSATZFORMATE oder F11 aufrufen.

15.4.1 Das Absatzformat »Einfacher Absatz«

Auch im Absatzformate-Bedienfeld ist bereits ein Format von InDesign vorgegeben, aber anders als beim Zeichenformat [OHNE] sind alle Attribute gesetzt. Sobald Sie einen Textrahmen erzeugen, wird dem darin befindlichen Text zunächst einmal das Absatzformat [EINFACHER ABSATZ] zugewiesen – durch dieses Standardverhalten ist das Format [EINFACHER ABSATZ] auch als Teil der Voreinstellungen von InDesign zu betrachten. Sie können dieses Absatzformat zwar nicht löschen, allerdings können Sie es verändern. Wenn Sie die Änderung vornehmen und dabei kein Dokument geöffnet ist, gilt die neue Definition für jedes neue Dokument. Bestehende Dokumente verwenden selbstverständlich die Definition von [EINFACHER ABSATZ], die im Dokument zuletzt gültig war. Wenn Sie einen Absatz in ein Dokument mit einer abweichenden Definition für [EINFACHER ABSATZ] einsetzen, wird die Definition des aktuellen Dokuments verwendet und sich die Formatierung folglich ändern.

Was [EINFACHER ABSATZ] mit dem Zeichenformat [OHNE] gemein hat, ist jedoch, dass auch dieses Format als Ausgangspunkt für aufeinander basierende Formate verwendet wird. Wenn Sie einem bereits formatierten Absatz das Format [EINFACHER ABSATZ] zuweisen, werden alle Attribute auf die Standardeinstellung zurückgesetzt. Ein Text, dem das Zeichenformat [OHNE] zugewiesen wird, übernimmt in dieser Situation also auch wieder die Einstellungen von [EINFACHER ABSATZ] – hier sieht man, dass das Standardverhalten dieser beiden vorgegebenen Formate durchaus durchdacht ist.

15.4.2 Absatzformat erstellen, ändern und neu zuweisen

Das Absatzformate-Bedienfeld ist ähnlich aufgebaut wie das Zeichenformate-Bedienfeld, und auch die Verwaltungsfunktionen sind identisch. Einige Unterschiede gibt es jedoch im Bedienfeldmenü, in dem drei zusätzliche Befehle untergebracht sind.

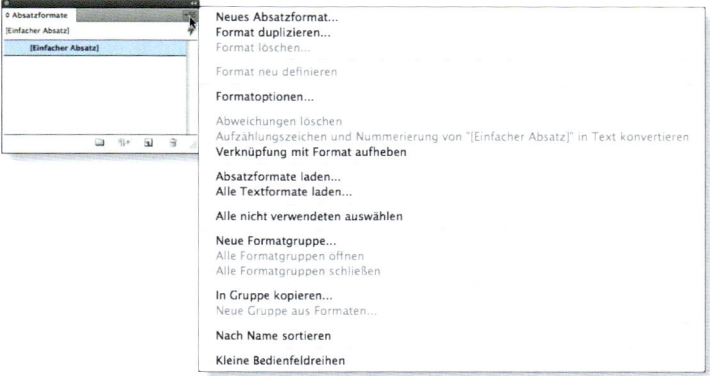

◀ **Abbildung 15.25**
Absatzformate-Bedienfeld mit Bedienfeldmenü. Den Befehl AUFZÄHLUNGSZEICHEN UND NUMMERIERUNG IN TEXT KONVERTIEREN kennen Sie bereits aus dem Absatz- bzw. dem Steuerung-Bedienfeld.

Entfernen von Abweichungen | ABWEICHUNGEN LÖSCHEN erlaubt es, abweichende Absatzattribute wieder auf die definierten Einstellungen zurückzusetzen. Das erreichen Sie auch über einen Klick auf die Funktion ABWEICHUNG IN AUSWAHL LÖSCHEN 🐾 im Steuerung-Bedienfeld ABSATZ. Allerdings können Sie damit über zusätzliche Tastenkombinationen etwas feiner beeinflussen, welche Änderungen vorgenommen werden sollen.

Noch feiner lässt sich dies über das Kontextmenü eines Absatzformats erledigen – darauf werden wir gegen Ende dieses Abschnitts noch im Detail eingehen.

Definieren von Absatzformaten | Das Definieren neuer Absatzformate funktioniert analog zur Definition von Zeichenformaten, umfasst aber wesentlich mehr Einstellungsmöglichkeiten, da Sie hier neben der Formatierung für den Text alle Absatzattribute festlegen. Es gibt lediglich eine Ausnahme:

> **Abweichungen löschen**
>
> Um alle Abweichungen zu löschen, können Sie auch die (Alt)- bzw. (⌥)-Taste drücken und einen Klick auf den Namen des Absatzformats machen.

4 **Pullover** mit V-Ausschnitt mit Streifen im Maschinenstrick. Länge 52 cm. Rot. Material: 100% Polyacryl

321-654a Größe 32, 34, 36		199,–
321-654b Größe 38, 40		219,–
321-654c Größe 42, 44		239,–

▲ **Abbildung 15.26**
So soll unsere Artikelbeschreibung am Ende aussehen.

Nächstes Format | Die Option NÄCHSTES FORMAT ist sehr sinnvoll, sofern Sie die Texte Ihrer Publikation selbst erfassen (sie kann aber auch nachträglich noch verwendet werden). Die meisten Publikationen halten sich an ein bestimmtes Schema, was die Abfolge von Absätzen betrifft. In unserer Projektarbeit gliedern wir den Text mit Zwischentiteln. Diesen Zwischentiteln folgen Absätze, die keinen Einzug haben. Alle folgenden Absätze haben dagegen einen Einzug von 4 mm in der ersten Zeile.

Daraus ergibt sich eine logische Folge, die in der Definition von Absatzformaten abgebildet werden kann. Wenn Sie einen Zwischentitel schreiben und den Absatz mit dem Format »Überschrift 3« formatieren, ist vollkommen klar, dass der nächste Absatz ein Absatz ohne Einzug in der ersten Zeile – wir nennen ihn hier »Standard« – sein muss. Sobald also der Zwischentitel mit der Zeilenschaltung abgeschlossen wird, entsteht ein neuer Absatz, der von InDesign automatisch mit dem Absatzformat »Standard« formatiert wird. In dieser Definition ist wiederum festgelegt, dass der nächste Absatz das Format »Standard mit Einzug« tragen soll, in dem eben ein Einzug in der ersten Zeile definiert ist.

Beispiel | In der Folge werden wir alle Zeichen- und Absatzformate für unser Beispiel »Artikelbeschreibung« anlegen – als Gedankenstütze finden Sie es am Rand noch einmal abgebildet. Wir beginnen mit der Definition der Preistabelle, die aus den Zeilen mit den Artikelnummern, Größen und Preisen besteht und die tatsächlich aus zwei Formaten aufgebaut ist. Ein Format stellt eine Zeile ohne abschließende Linie dar – wir nennen dieses Format »Preistabelle« –, und ein zweites Format schließt die Zeile bzw. den Absatz mit einer Linie ab.

Schritt für Schritt: Absatzformat »Preistabelle« definieren und anwenden

Die Spaltenbreite für unser Beispiel wird 35 mm betragen. Alle Einstellungen wie Schriftschnitt und Schriftgröße sind auf diese Spaltenbreite angelegt. Wenn Sie abweichende Einstellungen verwenden, müssen Sie unter Umständen die Spaltenbreite und damit auch andere Parameter verändern – für das Prinzip spielt dies natürlich keine Rolle.

1 **Neues Absatzformat**

Wählen Sie NEUES ABSATZFORMAT aus dem Bedienfeldmenü der ABSATZFORMATE bzw. über den Button ¶. des Steuerung-Bedienfelds, oder klicken Sie mit gedrückter A l t - bzw. ⌐ -Taste auf ▣ im Absatzformate-Bedienfeld.

2 Allgemein

Benennen Sie das Format »Preistabelle«, und aktivieren Sie die Option FORMAT AUF AUSWAHL ANWENDEN.

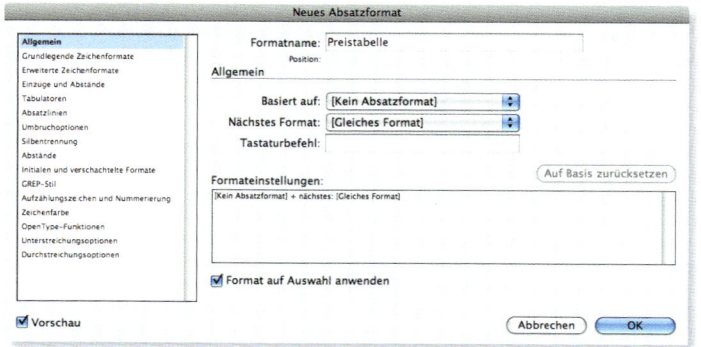

◄ **Abbildung 15.27**
Allgemeine Einstellungen für das Absatzformat »Preistabelle«

Dieses Format basiert auf keinem anderen Format – lassen Sie deshalb die Einstellung BASIERT AUF auf [KEIN ABSATZFORMAT] eingestellt. Der Mechanismus zum automatischen Formatieren der Absätze kann hier noch nicht gewinnbringend eingesetzt werden.

3 Grundlegende Zeichenformate

Legen Sie in GRUNDLEGENDE ZEICHENFORMATE die SCHRIFTFAMILIE, den SCHRIFTSCHNITT und den SCHRIFTGRAD fest. In unserem Beispiel wird Helvetica Regular in 6 Pt mit automatischem Zeilenabstand verwendet.

4 Tabulatoren

Legen Sie im Abschnitt TABULATOREN einen linksbündigen Tabulator an der Position 10 mm fest. Sie können hier auch einen weiteren, rechtsbündigen Tabulator am rechten Rand der Spalte definieren.

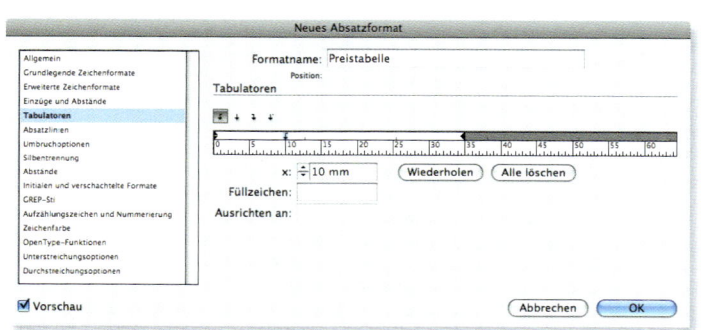

◄ **Abbildung 15.28**
Tabulator-Einstellungen für das Absatzformat »Preistabelle«

In der Praxis werden Sie hier allerdings bei der Texteingabe einen TABULATOR FÜR EINZUG RECHTS verwenden, womit kein weiterer Tabulator gesetzt werden muss. Zu Erinnerung: Sie erreichen dieses Steuerzeichen über ⌂+⇥ bzw. das Menü SCHRIFT • SONDERZEICHEN EINFÜGEN • ANDERE • TABULATOR FÜR EINZUG RECHTS.

5 Speichern

Alle anderen Einstellungen können auf ihren Standardwerten bleiben. Mit einem Klick auf OK sichern Sie Ihr neues Absatzformat.

6 Text erfassen

Erfassen Sie nun den Text für die Artikelbeschreibung. Legen Sie einen Textrahmen mit 35 mm Breite an, und geben Sie folgenden Text ein:

»4 Pullover mit V-Ausschnitt mit Streifen im Maschinenstrick. Länge 52 cm. Rot. Material: 100 % Polyacryl
321-654a ⇥   Größe 32, 34, 36 ⌂+⇥   199,–
321-654b ⇥   Größe 38, 40 ⌂+⇥   219,–
321-654c ⇥   Größe 42, 44 ⌂+⇥   239,–«

Um den Überblick nicht zu verlieren, können Sie die Schriftgröße vorerst auf 6 Pt stellen. Geben Sie nach der Suchziffer ein Achtelgeviert-Leerzeichen ein. Ignorieren Sie ansonsten die Formatierung der Artikelbeschreibung. Nach den einzelnen Artikelnummern fügen Sie einen Tabulator ein, nach den Größenangaben richten Sie die Preisangaben mit dem TABULATOR FÜR EINZUG RECHTS aus.

7 Absatzformat anwenden

Positionieren Sie nun den Textcursor in der ersten Zeile der Liste, und klicken Sie auf PREISTABELLE im Absatzformate-Bedienfeld. Der Absatz wird nun entsprechend formatiert. Wiederholen Sie die Formatierung für die zweite Zeile der Tabelle. Die dritte Zeile wird später formatiert werden. ■

In der Definition des Absatzformats für die Tabellenzeilen mit den abschließenden Linien müssten wir nun alle Einstellungen noch einmal wiederholen und lediglich im Abschnitt ABSATZLINIEN dafür sorgen, dass an der richtigen Stelle eine Linie auftaucht.

Das werden wir aber nicht tun! Zum einen erledigen wir identische Arbeiten offensichtlich zweimal. Viel gravierender ist aber, dass eine Änderung der Schriftgröße oder eines anderen Attributs des gesamten Absatzes dazu führt, dass beide Absatzformate verändert werden müssen. So etwas stellt immer ein erhebliches Fehlerrisiko dar.

15.4.3 Aufeinander basierende Absatzformate

Als Ergebnis unserer Schritt-für-Schritt-Anleitung sollten wir folgende Situation vorfinden: Die Zeilen/Absätze mit Linien sehen genauso aus wie die Zeilen/Absätze ohne Linien, haben nur – logisch – zusätzlich eine Linie. Und genauso kann eine Definition des nächsten Absatzformats auch aussehen: Die Option BASIERT AUF im Abschnitt ALLGEMEIN in der Definition eines neuen Absatzformats bedeutet genau das. Ein Absatzformat, das Sie hier einstellen, dient als Vorlage für das aktuelle Format. Alle Attribute werden übernommen, bleiben dabei aber vollständig bearbeitbar.

Einstellungen, die Sie hier ergänzen oder verändern, wirken sich nur im aktuellen Format aus. Alle Eigenschaften des Absatzes, die Sie nicht verändern, entsprechen dem Format, von dem sie abgeleitet wurden.

Für unser Beispiel bedeutet das konkret, dass wir die Text- und Tabulatoreigenschaften unverändert übernehmen und lediglich eine Linie nach dem Absatz hinzufügen. Sollte sich später die Schriftgröße verändern, muss nur die Vorlage verändert werden. Diese Änderungen werden automatisch in das abgeleitete Format übernommen, da es ja auf dem Format »Preistabelle« basiert.

Im nächsten Schritt werden wir das Format für die letzte Zeile von unserem bestehenden Format ableiten und anwenden.

> **Auf Basis zurücksetzen**
>
> Wenn Sie sich in der Definition eines Formates, das auf einem anderen basiert, verzetteln, dann klicken Sie auf AUF BASIS ZURÜCKSETZEN in den allgemeinen Einstellungen. Alle Optionen werden dann auf die des übergeordneten Absatzes zurückgesetzt.
>
> Das sollten Sie auch machen, wenn Sie die Einstellung BASIERT AUF ändern und somit die Optionen eines anderen Absatzes übernommen werden. Meistens stimmen dann ja die vorgenommenen Änderungen nicht mehr.

Schritt für Schritt: Neues Format »Preistabelle mit Linie« auf bestehendem Format definieren und anwenden

1 **Format festlegen**

Setzen Sie den Textcursor in eine bereits als »Preistabelle« formatierte Zeile. Dieser Schritt stellt sicher, dass Ihnen InDesign dieses Format gleich als Vorlage vorschlägt.

2 **Neues Absatzformat**

Legen Sie ein neues Absatzformat an, und benennen Sie es »Preistabelle mit Linie«. In BASIERT AUF ist schon das vorhin definierte Format »Preistabelle« eingetragen. Sie können nun die Einstellungen für GRUNDLEGENDE ZEICHENFORMATE und TABULATOREN überprüfen und werden feststellen, dass alle Einstellungen schon stimmen.

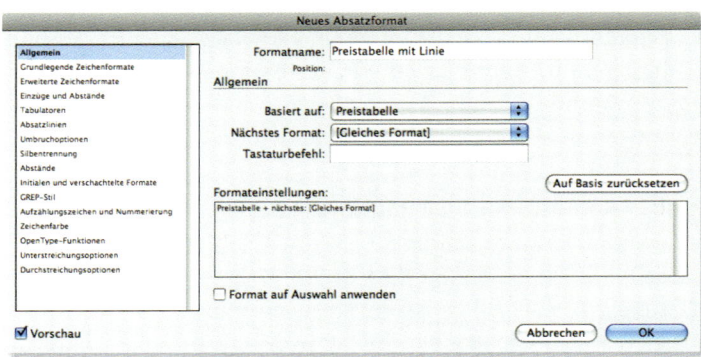

Abbildung 15.29 ▶
Allgemeine Einstellungen für das
Absatzformat »Preistabelle mit
Linie«

3 **Absatzlinien festlegen**

Nehmen Sie im Bereich ABSATZLINIEN folgende Einstellungen vor:
Legen Sie einen OFFSET von 0,5 mm für die Linie fest. Die Linienstärke 0,709 Pt entspricht 0,25 mm, was Sie auch genauso eingeben können. InDesign rechnet den Betrag dann in Pt um.

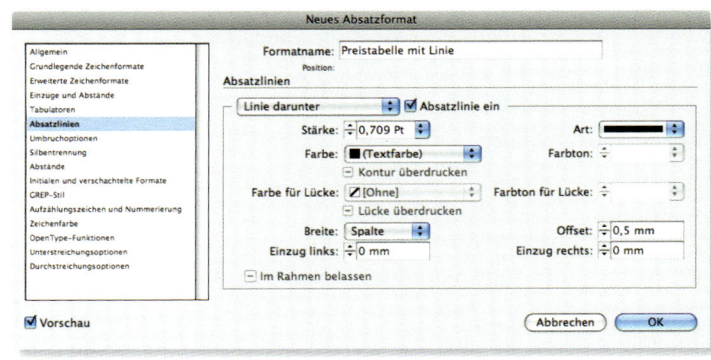

Abbildung 15.30 ▶
Einstellungen der ABSATZLINIEN für
das Absatzformat »Preistabelle mit
Linie«

Speichern Sie das neue Format mit einem Klick auf OK.

4 **Absatzformat anwenden**

Positionieren Sie nun den Textcursor in der letzten Zeile der
Preistabelle, und weisen Sie dem Absatz das Format »Preistabelle
mit Linie« zu, indem Sie auf das entsprechende Format im
Absatzformate-Bedienfeld klicken. Der Text sollte nun wie in
Abbildung 15.31 aussehen. ■

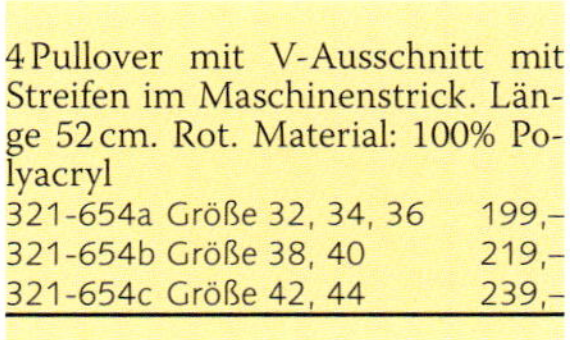

4 Pullover mit V-Ausschnitt mit
Streifen im Maschinenstrick. Länge 52 cm. Rot. Material: 100% Polyacryl
321-654a Größe 32, 34, 36   199,–
321-654b Größe 38, 40   219,–
321-654c Größe 42, 44   239,–

▲ **Abbildung 15.31**
Vorläufiges Ergebnis für unsere Artikelbeschreibung. Die Tabelle ist fertig, die Artikelbeschreibung selbst
folgt im nächsten Schritt.

Die eigentliche Artikelbeschreibung ist etwas knifflig aufgebaut,
weil sie sich aus unterschiedlichen Formatierungen zusammen-
setzt. Legen Sie zunächst zwei Zeichenformate an:

▶ **Standardtext:** Schrift: Linotype Syntax Light (bzw. die Schrift,
die Sie für unser Beispiel bisher verwendet haben), Schriftgröße: 6 Pt, automatischer Zeilenabstand

► **Artikel:** Schrift: Linotype Syntax Bold (bzw. der Fett-Schnitt Ihrer Schrift), Schriftgröße: 6 Pt, automatischer Zeilenabstand

15.4.4 Initialen und verschachtelte Absatzformate

Die Artikelbeschreibung besteht zunächst einmal aus einem hängenden Initial. Bei der Texterfassung sollten Sie nach der Suchziffer, die in einem Katalog verwendet wird, um dem Artikel ein Bild zuordnen zu können, Achtelgeviert-Leerzeichen eingefügt haben. Dieser geringe Weißraum soll das Initialzeichen etwas weiter vom Artikeltext absetzen. Damit das ordentlich funktioniert, muss der Weißraum dem hängenden Initial zugeordnet werden – wir haben es also hier mit zwei Initialzeichen, die über zwei Zeilen hängen, zu tun.

Der Suchziffer folgt die Artikelbezeichnung, die fett gesetzt werden soll. Der gesamte Absatz ist im Blocksatz gesetzt; die letzte Zeile des Absatzes bleibt linksbündig.

Hier kommt also einiges zusammen. Das Formatieren solcher Absätze bei einem Warenkatalog mit einigen Hunderten oder gar Tausenden von Artikeln ist ausgesprochen mühsam. Früher konnten Layouter mit InDesign – aber auch mit dem Konkurrenten QuarkXPress – lediglich das hängende Initial mit Absatzformaten bzw. Stilvorlagen umsetzen. Die Artikelbezeichnung musste jedoch manuell in jedem Artikel gesondert vorgenommen werden. Zeichenstilvorlagen sind hier natürlich eine große Hilfe, dennoch verbrachten bisher viele Layouter kostbare Zeit mit überflüssigem Geklicke.

Bereits seit InDesign CS können solche Problemstellungen sehr elegant gelöst werden. Die Arbeitstechnik INITIALEN UND VER-SCHACHTELTE FORMATE kann zwar grundsätzlich über das Absatz-Bedienfeld auch in der direkten Formatierung von Absätzen eingesetzt werden, allerdings wäre dies für ein einmaliges Auftreten einer entsprechenden Problemstellung zu aufwendig. Die volle Leistung können verschachtelte Formate erst im Zusammenhang mit Absatzformaten ausspielen. Allerdings ist es nicht leicht, mit ihnen zu arbeiten. Es erfordert einige Übung, um alle Möglichkeiten auszureizen.

Prinzipiell werden Sie in der Definition verschachtelter Formate so vorgehen, dass Sie im zu formatierenden Text bestimmte Trennzeichen festlegen oder hinterlassen. Diese Trennzeichen gliedern den Text in Abschnitte, die innerhalb des Absatzes über Zeichenformate gestaltet werden.

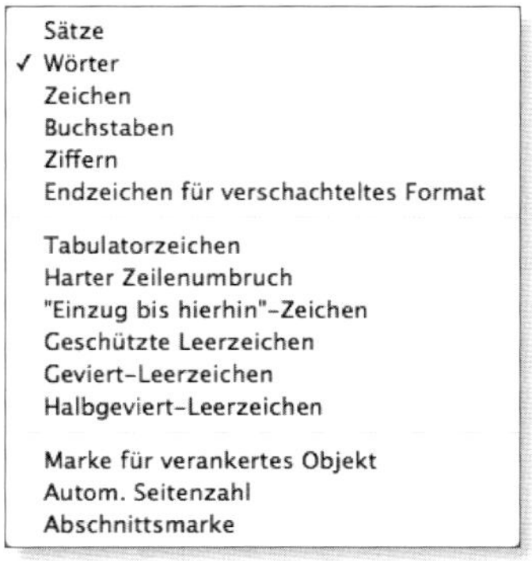

Als Trennzeichen kommen nahezu alle Sonderzeichen in Frage, die Sie eingeben können: Tabulatoren, verschiedene Leerzeichen oder Zeilenumbrüche. Darüber hinaus können Textelemente, wie

[Initial]
Das oder die ersten Zeichen eines Absatzes.

▲ **Abbildung 15.32**
Marken und Bereiche für verschachtelte Formate

Mehrere Trennzeichen

Sie können auch mehrere Trennzeichen festlegen. Wenn Sie z. B. sowohl einen Doppelpunkt als auch ein Divis als Trennzeichen eintragen, wird das verschachtelte Format beendet, sobald eines dieser Zeichen im Text gefunden wird.

Sätze, Wörter, Zeichen und Zeichengruppen, direkt angesprochen werden. Sollten Sie in diesem Repertoire trotzdem nicht finden, was Sie suchen, haben Sie die Möglichkeit, eine eigens dafür bestimmte Marke in Ihrem Text zu hinterlassen. Diese Markierung erreichen Sie über SCHRIFT • SONDERZEICHEN EINFÜGEN • ANDERE • VERSCHACHTELTES FORMAT HIER BEENDEN.

Die eigentliche Formatierung wird definiert, indem Sie für die einzelnen Bereiche des Textes in der Reihenfolge ihres Auftretens Regeln in Form von Zeichenformaten festlegen, die InDesign dann anwendet. Wie bereits angedeutet, ist das keine triviale Angelegenheit. Wir werden unser Beispiel nun mit einem verschachtelten Format vollenden, um zu verdeutlichen, wie die Sache funktioniert.

Schritt für Schritt: Verschachteltes Absatzformat »Artikelbeschreibung« definieren und anwenden

1 **Neues Absatzformat**

Legen Sie ein neues Absatzformat an, und bestimmen Sie die Zeichenattribute entsprechend den bisherigen Formaten (Linotype Syntax Light, 6 Pt). Nennen Sie das neue Format »Artikelbeschreibung«.

2 **Initialen**

Legen Sie zunächst im Abschnitt INITIALEN UND VERSCHACHTELTE FORMATE das hängende Initial fest, indem Sie jeweils »2« für ZEILEN und ZEICHEN (die Suchziffer und das Achtelgeviert) eintragen. Legen Sie als Zeichenformat »Standardtext« fest – dieses Zeichenformat sollten Sie bereits definiert haben –, und aktivieren Sie die Option LINKE KANTE AUSRICHTEN.

Skalierung für Unterlängen auch bei Ziffern?

Bei Mediävalziffern hat die Option SKALIERUNG FÜR UNTERLÄNGEN durchaus Sinn – diese Ziffern haben ja teilweise Unterlängen, die Probleme mit der darunterstehenden Zeile verursachen können.

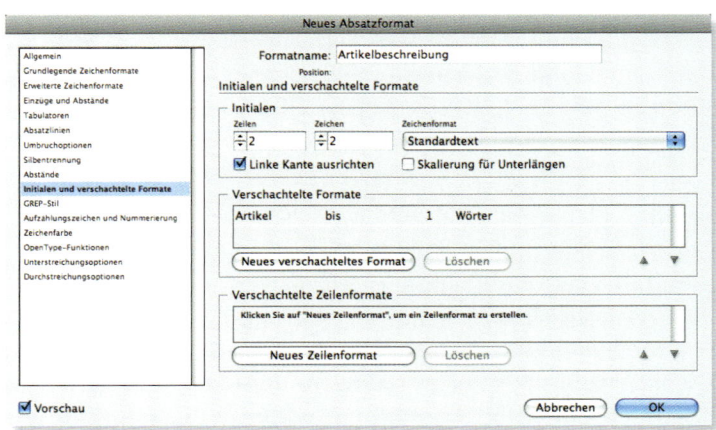

Abbildung 15.33 ▶
INITIALEN UND VERSCHACHTELTE FORMATE für unsere Artikelbeschreibung. Der Abschnitt VERSCHACHTELTE ZEILENFORMATE ist eine Neuerung InDesign CS4, spielt aber an dieser Stelle keine Rolle und wird später noch behandelt werden.

3 **Neues verschachteltes Format**

Klicken Sie auf Neues verschachteltes Format. Im Rahmen Verschachtelte Formate erscheint ein neuer Eintrag.

4 **Formatierungsregeln festlegen**

Wählen Sie in der ersten Spalte das Zeichenformat Artikel aus. Stellen Sie in der zweiten Spalte bis ein. Die Auswahl über bezöge das ausgewählte Zeichen ebenfalls in die Formatierung mit ein. Nun tragen Sie in der dritten Spalte »1« ein und wählen in der letzten Spalte Wörter aus.

Somit wird das erste Wort nach den Initialzeichen mit dem Zeichenformat »Artikel« formatiert. Der Rest des Absatzes bleibt unverändert. Speichern Sie die Absatzvorlage, indem Sie auf OK klicken.

5 **Absatzformat anwenden**

Setzen Sie den Textcursor in den ersten Absatz, und klicken Sie auf Artikelbeschreibung im Absatzformate-Bedienfeld.

4 **Pullover** mit V-Ausschnitt mit Streifen im Maschinenstrick. Länge 52 cm. Rot. Material: 100% Polyacryl
321-654a Größe 32, 34, 36   199,–
321-654b Größe 38, 40   219,–
321-654c Größe 42, 44   239,–

◄ **Abbildung 15.34**
Fertig! Das Ergebnis unserer Anleitungen zum Erstellen und Anwenden von Absatzformaten.

Damit ist die Definition der Absatzformate und zugleich die Gestaltung der ersten Artikelbeschreibung abgeschlossen – das Ergebnis sollte aussehen wie in Abbildung 15.34. ■

Das war einfach – vielleicht zu einfach. Deshalb wollen wir noch ein weiteres Beispiel präsentieren, das etwas komplexer ist und für viele Layouter relevant sein dürfte: In nahezu allen Zeitschriften und vielen Büchern werden Bilder mit Bildtexten versehen, die näher erklären, was zu sehen ist und oftmals Quellenangaben enthalten. Diese Bildunterschriften sind zwar meistens kurz, erreichen aber gelegentlich eine beachtliche Komplexität, was sich natürlich im Zeitbedarf für die Formatierung niederschlägt.

In Abbildung 15.35 ist das erste Wort fett gesetzt. Es folgen die eigentliche Bildbeschreibung und eine Quellenangabe, die ihrerseits aus zwei unterschiedlichen Zeichenformaten besteht. Die Quellenangabe ist mit einem rechtsbündigen Tabulator am rechten Spaltenrand ausgerichtet. Das verschachtelte Format selbst bestimmt die Schrift (Warnock Pro Light, 6 Pt) und legt einen

Ampelbaum südlich des Westferry Circus in London   *Foto:* **Feix**

▲ **Abbildung 15.35**
Ein Foto mit einer typischen Bildunterschrift

Fett bis 1 Zeilen

ohne über 1 Tab

Kursiv über 1:

Fett bis 1 Wörter

> **TIPP**
>
> Wenn Sie statt eines fixen Tabulators einen Tabulator für Einzug rechts verwenden möchten, müssen Sie als Zeichen ^y eintragen, weil dieser Tabulator nicht direkt auswählbar ist.

rechtsbündigen Tabulator am rechten Spaltenrand fest – hier 35 mm. Zusätzlich benötigen wir zwei Zeichenformate:

- Fett: Schriftschnitt: Bold
- Kursiv: Schriftschnitt: Light Italic

Schriftfamilie und -größe beziehen beide Formate aus dem Absatzformat. Wesentlicher ist hier allerdings, wie das verschachtelte Format aus diesen Zeichenformaten aufgebaut wird:

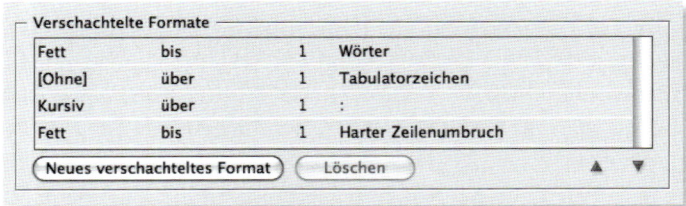

Abbildung 15.36 ▸
Verschachteltes Format »Bildunterschrift«

Wir beginnen mit dem »Bildtitel«, der über das erste Wort des Absatzes reicht (Fett bis 1 Wörter). Der weitere Text wird nicht verändert – die Schriftformatierung wird aus dem Absatzformat übernommen ([Ohne] über 1 Tabulatorzeichen), bis ein Tabulator auftaucht. Dann wird der Text kursiv formatiert, bis zum nächsten Doppelpunkt (Kursiv über 1 :). Der restliche Text wird bis zum Zeilenende wieder fett formatiert (Fett bis 1 Harter Zeilenumbruch). Um solche Bildunterschriften vernünftig formatieren zu können, müssen Sie ohnehin die Zeichenformate definieren. Der Zusatzaufwand des verschachtelten Formats ist also vergleichsweise gering – der Nutzen hingegen enorm.

> **TIPP**
>
> Wenn z. B. die Artikelbezeichnung oder der Bildtitel aus mehreren, aber unterschiedlich vielen Wörtern besteht, können Sie zwischen den Wörtern, die fett ausgezeichnet werden sollen, geschützte Leerzeichen einfügen. Damit wird die Wortgruppe vom Format als ein Wort behandelt.

15.4.5 Verschachtelte Formate wiederholen

In manchen Absätzen werden bestimmte Muster von Zeichenformatierungen wiederholt. Solange die Anzahl dieser Wiederholungen immer gleich ist, können sie – wenn auch mühsam und aufwendig – über verschachtelte Formate abgebildet werden. Wenn die Anzahl der Wiederholungen allerdings schwankt, helfen Ihnen verschachtelte Formate nicht weiter.

Seit InDesign CS3 gibt es jedoch die Möglichkeit, solche Wiederholungen zu definieren. Sie bleiben gültig und werden wiederholt, bis das Absatzende erreicht wird.

Nehmen Sie an, Sie erstellen CD-Cover. Innerhalb einer Serie von CDs sieht die Titelliste immer gleich aus, z. B. so:

The Blues: 1. Boaring Blues *7:12 min*, **2.** Never Ending Blues *19:22 min*, **3.** Stop That Blues! *0:08 min*, **4.** It's The Same Old Blues Again *4:39 min*, **5.** Everlasting Blues *34:19 min*

Abbildung 15.37 ▸
CD-Titelliste, die über wiederholende verschachtelte Formate gestaltet werden kann

Wir haben hier auch unsichtbare Trennzeichen eingeblendet, damit der Aufbau des Textes deutlicher wird. Schriftschnitte und -größen spielen hier keine Rolle, allerdings müssen alle Formatierungen über Zeichenformate umgesetzt werden. Das Absatzformat definiert die Basis-Schriftparameter. Folgende Zeichenformate werden gebraucht:

▸ CD: Für den Titel der CD bis zum ersten Doppelpunkt (»The Blues:«). Dieser Text wird etwas größer sein als die eigentliche Titelliste.

▸ NUMMER: Für die Nummerierung der einzelnen Titel – dieses Format ist bis zum nächsten Punkt wirksam. Auf diese Art können die Nummern auch mehrstellig werden. In unserem Fall ist die Nummer so groß wie der restliche Text der Titelliste, allerdings fett.

▸ ZEIT: Für die Laufzeit der einzelnen Titel. Hier so groß wie der normale Text, allerdings fett und kursiv.

Der Titel selbst ist von der Laufzeit mit einem Geviert-Leerzeichen getrennt und übernimmt die Formatierung aus dem Absatzformat, genauso wie das Komma, das jeden Titel abschließt. Das verschachtelte Format können Sie nun wie folgt aufbauen:

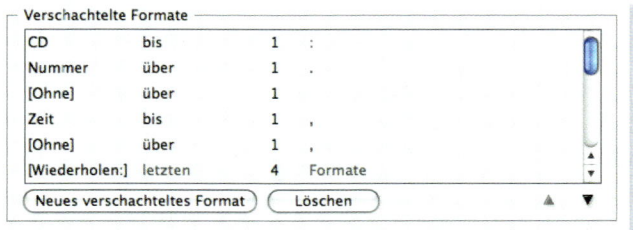

Lassen Sie sich hier nicht von der Darstellung irritieren – Sie werden nur vier Zeilen auf Ihrem Monitor sehen. Wir mussten mit Photoshop nachhelfen, um den Zusammenhang zu wahren …

CD läuft bis zum ersten Doppelpunkt; es folgt die Nummer, die mit einem Punkt abgeschlossen wird. Für den Titel wird die Schriftinformation aus dem Absatzformat übernommen ([OHNE]) – diese Formatierung ist bis zu einem Geviert-Leerzeichen gültig. Das Geviert-Leerzeichen können Sie aus dem Menü neben dem Eingabefeld (hier nicht sichtbar) auswählen.

Die Zeitangabe ist bis zum nächsten Komma gültig. Die Formatierung des Kommas selbst wird jedoch aus dem Absatz übernommen – Eintrag 5: [OHNE] ÜBER 1 , (Komma).

Die Abfolge Nummer – Titel – Zeit – Komma wiederholt sich bis zum Ende des Absatzes. InDesign sieht hier ein Pseudoformat

◂ **Abbildung 15.38**
Verschachteltes Format, das mit einer Wiederholung arbeitet. In der dritten Zeile ist als Trennzeichen ein Geviert-Leerzeichen eingetragen, das hier nicht erkennbar ist.

[WIEDERHOLEN] vor, für das Sie lediglich die Anzahl der zu wiederholenden Formate festlegen können. In unseren Fall sind das eben die letzten vier Formate. Das erste Format zur Gestaltung des CD-Titels wird nur einmal zu Beginn angewendet.

Wenn Sie die einzelnen Titeleinträge lieber untereinander darstellen möchten, müssen Sie zwischen den einzelnen Titeln einen harten Zeilenumbruch ⌂+↵ einfügen. Der harte Zeilenumbruch führt zwar zu einer Zeilenschaltung, trennt aber den Absatz nicht, so dass das verschachtelte Format bis zu Ende des Textes durchlaufen kann. Sie können den harten Zeilenumbruch aus dem Menü des Trennzeichenfelds für ein verschachteltes Format auswählen.

Harter Zeilenumbruch

Vermeiden Sie den harten Zeilenumbruch im Blocksatz, da sich damit extreme Löcher in den Zeilen ergeben können.

Abbildung 15.39 ▶
Mit dem harten Zeilenumbruch kann ein wiederholendes verschachteltes Format über mehrere Zeilen angewendet werden. Selbstverständlich kann eine solche Struktur aber auch mit einzeiligen Absätzen und einem Absatzformat pro Zeile abgewickelt werden.

The·Blues:¬
1.·Boaring·Blues ̄ 7:12·min,¬
2.·Never·Ending·Blues ̄ 19:22·min,¬
3.·Stop·That·Blues! ̄ 0:08·min,¬
4.·It´s·The·Same·Old·Blues·Again ̄ 4:39·min,¬
5.·Everlasting·Blues ̄ 34:19·min#

In diesem Fall können Sie sich eventuell auch das Komma noch sparen und somit das Format noch wesentlich verkürzen.

15.4.6 Verschachtelte Zeilenformate

Der letzte Bereich im Abschnitt INITIALEN UND VERSCHACHTELTE FORMATE ist eine Neuigkeit von InDesign CS4. Verschachtelte Zeilenformate ermöglichen es, jeder Zeile oder ganzen Blöcken von Zeilen in einem Absatz ein bestimmtes Zeichenformat zuzuweisen. Das ist mit »normalen« verschachtelten Formaten nicht möglich, weil es kein Markierungszeichen für den aktuellen Zeilenumbruch gibt, an dem Sie sich orientieren könnten.

Und hier liegt der einzige Vorteil dieser Formate: Egal, wie lang die Zeile wird oder ob der Text noch umbricht – der oder den Zeilen wird immer über die gesamte aktuelle Länge das entsprechende Zeichenformat zugewiesen.

Sie können dieses Format so einsetzen wie hier in diesem Absatz. Neben einem hängenden Initial (ebenfalls aus der Klasse der verschachtelten Formate) möchten Sie die erste Zeile fett und blau setzen. Sogar wenn ein Wort geteilt und in die neue Zeile umbrochen wird, wird das Format zur Darstellung dieser Auszeichnung genau bis zum Ende der Zeile zugewiesen. Wir wünschen Ihnen nicht, so etwas manuell formatieren und vor allem kontrollieren zu müssen.

Reihenfolge

Wenn Sie alle Arten der verschachtelten Formate in einem Absatz einsetzen, werden zuerst die hängenden Initialen wirksam, dann die Zeilenformate und dann die verschachtelten Formate. Wenn Sie also ein Zeilenformat verwenden, das die ganze erste Zeile blau einfärbt, und ein Zeichenformat (in einem verschachtelten Format), das z. B. das dritte Wort des Absatzes (und somit vermutlich der ersten Zeile) rot färbt, dann wird das dritte Wort rot und der Rest der ersten Zeile blau sein.

Initialen und verschachtelte Formate

Initialen

Zeilen	Zeichen	Zeichenformat
2	1	Initale Fett

☑ Linke Kante ausrichten ☑ Skalierung für Unterlängen

Verschachtelte Formate

Klicken Sie auf "Neues verschachteltes Format", um ein verschachteltes Format zu erstellen.

(Neues verschachteltes Format) (Löschen) ▲ ▼

Verschachtelte Zeilenformate

Fett und blau...	für	1	Zeilen

(Neues Zeilenformat) (Löschen) ▲ ▼

◄ **Abbildung 15.40**
Durch einen Klick auf NEUES ZEI-
LENFORMAT können Sie weitere Zeilenformate anlegen und diese sogar
wiederholen lassen – freuen wir
uns, dass wir es könnten, aber nicht
tun müssen ...

Sie können auch mehrere Zeilenformate definieren – das funktio-
niert genauso wie bei den verschachtelten Formaten – und so im
Extremfall jede Zeile anders aussehen lassen. Eine Abfolge von
Zeilenformaten können Sie auch wiederholen lassen, indem Sie
– ebenfalls genau wie bei verschachtelten Formaten – aus dem
Menü der Zeichenformate die Option [WIEDERHOLEN:] wählen.
Die Gültigkeit springt dann von FÜR auf LETZTEN, und Sie müssen
lediglich noch die Anzahl der Wiederholungen eintragen.

Allerdings führt das zwangsweise zu heftigen Schrift- und Aus-
zeichnungsmischungen im Absatz, was typografisch eher bedenklich ist. Zumindest wollen uns hier keine vernünftigen Anwendungsbeispiele einfallen. Die Anwendung eines Zeichenformates
auf die erste Zeile eines Absatzes hat allerdings wirklich bislang
gefehlt. Und wann bekommt man schon mehr als gewünscht?

15.4.7 GREP-Stile

Eine weitere Neuerung in InDesign CS4 sind GREP-Stile, die
ebenfalls zur Klasse der verschachtelten Absatzformate gehören.
Es herrscht Einigkeit darüber, dass GREP eine Abkürzung ist, allerdings nicht darüber, wofür die Abkürzung steht. Eine plausible
und halbwegs sprechende Formulierung lautet » **g**lobal search for
a **r**egular **e**xpression and **p**rint out matched lines«. GREP stammt
aus der Frühzeit der Unix-Betriebssysteme und wurde entwickelt,
um Texte automatisiert zu durchsuchen und zu modifizieren. In
dieser Epoche der EDV war die Benutzung eines Computers
gleichbedeutend mit der Programmierung.

Und das sieht man GREP deutlich an. GREP ist ein Textprozes-
sor, der an einem Ende einen Text erwartet, dazu eine Beschreibung, was mit dem Text zu tun ist, und dann an seinem anderen

Ursprung

GREP wurde erstmals im Texteditor ed eingesetzt – das dürfte
Anfang der 70er Jahre gewesen
sein. GREP hat also schon ein
paar Jährchen auf dem Buckel.

Ende den modifizierten Text wieder ausspuckt. Wie GREP das macht, kann uns egal sein, aber die Beschreibung, was mit dem Text zu tun ist, müssen wir selbst formulieren. Diese Beschreibungen nennt man »regular Expressions« (eigentlich nicht übersetzbar, aber im Deutschen hat sich die wörtliche Übersetzung »reguläre Ausdrücke« durchgesetzt). Die Syntax der regulären Ausdrücke wurde von Programmierern erdacht (ursprünglich von Ken Thompson, einem Haudegen der Computer-Antike), und das bedeutet, dass sie einerseits vollkommen logisch, andererseits aber für Außenstehende vollkommen kryptisch ist – seien Sie gewarnt: Reguläre Ausdrücke sind wilde Tiere, die nur schwer zu zähmen sind. Die übliche Formulierung lautet hier: »Nichts für den durchschnittlichen Atomphysiker«.

Wenn wir Sie noch nicht genug abgeschreckt haben, machen Sie bitte Folgendes: Wählen Sie BEARBEITEN • SUCHEN/ERSETZEN oder drücken Sie ⌜Strg⌟+⌜F⌟ bzw. ⌘+⌜F⌟. Im Fenster SUCHEN/ERSETZEN finden Sie ganz oben das Menü ABFRAGE. Wählen Sie hier MEHRERE LEERSTELLEN IN EINZELNE LEERSTELLE. Nun wird automatisch in den Bereich GREP umgeschaltet, und im Feld SUCHEN NACH erscheint der reguläre Ausdruck, mit dem per GREP nach zwei oder mehreren Leerzeichen gesucht wird:

```
[~m~>~f~|~S~s</~.~3~4~%]{2,}
```

Imponierend, oder? So sieht ein »ganz normaler« regulärer Ausdruck aus. Bitte haben Sie Verständnis, dass wir hier nicht sehr ins Detail gehen können und Ihnen lediglich einige Beispiele zeigen, wie Sie GREP-Stile einsetzen können.

Einige Vorüberlegungen | Ein »normales« verschachteltes Format orientiert sich an bestimmten Punkten in einem Text, die vorhanden sind oder geschaffen werden müssen. Dem Text jeweils zwischen zwei solcher Punkte wird entweder inklusive oder exklusive der Begrenzungspunkte ein Zeichenformat zugewiesen. Das verschachtelte Format kümmert sich nicht darum, was zwischen zwei Begrenzungspunkten steht.

Ein GREP-Stil dagegen kann auf den Inhalt eines Textes Rücksicht nehmen. Positionsangaben wären zwar möglich, aber die Leistung von GREP liegt primär darin, dass eben bestimmte Textstrings unabhängig von ihrer Position bearbeitet werden können (das dritte Wort eines Absatzes können Sie auch mit einem verschachtelten Format behandeln).

Beispiel Titel und Name | Nehmen Sie an, Sie setzen einen Geschäftsbericht, in dem mehrfach der Name des Vorstandes Dr. Huber auftaucht. In diesem Fall sollte der Name nie vom Titel getrennt werden, und der Name selbst sollte auch nicht getrennt werden. Auf den Titel können Sie schon bei der Texterfassung Rücksicht nehmen, indem Sie zwischen »Dr.« und »Huber« ein geschütztes Leerzeichen einfügen. Allerdings bekommen Sie den Text ja angeliefert und müssen ihn nicht selbst tippen. Der komplette Name (also Titel plus Nachname) soll zusätzlich fett ausgezeichnet werden. Diese Problemstellung schreit also nach einem Zeichenformat »Name«, das zum einen den Schriftschnitt auf »Fett« stellt und andererseits den Text auf KEIN UMBRUCH setzt – damit haben Sie beide Probleme in einem Aufwasch erledigt und müssen den Text nicht verändern (auch der GREP-Stil tut das nicht, er weist lediglich ein Zeichenformat zu).

Allerdings müssen Sie nun den Text nach dem Auftreten des Textes »Dr. Huber« durchsuchen und überall das Zeichenformat anwenden. Genau diese Arbeit nimmt Ihnen aber ein GREP-Stil ab. Legen Sie ein neues Absatzformat an, wechseln Sie in den Abschnitt GREP-STIL, und klicken Sie auf NEUER GREP-STIL:

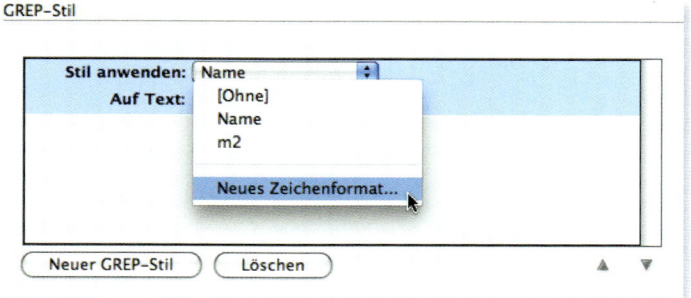

◄ **Abbildung 15.41**
Seit InDesign CS4 können Zeichenformate auch in den verschiedenen Bereichen der Absatzformate definiert werden. In diesem Fall existiert das Zeichenformat »Name« aber bereits.

Wenn Sie noch kein Zeichenformat für die Formatierung des Namens definiert haben, können Sie auch hier noch eines anlegen. Nennen Sie es »Name«, stellen Sie in GRUNDLEGENDE ZEICHENFORMATE den SCHRIFTSCHNITT auf »Fett«, und aktivieren Sie die Option KEIN UMBRUCH. Wenn Sie schon ein Zeichenformat definiert haben, wählen Sie es unter STIL ANWENDEN aus.

Nun muss noch unter AUF TEXT ein regulärer Ausdruck definiert werden, der den Text beschreibt, auf den das Zeichenformat angewendet werden soll. Tragen Sie hier den Text `Dr\.\sHuber` ein. Sie können die einzelnen Komponenten des regulären Ausdrucks auch aus dem Menü @ auswählen. Der obere Bereich des Menüs bis ANDERE enthält nur Zeichen, die Sie schon als Sonder- und Steuerzeichen kennen. Ab PLATZHALTER finden Sie GREP-spezifische Steuerzeichen und Funktionen, auf die wir hier nur insofern eingehen, als wir unseren regulären Ausdruck näher beschreiben.

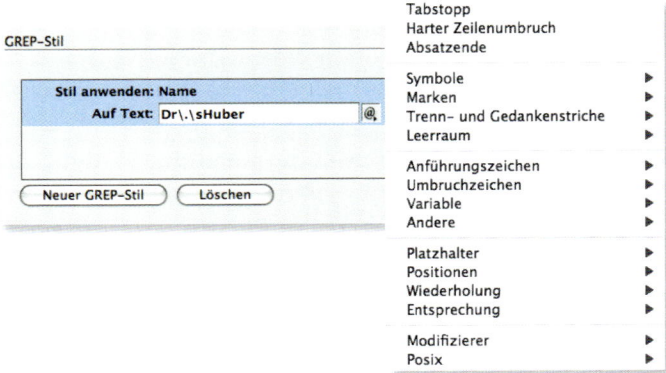

Schreibweise ignorieren

Wenn Sie Groß- und Kleinschreibung nicht unterscheiden möchten, stellen Sie vor den regulären Ausdruck noch (?i).

▶ Dr – ist hier einfach der erste Teil des Textes, den wir suchen.

▶ \. – steht für einen Punkt. Der Punkt hat für GREP eine besondere Bedeutung und beschreibt genau ein beliebiges Zeichen. Deshalb muss ein Backslash vorangestellt werden. Da der Punkt, den wir suchen, auch ein beliebiges Zeichen ist, würde die Sache hier auch ohne Backslash funktionieren, wäre aber nicht mehr eindeutig.

▶ \s – ist die GREP-Formulierung für »ein beliebiges Leerzeichen«. Egal, ob zwischen Titel und Name ein geschütztes, irgendein anderes oder ein ganz normales Leerzeichen steht.

▶ Huber – muss wohl nicht erklärt werden, Sie sollten jedoch wissen, dass GREP grundsätzlich zwischen Groß- und Kleinschreibung unterscheidet. Es wird also wirklich nur genau diese Schreibweise des Nachnamens gefunden.

Das Absatzformat, in dem Sie diesen GREP-Stil definiert haben, wird vermutlich noch eine Reihe anderer Formatierungen vornehmen, die uns hier aber nicht interessieren müssen. Wichtig ist, dass ab sofort die Zeichenkette »Dr. Huber« automatisch fett ausgezeichnet wird, der Titel nicht vom Namen und der Name selbst nicht getrennt wird – und zwar unabhängig davon, wo die Zeichenkette auftaucht und ob der Text noch umbricht.

Verfeinerung | Was wäre nun, wenn der Vorstand aus drei Personen – Dr. Huber, Dr. Müller und Dr. Berger – bestünde, die natürlich alle drei mehrfach im Geschäftsbericht erwähnt werden? In diesem Fall haben Sie zwei Möglichkeiten:

1. Sie können für jeden Namen einen eigenen Stil definieren, indem Sie auf NEUER GREP-STIL klicken und im Wesentlichen die gleichen Einstellungen vornehmen und lediglich den Namen im regulären Ausdruck ändern.

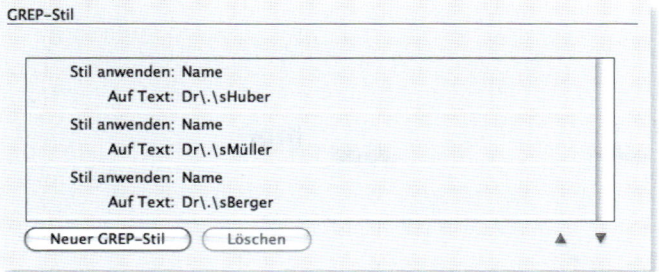

◀ **Abbildung 15.43**
Diese Variante hat eventuell die Nebenwirkung, dass ein Stil weiter unten in der Liste mit einem Stil darüber kollidiert (in diesem Beispiel kann das nicht der Fall sein), deshalb können Sie die Reihenfolge der Stile mit den Pfeilen ▲ ▼ verändern.

2. Sie können sich aber auch etwas mit intensiver mit GREP auseinandersetzen und einen regulären Ausdruck formulieren, der alle drei Namen in einem Arbeitsgang abarbeitet:

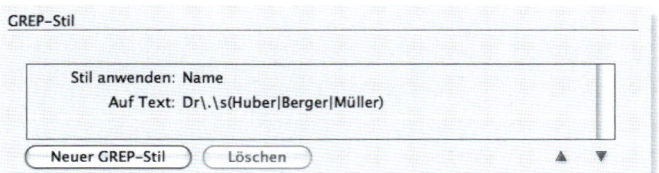

◀ **Abbildung 15.44**
Wenn mehrere Bedingungen in einem regulären Ausdruck zusammengefasst werden, können Widersprüche leichter vermieden werden. Damit wird der reguläre Ausdruck allerdings auch komplexer.

Der erste Teil des regulären Ausdrucks bleibt hier gleich, aber statt eines spezifischen Namens wird eine Aufzählungsliste (das Zeichen dafür ist die Klammer) mit allen Suchbegriffen eingesetzt. Die senkrechten Striche zwischen den Namen bedeuten für GREP »oder«, also Huber **oder** Berger **oder** Müller. Eigentlich ganz einfach – wenn man es weiß…

Das leidige Quadratmeter-Problem | Im Kleinanzeigen-Bereich sind Immobilien-Anzeigen besonders aufwendig, sofern man sie anständig setzen will. Das Sorgenkind ist hier immer die m²-Angabe wie in Abbildung 15.45 zu sehen.

Wenn Sie nun mit GREP-Stilen etwas experimentiert haben, ist Ihnen vermutlich aufgefallen, dass Ihnen InDesign beim Anlegen eines neuen Stils als regulären Ausdruck immer \d+ vorschlägt. Dieser Ausdruck bedeutet »eine oder mehrere Ziffern«. Es wäre allerdings keine gute Idee, diesem Vorschlag einfach ein Zeichenformat zuzuweisen, das die Ziffer 2 hochstellt (vorzugsweise natürlich mit dem OpenType-Layout-Feature Hochgestellt). Schließlich befinden sich ja auch andere Ziffern in unserem Anzeigetext. Wir müssen also eine Bedingung einführen: »2« ist nur dann hochzustellen, wenn unmittelbar davor ein »m« steht.

In GREP nennt man so etwas **positives Lookbehind**. »Positiv«, weil überprüft werden muss, ob ein bestimmter Text existiert (»negativ« gibt es auch; es überprüft, ob ein bestimmter Text nicht existiert). »Lookbehind«, weil der Text, von dem wir die Forma-

> **Kleines Nest** in bester Lage, 55 m² und 4 m² Balkon, Wohnzimmer/Küche, Schlafzimmer, Vorzimmer und Bad. Für den begnadeten Heimwerker. Lift, Parkplatz, Kellerabteil mit 8 m². Kaufpreis 85.000,– €.

▲ **Abbildung 15.45**
Eine typische Immobilien-Anzeige mit unterschiedlichen Ziffern und dem Hauptproblem m².

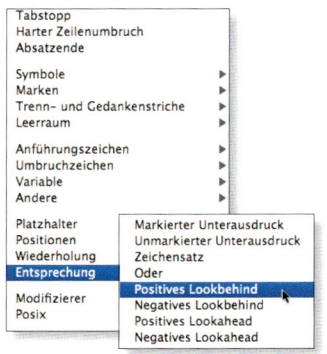

▲ Abbildung 15.46
Lookbehind und Lookahead finden
Sie unter Entsprechung.

tierung abhängig machen, vor dem Text stehen muss, der formatiert wird. Analog dazu gibt es auch positives/negatives Lookahead, wo die Existenz eines Textes **nach** dem zu formatierenden Text überprüft wird. Sie finden diese Steueranweisungen im Menü @ neben dem Eingabefeld für den regulären Ausdruck.

Sie benötigen natürlich wieder ein Zeichenformat, in dem der Text hochgestellt wird. Wenn Sie keine OpenType-Schrift verwenden oder Ihr Schnitt das Layout Feature Hochgestellt nicht unterstützt, müssen Sie – trotz der Ihnen bekannten Probleme der Schriftskalierung – auf die InDesign-eigene Funktion Hochgestellt zurückgreifen.

Erstellen Sie ein neues Absatzformat und im Bereich GREP-Stil einen neuen Stil, dem Sie Ihr Zeichenformat zuweisen. Als regulären Ausdruck tragen Sie unter Auf Text: (?<=m)2 ein. Der gesuchte Text ist »2«, wird aber nur behandelt, wenn »m« davorsteht. Der Ausdruck (?<=m) formuliert also ein positives Lookbehind, wobei m der Text ist, von dem die Formatierung abhängt.

15.4.8 Abweichende Formate
In Abschnitt 15.3.4, »Abweichendes Zeichenformat«, haben Sie bereits erfahren, wie Sie abweichende Formate zurücksetzen können. Bei Absatzformaten ist dies allerdings etwas kniffliger, weil Absatzformate von Zeichenformaten, manuellen Änderungen in den Absatzattributen oder manuellen Änderungen in den Zeichenattributen überlagert sein können.

Erkennen von Abweichungen | Klären wir zunächst, wie InDesign die unterschiedlichen Modifikationen registriert:
1. Wenn ein Absatz mit einem Absatzformat formatiert wurde und Sie nachträglich manuell z. B. den linken Einzug, verändern, so wird das als abweichendes Absatzformat gewertet, und im Namen des betreffenden Formats erscheint ein + als Kennzeichnung.
2. Ändern Sie die Darstellung eines Textteils im Absatz, indem Sie z. B. einen anderen Schriftschnitt zuweisen, so wertet InDesign das auch als Abweichung, und das Absatzformat wird markiert, wenn der Textcursor im veränderten Text steht.
3. Wenn Sie dagegen Textteile mit einem Zeichenformat auszeichnen, wird das nicht als Abweichung gewertet, weil es für diesen Fall ja eine gültige Definition gibt.

Abweichungen löschen | Für die ersten beiden Fälle bietet InDesign die Funktion Abweichungen in Auswahl löschen im Absatzformate-Bedienfeld: ¶✶. Ein einfacher Klick setzt alle manuellen Änderungen im Absatz zurück – Formatierungen mit Zeichenformaten bleiben jedoch bestehen. Ein Klick mit gedrückter ⌨Strg- bzw. ⌨⌘-Taste auf dieses Symbol setzt alle manuellen Änderungen an Textattributen zurück, und bei einem Klick mit gedrückten ⌨Strg+⌨⇧- bzw. ⌨⌘+⌨⇧-Tasten werden lediglich die Absatzattribute zurückgesetzt.

Da eine Formatierung mit Zeichenformaten (Fall 3) von InDesign nicht als Abweichung gewertet wird, ist diese Funktion im Absatzformate-Bedienfeld nicht anwendbar, wenn alle anderen Attribute »sauber« sind. Trotzdem können Sie auch solche Formatierungen aufheben und haben dazu zwei Möglichkeiten:

Wenn Sie eine einzelne Formatierung mittels Zeichenformat im Absatz rückgängig machen wollen, markieren Sie den betreffenden Text, wechseln in das Zeichenformate-Bedienfeld und weisen [Keine] zu. Die Zeichendefinition des Absatzformats wird nun für diesen Text wieder aktiv.

Um alle Formatierungen mit Zeichenformaten im Absatz zurückzunehmen, rufen Sie das Kontextmenü des Absatzformats auf und wählen [Absatzformat] anwenden, Zeichenformate löschen. Nun werden nur alle Formatierungen mittels Zeichenformat zurückgesetzt; alle manuellen Änderungen an Zeichen- und Absatzattributen bleiben erhalten.

15.4.9 »Nächstes Format« nachträglich anwenden

Sofern Sie mehrere Absätze ausgewählt haben, erscheinen im Kontextmenü eines Absatzformats weitere Menüpunkte, mit denen Sie verkettete Formate – für die ein Nächstes Format definiert wurde – auf eine ganze Serie von Absätzen anwenden können.

Wenn Sie einen fertigen Text platzieren und die Publikation klare Strukturen für die Anwendung von Absatzformaten aufweist, können Sie so die Formatierung wesentlich beschleunigen. Die Bedingungen dafür sind bei den meisten Zeitschriften oder Büchern gegeben. In Abbildung 15.49 oben sehen Sie einen typischen Fachtext, der immer gleich strukturiert ist: Einem Titel folgt der Vorspann, der immer einen Absatz lang ist (ähnlich wie in diesem Buch). Dem Vorspann folgt ein Zwischentitel, dem wiederum eine Reihe von Absätzen folgt, die gleich formatiert werden sollen.

Wenn diese Abfolge über die Option Nächstes Format in den einzelnen Definitionen der entsprechenden Absatzformate korrekt festgelegt wurde, markieren Sie alle Absätze vom Titel bis zum letzten Absatz des Textes nach dem Zwischentitel und wählen aus dem Kontextmenü des Absatzformats für den Titel

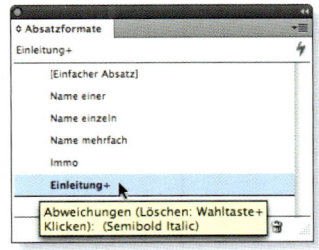

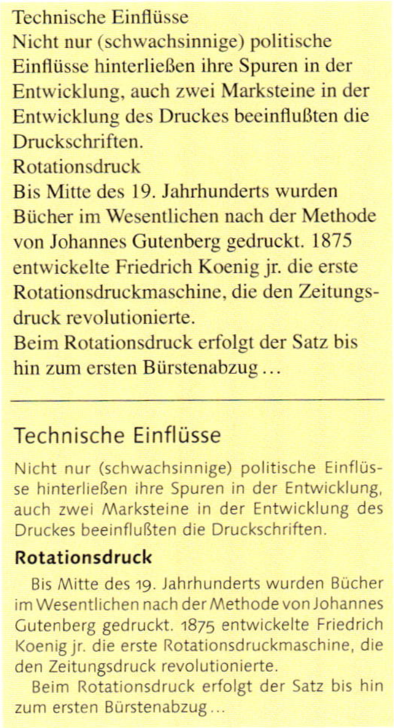

▲ **Abbildung 15.47**
Auch bei Absatzformaten zeigt Ihnen InDesign die Abweichungen, wenn Sie den Mauszeiger über dem Formatnamen positionieren.

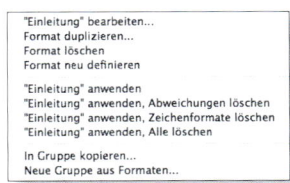

▲ **Abbildung 15.48**
Kontextmenü eines Absatzformats

Technische Einflüsse
Nicht nur (schwachsinnige) politische Einflüsse hinterließen ihre Spuren in der Entwicklung, auch zwei Marksteine in der Entwicklung des Druckes beeinflußten die Druckschriften.
Rotationsdruck
Bis Mitte des 19. Jahrhunderts wurden Bücher im Wesentlichen nach der Methode von Johannes Gutenberg gedruckt. 1875 entwickelte Friedrich Koenig jr. die erste Rotationsdruckmaschine, die den Zeitungsdruck revolutionierte.
Beim Rotationsdruck erfolgt der Satz bis hin zum ersten Bürstenabzug …

Technische Einflüsse
Nicht nur (schwachsinnige) politische Einflüsse hinterließen ihre Spuren in der Entwicklung, auch zwei Marksteine in der Entwicklung des Druckes beeinflußten die Druckschriften.
Rotationsdruck
Bis Mitte des 19. Jahrhunderts wurden Bücher im Wesentlichen nach der Methode von Johannes Gutenberg gedruckt. 1875 entwickelte Friedrich Koenig jr. die erste Rotationsdruckmaschine, die den Zeitungsdruck revolutionierte.
Beim Rotationsdruck erfolgt der Satz bis hin zum ersten Bürstenabzug …

▲ **Abbildung 15.49**
Eine Serie von Absätzen kann nachträglich noch über Nächstes Format anwenden formatiert werden.

[Absatzformat] und dann Nächstes Format anwenden aus. InDesign weist nun dem ersten Absatz – also dem Titel – das richtige Absatzformat zu, arbeitet für alle folgenden Absätze die Nachfolger ab und weist sie zu. Das Ergebnis sehen Sie in Abbildung 15.49 unten.

Die Angelegenheit funktioniert natürlich nur so lange, bis sich das Muster ändert. In unserem Beispiel können dem Zwischentitel beliebig viele Absätze folgen. Sobald aber der nächste Zwischentitel auftaucht, müssen Sie eine neue Auswahl treffen und die Zuweisung der Formatkette ab dem Zwischentitel neu auslösen.

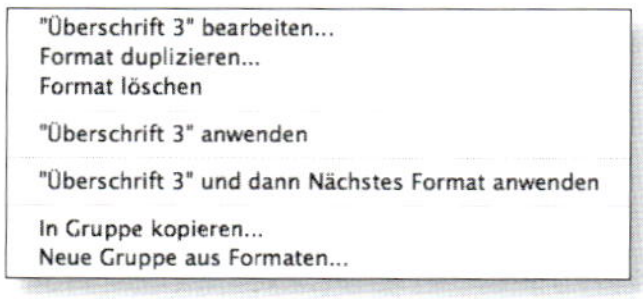

Wurde Ihr Text bereits manuell gestaltet und weisen die Absatzformate somit Abweichungen auf, so wird das Kontextmenü der Absatzformate nochmals erweitert, und Sie haben dann die Möglichkeit, alle Abweichungen in Zeichen- und Absatzattributen sowie zugewiesene Zeichenformate in einem Arbeitsgang zurückzusetzen und gleichzeitig eine Serie von Absatzformaten zuzuweisen. Die Befehle zum Zurücksetzen der Formatierung, wie oben beschrieben, werden dann von InDesign im Kontextmenü einfach mit der Funktion UND DANN NÄCHSTES FORMAT ANWENDEN kombiniert.

15.4.10 Formate löschen und Formatverknüpfung aufheben

Wenn Sie Absatzformate löschen, passiert exakt das Gleiche wie bei Zeichenformaten, und auch die gesamte Handhabung ist gleich. Sie können sich erst vergewissern, dass nur unbenutzte Formate gelöscht werden, indem Sie zuächst ALLE NICHT VERWENDETEN AUSWÄHLEN aus dem Bedienfeldmenü des Absatzformate-Bedienfelds aufrufen. Wenn Sie ein Absatzformat löschen wollen, das noch in Verwendung steht, werden Sie mit der gleichen Abfrage konfrontiert, in der Sie einen Nachfolger für das zu löschende Format festlegen.

Selbstverständlich können auch Absatzformate neu definiert werden – den entsprechenden Befehl finden Sie ebenfalls im Bedienfeldmenü des Absatzformat-Bedienfelds; das dazugehörige Tastenkürzel lautet hier allerdings $\boxed{\text{Strg}}$+$\boxed{\text{Alt}}$+$\boxed{\Uparrow}$+$\boxed{\text{R}}$ bzw. $\boxed{\mathcal{H}}$+$\boxed{\diagdown}$+$\boxed{\Uparrow}$ +$\boxed{\text{R}}$.

VERKNÜPFUNG MIT FORMAT AUFHEBEN – ebenfalls im Bedienfeldmenü – löst die Verbindung zwischen Formatdefinition und Absatz auf. Die letzte Formatierung des Textes bleibt dabei erhalten. Zunächst ändert sich optisch also nichts! Was bewirkt dann aber diese Funktion? Sie werden es feststellen, wenn Sie ein Format anschließend ändern. Da nun keine Verbindung zur Definition des Formats mehr existiert, werden Änderungen folglich auch nicht mehr auf den Text übernommen.

"Überschrift 3" bearbeiten...
Format duplizieren...
Format löschen

"Überschrift 3" anwenden

"Überschrift 3" und dann Nächstes Format anwenden

In Gruppe kopieren...
Neue Gruppe aus Formaten...

▲ **Abbildung 15.50**
Kontextmenü eines Absatzformats

Verknüpfung mit Format aufheben

Diese Arbeitsweise von VERKNÜPFUNG MIT FORMAT AUFHEBEN wurde mit InDesign CS2 eingeführt. Vorher war das Format [KEIN ABSATZFORMAT] zugewiesen worden. Die Verbindung zur Formatdefinition wurde damit zwar aufgelöst, aber es erschien nicht logisch, dass das nur über die Zuweisung eines anderen Formats funktioniert. [KEIN ABSATZFORMAT] erscheint zwar nicht mehr im Absatzformate-Bedienfeld, existiert aber weiterhin. Wenn Sie z. B. ein Format löschen, können Sie [KEIN ABSATZFORMAT] als Nachfolger nominieren.

Wenn Sie diese Funktion verwenden, sollte Ihnen aber bewusst sein, dass wirklich nur die Definition des Absatzformats betroffen ist. Sind Textstellen im Absatz mit Zeichenformaten gestaltet worden, so bleibt diese Zuweisung zu den Zeichenformaten erhalten.

15.5 Arbeiten mit Formaten

Einmal geleistete Arbeit sollte natürlich möglichst oft verwertet werden können. Gerade in der Definition von Formaten kann viel Zeit stecken. Deshalb ist es wichtig, vorhandene Definitionen schnell und elegant anwenden, verwalten und in anderen Dokumenten weiterverwenden zu können.

15.5.1 Formate erst bei Bedarf anlegen

Eine Neuerung in InDesign CS4 ist, dass Sie in allen Fenstern und Dialogen, in denen Sie Zeichen- und Absatzformate zuweisen können, nun im Menü der jeweiligen Formate den Eintrag NEUES ZEICHENFORMAT bzw. NEUES ABSATZFORMAT aufrufen können.

Diese genau genommen kleine – aber auch längst überfällige – Änderung macht nun endlich Schluss damit, dass man die Definition eines verschachtelten Formates manchmal mehrfach abbrechen bzw. in mehreren Schritten durchführen musste. Es war oft wirklich hinderlich, dass man zwar das gewünschte Ergebnis im Kopf vor sich hatte, aber erst einmal vom Ziel abweichen musste, um die nötigen Vorbereitungen zu treffen.

Zugegeben: Wenn Sie erst einen Prototypen erstellen, aus dessen Formatierungen Sie dann die Zeichenformate und das Absatzformat erstellen, hilft Ihnen diese Neuigkeit nicht viel. Aber auch dann werden Sie die neuen Möglichkeiten schätzen, wenn Sie manuell z. B. eine nummerierte Liste erstellen und schon beim Design des Prototypen ein Zeichenformat definieren können – sollte es sich noch ändern, müssen Sie lediglich am Ende das FORMAT NEU DEFINIEREN – $\boxed{\text{Strg}}$/$\boxed{\mathbb{H}}$+$\boxed{\text{Alt}}$/$\boxed{\smallsetminus}$+$\boxed{\Diamond}$+$\boxed{\text{C}}$.

Beim Aufruf der Funktion NEUES ZEICHENFORMAT bzw. NEUES ABSATZFORMAT landen Sie in den normalen Fenstern, um die jeweiligen Formate zu definieren. Das Einzige, was nun noch fehlt, ist eine Möglichkeit, auch bestehende Formate in solchen Situationen zu verändern.

15.5.2 Formate austauschen

Sie möchten ein Format, das Sie in einem Dokument definiert haben, auch in einem anderen Dokument verwenden? Kein Problem – es gibt eine Reihe von Möglichkeiten. Welche Methode

Unformatiert einfügen

Wenn Sie die Funktion UNFORMATIERT EINFÜGEN – ⌃Strg⌃+ ⌃⇧⌃+⌃V⌃ bzw. ⌃⌘⌃+⌃⇧⌃+⌃V⌃ – verwenden, werden logischerweise auch keine Formatdefinitionen übernommen.

Hinweis

Per Drag & Drop und Copy & Paste können Sie nur Objekte derselben InDesign-Version übertragen. Objekte aus InDesign CS3 können nicht auf diesem Wege nach Indesign CS4 übertragen werden.

Drag & Drop für Text einschalten

Um ausgewählten Text innerhalb eines Dokuments oder zwischen Dokumenten bewegen zu können, müssen Sie in den InDesign-Voreinstellungen im Bereich EINGABE die Option TEXTBEARBEITUNG DURCH ZIEHEN UND ABLEGEN • IN LAYOUTANSICHT AKTIVIEREN einschalten.

Darüber hinaus kann Drag & Drop natürlich nur zwischen zwei eigenständig bewegbaren Fenstern funktionieren.

Sie anwenden, hängt davon ab, ob Sie Zugriff auf alle beteiligten Dokumente haben. Solange Sie beide Dokumente im direkten Zugriff haben – sie also gleichzeitig öffnen können –, haben Sie grundsätzlich drei Möglichkeiten:

▶ **Copy & Paste:** Kopieren Sie einen mit dem gewünschten Format gesetzten Text per ⌃Strg⌃+⌃C⌃ bzw. ⌃⌘⌃+⌃C⌃, und setzen Sie ihn im Zieldokument ein – ⌃Strg⌃+⌃V⌃ bzw. ⌃⌘⌃+⌃V⌃. Natürlich können Sie dazu auch die entsprechenden Kommandos aus dem BEARBEITEN-Menü verwenden. InDesign übernimmt nicht nur die Formatierung des Absatzformates, sondern auch die Definitionen aller beteiligten Zeichenformate. Existieren im Zieldokument die eingesetzten Formate noch nicht, dann werden sie einfach angelegt. Existieren jedoch Formate mit identischen Namen im Zieldokument, dann werden auf den eingesetzten Text die schon vorhandenen Formate angewendet.

▶ **Drag & Drop:** Sie können komplette Textrahmen jederzeit aus einem Dokument in ein anderes ziehen und dort absetzen. Alle darin angewendeten Formate werden im Zieldokument angelegt bzw. angewendet, wie bei Copy & Paste auch. Wenn Sie nur ausgewählten Text per Drag & Drop ins Zieldokument übertragen wollen, dann muss einerseits InDesign dafür konfiguriert sein und der bewegte Text andererseits im Zieldokument in einem Textrahmen abgelegt werden.

▶ **Pipette:** Sie haben die Pipette am Beginn dieses Kapitels ja schon als Werkzeug zur Textformatierung kennengelernt. Sie funktioniert auch zwischen zwei Dokumenten. Beachten Sie dabei unbedingt, dass die Pipette aber für die Übertragung von Formaten konfiguriert werden muss. Der Vorteil der Pipette ist, dass sie wirklich nur die Formate überträgt und Sie keinen Text in das Zieldokument übertragen müssen.

In Kapitel 22.1, »Bibliotheken«, werden wir Ihnen weitere Methoden vorstellen, jegliche Art von InDesign-Objekten – also auch Texte bzw. Textrahmen – zu verwalten. Objekte in Bibliotheken, die als Container für mehrere unabhängige Objekte dienen, speichern auch alle Formateinstellungen. Werden solche Objekte in einem neuen Dokument platziert, werden die betreffenden Definitionen automatisch angelegt.

15.5.3 Formate über Snippets weitergeben

Snippets verhalten sich genauso wie Objekte in Bibliotheken. Die einzelnen Objekte oder Objektgruppen werden jedoch als einzelne Elemente ohne übergeordneten Container abgespeichert. Der Vorteil von Snippets ist, dass Sie die Ursprungsdatei nicht im

Zugriff haben müssen. Snippets sind eigenständige InDesign-Dateien, die über einen beliebigen Datenträger oder ein Netzwerk, Mail usw. transportiert werden können.

Snippets entstehen, wenn Sie ein InDesign-Objekt, also z. B. einen Textrahmen, auf den Schreibtisch oder in Adobe Bridge CS4 ziehen – sie tauchen dort als Datei auf, deren Name mit »Snippet« beginnt und ansonsten aus einer zufälligen Zeichenfolge besteht. Die Endung lautet seit CS4 ».idms«. Sie können auch zumindest ein Objekt auswählen und dann Datei • Exportieren aufrufen. Wählen Sie unter Dateityp (Windows) bzw. Format (Mac OS X) die Option InDesign-Snippet. Hier können Sie den Namen des Snippets natürlich frei wählen.

Sie können eine Snippet-Datei in eine beliebige InDesign-Datei ziehen oder über Datei • Platzieren in ein Dokument einsetzen. Dabei wird das Ursprungsobjekt wiederhergestellt, und alle Formate werden angelegt bzw. zugewiesen wie bei den bisherigen Methoden auch.

15.5.4 Schnell anwenden

Um Formate noch effizienter anzuwenden, können Sie auf die Funktion Schnell anwenden zurückgreifen, die Sie im Steuerung-Bedienfeld und in allen Format- und Stil-Bedienfeldern über das Symbol ⚡ erreichen. Sie erreichen Schnell anwenden auch, indem Sie Strg+↵ bzw. ⌘+↵ drücken. Es erscheint nun ein schwebendes Bedienfeld, in das Sie einen Suchbegriff eingeben können.

In der Liste erscheinen alle Formate, die zu Ihrem Suchbegriff passen und die anhand des derzeitig ausgewählten Objekts zugewiesen werden können. Das können auch Absatzformate oder Objektstile sein, die Sie später noch kennenlernen werden.

Die Länge dieser Liste ist also von der Eindeutigkeit Ihres Suchbegriffs abhängig. Zusätzlich erscheinen nicht nur Formate und Stile, sondern auch Funktionen, die über einen Menübefehl aufgerufen und auf die derzeitige Auswahl angewendet werden können.

Sie können nun aus der Liste das richtige Format (oder gegebenenfalls einen Menübefehl) auswählen bzw. zuweisen, indem Sie darauf klicken. Sie können in der Liste allerdings auch mit den Cursortasten navigieren und einen Eintrag auswählen, indem Sie die ↵-Taste drücken. Das Format wird auf Ihre Auswahl angewendet und das Fenster Schnell anwenden automatisch wieder geschlossen.

Sollten Sie kein Format zuweisen wollen, können Sie das Fenster schließen, indem Sie ein weiteres Mal auf ⚡ klicken, irgendwo

Snippets aus Texten

Wenn Sie unter Mac OS X die Voreinstellungen zum Bewegen von Text per Drag & Drop aktiviert haben, können Sie auch reinen Text auf den Schreibtisch ziehen. Dabei übernimmt aber das Betriebssystem das Kommando, und es wird kein Snippet erstellt, sondern eine Datei mit der Endung ».textClipping«. Wenn Sie eine solche Datei wieder in ein InDesign-Dokument ziehen, verhält sie sich aber wie ein Snippet. Platzieren können Sie solch eine Datei allerdings nicht.

Unter Windows funktioniert dieser Mechanismus nicht.

Keine Snippets aus verankerten Objekten?

Im Text verankerte Objekte können nicht aus dem Dokument gezogen werden, weil InDesign die Bewegung als Positionsänderung im Text interpretiert – hier müssen Sie auf Datei • Exportieren zurückgreifen.

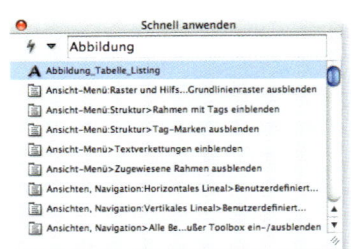

▲ **Abbildung 15.51**
Schnell anwenden
Zum Begriff »Abbildung« werden nicht nur Formate gefunden, sondern auch Menübefehle, die auf die derzeitige Auswahl angewendet werden können. Klicken Sie auf das Dreieck neben dem Eingabefeld, um festzulegen, dass z. B. nur Formate, aber keine Menübefehle mehr angezeigt werden.

außerhalb des Fensters klicken oder die ⎡Esc⎤-Taste drücken. So können Sie auch sehr lange Formatlisten bändigen, ohne Ihre Hände von der Tastatur nehmen zu müssen

15.5.5 Formate suchen und ersetzen

Wenn Sie Formate löschen, die in Ihrem Dokument nicht verwendet wurden, erledigt InDesign das ohne Murren. Wenn ein Format jedoch verwendet wird, fragt InDesign nach, welches Format den verwaisten Texten zugewiesen werden soll – das kennen Sie schon. Allerdings wäre es in so einem Fall interessant zu wissen, welche Absätze oder Textteile eigentlich betroffen sind. Und genau das verschweigt uns InDesign.

Bevor Sie in diesem Fall beherzt auf OK klicken und dann möglicherweise einige Überraschungen erleben, sollten Sie sich zunächst einmal ansehen, wo das betreffende Format eigentlich noch zugewiesen ist. Rufen Sie BEARBEITEN • SUCHEN/ERSETZEN auf, oder drücken Sie ⎡Strg⎤+⎡F⎤ bzw. ⎡⌘⎤+⎡F⎤. Das SUCHEN/ERSETZEN-Fenster wird geöffnet:

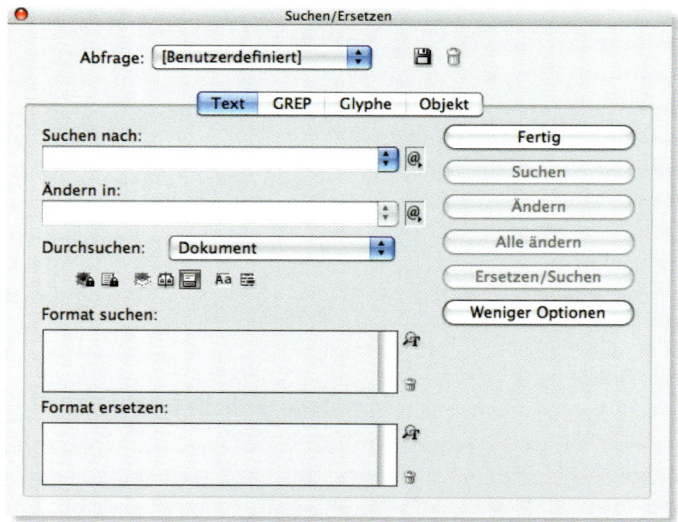

Abbildung 15.52 ▶
Bei der Suche nach Text kann nicht nur nach dem Inhalt, sondern nach allen Formatierungsattributen gesucht werden.

Sie haben bereits bei den GREP-Stilen kurz Bekanntschaft mit diesem Fenster gemacht. Die Suche von Texten und Glyphen werden wir in Kapitel 16, »Text suchen und korrigieren«, behandeln. An dieser Stelle interessiert uns der untere Bereich des Fensters mit den beiden Feldern FORMAT SUCHEN und FORMAT ERSETZEN. Sollte dieser Teil des Fensters nicht sichtbar sein, klicken Sie auf MEHR OPTIONEN, um die Darstellung zu erweitern.

Klicken Sie in das Feld FORMAT SUCHEN oder auf das Symbol. Im nun folgenden Fenster FORMATEINSTELLUNGEN SUCHEN können

Sie im Abschnitt FORMATOPTIONEN auswählen, ob Sie nach einem ZEICHENFORMAT, einem ABSATZFORMAT oder auch beidem suchen wollen. Wenn Sie nach beidem suchen, werden nur Textstellen gefunden, deren Absatz mit dem Absatzformat formatiert wurde **und** in denen Texte mit dem Zeichenformat formatiert wurden.

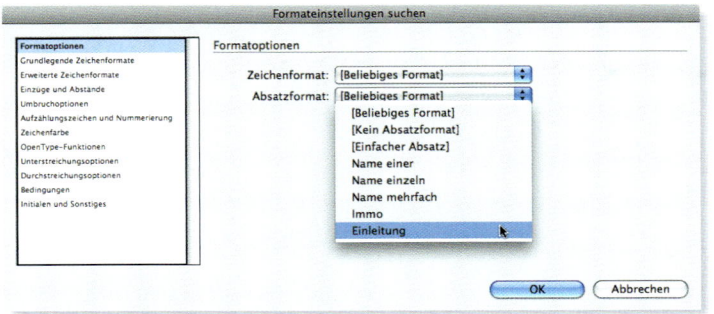

◄ **Abbildung 15.53**
Durch die vielen Kriterien, nach denen eine Formatierung gesucht werden kann, haben wir es hier mit einer sehr leistungsfähigen Funktion zu tun. In der Praxis werden Sie jedoch kaum mehr als zwei Kriterien kombinieren bzw. sich zumeist auf die Suche nach Formaten beschränken.

Wie Sie sehen, gibt es eine ganze Menge weiterer Bereiche, mit denen Sie nach manuellen Formatierungen suchen können. Auch diese Einstellungen werden logisch so miteinander verknüpft, dass alle Bedingungen erfüllt sein müssen. Allerdings können Sie für viele Optionen die Bedingungen umkehren. Eine Option, die mit ☑ markiert ist, muss zutreffen und mit ⊟ darf sie nicht zutreffen. Das Symbol ☐ bedeutet, dass nach diesem Kriterium nicht gesucht werden soll.

Treffen Sie Ihre Einstellungen, und klicken Sie auf OK. Wieder zurück im Fenster SUCHEN/ERSETZEN können Sie alle gewählten Einstellungen im Feld FORMAT SUCHEN kontrollieren. Legen Sie den Gültigkeitsbereich Ihrer Suche über das Menü DURCHSUCHEN fest. Wählen Sie DOKUMENT, und klicken Sie auf SUCHEN. InDesign zeigt Ihnen nun die erste Fundstelle oder benachrichtigt Sie, dass es keinen Text gibt, der Ihren Kriterien entspricht. Bei mehreren Fundstellen ändert sich der Name des Buttons SUCHEN in WEITERSUCHEN. Nach der letzten Fundstelle informiert Sie InDesign, dass es keine weiteren Treffer gibt. Die einzelnen Fundstellen werden Ihnen im Dokument gezeigt und zur Bearbeitung ausgewählt, womit Sie sich auch selbst davon überzeugen können, dass die Suche korrekt abläuft. Um eine neue Suche zu definieren, klicken Sie zunächst auf 🗑, um alle Einstellungen zurückzusetzen.

Sie können im Feld FORMAT ERSETZEN genau die gleichen Einstellungen wie in FORMAT SUCHEN machen und, sofern es Fundstellen in Ihrem Dokument gibt, mit einem Klick auf ÄNDERN jede einzelne Fundstelle oder mit ALLE ÄNDERN alle Treffer in einem Arbeitsgang umformatieren lassen.

Verschachtelte Formate werden nicht gefunden!

Bitte beachten Sie, dass Texte, die über ein verschachteltes Format mit Zeichenformaten versehen sind, nicht bei der Suche nach diesen Zeichenformaten gefunden werden!

Vermutlich ist Ihnen bereits aufgefallen, dass InDesign die Zuweisung auch nicht im Zeichenformate-Bedienfeld, sondern lediglich in der Fußzeile des Absatzformate-Bedienfelds anzeigt.

15.5.6 Formate aus anderen Dokumenten übernehmen

Wenn Sie in einem InDesign-Dokument Formate definiert haben, die Sie in einem anderen Dokument verwenden möchten, können Sie Zeichenformate und Absatzformate laden. Die entsprechenden Funktionen ZEICHENFORMATE LADEN und ABSATZFORMATE LADEN finden Sie in den Bedienfeldmenüs der Formate-Bedienfelder. In beiden Bedienfeldmenüs finden Sie auch den Befehl ALLE TEXTFORMATE LADEN, um Zeichen- und Absatzformate in einem Arbeitsgang zu laden.

Die beiden Varianten unterscheiden sich lediglich dadurch, dass InDesign bei Zeichen- und Absatzformaten bereits eine Vorauswahl trifft. Diese Auswahl können Sie allerdings übergehen und immer alle Formate laden bzw. aus allen Formaten wählen.

Sobald Sie einen dieser Befehle aufrufen, müssen Sie im DATEI ÖFFNEN-Dialog ein InDesign-Dokument auswählen, aus dem InDesign dann alle Formatdefinitionen laden wird. Das kann bei umfangreichen Dokumenten mit vielen Formaten ein Weilchen dauern. Sobald InDesign alle Formate ausgelesen hat, müssen Sie entscheiden, welche Formate tatsächlich geladen werden sollen.

Abbildung 15.54 ▶
FORMATE LADEN – die Formate [EINFACHER ABSATZ] und GESETZLICHE VORAUSSETZUNGEN werden nicht geladen, das Format FACHGRUPPE wird geladen, dabei aber umbenannt. ZIELGRUPPE und FACHBEREICH werden geladen und überschreiben die schon existierenden gleichnamigen Formate. KURS existiert in der Zieldatei noch nicht und wird angelegt.

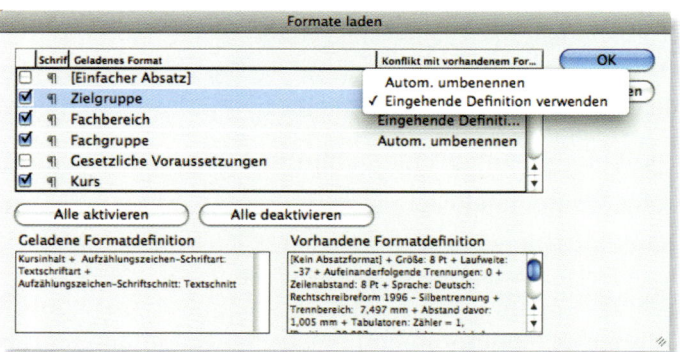

In der Liste werden alle gefundenen Formate angezeigt. Zu jedem Namen einer Formatdefinition ist angegeben, ob es sich um ein Zeichen- oder um ein Absatzformat handelt. Mit der Checkbox am Beginn eines Listeneintrags können Sie auswählen, ob Sie das Format laden wollen. Hier zeigt sich der Unterschied zwischen ZEICHEN-/ABSATZFORMATE LADEN und ALLE FORMATE LADEN – wenn Sie z. B. ZEICHENFORMATE LADEN gewählt haben, werden auch nur diese für Sie ausgewählt, was Sie aber nicht weiter behindert. Sie können immer eine eigene Auswahl treffen oder mit ALLE AKTIVIEREN bzw. ALLE DEAKTIVIEREN sämtliche Markierungen ein- oder ausschalten.

Wenn Sie eine Zeile in der Liste auswählen, erscheint unter GELADENE FORMATDEFINITION die Beschreibung des Formats.

Sofern im Zieldokument ein Format mit gleichem Namen existiert, erscheint auch das Textfeld VORHANDENE FORMATDEFINITION. So können Sie leicht entscheiden, ob es sich dabei tatsächlich um ein identisches Format handelt oder ob Abweichungen vorliegen. Sollten beide Formate identisch sein, gibt es eigentlich keinen Grund, das Format zu importieren (obwohl Sie das trotzdem machen können).

Sollte die Definition abweichen, müssen Sie in jedem Fall in der Spalte KONFLIKT MIT VORHANDENEM FORMAT festlegen, wie diese Abweichung zu handhaben ist:

▶ AUTOM. UMBENENNEN importiert das Format, benennt es dabei aber anders (es wird das Wort »Kopie« an den Namen angehängt) und tastet die existierende Formatdefinition nicht an.

▶ EINGEHENDE DEFINITION VERWENDEN dagegen überschreibt die existierende Definition, was sich natürlich auf die Formatierung Ihres Dokuments dramatisch auswirken kann, da sich die Abweichungen sofort auf alle mit diesem Format gestalteten Textelemente auswirken. Alle importierten Formate erscheinen in ihrem jeweiligen Bedienfeld und unterscheiden sich in der Folge nicht mehr von Formaten, die Sie manuell angelegt haben. Lediglich ein kleines Diskettensymbol 🖫 rechts neben dem Formatnamen deutet darauf hin, dass das Format aus einer anderen Datei geladen wurde.

15.5.7 Formate aus Word-Dokumenten übernehmen

Die verschiedenen Methoden zum Austausch von Formaten zwischen Dokumenten funktionieren deshalb problemlos, da es sich in jedem Fall um InDesign-Objekte und -Dokumente handelt.

Viele Redaktionen arbeiten mit freiberuflichen Redakteuren zusammen, die nicht unmittelbar in die Produktion der Publikation eingebunden sind. Diese Redakteure liefern üblicherweise ihre Texte im Microsoft Word-Format (».doc«) an.

Den meisten Layoutern ist es lieber, wenn sich die Redakteure aus der Textgestaltung heraushalten. Leider leben wir aber nicht in einer idealen Welt, und deshalb treibt so mancher Redakteur tatsächlich mehr Aufwand mit der Textformatierung als mit dem Inhalt. Da diese Gestaltungsarbeiten nur selten etwas mit dem tatsächlichen Erscheinungsbild zu tun haben, müssen diese Formatierungen entfernt oder Strategien gesucht werden, wie mit ihnen umzugehen ist.

InDesign bietet einen sehr leistungsstarken Importfilter für Word-Dokumente, der auch Formatdefinitionen aus Word übernehmen kann. Formate, die aus Word-Dokumenten stammen, sind im betreffenden Bedienfeld ebenfalls mit einem Disketten-

▲ **Abbildung 15.55**
Absatz-Bedienfeld mit importierten Formaten. Die Diskettensymbole zeigen an, dass sich die jeweilige Formatdefinition mit der Originaldefinition der Ursprungsdatei deckt. Sobald Sie eine Änderung an einem solchen Format machen, wird es zum InDesign-Format, und das Symbol verschwindet. Diese Diskettensymbole werden auch bei Formaten aus Word-Dateien sichtbar.

symbol ■ gekennzeichnet, das wieder verschwindet, sobald Sie in InDesign Änderungen an der Format-Definition vornehmen.

Der Word-Importfilter kann sehr fein eingestellt werden. Um die Importoptionen festzulegen, müssen Sie im PLATZIEREN-Dialog die Option IMPORTOPTIONEN ANZEIGEN aktivieren oder beim Importieren die ⏴⏵-Taste gedrückt halten. Wenn Sie Änderungen an den Importoptionen vornehmen und beim nächsten Platzieren einer ».doc«-Datei IMPORTOPTIONEN ANZEIGEN abschalten, werden die letzten Einstellungen des Filters verwendet.

So kann sich der Filter auch bemerkbar machen, wenn Sie ihn nicht gezielt einblenden, aber z.B. in der Word-Datei Schriften verwendet werden, die auf Ihrem System nicht verfügbar sind.

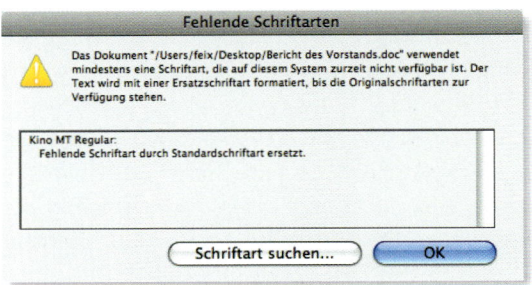

Abbildung 15.56 ▶
Der Word-Importfilter macht sich auch bemerkbar, wenn Sie ihn nicht über seine Importoptionen steuern.

Bei aktivierten Importoptionen werden Sie mit einem sehr umfangreichen Dialog konfrontiert. Da die Einstellungsmöglichkeiten so umfangreich sind, haben Sie – wie in anderen Bereichen von InDesign auch – die Möglichkeit, verschiedene Einstellungen zu speichern und bei Bedarf wieder aufzurufen.

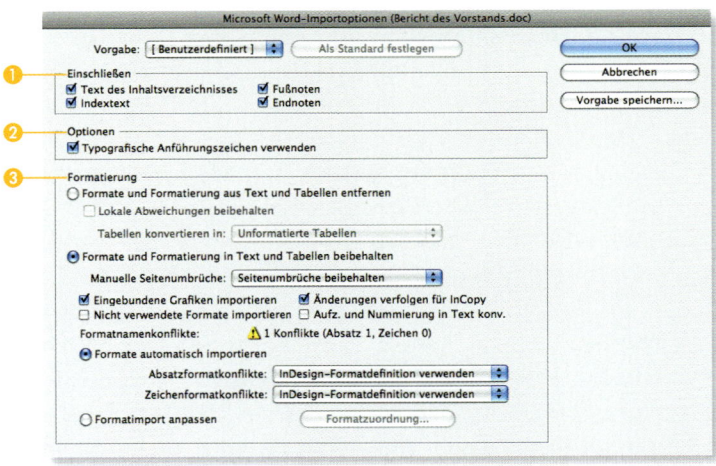

Abbildung 15.57 ▶
MICROSOFT WORD-IMPORT-OPTIONEN: Wenn Sie öfter gleichartige Word-Dateien verarbeiten müssen, sollten Sie die fertigen Einstellungen als VORGABE SPEICHERN.

Einschließen | Unter EINSCHLIESSEN ❶ legen Sie fest, welche Textbereiche eines Word-Dokuments importiert werden sollen.

Sämtliche Textbereiche werden dabei in einem InDesign-Textabschnitt platziert.

- TEXT DES INHALTSVERZEICHNISSES importiert ein Inhaltsverzeichnis als reinen Text. Ein Inhaltsverzeichnisformat entsteht hierbei nicht.
- INDEXTEXT importiert einen Index, sofern er existiert. Die indizierten Begriffe werden in InDesign auch weiterhin als Indexbegriffe markiert.
- FUSSNOTEN und ENDNOTEN erledigen jeweils die gleiche Aufgabe für Fuß- und Endnoten. Sämtliche Fußnoten bleiben dabei funktional erhalten und können weiterbearbeitet werden. Endnoten werden als Text an das Ende des Textabschnittes gestellt.

Optionen | Unter OPTIONEN ❷ existiert tatsächlich nur eine Option, die auch gut in den letzten Abschnitt passen würde (wo sie in früheren Versionen auch untergebracht war):

- TYPOGRAFISCHE ANFÜHRUNGSZEICHEN VERWENDEN sorgt dafür, dass beim Textimport Anführungszeichen paarweise zusammengestellt und den Voreinstellungen entsprechend im Textabschnitt dargestellt werden.

Formatierung | Die Einstellungen unter FORMATIERUNG ❸ beeinflussen, wie vorhandene Textformatierungen importiert und gehandhabt werden:

- FORMATE UND FORMATIERUNG AUS TEXT UND TABELLEN ENTFERNEN: Ist diese Option nicht aktiviert (Standard), werden alle Formatdefinitionen und alle Tabellen in InDesign-Tabellen übernommen. Wenn Sie diese Option einschalten, werden keine Formate in das Zieldokument importiert.
- Ist die Option LOKALE ABWEICHUNGEN BEIBEHALTEN aktiviert, bleibt dennoch die Formatierung erhalten, allerdings wird diese nicht über Formate zugewiesen, sondern landet so in Ihrem Dokument, als ob Sie den Text manuell formatiert hätten.
- Unter TABELLEN KONVERTIEREN IN legen Sie fest, wie mit Tabellen zu verfahren ist:
  - UNFORMATIERTE TABELLEN erzeugt InDesign-Tabellen, deren Inhalt allerdings nicht mehr formatiert ist.
  - UNFORMATIERTER TEXT MIT TABULATORTRENNZEICHEN erstellt keine Tabellen mehr, sondern puren unformatierten Text, in dem an den ehemaligen Spaltengrenzen Tabulatoren eingefügt sind.

<aside>

Probleme mit Einschließen

Wenn Textteile, die Sie in EINSCHLIESSEN auswählen, nach dem Import fehlerhaft erscheinen, sollten Sie die Word-Datei als RTF-Datei speichern und den Import noch einmal versuchen. Die Probleme lassen sich so oft beheben.

</aside>

<aside>

Typografische Anführungszeichen

Welche Anführungszeichen verwendet werden, legen Sie in den InDesign-VOREINSTELLUNGEN im Register WÖRTERBUCH fest.

</aside>

► Formate und Formatierung in Text und Tabellen beibehalten: Diese Option legt fest, dass Formatierung inklusive Stile weitgehend erhalten bleiben, und gibt Ihnen die Möglichkeit, Word-Stile in InDesign-Formate zu wandeln bzw. vorhandene Stile InDesign-Formaten zuzuweisen.

> ► Mit Manuelle Seitenumbrüche legen Sie fest, wie Seitenumbrüche – Word arbeitet ja seitenorientiert – in InDesign abgebildet werden sollen. Sie können entscheiden, ob Seitenumbrüche beibehalten werden sollen, ob Sie sie in Spaltenumbrüche umwandeln wollen oder überhaupt Keine Umbrüche importiert werden sollen.

> ► Ist Eingebundene Grafiken importieren aktiviert, werden alle Bilder der Word-Datei in Ihr InDesign-Dokument eingebettet, ansonsten werden sie einfach ausgelassen (was zumeist die klügere Entscheidung ist). Derartige Bilddaten werden im Text verankert und können mit allen Attributen für verankerte Objekte versehen werden.

> ► Wenn Sie Nicht verwendete Formate importieren aktivieren, werden Stile, die in Word zwar definiert, aber nicht verwendet werden, in Ihr InDesign-Dokument übertragen – dafür gibt es kaum einen Grund.

> ► Word verfügt über eine interne Protokollfunktion für Änderungen. Bis InDesign CS2 wurden diese Textanteile immer importiert, was den Text natürlich ziemlich entstellen kann. Seit InDesign CS3 können Sie entscheiden, ob nur die Letztversion des Dokuments importiert werden soll – schalten Sie in diesem Fall Änderungen verfolgen für InCopy aus. Der Namensgebung können Sie entnehmen, dass Änderungen nur in InCopy, aber nicht in InDesign nachverfolgt werden können.

> ► Ebenfalls seit InDesign CS3 gibt es die Option Aufz. und Nummerierung in Text konv. Wenn Sie sie einschalten, werden Word-Listen in normal gestalteten Text konvertiert; schalten Sie sie dagegen aus, werden Word-Listen in Aufzählungslisten bzw. nummerierte InDesign-Listen gewandelt.

> ► Unter Formatnamenkonflikte werden eventuelle Kollisionen mit bereits existierenden Formaten angezeigt. Solche Konflikte können Sie mit den folgenden Optionen auflösen:

> ► Ist Formate automatisch importieren aktiviert, kümmert sich InDesign darum, dass alle Word-Stile korrekt importiert werden, wobei Sie sowohl für Zeichen- als auch für Absatzformate festlegen können, wie Kollisionen mit existierenden Formaten aufgelöst werden sollen. InDesign-Formatdefi-

---

Verankerte Objekte

Beliebige InDesign-Objekte können anstelle eines einzelnen Zeichens in einen Text eingefügt werden und fließen dann im Text mit. Wie Sie solche Objekte anlegen und steuern, zeigen wir Ihnen in Kapitel 18.3, »Verankerte Objekte«.

Bilddaten aus Word

Alle Bilder werden als ».png«-Dateien in das InDesign-Dokument eingebettet. Sie können die Einbettung aufheben und so die Bilddaten wieder lokal speichern. Die Auflösung der Bilder bleibt grundsätzlich erhalten, sofern sie in Word erhalten blieb – ein 300-ppi-Bild bleibt also auch ein 300-ppi-Bild. Allerdings werden alle Bilder von Word bereits beim Importieren in ein Word-Dokument in den RGB-Raum gewandelt – sogar Graustufenbilder.

NITION VERWENDEN ignoriert die Word-Definition und verwendet die bereits existierenden InDesign-Formate. INDESIGN-FORMAT NEU DEFINIEREN überträgt die Stil-Definition aus dem Word-Dokument in die gleichnamige InDesign-Format-Definition. AUTOM. UMBENENNEN überträgt die originalen Stile aus dem Word-Dokument in neue Formate des InDesign-Dokuments und korrigiert die Namen so, dass keine Konflikte mehr auftreten.

▶ Mit der Option FORMATIMPORT ANPASSEN können Sie schließlich die Zuordnung von Word-Stilen zu InDesign-Formaten manuell regeln. Klicken Sie auf FORMATZUORDNUNG und wählen Sie zu jedem Word-Stil das gewünschte InDesign-Format aus dem Menü in der zweiten Spalte aus. Mit einem Klick auf KONFLIKTE AUTOMATISCH UMBENENNEN erreichen Sie das gleiche Ergebnis, als wenn Sie unter FORMATE AUTOMATISCH IMPORTIEREN die Option AUTOM. UMBENENNEN auswählen würden.

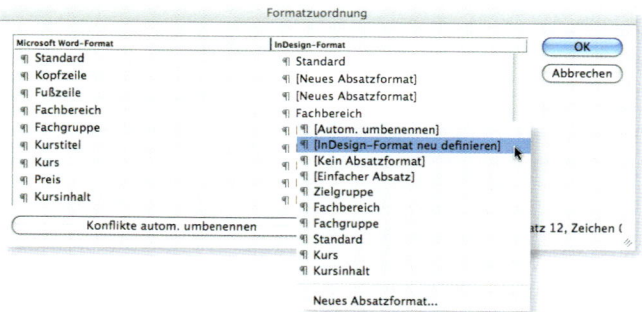

◀ **Abbildung 15.58**
Manuelle Zuordnung von Word-Stilen zu InDesign-Formaten

Bitte beachten Sie, dass es seit InDesign CS4 auch hier möglich ist, in einem Zwischenschritt ein NEUES ABSATZFORMAT zu definieren, was den Word-Importfilter – obwohl seit InDesign CS3 ansonsten unverändert – noch um ein Stück flexibler macht.

So ausgefeilt der Word-Importfilter auch arbeitet, so können wirklich gute Ergebnisse doch nur erzielt werden, wenn alle Formatierungsregeln bereits bei der Texterfassung befolgt wurden. Wird Word nicht von einem ausgesprochenen Profi bedient, der auch mit Formaten umzugehen versteht, neigt Word dazu, bei jeder Zeilenschaltung ganz nebenbei Formate anzulegen oder zuzuweisen.

Es bleibt fraglich, ob unter diesen Bedingungen eine Struktur sichergestellt werden kann, in der Formate so konsequent eingesetzt werden, wie es für eine direkte Abbildung in InDesign nötig ist.

15.5.8 Formate aus RTF-Dokumenten übernehmen

Um gestaltete Textdaten zwischen verschiedenen Systemen auszutauschen, ist das Dateiformat RTF (Rich Text Format) relativ beliebt. Es kann sämtliche Word-Formatierungen und auch eingebundene Bilder speichern. InDesign behandelt RTF-Daten zwar mit dem RTF-Importfilter und bezeichnet das dazugehörige Fenster auch als RTF-IMPORTOPTIONEN, allerdings sind sämtliche Optionen identisch zum Word-Importfilter, und InDesign behandelt RTF-Dateien auch vollkommen gleich wie ».doc«-Dateien.

Da ».doc«-Dateien strukturell eher komplex werden können, können Sie bei Problemen in der Übernahme von Word-Dokumenten versuchen, die Datei als ».rtf« zu speichern und dann zu importieren. Beim Speichern als ».rtf«-Datei werden alle strukturellen Verklemmungen in der Regel behoben, und ein Import läuft oft etwas runder und sauberer.

[RTF]
Rich Text Format – wurde von Microsoft als Austauschformat entwickelt und hat sich als solches auch durchgesetzt. Da es ein reines Textformat ist, kann es leicht von den unterschiedlichsten Programmen verarbeitet werden.

16   Text suchen und korrigieren

Es gibt eine Reihe von Gründen, einen Text zu durchsuchen: Entweder haben Sie einen Text »verlegt« (»Wo habe ich eigentlich zuletzt in meinem Text das Finanzamt verflucht?«), oder Sie möchten einen Text inhaltlich oder auch gestalterisch verändern – nur wo steht dieser Text eigentlich? Oder Sie suchen Texte, die zweifelhaft sind (Rechtschreibung, Wortwiederholungen). Mit InDesign sind Sie für alle diese Fälle gerüstet.

16.1   Das Fundbüro: Suchen/Ersetzen

Sie werden in der Folge mit drei unterschiedlichen Konzepten der textbezogenen Suchen vertraut gemacht. Die Suche nach Objekten und deren Eigenschaften behandeln wir in Abschnitt 18.4.7, »Nach Objektstilen suchen«, ab Seite 574.

16.1.1   Die Möglichkeiten

Grundsätzlich müssen wir unterscheiden, ob eine Suche nach einem statischen Text (Abfolge von Zeichen) durchgeführt wird oder ob auch die Eigenschaften eines Textes in die Suche einfließen sollen. Schließlich können wir noch nach einzelnen Glyphen suchen, wofür es in alphabetischen Schriftsystemen allerdings kaum eine Notwendigkeit gibt. InDesign bezeichnet diese drei Bereiche als:

▶ **Text:** Ein statischer Text wird gesucht und gegebenenfalls gegen einen anderen statischen Text ausgetauscht und/oder mit einer Formatierung versehen. Wortteile werden dabei standardmäßig wie einzelne Wörter behandelt, sofern dieses Verhalten nicht explizit abgeschaltet wird.

▶ **GREP:** Der zu suchende Text kann »weichgezeichnet« werden. Dabei werden Bedingungen festgelegt und Eigenschaften des Texts – z. B. an welcher Stelle im Wort ein Textstring steht – abgefragt. Auch ob und wie ein Text ersetzt wird, kann von Bedingungen abhängig gemacht werden.

▶ **Glyphe:** In einem lateinischen Zeichensatz ist eine Glyphe gleichbedeutend mit einem einzelnen druckbaren Zeichen.

Grundwissen?

Wir ersparen Ihnen (und uns) an dieser Stelle eine grundlegende Erklärung, was mit Suchen und Ersetzen gemeint ist und wie es prinzipiell funktioniert.

Möglicherweise haben Sie Erstkontakt mit InDesign, aber wir gehen davon aus, dass Ihnen die grundlegenden Methoden der Textverarbeitung bekannt sind. Andernfalls wären Sie sicher nicht bis zu dieser Stelle des Buches vorgedrungen.

Nach solchen Zeichen können Sie auch mit den obigen beiden Methoden suchen. In Schriftsystemen wie z. B. dem chinesischen sind Glyphen allerdings gleichbedeutend mit ganzen Wörtern. Eine Suche eines bestimmten Wortes muss also über eine einzelne Glyphe definiert und diese Glyphen müssen leicht in die Suche einzugeben sein.

16.1.2 Das Suchen/Ersetzen-Fenster

Was auch immer Sie in Ihren InDesign-Dokumenten suchen, alle dazu nötigen Funktionen finden Sie im SUCHEN/ERSETZEN-Fenster, das Sie über BEARBEITEN • SUCHEN/ERSETZEN oder über ⌜Strg⌝+⌜F⌝ bzw. ⌘+⌜F⌝ aufrufen können. Dieses Fenster ist »schwebend« ausgeführt – das heißt, Sie könnten es eigentlich immer offen halten und trotzdem Ihr Dokument bearbeiten. Allerdings erübrigt sich das aufgrund der Größe.

Abbildung 16.1 ▶
Das SUCHEN/ERSETZEN-Fenster: Über MEHR OPTIONEN ⓬ können noch die Funktionen für die Suche nach Textformatierungen eingeblendet werden – Sie kennen sie bereits aus Kapitel 15, »Textformatierung«.

Eine fertig ausformulierte Suche kann ziemlich kompliziert werden. Deshalb haben Sie – wie fast überall in InDesign – die Möglichkeit, Ihre Suche zu speichern ❼ 🖫. Gespeicherte Suchen nennt InDesign ABFRAGE ❶, und sie können im gleichnamigen Menü ausgewählt werden. Sobald hier eine Abfrage ausgewählt ist, kann sie auch wieder gelöscht werden ❼ 🗑. Solange Sie Ihre Suchabfrage frei formulieren, steht das Menü auf [BENUTZERDEFINIERT].

Die Art der Suche ❷ entscheidet über die Möglichkeiten und Funktionen der Suche. TEXT und GREP unterscheiden sich nur geringfügig in der Oberfläche, GLYPHE erfordert wie gesagt eigene Methoden. Einige Funktionen und Attribute haben jedoch alle Arten gemeinsam.

Vordefinierte Abfragen

Im Menü ABFRAGE finden Sie drei Bereiche mit vordefinierten Suchabfragen für TEXT, GREP und OBJEKT. Gerade die Abfragen für GREP sind zumindest interessant, einmal anzusehen – sie sind gute Beispiele dafür, worauf Sie sich bei GREP einlassen müssen.

16.1.3 Gemeinsame Funktionen

Hier wäre zunächst einmal die Möglichkeit zu nennen, das gesuchte Textelement in SUCHEN NACH ❸ festzulegen. Soll der gefundene Text ausgetauscht werden, legen Sie den Ersatztext in

ÄNDERN IN ❹ fest. In beiden Eingabefeldern können Sie schwer einzugebende Sonderzeichen aus dem Menü 🔳 auswählen. InDesign führt über die Einträge in diesen Eingabefeldern für Sie Protokoll. Die zuletzt verwendeten Begriffe können über die Menüs der beiden Felder aufgerufen werden. Darüber hinaus können Sie Abfragen natürlich auch aus der Zwischenablage in die Eingabefelder kopieren.

Durchsuchen | Die Reichweite der Suche wird über DURCHSU-CHEN ❺ festgelegt. ALLE DOKUMENTE durchsucht alle Texte in allen derzeit geöffneten Dokumenten. DOKUMENT beschränkt sich auf alle Texte im aktuellen Dokument. TEXTABSCHNITT durchsucht nur den Textfluss – das sind alle verketteten Textrahmen –, in dem derzeit der Textcursor steht. Sie können diese Suche auch auf den Text von der aktuellen Position des Textcursors bis ZUM ENDE DES TEXTABSCHNITTS eingrenzen. Wenn Sie einen Text ausgewählt haben, taucht ein weiterer Menüpunkt AUSWAHL auf, mit dem Sie die Reichweite der Suche also gezielt einschränken können.

Anwenden der Suche auf | Auf welche Elemente des Dokuments die Suche angewendet wird, legen Sie über die Symbolleiste ❻ fest, wobei alle Arten der Suche die folgenden fünf Optionen kennen (die Textsuche hat zwei mehr – siehe nächste Seite):

▶ GESPERRTE EBENEN EINBEZIEHEN (NUR »SUCHEN«) 🔳: Bei einer reinen Suche können gesperrte Ebenen selbstverständlich mit-durchsucht werden. Einen gefundenen Text können Sie genauso selbstverständlich nicht ersetzen.

▶ GESPERRTE TEXTABSCHNITTE EINBEZIEHEN (NUR »SUCHEN«) 🔳: Das Gleiche gilt für gesperrte Textabschnitte, mit denen Sie aber nur in Redaktionssystemen, in Verbindung mit InCopy und bei VersionCue in Berührung kommen können.

▶ AUSGEBLENDETE EBENEN EINBEZIEHEN 🔳: Ob Sie einen derzeit nicht sichtbaren Text suchen und gegebenenfalls ersetzen wol-len, hängt zumeist davon ab, ob dieser Text jemals wieder sichtbar sein soll. Wenn nicht, stellt sich allerdings die Frage, warum er existiert.

▶ MUSTERSEITEN EINBEZIEHEN 🔳: Diese Option dürfte selbster-klärend sein, genauso wie:

▶ FUSSNOTEN EINBEZIEHEN 🔳: Entscheiden Sie nach Ihren Bedürf-nissen und je nachdem, ob Textteile in diesen Dokumentberei-chen überhaupt existieren.

Mit einem Klick auf SUCHEN ❽ starten Sie Ihre Suche. Wenn ein Treffer erzielt wurde, wird Ihnen die Fundstelle im Dokumentfenster angezeigt und die Textstelle ausgewählt. Sie können dann entweder auf Ändern ❾ klicken (sofern Sie einen Ersatztext eingegeben haben) oder auf Weitersuchen – der Button Suchen ❽ wird nun so genannt, bis keine Treffer mehr erzielt werden. Wenn Sie nicht jede Änderung einzeln bestätigen wollen, klicken Sie auf Alle Ändern ❿, und alle Treffer werden in einem Arbeitsgang auf den neuen Text umgestellt. Um den Treffer auszutauschen und anschließend gleich den nächsten zu suchen, klicken Sie auf Ersetzen/Suchen ⓫.

16.2 Textsuche

Eine Textsuche kann sich einerseits auf den Inhalt des Textes beschränken, andererseits aber auch sämtliche Formatierungsoptionen und andere Attribute, wie z. B. die zugewiesene Sprache, berücksichtigen.

16.2.1 Text

Das Suchen und Ersetzen von statischem Text sollte nach der Beschreibung der Grundfunktionen eigentlich schon für Sie durchführbar sein. Allerdings müssen wir noch drei Ergänzungen anbringen.

Schreibweisen | Zunächst verfügt die Textsuche über die beiden zusätzlichen Funktionen Groß-/Kleinschreibung beachten Aa und Ganzes Wort ▤. Wenn Sie beispielsweise einen Text über InDesign setzen wollen (so etwas soll vorkommen), müssen Sie bei diesem Produktbegriff auf die exakte Schreibweise achten. Wenn der Autor des Textes aber immer oder gelegentlich »Indesign« verwendet, kann eine Suche nach dieser falschen Schreibweise mühsam sein, weil der Begriff »InDesign« vermutlich öfter vorkommen wird.

Wenn Sie nach der exakten Falschschreibung – also mit einem kleinen d – suchen wollen, müssen Sie die Option Groß-/Kleinschreibung beachten Aa aktivieren. Ansonsten liefert die Suche auch alle korrekten Schreibweisen.

Wie wir schon erwähnt haben, betrachtet InDesign den Suchbegriff grundsätzlich als beliebigen Teil des Textes, in dem gesucht wird. Der Begriff »Feld« wird sowohl in »Eingabefeld« als auch in »Bedienfeld« als auch in »Feldtheorie« gefunden. Soll der Begriff nur als eigenständiges Wort gefunden werden, aktivieren Sie die Option Ganzes Wort ▤.

Textvariablen

Sie können zwar nach allen verschiedenen Textvariablen suchen (Menü @ • Variablen), nicht aber nach deren Inhalt.

Ganzes Wort

Ein eigenständiges Wort wird von InDesign dann erkannt, wenn es von jeder Art von Weißraum (inklusive Tabulatoren) oder von beliebigen Satzzeichen begrenzt wird. Bedingte Zeichen, wie z. B. das bedingte Trennzeichen, begrenzen ein Wort jedoch nicht.

Platzhalter | In den Menüs 🔍 der beiden Eingabefelder finden Sie sämtliche Sonderzeichen, die InDesign anbietet. Bei der Suche gibt es einen zusätzlichen Eintrag Platzhalter. Hier können Sie noch vier »Sonderzeichen« in Ihre Suche einsetzen, die es als druckbare Zeichen in dieser Form nicht gibt. Beliebige Ziffer steht für jede Ziffer im Bereich 0 bis 9, Beliebiger Buchstabe für jedes Zeichen des Alphabets, nicht jedoch für Satzzeichen oder Leerräume. Diese können Sie unabhängig von ihrer Breite oder Funktion über Alle Leerräume einsetzen. Aber Vorsicht: Der normale Wortzwischenraum ist hier nicht inkludiert. Um nach diesem zu suchen, müssen Sie im Feld Suchen nach ganz normal die Leertaste benutzen. Zwischen allen anderen Leerzeichen – Geviert und Bruchteile davon – wird jedoch nicht unterschieden.

All diese Sonderzeichen werden von InDesign in ihrer internen Darstellung formuliert. Der Platzhalter für Alle Leerräume liest sich somit als ^w. Lassen Sie sich nicht von dieser Darstellung verwirren. Sollten Sie öfter nach gleichartigen Zeichen suchen, können Sie sich die Codierung dieser Zeichen merken und direkt in das Suchfeld eintragen und sparen sich somit das »Zusammenklicken« der Suchbegriffe.

Inhalt der Zwischenablage | Auch das Menü 🔍 des Ändern in-Eingabefelds kann mit interessanten Zusatzfunktionen aufwarten. Hier finden Sie unter Andere die beiden zusätzlichen Funktionen Inhalt der Zwischenablage, formatiert (^c) und Inhalt der Zwischenablage, unformatiert (^C).

Die Namen der beiden Funktionen beschreiben sehr gut, was sie tun, das wirklich Interessante daran ist jedoch, dass sich in der Zwischenablage auch etwas anderes als Text befinden kann. Mit diesen Funktionen können Sie somit auch Text gegen im Text verankerte Objekte, wie Bilder, austauschen.

Um dies zu verdeutlichen, gehen wir von folgender Problemstellung aus: Es gibt eine Reihe von Magazinen, die sich dem Genuss widmen. Dabei geht es um eine bestimmte Lebensart und bestimmte Luxusartikel wie z. B. Wein, edle Brände oder Tabakwaren, wie Zigarren und Pfeifentabak. Die verschiedenen Produkte werden in Form von »Tastings« beschrieben und bewertet, damit der Connaisseur auch weiß, was ihn erwartet – ein solches Tasting sehen Sie in Abbildung 16.2. Die Bewertungen des – in diesem Fall – Pfeifentabaks werden in der Texterfassung über Sternchen (von * bis *****) formuliert, die gegen etwas ausgetauscht werden sollen, was etwas mehr mit dem Produkt zu tun hat.

US-Datum suchen

Um in einem Text alle Datumsangaben im amerikanischen Datumsformat – also JJJJ/MM/TT – zu suchen, verwenden Sie ^9^9^9^9/^9^9/^9^9. Um das Datum auf das deutsche Format TT.MM.JJJJ umzustellen, benötigen Sie jedoch GREP.

InDesign-Codierung

Eine Übersicht über alle Zeichen und deren Codierung, die Sie in der Suche verwenden können, finden Sie im Anhang.

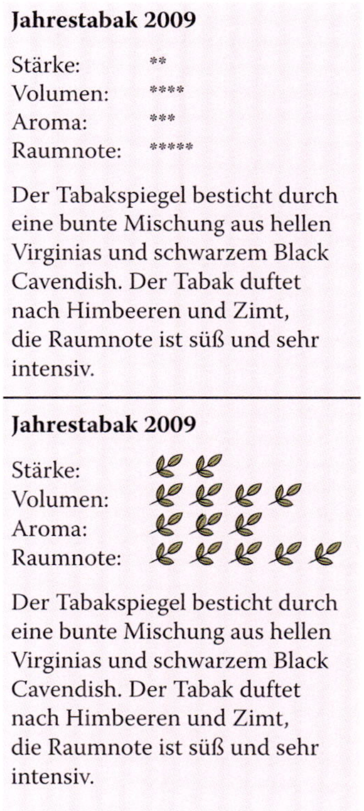

Jahrestabak 2009

Stärke:	**
Volumen:	****
Aroma:	***
Raumnote:	*****

Der Tabakspiegel besticht durch eine bunte Mischung aus hellen Virginias und schwarzem Black Cavendish. Der Tabak duftet nach Himbeeren und Zimt, die Raumnote ist süß und sehr intensiv.

Jahrestabak 2009

Stärke:	🌿🌿
Volumen:	🌿🌿🌿🌿
Aroma:	🌿🌿🌿
Raumnote:	🌿🌿🌿🌿🌿

Der Tabakspiegel besticht durch eine bunte Mischung aus hellen Virginias und schwarzem Black Cavendish. Der Tabak duftet nach Himbeeren und Zimt, die Raumnote ist süß und sehr intensiv.

▲ **Abbildung 16.2**
In der Bewertung dieses Luxusartikels sollen die profanen Sternchen (oben) gegen Tabakblätter ausgetauscht werden (unten).

Schritt für Schritt: Text gegen Bild austauschen

Tasting.indd

Auf der DVD zu unserem Buch finden Sie die notwendigen Materialien, um diese Anleitung nachzuvollziehen im Dokument »Tasting.indd«.

1 Datei öffnen

Öffnen Sie die Datei »Tasting.indd«. Sie finden hier die typografisch schon fertig gestaltete Version (Abbildung 16.2 oben) und das Symbol der Tabakblätter bereits in der richtigen Größe. Es handelt sich dabei um eine Vektorgrafik aus InDesign-Vektoren.

2 Suche vorbereiten

Wählen Sie das Symbol 🌿 in der Vorlage aus, und kopieren Sie es in die Zwischenablage mit Strg+C bzw. ⌘+C oder über ABLAGE • KOPIEREN. Setzen Sie den Textcursor in den Rahmen, der noch die Bewertungen mit den Sternchen enthält.

3 Suchoptionen einstellen

Öffnen Sie das SUCHEN/ERSETZEN-Fenster über Strg+F bzw. ⌘+F oder den Befehl BEARBEITEN • SUCHEN/ERSETZEN. Nehmen Sie die Einstellungen gemäß Abbildung 16.3 vor:

Abbildung 16.3 ▶
Führen Sie SUCHEN/ERSETZEN mit diesen Einstellungen aus. Beachten Sie besonders, dass es in einem solchen Fall sinnvoll ist, die Suche auf den Textabschnitt zu beschränken.

Setzen Sie in ÄNDERN IN über 🔳 das Zeichen ANDERE • INHALT DER ZWISCHENABLAGE, FORMATIERT ein. Da die Zwischenablage ein Bild enthält, sollte die Formatierung eigentlich keine Rolle spielen. Wenn Sie den Inhalt unformatiert einsetzen, funktionieren aber gruppierte Objekte nicht richtig.

4 Suchen/Ersetzen ausführen

Klicken Sie zunächst auf SUCHEN, und beobachten Sie, dass InDesign nun den ersten Stern markiert. Um diesen Stern austauschen zu lassen, klicken Sie auf ÄNDERN – statt des Sterns steht nun die Abbildung im Text. Um die Sache zu beschleunigen, klicken Sie auf ALLE ÄNDERN.

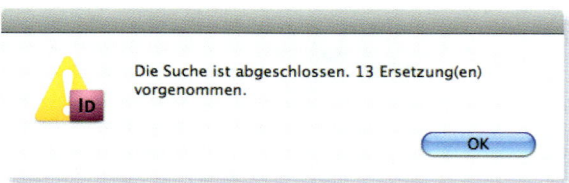

◄ **Abbildung 16.4**
Wenn Sie ALLE ÄNDERN benutzen, meldet Ihnen InDesign, wie viele Änderungen durchgeführt wurden. 14 Sternchen waren vorhanden, eines haben wir allerdings über ÄNDERN ausgetauscht.

Sobald alle Änderungen durchgeführt sind, informiert Sie InDesign über die Anzahl der ausgetauschten Treffer. ■

In Abschnitt 15.4.7, »GREP-Stile«, haben wir Ihnen gezeigt, wie Sie »das leidige Quadratmeter-Problem« mit einem GREP-Stil lösen können. Die Voraussetzung dafür war, dass Sie entweder eine OpenType-Schrift und deren Layout Feature HOCHGESTELLT verwenden oder bereit sind, die typografisch nicht sehr günstige Funktion HOCHGESTELLT von InDesign zu verwenden. Die meisten Schriften (also auch Type 1 und TrueType) verfügen jedoch über das Zeichen ², das Sie leicht im Glyphen-Bedienfeld finden.

Sie können also einmal die korrekte Darstellung »m²« herstellen und in die Zwischenablage kopieren. Suchen Sie dann nach dem Text »m2«, und ersetzen Sie ihn durch den INHALT DER ZWISCHENABLAGE, FORMATIERT. Sie benötigen in diesem Fall also weder eine OpenType-Schrift noch ein Zeichenformat noch einen GREP-Stil und erreichen trotzdem ein typografisch korrektes Ergebnis.

Abkürzung

Um einen ausgewählten Text (und nur Text!) direkt nach ÄNDERN IN zu kopieren, können Sie das Tastenkürzel $\boxed{\text{Strg}}$+$\boxed{\text{F2}}$ bzw. $\boxed{\text{⌘}}$+$\boxed{\text{F2}}$ verwenden.

Im Anhang finden Sie weitere Tastenkürzel für SUCHEN/ERSETZEN.

16.2.2   GREP

Der Abschnitt GREP unterscheidet sich rein optisch von TEXT nur darin, dass die beiden Funktionen GROSS-/KLEINSCHREIBUNG BEACHTEN Aa und GANZES WORT 🔲 hier fehlen. Diese Vorgaben werden direkt im regulären Ausdruck formuliert und können dort auf Teile einer Suche beschränkt werden.

Die entsprechenden Codes finden Sie in 🔲 • MODIFIZIERER • NICHT ZWISCHEN GROSS- UND KLEINSCHREIBUNG UNTERSCHEIDEN bzw. ZWISCHEN GROSS- UND KLEINSCHREIBUNG UNTERSCHEIDEN. Die restliche Handhabung der Suche entspricht ansonsten der Textsuche.

Der Vorteil von GREP ist jedoch, dass Sie nicht nach statischen Texten suchen, sondern zumeist nach Textmustern. Die Textsuche beherrscht zwar einige allgemeine Platzhalter, kann sie aber nicht flexibel austauschen. Anderseits kann GREP natürlich auch

Reguläre Ausdrücke

Eine Übersicht über alle Zeichen und Funktionen, die Sie mit der GREP-Implementierung in InDesign verwenden können, und deren Codierung finden Sie im Anhang.

statisch Texte suchen, aber das wäre ja nicht neu – Sie sehen, die Übergänge sind fließend.

Vor der Komplexität von GREP und regulären Ausdrücken haben wir Sie schon mehrfach gewarnt. Auch an dieser Stelle ist es nicht möglich, das Thema umfassend zu behandeln. Wir beschränken wir uns hier auf ein Beispiel: Wenn Sie einen Katalog eines Reisebüros setzen, erhalten Sie die Texte zumeist direkt aus der Buchungs-Datenbank, und wie es bei Datenbanken üblich ist, sind die darin enthaltenen Datumsangaben im amerikanischen Datumsformat verfasst. Datumsangaben gibt es bei Reiseveranstaltern naturgemäß reichlich.

Mit der Textsuche können Sie ein so formatiertes Datum zwar finden – siehe Kasten »US-Datum suchen« auf Seite 475 –, müssten es aber dann manuell ändern. Hier kommt GREP ins Spiel, weil Sie damit nicht nur das Textmuster erkennen, sondern auch die Ersetzung des Textes flexibel halten können.

Um das auszuprobieren, erstellen Sie einen Text, und spicken Sie ihn mit Datumsangaben wie »2009/03/17«, also im Format JJJJ/MM/TT. Rufen Sie die Suche auf (Strg+F bzw. ⌘+F), und schalten Sie in den Bereich GREP:

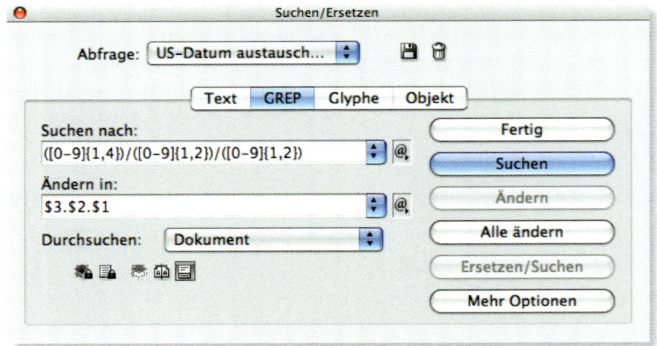

Abbildung 16.5 ▶
Die Suche (ABFRAGE) wurde bereits unter dem Namen »US-Datum austauschen« gespeichert und steht nun in allen Dokumenten zur Verfügung.

Der hier in SUCHEN NACH verwendete reguläre Ausdruck ist folgendermaßen zu lesen:

▶ **([0-9]{1,4})**: Gesucht werden alle Zahlen zwischen 0 und 9, und zwar egal, ob sie ein-, zwei-, drei- oder vierstellig daherkommen. Dies ist der erste Teil des Treffers, der für sich allein betrachtet wird. {1,4} bedeutet »eine Stelle bis maximal vier Stellen«.

▶ **/([0-9]{1,2})**: Der zweite Teil des Treffers besteht aus einem Schrägstrich und umfasst in der Folge nur mehr ein- oder zweistellige Zahlen.

▶ **/([0-9]{1,2})**: Genauso ist es mit dem dritten Teil des Treffers.

Diese drei Teile werden, sofern sie in dieser Reihenfolge gefunden werden, in drei getrennten Variablen abgelegt. Das ÄNDERN IN erfolgt hier einfach indem festgelegt wird, dass zuerst der dritte Teiltreffer ($3 – die Tage), dann ein Punkt, dann der zweite Teiltreffer ($2 – der Monat), und ein Punkt und schließlich der erste Teiltreffer ($1 – das Jahr) an der Position des gesamten gefundenen Texts eingesetzt werden soll. Das Datum wird somit in die Schreibweise TT.MM.JJJJ umgewandelt.

Sie können nun wie gewohnt SUCHEN, ÄNDERN oder ALLE ÄNDERN. Bei ALLE ÄNDERN teilt Ihnen InDesign am Ende wieder mit, wie viele Änderungen vorgenommen wurden.

16.2.3 Formatierte Texte suchen

In den beiden Abschnitten TEXT und GREP können Sie MEHR OPTIONEN einblenden und somit die Optionen zur Suche nach formatierten Texten aktivieren. Wie Sie dabei vorgehen müssen, haben wir Ihnen bereits in Abschnitt 15.5.5, »Formate suchen und ersetzen«, gezeigt.

An dieser Stelle deshalb nur mehr folgender Hinweis: Wenn Sie nach einem Text **und** seiner Formatierung suchen, werden Sie auch nur Treffer erhalten, wenn der Text in genau dieser Formatierung vorliegt. Das klingt zwar banal, führt aber in der Praxis zumeist dazu, dass kein Text gefunden wird. Sie müssen in umfangreichen Dokumenten schon sehr genau wissen, wo welcher Text wie formatiert sein könnte, um Treffer zu erhalten (dann brauchen Sie die Suche aber vermutlich gar nicht). In kurzen Dokumenten dagegen brauchen Sie kaum so feine Suchmethoden.

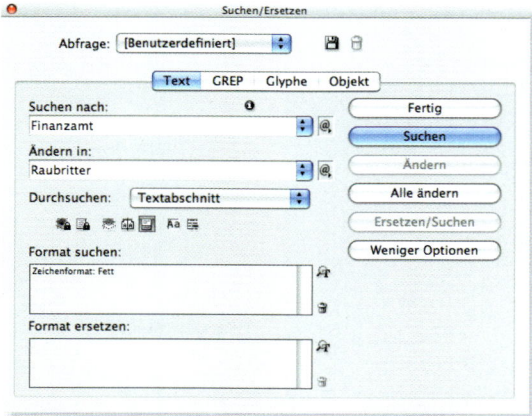

◀ ▲ **Abbildung 16.6**
Achten Sie immer darauf, ob im SUCHEN/ERSETZEN-Fenster das Symbol ❶ auftaucht, das Sie darauf hinweist, dass Sie eine kombinierte Text-/Format-Suche durchführen.

Fatal kann sich diese Tatsache aber dann auswirken, wenn Sie an mehreren Dokumenten arbeiten und in Dokument 1 eine Text-

mit einer Zeichenformat-Suche kombinieren und dann z. B. MEHR OPTIONEN ausschalten und zu Dokument 2 wechseln, wo es das gesuchte Zeichenformat gar nicht gibt. InDesign merkt sich in diesem Fall nämlich die Einstellungen der Format-Suche, und Sie werden auch dann keinen Text in Ihrem Dokument finden, wenn dieses nur aus dem gesuchten Text besteht.

InDesign macht Sie auf dieses mögliche Problem durchaus aufmerksam. Aber leider sehr dezent. Sobald Sie nach einer Formatierung suchen, wird neben SUCHEN NACH das Symbol ❶ eingeblendet, und zwar unabhängig davon, ob Sie MEHR OPTIONEN oder WENIGER OPTIONEN verwenden.

16.2.4 Glyphen suchen

Sie lesen dieses Buch auf Deutsch – das deutet darauf hin, dass Sie InDesign vermutlich im westlichen Kulturkreis einsetzen. Wenn dem so ist, dann werden Sie die GLYPHE-Suche selten oder nie brauchen, da sie bei der Verwendung von alphabetischen Schriftsystemen wenig Nutzen bringt.

Die GLYPHE-Suche ist primär für nicht-alphabetische Schriftsysteme gedacht. Die chinesische Sprache und große Teile der japanischen Sprache werden in chinesischen Schriftzeichen (Kanji) geschrieben. Bei geschätzten 40.000 Schriftzeichen (also Glyphen) in der chinesischen Schrift ist es nicht mehr so einfach, ein bestimmtes Zeichen zu formulieren oder auf geringe, aber bedeutende Unterschiede Rücksicht zu nehmen.

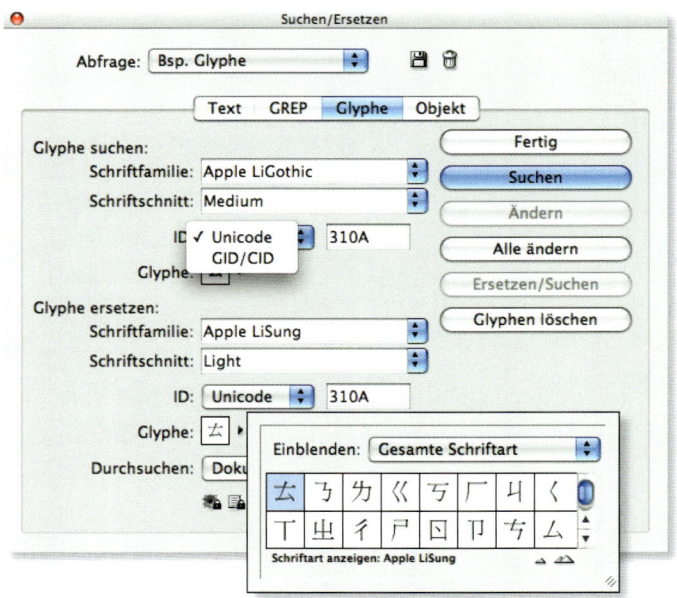

Abbildung 16.7 ▶
Die GLYPHE-Suche ist für nicht-alphabetische Schriftsysteme gedacht. Da unser beider Kenntnisse dieser Schriftsysteme sehr dürftig sind, bitten wir vorweg um Entschuldigung, falls wir eine besonders ungeeignete Glyphe erwischt haben sollten.

Ein konkretes Schriftzeichen ist natürlich immer mit einem Zeichensatz (der ja die Form beschreibt) verbunden. Deshalb können Sie GLYPHE SUCHEN nur nutzen, wenn Sie einen Zeichensatz in SCHRIFTFAMILIE und SCHRIFTSCHNITT auswählen. Als Nächstes muss die Glyphe festgelegt werden, die Sie suchen wollen. Dabei haben Sie unter ID die Möglichkeit, entweder nach GID/CID (der internen Nummer im Zeichensatz) oder UNICODE (der Nummer der Glyphe in der Unicode-Spezifikation) zu suchen. Oder aber Sie wählen die betreffende Glyphe direkt unter GLYPHE aus – dieses Menü sieht genauso aus, wie Sie es schon vom Glyphen-Bedienfeld oder auch von der Liste mit Aufzählungszeichen kennen. Erst wenn alle Einstellungen vorgenommen sind, wird der SUCHEN-Button aktiv.

Um GID oder UNICODE einer Glyphe zu erfahren, können Sie das Glyphen-Bedienfeld benutzen. Stellen Sie den Mauszeiger über ein Zeichen, und die gesuchten Daten werden in einem gelben Tipp eingeblendet. Wenn Sie jedoch ohnehin mit dem Glyphen-Bedienfeld arbeiten, können Sie auch eine Abkürzung benutzen und über das Kontextmenü einer Glyphe die beiden Funktionen GLYPHE IN »SUCHEN« LADEN und GLYPHE IN »ERSETZEN« LADEN verwenden. InDesign schaltet dann für Sie in die GLYPHE-Suche und öffnet auch das SUCHEN/ERSETZEN-Fenster für Sie, sofern es nicht geöffnet ist.

Bei GLYPHE ERSETZEN verfahren Sie genauso, allerdings können Sie hier jeden beliebigen verfügbaren Zeichensatz wählen, was naheliegend ist.

Die restlichen Parameter wählen Sie nach Bedarf – diese Einstellungen entsprechen denen der Text- und der GREP-Suche. Sie könne eine definierte GLYPHE-Suche natürlich auch speichern. Wenn Sie die gespeicherte Abfrage aber in einem Dokument verwenden wollen, in dem der Zeichensatz der zu suchenden Glyphe nicht verwendet wird, werden Sie mit einer entsprechenden Warnung erfreut:

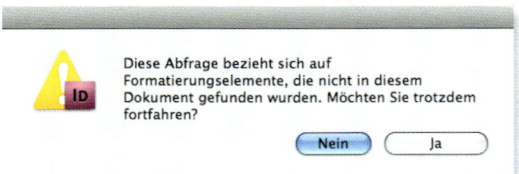

Selbstverständlich können Sie die GLYPHE-Suche auch mit alphabetischen Schriftsystemen benutzen, allerdings ist das immer komplizierter als wenn Sie die normale Textsuche verwenden würden.

▲ **Abbildung 16.8**
GID und Unicode einer Glyphe können Sie im Glyphen-Bedienfeld feststellen, wenn Sie den Mauszeiger über eine Glyphe stellen.

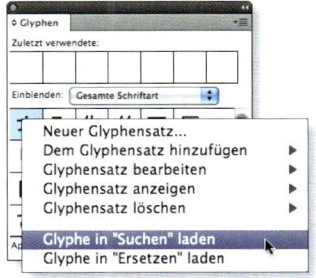

▲ **Abbildung 16.9**
Über das Kontextmenü einer Glyphe im Glyphen-Bedienfeld können Sie Glyphen direkt in SUCHEN/ERSETZEN kopieren.

◄ **Abbildung 16.10**
Da sich Glyphen auf Zeichensätze beziehen, können gespeicherte Abfragen nur verwendet werden, wenn im aktuellen Dokument die benötigte Schrift zur Verfügung steht.

16.3 Rechtschreibung

Die Suche nach zweifelhaft geschriebenen Worten kann klarerweise nicht über eine normale Suchfunktion abgewickelt werden, und selbstverständlich hält sich InDesign in diesem Bereich an die üblichen Standards der Textverarbeitung. InDesign findet falsch geschriebene Wörter, Wortwiederholungen, kleingeschriebene Wörter und kleingeschriebene Satzanfänge und kümmert sich auch um die Silbentrennung.

16.3.1 Wörterbücher

Zu jeder Sprache, die Ihnen InDesign anbietet, gibt es zumindest ein Wörterbuch, das systemweit zur Verfügung steht, auf das jedoch nur InDesign zugreift. Zusätzlich wird für jeden Benutzer ein eigenes Benutzerwörterbuch angelegt, auf das nur Sie – natürlich mit Hilfe von InDesign – zugreifen können.

In diesen Benutzerwörterbüchern werden eigene Wörter, von der Rechtschreibprüfung ausgenommene Wörter und eigene Trennregeln für Wörter gespeichert. Sie können mehrere Benutzerwörterbücher anlegen, diese zur Verwendung durch mehrere Personen auch auf einem Server ablegen und zur Weitergabe Ihrer Satzdaten auch in einem InDesign-Dokument einbetten.

Die Verwaltung der Wörterbücher und des Grundverhaltens der Rechtschreibprüfung wird in den entsprechenden Voreinstellungen vorgenommen.

16.3.2 Voreinstellungen »Wörterbuch«

Öffnen Sie die Voreinstellungen für die Wörterbücher über BEARBEITEN • VOREINSTELLUNGEN • WÖRTERBUCH bzw. INDESIGN • VOREINSTELLUNGEN • WÖRTERBUCH.

Sprache | Für jede SPRACHE ❶ existiert zunächst ein eigenes Benutzerwörterbuch. Wie Sie weitere Benutzerwörterbücher anlegen, werden wir Ihnen gleich zeigen. Von der Sprache hängen auch noch andere Verhaltensweisen von InDesign ab, so auch die SILBENTRENNUNG ❷ und selbstverständlich die RECHTSCHREIBUNG ❸ (bzw. die Rechtschreibprüfung). Im Originalzustand von InDesign können Sie in diesen beiden Menüs nur PROXIMITY auswählen – dies ist die Herstellerbezeichnung für die Silbentrennungs- und Rechtschreibprüfungs-Methoden. Ebenfalls der Sprache zugeordnet ist die Verwendung der typografisch korrekten Anführungszeichen, jeweils für DOPPELTE und EINFACHE ANFÜHRUNGSZEICHEN ❹. Die doppelten Anführungszeichen setzt InDesign für Sie, wenn Sie selbst einen Text erfassen, oder deren

---

Gemeinsame Verwendung von Wörterbüchern

Sie können Benutzerwörterbücher in einem Netzwerk zwar gemeinsam verwenden, aber nicht bearbeiten.

Der erste Nutzer des Wörterbuchs – in der Regel der erste Mitarbeiter einer Gruppe, der sein auf dieses Wörterbuch eingestelltes InDesign startet – sperrt es für alle anderen Benutzer. Diese können keine Änderungen oder Ergänzungen im Wörterbuch vornehmen, es aber als »Nachschlagewörterbuch« ganz normal verwenden.

Anführungszeichen im Deutschen

In der Typografie deutschsprachiger Texte sind zwei doppelte Anführungszeichen(paare) zulässig: entweder entsprechend der Regel 99–66, so wie „hier", oder die »umgekehrten französischen« Anführungszeichen, die wir auch in diesem Buch verwenden.

Anwendung Sie beim Platzieren von Texten in den jeweiligen Importfiltern festlegen können. Hier können Sie jedoch auch Anführungszeichen auswählen, die für die jeweilige Sprache eigentlich nicht vorgesehen sind.

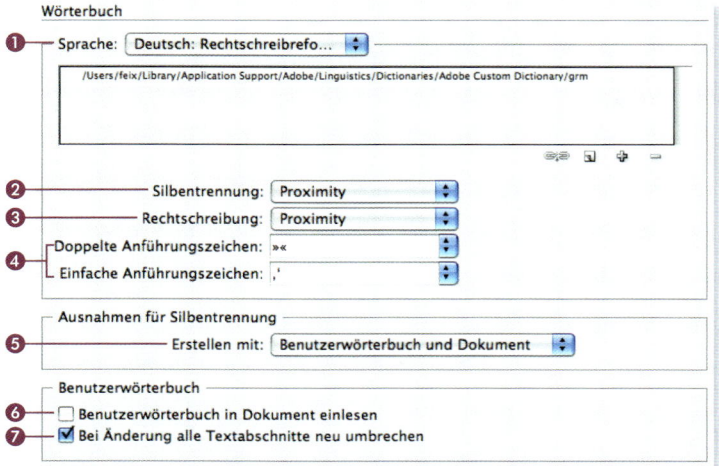

◀ **Abbildung 16.11**
In den VOREINSTELLUNGEN • WÖR-
TERBUCH legen Sie fest, welche
SPRACHE verwendet wird und wo
Benutzerwörterbücher und AUS-
NAHMEN FÜR SILBENTRENNUNG ge-
speichert werden.

Ausnahmen für Silbentrennung | InDesign kümmert sich natürlich auch um die Silbentrennung (sofern Sie sie nicht abgeschaltet haben). Da eine korrekte Silbentrennung vor allem im Blocksatz enorm wichtig ist und der Silbentrenn-Algorithmus von InDesign manchmal sehr kreative Trennungen vornimmt, haben Sie die Möglichkeit, eigene Trennungen zu definieren – wie, werden wir Ihnen in Kapitel 16.4, »Silbentrennung«, zeigen. In diesem Abschnitt der Wörterbuch-Voreinstellungen müssen Sie festlegen, wo diese Abweichungen von den Trennregeln gespeichert werden sollen. Unter ERSTELLEN MIT ❺ können Sie zwischen BENUTZER-WÖRTERBUCH, DOKUMENT und BENUTZERWÖRTERBUCH UND DOKU-MENT wählen. Diese drei Möglichkeiten dürften selbsterklärend sein – egal, welche Einstellung Sie wählen, sollten Sie jedoch spätestens bei der Weitergabe Ihres Dokuments in der Funktion DATEI • VERPACKEN die dokumentspezifischen Trennausnahmen im Dokument speichern.

Benutzerwörterbuch | Sie können Ihr Benutzerwörterbuch in das Dokument einbetten, indem Sie die Option BENUTZERWÖR-TERBUCH IN DOKUMENT EINLESEN ❻ auswählen. Das wäre nur dann sinnvoll, wenn Sie es mit Ihrem Dokument weitergeben wollen. Da Sie das Benutzerwörterbuch aber auch als eigenständige Datei speichern können, gibt es dafür keinen Grund. Die Rechtschreib-prüfung an sich sollte bei der Weitergabe eines Dokuments ent-

Sprache ≠ Rechtschreibung

Die Einstellungen, die Sie für Wörterbücher vornehmen, geben lediglich den Arbeitsrahmen für die Rechtschreibprüfung vor. Durchgeführt wird die Recht-schreibprüfung dann anhand der Einstellungen für Ihren Text, die Sie in den Zeichen-Einstellungen und dort natürlich am besten in Zeichen- und Absatzformaten festgelegt haben.

Wenn Sie mehrsprachige Texte setzen und in jeder Sprache z. B. Trennausnahmen festlegen wollen oder müssen, dann sollten Sie auch identische Einstellungen der Benutzerwörterbücher für jede Sprache in den VOREINSTEL-LUNGEN vornehmen.

weder schon erledigt sein oder beim Empfänger unabhängig von
Ihren Vorstellungen erfolgen. Durch das Einlesen des Benutzer-
wörterbuchs werden die Dokumente zusätzlich unnötig groß.

Die Option Bei Änderung alle Textabschnitte neu umbrechen ❼ (siehe Abbildung 16.11) bezieht sich auf Änderungen, die
Sie unter Erstellen mit machen. Wenn Sie für Ihr geöffnetes
Dokument hier Änderungen vornehmen und somit z. B. die Trennausnahmen für Ihr Dokument nicht mehr verwendet werden,
wird das Dokument neu umbrochen.

16.3.3 Benutzerwörterbücher verwalten

Um ein Benutzerwörterbuch anzulegen, klicken Sie auf das
Symbol 🔲 Neues Benutzerwörterbuch unter der Liste der
Benutzerwörterbücher im Abschnitt Sprache – das Fenster Neues
Benutzerwörterbuch wird geöffnet. Wählen Sie einen Speicherort und einen Namen; die Dateierweiterung sollte dabei natürlich
».udc« bleiben. Am von Ihnen ausgewählten Ort legt InDesign
eine Datei an und trägt diese Datei in die Liste der Benutzerwörterbücher ein. Das Vorhandensein dieser Datei wird nicht sehr
streng überprüft, sondern lediglich beim Start von InDesign. Fehlt
die Datei, wurde sie verschoben oder umbenannt, werden Sie von
InDesign darauf hingewiesen.

Benutzerwörterbuch.udc

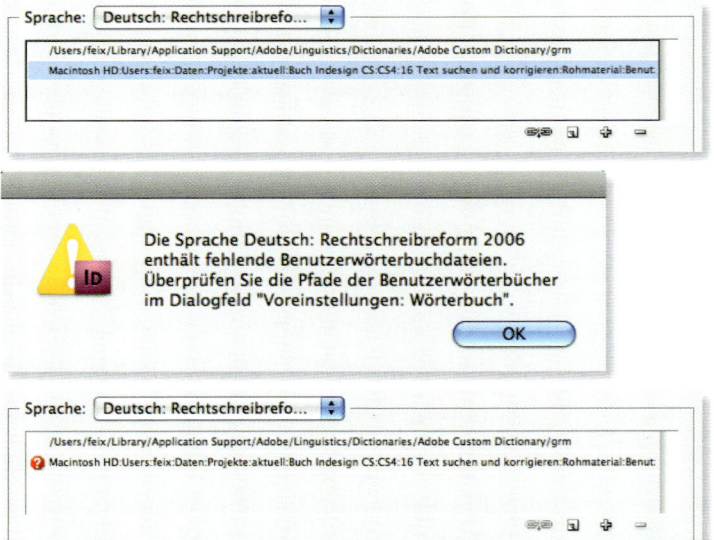

Abbildung 16.12 ▶
Ein neues Benutzerwörterbuch
wurde angelegt (oben), dann aber
offensichtlich verschoben, umbenannt oder gelöscht, worauf Sie
von InDesign beim Programmstart
hingewiesen werden (Mitte). In den
Voreinstellungen • Wörterbuch
wird das Benutzerwörterbuch nun
als fehlend markiert. Nun sollten
Sie die Verbindung zum Wörterbuch aufheben oder neu zuweisen.

Bei einer fehlenden Benutzerwörterbuch-Datei können Sie mit
einem Klick auf ➖ das Benutzerwörterbuch entfernen. Wurde
die Datei lediglich umbenannt oder verschoben, klicken Sie auf
🔗 Benutzerwörterbuch erneut verknüpfen, um die ursprüng-

liche Einstellung wiederherzustellen. Wollen Sie ein Benutzerwörterbuch neu in die Liste aufnehmen, klicken Sie auf ✚ BENUTZERWÖRTERBUCH HINZUFÜGEN und wählen Sie im gleichnamigen Fenster die neue Datei aus.

16.3.4 Voreinstellungen »Rechtschreibung«

Die Arbeitsbedingungen für die Rechtschreibung sind nun abgesteckt. Nun sollten Sie noch einige wenige Voreinstellungen für den Umfang der Rechtschreibung festlegen. Wechseln Sie in den VOREINSTELLUNGEN in das Register RECHTSCHREIBUNG:

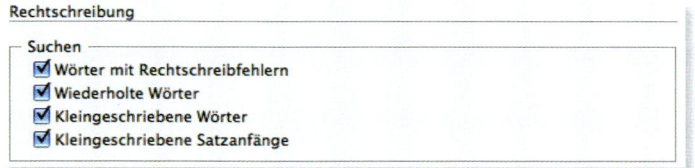

◄ **Abbildung 16.13**
Im Register RECHTSCHREIBUNG finden Sie auch die Voreinstellungen für die dynamische Rechtschreibkorrektur, die wir vorerst noch ignorieren.

Die einzelnen Optionen, die Sie hier einstellen können, bedürfen wohl kaum einer besonderen Erklärung. Zur Option KLEINGESCHRIEBENE SATZANFÄNGE sollten Sie jedoch wissen, dass InDesign jeden Punkt in einem Text als Ende eines Satzes betrachtet. Wenn Sie in Ihrem Text viele Abkürzungen verwenden, kann sich das Aktivieren dieser Option als sehr lästig herausstellen.

16.3.5 Manuelle Rechtschreibprüfung

Nun können wir unser Dokument von InDesign auf alle in den VOREINSTELLUNGEN festgelegten Fehler durchsuchen lassen – rufen Sie die Rechtschreibprüfung über BEARBEITEN • RECHTSCHREIBPRÜFUNG • RECHTSCHREIBPRÜFUNG oder ⌨Strg+⌨I bzw. ⌘+⌨I auf.

Benutzerwörterbuch entfernen

Wenn Sie ein Benutzerwörterbuch aus den VOREINSTELLUNGEN entfernen, wird nur die Verbindung zwischen dem Wörterbuch und InDesign aufgehoben, die Wörterbuch-Datei wird dabei nicht gelöscht. Wenn Sie die zum Wörterbuch gehörige Datei wirklich löschen wollen, müssen Sie das über Ihr Betriebssystem erledigen.

◄ **Abbildung 16.14**
Im Fenster RECHTSCHREIBPRÜFUNG suchen Sie nach Fehlern im Text, die Sie dann korrigieren oder auch ignorieren können. Darüber hinaus können Sie vermeintlich falsch geschriebene Wörter ins Wörterbuch aufnehmen und auch in die Bearbeitung der Wörterbücher springen. Gefundene Problemstellen werden im Dokumentfenster angezeigt und ausgewählt.

InDesign öffnet das Fenster RECHTSCHREIBPRÜFUNG und beginnt auch sofort mit der Prüfung. Welcher Teil Ihres Dokuments geprüft wird, ist dabei über das Menü DURCHSUCHEN ❼ bestimmt – hier haben Sie genau die gleichen Auswahlmöglichkeiten wie bei allen anderen Suchvorgängen auch. In unserem Fall war ein Text ausgewählt und die Rechtschreibprüfung auf die AUSWAHL eingeschränkt.

Die erste Fehlerstelle wird in NICHT IM WÖRTERBUCH ❶ angezeigt und zugleich in ÄNDERN IN ❷ übertragen, wo Sie eine manuelle Korrektur vornehmen können. Sie können aber auch einen der KORREKTURVORSCHLÄGE ❸ annehmen, indem Sie auf den entsprechenden Eintrag der Liste klicken. Sobald Sie die Korrektur gemacht oder ausgewählt haben, klicken Sie auf ÄNDERN ❿. Falls es sich bei diesem Fehler um Ihren Lieblingsschreibfehler handelt, und Sie davon ausgehen, dass dieser Fehler noch mehrmals auftaucht, klicken Sie auf ALLE ÄNDERN ⓬; InDesign wird Sie bei weiteren Fundstellen nicht mehr um eine Korrekturentscheidung bitten, sondern alle gleichen Schreibweisen im Rahmen dieses Korrekturlaufs ohne Rückfrage ersetzen.

Andererseits muss ein Wort ja nicht falsch geschrieben sein, nur weil es nicht im InDesign-Wörterbuch enthalten ist (z. B. Eigennamen). In diesem Fall können Sie auf ÜBERSPRINGEN ❾ klicken, um diesen Einzelfall zu übergehen, oder auf ALLE IGNORIEREN ⓫, um auch alle weiteren Fundstellen nicht mehr angezeigt zu bekommen.

Um ein Wort dauerhaft im Wörterbuch aufzunehmen, dürfen Sie bei einem von InDesign reklamierten Wort weder eine manuelle Korrektur vornehmen noch einen Korrekturvorschlag ausgewählt haben. Nur dann ist der Button HINZUFÜGEN ⓮ aktiv. Bevor Sie aber auf ihn klicken, sollten Sie aus HINZUFÜGEN ZU ❹ das Wörterbuch auswählen, zu dem Sie das Wort hinzufügen wollen, und festlegen, ob die Rechtschreibprüfung die GROSS-/KLEINSCHREIBUNG BEACHTEN ❺ soll oder nicht. Eine Auswahl haben Sie in HINZUFÜGEN ZU nur dann, wenn Sie zumindest ein zweites Benutzerwörterbuch angelegt haben. Sobald Sie auf HINZUFÜGEN klicken, wird das Wort Teil des Wörterbuchs, somit nicht mehr als Fehler erkannt, und InDesign setzt die Suche nach Fehlern fort. Die Sprache, auf der das ausgewählte Wörterbuch basiert, wird unter SPRACHE ❻ eingeblendet. Über WÖRTERBUCH ⓭ können Sie den Inhalt der Wörterbücher bearbeiten – wie das geht, zeigen wir Ihnen in Abschnitt 16.3.7, »Wörterbücher bearbeiten«.

Wenn kein Fehler (mehr) gefunden wird, wird anstelle von NICHT IM WÖRTERBUCH das Symbol ✅ mit dem Text BEREIT FÜR RECHTSCHREIBPRÜFUNG angezeigt, was insofern komisch klingt, als in diesem Fall eben keine Rechtschreibprüfung mehr durchgeführt wird. Klicken Sie also auf FERTIG ❽, oder schließen Sie das Fenster.

16.3.6 Dynamische Rechtschreibprüfung

Wenn Sie vorhandenen Text typografisch gestalten, ist die manuell gestartete Rechtschreibprüfung eine gute Wahl. Wenn Sie den Text jedoch selbst erfassen, könnte es eine Hilfe sein, wenn Sie schon während des Schreibens eine Rückmeldung zu potentiellen Schreibfehlern erhalten. Wenn Sie das möchten, rufen Sie BEARBEITEN • VOREINSTELLUNGEN • RECHTSCHREIBUNG bzw. INDESIGN • VOREINSTELLUNGEN • RECHTSCHREIBUNG auf. In der unteren Hälfte des Registers RECHTSCHREIBUNG können Sie die DYNAMISCHE RECHTSCHREIBPRÜFUNG aktivieren. Ohne Umweg über die Voreinstellungen können Sie die dynamische Rechtschreibprüfung auch über BEARBEITEN • RECHTSCHREIBPRÜFUNG • DYNAMISCHE RECHTSCHREIBPRÜFUNG oder über das Kontextmenü eines Textes mit RECHTSCHREIBPRÜFUNG • DYNAMISCHE RECHTSCHREIBPRÜFUNG aktivieren.

Sobald das geschehen ist, beginnt InDesign mit der Rechtschreibprüfung (und sieht Ihnen ab dann auch beim Schreiben auf die Finger) und unterstreicht zweifelhafte Wörter – hier gelten die Regeln, die Sie im selben Register unter SUCHEN festgelegt haben – mit Wellenlinien. Die Farben dieser Wellenlinien können Sie frei wählen.

> **Dynamische Rechtschreibprüfung und Typografie**
>
> Wenn Sie an der Typografie eines Textes arbeiten, müssen Sie die dynamische Rechtschreibprüfung nicht unbedingt abschalten. Im Vorschaumodus werden die Wellenlinien ausgeblendet und stören nicht das Schriftbild.

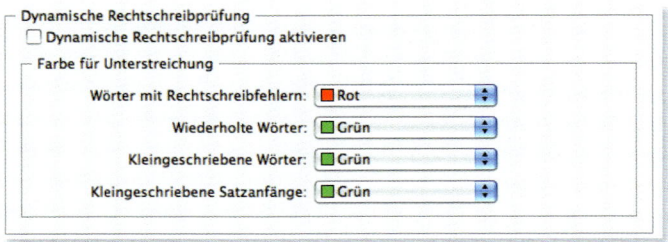

◄ **Abbildung 16.15**
Unter FARBE FÜR UNTERSTREICHUNG legen Sie fest, wie Schreibfehler markiert werden sollen. Es werden aber nur Fehler markiert, für die die Rechtschreibprüfung auch konfiguriert wurde.

Bei umfangreichen Dokumenten kann die dynamische Rechtschreibprüfung die Arbeit ziemlich bremsen. Sie beginnt automatisch, sobald das Dokument geöffnet wird, und es kann eine Weile dauern, bis alle Fehler gefunden und markiert sind, und somit auch ein Weilchen, bis Sie flüssig arbeiten und scrollen können. Auch wenn die Arbeit in der Folge wieder flüssiger wird, benötigt die dynamische Rechtschreibprüfung aber auch weiterhin einiges an Rechenleistung.

Um einen Fehler zu korrigieren, rufen Sie das Kontextmenü des markierten Worts auf – unter Windows mit der rechten Maustaste, unter Mac OS X ebenfalls oder – falls Sie keine Maus mit

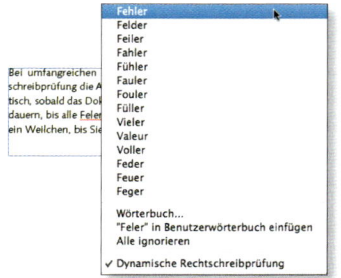

▲ Abbildung 16.16
Das Kontextmenü eines Wortes, das von der dynamischen Rechtschreibprüfung als fehlerhaft markiert wurde.

Abbildung 16.17 ▶
Die Bearbeitung von Benutzerwörterbüchern ist zwar simpel, achten Sie jedoch darauf, dass Sie die richtige WÖRTERBUCHLISTE auswählen. Die Option GROSS-/KLEINSCHREIBUNG BEACHTEN bezieht sich nur auf die Liste HINZUGEFÜGTE WÖRTER.

rechter Taste haben – mit gedrückter ⌈ctrl⌉-Taste. Im Kontextmenü werden einige Korrekturvorschläge gemacht und die wichtigsten Funktionen für die Handhabung der Wörterbücher angeboten. Das Kontextmenü erscheint nur, wenn Sie das Textwerkzeug benutzen.

Wenn Sie die dynamische Rechtschreibprüfung aktivieren und nahezu der gesamte Text als fehlerhaft markiert wird, dann haben Sie Ihrem Text eine falsche Sprache zugeordnet. Somit gibt es auch kein Wörterbuch, in dem irgendein Wort gefunden werden könnte. Wird hingegen keinerlei Korrektur vorgenommen und auch nicht abgeteilt, dann haben Sie Ihrem Text vermutlich [KEINE SPRACHE] zugewiesen.

16.3.7 Wörterbücher bearbeiten

In diesem Kontextmenü, im Menü BEARBEITEN • RECHTSCHREIBPRÜFUNG und über den Button WÖRTERBUCH im Fenster RECHTSCHREIBPRÜFUNG können Sie das Fenster WÖRTERBUCH aufrufen, in dem Sie Wörterbücher ergänzen, korrigieren und Wortlisten exportieren und importieren können.

InDesign ändert nie die vorhandenen Wörterbücher, sondern protokolliert die vorgenommenen Änderungen lediglich in den Benutzerwörterbüchern. Ignorierte Wörter werden allerdings auch hier nicht dauerhaft gespeichert.

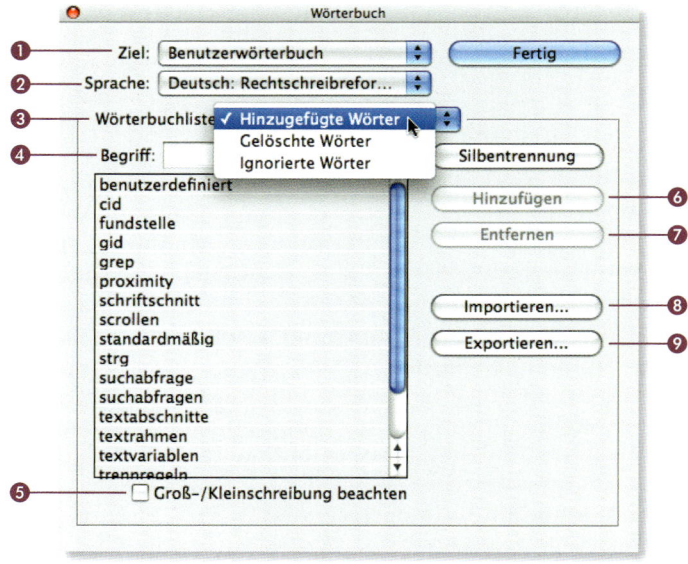

In ZIEL ❶ haben Sie die Möglichkeit, neben dem Benutzerwörterbuch auch jede geöffnete Datei zu wählen und so das Benutzerwörterbuch eines Dokuments zu ergänzen. Die SPRACHE legt wiederum fest, auf welcher Sprache ❷ die Rechtschreibprüfung basieren soll.

Sie können ein Wort ins Wörterbuch aufnehmen, indem Sie es in Begriff ❹ eintragen und auf Hinzufügen ❻ klicken. Hinzufügen wird nicht aktiv, wenn Ihre Eingabe Leerzeichen enthält – es können also wirklich nur Wörter aufgenommen werden. Interpunktionszeichen – z. B. für Abkürzungen – dürfen Sie jedoch verwenden.

Wörterbuchlisten editieren | Bevor Sie ein Wort dem Wörterbuch hinzufügen, sollten Sie festlegen, welcher Wörterbuchliste ❸ es zugeordnet werden soll. Der Inhalt der jeweiligen Liste erscheint unter Begriff. Sie haben drei Möglichkeiten:

▶ Hinzugefügte Wörter: Hier werden alle Wörter, die Sie während eines Korrekturlaufs oder manuell dem Wörterbuch hinzugefügt haben, aufgelistet. Die Option Gross-/Kleinschreibung beachten ❺ existiert nur für diese Liste. Um in der Rechtschreibprüfung z. B. zwischen »InDesign« und »Indesign« unterscheiden zu können, aktivieren Sie diese Option, bevor Sie ein Wort hinzufügen. Um diese Einstellung nachträglich zu ändern, müssen Sie das gewünschte Wort aus der Liste mit einem Doppelklick in das Feld Begriff übertragen, die Schreibweise im Feld Begriff korrigieren, Gross-/Kleinschreibung beachten aktivieren und das Wort erneut hinzufügen.

▶ Gelöschte Wörter: Einträge in diese Liste müssen Sie immer manuell im Fenster Wörterbuch machen. Sie haben damit die Möglichkeit, Wörter, die von InDesign als korrekt betrachtet werden, von Ihnen jedoch nicht, aus der Rechtschreibprüfung auszunehmen. Die Ihrer Meinung nach korrekte Schreibweise sollten Sie dann natürlich in die Liste Hinzugefügte Wörter aufnehmen.

▶ Ignorierte Wörter: In diese Liste nimmt InDesign alle Wörter auf, die Sie in der Korrektur mit Alle ignorieren gekennzeichnet haben. Natürlich können Sie auch manuell Einträge hinzufügen. Allerdings überlebt diese Liste einen Neustart von InDesign nicht. Diese Einträge werden also nicht dauerhaft gespeichert. Deshalb wird auch die Auswahl für Ziel deaktiviert, sobald Sie diese Wörterbuchliste auswählen.

Um einen Eintrag einer Liste zu löschen, wählen Sie die gewünschte Liste, markieren Sie den entsprechenden Eintrag, und klicken Sie auf Entfernen ❼. Editierte und neu hinzugefügte Begriffe müssen manuell aus der jeweiligen Liste entfernt werden.

> **Wenn Sie Abkürzungen verwenden…**
>
> Wenn nach kleingeschriebenen Satzanfängen gesucht wird, ist es sinnlos, Abkürzungen ins Wörterbuch aufzunehmen, da dann die verwendeten Punkte immer als Satzende interpretiert werden.

Sollten Sie eine falsch codierte Wörterliste importieren, und sollte das Benutzerwörterbuch dadurch Schaden nehmen, können Sie keine Wörter mehr hinzufügen oder löschen. Die gesamte Rechtschreibprüfung ist dadurch erheblich gestört, weil Sie natürlich auch im Rahmen eines Korrekturlaufs dem Wörterbuch keine Wörter mehr hinzufügen können.

Beenden Sie InDesign, löschen Sie die Datei C:\Dokumente und Einstellungen\[Benutzer]\Anwendungsdaten\Adobe\Linguistics\Dictionaries\Adobe Custom Dictionary\grm\added.clam (Windows XP), C:\Users\[Benutzer]\AppData\Adobe\ Linguistics\Dictionaries\Adobe Custom Dictionary\grm\added.clam (Windows Vista) bzw. [Benutzer]/Library/Application Support/Adobe/Linguistics/Dictionaries/Adobe Custom Dictionary/grm/added.clam (Mac OS X; jeweils für die deutsche Rechtschreibung), und starten Sie InDesign neu. Die Datei »added.clam« wird dann neu angelegt, ist allerdings leer – Sie verlieren dabei also Ihre Listen.

Wortlisten exportieren und importieren | Um Ihre mühsam erstellten Listen zu sichern oder auf einen anderen Arbeitsplatz zu übertragen, wählen Sie entweder Hinzugefügte Wörter oder Gelöschte Wörter aus. Klicken Sie auf Exportieren ❾, wählen Sie im Fenster Speichern unter ein Ziel und einen Namen für die Wortliste, und klicken Sie auf Sichern. Die dabei entstehende Datei ist eine reine Textdatei, die ASCII-codiert ist. Sie können diese Datei mit jedem Texteditor öffnen und bearbeiten. Achten Sie jedoch darauf, dass Sie sie auch wieder als ASCII-Datei speichern. Eine Textdatei, die UTF-codiert (Unicode) ist, kann zwar in der Folge importiert werden, aber sie kann Zeichen enthalten, die die Struktur des Benutzerwörterbuchs möglicherweise so sehr stören, dass die Rechtschreibprüfung Ihren Dienst verweigert, und Sie die Wörterbuchlisten auch nicht mehr editieren können.

Um eine exportierte Wörterbuchliste wieder zu laden, klicken Sie auf Importieren ❽, und öffnen Sie die Datei im dann folgenden Fenster Benutzerwörterbuch imortieren.

Da die Liste Ignorierte Wörter nur temporär existiert, funktioniert weder der Export noch der Import. Die entsprechenden Buttons sind schlicht nicht sichtbar, wenn Sie Ignorierte Wörter ausgewählt haben.

16.3.8 Autokorrektur

Der Name dieser Funktion deutet darauf hin, dass Adobe sie der Rechtschreibprüfung zuordnet. Sie können Tipp- und Rechtschreibfehler, die Sie häufig machen, schon von InDesign korrigieren lassen, während Sie schreiben und z. B. »giebt« automatisch durch »gibt« ersetzen lassen.

Eine mindestens genauso sinnvolle Anwendung wäre jedoch, bestimmte Abkürzungen durch ihre vollständige Formulierung austauschen zu lassen – jede bessere Textverarbeitung verfügt über eine solche Funktion.

Um die Autokorrektur zu verwenden, müssen Sie zunächst eine Liste aus Originalbegriffen und deren Austausch-Begriffen definieren. Rufen Sie hierzu Bearbeiten • Voreinstellungen • Autokorrektur bzw. InDesign • Voreinstellungen • Autokorrektur auf.

Optionen | Schalten Sie die Autokorrektur ein, indem Sie die Option Autokorrektur aktivieren ❶ anhaken. Damit wird auch die Funktion Falsche Grossschreibung automatisch korrigieren ❷ aktivierbar, die unabhängig davon funktioniert, ob Sie eine Liste von zu korrigierenden Wörtern definieren, aber aufgrund des schon beschriebenen Verhaltens von InDesign, dass Punkte in

Abkürzungen als Satzende interpretiert werden, zu ziemlich ver-
stümmelten Texten führen kann.

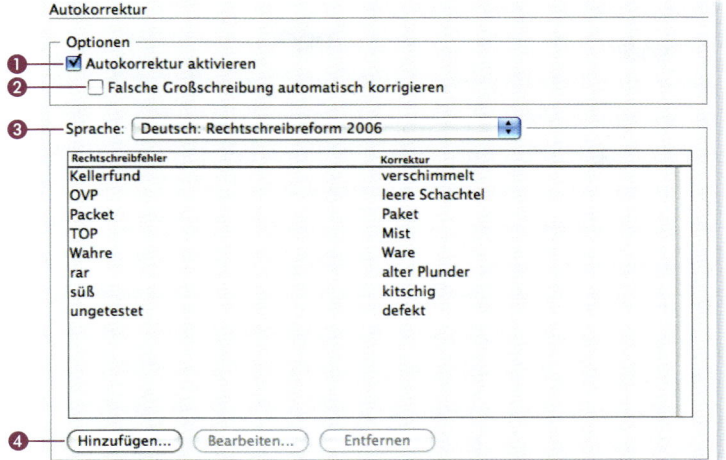

◄ **Abbildung 16.18**
Die AUTOKORREKTUR kann sowohl
als Rechtschreibkorrektur als auch
als Formulierungskorrektur eingesetzt werden. In dieser Liste finden
Sie einige Ersetzungen, die wir
manchen Händlern auf einer großen
Online-Auktionsplattform empfehlen würden.

Sprache | Auch hier ist in SPRACHE ❸ eine Angabe notwendig,
welchem Wörterbuch diese Korrekturen zugeordnet sein sollen.
Wenn Sie hier eines der englischsprachigen Wörterbücher auswählen, werden Sie die Liste RECHTSCHREIBFEHLER und KORREKTUR
bereits gut gefüllt vorfinden. Eine Liste für deutschsprachige Ersetzungen müssen Sie selbst aufbauen – klicken Sie auf HINZUFÜ-
GEN ❹:

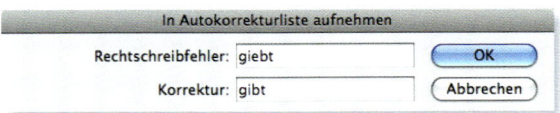

◄ **Abbildung 16.19**
Die Erfassung von Begriffspaaren
erfolgt über ein sehr spartanisches
Interface, das leider keine Hinweise
zu problematischen Begriffen gibt.

Für Wortpaarungen, die Sie IN AUTOKORREKTURLISTE AUFNEHMEN
wollen, gelten folgende Regeln:

▶ RECHTSCHREIBFEHLER: Muss aus genau einem Wort bestehen,
darf also keine Leerzeichen oder Satzzeichen enthalten.
▶ KORREKTUR: Hier dürfen Sie zwar Phrasen mit Interpunktion
eintragen, alle verwendeten Zeichen müssen jedoch im Alphabet vorkommen. Somit dürfen Sie also keine speziellen Leerräume oder Sonderzeichen verwenden.

Sobald Sie eine Liste aus RECHTSCHREIBFEHLER/KORREKTUR erstellt
haben, schaut Ihnen InDesign beim Tippen genau auf die Finger
und ersetzt alle Wörter in der Spalte RECHTSCHREIBFEHLER durch
den dazugehörigen Eintrag in der Spalte KORREKTUR.

Für Typografie bedeutungslos

Aufgrund der Einschränkungen,
wie die Begriffe beschaffen sein
müssen, können Sie die Autokorrektur leider nicht für fein-
typografische Probleme einsetzen. Es wäre schön, wenn man
»z.B.« (ohne Leerraum) durch
»z. B.« (getrennt mit einem Achtelgeviert) per Autokorrektur ersetzen lassen könnte.

Sie können Einträge in der Liste zwar bearbeiten, können dabei allerdings nur mehr die KORREKTUR verändern. Wenn Sie einen »falschen Rechtschreibfehler« definiert haben, müssen Sie den betreffenden Eintrag ENTFERNEN und neu definieren.

Die Autokorrektur bezieht sich nur auf Texte, die Sie selbst eintippen. Die Funktion ist nicht anwendbar auf bereits bestehende Texte. Deshalb funktioniert sie auch nicht, wenn Sie z. B. die Paarung »giebt/gibt« definiert haben, dann aber erst »geibt« schreiben und später auf »giebt« ändern.

16.4 Silbentrennung

Auf die Bedeutung der Silbentrennung für eine qualitativ hochwertige Typografie – vor allem im Blocksatz – haben wir bereits mehrfach hingewiesen. Die Standard-Trennverfahren in InDesign sind jedoch stellenweise deutlich verbesserungsbedürftig. Beachten Sie dabei jedoch, dass auch die besten Wörterbücher und Trennverfahren nichts helfen, wenn InDesign aufgrund der Platzverhältnisse eine Trennung an der gewünschten Stelle verweigert.

16.4.1 Eigene Silbentrennungen definieren

Änderungen an der Silbentrennung sind den Wörterlisten in Ihrem Benutzerwörterbuch zugewiesen und müssen deshalb über die Wörterbuch-Verwaltung erledigt werden. Rufen Sie also BEARBEITEN • RECHTSCHREIBPRÜFUNG • WÖRTERBUCH auf.

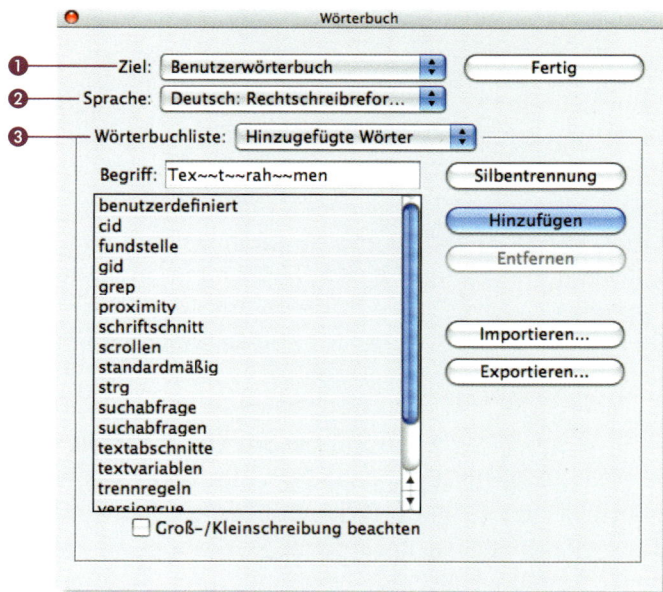

Abbildung 16.20 ▶
Die Trennvorschläge in den vorhandenen Wörterbüchern sind teilweise etwas eigenwillig, aber auch korrigierte Trennregeln führen oft nicht zum gewünschten Ergebnis. Vor allem der Adobe Absatzsetzer, der sich allein nach dem Grauwert eines Absatzes richtet, verweigert oft Trennungen, obwohl sie möglich erscheinen.

Wählen Sie ZIEL ❶ (BENUTZERWÖRTERBUCH oder DOKUMENT) und die SPRACHE ❷ aus. Wählen Sie eine WÖRTERBUCHLISTE ❸ und dann durch Doppelklick ein Wort der Liste aus. Wenn Sie noch keine Wörterbuchlisten definiert haben, tragen Sie das Wort, dessen Trennung Sie bearbeiten möchten, im Feld BEGRIFF ein.

Klicken Sie nun auf SILBENTRENNUNG, um die Trennstellen im Wort anzeigen zu lassen – die Trennstellen sind mit einer, zwei oder drei Tilden ~ markiert. Um eine Trennstelle zu löschen, entfernen Sie einfach die dazugehörigen Tilden. Um Trennstellen einzufügen, tragen Sie an der gewünschten Stelle Tilden ein, wobei die Anzahl der Tilden die Priorität der Trennung festlegt:

▶ **Eine Tilde** definiert die einzige bzw. optimale Trennstelle.
▶ **Zwei Tilden** legen alternative und zusätzliche Trennstellen fest.
▶ Mit **drei Tilden** definieren Sie eine Trennung, die zwar noch akzeptiert wird, aber nach Möglichkeit zu vermeiden ist.
▶ **Eine Tilde** am **Beginn des Wortes** bedeutet, dass dieses Wort gar nicht getrennt werden darf.
▶ Ist die Tilde ein Bestandteil des Wortes, geben Sie sie als \~ ein.

Klicken Sie auf HINZUFÜGEN, um das Wort mit der neuen Trennregel in die Wortliste aufzunehmen. Die Trennstellen und ihre Priorität werden in der Liste angezeigt.

Tilden eingeben

Sie können eine Tilde im Feld BEGRIFF kopieren und an der gewünschten Stelle einsetzen. Über die Tastatur können Sie eine Tilde unter Windows mit [AltGr]+[+] eingeben und unter Mac OS X, indem Sie zuerst [⌥]+[N] drücken und dann die Leertaste.

16.4.2 Silbentrennung und Verpacken

Benutzerdefinierte Trennausnahmen machen sich bei der Weitergabe von Dokumenten ungünstig bemerkbar, wenn sie nicht im Dokument gespeichert werden.

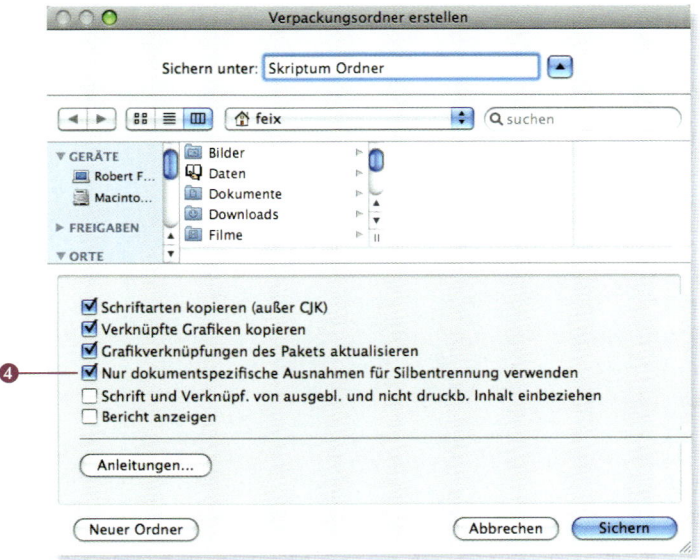

◀ **Abbildung 16.21**
Die Funktion VERPACKEN stellt sicher, dass alle Ausnahmen für die Silbentrennung im Dokument gespeichert werden – somit werden unerwartete Umbrüche bei der Datenübergabe vermieden.

Wenn Sie ein Dokument weitergeben, werden Sie auf die Funktion VERPACKEN zurückgreifen, die Sie unter DATEI • VERPACKEN finden.

Achten Sie beim Verpacken eines Dokuments zur Weitergabe unbedingt darauf, die Option NUR DOKUMENTSPEZIFISCHE AUSNAHMEN FÜR SILBENTRENNUNG VERWENDEN ❹ zu aktivieren. Damit stellen Sie sicher, dass das Benutzerwörterbuch der öffnenden Station nicht zum Neuumbruch des Textes führt.

17 Tabellen

In vielen Publikationen werden Daten in Tabellenform verwendet, weil damit sehr effizient große Mengen an Fakten in komprimierter Form dargestellt werden können. Aufgrund der hohen Informationsdichte sind Tabellen unter Layoutern gefürchtet, weil sie sehr fehleranfällig sind. Lange Jahre hindurch boten die diversen Satzprogramme praktisch keine Werkzeuge für einen komfortablen Tabellensatz. InDesign bot schon in frühen Versionen einen leistungsstarken Tabelleneditor, der einmal mehr und einmal weniger weiterentwickelt wurde.

> **Stand der Dinge**
>
> Als letzte große Änderung wurden in InDesign CS3 die Tabellenstile und die Möglichkeit, Tabellendaten unter Beibehaltung ihrer Formatierung zu aktualisieren, eingeführt. In InDesign CS4 haben sich in diesem Bereich keine nennenswerten Neuerungen ergeben.

17.1 Texttabellen

InDesign bietet eine Fülle an Funktionen zur Tabellengestaltung, aber es wäre falsch, auf jede kleine Tabelle mit solch schweren »Geschützen zu schießen«. In unserem Beispiel aus einem Versandhauskatalog in den Abschnitten 14.6, »Tabulatoren«, ab Seite 408 und 15.4, »Absatzformate«, ab Seite 438 haben Sie bereits gesehen, wie Sie begrenzte Datenmengen als Tabelle mit Absatzformaten erstellen können.

Bei einer solchen Problemstellung wäre es unsinnig, eine komplexe Tabellenstruktur aufzubauen. Die Tabellenzeilen sind Teil des Textes und sollen auch so behandelt werden, und tatsächlich ist jeder Inhalt einer noch so umfangreichen Tabelle zunächst einmal ein Text, den es zu formatieren gilt. Solch ein Text kann auf unterschiedliche Art entstehen.

Zunächst einmal kann der Text direkt vom Setzer eingetippt werden. Meistens werden die Daten aber bereits als Datei angeliefert. Das bevorzugte Format ist hier ein reines Textformat, in dem die einzelnen Datenelemente einer Zeile mit Tabulatoren getrennt sind. Eine solche Datei können Sie direkt in InDesign platzieren. Wie platzierte Daten in ihrer rohen Version aussehen, hängt von den InDesign-Importoptionen ab. Der rohe Text kann nach dem Importieren ziemlich chaotisch aussehen, was Sie nicht beunruhigen sollte. Mit Absatzformaten ist es einfach, den Text schnell in eine ansprechende Form zu bringen.

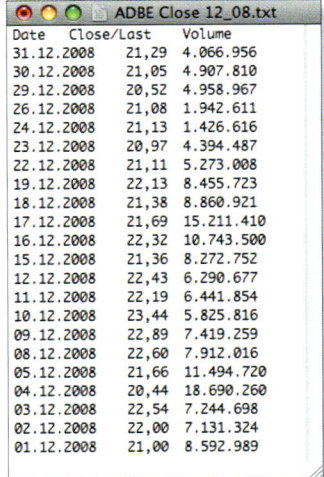

▲ **Abbildung 17.1**
Aktienkurse von Adobe vom Dezember 2008 als mit Tabulatoren gegliederter Text. Darstellung in TextEdit unter Mac OS X.

Als Grundlage für unser Beispiel verwenden wir die Aktienkurse von Adobe Systems von Dezember 2008 (also einem Monat nach Erscheinen der Creative Suite 4), die wir als einfache Tabelle darstellen möchten.

Die Rohdaten enthalten Spalten mit dem Datum, dem Schlusskurs und dem Tagesumsatz der Adobe-Aktien. Solche Daten können Sie sich unter *www.nasdaq.com* besorgen, Sie finden die Daten für unser Beispiel aber auch auf der Buch-DVD. Die Struktur dieser Daten ist so einfach, dass Sie sicher reichlich Beispiele in Ihrer Umgebung finden werden, die Sie natürlich auch verwenden können.

Das gewünschte Ergebnis sehen Sie in Abbildung 17.2. Den Tabellenkopf müssen wir manuell korrigieren (übersetzen). Wir benötigen drei Absatzformate: für den Tabellenkopf, die Kurszeile und die letzte Kurszeile der Woche, die mit einer Linie abschließt.

Datum	Schlusskurs	Umsatz
31.12.2008	21,29	4.066.956
30.12.2008	21,05	4.907.810
29.12.2008	20,52	4.958.967
26.12.2008	21,08	1.942.611
24.12.2008	21,13	1.426.616
23.12.2008	20,97	4.394.487
22.12.2008	21,11	5.273.008
19.12.2008	22,13	8.455.723
18.12.2008	21,38	8.860.921
17.12.2008	21,69	15.211.410
16.12.2008	22,32	10.743.500
15.12.2008	21,36	8.272.752

Abbildung 17.2 ▶
Die Adobe-Aktienkurse der letzten Dezember-Wochen des Jahres 2008. Zu sehen sind nur die letzten drei Wochen, die unterschiedlich lang sind, weil an den Feiertagen auch kein Börsenhandel stattfindet.

ADBE_Close_12_08.txt

Schritt für Schritt: Tabelle mit Absatzformaten gestalten

1 Text laden oder erfassen

Tippen Sie einen geeigneten Tabellentext, oder laden Sie unseren Beispieltext von der Buch-DVD (»ADBE_Close_12_08.txt«). Kümmern Sie sich zunächst nicht um die Position der Tabulatoren, achten Sie aber darauf, dass sich zwischen den zukünftigen Spalten Tabulatoren befinden. Aktivieren Sie nötigenfalls SCHRIFT • VERBORGENE ZEICHEN EINBLENDEN, damit die Tabulatoren auch eingeblendet werden.

2 Überschrift korrigieren

Fügen Sie eine erste Zeile mit dem Text »Datum ⇥ Schlusskurs ⇥ Umsatz« hinzu, bzw. korrigieren Sie die vorhandenen Überschriften entsprechend.

3   **Absatzformat »Kurszeile«**

Definieren Sie ein Absatzformat »Kurszeile« mit folgenden Einstellungen:

- ▶ BASIERT AUF: [Kein Absatzformat]
- ▶ SCHRIFTFAMILIE: Helvetica
- ▶ SCHRIFTSCHNITT: Regular, GRÖSSE: 7 Pt
- ▶ ZEILENABSTAND: 9 Pt
- ▶ TABULATOREN: Dezimaltabulator an Position 30 mm,
  AUSRICHTEN AN: (,)
  rechtsbündiger Tabulator an Position 60 mm

4   **Absatzformat »Kurszeile Wochenbeginn«**

Definieren Sie ein Absatzformat »Kurszeile Wochenbeginn«. Dieses Absatzformat wird von »Kurszeile« abgeleitet und bekommt eine Absatzlinie nach dem Absatz. Sie müssen also nur die abweichenden Einstellungen festlegen:

- ▶ BASIERT AUF: »Kurszeile«
- ▶ ABSATZLINIE DARUNTER, STÄRKE 0,25 mm, OFFSET 2 Pt

5   **Absatzformat »Tabellenkopf«**

Die Tabellenüberschrift kann nun wiederum vom Absatzformat »Kurszeile Wochenbeginn« abgeleitet werden. Definieren Sie ein Absatzformat »Tabellenkopf« mit folgenden Einstellungen:

- ▶ BASIERT AUF: »Kurszeile Wochenbeginn«
- ▶ SCHRIFTSCHNITT: Bold
- ▶ TABULATOREN: Ändern Sie den Dezimaltabulator an Position 30 in einen zentrierten Tabulator.

6   **Formate zuweisen**

Wählen Sie zunächst alle Zeilen Ihrer Tabelle aus, und weisen Sie ihnen das Absatzformat »Kurszeile« zu. Klicken Sie nun in die Überschriftzeile, und weisen Sie ihr das Absatzformat »Tabellenkopf« zu. Um die Wochentrennung mit einer Linie zu versehen, klicken Sie auf die entsprechenden Zeilen und weisen ihnen das Absatzformat »Kurszeile Wochenbeginn« zu. Natürlich können Sie sich auch durch die einzelnen Zeilen klicken und jeder Zeile einzeln das entsprechende Format zuweisen. Mit der vorgegebenen Methode sind Sie jedoch schneller.

   Ihre Tabelle sollte nun wie in Abbildung 17.2 aussehen. ■

Tabellen über Absatzformate zu erstellen, ist nach wie vor in vielen Fällen der beste und problemloseste Weg. Über den konsequenten Einsatz von Absatzformaten sind kleine Korrekturen

Lange Tabellen

Bei sehr langen Tabellen, die über mehrere Seiten reichen, bricht die Arbeitsgeschwindigkeit von InDesign deutlich ein. Wenn es gestalterisch möglich ist, sollten Sie in solchen Fällen mit Absatzformaten gestaltete Texttabellen verwenden.

leicht umzusetzen, und der Arbeitsaufwand hält sich in Grenzen. Allerdings sind damit die Gestaltungsmöglichkeiten schon ziemlich ausgereizt. Mehrzeilige Spalteneinträge innerhalb einer Zeile oder das Einfärben von Zeilen verursachen einen enormen Aufwand.

Um derartige Problemstellungen zu lösen, benötigen Sie eine »echte« Tabelle, die aus Zellen besteht, die in Zeilen und Spalten gruppiert, aber trotzdem einzeln bearbeitbar sind. Diese Zellen verhalten sich wie einzelne Textrahmen, können also eigene Formatierungen, Hintergründe usw. haben, teilen sich aber gemeinsame Begrenzungslinien, die ihrerseits beliebig gestaltet werden können.

Tabellen in QuarkXPress

In QuarkXPress werden Tabellen mit dem Tabellenwerkzeug zunächst aus Textrahmen aufgebaut. Die einzelnen Rahmen können in Bildrahmen gewandelt werden. Das hat den Vorteil, dass QuarkXPress-Anwender die einzelnen Tabellenzellen mit gewohnten Werkzeugen bearbeiten können.

InDesign-Anwender müssen hier anders vorgehen, kommen dafür aber in den Genuss vieler Gestaltungsmöglichkeiten, die mit Rahmen nicht abbildbar wären.

17.2 Tabellen einfügen, umwandeln und importieren

Zur Erstellung von Tabellen benötigen Sie kein eigenes Werkzeug. Tabellen sind mit dem Textwerkzeug verbunden und liegen deshalb immer in einem Textrahmen.

17.2.1 Leere Tabellen einfügen
Um eine Tabelle im Text zu erstellen, ziehen Sie zuerst einen Textrahmen in der gewünschten Tabellenbreite auf oder stellen den Textcursor in einen existierenden Text. Wählen Sie den Menüpunkt TABELLE • TABELLE EINFÜGEN. Im dann erscheinenden Fenster legen Sie die Eigenschaften der neuen Tabelle fest:

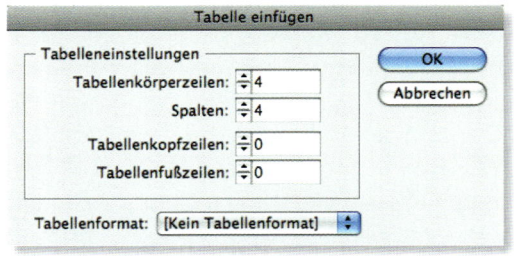

Abbildung 17.3 ▶
TABELLE EINFÜGEN,
[Alt]+[⇧]+[Strg]+[T]
bzw. [⌥]+[⇧]+[⌘]+[T]

▶ TABELLENKÖRPERZEILEN: Unter dem Tabellenkörper versteht InDesign die Tabellenzeilen ohne Spaltenüberschriften (Kopfzeilen) oder Fußzeilen. Legen Sie hier also die Nettoanzahl der Zeilen fest.

▶ SPALTEN: Die einzelnen Zeilen sind in Spalten geteilt – die gewünschte Anzahl von Spalten legen Sie hier fest.

▶ TABELLENKOPFZEILEN: Die Spaltenüberschriften sind in eigenen Kopfzeilen untergebracht. Diese Kopfzeilen haben die angenehme Eigenschaft, dass sie automatisch wiederholt werden, wenn die Tabelle in einen weiteren Rahmen oder eine Textspalte umbricht. So erscheint also bei jedem Umbruch immer die korrekte Spaltenüberschrift. Der hier eingetragene Wert legt somit fest, wie viele Zeilen bei einem Umbruch wiederholt werden sollen. Diese Kopfzeilen werden zu der Anzahl der Körperzeilen hinzugerechnet. In Abbildung 17.1 wäre also die Tabelle 23 Zeilen lang: 22 Körperzeilen + 1 Kopfzeile.

▶ TABELLENFUSSZEILEN: Hier gilt das für die Kopfzeilen Gesagte, nur legen Sie nun fest, wie viele Zeilen am Ende der Tabelle hinzugefügt und gegebenenfalls wiederholt werden sollen.

▶ TABELLENFORMAT: So, wie es Absatzformate für Textabsätze und Zeichenformate für Textteile gibt, können Sie auch Tabellenformate bzw. Zellenformate für Tabellen definieren – wir widmen diesen Möglichkeiten später den Abschnitt 17.7, »Zellen- und Tabellenformate«.

Anlegen von Tabellen | Steht der Textcursor in einer leeren Zeile, wird die Tabelle in dieser Zeile angelegt. Enthält die Zeile allerdings Text, wird die Tabelle in der nächsten Zeile angelegt. Die Tabelle wird immer so breit wie die Textspalte, in der sie angelegt wird. Die Spalten werden innerhalb dieser Breite gleichmäßig verteilt. Sämtliche Eigenschaften können natürlich später verändert werden.

Diese Art, eine Tabelle zu erstellen, werden Sie wählen, wenn Sie die Dimension der Tabelle genau kennen und die Tabelle manuell mit Inhalt füllen müssen.

Text in Tabelle einfügen | Sie können allerdings auch einen mit Tabulatoren aufgebauten Text in eine Tabelle einsetzen, indem Sie ihn kopieren und in die Tabelle einfügen.

Wichtig: Vor dem Einsetzen müssen Sie aber zumindest zwei Tabellenzellen auswählen. Dann wird der Text in der Tabelle verteilt. Wenn Sie lediglich eine Zelle markiert haben, wird der gesamte Text in diese eine Zelle eingefügt. Den Text können Sie auch aus anderen Programmen – z. B. Microsoft Excel – kopieren und dann direkt in InDesign weiterverarbeiten.

Dabei werden auch bereits vorformatierte Texte berücksichtigt, wenn Sie in den InDesign-Voreinstellungen im Bereich ZWISCHENABLAGEOPTIONEN unter BEIM EINFÜGEN VON TEXT UND TABELLEN AUS ANDEREN ANWENDUNGEN die Option ALLE INFORMATIONEN (INDEXMARKEN, FARBFELDER, STILE USW.) aktivieren. Bei NUR TEXT werden alle Texteigenschaften verworfen, und nur der unformatierte Text wird eingesetzt.

Navigation in Tabellen | Sie können die einzelnen Zellen direkt mit der Maus auswählen oder zwischen den Zellen mit ⇆ zur nächsten Zelle bzw. mit ⇧+⇆ zur vorherigen Zelle springen. Wenn Sie die letzte Zelle der Tabelle erreicht haben und noch einmal ⇆ drücken, wird eine neue Zeile angelegt und zur nächsten Zelle gesprungen.

Die einzelnen Tabellenzellen verhalten sich grundsätzlich wie Textrahmen, die natürlich auch Bilder in Form von verankerten Bildrahmen aufnehmen können.

17.2.2   Text in Tabelle umwandeln

Wenn Sie eine Tabelle über die Zwischenablage befüllen, sollten Sie vorher den Platzbedarf der Daten genau kennen; deshalb ist es oft einfacher, wenn Sie den Text zunächst in Ihrem Dokument platzieren, dann mit dem Textwerkzeug die Zeilen auswählen, die Sie in eine Tabelle wandeln wollen, und den Menübefehl TABELLE • TEXT IN TABELLE UMWANDELN aufrufen.

Im folgenden Dialog legen Sie fest, wie die Daten umgewandelt werden sollen. Sofern die ausgewählten Daten schon in einer Struktur vorliegen, die für eine klassische Tabelle geeignet wäre, können Sie die Standardeinstellungen verwenden.

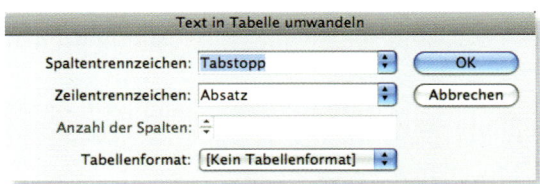

Abbildung 17.4 ▶
TEXT IN TABELLE UMWANDELNS

▶ SPALTENTRENNZEICHEN: Im Normalfall liegen die Daten als durch Tabulatoren getrennter Text vor – deshalb ist die Einstellung TABSTOPP meist die richtige Wahl. Alternativen wären KOMMA und ABSATZ oder jedes andere Zeichen, das Sie in dieses Feld eingeben. Allerdings sind hier nur einzelne Zeichen und keine Zeichenkombinationen erlaubt, und selbstverständlich muss es sich um Zeichen handeln, die im Text selbst nicht vorkommen.

▶ ZEILENTRENNZEICHEN: Auch hier ist die Standardeinstellung ABSATZ zumeist die gewünschte. Sie können aber auch hier andere Trennzeichen festlegen.

▶ ANZAHL DER SPALTEN: Dieses Feld wird nur aktiv, wenn sich aus den Einstellungen in Spalten- und Zeilentrennzeichen keine eindeutige Dimension der Tabelle ergibt. Das ist dann der Fall, wenn als SPALTENTRENNZEICHEN ABSATZ gewählt wurde, weil ein Text immer eine Reihe von Absätzen ist, oder wenn in bei-

---

Tabellen aus formatiertem Text

Textattribute, wie z. B. die Ausrichtung am Grundlinienraster oder eine deaktivierte Silbentrennung, haben in Tabellen manchmal unerwünschte Nebeneffekte. Wenn Sie bereits formatierten Text wandeln, sollten Sie darauf achten, dass diese Attribute nicht verwendet werden. Sofern Sie das Absatzformat [EINFACHER ABSATZ] nicht verändert haben, können Sie es dem zu wandelnden Text zuweisen, da in diesem Format die kritischen Attribute standardmäßig korrekt gesetzt sind.

Trennzeichen

Legen Sie für den Zulieferer der Daten eindeutige Trennzeichen fest. Eine Definition der Zeilen aus dem Abzählen von Spalten kann lückenhafte Datenbestände vollkommen verstümmeln und eine Übernahme der Daten sogar unmöglich machen.

den Feldern identische Trennzeichen festgelegt wurden. In diesen Fällen muss festgelegt werden, nach wie vielen erkannten Spaltentrennzeichen die Zeile zu beenden ist. Die Anzahl der Absätze, die eine Zeile bilden, muss im Text natürlich immer gleich sein.

▶ Tabellenformat: Sollten bereits Tabellenformate existieren, können Sie auch hier bereits festlegen, mit welchem Format die neue Tabelle gestaltet werden soll.

Die Tabelle, die durch diese Umwandlung entsteht, ist so breit wie die Textspalte, die den Ursprungstext enthalten hat. Die Spalten sind gleichmäßig verteilt. Dadurch kann es sich ergeben, dass Datenbestände nicht in die einzelnen Zellen passen. Solche Zellen werden mit einem roten Punkt markiert. Die Daten sind zwar vorhanden, können aber nicht angezeigt werden, bis der entsprechende Platz geschaffen wird.

Date	Close/Last	Volume
31.12.2008	21,29	
30.12.2008	21,05	
29.12.2008	20,52	
26.12.2008	21,08	
24.12.2008	21,13	

▲ **Abbildung 17.5**
Der Punkt in der rechten Spalte der Tabelle zeigt einen Übersatz an. Wie alle Steuerzeichen oder auch die »normale« Anzeige für einen Übersatz in einem Textrahmen sind diese Übersatzpunkte mit aktivierter Vorschau oder der Überdruckenvorschau nicht sichtbar.

17.2.3 Tabelle in Text umwandeln

Auch der umgekehrte Weg ist möglich, indem Sie einen Teil einer Tabelle aktivieren und den Menübefehl Tabelle • Tabelle in Text umwandeln auswählen. Die Optionen im entsprechenden Fenster sind allerdings reduziert, da in diesem Fall keine Zweifel an den Tabellendimensionen bestehen. Es reicht, den Cursor in einer Zelle der Tabelle positioniert zu haben, da dieser Befehl immer auf die gesamte Tabelle wirkt.

Zellenübersatz in QuarkXPress

Da in QuarkXPress Tabellenzellen tatsächlich Textrahmen sind, können sie verkettet werden – in InDesign funktioniert das leider nicht.

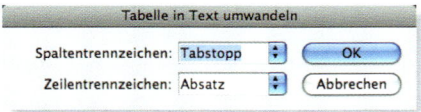

◀ **Abbildung 17.6**
Tabelle in Text umwandeln

Auf diese Funktion werden Sie dann zurückgreifen, wenn Sie bestehende Tabellen als Text mit Absatzformaten gestalten wollen.

17.2.4 Excel-Tabellen importieren

In Abschnitt 15.5.7, »Formate aus Word-Dokumenten übernehmen«, haben Sie bereits gesehen, wie Word-Dateien importiert werden können und dass dabei Tabellen aus Word-Dokumenten in InDesign-Tabellen umgewandelt werden – schlagen Sie nötigenfalls dort noch einmal nach.

Natürlich werden tabellarische Daten auch in Word-Dokumenten verwendet, aber im Regelfall werden vor allem größere Datenmengen als Excel-Dateien verwaltet und transportiert. Wenn Sie eine Excel-Datei (».xls«, ».xlsx«) platzieren, sollten Sie im Platzie-

Unformatierte Tabellen bevorzugen

Übernehmen Sie Excel-Daten als unformatierte Tabellen. Sie ersparen sich damit, alle Formatfehler zu korrigieren und überflüssige RGB-Farbfelder zu löschen.

REN-Fenster IMPORTOPTIONEN ANZEIGEN aktivieren. Sie können dann in den MICROSOFT EXCEL-IMPORTOPTIONEN festlegen, welche Teile der Excel-Datei platziert und wie diese formatiert werden sollen.

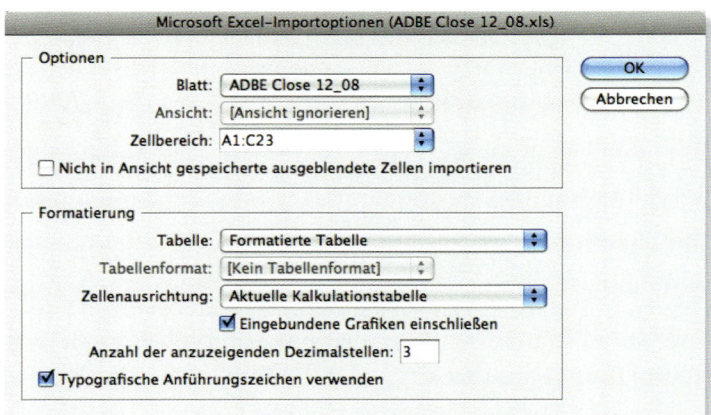

Abbildung 17.7 ▶
MICROSOFT EXCEL-IMPORTOPTIONEN: Diese erscheinen nur, wenn Sie im PLATZIEREN-Fenster die Option IMPORTOPTIONEN ANZEIGEN auswählen oder wenn Sie mit gedrückter ⌥-Taste auf den ÖFFNEN-Button klicken.

Daten über Drag & Drop einfügen

Sie können tabellarische Daten aus Office-Programmen auch übernehmen, indem Sie die entsprechenden Daten in Excel auswählen und in Ihr InDesign-Dokument ziehen. Auch dann werden die ZWISCHENABLAGEOPTIONEN aus den VOREINSTELLUNGEN wirksam, und es entsteht entweder ein Text, der mit Tabulatoren getrennt ist – Option NUR TEXT –, oder eine InDesign-Tabelle – Option ALLE INFORMATIONEN (INDEXMARKEN, FARBFELDER, STILE USW.).

Optionen | Unter OPTIONEN legen Sie fest, welche Daten aus der Excel-Datei übernommen werden sollen.

▶ BLATT: Excel-Dateien – auch Arbeitsmappen genannt – können in mehrere Arbeitsblätter gegliedert sein. Wählen Sie aus, welches Blatt Sie importieren möchten.

▶ ANSICHT: Zusätzlich zu den einzelnen Tabellen kann ein Excel-Benutzer eigene Ansichten der Daten definieren. Sind solche Ansichten definiert worden, können Sie sie hier auswählen – ansonsten ist diese Option nicht aktiv.

▶ ZELLBEREICH: InDesign importiert standardmäßig jene Zellbereiche eines Blatts, in denen Werte eingefügt wurden. Auch eingefärbte Zellen werden als gefüllt betrachtet. In den Importoptionen wird angezeigt, in welchem Bereich Daten gefunden wurden. Diese Vorgabe wird zumeist Ihren Vorstellungen entsprechen – zumindest unter der Voraussetzung, dass die Excel-Tabelle nur genau die Daten enthält, die benötigt werden. Wurden in der Tabelle andere Daten »vergessen« oder wurde auch nur eine Zelle mit einem Rand versehen, wertet InDesign das als Datenbestand. In diesem Fall können Sie den Bereich selbst festlegen und nur die benötigten Daten auswählen.

▶ NICHT IN ANSICHT GESPEICHERTE AUSGEBLENDETE ZELLEN IMPORTIEREN: Zeilen und Spalten können in Excel ausgeblendet werden, wenn sie z. B. nur Zwischenergebnisse enthalten, die in der Darstellung des Endergebnisses nicht benötigt werden. Wenn Sie diese Option aktivieren, werden diese unsichtbaren Daten übernommen.

Formatierung | Unter FORMATIERUNG bestimmen Sie, ob und welche Formatierungen übernommen werden sollen.

▶ TABELLE: FORMATIERTE TABELLE übernimmt fast alle Formate aus der Excel-Datei. InDesign versucht, die Darstellung möglichst genau nachzubilden. Gedrehte Texte in Tabellenzellen werden allerdings nur in der Einstellung ± 90° übernommen. UNFORMATIERTE TABELLE erzeugt zwar eine InDesign-Tabelle, die Formatierungen aus Excel gehen dabei aber verloren. UNFORMATIERTER TEXT MIT TABULATORTRENNZEICHEN importiert nur die Textinformation, es wird keine InDesign-Tabelle erstellt. Einen solchen Text müssen Sie folglich selbst in eine Tabelle umwandeln oder über Formate gestalten. Diese Einstellungen entsprechen den gleichnamigen Word-Importoptionen.

NUR EINMAL FORMATIERT wirkt sich nur aus, wenn Sie mit Verknüpfungen zu Texten und Tabellen arbeiten. Details dazu werden Sie in Abschnitt 17.8, »Aktualisieren von importierten Inhalten«, erfahren.

▶ TABELLENFORMAT: Hier haben Sie abermals die Möglichkeit, der neuen Tabelle bereits ein Aussehen über Tabellenformate zu geben. Diese Option ist nur bei UNFORMATIERTE TABELLE auswählbar.

▶ ZELLENAUSRICHTUNG: Für FORMATIERTE TABELLE und NUR EINMAL FORMATIERT – nur dann ist diese Option aktiv – können Sie die Ausrichtung des Textes innerhalb der Zellen auswählen. AKTUELLE KALKULATIONSTABELLE bedeutet, dass auch die Ausrichtung aus der Excel-Datei übernommen wird. Ansonsten können Sie zwischen LINKS, ZENTRIERT und RECHTS wählen.

▶ EINGEBUNDENE GRAFIKEN EINSCHLIESSEN: Sofern Sie eine formatierte Tabelle platzieren, können Sie entscheiden, ob enthaltene Grafiken ebenfalls importiert werden sollen. Diese Option bezieht sich nur auf Bilddaten, die in Excel eingefügt wurden, und nicht auf Diagramme, die von Excel selbst erstellt wurden. Darüber hinaus ist die Zuordnung zu den Tabellenzellen nicht immer klar – an welcher Position ein Bild also erscheinen wird, ist gelegentlich dem Zufall überlassen.

Für Bilddaten gelten dieselben Probleme wie beim Word-Importfilter auch: Alle Daten sind als RGB-Bilder angelegt und deshalb mit Vorsicht zu genießen. Eine Farbraumwandlung kann bei der Ausgabe erfolgen – beachten Sie dabei aber Ihre Farbeinstellungen.

▶ ANZAHL DER ANZUZEIGENDEN DEZIMALSTELLEN: Die Bezeichnung ist etwas irreführend. Tatsächlich legen Sie hier nicht nur fest, wie viele Dezimalstellen angezeigt werden, sondern auf wie viele Stellen kaufmännisch gerundet werden soll.

Textverknüpfungen

Importierte Excel-Daten – wie auch andere Textdaten – können dynamisch mit ihrer Quelle verbunden werden, sofern Sie in den InDesign-Voreinstellungen im Abschnitt DATEIHANDHABUNG, Bereich VERKNÜPFUNGEN, die Option BEIM PLATZIEREN VON TEXT- UND TABELLENDATEIEN VERKNÜPFUNGEN ERSTELLEN aktiviert haben.

▶ Typografische Anführungszeichen verwenden: Ist in den Daten Text enthalten, der in Anführungszeichen steht, kümmert sich InDesign darum, dass die Anführungszeichen entsprechend Ihren Voreinstellungen richtig dargestellt werden.

Die Microsoft Excel-Importoptionen in InDesign CS4 haben seit Version CS3 keine erkennbaren Änderungen durchlaufen. Falls Sie noch mit InDesign CS2 oder gar CS arbeiten, sollten Ihnen zwei Dinge bewusst sein: In den InDesign-Versionen vor CS3 konnten die Importoptionen ebenfalls aktiviert oder deaktiviert werden. Allerdings wurde die Einstellung ignoriert, und die Microsoft Excel-Importoptionen wurden immer angezeigt.

Während InDesign CS2 noch Probleme mit der Übernahme von Datumseinträgen im deutschen Format hatte und immer die amerikanische Schreibweise verwendete, funktioniert die korrekte Übernahme von Datumsformaten, wie »23.09.2010«, seit InDesign CS3 nun korrekt.

17.3   Tabellen bearbeiten

In der Gestaltung von Tabellen und ihren Einzelteilen bietet InDesign eine fast unüberschaubare Menge an Funktionen, die auch noch über mehrere Wege erreicht werden können. Darüber hinaus sind manche Optionen – abhängig von der jeweiligen Situation – manchmal verfügbar und manchmal nicht. Um den Einstieg in die Tabellenformatierung möglichst schmerzfrei zu gestalten, zeigen wir Ihnen zunächst, wie Sie leicht die Übersicht bewahren und wie Ihnen die wichtigsten Funktionen stets zur Verfügung stehen. Die Details werden wir Ihnen erst in einem zweiten Schritt vorführen.

17.3.1   Tabellen, Zeilen und Spalten auswählen

Grundsätzlich werden Tabellen mit dem Textwerkzeug angesprochen. Der Mauszeiger verändert sich je nach Position innerhalb der Tabelle, um die jeweils mögliche Aktion anzuzeigen.

Tabellenbereiche auswählen | Mauszeiger ❶ erscheint nur über der linken oberen Ecke einer Tabelle – Sie können nun die gesamte Tabelle auswählen. Zeiger ❷ taucht nur am oberen Rand der Tabelle auf und dient zum Auswählen ganzer Spalten. Analog dazu erscheint Zeiger ❸ nur am linken Rand und wählt Zeilen aus. Sobald mit einem dieser beiden Werkzeuge eine Spalte/Zeile ausgewählt wurde, können Sie durch Ziehen des Zeigers die Auswahl

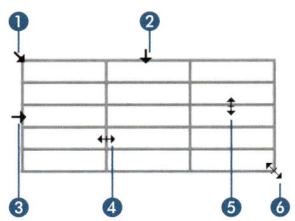

▲ **Abbildung 17.8**
Die verschiedenen Mauszeiger zum Auswählen und zur Größenänderung von Tabellenelementen

erweitern oder, nachdem Sie die Maustaste losgelassen haben, mit gedrückter ⇧-Taste weitere Spalten/Zeilen der Auswahl hinzufügen.

Zusammenhängende Zellen innerhalb der Tabelle können Sie auswählen, indem Sie den Mauszeiger mit gedrückter Maustaste über den gewünschten Bereich ziehen. Nicht zusammenhängende Bereiche können leider nicht ausgewählt werden.

Spaltenbreite und Zeilenhöhe ändern | Berühren Sie mit dem Mauszeiger eine vertikale Begrenzungslinie, erscheint Zeiger ❹, und Sie können die Spaltenbreite verändern. Zeiger ❺ verändert die Zeilenhöhe, und mit Zeiger ❻ können Sie die Tabellendimensionen ändern. Dazu muss aber die gesamte Tabelle sichtbar sein – sie muss also zur Gänze in den umgebenden Textrahmen passen.

Umgang mit einzelnen Zellen | Ein Klick in eine Zelle wählt nicht die Zelle aus, sondern positioniert den Textcursor im Inhalt der Zelle. Um eine Zelle auszuwählen, klicken Sie in die Zelle und drücken die Tastenkombination ⌈Strg⌉+⌈#⌉ bzw. ⌈⌘⌉+⌈#⌉. Diese Auswahl einer einzelnen Zelle kann mit den Cursortasten ⌈↑⌉, ⌈↓⌉, ⌈→⌉ und ⌈←⌉ bewegt werden. Halten Sie dabei die ⇧-Taste gedrückt, erweitern Sie wiederum die Auswahl. Ist lediglich der Inhalt einer Zelle aktiviert, bewegen Sie sich mit den Cursortasten innerhalb des Zelleninhalts; ist die Zelle leer, springt der Cursor in die nächste Zelle (abhängig von der Cursortaste, die Sie gedrückt haben).

Um in einzelnen Zellen zwischen Inhalt- und Zellenauswahl zu wechseln, drücken Sie die ⌈Esc⌉-Taste.

Die wichtigsten Auswahlbefehle sind zusätzlich im Menü TABELLE • AUSWÄHLEN und im Kontextmenü unter AUSWÄHLEN untergebracht. Eine Übersicht aller Tastaturbefehle zur Navigation innerhalb einer Tabelle und zum Auswählen von Tabellenbereichen finden Sie im Anhang.

17.3.2 Tabellenformatierung mit dem Steuerung-Bedienfeld

Ist nun der richtige Bereich Ihrer Tabelle ausgewählt, können Sie jedes Attribut bis in das kleinste Detail verändern. Einige Eigenschaften werden dabei üblicherweise häufiger gebraucht, andere seltener. Egal, wie Ihre Auswahl auch aussehen mag, sie besteht immer aus einzelnen Zellen, und in den meisten Fällen werden diese Zellen Text enthalten. Die Formatierung dieses Textes bestimmt natürlich den Platzbedarf, und da die einzelne Zelle grundsätzlich ein Textrahmen ist, wird der verfügbare Platz von

---

Tabellendimensionen unverändert lassen

Um eine Spalte oder Zeile in einer Tabelle zu verändern, ohne dass dabei die Tabellenbreite oder -höhe verändert wird, halten Sie die ⇧-Taste gedrückt, während Sie Zeilen- und Spaltenbegrenzungen verschieben.

Platz gleichmäßig verteilen

Wenn Sie die ganze Tabelle auswählen und die Tabellenbreite oder -höhe verändern, indem Sie die letzte bzw. rechte Begrenzungslinie bewegen und dabei die ⇧-Taste drücken, werden Spaltenbreite bzw. Zeilenhöhe aller Spalten/Zeilen gleichmäßig der neuen Dimension angepasst.

TIPP

Zum manuellen Verändern der Spaltenbreite und Zeilenhöhe empfehlen wir Ihnen, die Ebenenfarbe auf eine kräftige Farbe einzustellen, damit Sie die Tabellen-Konturen leichter erkennen können.

allen Textrahmenattributen beeinflusst, wie z. B. von Versatzabständen an allen vier Seiten des Textes.

InDesign bietet die wichtigsten Einstellungen im Steuerung-Bedienfeld an, stellt jedoch seit Version CS3 im Steuerung-Bedienfeld mehr oder weniger Optionen dar – je nachdem, wie viel Platz aufgrund der Bildschirmeinstellungen vorhanden ist.

Als nächste Instanz käme dann die Kombination von Tabelle- und Kontur-Bedienfeld in Frage, die einige zusätzliche Funktionen anbietet. Zu guter Letzt werden hier – und natürlich über das Kontextmenü der jeweiligen Tabellenauswahl – die beiden Schlachtschiffe TABELLENOPTIONEN und ZELLENOPTIONEN aufgerufen, mit deren Einstellungsmöglichkeiten Sie ganze Wochenenden verbringen können.

Wenn Sie einen Teil einer Tabelle ausgewählt haben, wechselt die rechte Hälfte des Steuerung-Bedienfelds vom Textmodus in den Tabellenmodus, der sich je nach Umfang der Auswahl in der Darstellung der Zellenkonturen unterscheidet.

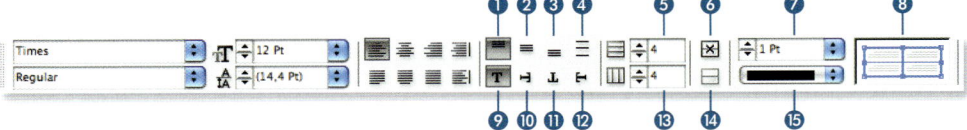

Hier können Sie nun einstellen, wie der Text in den ausgewählten Zellen innerhalb einer Zelle positioniert ist. OBEN AUSRICHTEN ❶ lässt einen Text am oberen Rand der Zelle beginnen, ZENTRIEREN ❷ richtet ihn vertikal zentriert aus. UNTEN AUSRICHTEN ❸ positioniert den Inhalt am unteren Rand der Zelle. BLOCKSATZ VERTIKAL ❹ entspricht der vertikalen Ausrichtung in den Textrahmenoptionen und erhöht somit den Zeilendurchschuss so weit, dass die Textzeilen über die gesamte Zellenhöhe ausgetrieben werden. Diese Einstellungen stehen natürlich in Verbindung mit der Textformatierung selbst. Versatzabstände, Einzüge und fixe Zeilenabstände beeinflussen die Platzverhältnisse enorm.

Die Textorientierung legen Sie mit den vier Funktionen TEXT DREHEN UM 0° ❾, TEXT DREHEN UM 90° ❿, TEXT DREHEN UM 180° ⓫ und TEXT DREHEN UM 270° ⓬ fest. Aus einer Excel-Tabelle können lediglich die Einstellungen ±90° übernommen werden; andere Winkel werden ignoriert, da sie hier auch nicht eingestellt werden können.

Die ANZAHL DER ZEILEN ❺ und ANZAHL DER SPALTEN ⓭ können mit diesen beiden Feldern verändert werden. Wenn Sie die Anzahl reduzieren, werden immer die letzten Zeilen bzw. die rechts stehenden Spalten entfernt. Da es hier zu Datenverlusten kommen kann, warnt Sie InDesign entsprechend (auch bei leeren Zeilen und Spalten).

Mehrere Zellen können mit ZELLEN VERBINDEN ❻ zu einer Zelle zusammengefasst werden. Diese Verbindung kann mit ZELLVERBINDUNG AUFHEBEN ⓮ wieder rückgängig gemacht werden. Sehr schön hat Adobe das Problem gelöst, was mit Zelleninhalten passieren soll, wenn Zellen verbunden werden: InDesign erhält die Inhalte aller Zellen und wandelt sie in Absätze um, die in der neu entstandenen Zelle platziert werden. Umgekehrt funktioniert das leider nicht mehr. Wenn Sie eine Verbindung auflösen, müssen Sie die einzelnen Absätze manuell in die neuen Zellen kopieren, sofern das nötig ist.

Die Begrenzungslinien von Zellen, Spalten und Zeilen können über ihre STÄRKE ❼ und ihren STIL ⓯ verändert werden. Welche Linien davon betroffen sein sollen, legen Sie im Konturfeld ❽ vor der Änderung der Stärke fest. Grundsätzlich gilt, dass eine Änderung nur auf Linien angewendet wird, die blau dargestellt werden. Sie können eine Linie deaktivieren, indem Sie einen einfachen Klick darauf machen. Sie wird dann grau dargestellt und von jeder folgenden Änderung an Linienstärke oder Stil ausgenommen. Ein Klick auf die Eckpunkte stellt den Modus aller den Punkt berührenden Linien um. Sind mehrere Zellen ausgewählt, bildet das Konturfeld die grundsätzliche Struktur der Auswahl ab. Dabei wird aber innerhalb der Auswahl immer nur ein Stellvertreter der horizontalen und vertikalen Trennlinien dargestellt.

Die Farbgebung der Linien ist etwas unglücklich gewählt, weil sich aktive und inaktive Linien manchmal nur schwer unterscheiden lassen.

TOP-TIPP
Liniengruppen aktivieren und deaktivieren

Beachten Sie darüber hinaus auch noch folgende Abkürzungen zum Aktivieren/Deaktivieren von Liniengruppen:

▶ **Dreifachklick in das Konturfeld:** alle Linien ein-/ausschalten
▶ **Doppelklick auf eine Randlinie:** Tabellenrand ein- bzw. ausschalten
▶ **Doppelklick auf eine horizontale oder vertikale Trennline:** sämtliche Trennlinien ein-/ausschalten

17.3.3 Erweitertes Steuerung-, Tabelle- und Kontur-Bedienfeld

Mit dem Steuerung-Bedienfeld kommen Sie also in der Gestaltung von Tabellen schon sehr weit, aber es hat doch einen entscheidenden Nachteil: Die Zellen müssen wirklich immer ausgewählt sein. Es reicht nicht, wenn der Textcursor in der Zelle positioniert ist. Drücken Sie nötigenfalls die ⎋Esc⎋-Taste, um die Zelle zu aktivieren. Sofern Sie mehrere Zellen gleichzeitig bearbeiten, ist das kein großes Problem; wenn Sie jedoch viele Veränderungen in einzelnen Zellen vornehmen müssen, ist das dauernde Umschalten zwischen Inhalt und Zelle eine lästige Angelegenheit.

Tabelle-Bedienfeld |Abhilfe schafft hier das Tabelle-Bedienfeld, das Sie über FENSTER • SCHRIFT UND TABELLEN • TABELLE bzw. den Tastaturbefehl ⇧ + F9 öffnen. Im Standard-Arbeitsbereich ist es

Funktionstasten unter Mac OS

Dashboard und Exposé belegen unter Mac OS X einige der Funktionstasten, die auch InDesign verwendet. Wenn solche Tastenkürzel also nicht funktionieren, überprüfen Sie Ihre Systemeinstellungen, und ändern Sie nötigenfalls die Tastenkürzel der kollidierenden Funktionen.

bereits in einer Registerkarte am rechten Bildschirmrand verfügbar. Es ändert alle auf den Inhalt bezogenen Attribute auch dann, wenn nur der Textcursor in der Zelle steht, bietet darüber hinaus weitere Funktionen, die die gesamte Tabelle oder einzelne Zellen betreffen, und zeigt alle Funktionen, die sonst nur in der »langen« Version des Steuerung-Bedienfelds sichtbar sind.

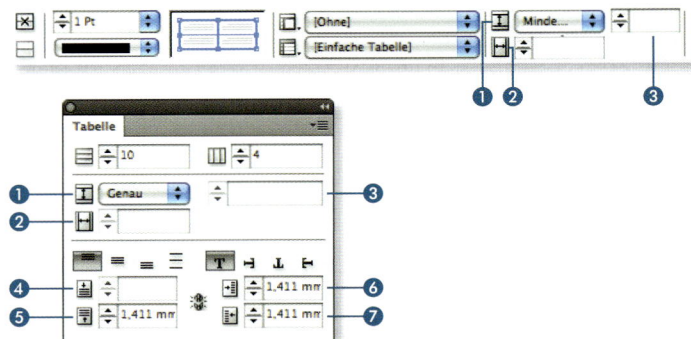

Abbildung 17.10 ▶
Erweiterte Version des Steuerung-Bedienfelds und Tabelle-Bedienfeld: Sind Eingabefelder leer, so wie hier, bedeutet das, dass die Zellenhöhe und Zellenbreite der markierten Zellen unterschiedlich ist.

Zeilenhöhe

Wenn Sie die Zeilenhöhe auf 14 Pt eingestellt haben und der Zeilenabstand des Textes ebenfalls 14 Pt beträgt, passt der Text trotzdem nicht in die Zelle, weil es in den Zellen einen Standard-Versatz von 1,4 mm an allen vier Seiten der Zelle gibt.

Bei der ZEILENHÖHE ❶ legen Sie zunächst fest, ob der gewählte Wert ❸ als Mindesthöhe zu interpretieren ist – in diesem Fall passt sich die Zeilenhöhe automatisch an den Inhalt an (unterschreitet aber den eingetragenen Wert nicht) – oder ob die Höhe GENAU eingehalten werden soll. Dadurch ändert sich die Zeilenhöhe nicht automatisch, was zu einem Übersatz in der Zelle führen kann. Einen solchen Übersatz erkennen Sie an einem roten Punkt in der Zelle. Die SPALTENBREITE ❷ wird immer absolut festgelegt. Die Möglichkeit, die Tabellenbreite festzulegen, gibt es leider nicht. InDesign berechnet die Tabellenbreite immer aus der Summe der Spaltenbreiten zuzüglich der Außenlinien der Tabelle.

Mit OBERER ZELLENVERSATZ ❹, UNTERER ZELLENVERSATZ ❺, LINKER ZELLENVERSATZ ❻ und RECHTER ZELLENVERSATZ ❼ legen Sie die Abstände des Zelleninhalts zu den Begrenzungslinien fest.

Alle anderen Funktionen, die Sie schon aus dem Steuerung-Bedienfeld kennen, verhalten sich natürlich vollkommen identisch, werden aber auch aktiv, wenn lediglich der Zelleninhalt aktiv ist.

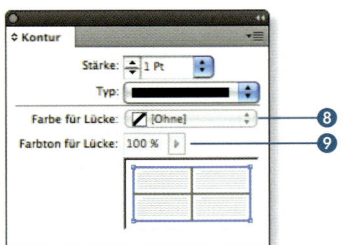

▲ **Abbildung 17.11**
Kontur-Bedienfeld mit zusätzlichen Tabellenattributen. Selbstverständlich funktionieren auch hier die Mehrfachklicks zur Auswahl von Liniengruppen.

Kontur-Bedienfeld | Das Kontur-Bedienfeld ist in den Standardeinstellungen für den Arbeitsbereich immer sichtbar. Auch hier lohnt sich ein Blick auf die Tabellenfunktionen, wobei das Kontur-Bedienfeld die Tabellenfunktionen ebenfalls nur anzeigt, wenn Zellen ausgewählt sind – dieses Verhalten erscheint allerdings logisch, weil der Zelleninhalt – z. B. Text – auch eigene Konturen besitzen kann. An zusätzlichen Funktionen bietet das Kontur-

Bedienfeld die Möglichkeit, für Linienstile mit Lücken eine Farbe ❽ und einen Farbton ❾ festzulegen.

17.3.4 Zeilen und Spalten einfügen und löschen

Die Möglichkeit, Zeilen und Spalten über das Tabelle-Bedienfeld hinzuzufügen bzw. zu löschen, ist zwar praktisch, betrifft aber nur die Randbereiche einer Tabelle. Um gezielt Zeilen oder Spalten einzufügen bzw. zu löschen, benötigen Sie die Menübefehle Einfügen und Löschen, die Sie im Tabelle-Menü, im Kontextmenü und auch im Bedienfeldmenü des Tabelle-Bedienfelds finden.

Um Zeilen oder Spalten einzufügen, reicht es aus, den Textcursor in einer Zelle zu platzieren. InDesign nimmt diese Zelle als Bezugspunkt und fragt Sie nach dem Menübefehl Tabelle • Einfügen • Zeile bzw. Tabelle • Einfügen • Spalte, an welcher Stelle von der ausgewählten Zelle aus gesehen die neuen Zeilen bzw. Spalten eingefügt werden sollen. In den entsprechenden Fenstern wählen Sie die Anzahl der Spalten bzw. Zeilen und legen fest, wo diese eingefügt werden sollen.

Auch bei den Menübefehlen Tabelle • Löschen • Zeile und Tabelle • Löschen • Spalte ist es nicht nötig, die Zeilen oder Spalten auszuwählen. InDesign löscht immer die Zeile/Spalte, in der der Textcursor blinkt. Wollen Sie mehrere Zeilen/Spalten löschen, müssen Sie natürlich alle betroffenen Elemente auswählen. Beachten Sie dabei aber immer, dass hier keine Sicherheitsabfrage mehr erscheint. InDesign löscht Ihre Auswahl bedingungslos. Unter Löschen finden Sie die zusätzliche Funktion Tabelle – auch hier ist es nicht nötig, die gesamte Tabelle vorher auszuwählen.

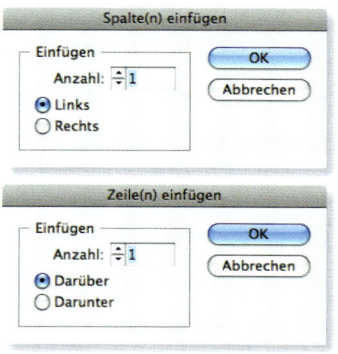

▲ **Abbildung 17.12**
Zeilen und Spalten einfügen

	Windows	Mac OS
Zeile(n) einfügen	Strg + 9	⌘ + 9
Spalte(n) einfügen	Strg + Alt + 9	⌘ + ⌥ + 9
Zeile löschen	Strg + ←	⌘ + ←
Spalte löschen	⇧ + ←	⇧ + ←
Zeile oder Spalte beim Ziehen der Begrenzungslinie einfügen	Greifen Sie eine Begrenzungslinie, und drücken Sie dann die Alt-Taste, während Sie ziehen.	Greifen Sie eine Begrenzungslinie, und drücken Sie dann die ⌥-Taste, während Sie ziehen.

▲ **Tabelle 17.1**
Tastaturbefehle zum Einfügen und Löschen von Zeilen und Spalten

Wenn Sie eine oder mehrere Zeilen oder Spalten ausgewählt haben und löschen, bleibt die Auswahl erhalten, und die nächsten Zeilen/Spalten rücken einfach nach. Dieses Verhalten kann man manchmal ausnutzen, wenn viele Zeilen gelöscht werden müssen,

Textrahmen an Tabelle anpassen

Wenn Sie die endgültige Größe Ihrer Tabelle gefunden haben und den Textrahmen an die Tabelle anpassen möchten, machen Sie einen Doppelklick auf einen Eckpunkt des Textrahmens, oder klicken Sie auf ⊞ im Steuerung-Bedienfeld. Wenn Sie nur die horizontale oder vertikale Ausdehnung des Rahmens anpassen möchten, funktioniert das über einen Doppelklick auf einen der vertikalen oder horizontalen Anfasspunkte des Rahmens.

aber nicht alle zu sehen sind, weil sie im Übersatz stehen. Sie ersparen sich das Auswählen der nächsten Zeilen, bis Sie auf Zeilen treffen, die nicht gelöscht werden sollen.

Einfügen und Löschen von Zeilen und Spalten führt in der Regel zu einer Änderung der Tabellenbreite bzw. -höhe. Deshalb werden Sie in einem nächsten Schritt Breite und Höhe der Tabelle anpassen müssen und sich anschließend damit konfrontiert sehen, dass die Randbereiche der Tabelle wiederum ihre Dimensionen verändert haben. Um gegen dieses Dilemma vorzugehen, können Sie zunächst einmal dafür sorgen, dass alle Zeilen bzw. Spalten innerhalb der Tabelle gleich verteilt sind.

Markieren Sie die Zeilen oder Spalten, die Sie anpassen möchten, oder die gesamte Tabelle (Strg+Alt+A bzw. ⌘+⌥+A), und wählen Sie ZEILEN GLEICHMÄSSIG VERTEILEN bzw. SPALTEN GLEICHMÄSSIG VERTEILEN aus dem Menü TABELLE, dem Bedienfeldmenü des Tabelle-Bedienfelds oder dem Kontextmenü der Tabelle. Die ausgewählten Elemente behalten ihre Gesamtbreite bzw. -höhe, InDesign teilt den zur Verfügung stehenden Platz unter allen Elementen auf. Feinjustierungen können Sie mit gedrückter ⇧-Taste vornehmen, ohne die Breite der Tabelle zu verändern.

Übersatz in Zellen

Die Spaltenbreite zu reduzieren, führt oft zu Übersatz in einzelnen Zellen, wenn Sie die Zeilenhöhe auf einen festen Wert eingestellt haben. Klicken Sie in die betroffene Zelle, und drücken Sie zweimal die Esc-Taste. Dann ist der gesamte Inhalt ausgewählt, und Sie können z. B. die Schriftgröße ändern oder den Text ausschneiden und in einem normalen Textrahmen editieren. Das ist oft einfacher als eine erneute Breitenänderung der Spalte.

17.3.5 Zellen verbinden und teilen

Die beiden Funktionen ZELLEN VERBINDEN ⊠ und ZELLVERBINDUNG AUFHEBEN ⊟ des Steuerung-Bedienfelds haben Sie bereits kennengelernt. Die beiden Funktionen gehören insofern zusammen, als dass das Aufheben einer Zellverbindung eben nur möglich ist, wenn für die betreffende Zelle vorher eine Verbindung vorgenommen wurde. Wenn Sie eine Zelle teilen möchten, die nicht aus der Verbindung mehrerer Zellen entstanden ist, kommen Sie mit dieser Funktion nicht weiter.

Um eine solche »jungfräuliche« Zelle zu teilen, wählen Sie ZELLE HORIZONTAL TEILEN bzw. ZELLE VERTIKAL TEILEN aus dem TABELLE-Menü, dem Bedienfeldmenü des Tabelle-Bedienfelds oder dem Kontextmenü der Zelle. Damit wird innerhalb der Zelle eine weitere Spalte bzw. Zeile hinzugefügt, die aber in der Gesamtspalten- oder -zeilenanzahl der Tabelle nicht mitgezählt wird.

Um die dabei entstandenen Zellen wieder zu verbinden, können Sie wieder auf die Funktion im Steuerung-Bedienfeld zurückgreifen, die Sie mit ihrem Gegenstück ebenfalls in allen Menüs finden. Geteilte Zellen, die über ZELLEN VERBINDEN zusammengefasst wurden, befinden sich wieder im Originalzustand und können nicht mehr über ZELLVERBINDUNG AUFHEBEN geteilt werden.

17.3.6 Und nun zusammen …

Wir werden den grundlegenden Ablauf der Tabellenformatierung wieder mit dem einfachen Beispiel vom Beginn des Kapitels durchexerzieren. Sämtliche Textformatierungen sollten sinnvollerweise über Formate umgesetzt werden – aus Platzgründen und um den Blick auf das Wesentliche nicht zu verstellen, gestalten wir hier allerdings die Textanteile ohne Absatz- und Zeichenformate.

Schritt für Schritt: Grundlegende Tabellenformatierung

Die Daten für dieses Beispiel finden Sie auf der Buch-DVD (»ADBE_Close_12_08.txt«).

1 **Text erfassen**

Platzieren oder erfassen Sie einen geeigneten Text. Die Spalten sollten mit Tabulatoren getrennt sein. Fügen Sie nötigenfalls eine Kopfzeile mit den Spaltenüberschriften hinzu.

2 **Text roh formatieren**

Markieren Sie den Rohtext, stellen Sie den Text auf eine geeignete Schrift um – z. B. Helvetica Regular in 9 Pt –, stellen Sie den Zeilenabstand auf AUTOM., und setzen Sie den Text **nicht** auf Grundlinienraster.

Diese Einstellungen werden gleich in die Tabelle übernommen und bilden eine gute Basis für die weiteren Einstellungen. Die vorläufige Tabelle sollte nun etwa aussehen wie in Abbildung 17.13:

Datum	Kurs	Umsatz
31.12.2008	21,29	4.066.956
30.12.2008	21,05	4.907.810
29.12.2008	20,52	4.958.967
26.12.2008	21,08	1.942.611
24.12.2008	21,13	1.426.616
23.12.2008	20,97	4.394.487
22.12.2008	21,11	5.273.008

3 **In Tabelle umwandeln**

Markieren Sie alle Textzeilen der zukünftigen Tabelle, und wählen Sie TABELLE • TEXT IN TABELLE UMWANDELN. Richten Sie die Spaltenbreiten so ein, dass in keiner Zelle der rote Übersatzpunkt erscheint.

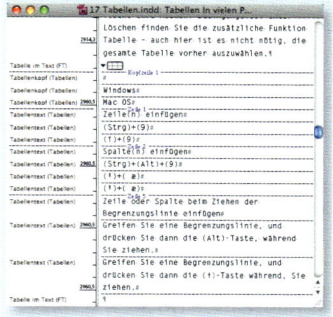

 ADBE_Close_12_08.txt

◄ Abbildung 17.13
Da keine eindeutigen Tabulatorpositionen gesetzt wurden, stehen die Überschriften noch nicht korrekt über den Spalten.

Datum	Kurs	Umsatz
31.12.2008	21,29	4.066.956
30.12.2008	21,05	4.907.810
29.12.2008	20,52	4.958.967
26.12.2008	21,08	1.942.611
24.12.2008	21,13	1.426.616
23.12.2008	20,97	4.394.487
22.12.2008	21,11	5.273.008

▲ Abbildung 17.14
Schritt 3: die gewandelte Tabelle

4   **Alle Begrenzungslinien ausblenden**

Wählen Sie die gesamte Tabelle aus, und setzen Sie im Steuerung-Bedienfeld die Linienstärke aller Begrenzungslinien – schließen Sie keine Linien aus – auf 0 Pt.

5   **Kopfzeile gestalten**

Wählen Sie die erste Zeile der Tabelle aus, und ändern Sie den SCHRIFTSCHNITT auf BOLD. Wählen Sie lediglich die untere Begrenzungslinie im Konturfeld aus (z. B. indem Sie zunächst mit einem Dreifachklick alle Linien ausschalten und dann mit einem Einfachklick die untere Linie wieder aktivieren), und stellen Sie die Linienstärke auf 1,5 Pt.

Datum	Kurs	Umsatz
31.12.2008	21,29	4.066.956
30.12.2008	21,05	4.907.810
29.12.2008	20,52	4.958.967
26.12.2008	21,08	1.942.611
24.12.2008	21,13	1.426.616
23.12.2008	20,97	4.394.487
22.12.2008	21,11	5.273.008

Abbildung 17.15 ▶
Schritt 5: Die Kopfzeile ist nun fett und entsprechend der Abbildung des Konturenfelds unterstrichen.

6   **Zusätzliche Spalte einfügen**

Markieren Sie die erste Spalte, wählen Sie TABELLE • EINFÜGEN • SPALTE und fügen Sie eine Spalte links der ausgewählten Spalte ein. Diese Spalte darf relativ schmal sein – Sie können sie in etwa so breit wie die Zeilenhöhe machen.

7   **Trennlinien einfügen**

Die Beispieldaten stellen den Kursverlauf der Adobe-Aktien über einen Zeitraum von vier Wochen dar. Wir wollen die einzelnen Wochen mit Linien trennen. Wählen Sie also die letzte Zeile der ersten Woche, und nehmen Sie die Einstellungen wie für die Überschriftzeile vor. Wiederholen Sie die Formatierung für alle Wochenwechsel.

8   **Wochenbeschriftung**

Die einzelnen Einträge für jede Woche werden nun noch entsprechend beschriftet. Wählen Sie die Zellen in der linken Spalte aus, die zu einer Woche gehören. Klicken Sie auf ZELLEN VERBINDEN im Steuerung-Bedienfeld.

Legen Sie die restliche Textformatierung fest, solange die neue Zelle noch ausgewählt ist, indem Sie die Textausrichtung auf ZEN-

TRIERT und die Textorientierung auf TEXT DREHEN UM 270° stellen. Heben Sie die Auswahl der Zelle mit `Esc` auf, und tippen Sie den Text »Woche 52« in die Zelle. Wiederholen Sie diesen Schritt für alle Wochen, wobei in unserem Beispiel die Wochen von 52 bis 49 laufen (hier aber nur zwei Wochen zu sehen sind).

	Datum	Kurs	Umsatz
Woche 52	31.12.2008	21,29	4.066.956
	30.12.2008	21,05	4.907.810
	29.12.2008	20,52	4.958.967
Woche 51	26.12.2008	21,08	1.942.611
	24.12.2008	21,13	1.426.616
	23.12.2008	20,97	4.394.487
	22.12.2008	21,11	5.273.008

▲ **Abbildung 17.16**
Schritt 8: Die Zellen der gedrehten linken Spalte beschriften die Wochenabschnitte. Sie werden die Schrift etwas verkleinern müssen, da die letzte Börsenwoche 2008 nur drei Tage lang war.

9 Abstände korrigieren

Um eine bessere Platzausnutzung zu erreichen, reduzieren wir nun noch die Abstände der Zelleninhalte zu den Zellengrenzen. Öffnen Sie das Tabelle-Bedienfeld, sofern es nicht sichtbar ist, und wählen Sie wieder die gesamte Tabelle aus. Stellen Sie OBERER ZELLENVERSATZ und UNTERER ZELLENVERSATZ im Tabelle-Bedienfeld auf 0,5 mm.

Linker und rechter Zellenversatz dürfen auf den Standardwerten stehen bleiben, da in unserem Beispiel ohnehin keine Begrenzungslinien sichtbar sind und somit die Spaltenzwischenräume optisch durch die Spaltenbreiten entstehen.

10 Feineinstellungen

Nun können Sie die Spaltenbreiten noch nach Belieben verändern und die beiden Spalten »Kurs« und »Umsatz« rechtsbündig ausrichten.

	Datum	Kurs	Umsatz
Woche 52	31.12.2008	21,29	4.066.956
	30.12.2008	21,05	4.907.810
	29.12.2008	20,52	4.958.967
Woche 51	26.12.2008	21,08	1.942.611
	24.12.2008	21,13	1.426.616
	23.12.2008	20,97	4.394.487
	22.12.2008	21,11	5.273.008

▲ **Abbildung 17.17**
Schritt 10: Fertig! ■

Während Sie die Trennlinien auch mit Texttabellen realisieren können, wäre eine Beschriftung der Wochen in dieser Art nur mit erheblichem Aufwand möglich und in der Folge nur sehr schwer zu warten. Eine ganze Reihe von Gestaltungselementen wäre aber auch mit großem Aufwand fast gar nicht umzusetzen, da die entsprechenden Einstellungen in den TABELLENOPTIONEN und ZELLENOPTIONEN untergebracht sind.

Die Verwendung von Absatzformaten haben wir in dieser Schritt-für-Schritt-Anleitung ja bewusst unterlassen und auch die Ausrichtungsarbeiten nur optisch und »nach Gefühl« vorgenommen. In der Praxis werden Sie für die Textgestaltung natürlich Formate verwenden und die Zeilenhöhen absolut auf die Absatzformate abstimmen. Dabei müssen Sie immer die Versatzabstände der Zellen berücksichtigen bzw. entscheiden, ob Sie Texteinzüge über ein Absatzformat oder über den Textversatz der Zellen realisieren.

Wenn Sie ein Grundlinienraster verwenden, an dem Sie auch Text in Zellen ausrichten wollen, müssen alle Abstände exakt berechnet werden, weil in diesem Fall schon geringste Abweichungen zu sehr kuriosen Ergebnissen führen können.

Tabellen und Grundlinienraster

Bei Tabelleninhalten ist Registerhaltigkeit kaum zu erreichen. Sie sollten deshalb in Tabellen grundsätzlich ohne Grundlinienraster arbeiten.

17.3.7 Tabellenkopf und -fuß

Tabellenkopf und -fuß sind ein Einstellungsbereich der TABELLENOPTIONEN, die wir erst später behandeln werden. Trotzdem muss an dieser Stelle ein kleiner Vorgriff erfolgen, da hier zunächst einige grundlegende Funktionen geklärt werden müssen.

In Abschnitt 17.2.1, »Leere Tabellen einfügen«, haben Sie schon erfahren, dass InDesign CS4 eine sehr praktische Funktion zum Wiederholen eines Tabellenkopfes oder -fußes zur Verfügung stellt. Früher (in der Zeit vor InDesign CS2) hatten Layouter das riesige Problem, dass sie typische Spaltenüberschriften manuell einfügen mussten, wenn eine Tabelle über mehrere Textrahmen oder -spalten verteilt war.

Der klassische Fall ist, dass eine sehr lange Tabelle über mehrere Seiten läuft und somit die Bezeichnung der Spalten zwingend auf jeder Seite zu wiederholen ist, weil der Leser sonst hin und her blättern müsste. Das Unangenehme an dieser Aufgabenstellung ist, dass diese Kopfzeilen – hier stellvertretend für Kopf- und Fußzeilen – bei jeder Änderung in der Tabelle, die die Zeilenanzahl verändert, neu platziert werden müssen.

InDesign erlaubt es, eine bestimmte Anzahl von Zeilen am Beginn und am Ende einer Tabelle zu definieren, die bei einem Umbruch der Tabelle automatisch wiederholt werden. Diese Kopf- und Fußzeilen können beim Anlegen einer Tabelle bereits festgelegt werden – Sie haben das bei der Funktion TABELLE EINFÜGEN schon gesehen.

Tabellenkopf erzeugen | Um einen Bereich in eine Kopf-/Fußzeile zu verwandeln, müssen Sie zusammenhängende Zeilen am Tabellenbeginn bzw. am Tabellenende auswählen und dann die Befehle TABELLE • ZEILEN UMWANDELN • IN TABELLENKOPF bzw. IN TABELLENFUSS ausführen. Dabei ändert sich die Anzahl der Zeilen nicht – Sie definieren ja bestehende Zeilen um. Verständlicherweise ist es nicht möglich, eine Zeile aus dem Innenbereich der Tabelle zu Fuß oder Kopf zu ernennen. In TABELLE • ZEILEN UMWANDELN finden Sie auch die Funktion IN TABELLENKÖRPER, mit der Sie beide Umstellungen wieder rückgängig machen können.

Tabellenoptionen | In den TABELLENOPTIONEN im Abschnitt TABELLENKOPF UND -FUSS können Sie nun gezielt Zeilen hinzufügen und dabei zu Kopf- oder Fußzeilen erklären.

▶ TABELLENEINSTELLUNGEN ❶: Legen Sie die Anzahl der TABELLENKOPFZEILEN bzw. der TABELLENFUSSZEILEN fest. Die Zeilen werden der Tabelle hinzugefügt, zählen aber später bei abwechselnden Konturen und Flächen nicht mit!

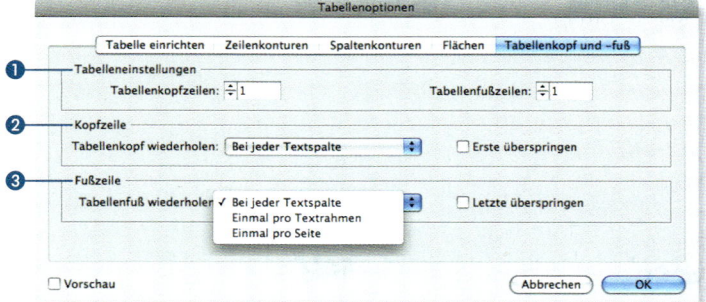

◄ **Abbildung 17.18**
TABELLE • TABELLENOPTIONEN •
TABELLENKOPF UND -FUSS, um z. B.
Überschriften bei langen Tabellen
nach jedem Umbruch wiederholen
zu lassen

▶ KOPFZEILE ❷: Die Option TABELLENKOPF WIEDERHOLEN legt fest, wann der Kopf tatsächlich wiederholt werden soll. Für Tabellen, die sich in einem Textrahmen mit mehreren Spalten befinden, wählen Sie BEI JEDER TEXTSPALTE.

Datum	Kurs	Umsatz	Datum	Kurs	Umsatz
31.12.2008	21,29	4.066.956	15.12.2008	21,36	8.272.752
30.12.2008	21,05	4.907.810	12.12.2008	22,43	6.290.677
29.12.2008	20,52	4.958.967	11.12.2008	22,19	6.441.854
26.12.2008	21,08	1.942.611	10.12.2008	23,44	5.825.816
24.12.2008	21,13	1.426.616	09.12.2008	22,89	7.419.259
23.12.2008	20,97	4.394.487	08.12.2008	22,60	7.912.016
22.12.2008	21,11	5.273.008	05.12.2008	21,66	11.494.720
19.12.2008	22,13	8.455.723	04.12.2008	20,44	18.690.260
18.12.2008	21,38	8.860.921	03.12.2008	22,54	7.244.698
17.12.2008	21,69	15.211.410	02.12.2008	22,00	7.131.324
16.12.2008	22,32	10.743.500	01.12.2008	21,00	8.592.989

◄ **Abbildung 17.19**
Aktienkurse in zwei Spalten mit automatisch wiederholten Kopfzeilen in jeder Spalte

Befindet sich die Textspalte in verketteten Textrahmen ohne Spalten, wird in den meisten Fällen EINMAL PRO TEXTRAHMEN die passende Einstellung sein. Wenn Sie dagegen verkettete Rahmen haben, die z. B. untereinander auf der Seite stehen, ist EINMAL PRO SEITE die bessere Wahl.

Die Option ERSTE ÜBERSPRINGEN werden Sie eher selten brauchen, und sie ist eigentlich nur sinnvoll, wenn Sie keine Überschrift wiederholen, sondern den Mechanismus ausnutzen wollen, um Hinweise wie »Fortsetzung von …« umzusetzen.

▶ FUSSZEILE ❸: Alle Funktionen für die Kopfzeile sind identisch für die Fußzeile anzuwenden. Die Option LETZTE ÜBERSPRINGEN entspräche hier »Fortsetzung auf …«.

Große Tabellen

Sehr große Tabellen, die über mehrere Seiten reichen, erfordern viel Rechenleistung. Halten Sie Tabellen also so klein wie möglich. In Problemfällen sollten Sie die Tabelle mit Absatzformaten aufbauen.

Bei sehr großen Tabellen kann es hilfreich sein, wenn Sie die Kopf- bzw. Fußzeile direkt »anspringen« können, um sie zu bearbeiten. Diese Möglichkeit bieten die beiden Menübefehle TABELLE • KOPFZEILE BEARBEITEN bzw. TABELLE • FUSSZEILE BEARBEITEN. Sie dienen lediglich der Navigation und haben keine weitere Funktion.

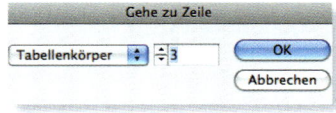

▲ **Abbildung 17.20**
Kopf- und Fußzeile, aber auch jede andere Zeile einer Tabelle können Sie auch über TABELLE • GEHE ZU ZEILE auswählen.

17.4   Tabellenoptionen

Die Tabellenoptionen vereinen alle Einstellungen, die sich auf die gesamte Tabelle beziehen und somit auch auf die untergeordneten Einheiten wie Zeilen, Spalten und einzelne Zellen wirken, obwohl es dafür auch eigene Einstellungsmöglichkeiten gibt. Sie erreichen die Tabellenoptionen über TABELLE • TABELLENOPTIONEN, aber wie üblich, können Sie die TABELLENOPTIONEN in allen Menüs der Tabellensteuerungen aufrufen, wobei Sie aus einem Untermenü unter fünf Einstellungsbereichen wählen können. Alle Menüpunkte führen zum Fenster TABELLENOPTIONEN, in dem mit den Reitern TABELLE EINRICHTEN, ZEILENKONTUREN, SPALTENKONTUREN, FLÄCHEN und TABELLENKOPF UND -FUSS zwischen den fünf Funktionsbereichen umgeschaltet werden kann.

Alle Optionen erschöpfend zu behandeln, wäre hier nicht möglich; zu einem großen Teil ist dies jedoch auch nicht nötig. Sämtliche Einstellungen für Rahmen und Konturen entsprechen den Einstellungen, die Sie schon in früheren Kapiteln kennengelernt haben.

17.4.1   Tabelle einrichten

Hier sind sämtliche Einstellungen versammelt, die Sie beim Anlegen einer Tabelle schon kennengelernt haben. Darüber hinaus legen Sie hier den Tabellenrahmen fest und wie die Tabelle in den umgebenden Textrahmen eingebunden ist.

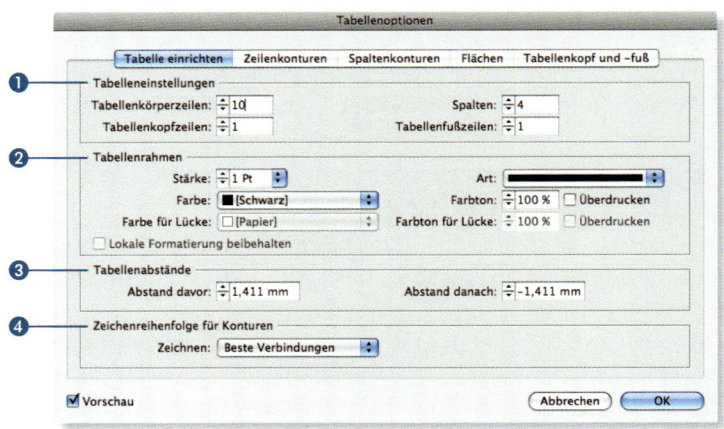

Abbildung 17.21 ▶
TABELLE • TABELLENOPTIONEN • TABELLE EINRICHTEN: Sie erreichen dieses Fenster mit der Tastenkombination [Alt]+[⇧]+[Strg]+[B] bzw. [⌥]+[⇧]+[⌘]+[B].

▶ TABELLENEINSTELLUNGEN ❶: Diese Optionen entsprechen denen von TABELLE EINFÜGEN bzw. des Tabelle-Bedienfelds und können hier nachträglich verändert werden.

▶ TABELLENRAHMEN ❷: Unter »Tabellenrahmen« versteht InDesign den Umriss der Tabelle. Die Einstellungen entsprechen denen des Kontur-Bedienfelds, wenn alle Trennlinien abgeschaltet sind. Allerdings können Sie alle Parameter für die Farbgebung der Linien und ihrer eventuellen Lücken mit den entsprechenden Überdrucken-Einstellungen festlegen. Da der Rand der Tabelle einzelne Zellen umfasst, denen möglicherweise bereits Linienattribute zugewiesen sind, können Sie mit der Option LOKALE FORMATIERUNG BEIBEHALTEN festlegen, dass diese Formatierungen nicht verändert werden sollen.

▶ TABELLENABSTÄNDE ❸: Tabellen sind immer in Textrahmen verankert und stellen innerhalb des Rahmens einen Absatz dar. Wie bei allen anderen Absätzen auch können Sie die Abstände zum vorherigen Absatz – ABSTAND DAVOR – oder zum folgenden Absatz – ABSTAND DANACH – definieren.

▶ ZEICHENREIHENFOLGE FÜR KONTUREN ❹: »Zeichen« hat hier die Bedeutung von »Zeichnen« – Sie können grundsätzlich jede Linie Ihrer Tabelle mit eigenen Attributen gestalten. Da sich diese Linien berühren und überschneiden, können Sie festlegen, welche Linie sich »durchsetzt«. Die beiden Optionen ZEILENKONTUREN IM VORDERGRUND und SPALTENKONTUREN IM VORDERGRUND beschreiben die jeweilige Strategie recht deutlich. BESTE VERBINDUNG bedeutet, dass InDesign für Sie entscheidet (leider verschweigt uns Adobe, wie …), und mit INDESIGN 2.0-KOMPATIBILITÄT verhält sich InDesign CS4 wie sein Vorgänger, wobei auch hier die angewandte Strategie tatsächlich nicht bekannt ist.

Standardabstand

Wenn Sie in einem Textrahmen zwei Tabellen unmittelbar nacheinander erstellt haben, befindet sich immer ein Abstand zwischen den beiden Tabellen, weil in den TABELLENOPTIONEN im Abschnitt TABELLE EINRICHTEN standardmäßig je ein Abstand von 1,411 mm vor der Tabelle eingetragen ist.

17.4.2 Zeilen- und Spaltenkonturen

Die Einstellungen für die ZEILENKONTUREN und die SPALTENKONTUREN regeln die Linienattribute für Trennlinien zwischen Spalten und Zeilen und in welcher Regelmäßigkeit sie anzuwenden sind. Sie funktionieren vollkommen identisch, weshalb wir hier stellvertretend nur die Zeilenkonturen behandeln.

Zu beachten ist, dass diese Funktionsbereiche ABWECHSELNDE ZEILENKONTUREN und ABWECHSELNDE SPALTENKONTUREN heißen, wenn sie über das Menü TABELLE • TABELLENOPTIONEN aufgerufen werden, im Fenster aber nur in ihrer Kurzform ZEILENKONTUREN und SPALTENKONTUREN erscheinen. Das ist insofern erwähnenswert, als für das Verständnis der Funktionen klar sein muss, dass hier immer **abwechselnde** Konturen definiert werden.

▶ ABWECHSELNDES MUSTER ❺: Die Option OHNE bedeutet, dass die Zeilenkonturen nicht wechseln, womit auch keine Trennlinien gesetzt werden können. Bei der Einstellung NACH JEDER ZEILE werden zwei Zeilen miteinander betrachtet und die Trennlinien entsprechend den Einstellungen ERSTE und NÄCHSTE

Muster nur in Tabellenkörper

Der Bereich ABWECHSELNDES MUSTER bezieht sich nur auf den Tabellenkörper und berücksichtigt somit Tabellenkopf und -fuß nicht.

im Abschnitt ABWECHSELND wiederholt. Die beiden Einstellungen ALLE ZWEI ZEILEN und ALLE DREI ZEILEN funktionieren entsprechend, wobei zunächst zwei/drei Zeilen mit der Kontur für ERSTE und die nächsten zwei/drei Zeilen mit der Kontur für NÄCHSTE dargestellt werden. Dieses Muster wird bis zum Tabellenende wiederholt, wobei die Optionen ÜBERSPRINGEN: ERSTE(N) und ÜBERSPRINGEN: LETZTE(N) allerdings die Anzahl der Zeilen am Anfang bzw. am Ende der Tabelle festlegen, die von diesem Wechsel der Konturen ausgenommen werden sollen.

Die Vorgaben ALLE ZWEI/DREI ZEILEN legen die Anzahl der Zeilen für ERSTE und NÄCHSTE mit den gleichen Werten fest. Sobald Sie im Eingabefeld ERSTE bzw. NÄCHSTE einen Wert ändern, stellt sich die Option ABWECHSELNDES MUSTER auf BENUTZERDEFINIERTE ZEILE/SPALTE um.

Sie können somit festlegen, dass z. B. nach zwei Zeilen mit einer bestimmten Kontur sieben Zeilen mit einer anderen Kontur folgen sollen.

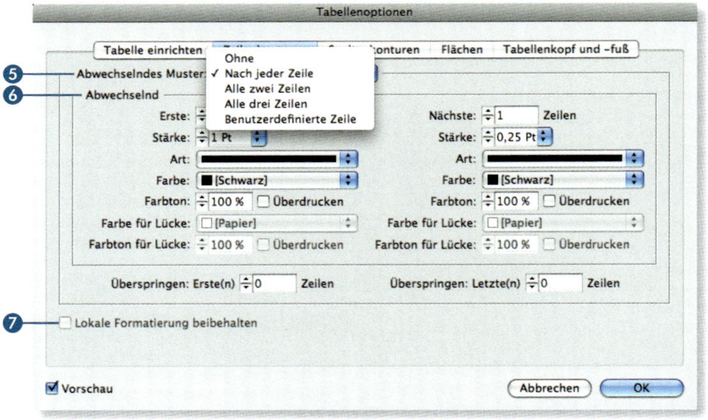

Abbildung 17.22 ▶
TABELLENOPTIONEN – ZEILENKONTUREN, die genauso anzuwenden sind wie die SPALTENKONTUREN.

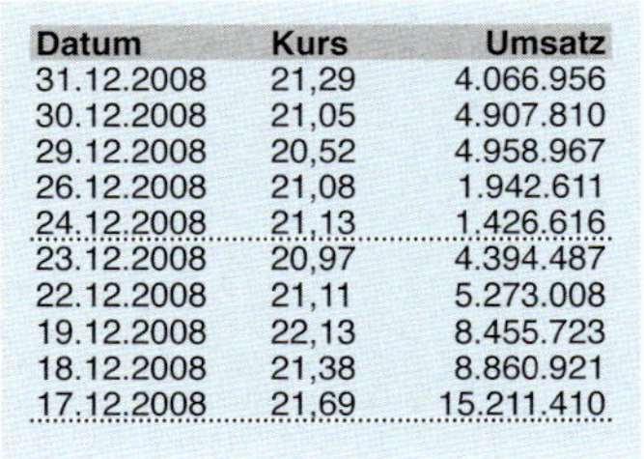

Datum	Kurs	Umsatz
31.12.2008	21,29	4.066.956
30.12.2008	21,05	4.907.810
29.12.2008	20,52	4.958.967
26.12.2008	21,08	1.942.611
24.12.2008	21,13	1.426.616
23.12.2008	20,97	4.394.487
22.12.2008	21,11	5.273.008
19.12.2008	22,13	8.455.723
18.12.2008	21,38	8.860.921
17.12.2008	21,69	15.211.410

▲ **Abbildung 17.23**
Das Einfügen der Trennlinien kann mit ABWECHSELNDE ZEILENKONTUREN in einem Arbeitsgang erledigt werden. Die ERSTE Zeile verwendet eine Kontur mit 0,75 Pt STÄRKE, die nächsten vier Zeilen haben keine Kontur – ihre STÄRKE beträgt 0 Pt. Da die erste Zeile eine Kopfzeile ist, werden in diesem Muster die ersten vier Zeilen übersprungen. Die Linien erscheinen in der Folge nach jeweils fünf Zeilen.

▶ ABWECHSELND ❻: Wie die wechselnden Konturen tatsächlich aussehen sollen, wird hier festgelegt, wobei Sie sämtliche Einstellungen schon von den Kontureinstellungen aus verschiedenen anderen Anwendungen, wie z. B. UNTERSTREICHUNGS- und DURCHSTREICHUNGSOPTIONEN, kennen.

▶ LOKALE FORMATIERUNG BEIBEHALTEN ❼: Wenn Sie in Ihrer Tabelle bereits Formatierungen vorgenommen haben, wird diese Einstellung aktiv. Um die entsprechenden Formatierungen zu erhalten, aktivieren Sie diese Option, da InDesign ansonsten sämtliche Formatierungen überschreiben würde.

17.4.3 Abwechselnde Flächen

Auch die Einstellung für FLÄCHEN sollte korrekterweise wie im Menü TABELLE • TABELLENOPTIONEN • ABWECHSELNDE FLÄCHEN heißen. Die Methode ist hier nämlich identisch mit der Handhabung bei den Zeilen- bzw. Spaltenkonturen. Allerdings sind hier Spalten und Zeilen zusammengefasst, woraus folgt, dass Sie entweder nur Füllungen für Spalten oder für Zeilen festlegen können. Beides zusammen lässt sich nicht einstellen, was nicht unbedingt logisch ist. Offensichtlich wollte Adobe sich nicht auf die Probleme einlassen, die sich bei überkreuzenden Flächen ergeben.

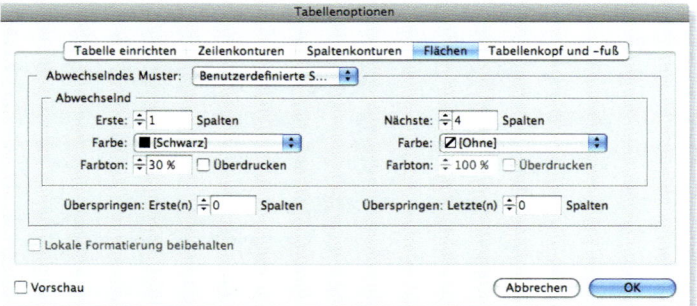

◀ **Abbildung 17.24**
TABELLENOPTIONEN • FLÄCHEN: Das Schema der Anwendung abwechselnder Flächen ist identisch mit den abwechselnden Linien. Sämtliche Einstellungen sind Ihnen von anderen Farbgebungen für Flächen bereits bekannt.

Wählen Sie aus dem Menü ABWECHSELNDES MUSTER eine der Vorgaben für Spalten oder Zeilen aus, oder legen Sie Ihre eigenen Einstellungen mit BENUTZERDEFINIERTE ZEILE/SPALTE fest und bestimmen Sie die Farbgebung für die Flächen.

	Datum	Kurs	Umsatz
	12.12.2008	22,43	6.290.677
Woche 50	11.12.2008	22,19	6.441.854
	10.12.2008	23,44	5.825.816
	09.12.2008	22,89	7.419.259
	08.12.2008	22,60	7.912.016
	05.12.2008	21,66	11.494.720
	04.12.2008	20,44	18.690.260
Woche 49	03.12.2008	22,54	7.244.698
	02.12.2008	22,00	7.131.324
	01.12.2008	21,00	8.592.989

▲ **Abbildung 17.25**
Mit den Einstellungen aus Abbildung 17.24 wird der Wochenschlusskurs unserer Tabelle grau hinterlegt. Da die verbundenen Zellen wie die erste Zelle der Gruppe behandelt werden, werden die Wochenbezeichnungen ebenfalls grau hinterlegt. Da die Kopfzeile ohnehin nicht mitspielt, müssen auch keine Zeilen übersprungen werden.

17.4.4 Tabellenkopf und -fuß

Wir erwähnen den Abschnitt TABELLENKOPF UND -FUSS hier nur mehr der Vollständigkeit halber. Um Ihnen Prinzipien der Kopf- und Fußzeilen und die Mechanik der Tabellenumbrüche näherzubringen, haben wir diese Optionen bereits in Abschnitt 17.3.7, »Tabellenkopf und -fuß«, ab Seite 514 beschrieben.

17.5 Zellenoptionen

Wie die TABELLENOPTIONEN können Sie die ZELLENOPTIONEN in allen Menüs der Tabellensteuerungen und natürlich über TABELLEN • ZELLENOPTIONEN aufrufen, wobei Sie aus vier Einstellungsbereichen wählen können. Die vier Bereiche sind im Fenster ZELLENOPTIONEN untergebracht, in dem mit den Reitern TEXT, KONTUREN UND FLÄCHEN, ZEILEN UND SPALTEN sowie DIAGONALE LINIEN zwischen den vier Funktionsbereichen umgeschaltet werden kann.

17.5.1 Text

Wie schon erwähnt, benehmen sich Tabellenzellen prinzipiell wie kleine Textrahmen. Die Einstellungen für Text in einer Zelle sind deshalb nahezu identisch mit den TEXTRAHMENOPTIONEN.

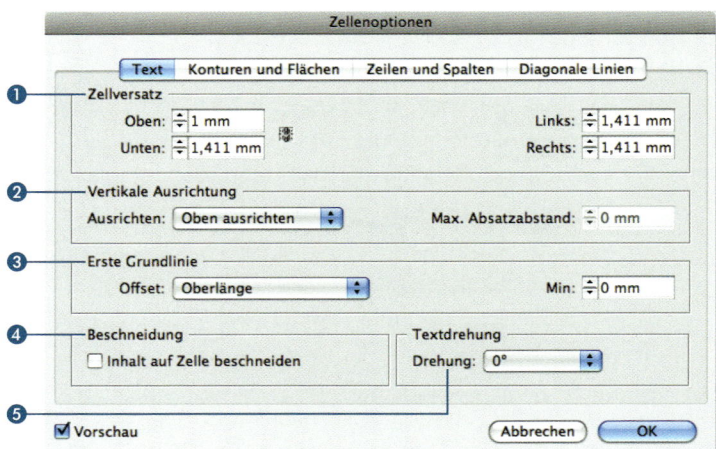

Abbildung 17.26 ▶
ZELLENOPTIONEN • TEXT: Sie erreichen dieses Fenster mit der Tastenkombination Alt+Strg+B bzw. ⌥+⌘+B.

▶ ZELLVERSATZ ❶: Die Abstände zwischen Trennlinien und Inhalt einer Zelle kennen Sie bereits aus dem Tabelle-Bedienfeld.

▶ Die VERTIKALE AUSRICHTUNG ❷ für den Zelleninhalt haben Sie beim Tabelle-Bedienfeld kennengelernt. Darüber hinaus finden Sie hier die Zusatzoption MAX. ABSATZABSTAND, die Sie schon von den TEXTRAHMENOPTIONEN kennen.

▶ ERSTE GRUNDLINIE ❸: Tabellenzellen verhalten sich wie Textrahmen – deshalb ist auch diese Option vollkommen identisch mit der Option ERSTE GRUNDLINIE in den TEXTRAHMENOPTIONEN.

▶ BESCHNEIDUNG ❹: Die Höhe von Tabellenzellen wird im Normalfall an den Inhalt angepasst. Bei Textzellen, die eine fixe Höhe haben, oder bei Zellen, die ein Bild enthalten, funktioniert das allerdings nicht. Dann führt ein Text zu einem Übersatz, gegen den Sie, außer den Inhalt an die Platzverhältnisse anzupassen oder umgekehrt, nicht viel tun können – einen Textübersatz können Sie in keinen weiteren Behälter fließen lassen. Obwohl die BESCHNEIDUNG im Abschnitt TEXT der ZELLENOPTIONEN steht, wirkt die Option INHALT AUF ZELLE BESCHNEIDEN lediglich auf Bilder, die auf Zellengröße abgeschnitten werden, wenn sie über die Zelle hinausragen.

▶ TEXTDREHUNG ❺: Die Option DREHUNG entspricht den Einstellungen des Tabelle-Bedienfelds, mit denen Sie den Inhalt der Zelle in 90°-Schritten drehen können. Um Bilder in einer Zelle zu drehen, empfehlen wir das Frei Transformieren-Werkzeug ⊹, das Sie auf den Inhalt des Bildrahmens in der Zelle anwenden.

TOP-TIPP
Bilder in Tabellenzellen platzieren

Stellen Sie die Option AUSRICHTEN auf UNTEN, die Option OFFSET auf FIXIERT, und aktivieren Sie die Option INHALTE AUF ZELLE BESCHNEIDEN, wenn Sie Bilder in Zellen platzieren, skalieren und drehen wollen.

17.5.2 Konturen und Flächen

Unter KONTUREN UND FLÄCHEN haben Sie folgende Einstellungs-möglichkeiten:

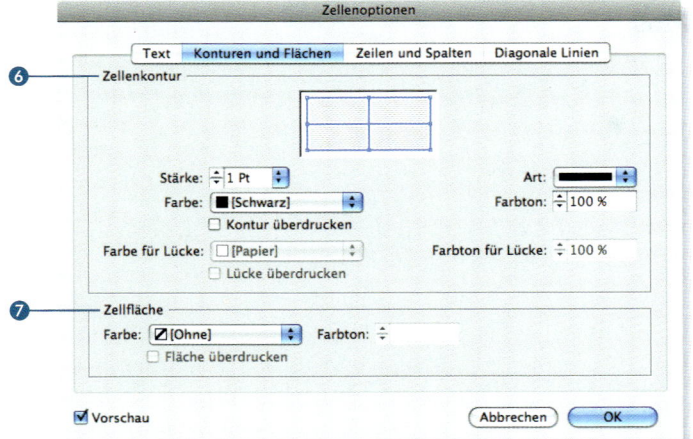

◀ **Abbildung 17.27**
ZELLENOPTIONEN • KONTUREN UND
FLÄCHEN: Die meisten Optionen fin-
den Sie auch in anderen Bedienfel-
dern, wie dem Steuer- und dem
Kontur-Bedienfeld.

▶ ZELLENKONTUR ❻: Der Abschnitt ZELLENKONTUR erweitert das
Kontur-Bedienfeld um die FARBE, den FARBTON und die Überdrucken-Einstellung für die Begrenzungslinien sowie um die
Option LÜCKE ÜBERDRUCKEN, sofern Sie eine Linienart mit Zwi-
schenräumen gewählt haben.

▶ ZELLFLÄCHE ❼: Die Farbfüllung der Zellfläche kann in keinem
Bedienfeld festgelegt werden, weil Sie sämtliche Füllungen
über das Farbfelder-Bedienfeld bzw. das Werkzeug-Bedienfeld
erledigen können. Hier haben Sie zusätzlich die Möglichkeit,
einen FARBTON festzulegen und mit FLÄCHE ÜBERDRUCKEN zu
bestimmen, ob die Fläche überdruckt oder ausgespart werden
soll.

17.5.3 Zeilen und Spalten

Auch in diesem Abschnitt finden Sie hauptsächlich Optionen, die
Sie ohnehin schon in den verschiedenen Bedienfeldern gesehen
oder benutzt haben. Lediglich die – allerdings enorm wichtigen –
UMBRUCHOPTIONEN finden Sie nur hier.

▶ ZEILENHÖHE ❽: Diese Option mit den beiden Einstellungen
MINDESTENS und GENAU entspricht den Einstellungen des Steuerung-Bedienfelds bzw. des Tabelle-Bedienfelds. Zusätzlich
können Sie ein Maximum für die Höhe der Zelle festlegen.
Zellen, die mit einem Maximum versehen wurden, passen sich
dem Inhalt nur mehr bis zum eingetragenen Wert an. Inhalte,
die über diese Größe hinausgehen, werden als Übersatz (roter
Punkt) gekennzeichnet.

Farbtöne

Wenn Sie Farbtöne als Zellenfül-
lung verwenden, sollten Sie entsprechende Farbtonfelder definieren. Nur so können Sie
schnell Änderungen an der Farbgebung umsetzen.

Unerwarteter Übersatz

Sollte in einer Zelle ein Übersatzpunkt erscheinen, obwohl
die Höhe der Zelle für den Text
ausreichen müsste, ist die Ursache zumeist ein zu langes Wort,
das nicht geteilt werden konnte.
Vergrößern Sie die Spaltenbreite,
fügen Sie in langen Wörtern ein
flexibles Trennzeichen ein, und
stellen Sie die ursprüngliche
Spaltenbreite wieder her. Natürlich können Sie den Text auch
ausschneiden und in einem normalen Textrahmen editieren oder
– seit InDesign CS4 – im Textmodus bearbeiten.

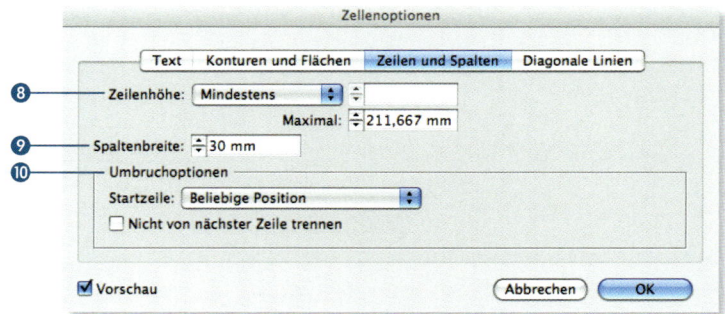

Abbildung 17.28 ▶
ZELLENOPTIONEN • ZEILEN UND
SPALTEN: Wie in anderen Einstel-
lungsfenstern auch bedeutet das
leere Feld ZEILENHÖHE, dass mehrere Zeilen mit unterschiedlichen
Höhen ausgewählt sind. Die SPAL-
TENBREITE ist hier dagegen für alle
ausgewählten Zellen gleich.

▶ SPALTENBREITE ❾: Sie entspricht der Einstellung des Steuerung-
Bedienfelds bzw. des Tabelle-Bedienfelds.

▶ UMBRUCHOPTIONEN ❿: Da Tabellen immer in Textrahmen verankert sind, verhalten sie sich grundsätzlich auch wie Text.
Führt die Höhe der Tabelle zu einem Übersatz, kann die Tabelle
in einen weiteren Rahmen umbrechen. Genau wie bei einem
Textabsatz werden dabei aber stets ganze Zeilen umbrochen.
Und genau wie bei einem Textabsatz können Sie Einfluss darauf
nehmen, wie Zellen zusammengehalten oder geteilt werden
sollen. Ist ein Umbruch notwendig, bedeutet die Einstellung
BELIEBIGE POSITION, dass InDesign die Tabellenzeilen so trennt,
dass der zur Verfügung stehende Platz optimal genutzt wird.
Das Ziel für den Umbruch ergibt sich aus der Rahmenverket-
tung, die Sie festgelegt haben.

Sie können aber auch selbst einen Umbruch in der Tabelle festlegen, indem Sie für die Option STARTZEILE festlegen, an welches Ziel die betroffene Zeile umbrechen soll. Die Optionen IN
NÄCHSTER TEXTSPALTE, IN NÄCHSTEM RAHMEN, AUF NÄCHSTER
SEITE und AUF NÄCHSTER UNGERADER/GERADER Seite bestimmen
das Ziel innerhalb einer Textverkettung näher und entsprechen
den Umbruchregeln für Textabsätze. Diese Umbrüche erfolgen
allerdings bedingungslos!

Wenn Sie verhindern wollen, dass zwei oder mehrere Tabellenzeilen getrennt werden, können Sie sie auswählen und mit der
Option NICHT VON NÄCHSTER ZEILE TRENNEN verbinden. Die
Zeilen werden dann miteinander umbrochen, sofern dies möglich ist. Wie Sie bereits von den Absatzumbruch-Regeln wissen,
können solche Einstellungen nicht immer eingehalten werden.

Tabellen umbrechen

Regeln Sie einen benutzerdefinierten Tabellenumbruch, indem
Sie die Höhe des Textrahmens,
der die Tabelle umfasst, verändern.

17.5.4 Diagonale Linien

InDesign konfrontiert uns im Bereich DIAGONALE LINIEN ein weiteres Mal mit den gesamten Einstellungen für Konturen. Der interessante Teil dieses Fensters ist der eher unscheinbare Bereich über
den Kontureneinstellungen. Mit den vier Funktionen ▢ ◨ ◩ ◪

legen Sie fest, mit welchen diagonalen Linien die ausgewählten
Zellen versehen werden sollen – die Symbole sind selbsterklärend.

Sofern Sie die Diagonalen nicht verwenden, um eine Zelle als leer
zu markieren, überlappen sich die diagonalen Linien in der Tabellenzelle mit dem eigentlichen Inhalt der Zelle. Neben den normalen Einstellungen für die Linienkontur können Sie mit der Option
Zeichnen festlegen, ob die Diagonalen im Vordergrund oder
ob der Inhalt im Vordergrund stehen soll. Farbfüllungen stehen
immer im Hintergrund.

Diese Einstellung kann mit den Überdrucken-Einstellungen für
die Linienkontur kollidieren. Wenn Sie eine gelbe Schrift vor eine
schwarze Diagonale stellen, darf die Linie natürlich nicht überdrucken. An dieser Stelle wird die gelbe Schrift natürlich ausgespart.

17.6   Verschiedene Zelleninhalte

Wenn Zellen Text enthalten, können Sie natürlich auch alles
andere beinhalten, was in einen Text eingebunden werden kann.
Aber auch für Text gibt es eine Kleinigkeit zu beachten.

17.6.1   Textrahmen
Warum sollte man einen Textrahmen in einer Zelle verankern?
Zum Beispiel, weil Sie den Inhalt von Zellen nur in 90°-Schritten
drehen können. Wenn Sie andere Winkel benötigen, können Sie
sich behelfen, indem Sie den Inhalt in einem eigenen Rahmen
drehen und dann in eine Tabellenzelle einsetzen.

Damit Sie die Struktur der Tabelle leichter erkennen können,
haben wir in Abbildung 17.31 alle Begrenzungslinien eingeblendet. Für solche Konstruktionen müssen Sie unbedingt zwei Dinge
beachten:

▲ **Abbildung 17.30**
Die um 30° gedrehten Datums-
einträge sind mit InDesign-
Bordmitteln nicht zu realisieren.
Dazu müssen Sie gedrehte Textrah-
men in Tabellenzellen einfügen.

4. Sie müssen den Zellenversatz der Kopfzeile an allen vier Seiten auf 0 stellen, damit sich die Rahmen gut in die Zelle einschmiegen können. Allerdings wird es Ihnen auch dann nicht gelingen, die Zeilenhöhe genau auf den eingebetteten Rahmen einzustellen.

5. InDesign sieht immer Platz für Schrift vor – setzen Sie den Zeilenabstand der Tabellenzellen auf 0 Pt. Erst dann steht die gesamte Zellenfläche zur Verfügung.

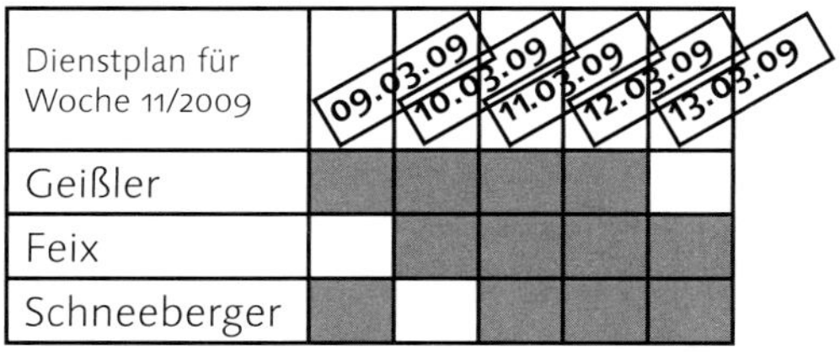

Abbildung 17.31 ▶
Gedrehte Rahmen in Tabellenzellen mit sichtbaren Begrenzungslinien

Auf diese Art können Sie jedes Element – auch Bilder – in einer Zelle beliebig drehen.

17.6.2 Bilder

Der Vorteil von Tabellen, in denen Bilder eingebettet werden können, ist offensichtlich. Eine Texttabelle, in der sich an bestimmten Stellen Bilder befinden sollen, ist zwar möglich, jedoch sind solche Aufgaben geeignet, jeden Layouter in den Wahnsinn zu treiben.

Auch bei Bildern in Zellen sollten Sie auf die Zellenversätze achten, und unser Tipp mit dem Zeilenabstand vereinfacht die Sache. Selbstverständlich können Sie Bilder in ihren Rahmen verschieben, um einen Ausschnitt zu wählen, aber Sie haben auch die Möglichkeit, Bilder über die Funktion Inhalt auf Zelle beschneiden im Abschnitt Text der Zellenoptionen zu beschneiden. Wenn Sie wirklich nur das Bild und nicht die Form des Rahmens drehen müssen, sollten Sie die Drehung in der Bildbearbeitung erledigen – das gilt aber ohnehin in jedem Fall.

17.6.3 Inhalte für Webdesign

Bilder in Tabellen, aber auch jeder andere Inhalt, haben auch eine Bedeutung, wenn Sie planen, Ihr Layout per Datei • Für Dreamweaver exportieren in ein Weblayout zu überführen. Der Export in ein Weblayout ist nämlich nicht so einfach, wie Sie die Softwarehersteller glauben machen wollen. Seiten im WWW sind in HTML abgefasst und unterliegen dramatischen Einschränkungen.

So können z. B. keine Elemente auf einer Seite positioniert werden, weil eine HTML-Seite noch nicht einmal ein Koordinatensystem hat. Mit HTML kann lediglich beschrieben werden, wie die

[HTML]
Die Hypertext Markup Language ist eine sehr simple Seitenbeschreibungssprache, in der die Seiten im WWW verfasst sind. HTML beschreibt primär Strukturen. Aussehen und Position von Layoutelementen sind nur sehr schwer zu kontrollieren. Deshalb ist das Erstellen eines Layouts für den Printbereich eine vollkommen andere Problemstellung als das Erstellen von Webseiten.

Struktur einer Seite aussieht. Die Position der einzelnen Elemente ergibt sich aus der Abfolge aller Komponenten auf der Seite. HTML-Designer verwenden aus diesem Grund ebenfalls oft Tabellen, die als Strukturelemente in HTML zur Verfügung stehen und zumindest eine grobe Platzverteilung auf einer Seite ermöglichen. Diese Eigenheit wird zwar zumeist über CSS umgangen, trotzdem ist es weiterhin so, dass es in Texten z. B. keine Tabulatoren geben kann. Da Tabellen in beiden Welten existieren, ist es leichter, tabellarische Texte aus einem InDesign-Layout ins Web-Publishing zu übernehmen, wenn sie schon in Tabellen aufgebaut sind. Reine Texttabellen würden hier also nicht funktionieren.

Adobe hat in der Creative Suite 3 nach der Übernahme von Macromedia den Webeditor GoLive gegen Dreamweaver ausgetauscht und auch die Exportfunktion an Dreamweaver angepasst – in der Creative Suite 4 wurde dieser Bereich noch einmal überarbeitet. Dadurch entsteht relativ sauberer HTML-Code, der in jedem Fall eine gute Basis für die meisten Webdesigner darstellen dürfte.

[CSS]
Cascading Stylesheets: Ein Mechanismus, der es auch im Webdesign ermöglicht, die Textformatierung und das Layout besser zu kontrollieren.

17.6.4 Tabellen in Tabellen

Ein weiterer wichtiger Inhalt, den Sie in Tabellenzellen platzieren können, sind Tabellen selbst. Durch das Verbinden und Teilen von Zellen können Sie zwar recht komplexe Strukturen aufbauen; allerdings kann diese Aufgabe sehr mühsam sein. Wenn Sie eine Tabelle erstellen müssen, die sehr fein unterteilt ist, dabei aber viele gleiche Strukturen enthält, können Sie die Tabellenzellen mit Tabellen füllen und diese Tabellen natürlich auch in anderen Zellen wiederverwenden. Das Gestalten von Formularen wird damit zwar nicht unbedingt zum Vergnügen, aber wesentlich einfacher.

Bezeichnung der Lehrveranstaltung:		
Nummer der Lehrveranstaltung:		
Lehrveranstaltungsleiter:	Nachname:	
	Vorname:	
	Dienststelle:	
	Personalnummer:	
Referent 1:	Nachname:	
	Vorname:	
	Dienststelle:	
	Personalnummer:	
Referent 2:	Nachname:	
	Vorname:	

◄ **Abbildung 17.32**
Ausschnitt eines typischen Formulars mit verschachtelten Tabellen

Möglicherweise lässt dieser Ausschnitt eines Formulars Bürokratenherzen höherschlagen, bei einem Layouter sorgt selbst so eine simple Struktur nicht für Begeisterung. Mit verschachtelten Tabellen ist die Angelegenheit allerdings ganz einfach. Der Block mit den Personendaten ist eine kleine Tabelle, die sich in den Zellen der verschiedenen Personen wiederholt und somit einfach kopiert und in eine andere Zelle der übergeordneten Tabelle eingesetzt werden kann.

17.6.5 Tabulatoren in Tabellen

Wenn Texttabellen in InDesign-Tabellen umgewandelt werden, können Sie verschiedene Spaltentrennzeichen auswählen. Meistens werden Spalten in tabellarischen Daten mit Tabulatoren getrennt, die bei der Wandlung verschwinden. An ihre Stelle treten die Zellen-Begrenzungslinien. Allerdings können Tabellen wiederum Daten enthalten, bei denen Sie einen Tabulator benötigen. Der klassische Fall wäre eine Preisliste, in der die Preise an einem Dezimaltabulator ausgerichtet sein sollen.

Bei einer Preisliste, wie in Abbildung 17.33 oben, hilft das rechtsbündige Ausrichten der Preisspalte nicht weiter, da eventuell proportionale Ziffern und Auslassungsstriche verwendet werden. Die einzelnen Preise müssen am Dezimalkomma ausgerichtet werden. Für diesen Fall hat Adobe InDesign mit einer besonderen Verhaltensweise ausgestattet, die aber nur funktioniert, wenn alle beteiligten Zellen über keine besondere Ausrichtung verfügen. Richten Sie also zunächst alle Zellen der Preisspalte linksbündig aus – wie in Abbildung 17.33 Mitte. Wählen Sie die gesamte Spalte aus, und öffnen Sie das Tabulator-Bedienfeld mit ⌊Strg⌋+⌊⇧⌋+⌊T⌋ bzw. ⌊⌘⌋+⌊⇧⌋+⌊T⌋, oder rufen Sie es über SCHRIFT • TABULATOREN auf.

Setzen Sie an der gewünschten Stelle einen Dezimaltabulator (tragen Sie ein Komma im Feld AUSRICHTEN AN ein) – Abbildung Abbildung 17.33 unten. InDesign richtet alle Ziffern am Komma aus. Sie müssen also keinen Tabulator über die Tastatur eingeben. Allerdings ist das wirklich ein Sonderfall, der nur mit dem Dezimaltabulator und nur dann funktioniert, wenn Sie nicht in die Ausrichtung des Zelleninhalts eingegriffen haben.

Sollten Sie einen oder mehrere andere Tabulatoren benötigen, können Sie sie über das Tabulator-Bedienfeld natürlich genauso festlegen wie gewohnt. Allerdings stehen Sie dann vor dem Problem, wie Sie die Tabulatorpositionen in den Zellen anspringen können. Die ⌊⇥⌋-Taste bewirkt in Tabellen, dass in die nächste Zelle gesprungen wird. Nun klärt sich, warum Tabulatoren über den Menübefehl SCHRIFT • SONDERZEICHEN EINFÜGEN • ANDERE • TABULATOR in einen Text eingefügt werden können. Tabulatoren, die Sie so in eine Tabellenzelle einfügen, werden im Text positioniert und bewirken nicht, dass die nächste Zelle angesprungen

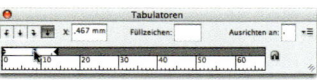

▲ Abbildung 17.33
Tabelleninhalt an einem Dezimaltabulator ausrichten

Tasche für Laptop	19,99
USB-Kabel	6,–
optische Maus	12,49
USB-Stick 1GB	29,90

Tasche für Laptop	19,99
USB-Kabel	6,–
optische Maus	12,49
USB-Stick 1GB	29,90

Tasche für Laptop	19,99
USB-Kabel	6,–
optische Maus	12,49
USB-Stick 1GB	29,90

Tabellen in Tabellen

Prinzipiell sollten tabellarische Strukturen auch in Tabellenzellen mit Tabellen aufgebaut werden. Linksbündige, rechtsbündige und zentrierte Ausrichtungen können Sie für einzelne Spalten ohnehin über die Ausrichtung der Tabellenzelle festlegen.

wird. Dafür gibt es leider kein Tastaturkürzel, bei vielen Tabulatoren wird die Sache also aufwendig.

17.7 Zellen- und Tabellenformate

Bei der Fülle an Einstellungsmöglichkeiten ist es nur konsequent,
dass es auch für Zellen und Tabellen eine Möglichkeit geben soll,
die Formatierung zunächst abstrakt zu beschreiben und dann auf
das reale Layout zu übertragen. Adobe hat InDesign allerdings erst
in Version CS3 mit dieser Option ausgestattet und sie in CS4 nur
geringfügig überarbeitet.

Die dabei umgesetzte Strategie entspricht der Umsetzung der
Zeichen- und Absatzformate. Entsprechend gibt es ein Zellenfor-
mate-Bedienfeld (für Zellen als Untermenge der Tabelle) und ein
Tabellenformate-Bedienfeld, mit dem die Tabellen in die überge-
ordnete Struktur integriert werden können. Zusätzlich können
Zellenformate auf Absatzformate zugreifen, um den Inhalt der
Zelle ebenfalls formatieren zu können. Das Zusammenspiel dieser
drei Ebenen ist eher mit verschachtelten Formaten zu vergleichen.

Zellenformate sind also von Grund auf wesentlich stärker miteinander verbunden als Zeichen- und Absatzformate. Wir betrachten sie deshalb hier auch gemeinsam. Die Optionen, die Sie über
die beiden Format-Arten verwenden können, sind dabei identisch
mit den Zellen- bzw. Tabellenoptionen. Wir beschränken uns im
Folgenden somit auf die Optionen, die allein durch die jeweiligen
Formate bestimmt sind, werden mit Ihnen jedoch ein Beispiel zur
Anwendung von Tabellenformaten durchexerzieren.

17.7.1 Zellenformate-Bedienfeld

Sollte das Zellenformate-Bedienfeld in Ihrer gewählten Arbeitsumgebung nicht in einer Registerkarte am rechten Bildschirmrand
eingeblendet sein, rufen Sie es über FENSTER • SCHRIFT UND TABEL-
LEN • ZELLENFORMATE auf. Einen Tastaturbefehl zum Aufrufen gibt
es nicht.

Aufbau und Handhabung des Zellenformate-Bedienfelds entsprechen der Struktur und der Bedienung der Formate-Bedienfelder, die Sie schon kennen. Im Bedienfeldmenü finden Sie ver-
traute Befehle, wie FORMAT NEU DEFINIEREN, NEUE FORMATGRUPPE,
nach NAME SORTIEREN usw. Schlagen Sie gegebenenfalls in Kapitel
15, »Textformatierung«, ab Seite 419 nach, in dem diese Funktionen am Beispiel des Zeichenformate-Bedienfelds erklärt werden.
Selbstverständlich können Formate auch über die Funktion
SCHNELL ANWENDEN ⚡ zugewiesen werden.

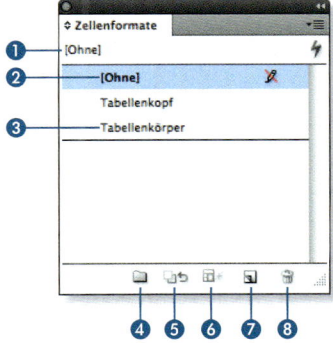

▲ **Abbildung 17.34**
Zellenformate-Bedienfeld:
Der Eintrag [OHNE] ❷ dient dazu,
die Zuweisung eines Zellenformats
zu einer Zelle wieder zurückzusetzen. Selbstdefinierte Formate, wie
z. B. »Tabellenkörper« ❸, werden in
diesem Bedienfeld angezeigt und
verwendet wie in allen anderen
Format-Bedienfeldern auch. In der
Zeile über der Liste der Formate ❶
wird das derzeit zugewiesene Format eingeblendet.

Am unteren Rand des Bedienfelds finden Sie neben den üblichen Symbolen Neues Format erstellen ❼, Ausgewählte Formate/ Gruppen löschen ❽ und Neue Formatgruppe erstellen ❹ zwei weitere Funktionen: Nicht vom Stil definierte Attribute löschen ❺ löscht die Attribute einer Zelle, die bei der Definition nicht explizit gesetzt wurden.

Wie bei Zeichenformaten müssen in Zellenformaten nur die Eigenschaften gesetzt werden, die nicht aus der Tabellendefinition abgeleitet werden sollen. Wenn also die Kontur der Zelle nicht definiert wurde (weil sie z. B. als abwechselnde Kontur aus der Tabellendefinition kommt) und Sie die Kontur nachträglich manuell verändern, können Sie die Kontur so wieder zurücksetzen – also löschen. Die Funktion Abweichungen in Auswahl löschen ❻ würde diese Änderung in der veränderten Zelle nicht erkennen, aber sehr wohl in den benachbarten, da sich die Zellen ja die Kontur teilen und in den Nachbarzellen nun Abweichungen vorliegen.

Abweichungen erkennen

Genau wie bei Zeichen- und Absatzformaten erscheint neben dem Namen eines Zellenformats ein Plus, wenn die aktuellen Einstellungen von der Definition des Formats abweichen. Bewegen Sie den Mauszeiger auf den Namen des Formates, und InDesign zeigt die Abweichungen in einem QuickInfo-Feld an.

17.7.2 Ein Zellenformat anlegen

Um ein Zellenformat zu definieren, klicken Sie mit gedrückter Alt - bzw. ⌥ -Taste auf Neues Format erstellen, oder wählen Sie Neues Zellenformat aus dem Bedienfeldmenü des Zellenformate-Bedienfelds, um direkt zur Definition zu gelangen.

Allerdings können diese Funktionen nur aufgerufen werden, wenn gar kein Objekt oder aber eine Tabelle oder ein Tabellenteil ausgewählt ist.

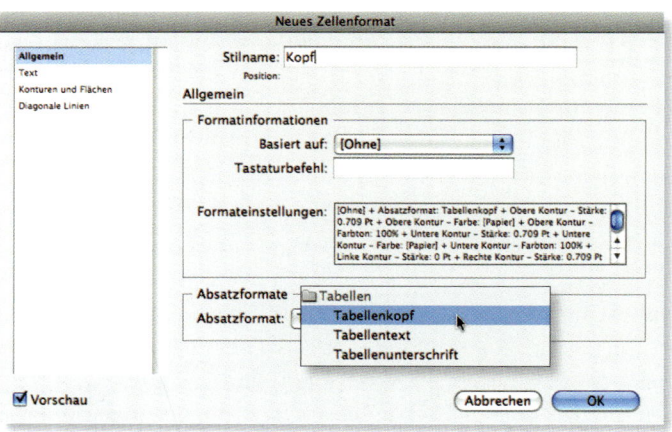

Abbildung 17.35 ►
Neues Zellenformat • Allgemein: Formatgruppen erscheinen hier natürlich schon aufgeklappt, damit Sie die enthaltenen Formate auswählen können.

Im Abschnitt Allgemein können Sie die üblichen Einstellungen für Formate vornehmen, einen Namen vergeben, einen Tastaturbefehl zuweisen und bestimmen, ob das Format auf einem bereits bestehenden basieren soll.

Da die Zelle ja auf jeden Fall einen Text enthalten wird – auch eingesetzte Bilder sind im Text der Zelle verankert –, können Sie unter Absatzformate bereits ein Format auswählen, mit dem der Zelleninhalt formatiert werden soll.

In den restlichen drei Abschnitten von Neues Zeichenformat treffen wir nur alte Bekannte, da hier die Attribute der Zellenoptionen aus dem Tabelle-Menü festgelegt werden können. Tatsächlich entsprechen die drei Abschnitte Text, Konturen und Flächen und Diagonale Linien exakt den Einstellmöglichkeiten der gleichnamigen Zellenoptionen. Lediglich der Bereich Zeilen und Spalten fehlt hier, weil Zeilenhöhe und Spaltenbreite wohl kaum allgemeingültig festgelegt werden können. Das Gleiche gilt für die Umbruchoptionen – an welcher Stelle umbrochen werden soll, hängt von der realen Satzsituation ab und nicht von einer abstrakten Definition.

Wie bei Zeichenformaten auch stellen Sie hier zumeist nur die Abweichungen von der Tabelle ein. Zellenformate werden angewendet, indem Sie eine oder mehrere Zellen einer Tabelle auswählen und das Format mit einem Klick auf den Formatnamen im Zellenformat-Bedienfeld zuweisen – also ebenfalls vollkommen identisch zu den bisherigen Formaten.

Zellenformate allein sind schon sehr praktisch, und bei unregelmäßig aufgebauten Tabellen sind sie die einzige Möglichkeit, um das Biest zu zähmen. Folgt eine Tabelle jedoch einem bestimmten Muster, in dem bestimmte Zellformatierungen wiederholt werden müssen, können Sie den Nutzen der Zellenformate zusätzlich über ihre Anwendung in Tabellenformaten steigern. Ein Anwendungsbeispiel für Zellenformate werden wir deshalb auch in den nun folgenden Abschnitt verlegen.

17.7.3 Tabellenformate-Bedienfeld

Alle allgemeinen Anmerkungen zum Zellenformate-Bedienfeld gelten sinngemäß auch für das Tabellenformate-Bedienfeld. Allerdings gibt es hier nur die Funktion Abweichungen in Auswahl löschen ⊞⁎ , da es ja kein übergeordnetes Format mehr gibt. Der Name ist darüber hinaus nicht ganz passend, weil sich die Änderungen immer auf die gesamte Tabellendefinition beziehen und nicht nur auf die Auswahl. Sollten Änderungen nicht in dem Ausmaß rückgängig gemacht werden, wie Sie es erwarten, werfen Sie einen Blick auf das Zellenformate-Bedienfeld. Formatierungen, die über Zellenformate gemacht wurden, werden niemals als Abweichung erkannt (genau wie bei den Absatzformaten).

Jedes Dokument enthält die beiden Formate [Einfache Tabelle], das standardmäßig auf neu erstellte Tabellen angewen-

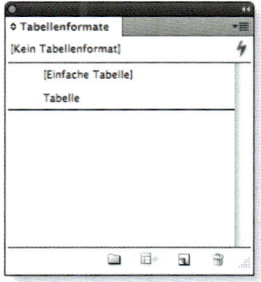

▲ **Abbildung 17.36**
Tabellenformate-Bedienfeld. Die Handhabung ist vollkommen identisch zum Zellenformate-Bedienfeld – lediglich die Funktion Nicht vom Stil definierte Attribute löschen fehlt.

det wird, und das Format [Kein Tabellenformat], das Sie im Tabellenformate-Bedienfeld jedoch nicht sehen – es dient lediglich als Ausgangspunkt für aufeinander basierende Tabellenformate. Sie können das Format [Einfache Tabelle] zwar bearbeiten, aber weder löschen noch umbenennen.

17.7.4 Ein Tabellenformat anlegen

Um ein Tabellenformat zu definieren, klicken Sie mit gedrückter Alt- bzw. ⌥-Taste auf Neues Format erstellen, oder wählen Sie Neues Tabellenformat aus dem Bedienfeldmenü des Tabellenformate-Bedienfelds, um direkt zur Definition zu gelangen.

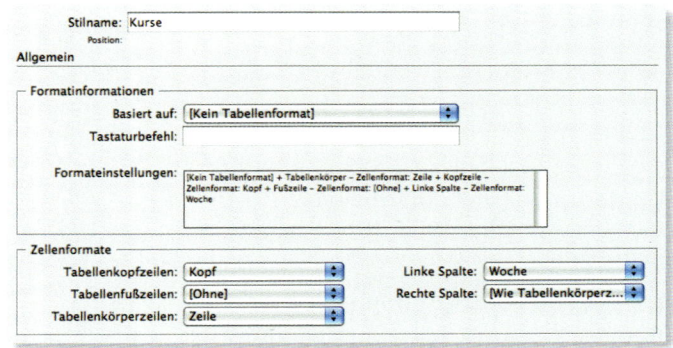

Abbildung 17.37 ▶
Neues Tabellenformat • Allgemein – diese Einstellungen werden wir im nächsten Beispiel verwenden.

Allgemein | Hier finden Sie neben den bekannten Einstellungen Stilname, Tastaturbefehl und Basiert auf die zentrale Beschreibung der Tabellenstruktur.

Die Tabellenstruktur wird im Bereich Zellenformate in fünf Bereiche aufgeteilt, die existieren können, aber nicht müssen. Diesen fünf Bereichen können Zellenformate zugewiesen werden, die dann die Gestaltung der Bereiche übernehmen und dabei – wie Sie wissen – ihrerseits auf Absatzformate zur Gestaltung des Inhalts zurückgreifen können.

Die drei Bereiche Tabellenkopfzeilen, Tabellenfusszeilen und Tabellenkörperzeilen kennen Sie bereits. Sie werden – sofern sie existieren – in der Regel unterschiedlich gestaltet sein. Wählen Sie die entsprechenden Zellenformate aus. Die Option [Ohne] bedeutet dabei, dass kein Zellenformat zugewiesen wird. Existiert z. B. eine Tabellenkopfzeile und wird ihre Formatierung hier auf [Ohne] gestellt, wird die Kopfzeile nicht automatisch formatiert und muss folglich manuell gestaltet werden. [Wie Tabellenkörperzeilen] (nur bei Kopf- und Fußzeilen auswählbar) übernimmt die Zellenformateinstellung von Ihrer Auswahl für die Körperzeilen. Deshalb ist hier neben den vorhandenen Zellenformaten auch nur [Ohne] auswählbar.

Die beiden Tabellenbereiche Linke Spalte und Rechte Spalte gehen davon aus, dass in vielen Tabellen die am weitesten links stehende Spalte und/oder die am weitesten rechts stehende Spalte eine besondere Bedeutung haben. Bei einer manuellen Formatierung einer Tabelle übernehmen Sie die Gestaltung dieser besonderen Rollen ohnehin selbst, bei einer automatischen Formatierung muss eine spezielle Auszeichnung auch vorgesehen sein und taucht deshalb in den Tabellenformaten auf: Sie können die Spalten nicht formatieren (stellen Sie dann [Ohne] ein), Sie können sie über die gleichnamige Funktion wie Tabellenkörperzeilen aussehen lassen oder ihnen ein bestimmtes Format zuweisen.

Wenn Sie eine Tabelle manuell formatieren, können Sie in den Tabellenoptionen einen Tabellenkopf und -fuss festlegen. Diese Möglichkeit fehlt bei der Definition eines Tabellenformats. Bei einer allgemeinen Beschreibung einer Tabelle ist ja nicht klar, ob es diese Zeilen geben wird. Sofern es sie gibt, können sie aber wie oben beschrieben gestaltet werden.

Restliche Abschnitte | Auch in den restlichen vier Abschnitten Tabelle einrichten, Zeilenkonturen, Spaltenkonturen und Flächen fehlen teilweise bestimmte Optionen, die nur bei konkreten Tabellen angewendet werden können. Wir bilden im folgenden Beispiel dennoch zwei dieser vier Bereiche ab und geben Ihnen dort auch noch ein paar Hinweise zu den Abweichungen.

	Datum	Kurs	Umsatz
Woche 52	26.12.2008	21,08	1.942.611
	25.12.2008	-	-
	24.12.2008	21,13	1.426.616
	23.12.2008	20,97	4.394.487
	22.12.2008	21,11	5.273.008
Woche 51	19.12.2008	22,13	8.455.723
	18.12.2008	21,38	8.860.921
	17.12.2008	21,69	15.211.410
	16.12.2008	22,32	10.743.500
	15.12.2008	21,36	8.272.752
Woche 50	12.12.2008	22,43	6.290.677
	11.12.2008	22,19	6.441.854
	10.12.2008	23,44	5.825.816
	09.12.2008	22,89	7.419.259
	08.12.2008	22,60	7.912.016
Woche 49	05.12.2008	21,66	11.494.720
	04.12.2008	20,44	18.690.260
	03.12.2008	22,54	7.244.698
	02.12.2008	22,00	7.131.324
	01.12.2008	21,00	8.592.989

▲ **Abbildung 17.38**
Die Spalte ganz links spielt eine besondere Rolle. Um bei der Automatisierung der Tabellengestaltung auch solche besonderen Spalten berücksichtigen zu können, gibt es eigene Einstellungen für Linke Spalte und Rechte Spalte. Besondere Rollen, die von Spalten *innerhalb* der Tabelle übernommen werden sollen, können aber nicht automatisch formatiert werden.

Schritt für Schritt: Tabellenformat erstellen

Wir verwenden für dieses Beispiel die Datei »ADBE_Close_12_08_v2.txt«, die Sie auf der Buch-DVD finden und in der die Wochengrenzen angepasst und bereits beschriftet sind. Das Ergebnis soll aussehen wie Abbildung 17.38.

 ADBE_Close_12_08_v2.txt

1 Absatzformate anlegen

Definieren Sie zunächst folgende drei Absatzformate, die von den Zellenformaten benötigt werden, um den Zelleninhalt zu gestalten:

»Kopftext:«	»Zeilentext«:	»Wochentext«:
Helvetica Bold, 9 Pt	Helvetica Regular, 9 Pt	Helvetica Regular, 8 Pt
Ausrichtung: Rechts	Ausrichtung: Rechts	Ausrichtung: Rechts

Lassen Sie die restlichen Einstellungen undefiniert, oder entscheiden Sie selbst, wie sie aussehen sollen. Wie Sie wissen, müssen

Sie an dieser Stelle noch nicht alle Entscheidungen treffen, weil
die Formate jederzeit geändert werden können.

2 Zellenformate anlegen

Definieren Sie folgende drei Zellenformate; lassen Sie nicht ange-
gebene Attribute undefiniert:

»Kopf«:	»Zeile«:	»Woche«:
Allgemein: Absatzformat »Kopftext«	Allgemein: Absatzformat »Zeilentext«	Allgemein: Absatzformat »Wochentext«
Text: 0,5 mm an allen vier Seiten; Vertikale Ausrichtung: Zentrieren	Text: 0,5 mm an allen vier Seiten	Text: 0,5 mm an allen vier Seiten; Ausrichten: Zentriert; Textdrehung 270°
Untere Zellenkontur: 0,5 mm, Schwarz	Zellenkonturen: 0 Pt	Konturen und Flächen: Zellfläche 20 %, Schwarz; Zellenkonturen: 0 Pt

3 Tabellenformat anlegen – Tabelle einrichten

Definieren Sie ein Tabellenformat »Kurse«, und legen Sie alle Ein-
stellungen im Abschnitt ALLGEMEIN wie in Abbildung 17.37 auf
Seite 530 fest. Definieren Sie folgende Einstellungen für TABELLE
EINRICHTEN:

Abbildung 17.39 ►
Unter TABELLE EINRICHTEN fehlen die
Einstellungen für die Tabellendi-
mensionen und die Anzahl der
Kopf- und Fußzeilen. Die TABELLEN-
ABSTÄNDE und die ZEICHENREIHEN-
FOLGE FÜR KONTUREN sind lediglich
etwas anders angeordnet als im
gleichnamigen Abschnitt der TABEL-
LENOPTIONEN.

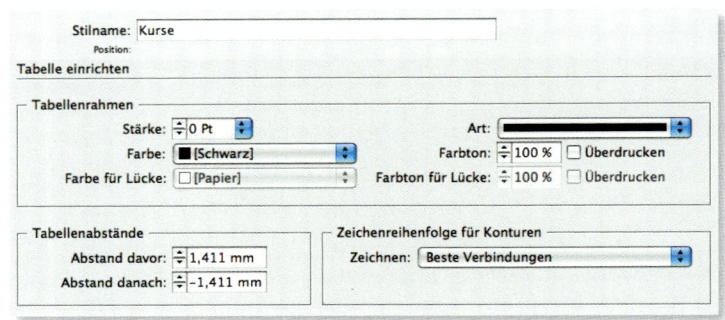

Unsere Tabelle benötigt keinen Rahmen, wir setzen die STÄRKE
der Rahmenlinien daher auf 0 Pt. Da die Tabelle alleine stehen
wird, müssen wir uns um die Abstände davor und danach nicht
kümmern.

4 Tabellenformat anlegen – Konturen

In ZEILENKONTUREN und SPALTENKONTUREN müssen Sie keine Einstellungen vornehmen – vergewissern Sie sich aber, dass hier
ABWECHSELNDES MUSTER auf [OHNE] steht. ZEILENKONTUREN und
SPALTENKONTUREN decken sich vollständig mit den Einstellungen
der TABELLENOPTIONEN.

5   Tabellenformat anlegen – Flächen

Eine Kurswoche umfasst fünf Tage. Um den Wochenwechsel zu betonen, wird der erste Tag der Woche grau hinterlegt, die restlichen vier Tage werden nicht gefüllt.

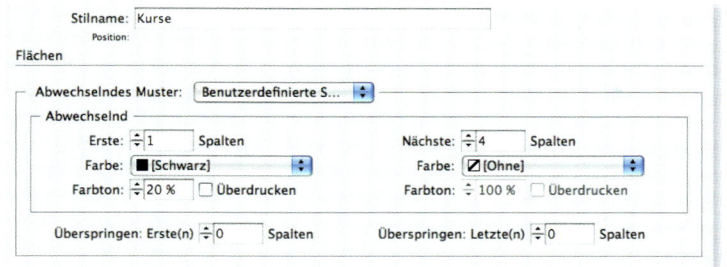

◄ **Abbildung 17.40**
Neues Tabellenformat • Flächen: Die Flächen unterscheiden sich ebenfalls nicht von den Tabellenoptionen.

6   Text laden

Platzieren Sie den Text »ADBE_Close_12_08_v2.txt« von der Buch-DVD, und stellen Sie die Rahmenbreite auf 80 mm. Machen Sie sich dabei noch keine Gedanken über den Textumbruch.

ADBE_Close_12_08_v2.txt

7   Text in Tabelle umwandeln

Wählen Sie den Text aus, und wandeln Sie ihn in eine Tabelle um, indem Sie Tabelle • Text in Tabelle umwandeln wählen. Verwenden Sie als Spaltentrennzeichen Tabstopp und als Zeilentrennzeichen Absatz, und klicken Sie auf OK.

Sie könnten an dieser Stelle bereits als Tabellenformat das neu erstellte Format »Kurse« auswählen, es ist aber für Sie leichter nachverfolgbar, was in der Folge noch passieren wird, wenn Sie das erst später machen.

8   Kopfzeile definieren und Wochenbeschriftung einrichten

Da noch keine Kopfzeile definiert wurde, würden im Folgenden die Wochengrenzen noch nicht stimmen. Markieren Sie die erste Zeile der Tabelle, und wählen Sie Zeilen umwandeln • In Tabellenkopf aus dem Menü Tabelle.

Markieren Sie die ersten fünf Zeilen nach der Kopfzeile, und wählen Sie Tabelle • Zellen verbinden oder klicken Sie auf ⊠ im Steuerung-Bedienfeld. Wiederholen Sie diesen Schritt für alle Wochen der Tabelle.

> **Übersatz bei gedrehtem Zelleninhalt?**
>
> Wenn Sie in einem Zellenformat den Inhalt drehen – wie in unserem Beispiel –, so kann es passieren, dass InDesign CS4 (Version 6.0) einen Übersatz in dieser Zelle anzeigt, obwohl der Text durchaus in die Zelle passen würde.
>
> Dieses Problem scheint mit Version 6.0.1 behoben worden zu sein.

9   Tabellenformat anwenden

Für diesen Schritt reicht es, wenn der Textcursor in irgendeiner Zelle der Tabelle steht. Klicken Sie nun auf den Eintrag »Kurse« im Tabellenformate-Bedienfeld, um sämtliche Einstellungen auf die Tabelle zu übertragen.

Das Ergebnis hat bereits viel Ähnlichkeit mit dem gewünschten Zustand, jedoch müssen einige Korrekturen, die im Format nicht abgebildet werden konnten, noch gemacht werden. Nun können Sie die Breite der ersten Spalte und eventuell auch der anderen Spalten anpassen und mit dem Feintuning der Absatz- und Zellenformate beginnen, bis es der Vorlage in Abbildung 17.38 auf Seite 531 entspricht. ■

Sollte sich irgendein Schritt nicht so verhalten, wie Sie es erwarten, stellen Sie sicher, dass in keinem der Format-Bedienfelder eine Auswahl getroffen ist, wenn Sie den Text platzieren. Sollten hier noch Zeichen-, Absatz- oder Zellenformate von vorherigen Experimenten ausgewählt sein, überlagern sich diese Einstellungen mit den Formatierungen des Tabellenformats, wodurch sich Abweichungen ergeben können.

17.7.5 Formate organisieren

Selbstverständlich können auch Tabellen- und Zellenformate verwaltet und organisiert werden wie alle anderen Formate auch – Sie können sie duplizieren, gruppieren, nicht verwendete auswählen (um sie dann zu löschen) und abweichende Formate neu definieren.

Lediglich in der Funktion VERKNÜPFUNG MIT FORMAT AUFHEBEN gibt es eine Besonderheit aufgrund deren Verbindung mit Absatzformaten: Diese Verbindungen mit den verwendeten Absatzformaten werden nicht aufgehoben, und somit wird das Zellenformat [OHNE] logischerweise als abweichend markiert. Absatzformate müssen Sie also manuell entknüpfen, was aber sehr einfach über die Auswahl der gesamten Tabelle und den anschließenden Aufruf der Funktion VERKNÜPFUNG MIT FORMAT AUFHEBEN im Bedienfeldmenü des Absatzformate-Bedienfelds erledigt werden kann.

Nach Zellen und Tabellenformaten kann nicht gesucht werden. Ein Austausch von angewendeten Formaten funktioniert somit nur, indem Sie das angewendete Format löschen und beim Bestätigungsfenster einen Nachfolger nominieren.

Die beiden Funktionen TABELLENFORMATE LADEN und TABELLEN- UND ZELLENFORMATE LADEN aus dem Bedienfeldmenü sowohl des Tabellenformate- als auch des Zellenformate-Bedienfelds unterscheiden sich nur in der Vorauswahl der zu importierenden Formate. Grundsätzlich bieten Ihnen beide Funktionen an, Tabellenformate, Zellenformate und alle darin angewendeten Zeichenformate zu importieren. ZELLENFORMATE LADEN trifft hier lediglich die Vorauswahl, die Tabellenformate nicht zu importieren. Sollten

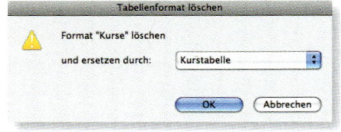

▲ Abbildung 17.41
Das Löschen von angewendeten Formaten führt dazu, dass Sie einen Nachfolger für das zu löschende Format bestimmen müssen. Nur über diesen Weg können Sie Tabellen- und Zellenformate gezielt austauschen. Die an sich sehr leistungsfähige Suchen-und-Ersetzen-Funktion von InDesign könnte hier noch etwas ausgebaut werden.

ein oder mehrere Absatzformate verschachtelte Formate sein, so werden Ihnen natürlich auch die darin verwendeten Zeichenformate zum Import angeboten.

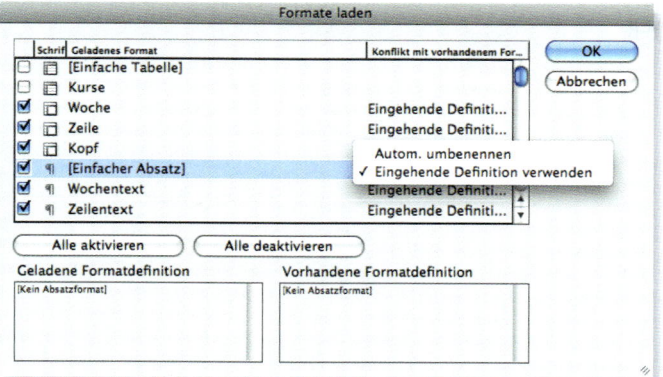

◄ **Abbildung 17.42**
(Zellen-)FORMATE LADEN bietet Ihnen zwar an, auch Tabellenformate zu importieren, wählt sie jedoch nicht für Sie aus. Es werden nur die Absatz- und Zeichenformate für den Import angeboten, die auch in den Tabellen- und Zellenformaten verwendet wurden.

Die Möglichkeiten, Konflikte mit bereits vorhandenen Formaten aufzulösen, entsprechen den Möglichkeiten in Absatz- und Zeichenformaten.

17.8 Aktualisieren von importierten Inhalten

Bei all diesen Gestaltungsmöglichkeiten darf man einen wesentlichen Punkt nicht aus den Augen verlieren: Es geht um effiziente Informationsvermittlung. Dummerweise (oder glücklicherweise?) neigen Informationen – und das gilt ganz besonders für tabellarische Daten – dazu, sich zu verändern. Unser zentrales Beispiel der Aktienkurse zeigt das recht eindrucksvoll (solche Daten sind bereits nach einem Tag veraltet). Das Gestalten der Tabelle ist eine Sache; den Inhalt immer aktuell zu halten, eine ganz andere. Dank der Tabellenformate ist es in InDesign CS4 möglich, tabellarische Daten zu aktualisieren, ohne dass dabei die gesamte Formatierung verlorengeht.

17.8.1 Textverknüpfungen

Bei Bilddaten war es in allen Satz- und Layoutprogrammen schon immer üblich, die Originaldaten nicht in das Layoutdokument zu integrieren. Gespeichert werden lediglich eine Voransicht des Bildes und der Verweis auf die Originaldatei. Das hält die Satzdokumente kompakt und macht Änderungen an den Bilddaten einfach.

Gerade diese Änderungen haben in der Vergangenheit in der Produktion viele Tragödien verursacht. Die gängigen Werkzeuge

XML in InDesign CS4

Die Unterstützung für XML-Daten wurde mit jeder neuen Version von InDesign ausgebaut und ist nun für die Übernahme von tabellarischen Daten und deren Formatierung ein heißer Kandidat. Wir werden Ihnen in Kapitel 38 dieses Buchs einen kurzen Überblick zu XML geben.

[XML]
Extensible Markup Language: eine Struktur-Beschreibungssprache. Damit kann der Aufbau beliebiger Datenstrukturen beschrieben werden – die Formatierung wird dabei nicht berücksichtigt. Allerdings können XML-Daten leicht in andere Datenformate gewandelt und mit Stylesheets versehen werden, die die entsprechenden Daten dann formatieren.

warnen den Benutzer zwar, wenn sich Daten verändert haben, aber diese Warnung wurde oft mit einem einfachen Klick ignoriert. Doch nicht diese Bedienungsfehler sind hier interessant, sondern die Tatsache, dass Sie diesen Mechanismus in InDesign auch für Textdaten ausnutzen können. Hier steht weniger die Effizienz als die Möglichkeit im Vordergrund, veränderte Daten automatisch in das Layout zu übernehmen.

Damit InDesign eine aktuelle Verbindung zu externen Textdaten aufbaut, muss in den Voreinstellungen für DATEIHANDHABUNG die Option BEIM PLATZIEREN VON TEXT- UND TABELLENDATEIEN VERKNÜPFUNGEN ERSTELLEN aktiviert sein. Diese Voreinstellung bezieht sich nur auf das aktuelle Satzdokument, es sei denn, Sie hätten beim Einstellen dieser Option kein Dokument geöffnet. In diesem Fall gilt die Einstellung für alle neuen Dokumente – davon raten wir jedoch ab.

Wenn Sie nun eine Tabelle platzieren, hält InDesign eine Verbindung zu den Originaldaten und überprüft, ob sich die Daten geändert haben. Ist das der Fall, macht InDesign Sie beim Öffnen Ihrer Satzdatei darauf aufmerksam.

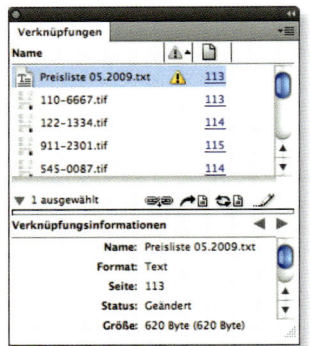

▲ **Abbildung 17.43**
Im Verknüpfungen-Bedienfeld werden auch veränderte Textdateien und Tabellen mit einem Warndreieck gekennzeichnet.

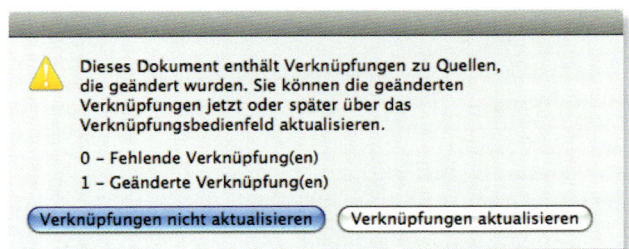

Abbildung 17.44 ▶
Eine externe Datei hat sich verändert.

Einen Überblick, welche Dateien sich geändert haben oder fehlen, bekommen Sie im Verknüpfungen-Bedienfeld. Wenn Sie entscheiden, eine Verknüpfung zu aktualisieren, markieren Sie die betroffene Datei im Verknüpfungen-Bedienfeld und klicken auf VERKNÜPFUNG AKTUALISIEREN ⇄. InDesign stellt nun den aktuellen Zustand her. In unserem Beispiel könnten so also jeden Monat die Aktienkurse von Adobe automatisch in Ihre Publikation übernommen werden. Voraussetzung dafür ist, dass InDesign auch feststellen kann, dass sich die Kurs-Datei verändert hat. Als Faustregel gilt hier, was auch für Bilddateien gilt: Verändern Sie weder Namen noch Speicherort der Datei.

Bis InDesign CS2 hatte die Sache einen großen Haken: Sie werden im Regelfall die Rohdaten formatiert haben. Beim Aktualisieren gingen diese Formatierungen bedingungslos verloren. Seit InDesign CS3 und Zellen- und Tabellenformaten haben Sie die Möglichkeit, zu bestimmen, ob Ihre Formatierungen erhalten

Verknüpfung aufheben

Wenn Sie eine Verbindung zu einer Textdatei auflösen wollen, markieren Sie die entsprechende Datei im Verknüpfungen-Bedienfeld, und wählen Sie VERKNÜPFUNG AUFHEBEN aus dem Bedienfeldmenü. Der aktuelle Zustand der platzierten Daten bleibt erhalten.

Umgekehrt funktioniert das leider nicht. Wenn Sie also einen Text bereits platziert haben, können Sie diesem Text keine externe Datei zuweisen, mit deren Inhalt er überschrieben werden soll.

bleiben sollen – allerdings funktioniert das nur bei Tabellen, die mit Zellenformaten gestaltet wurden, und auch nur dann, wenn Sie beim ersten Platzieren der Daten bereits auf eine geplante Aktualisierung Rücksicht nehmen.

Wenn Sie dabei Zellenformate im Umfeld von Tabellenformaten einsetzen, funktioniert das zusätzlich nur bei Tabellen, die vollkommen gleichmäßig aufgebaut sind.

Reine Textdateien, die Sie erst in InDesign in eine Tabelle wandeln, profitieren von diesem Mechanismus nicht, da ja ein reiner Text ohne Formatierung vorliegt.

17.8.2 Excel-Tabellen

Tabellen, die aus Microsoft Excel stammen, gelten dagegen prinzipiell immer als bereits formatiert. Wie wir Ihnen bereits gezeigt haben, können Sie diese Formatierung beim Platzieren der Datei in den Importoptionen allerdings ignorieren.

Da Sie in der Regel wenig Einfluss haben, in welcher Form die Excel-Daten bereits formatiert wurden, ist das oft die beste Wahl. Wenn Sie jedoch festlegen können, wie die Formatierung der zu platzierenden Tabellen aussehen soll, achten Sie darauf, dass zumindest schon korrekte Schriftinformationen vorliegen, also schon in Excel dieselben Schriften wie im Satz verwendet werden. Vermeiden Sie Formatierungen, die in InDesign ohnehin nicht abgebildet werden können, wie z. B. in Zellen gedrehten Text.

Im Zweifelsfall gilt: Weniger ist mehr. Die typografische Gestaltung ist nicht Aufgabe von Excel. Je weniger Formatierungen Sie zurücknehmen müssen, umso besser, und umso leichter klappt eine Aktualisierung von Excel-Daten.

17.8.3 Excel-Importoptionen

Wenn Sie Excel-Tabellen platzieren, haben Sie die Möglichkeit, eine aus vier Optionen zu wählen. Wählen Sie Unformatierte Tabelle oder Nur einmal formatiert, können Sie dann bestimmen, ob und mit welchem Tabellenformat die neue Tabelle gestaltet werden soll. Sie können dies aber auch erst später entscheiden.

Werden Tabellen, die mit einer dieser Optionen platziert wurden, aktualisiert, werden dabei nur die Inhalte ausgetauscht; die Formatierung auf Basis der Zellenformate bleibt dabei bestehen. Bei den beiden Optionen Formatierte Tabelle und Unformatierter Text mit Tabulatortrennzeichen gehen Formatierungen aus InDesign – egal ob manuell oder über ein Tabellenformat erledigt – wieder verloren.

TOP-TIPP
Nur Zellenformate verwenden

Wenn Sie unregelmäßige Tabellen aktualisieren wollen, so raten wir dringend ab, dies mit Tabellenformaten zu machen. Formatieren Sie Ihre Tabelle nur mit Zellenformaten. Eine Aktualisierung funktioniert damit sehr gut!

Importoptionen

InDesign merkt sich die Importoptionen, mit denen Daten zum ersten Mal platziert wurden. Wenn Sie also ursprünglich eine Excel-Datei als unformatierte Tabelle geladen haben, wird sie nach jeder Aktualisierung wieder eine Texttabelle sein. Um die Importoptionen umzustellen, müssen Sie einen neuen Textrahmen anlegen!

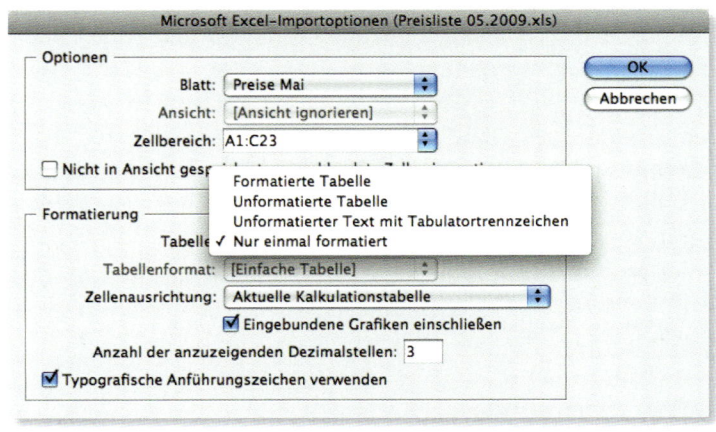

Abbildung 17.45 ▶
Nur einmal formatiert – die Tabelle übernimmt zunächst die Formatierung aus der Excel-Datei. Ändern Sie die Formatierung dann mit
einem Tabellenformat und aktualisieren später den Tabelleninhalt,
wird die Formatierung der Excel-
Datei ignoriert, und die Formatierung in InDesign bleibt erhalten.

Ob die Formatierung im aktuellen Fall verlorengehen wird oder
nicht, können Sie den entsprechenden Warnungen entnehmen,
die Sie erhalten, bevor die Daten tatsächlich aktualisiert werden:

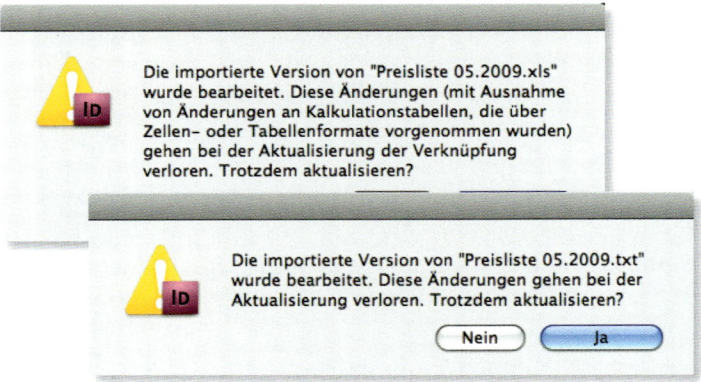

Abbildung 17.46 ▶
Die Warnmeldungen beim Aktualisieren von Textdaten unterscheiden
sich abhängig davon, wie die Daten
ursprünglich platziert wurden und
ob sie mit Tabellenformaten gestaltet wurden. Manuelle Änderungen
gehen aber in jedem Fall verloren.

Nur einmal formatiert liefert die Originalformatierung der
Tabelle beim ersten Platzieren. Werden die Daten nicht über ein
Tabellenformat gestaltet, gehen diese Formatierungen bei den
folgenden Aktualisierungen verloren. Diese Variante ist dafür
gedacht, dass Sie sich zunächst einen Eindruck darüber verschaffen, wie die Tabelle aussehen sollte, und auf dieser Basis ein Tabellenformat und die dazugehörigen Zellenformate erstellen, die
Originalformatierung aber dann ohnehin verwerfen. Unformatierte Tabelle liefert niemals die formatierte Tabelle und überlässt
die Gestaltung der Formate zur Gänze Ihnen.

17.8.4 Inhalte über die Zwischenablage aktualisieren
Damit die Aktualisierung auf Basis der Importoptionen und der
Tabellenformate gut funktioniert, ist für die jeweilige Situation
eine Strategie notwendig, die dann strikt eingehalten werden

muss. Sollen Tabellen nur sporadisch aktualisiert werden, so können Sie das auch spontan über die Zwischenablage erledigen.

InDesign verhält sich dabei abhängig davon, woher die Daten in der Zwischenablage stammen (wie sie da hineinkommen) recht unterschiedlich. Durch Drag & Drop funktioniert ein Update jedoch nie.

Für jede Art von Daten muss unterschieden werden, welcher Teil einer Tabelle als Ziel festgelegt wurde:

Der Textcursor steht in einer Tabellenzelle | Der Inhalt der Zwischenablage wird unverändert in diese Zelle, gegebenenfalls in den Text der Zelle, eingefügt.

▶ Mit Tabulatoren getrennter Text bleibt ein mit Tabulatoren getrennter Text – in der Zelle entsteht für jede Zeile der Auswahl in der Zwischenablage ein eigener Absatz.

▶ Eine InDesign-Tabelle (bzw. ein Teil davon) wird als verschachtelte Tabelle in die Zelle eingefügt. Alle Formatierungen bleiben erhalten.

▶ Eine Excel-Tabelle (bzw. ein Teil davon) wird wie eine InDesign-Tabelle behandelt und folglich als verschachtelte Tabelle in die Zelle eingesetzt.

Es ist eine einzelne Zelle ausgewählt | (Es wurde also z. B. durch Drücken der ⌜ESC⌝-Taste vom Inhalt der Zelle auf die Zelle selbst umgeschaltet.) In diesem Fall wird die tabellarische Struktur des Inhalts der Zwischenablage in die Ziel-Tabelle eingefügt:

▶ Mit Tabulatoren getrennter Text: Die Tabulatoren werden also als Spaltentrennzeichen interpretiert. Die Textformatierung bleibt dabei grundsätzlich erhalten.

▶ InDesign-Tabellen werden ebenfalls in die Tabelle eingepasst, wobei alle manuellen Formatierungen erhalten bleiben. Die Formatierungen, die aus abwechselnden Flächen und Konturen resultieren, werden ignoriert.

▶ Excel-Tabellen werden in die erste Zelle der Ziel-Auswahl als verschachtelte Tabelle platziert. Dieses Verhalten ist unlogisch und muss als Fehler eingestuft werden, der hoffentlich bald korrigiert wird.

Wenn Sie auf die Formatierung der Excel-Tabelle verzichten können, können Sie auch in den Voreinstellungen für die ZwISCHENABLAGEOPTIONEN die Option BEIM EINFÜGEN VON TEXT UND TABELLEN AUS ANDEREN ANWENDUNGEN auf NUR TEXT stellen. Der Inhalt der Zwischenablage wird dann als mit Tabulatoren getrennter Text behandelt.

Unformatiert einfügen

Bei mit Tabulatoren getrenntem Text können Sie den Inhalt der Zwischenablage auch über BEARBEITEN • UNFORMATIERT EINFÜGEN in die Tabelle übernehmen. In diesem Fall wird der eingesetzte Text so formatiert wie der Text in den Tabellenzellen, in die der Text eingesetzt wird.

Bei normalen Textoperationen finden Sie diese Funktion auch im Kontextmenü – sobald Tabellenzellen im Spiel sind, können Sie sie nur mehr über das Menü BEARBEITEN aufrufen.

Excel-Daten einsetzen

Um Excel-Daten gezielt in eine vorhandene Tabelle einzusetzen und dabei die Formatierung zu erhalten, müssen Sie den Inhalt zuerst einfach in Ihr Dokument kopieren – dadurch wird die Excel-Tabelle zur InDesign-Tabelle, die dann gezielt in eine andere InDesign-Tabelle eingesetzt werden kann.

Wir halten dieses Verhalten für einen Fehler, der hoffentlich in zukünftigen InDesign-Versionen korrigiert werden wird.

Es sind zumindest zwei nebeneinander/untereinander lie-gende Zellen ausgewählt | Das Ergebnis unterscheidet sich nicht von einer einzelnen ausgewählten Zelle – InDesign nimmt als Bezugspunkt für das Einsetzen die linke bzw. obere respektive die am weitesten links und oben liegende Zelle Ihrer Auswahl. Aller-dings müssen Sie den Platzbedarf des Inhalts der Zwischenablage selbst berücksichtigen. InDesign erweitert die vorhandene Tabelle nicht, um den nötigen Platz zu schaffen. Wenn Sie eine dreispal-tige Struktur in die vorletzte Spalte einer Tabelle einsetzen wollen, verweigert InDesign das Einsetzen kommentarlos. Auch fehlende Zeilen werden nicht automatisch ergänzt.

17.8.5 Smart Styles

Zellen- und Tabellenstile von InDesign CS4 passen genau zur Stra-tegie der Formate und Vorlagen. Bei unregelmäßigen Gestaltungs-mustern sind diese Stile jedoch noch mit einiger Handarbeit ver-bunden. Möglicherweise lässt Adobe aber ganz bewusst etwas Platz für Partner, die sinnvolle Plug-ins entwickeln. Wenn Sie viele Tabellen aktualisieren müssen, werden Sie nicht um Smart Sty-les CS von WoodWing Software bv herumkommen.

Demoversion

Eine 30-Tage-Demoversion von Smart Styles können Sie sich vom Webserver von WoodWing unter *www.woodwing.com* her-unterladen. Der Installer plat-ziert das Plug-in automatisch an der richtigen Stelle, und beim nächsten Start von InDesign wird es aktiviert.

Dieses Plug-in beschränkt sich dabei nicht auf die Formatierung von Tabellen, sondern kann – ähnlich wie die Pipette – eine ganze Reihe von Attributen auf vorhandene Objekte übertragen. Bei Tabellen z. B. auch die Spaltenbreite und Zeilenhöhe, was mit den InDesign-Formaten nicht funktioniert. Dazu werden eigene Smart-Styles-Bibliotheken angelegt, in denen die Formatierung von schon existierenden Objekten – auch Tabellen – als Vorlage abgelegt werden kann.

Die Formatierung dieser Vorlagen wird auf Objekte übertragen, indem sie aus der Bibliothek auf das betreffende Objekt gezogen wird. Das Geniale dabei ist, dass das bei Tabellen auch funktio-niert, wenn die Tabellen recht unregelmäßig aufgebaut sind. Die InDesign-eigenen Tabellenstile versagen hier kläglich.

Somit ist Smart Styles ein fast unverzichtbares Werkzeug, um sich häufig ändernde Tabellen zu bändigen. Wenn Sie viele Tabel-len zu formatieren haben, sollten Sie sich zumindest einmal die Demoversion ansehen.

18 Layout

Die typografischen Funktionen von InDesign bestimmen, wie ein Text aussehen soll. Für große Textmengen benötigen Sie nun noch Funktionen, um Mengentext zu strukturieren und zu verwalten. Auf der übergeordneten Ebene des Layouts wird der Text dann geformt, in der Fläche angeordnet und mit grafischen Elementen versehen – oder der Text wird selbst zur Grafik.

18.1 Konturenführung und Formsatz

Sie haben sich nun bereits ausgiebig mit Rahmen und Pfaden, aus denen diese Rahmen bestehen, vertraut gemacht. Textrahmen sind Pfade und können frei geformt werden, Pfade können jederzeit in einen Textrahmen gewandelt werden, indem Sie mit dem Textwerkzeug in den Pfad klicken (abhängig von der Option TEXTWERKZEUG WANDELT RAHMEN IN TEXTRAHMEN UM im Register EINGABE der InDesign-Voreinstellungen) oder über das Menü OBJEKT • INHALT. Solche Rahmen formen den Text, den sie enthalten, durch ihre Kontur – sei sie nun sichtbar oder auch nicht. Aber nicht alle Probleme sind durch Formänderungen zu lösen.

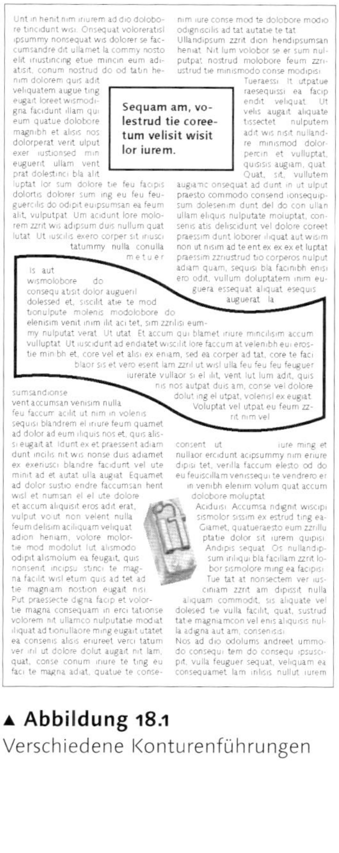

18.1.1 Konturenführung-Bedienfeld

Ein Textrahmen, der grundsätzlich eine rechteckige Fläche belegt, muss nicht selbst verformt werden, Text kann auch im Rahmen entlang einer Kontur geführt und so geformt werden. Der Textrahmen wird dabei nicht angetastet und bleibt rechteckig. Dabei müssen allerdings zwei Voraussetzungen erfüllt sein:

1. Für den Textrahmen, dessen Text von einer Kontur geformt werden soll, darf die Option KEINE KONTURENFÜHRUNG in den TEXTRAHMENOPTIONEN **nicht** aktiviert sein.
2. Wenn in den InDesign-Voreinstellungen im Register SATZ die Option KONTURENFÜHRUNG WIRKT SICH NUR AUF TEXT UNTERHALB AUS aktiviert ist, muss das Objekt, dessen Kontur den Text verdrängt, auch wirklich über dem Textrahmen liegen, dessen Text verdrängt werden soll.

▲ **Abbildung 18.1**
Verschiedene Konturenführungen

In Abbildung 18.1 sehen Sie unterschiedliche Varianten einer Konturenführung. Oben verdrängt ein Textrahmen die beiden Textspalten nach links und rechts, in der Mitte schmiegt sich der Text der beiden Textspalten an einen frei geformten Textrahmen, und unten wird der Text an das Motiv angepasst.

Denkbar wären auch Textverdrängungen, die in eine Textspalte hineinreichen, oder ein Objekt, das zur Gänze in einer Textspalte liegt und den Text auseinandertreibt. Diese letzte Variante macht einen Text aber praktisch unleserlich, weil das Auge beim Lesen viel zu große Sprünge machen müsste. Technisch gesehen sind alle Arten gleich zu behandeln.

Rufen Sie das Konturenführung-Bedienfeld aus dem Menü FENSTER • KONTURENFÜHRUNG auf, oder drücken Sie die Tasten ⌨Strg+⌨Alt+⌨W bzw. ⌨⌘+⌨⌥+⌨W. Stellen Sie ein Objekt über einen Text. Im Normalfall überlagern sich die beiden Objekte. Im Konturenführung-Bedienfeld können Sie die Art der Textverdrängung festlegen. Wählen Sie das Objekt aus, das den Text verdrängen soll, und stellen Sie im Konturenführung-Bedienfeld eine der folgenden Optionen ein:

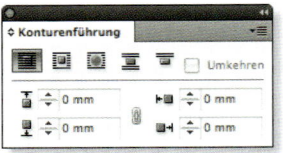

▲ **Abbildung 18.2**
Konturenführung-Bedienfeld – weitere Optionen sind ausgeblendet.

▶ KEINE KONTURENFÜHRUNG ▣: Das ist der Standardfall – Objekte überlagern sich, es wird kein Text verdrängt.

▶ KONTURENFÜHRUNG UM BEGRENZUNGSRAHMEN ▣ : Der Begrenzungsrahmen eines Objekts verdrängt Text, auf den er trifft. Dies entspricht dem oberen Beispiel aus Abbildung 18.1. Die verdrängte Fläche ist immer rechteckig.

▶ KONTURENFÜHRUNG UM OBJEKTFORM ▣: Jedes Objekt, auch ein frei verformter Pfad, verfügt über solch einen rechteckigen Auswahlrahmen. Wenn Sie den Text an die eigentliche Form angleichen wollen, müssen Sie diese Option aktivieren – siehe Abbildung 18.3. Diese Option wählen Sie auch, wenn Sie einen Photoshop-Pfad, der im Bild gespeichert wurde, für die Konturenführung verwenden wollen – dazu sollten Sie alle Optionen des Konturenführung-Bedienfelds einblenden. Nur dann können Sie die verschiedenen Pfade, die im Bild vorhanden sein können, auswählen. In den erweiterten Optionen können Sie in der Folge auch noch feiner kontrollieren, wie sich der Text genau um das Objekt herum anpassen soll.

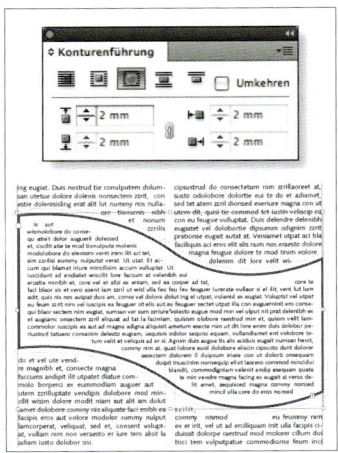

▲ **Abbildung 18.3**
Ein frei geformter Rahmen mit eingeblendeter Konturenführung und einem Außenabstand von 2 mm. In den Einstellungen im Konturenführung-Bedienfeld sehen Sie, dass nur ein Wert für den Abstand eingetragen werden kann, weil der Rahmen nicht rechteckig ist.

▶ OBJEKT ÜBERSPRINGEN ▤: Bei der Standardeinstellung dieser Option findet eine Textverdrängung nur vertikal statt, d. h., links und rechts des Objekts wird kein Text angepasst. Der Text wird erst nach dem Objekt weitergeführt. Allerdings kann auch hier das Verhalten noch feiner eingestellt werden.

▶ IN NÄCHSTE SPALTE SPRINGEN ▤ : Hier verhält sich der Text ähnlich, allerdings beginnt er nicht unmittelbar nach dem verdrängenden Objekt, sondern wird in die nächste Spalte/Seite umbrochen. Nach dem Objekt ist also kein Text mehr in der Spalte sichtbar.

▶ Umkehren: Diese Option können Sie für alle Funktionen aktivieren, sie zeigt aber nicht bei allen eine Wirkung, und wenn, dann zumeist eine vollkommen unbrauchbare. Diese Option auf Konturenführung um Begrenzungsrahmen anzuwenden, würde z. B. bewirken, dass der Text nur innerhalb des verdrängenden Objekts sichtbar würde. Sie werden selten eine passende Anwendung für diese Option finden.

Für alle fünf Funktionen können Sie im Konturenführung-Bedienfeld zusätzliche Abstände definieren. Bei frei geformten Objekten können Sie nur einen einheitlichen Abstand für alle Seiten festlegen. Die Konturenführung wird als Pfad eingeblendet und kann auch wie jeder andere Pfad bearbeitet werden.

18.1.2 Konturenführungsoptionen

Blenden Sie nun alle Optionen des Konturenführung-Bedienfelds ein, indem Sie Optionen einblenden aus dem Bedienfeldmenü aufrufen.

Für die beiden Methoden Konturenführung um Begrenzungsrahmen und Konturenführung um Objektform können Sie seit InDesign CS3 mit dem Menü Konturenf. einstellen, wie sich Text links und rechts eines verdrängenden Objekts verhalten soll.

▶ Die Standardeinstellung Rechte und linke Seite bewirkt – wie oben beschrieben und in Abbildung 18.4 zu sehen –, dass der Text an beiden Seiten des Objekts verdrängt wird. Weitere Einstellungen sind:

▶ Rechte Seite: Der Text wird an der rechten Seite des Objekts vorbeigeführt, die linke Seite bleibt frei. Liegt das Objekt zwischen zwei Spalten, wird es in der linken Seite vom Text übersprungen – siehe Abbildung 18.6 oben.

▶ Linke Seite: Diese Option verhält sich genau umgekehrt zu Rechte Seite.

▶ Zum Rücken zugekehrte Seite: Mit »Rücken« ist der Bund eines doppelseitigen Dokuments gemeint. Befindet sich das Objekt auf der linken Seite, wird der Text rechts am Objekt vorbeigeführt und links vollkommen verdrängt. Auf der rechten Seite verhält es sich umgekehrt.

▶ Vom Rücken abgewendete Seite: Der Text wird auf der Seite des Bundes übersprungen und an der gegenüberliegenden Seite am Objekt vorbeigeführt.

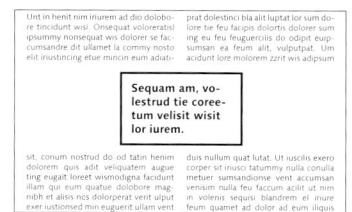

▲ **Abbildung 18.4**
Die Standardeinstellung der Funktion Objekt überspringen sorgt dafür, dass links und rechts des Objekts kein Text stehen bleibt.

▲ **Abbildung 18.5**
Wenn alle Optionen des Konturenführung-Bedienfelds eingeblendet sind, können Sie über das Menü Konturenf. feiner einstellen, wie ein Text verdrängt werden soll.

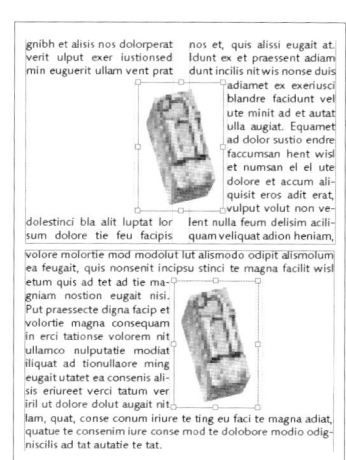

▲ **Abbildung 18.6**
Grösste Fläche: Der Text wird an der Seite am Bild vorbeigeführt, an der der meiste Platz verfügbar ist.

Umfluss in QuarkXPress

GRÖSSTE FLÄCHE entspricht dem Standardverhalten von QuarkXPress für die Einstellung OBJEKT unter UMFLUSS.

- GRÖSSTE FLÄCHE: Reicht das Objekt über zwei oder mehr Textspalten, wirkt sich diese Option nicht aus. Liegt das Objekt zur Gänze in einer Spalte, wird der Text an der Seite vorbeigeführt, an der der meiste Platz zur Verfügung steht – siehe Abbildung 18.6 unten.

Konturenführung und Mustervorlage | Wenn für ein Objekt, das sich auf der Mustervorlage befindet, eine Konturenführung aktiviert ist, stellt sich die Frage, wie sich die Konturenführung auf die Objekte der realen Satzseiten auswirken soll. Wie InDesign mit dieser Frage umgeht, hat sich über die bisherigen Versionen verändert.

Voreinstellungen beachten

Da sich Objekte, die nicht von der Mustervorlage gelöst wurden, immer unter Objekten derselben Ebene befinden, die auf der Dokumentseite platziert werden, dürfen Sie die Option KONTURENFÜHRUNG WIRKT SICH NUR AUF TEXT UNTERHALB AUS im Register SATZ der InDesign-Voreinstellungen nicht aktivieren, es sei denn, Sie regeln die Objektreihenfolge über Ebenen.

Wenn Sie in InDesign CS2 ein Objekt auf einer Mustervorlage platzieren und mit einer Konturenführung versehen, dann wird diese Konturenführung standardmäßig nur auf einen Text wirken, der sich ebenfalls auf der Mustervorlage befindet. Sobald Sie dieses Objekt von der Mustervorlage lösen, z. B. indem Sie bei gedrückten [Strg]+[⇧]- bzw. [⌘]+[⇧]-Tasten einen Klick darauf machen, wirkt sich die Konturenführung auch auf Texte Ihrer Dokumentseite aus.

Seit InDesign CS3 können Sie nun entscheiden, ob sich die Konturenführung standardmäßig auf die Seiten Ihres Dokuments auswirken soll. Aktivieren Sie die Option NUR AUF MUSTERSEITE ANWENDEN im Bedienfeldmenü des Konturenführung-Bedienfelds, damit sich InDesign CS4 wie InDesign CS2 verhält. Wenn Sie die Option abschalten, wirkt sich die Konturenführung auch auf die realen Seiten aus, wenn das Objekt nicht von der Mustervorlage gelöst wurde. Diese Option kann daher nur im Zusammenhang mit Objekten auf Mustervorlagen angewendet werden. Für alle anderen Objekte ist sie deaktiviert.

HINWEIS

Die Konturenführung kann keine Texte in Tabellen verdrängen!

18.1.3 Bilder mit Hilfe von Freistellpfaden umfließen

Bilder sind grundsätzlich immer rechteckig. Das würde bedeuten, dass ein Bild einen Text nur wie die Optionen KONTURENFÜHRUNG UM BEGRENZUNGSRAHMEN und KONTURENFÜHRUNG UM OBJEKTFORM verdrängen könnte.

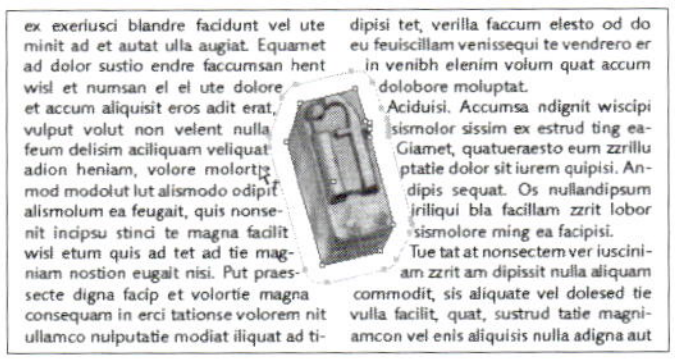

▲ **Abbildung 18.7**
Ein Bild mit einem Beschneidungspfad und einem aus einem Zusatzabstand resultierenden Verdrängungspfad. Beide Pfade können bearbeitet werden; allerdings sollten Sie keine Pfade, die in Bildern gespeichert wurden, bearbeiten.

In solch einem Fall könnten Sie natürlich einen eigenen Bildrahmen formen oder einen eigenständigen Pfad erstellen, der dem Bildmotiv überlagert wird. In der Praxis wird hier aber anders vorgegangen. Für solche Fälle werden bereits in der Bildbearbeitung Freistellpfade (Photoshop nennt sie Beschneidungspfade) im Bild untergebracht. Diese Pfade sind ursprünglich dafür gedacht, ein Bildmotiv vom Hintergrund zu isolieren, ohne dabei die Bilddaten auf Pixelebene zu verändern. Photoshop kann in einem Bild mehrere Pfade speichern und einen Pfad zum Beschneidungspfad ernennen – InDesign unterscheidet zwar zwischen »normalen Pfaden« und Beschneidungspfaden, kann aber alle Pfade zur Konturenführung verwenden.

Auf die Pfade eines Bildes haben Sie im Konturenführung-Bedienfeld Zugriff, sobald Sie für dieses Bild Konturenführung um Objektform aktivieren. Es werden dann die Konturenführungsoptionen aktiv, in denen Sie weitere Einstellungen vornehmen können. Befinden sich keine Pfade im Bild, haben Sie hier allerdings weniger Möglichkeiten, auf die wir später noch eingehen werden.

Im Menü Typ legen Sie zunächst fest, welcher Art das Objekt ist, das als Konturenführung dienen soll. Die beiden Optionen Grafikrahmen und Begrenzungsrahmen entsprechen dem Bildrahmen bzw. der Bildbegrenzung wie in den Standardfunktionen. Die Funktion Kanten suchen versucht anhand hoher Kontrastunterschiede, selbständig einen Pfad zu erstellen.

Wie Beschneidung wählt den Beschneidungspfad des Bildes aus. Wenn ein Bild weitere Pfade enthält, können Sie die Option Photoshop-Pfad wählen. Im Menü Pfad bestimmen Sie dann aus allen Pfaden des Bildes den gewünschten. Photoshop kann in Bildern auch Masken in Form von Alpha-Kanälen speichern. Mit der Option Alpha-Kanal können Sie auch diese Alpha-Kanäle als konturenführende Struktur auswählen. Wenn ein Pfad ein »Loch« enthält – zwei Pfade überlagern sich –, können Sie dieses Loch mit der Option Innenkante einschliessen tatsächlich freilegen.

Prinzipiell können Sie alle Pfade in Bildern auch noch in InDesign bearbeiten, akzeptieren Sie jedoch als Faustregel: Pfade in Bildern werden nur in der Bildbearbeitung erstellt; meiden Sie die Funktion Kanten suchen, wenn das Bild vor einem farbigen Hintergrund steht.

18.1.4 Beschneidungspfad in Rahmen umwandeln

Sollten Sie einen Pfad aus einem Bild für andere Möglichkeiten nutzen wollen, spricht allerdings nichts dagegen, den Pfad aus dem Bild zu lösen und ihn anschließend weiterzubearbeiten.

Zunächst muss ein Bild natürlich einen Pfad enthalten – InDesign unterscheidet auch hier nicht zwischen Freistellpfad und Photoshop-Pfad. Welcher Pfad aus einem Bild gelöst werden kann, definiert sich allein aus den Einstellungen in Objekt • Beschneidungspfad • Optionen. Sobald ein Pfad zum Beschneidungspfad ernannt wurde, können Sie Objekt • Beschneidungspfad • Beschneidungspfad in Rahmen konvertieren oder den gleichnamigen Befehl im Kontextmenü des betreffenden Bildes

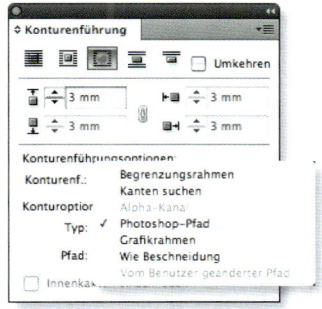

▲ **Abbildung 18.8**
Wenn sich Photoshop-Pfade im Bild befinden, können Sie sie unter Typ auswählen und dann unter Pfad bestimmen, welchen Photoshop-Pfad Sie verwenden wollen.

Wie Beschneidung

Befindet sich kein Beschneidungspfad im Bild, dann ist Wie Beschneidung identisch mit dem Begrenzungsrahmen des Bildes.

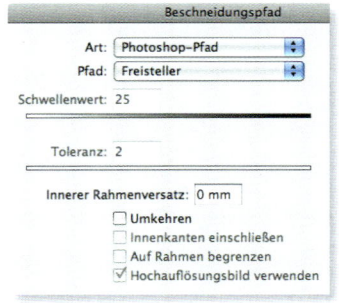

▲ **Abbildung 18.9**
Menü Objekt • Beschneidungspfad • Optionen: Die hier verfügbaren Optionen sind im Wesentlichen eine Untermenge der Einstellungen im Konturenführung-Bedienfeld.

aufrufen. InDesign passt nun einerseits den ursprünglichen Objektrahmen an den Umriss des Beschneidungspfades an und löscht andererseits die Information über den Beschneidungspfad – allerdings können Sie diese Einstellungen jederzeit im Beschneidungspfad-Fenster neu vornehmen. Das Bild selbst wird jedoch nicht angetastet.

Um den Pfad bearbeiten zu können, müssen Sie das Bild zunächst mit dem Auswahl-Werkzeug aktivieren und dann zum Direktauswahl-Werkzeug – z. B. mit einem Doppelklick – wechseln. InDesign blendet nun den neuen Rahmen ein, und Sie können ihn bearbeiten wie jeden anderen Pfad auch.

 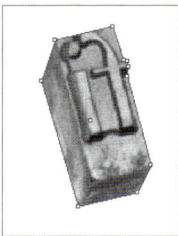 

Abbildung 18.10 ▶
Ein Bild ohne Beschneidung (links), mit aktivem Beschneidungspfad (Mitte) und der isolierte und mit einer Kontur versehene Pfad (rechts)

Wenn Sie das Bild aus dem Rahmen entfernen, bleibt der Pfad bestehen und unterscheidet sich nicht von einem Pfad, den Sie selbst gezeichnet hätten. Solche Pfade können z. B. wunderbar für partielle Lackierungen verwendet werden.

 Ligatur.psd

Schritt für Schritt: Partielle Lackierung erstellen

1 Bild platzieren und duplizieren

Platzieren Sie ein Bild mit einem Beschneidungspfad. Ist in Ihrem Bild tatsächlich ein Beschneidungspfad enthalten und haben Sie in den BILDIMPORTOPTIONEN nichts Gegenteiliges festgelegt, wird der Beschneidungspfad automatisch wirksam und das Bildmotiv auch wirklich gleich freigestellt dargestellt. Ansonsten wählen Sie in den BESCHNEIDUNGSPFAD-Optionen des Bildes einen PHOTOSHOP-PFAD aus.

[Partielle Lackierung]
Eine partielle Lackierung ist ein Veredelungsverfahren, um einem bestimmten Motiv einerseits einen besonderen Glanz zu verleihen und andererseits auch den haptischen Eindruck eines Druckwerks zu verändern. Dabei wird ein Transparenzlack wie eine zusätzliche Druckfarbe in einem eigenen Arbeitsgang auf die Seite aufgetragen.

Duplizieren Sie das Bild, indem Sie es zunächst in die Zwischenablage kopieren und über BEARBEITEN • AN ORIGINALPOSITION EINFÜGEN oder `Strg`+`Alt`+`⇧`+`V` bzw. `⌘`+`⌥`+`⇧`+`V` wieder einsetzen. Dadurch liegt das Duplikat genau über dem Original. Dies ist notwendig, weil das Bild einerseits freigestellt bleiben soll, der Beschneidungspfad bei der Wandlung in einen Rahmen aber verlorengeht.

2 Beschneidungspfad konvertieren

Die oben liegende Kopie sollte bereits ausgewählt sein. Wählen Sie nun OBJEKT • BESCHNEIDUNGSPFAD • BESCHNEIDUNGSPFAD IN RAHMEN KONVERTIEREN. Klicken Sie dann mit dem Direktauswahl-Werkzeug in den neuen Rahmen, um den Inhalt auszuwählen, und löschen Sie diesen mit [Entf] bzw. [←].

3 Lack definieren

Öffnen Sie das Farbfelder-Bedienfeld, und wählen Sie NEUES FARBFELD aus dem Bedienfeldmenü.

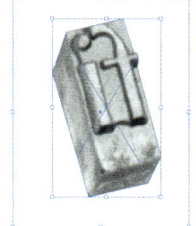
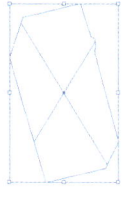

▲ **Abbildung 18.11**
Der Beschneidungspfad wurde in einen Rahmen gewandelt, der Inhalt dieses Rahmens wurde entfernt. Hier ist der neue Rahmen neben dem Bild noch einmal abgebildet – tatsächlich sollte er natürlich genau über dem Bild liegen.

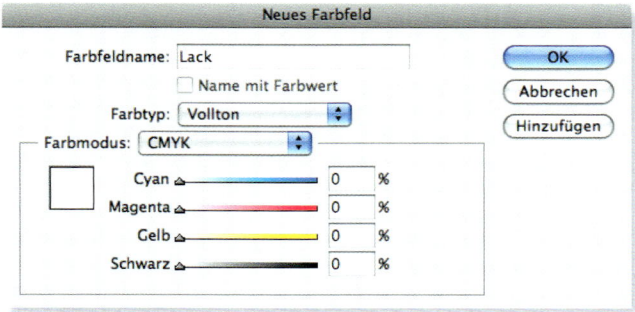

◄ **Abbildung 18.12**
Der Lack trägt keine sichtbaren Farben auf – um ihn aber wirklich transparent zu machen, benötigt er noch eine Sonderbehandlung.

Definieren Sie eine Volltonfarbe (wir benötigen ja einen zusätzlichen Druckdurchlauf), der aber tatsächlich keine Farbe aufträgt, und nennen Sie die Farbe »Lack«.

4 Rahmen einfärben

Wenn unser Rahmen bei der Farbdefinition ausgewählt war, wurde ihm die Füllfarbe »Lack« bereits zugewiesen, ansonsten wählen Sie ihn aus, und weisen Sie ihm die Flächenfarbe »Lack« zu.

Da unser Lack ja keine Farbe aufträgt, verhält er sich wie die Farbe [PAPIER] und spart somit den Hintergrund aus – unser Motiv ist nicht mehr zu sehen.

5 Sichtbarkeit korrigieren

Technisch ist das vollkommen in Ordnung, allerdings möchten wir, dass sich der Transparenzlack auch im Layout verhält wie in der Realität – also durchsichtig ist. Sofern der Lack-Rahmen nicht ausgewählt ist, wählen Sie ihn aus, und öffnen Sie das Effekte-Bedienfeld über FENSTER • EFFEKTE oder [Strg]+[⇧]+[F10] bzw. [⌘]+[⇧]+[F10]. Stellen Sie die FÜLLMETHODE auf MULTIPLIZIEREN. Da unser Lack dem Papierweiß entspricht, kann er im CMYK-Farbraum jeder Farbe zugemischt werden, ohne sie zu verändern (da das Papier ja ohnehin vorhanden ist).

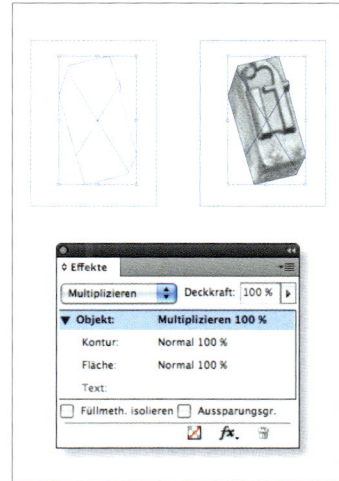

▲ **Abbildung 18.13**
Indem der Lack mit dem Hintergrund multipliziert wird, wird er tatsächlich transparent.

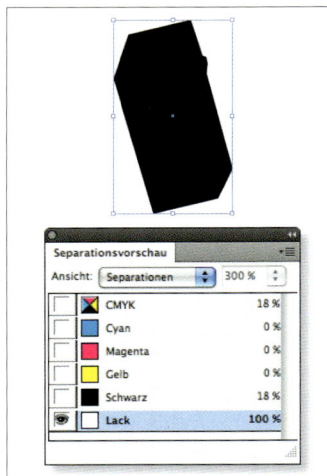

▲ **Abbildung 18.14**
In der SEPARATIONSVORSCHAU können Sie überprüfen, ob der Lack vorhanden ist und auch zu 100 % aufgetragen wird.

[Formsatz]
Wenn Text in eine nicht rechteckige Form eingepasst wird oder die Grundlinie selbst einer Form folgt, sprechen Setzer von Formsatz.

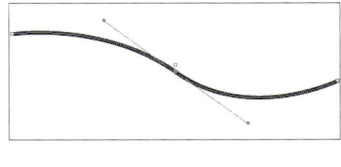

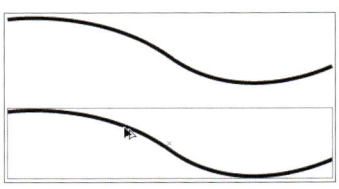

▲ **Abbildung 18.15**
Schritt eins und zwei der Anleitung

6 Ergebnis überprüfen

Öffnen Sie das Separationsvorschau-Bedienfeld über FENSTER • AUSGABE • SEPARATIONSVORSCHAU oder über ⌥+F6. Wählen Sie im Menü ANSICHT die Option SEPARATION, und klicken Sie auf den Eintrag LACK, der unsere fünfte Druckfarbe darstellt. Ihr Motiv sollte nun schwarz dargestellt werden, weil an dieser Stelle ja im Druck der Lack zu 100 % aufgetragen werden wird. ■

Weitere Informationen zum Überprüfen der Ausgabe und zur Separationsvorschau finden Sie in Abschnitt 27.4, »Die Separationsvorschau«, auf Seite 720.

18.1.5 Frei geformte Textrahmen

Im Zeitschriften- und Buchsatz wird ein möglichst ruhiges und gleichmäßiges Layout angestrebt. Beim Satz von Anzeigen und Plakaten, aber auch bei Szene-Magazinen werden offenere Formen zum Gestalten von Text und für das Gesamtlayout benötigt. Um einen Textrahmen zu verformen, können Sie auf das gesamte Repertoire der Pfadwerkzeuge inklusive Skripte zur Formänderung zurückgreifen. Sie können Ankerpunkte hinzufügen oder löschen und den Umriss des Rahmens verzerren und verbiegen – oder sich einen eigenen Textrahmen bauen.

Schritt für Schritt: Einen Textrahmen konstruieren

1 Eine geschwungene Linie erstellen

Erstellen Sie mit dem Zeichenstift-Werkzeug eine geschwungene Linie. Sie besteht aus drei Ankerpunkten, die horizontal und vertikal versetzt sind. Lediglich aus dem mittleren Ankerpunkt ziehen Sie eine Tangente rechts heraus und drehen sie um ca. 30° nach unten.

2 Linie duplizieren

Wählen Sie die Form mit dem Auswahl-Werkzeug aus. Drücken Sie ⌥ und Alt bzw. ⌥. Ziehen Sie die Linie ein Stück nach unten. Alt bzw. ⌥ sorgt dabei dafür, dass ein Duplikat erzeugt wird. Die ⌥-Taste hilft, dass die vertikale Ausrichtung exakt dem Original entspricht.

3 Form schließen

Wählen Sie das Zeichenstift-Werkzeug, und verbinden Sie auf beiden Seiten die untereinanderliegenden Endpunkte.

Alternativ dazu können Sie natürlich auch die beiden linken Endpunkte der Linien auswählen, mit OBJEKT • PFADE • ECKE verbinden und dann mit OBJEKT • PFADE • PFAD SCHLIESSEN die Form
komplettieren. Beide Funktionen finden Sie auch im Pathfinder-
Bedienfeld, wie Sie in Abschnitt 11.3.2, »Pathfinder«, auf Seite
295 nachlesen können.

4   **In Textrahmen wandeln und Text gestalten**
Klicken Sie mit dem Textwerkzeug in die Form. Damit wandeln
Sie die Form in einen Textrahmen um; füllen Sie den Rahmen mit
Text (z. B. über das Menü SCHRIFT • MIT PLATZHALTERTEXT FÜL-
LEN), und gestalten Sie den Text wie gewünscht.   ■

▲ **Abbildung 18.16**
Schritt drei und vier der Anleitung

In unserem Beispiel wurde der Text auf Blocksatz und der Versatzabstand auf 3 mm gesetzt sowie der Adobe Ein-Zeilen-Setzer verwendet, der mit solchen Formen besser umzugehen scheint. Bei
solchen verformten Rahmen können Sie nur einen einzigen Versatzabstand für alle Begrenzungslinien festlegen.

18.2   Texte und Pfade

Zu Beginn dieses Kapitels haben Sie gesehen, wie Sie per Konturenführung die Fläche, die ein Text belegt, formen können. Auch
die Grundlinie, auf der der Text läuft, kann verformt werden, und
schließlich kann auch der Text selbst eine Form darstellen.

18.2.1   Text auf Pfad
Um den Text selbst auf einem Pfad laufen zu lassen, bietet
InDesign das Text auf Pfad-Werkzeug ↖, das Sie im Werkzeug-
Bedienfeld aus dem Menü des Textwerkzeugs bzw. mit ⬆+Ⓣ
auswählen können.

Wenn Sie damit auf einen Pfad klicken – natürlich funktioniert
das auch bei Rahmen, auch bei einem Textrahmen – wird der
Textcursor auf den Pfad gesetzt, und Sie können nun Text einge-
ben, der dem Verlauf des Pfades folgt. Dieser Text kann ganz nor-
mal gestaltet werden. Zusätzlich können Sie den Text auf dem
Pfad verschieben und über einen Doppelklick auf das Text-auf-
Pfad-Werkzeug noch weitere Attribute des Textes festlegen.
Grundsätzlich können Sie den Text aber auch mit dem normalen
Textwerkzeug bearbeiten.

Sofern Sie die Länge und Position des Textes zu diesem Zeitpunkt schon einzuschätzen vermögen, können Sie einen Pfad mit

▲ **Abbildung 18.17**
Ein Text auf einem Pfad. Mit der
Anfangsklammer ❶ und der End-
klammer ❷ beschränken Sie den
Bereich des Pfades, der vom Text
genutzt werden kann. Mit der Mit-
telpunktklammer ❸ können Sie den
Text am Pfad spiegeln.

dem Text auf Pfad-Werkzeug anklicken und bei gedrückter Maustaste bereits die Anfangs- und Endklammer durch Ziehen festlegen.

Pfadtextoptionen | Die Art, wie sich der Text an den Pfad schmiegt, und ob die Zeichen dabei verzerrt werden sollen, können Sie in den PFADTEXTOPTIONEN einstellen, die Sie über SCHRIFT • PFADTEXT • OPTIONEN, aber auch über das Kontextmenü des Pfadtexts aufrufen können.

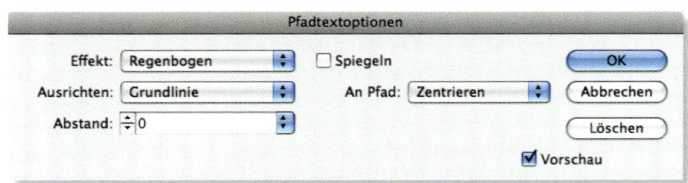

Abbildung 18.18 ▶
Die PFADTEXTOPTIONEN regeln die Kopplung von Pfad und Text.

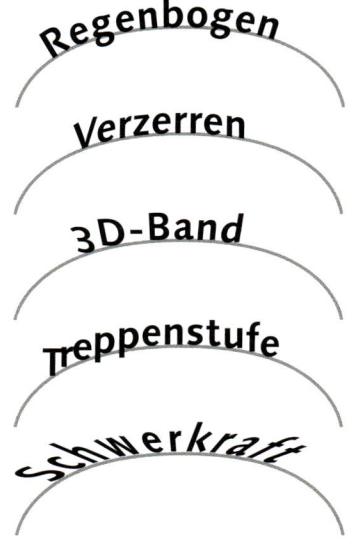

▲ **Abbildung 18.19**
Die fünf Effekte für einen Text auf Pfad

- ▶ EFFEKT: Über das Menü EFFEKT können Sie festlegen, wie der Text auf dem Pfad »sitzen« soll.
  - ▶ REGENBOGEN setzt die einzelnen Buchstaben unter einem Winkel von 90° auf den Pfad, dreht sie also, um sie an den Pfad anzupassen.
  - ▶ VERZERREN verwendet den Pfad als Verzerrungsfunktion des Textes.
  - ▶ 3D-BAND wendet die ersten beiden Funktionen gleichzeitig an.
  - ▶ TREPPENSTUFE dreht die Buchstaben nicht, sondern ändert ihre vertikale Position, um sie am Pfad entlanglaufen zu lassen.
  - ▶ Mit dem Effekt SCHWERKRAFT werden die einzelnen Zeichen so verzerrt, als würden sie von einem gemeinsamen Schwerpunkt angezogen. Bei stark gekrümmten Pfaden wird der Text dadurch vollkommen unleserlich.
- ▶ AUSRICHTEN: Die vier Optionen GRUNDLINIE, ZENTRIERT, UNTERLÄNGE und OBERLÄNGE legen fest, welcher Teil des Textes sich am Pfad ausrichten soll.
- ▶ ABSTAND: Bei scharfen Ecken und starker Pfadkrümmung können, je nach verwendetem Effekt, große Löcher zwischen den einzelnen Zeichen entstehen. Über die Einstellungen in ABSTAND können Sie solche Stellen entschärfen – dies entspricht einer Veränderung der Laufweite, abhängig von der Krümmung des Pfades.
- ▶ SPIEGELN: Wenn Sie diese Option aktivieren, wird der Text am Pfad gespiegelt, also im Normalfall nach unten geklappt. Diese Spiegelung können Sie auch erreichen, wenn Sie an der Mittel-

punktklammer ziehen – diese Markierung wird nur bei Texten auf einem Pfad eingeblendet.

▶ AN PFAD: Hat der Pfad, auf dem der Text sitzt, eine sichtbare und etwas stärkere Kontur, können Sie hier festlegen, ob der Text OBEN, UNTEN oder ZENTRIERT an der Kontur ausgerichtet werden soll. Feiner können Sie diesen Abstand über den Grundlinienversatz des Textes kontrollieren. Hat der Pfad keine sichtbare Kontur, funktioniert diese Option natürlich auch, aber ohne optischen Bezugspunkt verändern Sie letztlich nur die Krümmung des Textes.

▶ LÖSCHEN: Durch einen Klick auf LÖSCHEN entfernen Sie den Text. Diese Funktion kann nur eingesetzt werden, wenn der Text auf dem Pfad mit dem Auswahl- oder Direktauswahl-Werkzeug ausgewählt wurde – also nicht, wenn Sie einzelne Zeichen ausgewählt haben oder der Textcursor im Text steht. Sie erreichen die Löschfunktion auch über das Menü SCHRIFT • PFADTEXT • TEXT AUS PFAD LÖSCHEN.

Texte auf Pfaden verhalten sich wie Texte in normalen Textrahmen, sie haben einen Ein- und einen Ausgang, über den sie mit anderen Rahmen verkettet werden können. Wenn Sie einen Text auf einem Pfad löschen, der mit einem anderen Textrahmen verkettet ist, bricht er in diesen Textrahmen um, wird also tatsächlich nicht gelöscht.

Sie können alle Zeichen- und Absatzattribute anwenden. Lediglich Absatzlinien und Absatzabstände werden bei Texten auf Pfaden nicht wirksam; Unter- und Durchstreichungen dagegen schon.

18.2.2 Text in Pfad umwandeln

Manchmal muss die Schrift selbst in einen Pfad umgewandelt werden, wenn Sie z. B. einen Schriftzug mit einem Bild füllen wollen oder einzelne Zeichen in ihrer Form modifizieren müssen – in der Logo- und Signetgestaltung ist das Bestandteil der täglichen Arbeit. Die Umwandlung ist simpel – markieren Sie einen Text oder einen ganzen Textrahmen, und wählen Sie IN PFADE UMWANDELN aus dem Menü SCHRIFT oder drücken Sie die Tastenkombination [Strg]+[⇧]+[O] bzw. [⌘]+[⇧]+[O]. Das können Sie auch mit einem Text auf einem Pfad machen. InDesign kann alle True-Type-, Type 1- und OpenType-Schriften umwandeln.

Auswahl in Pfade umwandeln | Wenn Sie ein Wort innerhalb eines Textes in einen Pfad umwandeln, werden nur die ausgewählten Buchstaben in Pfade umgewandelt und miteinander ver-

▲ **Abbildung 18.20**
Ein solches Etikett besteht lediglich aus einem ovalen Rahmen mit einer auffälligen Kontur, einem unsichtbaren Oval, das den Text trägt, und einem Bild.

Im Pfadtext verankerte Objekte

Sie können auch in Pfadtexten Objekte verankern, allerdings ist dann die Option ABSTAND VOR nicht verfügbar.

Wie Sie Objekte im Text verankern, lesen Sie ab Seite 552.

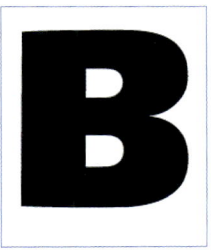

▲ **Abbildung 18.21**
Der Buchstabe B wurde in einen Pfad gewandelt, und ein Bild wurde im Pfad platziert.

▲ **Abbildung 18.22**
Eine Füllung bei verknüpften Pfaden (oben) und bei nicht verknüpften Pfaden (unten)

Mengentext als Pfad

Oft ist es Praxis, auch größere Textmengen in Pfade umzuwandeln, um potentielle Belichtungsprobleme wegen fehlender Schriften zu vermeiden.

Dadurch verlieren Sie die Möglichkeit, den Text noch zu korrigieren. Tun Sie das also bitte nur, wenn sich Produktionsprobleme nachweislich nicht anders lösen lassen. Ansonsten greifen Sie auf die Funktionen aller gängigen Grafik- und Layoutprogramme zurück, die sich für Sie um die Schriften kümmern, wenn Sie Daten weitergeben wollen.

bunden. Dabei ist wesentlich, dass dieser verknüpfte Pfad nun im Text verankert ist und bei Textänderungen wie ein einzelnes Zeichen im Text mitläuft. Alle Eigenschaften wie Textfarbe etc. werden in diese Pfade übernommen. Binnenräume (Punzen) von Buchstaben wie A, B, P werden dabei ebenfalls über einen verknüpften Pfad abgebildet.

Textrahmen in Pfade umwandeln | Wenn Sie einen ganzen Textrahmen umwandeln, geht der Objektrahmen bei der Umwandlung verloren, und Sie bekommen direkt den verknüpften Pfad geliefert.

Bei einer mehrzeiligen Auswahl oder einem Textrahmen mit mehreren Zeilen wird jede Zeile zu einem eigenständigen verknüpften Pfad. Bei der Umwandlung eines Textrahmens werden die einzelnen Zeilen automatisch gruppiert.

Das ist eine wichtige Tatsache, wenn Sie anschließend den gesamten in Pfade gewandelten Text mit einem Inhalt füllen wollen. Bevor das funktioniert, müssen Sie die einzelnen Pfade abermals mit dem Befehl OBJEKT • PFADE • VERKNÜPFTEN PFAD ERSTELLEN (Strg+8 bzw. ⌘+8) miteinander verknüpfen.

Wenn Sie ein TIFF/PSD (Graustufen- oder Bitmap-Bild) im Pfad platzieren, wird der Hintergrund in den weißen Bereichen durchscheinen. Bei einem schwarzen Hintergrund – bei Texten dürfte das der Standardfall sein – müssen Sie die Füllung also entfernen, damit das Bild auch angezeigt wird.

18.3   Verankerte Objekte

Große Textmengen, die auch noch reichlich bebildert sind, stellen Layouter vor das immer gleiche Problem: Bilder und Illustrationen sollen sich in der Nähe des Textes befinden, auf den sie Bezug nehmen. Dazu können sie entweder direkt in den Text eingebunden oder z. B. in einer Marginalspalte neben der entsprechenden Textstelle positioniert werden und sollten den Text, auf den sie Bezug nehmen, bei Umbrüchen begleiten.

Dieser Fall war bis InDesign CS2 mit enormem Aufwand verbunden. Mit InDesign CS3 dann wurden jedoch Methoden eingeführt, dieses Problem elegant umzusetzen. In der aktuellen Version InDesign CS4 wurden diese Methoden nicht verändert.

18.3.1   Objekte in Text einbinden
In den Text eingebundene Bilder sehen Sie in diesem Buch auf nahezu allen Seiten. Sämtliche Screenshots und Beispiele, die in

der Textspalte platziert sind, sind im Text verankert und laufen so bei Umbrüchen selbständig und gleich ausgerichtet im Text mit. Die einzelnen Bilder haben dabei den Charakter eines einzelnen Zeichens. Bei Abbildungen von Werkzeugen oder Symbolen, die wir an vielen Stellen im Text untergebracht haben – z. B. –, ist das deutlich zu sehen. Diese Bilder sind klein und orientieren sich an der Schriftgröße und am Zeilenabstand unseres Textes. Aber auch die Screenshots sind, technisch gesehen, lediglich einzelne Zeichen im Text. Allerdings stehen diese »Zeichen« zumeist allein in einem Absatz, um die Position und die Abstände nach oben und unten besser kontrollieren zu können.

Objekt über Zwischenablage einsetzen | Ein solches Objekt in den Text einzufügen ist simpel: Erstellen oder platzieren Sie das betreffende Objekt zunächst einmal an einer beliebigen Stelle in Ihrem Dokument, und bringen Sie es in die gewünschte Form und Größe. Markieren Sie es, und schneiden Sie es aus, oder kopieren Sie es. Setzen Sie nun den Textcursor an die Stelle im Text, an der das Objekt verankert werden soll, und fügen Sie es aus der Zwischenablage ein.

Das Objekt behält dabei natürlich alle Eigenschaften, die es zum Zeitpunkt des Einsetzens bereits besaß, und diese Eigenschaften können natürlich auch im verankerten Zustand noch geändert werden. Um ein eingebundenes Objekt zu löschen, können Sie es mit dem Auswahl-Werkzeug markieren und wie gewohnt löschen, Sie können aber auch das Textwerkzeug dazu benutzen.

Die Position im Text können Sie aber vorerst nur so weit beeinflussen, wie es auch für einzelne Zeichen möglich wäre. Zu den umfangreichen Möglichkeiten, mit denen Sie beeinflussen können, wie sich das Objekt im Textumfeld verhält, kommen wir gleich.

Einen Platzhalter einfügen | Wenn Sie noch kein Objekt zur Verfügung haben, das Sie einsetzen könnten, können Sie zunächst einen Platzhalter im Text verankern. Platzieren Sie den Textcursor an der gewünschten Stelle, und rufen Sie aus dem Menü OBJEKT das Kommando VERANKERTES OBJEKT • EINFÜGEN auf.

Sie landen im Fenster VERANKERTES OBJEKT EINFÜGEN, das in zwei Bereiche gegliedert ist. Da zu diesem Zeitpunkt noch kein Objekt existiert, müssen Sie im Bereich OBJEKTOPTIONEN zunächst die Eigenschaften eines Platzhalters festlegen. Ignorieren Sie vorerst die Einstellungen im unteren – größeren – Bereich des Fensters.

Nicht nur Bilder

Wir verwenden hier Bilder als Beispiele für verankerte Objekte, aber tatsächlich können Sie jedes Objekt, das Sie in InDesign erstellen können, im Text verankern, also auch Pfade und Textrahmen. Tabellen liegen sogar immer als in einen Textrahmen eingebundenes Objekt vor.

Mehrere Objekte im Text verankern

Wenn Sie mehrere Objekte im Text platzieren wollen, müssen Sie alle Einzelobjekte zunächst gruppieren, da nur dann der Charakter eines einzelnen Zeichens hergestellt werden kann. Die einzelnen Objekte in der Gruppe können allerdings auch im Text noch mit dem Direktauswahl-Werkzeug bearbeitet werden.

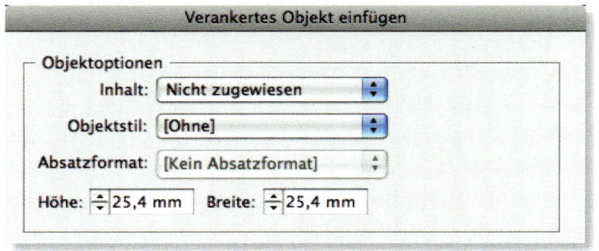

Abbildung 18.23 ▶
Bei einem Aufruf über OBJEKT •
VERANKERTES OBJEKT • EINFÜGEN
müssen Sie unter OBJEKTOPTIONEN
zunächst einen Platzhalter definieren.

Objektoptionen | Das neue Objekt muss zunächst in seinen Grundeigenschaften festgelegt werden.

▶ INHALT: Ein Objekt ist immer von einem Rahmen umgeben, und im Normalfall ist zum Zeitpunkt der Verknüpfung klar, welche Art von Daten dieser Rahmen enthalten wird. Wählen Sie TEXT oder GRAFIK oder, falls der Inhalt noch nicht festgelegt wurde, NICHT ZUGEWIESEN. Wie Sie wissen, können Sie den Inhalt eines Rahmens jederzeit festlegen oder umstellen.

▶ OBJEKTSTIL: Mit Objektstilen können Sie in einem Arbeitsgang die Eigenschaften des Objekts und auch nahezu alle Eigenschaften des Inhalts festlegen.

▶ ABSATZFORMAT: Sofern Sie beim Erstellen des Objekts den INHALT schon mit TEXT festgelegt haben, können Sie hier gleich das Absatzformat auswählen, mit dem der Text des Objekts formatiert werden soll.

▶ HÖHE und BREITE: Wenn Sie den Platzbedarf des Objekts schon kennen, können Sie die entsprechenden Dimensionen hier festlegen.

InDesign geht bei den Standardeinstellungen, die zum Zeitpunkt des Einfügens zugewiesen werden, bei den beiden beschriebenen Methoden, ein Objekt zu verankern, von unterschiedlichen Anwendungsarten aus:

▶ **Eingebunden oder über Zeile:** Ein Objekt, das über die Zwischenablage eingesetzt wird, bekommt Eigenschaften zugewiesen, die es im Text mitlaufen lassen. Dabei bestimmt das Textumfeld die Position des Objekts – es bewegt sich **im** Text.

▶ **Benutzerdefiniert:** Bei einem Platzhalter wird jedoch davon ausgegangen, dass lediglich eine Position im Text definiert wird, an dem sich das Objekt orientiert, das sich selbst aber außerhalb des Textes befinden kann (aber nicht muss). Bei beiden Methoden wird das verankerte Objekt aber bei Textumbrüchen mit dem Text bewegt. Die Position des Objekts im Bezug zum Text wird hier vom Benutzer festgelegt. Es bewegt sich mit, aber nicht zwangsläufig im Text.

Objektstile

Objektstile sind ein Mechanismus, mit dem nahezu alle Attribute eines Objekts mit einem Klick festgelegt werden können – wie, werden Sie im nächsten Kapitel erfahren.

18.3.2 Eingebunden oder über Zeile

Um die Art, wie sich ein Objekt ins Textumfeld einfügt, besser kontrollieren zu können, wählen Sie für das ausgewählte Objekt das Menü OBJEKT • VERANKERTES OBJEKT • OPTIONEN oder aus dem Kontextmenü des Objekts ebenfalls die Funktion VERANKERTES OBJEKT • OPTIONEN aus. Bei einem Objekt, das Sie über die Zwischenablage im Text verankert haben, sollte im nun erscheinenden Fenster OPTIONEN FÜR VERANKERTES OBJEKT unter POSITION bereits die Option EINGEBUNDEN ODER ÜBER ZEILE vorausgewählt sein.

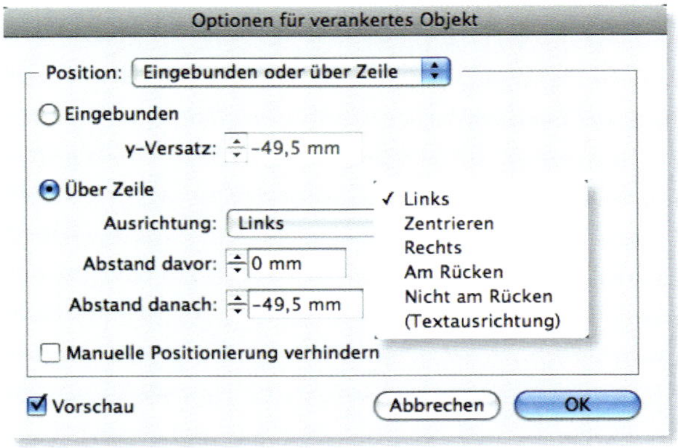

◀ Abbildung 18.24
Für ein über die Zwischenablage im Text verankertes Objekt sollte die Option EINGEBUNDEN ODER ÜBER ZEILE vorausgewählt sein, ansonsten wählen Sie sie im Menü POSITION aus.

Eingebunden | EINGEBUNDEN bedeutet, dass ein über die Zwischenablage im Text platziertes Objekt mit der Unterkante auf der Grundlinie der Textzeile steht, in die es eingebunden wurde. Ist das Objekt höher als der Zeilenabstand, ragt es über die Zeile hinaus und verdeckt den Text oberhalb. Das Objekt kann mit den Cursortasten von der Grundlinie versetzt und – da es ja technisch als einzelnes Zeichen behandelt wird – natürlich auch per Grundlinienversatz verschoben werden. Wenn Sie den Grundlinienversatz mit den Cursortasten verändern, entspricht das dem Y-VERSATZ. Diese Methode ist hauptsächlich für sehr kleine Objekte geeignet, die gut in einer Zeile mitlaufen können, oder für Objekte, die in einem eigenen Absatz im Text mitlaufen sollen.

Über Zeile | Bei der Methode ÜBER ZEILE ist der Unterschied zu EINGEBUNDEN der, dass solch ein Objekt den Text verdrängt – der Text oberhalb des Objekts wird also nicht mehr verdeckt. Dadurch wird der Text an der Stelle, an der das Objekt steht, getrennt, und das eingebundene Objekt belegt nun – scheinbar – einen eigenen Absatz.

Dadurch kann das Objekt nun gesondert vom Text eine eigene Ausrichtung besitzen. Neben den Standardausrichtungen LINKS,

Verankerte Objekte in QuarkXPress

Die meisten QuarkXPress-Benutzer haben sicher schon diese schmerzhafte Erfahrung gemacht: Wenn Sie ein Objekt in einer Textspalte verankern wollen, das breiter als die Textspalte ist, versucht XPress, die Zeile neu zu umbrechen. Da das Objekt davon nicht kleiner wird, hat es auch in der nächsten Zeile keinen Platz und wird wieder umbrochen usw. Möglicherweise landet das Objekt irgendwann innerhalb der Textverkettung in einer Spalte, die breit genug ist, ansonsten landet es im »Übersatz-Nirwana«.

InDesign verhält sich hier vorbildlich: Passt ein Objekt nicht in eine Spalte, ragt es eben je nach Ausrichtung links oder rechts über die Spalte hinaus.

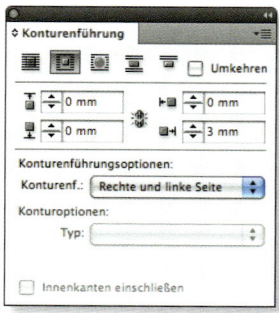

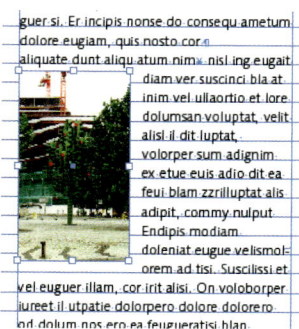

▲ **Abbildung 18.25**
Die KONTURENFÜHRUNG für dieses im Text eingebundene Objekt wurde aktiviert. Die OPTIONEN FÜR VERANKERTES OBJEKT sind wie in Abbildung 18.24 eingestellt.
Das »Vorbeiführen« von Text wirkt nur auf den Text, der dem Objekt folgt, und nicht für die Zeile, in der das Objekt eingesetzt wurde.

ZENTRIERT und RECHTS können Sie festlegen, ob sich das Objekt AM RÜCKEN (gemeint ist der Bund bzw. der Innensteg) oder NICHT AM RÜCKEN (gemeint ist die Außenseite einer Seite) orientieren soll. Beide Optionen verändern die Ausrichtung des Objekts abhängig davon, ob es sich auf einer linken oder der rechten Seite befindet. So richtet sich ein Objekt mit AM RÜCKEN linksbündig aus, wenn es auf einer rechten Dokumentseite steht, und rechtsbündig, wenn es auf der linken Seite steht. NICHT AM RÜCKEN richtet das Objekt immer an der Außenseite der jeweiligen Dokumentseite aus. Die Option (TEXTAUSRICHTUNG) übernimmt die Ausrichtung von dem Absatz, in dem das Objekt eingebunden ist.

Möchten Sie zum Text oberhalb des Objekts zusätzlichen Abstand einhalten, können Sie das über ABSTAND DAVOR festlegen. Ein negativer Wert führt dabei zu einer Überlappung mit dem Text oberhalb des Objekts. Ein positiver Wert in ABSTAND DANACH rückt den folgenden Text entsprechend vom Objekt ab, wie es bei Absätzen üblich ist. Ein negativer Betrag zieht den Text unterhalb des Objekts allerdings nach oben und führt somit dazu, dass der Text über dem Objekt liegt.

In dieser Standardeinstellung ist der Vorteil nicht unmittelbar zu sehen. Wenn Sie jedoch die KONTURENFÜHRUNG für das Objekt aktivieren, können Sie dafür sorgen, dass der dem Objekt folgende Text nun am Objekt vorbeiläuft. Wenn Sie den Abstand auf die Höhe des Objekts (oder größer) stellen, erreichen Sie also, dass das Objekt einerseits mit dem Text läuft und umbricht und andererseits der dem Objekt folgende Text neben dem Objekt vorbeigeführt wird.

Manuelle Positionierung verhindern | Verankerte Objekte können beschränkt in der Vertikalen verschoben werden. Auch die Größe kann verändert werden. Beide Manipulationen führen jedoch zu geänderten Umbrüchen. Wenn Sie solche Änderungen unterbinden möchten, aktivieren Sie die Option MANUELLE POSITIONIERUNG VERHINDERN.

18.3.3 Benutzerdefiniert – »freilaufende« Objekte

Die gesamte Leistung verankerter Objekte verbirgt sich jedoch hinter BENUTZERDEFINIERT im Fenster OPTIONEN FÜR VERANKERTES OBJEKT. Tatsächlich ist diese leistungsstarke Funktion etwas komplex und abstrakt, weshalb wir zunächst das grundlegende Konzept erklären müssen.

Ein typisches Beispiel für die vielen Probleme, die auftreten, wenn sich Objekte mit dem Text bewegen sollen – also sich selbständig an einen gewünschten Bezugspunkt im Text binden sollen –, halten Sie gerade in Händen: dieses Buch. Wir verwenden Bilder und Illustrationen, die im Text verankert sind, und diese Bilder sind dann auch noch mit einer Bildunterschrift versehen, die, immer mit ihrer letzten Textzeile an der Unterkante des Bildes ausgerichtet, in der Marginalspalte stehen soll. Darüber hinaus gibt es Abbildungen und Infokästen, die direkt in der Marginalspalte stehen und natürlich in der Nähe des Textes platziert sein sollen, auf den sie sich beziehen.

Das ist an sich schon eher knifflig, viel schlimmer ist jedoch, dass alle Elemente in der Marginalspalte versetzt werden müssen, wenn der Haupttext auch nur um eine Zeile umbricht. Noch aufwendiger sind natürlich größere Verschiebungen, die dazu führen können, dass ein bestimmtes Objekt plötzlich von einer linken auf eine rechte Seite wechselt. Ein Element in der Marginalspalte, das gerade noch genug Platz fand, könnte bei einem ungünstigen Textumbruch plötzlich der nächsten Seite zugeordnet sein – deren Marginalspalte ist aber bereits gut gefüllt und muss dadurch ebenfalls umorganisiert werden.

Kurz und gut: Diese Objekte sollten ebenfalls im Text verankert werden. Der Unterschied zur bereits beschriebenen Art verankerter Objekte ist, dass diese Objekte nicht **im** Text laufen und umbrechen, sondern **mit dem** Text. Sie befinden sich in der Regel außerhalb der Textspalte. All diese Probleme können Sie mit den Optionen in BENUTZERDEFINIERT für verankerte Objekt lösen.

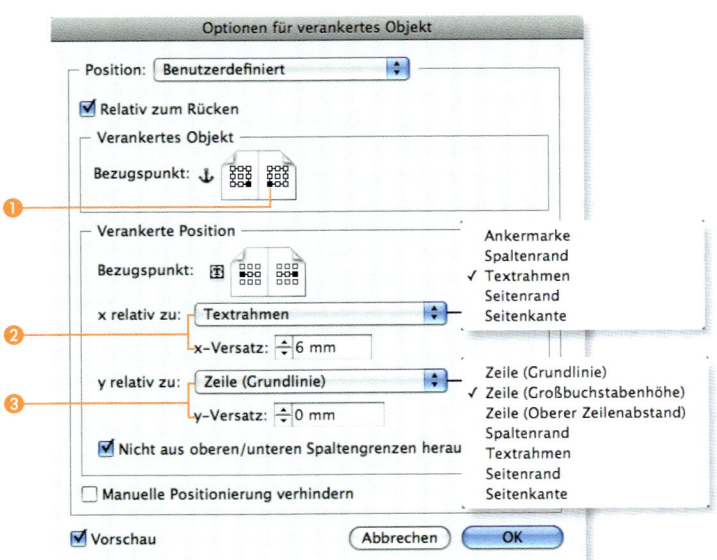

◄ **Abbildung 18.26**
Benutzerdefinierte Position: Diese Bildunterschrift ist rechts vom zugehörigen Bild verankert, auf der rechten Seite dient die linke untere Ecke als Bezugspunkt ❶, der sich auf der Seite am Spaltenrand des Haupttextes ausrichtet und 6 mm Abstand zum Textrahmen ❷ einhält. Die Unterkante des Textrahmens liegt auf der gleichen Grundlinie wie das Bild ❸ – deshalb ist der Y-VERSATZ 0 mm.

Die vielen Parameter, die Sie hier einstellen können, stehen alle in Beziehung zueinander. Das macht es schwierig, vorherzusehen, wie sich die verschiedenen Kombinationen auswirken werden – abhängig von den verschiedenen Konstellationen unterscheiden sich manche Parameter tatsächlich nicht voneinander.

Relativ zum Rücken | Diese auf den ersten Blick unscheinbar wirkende Option stellt tatsächlich eine großartige Funktion zur Verfügung: Sämtliche Einstellungen, die Sie im Folgenden vornehmen, werden automatisch gespiegelt, und zwar abhängig davon, ob sich das Objekt, das automatisch verschoben wird, auf einer linken oder einer rechten Seite befindet.

Verankertes Objekt | Ein Objekt wird an der Position des Textcursors im Text verankert. Wenn sich der Bezugspunkt bewegt, wird sich auch das verankerte Objekt bewegen, wobei Sie festlegen müssen, welchen horizontalen und vertikalen Abstand es dabei einhalten soll. Damit diese Abstände eindeutig definiert sind, müssen Sie einen BEZUGSPUNKT für das verankerte Objekt festlegen. Dies entspricht den üblichen Einstellungen für Positionen und Dimensionen in InDesign.

Verankerte Position | Der Bezugspunkt für die Abstände zum verankerten Objekt wurde bereits festgelegt – um einen eindeutigen Abstand zu erhalten, muss nun der Bezugspunkt festgelegt werden, von dem aus der jeweilige Abstand gemessen werden soll.

▶ BEZUGSPUNKT: Dieser Ausgangspunkt kann sich auf die Position im Text oder auf ein Objekt (Rahmen, Spalte …) beziehen, das den Bezugspunkt enthält. Diese Objekte belegen eine Fläche, und deshalb muss festgelegt werden, auf welchen Teil der Fläche sich der Punkt, ab dem der Abstand zum verankerten Objekt gemessen werden soll, bezieht. Die Einstellung machen Sie wieder nach dem üblichen Schema, wobei aber in manchen Situationen nicht alle Positionen ausgewählt werden können.

▶ X RELATIV ZU: Wenn Sie ANKERMARKE auswählen, wird sich das verankerte Objekt auch in der Horizontalen bewegen können, da die Ankermarke den Punkt festlegt, an dem der Textcursor stand, als Sie das Objekt eingefügt haben. Da diese Position im Text mitläuft, folgt das verankerte Objekt allen Positionsänderungen, die durch Textumbrüche entstehen. SPALTENRAND unterscheidet sich von TEXTRAHMEN nur dann, wenn der Textrahmen mindestens zwei Spalten enthält. Springt die Ankermarke in die nächste Textspalte, wird sich die horizontale Position des verankerten Objekts verändern; existiert nur eine Spalte, ist der Rand des Rahmens identisch mit dem Rand der

---

Im Pfadtext verankerte Objekte

Sie können auch in Pfadtexten Objekte verankern, allerdings ist dann die Option ABSTAND VOR nicht verfügbar.

Drei oder neun Positionen

Wenn Sie unter Y RELATIV ZU eine Zeilenoption auswählen, wird die vertikale Position des Bezugspunkts eben durch die Zeile definiert, in der sich die Ankerposition befindet – Sie können deshalb nur mehr zwischen den drei horizontalen Positionen wählen.

Spalte. SEITENRAND bedeutet, dass sich der horizontale Abstand des verankerten Objekts auf den Steg der Seite (somit also auf den Seitenspiegel) bezieht. SEITENKANTE legt die Beschnittkante des Endformates Ihrer Seiten als Bezugspunkt fest.

▶ X-VERSATZ: Da nun beide Bezugspunkte für den horizontalen Abstand des verankerten Objekts zur Position im Text festgelegt sind, können Sie hier den Abstand zwischen beiden Bezugspunkten absolut festlegen.

▶ Y RELATIV ZU und Y-VERSATZ: Die Einstellungen für die vertikale Position des verankerten Objekts entsprechen im Wesentlichen denen der horizontalen Position, allerdings spielt die Ankermarke hier keine Rolle, da sich die vertikale Position aus der Zeile ergibt, in der sich das verankerte Objekt befindet. Dafür können Sie mit den drei Optionen ZEILE (GRUNDLINIE), ZEILE (GROSSBUCHSTABENHÖHE) und ZEILE (OBERER ZEILENABSTAND) festlegen, auf welchen Abstand innerhalb der Zeile sich der Y-VERSATZ beziehen soll.

Schritt für Schritt: Ein verankertes Objekt in eine Marginalspalte einfügen

Für diese Schritt-für-Schritt-Anleitung benötigen Sie ein doppelseitiges Dokument, wie Sie es in Kapitel 5.3, »Ein neues Dokument anlegen«, erstellt haben.

KAPITEL_05, »Projektarbeit.indd«

1 **Dokument einrichten und Bildmaterial bereitstellen**

Falls Sie kein passendes Dokument zur Hand haben, legen Sie unser Projekt anhand der folgenden Dokumentvorgaben an und füllen einige Textspalten mit Text.

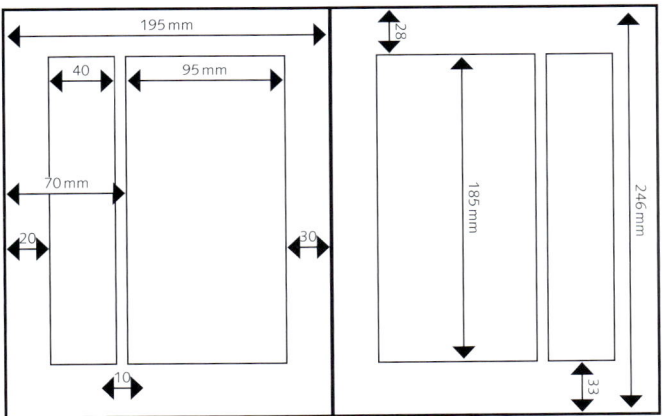

◀ **Abbildung 18.27**
Die Projektarbeit aus Kapitel 5 unseres Buches ist ein geeigneter Kandidat, um das Verhalten verankerter Objekte zu testen.

Wenn Sie ein Objekt, wie in Schritt 2 beschrieben, in einen Absatz einsetzen, hängt der Platz, der dem Objekt zugewiesen wird, davon ab, ob Sie für den Text des Absatzes einen fixen oder einen automatischen Zeilenabstand eingestellt haben.

Bei einem fixen Zeilenabstand steht das Objekt in der Zeile und verdeckt den Text oberhalb, weil der Zeilenabstand in diesem Fall von InDesign nicht verändert wird. Ist der Zeilenabstand dagegen auf AUTOM. gesetzt, wird er von InDesign so angepasst, dass das Objekt Platz zwischen den Absätzen findet, den Text also vollständig verdrängt.

Halten Sie ein Bild bereit, das Sie in den Text einfügen können. Dieses Bild wird im Text mitlaufen, und die dazugehörende Bildunterschrift wird es bei jedem Umbruch in der Marginalspalte begleiten.

2   Bild platzieren und im Text verankern

Laden Sie ein Bild, und platzieren Sie es am besten auf der Montagefläche. Bringen Sie es in eine geeignete Größe, schneiden Sie es aus ([Strg]+[X] bzw. [⌘]+[X]), und platzieren Sie den Textcursor im Text. Eine geeignete Stelle wäre im unteren Drittel der Textspalte auf der linken Seite – so können Sie das Verhalten des Bildes beim Umbruch auf die rechte Seite leicht überwachen. Erzeugen Sie einen neuen Absatz, und setzen Sie den Zeilenabstand dieses Absatzes auf AUTOM. Setzen Sie das Bild nun in diesen Absatz ein ([Strg]+[V] bzw. [⌘]+[V]). Damit sollte das Ergebnis in etwa so aussehen wie Abbildung 18.28:

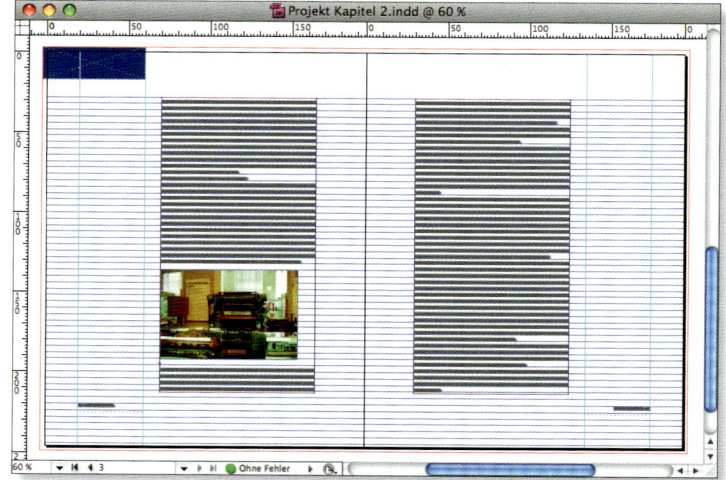

Abbildung 18.28 ▶
Das Bild ist im Text verankert und läuft nun bei Textumbrüchen wie ein eigenständiger Absatz in der Textspalte weiter, solange es genügend Platz findet.

Das Bild läuft nun im Text mit – fügen Sie oberhalb des Bildes zusätzlichen Text ein, und beobachten Sie, wie das Bild auf die rechte Seite umbricht, sobald es in der Spalte auf der linken Seite keinen Platz mehr findet. Dadurch können sich natürlich Textspalten ergeben, die nicht vollständig gefüllt sind.

3   Bildunterschrift erstellen

Erstellen Sie einen Textrahmen mit den Dimensionen 40 x 20 mm, und legen Sie die Bildunterschrift an. Unsere Marginalspalte ist 40 mm breit – dieser Textrahmen wird also genau in die Spalte passen. Die Höhe wird später je nach Platzbedarf der Bildunterschrift angeglichen.

4 Verankertes Objekt einfügen und einrichten

Kopieren Sie den Textrahmen in die Zwischenablage, platzieren Sie dann den Textcursor neben dem Bild – verwenden Sie nötigenfalls die Pfeiltasten –, und setzen Sie den Rahmen aus der Zwischenablage in den Text ein. Objekte, die aus der Zwischenablage eingesetzt werden, werden von InDesign zunächst über der Zeile eingefügt. Rufen Sie Objekt • Verankertes Objekt • Optionen auf, und nehmen Sie alle Einstellungen so vor, wie in Abbildung 18.29 gezeigt. Danach klicken Sie auf OK.

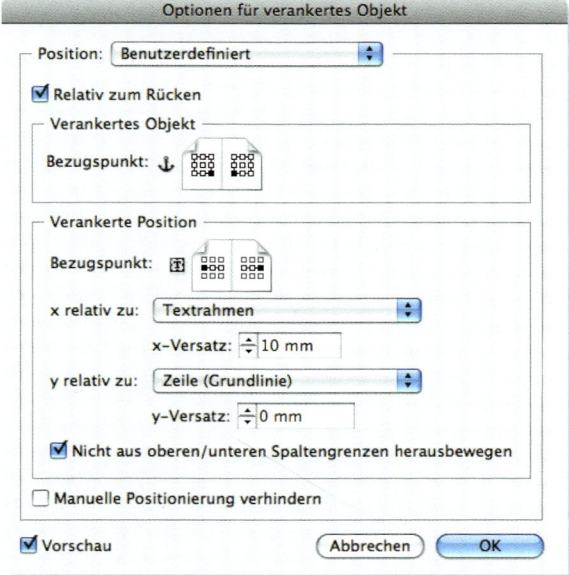

◄ **Abbildung 18.29**
Die Position des neuen Objekts wird automatisch am Bund gespiegelt. Es wird durch den x-Versatz gleich neben dem Steg zwischen Haupttext- und Marginalspalte platziert. Sollte das bei Ihnen nicht der Fall sein, haben Sie die Bezugspunkte vermutlich falsch eingestellt.

Korrigieren Sie eventuell die Höhe des Rahmens. Da wir die Option Manuelle Positionierung verhindern nicht aktiviert haben, können Sie den Rahmen z. B. in seiner vertikalen Position versetzen. Halten Sie dazu die ⌂-Taste gedrückt, um die horizontale Position nicht zu verändern.

5 Objektinformationen einblenden

Der neue verankerte Rahmen ist mit einem Anker an seinem Ursprungspunkt gekennzeichnet, siehe Abbildung 18.30.

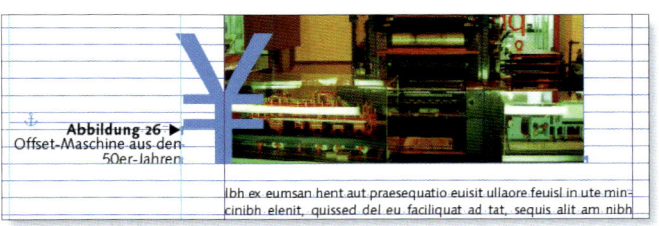

◄ **Abbildung 18.30**
Hier ist die Ankermarke deutlich zu sehen, da sie direkt neben dem Bild steht und deshalb in der Größe an das Bild angepasst wird. Steht die Ankermarke im Text, wird sie an die Größe des Texts angepasst.

Falls das Ankersymbol nicht angezeigt wird, rufen Sie ANSICHT •
RAHMENKANTEN EINBLENDEN auf. Wählen Sie ANSICHT • TEXTVER-
KETTUNGEN EINBLENDEN, um die virtuelle Verbindungslinie zwi-
schen den beiden Ursprüngen der Verankerung vom Text zum
Objekt sichtbar zu machen, sobald Sie das verankerte Objekt aus-
gewählt haben. Die Ankermarke im Text wird angezeigt, wenn Sie
SCHRIFT • VERBORGENE ZEICHEN EINBLENDEN aktivieren.

6   **Umbruch testen**

Fügen Sie nun oberhalb des Bildes Text ein, und beobachten Sie,
wie sowohl das Bild als auch die Bildunterschrift auf der Seite
weiterrücken. Sobald das Bild auf der linken Seite keinen Platz
mehr findet, wird es in die rechte Seite umbrochen, wobei die
Bildunterschrift automatisch mit dem Bild umbrochen und korrekt in der Marginalspalte der rechten Seite platziert wird.

Sofern Sie als Ausrichtung für die Bildunterschrift AM RÜCKEN
AUSRICHTEN gewählt haben, sollte sich der rechtsbündige Text auf
der linken Seite in einen linksbündigen Text auf der rechten Seite
umwandeln. ■

Schrift in Pfade umwandeln

Wenn Sie die Funktion SCHRIFT •
IN PFADE UMWANDELN nur auf
einen ausgewählten Text in einem Textrahmen anwenden und
nicht auf den Textrahmen selbst,
dann wird das Ergebnis als EIN-
GEBUNDEN im Text verankert.

Da doch einige Einstellungen – und in der Regel für alle Objekte
gleich – vorzunehmen sind, brauchen Sie noch einen Mechanismus, der Ihnen ermöglicht, auch die Optionen für verankerte
Objekte mit einem Mausklick zuzuweisen. Dieser Mechanismus
heißt Objektstile, und wir werden ihn Ihnen gleich im nächsten
Abschnitt vorstellen.

18.3.4   Verankertes Objekt lösen

Wenn Sie den Text, der die Verankerung eines Objekts enthält,
löschen, wird auch das verankerte Objekt entfernt – schließlich ist
es ja nichts anderes als ein einzelnes Zeichen im Text. Um das
verankerte Objekt zu erhalten, müssen Sie es auswählen und die
Funktion OBJEKT • VERANKERTES OBJEKT • LÖSEN aufrufen. Die
Verbindung zwischen Text und Objekt wird aufgehoben, das
Objekt jedoch bleibt erhalten.

Wenn Sie das verankerte Objekt selbst löschen, wird die Verbindung zum Text selbstverständlich auch aufgelöst und die Position der Verankerung im Text gelöscht.

Wenn Sie Text, in dem ein Objekt verankert ist, ausschneiden
und an einer anderen Position wieder einfügen, wird das verankerte Objekt natürlich ebenfalls kopiert. Zwischen zwei Dokumenten mit unterschiedlichen Satzspiegeln kann das zu unerwar-
teten Ergebnissen führen.

Lösen funktioniert nicht

Die Funktion LÖSEN kann nicht
auf Objekte angewendet werden, die EINGEBUNDEN ODER
ÜBER ZEILE im Text verankert
sind.

18.4 Objektstile

Wie Sie Texte und Tabellen schnell mit Formaten gestalten können, haben Sie ja bereits mit der Erstellung und Anwendung von
Absatz-, Zeichen-, Zellen- und Tabellenformaten gelernt. Mit
Objektstilen sind Sie nun in der Lage, genauso schnell Grafiken
und Rahmen zu formatieren, und können dabei auf alle Attribute
für Konturen und Flächen zurückgreifen.

Objektstile enthalten Einstellungen für Kontur, Farbe, Transparenz, Schlagschatten, Absatzformate, Konturenführungen, Effekte,
die Formatierungsoptionen für Text- und Grafikrahmen sowie für
verankerte Objekte, die Sie getrennt voneinander oder als gesamte
Gruppe zur Formatierung einzelner Objekte einstellen können.

Objektstile können auf Objekte, Objektgruppen und Rahmen
einschließlich Textrahmen angewandt werden. Dabei kann ein Stil
entweder alle Objekteinstellungen anwenden, löschen und ersetzen oder nur bestimmte Attribute auf Objekte anwenden und die
restlichen Einstellungen beibehalten. Welche Einstellungen sich
dabei auf das jeweilige Objekt in welcher Weise auswirken, legen
Sie bei der Definition eines Stils im OBJEKTSTILE-Dialog fest.

Objektstile in anderen Programmen

Objektstile in InDesign sind der
Funktionsweise aus anderen Programmen, wie z. B. den »Grafik-
stilen« in Adobe Illustrator oder
den »Stilen« in Adobe Photoshop sehr ähnlich.

18.4.1 Das Objektstile-Bedienfeld

Zentrales Element zum Aufbau eines Objektstiles ist das Objektstile-Bedienfeld 🔲, das Sie über den Befehl FENSTER • OBJEKT-
STILE oder über das Tastenkürzel ⌷Strg⌷+⌷F7⌷ bzw. ⌷⌘⌷+⌷F7⌷ aufrufen können.

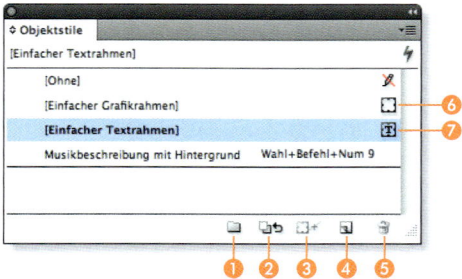

◄ **Abbildung 18.31**
Das Objektstile-Bedienfeld

Über das Objektstile-Bedienfeld können Sie einen NEUEN STIL
ERSTELLEN ❹, diesen benennen und durch Klick auf den Eintrag
anwenden. Standardmäßig befindet sich, sobald Sie ein neues
Dokument anlegen, ein Standardsatz an Objektstilen im Bedien-
feld, zu denen die Stile [EINFACHER GRAFIKRAHMEN] ❻ und [EIN-
FACHER TEXTRAHMEN] ❼ zählen. Diesen beiden Stilen können Sie
jene Einstellungen zuweisen, die Sie erwarten, wenn Sie einen
Bild- bzw. Textrahmen in Ihrem Dokument verwenden wollen.

TOP-TIPP
Voreinstellungen für einen Textrahmen

Schließen Sie alle Dokumente. Ändern Sie zuerst die Voreinstellungen für den Objektstil [Einfacher Textrahmen] nach Ihren Vorstellungen. Aktivieren Sie das Textrahmen-Werkzeug, und klicken Sie einmal auf den Objektstil [Einfacher Textrahmen]. Ab diesem Zeitpunkt werden alle neu erstellten Textrahmen in der eingestellten Art und Weise formatiert. Genauso verfahren Sie mit dem Rechteckrahmen-Werkzeug. Schneller geht das, wenn Sie Standard-Textrahmenstil aus dem Bedienfeldmenü des Objektstile-Bedienfelds aufrufen und dort den gewünschten Stil auswählen.

Doch Achtung: Damit werden keine Voreinstellungen getroffen, die Sie durch Aufziehen von Textrahmen mit dem Textrahmen-Werkzeug bzw. von Bildrahmen mit dem Rechteckrahmen-Werkzeug erhalten würden. Beide Werkzeuge bleiben neutral – keine Kontur und keine Fläche –, solange Sie nicht den beiden Werkzeugen als Default-Wert den Objektstil [Einfacher Textrahmen] bzw. [Einfacher Grafikrahmen] zuweisen.

Löschen Sie nicht mehr benötigte Objektstile durch Drücken des Symbols Ausgewählten Stil löschen ❺. Da in Objektstilen nur gewisse Einstellungen enthalten sein können, können sie die Eigenschaften eines bereits ausgezeichneten Objekts überlagern.

Um ein Objekt auf den Ursprungsstil zurückzusetzen, klicken Sie auf Nicht vom Stil definierte Attribute löschen ❷. Wurde an einem Objekt, das zuvor mit einem Objektstil formatiert wurde, nachträglich eine Einstellung, die der Objektstil ebenfalls beschreibt, manuell verändert, so können Sie durch Ausführen des Befehls Abweichungen löschen ❸ die Differenzen zum Objektstil eliminieren. Wie in allen anderen Formate-Bedienfeldern auch, können Sie hier eine Neue Stilgruppe erstellen ❶ und so Ihre Objektstile in Ordnern organisieren und verwalten.

18.4.2 Anlegen von Objektstilen

Objektstile können grundsätzlich auf zwei Arten angelegt werden:

- Sie versehen ein bereits bestehendes Objekt mit allen Attributen, und zwar durch Anwenden der entsprechenden Befehle aus den Bedienfeldern Farbfelder, Kontur, Transparenz und Konturenführung sowie aus den Dialogen zu den Textrahmenoptionen, dem Schlagschatten und der weichen Kante, und erstellen den Objektstil durch Klick auf Neuen Stil erstellen.
- Sie legen einen Objektstil von Grund auf an, ohne dass zuvor ein Objekt ausgewählt wurde. Wir empfehlen Variante 1.

Supertramp
Crime of the Century
LP/CD
Once upon a time in 1969, a young Dutch millionaire by the name of Stanley August Miesegaes gave his acquaintance, vocalist and keyboardist Rick Davies, a »genuine opportunity« to form his own band. After placing an ad in Melody Maker, Davies assembled Supertramp. Supertramp released two long-winded progressive rock albums before Miesegaes withdrew his support. With no money or fan base to speak of, the band was forced to redesign their sound. Coming up with a more pop-oriented form of progressive rock, the band had a hit with their third album, Crime of the Century.

▲ **Abbildung 18.32**
Vorlage für die Schritt-für-Schritt-Anleitung zum Erstellen eines Objektstils

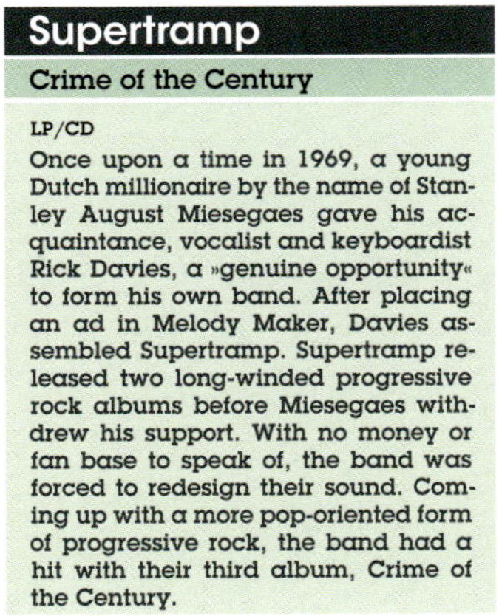

Um Ihnen die verschiedenen Optionen besser vorstellen zu können, haben wir uns hier jedoch für den zweiten Weg entschieden. Wir wollen Ihnen in der nachstehenden Schritt-für-Schritt-Anleitung die Erstellung des in Abbildung 18.32 dargestellten Textrahmens erklären. Ziel des Objektstils ist es, dass der Text (Bandname, Albumtitel, Album-Format und Album-Beschreibung – jeweils durch eine Zeilenschaltung voneinander getrennt) in einen in der Breite nicht bestimmten Textrahmen eingegeben werden kann und durch Zuweisen des Objektstils »Musikbeschreibung mit Hintergrund« in einem Aufwasch das gewünschte Aussehen erhält.

Schritt für Schritt: Einen Objektstil zur Formatierung eines Textrahmens erstellen

1 Anlegen der benötigten Farbfelder

Für unser Objekt benötigen wir vier verschiedene Farben, die wir der Einfachheit halber zu Beginn anlegen. Erstellen Sie über das Farbfelder-Bedienfeld neben der Farbe [SCHWARZ] noch die Farbe C, M, Y, K = 70, 50, 50, 50, die Farbe 30, 5, 30, 0 und 15, 5, 20, 0. Wir haben ein Farbschema aus Kuler übernommen – siehe Seite 327. Das Farbfelder-Bedienfeld sollte danach wie in Abbildung 18.33 aussehen.

2 Anlegen der Absatzformate

Die Musikbeschreibungen im Magazin »Posthof« werden immer im selben Schema aufgebaut. Zuerst steht der Bandname, gefolgt vom Album-Titel, dem Album-Tonträger und der Album-Beschreibung. Für jeden dieser Einträge erstellen wir ein Absatzformat. Legen Sie die Absatzformate »Band-Name« und »Album-Titel« durch Definition nachstehender Werte an.

▲ **Abbildung 18.33**
Neben [SCHWARZ] werden drei weitere Farben benötigt, die Sie als Farbfelder anlegen müssen.

Absatzformat:		»Band-Name«	»Album-Titel«
Grundlegende Zeichenformate:	Schriftfamilie:	ITC Avant Garde Gothic Std	ITC Lubalin Graph Std
	Schriftschnitt:	Demi	Demi
	Schriftgrad:	10 Pt	7 Pt
	Zeilenabstand:	11 Pt	8,4 Pt
	Kerning:	metrisch	metrisch
	Laufweite:	0 mm	0 mm
Einzüge und Abstände:	Ausrichtung:	links	links
	Abstand nach:	1,1 mm	2,117 mm
	An Raster ausrichten:	ohne	ohne
Absatzlinien:	Linie darüber:	aktivieren	Aktivieren
	Stärke:	13 Pt	10 Pt
	Farbe:	C=70 M=50 Y=50 K=50	C=30 M=5 Y=30 K=0
	Farbton:	100 %	100 %
	Breite:	Spalte	Spalte
	Einzug links:	–2 mm	–2 mm
	Einzug rechts:	–2 mm	–2 mm
	Offset:	–1,2 mm	–0,8 mm
Absatzlinien:	Linie darunter:	aktivieren	aktivieren
	Stärke:	1 Pt	1 Pt
	Farbe:	(Textfarbe)	[Papier]
	Breite:	Spalte	Spalte
	Einzug links:	–2 mm	–2 mm
	Einzug rechts:	–2 mm	–2 mm
	Offset:	1 mm	0,9 mm
Zeichenfarbe:	Fläche:	[Papier]	[Schwarz]
	Kontur:	[Ohne]	[Ohne]

Da sich das Absatzformat »Album-Titel« sehr von »Band-Name« unterscheidet, stellen wir keinen Bezug zum zuvor definierten Absatzformat her.

Legen Sie danach das Absatzformat »Album-Tonträger« fest. Dieses Format lassen wir auf dem Album-Titel basieren und ändern nur folgende Werte:

Grundlegende Zeichenformate:	Größe:	5 Pt
Einzüge und Abstände:	Absatz danach:	0,5 mm
Absatzlinien:	Linie darüber:	deaktiviert
Absatzlinien:	Linie darunter:	deaktiviert

Legen Sie noch das Absatzformat »Album-Beschreibung« fest. Dieses Absatzformat wird wiederum gesondert angelegt, ohne Bezug auf ein bestehendes Absatzformat.

Grundlegende Zeichenformate:	Schriftfamilie:	ITC Lubalin Graph Std
	Schriftschnitt:	Demi
	Schriftgrad:	6 Pt
	Zeilenabstand:	7 Pt
	Kerning:	metrisch
	Laufweite:	10 mm
Silbentrennung:	Wörter mit mindestens:	4
	Nach ersten:	2
	Vor letzten:	2
	Max. Trennstriche:	3
	Trennbereich:	12,7 mm
	Abstände optimieren:	Pfeil ganz links
	Trennung gr. Wörter:	aktivieren
Abstände:	Wortabstand:	85 % 100 % 150 %
	Zeichenabstand:	0 % 0 % 0 %
	Glyphenabstand:	97 % 100 % 100 %
	Setzer:	Adobe-Absatzsetzer
Zeichenfarbe:	Fläche (Text):	C=70 M=50 Y=50 K=50
	Kontur (Text):	[Ohne]

3 Den Absatzformaten noch mehr Intelligenz zuweisen

Wie Sie bereits wissen, können Sie in einem Absatzformat festlegen, was zu geschehen hat, wenn bei der Eingabe ein neuer Absatz – durch Drücken der ⏎-Taste – erzeugt wird. Diese Option – NÄCHSTES FORMAT – machen wir uns hier für die Erstellung des Objektstils zunutze. Öffnen Sie erneut den Einstellungsdialog zum Absatzformat »Band-Name« (Doppelklick auf den Namen), wählen Sie in der Option NÄCHSTES FORMAT das Format »Album-Titel« aus, und bestätigen Sie die Änderungen mit OK. Ändern Sie danach im Einstellungsdialog zum Absatzformat »Album-Titel« die Option NÄCHSTES FORMAT auf »Album-Tonträger«. Genauso gehen Sie auch im Absatzformat »Album-Tonträger« vor und ändern dort die Option auf »Album-Beschreibung«. Wir haben nun alle Grundlagen definiert, so dass wir zur Definition des Objektstils schreiten können.

4   Alles deaktivieren

Bevor Sie einen neuen Objektstil anlegen, sollten Sie zuvor den Befehl BEARBEITEN • AUSWAHL AUFHEBEN ausführen, da dadurch sichergestellt wird, dass keine Formatanweisungen eines bereits bestehenden Objekts irrtümlich dem neuen Objektstil zugrunde liegen.

5   Anlegen des Objektstils

Öffnen Sie das Objektstile-Bedienfeld, und führen Sie dort den Befehl NEUEN STIL ERSTELLEN bzw. NEUER OBJEKTSTIL aus.

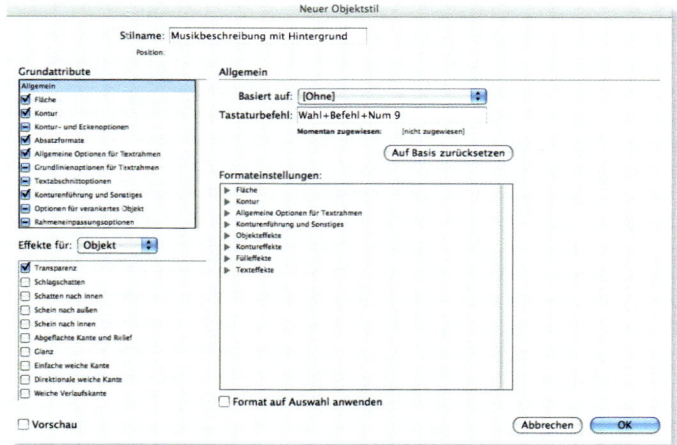

◄ **Abbildung 18.34**
Seit InDesign CS3 können auch Effekte über Objektstile angewendet werden. Lassen Sie unter EFFEKTE FÜR die Option TRANSPARENZ aktiviert, da die Standardeinstellung den Verrechnungsmodus NORMAL verwendet und somit keine Transparenz erzeugt.

Legen Sie STILNAME im gleichlautenden Eingabefeld fest, und deaktivieren Sie die Registereinträge KONTUR- UND ECKENOPTIONEN, GRUNDLINIENOPTIONEN FÜR TEXTRAHMEN, TEXTABSCHNITTOPTIONEN, OPTIONEN FÜR VERANKERTES OBJEKT und RAHMENEINPASSUNGSOPTIONEN, da Einstellungen aus diesen Bereichen für unseren Textrahmen nicht benötigt werden. Als deaktiviert gilt ein Eintrag dann, wenn er im Kontrollkästchen gedimmt ist ☑ (Windows) bzw. einen Strich zeigt ⊟ (Mac OS X). Das bedeutet, dass Attribute eines Objekts in diesem Bereich vom Stil ignoriert werden.

Wenn Sie also eine solche Eigenschaft manuell verändern, wird diese Änderung vom Stil nicht als Abweichung registriert. Vollständig abschalten können Sie diesen Bereich nicht, weil die dazugehörigen Attribute trotzdem existieren.

So wie Absatzformate können auch Objektstile auf einem Grundformat basieren. Wählen Sie den Eintrag [OHNE] aus, und definieren Sie, wenn dieser Stil häufig angewandt werden muss, ein Tastenkürzel, das nur über Steuerungstasten und Zahlen aus dem numerischen Tastenfeld erstellt werden kann, wie Sie bereits von den Absatz- und Zeichenformaten her wissen.

6   **Definieren der Attribute für Fläche und Kontur**

Klicken Sie auf den Registereintrag FLÄCHE, und bestimmen Sie die Flächenfarbe des Textrahmens als C=15 M=5 Y=20 K=0. Der FARBTON bleibt in diesem Fall auf 100 %.

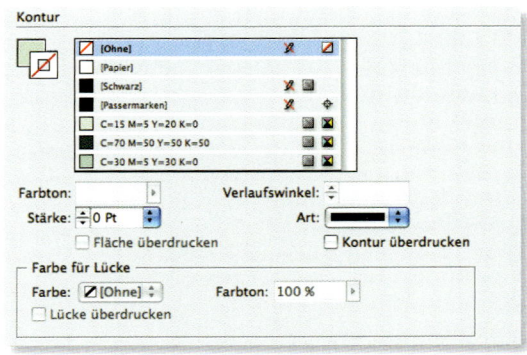

▲ **Abbildung 18.35**
Einstellungen für FLÄCHE und KONTUR

Da unser Textrahmen keine Kontur besitzen darf, legen wir im Registereintrag KONTUR fest, dass die Farbe der Kontur [OHNE] ist, und setzen die STÄRKE auf 0 Pt.

Diese Einstellung wurde von uns bewusst vorgenommen, da somit die Definition einer Kontur im Layout zu einem abweichenden Objektstil führt, der uns im Objektstile-Bedienfeld durch ein angehängtes Pluszeichen als Fehler angezeigt wird.

7   **Definieren der Attribute für Absatzformate**

Mit dem Zuweisen von Absatzformaten innerhalb eines Objektstiles können sehr interessante Lösungen angegangen werden.

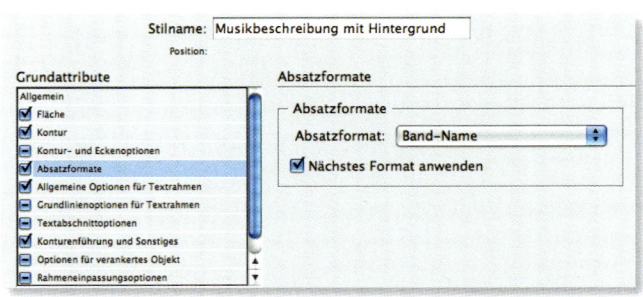

Abbildung 18.36 ▶
Mit diesen Einstellungen funktioniert die Textformatierung automatisch.

Da unsere Musikbeschreibung immer mit dem Bandnamen beginnt, wählen Sie in der Option ABSATZFORMAT »Band-Name« aus, wodurch allen Texten im Textrahmen dieses Absatzformat zugewiesen wird.

Durch Aktivierung der Option NÄCHSTES FORMAT ANWENDEN kommt nun die gesamte Intelligenz der Absatzformate vollständig zum Tragen: InDesign greift auf die im Absatzformat hinterlegten Einträge der Option NÄCHSTES FORMAT zurück und formatiert somit alle nachstehenden Absätze im definierten Absatzformat.

8   Definieren der allgemeinen Optionen für Textrahmen
Als vorletzten Schritt müssen wir noch die Optionen für den Textrahmen festlegen. Klicken Sie dazu auf den Registereintrag ALLGEMEINE OPTIONEN FÜR TEXTRAHMEN. Legen Sie Anzahl der Spalten mit »1« fest, und lassen Sie die Option FESTE SPALTENBREITE deaktiviert.

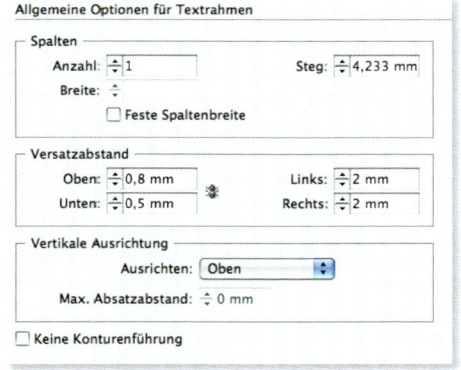

◄ **Abbildung 18.37**
ALLGEMEINE OPTIONEN FÜR TEXTRAHMEN: Der Text orientiert sich an der Oberkante des Rahmens und hält nach unten nur einen Mindestabstand ein.

Dadurch erreichen Sie, dass der Textrahmen jede beliebige Breite haben darf. Im Bereich VERSATZABSTAND legen Sie den Einzug des Textes vom Textrand für alle vier Seiten fest. Geben Sie die Werte so wie in Abbildung 18.37 gezeigt ein. Im Bereich VERTIKALE AUSRICHTUNG brauchen wir keine Einstellungen vorzunehmen, da unser Text lediglich durch den oberen Versatz nach unten verschoben werden soll.

9   Definieren der restlichen Einstellungen
Im letzten Schritt wollen wir noch dem Textrahmen eine Konturenführung zuweisen, damit Texte, die dahinterstehen (hängt von den getroffenen Voreinstellungen zur Konturenführung ab), automatisch den Textrahmen umfließen. Dazu wählen Sie das Register KONTURENFÜHRUNG UND SONSTIGES aus und nehmen die in Abbildung 18.38 dargestellten Einstellungen vor.

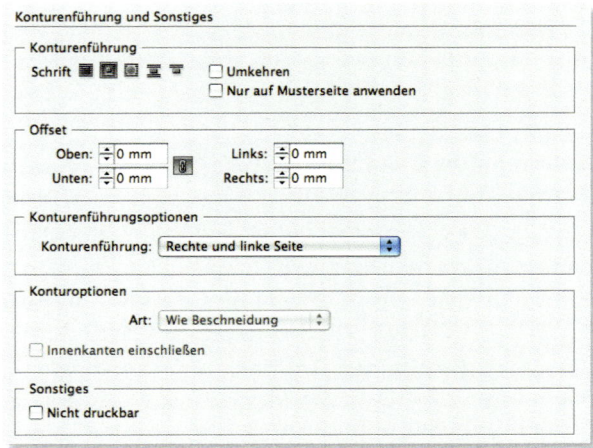

Abbildung 18.38 ►
Durch die Aktivierung der KONTU-
RENFÜHRUNG kann der Textrahmen
auch über Text in vorhandenen
Spalten gestellt werden.

Bestätigen Sie zum Schluss die vorgenommenen Einstellungen durch einen Klick auf OK. ■

Sie haben damit einen sehr effizienten Objektstil festgelegt. Die Arbeitserleichterungen, die Sie so erreichen, werden die doch sehr aufwendige Erstellungsarbeit belohnen.

Alle nicht verwendeten Einstellungen sind diesem Objektformat nicht zugeordnet. Welche Werte in den einzelnen Registereinträgen einzustellen wären, entnehmen Sie den jeweiligen Kapiteln des Buchs. Eine neuerliche Beschreibung der gesamten Einstellungsmöglichkeiten würde den Rahmen des Buches sprengen.

18.4.3   Anwenden von Objektstilen

Um das soeben erstellte Objektformat anwenden zu können, benötigen Sie nur noch einen Textrahmen, in den Sie den Text aus Abbildung 18.39 schreiben. Achten Sie darauf, dass nach jeder Bezeichnung eine harte Zeilenschaltung erfolgt und dass unser definiertes Objektformat speziell nur für den Aufbau eines solchen Textkastens bestimmt ist. Eine Änderung des Formats – etwa die Eingabe eines zweizeiligen Bandnamens – ist für unseren Objektstil nicht vorgesehen. Um auf den soeben geschriebenen Textrahmen das erstellte Objektformat anzuwenden, stehen Ihnen zwei Möglichkeiten zur Verfügung:

► Markieren Sie zuerst den Textrahmen mit dem Auswahl- oder Direktauswahl-Werkzeug. Klicken Sie im Anschluss im Objektstile-Bedienfeld auf den entsprechenden Eintrag, oder wählen Sie im Steuerung-Bedienfeld das entsprechende Objektformat aus.

```
Supertramp  ↵
Crime of the Century  ↵
LP/CD  ↵
Once upon a time in 1969, a
young Dutch millionaire by
the name of Stanley August
Miesegaes gave his ac-
quaintance, vocalist and
keyboardist Rick Davies, a
»genuine opportunity« to
form his own band. After
placing an ad in Melody Ma-
ker, Davies assembled Super-
tramp. Supertramp released
two long-winded progressive
rock albums before Miesegaes
withdrew his support. With
no money or fan base to
speak of, the band was
forced to redesign their
sound. Coming up with a more
pop-oriented form of pro-
gressive rock, the band had
a hit with their third al-
bum, Crime of the Century.
```

▲ **Abbildung 18.39**
Das Textbeispiel

▸ Wählen Sie den Objektstil im Objektstile-Bedienfeld aus, und ziehen Sie per Drag & Drop das Objektformat auf den gewünschten Rahmen. Sobald sich der Cursor in eine Faust mit Pluszeichen ⊕ verwandelt, können Sie die Maustaste loslassen. Der betroffene Rahmen muss dazu nicht aktiviert sein.

Alle definierten Einstellungen werden dadurch auf das markierte Objekt übertragen. Einfach genial!

18.4.4 Arbeiten mit Objektstilen

Ist einmal ein Objekt, Text- oder Grafikrahmen mit einem Objektstil versehen worden, so können dennoch im Nachhinein Änderungen am Objekt vorgenommen werden. Wenn Sie die durchgeführten Änderungen generell dem Objektstil zuweisen wollen, wählen Sie den Befehl Stil neu definieren aus dem Bedienfeldmenü aus. Achten Sie darauf, dass alle Objekte, die im Dokument mit dem Objektstil formatiert wurden, ebenfalls diese Veränderung erfahren.

Abweichende Objektstile | Ob einem Objekt ein vom Objektstil abweichendes Attribut zugewiesen wurde, erkennen Sie am Pluszeichen am Ende des Objektstilnamens. Da die Bedienfelder oft zu schmal eingestellt sind und der Formatname somit nicht zur Gänze dargestellt werden kann, ist das Erkennen solcher Abweichungen eher schwierig. Absolut sicher erkennen Sie eine Abweichung, indem Sie das Objekt markieren und die Zeichen am Fuß des Objektstile-Bedienfelds beobachten. Bleibt das Symbol ▣ gräulich, so liegt keine Abweichung vor. Ist das Symbol ▣ jedoch aktiv, so können Sie die Abweichung auf zwei verschiedene Arten aufheben:

▸ Klicken Sie mit gedrückter ⎇- bzw. ⌥-Taste auf den Namenseintrag im Objektstile-Bedienfeld. Diese Vorgehensweise sind Sie aus QuarkXPress bzw. aus Vorgängerversionen von InDesign CS4 gewohnt.

▸ Klicken Sie auf das aktive Abweichungen löschen-Symbol ▣ im Objektstile- bzw. Steuerung-Bedienfeld.

Abweichungen erkennen | Wenn Sie jedoch vorher wissen wollen, welche Attribute eigentlich vom Objektstil abweichen, so müssen Sie den Cursor nur auf den Eintrag im Objektstile-Bedienfeld bewegen. In der erscheinenden QuickInfo sind alle abweichenden Einstellungen aufgelistet.

Eine andere Situation ist gegeben, wenn einem formatierten Objekt ein zusätzliches Attribut, das nicht durch die Einstellungen

Schnell anwenden

Wir möchten Sie noch einmal darauf hinweisen, dass Sie zur noch schnelleren Zuweisung den Befehl Bearbeiten • Schnell anwenden benutzen können. Sie rufen diesen Befehl über das Tastenkürzel [Strg]+[↵] bzw. [⌘]+[↵] auf und geben anschließend den Anfangsbuchstaben des Objektstils ein. Nach erfolgter Auswahl müssen Sie nur noch die [↵]-Taste betätigen.

Wenn Sie »o:« vor dem Suchbegriff eingeben, werden nur Objektstile angezeigt.

Festlegen des einfachen Grafik- und Textrahmens

Es ist bei manchen Projekten oft ratsam, die Default-Einstellungen der Standardobjektstile [Einfacher Grafikrahmen] und [Einfacher Textrahmen] zu ändern. Definieren Sie solche Einstellungen, während das Dokument geöffnet ist. Somit werden diese abweichenden Stile dem Dokument – und nicht als Standardeinstellung für das Programm – zugeordnet.

Abweichungen bei der Stilanwendung löschen

Diese Funktion finden Sie im Bedienfeldmenü des Objektstile-Bedienfelds. Adobe verlautbart dazu, dass man sich – sofern sie aktiviert ist – die [Alt]- bzw. [⌥]-Taste sparen könne, wenn man Abweichungen löschen möchte. Ein einfacher Klick auf den Stilnamen solle dann reichen.

Wir können das leider nicht bestätigen.

im Objektstil abgedeckt ist, zugeordnet wird. Dies ist dann keine Abweichung zum bestehenden Format, sondern eine Überlagerung eines anderen Attributes. Die Auswirkungen zeigen wir Ihnen bei einem kleinen Ausflug in das Thema »Effekte in Objektstilen«, anhand dessen der Sachverhalt gut dargestellt werden kann.

18.4.5 Objektstile und Effekte

Wir versehen nun unseren formatierten Textrahmen mit einem Schlagschatten. Dazu könnten wir einfach das Menü OBJEKT • EFFEKTE • SCHLAGSCHATTEN oder das Effekte-Bedienfeld verwenden. Damit würden wir jedoch eine Abweichung vom Objektstil produzieren. Deshalb verändern wir natürlich die Definition des Stils selbst.

Wenn der Textrahmen ausgewählt ist, können Sie das Fenster OBJEKTSTILOPTIONEN mit einem Doppelklick auf den Namen des Objektstils aufrufen – bzw. besser auf die Spalte links des Namens, weil Sie sonst u. U. nur den Namen zur Änderung auswählen. Alternativ verwenden Sie den Befehl STILOPTIONEN des Bedienfeldmenüs. Ist der Textrahmen nicht ausgewählt, erreichen Sie die OBJEKTSTILOPTIONEN am einfachsten, indem Sie im Kontextmenü des Objektstils den Befehl »OBJEKTSTILNAME« BEARBEITEN aufrufen. Im Fenster OBJEKTSTILOPTIONEN nehmen Sie nun unter EFFEKTE FÜR: OBJEKT für den Schlagschatten die Einstellungen laut Abbildung 18.41 vor:

Supertramp

Crime of the Century

LP/CD

Once upon a time in 1969, a young Dutch millionaire by the name of Stanley August Miesegaes gave his acquaintance, vocalist and keyboardist Rick Davies, a »genuine opportunity« to form his own band. After placing an ad in Melody Maker, Davies assembled Supertramp. Supertramp released two long-winded progressive rock albums before Miesegaes withdrew his support. With no money or fan base to speak of, the band was forced to redesign their sound. Coming up with a more pop-oriented form of progressive rock, the band had a hit with their third album, Crime of the Century.

▲ **Abbildung 18.40**
Formatierter Textrahmen mit zusätzlichem Schlagschatten

Abbildung 18.41 ▶
SCHLAGSCHATTEN: Ob ein Effekt ein- oder ausgeschaltet ist oder ignoriert wird, kann über die Kontrollfelder neben dem Effektnamen, aber auch über die drei im Bild eingerahmten Optionen festgelegt werden.

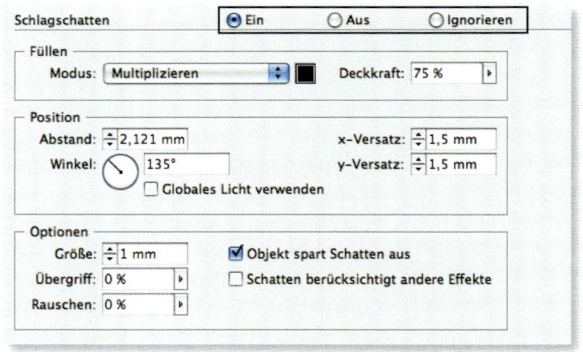

Ab sofort werden alle Rahmen, die mit unserem Objektstil formatiert wurden, mit einem Schlagschatten versehen. Genauso verfahren Sie mit allen anderen Effekten, die Sie einem Objekt noch hinzufügen möchten.

Was passiert nun, wenn Sie eine Einstellung des Schlagschattens nachträglich manuell verändern? Das hängt davon ab, in welchem Modus Sie den Effekt angelegt haben. Für einen ausgeschalteten Effekt ☐ wird in diesem Fall die Funktion ABWEICHUNGEN LÖSCHEN ⬛ aktiv, wie soeben beschrieben. Das Gleiche passiert, wenn der Effekt eingeschaltet ☑ wird. Wird der Effekt dagegen auf IGNORIEREN ☑ bzw. ⬛ gestellt, wird bei nachträglichen manuellen Änderungen die Funktion NICHT VOM STIL DEFINIERTE ATTRIBUTE LÖSCHEN ⬛ aktiv. Da im Stil keine eindeutige Definition hinterlegt wurde, wird dieser Zustand nicht als Abweichung erkannt und der Name des Objektstils folglich auch nicht mit einem Plus versehen. Um die Abweichung zu löschen, klicken Sie auf ⬛.

18.4.6   Objektstile verwalten

Im Objektstile-Bedienfeld haben Sie die üblichen Möglichkeiten, Stile zu verwalten, inklusive der Möglichkeit, Stilgruppen – also Ordner für Objektstile – anzulegen, mit den entsprechenden Funktionen, um einen oder mehrere Objektstile in oder zwischen Gruppen zu verschieben.

Objektstile importieren | Objektstile aus Dokumenten können in neue bzw. bestehende Dokumente importiert werden. Dabei werden alle benötigten Ressourcen wie Farbfelder, eigene Konturen sowie Absatz- und Zeichenformate ebenfalls übernommen. Liegt dabei ein Farbfeld mit demselben Namen vor, so wird das neue Farbfeld durch eine fortlaufende Zahl im Namen ergänzt.

Importieren Sie Objektstile, indem Sie aus dem Bedienfeldmenü den Befehl OBJEKTSTILE LADEN ausführen und danach das Ausgangsdokument öffnen. Im erscheinenden Dialog können Sie die zu importierenden Objektstile auswählen und sich bei bestehenden Namenskonflikten für eine Vorgehensweise entscheiden. Welche Einstellung welchem Format zugeordnet ist, können Sie in den beiden Beschreibungsfeldern im Fuße des Dialoges ausführlich einsehen.

Objekt mit Schatten skalieren

Wenn Sie ein Objekt mit einem Schatten skalieren, werden der eingestellte X- und Y-Versatz des Schattens nicht mitskaliert. Um dieses Problem in den Griff zu bekommen, bietet InDesign CS4 leider keine Standardroutinen an. Eine Vereinfachung bei der Lösung der Probleme könnten die zuerst behandelten Objektstile bieten. Definieren Sie Objektstile, die nur den Versatz und die Einstellungen für den Schlagschatten enthalten. Damit können Sie zumindest schnell den skalierten Objekten den korrekten Schlagschattenversatz zuweisen. Genauso verfahren Sie mit konturengeführten Objekten.

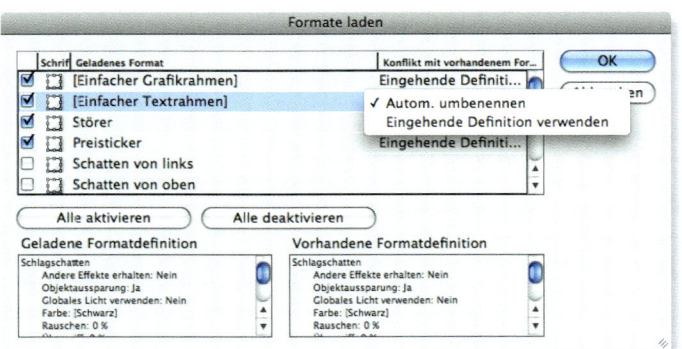

◄ **Abbildung 18.42**
Aktivieren Sie die zu importierenden Objektstile, und lösen Sie auftretende Namenskonflikte im FORMATE LADEN-Dialog.

Eine Möglichkeit des Importierens besteht darin, dass Sie formatierte Objekte aus dem Ausgangsdokument kopieren und in das Zieldokument einfügen. Damit werden dieselben Vorgänge aktiviert, lediglich bei Konflikten zwischen Formaten werden diese automatisch umbenannt.

Abbildung 18.43 ▶
Warnmeldung beim Löschen von Objektstilen. Die etwas verstümmelte Option AUF ALLE ANWENDEN erscheint nur, wenn Sie mehrere Stile löschen, die noch in Verwendung sind.

Objektstile duplizieren | Duplizieren Sie einen Objektstil, indem Sie ihn auswählen und im Bedienfeldmenü des Objektstile-Bedienfelds oder über das Kontextmenü den Befehl OBJEKTSTIL DUPLIZIEREN auswählen.

Objektstile löschen | Beim Löschen von Objektstilen sollten Sie vorsichtig sein. Durch das Löschen über das Symbol 🗑 oder über den Menübefehl STIL LÖSCHEN aus dem Bedienfeldmenü werden Sie aufgefordert, einen Ersatzstil festzulegen. Durch diesen Vorgang wird allen Objekten, die mit dem gelöschten Objektstil ausgezeichnet wurden, sofort die neue Auszeichnung zugewiesen. Bei unvorsichtiger Vorgehensweise kann dieser Schritt katastrophale Folgen haben.

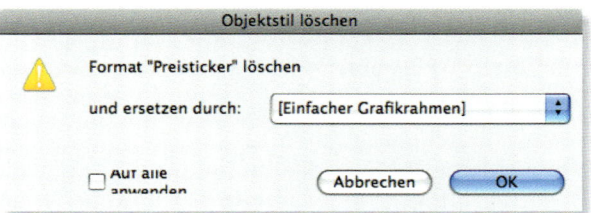

Diesem Problem können Sie nur begegnen, indem Sie die Objekte, denen das Objektformat zugewiesen ist, markieren und über den Befehl VERKNÜPFUNG MIT STIL AUFHEBEN aus dem Bedienfeldmenü die Zuweisung entkoppeln. Besteht keine Verbindung zwischen einem Objektstil und einem Objekt, so wird der Objektstil ohne Warnmeldung gelöscht.

18.4.7 Nach Objektstilen suchen

Vielleicht haben Sie sich beim letzten Absatz gefragt: »Nur woher weiß ich, wo ein Objektstil angewendet wurde?« – eine berechtigte Frage.

Suchen/Ersetzen | In Abschnitt 16.1, »Das Fundbüro: Suchen/Ersetzen«, haben wir Ihnen gezeigt, wie die sehr umfangreiche Suchfunktion in InDesign funktioniert, und in Abschnitt 12.8.6, »Farbfelder suchen und ersetzen«, haben Sie bereits nach Objektattributen gesucht, die manuell zugewiesen wurden. Es fehlt also lediglich noch die Möglichkeit, gezielt nach Objekten zu suchen, denen bestimmte Objektstile zugewiesen wurden.

Öffnen Sie das SUCHEN/ERSETZEN-Fenster über BEARBEITEN • SUCHEN/ERSETZEN oder [Strg]+[F] bzw. [⌘]+[F], und wählen Sie das Register OBJEKT aus.

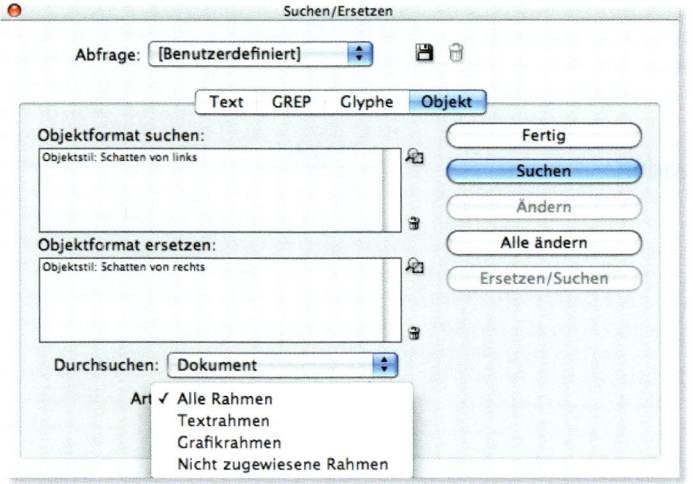

◄ **Abbildung 18.44**
In dieser Suche werden alle Objekte mit einem Schatten von links auf eine andere Lichtsituation umgestellt.

In den beiden Feldern OBJEKTFORMAT SUCHEN und OBJEKTFORMAT ERSETZEN erscheinen in der Folge die von Ihnen gewählten Kriterien für die Suche.

Eine Suche formulieren | Sollten sich noch Eingaben aus einer vorherigen Suche in den beiden Feldern befinden, klicken Sie zunächst auf ANGEGEBENE ATTRIBUTE LÖSCHEN 🗑, um das entsprechende Feld – und somit die Suche – zurückzusetzen. Klicken Sie dann auf SUCHATTRIBUTE ANGEBEN 🔍, um in das – sehr große – Fenster OPTIONEN FÜR OBJEKTFORMATSUCHE zu gelangen.

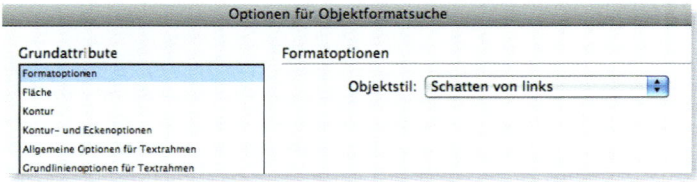

◄ **Abbildung 18.45**
Wählen Sie den OBJEKTSTIL, den Sie suchen wollen, im – ansonsten vollkommen leeren – Register FORMATOPTIONEN aus.

In der Liste GRUNDATTRIBUTE können Sie sämtliche Attribute festlegen, über die ein Objekt verfügen kann. All diese Attribute können auch in Objektstilen angewendet sein, und da wir ja hier Objektstile suchen wollen, wählen Sie FORMATOPTIONEN aus der Liste GRUNDATTRIBUTE. Sie können dann nur mehr genau eine Option OBJEKTSTIL auswählen. Der Rest der Suche dürfte nun klar sein: Wählen Sie den gesuchten Objektstil aus, und verfahren Sie auch für das Feld OBJEKTFORMAT ERSETZEN gleich, sofern Sie auf Objekte angewendete Stile auch austauschen wollen. Der Rest läuft so wie bei einer normalen TEXT-, GREP- oder GLYPHE-Suche auch.

Reichweite der Suche beschränken | Mit der Option DURCHSU-CHEN können Sie die Suche auf die ausgewählten Objekte beschränken – eine sehr sinnvolle Option und auch die Standardeinstellung. Alternativ können Sie die Suche auf das gesamte DOKUMENT oder ALLE DOKUMENTE, die Sie derzeit geöffnet haben, ausdehnen.

Da es keine Objekte gibt, die sich nicht in einem Rahmen befinden, aber Rahmen unterschiedliche Inhalte haben können, können Sie die ART der Rahmen, nach denen gesucht werden soll, noch weiter einschränken auf TEXTRAHMEN, GRAFIKRAHMEN oder Rahmen, deren Inhalt nicht spezifiziert ist – NICHT ZUGEWIESENE RAHMEN. Die Standardeinstellung ist ALLE RAHMEN.

Die restlichen Funktionen im Register OBJEKT kennen Sie bereits aus Kapitel 16, »Text suchen und korrigieren«; schlagen Sie gegebenenfalls ab Seite 471 nach.

18.4.8 Schlechter Stil?

Egal ob Sie erst beginnen, mit Objektstilen zu arbeiten, oder Ihre ersten Erfahrungen schon gemacht haben – Sie werden bestimmt schon den Fall gehabt haben, dass sich InDesign plötzlich eigenartig benimmt. Textrahmen haben eine Kontur, obwohl sie keine haben sollten, ein neuer Grafikrahmen präsentiert einen Schlagschatten, den Sie ganz sicher nicht eingestellt haben.

Die Ursache für dieses Verhalten sind die Objektstile (auch wenn Sie bislang keine verwendet haben, aber ganz besonders, wenn Sie schon mit Objektstilen arbeiten). Adobe hat sich zwar ein geniales Konzept einfallen lassen, in der Kontrollierbarkeit dieses Konzepts setzt Adobe aber eine sehr strenge Disziplin voraus, die im hektischen Arbeitsalltag kaum aufgebracht werden kann.

Die Standardobjektstile | Jedes neu angelegte Dokument wird mit drei Objektstilen bestückt, die neuen Objekten zugewiesen werden:

▶ [OHNE]: Dieser Stil wird einem platzierten Bild und jeder Platzhalter-Form (alle Objekte, die mit ihren Diagonalen dargestellt werden) zugewiesen. Außerdem wird er als Ausgangspunkt für Objektstile verwendet, die auf keinem anderen Stil basieren sollen. [OHNE] kann nicht verändert und nicht gelöscht werden.

▶ [EINFACHER TEXTRAHMEN]: Dieser Stil wird jedem neuen Textrahmen zugewiesen. Er ist also grundsätzlich mit dem Textwerkzeug verbunden, muss es aber nicht bleiben (eine der Ursachen für das Übel). Dieser Stil kann verändert, aber nicht gelöscht werden.

► [EINFACHER GRAFIKRAHMEN]: Dieser Stil wird allen anderen Objekten zugewiesen, die mit einem der anderen Werkzeuge (alle Rahmen, Zeichenstift usw.) erstellt werden. Auch dieser Stil kann bearbeitet, aber nicht gelöscht werden.

Sobald weitere Objektstile existieren, können Sie zu neuen Standardobjektstilen ernannt werden, indem Sie im Bedienfeldmenü die Funktionen STANDARD-TEXTRAHMENSTIL oder STANDARD-GRAFIKRAHMENSTIL verwenden. Hinter beiden Menüs erhalten Sie die Liste aller definierten Objektstile, aus der Sie den neuen Standardstil auswählen. Der aktuelle Standard-Textrahmenstil ist dann mit ⊞ im Objektstile-Bedienfeld gekennzeichnet, der Standard-Grafikrahmenstil mit ⊡. Neue Objekte werden mit diesen Stilen erstellt.

So weit ist die Sache durchaus logisch und leicht nachvollziehbar. Leider hat Adobe ein Zusatzverhalten in InDesign eingebaut, das nicht unbedingt logisch ist und oft in die totale Verwirrung führt.

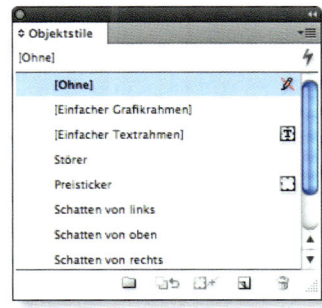

▲ **Abbildung 18.46**
Der Objektstil »Preisticker« wurde als neuer Standard-Grafikrahmenstil definiert.

Automatische Änderung der Standardstile | Um dieses Verhalten zu verstehen, probieren Sie Folgendes: Legen Sie ein neues Dokument an, und öffnen Sie das Objektstile-Bedienfeld. Wählen Sie nun das Textwerkzeug, und klicken Sie im Objektstile-Bedienfeld auf [EINFACHER GRAFIKRAHMEN]. Damit ist es auch schon passiert. Ob Sie nun noch einen Textrahmen aufziehen oder nicht, ist für die weiteren Überlegungen unwesentlich.

Der Stil [EINFACHER GRAFIKRAHMEN] übernimmt nun die Rolle von Standard-Text- und Standard-Grafikrahmen. Diese automatische Umstellung der Standardstile tritt immer dann auf, wenn Sie keine Objekte ausgewählt haben und mit einem beliebigen Werkzeug, mit dem Objekte erzeugt werden können, auf einen Objektstil klicken. Bei vielen Objektstilen können Sie so bei fast jedem zweiten Klick im Objektstile-Bedienfeld einen anderen Objektstil zum Standardstil für jedes beliebige Werkzeug machen und somit auch jedes zweite neue Objekt anders aussehen lassen. Solange Sie das bewusst machen, ist da natürlich okay – nur manchmal treibt dieses InDesign-Verhalten auch gefestigte Layouter in den Wahnsinn.

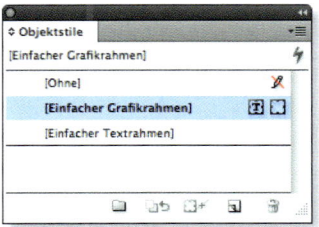

▲ **Abbildung 18.47**
Ein unbedachter Klick genügt, und [EINFACHER GRAFIKRAHMEN] übernimmt auch die Arbeit von [EINFACHER TEXTRAHMEN].

Marschverschärfung »Abweichende Stile« | Um die Sache nicht zu einfach werden zu lassen, müssen Sie auch noch auf folgendes Verhalten Rücksicht nehmen: Wenn kein Objekt ausgewählt ist, Sie gerade das Auswahl-Werkzeug verwenden und eine Änderung an der Kontur im Kontur-Bedienfeld machen, wird der nächste

Grafikrahmen die neue Kontureinstellung verwenden, und der Stil [Einfacher Grafikrahmen] – bzw. der aktuell als Standard-Grafikrahmenstil gewählte Stil – wird mit einem Plus als abweichend gekennzeichnet. Diese abweichende Einstellung wird aber bei der Erstellung neuer Grafikrahmen verwendet, bis sie wieder geändert wird.

Die Kombinationen aus beiden Automatismen im Umgang mit Objektstilen sind derart vielfältig, dass wir sie hier gar nicht aufzählen könnten, zumal es ja immer von den realen Gegebenheiten abhängt, wie sich veränderte Standardstile und abweichende Stile überlagern. Viel wichtiger ist auch, Ihnen zu erklären, wie Sie sich aus diesem Dilemma am besten wieder befreien.

Klare Verhältnisse herstellen | Wenn plötzlich jedes neue Objekt anders und unerwartet aussieht, machen Sie Folgendes:

1. Aktivieren Sie das Auswahl-Werkzeug.
2. Heben Sie eventuelle Auswahlen auf, indem Sie `Strg`+`⇧`+`A` bzw. `⌘`+`⇧`+`A` drücken.
3. Ernennen Sie [Einfacher Grafikrahmen] und [Einfacher Textrahmen] wieder zu den Standardstilen, indem Sie die entsprechenden Funktionen aus dem Bedienfeldmenü des Objektstile-Bedienfelds aufrufen.
4. Inspizieren Sie nun die beiden Standardstile im Objektstile-Bedienfeld. Wenn Sie ein Plus neben einem oder beiden Einträgen finden, drücken Sie die `Alt`- bzw. `⌥`-Taste, und klicken Sie links neben den Namen der beiden Objektstile [Einfacher Grafikrahmen] und [Einfacher Textrahmen].

Nun sollten wieder klare Verhältnisse herrschen und InDesign sich wieder so benehmen, wie Sie es erwarten. Zumindest so lange, bis die automatische Stilzuordnung wieder zuschlägt. Kehren Sie in diesem Fall zurück zu Punkt 1.

Stil neu definieren

Sie können abweichende Objektstile natürlich auch eliminieren, indem Sie sie mit dem Befehl Stil neu definieren im Bedienfeldmenü des Objektstile-Bedienfelds zur neuen Definition des Stils machen. Bei Objektstilen kann es aber sein, dass dieser Befehl gar nicht verfügbar ist. In diesem Fall sind die abweichenden Attribute nicht Teil der Objektstildefinition.

TEIL IV
Lange Dokumente und Buchproduktion

19 Text verwalten

Gerade in umfangreichen Dokumenten gibt es zumeist auch viel Text zu bändigen. Der Textfluß verläuft dabei nicht immer linear – es gibt Fußnoten zu verwalten, die Sichtbarkeit von Textalternativen zu kontrollieren und vieles mehr. In diesem Kapitel wollen wir Ihnen die Funktionen vorstellen, mit denen Sie verschiedene Textteile innerhalb eines Textes erstellen und verwalten können. Diese Texte kommen also inhaltlich immer von Ihnen, InDesign hilft Ihnen lediglich, sie zu verwalten. Textanteile, die von InDesign erstellt und selbständig verwaltet werden, folgen im nächsten Kapitel.

19.1 Fußnoten

Wissenschaftliche Publikationen, Sach- und Fachbücher, aber auch Verträge benötigen sehr häufig Fußnoten. Eine Fußnoten-Funktion gehört für jede Textverarbeitung zur Standardausstattung. Insofern ist es erstaunlich, dass Adobe diese Funktion erst seit InDesign CS2 anbietet. Dafür ist sie relativ komfortabel ausgefallen und kann aus Word-Dokumenten vorhandene Fußnoten übernehmen und teilweise auch weiterverwalten.

19.1.1 Eine Fußnote einfügen

Das Einfügen einer Fußnote ist simpel: Setzen Sie den Textcursor an die Stelle im Text, wo der Verweis auf die Fußnote erscheinen soll, und wählen Sie FUSSNOTE EINFÜGEN aus dem Menü SCHRIFT. Alternativ können Sie das Kontextmenü im Text aufrufen und dort ebenfalls die Funktion FUSSNOTE EINFÜGEN aufrufen. Sobald Sie das gemacht haben, passieren drei Dinge:

1. An der Position des Textcursors wird eine fortlaufend nummerierte Indexziffer in den Text gesetzt.
2. Am Ende des Textrahmens wird die gleiche Indexziffer, gefolgt von einem Tabulator, eingefügt und der Textcursor nach diesem Tabulator positioniert. Sie können nach dem Einfügen einer Fußnote sofort den zugehörigen Text schreiben. Die Fußnoten selbst werden in einem eigenen Abschnitt innerhalb des Text-

---

Fußnoten in der Textverarbeitung

In normalen Textverarbeitungssystemen wird üblicherweise zwischen zwei Arten von Fußnoten unterschieden: Jene, die am Ende der Seite stehen, und jene am Ende des Dokuments. Da InDesign im Aufbau von Dokumentseiten vollkommen andere Strategien einsetzt, bezieht sich die Position der Fußnoten zunächst auf Textrahmen oder Spalten, die sich auf Seiten oder Druckbögen befinden. Dies erfordert in der Folge ein Umdenken in der Verwaltung von Fußnoten, wenn Sie bislang nur mit Textverarbeitungssystemen gearbeitet haben.

In Fußnoten blättern

Bei einzeiligen Fußnoten können Sie zwischen den Einträgen mit der ⬆- und ⬇-Taste blättern.

rahmens verwaltet, der vom eigentlichen Text des Rahmens durch eine kurze, schwarze Linie abgeteilt wird. Jede Fußnote bekommt innerhalb dieses Abschnitts einen eigenen Bereich zugewiesen.

3. Nachdem der Text der Fußnote erfasst ist, wollen Sie in der Regel wieder an die Stelle im Text zurückkehren, an der die Fußnote eingefügt wurde. Befindet sich der Textcursor im Bereich einer Fußnote, wird deshalb der Menüpunkt Fussnote einfügen in Gehe zu Fussnotenverweis umbenannt (auch im Kontextmenü) – rufen Sie diesen Befehl auf, und Sie landen wieder im Text an der zugehörigen Indexziffer. Wenn Sie viele Fußnoten setzen müssen, sollten Sie diese Funktion mit einem Tastenkürzel belegen.

Das Einfügen einer Fußnote ist also kein Problem, allerdings dürfte die Gestaltung der Fußnote in der Standardeinstellung nur in den seltensten Fällen zur Typografie Ihrer Publikation passen.

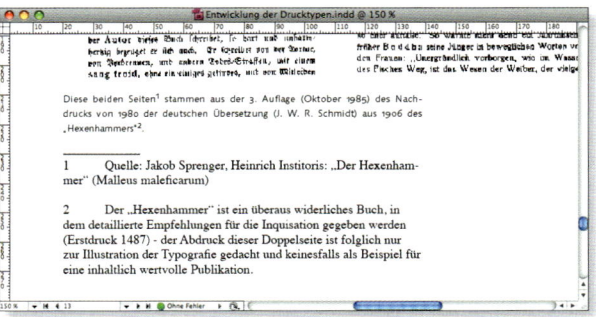

Abbildung 19.1 ▶
Die Fußnoten befinden sich standardmäßig am Ende des Textrahmens und sind vom Haupttext durch eine kurze Linie getrennt.

Die Fußnoteneinträge werden von InDesign in der Standardeinstellung mit dem Absatzformat [Einfacher Absatz] formatiert.

19.1.2 Fußnoten verwalten und gestalten

Die sehr umfangreichen Einstellungsmöglichkeiten für Fußnoten finden Sie ebenfalls im Menü Schrift unter Optionen für Dokumentfussnoten. Im Fenster Fussnotenoptionen legen Sie einerseits die Methode der Nummerierung und das Aussehen der Fußnoten fest und andererseits, wie sie im Text eingebunden werden sollen.

Nummerierung und Formatierung | Hier legen Sie fest, wie Indexziffern nummeriert werden und aussehen sollen und wie die Formatierung der Fußnoteneinträge selbst erfolgen soll. Nummerierung bezieht sich dabei auf die Indexziffern, die in den Text eingefügt werden.

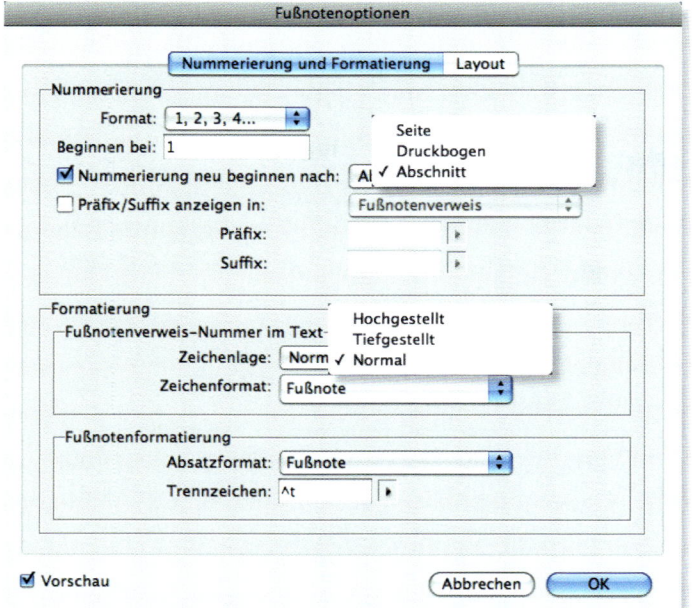

▶ **Nummerierung:** Hier legen Sie die Art der Nummerierung des Fußnotenverweises im Text fest und bestimmen, wann die Nummerierung neu beginnen soll und ob der Verweis mit zusätzlichen Texten versehen werden soll:

▶ FORMAT: Neben der gebräuchlichen Nummerierung mit arabischen Zahlen können Sie auch römische Ziffern und eher exotische Alternativen, wie Sterne oder andere Sonderzeichen auswählen.

▶ BEGINNEN BEI: Legen Sie hier fest, mit welchem Startwert die Nummerierung beginnen soll. Dieser Wert gilt standardmäßig für jeden Textabschnitt (ein oder mehrere verkettete Textrahmen).

▶ NUMMERIERUNG NEU BEGINNEN NACH: Ist diese Option abgeschaltet, werden sämtliche Fußnoten in einem zusammenhängenden Text durchnummeriert. Schalten Sie die Option jedoch ein, können Sie festlegen, ob die Nummerierung auf jeder SEITE, auf jedem DRUCKBOGEN oder in jedem ABSCHNITT neu beginnen soll.

▶ PRÄFIX/SUFFIX ANZEIGEN IN: Die Indexziffern können von einer Vor- und einer Nachsilbe eingefasst sein, die Sie unter PRÄFIX und SUFFIX auswählen bzw. frei eingeben können. Ob diese mit der Ziffer angezeigt werden sollen und ob dies sowohl im FUSSNOTENVERWEIS als auch im FUSSNOTENTEXT geschehen soll, wählen Sie im Menü für PRÄFIX/SUFFIX ANZEIGEN IN aus.

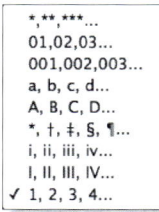

▲ **Abbildung 19.3**
Die verschiedenen Arten von
Fußnotenziffern

Abstände besser kontrollieren

Wenn Sie den Weißraum zwischen dem Text und der Fußnotenziffer im Fußnotentext genauer kontrollieren wollen, können Sie z. B. ein Geviert-Leerzeichen aus dem Text kopieren und als PRÄFIX aus der Zwischenablage einfügen.

▶ **Formatierung:** Unter FORMATIERUNG legen Sie das Erscheinungsbild der Fußnotenverweise und -einträge fest:

▶ FUSSNOTENVERWEIS-NUMMER IM TEXT: Unter ZEICHENLAGE können Sie auswählen, ob auf die Indexziffer das Zeichenattribut HOCHGESTELLT oder TIEFGESTELLT angewendet werden soll. Da beide Optionen zu Ziffern führen, die in ihrer Strichstärke nicht mehr zum restlichen Text passen, sind Sie besser beraten, wenn Sie ein Zeichenformat definieren, in dem die Formatierung der Ziffer über einen richtigen Indexziffern-Schnitt definiert wird. Beachten Sie aber, dass nur Indexziffern verwendet werden können, die als Alternativen zu den normalen Ziffern angeboten werden. Dieses Zeichenformat wählen Sie unter ZEICHENFORMAT aus und stellen ZEICHENLAGE auf NORMAL, wie in Abbildung 19.2 zu sehen.

▶ FUSSNOTENFORMATIERUNG: Die Fußnoteneinträge selbst werden natürlich über ein Absatzformat gestaltet, das Sie zunächst definieren müssen und dann unter ABSATZFORMAT auswählen können. Das standardmäßig eingestellte TRENNZEICHEN ist der Tabulator – damit werden Sie im Normalfall auch bestens versorgt sein. Berücksichtigen Sie jedoch eine entsprechende Tabulatorposition in dem Absatzformat, das Sie für die Formatierung der Einträge verwenden.

Layout | Im Reiter LAYOUT der FUSSNOTENOPTIONEN legen Sie fest, wie sich die Fußnoteneinträge in Ihr Dokument einfügen sollen.

▶ ABSTANDSOPTIONEN: Wie weit der gesamte Fußnotenbereich im Textrahmen vom Text abgesetzt werden soll, können Sie im Eingabefeld MINDESTABSTAND VOR ERSTER FUSSNOTE bestimmen. Dieser Abstand kann auch größer ausfallen, wenn der Text umbrochen wird oder ein Grundlinienraster im Spiel ist. Den Abstand zwischen den einzelnen Fußnoteneinträgen legen Sie über den Wert für ABSTAND ZWISCHEN FUSSNOTEN fest.

▶ ERSTE GRUNDLINIE: Die einzelnen Fußnoteneinträge werden wie eigenständige Textrahmen behandelt. Wo im Bereich der Text der Fußnote beginnen soll, legen Sie mit diesen Optionen fest, die Sie bereits aus den TEXTRAHMENOPTIONEN kennen.

▶ PLATZIERUNGSOPTIONEN: Wenn ein Textrahmen bzw. eine Textspalte nicht vollständig mit Text gefüllt ist, stellt sich die Frage, ob die Fußnoten am Ende des Textes stehen sollen – dann aktivieren Sie die Option FUSSNOTEN DES TEXTABSCHNITTSENDES AM TEXTENDE PLATZIEREN – oder ob die Fußnoten am unteren Ende des Textrahmens platziert werden sollen – dann schalten Sie diese Option aus.

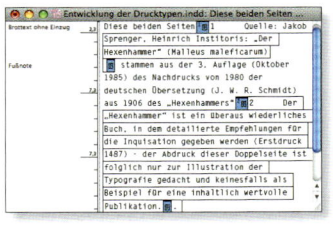

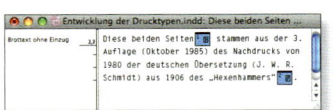

▲ **Abbildung 19.4**
Sie können mit Fußnoten auch im Textmodus arbeiten. Dort können Sie sie über ANSICHT • TEXTMODUS • FUSSNOTEN MAXIMIEREN (oben) bzw. FUSSNOTEN MINIMIEREN (unten) ein- bzw. ausblenden.

◄ **Abbildung 19.5**
Der Abschnitt LAYOUT der FUSS-
NOTENOPTIONEN, in dem Sie Platz-
verhältnisse und Umbrüche der
Fußnoten regeln können

Fußnoten bringen immer das Problem mit sich, dass sie den vorhandenen Platz für den Text beschneiden. Durch diese Verkürzung des Textbereichs kann es sein, dass die Indexziffer für eine neue Fußnote in den nächsten Rahmen bzw. in die nächste Spalte umbricht. Da damit auch der Fußnoteneintrag seine Position verändert, wäre also plötzlich wieder Platz, um den Textumbruch rückgängig zu machen, wodurch aber auch die Fußnote wieder mit dem Text übersiedelt und den Platz wiederum so weit verknappt, dass es zu einem Umbruch der Indexziffer kommt usw. Bei langen Fußnoten steigt die Gefahr für dieses Dilemma deutlich. Wenn Sie die Option GETEILTE FUSSNOTEN ZULASSEN aktivieren, ermöglichen Sie InDesign, Fußnoten zu umbrechen und so hoffentlich Platzverhältnisse zu schaffen, die eine bessere Verteilung der Fußnoten erlauben.

▶ LINIE ÜBER: Vor dem Bereich der Fußnoten im Textrahmen kann eine Linie eingefügt werden – wählen Sie aus dem Menü ERSTER FUSSNOTE IN SPALTE, und schalten Sie die Linie ein –, das ist allerdings ohnehin die Standardeinstellung. Nahezu alle Einstellungen für Linien kennen Sie bereits von den Absatzlinien oder den Tabellenkonturen. Eine nähere Beschreibung erübrigt sich also an dieser Stelle. Lediglich die Option BREITE funktioniert hier etwas anders. Die Länge der Linien kann hier nämlich über einen absoluten Betrag festgelegt und muss somit nicht

Fußnoten umbrechen

Auch wenn Sie GETEILTE FUSSNOTEN ZULASSEN aktiviert haben, können Sie verhindern, dass eine bestimmte Fußnote umbrochen wird, indem Sie die Absatzumbruchoptionen der Fußnote entsprechend einstellen, z. B. ZEILEN NICHT TRENNEN/ALLE ZEILEN IM ABSATZ. Andererseits können Sie Fußnoten auch gezielt umbrechen, indem Sie an der gewünschten Stelle ein Umbruchzeichen aus dem Menü SCHRIFT • UMBRUCHZEICHEN EINFÜGEN auswählen.

über einen rechten Einzug beeinflusst werden, wie das z. B. bei Absatzlinien der Fall ist.

Sofern Sie den Umbruch von Fußnoten zulassen, können Sie eine eigene Linie für die Fortgesetzten Fussnoten aus dem Menü auswählen und einschalten. Diese Linie wird nur vor Fußnoten gesetzt, die umbrochen wurden.

19.1.3 Fußnoten löschen

Eine Fußnote löschen Sie, indem Sie die Fußnotenziffer aus dem Text löschen. InDesign entfernt dann den dazugehörigen Eintrag im Bereich der Fußnoten. Ein Entfernen der Fußnote selbst löscht lediglich den Text, erhält aber den Platz für die Fußnote.

Sollten Sie – aus welchen Gründen auch immer – die Fußnote inklusive der Indexziffer im Fußnotenbereich gelöscht haben, können Sie die Indexziffer wieder einsetzen, indem Sie den Textcursor in den Bereich des Fußnotentextes stellen und Schrift • Sonderzeichen einfügen • Marken • Fussnotennummer auswählen.

19.1.4 Fußnoten aus Word-Dokumenten übernehmen

Fußnoten, die aus dem Import einer Word-Datei entstanden sind, unterscheiden sich nicht von Fußnoten, die Sie selbst anlegen, und können folglich mit allen hier beschriebenen Optionen bearbeitet werden.

Da InDesign allerdings keine Endnoten kennt, gilt das nicht für aus Word-Dokumenten importierte Endnoten. Diese werden am Ende des Textabschnitts (im letzten Rahmen der Textverkettung, in der der Word-Text platziert wird) als normaler Text eingefügt. Vor den importierten Endnoten fügt InDesign noch den Text »(Endnotes)« zur Kennzeichnung ein.

Die Fußnotenziffern der Endnoten sind im Text zwar eingefügt und entsprechend formatiert, sie haben jedoch keinerlei Verbindung zu den Texten unter »(Endnotes)«.

19.1.5 Einschränkungen

Adobe hat sich selbst beim Leistungsumfang der Fußnoten noch etwas Platz für zukünftige Versionen gelassen. Neben den gerade beschriebenen Einschränkungen durch fehlende Endnoten sollten Sie bei der Planung von Layout und Struktur einer Publikation noch Folgendes berücksichtigen:

Fußnoten und mehrspaltiger Text | Leider können Fußnoten in einem zwei- oder mehrspaltigen Text nicht über die Rahmenbreite hinweg gesetzt werden. Dazu müssen Sie auf Plug-ins von anderen Herstellern – z. B. Footnote – zurückgreifen.

Fußnoten über mehrere Dokumente hinweg | Obwohl InDesign ansonsten jede Art von Nummerierung mit Hilfe der Buch-Funktionen über mehrere Dokumente hinweg weiterführen kann, funktioniert das mit Fußnoten nicht. In jedem neuen Dokument beginnt die Nummerierung der Fußnoten zwangsläufig bei 1 bzw. dem Wert, den Sie in den FUSSNOTENOPTIONEN vergeben haben. Sie müssen also den Startwert für jedes Dokument neu setzen, überwachen und bei Änderungen selbst korrigieren.

19.2   Notizen

Umfangreiche Dokumente werden zumeist in Arbeitsgruppen bearbeitet. Wir möchten Ihnen an dieser Stelle kurz einige Funktionen vorstellen, die in Arbeitsgruppen gut zur Kommunikation genutzt werden können. Auch damit steuern Sie letztlich nur die Sichtbarkeit Ihrer selbst erstellten Texte.

19.2.1   Notizen in InDesign

Notizen sind zunächst reine Textinformationen, die zwar in den Text eingefügt werden, im Endergebnis aber nicht sichtbar sein werden. Diese Funktionen stammen ursprünglich aus InCopy und wurden mit der Creative Suite 3 auch in InDesign eingeführt. In InDesign CS3 spendierte Adobe den Notizen sogar ein eigenes Menü, das aber mit InDesign CS4 wieder entfernt bzw. in das Menü SCHRIFT integriert wurde. Die Notizen-Funktionen sind zwar im InCopy-Umfeld enorm wichtig, weil sie es dem Redakteur erleichtern, den Text genau auf eine bestimmte Länge hin zu verfassen, ohne die Layoutgegebenheiten zu kennen. In InDesign arbeiten wir aber direkt am Layout und benötigen diesen Aspekt der Notizen deshalb weniger.

> **Bilder und andere Objekte in Notizen**
>
> Gedacht ist die Notizen-Funktion primär für Text. Je nachdem, wie Sie eine Notiz in Ihrem Dokument anlegen, können aber auch andere Objekte in Notizen enthalten sein. Jedes im Text verankerte Objekt wird ja grundsätzlich als einzelnes Zeichen im Text behandelt und kann deshalb auch in einer Notiz enthalten sein.

Um die Zusammenarbeit innerhalb einer Gruppe, in der sowohl InDesign als auch InCopy zum Einsatz kommen, zu gewährleisten, müssen Notizen natürlich auch in InDesign verarbeitbar sein. Wesentlich – wenn auch keine Voraussetzung – ist hier die Arbeit in einer Gruppe. Bevor Sie mit Notizen arbeiten, sollten Sie deshalb dafür sorgen, dass Sie innerhalb der Gruppe auch eindeutig identifizierbar sind.

19.2.2   Benutzer

Damit diese Eindeutigkeit gewährleistet ist, müssen Sie für alle Arbeiten, die eine Arbeitsgruppe betreffen können, eine Benutzerkennung verwenden. Diese Kennung wird bei der Installation von InDesign aus Ihren Registrierungsdaten abgeleitet. Da in

Unternehmen mit vielen InDesign-Lizenzen die einzelne Lizenz oft nicht einem einzelnen Mitarbeiter zugeordnet ist, sondern eher einer Abteilung, können Sie den Benutzernamen jederzeit ändern, indem Sie DATEI • BENUTZER aufrufen.

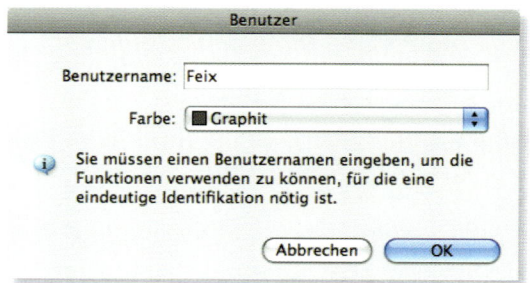

Legen Sie hier Ihren Benutzernamen fest. Mit der FARBE, die Sie zusätzlich auswählen können, werden alle Spuren, die Sie in einem Dokument hinterlassen und die benutzerbezogen sind, gekennzeichnet.

19.2.3 Notizenmodus

Um Notizen in einem Dokument zu hinterlassen, müssen Sie in den Notizenmodus wechseln. Dazu muss der Textcursor in einem Text stehen, es sollte jedoch noch kein Text ausgewählt sein.

Sie können nun den Befehl SCHRIFT • NOTIZEN • NOTIZENMO-DUS aufrufen oder die Tastenkombination [Strg]+[F8] bzw. [⌘]+[F8] drücken. InDesign öffnet das Notizen-Bedienfeld und legt auch sofort die erste Notiz an der aktuellen Cursorposition an. Sie können das Notizen-Bedienfeld auch selbst unter FENS-TER • SCHRIFT UND TABELLEN • NOTIZEN öffnen. InDesign schaltet in den Notizenmodus, sobald Sie die erste Notiz erstellen.

Im Notizenmodus werden alle Nicht-Text-Funktionen und Nicht-Text-Werkzeuge deaktiviert, und InDesign wird in einen reduzierten Arbeitsmodus geschaltet, dessen Möglichkeiten in etwa denen im Textmodus – und somit denen von InCopy – ent-sprechen. Um den Notizenmodus wieder zu beenden, müssen Sie das Notizen-Bedienfeld schließen. Sie können aber auch mit dem Textwerkzeug außerhalb des Textes klicken, um den Notizmodus zu beenden – das Notizen-Bedienfeld bleibt dann sichtbar.

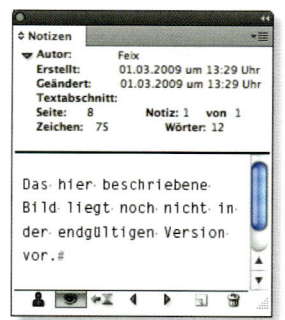

19.2.4 Mit Notizen arbeiten

Neben zwei Arten, eine Notiz anzulegen, können Sie Notizen natürlich löschen, durch Notizen blättern und den Inhalt einer Notiz verändern. Allerdings lässt sich die Sichtbarkeit der Notizen im Text im Notizenmodus nur sehr eingeschränkt kontrollieren –

Notizen gelten in der Layoutansicht grundsätzlich als ausgeblendet. Im Textmodus haben Sie dagegen die volle Kontrolle.

Notizen können nicht in eine PDF-Datei ausgegeben und gedruckt werden. Auch in einem aus InDesign exportierten Text erscheinen sie nicht.

Notizen anlegen | Um eine Notiz im Text einzufügen, haben Sie zwei Möglichkeiten:

▸ **Leere Notiz anlegen:** Der Textcursor blinkt im Text, und Sie rufen den Notizmodus auf. An der Stelle des Cursors wird eine leere Notiz verankert. Weitere Notizen können Sie anlegen, indem Sie den Textcursor an der gewünschten Stelle platzieren und auf Neue Notiz 🔲 im Notiz-Bedienfeld klicken oder Neue Notiz aus dem Menü Schrift • Notizen bzw. dem Bedienfeldmenü des Notizen-Bedienfelds aufrufen. Der Inhalt des Menüs Notizen und des Bedienfeldmenüs des Notizen-Bedienfelds sind im Übrigen vollkommen gleich. Den Text der neuen Notiz erfassen Sie im Notiz-Bereich des Notizen-Bedienfelds.

▸ **Ausgewählten Text in Notiz verwandeln:** Wenn Sie einen Text ausgewählt haben, sind die Methoden zum Anlegen einer neuen Notiz nicht verfügbar. Wählen Sie In Notiz umwandeln aus dem Bedienfeldmenü des Notiz-Bedienfelds. Der ausgewählte Text wird nun ausgeblendet und als Notiz in das Notizen-Bedienfeld übernommen.

Textvarianten

Bis InDesign CS3 war es nicht unüblich, mit Notizen unterschiedliche Textvarianten auszuprobieren, ohne die Texte auszulagern oder z. B. auf die Montagefläche zu verbannen, indem Textteile in eine Notiz verwandelt und gegebenenfalls wieder zurückverwandelt wurden. Seit InDesign CS4 gibt es dafür die Funktion »Bedingter Text«, die wir Ihnen gleich im nächsten Abschnitt vorstellen werden.

Die Position der Notiz wird im Text mit einem Notizanker ⚓ gekennzeichnet. Dieser Anker ist auch sichtbar, wenn Sie Verborgene Zeichen ausblenden im Menü Schrift aktiviert haben, verschwindet aber im Vorschaumodus. Um Notizanker ein- und auszublenden, klicken Sie auf das Auge 👁 im Notizen-Bedienfeld.

Notizen verwalten | Sie können durch alle Notizen blättern, indem Sie auf Gehe zu vorheriger Notiz ◄ bzw. Gehe zu nächster Notiz ► klicken oder die entsprechenden Befehle aus einem der Menüs aufrufen. InDesign bringt dabei die Position der Notiz im Text in Ihr Blickfeld. Wenn Sie den Mauszeiger über einen Notizanker stellen, erscheinen die Informationen zur Notiz und natürlich die Notiz selbst in einem QuickInfo-Feld. Einen Anker können Sie gezielt anspringen bzw. auswählen, indem Sie auf Gehe zu Notizanker ↩⚓ klicken. Mit etwas Geschick können Sie einen Anker auch im Text auswählen; die dazugehörige Notiz erscheint dann im Notizen-Bedienfeld.

▸ **Notiz löschen:** Eine Notiz können Sie löschen, indem Sie den Notizeintrag im Notiz-Bedienfeld auswählen und auf Notiz

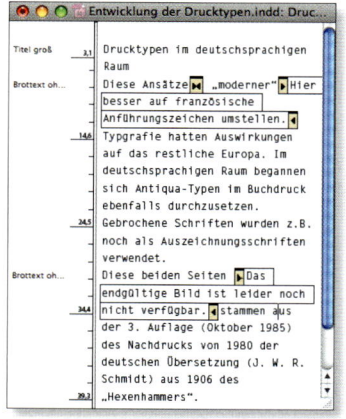

▲ Abbildung 19.8
Im Textmodus können Sie nicht nur alle Notizen gleichzeitig maximieren/minimieren, sondern auch einzelne Notizen, und zwar indem Sie auf eine der beiden Buchstützen einer Notiz klicken. Die erste Notiz in diesem Text ist minimiert.

LÖSCHEN 🗑 klicken. Alle Notizen löschen Sie mit dem Befehl NOTIZEN AUS TEXTABSCHNITT ENTFERNEN bzw. ALLE NOTIZEN ENTFERNEN aus dem Bedienfeldmenü.

▶ **Notizen teilen:** Wenn Sie in den Text der Notiz im Notiz-Bedienfeld klicken und NOTIZ TEILEN aus dem Bedienfeldmenü wählen, wird die Notiz an der ausgewählten Stelle in zwei Notizen aufgeteilt. Das funktioniert natürlich nicht bei leeren Notizen oder wenn der Textcursor am Beginn oder am Ende der Notiz steht.

▶ **Notiz in Text wandeln:** Wie Sie bereits wissen, können Sie einen Text in eine Notiz umwandeln, indem Sie ihn auswählen und den Befehl IN NOTIZ UMWANDELN aus dem Bedienfeldmenü aufrufen. Das Gegenstück, um eine Notiz wieder in einen Text zu verwandeln, finden Sie ebenfalls im Bedienfeldmenü des Notiz-Bedienfelds unter IN TEXT UMWANDELN.

Textmodus | In der Layoutansicht Ihres Dokuments machen sich Notizen nur über ihre Notizanker bemerkbar. Wenn Sie Ihren Text jedoch über ⌂Strg⌃+Ⓨ bzw. ⌘+Ⓨ im Textmodus betrachten, können Sie mit NOTIZEN IN TEXTABSCHNITT MAXIMIEREN/MINIMIEREN aus dem Bedienfeldmenü des Notizen-Bedienfelds diese zur Gänze im Text einblenden – hier ist die Herkunft aus InCopy sehr deutlich bemerkbar.

19.2.5   Voreinstellungen für Notizen

Wenn Sie viel mit Notizen arbeiten (müssen), sollten Sie auch einen Blick in die Voreinstellungen für Notizen werfen. Allzu viel können Sie hier nicht einstellen, und vor allem können Sie keinerlei grundsätzliche Funktionen beeinflussen. Rufen Sie in den InDesign-Voreinstellungen das Register NOTIZEN auf:

Abbildung 19.9 ▶
Die Voreinstellungen für Notizen deuten ebenfalls darauf hin, dass Notizen – als InCopy-Funktion – eher für eine Verwendung im Textmodus gedacht sind.

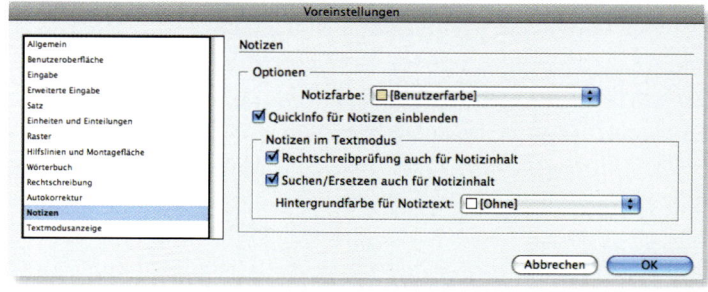

Lediglich zwei der verfügbaren Optionen beziehen sich auf die Layoutansicht in InDesign: Die NOTIZFARBE kann für den Benutzer vorgegeben werden. Wenn Sie hier eine Farbe auswählen, kann der Benutzer zwar eine eigene Farbe in den Benutzer-Einstellungen im DATEI-Menü wählen, diese wird aber für Notizen-Einträge nicht verwendet. Lassen Sie die Standardeinstellung (BENUTZER-FARBE) ausgewählt, wird die selbstgewählte Farbe des Benutzers verwendet. Das beschriebene Verhalten, dass über den Notizanker QuickInfo-Felder mit dem Notizinhalt angezeigt werden, wenn sie mit dem Mauszeiger berührt werden, können Sie mit der Option QUICKINFO FÜR NOTIZEN EINBLENDEN ein- bzw. ausschalten.

InDesign blendet Notizen in der Layoutansicht nicht nur aus, es ignoriert auch deren Inhalt. Für den Textmodus können Sie dagegen festlegen, ob die RECHTSCHREIBPRÜFUNG AUCH AUF NOTIZINHALT und SUCHEN/ERSETZEN AUCH FÜR NOTIZINHALT angewendet werden soll.

Beachten Sie jedoch: Wenn Sie in SUCHEN/ERSETZEN die Funktion ALLE ERSETZEN ausführen, werden auch die Inhalte von Notizen bearbeitet und gegebenenfalls ersetzt!

Mit der Option HINTERGRUNDFARBE FÜR NOTIZTEXT legen Sie fest, ob im Textmodus lediglich Buchstützen, die den Notiztext umfassen, in der Benutzerfarbe dargestellt werden sollen oder auch der dazwischenliegende Text.

19.2.6 InCopy

InCopy stellt eine alternative Methode dar, mit InDesign-Dokumenten zu arbeiten, und ist für ein redaktionelles Umfeld gedacht. In großen Redaktionen kümmern sich die Redakteure im Kern nur um den Text. Satz und Layout gehören nicht zu ihren Aufgaben. Es ist allerdings trotzdem wünschenswert, dass die Redakteure ihre Texte bereits im Layoutumfeld erstellen und korrigieren. So kennen sie z. B. den für ihren Artikel noch zur Verfügung stehenden Platz, und die Layouter ersparen sich das Platzieren von (Word-)Texten, die noch behandelt werden müssten.

InCopy erlaubt es, **ein** InDesign-Dokument in mehrere Teile zu zerlegen und verschiedene Aufgaben (Artikel, Kolumnen) auf mehrere Redakteure zu verteilen. Einige Funktionen tauchen auch in InDesign auf – das Bearbeiten eines Textabschnitts im Textmodus ist z. B. eine typische InCopy-Funktion, die in jedem Dokument und jedem Arbeitsumfeld sehr praktisch ist.

Da es kaum reine InCopy-Arbeitsumgebungen gibt, sind natürlich auch die Notizen-Funktionen in InDesign notwendig, obwohl sie erst relativ spät verfügbar waren. Die Bedeutung von Notizen in reinen InDesign-Arbeitsumgebungen ist dagegen aber eher gering. Das wird auch dadurch unterstrichen, dass Notizen eben im Textmodus am besten zu bearbeiten sind, und durch die geänderte Integration in InDesign CS4.

Aufgaben und weitere Funktionen

Um Aufgaben zu erstellen und zu verteilen, gibt es ein eigenes Bedienfeld AUFGABEN und ein eigenes Untermenü INCOPY im Menü BEARBEITEN.

InCopy bietet darüber hinaus noch weitere Funktionen, um Änderungen in Dokumenten zu kontrollieren und zu verfolgen. InDesign zeichnet diese Änderungen zwar auf, sichtbar gemacht und verwaltet werden können sie jedoch nur in InCopy.

19.3 Bedingter Text

Wie Sie im vorherigen Abschnitt gesehen haben, können Notizen dafür missbraucht werden, Text bei Bedarf ein- und auszublenden. Sehr übersichtlich ist die Handhabung jedoch nicht, und vor allem muss jede per Notiz verwaltete Textstelle einzeln behandelt werden. Da Notizen für solche Anwendungen aber auch nie gedacht waren und Adobe offensichtlich den Bedarf an der Möglichkeit, Teile eines zusammenhängenden Textes ein- und auszublenden, erkannt hat, wurde mit InDesign CS4 die Möglichkeit geschaffen, die Sichtbarkeit von Text anhand von frei definierbaren Bedingungen zu steuern.

19.3.1 Anwendungsgebiete

Viele Probleme mit alternativen Texten – als Stellvertreter seien hier unterschiedliche Sprachversionen wie in unserem Projekt genannt – können über Ebenen gelöst werden. Sollen jedoch Textteile in einem Absatz sichtbar/unsichtbar gemacht werden, kommen Sie mit Ebenen nicht weiter.

Typische Fälle wären z. B. Preislisten, die in einer Großhändler-Version mit den Einkaufspreisen und in einer Verkaufspreisliste inkl. Mehrwertsteuer aufgelegt werden sollen. Ob Sie eine solche Preisliste als vollständige Duplikate in Ebenen oder gleich in zwei Dokumenten verwalten, ist schon ziemlich gleichgültig.

Oder wir könnten unser Buch in einer Windows- und einer Mac-Version erscheinen lassen. Hierzu müssten in der Windows-Ausgabe alle Tastenkürzel für Windows anstelle der Tastenkürzel für Mac OS X dargestellt werden – Sie sehen: mit Ebenen unlösbar. Was wäre in diesem Fall mit den Screenshots? Wir müssten alle Screenshots von Mac OS X gegen Screenshots von Windows austauschen. Da alle Bilder, Marginalien, Glossareinträge aber im Text eingebunden sind, wäre das als bedingter Text kein Problem.

Als letztes Beispiel und Basis für die Funktionsbeschreibung seien noch Lehrunterlagen genannt. Arbeitsblätter für Schüler gibt es zumeist in zwei Versionen: das »echte« Arbeitsblatt, in das die Schüler die hoffentlich richtige Lösung der Aufgaben eintragen müssen, die sie auf dem Arbeitsblatt vorfinden. Und als zweite Version gibt es zumeist das Lösungsblatt, das alle richtigen Antworten bereits enthält.

Ob ein Lehrer das Lösungsblatt verwendet, um seine Kompetenz vor den Schülern zu stärken, oder ob er es den Schülern auch aushändigt, um ihnen eine Selbsteinschätzung der eigenen Leistung zu ermöglichen, sei dahingestellt (da wir beide unter anderem auch Lehrer sind, dürfen wir solche Überlegungen aber

Im Text verankerte Objekte

Da jedes im Text verankerte Objekt grundsätzlich als einzelnes Zeichen im Text behandelt wird, kann es deshalb auch – wie in Notizen – als bedingter Text aus- und eingeblendet werden.

anstellen). Typische Ergänzungsübungen, in denen z. B. in freie Stellen einzelne Wörter eingetragen werden, sind über Ebenen ebenfalls nicht abbildbar.

19.3.2 Bedingten Text verwenden

Die Mechanik von bedingten Texten ist eigentlich recht simpel, aber relativ schwierig (und trocken) abstrakt zu beschreiben. Wir beginnen deshalb mit einem Beispiel und liefern Ihnen die Details später nach.

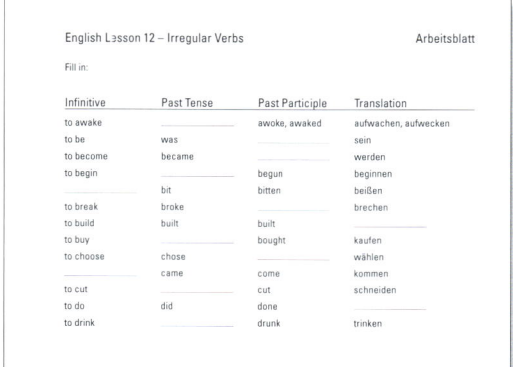
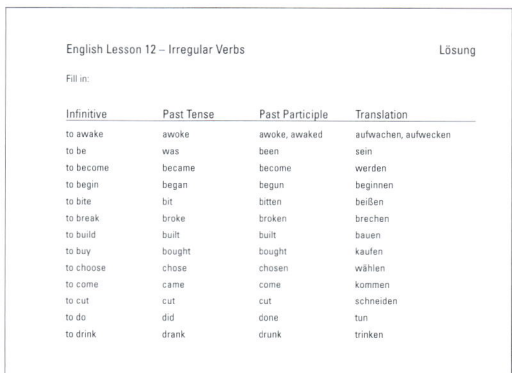

Solche Arbeitsblätter kennen wir alle aus der Schule. In diesem Fall sollen die Irregular Verbs im Englischen überprüft werden. Die Schüler müssen den jeweils fehlenden Teil in jeder Zeile eintragen.

▲ **Abbildung 19.10**
Solche Arbeitsblätter können aus ein und demselben Text abgeleitet werden, wenn Sie bedingten Text einsetzen.

Schritt für Schritt: Arbeits- und Lösungsblatt erstellen

Um Ihnen zu ersparen, Ihre Schulbücher zu suchen oder den obigen Text abzutippen, haben wir den hier verwendeten Text auf der Buch-DVD untergebracht (»Irregular_Verbs.txt«). Es handelt sich um reinen, mit Tabulatoren versehenen Text.

Irregular_Verbs.txt

1 Text einrichten

Platzieren Sie den Text, und formatieren Sie ihn nach Ihren Vorstellungen. Der Text sollte mit Tabulatoren (nicht in einer Tabelle) ausgerichtet werden. Bei einem A4-Dokument mit »normalen« Rändern und einer Schriftgröße von 12 Pt sollten Sie mit drei Tabulatoren mit je 40 mm Abstand gut mit dem Text zurechtkommen. Es versteht sich von selbst, dass für die Formatierung Absatzformate verwendet werden – für die Anwendung von bedingtem Text und die folgenden Schritte ist das jedoch nicht zwingend notwendig.

▲ **Abbildung 19.11**
Das Bedingter Text-Bedienfeld: Die beiden Bedingungen aus unserem Beispiel sind bereits angelegt, und die Bedienfeldoptionen sind eingeblendet.

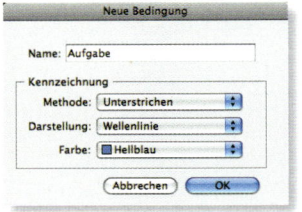

▲ **Abbildung 19.12**
Die Optionen von Bedingungen legen nur fest, wie ein bedingter Text gekennzeichnet sein soll, wenn er sichtbar ist; ob die Markierung dann wirklich sichtbar sein soll, können Sie hier noch nicht einstellen.

Abbildung 19.13 ▶
Der Text, der nur auf der Lösung sichtbar sein soll, ist ausgeblendet. Im Text sind jedoch Marken eingeblendet, die die Position der unsichtbaren Texte anzeigen.

2 **Das Bedingter Text-Bedienfeld – Bedingungen definieren**

Öffnen Sie das Bedingter Text-Bedienfeld über FENSTER • SCHRIFT UND TABELLEN • BEDINGTER TEXT. Ein Tastenkürzel gibt es dafür nicht. Klicken Sie auf NEUE BEDINGUNG 🔲 , und tragen Sie im nun erscheinenden Fenster NEUE BEDINGUNG unter NAME »Arbeitsblatt« ein. Unter KENNZEICHNUNG legen Sie fest, wie der bedingte Text markiert sein soll, wenn er eingeblendet ist. Wenn Sie in METHODE die Option UNTERSTRICHEN auswählen, können Sie eine DARSTELLUNG der Linie wählen; entscheiden Sie sich aber für MARKIEREN, wird der Text mit der gewählten FARBE hinterlegt. Auch eine Linie als Markierung wird in der gewählten FARBE dargestellt. Sie legen hier lediglich fest, wie der bedingte Text dargestellt wird, sofern er sichtbar ist; ob die Kennzeichnung überhaupt sichtbar ist, können Sie später noch bestimmen.

Legen Sie eine zweite Bedingung »Lösung« an, und legen Sie die gewünschten Optionen fest. Wenn Sie eine dieser Optionen nachträglich ändern wollen, machen Sie einen Doppelklick auf den Bedingungseintrag im Bedingter Text-Bedienfeld, oder rufen Sie BEDINGUNGSOPTIONEN aus dem Bedienfeldmenü auf.

3 **Bedingte Texte für das Lösungsblatt festlegen**

Der volle Text, den Sie gesetzt haben, entspricht ja dem Lösungsblatt. In dieser vollständigen Lösung markieren wir nun die Texte, die nur auf der Lösung sichtbar sein sollen. Alle nicht als bedingter Text gekennzeichneten Texte werden sowohl auf dem Arbeitsblatt als auch auf der Lösung sichtbar sein.

Wählen Sie mit einem Doppelklick in jeder Zeile einen Begriff aus, und klicken Sie auf LÖSUNG im Bedingter Text-Bedienfeld. Dadurch wird der ausgewählte Text mit der von Ihnen festgelegten Markierung unter- bzw. hinterlegt.

Wenn Sie das für alle Zeilen erledigt haben (vergessen Sie das Wort »Lösung« in der Überschrift nicht), klicken Sie auf das Auge 👁 neben dem Eintrag LÖSUNG. Damit legen Sie die Sichtbarkeit des Textes auf dem Lösungsblatt fest. Ihr Text sollte nun etwa so aussehen wie in Abbildung 19.13:

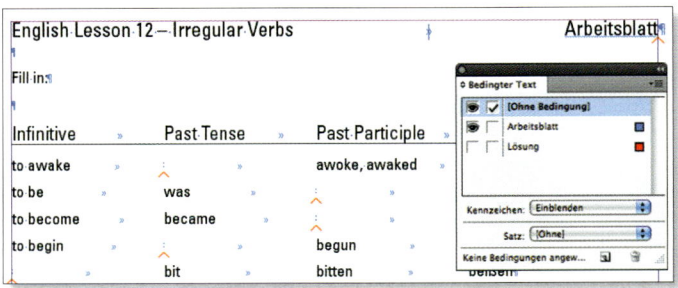

4   Bedingte Darstellung für das Lösungsblatt erstellen

Erstellen Sie eine horizontale Linie mit 0,5 Pt Stärke, 30 mm Länge und einem Stil, der Ihnen geeignet erscheint, z. B. JAPANISCHE PUNKTE. Diese Linie wird den unsichtbaren Lösungstext vertreten. Da wir die Linien im Text verankern, können wir ihre Sichtbarkeit über eine Bedingung bestimmen.

Kopieren Sie die Linie in die Zwischenablage, klicken Sie der Reihe nach rechts neben die Markierungen für den unsichtbaren Text, und fügen Sie die Linie per [Strg]+[V] bzw. [⌘]+[V] in den Text ein. Das Ergebnis sollte etwa so aussehen wie in Abbildung 19.14:

◄ **Abbildung 19.14**
Die Linien sollen auf dem Arbeitsblatt sichtbar sein, nicht jedoch auf dem Lösungsblatt. Deshalb müssen sie ebenfalls mit einer Bedingung ausblendbar werden.

5   Den verankerten Linien eine Bedingung zuweisen

Wir könnten nun die einzelnen Linien mit dem Textwerkzeug auswählen und ihnen die Bedingung »Arbeitsblatt« zuweisen, damit sie nur auf dem Arbeitsblatt sichtbar sind und in der Lösung ausgeblendet werden können. Allerdings wäre das sehr mühsam. Wie Sie wissen, kann in InDesign nach nahezu allem gesucht werden. Deshalb werden wir nun alle verankerten Linien suchen und ihnen per Ersetzen-Funktion das Bedingung »Arbeitsblatt« zuweisen.

Rufen Sie die SUCHEN/ERSETZEN über [Strg]+[F] bzw. [⌘]+[F] auf, und wählen Sie das Register TEXT. Wählen Sie aus dem Menü neben SUCHEN NACH die Option MARKEN • MARKE FÜR VERANKERTES OBJEKT aus. Im Feld SUCHEN NACH erscheint der InDesign-Code für verankerte Objekte: ^a. Wir suchen also gar keinen echten Text – siehe Abbildung 19.15.

Wir ersetzen auch nicht die Linie selbst, sondern ändern ihr Attribut für bedingten Text von [OHNE BEDINGUNG] in LÖSUNG. Klicken Sie dazu auf ÄNDERUNGSATTRIBUTE EINGEBEN 🔍 neben dem Feld FORMAT ERSETZEN.

Im Fenster FORMATEINSTELLUNGEN ERSETZEN wählen Sie das Register BEDINGUNGEN und aktivieren die Checkbox neben dem Eintrag ARBEITSBLATT. Schließen Sie das Fenster mit OK, und klicken Sie im SUCHEN/ERSETZEN-Fenster auf ALLE ÄNDERN.

Linie auswählen

Die einzelnen Linien in dieser Situation mit dem Auswahl-Werkzeug zu markieren, würde nicht zum Erfolg führen. Sie müssen die Position der Linie **im Text als Text** auswählen!

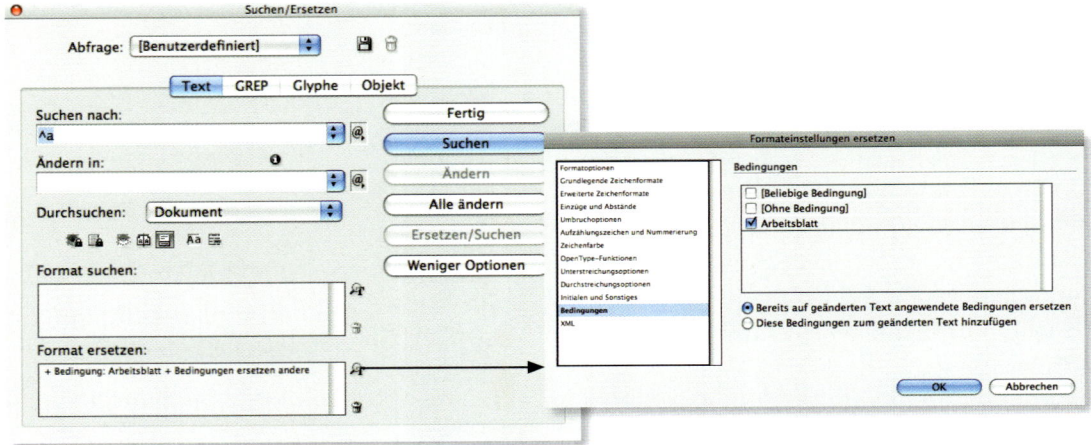

Nun werden alle Linien wie Text behandelt, und ihnen wird die Sichtbarkeit für das Arbeitsblatt zugewiesen. Sie können dies wiederum mit einem Klick auf das Auge ☞ überprüfen und durch wechselweises Auswählen der beiden Bedingungen bzw. deren Sichtbarkeit einen Blick auf Arbeitsblatt und Lösung werfen.

Dieses wechselweise Auswählen kann bei zwei Bedingungen noch praktikabel sein, bei vielen Bedingungen, die womöglich zu mehreren Sichtbarkeitskombinationen zusammengefasst werden müssen, wäre diese Methode sehr mühsam und fehlerträchtig.

6   Einen Bedingungssatz erstellen

Stellen Sie zunächst den Zustand her, der die Sichtbarkeit für das Arbeitsblatt (also Linien, aber keine Lösungen) darstellt, indem Sie die Sichtbarkeit ARBEITSBLATT ein und die Sichtbarkeit LÖSUNG ausschalten. Wählen Sie nun aus dem Menü SATZ im Bedingter Text-Bedienfeld NEUEN SATZ ERSTELLEN aus. Tragen Sie im dann folgenden Fenster NAME DES BEDINGUNGSSATZES einen Namen ein. Es ist hier kein Problem, wenn Sie als Name »Arbeitsblatt« wählen, obwohl es schon eine gleichnamige Bedingung gibt.

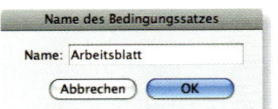

Ändern Sie die Sichtbarkeit so, dass nur die Lösung sichtbar wird, und legen Sie damit einen Bedingungssatz LÖSUNG an. Von nun an können Sie die beiden Zustände des Dokuments aus dem Menü SATZ auswählen und so ohne viel Herumgeklicke zwischen den beiden Textvarianten wie in Abbildung 19.10 auf Seite 593 wechseln. ■

Wenn Sie unsere Schritt-für-Schritt-Anleitung bis zum Ende durchgearbeitet haben, haben Sie die wesentlichen Methoden inklusive Suchen und Ersetzen von Bedingungen durchgespielt.

Im Folgenden wollen wir Ihnen nur noch einige Optionen nach-
reichen und Ihnen noch einige Hinweise zur Dokument-Planung
bei der Benutzung von bedingtem Text geben.

19.3.3 Zusätzliche Funktionen für bedingten Text

Neben den Funktionen, die Sie in unserer Schritt-für-Schritt-
Anleitung kennengelernt haben, gibt es noch folgende Möglichkeiten:

Bedingter Text-Bedienfeld | Beim Anlegen einer neuen Bedin-
gung haben Sie bereits festgelegt, wie ein Text, dem eine Bedingung zugewiesen ist, gekennzeichnet werden soll. Da diese Kennzeichnung aber auch störend sein kann, können Sie im Menü
KENNZEICHEN festlegen, wo die Kennzeichnung wirklich dargestellt werden soll. Die drei Möglichkeiten EINBLENDEN, EINBLEN-
DEN UND DRUCKEN und AUSBLENDEN dürften selbsterklärend sein.

Neben der Möglichkeit, einzelne Bedingungen und somit den
damit belegten Text ein- und auszublenden, indem Sie auf das
Auge 👁 neben der entsprechenden Bedingung klicken, können
Sie im Bedienfeldmenü noch ALLE EINBLENDEN und ALLE AUSBLEN-
DEN wählen. Beide Optionen sind gute Ausgangspunkte, um
Zustände herzustellen, die Sie dann als Bedingungssatz speichern.

Sofern Sie VERBORGENE ZEICHEN EINBLENDEN aus dem Menü
SCHRIFT aktiviert haben, werden aufgrund einer Bedingung ausgeblendete Texte mit dem Marker ⌃ im Text gekennzeichnet. Für
jeden ausgeblendeten Text an derselben Stelle kommt dabei ein
Doppelpunkt über dem Winkel dazu.

Bedingungen und Bedingungssätze | Sie können ein und dem-
selben Text auch mehrere Bedingungen zuweisen. In diesem Fall
können Sie die einzelnen Bedingungen zurücknehmen, indem Sie
den entsprechenden Text auswählen und die Bedingung mit
einem Klick auf das Häkchen ☑ neben der Bedingung ausschalten.
Möchten Sie alle einem Text zugewiesenen Bedingungen auf einmal zurücknehmen, wählen Sie den Text aus, und weisen Sie ihm
[OHNE BEDINGUNG] aus dem Bedingter Text-Bedienfeld zu.
Grundsätzlich ist einem Text immer [OHNE BEDINGUNG] zugewiesen – dadurch ist Text prinzipiell immer sichtbar.

Wenn Sie einen Bedingungssatz ausgewählt haben und Änderungen an der Sichtbarkeit der beteiligten Bedingungen im
Bedingter Text-Bedienfeld machen, wird diese Abweichung – analog zu Formaten – durch ein Plus neben dem Namen des Bedingungssatzes angezeigt. Sie haben dann die Möglichkeit, über
BEDINGUNGSSATZ NEU DEFINIEREN im Menü SATZ die Abweichung

> **Neue Bedingung**
>
> Das Bedingter Text-Bedienfeld
> verhält sich beim Aufruf der
> Funktion NEUE BEDINGUNG über
> das Symbol ▣ anders als die
> meisten anderen Bedienfelder.
> Sie werden dann nämlich sofort
> mit dem Fenster NEUE BEDIN-
> GUNG konfrontiert. Halten Sie
> die ⌐Alt⌐- bzw. ⌐⏎⌐-Taste ge-
> drückt, wird kommentarlos eine
> neue Bedingung angelegt, deren
> Optionen Sie dann erst festlegen
> müssen.

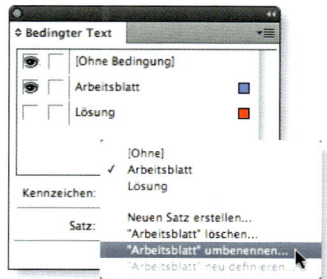

▲ **Abbildung 19.17**
Um einen Bedingungssatz umzubenennen, müssen Sie ihn zunächst
auswählen und können dann aus
dem Menü SATZ den Befehl UMBE-
NENNEN auswählen.

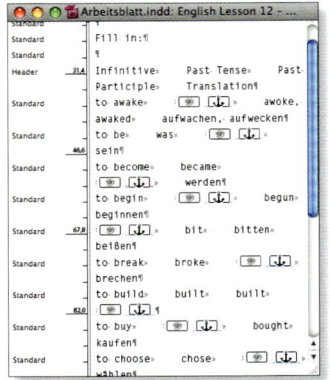

▲ Abbildung 19.18
Bedingter Text wird im Textmodus
durch ein Auge-Symbol markiert,
kann aber nicht bearbeitet werden.

zur neuen Definition des Bedingungssatzes zu machen. Wenn Sie
den Satz [Ohne] auswählen, bleibt der letzte Zustand von sichtbaren Bedingungen erhalten, und Sie können weitere manuelle
Änderungen machen, ohne eine Abweichung in einem bestimmten Bedingungssatz zu produzieren.

Verwalten von Bedingungen und Bedingungssätzen | Um eine
Bedingung zu löschen, markieren Sie sie im Bedingter Text-
Bedienfeld, und klicken Sie auf 🗑 oder wählen Sie Bedingung
löschen aus dem Bedienfeldmenü. Wenn die zu löschende
Bedingung einem Text zugewiesen ist, müssen Sie einen Nachfol-
ger bestimmen.

Einen Bedingungssatz löschen Sie, indem Sie ihn zuerst auswählen und dann aus dem Menü Satz den Befehlt Bedingungssatz löschen auswählen. Das Löschen von Bedingungssätzen
erfolgt kommentarlos und ohne Rückfrage.

Um Bedingungen und Bedingungssätze aus anderen Dokumenten zu laden, wählen Sie entweder Bedingungen laden bzw.
Bedingungen und Bedingungssätze laden aus dem Bedienfeldmenü des Bedingter Text-Bedienfelds. Sie werden dann aufgefordert, eine Datei auszuwählen, aus der die entsprechenden Definitionen geladen werden sollen. Das Laden selbst erfolgt
wiederum ohne jegliche Rückmeldung, und zwar auch dann,
wenn im Zieldokument bereits Bedingungen und Bedingungssätze
mit gleichen Namen existieren. Bei Bedingungen ist das prinzipiell
verständlich, weil Abweichungen letztlich nur die Optik betreffen.
Bei Bedingungssätzen kann es jedoch funktionale Unterschiede
geben. In diesem Fall wird die Definition des geladenen Bedingungssatzes aktiv und der vorhandene Bedingungssatz somit
überschrieben.

Suchen/Ersetzen-Optionen | Wie Sie einem Text per Suchen/
ersetzen eine Bedingung zuweisen können, haben wir Ihnen
bereits gezeigt. Wenn Sie eine Bedingung suchen, haben Sie die
Möglichkeit, im Reiter Bedingungen des Fensters Formatein-
stellung suchen zusätzlich zu real vorhandenen Bedingungen
auch nach [Beliebige Bedingung] zu suchen – dabei wird nur
überprüft, ob einem Text eine Bedingung zugewiesen wurde,
jedoch nicht welche. Wählen Sie jedoch [Ohne Bedingung], wird
Text, der mit einer Bedingung belegt ist, von der Suche ausgeschlossen.

Die gleichen Bedingungen können Sie auch auswählen, wenn
Sie unter Format ersetzen die Änderungsattribute angeben.
Allerdings gibt es hier die Eigenheit, dass Sie nur reale Bedingun-

gen auswählen können, die aktuell auch sichtbar sind. Sie suchen ja auch nach einem Text und nicht nach einer Bedingung – ausgeblendeter Text wird grundsätzlich nicht behandelt. Zusätzlich finden Sie zwei Optionen:

▶ BEREITS AUF GEÄNDERTEN TEXT ANGEWENDETE BEDINGUNGEN ERSETZEN: Wird ein Text gefunden, dem bereits andere Bedingungen zugewiesen sind, dann werden diese Bedingungen gelöscht und die neue(n) Bedingung(en) zugewiesen.

▶ DIESE BEDINGUNGEN ZUM GEÄNDERTEN TEXT HINZUFÜGEN: Alle bereits bestehenden Bedingungen, die dem gefundenen Text zugewiesen sind, bleiben erhalten, und die ausgewählte(n) Bedingung(en) wird/werden zusätzlich zugewiesen.

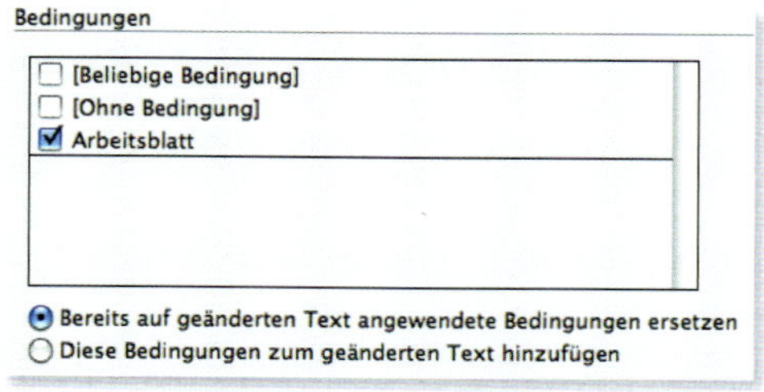

◀ **Abbildung 19.19**
Zusätzliche Optionen beim Ersetzen von Texten, die mit Bedingungen belegt sind.

Die Zuweisung von [BELIEBIGE BEDINGUNG] beim Ersetzen verändert den Text tatsächlich auf dieser Ebene nicht. Sie können diese Möglichkeit jedoch nutzen, um einem bedingten Text z. B. ein Zeichenformat zuzuweisen.

19.3.4 Den Einsatz von bedingtem Text planen

Je größer die Textmenge, die über Bedingungen ein- und ausgeblendet wird, umso heftiger werden die Umbrüche ausfallen. Wenn Sie also ein Drittel einer Publikation über Bedingungen verwalten wollen, sollten Sie auch über die klassische Methode nachdenken, die Sichtbarkeit über Ebenen oder sogar über ein alternatives Dokument abzubilden. Bedingte Texte sind keine Wundermedizin und mit Nebenwirkungen versehen – probieren Sie den Einsatz zunächst an kleineren Textmengen, um abschätzen zu können, ob Sie mit den zwangsläufig auftretenden Umbrüchen zurechtkommen. Ein Einsatz bei sehr kleinen Textmengen – wie in unserer Schritt-für-Schritt-Anleitung – sollte dagegen immer gut funktionieren.

Berücksichtigen Sie beim Einsatz von bedingtem Text auch folgende potentielle Problemfelder:

▶ **Intelligenter Textumfluss:** Wenn Sie bedingten Text in Kombination mit intelligentem Textumfluss einsetzen, führen stark unterschiedliche Textlängen unter Umständen dazu, dass je

---

Zeichenformate

Es wäre sinnvoll, wenn Bedingungen auch in Zeichenformaten angegeben werden könnten.

Adobe hat sich vermutlich dagegen entschieden, weil je nach definierter Sichtbarkeit Texte beim Zuweisen eines solchen Zeichenformats plötzlich verschwinden könnten.

nach Sichtbarkeit des Textes automatisch Dokumentseiten hinzugefügt oder entfernt werden.

▶ **Reihenfolge festlegen:** Wenn Sie z. B. drei Textvarianten planen, sollten Sie die Reihenfolge der Texte – also z. B. deutsch/englisch/französisch – verbindlich festlegen und bei der Erfassung des Textes einhalten.

▶ **Interpunktion:** Legen Sie darüber hinaus fest, wie Interpunktionszeichen und Leerzeichen den bedingten Texten zugeordnet werden sollen. Steht ein bedingter Text am Satzende, müssen alle Textalternativen entweder mit oder ohne Punkt – in jedem Fall aber einheitlich – als bedingter Text dargestellt werden (oder eben nicht). Ansonsten kann es sein, dass in einer Variante ein Punkt sichtbar ist, in einer anderen dagegen kein Punkt und in einer dritten womöglich zwei Punkte.

▶ **Fußnoten:** Das Problem der Textumbrüche kann sich bei Fußnoten potenzieren. Hier reicht es im Wesentlichen, einen Fußnotenverweis auszublenden (ein Zeichen), um eine oder mehrere Zeilen im gesamten Text zu verlieren, weil damit auch die zugehörige Fußnote ausgeblendet wird.

▶ **Von InDesign verwaltete Texte:** Über eine Bedingung ausgeblendeter Text wird von InDesign so behandelt, wie wenn er gar nicht vorhanden wäre. Das ist auch logisch, sinnvoll und gut so. Wenn Sie auf InDesign-Funktionen zurückgreifen, um aus einem Text Inhaltsverzeichnisse, Indexeinträge oder Querverweise abzuleiten, so haben bedingte Texte nicht nur eine Auswirkung auf die Stelle im Text, an der sie sichtbar/unsichtbar sind, sondern auch auf die Ergebnisse ebendieser Funktionen. Einen Index müssen Sie also in jedem Fall für jede Textvariante gesondert erstellen lassen und im Dokument selbst verwalten. Querverweise müssen bei Änderung der Sichtbarkeit ebenfalls manuell aktualisiert werden. Ein Querverweis, bei dem Quelle und Ziel nicht zum selben Zeitpunkt sichtbar sind, zerstören die gesamte Logik des Textes.

Wie Sie sehen, gibt es eine Reihe von Zusammenhängen zu beachten, wenn Sie bedingten Text einsetzen wollen. Trotzdem sind bedingte Texte eine interessante Funktion, die – dosiert eingesetzt – einige bislang unlösbaren Probleme beseitigen kann.

20 Text verwalten lassen

Im letzten Kapitel haben Sie Texte angelegt und deren Sichtbarkeit kontrolliert. Mit den Funktionen, die wir Ihnen in diesem Kapitel vorstellen, bestimmen Sie zwar auch Inhalt, Aussehen und Position von Texten, um Änderungen kümmert sich InDesign jedoch für Sie.

20.1 Listen

In Kapitel 14, »Typografie«, haben wir Ihnen gezeigt, wie Sie mit AUFZÄHLUNGSZEICHEN UND NUMMERIERUNG Absätze nummerieren können. Die manuelle Anwendung dieser Funktion ist etwas mühsam weshalb Sie sie in einem Absatzformat definieren werden. Dadurch können Sie auch leicht Absätze nummerieren lassen, die nicht zusammenhängen, wie z. B. Kapitelüberschriften, zwischen denen sich ja immer eine Reihe nicht nummerierter Absätze befinden.

InDesign verwendet für diese Nummerierung eine Liste [STANDARD], die bei Bedarf einfach die nächste Nummer liefert. Welche die nächste Nummer ist, ermittelt die Liste aus Ihren Einstellungen in NUMMERIERTE LISTE. Sie erstellt die Nummern also nicht selbst, sondern befolgt lediglich die Vorgaben, die Sie in NUMMERIERTE LISTE festgelegt haben. Dadurch können Sie die Nummerierung auch immer neu starten.

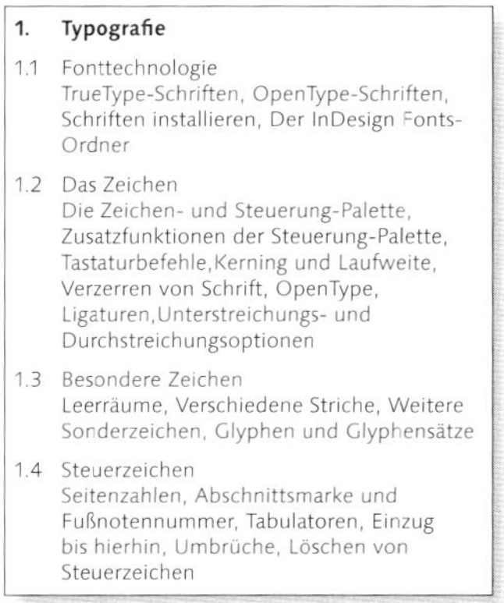

20.1.1 Probleme der Standardnummerierung

Die Grundfunktion der nummerierten Liste (Aufzählungszeichen sind hier belanglos) verfügt jedoch über folgende Einschränkungen:

1. Die Liste [STANDARD] gibt es nur einmal. Wenn Sie mehrere Nummerierungen vornehmen oder Nummerierungen verschachteln wollen, können Sie zwar den Startwert der Liste verändern, allerdings müssen Sie das wirklich manuell machen.
2. Die Liste [STANDARD] ist nur bis zum Ende einer Textrahmen-Verkettung gültig; InDesign nennt das einen Textabschnitt. Da ein neues Dokument logischerweise mit einem neuen Textab-

1.	Typografie
1.1	Fonttechnologie
	TrueType-Schriften, OpenType-Schriften, Schriften installieren, Der InDesign Fonts-Ordner
1.2	Das Zeichen
	Die Zeichen- und Steuerung-Palette, Zusatzfunktionen der Steuerung-Palette, Tastaturbefehle,Kerning und Laufweite, Verzerren von Schrift, OpenType, Ligaturen,Unterstreichungs- und Durchstreichungsoptionen
1.3	Besondere Zeichen
	Leerräume, Verschiedene Striche, Weitere Sonderzeichen, Glyphen und Glyphensätze
1.4	Steuerzeichen
	Seitenzahlen, Abschnittsmarke und Fußnotennummer, Tabulatoren, Einzug bis hierhin, Umbrüche, Löschen von Steuerzeichen

▲ **Abbildung 20.1**
Kapitelüberschriften aus einem Fachbuch. Die Überschriften verteilen sich über viele Seiten und für das ganze Buch über mehrere Dokumente. Wird die Reihenfolge der Kapitel in einzelnen Dokumenten, zwischen mehreren Dokumenten oder in einem ganzen Buch verändert, ist eine Neunummerierung notwendig.

schnitt beginnt, kann die Liste [STANDARD] auch nicht über mehrere Dokumente hinweg funktionieren und muss für jedes Dokument neu gestartet werden.

Wir benötigen also eine Funktion, um mehrere unabhängige Nummerierungslisten definieren zu können, deren Gültigkeit auch über mehrere Textabschnitte und auch Dokumente gegeben sein soll. Diese Funktion wurde mit InDesign CS3 unter dem Namen »Listen« eingeführt.

20.1.2 Listen anlegen

Um eine neue Liste zu erstellen, wählen Sie SCHRIFT • AUFZÄHLUNGS- UND NUMMERIERTE LISTEN • LISTEN DEFINIEREN. Klicken Sie im nun erscheinenden Fenster LISTEN definieren auf NEU, und Sie landen im Fenster NEUE LISTE.

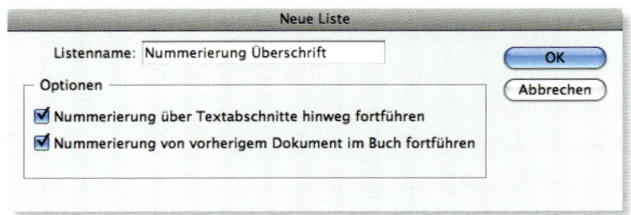

Abbildung 20.2 ▶
Eine Liste hat nur eine Steuerungsfunktion, deshalb können hier keine Werte für die Nummern, die von der Liste ausgegeben werden, vorgegeben werden.

Legen Sie einen eindeutigen Namen für die Liste unter LISTENNAME fest. Unter OPTIONEN erkennt man gut, dass eine Liste keine Nummern generiert, sondern nur deren Gültigkeitsbereich kontrolliert.

▶ NUMMERIERUNG ÜBER TEXTABSCHNITTE HINWEG FORTFÜHREN: Diese Option bedeutet, dass die Liste fortlaufende Zahlen nur bis zum Beginn eines neuen Textabschnitts ausgibt. Dann beginnt die Nummerierung neu. Wenn Sie diese Option abschalten, können Sie die Wirksamkeit einer Liste auf einen Teil Ihres Dokuments beschränken.

▶ NUMMERIERUNG VON VORHERIGEM DOKUMENT IM BUCH FORTFÜHREN: Wenn Sie mehrere Dokumente mit Hilfe der Buch-Funktion später miteinander verbinden wollen, erlaubt es diese Option, eine Folge von Nummern auch über mehrere Dokument, die zum selben Buch gehören, weiterzuführen. Wenn Sie einen mit dieser Liste nummerierten Absatz in ein anderes Dokument desselben Buchs übertragen, wird die Nummerierung automatisch angepasst. Die Voraussetzung dafür ist, dass in beiden Dokumenten eine Liste mit gleichem Namen und gleichen Einstellungen existiert.

Sobald Sie auf OK klicken, wird die Liste angelegt, und Sie landen wieder im Fenster LISTEN DEFINIEREN:

◄ **Abbildung 20.3**
Wenn Sie Listen über mehrere Dokumente hinweg verwenden wollen, sollten Sie sie über LADEN Ihrem Dokument hinzufügen.

Um sicherzustellen, dass alle Dokumente, die später zu einem Buch zusammengefasst werden sollen, die gleichen Listen verwenden, können Sie hier aus anderen InDesign-Dokumenten Listen LADEN. Die restlichen Funktionen wie BEARBEITEN und LÖSCHEN bedürfen an dieser Stelle sicher keiner näheren Erklärung mehr.

20.1.3   Fortlaufende Listen

Um eine Liste zum Leben zu erwecken, werden Sie sinnvollerweise Absatzformate für Ihre nummerierten Überschriften erstellen und in diesen Formaten das Nummerierungsschema über AUFZÄHLUNGSZEICHEN UND NUMMERIERUNG festlegen.

Schritt für Schritt: Eine fortlaufende Liste erstellen

Wir werden nun automatisch nummerierte Überschriften wie in Abbildung 20.1 erstellen. Die Gestaltung der Absätze zwischen den Überschriften überlassen wir Ihnen, genauso wie die typografischen Details in den Absatzformaten, und konzentrieren uns hier nur auf die Mechanik der Listen. Gehen Sie jedoch davon aus, dass die Kapitelüberschriften mehrere Seiten voneinander entfernt sein können und dass sich in den einzelnen Kapiteln auch weitere nummerierte Listen befinden können.

1   Liste erstellen
Erstellen Sie, wie in Abbildung 20.2 zu sehen, eine neue Liste.

2   Absatzformat für Überschrift Ebene 1
Erstellen Sie ein Absatzformat »Überschrift 1« für die erste Hierarchiestufe, wie in Abbildung 20.4 vorgegegeben.

Listen bei Bedarf anlegen

Sie können bei der Definition eines Absatzformates im Register AUFZÄHLUNGSZEICHEN UND NUMMERIERUNG bei der Auswahl der Liste im Menü LISTE auch die Funktion NEUE LISTE aufrufen und so Listen erst anlegen, sobald Sie sie brauchen.

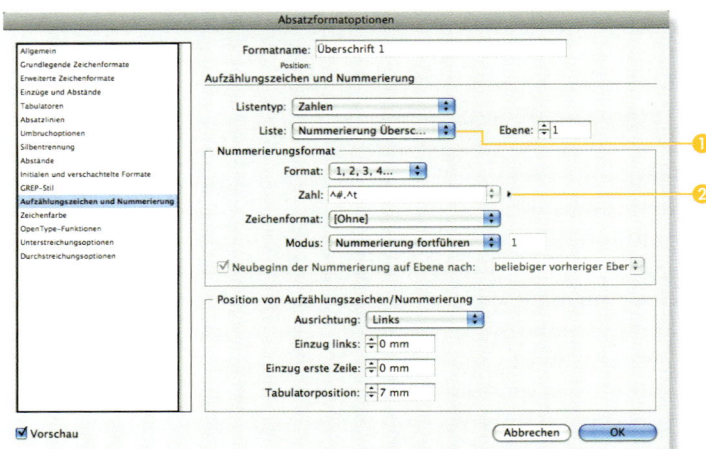

Abbildung 20.4 ▶
Durch die Angabe einer LISTE können Absätze nummeriert werden, die an beliebigen Stellen im Textfluss stehen. InDesign kümmert sich dabei um die richtige Nummern-Reihenfolge, wenn solche Absätze ihre Position im Text ändern.

Hier handelt es sich um eine Standardnummerierung mit arabischen Ziffern. Der LISTENTYP ist ZAHLEN, die als aktuelle EBENE (^#), gefolgt von einem Punkt und einem Tabulator, dargestellt werden ❷. Wichtig ist hier, dass unter LISTE unsere Liste für die nummerierte Überschrift ausgewählt ist ❶. Das stellt sicher, dass alle Absätze, die mit diesem Format gestaltet werden, eine fortlaufende Nummer von genau dieser Liste zugewiesen bekommen und somit keine Kollisionen mit anderen Nummerierungen auftreten können.

3 Absatzformat für Überschrift Ebene 2

Erstellen Sie ein Absatzformat »Überschrift 2« für die zweite Hierarchiestufe, wie in Abbildung 20.5 vorgegeben (es sollte auf dem Absatzformat »Überschrift 1« basieren, damit die bereits gültigen Parameter der beiden Formate verknüpft werden).

Auch hier wird unsere Liste verwendet – wir benötigen sie, um die Unterkapitel mit der aktuellen Nummer der Hierarchiestufe 1 zu versehen. Die Nummerierung selbst ist dieser Ebene aber untergeordnet, deshalb muss EBENE auf »2« gestellt werden. Wir können unsere Liste also auf unterschiedlichen Ebenen mehrfach verwenden. Sobald im Text eine weitere »Überschrift 1« verwendet wird, stellt die Option NEUBEGINN DER NUMMERIERUNG AUF EBENE NACH, die hier nur auf BELIEBIGER VORHERIGER EBENE gestellt werden kann, sicher, dass die zweite Hierarchiestufe wieder bei 1 zu zählen beginnt.

Die Darstellung der Nummer – ZAHL – sollte zunächst mit der Nummer der obersten Hierarchiestufe beginnen (^1), danach folgt ein Punkt und dann erst die Nummerierung der zweiten Hierarchieebene (^2). Dieser Nummerierung folgt unmittelbar der Tabulator (^t), der den Text von der Nummerierung trennt.

Neubeginn der Nummerierung

In diesem Beispiel, das einer strengen Hierarchie folgt, ist die Einstellung BELIEBIGER VORHERIGER EBENE korrekt, da mit dem Auftreten einer neuen »Überschrift 1« alle untergeordneten Ebenen neu starten müssen.

Sie können eine Liste jedoch auch auf Ebene 3 neu starten lassen, wenn sich Ebene 1 ändert – tragen Sie in diesem Fall in das Feld NEUBEGINN DER NUMMERIERUNG AUF EBENE NACH einfach »1« ein. Eine hierarchische Struktur geht damit natürlich verloren.

Die nötigen Sonderzeichen können Sie aus dem Menü neben dem Eingabefeld unter ZAHLENPLATZHALTER EINFÜGEN auswählen.

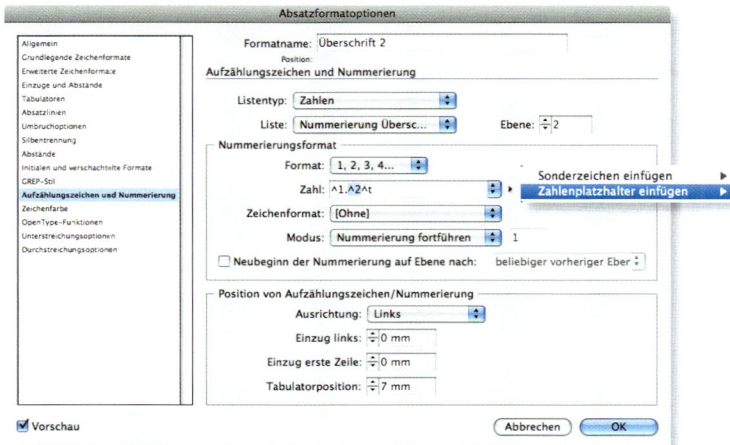

◀ **Abbildung 20.5**
Das Feld ZAHL regelt die Sichtbarkeit der Listenziffern auf den verschiedenen Ebenen. Die neun möglichen Ebenen werden dabei als ^1 bis ^9 formuliert.

4 Text erstellen und formatieren

Erstellen Sie einen Text wie in der Vorlage (erste Spalte in Abbildung 20.6). Formatieren Sie die erste Zeile als »Überschrift 1«, die restlichen Zwischentitel als »Überschrift 2«. Sie werden feststellen, dass sich alle Zwischentitel in der Nummerierung automatisch dem Haupttitel unterordnen (zweite Spalte).

◀ **Abbildung 20.6**
Der Originaltext (links) und die formatierte Version (Mitte). Wenn Sie diesen Textrahmen duplizieren, wird die neue »Überschrift 1« automatisch weiternummeriert und somit auch alle untergeordneten Nummerierungen (rechts).

5 Die Liste testen

Am einfachsten können Sie die Funktion der Liste überprüfen, wenn Sie Ihren Textrahmen duplizieren – der Text ändert sich dabei natürlich nicht, aber die Absatzformate übernehmen in Zusammenarbeit mit der Liste die Kontrolle über die Nummerierung und führen sie weiter (dritte Spalte). Hätten Sie die Liste [STANDARD] verwendet, würde die Nummerierung wieder beim gewählten Startwert beginnen. ▪

20.1.4 Listen verwalten

Bei der Verwaltung von Listen stoßen Sie auf keine Neuigkeiten im Vergleich zu anderen InDesign-Elementen, wie z. B. Formaten. Sie finden alle Funktionen im Fenster LISTEN DEFINIEREN:

▶ **Laden:** Wenn Sie Listen aus einem anderen Dokument laden und im Zieldokument bereits eine gleichnamige Liste existiert, wird die Definition der geladenen Liste aktiv, die bestehende Liste also überschrieben.

▶ **Löschen:** Wenn Sie eine Liste löschen wollen, die in Verwendung ist, müssen Sie eine Liste als Nachfolger bestimmen.

▶ **Die Liste [Standard]:** Wie bereits erwähnt, kann diese Liste nicht verändert oder gelöscht werden. InDesign greift auf [STANDARD] zu, wann immer etwas zu nummerieren ist und Sie keine eigene Liste vorgeben.

20.2 Textvariablen

In Kapitel 13, »Mustervorlagen«, haben Sie bereits Bekanntschaft mit Variablen gemacht. Die automatische Seitennummer (Pagina) und die Abschnittsmarke sind nichts anderes als Platzhalter mit einem variablen Inhalt. Dieser Inhalt wird von Ihnen festgelegt und von InDesign verwaltet. Die Abschnittsmarke behält ihren Wert, bis Sie ihn ändern; für die Pagina legen Sie einen Startwert fest, und InDesign setzt diesen Startwert für jede Seite um 1 herauf.

Mit InDesign CS3 hat Adobe einen ganzen Satz solcher Variablen eingeführt und die – allerdings sehr beschränkte – Möglichkeit vorgesehen, eigene Variablen zu definieren. In InDesign CS4 wurden an diesen Variablen keine erkennbaren Änderungen gemacht.

20.2.1 Die Standardvariablen

Jedes **neue** InDesign-Dokument wird mit einem Satz aus sieben Variablen angelegt. Die Betonung liegt hier bewusst auf »neu«: Sollten Sie mit älteren Dokumenten arbeiten, die Sie in InDesign CS4 geöffnet haben, so werden bei der Konvertierung diese sieben Standardvariablen nicht hinzugefügt.

Werfen Sie zunächst einen Blick in das Menü SCHRIFT • TEXTVARIABLEN. Hier finden Sie lediglich drei weitere Menüpunkte, um Variablen zu definieren, einzusetzen und in normalen Text zu konvertieren. Wenn Sie im Menü VARIABLE EINFÜGEN keine weiteren Einträge finden, stammt das Dokument sehr wahrscheinlich noch aus InDesign CS2. Natürlich könnten die Standardvariablen aber auch aus einem InDesign CS3- oder CS4-Dokument gelöscht worden sein. Wenn Sie ein neues Dokument anlegen, sehen Sie hier jedoch in jedem Fall die sieben Standardvariablen.

Diese Standardvariablen – Sie sehen hier übrigens nicht alle, die es geben kann – sind eine bunte Mischung aus Funktionen, deren Inhalt Sie teils beeinflussen können und müssen und teils auch nicht beeinflussen können. Das Erscheinungsbild können Sie allerdings in jedem Fall ändern.

Variable	Standardformatierung	Bedeutung
Ausgabedatum	07.10.11	Datum, an dem das Dokument zuletzt gedruckt oder exportiert wurde
Erstellungsdatum	19.12.09	Datum, an dem das Dokument erstmalig gespeichert wurde
Änderungsdatum	3. März 2009, 12:05 nachm.	Datum, an dem das Dokument zuletzt gespeichert wurde
Dateiname	Typografie	der Name der Datei ohne Dateierweiterung
Letzte Seitenzahl	36	die letzte Seitenzahl im Textabschnitt

▲ **Tabelle 20.1**
Bei diesen fünf Standardvariablen wird der Inhalt von InDesign verwaltet. Die Darstellung der Variablen ÄNDERUNGSDATUM ist nicht besonders klug gewählt und hängt auch von Ihren Betriebssystemeinstellungen ab, deshalb werden wir sie im Folgenden ändern.

Die Variablen LAUFENDE KOPFZEILE, KAPITELNUMMER und die noch gar nicht existierende Variable BENUTZERDEFINIERTER TEXT bekommen ihre Werte von Ihnen vorgegeben. Verwaltet werden sie natürlich auch durch InDesign.

20.2.2 Variablen einfügen

Um eine Textvariable in Ihren Text einzusetzen, platzieren Sie den Textcursor an der gewünschten Stelle in Ihrem Text und rufen die entsprechende Variable über das Menü SCHRIFT • TEXTVARIABLEN • VARIABLE EINFÜGEN auf. Anders als bei automatischer Seitennummer und Abschnittsmarke der Fall, wird nun der Inhalt der Variablen angezeigt, auch wenn Sie sie auf der Mustervorlage platzieren.

Für alle Variablen – auch Pagina und Abschnittsmarke – gilt, dass sie von InDesign wie ein Zeichen behandelt werden, das in einen Text eingefügt ist. Ein einzelnes Zeichen kann nicht umbrechen – Variablen bestehen aber zumeist aus mehreren Zeichen. Trotzdem werden sie von InDesign nicht umbrochen, was in einem Fließtext oft zu erheblichen Problemen führen kann. Da aufgrund der variierenden Länge der Platzbedarf nicht immer eingeschätzt werden kann, muss für Variablen, die allein in einem Textrahmen stehen, viel Platz vorgesehen werden.

Rahmen anpassen

Wenn Sie solche Rahmen mit der Funktion RAHMEN AN INHALT ANPASSEN verkleinern, wird immer etwas Weißraum übrigbleiben.

20.2.3 Die Variablentypen

Variablen stellen unterschiedliche Inhalte dar. Das können verschiedene Datumsangaben, Seitenziffern oder andere Texte sein, wobei jede Variable für einen bestimmten Inhalt zuständig ist. Deshalb können wir Variablen nach ihren Inhalts-Typen unterscheiden.

Die Datumsvariablen | Die Bedeutung der drei Datumsvariablen können Sie Tabelle 20.1 entnehmen. Konzentrieren wir uns auf die Anwendungsmöglichkeiten. Dazu sollten Sie sich in Erinnerung rufen, dass alle Variablen wie einzelne Zeichen behandelt werden. Das macht sie teilweise hochgradig ungeeignet für eine Verwendung im Fließtext, da die Länge grundsätzlich unbekannt ist, was zu erheblichen Umbruchproblemen führen kann, wenn sich der Inhalt der Variablen ändert.

Besonders gravierend ist dies, wenn ein Format gewählt wird, das unter Windows anders dargestellt wird als unter Mac OS X. Das ist z. B. bei der Verwendung der Zeitzone der Fall. Unter Mac OS X wird sie immer in der Form GMT+02:00 (Greenwich Mean Time + 2 Stunden) dargestellt, unter Windows wird sie als MITTELEUROPÄISCHE SOMMERZEIT formuliert. Da die Angabe der Zeitzone zumeist nur ein Anhängsel an die Zeitangabe ist, kann die Länge der angezeigten Zeitangaben also beträchtlich werden. Wenn Dokumente mit solchen Zeitangaben zwischen Windows und Mac OS X ausgetauscht werden, wird der Text garantiert anders umbrechen.

Unter den Standardvariablen befindet sich keine, die die Zeitzone anzeigt, allerdings ist die Variable ÄNDERUNGSDATUM für eine Verwendung in Kontinentaleuropa derartig ungünstig gewählt, dass sie unbedingt verändert werden muss. Bei dieser Gelegenheit sehen Sie auch, wie Sie neue Variablen anlegen können.

Änderung der Variablen »Änderungsdatum« | Rufen Sie SCHRIFT • TEXTVARIABLEN • DEFINIEREN auf – es erscheint das Fenster TEXTVARIABLEN. Markieren Sie hier den Eintrag ÄNDERUNGSDATUM. Im Vorschaubereich des Fensters sehen Sie, wie die Darstellung der Variablen derzeit definiert ist. Sie können die Variable per Doppelklick ändern oder indem Sie auf BEARBEITEN klicken. Sie können allerdings auch eine eigene Änderungsdatum-Variable definieren, indem Sie auf NEU klicken. In diesem Fall dient die aktuell ausgewählte Variable als Vorlage.

ART ist von InDesign bereits auf ÄNDERUNGSDATUM voreingestellt. Sie können hier den Typ der Variablen ändern und auch Variablen anlegen, die im Standardumfang nicht enthalten sind.

Stunde (1–12)
Stunde (01–12)
Stunde (0–23)
Stunde (00–23)
Minute
Minute (00)
Sekunde
Sekunde (00)
AM/PM
Zeitzone
Zeitzone (kurz)

◄ **Abbildung 20.7**
Wenn Sie eine neue Variable definieren, ändern Sie den Namen im Feld NAME; wenn Sie lediglich die Definition der Variablen ändern (wie hier), können Sie den Namen auch ändern, müssen es aber nicht.

In den beiden Feldern TEXT DAVOR und TEXT DANACH können Sie eigene Texte unterbringen, wie z. B. »geändert am:«. Um Trennzeichen – z. B. ein Leerzeichen – zwischen den drei Textteilen müssen Sie sich selbst kümmern. Aus den Menüs neben den Feldern können Sie aus dem üblichen Repertoire an Sonderzeichen wählen, die Sie bereits aus anderen Eingabefeldern und dem SCHRIFT-Menü kennen.

Der spannende Teil ist die Formulierung der Datums- bzw. Zeitdarstellung im Feld DATUMSFORMAT. Diese Formulierung können Sie als Textstring vornehmen, müssen sich dazu aber mit den unterschiedlichen Kürzeln der Datums- und Zeitangaben auseinandersetzen. Viel einfacher ist es, die einzelnen Teile aus dem Menü neben dem Feld auszuwählen. Für Trennzeichen zwischen den Textelementen müssen Sie auch selbst sorgen.

Text davor und Text danach

Diese Textteile werden Bestandteil des Variableninhalts. InDesign bricht somit auch an den Übergängen dieser Textkomponenten nicht um. Wenn Sie das Änderungsdatum mit dem TEXT DAVOR »geändert am: « ergänzen wollen und diese Information auf der Mustervorlage unterbringen, sollten Sie den Zusatztext besser einfach vor die Variable in die Mustervorlage schreiben.

◄ **Tabelle 20.2**
Diese Datums- und Zeitkomponenten können Sie im Menü neben dem Feld DATUMSFORMAT auswählen.

Menü	Beschreibung	Beispiel	Kürzel
Uhrzeit			
Stunde (1–12)	Stunde ohne führende Null, 12-Stunden-Format	4	h
Stunde (01–12)	Stunde mit führender Null, 12-Stunden-Format	04	hh
Stunde (0–23)	Stunde ohne führende Null, 24-Stunden-Format	16	H
Stunde (00–23)	Stunde mit führender Null, 24-Stunden-Format	16	HH
Minute	Minute ohne führende Null	7	m
Minute (01)	Minute mit führender Null	07	mm
Sekunde	Sekunde ohne führende Null	7	s
Sekunde (01)	Sekunde mit führender Null	07	ss

Weitere Zeichen

Zeichen, die Sie im Menü neben den Eingabefeldern nicht auswählen können, können Sie immer noch über die Zwischenablage einfügen. Das ist zwar relativ aufwendig, aber zumindest eine Lösung.

Menü	Beschreibung	Beispiel	Kürzel
AM/PM	Zusatz zur 12-Stunden-Anzeige	vorm. bzw. nachm.	a
Zeitzone Zeitzone (kurz)	Zeitzone (abgekürzt oder ausgeschrieben)	system-abhängig	z oder zzzz
Tag			
Zahl	Tageszahl ohne führende Null	4	d
Zahl (01)	Tageszahl mit führender Null	04	dd
Name	vollständiger Wochentags-name	Freitag	EEEE
Name (kurz)	Wochentagsname zweistellig abgekürzt	Fr	E
Monat			
Zahl	Monatszahl ohne führende Null	9	M
Zahl (01)	Monatszahl mit führender Null	09	MM
Name	vollständiger Monatsname	September	MMMM
Name (kurz)	Monatsname dreistellig abgekürzt	Sep	MMM
Jahr			
Zahl	vollständige Jahreszahl	2007	y oder YYYY
Zahl (kurz)	Jahreszahl (letzte zwei Stellen)	07	yy oder YY
Ära	Ära (abgekürzt oder ausgeschrieben)	n. Chr.	G oder GGGG

▲ **Tabelle 20.2 (Forts.)**
Diese Datums- und Zeitkomponenten können Sie im Menü neben dem Feld DATUMSFORMAT auswählen.

Abweichende Bezeichnungen

Einige Ergebnisse können sich abhängig von Ihren System-einstellungen ändern. Auf die unterschiedliche Formulierung der Zeitzone zwischen Mac OS X und Windows wurde bereits hin-gewiesen.

Unter Mac OS X wird zusätz-lich kein Unterschied zwischen langer und kurzer Darstellung der Zeitzone gemacht. Die un-glückliche Übersetzung »vorm.« und »nachm.« dürfte jedoch eine fixe Übersetzung in In-Design sein, da sich die Ände-rung der Systemeinstellungen unter Windows (dort könnte man diese Einstellung nämlich vornehmen) nicht bis zu InDesign durchspricht.

Ära

ÄRA ist eine weitere Angabe, de-ren Darstellung vom Betriebs-system bzw. den System-einstellungen abhängt. In der deutschsprachigen Version scheint es auch keinen Unter-schied zwischen abgekürzt und ausgeschrieben zu geben.

Datumsformat: dd.MM.yyyy, HH:mm

Das Problem der Originaldefinition des Änderungsdatums liegt in der 12-Stunden-Darstellung. Diese ist im deutschsprachigen Raum ungebräuchlich, aber auch wenn dies Sie persönlich nicht stören würde, würden Sie sicher die im englischen Sprachraum üblichen Zusätze »am« und »pm« verwenden wollen. Die Über-setzungen »vorm.« und »nachm.« sind leider sehr unglücklich gewählt.

Ändern Sie deshalb den Eintrag in DATUMSFORMAT wie in der Marginalspalte zu sehen, und klicken Sie auf OK und im Fenster TEXTVARIABLEN auf FERTIG. Damit ist die neue bzw. veränderte Variable gespeichert und kann ab sofort verwendet werden.

Dateiname | Die Textvariable Dateiname ist ebenfalls eine Statusvariable, deren Inhalt allein von InDesign verwaltet wird. Allerdings können Sie auch hier Änderungen vornehmen oder alternative Darstellungen wählen. Rufen Sie wiederum Schrift • Textvariablen • Definieren auf, und gehen Sie wie eben beschrieben vor, um die bestehende Variable zu ändern oder eine neue anzulegen.

InDesign als Übersetzer

Wenn Sie eine Datumsvariable im Text auswählen und dann die Sprache für diesen Text auf eine andere Sprache stellen, übersetzt InDesign die Textanteile – z. B. die Monatsnamen – in die gewählte Sprache.

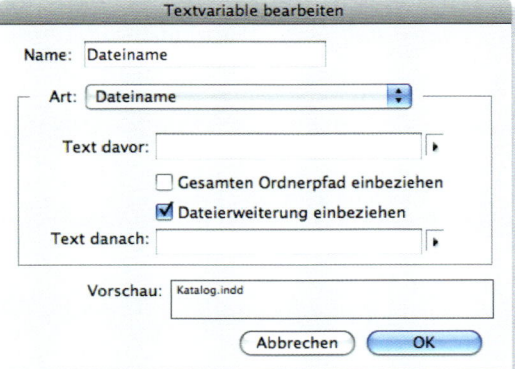

◄ **Abbildung 20.8**
Dem Dateinamen kann der Zugriffspfad voran- und die Dateiendung nachgestellt werden. Das aktuelle Aussehen können Sie im Feld Vorschau überprüfen.

Neben der Möglichkeit, wieder einen Text davor und einen Text danach einzutragen, können Sie festlegen, ob Sie den Gesamten Ordnerpfad einbeziehen wollen. Dann wird nicht nur der Dateiname angezeigt, sondern der gesamte Zugriffspfad, beginnend beim Namen des Volumes, auf dem sich die Datei befindet. Die Option Dateierweiterung einbeziehen fügt dem Dateinamen noch die Erweiterung ».indd« hinzu.

Letzte Seitenzahl | Eigentlich ist es verwunderlich, dass diese Variable erst mit InDesign CS3 eingeführt wurde. Die Situationen, in denen eine Pagina als »Seite 1 von X« oder ähnlich formuliert werden muss, sind recht häufig. Bis inklusive InDesign CS2 musste diese Information manuell zur Pagina gesetzt und natürlich auch gewartet werden.

Nun gibt es aber diese Variable, und sie kann sowohl in ihrem Erscheinungsbild als auch in ihrem Gültigkeitsbereich modifiziert werden. Mit dem Menü Format legen Sie fest, wie die Seitenzahl dargestellt werden soll. Es gibt hier dieselben Möglichkeiten wie für die Pagina, und Sie werden im Normalfall auch dieselbe Einstellung verwenden. Genau das legen Sie über die Option [Aktuelles Nummerierungsformat] fest.

Im Menü Bereich bestimmen Sie, ob sich der Wert auf den Abschnitt beziehen soll (die Standardeinstellung) oder auf das Dokument. Allerdings könnte es für den Leser Ihrer Publikation

▲ **Abbildung 20.9**
Die Einstellungen für Letzte Seitenzahl erreichen Sie wie bei allen bisherigen Variablen auch. Die Möglichkeit, Zusatztexte einzutragen, kennen Sie bereits.

verwirrend sein, wenn Sie im Dokument mehrere Abschnitte mit unterschiedlichen Paginierungsbereichen verwenden.

Kapitelnummer | Den Wert der Variablen KAPITELNUMMER müssen Sie selbst festlegen – tun Sie das nicht, hat sie immer den Wert 1. Die Kapitelnummer ist immer für das gesamte Dokument gültig und kann pro Dokument auch nur einmal existieren. Um den Wert zu ändern, rufen Sie LAYOUT • NUMMERIERUNGS- UND ABSCHNITTSOPTIONEN auf.

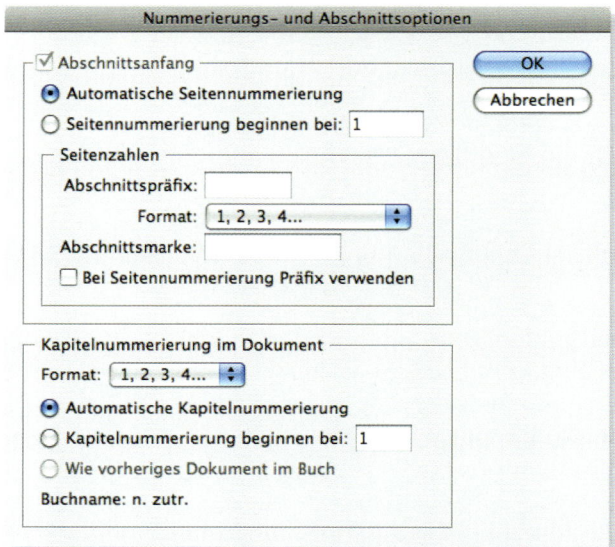

Abbildung 20.10 ▶
Adobe dürfte nicht allzu viel Zeit für die Planung verschwendet haben, als beschlossen wurde, den Bereich KAPITELNUMMERIERUNG IM DOKUMENT im gleichen Fenster wie den ABSCHNITTSANFANG unterzubringen. Während Abschnitte Dokumentteile definieren, ist die Kapitelnummer für das ganze Dokument gültig. Am besten legen Sie die Kapitelnummer im ersten Abschnitt des Dokuments auf Seite 1 fest, so wie hier – damit vermeiden Sie, ungewollt einen Abschnittsanfang im Dokument anzulegen.

Planung und Konsequenz erforderlich

Sie sollten bei neuen Projekten, die mehrere Dokumente umfassen, die Kapitelnummer schon ab Projektstart einsetzen, wann immer Sie können. Der Mehraufwand rechnet sich bei Korrekturen und Textverschiebungen bald. Glauben Sie zwei geplagten Buchschreibern: Das passiert häufiger, als Ihnen lieb sein wird.

Ein nachträgliches Umstellen umfangreicher Dokumente auf Kapitelnummern ist dagegen sehr mühsam.

Die Abschnittsoptionen kennen Sie bereits aus Abschnitt 13.6, »Setzen von Abschnitten«. Im oberen Teil des Fensters stellen Sie die Optionen für den Textabschnitt ein. Da die Kapitelnummer ohnehin für das ganze Dokument gültig ist, ist es irrelevant, für welche Seite Sie die NUMMERIERUNGS- UND ABSCHNITTSOPTIONEN aufrufen. Allerdings sollten Sie die Option ABSCHNITTSANFANG deaktivieren, sofern Sie nur den Wert der Kapitelnummer ändern und keinen neuen Textabschnitt beginnen wollen, oder die Einstellung auf Seite 1 des Dokuments, die ja einen Abschnittsanfang darstellt, vornehmen.

Wie kann die Kapitelnummer aber ausgenutzt werden? Nehmen wir dieses Buch als Beispiel. In diesem Kapitel mit der Nummer 20 sind einige Elemente mit der Kapitelnummer gekennzeichnet: die Überschriften in der zweiten Hierarchiestufe (z. B. »20.2 Textvariablen«) und die Bild- und Tabellenunterschriften (z. B. »Abbildung 20.9«). Bei der Erstellung dieser Textanteile ist es sinnvoll, die Kapitelnummer auf 20 zu setzen und sie anstelle der Ziffer 20 in allen Texten, die sich auf die Kapitelnummer beziehen, einzusetzen. Das klingt nach mehr Arbeit und ist es auch! Allerdings macht sich der Aufwand bezahlt, wenn Textteile in ein anderes Kapitel wandern. Diese Teile nehmen dann nämlich automatisch die Kapitelnummer des Dokuments an, in dem sie platziert werden.

Wenn Sie mehrere Dokumente über die Buch-Funktion verbinden – siehe Seite 631, – kann die Kapitelnummer sogar automatisch fortlaufend verwaltet werden. Dazu benötigen Sie die beiden Optionen AB VORHERIGEM DOKUMENT IM BUCH FORTFÜHREN und WIE VORHERIGES DOKUMENT IM BUCH in den NUMMERIERUNGS- UND ABSCHNITTSOPTIONEN – was sie bedeuten, zeigen wir Ihnen auf Seite 633.

Benutzerdefinierter Text | Im Standardsatz der Textvariablen fehlt eine Variable vom Typ BENUTZERDEFINIERTER TEXT – das ist einsichtig, da InDesign natürlich keine solchen Texte vorgeben kann. Diese Art von Variablen existiert schon, Sie müssen sie jedoch selbst anlegen und definieren.

Hier ändert sich die Vorgehensweise geringfügig, da Sie keine existierende Variable als Vorlage benutzen können. Rufen Sie SCHRIFT • TEXTVARIABLEN • DEFINIEREN auf, und klicken Sie direkt auf NEU. Wählen Sie im Menü ART die Option BENUTZERDEFINIERTER TEXT aus. Im Eingabefeld TEXT können Sie nun einen beliebigen Text eintragen und dazu natürlich wieder alle Sonderzeichen im Menü neben dem Eingabefeld verwenden.

Wenn Sie in Ihrer Publikation z. B. das gesamte Bildmaterial mit einem Copyrightvermerk versehen müssen, dann löschen Sie – falls eine Datumsvariable ausgewählt war, als Sie auf NEU geklickt haben, schlägt Ihnen InDesign nämlich ein Datum vor – zunächst das Feld TEXT. Wählen Sie dann aus dem Menü neben dem Textfeld das Copyrightsymbol, und tragen Sie Ihren Namen und die entsprechende Jahreszahl ein. Das Copyrightsymbol wird von InDesign als ^2 dargestellt. Speichern Sie Ihre Textvariable ab.

Ab sofort können Sie es sich ersparen, den kompletten Copyrightvermerk einzugeben oder zu duplizieren. Sollte sich die Schreibweise des Namens oder die Jahreszahl ändern, dann ändern Sie einfach die Variable, und die gesamte Änderungsarbeit ist erledigt. Für mehrere Rechte-Inhaber können Sie pro Inhaber eine eigene Textvariable anlegen und leicht pflegen.

Laufende Kopfzeile | Der Variablentyp LAUFENDE KOPFZEILE ist im Standardset der Textvariablen zwar vorhanden und direkt einsetzbar, kann mit den Standardeinstellungen aber nicht sinnvoll

Kapitelnummer in einzelnen Dokumenten

Da die Kapitelnummer immer für das ganze Dokument gilt, bietet sie für Satzprojekte, die nur aus einem Dokument bestehen, relativ wenig Nutzen. Eine Möglichkeit wäre z. B. das zentrale Austauschen einer Jahreszahl in einem Geschäftsbericht, der sich textlich nur wenig ändert.

▲ **Abbildung 20.11**
BENUTZERDEFINIERTER TEXT erlaubt es, bequem an einer Stelle einen Text, der mehrfach in Ihrem Dokument vorkommt, zu ändern.

Textlänge

Bitte achten Sie besonders bei benutzerdefiniertem Text auf die Länge bzw. genug Platz im Textrahmen – auch diese Variable bricht nicht um.

verwendet werden, da die dafür notwendigen Einstellungen nicht über Standardeinstellungen vorgegeben werden können.

Der Inhalt einer laufenden Kopfzeile wird zwar von InDesign festgelegt, Sie definieren allerdings, mit welchen Werten diese Variable jeweils gefüllt werden soll. Insgesamt gibt es vier Varianten dieser Variablen, die sich jedoch alle gleich verhalten – am besten sehen wir uns zunächst ein Problem an, das mit laufenden Kopfzeilen gelöst werden kann.

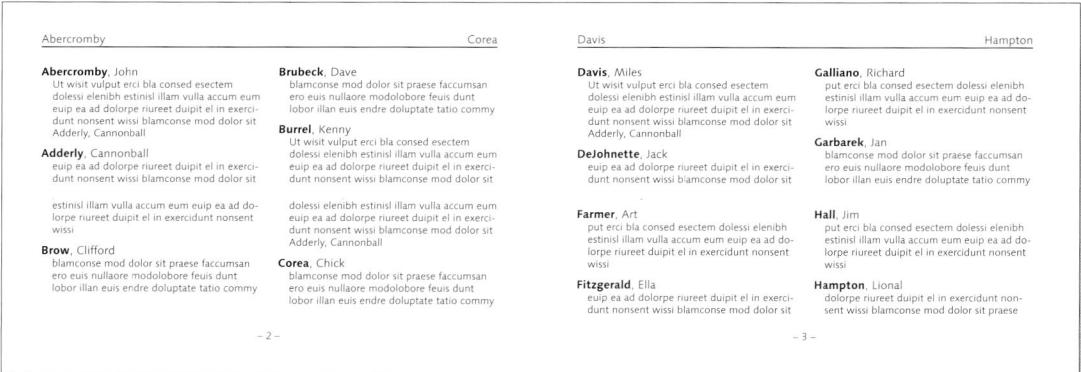

▲ **Abbildung 20.12**
Die Suchbegriffe über den Spalten eines Lexikons sind nur sehr schwer aktuell zu halten, da sie sich bei kleinsten Umbrüchen über Seiten hinweg ändern können.

[Lebender Kolumnentitel]
Textteile, die auf jeder Seite der Publikation immer an derselben Stelle im Satzspiegel auftauchen, ihren Inhalt aber ändern, nennt man lebende Kolumnentitel. Ändern Sie ihren Inhalt nicht, gelten sie folglich als »tot«. Die Pagina ändert sich zwar, gilt aber trotzdem als tot.

Hier wird ein Jazzmusiker-Lexikon aufgebaut. Zu jedem Namen gibt es eine kurze Beschreibung – momentan existieren nur Blindtexte. Wie in einem Lexikon üblich, soll der erste Name der linken Spalte als Suchbegriff über der Spalte stehen, der letzte Name der rechten Spalte dagegen über der rechten Spalte.

Während die Texte eingesammelt und aktualisiert werden, ist es nahezu unmöglich, die Suchbegriffe über den Spalten aktuell zu halten. In dieser Phase ist das aber auch noch nicht unbedingt nötig. In der Endphase der Produktion können sich jedoch auch kleinste Umbrüche so auswirken, dass die Suchbegriffe über viele Seiten hinweg nicht mehr stimmen. Anstelle der Suchbegriffe müsste eine Variable stehen, die ihren Inhalt abhängig von einem Kriterium verändert. Die Suchbegriffe sind die Namen der Musiker, und die werden wiederum mit einem bestimmten Zeichenformat gestaltet.

Um den Suchbegriff über der rechten Spalte abzubilden, muss unsere Variable lediglich den Text wiederholen, der als Erster in der linken Spalte steht und mit dem Zeichenformat für die Künstlernamen formatiert ist. Für die rechte Spalte gilt dies adäquat für den letzten Text im gleichen Format – genau das machen laufende Kopfzeilen.

Schritt für Schritt: Lebende Kolumnentitel erstellen

Um Ihnen den doch recht aufwendigen Nachbau dieses Beispiels zu ersparen, haben wir die ersten drei Seiten des Lexikons auf die Buch-DVD gestellt (»Lexikon_ohne_Variablen.indd«).

Lexikon_ohne_Variablen.indd

In der folgenden Anleitung gehen wir nur auf die einzelnen Schritte ein, die Sie durchführen müssen, um unser Problem zu lösen. Detaileinstellungen sind hier wenig interessant und können dieser Vorlage entnommen werden.

1 **Zeichenformat anlegen**

Da der Mechanismus auf Zeichen- und Absatzformaten basiert, legen wir zunächst alle beteiligten Formate an. Der Nachname der Musiker, nach dem dann ja gesucht werden soll, benötigt ein Zeichenformat »Nachname«, das als einzige Abweichung vom Absatzformat, in dem es angewendet wird, die Schrift auf Bold setzt.

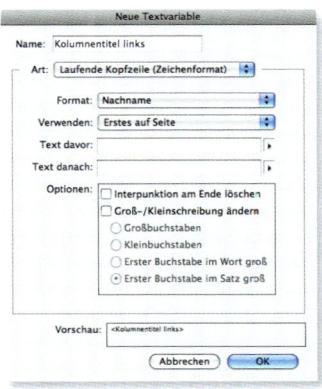

2 **Absatzformat anlegen**

Das Absatzformat für die Namenseinträge, »Musiker«, ist ein verschachteltes Format, das den Beginn des Absatzes bis zum ersten Komma mit dem Zeichenformat »Nachname« setzt.

3 **Textvariablen für die lebenden Kolumnentitel definieren**

Rufen Sie SCHRIFT • TEXTVARIABLEN • DEFINIEREN auf, und klicken Sie auf NEU. Wählen Sie LAUFENDE KOPFZEILE (ZEICHENFORMAT) aus dem Menü ART aus. Nennen Sie die Variable »Kolumnentitel links«, und wählen Sie im Menü FORMAT das Zeichenformat »Nachname« aus. Unter VERWENDEN wählen Sie ERSTES AUF SEITE.

Damit haben Sie festgelegt, dass der Inhalt der Variablen der Text sein soll, der als Erstes auf der Seite auftaucht und mit dem Zeichenformat »Nachname« formatiert wurde. Die Option LETZTES AUF SEITE benötigen Sie für die zweite Variable, »Kolumnentitel rechts«.

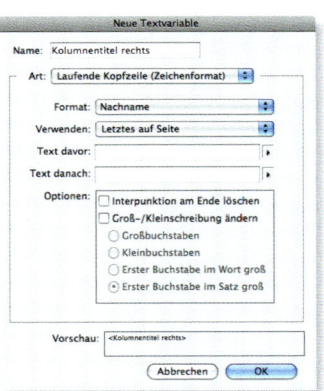

▲ **Abbildung 20.13**
Die Definition der beiden Textvariablen unterscheidet sich lediglich in der Option VERWENDEN.

4 **Zusatzoptionen festlegen**

Neben den nun schon bekannten Möglichkeiten, Zusatztexte hinzuzufügen, können Sie bei laufenden Kopfzeilen noch INTERPUNKTION AM ENDE LÖSCHEN. Das wäre z. B. nötig, wenn Sie im Absatzformat »Musiker« das Zeichenformat »Nachname« nicht bis vor, sondern über das erste Komma laufen lassen. Darüber hinaus können Sie die GROSS-/KLEINSCHREIBUNG ÄNDERN. Dafür gibt es in unserem Beispiel keinen Grund – die Optionen sind

Ihnen aus Kapitel 14, »Typografie«, bekannt und decken sich mit den Einstellungen, die Sie in SCHRIFT • GROSS-/KLEINSCHREIBUNG ÄNDERN finden.

5 Variablen im Layout platzieren

Die beiden Textvariablen werden in Ihrem Layout über den betreffenden Textspalten platziert, indem sie über SCHRIFT • TEXT-VARIABLEN • VARIABLE EINFÜGEN in einen Textrahmen eingesetzt werden – in unserem Beispiel sind sie von einem TABULATOR FÜR EINZUG RECHTS getrennt, was sie automatisch an den beiden Enden des Textrahmens über den beiden Spalten platziert. Die Variablen sollten sinnvollerweise auf der Mustervorlage platziert werden, funktionieren aber auch an jeder anderen Stelle im Dokument.

6 Text platzieren und mit Formaten gestalten

Beginnen Sie nun mit dem Satz des Lexikons, und formatieren Sie die Musikernamen mit unserem Absatzformat »Musiker« (in der Datei »Lexikon ohne Variablen.indd« ist das schon für Sie erledigt). Damit wird der Nachname des jeweiligen Musikers automatisch mit dem Zeichenformat »Nachname« formatiert. Ab sofort sollte sich der Kolumnentitel automatisch ändern.

Wenn Sie keine Änderung feststellen können, zwingen Sie InDesign dazu, die Ansicht zu aktualisieren, indem Sie entweder in den Vorschau-Modus wechseln, die Skalierung Ihrer Dokumentansicht verändern oder die Tasten ⇧+F5 drücken. Zumeist reicht es auch, wenn Sie den fraglichen Bereich kurz aus dem Fenster scrollen, da ja auch dann die Darstellung neu berechnet werden muss.

7 Auf Absatzformate umstellen

Um den Künstlernamen inklusive Vorname als Suchbegriff anzuzeigen, müssen Sie die beiden Textvariablen lediglich auf LAUFENDE KOPFZEILE (ABSATZFORMAT) stellen und als Format »Musiker« auswählen. Zur Formatierung der Textvariablen können Sie leider das Absatzformat »Musiker« nicht verwenden, da der Inhalt der Variablen ja den Charakter eines einzelnen Zeichens hat und das verschachtelte Format somit nicht funktionieren kann. ■

 Lexikon_fertig.indd

Sie finden die fertige Datei ebenfalls auf der DVD (»Lexikon_fertig.indd«) und können somit auch erst in Schritt 7 einsteigen.

20.2.4 Variablen verwalten

Einige wesentliche Funktionen zur Verwaltung von Variablen haben Sie bereits zu Beginn dieses Themas kennengelernt: Den Inhalt einer Textvariablen in Ihrem Text löschen Sie wie jedes andere Textelement auch.

Variablen löschen | Wenn Sie dagegen die Definition der Variablen – und somit die Variable selbst – im Fenster TEXTVARIABLEN LÖSCHEN entfernen, stellt sich die Frage, was mit dem Inhalt der Variablen in Ihrem Text passieren soll. Und genau diese Frage müssen Sie beantworten, wenn Sie eine Variable löschen, die in Ihrem Dokument verwendet wird.

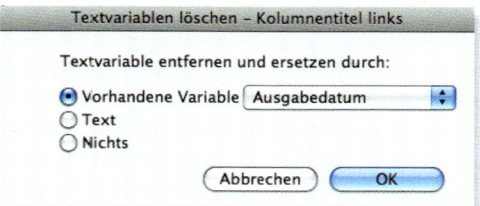

Entscheiden Sie, ob die betroffene Variable in Ihrem Dokument durch eine andere VORHANDENE VARIABLE ersetzt werden soll, ob sie in einen TEXT konvertiert oder der Inhalt einfach gelöscht werden soll – Einstellung NICHTS.

In Text wandeln | Das Wandeln einer Variablen bzw. deren Inhalts in einen Text können Sie auch gezielt auslösen, wobei Sie zwei Möglichkeiten haben: Um alle Inhalte einer Variablen im Text umzuwandeln, rufen Sie das Fenster TEXTVARIABLEN auf, wählen die gewünschte Variable und klicken auf IN TEXT KONVERTIEREN. Um gezielt das Auftreten einer Variablen im Text umzuwandeln, wählen Sie den Inhalt der Variablen aus und dann SCHRIFT • TEXT-VARIABLEN • VARIABLE IN TEXT KONVERTIEREN. In diesem Fall bleiben alle anderen Anwendungen der Variablen im Text weiterhin bestehen. Beide Anwendungen der Funktion IN TEXT KONVERTIE-REN heben die Verbindung zur Variablen auf, d.h., der Inhalt der Variablen bleibt im Text zwar bestehen, wird aber nun als Text aus einzelnen Zeichen behandelt. Eine Änderung der Variablendefinition hat keine Auswirkungen mehr auf diesen Text.

Variablen laden | Rufen Sie SCHRIFT • TEXTVARIABLEN • DEFINIE-REN auf. Es erscheint das Fenster TEXTVARIABLEN. Klicken Sie auf LADEN und wählen Sie das Dokument, aus dem Sie Variablendefinitionen übernehmen wollen.

Variable einfügen

Die Funktion EINFÜGEN im Fenster TEXTVARIABLEN entspricht dem Menübefehl SCHRIFT • TEXT-VARIABLEN • VARIABLE EINFÜGEN, hat im Fenster TEXTVARIABLEN aber den Vorteil, dass eine gerade definierte Variable direkt an der Position des Textcursors eingesetzt werden kann. Eingefügt wird immer die Variable, die in der Liste ausgewählt ist.

◄ **Abbildung 20.14**
Wird eine Variablendefinition gelöscht, obwohl diese Variable in Ihrem Dokument in Verwendung ist, müssen Sie eine Entscheidung treffen.

TOP-TIPP
Variablen und InCopy

InCopy kann nicht auf Elemente der Mustervorlage zugreifen. Wenn ein Redakteur, der mit In-Copy arbeitet, aber z.B. eine Rubrik für eine längere Textstrecke ändern können muss, dürfte der Text der Rubrik also nicht auf der Mustervorlage platziert werden, was wiederum die Verwaltung des Layouts verkompliziert.

Sie können dann den Rubriktext in einer Textvariablen unterbringen und diese Variable auf der Mustervorlage positionieren. InCopy kann nämlich auf Variablen sehr wohl zugreifen, und der Redakteur ändert in diesem Fall eben den Inhalt der Variablen und nicht das Element der Mustervorlage.

Im Fenster TEXTVARIABLEN LADEN erscheinen jetzt die Textvariablen des gewählten Dokuments, die im Zieldokument noch nicht existieren. Ist lediglich der Name gleich, nicht aber die Definition der Variablen, können Sie in der Spalte KONFLIKT MIT VORHANDENER TEXTVARIABLEN wählen, ob Sie sie umbenennen oder die bestehende Variable überschreiben wollen.

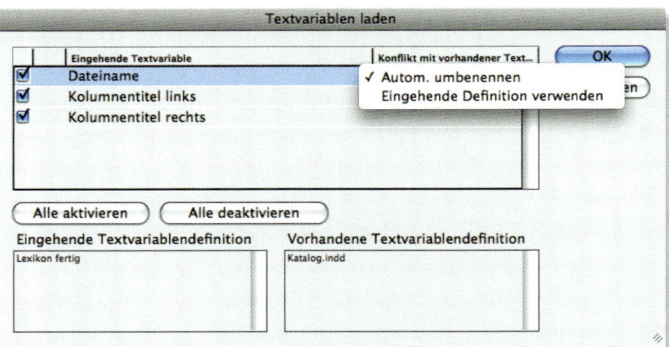

Abbildung 20.15 ▶
Wenn in Ihrem Dokument bereits eine Textvariable mit gleichem Namen und gleicher Definition existiert, wird sie Ihnen in diesem Fenster gar nicht zum Import angeboten.

Wählen Sie Variablen aus, indem Sie die entsprechenden Checkboxen markieren oder auf ALLE AKTIVIEREN klicken, um alle Variablen auszuwählen, und beenden Sie den Dialog mit OK.

20.3 Querverweise

Bei komplexen Inhalten ist es oft notwendig oder wünschenswert, den Leser an eine andere Stelle der Publikation oder sogar an eine andere Publikation (PDF, Weblink u. dgl.) zu verweisen. In einer gedruckten Publikation haben solche Verweise immer eine Textform. Der Leser/die Leserin sucht in der Publikation die angegeben Stelle (eine Seite, eine Abbildung…) selbst. In elektronischen Dokumenten wie PDF-Dateien oder HTML-Dokumenten können solche Verweise zusätzlich eine funktionale Ebene haben – ein Klick auf die Textinformation führt Sie direkt zum Ziel des Querverweises. Das ganze WWW basiert auf solchen Verweisen. Wir betrachten an dieser Stelle die erste Art von Verweisen, also Texte, die einen Hinweis auf andere Textstellen geben.

Hyperlinks und Lesezeichen

Da InDesign auch die Erstellung von Dokumenten unterstützt, die nur elektronisch publiziert werden sollen, unterstützt es natürlich auch funktionale Verweise, um die Leser direkt zum Verweisziel zu führen. Die dazugehörigen Funktionen werden wir Ihnen in Kapitel 36.2, »Hyperlinks«, vorstellen.

20.3.1 Einen Querverweis anlegen

Das Anlegen und die Verwaltung von Querverweisen erfolgt über das Hyperlinks-Bedienfeld (Sie haben richtig gelesen), das in zwei Bereiche aufgeteilt ist: HYPERLINKS und QUERVERWEISE. Diese Verquickung beider Funktionen im gleichen Bedienfeld unterstreicht die nahe Verwandtschaft und führt auch dazu, dass Sie von meh-

reren Stellen aus auf ein und dieselben Funktionen zugreifen können. So können Sie das Hyperlinks-Bedienfeld über FENSTER
•SCHRIFT UND TABELLEN • QUERVERWEISE und über FENSTER •
INTERAKTIV • HYPERLINKS aufrufen und die wichtigsten Funktionen
beider Bereiche über SCHRIFT • HYPERLINKS UND QUERVERWEISE.

Die beiden Bereiche des Bedienfelds können aus- und eingeblendet werden, indem Sie Trennlinie ganz nach oben oder unten
schieben. Um den jeweils anderen Bereich wieder sichtbar zu
machen, ziehen Sie die Trennlinie wieder in den mittleren Bereich
des Bedienfelds.

Um einen Querverweis in einen Text einzufügen, positionieren
Sie den Textcursor im Text an der gewünschten Stelle, und klicken
Sie auf NEUEN QUERVERWEIS ERSTELLEN ✖✱ im Hyperlinks-
Bedienfeld, oder rufen Sie SCHRIFT • HYPERLINKS UND QUERVER-
WEISE • QUERVERWEIS EINFÜGEN auf. Wenn Sie einen Text ausge-
wählt haben, wird er vom neuen Querverweis ersetzt werden.

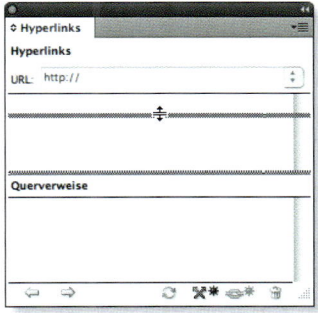

▲ **Abbildung 20.16**
Wenn Sie nur mit Textverweisen innerhalb von InDesign-Dokumenten
arbeiten, können Sie den Bereich
HYPERLINKS ausblenden, indem Sie
die Trennlinien zwischen den beiden Bereichen unter den Kartenreiter schieben.

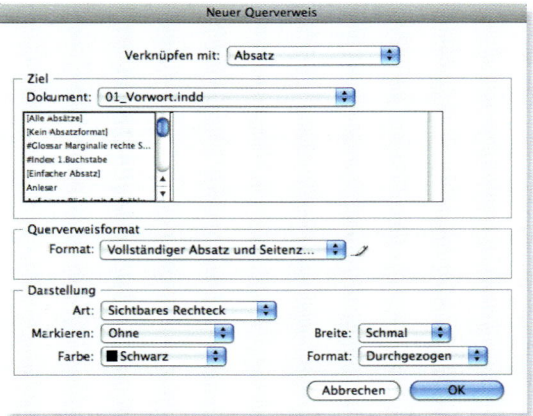
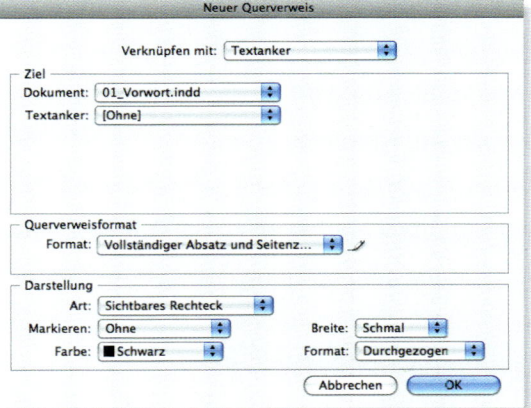

Verknüpfen mit | Sie haben zwei Möglichkeiten, ein Ziel des
Querverweises festzulegen, die wir noch im Detail beschreiben
werden; hier zunächst der Unterschied der beiden Optionen:

▶ ABSATZ: Der Querverweis bezieht sich auf einen ganzen Absatz
in Ihrem Text. Dieser Absatz kann sich auch in einem anderen
Dokument befinden, und Sie können in der Folge festlegen, ob
der Inhalt des Absatzes, seine Position oder beides als Querverweis erscheinen soll.

▶ TEXTANKER: Ein Textanker ist ein benanntes Ziel in einem
InDesign-Dokument, das einen bestimmten Text umfassen
kann, aber nicht muss. Sie können in der Folge alle Entscheidungen für den Absatz, in dem sich der Textanker befindet,
treffen, oder auch nur den Namen des Textankers als Querverweis in Ihren Text aufnehmen.

▲ **Abbildung 20.17**
Sie können einen neuen Querverweis auf einen ABSATZ (links) oder
einen TEXTANKER (rechts) im selben
oder einem anderen InDesign-
Dokument zeigen lassen.

Ziel | Unabhängig davon, ob Sie einen Absatz oder einen Textanker verwenden, müssen Sie zunächst das Dokument auswählen, in dem das Ziel liegen soll. Hier werden alle derzeit geöffneten Dokumente angezeigt. Möchten Sie auf ein Dokument verweisen, das noch nicht geöffnet ist, rufen Sie DURCHSUCHEN aus dem Menü ZIEL auf, und wählen Sie dann das gewünschte Dokument.

Das Dokument wird geöffnet und, sobald Sie ein Ziel festlegen, von InDesign auch verändert. Sie müssen das Dokument selbst wieder schließen und dabei auch speichern, ansonsten wird der neu angelegte Verweis ins Leere zeigen – ein solcher Verweis wird im Hyperlink-Bedienfeld mit einem roten Fähnchen ⚑ gekennzeichnet.

Querverweisformat | Der Inhalt des Querverweises – welche Anteile aus dem Ziel übernommen werden sollen – und eingeschränkt auch die typografische Erscheinung des Verweises werden über Querverweisformate festgelegt. InDesign bringt einige vordefinierte Formate mit. Wie diese Formate aufgebaut sind und wie Sie selbst welche definieren können, zeigen wir Ihnen später.

Darstellung | Hier legen Sie fest, wie der Querverweis in Ihrem Dokument dargestellt werden soll. In der finalen Version einer Printpublikation werden Sie in der Regel keine Markierung wünschen. Sie können aber auch in einer Printproduktion ein besonderes Aussehen eines Verweises wählen, um z. B. noch zu ändernde Verweise zu kennzeichnen.

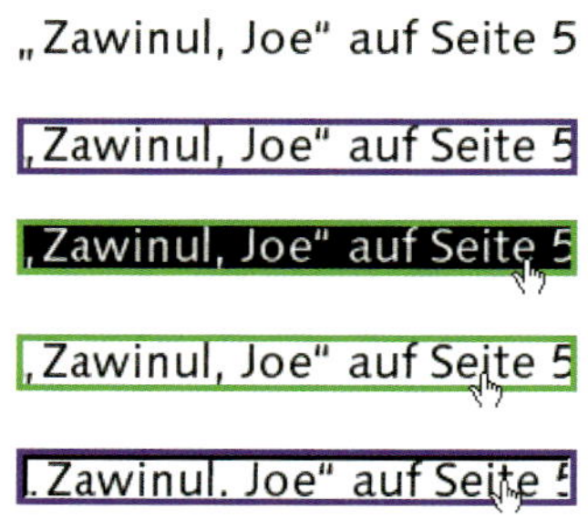

Wenn Ihre Publikation allerdings nur elektronisch aufgelegt wird und dann natürlich einen funktionalen Verweis enthalten soll, sollten Sie die Querverweise entsprechend kennzeichnen, damit Ihre Leser auch wissen, dass dieser Verweis auf ihren Klick reagieren kann. Sie können wählen, ob Sie einen SICHTBARES oder einen UNSICHTBARES RECHTECK verwenden möchten. Ist das Rechteck sichtbar, können Sie ihm eine FARBE und mit BREITE den Linien eine Stärke (BREIT, MITTEL oder SCHMAL) geben. Darüber hinaus können Sie in FORMAT festlegen, ob die Linien DURCHGEZOGEN oder GESTRICHELT sein sollen. Die Auswirkung der Optionen unter MARKIEREN werden Sie in InDesign nie sehen – hier legen Sie fest, wie der Querverweis in einer PDF- oder SWF-Datei aussehen soll, wenn der Benutzer gerade darauf klickt.

20.3.2 Querverweis auf Absatz

Für Ihre ersten Versuche legen Sie am besten ein neues Dokument an und ziehen einen leeren Textrahmen auf. Fügen Sie einen Querverweis in Ihren noch leeren Text ein, wie beschrieben, um

„Zawinul, Joe" auf Seite 5

„Zawinul, Joe" auf Seite 5

„Zawinul, Joe" auf Seite 5

„Zawinul, Joe" auf Seite 5

„Zawinul, Joe" auf Seite 5

▲ **Abbildung 20.18**
Ein Querverweis
▸ ohne Rechteck;
▸ mit einem violetten Rechteck;
und in einer PDF-Datei aktiviert mit
MARKIEREN-Option:
▸ UMKEHREN,
▸ KONTUR,
▸ INNERER VERSATZ.

in das Fenster NEUER QUERVERWEIS zu gelangen, und stellen Sie dort die Option VERKNÜPFEN MIT auf ABSATZ.

Wählen Sie im Bereich ZIEL unter DOKUMENT das Dokument aus, in das Sie einen Verweis machen wollen. Öffnen Sie nötigenfalls ein vorhandenes Dokument über DURCHSUCHEN im Menü DOKUMENT. Ein geeigneter Kandidat wäre das Lexikon, das Sie bereits aus Abschnitt 20.2, »Textvariablen«, kennen bzw. dort angelegt haben.

Alle weiteren Einstellungen im Bereich ZIEL hängen davon ab, welche Absatzformate im Zieldokument existieren. In unserem Lexikon-Dokument wären das lediglich zwei, womit die Übersicht sicher gewahrt bleibt.

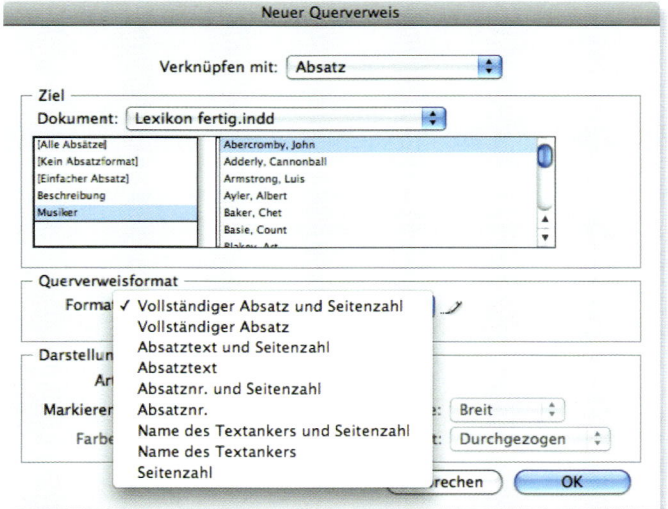

◀ **Abbildung 20.19**
Die hier sichtbaren Querverweisformate sind von InDesign vorgegeben und können verändert und gelöscht werden. Die beiden Formate NAME DES TEXTANKERS UND SEITENZAHL und NAME DES TEXTANKERS sind bei einer Verknüpfung mit einem Absatz nicht sinnvoll anzuwenden.

Im nächsten Schritt legen Sie fest, nach welcher Absatzformatierung Sie suchen wollen. Dazu bekommen Sie in der linken Spalte im Bereich ZIEL alle Absatzformate angeboten, die im Zieldokument existieren. Für jedes InDesign-Dokument werden immer folgende drei Absatzformate angeboten:

▶ [ALLE ABSÄTZE]: Die Auswahlmethode basiert zwar auf Absatzformaten, Sie können diese Tatsache aber ignorieren und einfach [ALLE ABSÄTZE] auswählen, um in der rechten Spalte eine Auflistung aller Absätze im Zieldokument zu erhalten.

▶ [EINFACHER ABSATZ]: Wenn im Zieldokument gar nicht mit Absatzformaten gearbeitet wurde, ist trotzdem allen Absätzen das Format [EINFACHER ABSATZ] zugewiesen, das lokal dann sehr wahrscheinlich von der Standarddefinition abweicht. Wenn Sie nach einem bestimmten Absatzformat suchen, den dazugehörigen Absatz in der rechten Liste jedoch nicht sehen,

[Einfacher Absatz]

Querverweise sind ein weiterer Grund, warum Sie immer sämtlichen Text in Ihren Dokumenten mit Absatzformaten gestalten sollten – nur so können Sie die Dokumentstruktur leicht überblicken und Ziele in einem Dokument schnell finden.

dann finden Se ihn sehr wahrscheinlich, wenn Sie in der rechten Spalte [Einfacher Absatz] auswählen.

▶ [Kein Absatzformat]: Diese Auswahl dürfte eigentlich nie ein Ergebnis liefern, da Sie das Format [Kein Absatzformat] gar nicht auf einen Absatz anwenden können.

Wenn Sie unserem Rat gefolgt sind, unser Lexikon-Dokument zu verwenden, finden Sie noch die beiden Absatzformate »Musiker« und »Beschreibung« in der Liste. Bringen Sie das Fenster Neuer Querverweis in eine Position, so dass Sie den Textcursor in Ihrem Dokument sehen können, und klicken Sie auf »Musiker«.

InDesign listet nun alle Absätze in der rechten Spalte auf, die mit diesem Absatzformat gestaltet wurden, und wählt den ersten Eintrag auch gleich aus; dadurch wird auch das entsprechende Ergebnis gleich in Ihrem Dokument sichtbar. Ändern Sie die Auswahl in der rechten Spalte, und beobachten Sie, dass sich damit auch der Querverweis im Dokument ändert.

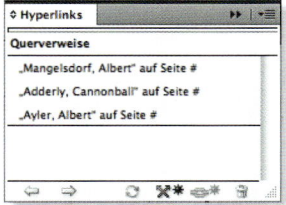

▲ **Abbildung 20.20**
Das Hyperlinks-Bedienfeld mit Querverweisen, die sich auf das Jazz-Lexikon aus Abschnitt 20.2, »Textvariablen«, beziehen.

Format | Probieren Sie nun die verschiedenen Querformatverweise im Menü Format aus. Diese Formate sind von InDesign vorgegeben und beschreiben mit ihren Namen ganz gut, welche Informationen zum Ziel verwendet werden. Wie Sie diese Formate definieren, zeigen wir Ihnen später in diesem Kapitel.

Die beiden Formate Absatznr. und Absatznr. und Seitenzahl beziehen sich auf Absätze, die in nummerierten Listen verwendet werden, und liefern für unser Dokument keine verwertbaren Ergebnisse.

Name des Textankers und Seitenzahl und Name des Textankers beziehen sich nicht auf Absätze, sondern auf die zweite Methode, Querverweise zu erstellen.

20.3.3   Querverweis auf Textanker

Der Nachteil der Methode, auf Absätze zu verweisen, ist, dass Sie als Text des Querverweises entweder den Inhalt des Absatzes (bzw. den Beginn des Absatzes) oder nur die Position des Zieles – und natürlich beides kombiniert – in Ihr Dokument einblenden können. Wenn Sie den Vorteil von Querverweisen nutzen wollen, dass sich InDesign um die Verwaltung kümmert, aber den Text des Verweises flexibler halten möchten, müssen Sie auf selbstdefinierte Textanker zurückgreifen.

Textanker anlegen | Damit Sie auf einen Textanker verweisen können, müssen Sie zunächst einen definieren. Das können Sie im selben Dokument oder wiederum in einem anderen machen.

Positionieren Sie den Textcursor im Jazzlexikon neben dem Eintrag »Adderly, Cannonball«, oder wählen Sie den Text aus. Rufen Sie nun Neues Hyperlinkziel aus dem Bedienfeldmenü des Hyperlinks-Bedienfelds.

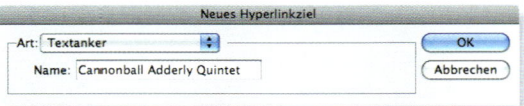

◀ **Abbildung 20.21**
Textanker sind benannte Ziele, auf die auch ein Querverweis zeigen kann.

Wählen Sie im Menü Art die Option Textanker. Wenn Sie einen Text ausgewählt haben, wurde er für Sie im Eingabefeld Name eingesetzt; korrigieren Sie ihn nach Ihren Vorstellungen oder für unser Beispiel wie in Abbildung 20.21. Wenn Sie keinen Text ausgewählt haben, schlägt InDesign den Namen »Anker« mit einer laufenden Nummer vor, den Sie nach ihren Bedürfnissen ändern können. Klicken Sie auf OK, um den Textanker zu definieren.

Auf einen Textanker verweisen | Kehren Sie nun in Ihr Ausgangsdokument zurück, und legen Sie einen neuen Querverweis wie in Abbildung 20.22 an:

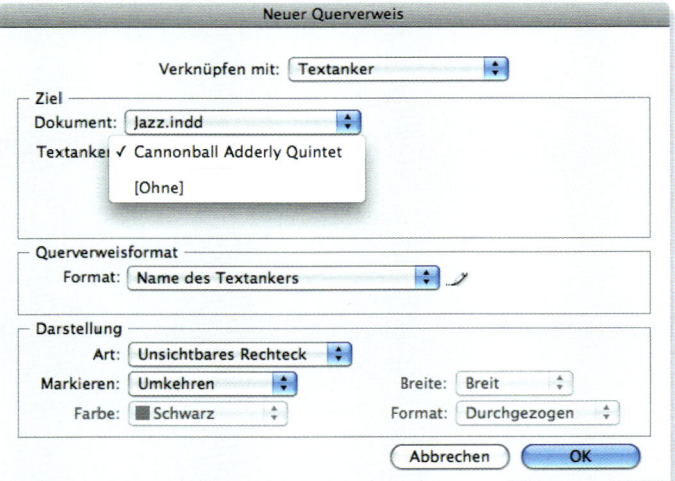

◀ **Abbildung 20.22**
Um den Text eines Querverweises flexibel zu halten, können Sie einen Textanker definieren und dessen Name als Text für den Querverweis verwenden.

Wählen Sie aus Verknüpfen mit nun Textanker aus und in Dokument abermals unser Jazzlexikon. Im Abschnitt Ziel können Sie nun unseren soeben angelegten Textanker »Cannonball Adderly Quintet« auswählen. Querverweisformate, die sich auf Absätze beziehen, funktionieren auch hier, da sich der Textanker ja in einem Absatz befindet; die beiden Optionen Name des Textankers und Name des Textankers und Seitenzahl bekommen allerdings erst jetzt ihre Bedeutung, da diese beiden Formate nun

Ziele auf Mustervorlagen

Ein Querverweis kann auch auf einen Text auf einer Mustervorlage verweisen – dann wird für die Position des Textes anstelle der Seitennummer allerdings <MS> angezeigt, was zumeist nicht hilfreich ist.

anstelle des Absatztextes den Namen des Ankers und somit einen von Ihnen gewählten Text als Querverweis in Ihr Dokument einblenden.

20.3.4 Querverweisformate

Die von InDesign vorgegebenen Querverweisformate sind in vielen Situationen schon direkt verwendbar, aber eben nicht in allen. Zusätzlich bieten Querverweisformate zwei Features, die Sie nur über eigene Formate definieren können.

Ein Querverweisformat definieren | Rufen Sie QUERVERWEISFORMATE DEFINIEREN aus dem Bedienfeldmenü des Hyperlinks-Bedienfelds auf. Alternativ können Sie auch beim Einfügen eines Querverweises im Abschnitt QUERVERWEISFORMATE auf das Symbol QUERVERWEISFORMATE ERSTELLEN ODER BEARBEITEN klicken. Sie gelangen so in das Fenster QUERVERWEISFORMATE:

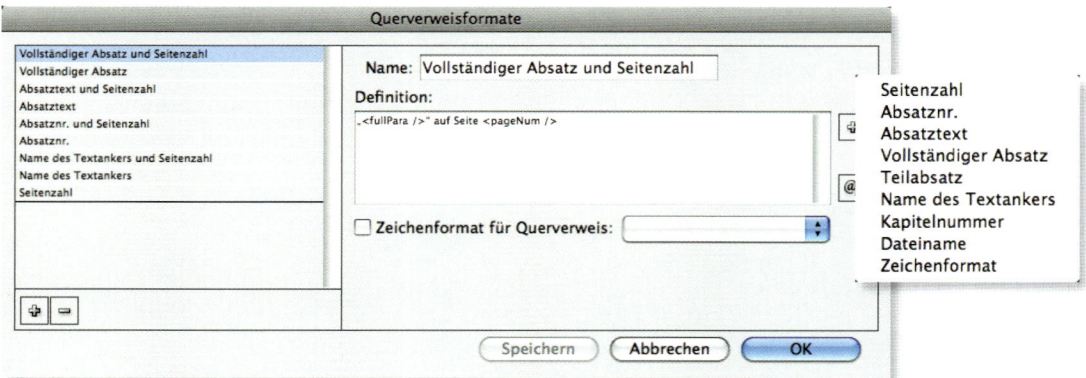

▲ **Abbildung 20.23**
Um im Fenster QUERVERWEISFORMATE lediglich den Namen eines Formats zu ändern, klicken Sie auf das gewünschte Format, ändern Sie den Inhalt des Felds NAME, und klicken Sie noch einmal auf den Namen des Formats in der linken Liste.

Sie können Querverweisformate ändern, indem Sie einen Doppelklick auf einen Eintrag in der linken Liste machen, oder ein bestehendes Format löschen, indem Sie das Format auswählen und auf das Minus unter der Liste klicken. Ein neues Querverweisformat legen Sie an, indem Sie auf das Plus klicken. Da in der Liste der existierenden Formate immer ein Eintrag ausgewählt ist, wird das ausgewählte Format als Vorlage für das neue Format verwendet und auch der Name des Formats kopiert – ändern Sie also zunächst den Namen.

Die Definition des Formates erfolgt, indem Sie verschiedene Elemente aus dem Menü ⊞ in das Feld DEFINITION kopieren. Nötige Sonder- oder Trennzeichen können Sie aus dem Menü ⊞ einfügen. Diese Elemente – Adobe nennt Sie Bausteine – beschreiben die verschiedenen Komponenten, aus denen der Querverweis zusammengesetzt werden soll:

- SEITENZAHL: die Seitenzahl der Seite des Dokuments, auf der sich das Ziel befindet
- ABSATZNR.: Ist der Absatz als nummerierte Liste formatiert, die Nummer, des Absatzes, ansonsten – also auch bei Listen mit Aufzählungszeichen – leer.
- ABSATZTEXT: Ist der Absatz als nummerierte Liste formatiert, wird hier nur der Text des Absatzes ohne Nummerierung geliefert. Aufzählungszeichen werden jedoch ignoriert.
- VOLLSTÄNDIGER ABSATZ: wie Absatztext, nur inklusive Nummerierung, sofern vorhanden
- TEILABSATZ: Dies ist eines der Features, die in den vorgegebenen Formaten nicht verwendet werden (können). Sie können hier ein Trennzeichen festlegen, bis zu dem der Text des Absatzes verwendet werden soll, und somit nur den Beginn des Absatzes als Text in Ihrem Querverweis verwenden – wie das funktioniert, zeigen wir Ihnen noch an einem Beispiel.
- NAME DES TEXTANKERS: Diesen Baustein haben Sie als Format bereits kennengelernt – es wird der Name eines Textankers geliefert. Funktioniert somit nur, wenn Sie einen Verweis auf einen Textanker verwenden.
- DATEINAME: Liefert den Dateinamen des Zieldokuments.
- ZEICHENFORMAT: Dieser Baustein liefert keinen Text, sondern ermöglicht es, Teile des Textes, den Sie aus den restlichen Bausteinen zusammenstellen, zu formatieren. Das erfordert ein wenig Tüftelei, deshalb zeigen wir Ihnen dieses Feature an einem Beispiel.

Das Zusammenklicken der Bausteine ist etwas gewöhungs- und sicher auch noch erklärungsbedürftig. Die einzelnen Teile folgen der XML-Syntax, und InDesign sieht Ihnen genau auf die Finger, wenn Sie unkorrekte Änderungen machen – Sie erhalten dann Hinweise, die unter dem Feld DEFINITION eingeblendet werden.

Sie haben zu guter Letzt noch die Möglichkeit, dem Querverweistext in seiner Gesamtheit ein Zeichenformat zuzuordnen. Aktivieren Sie die Option ZEICHENFORMAT FÜR QUERVERWEIS, und wählen Sie aus dem Menü ein Zeichenformat aus, oder definieren Sie nötigenfalls ein NEUES ZEICHENFORMAT über den gleichnamigen Menübefehl.

Allerdings können Sie das auch gezielt für bestimmte Bausteine im Feld DEFINITION erledigen. Dann allerdings muss die Option ZEICHENFORMAT FÜR QUERVERWEIS unbedingt abgeschaltet sein.

Nehmen Sie an, für das Jazzlexikon wird auch ein geschichtlicher Überblick zur Entwicklung des Jazz erscheinen. An unterschiedlichen Stellen werden die verschiedensten Musiker genannt

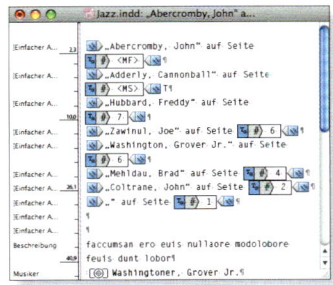

▲ **Abbildung 20.24**
Querverweise werden im Textmodus angezeigt und ansonsten wie normaler Text behandelt.

werden, und es soll in diesem Fall immer ein Querverweis in der Form »(siehe Seite 26 – *Abercromby*)« eingefügt werden. Für diese Darstellung können Sie keines der vorgegebenen Formate verwenden, und auch um die Formatierung des kursiven Namens müssen Sie sich gesondert kümmern.

Schritt für Schritt: Querverweisformat definieren

1 **Neues Querverweisformat anlegen**

Rufen Sie NEUES QUERVERWEISFORMAT aus dem Bedienfeldmenü des Hyperlinks-Bedienfelds auf. Markieren Sie in der linken Spalte den Eintrag SEITENZAHL, um ihn als Vorlage zu verwenden, klicken Sie auf das Plus unter der Liste, und ändern Sie den Namen des Formats auf »Name und Seite«:

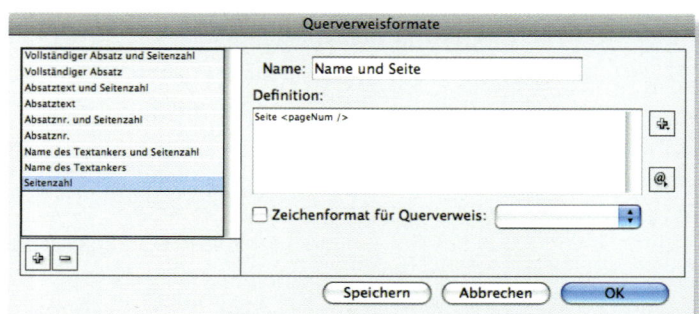

Abbildung 20.25 ▶
Das ausgewählte Format dient als Vorlage für ein neues Format. Wir wählen SEITENZAHL, da wir die Seitenzahl ohnehin benötigen, aber sonst alle anderen Bausteine selbst hinzufügen wollen.

2 **Vorspann und Gedankenstrich ergänzen**

Im Feld DEFINITION steht bereits `Seite <pageNum />`. Setzen Sie den Textcursor vor `Seite`, und ergänzen Sie den Text mit `(siehe `. Klicken Sie nun hinter `>`, tippen Sie ein Leerzeichen, und wählen Sie aus dem Menü 🔲 den HALBGEVIERTSTRICH, und tippen Sie noch ein Leerzeichen ein. Der Halbgeviertstrich wird als `^=` dargestellt.

Zeichenformat für Querverweis

Wenn Sie – wie in unserem Beispiel – ein Zeichenformat auf einen Teil des Textes anwenden, müssen Sie die Option ZEICHENFORMAT FÜR QUERVERWEIS deaktivieren, weil sie sonst auf das gesamte Ergebnis angewendet würde und somit den bereits formatierten Text wieder umformatieren würde.

3 **Zeichenformat anlegen und einfügen**

Wenn Sie noch kein Zeichenformat »kursiv« definiert haben, tun Sie es jetzt, indem Sie aus dem Menü neben der Option ZEICHENFORMAT FÜR QUERVERWEIS den Befehl NEUES ZEICHENFORMAT aufrufen. Es reicht, wenn Ihr Zeichenformat lediglich den Schnitt auf den Kursivschnitt Ihrer Schrift setzt. Beachten Sie, dass das neu definierte Zeichenformat, nachdem Sie die Definition beendet haben, nun ausgewählt ist und InDesign auch die Option ZEICHENFORMAT FÜR QUERVERWEIS aktiviert hat – deaktivieren Sie die Option unbedingt!

Setzen Sie den Textcursor hinter das letzte Leerzeichen aus Schritt 2, und wählen Sie aus dem Menü ⊡ den Eintrag ZEICHENFORMAT. Damit wird der Text `<cs name="" ></cs>` eingefügt. Fügen Sie zwischen den beiden Anführungszeichen »kursiv« – also den Namen Ihres Zeichenformats – ein.

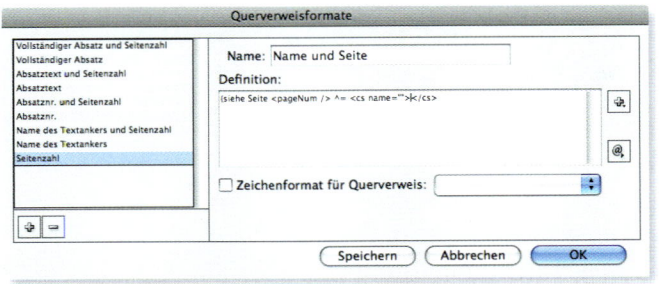

◄ **Abbildung 20.26**
Wenn Sie ein Zeichenformat neu definieren, achten Sie darauf, anschließend die Option ZEICHENFORMAT FÜR QUERVERWEIS zu deaktivieren.

Der vollständige Text im Feld DEFINITION sollte nun lauten:
`(siehe Seite <pageNum /> ^= <cs name="kursiv"></cs>.`

4 Teilabsatz festlegen

Um nur den Nachnamen des Musikers in den Querverweis zu übernehmen, legen wir nun einen Teilabsatz fest, der bis zum ersten Komma reicht – also genau bis zum Ende des Nachnamens.

Positionieren Sie den Textcursor nach `<cs name="kursiv">`, und wählen Sie aus dem Menü ⊡ den Eintrag TEILABSATZ. Nun wird der Text `<fullPara delim="" includeDelim="false"/>` eingefügt.

Wir müssen nun das Trennzeichen, bis zu dem der Absatz übernommen werden soll, eintragen. Fügen Sie zwischen den Anführungszeichen von `delim=""` ein Komma ein. Die Option `includeDelim="false"` besagt, dass das Trennzeichen selbst nicht mehr zur Textauswahl zählen soll. Wenn Sie das jedoch möchten, setzen Sie statt `false` das Wort `true` ein. Statt `false` können Sie auch `0` und statt `true` auch `1` verwenden. Wir verändern hier diese Einstellung nicht.

includeDelim ändern

Die Option `includeDelim` wird nur bei der ersten Definition eines Querverweisformats angezeigt. Wenn Sie die Definition des Formats später wieder aufrufen, taucht sie nicht mehr auf und kann somit nicht ohne Weiteres geändert werden. Sie müssen sie zu diesem Zweck selbst dazuschreiben.

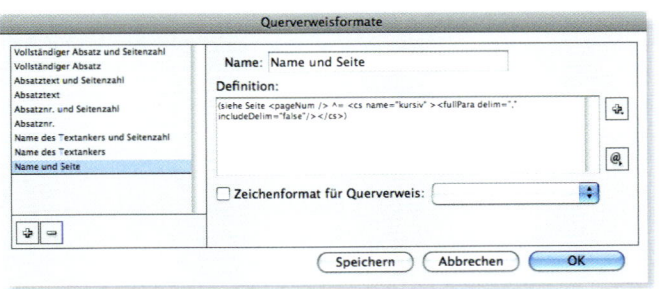

◄ **Abbildung 20.27**
Das fertige Querverweisformat erstellt Verweise im Format »(siehe Seite 26 – *Abercromby*)«.

Setzen Sie nun noch eine Klammer) ans Ende der Definition, und klicken Sie auf OK, um die Definition des Querverweisformats abzuschließen. ■

20.3.5 Querverweise verwalten

Die Tatsache, dass bei Querverweisen zwei – unter Umständen weit – voneinander entfernte Stellen in einem oder zwei Dokumenten verbunden sind, bringt es mit sich, dass sich an der Beziehung zwischen den beiden Textstellen gewollt oder ungewollt etwas ändert. InDesign überwacht die Querverweise und macht Sie auf Probleme aufmerksam. Neben den üblichen Funktionen zum Verwalten von InDesign-Elementen benötigen wir also auch Möglichkeiten, veränderte Querverweise zu korrigieren oder zu aktualisieren.

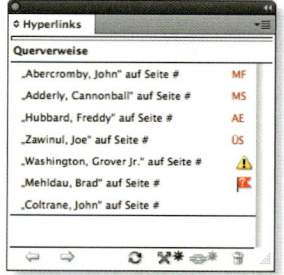

Kontrolle im Preflight-Bedienfeld

Sie sollten das Preflight-Bedienfeld so konfigurieren, dass ungelöste Querverweise als Fehler angezeigt werden und Sie so unmittelbar einen Hinweis auf veränderte oder fehlende Querverweis-Ziele bekommen, auch wenn das Hyperlinks-Bedienfeld nicht geöffnet ist.

Status von Querverweisen | Es gibt eine Reihe von Gründen, warum ein Querverweis von InDesign nicht aufgelöst werden kann. Im Hyperlinks-Bedienfeld wird in diesem Fall neben dem Eintrag eines Querverweises der konkrete Grund für das Problem eingeblendet:

▶ **Montagefläche** MF **:** Das Ziel befindet sich auf der Montagefläche und wird deshalb nicht sichtbar sein.

▶ **Mustervorlage** MS **:** Das Ziel befindet sich auf der Mustervorlage und ist deshalb nicht eindeutig.

▶ **Ausgeblendete Ebene** AE **:** Das Ziel befindet sich auf einer ausgeblendeten Ebene und wird deshalb nicht sichtbar sein.

▶ **Übersatz** ÜS **:** Das Ziel befindet sich im Übersatz.

▶ **Ziel wurde verändert** ⚠ **:** Der Zielabsatz existiert zwar und ist auch sichtbar, er hat sich aber inhaltlich verändert. Der Querverweis ist zwar intakt, sein Inhalt deckt sich jedoch nicht mehr mit dem Ziel. Diesen Status erhalten Sie auch, wenn Sie bei einem Querverweis auf einen Textanker den Namen des Ankers ändern.

▶ **Ziel fehlt** 🗶 **:** Entweder wurde der Zielabsatz oder Textanker gelöscht, oder das Dokument, in dem sich das Ziel befindet, wurde verschoben, gelöscht oder umbenannt.

Quelle und Ziel suchen | Bei vielen Querverweisen ist die reine Auflistung der Verweise im Hyperlinks-Bedienfeld für einen Überblick nicht mehr ausreichend. Um die Quelle eines Querverweises – also die Stelle, an der er eingeblendet wird – aufzusuchen, markieren Sie den Querverweis im Bedienfeld, und wählen Sie GEHE ZU QUELLE aus dem Bedienfeldmenü. Um zum Ziel zu springen, wählen Sie GEHE ZU ZIEL.

Wenn Sie den Textcursor in einer Querverweis-Quelle positionieren, wird der dazugehörige Eintrag im Hyperlinks-Bedienfeld für Sie ausgewählt. Somit ist es sehr einfach, auch das dazugehörige Ziel aufzusuchen.

Querverweise aktualisieren und bearbeiten | Wird für einen Verweis ein verändertes Ziel angezeigt ⚠, klicken Sie auf den Eintrag im Hyperlinks-Bedienfeld und anschließend auf QUERVERWEISE AKTUALISIEREN 🔄, oder wählen Sie QUERVERWEIS AKTUALISIEREN aus dem Bedienfeldmenü des Hyperlinks-Bedienfelds. Beachten Sie, dass sich der veränderte Querverweis auf den Textumbruch auswirken kann.

Fehlt die Datei, die ein Ziel enthält, können Sie eine andere Datei neu mit dem Querverweis verbinden. Markieren Sie den Eintrag im Bedienfeld, und wählen Sie QUERVERWEIS ERNEUT VERKNÜPFEN aus dem Bedienfeldmenü des Hyperlinks-Bedienfelds. Existiert im neuen Dokument die Position des alten Ziels nicht, wird der Verweis weiterhin mit einem fehlenden Ziel markiert, und Sie können dann auch keine neue Datei mehr verknüpfen. In diesem Fall müssen Sie den Querverweis bearbeiten, um ein neues Ziel festzulegen.

Machen Sie einen Doppelklick auf den betreffenden Eintrag im Hyperlinks-Bedienfeld, und Sie landen im Fenster QUERVERWEIS BEARBEITEN, in dem Sie sämtliche Optionen identisch zum Fenster NEUER QUERVERWEIS vorfinden. Der einzige Unterschied ist, dass in diesem Fall die Quelle bereits existiert und auch nicht verändert wird, egal wo der Textcursor derzeit im Text steht.

Änderung der Quelle | Wenn Sie den Text des Querverweises inhaltlich ändern, wird der Querverweis als abweichend ⚠ gekennzeichnet. Wenn Sie diesen Querverweis aktualisieren, wird Ihre Textänderung mit dem Originaltext des Ziels überschrieben.

Änderungen an der Typografie der Quelle verhalten sich etwas eigenwillig. Wenn Sie einen Teil des Querverweis-Textes z. B. auf FETT setzen und der Verweis später aktualisiert werden muss, geht auch die Formatierung verloren, und zwar unabhängig davon, ob Sie die Änderung manuell oder über ein Zeichenformat gemacht haben. Wenn Sie dagegen den gesamten Querverweistext abweichend vom Absatz gestalten und diesen Verweis aktualisieren, bleibt die Formatierung erhalten.

Querverweise löschen und kopieren | Wenn Sie einen Querverweis im Hyperlinks-Bedienfeld markieren und auf AUSGEWÄHLTE HYPERLINKS UND QUERVERWEISE LÖSCHEN 🗑 klicken, werden Sie

Querverweise einsetzen

Da sich zwischen Kopieren und Einsetzen bei einer normalen Arbeitsweise das Ziel kaum verändern wird, ist das Aktualisieren eines eingesetzten Querverweises grundsätzlich kein Problem. Da sich aber logischerweise die Quelle des Verweises ändert, wird er als verändert gekennzeichnet.

darauf hingewiesen, dass der Text des Querverweises erhalten bleibt – es wird dabei also lediglich die Verbindung zum Ziel gelöscht.

Es ist keine Standard-Methode vorgesehen, um Querverweise zwischen Dokumenten auszutauschen. Der Bedarf dafür dürfte auch wirklich begrenzt sein. Wenn Sie jedoch Text, der einen Querverweis enthält, über die Zwischenablage in ein anderes Dokument kopieren, muss Ihnen bewusst sein, dass damit auch die Querverweisdefinition inklusive Querverweisformat in das Zieldokument übertragen wird. Dabei entsteht ein als verändert gekennzeichneter Querverweis, um den Sie sich kümmern sollten.

Laden und löschen von Querverweisformaten | Um bestehende Querverweisformate aus einem anderen Dokument zu laden, wählen Sie QUERVERWEISFORMATE LADEN aus dem Bedienfeldmenü des Hyperlinks-Bedienfelds. Wählen Sie dann das Dokument aus, aus dem die Formate geladen werden sollen.

Das Laden erfolgt ohne jegliche Rückmeldung. Sollten im Zieldokument bereits Querverweisformate mit gleichen Namen existieren, so werden sie von den geladenen Formaten überschrieben.

Ein Querverweisformat löschen Sie, indem Sie es im Fenster QUERVERWEISFORMATE markieren und auf das Minus ☐ unter der Auflistung der Formate klicken. Das funktioniert aber nur, wenn das Format nicht in einem Querverweis verwendet wird. Sie müssen also im Zweifelsfall erst alle Querverweise löschen, die das fragliche Format verwenden, und dabei die Querverweise in reinen Text wandeln.

Querverweise und InCopy

Querverweisformate können in InCopy nur in eigenständige Dokumente importiert werden.

Querverweisformate aus reinen InCopy-Dokumenten können jedoch nicht in InDesign-Dokumente geladen werden.

21   Buch, Inhaltsverzeichnis und Index

Der klassische Vertreter einer umfangreichen Publikation ist ein Buch, das zumeist aus mehreren Dateien besteht und mit einem Inhaltsverzeichnis und oft mit einem Index versehen werden muss. Über alle Dokumente hinweg muss für eine fortlaufende Paginierung, aber auch für die Kapitelnummerierung gesorgt werden.

21.1   Bücher

Der Zeitdruck in der Medienproduktion erlaubt es nicht, umfangreiche Publikationen linear zu erstellen. Zumeist arbeiten mehrere Personen parallel an einem Projekt. Damit ergibt sich aber das Problem, dass die unterschiedlichen Teile der Publikation zu einem Gesamtwerk zusammengefügt werden müssen.

21.1.1   Das Buchdokument

InDesign bezeichnet die Zusammenstellung von Dokumenten generell als Buch. Selbstverständlich können Sie jede Art von Publikation als Buch verwalten. Den logischen Zusammenhang zwischen den Einzelteilen müssen Sie selbst herstellen, InDesign kümmert sich für Sie um alle technischen Aspekte wie Paginierung, Inhaltsverzeichnisse, Indexerstellung und die Ausgabe über mehrere Dokumente hinweg.

Um ein neues Buchdokument anzulegen, wählen Sie DATEI • NEU • BUCH. Im dann folgenden Dialog NEUES BUCH wählen Sie einen Namen für Ihr Buch und legen einen Speicherort fest. Die neue Datei erhält die Endung ».indb« (InDesign Book). Das Buchdokument wird von InDesign in einem Bedienfeld dargestellt, dessen Name mit dem Namen des Buchdokuments identisch ist. Da das Bedienfeld ein reales Dokument darstellt, gibt es keine allgemeine Form des Bedienfelds, die Sie im Menü FENSTER aufrufen könnten. Ihr neues Buchdokument ist zunächst leer und muss erst mit den einzelnen Dokumenten bestückt werden.

Arbeitsgruppen und Version Cue

Ein Werkzeug, mit dem die Daten ganzer Arbeitsgruppen verwaltet werden können, ist Version Cue. Es dient der Versionsverwaltung von Dokumenten aller Programme der Creative Suite. Wenn Sie die Creative Suite installieren, wird Version Cue automatisch mitinstalliert, sofern Sie die Installation nicht explizit unterbunden haben.

Buch.indb

Abbildung 21.1 ▶

Das Buch-Bedienfeld mit einem kompletten Buchprojekt.
Die einzelnen Dateien wurden dem Projekt gerade hinzugefügt. Bei »04 Kapitel 3« wurde offensichtlich der Startwert der Seitennummerierung fix mit 1 festgelegt. Deshalb sind die Dokumente noch nicht durchgängig paginiert.

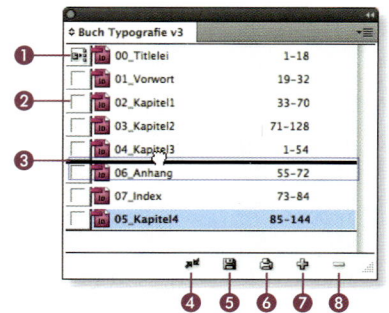

Mehrere Dokumente öffnen

Um mehrere Dokumente im Fenster DOKUMENT HINZUFÜGEN auswählen zu können, halten Sie die Strg- bzw. ⌘-Taste gedrückt, während Sie auf die einzelnen Dateien klicken.

Bis 1.000 Dokumente

Sie können bis zu 1.000 Dokumente in ein Buchdokument aufnehmen. Diese Angabe stammt von Adobe – wir haben diese Grenze noch nie erreicht und können sie daher nicht verifizieren.

Namensgebung für Dokumente

Es ist sinnvoll, die Reihenfolge der Dokumente schon in deren Namensgebung zu berücksichtigen, wie in Abbildung 21.1 zu sehen ist. InDesign legt die einzelnen Dokumente dann gleich in der richtigen Reihenfolge im Buchdokument an. Eine Änderung der Dokumentreihenfolge führt bei den Standardeinstellungen nämlich zu einer Neupaginierung, was Ihnen zwar eine kleine Arbeitspause verschafft, aber auch lästig sein kann.

Um ein Dokument in das Buch aufzunehmen, klicken Sie auf DOKUMENTE HINZUFÜGEN ❼ und wählen im folgenden Fenster DOKUMENTE HINZUFÜGEN ein oder mehrere Dokumente aus. Alternativ können Sie auch InDesign-Dokumente direkt aus dem Explorer bzw. dem Finder in das Bedienfeld ziehen (oder auch aus anderen Buch-Bedienfeldern, sofern schon welche existieren).

Die Dokumente erscheinen nun im Bedienfeld. Wenn Sie mehrere Dokumente ausgewählt haben, ist die Wahrscheinlichkeit recht groß, dass die Reihenfolge der Dokumente nicht stimmt. Sie können die einzelnen Dokumente in die richtige Reichenfolge bringen, indem Sie ein Dokument an die gewünschte Position verschieben ❸. Die neue Position wird mit einem schwarzen Balken angezeigt.

Die verschiedenen Dokumente sollten natürlich die gleichen Formate und Farbdefinitionen verwenden. In der Praxis zeigt sich aber, dass unterschiedliche Personen auch unterschiedliche Vorlieben in ihren Dokumenten abbilden. Deshalb können alle Dokumente an die Einstellungen **eines** Dokuments angepasst werden. Welches Dokument als Vorlage dienen soll, legen Sie mit einem Klick in ein Formatquelle-Feld ❷ fest. Das Vorlagen-Dokument wird dann in dieser Spalte entsprechend gekennzeichnet ❶. Ein Klick auf FORMATE UND FARBFELDER MIT FORMATQUELLE SYNCHRONISIEREN ❹ überträgt Farben, Absatz- und Zeichenformate und auch Objektstile. Zuvor sollten Sie jedoch festlegen, wie diese Synchronisation aussehen soll – dazu kommen wir später.

Falls Sie das Bedienfeld BUCH jetzt schließen, werden Sie dazu aufgefordert, das Buch zu speichern. Diese Sicherheitsabfrage ist im Zusammenhang mit dem Schließen des Bedienfelds etwas ungewöhnlich, da wir es hier aber mit einem Dokument zu tun haben, sollten Sie dieses in jedem Fall sichern. Eine Sicherung lösen Sie mit einem Klick auf BUCH SPEICHERN ❺ aus. Diesen Befehl finden Sie auch im Bedienfeldmenü. Dort finden Sie auch den Befehl BUCH SPEICHERN UNTER, mit dem Sie eine Kopie Ihres Buchdokuments anlegen können. Sinn der Buch-Funktionen ist es ja, ein komplettes Dokument zu erstellen. Das Ausdrucken des Buchs ❻ ist dabei natürlich eine wesentliche Funktion. Sollten Sie einzelne Dokumente des Buchs entfernen wollen, können Sie das über Dokumente entfernen ❽ erledigen. Ein gesamtes Buch löschen Sie, indem Sie das Buchdokument selbst löschen – den einzelnen Kapiteln des Buchs geschieht dabei selbstverständlich nichts.

Somit wäre Ihr Buch nun zusammengestellt. Um jetzt auch ein produzierbares Buch zu erstellen, müssen Sie allerdings noch einige Einstellungen vornehmen. Die nötigen Befehle finden Sie im Bedienfeldmenü des Buch-Bedienfelds, wobei Sie bei den verschiedenen Befehlen immer unterscheiden müssen, ob und wie viele Dokumente im Bedienfeld ausgewählt sind. Ist kein Dokument ausgewählt (oder sind alle ausgewählt), beziehen sich die Befehle auf das gesamte Buch. Sind einzelne Dokumente – auch mehrere, aber nicht alle – ausgewählt, beziehen sich die Funktionen auf die ausgewählten Dokumente. Auf die Standardbefehle wie Dokument hinzufügen oder Buch speichern in den oberen beiden Abschnitten des Bedienfeldmenüs werden wir nicht mehr näher eingehen.

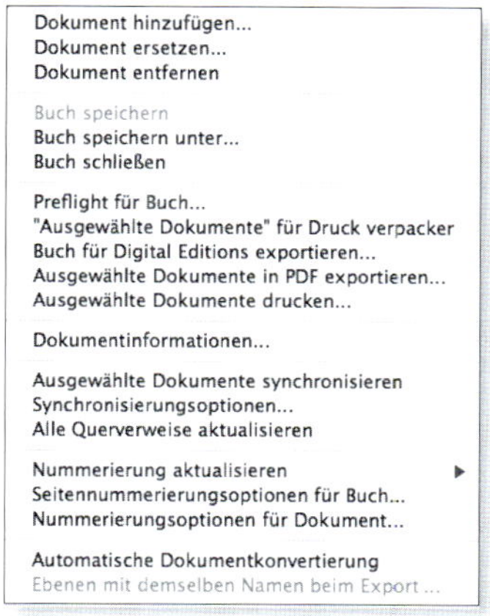

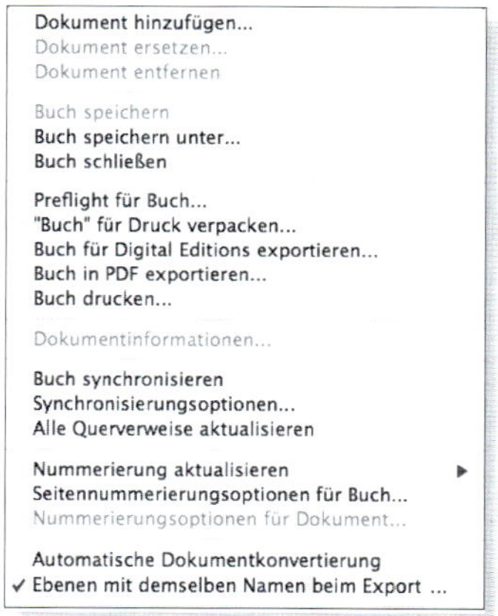

21.1.2 Nummerierungsoptionen

In der rechten Spalte des Buch-Bedienfelds finden Sie die Angaben zu den aktuellen Seitenzahlen der Dokumente, wobei die Notation aus den Vorgaben der Nummerierungs- und Abschnittsoptionen der einzelnen Dokumente übernommen wird.

Einen Teil der Nummerierungs- und Abschnittsoptionen haben Sie bereits in Kapitel 13, »Mustervorlagen«, kennengelernt, und Sie wissen, wie Sie ein einzelnes Dokument logisch gliedern und lebende Kolumnentitel erstellen.

Hier benötigen wir diese Optionen wieder, um die einzelnen Kapitel miteinander zu verbinden, damit InDesign die Seitennummern des gesamten Buchs korrekt ermitteln und verwalten kann.

Der Ausgangspunkt ist das erste Kapitel (= erstes Dokument), an das alle anderen Dokumente in einer Kette angehängt werden. Wählen Sie also das zweite Dokument von oben im Buch-Bedienfeld aus und Nummerierungsoptionen für Dokument aus dem Bedienfeldmenü, oder doppelklicken Sie auf die Seitennummern. InDesign öffnet das entsprechende Dokument und ruft die Nummerierungsoptionen für Dokument für Sie auf. Diese Funktion ist identisch mit den Nummerierungs- und Abschnittsoptionen; sie ist lediglich anders bezeichnet. Schalten Sie hier die Option Automatische Seitennummerierung ein. Damit übergeben Sie die Kontrolle über die Paginierung an InDesign. Lassen Sie

▲ **Abbildung 21.2**
Das Bedienfeldmenü des Buch-Bedienfelds für einzelne Dokumente (oben) und das gesamte Buch (unten).

Dokumente öffnen

Ein Doppelklick auf den Namen eines Dokuments öffnet das Dokument. Ein Doppelklick auf die Seitenziffern im Buch-Bedienfeld öffnet das Dokument und ruft die Nummerierungsoptionen für Dokument auf.

alle anderen Einstellungen bestehen, und sichern Sie das Dokument. Da InDesign das Dokument geöffnet lässt – Sie sehen das auch im Buch-Bedienfeld am Symbol 🖛 –, müssen Sie es selbst schließen. Wiederholen Sie diese Einstellungen für alle Dokumente des Buchs, mit Ausnahme des Startdokuments.

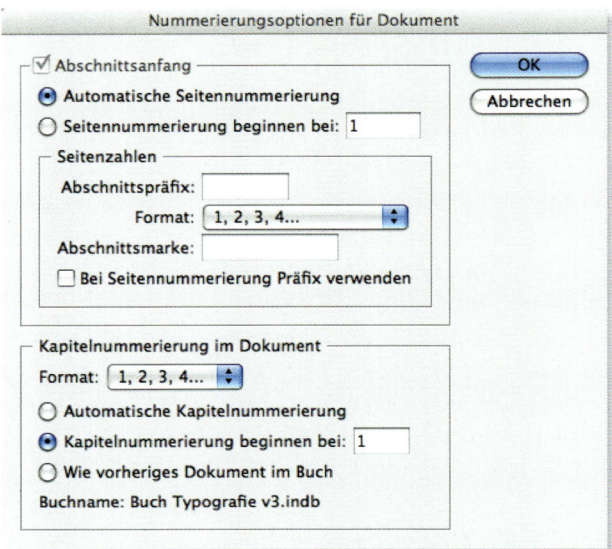

Abbildung 21.3 ▶
ABSCHNITTSANFANG kann für ein Dokument eines Buchs nicht deaktiviert werden.
Eine sinnvolle Anwendung für KAPITELNUMMERIERUNG IM DOKUMENT gibt es nur im Buch-Umfeld, weil es innerhalb eines einzelnen Dokuments nur eine Kapitelnummer geben kann.

Kapitelnummerierung im Dokument | Für die einzelnen Dokumente können Sie seit InDesign CS3 auch die KAPITELNUMMERIERUNG IM DOKUMENT festlegen. Für ein Dokument, das nicht einem Buch zugeordnet ist, sind diese Einstellungen nur beschränkt hilfreich, da Sie nur eine Kapitelnummer pro Dokument vergeben können. Die beiden anderen Optionen werden erst im Umfeld eines Buchs aktiv.

Jedem InDesign-Dokument kann genau eine Kapitelnummer zugeteilt werden. Diese Nummer kann über einen Platzhalter – seit InDesign CS3 wird hier von Textvariablen gesprochen, die Sie in Abschnitt 20.2, »Textvariablen«, auf Seite 606 bereits kennengelernt haben – in Ihr Dokument eingeblendet werden. Setzen Sie dazu die Textvariable KAPITELNUMMER über das Menü SCHRIFT • TEXTVARIABLEN • VARIABLE EINFÜGEN in Ihr Dokument ein. Der Platzhalter zeigt dann den Wert, der unter KAPITELNUMMERIERUNG BEGINNEN BEI eingetragen wurde, im jeweils eingestellten FORMAT.

Bei einem einzigen Dokument, das niemals über die Buch-Funktionen mit anderen Dokumenten in Berührung kommt, beschränkt sich der Nutzen darauf, dass Sie nun den Wert des Platzhalters zentral ändern können. Da es aber dennoch nur **einen** Platzhalter gibt, sind die Anwendungsmöglichkeiten beschränkt.

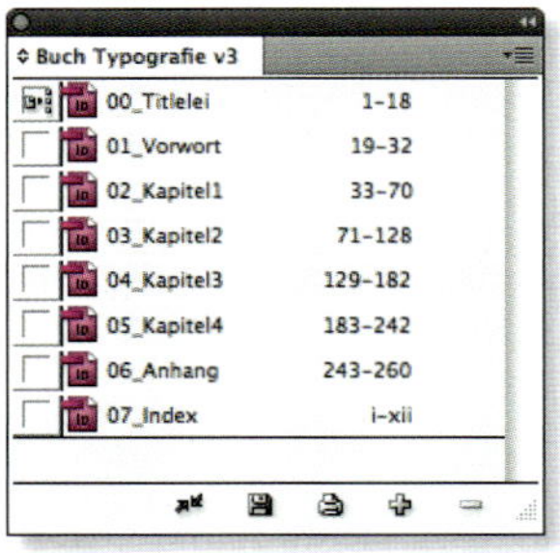

▲ **Abbildung 21.4**
Die einzelnen Kapitel des Buches sind nun miteinander verbunden und ihre Seiten fortlaufend nummeriert. Eine Ausnahme ist hier der Index, der wieder mit 1 beginnt und dessen Pagina mit kleinen römischen Ziffern dargestellt wird.

Völlig anders verhält es sich bei Dokumenten, die einem Buch zugeordnet sind. Wenn Sie die Kapitelüberschriften in Ihren Dokumenten nummerieren (wie in diesem Buch), können Sie anstelle einer fixen Nummer die Textvariable KAPITELNUMMER verwenden und in den NUMMERIERUNGSOPTIONEN FÜR DOKUMENT auf die Option AUTOMATISCHE KAPITELNUMMERIERUNG umschalten. Wenn Sie nun für Ihr erstes Kapitel die Kapitelnummer 1 festlegen, werden in den folgenden Dokumenten die Kapitelnummern pro Dokument jeweils um 1 erhöht, und Sie müssen sich keine Gedanken über die korrekte Nummerierung machen. Auch dann nicht, wenn einzelne Kapitel innerhalb des Buchs verschoben werden.

Natürlich muss nicht jedes Dokument ein eigenständiges Kapitel darstellen. Wenn zwei oder mehr Dokumente in Folge die gleiche Kapitelnummer verwenden sollen, stellen Sie in diesen Dokumenten auf die Option WIE VORHERIGES DOKUMENT IM BUCH um.

Damit die Änderungen in den Kapitelnummern auch in die restlichen Dokumente Ihres Buchs übernommen werden, müssen Sie aus dem Bedienfeldmenü des Buch-Bedienfelds NUMMERIERUNG AKTUALISIEREN • KAPITEL- UND ABSATZNUMMERIERUNG AKTUALISIEREN aufrufen. InDesign weist Sie nach Änderungen an der Kapitelnummer auf diesen Umstand mit einer eigenen Warnmeldung hin, die aber unterdrückt werden kann.

21.1.3 Seitennummerierungsoptionen für Buch

Bücher sind die typischen Vertreter doppelseitiger Dokumente, da sich immer zwei Dokumentseiten gegenüberstehen. Sollte eines der Dokumente allerdings im Buchdokument eine ungerade Seitenanzahl haben, würde dadurch die Abfolge von linken und rechten Seiten durcheinanderkommen. Deshalb sollten Sie im nächsten Schritt festlegen, wie in diesem Fall zu verfahren ist. Wählen Sie SEITENNUMMERIERUNGSOPTIONEN FÜR BUCH aus dem Bedienfeldmenü des Buch-Bedienfelds.

Keine Textvariablen verfügbar?

Seit InDesign CS3 werden alle neuen Dokumente mit einem Standardsatz an Textvariablen versehen. Beim Konvertieren älterer Dokumente – in denen es diese Variablen ja noch nicht gab – wird dieser Standardsatz jedoch nicht ergänzt. Sie müssen die Variablen entweder selbst anlegen oder aus einem neuen Dokument laden.

Wie Sie das machen können, haben wir Ihnen in Abschnitt 20.2, »Textvariablen«, bereits gezeigt.

Anzeige aktualisieren

KAPITEL- UND ABSATZNUMMERIERUNG AKTUALISIEREN stellt zwar die richtigen Zustände innerhalb der Dokumente her, aktualisiert jedoch nicht die Anzeige im Dokumentfenster. Sollten sich Änderungen nicht bemerkbar machen, zwingen Sie InDesign dazu, die Bildschirmdarstellung zu aktualisieren, indem Sie die Tastenkombination ⌥+F5 drücken, auf die Vorschau umschalten oder die Darstellungsgröße des Dokuments verändern.

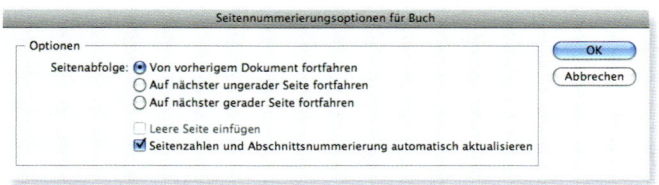

◀ **Abbildung 21.5**
SEITENNUMMERIERUNGSOPTIONEN FÜR BUCH

Hier gibt es lediglich einen Abschnitt OPTIONEN, in dem Sie festlegen, wie Seitenlücken ausgeglichen werden sollen.

▶ SEITENABFOLGE: VON VORHERIGEM DOKUMENT FORTFAHREN bedeutet, dass die Seitennummern unabhängig davon, ob es sich um linke oder rechte Seiten handelt, einfach fortlaufend vergeben werden. So kann es also dazu kommen, dass eine rechte Seite eine gerade Seitennummer bekommt, was natürlich falsch wäre und auch zu Umbrüchen in Ihrem Layout führen würde. AUF NÄCHSTER UNGERADER SEITE FORTFAHREN würde dafür sorgen, dass ein Kapitel (= Dokument) in jedem Fall auf einer ungeraden Seite beginnt. AUF NÄCHSTER GERADER SEITE FORTFAHREN entspricht genau dem Gegenteil. Wo ein Kapitel beginnen soll, ist letztlich eine Frage der Konventionen, deshalb hat diese Option durchaus ihre Berechtigung.

▶ LEERE SEITE EINFÜGEN: Da bei den letzten beiden Optionen Lücken in der Seitennummerierung entstehen, können Sie hiermit festlegen, ob diese Lücken mit Leerseiten geschlossen werden sollen. Da sich das Problem also nur mit den beiden Optionen AUF NÄCHSTER UNGERADER SEITE FORTFAHREN und AUF NÄCHSTER GERADER SEITE FORTFAHREN stellt, können Sie LEERE SEITE EINFÜGEN auch nur anklicken, wenn Sie eine dieser beiden Optionen ausgewählt haben.

▶ SEITENZAHLEN UND ABSCHNITTSNUMMERIERUNG AUTOMATISCH AKTUALISIEREN: Diese Option ist standardmäßig eingeschaltet. Änderungen an den Buchdokumenten werden somit auch unmittelbar in das Buch übernommen. InDesign nummeriert die Seiten also neu, sobald sich die Seitenzahl in einem der Dokumente ändert. Bei umfangreichen Büchern kann das zu unfreiwilligen Pausen führen. Deshalb können Sie InDesign die Kontrolle über die Seitennummern entziehen, indem Sie diese Option abschalten. Eine Neunummerierung müssen Sie dann allerdings über NUMMERIERUNG AKTUALISIEREN • SEITENZAHLEN UND ABSCHNITTSNUMMERIERUNG aktualisieren aus dem Bedienfeldmenü selbst veranlassen.

Das Buchdokument verwaltet lediglich Verweise auf die Originaldokumente. Wenn also ein Dokument abhandenkommt oder umbenannt wurde, wird im Buch-Bedienfeld der Seitenbereich des fehlenden Dokuments mit einem Fragezeichen ❷ gekennzeichnet, da die Seitenziffern natürlich nicht berechnet werden können.

Befinden sich die Dokumente des Buchs auf einem Server und hat ein anderer Benutzer ein Dokument geöffnet, kann keine Funktion ausgeführt werden, die das gesamte Buch betrifft. Grundsätzlich verfügbare, aber bereits geöffnete Dokumente werden mit einem kleinen Vorhängeschloss 🔒 gekennzeichnet. Ähnlich wie Bilder in normalen Satzdokumenten können Dokumente eines Buchs auch außerhalb des Buchs verändert werden. In diesem Fall werden sie mit einem Warndreieck ⚠ markiert. Sobald Sie das betreffende Dokument über das Buch-Bedienfeld öffnen und dann wieder speichern, wird der aktuelle Zustand wiederhergestellt.

21.1.4 Buch synchronisieren

Damit alle Dokumente des Buchs identische Formate, Farbdefinitionen, Objektstile usw. verwenden, können Sie einzelne oder alle Dokumente abgleichen und so einen gemeinsamen Zustand herstellen.

Für diesen Abgleich werden Formate und Farben von einem Vorlagendokument auf die anderen Dokumente, die synchronisiert werden sollen, übertragen. Welches Buchdokument als Formatquelle dienen soll, definieren Sie, indem Sie in das entsprechende Formatquelle-Feld klicken. Vor dem Dokumentnamen erscheint dann das Symbol 📖. Mit einem Klick auf FORMATE UND FARBFELDER MIT FORMATQUELLE SYNCHRONISIEREN ⚓ oder den Befehl AUSGEWÄHLTE DOKUMENTE SYNCHRONISIEREN bzw. BUCH SYNCHRONISIEREN aus dem Bedienfeldmenü des Buch-Bedienfelds starten Sie den Abgleich.

InDesign geht dabei folgendermaßen vor: Definitionen, die in den zu synchronisierenden Dokumenten mit denselben Namen wie in der Formatquelle existieren, werden mit den Definitionen der Formatquelle überschrieben. Definitionen, die in den Zieldokumenten nicht existieren, werden aus der Formatquelle in das Dokument kopiert. Definitionen, die im Zieldokument existieren, in der Formatquelle jedoch nicht, werden nicht angetastet.

Dieser Mechanismus birgt natürlich einige Gefahren und kann das Layout eines Dokuments drastisch verändern. Deshalb sollten Sie einen Plan entwickeln, bevor Sie mit einem umfangreichen Projekt beginnen. Falls Erstellung und Bearbeitung der einzelnen Dokumente nicht Ihrer Kontrolle unterliegen, sollten Sie die Dokumente am besten nicht synchronisieren.

Wenn Sie im Zweifelsfall einen Test machen wollen, müssen Sie Folgendes beachten: Zum Synchronisieren müssen die einzelnen Dokumente nicht geöffnet sein. InDesign öffnet, ändert, speichert und schließt die Dokumente selbständig. Das bedeutet, dass Sie die durchgeführten Änderungen nicht rückgängig machen können! Wenn Sie jedoch alle Dokumente, die Sie synchronisieren wollen, vor der Synchronisation selbst öffnen, macht InDesign zwar die Änderungen, sichert und schließt die Dokumente jedoch nicht – Sie können dann noch eine Notbremse ziehen, indem Sie

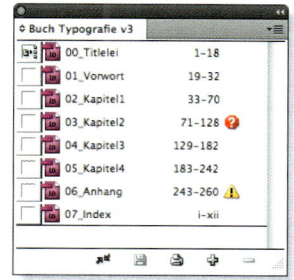

▲ **Abbildung 21.6**
Ein Buchdokument fehlt (»03_Kapitel2«) – eine automatische Seitennummerierung kann somit nicht mehr durchgeführt werden. Kapitel »06_Anhang« wurde außerhalb des Buchdokuments verändert und muss aktualisiert werden.

Verwenden Sie ein Masterdokument

Bei einem Buchprojekt sollten Sie zunächst ein »Masterdokument« anlegen. Der Teil des Buchs, der später das Inhaltsverzeichnis tragen soll, ist dafür ein idealer Kandidat. Alle anderen Buchdokumente sollten Sie von diesem Masterdokument ableiten. Damit ist bereits zum Start des Projekts sichergestellt, dass einheitliche Formate und Farbfelder verwendet werden. Legen Sie anschließend ein Buch an, und definieren Sie das Masterdokument als Formatquelle. Sollten Formatänderungen notwendig werden, ändern Sie nur das Masterdokument innerhalb des Buchs, und synchronisieren Sie alle anderen Dokumente. Die Überarbeitung der einzelnen Dokumente, die aufgrund der Änderungen voraussichtlich notwendig ist, fällt auf diese Weise relativ dosiert aus.

die Änderungen über BEARBEITEN • RÜCKGÄNGIG zurücknehmen oder die Dokumente schließen, ohne sie zu speichern.

Prinzipiell werden nur Dokumente synchronisiert, die im Buch-Bedienfeld ausgewählt sind. So können Sie im Testfall den potentiellen Schaden ebenfalls begrenzen. Sind keine Dokumente ausgewählt, werden alle Dokumente synchronisiert. Um die Auswahl für ein bestimmtes Dokument aufzuheben, halten Sie die ⌷Strg⌷- bzw. ⌷⌘⌷-Taste gedrückt, während Sie das Dokument anklicken.

Wenn Sie bestimmte Stile, Formate oder Farbfelder von vornherein aus der Synchronisation ausklammern möchten, wählen Sie vor der Synchronisation SYNCHRONISIERUNGSOPTIONEN aus dem Bedienfeldmenü des Buch-Bedienfelds.

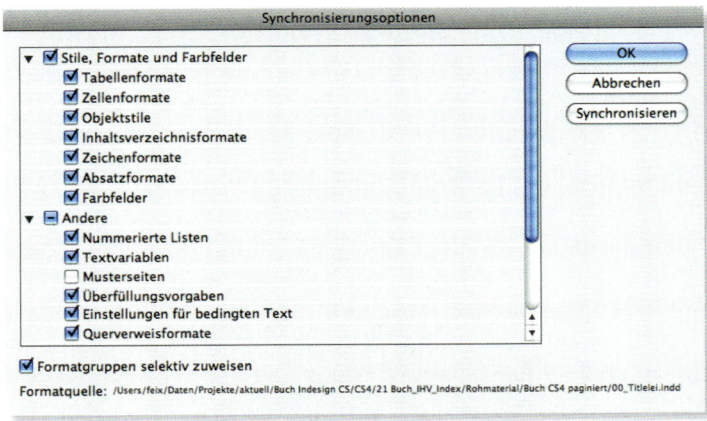

Abbildung 21.7 ▶
SYNCHRONISIERUNGSOPTIONEN: In jeder neuen Version von InDesign werden hier neue Funktionen aufgenommen – in InDesign CS4 sind EINSTELLUNGEN FÜR BEDINGTEN TEXT und QUERVERWEISFORMATE dazugekommen.

Wählen Sie aus, welche Formate bei der Synchronisation in die Zieldokumente übertragen werden sollen, und klicken Sie auf OK. Stile, Formate und Farbfelder, die nicht explizit ausgewählt sind, werden nun nicht mehr synchronisiert.

Der Synchronisationsprozess kann einige Zeit in Anspruch nehmen und wird lediglich mit einer kleinen Information abgeschlossen. Sie erfahren also nicht im Detail, welche Änderungen an den Dokumenten vorgenommen wurden.

Synchronisieren von Mustervorlagen

Adobe selbst warnt vor dem Synchronisieren von Mustervorlagen, da Objekte, die von der Mustervorlage abgetrennt und deren Attribute übergangen wurden, bei einer Synchronisation Eigenschaften annehmen, die nicht ohne Weiteres vorhersehbar sind. Besonders kritisch erscheinen hierarchische Mustervorlagen, bei denen solche Objekte erstellt wurden.

21.1.5 Listen in Büchern
Seitennummern und Kapitelnummern werden von InDesign im Rahmen der Buch-Funktion einwandfrei verwaltet, und innerhalb eines Dokuments funktioniert die Nummerierung per Liste anstandslos. Um die Nummerierung über mehrere Dokumente hinweg sicherzustellen, müssen folgende Voraussetzungen erfüllt sein:

1. In allen beteiligten Dokumenten müssen identische Listen existieren (gleicher Name, gleiche Einstellungen).

2. Für diese Liste(n) müssen die Optionen Nummerierung über Textabschnitte hinweg fortführen und Nummerierung von vorherigem Dokument im Buch fortführen aktiviert sein.
3. Um die Neunummerierung zu veranlassen, müssen Sie Nummerierung aktualisieren • Kapitel und Absatznummerierung aktualisieren aus dem Bedienfeldmenü des Buch-Bedienfelds aufrufen.

Sie können nummerierte Listen zwar zwischen Buchdokumenten synchronisieren, wenn Sie jedoch nicht auf diese Vorsichtsmaßnahmen Rücksicht nehmen, können die Ergebnisse unerwartet ausfallen und sind dann auch schwer zu korrigieren.

21.1.6 Querverweise im Buch

Wie Sie wissen, können Querverweise auch auf Absätze und Textanker in anderen InDesign-Dokumenten zeigen – siehe Abschnitt 20.3, »Querverweise«. Da solche Dokumente ja offensichtlich in Beziehung zueinander stehen, ist es wahrscheinlich, dass sie auch zu einem Buch zusammengefasst werden.

Beim Anlegen des Buchs und später bei jedem Seitenumbruch wird sich das Ziel der Querverweise bzw. deren Position im Dokument/Buch verändern, und die betroffenen Querverweise müssen aktualisiert werden. Da Querverweise in einem Buch aber durchaus »kreuz und quer« angelegt sein können, kann eine Änderung des einen Querverweises eine Änderung eines anderen Querverweises nach sich ziehen und damit die gesamte Aktualisierung sehr mühsam werden lassen.

Für diesen Fall hat Adobe vorgesorgt und bietet Ihnen die Möglichkeit, alle Querverweise im gesamten Buch in einem Arbeitsgang zu aktualisieren – wählen Sie Alle Querverweise aktualisieren aus dem Bedienfeldmenü des Buch-Bedienfelds. Die Aktualisierung startet und kann ein Weilchen laufen. Am Ende bekommen Sie eine Information über den Erfolg:

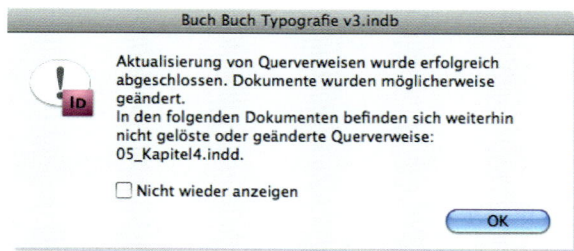

◄ Abbildung 21.8
Der Bericht nach dem Aktualisieren aller Querverweise in einem Buch – in einem Dokument befindet sich noch ein ungelöster Querverweis.

Beachten Sie besonders die zweite Hälfte der Meldung. Hier erhalten Sie wichtige Hinweise auf eventuell noch ungelöste

Querverweise. Wir empfehlen hier auch den Profis, die Option NICHT WIEDER ANZEIGEN nicht zu aktivieren.

21.1.7 Das Buch ausgeben

Ein vollständig eingerichtetes Buch auszugeben, ist nun keine Kunst mehr. Insgesamt haben Sie vier Möglichkeiten für die Ausgabe des Buches, die Sie alle im Bedienfeldmenü des Buch-Bedienfelds auswählen können. Zuerst sollten Sie jedoch das gesamte Buch auf Vollständigkeit und Produzierbarkeit überprüfen.

Preflight für Buch | InDesign hat gegenüber seinen Vorgänger-Versionen im Bereich des Preflights dramatische Änderungen erfahren – um diese Änderungen und das gesamte Konzept kennenzulernen, schlagen Sie bitte in Kapitel 28, »Preflight«, auf Seite 723 nach.

Rufen Sie PREFLIGHT FÜR BUCH aus dem Bedienfeldmenü des Buch-Bedienfelds auf. Dieser Befehl heißt immer so – auch wenn Sie einzelne Dokumente im Buch-Bedienfeld ausgewählt haben. Eine Entscheidung, ob Sie das Preflight nur für diese Dokumente durchführen wollen, können Sie erst im Fenster OPTIONEN FÜR BUCH-PREFLIGHT treffen:

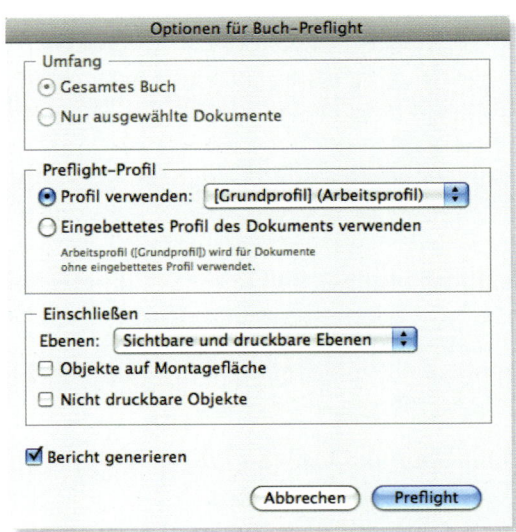

Buch oder Dokumente

Haben Sie im Buch-Bedienfeld einzelne Dokumente ausgewählt, beziehen sich alle vier Ausgabemethoden natürlich nur auf diese Dokumente.

Abbildung 21.9 ▶
Als die Funktion PREFLIGHT FÜR BUCH aufgerufen wurde, war kein Buchdokument ausgewählt, deshalb ist der UMFANG des Preflights auf GESAMTES BUCH gesetzt und kann auch nicht verändert werden. Wenn Sie zumindest ein Dokument ausgewählt haben, können Sie entscheiden, ob NUR AUSGEWÄHLTE DOKUMENTE oder GESAMTES BUCH geprüft werden sollen.

▶ PREFLIGHT-PROFIL: Der Preflight-Mechanismus basiert seit InDesign CS4 auf Profilen, die auch im Dokument eingebettet sein können. Wählen Sie aus, ob Sie ein bestimmtes Profil für alle Dokumente verwenden wollen oder ob jedes Dokument mit seinem eingebetteten Profil geprüft werden soll.

- ► EINSCHLIESSEN: Wählen Sie hier, wie mit Objekten verfahren werden soll, die unter Umständen im Ergebnis nicht sichtbar sein werden. Unter EBENEN können Sie bestimmen, ob SICHT-BARE UND DRUCKBARE EBENEN, nur SICHTBARE EBENEN oder ALLE EBENEN beim Preflight berücksichtigt werden sollen. Entscheiden Sie außerdem, ob Sie auch OBJEKTE AUF MONTAGEFLÄCHE und NICHT DRUCKBARE OBJEKTE prüfen lassen wollen, da ja beide nicht im Ergebnis erscheinen werden.
- ► BERICHT GENERIEREN: Wir empfehlen, auf jeden Fall einen Bericht erstellen zu lassen. Dieser kann als Text- oder PDF-Datei erzeugt werden und sehr detailliert ausfallen.

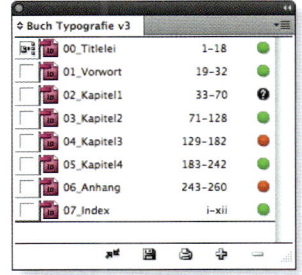

▲ **Abbildung 21.10**
Nach einem PREFLIGHT FÜR BUCH wurden zwei Dokumente mit einem roten Punkt gekennzeichnet. Diese Dokumente können eine fehlerfreie Ausgabe des Buch gefährden oder gar unmöglich machen. Ist der Status des Dokuments nicht bekannt, wird ein schwarzer Punkt mit einem Fragezeichen eingeblendet.

Sobald Sie ein PREFLIGHT FÜR BUCH durchgeführt haben, wird das automatische Preflighting für alle beteiligten Dokumente aktiviert, und Sie werden im Buch-Bedienfeld über den aktuellen Status der einzelnen Dokumente über grüne (gut) oder rote (schlecht) Punkte informiert.

Wie Sie mit roten Punkten umgehen und Fehler korrigieren, erfahren Sie in Teil 6, »Dokumente prüfen und verpacken«. Sobald alle Fehler behoben sind, können Sie mit der Ausgabe des Buchs fortfahren.

Buch verpacken | Sie können zunächst das gesamte Buch oder einzelne Dokumente für den Druck verpacken. Dabei werden alle Satzdokumente mit allen benötigten externen Daten und Schriften und das Buchdokument selbst in einen neuen Ordner kopiert. Die Funktion stellt sicher, dass alle benötigten Komponenten für eine Weitergabe des gesamten Projekts gesammelt werden. Details zum Verpacken und wie Sie mit Fehlern beim Verpacken umgehen, erfahren Sie in Kapitel 31, »Verpacken«.

Buch für Digital Editions exportieren | Mit BUCH FÜR DIGITAL EDITIONS EXPORTIEREN entsteht eine Datei, die mit dem Programm Adobe Digital Editions gelesen werden kann. Eine derartige Datei besteht intern aus HTML-Dateien und kann somit für unterschiedliche Anzeigesysteme angepasst werden.

Buch in PDF exportieren | Selbstverständlich können Sie das gesamte Buch auch in PDF exportieren. Die gewünschte Vorlage können Sie erst im Fenster ADOBE PDF EXPORTIEREN auswählen. Details zum Erstellen von PDF-Dateien erfahren Sie in Kapitel 34, »PDF-Export für die Druckvorstufe«. Allerdings gibt es im Umfeld eines Buches eine Besonderheit für den PDF-Export, die Sie nur hier finden: die Option EBENEN MIT DEMSELBEN NAMEN BEIM

».epub«-Dateien öffnen

Die Dateien, die von BUCH FÜR DIGITAL EDITIONS EXPORTIEREN erzeugt werden, sind tatsächlich ZIP-Dateien. Ändern Sie Endung ».epub« in ».zip«, entpacken Sie die Datei, und Sie werden einen Ordner erhalten, der Ihr Buch in einer HTML-Version und alle Bilder (nicht jedoch die Schriften) enthält.

Ebenen erst ab PDF 1.5

Ebenen können nur dann in eine PDF-Datei übernommen werden, wenn diese zumindest PDF-Version 1.5 (Acrobat 6) entspricht und Sie im Fenster Adobe PDF exportieren unter Allgemein die Option Acrobat-Ebenen erstellen aktivieren.

Besser manuell wandeln

Im Sinne der Kontrollierbarkeit empfehlen wir Ihnen, die Datenübernahme aus älteren InDesign-Versionen selbst vorzunehmen, sofern der Umfang des Projekts es zulässt. Sollten bei der automatischen Umwandlung kleine Probleme auftreten, unterscheidet sich der Aufwand aber ohnehin nur mehr unmerklich.

Exportieren zusammenführen, die Sie im Bedienfeldmenü des Buch-Bedienfelds ein- und ausschalten können. Wenn einzelne Dokumente Ihres Buchs Ebenen verwenden, können diese in eine PDF-Datei übertragen werden. In einer PDF-Datei landen grundsätzlich alle Ebenen aller InDesign-Dokumente, wodurch viele gleichnamige Ebenen entstehen können. Wenn Sie die Option Ebenen mit demselben Namen beim Exportieren zusammenführen aktivieren, werden gleichnamige Ebenen auf eine Ebene zusammengelegt, was zumeist der gewollten Struktur entspricht.

Buch drucken | Zu guter Letzt muss das Buch natürlich gedruckt werden können. Wählen Sie Buch drucken aus dem Bedienfeldmenü. Sie landen im Drucken-Fenster, in dem Sie sehr genau einstellen können, wie Ihr Buch gedruckt werden soll – Details zum Drucken erfahren Sie im gleichnamigen Kapitel 33.

21.1.8 Automatische Dokumentkonvertierung

Wenn Sie komplette Buchprojekte von einer früheren InDesign-Version übernehmen, gibt es zwei Ansätze: Entweder öffnen Sie alle Dokumente, wandeln sie in das InDesign CS4-Format und fassen sie in einem neuen Buchdokument zusammen, oder Sie öffnen das alte Buchdokument mit InDesign CS4 und lassen die Konvertierung von InDesign vornehmen.

Das klingt allerdings komfortabler, als es ist. Aktivieren Sie zunächst die Option Automatische Dokumentkonvertierung im Bedienfeldmenü des Buch-Bedienfelds. Sobald Sie eine der beiden Funktionen Buch synchronisieren oder Seitenzahlen und Abschnittsnummerierung aktualisieren auswählen, werden die alten Dokumente in das InDesign CS4-Format gewandelt und unter den alten Namen gespeichert. Die Originaldateien werden dabei überschrieben.

Ist die Option deaktiviert, werden Sie beim Öffnen jeder Datei nach einem neuen Namen für die umgewandelte Datei gefragt, haben somit aber auch die Möglichkeit, die Originaldatei zu überschreiben. Sie müssen das allerdings für jede Datei selbst vornehmen, was der ersten Methode entspricht. Das alte Buchdokument müssen Sie in jedem Fall entweder überschreiben oder unter einem neuen Namen speichern.

Automatische Dokumentkonvertierung bezieht sich nur auf ganze Buchprojekte. Wenn Sie einem InDesign CS4-Buch ein älteres InDesign-Dokument hinzufügen, wird das alte Dokument beim Hinzufügen in jedem Fall geöffnet und gewandelt.

21.2 Inhaltsverzeichnisse

Eine wirklich umfangreiche Publikation wie z. B. ein Fachbuch kommt ohne Inhaltsverzeichnis nicht aus. Natürlich wäre das manuelle Erstellen eines Inhaltsverzeichnisses nicht nur viel Arbeit, solch ein Inhaltsverzeichnis müsste auch ständig angepasst werden, oder das Dokument müsste wirklich »eingefroren« werden, bevor ein Inhaltsverzeichnis erstellt werden könnte. Im Bleisatz war das auch der Fall. Im digitalen Satz gibt es glücklicherweise entsprechende Hilfsmittel, die das Erstellen und Verwalten von Inhaltsverzeichnissen wesentlich vereinfachen.

21.2.1 Die Voraussetzungen

Damit sich InDesign um das Inhaltsverzeichnis kümmern kann, müssen einige Bedingungen erfüllt sein. In irgendeiner Form muss in Ihrem Dokument ja festgelegt werden, welche Textanteile in das Inhaltsverzeichnis aufzunehmen sind.

Die Lösung ist einfach: Da Titel und Zwischentitel in Ihrer Publikation ohnehin gleich aussehen müssen und ein großes Satzprojekt ohne Formate praktisch nicht abgewickelt werden kann, werden zur Kennzeichnung der Inhaltsverzeichniseinträge Absatzformate verwendet.

Bei einem sauberen Arbeitsstil ist das Kriterium Absatzformat also ohnehin erfüllt, und da die benötigten Absatzformate keine besonderen Merkmale aufweisen müssen, stellt diese Voraussetzung keinerlei Einschränkung dar. Alle Textanteile, die in das Inhaltsverzeichnis aufgenommen werden sollen, müssen mit den entsprechenden Absatzformaten gestaltet sein.

Spätestens zu diesem Zeitpunkt sollten auch die »harten Handformatierer« vom Sinn der Formate überzeugt sein, denn die simple Regel lautet: keine Absatzformate = kein Inhaltsverzeichnis!

21.2.2 Inhaltsverzeichnis erstellen

Sind diese Voraussetzungen erfüllt, können Sie mit der Funktion INHALTSVERZEICHNIS aus dem Menü LAYOUT Inhaltsverzeichnisse erstellen lassen und auch sehr fein einstellen, wie das Ergebnis aussehen soll.

Das Grundprinzip dabei ist, dass InDesign Ihr Dokument nach jedem Text durchsucht, der mit bestimmten Absatzformaten formatiert wurde, diesen Text in eine Liste schreibt und jeden Eintrag mit der Nummer der Seite, auf der er gefunden wurde, versieht.

Am Ende dieser Suche wird die Liste in Ihrem Dokument platziert und kann grundsätzlich als ganz normaler Text bearbeitet werden. Allerdings merkt sich InDesign, welcher Teil des Doku-

▲ **Abbildung 21.11**
Legen Sie für alle Titel, Zwischentitel, Überschriften usw. Absatzformate an, und benennen Sie sie entsprechend. In der Folge müssen diese Formate dann auch angewendet werden, wenn Sie ein Inhaltsverzeichnis automatisch erstellen wollen.

Einträge übergehen

Manchmal ist es nötig, bestimmte Überschriften nicht in das Inhaltsverzeichnis aufzunehmen. Legen Sie sich in einem solchen Fall ein zweites Absatzformat für die auszulassenden Einträge an. Diese Format kann auf dem ursprünglichen Format basieren und ansonsten unverändert bleiben. Durch den anderslautenden Namen können Sie es bei der Erstellung des Inhaltsverzeichnisses dann auslassen.

ments das Inhaltsverzeichnis ist, und kann so Änderungen am Dokument auch in das Inhaltsverzeichnis übernehmen. Änderungen am Inhaltsverzeichnis gehen dann verloren.

Da Sie nun gesehen haben, dass das Grundprinzip recht einfach ist, werden Sie hoffentlich nicht erschrecken, wenn Sie das Fenster der Funktion sehen – die Angelegenheit ist wirklich nicht so unübersichtlich, wie sie aussieht.

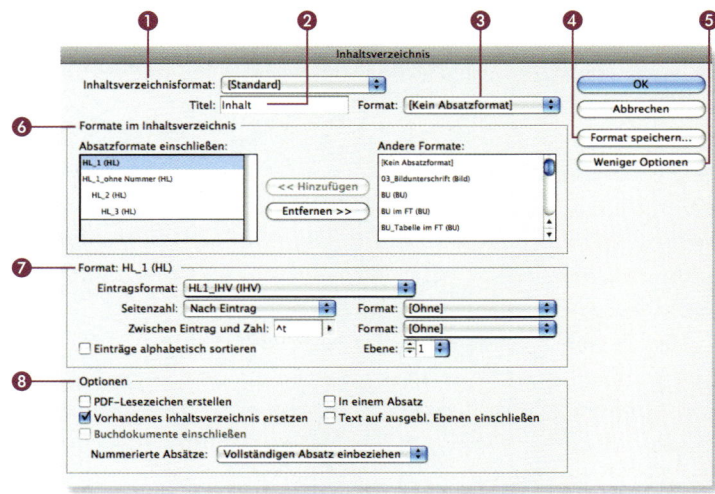

Abbildung 21.12 ▶
Die Darstellung des Fensters der INHALTSVERZEICHNIS-Funktion sieht standardmäßig etwas weniger kompliziert aus. Blenden Sie mit einem Klick auf MEHR OPTIONEN alle Funktionen ein.

Neben den drei Bereichen, mit denen Sie die Erstellung, die Formatierung und zusätzliche Optionen des Inhaltsverzeichnisses festlegen und die wir im Folgenden noch im Detail beschreiben werden, gibt es noch folgende Steuerelemente:

▶ INHALTSVERZEICHNISFORMAT ❶ und FORMAT SPEICHERN ❹: Da Sie in diesem Fenster sehr viele Einstellungen vornehmen können, ist es sinnvoll, die fertigen Einstellungen zu speichern. Die aktuellen Einstellungen können Sie über einen Klick auf FORMAT SPEICHERN sichern.
Bestehende Formate können Sie aus dem Menü INHALTSVERZEICHNISFORMAT auswählen, wobei die Einstellung [STANDARD] bewirkt, dass alle Einträge im Inhaltsverzeichnis so aussehen, wie Sie im Dokument formatiert wurden. Diese Einstellung werden Sie im Normalfall sicher verändern.

▶ TITEL ❷: Ein Inhaltsverzeichnis kann eine Überschrift haben, muss es aber nicht. Tragen Sie die gewünschte Überschrift – beispielsweise »Inhalt« – ein, oder lassen Sie das Feld leer.

▶ FORMAT ❸: Wenn Sie einen Titel festgelegt haben, können Sie hier ein Absatzformat auswählen, mit dem diese Überschrift im Endergebnis formatiert werden soll.

▶ MEHR OPTIONEN/WENIGER OPTIONEN ❺: Über MEHR OPTIONEN bekommen Sie zusätzliche Optionen zur Formatierung des Ergebnisses.

Formate im Inhaltsverzeichnis | Hier ❻ legen Sie fest, mit welchen Absatzformaten ein Text in Ihrem Dokument formatiert sein muss, damit er als Eintrag im Inhaltsverzeichnis landet. Die Liste ANDERE FORMATE zeigt Ihnen alle Absatzformate Ihres Dokuments an. Um eines dieser Formate für einen Inhaltsverzeichniseintrag vorzusehen, markieren Sie es und klicken auf <<HINZUFÜGEN. Alternativ können Sie einen Eintrag auch einfach in die Liste ABSATZFORMATE EINSCHLIESSEN ziehen. In beiden Fällen steht der Formatname nun im Listenfeld ABSATZFORMATE EINSCHLIESSEN, das alle Formate zeigt, die bei der Suche nach Einträgen berücksichtigt werden.

Legen Sie alle Absatzformate, mit denen ein Eintrag des Inhaltsverzeichnisses formatiert sein kann, in die Liste ABSATZFORMATE EINSCHLIESSEN. Dabei werden Sie Folgendes beobachten: Ist bereits ein Formatname ausgewählt, wird der neue Eintrag mit einem kleinen Einzug unter den markierten Eintrag gestellt. InDesign versucht auf diese Weise, die Hierarchie des Inhaltsverzeichnisses darzustellen. Diese Einrückung können Sie auch nachträglich noch ändern. Grundsätzlich ist diese Darstellung sehr sinnvoll und beeinflusst bei bestimmten Einstellungen auch das Endergebnis.

Wenn Sie die Reihenfolge der Einträge ändern wollen, fassen Sie einen Eintrag mit dem Mauszeiger und verschieben ihn an die gewünschte Stelle. Die neue Position wird von einem schwarzen Balken gekennzeichnet. Um einen Eintrag zu löschen, markieren Sie ihn und klicken anschließend auf ENTFERNEN>>.

Format | Damit wäre nun festgelegt, welche Textanteile in das Inhaltsverzeichnis aufgenommen werden sollen. Im nächsten Schritt muss nun definiert werden, wie das Inhaltsverzeichnis aussehen soll ❼. Hierzu markieren Sie einen Formatnamen in der Liste ABSATZFORMATE EINSCHLIESSEN. Der Abschnitt FORMAT ändert seine Bezeichnung in FORMAT: NAME DES ABSATZFORMATS. Sie müssen die folgenden Einstellungen also für jedes einzelne Format des Inhaltsverzeichnisses vornehmen.

▶ EINTRAGSFORMAT: Hier legen Sie fest, mit welchem Absatzformat der Eintrag im Inhaltsverzeichnis formatiert werden soll. [GLEICHES FORMAT] bedeutet, dass der Eintrag genauso aussehen wird wie in Ihrem Dokument – das ist jedoch zumeist nicht die gewünschte Formatierung.

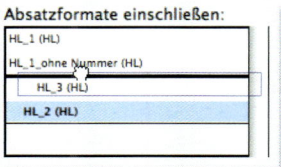

▲ **Abbildung 21.13**
Die Hierarchie der Überschriften wird von InDesign mit Einzügen dargestellt. Um die Reihenfolge der Formate zu verändern, können einzelne Einträge einfach verschoben werden. Die Reihenfolge hat jedoch keine Auswirkungen auf das Ergebnis.

Zahlenformat der Seitenzahl

Sie können lediglich die Textformatierung der Seitenzahl beeinflussen. Das Zahlenformat – also z. B. eine Darstellung als römische Ziffern – wird in den Nummerierungs- und Abschnittsoptionen im Menü Layout festgelegt.

InDesign übernimmt zur Darstellung der Seitenzahl im Inhaltsverzeichnis diese Optionen.

Füllzeichen

Wenn Sie im Inhaltsverzeichnis das Auffinden der Seitennummern erleichtern wollen, können Sie das z. B. tun, indem Sie eine punktierte Linie verwenden, um das Auge des Lesers zu führen. Nun kommen Sie nicht umhin, einen Tabulator zu setzen, für den Tabulatur lässt sich dann nämlich ein Füllzeichen verwenden.

▶ Seitenzahl: Die Seitenzahl wird von InDesign automatisch erstellt. Sie müssen nur festlegen, wo die Seitenzahl stehen soll, wobei Sie drei Möglichkeiten haben: Nach Eintrag bedeutet, dass die Seitenziffer rechts vom Eintrag stehen wird; Vor Eintrag stellt die Seitenziffer vor den Eintrag, was allerdings in Inhaltsverzeichnissen von Büchern und Magazinen eher unüblich ist. Sie können die Inhaltsverzeichnis-Funktion allerdings für jede Art von Liste verwenden. So erklärt sich auch die Option Keine Seitenzahl – sie ist dann sinnvoll, wenn Sie lediglich eine Liste mit bestimmten Einträgen erstellen wollen, dazu die Seitennummer aber nicht benötigen.

Aus dem Menü Format können Sie ein Zeichenformat auswählen, mit dem die Seitenzahl formatiert werden soll.

▶ Zwischen Eintrag und Zahl: Die Seitenzahl wird im Normalfall nicht unmittelbar an den Eintrag anschließen. Wie die beiden Elemente getrennt werden sollen, können Sie über dieses Menü festlegen, wobei Sie aus dem Großteil der InDesign-Sonderzeichen auswählen oder selbst ein Trennzeichen bzw. eine Zeichenkette eingeben können.

Eine Serie von Sonderzeichen geben Sie ein, indem Sie mehrere Zeichen aus dem Menü auswählen, ohne eine Auswahl im Eingabefeld gemacht zu haben – die ausgewählten Zeichen werden dann einfach an die schon existierenden Zeichen angehängt. Sonderzeichen werden in ihrer kodierten Form angezeigt, das wohl gebräuchlichste Zeichen – der Tabulator – sieht dann so aus: ^t. Auch hier gibt es wieder ein eigenes Format-Menü, mit dem Sie ein Zeichenformat für das/die Trennzeichen auswählen können.

▶ Einträge alphabetisch sortieren: Auch diese Option ist in einem Inhaltsverzeichnis wenig sinnvoll, wenn Sie allerdings z. B. ein Namensverzeichnis erstellen wollen, ist sie praktisch.

▶ Ebene: Die Abbildung der Hierarchie in der Liste Absatzformate einschließen haben Sie bereits kennengelernt. Mit der Option Ebene können Sie die Hierarchieebene der Formate verändern. Wenn Sie die Option Einträge alphabetisch sortieren ausgewählt haben, werden alle Einträge der gleichen Hierarchiestufe alphabetisch sortiert – so entsteht also für jede Hierarchiestufe ein eigener sortierter Block.

Optionen | Im letzten Abschnitt, Optionen ❽, können Sie noch einige Feineinstellungen vornehmen, die den Erstellungsprozess beeinflussen.

▶ PDF-Lesezeichen erstellen: Wenn Sie diese Option aktivieren, werden im Inhaltsverzeichnis Informationen versteckt, die bei einem Export der Datei als PDF dazu führen, dass ein funktionsfähiges Inhaltsverzeichnis erzeugt wird. Das bedeutet, dass die Einträge des Inhaltsverzeichnisses auf Mausklicks reagieren und mit einem Klick die entsprechenden Seiten im Dokument angesprungen werden.

▶ Vorhandenes Inhaltsverzeichnis ersetzen: Hat InDesign bereits ein Inhaltsverzeichnis für Ihr Dokument erstellt, kann mit dieser Option das bestehende Inhaltsverzeichnis ersetzt werden. Diese Option kann nur ausgewählt werden – und ist dann standardmäßig eingeschaltet –, wenn bereits ein Inhaltsverzeichnis existiert und entweder der Textcursor in diesem Inhaltsverzeichnis steht oder der Textrahmen ausgewählt ist, der das Inhaltsverzeichnis enthält.

▶ Buchdokumente einschliessen: Falls das aktuelle Dokument Teil eines Buchs ist, können Sie hier festlegen, dass alle Dokumente, die zum Buch gehören, bei der Erstellung des Inhaltsverzeichnisses berücksichtigt werden sollen. Sie können grundsätzlich jedes in einem der Dokumente definierte Inhaltsverzeichnisformat benutzen. Platziert wird das Inhaltsverzeichnis allerdings nur in dem Dokument, für das Sie die Funktion aufrufen. Es empfiehlt sich also, das entsprechende Format in dem Dokument anzulegen, in dem das Inhaltsverzeichnis auch enthalten ist. Wenn Sie unseren Tipp zum Masterdokument auf Seite 637 befolgen, ist das automatisch der Fall.

▶ In einem Absatz: Diese Option bewirkt, dass alle Einträge der gleichen Hierarchiestufe mit ihren Seitenzahlen in einem Absatz zusammengefasst werden. Als Trennzeichen für die einzelnen Einträge wird ein Semikolon (;) eingefügt.

▶ Text auf ausgebl. Ebenen einschliessen: Eine Anwendung für diese Option wäre z. B., wenn Sie ein Sponsorenverzeichnis erstellen wollten, im Textteil die Sponsoren aber nicht vorkommen sollen. Bringen Sie die aktuellen Einträge der Sponsoren auf einer ausgeblendeten Ebene unter, und aktivieren Sie dann diese Option. Für so einen Fall werden Sie ein eigenes Format »Sponsorenliste« erstellen.

▶ Nummerierte Absätze: Wenn Sie Listen verwenden, um Absätze zu nummerieren, müssen Sie entscheiden, ob diese Nummerierung im Inhaltsverzeichnis verwendet werden soll. Stellen Sie Vollständigen Absatz einbeziehen ein, damit die Nummerierung vollständig übernommen wird. Für nummerierte Überschriften wäre das der Standard. Zahlen ausschliessen würde nur den Text der Überschriften übernehmen – das ist nur dann sinnvoll, wenn Sie längere Absätze nummeriert haben und aus diesen Absätzen eine Auflistung erstellen wollen. In

Inhaltsverzeichnisse editieren

Sollte das Inhaltsverzeichnis nicht so aussehen, wie Sie es sich vorstellen, und sollten Sie mit den Formatierungseinstellungen nicht weiterkommen, dann überdenken Sie den Aufbau Ihres Dokuments.

Vermeiden Sie nach Möglichkeit, das automatisch erzeugte Inhaltsverzeichnis zu editieren. Alle manuellen Änderungen gehen verloren, wenn Sie das Inhaltsverzeichnis aktualisieren, und Sie müssen die manuellen Änderungen erneut vornehmen!

[Gleiches Format] verboten!

Wenn Sie nummerierte Absätze im Inhaltsverzeichnis aufnehmen wollen, dürfen Sie keinesfalls [Gleiches Format] als Eintragsformat wählen, da die Einträge dann in jedem Fall nummeriert würden – nur entweder falsch oder doppelt!

einem typischen Inhaltsverzeichnis wäre das relativ unübersichtlich. Genau umgekehrt wirkt NUR ZAHLEN EINBEZIEHEN.
Diese Option kann verwendet werden, um Kontrolllisten zu
erstellen. In einem Inhaltsverzeichnis oder jeder Art von Liste
den eigentlichen Eintrag zu unterdrücken, widerspricht dem
Sinn eines Verzeichnisses.

Nun sind alle Einstellungen getroffen – klicken Sie auf OK, und
InDesign durchsucht nun das Dokument und stellt die Einträge
des Inhaltsverzeichnisses zusammen. Sobald dieser Prozess abgeschlossen ist, verwandelt sich der Mauszeiger in die Markierung
zum Einfügen von Text. Platzieren Sie nun das Inhaltsverzeichnis
wie jeden anderen Text in Ihrem Dokument.

21.2.3 Inhaltsverzeichnisformate

Die Verwaltung der gespeicherten Formate können Sie unmittelbar im INHALTSVERZEICHNIS-Fenster vornehmen. Adobe hat
InDesign allerdings mit einer eigenen Funktion zur Verwaltung der
Formate ausgestattet, die Sie über das Menü LAYOUT • INHALTS-
VERZEICHNISFORMATE erreichen. Hier können Sie neue Formate
anlegen, wobei Sie dann wieder im INHALTSVERZEICHNIS-Fenster
landen. Sie können bestehende Formate BEARBEITEN und
LÖSCHEN. Da das Löschen im INHALTSVERZEICHNIS-Fenster nicht
möglich ist, ist das eine der Situationen, in der Sie auf diese Funktion zurückgreifen müssen.

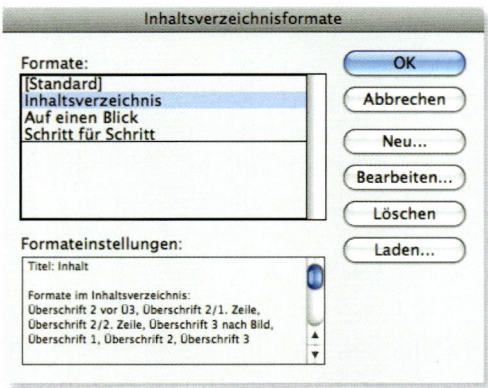

Abbildung 21.14 ▶
Neue Formate definieren und bestehende Formate bearbeiten können Sie auch im normalen INHALTS-
VERZEICHNIS-Dialog.
Inhaltsverzeichnisformate löschen
und aus anderen Dokumenten laden können Sie nur hier.

Eine zweite derartige Situation wäre, wenn Sie aus anderen
InDesign-Dokumenten Inhaltsverzeichnisformate LADEN wollen.
Klicken Sie auf die gleichnamige Schaltfläche, und wählen Sie im
dann folgenden DATEI ÖFFNEN-Fenster ein InDesign-Dokument
aus. Sie haben keine weitere Möglichkeit mehr, gezielt ein Format
auszuwählen – es werden immer alle Formate importiert. Aber

nicht nur das: Da auch die beteiligten Absatzformate geladen werden und diese die Definition der bestehenden Formate überschreiben, kann es nach dem Laden zu deutlichen Umbrüchen kommen, sofern sich die importierten Formate nicht mit den bestehenden decken.

21.2.4 Inhaltsverzeichnis aktualisieren

Als Vorteil des digitalen Satzes haben wir zu Beginn dieses Abschnitts aufgeführt, dass Sie mit der Erstellung und Verwaltung eines Inhaltsverzeichnisses nicht warten müssen, bis ein Dokument seinen endgültigen Zustand erreicht hat. Da sich Dokumente also noch ändern dürfen, müssen diese Änderungen auch ihren Weg in das Inhaltsverzeichnis finden.

Sie können dazu jederzeit die Inhaltsverzeichnis-Funktion erneut aufrufen. Existiert schon ein Inhaltsverzeichnis und steht der Textcursor in diesem Inhaltsverzeichnis oder ist zumindest der Textrahmen ausgewählt, der das Inhaltsverzeichnis enthält, dann ist die Option VORHANDENES INHALTSVERZEICHNIS ERSETZEN bereits für Sie ausgewählt, und Sie können mit einem Klick auf OK das Inhaltsverzeichnis aktualisieren. Eine Abkürzung stellt die Funktion INHALTSVERZEICHNIS AKTUALISIEREN im Menü LAYOUT zur Verfügung. Hier wird ohne Zwischenschritt ein vorhandenes Inhaltsverzeichnis auf den letzten Stand gebracht.

Aber auch hier gilt: Da durchaus mehrere Inhaltsverzeichnisse oder andere Listen, wie z. B. Inserentenverzeichnisse, in einem Dokument vorhanden sein können, müssen Sie den Textrahmen, der das Inhaltsverzeichnis enthält, ausgewählt haben oder den Textcursor in den Text des betreffenden Inhaltsverzeichnisses stellen. Andernfalls ist der Menübefehl INHALTSVERZEICHNIS AKTUALISIEREN nicht auswählbar.

> **Text im Übersatz**
>
> Wenn Sie beim Erstellen oder Aktualisieren eines Inhaltsverzeichnisses von InDesign gefragt werden, ob Sie Einträge im Übersatztext einschließen wollen, bedeutet das, dass derzeit nicht der gesamte Text in Ihrem Dokument sichtbar ist. Oft handelt es sich dabei nur um eine Leerzeile. Sie sollten trotzdem in Ihrem Dokument dafür sorgen, dass kein Übersatz existiert, weil Sie sonst beim Erstellen von Inhaltsverzeichnissen nie sicher sein können, ob es sich hier um einen wirklichen Fehler oder um eine Nichtigkeit handelt.

21.3 Index erstellen

Bei Fach- und Sachbüchern ist nun noch ein Index oder ein Glossar notwendig. InDesign bietet für diese Aufgabe umfangreiche Funktionen, mit denen Sie komplexe Indizes aufbauen können. Problematisch sind hierbei Konzept und Planung, da jeder Index an die jeweilige Publikation angepasst werden muss und es keine allgemeingültigen Rezepte gibt.

21.3.1 Das Index-Bedienfeld

Öffnen Sie das Index-Bedienfeld über den Menübefehl FENSTER • SCHRIFT UND TABELLEN • INDEX bzw. den Tastaturbefehl ⌂ + F8 .

Das Index-Bedienfeld kennt zwei Arbeitsmodi. Im Modus VER-
WEIS ❶ werden Sie am häufigsten arbeiten. Hier legen Sie
Indexeinträge fest. Für jeden Eintrag müssen Sie bestimmen, in
welchem Bereich des Dokuments bzw. Buchs er gültig sein und in
welcher Form er im Index erscheinen soll.

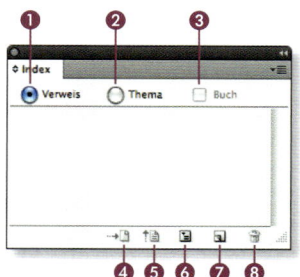

Abbildung 21.15 ►
Das noch leere Index-Bedienfeld –
seinen Inhalt zeigt es erst, wenn
mindestens ein Indexeintrag
existiert.

Der Modus THEMA ❷ erlaubt es, eine Struktur aufzubauen, in der
Sie zunächst festlegen, welche Begriffe indiziert werden sollen
und in welcher Hierarchie sie zueinander stehen. Diese Begriffe
erscheinen grundsätzlich auch als Verweise, allerdings müssen Sie
die Verweise erst näher definieren, damit sie letztlich auch im
Index erscheinen. Über Themen können Indexeinträge auch zwischen Dokumenten ausgetauscht werden.

Ist das Dokument, das Sie aktuell bearbeiten, Teil eines Buchs,
können Sie die Option BUCH ❸ aktivieren. Die Anzeige im Index-
Bedienfeld stellt dann alle Indexeinträge aller Buchdokumente
dar.

Indexeintrag erstellen | Einen neuen Indexeintrag erstellen Sie,
indem Sie im Modus VERWEIS auf NEUEN INDEXEINTRAG ERSTELLEN
❼ klicken oder die Tastenkombination ⎣Strg⎦+⎣7⎦ bzw. ⎣⌘⎦+⎣7⎦
drücken. Tatsächlich wird der Eintrag nicht sofort angelegt, sondern lediglich das Fenster NEUER SEITENVERWEIS geöffnet, in dem
Sie den Eintrag definieren. Dieses Fenster können Sie auch über
NEUER SEITENVERWEIS aus dem Bedienfeldmenü des Index-
Bedienfelds aufrufen.

Indexeinträge können über AUSGEWÄHLTEN EINTRAG LÖSCHEN ❽
wieder aus dem Index entfernt werden. Da InDesign keine Mehrfachauswahl zulässt und bei jedem Löschen eines Eintrags fragt,
ob Sie den Eintrag wirklich löschen wollen, werden Sie die Taste
⎣Alt⎦ bzw. ⎣⌥⎦ zu schätzen wissen, mit der Sie Einträge ohne
Nachfrage löschen können, wenn Sie sie beim Klick auf AUSGE-
WÄHLTEN EINTRAG LÖSCHEN gedrückt halten.

Sobald Indexeinträge existieren, können Sie die einzelnen
Fundstellen mit GEHE ZU AUSGEWÄHLTER MARKE ❹ in Ihrem Doku-

Geändertes Tastenkürzel

Bis InDesign CS3 wurde das Tastenkürzel ⎣Strg⎦+⎣U⎦ bzw. ⎣⌘⎦+⎣U⎦
für NEUER SEITENVERWEIS verwendet. Ab InDesign CS4 werden damit die magnetischen
Hilfslinien ein-/ausgeschaltet.

Abkürzung

Um einen Eintrag ohne Umweg
über das Fenster NEUER SEITEN-
VERWEIS mit den Standardein-
stellungen anzulegen, benutzen
Sie die Tastenkombination
⎣Strg⎦+⎣Alt⎦+⎣⇧⎦+⎣Ö⎦ bzw.
⎣⌘⎦+⎣⌥⎦+⎣⇧⎦+⎣Ö⎦.

ment anzeigen lassen. Wenn Sie Textstellen ändern, die den Index beeinflussen, können Sie die Auflistung mit VORSCHAU AKTUALISIEREN ❺ auf den letzten Stand bringen.

Der Index wird mit einem Klick auf INDEX GENERIEREN ❻ erzeugt und kann, nachdem der Prozess abgeschlossen ist, als Text in Ihrem Dokument platziert werden. Die Indexerstellung verhält sich hier genau wie die Inhaltsverzeichniserstellung. Bei einem Buch bedeutet das, dass Sie sinnvollerweise ein eigenes Dokument für den Index anlegen und die Indexgenerierung nur von diesem Dokument aus starten sollten.

Die Indexerstellung kann erhebliche Zeit in Anspruch nehmen, denn bei einem Buch mit vielen Dokumenten und Hunderten von Seiten wird Ihr Computersystem stark gefordert.

21.3.2 Einen einfachen Index aufbauen

Indizes können eine beachtliche Komplexität erreichen. Wir zeigen zunächst, wie ein einfacher Index aufgebaut wird. Der Übersichtlichkeit halber gehen wir von einem einzelnen Dokument aus. Die Indexerstellung für ein Buch läuft technisch genauso ab, Sie müssen nur viel mehr logische Zusammenhänge Ihrer Indexeinträge im Auge behalten.

Markieren Sie einen Begriff in Ihrem Text, und klicken Sie auf NEUEN INDEXEINTRAG ERSTELLEN ◨. Das Fenster NEUER SEITENVERWEIS öffnet sich, und der markierte Begriff wird in das Fenster NEUER SEITENVERWEIS übernommen. Solange der Textcursor in einem Text steht, können Sie NEUEN INDEXEINTRAG ERSTELLEN bzw. NEUER SEITENVERWEIS ebenfalls aufrufen, da Indexeinträge grundsätzlich frei formuliert werden können.

Sonderzeichen

Sollte der ausgewählte Text Sonderzeichen enthalten, werden diese im Fenster NEUER SEITENVERWEIS kodiert dargestellt, im Index selbst jedoch korrekt. Andere Objekte (z. B. Bildrahmen), die im Text verankert sind, werden immer ignoriert.

Zwei Namen

Die Funktion NEUEN INDEXEINTRAG ERSTELLEN wird über das Bedienfeldmenü mit NEUER SEITENVERWEIS aufgerufen – warum ein und dieselbe Funktion unterschiedlich benannt wurde, ist unklar.

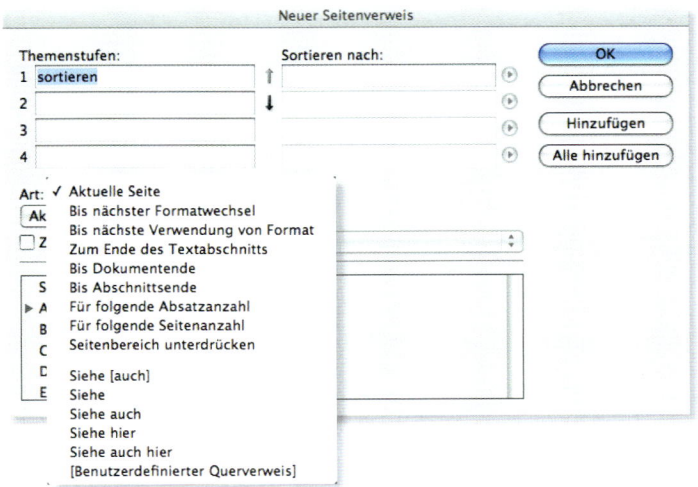

◄ **Abbildung 21.16**
Das Fenster NEUER SEITENVERWEIS – die vom Menü verdeckten Elemente sind für den ersten Indexeintrag belanglos.
Sie erreichen dieses Fenster auch über [Strg]+[7] bzw. [⌘]+[7]. Wenn Sie mit gedrückter [Alt]- bzw. [⌥]-Taste auf das Symbol NEUEN INDEXEINTRAG ERSTELLEN klicken, wird die Textauswahl ignoriert, und Sie können/müssen den Eintrag frei formulieren.

Indexeinträge können in THEMENSTUFEN angeordnet sein – dazu später mehr. Für einen einzelnen Eintrag verwenden wir die THEMENSTUFE 1. Wenn Sie Text markiert haben, ist dieser Text hier schon für Sie eingesetzt. Der einfachste Fall wäre, dass jedes Auftreten des Begriffs im Index aufgelistet werden soll. Ein Klick auf ALLE HINZUFÜGEN erledigt das, indem das gesamte Dokument nach dem Begriff durchsucht und jede Fundstelle im Index-Bedienfeld aufgelistet wird, wobei die Seitenziffer jedes Treffers angeführt wird. Bei einem mehrfachen Auftreten des Begriffs auf einer Seite wird die betreffende Seitennummer natürlich nur einmal aufgeführt. Im Index-Bedienfeld werden jedoch alle Fundstellen eingetragen.

Alle Fundstellen aufzunehmen ist jedoch nur bei ausgesprochenen Fachbegriffen eine gute Idee. Wenn in einem Buch zu InDesign der Begriff »InDesign« mit ALLE HINZUFÜGEN im Index aufgenommen würde, wäre mit einer mehrzeiligen Liste von Seitenziffern zu rechnen. Deshalb wird man im Normalfall den Bereich, für den ein Indexeintrag Gültigkeit besitzt, beschränken.

InDesign legt für jeden Indexeintrag, der im Dokument festgelegt wurde, eine Indexmarke an, die im Dokument auch als Steuerzeichen sichtbar ist, sofern Sie VERBORGENE ZEICHEN EINBLENDEN aus dem Menü SCHRIFT aktiviert haben.

Seitenbereich

Wenn Sie einen Seitenbereich festlegen, der über mehrere Seiten reicht, und in diesem Bereich der Indexeintrag auf mehreren unmittelbar aufeinanderfolgenden Seiten gefunden wird, werden im Index nur die erste und die letzte Seite, verbunden mit einem Halbgeviertstrich, aufgeführt.

Seitenbereiche festlegen | Der Seitenbereich, der ab dieser Indexmarke für den Index durchsucht wird, kann im Menü ART festgelegt werden.

▶ AKTUELLE SEITE: Ein weiteres Auftreten des Begriffs wird nur bis zum Seitenende ausgewertet. Da Seitennummern ohnehin nur einmal im Index erscheinen, führt das also zu genau einer Seitenangabe zu diesem Begriff.

▶ BIS NÄCHSTER FORMATWECHSEL: Der Begriff wird so lange auf jeder Seite aufgenommen, bis sich das Absatzformat des Textes ändert.

▶ BIS ZUR NÄCHSTEN VERWENDUNG VON FORMAT: Wenn Sie diese Option auswählen, erscheint rechts neben dem Menü ART ein zusätzliches Menü, aus dem Sie ein Absatzformat auswählen können. Der Indexeintrag wird geführt, bis im Text dieses Absatzformat angewendet wurde.

▶ ZUM ENDE DES TEXTABSCHNITTS: Die Indexmarke bleibt gültig, bis das Ende des Textes erreicht ist. Bei verketteten Textrahmen ist das also der letzte Textrahmen in der Kette.

▶ BIS DOKUMENTENDE: Es werden alle Fundstellen ab der Seite mit der Indexmarke bis zur letzten Dokumentseite aufgelistet.

- Bɪꜱ Aʙꜱᴄʜɴɪᴛᴛꜱᴇɴᴅᴇ: Der Indexeintrag wird so lange geführt, bis im Dokument ein neuer Abschnitt beginnt. Gemeint sind hier Abschnitte, die mit der Funktion Lᴀʏᴏᴜᴛ • Nᴜᴍᴍᴇʀɪᴇ-ʀᴜɴɢꜱ- & Aʙꜱᴄʜɴɪᴛᴛꜱᴏᴘᴛɪᴏɴᴇɴ definiert wurden.
- Fᴜ̈ʀ ꜰᴏʟɢᴇɴᴅᴇ Aʙꜱᴀᴛᴢᴀɴᴢᴀʜʟ: Neben dem Menü Aʀᴛ erscheint ein Eingabefeld, in das Sie die Anzahl der Absätze eintragen, die nach der Indexmarke noch berücksichtigt werden sollen.
- Fᴜ̈ʀ ꜰᴏʟɢᴇɴᴅᴇ Sᴇɪᴛᴇɴᴀɴᴢᴀʜʟ: Hier müssen Sie die Anzahl der Seiten festlegen, die nach der Indexmarke nach dem Begriff durchsucht werden sollen.
- Sᴇɪᴛᴇɴʙᴇʀᴇɪᴄʜ ᴜɴᴛᴇʀᴅʀᴜ̈ᴄᴋᴇɴ: Es wird lediglich der Begriff selbst im Index aufgeführt. Eine Fundstelle dazu wird im Index nicht angegeben. Im Index-Bedienfeld wird für einen solchen Eintrag die Seitenzahl in Klammern dargestellt.

Zu jedem Indexeintrag können Sie festlegen, ob die Seitenziffer(n) besonders hervorgehoben werden soll(en). Aktivieren Sie die Option Zᴀʜʟᴇɴꜰᴏʀᴍᴀᴛ ᴜ̈ʙᴇʀɢᴇʜᴇɴ, und wählen Sie aus dem Menü rechts daneben ein Zeichenformat aus. Die Seitenziffer wird mit diesem Format gestaltet.

Wortgruppen indizieren | Sie können auch Wortgruppen indizieren. Diese werden standardmäßig als zusammenhängender Begriff in den Index aufgenommen – auch dann, wenn Sie mehrere Absätze markiert haben sollten.

Sie können (seit InDesign CS2) einzelne Absätze allerdings getrennt aufnehmen lassen – ohne Umweg über das Fenster Nᴇᴜᴇʀ Sᴇɪᴛᴇɴᴠᴇʀᴡᴇɪꜱ wiederum mit dem Tastenkürzel Strg + Alt + ⇧ + Ö bzw. ⌘ + ⌥ + ⇧ + Ö. Auf diese Art können Sie sehr schnell Listen indizieren, die nicht zwangsläufig als Absätze vorliegen müssen. InDesign akzeptiert bei dieser Funktion folgende Trennzeichen für die einzelnen Einträge: Zeilenschaltung, harte Zeilenschaltung, Tabulator für Einzug rechts, Strichpunkt und Komma.

21.3.3 Indexeinträge sortieren

Neben dem Indexeintragsfeld finden Sie im Fenster Nᴇᴜᴇʀ Sᴇɪᴛᴇɴᴠᴇʀᴡᴇɪꜱ ein Eingabefeld Sᴏʀᴛɪᴇʀᴇɴ ɴᴀᴄʜ. Wenn Sie in einem Kunstlexikon den Maler Giorgio De Chirico unter C wie »Chirico« im Index aufnehmen wollen, dort allerdings den korrekten Namen »De Chirico« anführen wollen, dann indizieren Sie den Begriff »De Chirico«, tragen aber unter Sᴏʀᴛɪᴇʀᴇɴ ɴᴀᴄʜ »Chirico« ein. Der Name »De Chirico« wird dann unter C aufgeführt.

A
Absatzformate 30
Automatische Dokument-
umwandlung 31
B
Buch 3, 17
Buchdokumente 30

▲ **Abbildung 21.17**
Ein Index, der mit den Standardeinstellungen erzeugt wurde

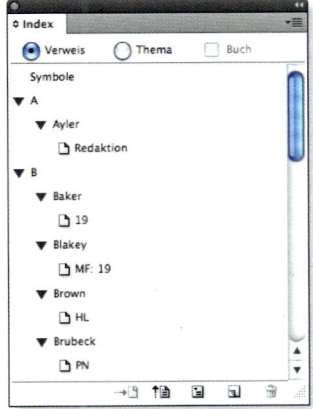

▲ **Abbildung 21.18**
Index-Bedienfeld mit einigen Verweisen.
Bei diesen Einträgen findet sich nur ein einziger, der sinnvoll indiziert werden kann – »Bᴀᴋᴇʀ« auf Seite 19. Die restlichen Einträge befinden sich auf Dokumentbereichen, die im Endergebnis unter Umständen nicht sichtbar sein werden. Rᴇᴅᴀᴋᴛɪᴏɴ ist der Name der Mustervorlage, auf der sich der Eintrag befindet. Bʀᴜʙᴇᴄᴋ (PN) befindet sich im Übersatz, Bʟᴀᴋᴇʏ (MF: 19) auf der Montagefläche neben Seite 19. Bʀᴏᴡɴ (HL) befindet sich auf einer ausgeblendeten Ebene.

B
Bonichi, Gino 678
C
Chirico. Siehe De Chirico, Giorgio
D
De Chirico, Giorgio 513
De Kooning, Willem 224
K
Kooning. Siehe De Kooning, Willem
S
Scipione. Siehe Bonichi, Gino

▲ **Abbildung 21.19**
Beispiel für Verweise in einem
Index

Abbildung 21.20 ▶
Einen solchen Verweis können Sie
jederzeit erstellen. Wenn der Textcursor nicht im Text steht (also z. B.
ein Objekt ausgewählt ist oder gar
keine Auswahl existiert), wird im
Bedienfeldmenü des Index-
Bedienfelds statt NEUER SEITEN-
VERWEIS auch NEUER QUERVERWEIS
angezeigt.

21.3.4 Verweise erstellen

Begriffe über die Sortierung zu verschieben, ist nicht unbedingt
immer die ideale Lösung. Deshalb können Sie auch Verweise definieren. In diesem Fall wäre der Name korrekt als »De Chirico«
indiziert, unter »Chirico« würde der Leser jedoch einen Querverweis auf den richtigen Namenseintrag finden.

Einen Verweis anlegen | Um einen Querverweis zu erstellen, kli-
cken Sie auf NEUEN INDEXEINTRAG ERSTELLEN 🔲, oder wählen Sie
NEUER SEITENVERWEIS aus dem Bedienfeldmenü des Index-
Bedienfelds.

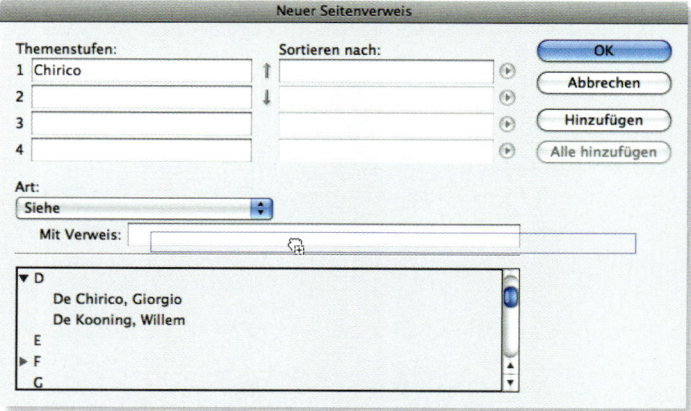

Tragen Sie den Querverweis in THEMENSTUFE 1 ein. Falls Sie einen
Text ausgewählt haben und deshalb hier schon ein Eintrag vorhan-
den ist, können Sie diesen einfach überschreiben. Stellen Sie im
Menü ART die Option SIEHE ein, und suchen Sie in der Liste am
unteren Fensterrand den Eintrag, auf den verwiesen werden soll.
Fassen Sie diesen Eintrag, und ziehen Sie ihn in das Feld MIT VER-
WEIS.

  Mit den weiteren Optionen im Menü ART können Sie für die
Formulierung des Verweises noch weitere Möglichkeiten auswählen. SIEHE, SIEHE AUCH, SIEHE HIER, SIEHE AUCH HIER sind fixe
Texte, die Sie aussuchen können. SIEHE [AUCH] führt das Wort
»auch« abhängig davon an, ob der Indexeintrag selbst eine Seitenzahl besitzt oder Untereinträge hat – dann lautet die Formulierung »Siehe auch«; andernfalls wird »auch« weggelassen.

  [BENUTZERDEFINIERTER QUERVERWEIS] ermöglicht Ihnen die
freie Auswahl des Textes – mit dieser Option erscheint ein
Eingabefeld BENUTZERDEFINIERT, in dem Sie Ihren Text festlegen
können.

21.3.5 Themenstufen

Ein Indexeintrag kann auch untergeordnete Einträge aufweisen. InDesign kann bis zu vier solcher Hierarchiestufen verwalten. Um einen Indexeintrag einem anderen Eintrag zu unterstellen, legen Sie zunächst einen Indexeintrag an und nehmen im Fenster Neuer Seitenverweis die Einstellungen vor wie in Abbildung 21.21:

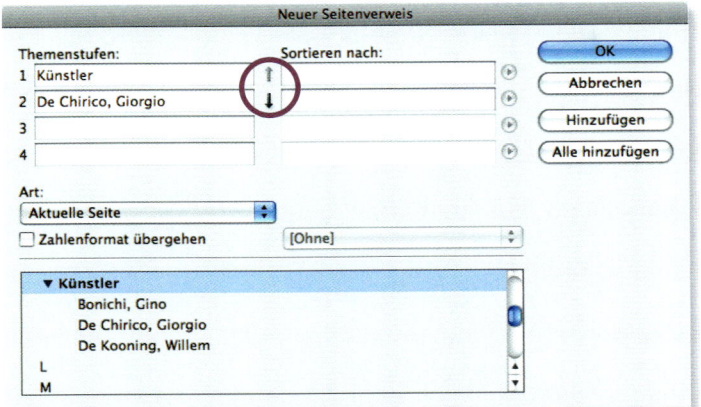

◀ **Abbildung 21.21**
Arbeiten mit Themenstufen. Vier Hierarchiestufen erscheinen vielleicht wenig – bedenken Sie aber, dass ein Index auch bei vier Stufen schon sehr unübersichtlich wird.

Verschieben Sie den Eintrag, der nun in Themenstufe 1 erscheint, mit dem Pfeil (in der Abbildung mit einem Kreis markiert) nach unten in die Themenstufe 2, und setzen Sie den Textcursor in das nun frei gewordene Feld Themenstufe 1. Suchen Sie in der Liste den Eintrag, dem Sie den neuen Begriff unterordnen wollen, und kopieren Sie ihn mit einem Doppelklick in das Feld Themenstufe 1.

So können Sie sehr komplex verschachtelte Indizes aufbauen. In der Folge ist es egal, ob ein Eintrag einem anderen untergeordnet ist, wenn Sie z. B. einen Verweis auf einen solchen Indexeintrag festlegen wollen. Wir können hier nicht auf alle Details eingehen, aber schon aus diesen Grundfunktionen können Sie schließen, dass für einen guten Index auch ein sehr gutes Konzept erstellt werden muss.

K

Künstler
 Bonichi, Gino 64
 De Chirico, Giorgio 87
 De Kooning, Willem 12

▲ **Abbildung 21.22**
Unter dem Eintrag »Künstler« befindet sich eine zweite Hierarchiestufe mit den Namen.

Seitenverweis oder Thema ändern | Einen Seitenverweis können Sie ändern, indem Sie im Index-Bedienfeld einen Doppelklick auf die Seitennummer des entsprechenden Eintrags machen oder den Eintrag markieren und aus dem Bedienfeldmenü Seitenverweisoptionen wählen. Für ein Thema machen Sie im Index-Bedienfeld einen Doppelklick auf den Text des Eintrags, oder markieren Sie ihn und wählen Sie Themenoptionen aus dem Bedienfeldmenü.

Da ein Thema lediglich den Text des Eintrags beschreibt – also ohne Angaben zum Ort –, können Sie in diesem Fall auch nur den Text und die Sortierung ändern.

21.3.6 Index generieren

Tatsächlich werden Sie noch Änderungen an Ihrem bisherigen Index vornehmen wollen. Um das erste Ergebnis einmal zu überprüfen, klicken Sie auf INDEX GENERIEREN 🔳, oder wählen Sie den gleichnamigen Menübefehl aus dem Bedienfeldmenü.

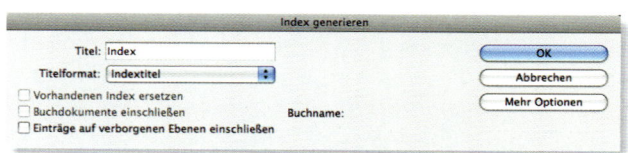

Hier lassen sich noch weitere Optionen einblenden. Für den ersten Versuch reicht jedoch diese Darstellung.

Tragen Sie unter TITEL die Überschrift für Ihren Index ein, oder lassen Sie das Feld leer und wählen unter TITELFORMAT ein Absatzformat aus, mit dem dieser Titel gestaltet werden soll.

Wurde bereits ein Index erstellt, ist die Option VORHANDENEN INDEX ERSETZEN standardmäßig eingeschaltet. Der vorhandene Index wird dann von der aktuellen Version überschrieben. Wie beim Erstellen von Inhaltsverzeichnissen auch, führt diese Option dazu, dass sämtliche manuellen Formatierungen, die Sie im Index vorgenommen haben, verlorengehen. Sie sollten Änderungen nach Möglichkeit also über Änderungen an den verwendeten Absatz- und Zeichenformaten umsetzen.

Handelt es sich bei dem Dokument, für das Sie den Index erstellen, um ein Dokument, das einem Buch zugeordnet ist, können Sie die Option BUCHDOKUMENTE EINSCHLIESSEN aktivieren, um die Indexerstellung auf das gesamte Buch auszudehnen. Der BUCHNAME wird zu Ihrer Information eingeblendet.

Die Option EINTRÄGE AUF VERBORGENEN EBENEN EINSCHLIESSEN ist mit Vorsicht zu genießen. Sollte die Ebene bei der Ausgabe des Dokuments auch ausgeblendet sein, enthält der Index Einträge, die in der Publikation möglicherweise nicht zu sehen sind.

Nach einem Klick auf OK erstellt InDesign den Index, den Sie dann als Text im Dokument platzieren können. Das Ergebnis ist bereits brauchbar formatiert, wird aber in den meisten Fällen noch an die Gestaltung des Dokuments angepasst werden müssen. Das ist relativ einfach, da InDesign für sämtliche Formatierungen, die es am Index vornimmt, automatisch Absatzformate anlegt, die Sie lediglich ändern müssen.

Die Einstellungen für die professionellere Methode, den Index schon während der Erstellung zu gestalten, erreichen Sie, wenn Sie im Fenster INDEX GENERIEREN mit einem Klick auf MEHR OPTIONEN alle Formatierungsoptionen einblenden lassen.

»Verschachtelt« und »In einem Absatz« | Die Formatierung funktioniert ganz ähnlich wie die Formatierung von Inhaltsverzeichnissen – wir beschränken uns deshalb auf einen groben Überblick. Die gesamten Formatierungseinstellungen können zwischen zwei Arten umgeschaltet werden, wobei sich an den Optionen allerdings nichts ändert.

Mit VERSCHACHTELT werden alle Seitenzahlen zusammen mit ihrem Indexeintrag in einen Absatz gestellt, der ab der zweiten Zeile einen Einzug besitzt. IN EINEM ABSATZ macht genau das Gleiche, zieht die Zeilen aber nicht ein.

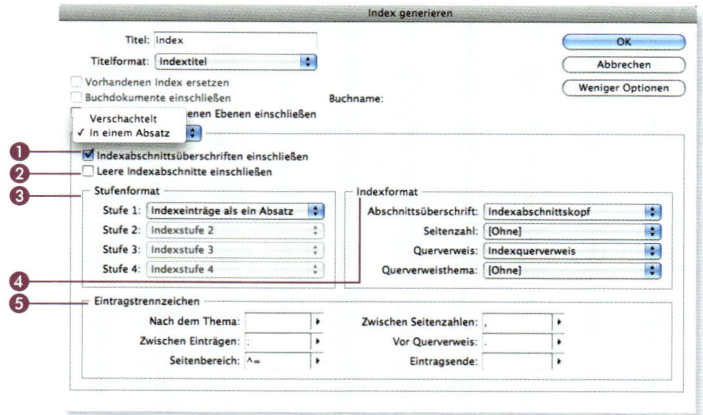

◄ **Abbildung 21.24**
INDEX GENERIEREN mit allen Optionen zum Formatieren des Index. Sämtliche Absatz- und Zeichenformate werden von InDesign automatisch angelegt und können dann nach Ihren Wünschen geändert werden.

▶ INDEXABSCHNITTSÜBERSCHRIFTEN EINSCHLIESSEN ❶ ist standardmäßig aktiviert und bewirkt, dass die alphabetischen Gruppen mit ihrem jeweiligen Indexbuchstaben (A, B, C…) übertitelt werden.

▶ LEERE INDEXABSCHNITTE EINSCHLIESSEN ❷ ist standardmäßig ausgeschaltet – dadurch werden Indexbuchstaben, zu denen es keine Einträge gibt, auch nicht aufgeführt.

▶ Die Einstellungen in STUFENFORMAT ❸ und INDEXFORMAT ❹ sind genauso zu verstehen wie bei den Inhaltsverzeichnissen. An den Standardeinstellungen sehen Sie, welche Absatzformate InDesign für Sie anlegt, wenn sie für den Index benötigt werden.

▶ Auch die EINTRAGSTRENNZEICHEN ❺ sind für Sie nichts Neues mehr, wenn Sie sich bereits mit Inhaltsverzeichnissen auseinandergesetzt haben. Da die Indexeinträge über mehrere Kom-

Formatnamen bei konvertierten Dokumenten

Bei Dokumenten, die Sie aus früheren Versionen von InDesign übernommen haben, müssen Sie damit rechnen, dass einige Namen der automatisch erstellten Formate wie in der englischsprachigen Version von InDesign benannt werden. Das ist nicht weiter schlimm, da Sie die Formate ohnehin anpassen werden und dabei natürlich den Namen ändern können.

ponenten verfügen können, müssen Sie hier auch mehrere Einstellungen vornehmen. Allerdings sind die Standardeinstellungen sehr gut gewählt.

21.3.7 Themen

Der Themen-Modus des Index-Bedienfelds kann Ihnen behilflich sein, die Struktur des Index schnell zu erfassen, da hier die Fundstellen der Indexeinträge nicht erscheinen.

Sein eigentliches Einsatzgebiet ist die Verwaltung des Index auf abstrakter Ebene. Das macht sich bemerkbar, wenn Sie Themen aus anderen Dokumenten importieren. Der Befehl THEMEN IMPORTIEREN heißt in beiden Modi des Index-Bedienfelds gleich. Wenn Sie ihn aufrufen, können Sie die Themenliste aus einem anderen InDesign-Dokument übernehmen. Mit den realen Verweisen könnten Sie in Ihrem Dokument natürlich nichts anfangen, aber die Themen dienen zum Austausch von Begriffen. Die Begriffe sind auf alle Fälle gleichlautend, und so bleibt Ihr Index konsistent.

Gerade bei Themenlisten, die Sie aus anderen Dokumenten übernommen haben, ist die Wahrscheinlichkeit recht hoch, dass Sie gar nicht alle Themen benötigen. Um nur die Verweise anzuzeigen, die auch verwendet werden, rufen Sie die Funktion NICHT VERWENDETE THEMEN AUSBLENDEN aus dem Bedienfeldmenü des Index-Bedienfelds auf. Wenn Sie Ihren Index fertig aufgebaut haben, können Sie ebenfalls aus dem Bedienfeldmenü des Index-Bedienfelds NICHT VERWENDETE THEMEN ENTFERNEN aufrufen und überflüssige Themen endgültig löschen.

21.3.8 Indexeinträge suchen

Um in Ihren Indexeinträgen zu suchen, rufen Sie SUCHFELD EINBLENDEN aus dem Bedienfeldmenü des Index-Bedienfelds auf. Tragen Sie im Textfeld SUCHEN Ihren Suchbegriff ein, und klicken Sie auf einen der beiden Pfeile ↓ ↑, um ausgehend von der momentanen Auswahl den nächsten oder vorherigen Begriff zu finden.

Sofern sich das Index-Bedienfeld im Verweis-Modus befindet, können Sie auf einen realen Eintrag klicken und über die Funktion GEHE ZU AUSGEWÄHLTER MARKE →◻ direkt zum dazugehörigen Begriff in Ihrem Dokument springen.

21.3.9 Großbuchstaben

InDesign unterscheidet bei der Verwaltung eines Index genau zwischen Groß- und Kleinschreibung. Bei Wörtern, die sowohl groß- als auch kleingeschrieben werden können, müssten Sie deshalb

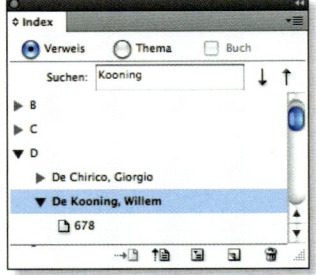

▲ **Abbildung 21.25**
Über das Suchfeld suchen Sie zunächst in der Verweisliste und können dann über GEHE ZU AUSGEWÄHLTER MARKE →◻ direkt zum Indexbegriff im Dokument springen.

beide Varianten in Ihren Index aufnehmen. Um dieses Problem zu umgehen, markieren Sie einen Verweis im Index-Bedienfeld, und wählen Sie GROSSSCHREIBEN aus dem Bedienfeldmenü.

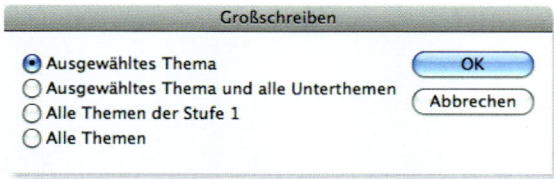

◄ **Abbildung 21.26**
Mit der Funktion GROSSSCHREIBEN können Sie unterschiedliche Schreibweisen von Wörtern als gleichwertig im Index aufnehmen.

Wählen Sie aus, ob beide Schreibweisen nur für das ausgewählte Thema, für das Thema und alle dazugehörigen Themenstufen, für alle Themen der Stufe 1 oder für alle Themen im Index gleich behandelt werden sollen.

21.3.10 Sortieroptionen

Im Normalfall wird ein Index der alphabetischen Ordnung des lateinischen Schriftsystems folgen. Bei fremdsprachigen/mehrsprachigen Texten, die auch unterschiedliche Schriftsysteme verwenden, müssen Sie festlegen, wie Indexeinträge in die alphabetische Ordnung aufgenommen werden sollen. Bei Schriftsystemen, die nicht alphabetisch organisiert sind (z. B. asiatische Schriftsysteme), ist das natürlich auch nur beschränkt möglich.

Rufen Sie SORTIEROPTIONEN aus dem Bedienfeldmenü des Index-Bedienfelds auf, und legen Sie hier fest, wie mit anderen Schriftsystemen verfahren werden soll.

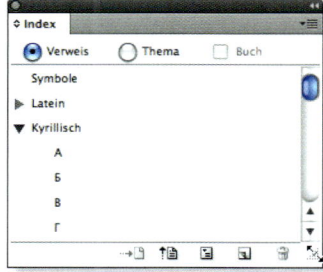

▲ **Abbildung 21.27**
Für jede Sprache, die Sie in den SORTIEROPTIONEN aktivieren, erscheint im Index-Bedienfeld ein eigener Abschnitt.

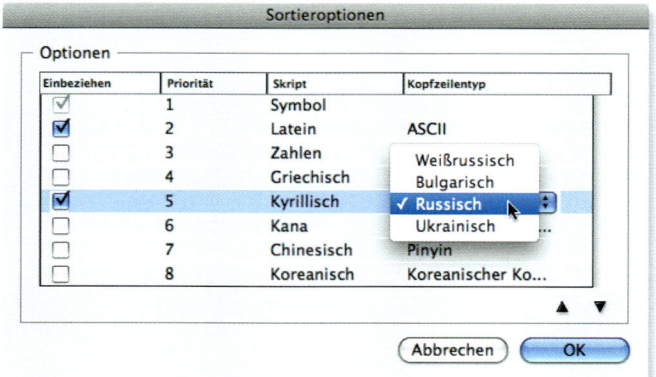

◄ **Abbildung 21.28**
Mit den SORTIEROPTIONEN können Sie festlegen, wie Begriffe in fremden Schriftsystemen in Ihren Index eingebunden werden sollen.

Bei den Einstellungen wie in Abbildung 21.28 würden kyrillische Begriffe in der russischen Sortierordnung in den Index aufgenommen. Schriftsysteme, die hier nicht angeboten werden oder abgeschaltet sind, erscheinen als Symbole im Index.

Mit den Pfeilen ▲▼ regeln Sie die Reihenfolge der Sortierung. Schriftsysteme, die in der Liste weiter oben stehen, werden vor die anderen Schriftsysteme gereiht. Begriffe des kyrillischen Schriftsystems würden mit diesen Einstellungen also nach den Begriffen des lateinischen Schriftsystems in den Index eingereiht.

22 Recycling – Objekte wiederverwenden

Bei immer wiederkehrenden Aufgaben benötigen Sie auch die diversen Layoutelemente immer wieder. Oft ist es Praxis, ganze Dokumente zu kopieren und zu überarbeiten oder die einzelnen Komponenten aus bestehenden Dokumenten herauszukopieren. Diese Strategie ist allerdings mit Problemen behaftet. Wenn Sie ein neues Rechnungsformular für einen Kunden erstellen und das alte Rechnungsdokument öffnen, um z. B. das Logo oder den Bankverbindungstext zu kopieren, kann es natürlich sein, dass sich diese Daten in der Zwischenzeit geändert haben.

Deshalb sollten Sie auch in solchen Fällen einen einzigen Datenbestand mit den aktuellen Layoutkomponenten Ihres Kunden verwalten. So halten Sie alle Bestandteile an einem einzigen Ort und stellen sicher, dass Sie immer aktuelle Versionen verwenden. InDesign bieten Ihnen dafür zwei Möglichkeiten: Bibliotheken und Snippets.

22.1 Bibliotheken

Die erste Methode zur Verwaltung von Objekten wird von In-Design über Bibliotheken abgewickelt. Eine Bibliothek ist ein InDesign-Dokument, das lediglich als Behälter für Layoutobjekte dient.

22.1.1 Das Bibliothek-Bedienfeld

Um eine neue Bibliothek anzulegen, wählen Sie den Menübefehl DATEI • NEU • BIBLIOTHEK. Sie werden nach einem Namen und einem Speicherort gefragt. Das Bibliothek-Dokument wird später in einem Bedienfeld angezeigt. Der Name des Bedienfelds ist mit dem Dateinamen identisch, den Sie hier festlegen.

Das ist das erste und letzte Mal, dass Sie ein Bibliothek-Dokument sichern müssen. Ab sofort erledigt InDesign das automatisch für Sie. Das Bibliothek-Dokument – Dateiendung ».indl« – kann wie jedes andere Dokument ganz normal zwischen Arbeitsplätzen

---

Copy & Paste, Drag & Drop

Wenn Sie Objekte zwischen Dokumenten per Copy & Paste oder Drag & Drop kopieren, können diesen Objekten Formate und Stile zugewiesen sein, die es im Zieldokument bereits gibt. Sind die Definitionen dieser Formate und Stile gleich, ändert sich in Ihrem Dokument nichts. Weichen die Definitionen aber ab, kommt es darauf an, welche Art von Definition mit dem Objekt kopiert wurde.

Absatz- und Zeichenformate, Tabellen- und Zellenformate, Objektstile und Querverweisformate werden dann nicht kopiert, bzw. wird die Definition des Zieldokuments erhalten bleiben und angewendet.

Farbfelder und Konturenstile werden in diesem Fall neu angelegt, und ihr Name wird mit einer laufenden Nummer versehen, um die beiden Definitionen unverändert zu erhalten.

Bibliothek.indl

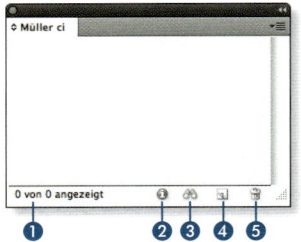

▲ **Abbildung 22.1**
Ein noch leeres Bibliothek-Bedienfeld

ausgetauscht werden. Sollte es auf einem Server liegen, kann es aber immer nur von einem einzigen Benutzer geöffnet werden.

Wenn Sie ein Bibliothek-Dokument öffnen, wird es in einem Bedienfeld 🅜 angezeigt. Öffnen Sie mehrere Bibliotheken gleichzeitig, werden alle Bibliothek-Bedienfelder in einer gemeinsamen Registerkarte untergebracht. Die einzelnen Bedienfelder verfügen natürlich auch über die üblichen Bedienfeldoptionen im Bedienfeldmenü zum Schliessen des Bedienfelds (und somit der Bibliothek) und zur Auswahl einer Listenansicht, einer Miniaturansicht und – neu ab InDesign CS3 – einer grossen Miniaturansicht (danke, Adobe, für diese Wortkreation ...).

Die Objekte in der Bibliothek können in Untergruppen zusammengefasst werden, deshalb wird angezeigt, wie viele Objekte die Bibliothek enthält und wie viele derzeit sichtbar sind ❶. Neben den üblichen Funktionen zum Anlegen ❹ und Löschen ❺ gibt es eine Funktion, um Bibliotheksobjektinformationen ❷ anzuzeigen, und die Suchfunktion Bibliotheksuntergruppe einblenden ❸.

22.1.2 Bibliotheken aufbauen

Um ein Objekt in der Bibliothek abzulegen, haben Sie grundsätzlich zwei Möglichkeiten: Entweder ziehen Sie ein Objekt oder eine Objektgruppe Ihres Dokuments in das Bedienfeld, oder Sie wählen ein Objekt Ihres Dokuments aus und klicken auf Neues Bibliotheksobjekt 🔲 des Bibliothek-Bedienfelds oder wählen Objekt hinzufügen aus dem Bedienfeldmenü.

Objekte in Bibliothek ablegen | Die einfachere Methode ist natürlich das Hineinziehen von Objekten, allerdings können Sie dadurch nicht alle Objekte in der Bibliothek ablegen, die sie auch aufnehmen kann. Bibliotheken können nämlich nicht nur sämtliche Elemente eines Layouts, sondern auch Strukturhilfen wie Hilfslinien speichern. Hilfslinien können Sie nur in der Bibliothek aufnehmen, indem Sie sie auswählen und über Neues Bibliothekselement oder Objekt hinzufügen in die Bibliothek befördern.

Zusätzlich können Sie alle Objekte einer Seite in der Bibliothek ablegen, indem Sie aus dem Bedienfeldmenü des Bibliothek-Bedienfelds Elemente auf Seite XX hinzufügen wählen. Wenn Sie dagegen den Befehl Elemente auf Seite XX als separate Objekte hinzufügen aufrufen, landen die einzelnen Elemente der Seite als eigenständige Objekte in der Bibliothek.

Sobald ein Objekt in die Bibliothek aufgenommen wurde, bekommt es den Standardnamen »Unbenannt«. Objekte wie z. B.

platzierte Bilder, die ja einen Dateinamen haben, werden mit ihrem Dateinamen bezeichnet. Um den Namen zu ändern, doppelklicken Sie auf das Objekt und klicken auf BIBLIOTHEKSOBJEKT-INFORMATIONEN ❶ oder wählen OBJEKTINFORMATIONEN aus dem Bedienfeldmenü.

Im Fenster OBJEKTINFORMATIONEN können Sie nun einen entsprechenden Namen unter OBJEKTNAME eintragen. Die OBJEKTART beschreibt den Typ des Objekts näher. Die meisten Objektarten sind selbsterklärend; Hilfslinien werden als SEITE und eine Vektorgrafik wird als GEOMETRIE bezeichnet. Eine Änderung dieser Einstellung wirkt sich bei der Suche nach Objekten aus, am Datenbestand ändert sich damit nichts. Es ändert sich lediglich das Symbol im Bedienfeld und ermöglicht eine andere Sortierung.

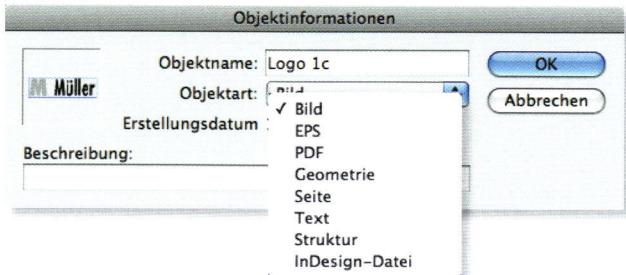

◀ **Abbildung** 22.2
OBJEKTINFORMATIONEN für Bibliotheksobjekte: Da seit In-Design CS3 ganze InDesign-Dokumente in einem Dokument platziert werden können, gibt es dafür die neue OBJEKTART INDESIGN-DATEI.

Aus dem ERSTELLUNGSDATUM lässt sich ablesen, ob das Objekt tatsächlich aktuell ist, und unter BESCHREIBUNG können Sie einen Kommentar zum Objekt ablegen.

Bibliothekselemente verwenden | Um ein Bibliotheksobjekt auf der Seite zu platzieren, nehmen Sie den umgekehrten Weg als beim Aufnehmen von Objekten in die Bibliothek. Ziehen Sie ein Bibliothekselement einfach aus dem Bedienfeld auf eine Seite Ihres Dokuments, oder markieren Sie ein Objekt der Bibliothek und wählen OBJEKT(E) PLATZIEREN aus dem Bedienfeldmenü. Aus der Schreibweise geht bereits hervor, dass Sie in einem Arbeitsgang mehrere Objekte platzieren können – es werden alle ausgewählten Objekte verwendet.

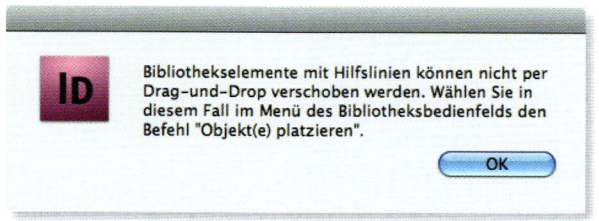

Koordinaten

Wenn Sie ein Objekt mit der Maus aus dem Bedienfeld ziehen, wird es an der Position abgesetzt, an der Sie die Maustaste loslassen. Wenn Sie OBJEKT(E) PLATZIEREN verwenden, werden sie an ihrer ursprünglichen Position abgesetzt.

◀ **Abbildung** 22.3
Objekte mit Hilfslinien können nicht aus dem Bedienfeld gezogen werden.

Bei Hilfslinien müssen Sie wiederum den Menübefehl wählen, weil diese Objektart nicht direkt aus dem Bedienfeld gezogen werden kann.

22.1.3 Bibliotheksobjekte verwalten

Neben den Funktionen, um Bibliothekselemente zu löschen oder umzubenennen, wartet das Bibliothek-Bedienfeld mit der Möglichkeit auf, in Bibliotheken zu suchen. Adobe hat sich dafür allerdings eine ungewöhnliche Bezeichnung ausgedacht.

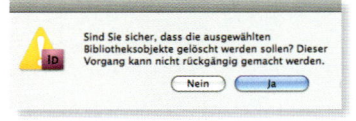

▲ Abbildung 22.4
InDesign warnt sehr ausdrücklich, wenn Sie Objekte aus einer Bibliothek löschen.

Bibliothekselemente löschen und aktualisieren | Um ein Bibliotheksobjekt zu löschen, wählen Sie es im Bedienfeld aus und klicken auf BIBLIOTHEKSOBJEKT LÖSCHEN 🗑 oder wählen den Befehl OBJEKT(E) LÖSCHEN aus dem Bedienfeldmenü. Dabei werden Sie darauf hingewiesen, dass Sie das Löschen eines Bibliotheksobjekts nicht rückgängig machen können. Diesen Hinweis können Sie allerdings übergehen, wenn Sie beim Löschen [Alt] bzw. [⌥] gedrückt halten.

Natürlich können Bibliotheksobjekte aktualisiert werden (seit InDesign CS2). Wählen Sie dazu zunächst das veränderte Objekt in Ihrem Layout aus und dann das entsprechende Objekt im Bibliothek-Bedienfeld. Wählen Sie nun BIBLIOTHEKSOBJEKT AKTUALISIEREN aus dem Bedienfeldmenü des Bibliothek-Bedienfelds. Beachten Sie dabei aber, dass InDesign keine Beziehung zwischen den beiden Objekten erkennt. Es wird immer das im Bedienfeld ausgewählte Objekt ausgetauscht, egal ob es sich tatsächlich um eine ältere Version des neuen Elements handelt oder nicht. Das kann sich fatal auswirken, weil Sie auf diese Tatsache nicht hingewiesen werden und die Aktualisierung auch nicht rückgängig gemacht werden kann.

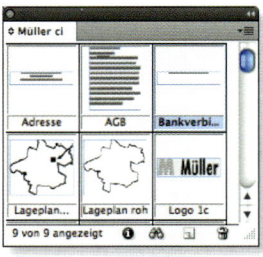

▲ Abbildung 22.5
MINIATURANSICHT und LISTENANSICHT eines Bibliothek-Bedienfelds. Wählen Sie die gewünschte Darstellung aus dem Bedienfeldmenü.

Bibliotheksobjekte tragen alle Eigenschaften des Objekts, aus dem sie abgeleitet wurden. Wenn ein Text über Zeichen- und Absatzformate, Objektstile und Farbfelder formatiert wurde und diese Formate im Dokument, in dem der Text platziert wurde, existieren, so werden die vorhandenen Formate verwendet. Existieren die Formate nicht, werden sie beim Platzieren eines Bibliotheksobjekts automatisch angelegt.

Ebeneninformationen werden nur dann in Ihr Dokument übernommen, wenn Sie im Bedienfeldmenü des Ebenen-Bedienfelds EBENEN BEIM EINFÜGEN ERHALTEN aktiviert haben.

Objekte zwischen Bibliotheken austauschen | Sie können Bibliotheksobjekte zwischen zwei Bibliotheken austauschen, indem Sie ein oder mehrere Objekte von einem Bedienfeld auf das andere ziehen. Das Originalobjekt wird dabei kopiert, es existiert nun also in beiden Bibliotheken. Wenn Sie die [Alt]- bzw. [⌥]-Taste gedrückt halten, wird das Objekt verschoben, also aus der ursprünglichen Bibliothek gelöscht.

Prinzipiell kann eine Bibliothek beliebig groß werden, eine Einschränkung stellt lediglich der verfügbare Speicherplatz dar. Bei sehr großen Bibliotheken kann aber der Überblick nur schwer behalten werden.

In Bibliotheken suchen – Untergruppen | Um den Überblick zu wahren, können Sie Untergruppen bilden – was damit gemeint ist, wird besser über das Symbol 🔍 beschrieben. Es handelt sich hier um eine Suchfunktion. Klicken Sie auf das Symbol Bibliotheksuntergruppe einblenden, oder wählen Sie Untergruppe anzeigen aus dem Bedienfeldmenü.

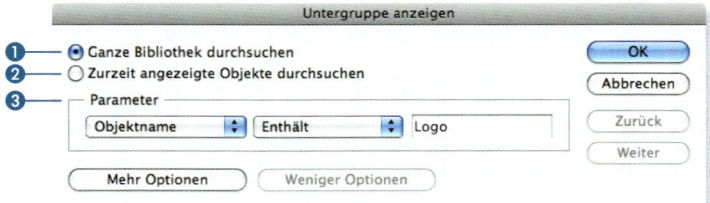

◀ **Abbildung 22.6**
Die Suchfunktion Bibliotheksuntergruppe anzeigen des Bibliothek-Bedienfelds

Legen Sie zunächst fest, welchen Bereich der Bibliothek Sie durchsuchen möchten. Ganze Bibliothek durchsuchen ❶ bezieht sich auf alle Objekte. Wenn Sie allerdings bereits eine Suche durchgeführt haben, die Sie nun weiter einschränken möchten, wählen Sie Zurzeit angezeigte Objekte durchsuchen ❷.

Unter Parameter ❸ können Sie die Kriterien für die Suche bestimmen. Sie können nach Objektname, Erstellungsdatum, Objektart und Beschreibung suchen. Nach welchen Einträgen innerhalb dieser Kategorien gesucht werden soll, legen Sie in den nächsten beiden Spalten fest. Abhängig vom Kriterium unterscheiden sich die weiteren Einstellungsmöglichkeiten. Für Objektname und Beschreibung können Sie in der dritten Spalte einen Text eintragen und in der zweiten Spalte festlegen, ob dieser Text im Namen oder in der Beschreibung enthalten oder nicht enthalten sein soll.

Beim Erstellungsdatum können Sie festlegen, ob es im Vergleich zum vorgegebenen Datum Grösser als, Kleiner als, Gleich oder Ungleich sein soll. Unter Objektart bestimmen Sie, ob das Objekt im Vergleich zu einem vorgegebenen Typ Gleich oder Ungleich sein soll. Sobald Sie Ihre Einstellungen getroffen haben, klicken Sie auf OK. Damit wird die Suche gestartet, und

Objekte zwischen Bibliotheken kopieren

Sollten mehrere Bibliothek-Bedienfelder in einem gemeinsamen Bedienfeldstapel untergebracht sein, müssen Sie zumindest eines der beteiligten Bedienfelder in ein schwebendes Bedienfeld verwandeln, indem Sie es an seinem Kartenreiter auf die Arbeitsfläche ziehen.

▲ **Abbildung 22.7**
Das Ergebnis der Suche – zwei der zehn Objekte haben den Suchkriterien entsprochen und werden als Untergruppe angezeigt.

das Ergebnis wird angezeigt. Sollten keine Objekte, die Ihren Kriterien entsprechen, in der Bibliothek gefunden werden, bleibt das Bibliothek-Bedienfeld leer.

Alle Objekte anzeigen | Sie können nun alle Objekte wieder anzeigen lassen, indem Sie Alle einblenden aus dem Bedienfeldmenü aufrufen, oder Sie können die Suche wiederholen. Werden zu viele Objekte gefunden, haben Sie wiederum zwei Möglichkeiten:

▶ Rufen Sie das Fenster Untergruppe anzeigen noch einmal auf, stellen Sie die Option Zurzeit angezeigte Objekte durchsuchen ein, und legen Sie ein Suchkriterium fest, das die Suche weiter einschränkt.

▶ Die zweite Methode ist, dass Sie im Rahmen einer neuen Suche von vornherein die Suchkriterien weiter verfeinern. Dazu klicken Sie im Fenster Untergruppe anzeigen auf Mehr Optionen.

Abbildung 22.8 ▶
Die Suchfunktion Bibliotheksuntergruppe einblenden mit mehreren Suchkriterien. Ein Klick auf Zurück stellt die letzte Abfrage wieder her.

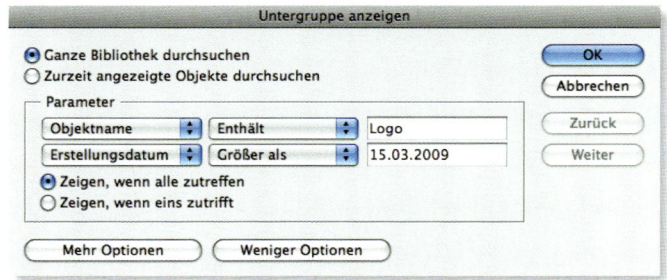

Mit jedem Klick auf Mehr Optionen wird der Parameterliste eine weitere Zeile hinzugefügt, in der Sie ein zusätzliches Kriterium festlegen können. Die beiden zusätzlichen Optionen regeln, wie diese einzelnen Kriterien miteinander verknüpft werden sollen.

▶ Zeigen, wenn alle zutreffen bedeutet, dass alle angegebenen Kriterien für ein Objekt zutreffen müssen, damit es als Treffer in Frage kommt.

▶ Zeigen, wenn eins zutrifft findet ein Objekt, wenn zumindest ein Suchkriterium erfüllt ist, also auch, wenn mehrere Kriterien zutreffen.

Verknüpfte Objekte

Sowohl Bibliotheksobjekte als auch Snippets können natürlich Verknüpfungen zu Bildern, Texten oder Tabellen enthalten. Wenn Sie in einer Arbeitsgruppe solche Objekte austauschen und alle beteiligten Komponenten auf einem gemeinsamen Server liegen, ist das kein Problem. Ansonsten müssen Sie nach dem Einfügen solcher Objekte die Verknüpfungen aktualisieren.

Eingebettete Bilder werden natürlich mit dem Bibliotheksobjekt gespeichert.

Objekte sortieren | Die aktuell angezeigten Objekte einer Bibliothek können zusätzlich sortiert werden. Wählen Sie aus dem Bedienfeldmenü Objekte sortieren und eine der Sortierreihenfolgen nach Name, nach Datum (ältestes), nach Datum (neuestes) oder nach Typ aus.

22.2 Snippets

Snippets (wörtlich »Schnipsel«) sind InDesign-Objekte oder -Objektgruppen, die als eigenständige Dateien gespeichert werden können. Sämtliche Objekte, die Sie in Bibliotheken ablegen können, können Sie auch als InDesign-Snippets speichern. Snippets können in Adobe Bridge umfassend verwaltet werden. Sie haben ebenfalls eine Vorschau, können Schlüsselwörter hinzufügen und haben sämtliche Such- und Sortiermöglichkeiten. Wir empfehlen Ihnen, die Arbeitsweise mit Snippets zu organisieren, da damit eine zentrale Verwaltung der einzelnen Elemente auf einem Server ermöglicht wird und somit der Austausch von Bibliotheken nicht notwendig ist.

22.2.1 Snippets erstellen

Sie können Snippets auf zwei Arten erstellen, wobei – wie bei Bibliotheksobjekten – bestimmte Layoutobjekte nur mit einer der beiden Methoden gespeichert werden können.

Drag & Drop | Um ein Snippet per Drag & Drop zu erstellen, ziehen Sie ein InDesign-Objekt, also z. B. einen Textrahmen, auf den Schreibtisch oder in Adobe Bridge CS4 – das Snippet taucht dort als Datei auf, deren Name mit »Snippet« beginnt und ansonsten aus einer zufälligen Zeichenfolge besteht. Die Endung lautet seit CS4 ».idms« (bis InDesign CS3 ».inds«).

Exportieren | Sie können auch zumindest ein Objekt auswählen und dann DATEI • EXPORTIEREN aufrufen. Wählen Sie unter DATEITYP (Windows) bzw. FORMAT (Mac OS X) die Option INDESIGN-SNIPPET. Hier können Sie den Namen des Snippets natürlich frei wählen.

Die dabei entstehende Datei ist grundsätzlich identisch mit einer, die per Drag & Drop entstanden ist. Sie müssen jedoch auf die Export-Funktion zurückgreifen, wenn Sie entweder Hilfslinien in Ihrem Objekt oder ein im Text verankertes Objekt als Snippet speichern wollen. Im Text verankerte Objekte können nicht aus dem Dokument gezogen werden, weil InDesign die Bewegung als Positionsänderung im Text interpretiert.

22.2.2 Snippets einfügen

Sie können eine Snippet-Datei in eine beliebige InDesign-Datei ziehen oder über DATEI • PLATZIEREN in ein Dokument einsetzen. Dabei wird das Ursprungsobjekt wiederhergestellt, und alle Formate werden angelegt bzw. zugewiesen wie beim Kopieren über

Snippet_2FFCEEF45.idms

die Zwischenablage auch. Ebeneninformationen werden auch bei Snippets nur dann in Ihr Dokument übernommen, wenn Sie im Bedienfeldmenü des Ebenen-Bedienfelds EBENEN BEIM EINFÜGEN ERHALTEN aktiviert haben.

Beim Platzieren eines Snippets haben Sie mehr Kontrolle über die Position, an der der Inhalt des Snippets in Ihrem Dokument platziert werden soll, da Sie einen Platzier-Cursor erhalten, wie z. B. bei Bildern oder Text. Da in einem Snippet aber auch die Originalposition eines Objekts gespeichert wird, hängt die Position von den InDesign-Voreinstellungen für Snippets ab, in denen Sie bestimmen, wo ein Snippet standardmäßig platziert werden soll.

22.2.3 Voreinstellungen für Snippets

Wenn Sie in den InDesign-Voreinstellungen im Bereich DATEI-HANDHABUNG unter SNIPPET-IMPORT die Option AN ORIGINALPO-SITION EINFÜGEN auswählen, werden Snippets an der Position der Seite platziert, an der sich das Originalobjekt zum Zeitpunkt des Exports befand. Bei abweichenden Seitengrößen funktioniert das natürlich nur beschränkt. Innerhalb einer Dokumentserie – z. B. Drucksachen für ein Unternehmen, in denen sich Logo, Kontoinformationen usw. immer an derselben Stelle befinden und alle Seiten gleich groß sind – ist das unheimlich praktisch. Um diesen Mechanismus temporär außer Kraft zu setzen, halten Sie (Alt) bzw. (⌥) gedrückt, wenn Sie ein Snippet platzieren oder in Ihr Dokument ziehen – beachten Sie, dass Sie die (Alt)- bzw. (⌥)-Taste erst loslassen dürfen, wenn das Snippet bereits an der Zielposition steht. Das Snippet wird dann an der Position des Mauszeigers abgesetzt.

Wenn Sie jedoch AN CURSORPOSITION EINFÜGEN wählen, wird das Snippet standardmäßig an der Cursorposition platziert. Wenn Sie nun wiederum (Alt) bzw. (⌥) beim Platzieren drücken, wird die Voreinstellung ebenfalls temporär in das gegenteilige Verhalten geschaltet und das Snippet an seiner Originalposition eingefügt.

Kompatibilität

Sie können in InDesign CS4 Snippets aus früheren InDesign-Versionen einfügen, die neuen Snippets mit der Dateiendung ».idms« können jedoch nicht in älteren InDesign-Versionen verwendet werden.

Keine Snippets aus Texten

Wenn Sie unter Mac OS X die Voreinstellungen zum Bewegen von Text per Drag & Drop aktiviert haben, können Sie auch reinen Text auf den Schreibtisch ziehen. Dabei übernimmt aber das Betriebssystem das Kommando, und es wird kein Snippet erstellt, sondern eine Datei mit der Endung ».textClipping«. Wenn Sie eine solche Datei wieder in ein InDesign-Dokument ziehen, verhält sie sich aber wie ein Snippet. Platzieren können Sie solch eine Datei allerdings nicht.

TEIL V
Grundlagen der Produktion

23 Farbmanagement

Farbmanagement ist das wohl heißeste Eisen, das im grafischen Gewerbe angefasst werden kann. Jeder versteht darunter etwas Spezielles und Unterschiedliches. Ganze Bücher wurden zu diesem Thema geschrieben, eine Reihe von Seminaren wurde abgehalten und Spezialwissen in den einzelnen Abteilungen angehäuft, doch nach wie vor ist jedem bei der Anwendung von Farbmanagement unwohl zumute. Doch klammheimlich hat das Farbmanagement bereits Einzug in unsere tägliche Arbeit gehalten. Viele wollen es nicht wahrhaben, doch wer mit aktuellen Programmversionen arbeitet, ist mittendrin.

Ist eine Auseinandersetzung mit dem Thema in diesem Buch überhaupt angebracht? Die Frage ist mit einem klaren Ja zu beantworten. Es müssen ja keine technischen Hintergründe vermittelt werden, es ist lediglich die Aufgabe, dem Anwender die Vorteile des aktivierten Farbmanagements näherzubringen und zu erklären, wie er für die Druckvorstufe eine sinnvolle Grundeinstellung vornimmt und was er bei der Ausgabe zu beachten hat.

23.1 Eine kleine Einführung

Der Sinn und Zweck digitalen Colormanagements liegt vornehmlich in der farblich richtigen Wiedergabe von Farben auf den Ausgabegeräten wie Monitor oder Drucker. Farbmanagement stellt dabei so weit wie möglich sicher, dass die Farbwahrnehmung bestimmter Farbwerte auf verschiedenen Ein- und Ausgabegeräten für das menschliche Auge »gleichgeschaltet« wird. Dabei müssen RGB- bzw. CMYK-Werte verändert werden, um ein visuelles Gleichbild zu erlangen.

Farbmanagement wird bereits im Alltag in fast allen Bereichen zum Vorteil des Anwenders eingesetzt. Wir möchten aber an dieser Stelle darauf hinweisen, dass es im Umfeld von Farbe kein absolutes Ideal gibt. Es geht dabei vielmehr um den Zustand, dass jeder »gleich« bei Farbanpassungen und Farbkonvertierungen vorgeht und somit innerhalb einer definierten Bandbreite Farben erzeugt bzw. Farben für die Ausgabe optimiert.

Damit Farbmanagement verstehbar gemacht werden kann, müssen zuvor vier Grundbegriffe – Color Gamut, ICC-Profil, Color Engine und Rendering-Intent – klargestellt werden.

23.1.1 Color Gamut

Der Begriff Color Gamut beschreibt die Anzahl der darstellbaren bzw. aufnehmbaren Farben eines Ein- oder Ausgabegerätes. Während das menschliche Auge einen doch sehr großen Farbumfang erkennen kann – der **absolute Farbraum** dargestellt im chromatischen Diagramm: linkes Bild in Abbildung 23.1 –, können bedingt durch die verwendete Technik (Tinte, Wachs, Druckfarbe, Papier) bzw. den verwendeten Farbraum (additive und subtraktive Farbmischung) die Ein- und Ausgabegeräte nur eine beschränkte Anzahl von Farben abbilden.

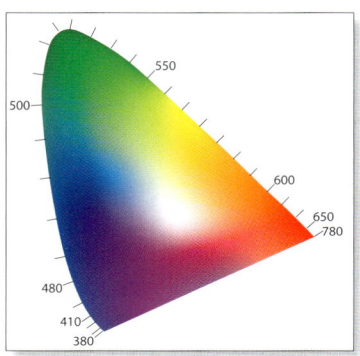 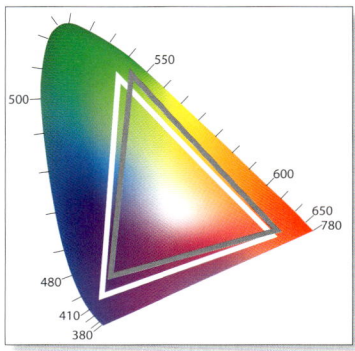 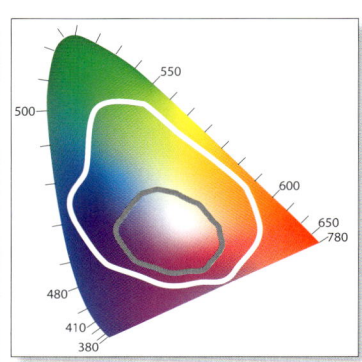

▲ Abbildung 23.1
Bild links: das chromatische Diagramm nach DIN 5033. Der sichtbare Bereich für das menschliche Auge liegt zwischen 380 und 780 nm.
Bild Mitte: Zwei Monitore bedeuten auch zwei unterschiedliche Gamuts.
Bild rechts: Zwei Drucker bzw. Drucker- und Medienkombination bedeuten auch zwei unterschiedliche Color Gamuts.

Wie aus der Abbildung gut erkennbar ist, können am Monitor bzw. im Druck bestimmte Farben nicht mehr reproduziert werden. Wir unterscheiden somit:

▶ **Nicht darstellbare und nicht druckbare Farben:** Das sind Farben, die weder am Monitor noch im Druck wiedergegeben werden können.

▶ **Darstellbare, jedoch nicht druckbare Farben:** Das sind jene Farben, die am Monitor, jedoch nicht im Druck wiedergegeben werden können.

▶ **Druckbare, jedoch nicht darstellbare Farben:** Ja, auch das gibt es! Speziell wenn billige Monitore, die nicht einmal den Color Gamut des Drucks abbilden können, verwendet werden.

▶ **Druckbare und darstellbare Farben:** Das sind jene Farbwerte, die sowohl im Druck als auch am Monitor wiedergegeben werden können.

Farbmanagement versucht, Sie aus diesem Schlamassel, die Unterschiede im Farbumfang auszugleichen, etwas herauszuhalten.

23.1.2 ICC-Profile

ICC-Profile beschreiben den farbreproduktionsspezifischen Charakter des Farbraums eines Geräts in der Terminologie des absoluten Farbraums. Anders gesagt: Ein Profil ist eine Tabelle, in der die Farbwerte – RGB oder CMYK – aller verfügbaren Farben des Geräts und die entsprechenden Farbwerte in Lab – die Farbnummernbeschreibung des absoluten Farbraums – aufgelistet werden.

▼ **Abbildung 23.2**
Die linke Tabelle zeigt am Beispiel des »ECI-RGB.icc«-RGB-Profils, welche Lab-Werte den entsprechenden RGB-Werten zugewiesen sind. Die rechte Tabelle zeigt dies am Beispiel des »ISO Coated.icc«-Druckprofils.

R	G	B		L	a	b
255	255	255	▶	100	0	0
255	255	254	▶	100	0	0
255	255	253	▶	100	0	1
...	...	...		...	...	...
120	230	65	▶	81	−71	62
120	230	66	▶	81	−70	62
120	230	67	▶	81	−70	61
120	230	68	▶	81	−70	61
120	230	69	▶	81	−70	60
...	...	...		...	...	...
5	0	0	▶	1	1	0
4	0	0	▶	0	1	0
3	0	0	▶	0	1	0
2	0	0	▶	0	0	0
1	0	0	▶	0	0	0

L	a	b		C	M	Y	K
100	0	0	▶	0	0	0	0
100	0	1	▶	0	0	1	0
100	1	1	▶	0	1	1	0
...	...	...		...	...	...	...
81	−71	62	▶	71	0	95	0
81	−70	62	▶	71	0	95	0
81	−70	61	▶	71	0	94	0
81	−70	60	▶	71	0	93	0
81	−69	60	▶	70	0	93	0
...	...	...		...	...	...	...
1	1	2	▶	88	86	64	95
1	1	1	▶	90	85	60	95
1	1	0	▶	93	85	57	94
0	1	0	▶	96	84	54	97
0	0	0	▶	96	82	55	97

Damit eine Farbkonvertierung stattfinden kann, wird immer ein Quell- und ein Zielprofil vorausgesetzt. Fehlt eines der beiden Profile, so muss, um eine Farbverrechnung durchführen zu können, auf ein Default-Profil zurückgegriffen werden.

Eine Konvertierung von RGB nach CMYK läuft somit in folgenden drei Schritten ab:

1. Ein Pixel in einem Bild besitzt den Farbwert RGB=120|230|65.
2. Es wird dieser Farbwert im Quellprofil gesucht und der danebenstehende Lab-Wert=81|−71|62 ausgelesen.
3. Der ausgelesene Lab-Wert wird dann im Zielprofil gesucht und in den danebenstehenden CMYK-Wert=71|0|95|0 konvertiert.

Eine Farbkonvertierung wird somit immer über den absoluten Farbraum (Lab) geführt, was im Falle einer RGB-zu-CMYK-Konvertierung unproblematisch ist. Wird jedoch eine CMYK-zu-CMYK-Konvertierung durchgeführt, so bedeutet das, dass eine zuvor optimierte Separation wiederum in einen 3-Kanal-Farbraum

Nicht die gesamte Anzahl der Farben ist beschrieben

Da mit RGB 16,7 Millionen Farben definiert werden können, müsste ein RGB-Profil 16,7 Millionen Farbeinträge in der Tabelle besitzen. Die Realität: Es wird nur eine bestimmte Anzahl von Farben (Stützpunkte) in ein Profil aufgenommen.

Zwischenwerte werden anhand von Algorithmen, die u. a. durch die Rendering-Intents vorgegeben sind, durch den Farbrechner errechnet.

überführt und erneut – möglicherweise mit einem anderen Schwarzaufbau oder mit Untertönen in ehemalig reinen Primärfarben – separiert wird. Und genau darin liegen die Grenzen des klassischen Farbmanagements.

23.1.3 Color Engine

Die Color Engine – der Farbrechner – ist für die Verrechnung der Farben vom Quell- in den Zielfarbraum zuständig. Dabei ist das kleine Stück Software einerseits für die Suche von Farbwerten in ICC-Profilen und andererseits für die Berechnung fehlender Farbwerte in den ICC-Profilen zuständig.

23.1.4 Rendering-Intent

Bei einer Reproduktion für den Druckprozess muss häufig der größere RGB-Farbraum eines Eingabesystems auf den kleineren CMYK-Farbraum des Drucksystems projiziert werden.

Eine Farbraumprojektion muss dabei so erfolgen, dass eine für das Auge empfindungsgemäß ideale Farbanpassung herauskommt. In der Reproduktion für den Druck handelt es sich bei diesem Vorgang meist um eine Farbraumkompression (Gamut Mapping). Dabei werden u. a. die Behandlung des Bildweißpunkts, des Bilddynamikumfangs sowie die Behandlung der eigentlich nicht mehr darstellbaren Farben festgelegt. Da es in der Reproduktionstechnik unterschiedliche Abbildungsabsichten gibt, sind in der ICC-Spezifikation vier verschiedene Rendering-Intents (RI) definiert. Diese sind:

Fotografisch | Die wahrnehmungsorientierte Farbumfanganpassung (engl. perceptual) bewirkt die empfindungsgemäß bestmögliche Anpassung des Quellfarbraums (Vorlagenfarbraum) an den Zielfarbraum (Ausgabefarbraum). Die Farben eines Bildes werden so auf den Zielfarbraum abgebildet, dass alle Farben etwas verändert werden, um Platz für die außerhalb des darstellbaren Farbraums liegenden Farben zu schaffen. Insgesamt wird also der Farbraum so komprimiert, dass möglichst alle vor der Transformation unterscheidbaren Farben auch nachher noch unterscheidbar bleiben. Dabei erfolgt diese Farbumfanganpassung stets unter Beibehaltung der Graubalance.

Dieser Rendering-Intent wird vor allem bei der Separation von Bildern zur harmonischen Wiedergabe von Vorlagenfarben eingesetzt.

Absolut farbmetrisch | Die absolut farbmetrische Farbumfanganpassung (engl. absolute colorimetric) bewirkt, dass alle inner-

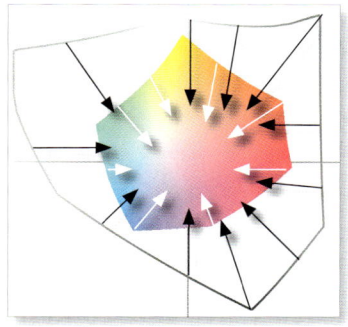

▲ **Abbildung 23.3**
Beim fotografischen Rendering-Intent wird der Quellfarbraum so weit gestaucht, bis er in seinen ursprünglichen Proportionen in den Zielfarbraum passt. Dadurch bleiben die Abstände der einzelnen Farben zueinander erhalten, eine Verkleinerung der Abstände erfolgt jedoch. Der Weißpunkt wird dem Zielfarbraum angepasst.

halb des Zielfarbraums liegenden Farben inklusive des Weißpunkts identisch abgebildet werden, alle außerhalb des Zielfarbraums liegenden Farben auf den Rand des Farbraums verschoben werden, sie werden quasi abgeschnitten. Eine »Ansammlung« von Farbwerten in den gesättigten Farbbereichen und der Verlust von Details, die durch Farbunterschiede außerhalb des Farbraums zuerst noch sichtbar waren, sind Folge dieser Vorgehensweise.

Diese Farbumfanganpassung wird empfohlen, wenn die Farbräume von Quell- und Zielfarbraum fast identisch (sehr groß) sind oder der Zielfarbraum größer ist als der Quellfarbraum. Auch im Hinblick auf die Erstellung eines Proofs ist die Verwendung des absolut farbmetrischen Rendering-Intents die richtige Wahl, da dadurch der Weißpunkt – das Papierweiß – des zu simulierenden Ausgabefarbraums im Proof erhalten bleibt, womit die Anmutung des Bedruckstoffs annähernd abgebildet werden kann.

Relativ farbmetrisch | Die relativ farbmetrische Farbumfanganpassung (engl. relative colorimetric) funktioniert wie der absolut farbmetrische Rendering-Intent, jedoch wird hier der Weißpunkt des Quellfarbraums an den Weißpunkt des Zielfarbraums angepasst, und alle druckbaren Farben werden relativ zum neuen Weißpunkt neu positioniert.

Dieser Rendering-Intent wird zur exakten und medienbezogenen Wiedergabe der Vorlagenfarbe herangezogen. Eine gute Ausgangsbasis dafür besteht, wenn der Zielfarbraum sich nicht sehr stark vom Quellfarbraum unterscheidet oder sich im Ausgangsbild nicht sehr viele »nicht druckbare« Farben befinden. Dieser Rendering-Intent ist in der Praxis für viele Anwender der bevorzugte Intent, da damit möglichst gesättigte Farben erzielt werden und Weiß für den Betrachter als Weiß erhalten bleibt.

Sättigungserhaltend | Die sättigungserhaltende Farbumfanganpassung (engl. saturation = Sättigung) wird vor allem bei Bildern angewendet, die aus hochgesättigten Farben bestehen, wie dies bei Farbgrafiken (Business Charts) häufig der Fall ist. Die Sättigung besitzt bei diesem Rendering-Intent einen höheren Stellenwert als der Farbton, wodurch nicht druckbare Farben durch Verschieben auf den nächstliegenden gesättigten Farbton gemappt werden, auch wenn dadurch ein anderer Farbton entsteht. Helligkeit und Farbtreue werden dabei vernachlässigt, solange eine Steigerung oder Beibehaltung der Sättigung gewährleistet werden kann.

Dieser Rendering-Intent wird somit für die Ausgabe von Geschäftsgrafiken und Präsentationen empfohlen, nicht jedoch zur Verarbeitung von Bildern in der Druckvorstufe.

[**Proofen**]
Als Proofen bezeichnet man die Simulation eines Offset-, Tief- oder Siebdrucks auf einem gewöhnlichen Farbdrucker. Dazu werden heutzutage fast ausschließlich Drucker, die auf Basis der Tintenstrahltechnologie funktionieren, eingesetzt.

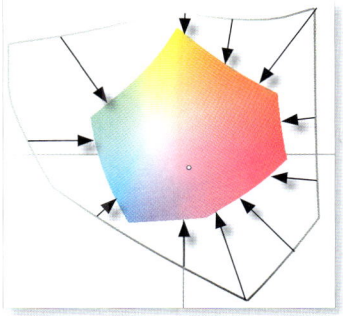

▲ **Abbildung 23.4**
Beim relativ farbmetrischen Rendering-Intent werden alle Farben des Quellfarbraums, die nicht im Zielfarbraum enthalten sind, in die nächste Farbe des Zielfarbraums verschoben.

Nicht nur »relativ farbmetrisch« verwenden

Ein genereller Tipp, nur den relativ farbmetrischen Rendering-Intent für die Druckvorstufe zu verwenden, kann nicht gegeben werden, da eine Farbumfanganpassung immer auf Basis des verwendeten Bildes zu erfolgen hat. Eine Konvertierung von RGB-Bildern nach CMYK erfolgt in der Regel jedoch immer unter Einsatz des relativ farbmetrischen oder des fotografischen Rendering-Intents. Seit der Einführung von ISO Coated v2 wird sogar nur mehr zum Einsatz des fotografischen RI geraten.

23.2 Farbeinstellungen

Das Farbmanagement wird bei Adobe-Applikationen in Farbeinstellungssets niedergeschrieben und dann den jeweiligen Programmen zugewiesen.

23.2.1 Welche Profile sollten verwendet werden?

Eine allgemeingültige Aussage zu dieser Frage ist nicht möglich. Sollte die Druckerei kein spezielles RGB- und Druckprofil, das die Druckbedingung und das verwendete Papier am eindeutigsten kennzeichnet, zur Verfügung stellen, so greifen Sie je nach Ausgabemedium auf ein Standardprofil der ISO zurück. Diese können Sie unter *www.eci.org* im Bereich DOWNLOAD laden.

Kopieren Sie diese im Anschluss in den Profile-Ordner Ihres Systems. Unter Mac OS X empfiehlt es sich, diese Profile unter FESTPLATTE/LIBRARY/COLORSYNC/PROFILES zu installieren, damit sie benutzerunabhängig zur Verfügung stehen. Unter Windows XP kopieren Sie die Profile für die Verwendung von Adobe-Programmen unter C:\PROGRAMME\GEMEINSAME DATEIEN\ADOBE\COLOR\PROFILES. Unter Windows Vista kopieren Sie die Profile für die Verwendung in der Creative Suite 4 unter C:\PROGRAMME\COMMON FILES\ADOBE\COLOR\PROFILES oder fügen sie über SYSTEMSTEUERUNG • FARBVERWALTUNG im Register ALLE PROFILE systemübergreifend hinzu.

RGB-Profil | Wir empfehlen die Verwendung des ECI-RGB-Farbprofils. Damit ist garantiert, dass sich alle druckbaren Farben – auch in Bezug auf das ISO COATED – zumindest im RGB-Farbraum befinden können.

CMYK-Profile | Wir empfehlen, die Profile der ECI – sie repräsentieren den aktuellen Prozessstandard Offsetdruck des Bundesverbands Druck und Medien – zu verwenden.

Im Jahre 2007 wurde der bisherige Standard ISO COATED (basierend auf den FOGRA27-Messdaten) durch den aktuellen Standard mit der Bezeichnung ISO COATED V2 (ECI) (basierend auf den FOGRA39-Messdaten) abgelöst. Mit der Installation der Creative Suite 4 wird von Adobe zusätzlich zum COATED FOGRA27-das COATED FOGRA39-Profil standardmäßig mitinstalliert.

Ob Sie für Ihre Einstellungen das Profil ISO COATED V2 (ECI) oder COATED FOGRA39 (ISO 12467-2:2004) einstellen, ist Geschmackssache. Praxistests zeigen, dass durch die Verwendung dieser Profile Details in den gesättigten Bereichen erhalten bleiben und eine Konvertierung von RGB-Verläufen nach CMYK meis-

```
  ISO Coated v2 (ECI)
✓ ISO Coated v2 300% (ECI)
  ISO Uncoated
  ISO Uncoated Yellowish
  ISO Web Coated
  ISOnewspaper26v4
```

▲ **Abbildung 23.5**
Nach der Installation der ISO-Profile stehen diese in der erweiterten Liste zur Auswahl zur Verfügung. Das ISOnewspaper26v4-Profil müssen Sie sich von der Webseite der IFRA unter *www.ifra.com* laden.

```
✓ ISO Coated v2 300% (ECI)

  Coated FOGRA27 (ISO 12647-2:2004)
  Coated FOGRA39 (ISO 12647-2:2004)
  Coated GRACoL 2006 (ISO 12647-2:2004)
  Japan Color 2001 Coated
  Japan Color 2001 Uncoated
  Japan Color 2002 Newspaper
  Japan Color 2003 Web Coated
  Japan Web Coated (Ad)
  U.S. Sheetfed Coated v2
  U.S. Sheetfed Uncoated v2
  U.S. Web Coated (SWOP) v2
  U.S. Web Uncoated v2
  Uncoated FOGRA29 (ISO 12647-2:2004)
  Web Coated FOGRA28 (ISO 12647-2:2004)
  Web Coated SWOP 2006 Grade 3 Paper
  Web Coated SWOP 2006 Grade 5 Paper

  ColorSync CMYK - Generic CMYK Profile
```

▲ **Abbildung 23.6**
Die Liste der Standardprofile, die Adobe durch die Installation von InDesign CS4 zur Verfügung stellt

tens harmonischer (geglätteter) vonstattengeht und dadurch weniger Abrisse im Verlauf feststellbar sind.

23.2.2 Farbeinstellung in Adobe Photoshop vornehmen

Zum Anlegen eines Farbeinstellungssets empfehlen wir, in Photoshop CS4 den Befehl BEARBEITEN • FARBEINSTELLUNGEN oder das Tastenkürzel ⌘+⇧+K bzw. Strg+⇧+K zu nutzen.

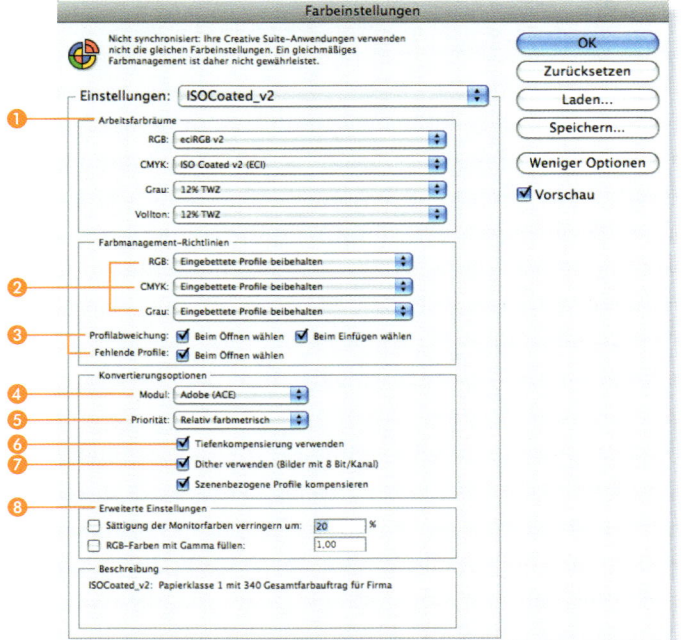

◄ Abbildung 23.7
Der FARBEINSTELLUNGEN-Dialog in Adobe Photoshop CS4. Die Farbeinstellungen, die Sie darin festlegen, können als Farbeinstellungsdatei gespeichert und somit in jeder Adobe-Applikation der Creative Suite 3 und 4 aktiviert werden. Warum Farbeinstellungsdateien nur in Adobe Photoshop eingestellt werden sollen, hat den ganz einfachen Grund, dass in Photoshop alle Einstellungen, die in einer Farbeinstellungsdatei gespeichert werden sollen, auch einstellbar sind.

Arbeitsfarbräume | Die ARBEITSFARBRÄUME ❶ stellen die innerhalb der Anwendung verwendeten Farbräume dar. Bei allen neu angelegten Dateien werden standardmäßig die eingestellten Profile der Datei hinterlegt. Um den Arbeitsfarbraum eines InDesign-Dokuments zu ändern, rufen Sie den Befehl BEARBEITEN • PROFILE ZUWEISEN auf.

Farbmanagement-Richtlinien | Das sind Vorgaben, was das Programm tun soll, wenn ein zu öffnendes Bild bereits mit einem ICC-Profil versehen ist. Um eine versehentliche oder unbemerkte Konvertierung zu vermeiden, sollten Sie die Richtlinie EINGEBETTETE PROFILE BEIBEHALTEN ❷ sowie die Optionen PROFILABWEICHUNG • BEIM ÖFFNEN WÄHLEN, PROFILABWEICHUNG • BEIM EINFÜGEN WÄHLEN und FEHLENDE PROFILE • BEIM ÖFFNEN WÄHLEN ❸ aktivieren. Im Zweifelsfall fragt das Programm Sie nun beim Öffnen eines Bildes, was zu tun ist.

Konvertierungsoptionen | Darin bestimmen Sie die zu verwendende Color Engine und den Rendering-Intent.

Wählen Sie die Color Engine ADOBE (ACE) ❹ aus, da sie unter Windows wie auch am Macintosh identisch zur Verfügung steht. Die PRIORITÄT (Rendering-Intent) legen Sie mit RELATIV FARBMETRISCH ❺ fest.

Die Option TIEFENKOMPENSIERUNG VERWENDEN ❻ ist im ICC-Standard zwar nicht definiert, sollte aber dennoch aktiviert werden, da es zu einer besseren Helligkeits- und Tiefenanpassung bei der Konvertierung kommt. Die Option DITHER VERWENDEN ❼ sollten Sie aktivieren, da damit homogenere Verläufe entstehen.

Erweiterte Einstellungen ❽ | Da die Auswirkungen beider Einstellungen in einem standardisierten ICC-basierten Workflow nicht definiert sind, sollten Sie diese Optionen nicht aktivieren. Vor allem werden Änderungen in diesem Bereich nur in Photoshop wirksam. Eine durchgängige farbliche Abstimmung der Programme innerhalb der Creative Suite wäre somit nicht mehr möglich.

Die vorgenommene Farbeinstellung kann als Farbeinstellungsset gespeichert werden. Wir haben für Sie die gängigen Sets auf der beiliegenden DVD abgespeichert. Kopieren Sie diese Sets in die dafür vorgesehenen Ordner. Sobald Sie die Sets installiert und die Programme neu gestartet haben, stehen diese Einstellungen für den nächsten Schritt der Synchronisierung zur Verfügung.

Farbeinstellungen nur für InDesign CS4 vornehmen | Wenn Sie jedoch kein Adobe Photoshop besitzen, sondern nur InDesign installiert haben, so müssen Sie die Farbeinstellungen analog zur oben beschriebenen Vorgehensweise bzw. oder Abbildung 23.7 oder 23.9 vornehmen. Für Sie ist damit die Farbeinstellung abgeschlossen, das Synchronisieren der Farbeinstellungen über andere Programme hinweg entfällt somit für Sie zur Gänze.

23.2.3 Farbeinstellungen synchronisieren

Nachdem Sie die Profile und die CSF-Dateien in das richtige Verzeichnis kopiert haben, steht einer Synchronisierung der Farbeinstellungen über Adobe Bridge CS4 für alle Anwendungen der Creative Suite 3 und 4 nichts mehr im Weg.

Wie Sie Farbeinstellungen synchronisieren, haben Sie bereits in den vorbereitenden Schritten in Abschnitt 4.3, »Synchronisieren der Farbeinstellung für die Programme der Creative Suite«, auf Seite 104 erfahren. Lesen Sie dort für weitere Informationen nach.

23.3 Farbeinstellung in InDesign CS4

Nachdem die Synchronisierung abgeschlossen wurde, steht für InDesign CS4 nun auch das Farbeinstellungsset zur Verfügung. Doch was dabei Adobe standardmäßig macht, ist erklärungsbedürftig, denn diese Farbeinstellung widerspricht jeglicher Grundlage eines Farbmanagements-Verständnisses.

23.3.1 Verknüpfte Profile ignorieren – Standardeinstellung

Wie Sie aus Abbildung 23.7 erkennen können, finden Sie im Bereich **Arbeitsfarbräume** keine Möglichkeit für die Definition von Graustufen und Volltönen. Der Grund dafür liegt darin, dass, wenn Sie in InDesign eine Graustufen-Produktion erstellen, InDesign die Elemente nicht in Graustufen anlegt, sondern entweder im Schwarzkanal des CMYK oder als eigene Schmuckfarbe Black behandelt. Mit diesem Manko kann umgegangen werden, denn es ergeben sich in der Ausgabe dadurch keine Nachteile.

Dass Adobe jedoch bei den **Farbmanagement-Richtlinien** standardmäßig bei CMYK die Option WERTE BEIBEHALTEN (VERKNÜPFTE PROFILE IGNORIEREN) ❿ wählt, ist für das gelebte Farbmanagement schlicht und einfach falsch, sondern nur für den Standardanwender, der keine Farbambition hat, vorgesehen.

Farbeinstellungen-Dialog aufrufen

Wie bei Adobe Photoshop können Sie den FARBEINSTELLUNGEN-Dialog in Adobe InDesign CS4 über den Befehl BEARBEITEN • FARBEINSTELLUNGEN aufrufen.

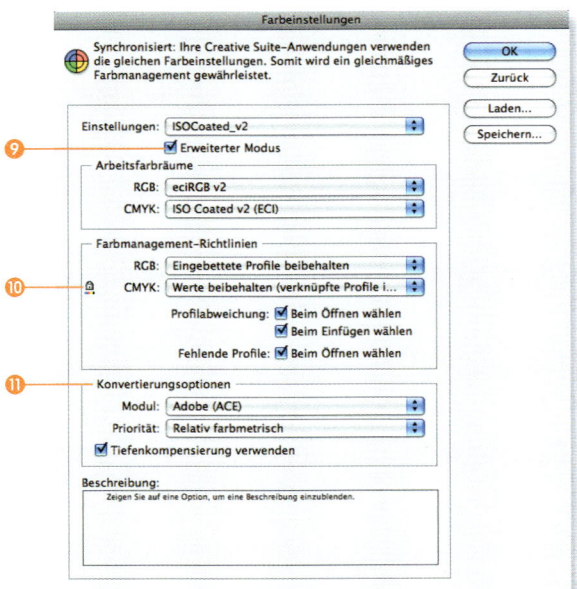

◀ **Abbildung 23.7**
Der Standard-FARBEINSTELLUNGEN-Dialog von InDesign CS4 nach dem Synchronisieren der Farbeinstellungen durch Adobe Bridge CS4. Wenn Sie den Dialog nicht wie in der Abbildung zu sehen ist angezeigt bekommen, so liegt es daran, dass Sie die Option ERWEITERTER MODUS ❾ nicht aktiviert haben. Sie müssen diese Option aktivieren, um einerseits, die KONVERTIERUNGSOPTIONEN ⓫ zu sehen und andererseits um überhaupt auf die erweiterte Liste aus Abbildung 23.5 der ICC-Profile zugreifen zu können.

Die Auswirkungen dieser Einstellung können für Dokumente, die mit dieser Einstellung erstellt worden sind, für alle platzierten Bilder und Grafiken wie folgt beschrieben werden:

Wenn in der Ausgabe aus InDesign heraus viele rotstichige Köpfe (Hauttöne) erkennbar sind, so hat das meistens damit zu tun, dass Sie RGB-Farbbilder ohne angehängtes ICC-Profil in InDesign mit unseren vorgeschlagenen Farbeinstellungen platziert haben.

Der Grund liegt dann meistens darin, dass das RGB-Bild entweder im Adobe-RGB- oder im sRGB-Farbraum aufgenommen und das dafür benötigte ICC-Profil nicht beim Abspeichern der Datei angehängt wurde.

HINWEIS

Nähere Informationen zum Thema **Gesamtfarbauftrag** und wie Sie diesen überprüfen können erfahren Sie in Abschnitt 27.5, »Gesamtfarbauftrag-Vorschau«, auf Seite 722.

```
Aus
✓ Werte beibehalten (verknüpfte Profile ignorieren)
  Eingebettete Profile beibehalten
  In Arbeitsfarbraum umwandeln
```

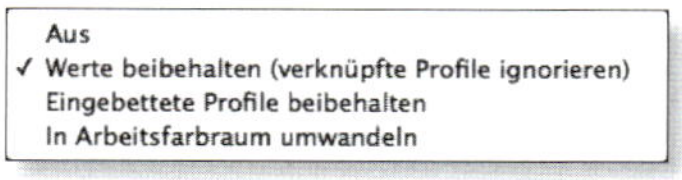

▲ **Abbildung 23.8**
Die Liste der möglichen Einstellungen der Optionen für die Farbmanagement-Richtlinien für CMYK. Weder Aus noch In Arbeitsfarbraum konvertieren sollte standardmäßig aktiviert werden.

▶ **RGB-Bilder mit angehängtem Profil:** Angehängte Profile bleiben erhalten und dienen somit InDesign für den Fall der Farbkonvertierung als Quellprofil.

▶ **RGB-Bilder ohne angehängtes Profil:** Diesen Zustand dürfte es eigentlich in einer organisierten Produktionsstrecke *nie* geben. Dennoch ist InDesign CS4 auch für diesen Fall gerüstet. Beim Importieren der Bilder wird diesen Dateien das aktuell eingestellte RGB-Profil des Arbeitsfarbraums – in unserem Fall das eciRGB v2 – zugewiesen. Dabei wird es in den meisten Fällen zu Problemen – meist zu brennende Hauttöne – kommen, da eigentlich niemand außerhalb der Druckvorstufe mit diesem Farbprofil, sondern eher mit Adobe RGB oder sRGB arbeitet.

▶ **CMYK-Bilder mit und ohne angehängtes Profil:** Ganz egal, ob der platzierten CMYK-Datei ein ICC-Profil angehängt wurde oder nicht, es wird diesen Dateien *immer* das CMYK-Profil des Arbeitsfarbraums zugewiesen (es kommt zu keiner Veränderung der Farbwerte).

Das sich daraus ergebende Problem ist, dass Sie Bilder mit einem Profil versehen, deren Farbgrundlage eine vollkommen andere war, was im Falle einer CMYK-zu-CMYK-Konvertierung unweigerlich zu falschen Farbergebnissen führen würde. Besonders auch hinsichtlich des Gesamtfarbauftrags wird uns von der Technik vorgegaukelt, dass beispielsweise das platzierte Bild für den Zeitungsdruck mit einem Gesamtfarbauftrag von 240 % vorbereitet ist, obwohl es ursprünglich für den ISO-Coated v2-Farbraum mit einem Gesamtfarbauftrag von 330 % separiert wurde.

Fazit: Die von Adobe gewählte Einstellung stellt alle Bilder am Monitor so dar, wie diese im Druck im gewählten Ausgabefarbprofil des Arbeitsbereichs erscheinen würden. Sie müssen dabei mit großen Unterschieden zwischen der Farbdarstellung in Photoshop – dort wird es im Farbraum des angehängten Profils angezeigt – und der Farbdarstellung in InDesign CS4 rechnen. Dass darüber hinaus Bilder in der Tiefe absaufen werden, ist dabei nur ein unwesentlicher :-) Nebeneffekt. Eine CMYK-zu-CMYK-Konvertierung sollte in diesem Fall unterlassen werden.

23.3.2 Eingebettete Profile beibehalten

Wenn Sie farbmetrisch richtig arbeiten wollen, so müssen Sie in den Farbmanagement-Richtlinien bei CMYK die Option Eingebettete Profile beibehalten ❶ aktivieren. Damit stellen Sie sicher, das alle Quellprofile für eine Konvertierung erhalten bleiben.

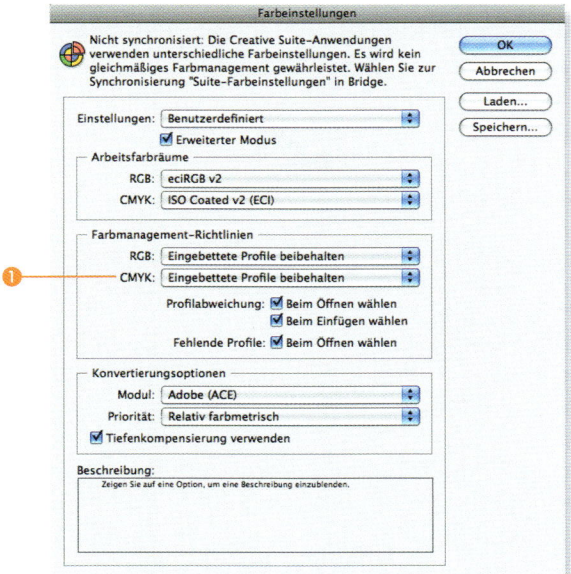

◀ **Abbildung 23.9**
Der FARBEINSTELLUNGEN-Dialog von
InDesign CS4 mit ausgewählter Op-
tion EINGEBETTETE PROFILE BEIBE-
HALTEN ❶. Damit ist durchgängiges
Farbmanagement und somit eine
Farbkonvertierung von RGB nach
CYMK bzw. eine Transformation
von CMYK zu CYMK im vollen Um-
fang möglich. Es werden somit die
gleichen Resultate erzielt, als dies
durch eine Farbkonvertierung in
Adobe Photoshop erreicht würde.

Diese Einstellung sorgt dafür, dass nun auch CMYK-Bilder mit angehängtem ICC-Profil am Monitor farblich korrekt dargestellt und für eine eventuelle spätere CMYK-zu-CMYK-Konvertierung verwendet werden können. Das Arbeiten mit Farbmanagement ist somit wiederum möglich und eine Durchgängigkeit bis in die PDF-Datei hinein sichergestellt.

Bilder ohne angehängtes CMYK-Profil – dies dürfte es eigentlich gar nicht geben – werden wie RGB-Bilder mit dem jeweiligen Profil des Arbeitsfarbraums versehen. Probleme in der Farbausgabe sind damit ebenfalls wiederum vorprogrammiert.

23.3.3   Empfehlung

Sie können es sich schon vorstellen, was wir Ihnen empfehlen würden. Richtig: Stellen Sie die FARBMANAGEMENT-RICHTLINIEN für CMYK auf die Option EINGEBETTETE PROFILE BEIBEHALTEN um, und unterbrechen Sie ja nicht das Farbmanagement, indem Sie glauben, durch Ignorieren der Farbprofile eine Gleichschaltung der Produktionsstrecke zu erzielen! Sie müssen jedoch, wenn Sie unserer Empfehlung folgen, zwei Gegebenheiten berücksichtigen:

1. Durch die Synchronisierung der Farbeinstellungen mit Adobe Bridge CS4 wird jedes Mal die Option WERTE BEIBEHALTEN (VERKNÜPFTE PROFILE IGNORIEREN) aktiviert.

2. Einmal falsch angelegte Dokumente können nicht einfach durch Aktivieren der Option EINGEBETTETE PROFILE BEIBEHALTEN umgestellt werden. Diese Option muss beim Anlegen des Dokuments gewählt sein, damit Sie schlagend wird!

TOP-TIPP
Strategie vor dem Anlegen eines Dokuments festlegen

Beachten Sie, dass Sie Ihre bevorzugte Strategie hinsichtlich Farbmanagement in InDesign im Vorfeld festlegen müssen, da die Entscheidung darüber, ob Sie Profile ignorieren oder Profile beibehalten, bereits beim Anlegen des Dokuments diesem zuweisen. Das nachträgliche Ändern der Strategie ist nicht mehr möglich. Sie müssen somit für den Fall der nachträglichen Änderung ein neues Dokument anlegen und den gesamten Inhalt erneut platzieren.

HINWEIS

Welches Ergebnis Sie durch eine Konvertierung bei der PDF-Erstellung erhalten, lesen Sie in Abschnitt 34.2.5, »Register ›Ausgabe‹«, auf Seite 847 nach.

23.4 Farbeinstellungen für Dokumente anpassen

Durch die Wahl unserer Farbmanagement-Einstellungen werden Sie zukünftig beim Öffnen von InDesign-Dokumenten immer wieder mit Warnmeldungen konfrontiert werden.

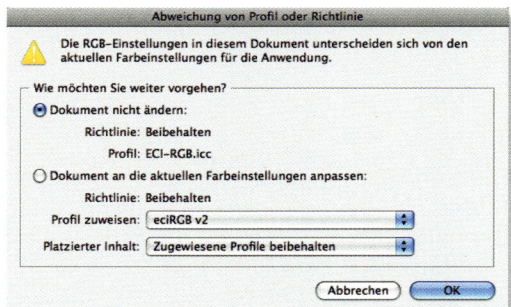
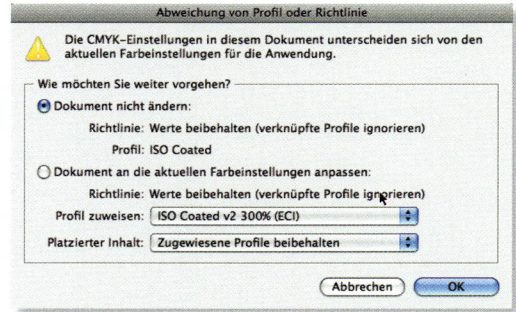

▲ **Abbildung 23.10**
Mögliche Fehlermeldungen, die beim Öffnen von InDesign-Dokumenten, denen ein anderes RGB- oder CMYK-Profil hinterlegt ist, erscheinen können.

Da in InDesign grundsätzlich die Farbräume RGB und CMYK in einem Dokument verwendet werden können, werden Sie auch im Falle eines Profilfehlers oder einer Profilabweichung mit zwei Fehlermeldungen konfrontiert werden.

Bestätigen Sie beide Warnmeldungen in der Praxis durch Auswahl der Option DOKUMENT NICHT ÄNDERN, womit das dem Dokument zugewiesene Profil zur Simulation am Monitor und zur Ausgabe verwendet wird.

Sie sollten alle Dokumente an die aktuelle Farbsituation anpassen, damit auch für die Erstellung von PDF/X-Dateien der korrekte Output-Intent zugewiesen wird. Zum Anpassen an die aktuelle Farbumgebung führen Sie den Befehl BEARBEITEN • PROFIL ZUWEISEN aus.

Abbildung 23.11 ▶
Durch das Zuweisen des aktuellen Arbeitsfarbraums kann es zu sichtbaren Veränderungen am Monitor kommen. Beurteilen Sie diese Änderungen, ob diese nicht zu weit vom beabsichtigten Endergebnis entfernt liegen. Sollten die Ergebnisse zu stark abweichen, so müssen Sie alle platzierten Bilder und Grafiken zuvor in den Ursprungsapplikationen farblich anpassen.

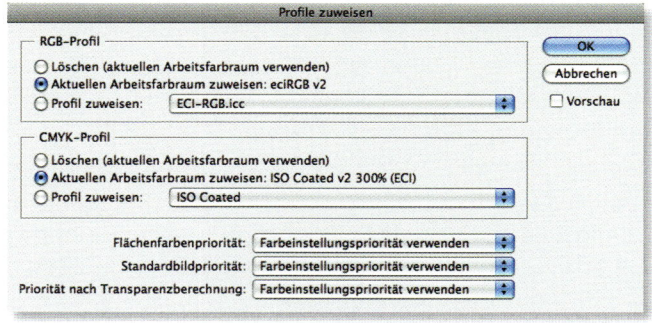

Wählen Sie für beide Farbräume die Option AKTUELLEN ARBEITSFARBRAUM ZUWEISEN aus. Durch Drücken von OK wird die Aktualisierung abgeschlossen.

24   Transparenzen

Als das Desktop-Publishing noch in den Kinderschuhen steckte, konnten Grafik-, Pixel- und Layoutprogramme lediglich deckende und überdruckende Objekte erstellen. Mit der Zeit lernten die Pixelprogramme (z. B. Adobe Photoshop), durch Ebenen und Verrechnungsmethoden mit Transparenzen zu arbeiten. Um eine Weiterverwendung der Daten in Grafik- und Layoutprogrammen zu gewährleisten, mussten diese Daten reduziert und in universellen Formaten wie EPS oder TIFF abgespeichert werden.

Das Erstellen von Transparenzen ist heutzutage für viele Designer und Grafiker nichts Neues mehr. Mit der Vorstellung von Adobe InDesign 2.0 und Acrobat 5.0 im Jahre 2001 wurde das Thema »Transparenz« sehr rasch in die Druckvorstufe getragen. Zu verführerisch waren Funktionen wie Schlagschatten und weiche Verlaufskanten, durch die im Design kreative Freiheit ermöglicht wurde. Mit der Ausgabe von Transparenzen wusste allerdings nicht jeder umzugehen. Ausführlichere Informationen dazu hätten so manches Problem gar nicht erst aufkommen lassen.

24.1   Transparenzformen

24.1.1   Reduzierte Transparenzen

In den Adobe-Applikationen InDesign und Illustrator konnten Anwender bereits frühzeitig Transparenzen erstellen und diese auch im Eigenformat, ohne eine Reduzierung dieser neuen Objekte, abspeichern. Sobald jedoch eine Ausgabe über PostScript vorgenommen wurde, führte das Vorhandensein von Transparenzen entweder zu PostScript-Fehlern oder zu falschen bzw. sehr schlechten Ergebnissen.

Die Gründe für diese Missstände sind schnell erklärt. Transparenzen können im Seitenbeschreibungsmodell von PostScript nicht abgebildet werden. Das bedeutet, dass Transparenzen für eine Ausgabe reduziert (verflacht) werden müssen. Aus diesem Grund hat Adobe seit 2000 in allen Grafik- und Layoutprogrammen die Transparenzreduzierungsoption eingebaut. Beim Export einer Datei in ein Fremdformat sorgt der **Flattener** in der Appli-

Transparenzen in Programmen

Transparenzen werden seit InDesign 2.0, Acrobat 5.0, Photoshop 3.0 und Illustrator 9.0 angeboten.

[Eigenformate]
Eigenformate sind Dateiformate, die alle Funktionen der Applikation abspeichern können. Das Eigenformat von Photoshop ist das ».psd«-Format, das von Adobe Illustrator ».ai«.

Fremdformate ohne Transparenzen

Zu den reduzierenden Dateiformaten gehören PostScript, EPS, DCS, Adobe PDF 1.3 und älter, JPEG und BMP. Darüber hinaus sind in diesem Zusammenhang noch TIFF-Dateien zu erwähnen, die nicht mit Photoshop 6.0 und neuer erstellt wurden.

kation dafür, dass eine Reduzierung der Transparenz erfolgt. Um eine erfolgreiche Verflachung durchzuführen, müssen im Vorfeld bestimmte Bedingungen erfüllt sein:

▶ Eine exakte Reduzierung kann nur bei vorliegenden Feindaten durchgeführt werden. Da das Reduzieren beim Ausdruck oder Export noch vor dem Generieren des PostScript-Codes passiert, ist darauf zu achten, dass bei der Ausgabe die Feindaten verfügbar sind. Liegen nur Grobdaten vor, so erfolgt eine Berechnung der Transparenz auf Basis dieser Grobdaten.

▶ Damit transparente Bereiche korrekt verarbeitet werden, sind bei der Reduzierung Composite-Daten erforderlich. Das Vorhandensein vorseparierter Inhalte führt ebenfalls zu einer Verflachung der Transparenz mit der für die Darstellung der Platzierung verwendeten Auflösung.

OPI und DCS

Das Vorhandensein von Feindaten und Composite-Dateien lässt Arbeitsweisen mit Transparenzen in Verbindung mit OPI- und DCS-Worksflows scheitern. Wie Sie dennoch eine Ausgabe mit DCS meistern können, erfahren Sie auf Seite 689.

Liegen dem InDesign-Dokument die Fein- und Composite-Daten vor, so kann der Flattener eine korrekte Wiedergabe berechnen. Der Anwender kann bei der Ausgabe selbst Reduzierungsparameter zur Berechnung der Transparenzen definieren. Beim Verflachen werden die Transparenzen dann durch Beschneiden in komplexe Bereiche zerlegt. Dies führt dazu, dass Bilder, Vektorgrafiken und Text in viele kleine Elemente aufgeteilt werden. Die daraus erzeugten Segmente können weder im Quellprogramm noch in PDF-Editoren sinnvoll geändert werden.

▲ **Abbildung 24.1**
Das Ergebnis der Transparenzreduzierung ist eine Zerteilung der Objekte. Im rechten Bild wurden die einzelnen Bereiche zur Verdeutlichung leicht verschoben.

Das Verflachen bzw. Reduzieren von Ebenen auf eine Hintergrundebene in Adobe Photoshop kann man sich noch relativ gut vorstellen. Dabei werden z. B. zwei Pixelpunkte, die übereinanderstehen und ineinander multipliziert wurden, einfach miteinander verrechnet, indem die Farbwerte gemischt werden. In Photoshop werden dabei, bis auf wenige Ausnahmen, immer Pixelwerte in ihrem jeweiligen Farbmodus ineinander verrechnet. Das Ergebnis ist ein neues RGB- oder CMYK-Pixel. InDesign hingegen ist ein Layoutprogramm, in dem Vektordaten, Texte und Pixelbilder platziert sein können, die darüber hinaus in verschiedenen Farbräumen von Bitmap bis zu Lab vorliegen können. Transparenz kann dabei auf alle Objekte angewendet werden. Damit tut sich schnell die Frage auf, was der Flattener macht, wenn Elemente unterschiedlicher Herkunft verrechnet werden müssen.

Wie funktioniert nun eine Transparenzverflachung? | Im einfachsten Fall werden bei der Transparenzreduzierung alle überlappenden Bereiche in einem Stapel transparenter Objekte in deckende Objekte umgewandelt, wobei das Aussehen der ursprünglichen transparenten Objekte beibehalten wird. Der Flattener muss dabei drei Schritte durchlaufen:

- ▶ **Aufspüren der transparenten Bereiche:** Während der Transparenzreduzierung sucht InDesign nach Bereichen, in denen Objekte von transparenten Objekten überlagert werden. Das gefundene Bildmaterial wird in eine Sammlung von Bereichen unterteilt. Diese Bereiche werden dabei von Adobe als »atomare Bereiche« bezeichnet. Die Form eines atomaren Bereichs folgt dabei normalerweise den Linien, Kurven und Formen der entsprechenden Objekte.

- ▶ **Beibehalten der Eigenschaften von Objekten:** Jeder atomare Bereich wird analysiert, um zu ermitteln, ob er im Vektorformat dargestellt werden kann oder in Pixelbilder umgewandelt werden muss, um den erwarteten Transparenzeffekt zu erzielen. Es kann allerdings vorkommen, dass Schrift oder Vektordaten gerastert oder Teile von Schriften in Outlines – Glyphen werden dabei durch ihre Kontur abgebildet – konvertiert werden müssen. Dies ist dann der Fall, wenn Transparenzen in Verbindung mit Schrift und Pixelbildern auftreten.

- ▶ **Rastern der transparenten Bereiche:** Der Flattener rastert die Bereiche mit den jeweils in der Transparenzreduzierungsvorgabe definierten Auflösungen für Text und Strichgrafik sowie für Verlauf, Schatten und Gitterobjekte. Welche Farbe das Endpixel besitzt, wird durch die Einstellungen im Farbmanagement und durch den gesetzten Transparenzfarbraum bestimmt.

Die gerasterten Flächen und die teilweise in Konturen umgewandelten Objekte werden als reduzierte (verflachte) Transparenz in den PostScript-Code übergeben. Damit ist jeder PostScript-Level-2-Interpreter in der Lage, diese Daten zu verarbeiten.

24.1.2 Native (Live-)Transparenzen

Im Unterschied zu reduzierten Transparenzen können Dateien, die Live-Transparenzen enthalten, geöffnet und die transparenten

TOP-TIPP
Eine Reduzierung wirkt sich immer auf die Seite aus

Eine Transparenzreduzierung wirkt sich beim Verflachen immer auf die ganze Seite aus. Wird beim PDF-Export oder beim Druck die Option DRUCK-BÖGEN ausgewählt, so behandelt InDesign diesen Druckbogen als eine Seite, was somit zur Transparenzreduzierung des gesamten Druckbogens führt.

Transparente Bereiche

Was mit dem Aufspüren von transparenten Bereichen gemeint ist, erkennen Sie am schnellsten, wenn Sie das Reduzierungsvorschau-Bedienfeld zum Anzeigen der transparenten Objekte verwenden. Wo und wie das funktioniert, steht in Abschnitt 27.3, »Reduzierungsvorschau«, auf Seite 716.

Transparenzreduzierung bei deaktiviertem Farbmanagement

Ist das Farbmanagement deaktiviert – SIMULIEREN: ADOBE INDE-SIGN 2.0 CMS DEAKTIVIERT –, so wird das Profil U. S. Web Coated (SWOP) v2 oder das Monitor-RGB-Profil zur Verrechnung herangezogen.

Objekte in der Quellanwendung bearbeitet werden. Live-Transparenzen können in den nativen Formaten von Photoshop (».psd«), Illustrator (».ai«) und InDesign (».indd«, ».idms«), in Dateien des Formats PDF 1.4 und höher sowie in TIFF enthalten sein.

24.2 Ausgabe von Transparenzen

Nachdem Sie nun erfahren haben, was bei einer Transparenzreduzierung passiert, ist es an der Zeit, sich über eine fehlerfreie Ausgabe Gedanken zu machen. Die sicherste Ausgabe ist jene, die der Druckvorstufenbetrieb beim Rastern der Daten erstellt, denn nur er kennt die technischen Eigenschaften seiner Ausgabegeräte wirklich. Doch nicht jeder Betrieb hat bereits das Equipment, um dem Ersteller eines InDesign-Dokuments diesen Komfort zu bieten. Deshalb ist es wichtig, Transparenzen auch unabhängig vom ausgebenden Betrieb verflachen zu können.

24.2.1 Der Transparenzfarbraum

In InDesign können sich unterschiedliche Farbräume auf einer Seite befinden. Müssen Bilder oder Objekte aufgrund einer Transparenz verflacht werden, so müssen die erstellten neuen Pixel in einen Zielfarbraum abgespeichert und somit konvertiert werden.

Durch die Auswahl des Transparenzfarbraums über das Menü BEARBEITEN • TRANSPARENZFARBRAUM können Sie in InDesign diesen Zielfarbraum bestimmen. Sie haben dabei nur die Möglichkeit, entweder **Dokument-RGB-** oder **Dokument-CMYK-Farbraum** zu wählen. Als Zielfarbraum kann also immer nur der RGB- bzw. CMYK-Farbraum eingestellt werden, den Sie durch das Aktivieren des Farbmanagements definiert haben.

Im Falle eines »harten« schwarzen Schlagschattens bedeutet dies, dass dieser nicht in eine Bitmap-Datei (schwarzweiß), sondern in CMYK gewandelt wird. Der Schlagschatten wird dabei glücklicherweise nicht auf alle Auszüge separiert, sondern sauber auf den Schwarzauszug der CMYK-Datei bzw. in einen Schmuckfarbkanal Schwarz gestellt.

24.2.2 Die Transparenzreduzierungsvorgaben

In welcher Auflösung Bilder nach der Transparenzreduzierung vorliegen und ob Texte in Pixelbilder oder in Vektorgrafiken umgewandelt werden, können Sie über den Befehl BEARBEITEN • TRANSPARENZREDUZIERUNGSVORGABEN bestimmen.

Sie müssen für jedes Ausgabegerät, vom Kopierer über den Proof-Drucker bis hin zur Film- oder CtP-Erstellung, eine Einstellung vornehmen, damit Sie diese im Druck- bzw. im PDF-Export-Dialog auswählen können.

Um eine Transparenzreduzierungsvorgabe anzulegen, müssen Sie den Befehl BEARBEITEN • TRANSPARENZREDUZIERUNGSVORGA-BEN aufrufen. Im Dialog können Sie bestehende Vorgaben bearbeiten und löschen sowie mit NEU eigene Vorgaben erstellen. Getroffene Vorgaben können, nachdem sie markiert wurden, über SPEICHERN exportiert und dann über LADEN auf andere Arbeitsstationen übertragen werden.

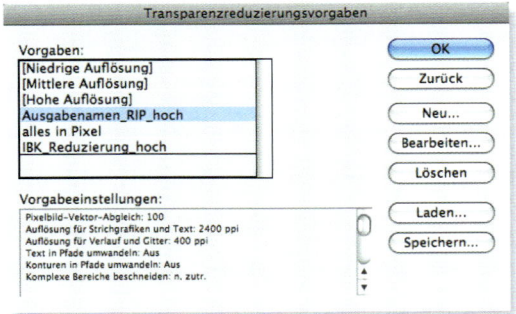

◄ **Abbildung 24.2**
Der TRANSPARENZREDUZIERUNGS-VORGABEN-Dialog. Drei Sets sind mit InDesign standardmäßig vorinstalliert. Bauen Sie darauf die Einstellung für Ihre Ausgabegeräte auf. Sie können auch die TRANSPARENZ-REDUZIERUNGSVORGABEN nutzen, um während des Reduzierungsvorgangs Texte in Pfade oder alle Objekte in Pixel zu konvertieren.

Im TRANSPARENZREDUZIERUNGSVORGABEN-Dialog können Sie durch Drücken des Buttons NEU Ihre eigenen Vorgaben definieren. Markieren Sie dazu zuerst die Einstellung [HOHE AUFLÖSUNG]. Damit werden die Einstellungen, die diesem Set hinterlegt sind, als Grundlage für die neue Vorgabe verwendet.

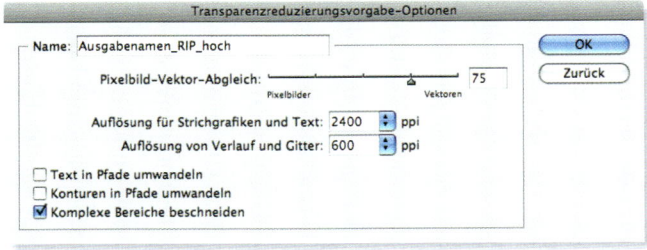

◄ **Abbildung 24.3**
Die Transparenzreduzierungsvorgabe für die Ausgabe auf hochauflösenden RIPs für Film oder CtP. Die Komplexität der atomaren Bereiche wird vorwiegend durch den PIXELBILD-VEKTOR-ABGLEICH bestimmt.

▶ NAME: Bezeichnen Sie die Vorgabe mit dem Namen des Ausgabegeräts.

▶ PIXELBILD-VEKTOR-ABGLEICH: Wenn Sie den Schieberegler ganz nach links stellen, wird der Flattener dazu angehalten, alle Transparenzen in Pixelbilder umzuwandeln. Steht der Schieberegler ganz rechts, so wird versucht, so viel wie möglich in Vektoren zu erhalten. In welcher Auflösung eine Umwandlung in Pixel geschieht, hängt von den Einstellungen darunter ab.

▶ AUFLÖSUNG FÜR STRICHGRAFIKEN UND TEXT: Legt die Auflösung für Vektorobjekte und Strichgrafiken fest, die durch die Trans-

TOP-TIPP
Probleme bei der Reduzierung

Wenn bei der PDF-Erstellung bei der Transparenzreduzierung InDesign den Geist aufgibt, so liegt das meistens an der zu hohen Komplexität bei der Reduzierung. Verringern Sie in diesem Fall den Wert des PIXELBILD-VEK-TOR-ABGLEICHS.

parenzreduzierung in Pixelbilder umgewandelt werden. Ist der Flattener gezwungen, Bitmaps (Strichgrafiken) oder Text zu konvertieren, so generiert er dafür eine CMYK-Datei mit der eingestellten Auflösung von 2.400 dpi.

▶ Auflösung für Verlauf und Gitter: Legt die Auflösung für Verläufe, Schlagschatten, weiche Kanten und Gitter fest. In unserem Beispiel werden diese Elemente mit 400 dpi berechnet. Führen Sie auch dazu Tests durch: Bei manchen Geräten muss, bedingt durch den Druckertreiber, der Wert etwas angehoben werden.

Wenn Sie den Schieberegler für den Pixelbild-Vektor-Abgleich ganz nach links gestellt haben, sind die weiteren Parameter im Dialog ausgegraut. Steht jedoch der Schieberegler ganz rechts, können weitere zwei Optionen aktiviert werden:

▶ Text in Pfade umwandeln: Mit diesem Befehl werden alle Texte auf Seiten, auf denen sich Transparenzen befinden (und nur dort), in Pfade umgewandelt. Wichtig zu wissen ist, dass auch Texte, die gar nicht von einer Transparenz betroffen sind, in Konturen umgewandelt werden. Diesen Sachverhalt können Sie bewusst ausnutzen, um den gesamten Text in Pfade umzuwandeln.

▶ Konturen in Pfade umwandeln: Dabei werden alle Konturen auf der Seite in ihre gefüllten Umrisse umgewandelt.

Komplexe Bereiche beschneiden: Diese Option lässt sich nur dann aktivieren, wenn der Schieberegler für den Pixelbild-Vektor-Abgleich nicht ganz links und nicht ganz rechts steht. Durch diese Option werden die Grenzen zwischen Vektorgrafiken und Pixelbildern auf bestehende Objektpfade gelegt. Dadurch reduziert sich das »Stitching« von Grafiken, das entsteht, wenn ein Teil eines Objekts in ein Pixelbild umgewandelt wird, während der andere Teil seine Vektorform behält.

24.3 Problemfelder der Reduzierung

24.3.1 Transparenzen und Vollton

In InDesign werden Volltonfarben – sogar jene, die in Verbindung mit Transparenzen und »Überdrucken« verwendet werden – und Duplexfarben korrekt verarbeitet. Damit Transparenzen in Verbindung mit Volltonfarben verarbeitet werden können, muss der Flattener bei der Reduzierung atomare Bereiche mit Volltonfarben auf Überdrucken stellen. Somit werden alle überlappenden

Bereiche auf ÜBERDRUCKEN gestellt. Eine Simulation der Ausgabe am Monitor erfolgt durch Aktivierung des Menüs ANSICHT • ÜBER-DRUCKENVORSCHAU. Damit werden am Monitor alle auf dem Zieldrucker erreichbaren Zustände dargestellt, vorausgesetzt, dass der Drucker (RIP) die Überdruckeneinstellungen auch ausführt.

Dienstleister, die InDesign-Dokumente oder PDF-Dokumente aus InDesign in Verbindung mit Volltonfarben ausgeben sollen, müssen ihren Workflow überdenken. Überprüfen Sie Ihre RIP-Konfiguration, damit nicht alle überdruckenden Objekte automatisch auf nicht überdruckend gestellt werden.

Achten Sie bei der Erstellung darauf, dass sich alle Flächen mit Volltonfarben in der Objektanordnung so weit oben wie möglich befinden. Das Anbringen von Transparenzen auf Objekte mit Volltonfarben ist mit Ausnahme der DECKKRAFTÄNDERUNG und der Füllmethode MULTIPLIZIEREN verboten. Eine Missachtung dieser Empfehlung führt in der Produktion unweigerlich zu Problemen.

24.3.2 Transparenzreduzierung für DCS-Workflows

Damit transparente Bereiche korrekt verarbeitet werden, sind bei der Transparenzreduzierung Composite-Daten erforderlich. Da DCS-Dateien vorsepariert sind, werden sie von der Reduzierung nicht richtig erkannt. Es wird nur die Vorschau – das Layoutfile, meistens ein 72-dpi-RGB-Bild – verrechnet. Bei der Ausgabe sollten jedoch die Feindaten verwendet werden – die korrekte Verrechnung von Transparenzen ist somit nicht möglich.

24.3.3 Verhindern von Transparenzproblemen

Um transparenzbezogene Probleme auf ein Mindestmaß zu beschränken, sollten Sie nachstehende Probleme kennen und bei der Erstellung von Transparenzen Folgendes beachten:

Textobjekte auf die oberste Ebene | Verschieben Sie alle Textobjekte, die nicht mit Transparenzen zusammenwirken sollen, in die oberste Ebene des Dokuments. So verhindern Sie, dass Textstellen teilweise in Pfade umgewandelt werden, wodurch Texte bei der Betrachtung in Acrobat und bei der Ausgabe auf niedrigauflösenden Druckern »fetter« erscheinen würden.

Verwendung von OPI-Workflows | Verzichten Sie auf die Verwendung von Transparenzen, wenn der Einsatz eines OPI-Workflows geplant ist. InDesign wäre zwar in der Lage, zur Transparenzreduzierung die hochaufgelösten Bildbestände vom OPI-Server einzubeziehen, eine unproblematische Produktionsweise kann dabei aber nur mit viel Disziplin und Fachwissen erzielt werden.

[DCS]

Eine DCS-Datei ist eine spezielle Form einer EPS-Datei, die eine vorseparierte Abspeicherung von Farbauszügen zulässt. Es wird zwischen DCS 1.0 und 2.0 unterschieden.

Mit **DCS 1.0** wird ein 5-File-EPS erstellt, wobei vier Dateien für die Abspeicherung der CMYK-Bestände dienen und die fünfte Datei als Vorschaudatei verwendet wird.

Mit **DCS 2.0** können die einzelnen Auszüge und der Platzhalter in einer Datei abgelegt werden. Darüber hinaus können Sonderfarben abgespeichert werden.

[OPI-Workflows]

OPI – Open Prepress Interface – wurde ursprünglich dafür entwickelt, im Layout mit niedrigaufgelösten Ansichtsdateien zu arbeiten und trotzdem auf hochaufgelöste Feindaten für die Druckausgabe zurückgreifen zu können.

Verzicht auf DCS-Dateien | Verzichten Sie auf die Verwendung von DCS-Dateien. Die Möglichkeit, Volltonfarben aus Photoshop- oder TIFF-Dateien über InDesign separiert auszugeben, ist nicht mehr auf die Verwendung von DCS 2.0-Dateien beschränkt.

Verwendung von DCS-Dateien

Sollten DCS-Dateien in InDesign direkt von Transparenzen betroffen sein, so müssen Sie sie zuvor in EPS bzw. TIFF oder PSD umwandeln und die Verknüpfung aktualisieren.

Verwendung von Volltonfarben und Überdrucken | Seien Sie bei der Verwendung von Volltonfarben in Verbindung mit Überdrucken bei der Transparenzreduzierung vorsichtig. Verwenden Sie hierbei nicht die Option Weiche Kante und keine Füllmethoden; die Füllmethode Multiplizieren bildet dabei eine Ausnahme.

Das Verwenden der Optionen Fläche überdrucken, Kontur überdrucken und Lücke überdrucken aus dem Attribute-Bedienfeld ist hingegen nicht so problematisch.

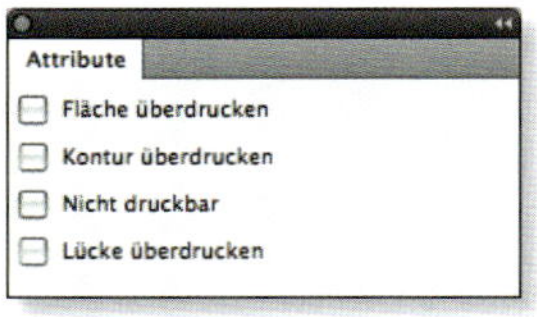

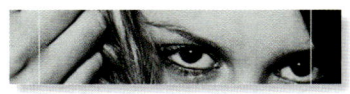

▲ **Abbildung 24.4**
Das Attribute-Bedienfeld. Alle Optionen sind nur dann aktivierbar, wenn Sie eine gefüllte Fläche umgeben von einer gestrichelten Linie angelegt haben.

Aktivieren der Überdruckenvorschau | Zur Simulation der Transparenzeffekte wählen Sie in InDesign den Befehl Ansicht • Überdruckenvorschau. In Acrobat oder Adobe Reader müssen Sie die Überdruckenvorschau in den Voreinstellungen aktivieren, damit transparenzreduzierte PDF-Dateien mit Volltonfarben genauso wie in InDesign dargestellt werden. Ist die Überdruckenvorschau deaktiviert, können ganze Objekte am Monitor fehlen.

Beim Betrachten der PDF-Datei in Acrobat sind weiße Linien an den Kanten der atomaren Bereiche zu erkennen | Dabei handelt es sich lediglich um einen Darstellungsfehler in Acrobat. Je nach Zoomstufe verschwinden und erscheinen diese weißen Linien. Ausblenden können Sie diese Ungereimtheit, indem Sie in Acrobat bzw. dem Reader im Register Seitenanzeige der Voreinstellungen die Option Vektorgrafiken glätten deaktivieren.

▲ **Abbildung 24.5**
Weiße dünne Linien, die sich nach der PDF-Erstellung am Monitor zeigen, sind meistens nur am Monitor zu sehen. Verändern Sie die Zoomeinstellung, und beobachten Sie, ob die weißen Linien damit verschwinden. Haben Sie in den Transparenzreduzierungsvorgaben den Pixelbild-Vektor-Abgleich unter 100% gestellt und die Option Komplexe Bereiche beschneiden aktiviert, so tritt dieser Darstellungsfehler nicht mehr in so stark auf.

Bilder werden unscharf | Der Grund dafür liegt meistens in der zu niedrig eingestellten Reduzierungsauflösung, die als Grundlage für alle Bilder der Seite verwendet wird. Wenn sich trotz höherer Auflösung im Ergebnis nichts ändert, sind bei der PDF-Generierung in der Registerkarte Bilder die Distiller- bzw. PDF-Export-Einstellungen anders einzustellen.

Text erscheint in Acrobat und auf niedrigauflösenden Druckern fetter | Dieses Problem entsteht, wenn Glyphen teilweise von einer Transparenz überlagert sind. Die Lösung liegt in der Umrechnung auf Pixelbilder durch die Transparenzreduzierung. Ein Auftreten der fetteren Schrift gibt es bei hochauflösenden Ausgabegeräten (ab 500 Linien pro cm) nicht.

25 Effekte

Licht aus, Spot an: Deckkraft reduzieren, Farben miteinander negativ multiplizieren, Rahmen mit weichen Kanten und Schattenwürfen versehen – das sind den Grafikern und Layoutern allzu bekannte Funktionen, und seit InDesign CS3 sind auch die meisten Effekte, die Sie aus Adobe Photoshop kennen, im Programm über das Effekte-Bedienfeld auswählbar.

Sie haben im vorigen Kapitel wichtige Informationen über Transparenzen erhalten. Die darin aufgeführten Hinweise müssen Sie beim Anwenden von Effekten immer im Hinterkopf behalten, denn jegliche Effekte, damit sind auch Deckkraftänderungen gemeint, erzeugen Transparenzen!

25.1 Hinzufügen von Transparenzeffekten

In der Erstellung und der Ausgabe von Transparenzen liegt der wohl offensichtlichste Unterschied zwischen InDesign und den QuarkXPress-Versionen vor 7.0 bzw. anderen Layoutprogrammen. InDesign CS4 wie auch Illustrator CS4 bieten eine breite Palette an Funktionen an, die so mancher Anwender gar nicht als Transparenzen zu erkennen vermag.

Mit dem Effekte-Bedienfeld können Sie über die Optionen DECKKRAFT und FÜLLMETHODE Transparenzen festlegen, und zwar vom gesamten Objekt bzw. der Objektgruppe oder von der jeweiligen KONTUR, FLÄCHE, dem TEXT und der GRAFIK des Objekts. Es ist seit InDesign CS3 zusätzlich möglich, Effekte zu bestimmen, die Sie bislang nur über Photoshop einstellen konnten. Auch das Isolieren von Füllmethoden für bestimmte Gruppen und das Aussparen von Objekten in Bezug auf Transparenzen nehmen Sie damit vor.

Wenn Sie mehrere Objekte über den Befehl OBJEKT • GRUPPIEREN zu einer Gruppe zusammenfassen, gilt ein angewandter Effekt immer gleich für alle Objekte innerhalb der Gruppe. Wenn Sie dennoch auf einzelne Objekte einer Gruppe einen Effekt anwenden möchten, so müssen Sie diese Objekte zuerst mit dem Direktauswahl-Werkzeug markieren.

Effekte wirken nur auf Objekte

Für die Anwendung von Effekten ist vorweg klar darauf hinzuweisen, dass Effekte immer nur auf ein Objekt und nicht auf Teile eines Objekts, beispielsweise auf einzelne Buchstaben in einem Textfeld, Absatzlinien oder Unter- bzw. Durchstreichungen, angewendet werden können.

▲ **Abbildung 25.1**
Das Erstellen eines Aufhellers im Hintergrund eines Textrahmens funktionierte mit älteren InDesign-Versionen nur, wenn Sie einen eigenen Rahmen für den Aufheller erstellte.

Generell wird seit InDesign CS3 zwischen einfachen Transparenzen und Effekten unterschieden. Zu den einfachen Transparenzen zählen DECKKRAFT und FÜLLMETHODE. Sobald ein SCHLAGSCHATTEN, eine WEICHE KANTE oder andere Methoden verwendet werden, handelt es sich um einen erweiterten Effekt. Die Unterscheidung ist für das Löschen des Effektes entscheidend.

25.1.1 Das Effekte-Bedienfeld

Öffnen Sie das Effekte-Bedienfeld über das Menü FENSTER • EFFEKTE, oder drücken Sie ⌨Strg⌨+⌨⇧⌨+⌨F10⌨ bzw. ⌨⌘⌨+⌨⇧⌨+⌨F10⌨.

Markieren Sie zum Anwenden eines Effektes das Objekt mit dem Auswahl- oder Direktauswahl-Werkzeug. Wählen Sie OBJEKT ❷, wenn sich die Einstellungen auf das gesamte Objekt auswirken sollen. Wollen Sie jedoch bestimmte Einstellungen nur auf die KONTUR, FLÄCHE oder auf den TEXT wirken lassen, so aktivieren Sie den entsprechenden Eintrag im Bedienfeld. Wenn Sie das Effekte-Bedienfeld nicht so wie in Abbildung 25.2 vorfinden, müssen Sie nur auf den Pfeil ▶ vor dem Eintrag OBJEKT klicken. Sofort haben Sie Zugriff auf alle Eigenschaften des Objekts. Fehlt in der Abbildung die letzte Zeile mit den Optionen FÜLLMETH. ISOLIEREN ❸ und AUSSPARUNGSGR. ❹, so müssen Sie darüber hinaus die Option OPTIONEN EINBLENDEN im Bedienfeldmenü auswählen. Nehmen Sie dann im Bedienfeld die gewünschten Einstellungen vor.

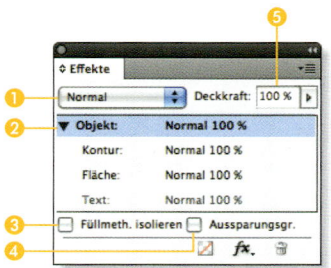

▲ **Abbildung 25.2**
Das Effekte-Bedienfeld mit vollem Funktionsumfang

▲ **Abbildung 25.3**
Balken oben: MULTIPLIZIEREN
Balken Mitte: grauer Balken mit einer 50%igen Deckkraft NEGATIV MULTIPLIZIEREN
Balken unten: NEGATIV MULTIPLIZIEREN

Füllmethode ❶ | Wie aus Abbildung 25.2 ersichtlich, können auf ganze Objekte bzw. auf deren Einzelteile verschiedene Füllmethoden angewandt werden. Photoshop- und Illustrator-Anwendern werden diese Methoden bereits geläufig sein.

▶ **Normal:** Damit wird keine Wechselwirkung zwischen Grund- und Angleichungsfarbe – also der Farbe des auf transparent gesetzten Objekts – erzeugt.

▶ **Multiplizieren:** Dabei wird die Angleichungsfarbe mit der dahinterliegenden Farbe multipliziert. Das Ergebnis ist immer eine dunklere Farbe, also eignet sich dieser Effekt u. a. für die Gestaltung von Schatten oder um Graustufenbilder mit einem farbigen Untergrund zu verbinden.

▶ **Negativ multiplizieren:** Dabei werden die Farben voneinander abgezogen. Somit entsteht immer eine hellere Farbe, wodurch Effekte für Lichter oder Glüheffekte erzeugt werden können. Weiße Flächen mit einer 50%igen Deckkraft und dieser Füllmethode werden zum Aufhellen von Bildern verwendet.

▶ **Ineinanderkopieren:** Durch die Füllmethode INEINANDERKOPIEREN wird die Angleichungsfarbe je nach Hintergrundfarbe multipliziert oder negativ multipliziert. Durch das Mischen mit der Angleichungsfarbe bleiben der Helligkeitsgrad der Ursprungsfarbe, die Spitzlichter und die Schatten der Hintergrundfarbe erhalten.

▶ **Weiches Licht:** Damit erzielen Sie durch eine hellere Angleichungsfarbe eine Aufhellung der Grundfarbe, bei einer dunkleren Angleichungsfarbe entsprechend eine Verdunkelung der Hintergrundfarbe.

▶ **Hartes Licht:** Damit erzielen Sie den umgekehrten Effekt. Die Wirkung entspricht dabei dem Anstrahlen von Objekten mit einem grellen Scheinwerferlicht.

▶ **Farbig abwedeln:** Damit kann die Hintergrundfarbe aufgehellt werden.

▶ **Farbig nachbelichten:** Damit kann die Grundfarbe abgedunkelt werden.

▲ **Abbildung 25.4**
Balken oben: INEINANDERKOPIEREN
Balken Mitte: links WEICHES LICHT und rechts HARTES LICHT
Balken unten: links FARBIG ABWEDELN und rechts FARBIG NACHBELICHTEN

Die weiteren Füllmethoden ABDUNKELN, AUFHELLEN, DIFFERENZ, AUSSCHLUSS, FARBTON, SÄTTIGUNG, FARBE und LUMINANZ testen Sie am einfachsten selbst aus. Die Beschreibung aller Effekte entfällt aufgrund Platzmangels.

Deckkraft ❺ | Geben Sie die Deckkraft in Prozent ein, mit der Sie Objekte in die darunterliegenden Objekte einrechnen wollen. Eine Anwendung haben Sie in Abbildung 25.1 gesehen, wo der Aufheller als weiße Fläche, mit 70% Deckkraft, dargestellt wird.

Füllmethode isolieren ❸ | Wenn Sie eine der oben genannten Füllmethoden auf Objekte in einer Gruppe anwenden, so wirken sich die Einstellungen immer auch auf darunterliegende Objekte aus. Durch Aktivieren der Checkbox FÜLLMETHODE ISOLIEREN verhindern Sie, dass die ausgewählte Füllmethode, die auf Objekte innerhalb einer Gruppe angewandt wurde, auch auf die Objekte unterhalb verrechnet wird. In Abbildung 25.5 wurden die Kreise mit der Füllmethode MULTIPLIZIEREN versehen. Damit sich das nicht auch auf den Hintergrund auswirkt, wurde die Option FÜLLMETHODE ISOLIEREN zusätzlich gewählt.

▲ **Abbildung 25.5**
Die Füllmethode der Kreise wirkt sich auf die Kreise und nicht auf den Hintergrund aus – aktivierte Option FÜLLMETHODE ISOLIEREN.

Aussparungsgruppe ❹ | Durch die Aktivierung dieser Option werden alle Deckkraft- und Angleichsattribute der Objekte in der ausgewählten Gruppe ausgespart. In Abbildung 25.6 wurden alle Kreise unterschiedlich eingefärbt und mit der Füllmethode MULTIPLIZIEREN versehen. Alle Kreise wurden dann in einer Gruppe zusammengefasst und auf einen grauen Hintergrund gestellt. Der Effekt: Alle Kreise werden zueinander und mit dem

▲ **Abbildung 25.6**
Die Füllmethode der Kreise wirkt sich auf die Kreise und den Hintergrund aus – keine aktivierte AUSSPARUNGSGRUPPE.

Hintergrund multipliziert. In Abbildung 25.7 wurde die Gruppe
mit den Kreisen mit der Option AUSSPARUNGSGRUPPE versehen.
Der Effekt: Die Kreise werden zwar gegenüber dem Hintergrund
multipliziert, jedoch innerhalb der Gruppe ausgespart. Damit
haben Sie im Wesentlichen das Gegenteil zur Option FÜLLME-
THODE ISOLIEREN erreicht.

25.1.2 Eine Transparenz oder einen Effekt hinzufügen

Es gibt mehrere Möglichkeiten, Transparenzen oder Effekte auf
ausgewählte Objekte anzuwenden. Diese sind:

Effekte-Bedienfeld | Um einen Effekt hinzuzufügen, ist der je-
weilige Effekt über das Symbol *fx.* in der Fußzeile des Bedienfelds
auszuwählen. Füllmethode und DECKKRAFT können über die entsprechenden Eingabefelder gesetzt werden. Auf welchen Objektteil sich die Transparenz auswirken soll, muss zuvor durch Auswahl
des Eintrags OBJEKT, KONTUR, FLÄCHE oder TEXT bestimmt werden.

Menüauswahl | Über den Befehl OBJEKT • EFFEKTE gelangen Sie
in den Einstellungen-Dialog für Transparenz und Effekte. Der Dialog ist in verschiedene Bereiche eingeteilt:

- ▶ **Einstellungen für ❶:** Wählen Sie zuerst den Objektteil aus,
  dem Sie eine Transparenz oder einen Effekt zuweisen wollen.
- ▶ **Auswahlbereich ❷:** Wählen Sie hier den gewünschten Effekt
  oder ob lediglich eine Transparenz angebracht werden soll.
- ▶ **Parameterbereich ❹:** Dieser Bereich steht dann für die Einstellung der jeweiligen Parameter zur Verfügung.
- ▶ **Zusammenfassung ❸:** Alle angewandten Effekte und Transparenzen werden hier nach Objektteil gegliedert aufgeführt.
  Dadurch behalten Sie auch den Überblick.

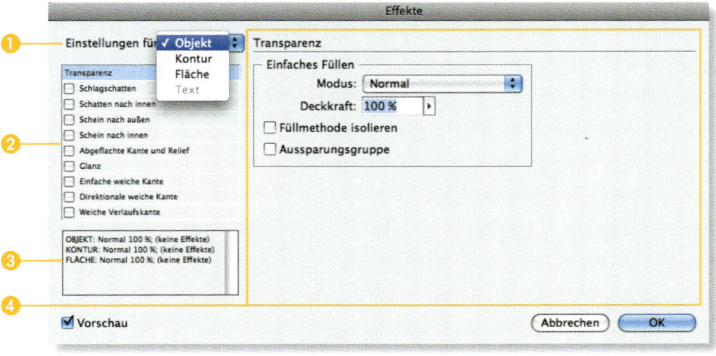

Abbildung 25.8 ▶
Die Transparenzeinstellungen für
das Bild bzw. die Grafik in einem
Bildrahmen

Steuerung-Bedienfeld | Wählen Sie auch hier immer zuerst den
Objektteil über das Symbol ❺ aus, und bestimmen Sie erst dann,

welchen EFFEKT ❼, SCHLAGSCHATTEN ❻ oder welche Deckkraft ❽ Sie dem ausgewählten Teil zuweisen wollen. Den Prozentsatz für die Deckkraft regeln Sie über das Eingabefeld ❾.

25.1.3 Effekte löschen und auf andere Objekte übertragen

Befindet sich in der rechten Spalte im Effekte-Bedienfeld das Symbol »fx« ❿, so ist ein Effekt auf den jeweiligen Objektteil angewandt worden. Ob Transparenzen angelegt wurden, sehen Sie durch den Eintrag ❿ im Effekte-Bedienfeld.

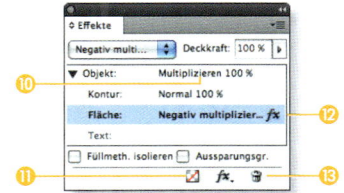

Entfernen von Effekt und Transparenz | Durch Klick auf das EFFEKT LÖSCHEN-Symbol ⓫ werden alle Effekte – auch die Reduzierung der DECKKRAFT und die FÜLLMETHODE – auf einmal entfernt, und das Objekt wird wieder lichtundurchlässig gemacht.

Entfernen des Effekts | Wollen Sie hingegen nur den Effekt entfernen, die Transparenz jedoch beibehalten, so klicken Sie auf das EFFEKTE ENTFERNEN-Symbol ⓭.

Effekte übertragen | Übertragen Sie einen Effekt von einem Objekt auf ein anderes, indem Sie das erste Objekt markieren und das Effekte-Symbol »fx« ⓬ auf das Zielobjekt ziehen. Alle Parameter werden somit dem Zielobjekt zugewiesen.

Achtung: Wirkt ein anderer Effekt bereits auf das Zielobjekt, so wird der neue Effekt nur hinzugefügt, der erste Effekt aber nicht gelöscht. Sollten Sie mehrere Objekte mit Effekten ausstatten müssen, so legen wir Ihnen nahe, dies mit Objektstilen zu tun. Lesen Sie dazu mehr in Abschnitt 18.4, »Objektstile«, auf Seite 563.

Effekte übertragen

Das Übertragen von Effekten hingegen funktioniert nicht für Deckkraft und Füllmethode, sondern lediglich für die erweiterten Effekte.

25.2 Parameter für erweiterte Effekte

Bevor wir die einzelnen Effekte näher beleuchten, sollten ein paar Begriffe, die sich in vielen Dialogen wiederfinden, einmal erklärt werden. Viele Parameter stehen in Wechselwirkung zueinander und können nicht sinnvoll beschrieben werden. Probieren ist angesagt, dennoch sollten Sie wissen, in welche Richtung Sie mit den einzelnen Optionen etwas verändern. Die wichtigsten Parameter für Effekte sind:

▸ **Winkel:** Über den Parameter WINKEL wird der Beleuchtungswinkel für die Anwendung eines Lichteffekts bestimmt – SCHLAGSCHATTEN, SCHATTEN NACH INNEN, ABGEFLACHTE KANTE UND RELIEF und GLANZ. Beträgt der WINKEL 0°, so wird dabei von einer Beleuchtung auf Bodenhöhe ausgegangen, ist der

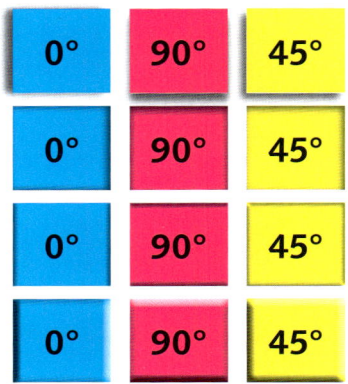

▲ **Abbildung 25.11**
Beispiele in Verbindung mit Winkeln und verschiedenen Effekten:
1. Reihe: SCHLAGSCHATTEN
2. Reihe: SCHATTEN NACH INNEN
3. Reihe: GLANZ
4. Reihe: ABGEFLACHTE KANTE UND RELIEF bei einer Höhe von 30°

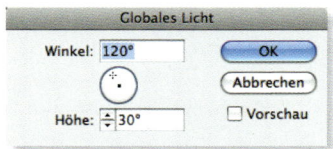

▲ Abbildung 25.12
Legen Sie in der Option GLOBALES LICHT aus dem Bedienfeldmenü eine generelle Beleuchtungseinstellung fest.

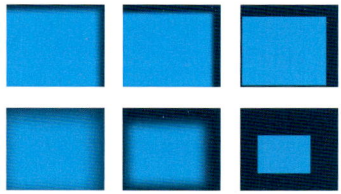

▲ Abbildung 25.13
Das Zusammenspiel von GRÖSSE und UNTERFÜLLEN am Beispiel des Effektes SCHEIN NACH INNEN. In der ersten Reihe wurde eine GRÖSSE von 1 mm und in der zweiten ein Wert von 3 mm vergeben. Die linken Kästchen sind mit UNTERFÜLLEN von 0 %, in der Mitte von 50 % und rechts von 100 % ausgestattet.

▲ Abbildung 25.14
Links kein RAUSCHEN (0 %), in der Mitte 15 % RAUSCHEN und rechts 40 % RAUSCHEN

WINKEL 90°, so steht die Lichtquelle senkrecht über dem Objekt. In Verbindung mit Effektverläufen wird über den Winkel natürlich nur die Verlaufsrichtung bestimmt.

▶ **Höhe:** Über diesen Parameter bestimmen Sie im Effekt ABGE-FLACHTE KANTE UND RELIEF die optische Erhebung bzw. Tiefe. Beträgt der Wert 0°, so wirkt fast nur der Parameter WINKEL. Gleiches gilt für 90°, eine HÖHE dazwischen führt eher zum gewünschten Effekt.

▶ **Globales Licht:** Wenn Sie sich einmal in einem Projekt für einen Beleuchtungswinkel entschieden haben, so sollten Sie diese Einstellung über die Option GLOBALES LICHT aus dem Bedienfeldmenü des Effekte-Bedienfelds festlegen und über die Option GLOBALES LICHT VERWENDEN bei den einzelnen Effekten darauf zurückgreifen.

▶ **Größe:** Damit legen Sie den Umfang des Schattens oder Scheins fest. Diese Option steht bei den Effekten SCHLAGSCHATTEN, SCHATTEN NACH INNEN, SCHEIN NACH AUSSEN, SCHEIN NACH INNEN und GLANZ zur Verfügung.

▶ **Unterfüllen:** In Kombination mit der Option GRÖSSE wird damit festgelegt, wie viel des Schattens oder Scheins deckend und wie viel transparent bleiben soll. Ist der Wert hoch, so wird die Deckkraft erhöht, je niedriger der Wert ist, umso transparenter werden die Effekte ausgeführt. Diese Option steht bei den Effekten SCHATTEN NACH INNEN, SCHEIN NACH INNEN und WEICHE KANTE zur Verfügung.

▶ **Abstand:** Damit wird der Versatzabstand für die Effekte SCHLAGSCHATTEN, SCHATTEN NACH INNEN und GLANZ festgelegt. Bestimmen Sie den WINKEL und den ABSTAND, der entsprechende x- und y-VERSATZ errechnen sich daraus automatisch.

▶ **x-Versatz und y-Versatz:** Versetzt jeweils den Schatten auf der x- bzw. y-Achse um den festgelegten Wert. Diese Werte stehen in Wechselwirkung zum gewählten WINKEL und zum definierten ABSTAND. Durch die Eingabe von Werten können sich die Werte bei der Option WINKEL automatisch verändern. Einen Versatz können Sie bei den Effekten SCHLAGSCHATTEN und SCHATTEN NACH INNEN verwenden.

▶ **Rauschen:** Damit wird eine Störung für den Schein, die weiche Kante und alle Schattenformen hinzugefügt. Glatte Schlagschatten können damit etwas effektvoller aufbereitet werden.

▶ **Übergriff:** Während die Option UNTERFÜLLEN für alle Effekte, die einen Lichteffekt nach innen verwenden – SCHATTEN NACH INNEN, SCHEIN NACH INNEN und WEICHE KANTE –, eingestellt werden kann, steht die Option ÜBERGRIFF für alle Effekte, die einen Lichteffekt nach außen verwenden – SCHLAGSCHATTEN und SCHEIN NACH AUSSEN – zur Verfügung.

Wie UNTERFÜLLEN steht auch die Option ÜBERGRIFF im Zusammenhang mit der GRÖSSE. Damit können Sie, wie in Abbildung 25.15 gezeigt, sehr einfach eine Dreifarbenschrift erzeugen. Der Text ist mit einer Farbe ausgezeichnet, die Kontur des Textes mit einer zweiten Farbe, und der Schlagschatten (x- und y-VERSATZ sind auf 0 mm gestellt) bekommt schließlich die dritte Farbe. Viele Versandhäuser und Lebensmittelvertriebsketten bedienen sich allzu gerne dieses Effekts.

▶ **Technik:** Mit dieser Option wird die Wechselwirkung zwischen dem Rand eines Transparenzeffekts und der Hintergrundfarbe bestimmt. Sie können dabei aus zwei Parametern, die für die Effekte SCHEIN NACH AUSSEN und SCHEIN NACH INNEN zur Verfügung stehen, auswählen:

  ▶ WEICHER: Damit wird eine Weichzeichnung auf den Rand des Effektes gelegt. Bei größeren Elementen kommt es dabei zu Detailverlusten.

  ▶ PRÄZISE: Damit wird die Effektkante einschließlich der Ecken schärfer umrissen. Details bleiben hier besser erhalten.

Alle anderen Parameter betreffen die bereits zuvor beschriebenen Einstellungen für Deckkraft und Füllmethode, die ebenfalls in allen erweiterten Effekten angewandt werden können. Wie sich die Parameter verhalten, lesen Sie bitte dort nach.

25.3 Erweiterte Effekte

Seit InDesign CS3 stehen bekannte Effekte aus Adobe Photoshop in InDesign zur Verfügung. Eine kurze Beschreibung der Effekte in Verbindung mit Abbildungen zu möglichen Einsatzgebieten soll Ihnen das Experimentieren schmackhaft machen.

25.3.1 Schlagschatten

Mit diesem Effekt werden Schatten für ausgewählte Objekte bzw. Objektteile erstellt. Klicken Sie zum Erstellen eines Schlagschattens auf einen Eintrag im Effekte-Bedienfeld. Schneller kommen Sie zum Einstellungsdialog über das Tastaturkürzel [Alt]+[Strg]+[M] bzw. [⌘]+[⌥]+[M] oder über das Kontextmenü EFFEKTE.

Im Einstellungsdialog können Sie im Bereich FÜLLEN den MODUS ❶ und die DECKKRAFT ❸ regeln. Im Bereich POSITION bestimmen Sie die Lage des Schattens. Dabei stehen die Optionen ABSTAND und WINKEL in Abhängigkeit zum x- und y-VERSATZ.

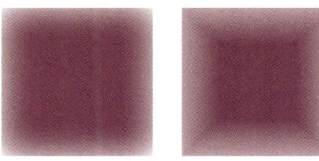

▲ **Abbildung 25.15**
ÜBERGRIFF-Beispiele: oben 0 %
ÜBERGRIFF; Mitte 50 % und unten
100 %

▲ **Abbildung 25.16**
Die Unterschiede in der TECHNIK.
Links wurde die Technik WEICHER
verwendet, rechts die Technik
PRÄZISE.

Schlagschatten immer multiplizieren!

Stellen Sie beim Effekt SCHLAGSCHATTEN immer den MODUS auf MULTIPLIZIEREN und nie auf NORMAL. Im letzteren Fall wird der Schlagschatten aus der Hintergrundfarbe ausgespart, was im Ausdruck zu einem unnatürlichen Schlagschatten führen würde.

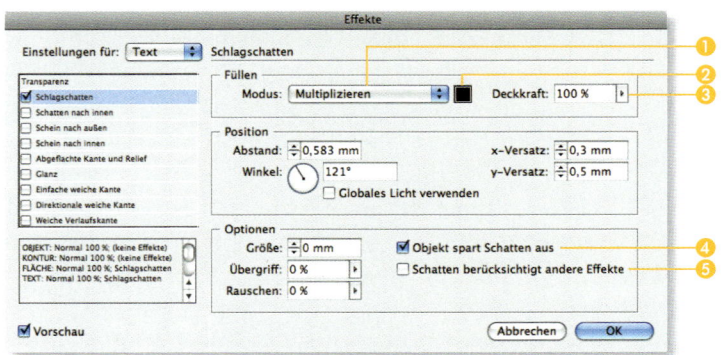

Abbildung 25.17 ▶
Die Einstellungen für den harten Schlagschatten der Uhrzeitangabe aus Abbildung 25.18 (mittleres Bild). Die Farbe des Schlagschattens wählen Sie über die Option TIEFEN-FARBE FESTLEGEN ❷.

Optionen | Hier können Sie mit den Optionen GRÖSSE, ÜBERGRIFF und RAUSCHEN spielen. Eine GRÖSSE von 0 mm erzeugt immer einen harten Schlagschatten (Textschatten in der mittleren Uhrzeit bzw. Kastenschatten in der linken Uhrzeit in Abbildung 25.18).

Abbildung 25.18 ▶
Verschiedene Uhrzeitangaben aus diversen TV-Magazinen

 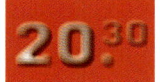

▲ **Abbildung 25.19**
Eine Schattenschrift ist erst durch Deaktivierung der Option OBJEKT SPART SCHATTEN AUS zu erzielen.

Mit der Option OBJEKT SPART SCHATTEN AUS ❹ verdeckt das Objekt den von Ihnen erstellten Schatten. Wenn Sie beispielsweise lediglich einen Schatten von einem Text benötigen, so können Sie einen weißen Text mit Schlagschatten erstellen (obere Zeile in Abbildung 25.19) und dann den weißen Text multiplizieren und die Option OBJEKT SPART SCHATTEN AUS deaktivieren. Mit der Option SCHATTEN BERÜCKSICHTIGT ANDERE EFFEKTE ❺ können Sie beispielsweise die Abhängigkeit zwischen einem erstellten Schlagschatten und der einfachen weichen Kante für den Text regeln. In Abbildung 25.20 wurde links die Option nicht aktiviert, rechts aktiviert. Achtung: Die Abhängigkeit ist nur innerhalb eines Objektteils gewährleistet, zwischen Text und Fläche jedoch nicht.

▲ **Abbildung 25.20**
Auswirkungen der Option SCHATTEN BERÜCKSICHTIGT ANDERE EFFEKTE

Erweiterte Effekte werden Pixeldaten

Alle erweiterten Effekte werden bei der Transparenzreduzierung immer in Pixeldaten umgewandelt. Berücksichtigen Sie dies speziell beim Downsampling von Farb- und Graustufenbildern in Ihren PDF-Export-Settings.

Schlagschatten bei Bildern | Schlagschatten können bei einem Bild auf Bildinhalt und auf das Objekt getrennt angewandt werden. Sie müssen dazu zusätzlich den Inhalt mit dem Direktauswahl-Werkzeug anwählen und mit einem Schlagschatten versehen. Aktivieren Sie dann das Objekt mit dem Auswahl-Werkzeug, und versehen Sie es ebenfalls mit dem gewünschten Schlagschatten, so hat dies zur Folge, dass die Schatten sich dadurch verdunkeln. Der Grund: Es wurde zweifach ein Schlagschatten auf das Objekt angewandt, und beide Schatten ergeben wiederum multipliziert übereinander eben den dunkleren Schatten.

25.3.2 Schatten nach innen

Bei diesem Effekt wird der Schatten innerhalb des Objekts platziert, wodurch der Eindruck einer Vertiefung entsteht. Sie können den SCHATTEN NACH INNEN entlang unterschiedlicher Achsen versetzen und mit den Optionen MODUS, DECKKRAFT, ABSTAND, WINKEL, GRÖSSE, RAUSCHEN und UNTERFÜLLUNG variieren.

25.3.3 Schein nach außen – Schein nach innen

Mit SCHEIN NACH AUSSEN wird das Objekt wie von einem Schein von der Objektunterseite angestrahlt. Sie können darin die Optionen MODUS, DECKKRAFT, TECHNIK, RAUSCHEN, GRÖSSE und ÜBERGRIFF festlegen.

Mit SCHEIN NACH INNEN wird ein Schein vom Objektinneren aus ausgestrahlt. Im Unterschied zum Effekt SCHEIN NACH AUSSEN können Sie hier zusätzlich die QUELLE – den Startpunkt des Scheins – festlegen. Wählen Sie für die QUELLE: MITTE, wenn der Schein vom Mittelpunkt ausgehen soll. Wählen Sie als QUELLE die Option KANTE, wenn der Schein von den Rändern ausgehen soll.

25.3.4 Abgeflachte Kante und Relief

Mit diesem Effekt können Sie Objekten ein realistisches, dreidimensionales Aussehen verleihen. Im Bereich STRUKTUR werden Größe und Form des Objekts bestimmt. Wählen Sie unter der Option FORMAT zwischen ABGEFLACHTE KANTE sowie RELIEF. Beide Stile können nach INNEN oder nach AUSSEN ausgewählt werden. Über die Optionen TECHNIK, RICHTUNG, GRÖSSE, WEICHZEICHNEN und TIEFE regeln Sie die Erscheinungsform des Effekts.

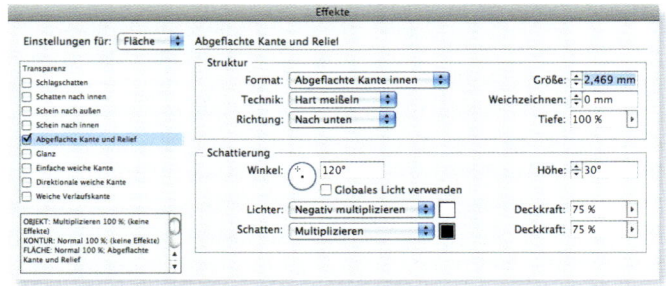

Durch den Stil RELIEF wird die Aufwölbung des Objekts in Bezug auf darunterliegende Objekte simuliert. In Abbildung 25.25 sehen Sie dieselben Symbole mit denselben Einstellungen aus Abbildung 25.23, es wurde lediglich das FORMAT auf RELIEF umgestellt.

Im Bereich SCHATTIERUNG legen Sie die Werte für WINKEL und HÖHE fest und bestimmen, wie die Aufhellungs- und Abdunkelungsbereiche gegenüber dem Hintergrund erstellt werden.

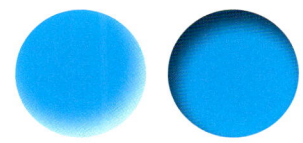

▲ **Abbildung 25.21**
Links: SCHATTEN NACH INNEN mit weißer Farbe und dem MODUS NORMAL; rechts: schwarzer Schatten mit MODUS MULTIPLIZIEREN

▲ **Abbildung 25.22**
Links: SCHEIN NACH AUSSEN; rechts: SCHEIN NACH INNEN ausgehend von der QUELLE: MITTE und mit der TECHNIK: PRÄZISE

▲ **Abbildung 25.23**
Beispiele für ABGEFLACHTE KANTE in Verbindung mit verschiedener TECHNIK. Links: GLÄTTEN; Mitte: HART MEISSELN (Werte aus Abbildung 25.24); rechts: WEICH MEISSELN

◄ **Abbildung 25.24**
Der sehr umfangreich einzustellende Effekt ABGEFLACHTE KANTE UND RELIEF. Die Werte aus der Abbildung entsprechen dem mittleren Button aus Abbildung 25.23.

▲ **Abbildung 25.25**
Beispiele zu RELIEF in Kombination mit unterschiedlicher TECHNIK

25.3.5 Glanz

Damit können Sie den Objekten eine glatte, glänzende Oberfläche geben. Wählen Sie dabei aus den Einstellungen für MODUS, DECKKRAFT, WINKEL, ABSTAND und GRÖSSE. Sie können hier darüber hinaus festlegen, ob die Farben bzw. Transparenzen invertiert werden sollen (über UMKEHREN).

25.3.6 Einfache weiche Kante

Dieser Effekt bewirkt ein Weichzeichnen (Verblassen) der Objektkanten über einen von Ihnen festgelegten ABSTAND.

Über die Option BREITE legen Sie den Bereich an, in dem das Objekt von deckend bis transparent auslaufen soll. Verfeinern Sie das Erscheinungsbild über die Optionen UNTERFÜLLEN und RAUSCHEN. Ein besonderes Augenmerk sollte auf die Option ECKEN gelegt werden. Die darin auswählbaren Optionen VERSCHWOMMEN, ABGERUNDET und SPITZ ähneln sehr den Ausprägungen der Option TECHNIK der anderen Effekte.

25.3.7 Direktionale weiche Kante

Wenn Sie eine weiche Kante benötigen, diese jedoch nicht auf allen Seiten in derselben Ausprägung wünschen, dann sind Sie mit diesem Effekt gut bedient. Damit können Sie beispielsweise eine einfache weiche Kante auf der oberen und rechten Seite eines Bildes erstellen, jedoch die linke und untere Kante des Bildes mit einer harten Kante abschließen (Bild links aus Abbildung 25.27).

25.3.8 Weiche Verlaufskante

Durch diesen Effekt erreichen Sie ein Weichzeichnen des Objekts durch Auslaufen in Transparenz. Bestimmen Sie eine Verlaufsunterbrechung – wie bei einem normalen Farbverlauf – durch Setzen einzelner Regler und Definition des Farbtons (spricht Deckkraft) der jeweiligen Position. Das Hinzufügen von Reglern erfolgt analog zur Erstellung eines Farbverlaufs. Im Bereich OPTIONEN bestimmen Sie noch über die Option ART, ob die weiche Verlaufskante RADIAL oder LINEAR sein und in welchem WINKEL der lineare Verlauf erfolgen soll.

Die Anwendungsgebiete für eine weiche Verlaufskante sind vielfältig. Einfache Bildmontagen können somit im Layoutprogramm erfolgen, womit ein nachträgliches Ändern von Ausschnitten oder sogar der Austausch von Bildern sehr schnell möglich ist, ohne dass dadurch der Effekt neu definiert werden muss. Beachten Sie, dass Sie mit dem Weiche-Verlaufskante-Werkzeug genau diesen Effekt anwenden. Wir empfehlen Ihnen, die Einstellungen dazu kontrolliert über das Bedienfeld vorzunehmen.

▲ **Abbildung 25.26**
Beispiele einer EINFACHEN WEICHEN KANTE. Links mit ausgewählter ECKEN-Option SPITZ und rechts mit ausgewählter ECKEN-Option ABGERUNDET.

▲ **Abbildung 25.27**
Beispiele einer DIREKTIONALEN WEICHEN KANTE. Links wurden nur die obere und die rechte Kante abgesoftet. Rechts wurden dieselben Einstellungen mit FÜHRENDE ERSTE KANTE (aus der Option FORM) und einem WINKEL von 45° versehen.

▲ **Abbildung 25.28**
Im oberen Bildabschnitt wurden zwei Bilder nebeneinandergestellt. Im unteren Bildabschnitt wurden die beiden Bilder über eine WEICHE VERLAUFSKANTE zu einem Bild verschmolzen.

26 Überfüllen, Überdrucken, Aussparen und Anzeigen

Die Tatsache, dass durch eine fehlende Überfüllung bzw. ein überdruckendes oder ein ausgespartes Objekt ungewollte Effekte oder Blitzer entstehen, sind für so manche Produktion schon des Öfteren Grund für Reklamationen gewesen. Darum müssen wir uns mit diesem Thema kurz außereinandersetzen und dabei auch die Optionen für die Darstellung am Monitor etwas näher betrachten.

26.1 Überfüllen

Der Begriff **Trapping**, auch Überfüllen oder Überstrahlen genannt, kann mit dem Über- und Unterfüllen zwischen benachbarten Flächen beschrieben werden. Trapping ist ein notwendiger Schritt in der Produktion, der als vorletzter vor dem Rastern in PostScript-RIPs bzw. vor dem Rendern im PDF-Renderer erfolgen soll.

Die Entscheidung, ob überfüllt werden soll oder nicht, kann nur der ausführende Druckvorstufenbetrieb bzw. die Druckerei treffen. Dies ist keine Aufgabe für die Datenersteller wie Grafiker, Designer, Verlage oder Agenturen. Lassen Sie einfach die Finger davon, denn Sie können nur verlieren!

Das Überfüllen in InDesign funktioniert nur auf Basis von Farbunterschieden und nicht auf Basis von unterschiedlich gefärbten Objekten, so wie es in QuarkXPress üblich ist. Damit kann ganz eindeutig auf jede Konstellation von Farbanordnung Rücksicht genommen werden. Mit der anwendungsintegrierten Überfüllung können sowohl Objekte, die in InDesign erstellt wurden, als auch platzierte Bilder überfüllt werden. Überfüllungen in Verbindung mit platzierten EPS- und PDF-Dateien funktionieren damit nicht. Daraus erkennen Sie auch schon die Schwächen, die eine anwendungsintegrierte Überfüllung mit InDesign mit sich bringen kann.

Das Trapping von Dateien wird in Druckvorstufenbetrieben über Überfüllungsoptionen in den PostScript-RIPs und immer öfter auf Basis von PDF-Dateien durchgeführt.

»Überfüller«

Sprechen Sie gegenüber einem Österreicher (von Wien bis Innsbruck) nie von einem »Überfüller«, wenn Sie »Überfüllen« meinen. Der »Überfüller« ist hierzulande der »Anschnitt« eines Dokuments.

▲ **Abbildung 26.1**
Oben: Passungenauigkeiten ohne Überfüllen; unten: mit Überfüllung

Wie wird überfüllt?

Überfüllungen erfolgen, indem die hellere Farbe die dunklere Farbe »überstrahlt«. Wäre es umgekehrt, so käme es zu einer optischen Vergrößerung des dunkleren Objekts.

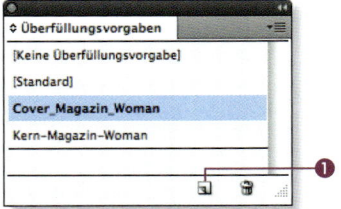

▲ **Abbildung 26.2**
Das Überfüllungsvorgaben-Bedienfeld zum Definieren der Überfüllungsparameter

Abbildung 26.3 ▶
Das Register AUSGABE des Druckdialogs zur Aktivierung der Überfüllung

26.1.1 Überfüllungen aus InDesign heraus durchführen

Das Überfüllen kann nur in der Ausgabe über PostScript entweder durch die **anwendungsintegrierte Überfüllung** erfolgen (d. h., die Berechnung der Trapps erfolgt durch InDesign) oder durch die **Adobe In-RIP-Überfüllung** (die eingestellten Überfüllungsparameter werden dem PostScript-Code übergeben), die in sehr vielen PostScript 3-Belichtern zu finden ist. Zwischen der anwendungsintegrierten Überfüllung und der Adobe In-RIP-Überfüllung bestehen jedoch Unterschiede:

▶ Die Überfüllungsbreite ist bei der anwendungsintegrierten Überfüllung auf 4 Punkt beschränkt.

▶ Sollen importierte Bilder überfüllt werden, so können bei der integrierten Überfüllung nur Bilder, die in einem Pixelformat (TIFF, PSD, JPEG) vorliegen, korrekt überfüllt werden.

▶ Platzierte AI-, DCS-, EPS-, InDesign-, PDF- und PostScript-Dateien können mit der anwendungsintegrierten Überfüllung nicht überfüllt werden.

▶ Sie sollten zur Überfüllung von Texten in Verbindung mit der anwendungsintegrierten Überfüllung nur Type 1-Schriften verwenden.

26.1.2 Das Überfüllungsvorgaben-Bedienfeld

Das Festlegen der Überfüllungsparameter erfolgt in InDesign über das Überfüllungsvorgaben-Bedienfeld ▣. Rufen Sie dazu den Menübefehl FENSTER • AUSGABE • ÜBERFÜLLUNGSVORGABEN auf.

Im Bedienfeld können Sie neue Überfüllungsformate anlegen ❶ und über den Befehl ÜBERFÜLLUNGSVORGABE ZUWEISEN im Bedienfeldmenü den einzelnen Seiten zuweisen. In anderen Dokumenten gespeicherte Überfüllungsformate können Sie durch den Befehl ÜBERFÜLLUNGSVORGABEN LADEN des Bedienfeldmenüs hinzufügen.

Ob überfüllt wird oder nicht, bestimmen Sie im Druckdialog, in dem Sie im Register AUSGABE die Option FARBE auf SEPARATIONEN oder IN-RIP-SEPARATIONEN stellen.

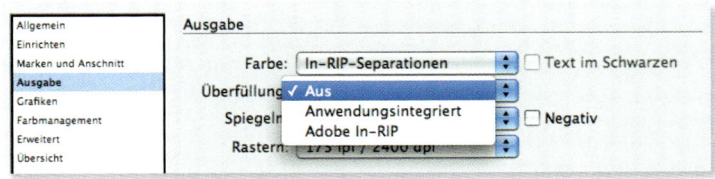

Ob Sie bei der Option ÜBERFÜLLUNG auf ANWENDUNGSINTEGRIERT oder auf ADOBE IN-RIP zurückgreifen, hängt von den vorhandenen technischen Ressourcen ab.

Wie überfüllt wird, muss zuerst durch Zuweisen der Überfüllungs-parameter auf die jeweiligen Seiten des Dokuments festgelegt werden. Wählen Sie die Option Aus, wenn keine Überfüllung in der Separation erfolgen soll.

26.1.3 Überfüllungsvorgaben definieren

Im Überfüllungsvorgaben-Bedienfeld befinden sich bereits die zwei Fixeinträge [KEINE ÜBERFÜLLUNGSVORGABE] und [STANDARD], die Sie nicht löschen können. Das Erstellen eines Überfüllungsfor-mats erfolgt durch Auswahl des Befehls NEUE VORGABE aus dem Bedienfeldmenü. Welche Parameter dabei hinterlegt sind, hängt vom zuvor ausgewählten Eintrag im Bedienfeld ab. Das Ändern einer Überfüllungsvorgabe erfolgt am einfachsten durch Doppel-klick auf die bestehende Vorgabe oder über die Wahl des Befehls VORGABEOPTIONEN aus dem Bedienfeldmenü.

Voraussetzungen für die Adobe In-RIP-Option

Damit Sie im RIP überfüllen kön-nen, muss ein PostScript-Level 2- oder ein PostScript 3-RIP mit installierter **Adobe Trapping En-gine** oder der modernen **PDF-Print-Engine** vorhanden sein. Ist diese Software nicht installiert, können zwar Überfüllungspara-meter mit der Adobe In-RIP-Op-tion übergeben werden, jedoch ist keine Auswirkung zu sehen.

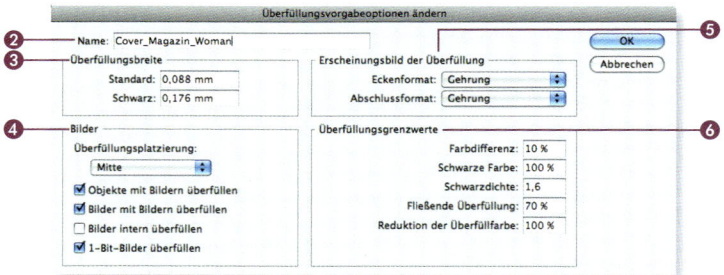

◄ **Abbildung 26.4**
Das Ändern von Überfüllungsvorga-ben ist den Spezialisten vorbehal-ten. Auswirkungen zeigen diese An-gaben erst, wenn aus InDesign separiert ausgegeben wird oder die Überfüllungsvorgaben dem RIP in PostScript mitgegeben werden.

▶ **Name ❷:** Geben Sie eine Bezeichnung für die Vorgabe an.
▶ **Überfüllungsbreite ❸:** Damit wird der Wert für die Stärke der Überlappung von Druckfarben bestimmt. Bei der Adobe In-RIP-Option können Werte bis 8 Punkt, bei der anwendungsin-tegrierten Überfüllung Werte bis 4 Punkt verwendet werden.
  ▶ STANDARD: Dadurch sind alle Werte, die nicht »schwarz« sind, betroffen. InDesign versteht unter »Schwarz« alle Werte, die einen Schwarzwert von 100 % K besitzen oder deren Dichte den Wert von 1,6 übersteigt. Alle Werte, die darüberliegen, werden mit der Überfüllungsbreite von Schwarz berechnet. Beide Parameter, Schwarzwert und Dichte, können durch die Optionen SCHWARZE FARBE und SCHWARZDICHTE im Bereich ÜBERFÜLLUNGSGRENZWERTE angepasst werden.
  ▶ SCHWARZ: Dieser Wert beträgt meistens das 1,5- bis 2fache des eingetragenen Werts der Option STANDARD.
▶ **Erscheinungsbild der Überfüllung ❺:** Treffen zwei Überfül-lungen an einem Endpunkt zusammen, können diese Trapps sich nicht einfach überlagern, da sonst eine noch dunklere

Unterschiedliche Überfüllungs-breiten?

Unterschiedliche Papiereigen-schaften (gestrichene oder Na-turpapiere), Rasterweiten (60er oder die Verwendung des fre-quenzmodulierten Rasters), die Verwendung von Sonderfarben und die verschiedenen Druck-verfahren (Umfeld des Drucks) erfordern im Falle der Überfül-lung unterschiedliche Überfül-lungsbreiten.

Stelle entstünde. Über die Optionen ECKENFORMAT und ABSCHLUSSFORMAT wird das Vorgehen beim Überfüllen festgelegt.

▶ **Bilder ❹:** In diesem Bereich legen Sie fest, wie Überfüllungen bei importierten Pixelbildern erfolgen sollen.

- ▶ ÜBERFÜLLUNGSPLATZIERUNG: Damit regeln Sie die Überfüllungsposition, wenn Vektorobjekte gegen Pixelbilder überfüllt werden sollen. Die Wahl der Optionen MITTE, UNTERFÜLLEN oder ÜBERGRIFF (sollte »Überfüllen« heißen) erzeugt eine durchgängige Kante. MITTE erstellt Trapps, die zwischen beiden Objekten platziert werden. Mit UNTERFÜLLEN wird das angrenzende Bild durch die Vektorgrafik überlappt. Mit ÜBERGRIFF überstrahlt das angrenzende Bild die Vektorgrafik. Durch die Wahl der Option NEUTRALE DICHTE können beim Überfüllen eines Vektorobjekts gegen ein Foto sichtbar ungleichmäßige Kanten entstehen.

- ▶ OBJEKTE MIT BILDERN ÜBERFÜLLEN: Ob Vektorobjekte gegen Bilder überfüllt werden, wird durch die Aktivierung dieser Option geregelt.

- ▶ BILDER MIT BILDERN ÜBERFÜLLEN: Damit werden Trapps entlang der Grenze sich überlappender Bitmap-Bilder erzeugt.

- ▶ BILDER INTERN ÜBERFÜLLEN: Verwenden Sie diese Option nur für Seitenbereiche, in denen Pixelbilder mit starkem Kontrast (wie Screenshots oder Karikaturen) enthalten sind.

- ▶ 1-BIT-BILDER ÜBERFÜLLEN: Damit werden Schwarzweiß-Bilder gegen angrenzende Objekte überfüllt. Da nur eine Farbe verwendet wird, werden dafür die Einstellungen aus der Option ÜBERFÜLLUNGSPLATZIERUNG nicht angewandt.

▶ **Überfüllungsgrenzwerte ❻:** Legen Sie in diesem Bereich Schwellenwerte fest, die die Grundlage der Berechnung sind.

- ▶ FARBDIFFERENZ: Legt den Schwellenwert fest, der bestimmt, inwieweit sich angrenzende Farben unterscheiden müssen, damit InDesign eine Überfüllung erstellt. Die besten Ergebnisse erzielen Sie mit den Werten 8 % bis 20 %. Je niedriger der Prozentsatz ist, desto mehr Trapps werden berechnet.

- ▶ SCHWARZE FARBE: Der Prozentsatz gibt die Mindestmenge an schwarzer Druckfarbe an, die erforderlich ist, damit die Breiteneinstellung für Schwarz angewendet wird.

- ▶ SCHWARZDICHTE: Dieser Wert bestimmt, ab wann eine Druckfarbe von InDesign als Schwarz angesehen wird.

- ▶ FLIESSENDE ÜBERFÜLLUNG: Damit regeln Sie, ab welchem Prozentwert Verläufe nicht mehr überfüllt, sondern unterfüllt werden.

- ▶ REDUKTION DER ÜBERFÜLLFARBE: Damit regeln Sie, wie die Trapp-Farbe aussehen soll. Stellen Sie 0 % ein, wenn die

Trapp-Farbe eine neutrale Dichte bekommen soll, die der neutralen Dichte der dunkleren Farbe entspricht. Geben Sie 100 % ein, um schrittweise eine hellere Trapp-Farbe zu generieren. Dies verhindert, dass Trapps, die dunkler als die Grundfarben selbst sind, erzeugt werden.

Nachdem Sie nun Überfüllungsformate angelegt haben, können diese den einzelnen Seitenbereichen zugeordnet werden.

Rufen Sie dazu den Befehl Überfüllungsvorgabe zuweisen aus dem Bedienfeldmenü auf. Wählen Sie im Dialog das gewünschte Überfüllungsformat unter der Option Überfüllungsvorgabe aus, und bestimmen Sie, ob die Vorgabe auf Alle Seiten oder nur auf Seitenbereiche angewandt werden soll. Für jeden Bereich drücken Sie den Button Zuweisen.

White Framing

Damit beim Überfüllen von Pastelltönen keine dunkleren »Speckränder« entstehen, gibt es neben der Reduktion von Überfüllfarben eine weitere Möglichkeit, die sich hinter dem Begriff **White Framing** versteckt.

Durch White Framing werden in solchen Fällen bewusst »Blitzer« erstellt.

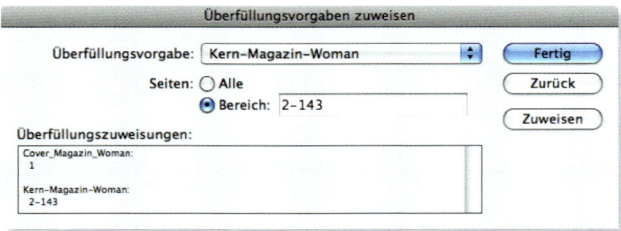

◄ **Abbildung 26.5**
Das Zuweisen von Überfüllungsvorgaben auf einzelne Seitenbereiche

26.2 Überdrucken und Aussparen

Mit dem Begriff **Überdrucken** wird das objektbezogene Setzen von überdruckenden Teilen über das Attribute-Bedienfeld verstanden. Sie rufen es über Fenster • Attribute auf. Zusätzliche Informationen erhalten Sie in Abschnitt 27.2, »Die Überdruckenvorschau«, auf Seite 710. Der wohl bekannteste Fehler in Quark-XPress ist, dass dort u. a. auch weißer Text auf Überdrucken gestellt werden kann, wodurch schon sehr viele Produktionen wieder »eingestampft« werden mussten.

Mit dem Begriff **Aussparen** wird das gezielte »Ausstanzen« von Objekten oder Flächen in der Separation aus dem Hintergrund verstanden. InDesign geht dabei grundsätzlich davon aus, dass alle überlappenden Flächen, die nicht mit einer Füllmethode versehen sind, ausgespart werden. Die einzige Ausnahme dabei ist die Farbe [Schwarz], die durch die Voreinstellung standardmäßig auf Überdrucken gestellt ist. Auf die Unterschiede bei der Farbe Schwarz wurde bereits in Abschnitt 12.7.1, »Die Farben Schwarz und [Schwarz]«, auf Seite 320, hingewiesen. Eine Checkbox zum Aussparen von Objekten werden Sie in InDesign nicht finden.

Warum wird ein »harter« Schlagschatten ausgespart?

Wird ein »harter« Schlagschatten mit der Farbe [Schwarz] erstellt und dabei der Füllmodus Normal gewählt, so wird der Schlagschatten aus dem Hintergrund ausgestanzt.

Da wir nun wissen, dass einerseits die Farbe [Schwarz] standardmäßig auf Überdrucken gestellt ist, andererseits der Schlagschatten beim Drucken oder Exportieren als CMYK-Bild gerechnet wird, wäre eigentlich zu erwarten, dass dieses Schwarz gegenüber einer Hintergrundfläche überdruckt.

Da wir es durch die Transparenzreduzierung mit einem CMYK-Bild zu tun haben, wird der Schwarzauszug selbstverständlich ausgespart. Aus diesem Grund müssen Sie die Füllmethode für diese Anwendung immer auf Multiplizieren stellen.

26.3 Hochauflösende Darstellung

Eine qualitativ hochwertige Darstellung der platzierten Objekte in InDesign war seit Version 1.0 eines der Killerfeatures, die Adobe besonders gern herausstellte. InDesign bietet eine Reihe von Möglichkeiten, eine hochauflösende Anzeige zu erhalten.

26.3.1 Anzeigeoptionen

In den VOREINSTELLUNGEN von InDesign ist im Bereich ANZEIGE-LEISTUNG die Standardansicht auf TYPISCH gestellt. Neben dieser Anzeigeoption gibt es zwei weitere Möglichkeiten:

▶ **Schnelle Anzeige:** Durch die Anwahl dieses Modus werden alle platzierten Bilder durch graue Flächen ersetzt und die Transparenzen und die Effekte mit mäßiger Qualität abgebildet.

▶ **Typische Anzeige:** Der typischen Anzeige wurden Parameter hinterlegt, die eine sehr gute Darstellung am Monitor zulassen.

▶ **Anzeige mit hoher Qualität:** Die Anzeige mit hoher Qualität stellt jedes Pixel, das Sie auch in Photoshop sehen würden, auf dem Monitor dar. Wenn es sich dabei um große, in JPEG-Komprimierung vorliegende EPS-Dateien handelt, so müssen enorme Datenmengen dekodiert und dargestellt werden.

26.3.2 Anzeigeoptionen für Bereiche wählen

Um Bilder hochaufgelöst darzustellen, können Sie in InDesign zwischen zwei Vorgehensweisen wählen:

▶ **Ändern der Anzeigeoptionen für das gesamte Dokument:** Über das Menü ANSICHT • ANZEIGELEISTUNG wählen Sie die Darstellungsqualität aus, die dann für das gesamte Dokument berechnet wird. Wenn Sie ein umfangreiches Dokument geöffnet haben, kann dies schon ein Stückchen Zeit in Anspruch nehmen. Standardmäßig ist die Option OBJEKTSPEZIFISCHE ANSICHTSEINSTELLUNGEN ZULASSEN aktiviert. Deaktivieren Sie die Option, wenn der Anwender keine Änderungen der Ansicht vornehmen soll. Mit der Option OBJEKTSPEZIFISCHE ANZEIGE-EINSTELLUNGEN LÖSCHEN können Sie die Anzeige auf die getroffenen Voreinstellungsparameter zurückstellen.

▶ **Ändern der Anzeigeoptionen für ein ausgewähltes Objekt:** Um jedoch abweichend von der voreingestellten Anzeigeoption ein Objekt auf die hochaufgelöste Darstellung umzuschalten, müssen Sie lediglich das Objekt mit dem Auswahl-Werkzeug markieren und über den Befehl OBJEKT • ANZEIGELEISTUNG oder im Kontextmenü die gewünschte Anzeigeleistung auswählen.

Tastenkürzel: Anzeigeoptionen

Schalten Sie über [Alt]+[Strg]+ [⇧]+[Z] bzw. [⌥]+[⌘]+[⇧]+[Z] die Darstellung aller Objekte auf SCHNELLE ANZEIGE um.

Schalten Sie über [Alt]+[Strg]+ [Z] bzw. [⌥]+[⌘]+[Z] die Darstellung aller Objekte auf TYPISCHE ANZEIGE um.

Schalten Sie über [Alt]+[Strg]+ [H] bzw. [ctrl]+[⌥]+[⌘]+[H] die Darstellung aller Objekte auf ANZEIGE MIT HOHER QUALITÄT um.

Schnelle Anzeige	⌥⇧⌘Z
✓ Typische Anzeige	⌥⌘Z
Anzeige mit hoher Qualität	^⌥⌘H
✓ Objektspezifische Anzeigeeinstellungen zulassen	
Objektspezifische Anzeigeeinstellungen löschen	

▲ **Abbildung 26.6**
Mögliche Einstellungen im Menü ANSICHT • ANZEIGELEISTUNG, die zum Umschalten der Darstellung für das gesamte Dokument verwendet werden. Die Option OBJEKTSPEZIFI-SCHE ANZEIGEEINSTELLUNG BEIBE-HALTEN aus den Voreinstellungen sollte nicht aktiviert werden.

Hinweis

Durch das Ändern der Anzeige-leistung für ein Objekt bleiben alle anderen platzierten Bilder unberührt, womit sich die War-tezeiten stark reduzieren lassen.

TEIL VI
Dokumente prüfen und verpacken

27 Ausgabehilfen

Die Kontrolle von Dokumenten im Vorfeld der PDF-Erstellung bzw. der Ausgabe auf Druckern bzw. RIPs ist für den Datenersteller enorm wichtig. Der **Vorschau-Modus**, die **Überdruckenvorschau**, die **Separationsvorschau** und das Erkennen von Transparenzen über die **Reduzierungsvorschau** erleichtern Ihnen die Kontrolle von InDesign-Dokumenten und ersparen damit unnötige Kosten für die Überarbeitung von PDF-Dateien in der Druckvorstufe.

27.1 Der Vorschau-Modus

Bevor das Dokument ausgegeben werden soll, können wichtige Teile im Vorschau-Modus überprüft werden. Um zwischen dem **normalen Ansichts-Modus** und dem **Vorschau-Modus** zu wechseln – XPress-Anwender verwenden dafür das Tastenkürzel F7 –, müssen Sie auf die entsprechenden Symbole im Werkzeug-Bedienfeld klicken oder das Tastenkürzel W drücken. Sie können zwischen vier verschiedenen Ansichten wählen:

Vorschau-Modus | In diesem Modus werden die Seiten so angezeigt, wie sie später beschnitten gedruckt werden, also ohne Anschnitt und ohne nicht druckbare Objekte.

Zu den nicht druckbaren Objekten zählen Lineale, Hilfslinien, Dokument- und Grundlinienraster, Objektrahmen und all jene Objekte, die speziell mit der Option NICHT DRUCKBAR im Attribute-Bedienfeld gekennzeichnet wurden, sowie alles, was auf der Montagefläche liegt.

Anschnitt-Modus | In diesem Modus werden darüber hinaus alle druckbaren Objekte, die innerhalb des Anschnitts angelegt wurden, angezeigt. Begrenzt wird der Anschnittbereich standardmäßig durch eine rote Linie. Die Druckindustrie verlangt, dass der Anschnittbereich mindestens 3 mm außerhalb des Endformats in der Dokumentenanlage angelegt wird. Die schwarze Linie kennzeichnet das Endformat.

Tastaturkürzel zur Aktivierung der Vorschau im Textmodus

Da das Standard-Tastenkürzel W zum Umschalten in den Vorschau-Modus im Textmodus nicht funktioniert, sollten Sie speziell für die Aktivierung des Vorschau-Modus während der Texteingabe ein Tastaturkürzel über den Befehl BEARBEITEN • TASTATURBEFEHLE festlegen. Für Mac OS X-Anwender drängt sich die Kombination ctrl+W auf.

Objekte verschwinden

Werden bestimmte Objekte nach dem Aktivieren eines Vorschau-Modus nicht mehr dargestellt, so sind diese Elemente mit der Option NICHT DRUCKBAR im Attribute-Bedienfeld versehen worden.

Deaktivieren des gewählten Vorschau-Modus

Wenn Sie den Vorschau-Modus aktiviert haben, wird automatisch auf die Normalansicht umgeschaltet, wenn Sie eine Hilfslinie aus dem Lineal auf das Dokument ziehen.

Ganze Druckbögen anzeigen

Zur visuellen Kontrolle sollten Sie den ganzen Druckbogen ansehen. Sie können durch Drücken der Tastenkombination Strg+Alt+0 bzw. ⌘+⌥+0 den ganzen Druckbogen am Monitor einpassen.

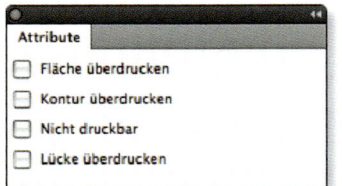

▲ Abbildung 27.1
Das Attribute-Bedienfeld. Alle Optionen lassen sich nur dann aktivieren, wenn ein Objekt eine Fläche und eine gestrichelte Kontur besitzt.

Infobereich-Modus ⬛ | in diesem Modus werden außerdem alle angebrachten Informationen wie Schriftenlisten, Farbcodes, die Pfadangabe für das Dokument in unserer Projektarbeit usw. angezeigt, die vom Dokumentenersteller angelegt und in den Infobereich gestellt wurden.

Normal-Modus ⬛ | Durch Drücken auf den Button für den Normal-Modus wechseln Sie wiederum in Ihre vorherige Ansicht zurück. Ob Sie Rahmenkanten, Hilfslinien, Dokumentenraster oder Grundlinienraster sehen, ist dabei unter anderem auch von den getroffenen Einstellungen im Menü ANSICHT • RASTER UND HILFSLINIEN abhängig. Wenn Ihnen irgendwelche Objektrahmen, Rasterlinien oder Hilfslinien nicht angezeigt werden, so finden Sie die Lösung meistens in diesem Menüeintrag.

Visuelle Kontrolle | Aktivieren Sie einen der Vorschau-Modi, und blättern Sie das Dokument am Monitor zur visuellen Kontrolle durch. Um einen visuellen Eindruck über das finale Dokument zu haben, empfehlen wir die Wahl des Vorschau-Modus. Zur Kontrolle, ob alle Objekte auch genügend im Anschnitt verankert wurden, ist der Anschnitt-Modus sicherlich die richtige Wahl.

Durch die visuelle Kontrolle der gesamten Seiten verschaffen Sie sich den notwendigen Überblick und die notwendige Sicherheit, dass Ihr Dokumentenaufbau vollständig und korrekt ist.

27.2 Die Überdruckenvorschau

Mit der Funktion ÜBERDRUCKENVORSCHAU aus dem Menü ANSICHT oder durch Drücken der Tastenkombination Strg+Alt+⇧+Y bzw. ⌘+⌥+⇧+Y werden am Monitor Transparenzen und überdruckte Objekte so simuliert, wie sie in der Ausgabe erscheinen würden. Dabei greift InDesign auf alle importierten Dateien zu, egal ob Objekte innerhalb von EPS-Dateien oder PDF-Dateien auf ÜBERDRUCKEN gestellt wurden. Viele Fehler können damit bereits im Vorfeld erkannt werden. InDesign hat sich so zu einem der leistungsstärksten Digitalproof-Systeme entwickelt.

Zentrales Bedienfeld zum Steuern überdruckter Elemente ist das Attribute-Bedienfeld aus dem Menü FENSTER • ATTRIBUTE. Sie können darin die Optionen FLÄCHE ÜBERDRUCKEN, KONTUR ÜBERDRUCKEN, NICHT DRUCKBAR und LÜCKE ÜBERDRUCKEN aktivieren. Alle Optionen dürften selbsterklärend sein.

QuarkXPress- und Macromedia-FreeHand-Anwender werden jedoch die Option **Aussparen** im Bedienfeld vermissen. Der

Grund ist einfach: Objekte, ausgenommen Text, werden in InDesign generell gegenüber dahinterliegenden Objekten ausgespart. In InDesign können Teile von Objekten – Fläche und Kontur – nur auf überdruckend gestellt werden, ganze Elemente können darüber hinaus auf NICHT DRUCKBAR gestellt werden.

Eine Ausnahme begleitet diese Arbeitsweise jedoch. In den VOREINSTELLUNGEN ist im Register SCHWARZDARSTELLUNG die Option FARBFELD [SCHWARZ] ZU 100 % ÜBERDRUCKEN standardmäßig aktiviert. Dies ist vor allem für Text gedacht, der fast immer überdruckt werden soll. Diese allgemeine Grundeinstellung wirkt sich jedoch auch auf schwarze Flächen aus, die in InDesign mit der Farbe [SCHWARZ] eingefärbt wurden. Abhilfe schafft nur die Erzeugung einer zweiten Schwarzfarbe, die zwar vom Prozentwert identisch mit der Farbe [SCHWARZ] ist, bedingt durch den anderen Farbnamen jedoch ausgespart wird.

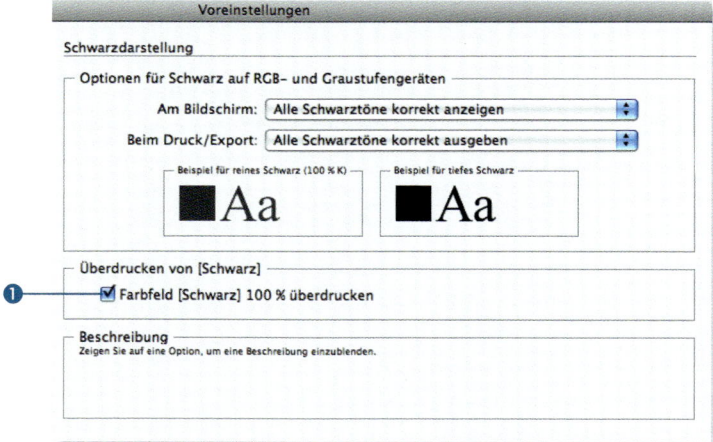

◄ **Abbildung 27.2**
Durch die Wahl der Option FARB-FELD [SCHWARZ] 100 % ÜBERDRU-CKEN ❶ werden standardmäßig alle in dieser Farbe ausgezeichneten Elemente überdruckt.

Die durch die Überdruckenvorschau am Monitor erzielten Farben sind eigentlich ganz brauchbar. Ein Proof-Druck ist dadurch jedoch nicht zu ersetzen. Zu größeren Differenzen kam es bis InDesign CS in der Simulation von Schmuckfarben, da diese intern für das Rendering der Simulation in CMYK- bzw. Lab/CMYK-Werte umgerechnet werden müssen. Auch importierte Volltonfarbkanäle aus Photoshop wurden nicht 100%ig korrekt angezeigt.

Seit InDesign CS2 hat Adobe in dieser Hinsicht neue Wege beschritten. Bedingt durch die verbesserte Farbdarstellung, die Adobe im Adobe Graphics Manager in Verbindung mit der Adobe Color Engine implementiert hat, ist durch die Überdruckenvorschau am Monitor ein deutlicher Unterschied zwischen einer Volltonfarbe und dem alternativen CMYK-Wert zu sehen.

27.2.1 Überdrucken und dessen Sinnhaftigkeit

Die Möglichkeit, einzelne Flächen und Texte zu überdrucken, ist eine recht alte Methode, transparenzähnliche Darstellungen zu erzeugen. Besonders im Zusammenhang mit Schmuckfarben wird Überdrucken zu kreativen Zwecken eingesetzt.

Nachdem jedoch in InDesign schon seit Einführung des Programmes Transparenzeinstellungen möglich sind, stellt sich für uns an dieser Stelle die Frage, ob überhaupt noch Überdrucken als Gestaltungselement für die Kreation eingesetzt werden soll.

Schwarzer Text | Die Grundeinstellung für die Farbe [SCHWARZ] lautet immer: Schwarz überdrucken. Dies ist absolut sinnvoll, wenn Sie schwarzen Text in kleinen Schriftgrößen (4 bis 12 pt) auf eine farbige Fläche stellen. In der Ausgabe – im Druck – werden dann Schriftfarbe und Hintergrundfarbe zusammengemischt, womit Blitzer an den Schriftkonturen vermieden werden.

Sobald größere Schriftgrade verwendet werden, kann es in ungünstigen Konstellationen schon mal zu ungewollten Effekten bzw. Einfärbungen von Schrift oder zu einem Abrieb kommen. Beachten Sie die mögliche negative Auswirkung aus dem Beispiel in der nachfolgenden Schritt-für-Schritt-Anleitung.

Schwarze Flächen | Überlagert eine schwarze Fläche einen farbigen Hintergrund, so ist ein ähnliches Ergebnis, wie dies zuvor bei schwarzem Text in Verbindung mit größeren Schriftgraden beschrieben wurde, zu erwarten.

Farbige Objekte | Das Überdrucken von farbigen Objekten – egal ob Texte oder Flächen –, um damit Effekte zu erzielen, ist aus der Sicht der Druckvorstufe erlaubt. Technisch gesehen können Sie diese Methode uneingeschränkt verwenden.

Aus der Sicht des Anwenders bzw. ihres Kunden würden wir auf die Verwendung dieser Technik jedoch eher verzichten. Die Gründe dafür sind:

1. Anwender müssen sowohl bei der Betrachtung in InDesign als auch bei der Betrachtung der PDF-Datei in Acrobat die Überdruckenvorschau aktiviert haben, um den zu erzielenden Effekt zu sehen.
2. Beim Ausdruck auf Farbkopierern können viele vorgeschaltete RIPs mit der Überdrucken-Einstellung meistens nichts anfangen, wodurch der Effekt beim Ausdruck auf Papier nicht sichtbar gemacht werden kann.
3. Viele Druckvorstufenbetriebe sind noch immer der Ansicht, dass, wenn überdruckende Elemente in einer Datei angetroffen

---

[Abrieb]
Beim Zeitungsdruck taucht unter anderem das Problem des Abriebs – noch nicht getrocknete Objekte der gegenüberliegenden Seite reiben ab – auf. Die Reduktion des Gesamtfarbauftrages durch einen Unbuntaufbau oder durch Deaktivieren von schwarz überdruckenden Elementen ist dabei oft ein gefragtes Instrument.

Überdrucken von Schwarz bei zu hohem Farbauftrag

Für den Druck auf stark saugenden Papieren wird gegebenenfalls die Druckfarbe Schwarz nicht überdruckt oder der Schwarzaufbau reduziert. Das können Sie sich einmal ansehen, wenn Sie einen Comic zur Hand nehmen und dort die Schattenflächen genauer betrachten. Hier werden diese generell mit nur 100 % Schwarz gedruckt, um den Farbauftrag zu reduzieren und den Farbverbrauch, der bei Comics auch durch das verwendete Papier selbst sehr hoch ist, zu minimieren.

werden, es sich dabei um einen groben Irrtum seitens des Datenerstellers handeln muss, und setzen deshalb alle überdruckenden Elemente in der Datei – bis auf Schwarz – auf Aussparen.

In der nachfolgenden Schritt-für-Schritt-Anleitung wollen wir uns eine Testseite anlegen, wo alle ungewollten und gewollten Effekte am schnellsten erkannt werden können.

Schritt für Schritt: Überdrucken, Aussparen und die Darstellung von Schwarz und Schmuckfarben austesten

1 **Anlegen des Dokuments mit verschiedenen Farben**
Legen Sie ein neues InDesign-Dokument an, und überprüfen Sie, ob die Grundfarben CYAN, MAGENTA und YELLOW angelegt sind. Sollten Ihre Grundeinstellungen dies nicht vorsehen, so legen Sie für diese Testseite diese drei Grundfarben an.

Erstellen Sie zusätzlich die Farbe PANTONE ORANGE 021 C aus der Pantone-solid-coated-Farbtabelle und als zusätzliche Farbe das entsprechende CMYK-Äquivalent mit den Werten C=0, M=53, Y=100, K=0 an.

Legen Sie darüber hinaus zwei weitere Schwarz-Farben an. Aktivieren Sie dazu die Farbe [SCHWARZ], und duplizieren Sie diese Farbe über das Bedienfeldmenü FARBFELD DUPLIZIEREN des Farbfelder-Bedienfelds. Benennen Sie diese Farbe SCHWARZ AUSSPAREND. Zusätzlich legen Sie die Farbe TIEFSCHWARZ, bestehend aus den Werten C=60, M=0, Y=0, K=100 an.

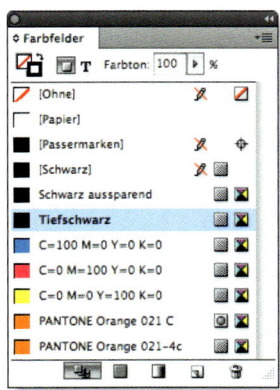

2 **Erstellen der Testobjekte in Bezug auf Schwarz**
Erstellen Sie im oberen Drittel des Dokuments drei Flächen, und färben Sie diese mit MAGENTA ein. Mittig darüber stellen Sie

Das entsprechende Dokument zu dieser Schritt-für-Schritt-Anleitung finden Sie auf der Buch-DVD im Ordner BEISPIELMATERIAL • KAPITEL_27 unter dem Namen »Schwarz_Ueberdrucken.indd«.

◀ **Abbildung 27.3**
Ihr Farbfelder-Bedienfeld sollte nach Schritt 1 wie in dieser Abbildung gezeigt aussehen.

jeweils eine kleinere schwarze Fläche. Färben Sie die linke Fläche mit der Farbe [SCHWARZ], die mittlere Fläche mit SCHWARZ AUSSPAREND und die rechte Fläche mit der Farbe TIEFSCHWARZ ein.

Darunter erstellen Sie drei lange Balken jeweils in den Primärfarben CYAN, MAGENTA und YELLOW. Darüber stellen Sie einen schwarzen Text. Den Text »[Schwarz]« färben Sie mit der gleichnamigen Farbe ein, den Text »Tief« (am Ende der Zeile) färben Sie hingegen mit der Farbe TIEFSCHWARZ ein. Ihre Seite sollte nun aussehen wie in Abbildung 27.4.

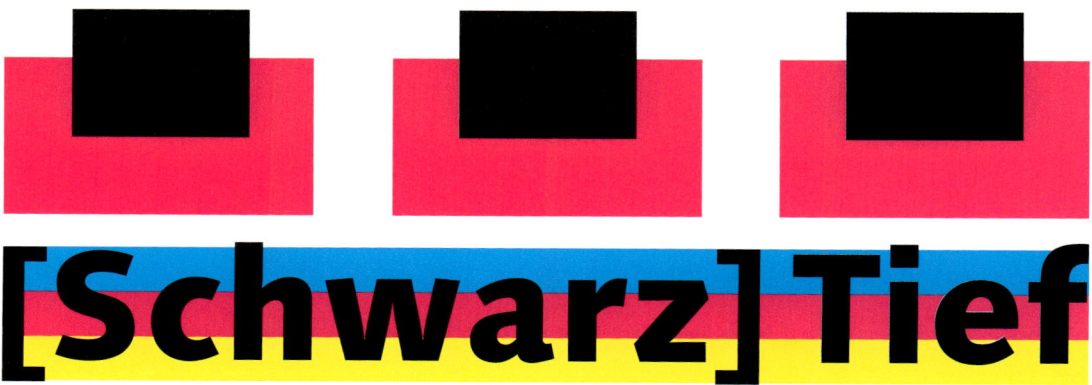

3 Aktivieren der Überdruckenvorschau

Aktivieren Sie die Überdruckenvorschau aus dem Menü ANSICHT • ÜBERDRUCKENVORSCHAU. Am Monitor sollten Sie nun die Effekte wie im Beispiel gedruckt erkennen können.

Bei der linken schwarzen Fläche – Schwarz wird überdruckt – müsste der über die Magentafläche hinausragende Teil in einem reinen Schwarz erscheinen, beim unteren Teil schimmert die dahinterliegende Magentafläche durch.

Bei der mittleren schwarzen Fläche – Schwarz spart gegenüber Magenta aus – müssten der obere und der untere Teil der schwarzen Fläche identisch sein.

Beim rechten Schwarz – es wurde das Farbfeld TIEFSCHWARZ mit einem 60%igen Cyan-Unterton verwendet – müssten obere und untere Hälfte ebenfalls identisch sein. In Summe müssten jedoch Sie als Betrachter dieses Schwarz als »gesättigteres/dunkleres« Schwarz empfinden.

Im Falle unseres Textbeispiels können Sie beim Text »[Schwarz]« – Schwarz wird hier überdruckt – erkennen, dass die Unterfarben durch den Text durchschimmern, was in den meisten Fällen zu einem unerwünschten Ergebnis führen würde. Das Wort »Tief« wurde hingegen mit der Farbe TIEFSCHWARZ eingefärbt.

Wenn Sie dieses Ergebnis auf dem Monitor nicht erkennen können, so haben Sie entweder nicht die Überdruckenvorschau markiert, oder Sie haben die VOREINSTELLUNGEN für die SCHWARZDARSTELLUNG nicht wie in Abbildung 27.2 gezeigt eingestellt.

Vergleichen Sie die Unterschiede in der Darstellung der Farben am Monitor, die sich durch Aktivierung der Überdruckenvorschau nicht negativ verändert.

4   **Erstellen der Testobjekte in Bezug auf Farbe**

Erstellen Sie zuerst zwei Flächen nebeneinander, und färben Sie die linke Fläche mit PANTONE 021 C und die rechte Fläche mit dem CMYK-Äquivalent der Pantone-Farbe ein.

Darunter erstellen Sie drei Objekte, die sich teilweise überlagern, und färben diese in den Primärfarben CYAN, MAGENTA und YELLOW ein. Duplizieren Sie das Gebilde, und verschieben Sie dieses an den rechten Rand.

Markieren Sie die rechten Objekte, und aktivieren Sie für diese im Attribute-Bedienfeld die Option FLÄCHE ÜBERDRUCKEN.

▼ **Abbildung 27.5**
Die normale Darstellung ohne aktivierte Überdruckenvorschau

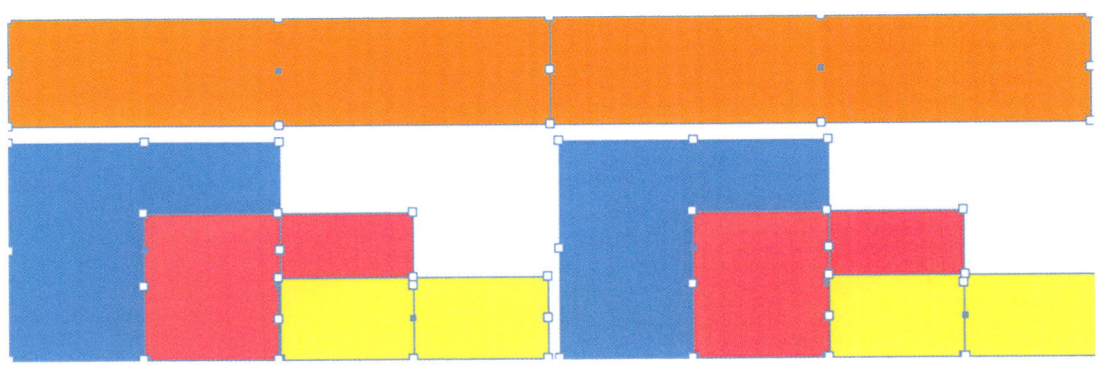

5   **Aktivieren der Überdruckenvorschau**

Mit aktivierter Überdruckenvorschau zeigt sich:

▼ **Abbildung 27.6**
Mit aktivierter Überdruckenvorschau

Sie müssten einerseits einen deutlichen Unterschied zwischen der Farbwiedergabe der Pantone-Farbe und deren CMYK-Äquivalent am Monitor und andererseits die Farbabbildung der überdruckenden Farben erkennen können. Sollten sich also beim Aktivieren der Überdruckenvorschau so enorme Farbunterschiede ergeben, so wird wahrscheinlich anstelle einer CMYK-Farbe eine Schmuckfarbe verwendet. Die Wiedergabe der Schmuckfarbe auf einem 4c-Ausgabegerät entspricht somit eher der Farbwiedergabe bei nicht aktivierter Überdruckenvorschau.

Neben der Simulation von überdruckten Objekten werden durch das Aktivieren der Überdruckenvorschau am Monitor auch die durch den Druckfarben-Manager gemappten Farben in der jeweiligen Alias-Farbe angezeigt.

Beachten Sie jedoch, dass all jene Überfüllungsergebnisse, die mit der internen Überfüllung bzw. der Adobe In-RIP-Überfüllung erzeugt werden, von der Überdruckenvorschau nicht dargestellt werden können. Nähere Informationen zum Thema Überfüllen erhalten Sie in Kapitel 26, »Überfüllen, Überdrucken, Aussparen und Anzeigen«. ■

Beachten Sie also ganz genau, welches Schwarz Sie für die Erstellung der Daten benötigen.

27.3   Reduzierungsvorschau

Die Problematik der Transparenzen – für die Ausgabe müssen Transparenzen auf eine Bildebene pro Druckplatte reduziert werden – wurde bereits ausführlich in Kapitel 24, »Transparenzen«, ab Seite 683 besprochen.

Die Reduzierung kann einerseits erst in der Ausgabe durch am Markt befindliche PDF-Workflow-Systeme, die bereits in der Lage sind, PDF 1.4-Dateien mit Transparenzen zu verarbeiten, erfolgen. Andererseits müssen Transparenzen auch auf älteren Systemen ausgeben werden können. Dazu wurden in InDesign Funktionen geschaffen, die eine Ausgabe durch Reduzieren der Transparenzen sicherstellen. Zusatzfunktionen, die bereits im Vorfeld Problemfelder erkennen lassen bzw. das konsistente Verarbeiten von Transparenzen ermöglichen, stehen darüber hinaus in InDesign CS4 zur Verfügung. Zu diesen Möglichkeiten zählen unter anderem:

Transparenzreduzierungsvorgaben | Durch das Vorhandensein von Transparenzreduzierungsvorgaben wird eine konsistente

Reduktion für alle Aufträge in der Ausgabe bzw. während des Exports sichergestellt. Nähere Informationen dazu erhalten Sie in Abschnitt 24.2.2, »Die Transparenzreduzierungsvorgaben«, auf Seite 686.

Schnelles Erkennen von Transparenzen | Für den ausgebenden Betrieb ist es wichtig, schnell zu erkennen, auf welchen Seiten Transparenzen zur Anwendung kommen. Dabei ist es unerheblich, ob Transparenzen in InDesign erstellt oder dem InDesign-Dokument in Form von importierten Dateien hinzugefügt wurden.

Um ein Dokument auf Transparenzen zu überprüfen, aktivieren Sie das Seiten-Bedienfeld. Sobald auf einer der beiden Seiten eines Druckbogens Transparenzen verwendet wurden, wird dem Seitensymbol rechts oben ein kariertes Quadrat ❶ hinzugefügt. Achtung: Beachten Sie, dass dieses Symbol nicht angezeigt wird, wenn Sie in den BEDIENFELDOPTIONEN des Seiten-Bedienfelds die Größe der Seitensymbole auf KLEIN gestellt haben. Auf den Seiten 6–7 der Abbildung 27.7 befinden sich transparente Objekte. Ob sich das Element auf der linken bzw. auf der rechten Seite oder auf beiden Seiten befindet, kann daraus nicht geschlossen werden, da InDesign die Seite als kleinste Einheit zur Transparenzreduzierung heranzieht.

Transparente Objekte können entweder direkt in InDesign erstellt oder durch den Import aus folgenden Formaten entstanden sein: Illustrator 9, 10 oder CS, CS2 und CS3 im nativen AI-Format – nicht jedoch EPS –, Photoshop 4.0 oder höher des nativen Photoshop-PSD- bzw. TIFF-Formats oder importiertes PDF 1.4 und höher, das in Applikationen wie Illustrator, Photoshop, Acrobat oder InDesign erstellt worden ist.

Erkennen von Problemen durch die Reduzierungsvorschau | Da Sie nun wissen, auf welchen Seiten Transparenzen vorkommen, können Sie mit der in InDesign implementierten REDUZIERUNGSVORSCHAU jede Seite bereits vor der Ausgabe auf Probleme in Bezug auf die Transparenzreduzierung begutachten. Rufen Sie dazu das gleichnamige Bedienfeld unter FENSTER • AUSGABE • REDUZIERUNGSVORSCHAU auf. Falls Sie jedoch das Bedienfeld REDUZIERUNGSVORSCHAU bereits in Ihrem Arbeitsbereich eingerichtet haben, so klicken Sie auf das Symbol ☑.

Um alle transparenten Objekte der Seite zu erkennen, müssen Sie nur im Reduzierungsvorschau-Bedienfeld im Popup-Menü MARKIEREN die Option TRANSPARENTE OBJEKTE ❷ auswählen. Dadurch werden alle transparenten Objekte rötlich ❸ und alle Objekte ohne Transparenzen grau eingefärbt – so erkennen Sie die

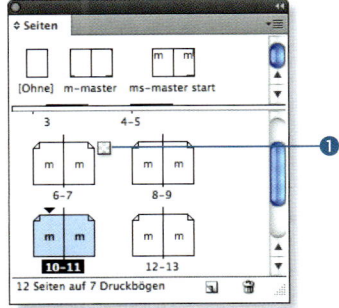

▲ **Abbildung 27.7**
Über das Seiten-Bedienfeld können Sie schnell erkennen, ob sich auf einer Seite bzw. einem Druckbogen Transparenzen befinden.

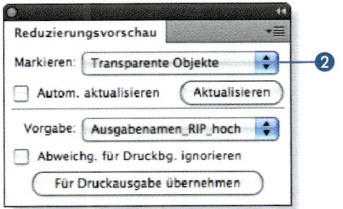

▲ **Abbildung 27.8**
Das Reduzierungsvorschau-Bedienfeld. Damit können Sie sehr schnell erkennen, welche Objekte mit Transparenzen versehen wurden und ob die Objekte in der richtigen Reihenfolge stehen.

betroffenen Objekte sofort. Sie sollten darüber hinaus in der Option VORGABE ❺ die von Ihnen erstellte Transparenzreduzierungsvorgabe – wir hatten die Vorgabe AUSGABENAMEN_RIP_HOCH in Abschnitt 24.2.2, »Die Transparenzreduzierungsvorgaben«, auf Seite 686 angelegt – auswählen, so wird die der Ausgabe entsprechende Reduzierung im Bedienfeld auch angezeigt. Nach dem Umstellen müssen Sie jedoch noch einmal auf den Button AKTUALISIEREN ❹ klicken, damit InDesign die Seite erneut analysiert und die Transparenzen hervorhebt.

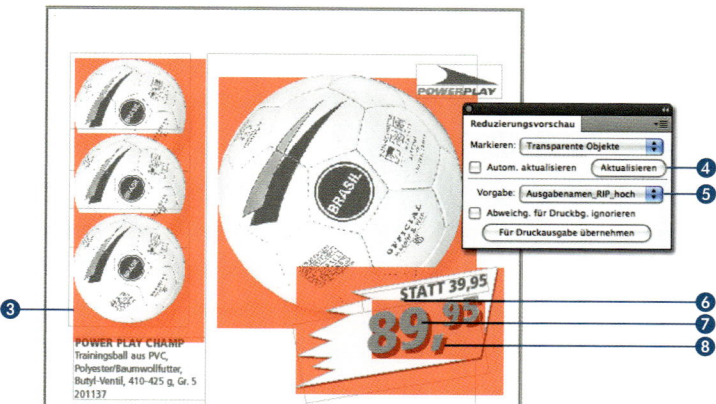

Abbildung 27.9 ▶
Durch die Auswahl des Eintrags TRANSPARENTE OBJEKTE in der Option MARKIEREN des Bedienfelds REDUZIERUNGSVORSCHAU werden alle transparenten Objekte rötlich eingefärbt.

Aus der Abbildung können einige Rückschlüsse auf den Aufbau der InDesign-Datei und auf die daraus resultierende Transparenzreduzierung gezogen werden:

1. Der harte Schlagschatten im Preisticker ❽ wurde durch den Effekt SCHLAGSCHATTEN in InDesign erstellt. Viele Layouter bedienen sich dieser Funktion, damit sie elegant Preisänderungen durchführen können, bei denen sich der Schlagschatten automatisch ändert.

2. Der harte Schlagschatten ist vom Aufbau der InDesign-Datei unterhalb des »STATT«-Preises angelegt. Dies kann daraus geschlossen werden, dass der untere Teil des S ❻ von »STATT« nicht rötlich eingefärbt ist.

3. Der Preis »89,95« ❼ hingegen ist deckend.

4. Alle Bälle dürften freigestellt und in Adobe InDesign ebenfalls mit einem Schlagschatten versehen worden sein.

5. Die Artikelbeschreibung links unten im Inserat dürfte für einige Ausgaben zum Problem werden, da hier nur Teile des Textes ❾ von einer Transparenz betroffen sind. Um dies zu erkennen, wurde im Menü MARKIEREN die Option IN PFADE UMGEWANDELTER TEXT oder die Option TEXT UND KONTUREN MIT PIXELBILDFÜLLUNG ❿ ausgewählt.

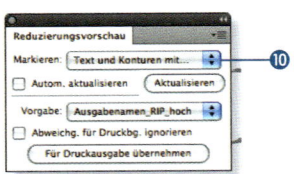

⑨ POWER PLAY CHAMP
Trainingsball aus PVC,
Polyester/Baumwollfutter,
Butyl-Ventil, 410-425 g, Gr. 5
201137

Es ist deutlich zu erkennen, dass nur ein Teil des Textes in eine
Outline konvertiert würde, der Rest des Textes als Duplikat jedoch
im Hintergrund bestehen bliebe. Durch diese Option werden
auch noch Konturen, die in Pixel umgewandelt werden, gekennzeichnet. Auch dabei könnte es in der Ausgabe, vor allem bei
niedrigauflösenden Ausgabegeräten bis zu 600 ppi, zu ungewollten Kanten mit unterschiedlicher Breite der Linie kommen. Die
Lösung des Textproblems liegt darin, dass lediglich der Text auf
die vorderste Ebene gehoben werden muss. Eine Überprüfung
durch die Reduzierungsvorschau ergibt dann, dass der Text als
Text erhalten bleibt und nicht wie vorher teilweise in Konturen
umgewandelt wird.

Das Problem mit den Linien kann auf dieselbe Art und Weise
behoben werden. Generell werden beide Probleme weniger oft
auftreten, da in der PDF Library 8.0 (verwendet in InDesign CS3)
und in der PDF Library 9.0 (verwendet in InDesign CS4) diesbezüglich viel geändert wurde.

Was wird durch die Transparenzreduzierung erzeugt? | Über
die Option MARKIEREN ⑩ können verschiedene Einträge ausgewählt werden, wodurch schon im Vorfeld erkannt werden kann,
was durch die Transparenzreduzierung mit den jeweiligen Objekten passieren wird. Was bedeuten jedoch die verschiedenen Einträge?

▶ IN PIXELBILDER UMGEWANDELTE KOMPLEXE BEREICHE: Dabei
werden jene Bereiche markiert, die je nach eingestelltem PIXEL-
BILD-VEKTOR-ABGLEICH der gewählten Transparenzreduzierungsvorgabe in Pixelbilder umgewandelt werden. Wurde der
Regler im PIXELBILD-VEKTOR-ABGLEICH ganz nach links geschoben, so wird die gesamte Seite in ein Pixelbild umgewandelt
und somit mit dieser gewählten Funktion vollständig in Rot
eingefärbt.

▶ TRANSPARENTE OBJEKTE: Markiert jene Objekte, die mit Transparenzen versehen sind. Objekte, die eventuell unabsichtlich
mit Transparenzen versehen wurden und somit Verursacher
einer Transparenzreduzierung sind, können damit schnell loka-
lisiert und eliminiert werden.

Ohne

In Pixelbilder umgewandelte komplexe Bereiche
✓ Transparente Objekte
Alle betroffenen Objekte
Betroffene Grafiken
In Pfade umgewandelte Konturen
In Pfade umgewandelter Text
Text und Konturen mit Pixelbildfüllung
Alle Pixelbildbereiche

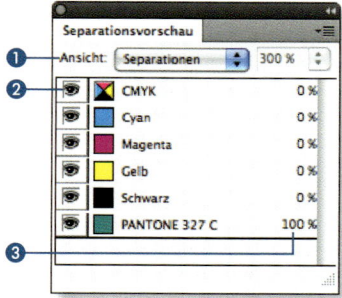

▲ **Abbildung 27.12**
Über die Separationsvorschau können Sie schnell einzelne Farbauszüge digital begutachten und darüber hinaus die Farbwerte auslesen.

▶ ALLE BETROFFENEN OBJEKTE: Markiert alle Objekte, die an der Transparenz beteiligt sind, einschließlich transparenter Objekte und Objekte, die von transparenten Objekten überlappt sind.

▶ BETROFFENE GRAFIKEN: Der Eintrag ist speziell für Druckdienstleister wichtig, da damit nur platzierte Objekte, die mit Transparenzen versehen sind, markiert werden. In der Ausgabe ist auf diese Bereiche besonders zu achten.

▶ IN PFADE UMGEWANDELTE KONTUREN: Damit werden alle Konturen hervorgehoben, die in Pfade umgewandelt werden, wenn sie an der Transparenz beteiligt sind oder wenn die Option KONTUREN IN PFADE UMWANDELN in der gewählten Transparenzreduzierungsvorgabe ausgewählt ist.

▶ TEXT UND KONTUREN MIT PIXELBILDFÜLLUNG: Markiert Textstellen und Konturen, die durch die Transparenzreduzierung als Pixelbild ausgegeben werden.

▶ ALLE PIXELBILDBEREICHE: Markiert Objekte und Schnittpunkte von Objekten, die durch die Transparenzreduzierung in Pixel umgewandelt werden, weil sie auf keine andere Weise in PostScript dargestellt werden können oder weil sie komplexer als der Schwellenwert sind, der durch den PIXELBILD-VEKTOR-ABGLEICH Regler angegeben wurde.

27.4 Die Separationsvorschau

Mit Acrobat 6.0 Professional wurde erstmals die Separationsvorschau, d. h. die Möglichkeit, eine digitale Filmkontrolle bereits am Monitor durchzuführen, in einer Adobe-Applikation implementiert. Die hervorragende Funktionalität wurde sodann in InDesign CS integriert, womit Sie nun bereits im Layout unter anderem Volltonfarben, die für die Ausgabe verwendet werden, aufspüren und durch Deaktivieren der einzelnen Auszüge eine digitale »Filmkontrolle« durchführen können. Kontrollieren Sie darüber hinaus, ob richtig ausgespart oder überdruckt wird und welche CMYK-Prozentwerte hinter den jeweiligen Farbflächen liegen.

Das Separationsvorschau-Bedienfeld können Sie über das Menü FENSTER • AUSGABE • SEPARATIONSVORSCHAU oder über die Tastenkombination ⬆+F6 aufrufen. Wird das Bedienfeld in der Bedienfeldleiste angedockt, bekommt es das Symbol ▨.

Bevor Sie sich jedoch die einzelnen Separationen anschauen können, müssen Sie zuerst in der Option ANSICHT ❶ den Eintrag SEPARATION auswählen. Damit sind alle Funktionen scharfgeschaltet. Die Handhabung ist dann ein Kinderspiel.

- **Auszüge ein- und ausblenden:** Das Deaktivieren einzelner Kanäle erfolgt durch Klick auf das Symbol 👁 vor dem Kanal. Wollen Sie beispielsweise nur den Magentakanal sehen, so empfehlen wir Ihnen, auf irgendein ein Symbol 👁 zu klicken und mit gedrückter Maustaste auf das Symbol 👁 vor dem Magentakanal zu fahren. Alle anderen Kanäle sind dann deaktiviert. Sie können einzelne Auszüge auch über Tastaturkürzel einblenden. Das Tastenkürzel für die zuvor genannte Funktion wäre [Strg]+[Alt]+[⇧]+[2] bzw. [⌘]+[⌥]+[⇧]+[2]. Alle dazu passenden Tastaturkürzel finden Sie in Zusatzkapitel D, »Tastenkürzel« auf der Buch-DVD.

- **Nur Schmuckfarben anzeigen:** Wenn Sie auf das Symbol 👁 vor den Eintrag CMYK ❷ klicken, werden alle Vierfarbkanäle deaktiviert. Es bleiben somit nur noch die Schmuckfarbkanäle eingeblendet.

- **Der Auszug Cyan wird am Monitor schwarz angezeigt:** Ist nur mehr ein Kanal sichtbar, so wird dieser in Schwarz angezeigt. Wollen Sie den Kanal in der Eigenfarbe sehen, so müssen Sie im Bedienfeldmenü die Option Einzelplatten in Schwarz anzeigen deaktivieren.

- **Anzeigen der Farbwerte:** Wenn Sie den Mauszeiger über InDesign-Objekte oder über importierte Bilder bzw. Grafiken des Dokuments bewegen, erscheinen am rechten Rand des Bedienfelds ❸ die dazugehörigen Prozentwerte. Schneller geht es nicht! **Achtung:** Die angezeigten CMYK-Prozentwerte lassen jedoch nicht den Schluss zu, dass es sich bei den importierten Bildern, die Sie gerade mit dem Cursor überstreichen, auch wirklich um CMYK-Bilder handelt. Selbst wenn Sie RGB- oder Lab-Farbinformationen im Dokument platziert haben, werden immer die entsprechenden CMYK-Werte angezeigt. Basis für die Berechnung der CMYK-Werte ist der in dem Dokument hinterlegte CMYK-Arbeitsfarbraum. Die angezeigten Prozentwerte geben somit jene Werte wieder, die bei einer Separation des Dokuments aus InDesign heraus durch das eingestellte ICC-Ausgabeprofil generiert würden. Ein Grund mehr, warum das Colormanagement eingeschaltet und korrekt eingestellt werden sollte.

- **Tiefschwarze Objekte erkennen:** Das Erkennen »tiefschwarzer« Objekte, der irrtümlichen Verwendung der Farbe [Passermarken] bzw. von Texten, die in RGB in InDesign vorliegen, ist über das Separationsvorschau-Bedienfeld auch sehr schnell möglich. Deaktivieren Sie dazu einfach den Schwarzauszug. Sind schwarze Objekte noch immer sichtbar bzw. ist schwarzer Text noch immer grau abgebildet, so wurden diese als tief-

---

Warum wird automatisch die Überdruckenvorschau aktiviert?

Sobald in InDesign die Separationsvorschau aktiviert wird, wendet das Programm automatisch den Überdruckenvorschau-Modus an, um damit auch die Transparenzen und die überdruckenden Elemente durch die Separationsvorschau korrekt abbilden zu können.

[ICC-Ausgabeprofil]

Ein ICC-Profil beschreibt die Farbeigenschaften eines Mediums. Handelt es sich dabei um ein Ausgabeprofil (auch Druckerprofil genannt), so wird damit die Charakteristik der Farben auf einem bestimmten Drucker, einem bestimmten Papier und der verwendeten Farbe beschrieben.

[Tiefschwarz]

Als Tiefschwarz werden Farben bezeichnet, denen neben einem hohen K-Anteil auch noch Unterfarben aus den anderen Primärfarben hinzugefügt wurden. Wir empfehlen für Tiefschwarz die Werte K = 100 % und C = 60 %. Zusätzliche Unterfarben würden den Gesamtfarbauftrag nur nach oben treiben.

schwarz oder mit der Farbe [PASSERMARKEN] eingefärbt bzw. mit einer in RGB definierten Farbe ausgezeichnet.

▶ **Überdruckende und aussparende Objekte erkennen:** Speziell durch das Deaktivieren des Schwarzauszugs können Sie schnell erkennen, ob in importierten Objekten oder in InDesign CS4 geschriebene Texte und Objekte hinsichtlich der Farbe Schwarz auf Überdrucken oder auf Aussparen gestellt sind.

27.5   Gesamtfarbauftrag-Vorschau

Eine sehr nützliche Funktion in InDesign ist die Kontrolle des Gesamtfarbauftrags. Damit können Problemstellen, die zu einem »Zuschmieren« von Farben führen würden, aufgedeckt werden.

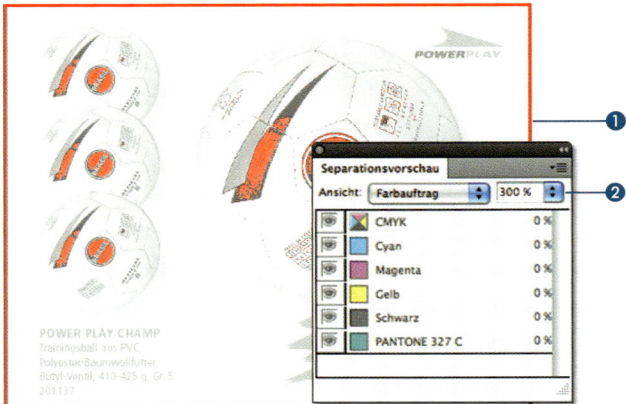

Wählen Sie unter dem Menü FENSTER • AUSGABE • SEPARATIONSVORSCHAU im Submenü ANSICHT die Option FARBAUFTRAG. Wählen Sie im Eingabefeld den gewünschten Gesamtfarbauftrag ❷ in Prozent aus. Alle Bereiche, die den eingegebenen Wert überschreiten, werden rot eingefärbt. Stellen Sie sich gelegentlich selbst auf die Probe, und überprüfen Sie mit dieser Funktion Ihre Dokumente. Sie werden verblüfft sein, wie wenig Sie sich bisher mit dieser Frage auseinandergesetzt haben.

   Routinemäßig stellen wir beim Überprüfen von Kundendokumenten den Farbauftrag im Eingabedialog auf 400 %. Es kommt regelmäßig vor, dass noch rote Bereiche ❶ im Dokument zu sehen sind. Der Grund dafür: Der Ersteller hat meistens beim Zuweisen von Farben irrtümlich dem Rahmen oder der Fläche die Farbe [PASSERMARKEN] zugewiesen. Dadurch veranlassen Sie InDesign, den Rahmen bzw. die Fläche auf allen vorhandenen Auszügen zu erzeugen.

28 Preflight

Bevor Sie ein Dokument ausdrucken, ein PDF erstellen oder die offenen Daten dem Druckdienstleister übergeben, sollten Sie unbedingt das Dokument hinsichtlich qualitativer Mängel überprüfen. Die Bezeichnung **Preflight** ist der dafür branchenübliche Begriff. Neben der manuellen Überprüfung von Bildern über das Informationen-Bedienfeld, der Überprüfung der verwendeten Schriften über den SCHRIFTART SUCHEN-Dialog besaß InDesign bereits ab Version 1.0 die integrierte Option PREFLIGHT aus dem Menü DATEI zum Überprüfen des Dokuments. Damit konnten Sie das geöffnete Dokument auf Fehler in Bezug auf **Schriften, Verknüpfungen** und **Bildinformationen** sowie auf **verwendete Farben** und **Zusatzmodule** überprüfen.

Mit InDesign CS4 wurde die Funktion von PREFLIGHT grundlegend überarbeitet und so enorm ausgebaut, dass nicht nur Objekte in InDesign, sondern auch platzierte Objekte weit über den Farbraum und die Auflösung hinaus geprüft werden können. Hinsichtlich welcher Kriterien die Prüfung erfolgen soll, kann sehr fein eingestellt und als Prüfprofil abgespeichert werden. Besonders interessant ist, dass eine permanente Prüfung des Dokuments in Form eines **Live-Preflights** zur Verfügung steht, mit der bereits in der Erstellungsphase jeder Schritt und jedes Objekt hinsichtlich Probleme im Druck validiert werden kann.

Damit Sie die Vorteile der Live-Preflight-Prüfung voll ausnutzen können, sollten Sie gleich zu Beginn der Bearbeitung eines Dokuments ein Preflight-Profil erstellen oder angeben.

> **HINWEIS**
>
> InDesign CS3-Anwender können über den Befehl DATEI • PREFLIGHT nur auf eingeschränkte Preflight-Funktionen zurückgreifen. Die im PREFLIGHT-Dialog von InDesign CS3 angebotenen Funktionen sind identisch mit den in InDesign CS4 beim Verpacken von Daten angebotenen Überprüfungen. Informationen dazu erhalten Sie in Kapitel 31, »Verpacken«, auf Seite 769.

28.1 Grundlagen zu Preflight

Das Prüfen von Dokumenten ist unerlässlich, will man sich im Nachhinein Diskussionen und auch Kosten ersparen. Auch wenn Profis am Werk sind, passiert es in der Hitze des Gefechtes immer wieder, dass sich Fehler in der Produktion einschleichen. Diese Fehler können unterschiedlicher Art sein:

▶ **Grundlegende Fehler:** Dazu zählen Fehler in der Anlage des Dokuments wie das falsche Seitenformat, die falsche Ausrichtung, falsch gewählte Seitenanzahl oder das Vorhandensein von leeren Seiten in einem Dokument.

▶ **Qualitative Fehler:** Dazu zählen Fehler wie Weiß überdruckende Objekte, Schwarz nicht überdruckende Elemente, zu dünne Linien (speziell wenn diese aus zwei Primärfarben gemischt sind), zu geringe Auflösung, das Platzieren von Objekten zu nahe am Beschnitt, das Nichtplatzieren von Objekten im angelegten Anschnitt, das Unterschreiten von Mindestschriftgrößen, das Vorhandensein eines Übersatzes oder das Vorhandensein von verzerrten Bildern und Texten.

▶ **Produktionstechnische Fehler:** Dazu zählen Fehler wie die Verwendung von OPI-Bildern, das Fehlen von Schriften oder Glyphen, das Fehlen von Verknüpfungen zu extern geladenen Objekten oder das Vorhandensein von RGB- oder Schmuckfarben.

Die Vielfalt an möglichen Fehlern zeigt uns schon, dass dem Anwender die Möglichkeit gegeben werden muss, sich die gewünschten Parameter auszusuchen und in einem Preflight-Profil zusammenzusetzen. Während produktionstechnische Fehler in jedem Dokument auf dieselbe Art und Weise abgefragt werden müssen, ist dies bei den qualitativen und speziell bei den allgemeinen Fehlern nicht immer gegeben.

Warum sollte man im Layoutprogramm schon eine Prüfung durchführen? Ist es nicht ausreichend, wie wir Ihnen in Kapitel 37, »PDF-Export für die Druckvorstufe«, erklären, ein unverändertes PDF zu exportieren, um dieses dann vollständig über PREFLIGHT in Acrobat 9 Professional zu prüfen? Die Antworten dazu sind:

▶ **Die PDF-Prüfung in Acrobat ist zwingend durchzuführen:** Einerseits muss eine PDF/X-Prüfung erfolgen, und andererseits können nicht alle Parameter in PREFLIGHT von InDesign in der gewünschten Güte überprüft werden. Darüber hinaus schleichen sich Fehler manchmal erst beim Erstellen der PDF- oder PostScript-Datei ein.

▶ **Die Prüfung im Layoutprogramm erspart viel Zeit:** Wird der Fehler erst im PDF erkannt, muss der Fehler zuerst im Layoutprogramm oder in der platzierten Datei behoben und erneut ein PDF exportiert werden. Das kostet Zeit!

▶ **Die Prüfung im Layoutprogramm hat erzieherischen Wert:** Auch wenn wir Grafiker, Designer, Layouter und Druckvorstufenprofis von unserem Können überzeugt sind, so machen doch auch wir nicht unbedingt wenig Fehler. Die Prüfung im Layoutprogramm kann Azubis und auch Profis permanent unterstützend zur Seite stehen.

28.2 Eine Prüfung durchführen

Standardmäßig ist PREFLIGHT in Adobe InDesign CS4 aktiviert. Ist PREFLIGHT nicht scharfgeschaltet, so können Sie das in der Statuszeile – am linken unteren Rand im Dokumentenfenster – durch die Kennzeichnung PREFLIGHT AUS ❶ erkennen. Wenn die PREFLIGHT-Funktion aktiviert ist, wird in der Statusleiste ein roter Punkt ❷ angezeigt, sobald InDesign ein Problem feststellt. Ist hingegen alles im Dokument korrekt, so lacht Ihnen das grüne Symbol ❸ entgegen.

Das Preflight-Bedienfeld können Sie auf verschiedene Art und Weise aufrufen:

- über das Menü FENSTER • AUSGABE • PREFLIGHT
- durch Drücken der Tastenkombination [Strg]+[Alt]+[⇧]+[F] bzw. [⌘]+[⌥]+[⇧]+[F]
- über das Symbol 📄, wenn das Bedienfeld in der Bedienfeldleiste angedockt wurde
- durch Doppelklick in den Bereich [▼ ▶ ▶| ● 67 Fehler ▶ 📄] in der Statusleiste

Ist das Preflight-Bedienfeld geöffnet, so können Sie die Prüfung einschalten, indem Sie die Checkbox EIN ❹ aktivieren. InDesign beginnt sofort mit der Dokumentenanalyse und meldet am linken unteren Rand ⓬ des Preflight-Bedienfelds, wie viele Fehler gefunden wurden. Welche Fehler gefunden werden, ist abhängig vom gewählten PROFIL ❺ und vom gewählten Seitenbereich ⓫, den Sie zur Prüfung freigegeben haben. In zwei Bereichen werden die Fehler und die dazu passenden Informationen angezeigt.

Fehler-Bereich | Dieser Bereich listet alle gefundenen Fehler auf. Dabei erfolgt die Gruppierung anhand der Hauptgruppen VERKNÜPFUNGEN, FARBE, BILDER UND OBJEKTE, TEXT und DOKUMENT. Die Zahl ❽, die hinter der Hauptgruppenbezeichnung eingeblendet wird, gibt an, wie viele Fehler in der Hauptgruppe in Summe gefunden wurden.

Durch das Aufklappen der Hauptgruppe – durch Klick auf den Pfeil ❻ – können Sie alle in dieser Gruppe gefundenen Fehler einsehen. Die Zahl hinter dem Eintrag ❼ gibt die Anzahl der gefundenen Objekte an, die diesen Fehler tragen. Durch Klick auf die Seitenzahl ❾ springen Sie direkt zum Objekt, das den Fehler verursacht hat.

Informationen-Bereich | Darin werden grundlegende Anleitungen zum Beheben des markierten Fehlers ❿ angezeigt.

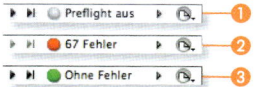

▲ **Abbildung 28.1**
In der Statuszeile des Dokuments können Sie den jeweiligen Zustand von Preflight erkennen.

> **Prüfungen über ein Buch hinweg durchführen**
>
> Wie Sie ein ganzes InDesign-Buch mit Preflight prüfen, erfahren Sie in Abschnitt 21.1.7, »Das Buch ausgeben«, auf Seite 640.

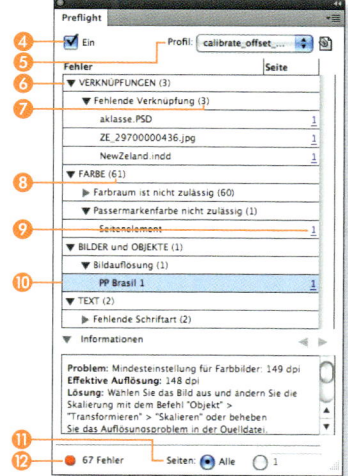

▲ **Abbildung 28.2**
Verschaffen Sie sich den Überblick über alle im Dokument vorhandenen Fehler.

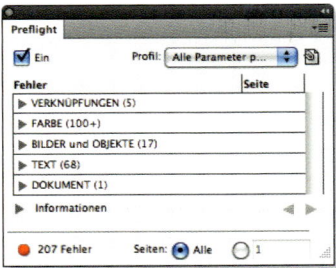

Konvertierte und neu angelegte Dokumente in InDesign werden standardmäßig mit dem Profil [GRUNDPROFIL] geprüft. Dieses Profil erfasst zumindest fehlende oder geänderte Verknüpfungen, Übersatztexte und fehlende Schriftarten.

28.3 Definieren von Preflight-Profilen

Die Güte der Prüfung ist entscheidend von den gewählten Parametern im zugewiesenen Profil abhängig. Das Profil [GRUNDPROFIL] kann weder bearbeitet noch gelöscht werden. Deshalb ist es ratsam, sich selbst ein Preflight-Profil zu erstellen – lesen Sie dazu die Schritt-für-Schritt-Anleitung auf Seite 736 – oder sich ein vordefiniertes Profil vom Druckdienstleister zu besorgen und zu laden.

Die Parameter werden in Preflight in fünf Hauptgruppen – VERKNÜPFUNGEN, FARBE, BILDER UND OBJEKTE, TEXT und DOKUMENT – unterteilt. Die jeweilige Hauptgruppe erscheint jedoch nur, wenn in dieser ein Fehler im Dokument gefunden worden ist.

28.3.1 Parameter der Hauptgruppe »Verknüpfungen«

In dieser Hauptgruppe legen Sie fest, ob OPI, nicht aktualisierte oder fehlende Verknüpfungen als Fehler erkannt werden sollen.

▶ **Links fehlen oder wurden geändert:** Die Aktivierung des Parameters ist für jede Prüfung eines Dokuments sinnvoll. Fehlende bzw. nicht aktualisierte Verknüpfungen würden in der PDF-Produktion dazu führen, dass nur die Bildschirmauflösung – meist nur 72 ppi – in die PDF-Datei übernommen würde. Darüber hinaus stehen diese Vorschaubilder nur als RGB zur Verfügung.

▶ **OPI-Verknüpfungen:** Damit werden platzierte Bilder auf das Vorhandensein eines OPI-Kommentars überprüft. Die Aktivierung dieses Parameters ist kein Muss, da Sie ohnehin für die Übergabe von PDF-Dateien in der Druckvorstufe den PDF/X-Standard (X-1a; X-3 oder X-4) wählen. Da bei diesen Standards das Vorhandensein von OPI-Kommentaren nicht zulässig ist, werden solche Einträge spätestens jedoch bei der PDF/X-Erstellung gelöscht. Lediglich wenn Sie mit OPI-Workflows noch arbeiten und sichergehen wollen, dass Sie vor der Ausgabe einen vollständigen Austausch von Low-Res- durch High-Res-Bilder durchgeführt haben, ist die Aktivierung sinnvoll.

28.3.2 Parameter der Hauptgruppe »Farbe«

Legen Sie damit fest, welcher Transparenzfüllraum erforderlich ist, ob Elemente nur in Schwarz oder einer Schmuckfarbe angelegt sind und welche Farbräume oder Überdruckeneinstellungen für Objekte in der InDesign-Datei zulässig sind. Die möglichen Parameter sind:

- **Transparenzfüllraum erforderlich:** Diese Checkbox überprüft, welcher Transparenzreduzierungsfarbraum für das Dokument im Menü BEARBEITEN • TRANSPARENZFARBRAUM eingestellt ist. Aktivieren Sie diese Prüfung für die Druckvorstufe immer, und stellen Sie den zu prüfenden Wert auf CMYK ein. Sollten Sie nämlich ein Dokument bearbeiten, wo irrtümlich der TRANSPARENZFARBRAUM auf RGB gestellt ist, so würde bei der Transparenzreduzierung das gesamte Dokument in RGB gewandelt. Was zwar für Bilder nicht unbedingt schlecht sein muss, für Text sind diese Umwandlung ein Horror.

- **Cyan-, Magenta- und Gelb-Platten sind nicht zulässig:** Die Aktivierung dieser Option ist nur dann sinnvoll, wenn Sie eine reine 1c- bzw. eine 1c-mit-Schmuckfarben-Produktion ausgeben möchten. Objekte, die in der Ausgabe separiert werden müssten und somit einen Cyan-, Magenta- oder Yellow-Auszug erzeugen würden, werden als Fehler angezeigt.

- **Unzulässige Farbräume und -modi:** Damit wird das Dokument auf Farbräume der InDesign erstellten und aller platzierten Objekte untersucht. Eine Unterscheidung hinsichtlich Device- oder ICC-basierten Farbräumen wird nicht gemacht. Wenn Sie eine 4c-Produktion planen, sollten Sie unbedingt die Checkboxen RGB, VOLLTONFARBE und LAB aktivieren.

- **Volltonfarbeinrichtung:** Darin bestimmen Sie einerseits die Anzahl der zulässigen Volltonfarben und andererseits, ob deren Umrechnung nach CMYK über Lab oder über den alternativ hinterlegten CMYK-Farbraum erfolgen soll.

  - MAXIMAL ZULÄSSIGE ANZAHL VOLLTONFARBEN: Wenn Sie eine Produktion aufgebaut aus 1c- mit einer Volltonfarbe erstellen wollen, so müssen Sie einerseits in dieser Option die Anzahl auf 1 beschränken und andererseits die Checkbox VOLLTONFARBEN im Parameter UNZULÄSSIGE FARBRÄUME UND -MODI deaktivieren.

  - VORDEFINIERTE VOLLTONFARBEN MÜSSEN LAB-WERTE VERWENDEN: Durch die Auswahl dieses Eintrages legen Sie fest, dass eine Umrechnung der Volltonfarbwerte nach CMYK über Lab erfolgen soll. Ob dies so passiert oder nicht, bestimmen Sie ja bekanntlich im DRUCKFARBEN-MANAGER über die Aktivierung der Option STANDARD-LAB-WERTE FÜR VOLLTONFARBEN VERWENDEN.

- **Überdrucken in InDesign angewendet:** Diese Option findet alle Objekte, die über das Attribute-Bedienfeld in InDesign auf

HINWEIS

Mehr Informationen zur Transparenzreduzierung erhalten Sie in Kapitel 24.3, »Problemfelder der Reduzierung«, auf Seite 688.

[Device- und ICC-basiert]
Die Farbräume Grau, RGB und CMYK können sowohl als geräteabhängige (Device) wie auch als geräteunabhängige Farbe vorliegen. Der Unterschied liegt lediglich darin, ob ein ICC-Profil (Farbprofil) dem Farbraum angehängt ist oder nicht. Ist ein ICC-Profil angehängt, so spricht man vom geräteunabhängigen Farbraum.

▲ **Abbildung 28.4**
Der DRUCKFARBEN-MANAGER mit aktivierter Option STANDARD-LAB-WERTE FÜR VOLLTONFARBEN VERWENDEN

ÜBERDRUCKEN gestellt wurden. Aktivieren Sie also diese Option, wenn Sie die irrtümlich überdruckenden Objekte – dies kann der Fall sein, wenn Sie überdruckende Objekte aus anderen InDesign-Dokumenten ausschneiden und in das neue Dokument einfügen – in InDesign aufspüren wollen.

▶ **Überdrucken auf Weiß oder [Papier]-Farbe angewendet:** Die Aktivierung dieser Option ist in jedem Fall zu empfehlen, denn wenn irrtümlich weiße Flächen oder Texte auf ÜBERDRUCKEN gestellt worden sind, diese im Druck fehlen würden. Hervorragend dabei ist, dass auch Weiß überdruckende Elemente in platzierten PDF-Dateien erkannt werden.

▶ **[Passermarken]-Farbe angewendet:** Die Verwendung dieser Farbe ist nur für die Kennzeichnung von Schneide- und Passermarken von InDesign vorgesehen. Das Verwenden im Layout würde zu einem 400%igen Gesamtfarbauftrag führen, womit wiederum ein Abrieb im Druck möglich wird. Aktivieren Sie somit immer diese Option, um eine mögliche Fehlleistung im Layout schnell erkennen zu können. Der einzige Nachteil hier ist, dass die Fehlermeldung Sie auch dann warnt, wenn Sie ein PDF, das mit Schnittmarken erstellt wurde, in InDesign platzieren, auch wenn Sie die Schnittmarken durch Verkleinern des Bildrahmens oder durch Platzieren auf die TrimBox hin ausgeblendet haben.

28.3.3 Parameter der Hauptgruppe »Bilder und Objekte«

Im Bereich BILDER UND OBJEKTE werden die Anforderungen für Bildauflösung, Transparenz und Konturstärken angegeben.

▶ **Bildauflösung:** Die Bildauflösung spielt für die Ausgabe eine sehr wichtige Rolle. Aktivieren Sie für FARBBILDER, GRAUSTUFENBILDER und 1-BIT-BILDER immer die gewünschte MINIMALAUFLÖSUNG. Welcher Wert dabei herangezogen werden muss, hängt von der auszugebenden Rasterweite bzw. vom Druckverfahren ab. Für das 60er-Raster sollte die MINIMALAUFLÖSUNG eigentlich nicht den Wert von 240 ppi für Farb- und Graustufenbilder unterschreiten. Für 1-Bit-Bilder läge die MINIMALAUFLÖSUNG somit bei 960 ppi. Ob Sie die Überschreitung einer MAXIMALAUFLÖSUNG ebenfalls abfragen möchten, bleibt Ihnen überlassen – für manche Layouter und für ältere RIPs ist selbst diese Prüfung ein Muss.

▶ **Nicht proportionale Skalierung des platzierten Objekts:** Das nicht proportionale Skalieren von Objekten ist in den meisten Fällen ein nicht beabsichtigter Vorgang. Aktivieren Sie also diese Option immer dann, wenn Sie sich viel Zeit durch Drohanrufe von Personen, die reklamieren, dass sie nicht so dick seien, ersparen wollen. Leider können beabsichtigt skalierte Objekte in InDesign nicht von der Prüfung ausgeschlossen werden.

▸ **Verwendet Transparenz:** Auch wenn Sie sicherlich keinen Effekt in InDesign angewandt haben, können dennoch über das Platzieren von Objekten Transparenzen in das InDesign-Dokument gelangen. Aktivieren Sie also die Option, wenn Sie alle transparenten Objekte finden wollen. Damit finden Sie irrtümlich angebrachte Effekte in InDesign-Objekten oder vorhandene Transparenzen in platzierten Dateien.

▸ **ICC-Profil des Bildes:** Beide darin befindlichen Optionen machen einerseits darauf aufmerksam, dass es in der Ausgabe zu einer CMYK-Verrechnung kommen könnte, und andererseits, dass vom eingestellten Farbmanagement abweichende Profile in platzierten Objekten gefunden wurden.

  ▸ PROFILEINSTELLUNG KANN CMYK-UMWANDLUNG ZUR FOLGE HABEN: Durch Aktivierung dieser Option werden alle Objekte gefunden, denen ein vom Dokumentenstandard abweichendes Profil zugewiesen wurde, womit es in der Ausgabe zu einer CMYK-Verrechnung kommen würde. Um eine Verrechnung zu verhindern, gibt es zum Glück noch im Ausgabedialog entsprechende Möglichkeiten. Informationen dazu können Sie im Unterpunkt »Druckerprofil: Dokumentenprofil ist nicht identisch mit dem Zielprofil«, auf Seite 812 nachlesen.

  ▸ ALLE PROFILABWEICHUNGEN: Damit werden alle Objekte gefunden, die entweder vom Dokumentenstandard abweichen oder denen kein Profil zugewiesen ist. Letzteres kann durch Aktivierung der zusätzlichen Option BILDER OHNE EINGEBETTETES PROFIL AUSSCHLIESSEN unterbunden werden.

▸ **Abweichungen von Ebenensichtbarkeit:** Grundsätzlich stellt sich in InDesign das Arbeiten mit verschiedenen Views auf platzierte PSD-Dateien als sehr nützliches Instrumentarium beim Layouten dar. Man kann sich damit sehr schnell Mutationen ansehen und exportieren. In einigen Workflows sind jedoch solche Daten verboten, speziell dann, wenn automatisch Bilder im Workflow ausgetauscht werden müssen. Hier besteht einfach die Gefahr, dass Ebenensichtbarkeiten durch die Aktualisierung in InDesign oder durch die Verflachung von PSD-Dateien nicht mehr zum Tragen kommen.

▸ **Mindestkonturstärke:** Die lange Zeit gefürchtete Haarlinie, die beim Umkopieren vom Film auf die Druckplatte gerne verlorenging, ist bei heutiger Technologie – Verwendung von CTP – eigentlich kein Thema mehr. Sollte sich in Druckdaten den-

---

Unterschiedlicher Default-Wert der Ebenensichtbarkeit

Der Default-Wert für die Ebenensichtbarkeit in InDesign CS3 war EBENENSICHTBARKEIT VON PHOTOSHOP VERWENDEN. In CS4 wurde dieser Default-Wert Gott sei Dank auf BENUTZERDEFINIERTE EBENENSICHTBARKEIT ERHALTEN umgestellt. Denn nur mit der zuletzt genannten Option kann ein automatisierter Austausch von Bildern erfolgen. Überprüfen Sie also diese Einstellungen für Objekte über den Befehl OBJEKT • OBJEKTEBENENOPTIONEN.

[Haarlinie]
Darunter wird eine Linie mit einer Liniendicke bzw. Strichstärke von 0,075 mm bzw. 1/5 Didot-Punkt verstanden.

[Zuschnitt]
Unter Zuschnitt wird das Nettoformat, also das Endformat, des finalen zusammengetragenen und beschnittenen Druckwerkes verstanden.

HINWEIS

Auch wenn Sie die Prüfung auf Übersatztext nicht aktivieren, so bekommen Sie dennoch beim Aufrufen des Druck- bzw. PDF-Export-Dialogs eine Warnmeldung, die Sie auf Übersatztexte noch einmal hinweist.

Sollten Sie diesen Dialog trotz vorhandenem Übersatztext nicht bekommen, so haben Sie einmal die in diesem Dialog angebrachte Checkbox NICHT WIEDER ANZEIGEN aktiviert. Klicken Sie in diesem Fall auf den Button ALLE WARNDIALOGFELDER ZURÜCKSETZEN im Register ALLGEMEIN der InDesign-VOREINSTELLUNGEN.

noch eine Haarlinie befinden, so wird diese meistens durch das ausgebende RIP auf die Mindeststärke hochgerechnet.

▶ AUF KONTUREN MIT MEHREREN DRUCKFARBEN ODER WEISS BESCHRÄNKEN: Besonders zu beobachten sind jedoch sehr dünne Linien, die entweder weiß oder mehrfarbig sind. Dünne weiße Linien können im Druck durch das »Verlaufen« der Farbe verschwinden, mehrfarbige dünne Linien können bei kleinen Passerungenauigkeiten bedingt durch ihren Tonwert ebenfalls nicht mehr sichtbar sein. Aktivieren Sie deshalb diese Option, wenn Sie auf eine Mindestkonturstärke abfragen.

▶ MINDESTKONTURSTÄRKE: Der Wert für die dünnsten mehrfarbigen und weißen Linien sollte 0,05 Pt für den Offsetdruck nicht unterschreiten.

▶ **Interaktive Elemente:** Damit werden alle interaktiven Elemente in einer Datei aufgespürt. Aktivieren Sie diese Option für Druckdaten, da interaktive Elemente – beispielsweise könnte sich die Farbe eines Buttons je nach Aktivitätszustand ändern – im Druck keine Verwendung haben.

▶ **Probleme beim Anschnitt/Zuschnitt:** Mit dieser Option können Sie prüfen, ob sich ein Objekt, ein Bild- oder ein Textrahmen in der Nähe des Zuschnitts bzw. Anschnitts befindet. Sie können dazu die notwendigen zu überprüfenden Abstände für OBEN, UNTEN, LINKS/INNEN und RECHTS/AUSSEN in separaten Feldern eingeben. Folgende Regeln gelten:

▶ Ist kein Anschnitt im Dokument festgelegt, so muss jedes Objekt ausgehend vom Zuschnitt außerhalb des eingegebenen Bereiches liegen. Liegen Objekte genau am Zuschnitt, so werden sie nicht erkannt.

▶ Ist ein Anschnitt im Dokument definiert, so gilt auch das zuvor Gesagte. Darüber hinaus müssen Objekte, die im Anschnitt platziert wurden, vollständig den Anschnittbereich ausfüllen. Objekte, die also bei einem 3-mm-Anschnitt nur 2,8 mm in den Anschnitt hineinragen, werden erkannt. Objekte, die über den Anschnitt hinausragen, werden nicht erkannt.

28.3.4 Parameter der Hauptgruppe »Text«

In der Kategorie TEXT werden Fehler für Elemente wie fehlende Glyphen, fehlende Schriftarten, Mindestschriftgrößen, verwendete Fonttypen, Abweichungen von Zeichen- und Absatzformaten und Übersatztext angezeigt.

▶ **Übersatztext:** Übersatztexte können ein Zeichen dafür sein, dass sich durch eine Layoutänderung auch der Umbruch des

Textes geändert hat und somit nicht mehr der gesamte Text angezeigt werden kann. Diese Option ist generell zu aktivieren, da fehlende Textstellen so manche Werbebotschaft, Romane und Bücher vernichten können.

- **Absatz- und Zeichenformatabweichungen:** Wenn Texte in einem Dokument mit Absatz- und Zeichenformaten versehen sind, so erkennen Sie mit dieser Option schnell, welcher Absatz abweichend vom zugewiesenen Absatzformat gesetzt wurde. Diese Option ist nur für spezielle Projekte und für Art-Direktoren, die sich sicher sein wollen, dass alle Vorgaben hinsichtlich Typografie eingehalten wurden, zu aktivieren. Um dieser Prüfung etwas an Aggressivität zu nehmen, hat Adobe zusätzliche Optionen, die bestimmte Vorkommnisse ausschließen, eingebaut. Dazu zählen:
  - SCHRIFTSCHNITTABWEICHUNGEN IGNORIEREN: Streng genommen sollte es diesen Fall nicht geben, da Abweichungen vom Schriftschnitt eigentlich mit Zeichenformaten überlagert werden sollen.
  - SPRACHABWEICHUNGEN IGNORIEREN: Speziell bei mehrsprachigen Dateien ist für die Rechtschreibprüfung und für die Silbentrennung darauf zu achten, dass nicht irrtümlich einem französischen Text die Sprache NEUE DEUTSCHE RECHTSCHREIBUNG 2006 zugewiesen wurde.
  - ABWEICHUNGEN BEI KERNING/LAUFWEITE IGNORIEREN: Gerade diese Option wäre als eigenständige Prüfung für manche Art-Direktoren von Bedeutung. Das Ausschließen von Spationierungsfehlern ist unserer Ansicht nach nicht sinnvoll.
  - FARBABWEICHUNGEN IGNORIEREN: Diese Option ist nur sinnvoll, wenn in einem Dokument ein und dasselbe Absatz- und Zeichenformat in verschiedenen Farbausprägungen gesetzt werden soll. Streng durchstrukturierte Layoutkonzepte würde für diesen Fall eigene Absatz- und Zeichenformate vorsehen bzw. mit Ressortfarben in einem Dokument arbeiten.
- **Schriftart fehlt:** Wenn eine Schriftart – Schriftfamilie oder Schriftschnitt – fehlt, so ist dies in jedem Fall anzuzeigen.
- **Glyphe fehlt:** Dieser ganz schwerwiegende Fehler, auch wenn es sich nur um ein Leerzeichen handelt, muss eigentlich in jedem Druckprodukt gefunden werden. Fehlende Glyphen unterbinden die Generierung von PDF/X-Dokumenten.
- **Dynamische Rechtschreibprüfung meldet Fehler:** Damit orthografische und grammatikalische Fehler gefunden werden können, stellt InDesign bessere Möglichkeiten zur Verfügung. Eine Aktivierung dieser Option ist kontraproduktiv.

[Glyphe]
Ein übergeordneter Begriff für »Schriftzeichen«.

[CFF]

CFF steht für den Begriff Compact Font Format.

[CID]

CID-Fonts (steht für **C**haracter **ID**entifier) nutzen das Zweifach-Byte-Encoding. Sie werden auch »Doppelbyte-Fonts« oder »Mehrbyte-Fonts« genannt.

TrueType-Schriften in der Druckvorstufe

TrueType-Schriften können in der Druckvorstufe uneingeschränkt verwendet werden, solange einerseits aktuelle RIP-Technologie zum Einsatz kommt und andererseits nicht dieselbe Schrift mit demselben Fontnamen als Type 1-Font in einem Dokument verwendet wird.

Die beispielsweise gleichzeitige Verwendung der Schrift Times sowohl als TrueType- wie auch als Type 1-Font führt in der Ausgabe gerne zum Fehlen von Glyphen!

▶ **Unzulässige Schrifttypen:** In Verbindung mit gewissen Schrifttypen kann es mit bestimmten Workflows und RIPs Probleme geben. Für diesen Fall steht eine große Auswahl an Schrifttypen und Ausprägungen zur Verfügung, vor denen explizit gewarnt werden kann. Diese sind:

▶ GESCHÜTZTE SCHRIFTARTEN: Diese Option sollte immer aktiviert sein, da ansonsten ein vollständige PDF-Export immer fehlschlägt.

▶ BITMAP: Diese Fonts sind nur für die Bildschirmdarstellung erstellt worden; eine Outlinebeschreibung für die Ausgabe fehlt. Typische Vertreter dieser Fonts sind Schriften mit Städtenamen wie Chicago, Geneva, NewYork und dergleichen.

▶ OPENTYPE CFF: Dieses Formatformat erlaubt eine sehr kompakte und effiziente Beschreibung von Glyphen und reduziert somit das Datenvolumen bei komplexen 2-Byte-Fonts. OpenType CFF-Schriften basieren auf PostScript-Outlines. Es sind also Type 1-Fonts im OpenType-Gewand, die plattformunabhängig den moderneren Systemen zur Verfügung stehen. Sie werden auch als **Type 0-Font** bezeichnet. Die File-Extension dieses Typs ist ».otf«.

▶ OPENTYPE CFF CID: Darunter werden wie zuvor beschrieben kompakte Fontbeschreibungen, die darüber hinaus als CID-Fonts vorliegen, verstanden.

▶ OPENTYPE TT: Darunter werden TrueType-Schriften verstanden, die im plattformunabhängigen OpenType-Gewand vorliegen. Sie werden auch als **Type 2-Font** bezeichnet. Die File-Extension dieses Typs ist ».ttf.«

▶ TRUETYPE: Darunter werden die klassischen, von Apple entwickelten und an Microsoft lizenzierten TrueType-Schriften, die nicht plattformunabhängig sind, verstanden.

▶ TYPE 1 MULTIPLE MASTER: Diese Schrifttechnologie, die als Erweiterung zum Type 1-Fontformat 1991 eingeführt wurde, ist heutzutage – es steht ohnehin eine Unzahl von Schriften zur Auswahl – fast zur Gänze aus dem Verwendungsrepertoire der Grafiker und Layouter verschwunden. Speziell wenn Sie noch ältere RIPs oder RIP-Clones im Einsatz haben, ist es ratsam, auf die Verwendung dieses Schrifttyps zu überprüfen, da diese in sehr vielen Fällen nicht mit dieser Erweiterung des Fontformats umgehen können.

▶ TYPE 1: Darunter werden die klassischen, von Adobe Systems entwickelten PostScript-Schriften, die nicht plattformunabhängig sind, verstanden. Das Vorhandensein von Type 1-Schriften dürfte in der Druckvorstufe eigentlich nur in Kombination mit TrueType-Schriften des gleichen Namens zu Problemen führen. Die Überprüfung auf Type 1-Schriften macht nur Sinn, wenn Sie InDesign-Dokumente auf einem anderen Betriebssystem weiterverarbeiten möchten.

▶ TYPE 1 CID: Darunter werden die zuvor beschriebenen Type 1-Schriften, die darüber hinaus als CID-Fonts vorliegen, verstanden.

▶ ATC (ADOBE TYPE COMPOSER): Darunter werden die mit dem Dienstprogramm **Adobe Type Composer** (ATC) erstellen Schriften verstanden. Mit dem ATC können Sie beispielsweise eine zusammengesetzte japanische Schrift erzeugen, die verschiedene Schriften für verschiedene Zeichenarten verwenden kann: eine Schrift für Kanji und eine andere für Kana oder Gaiji. Aktivieren Sie, wenn Sie sich nicht sicher sind, dass Ihr Ausgabesystem ATC-Schriften ohne Probleme weiterverarbeiten kann, diesen Parameter sicherheitshalber immer. Im doch eher unwahrscheinlichen Falle, dass solch eine Schrift zur Weiterverarbeitung zum Einsatz kommt, werden Sie dann darauf aufmerksam gemacht und können auf eventuelle Probleme in der Ausgabe gezielter reagieren.

▶ **Nicht proportionale Schriftenskalierung:** Das Verzerren von Schriften ist nur aus typografischer Sicht bedenklich. Vom technischen Standpunkt aus können solche Verzerrungen ohne Einschränkungen umgesetzt werden. Dieser Parameter wird deshalb wohl nur von Art-Direktoren und feinfühligen Typografen aktiviert werden.

▶ **Mindestschriftgröße:** Die Überprüfung auf Mindestschriftgrößen ist einerseits für die Ausgabe auf niedrigauflösenderen Geräten und andererseits für Typografen, für die Lesbarkeit von Text im Vordergrund steht, interessant. Schriftgrößen kleiner als 4 Pt sind einfach für unsere Augen bezogen auf den normalen Leseabstand von 30 cm nicht wirklich lesbar!

▶ **Querverweise:** Die neue Funktion in InDesign CS4, Querverweise innerhalb eines Dokuments bzw. über Dokumente hinweg anzulegen, bedarf nicht nur der Möglichkeit diese anzulegen und zu verwalten, sondern auch auf die Aktualität hin zu überprüfen. Speziell in umfangreicheren Projekten ist vor der Ausgabe immer die Aktualität der Verweise zu überprüfen. Aktivieren Sie in jedem Fall diese Option, ein fehlender bzw. falscher Querverweis kann so manche Aussage in einem Buch überflüssig machen. Es stehen zwei Optionen zu dieser Prüfung zur Verfügung:

▶ QUERVERWEISE SIND VERALTET: Diese Option überprüft auf aktualisierte Verweise. Das Symbol ⚠ bei einem Querverweis im Hyperlinks-Bedienfeld führt somit zum Fehler.

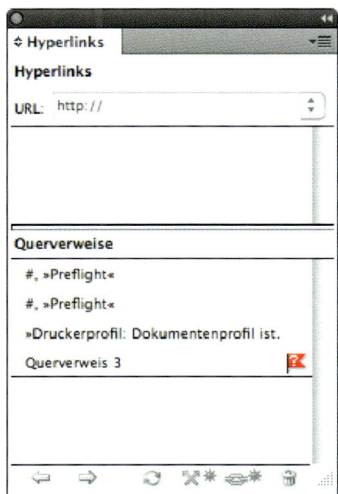

▲ **Abbildung 28.5**
Das Hyperlinks-Bedienfeld mit einem angelegten Querverweis, der auf keine Einsprungstelle zeigt

▲ Abbildung 28.6
Das Bedienfeld BEDINGTER TEXT, in dem die KENNZEICHEN auf den Status EINBLENDEN UND DRUCKEN gestellt wurden.

▶ QUERVERWEISE SIND UNGELÖST: Die Option überprüft alle angelegten Querverweise dahingehend, ob überhaupt eine Referenz auf eine andere Stelle im Dokument oder auf eine Stelle in einem anderen Dokument angelegt wurde.

▶ **Kennzeichen für bedingten Text werden gedruckt:** Nachdem der Wert EINBLENDEN UND DRUCKEN für die Option KENN-ZEICHEN im Bedienfeld BEDINGTER TEXT zur Verfügung steht, ist eine Überprüfung auf diese Option gerade für die Druckvor-stufe sehr sinnvoll, denn in der Ausgabe sollte zwar der bedingte Text ausgegeben werden, jedoch die Kennzeichnung, dass es sich um Texte für die Lehrerausgabe eines Schulbuches handelt, sollte besser unterbleiben. Leider fehlt eine Option, die generell auf das Vorliegen von bedingten Texten im Doku-ment hin überprüft. Gerade für Druckdienstleister wäre ein Hinweis auf das Vorhandensein möglicher bedingter Texte vor der Ausgabe sehr sinnvoll.

28.3.5 Parameter der Hauptgruppe »Dokument«

Die Parameter in der Hauptgruppe DOKUMENT zielen vorwiegend auf die allgemeinen Fehlermöglichkeiten wie Seitengröße und -ausrichtung, Seitenanzahl, leere Seiten und das Einrichten von Anschnitt und Infobereich ab.

▶ **Seitenformat und Ausrichtung:** Diese Überprüfung hinsicht-lich SEITENFORMAT UND AUSRICHTUNG ist für wiederkehrende Projekte, die immer im selben Format erscheinen, sinnvoll.

▶ AUSRICHTUNG IGNORIEREN: Damit wird nur auf das Seitenfor-mat hin überprüft.

▶ **Anzahl erforderlicher Seiten:** Die Überprüfung auf einen Min-destumfang, auf eine bestimmte Seitenanzahl, auf eine maxi-male Seitenanzahl und auf ein Vielfaches von Seiten ist für den Ausschuss ein von vielen Grafikern leider nicht beachteter Sachverhalt. Sie sollten projektabhängig immer einen bestimm-ten Seitenumfang durch PREFLIGHT überprüfen lassen.

Abbildung 28.7 ▶
Bei der Überprüfung der erforderli-chen Seiten kann auf eine exakte Seitenanzahl, auf eine minimale und maximale und ein Vielfaches von überprüft werden.

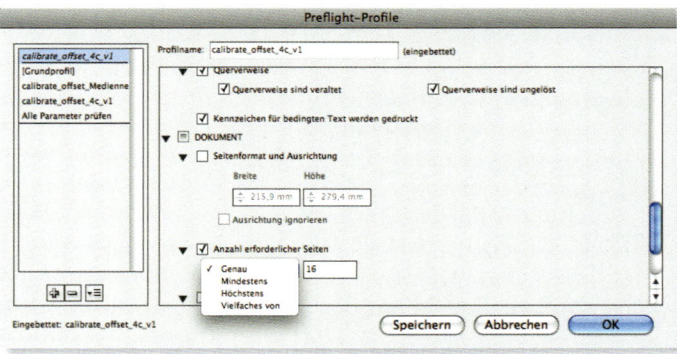

- **Leere Seiten:** Die Überprüfung auf das Vorhandensein von leeren Seiten ist in einigen Projekten sinnvoll. Durch zwei weitere Optionen kann der Frage »Wann ist eine Seite als leere Seite zu erkennen?« auf den Grund gegangen werden:
  - SEITEN GELTEN ALS LEER, WENN SIE NUR MUSTERSEITENOBJEKTE ENTHALTEN: Beachten Sie, dass eine Seite, auf der Sie nur ein Musterseitenobjekt herauslösen, nicht mehr erkannt werden kann.
  - SEITEN GELTEN ALS LEER, WENN SIE NUR NICHTDRUCKENDE OBJEKTE ENTHALTEN: Damit werden Vakatseiten, auf denen beispielsweise nur die Pagina der Musterseite zu sehen ist, nicht mehr als Vakatseite erkannt.
- **Anschnitt und Infobereich einrichten:** Über die beiden Unteroptionen können Sie getrennt auf das Vorhandensein von Anschnitt und Infobereich in Bezug auf minimale, exakte und maximale Größe der eingegebenen Werte abfragen.
  - ERFORDERLICHE GRÖSSE DES ANSCHNITTS: Hier können Sie getrennt die Werte für den Anschnitt für OBEN, UNTEN, LINKS und RECHTS eingeben.
  - ERFORDERLICHE GRÖSSE DES INFOBEREICHS: Hier können Sie getrennt die Werte für den Infobereich für OBEN, UNTEN, LINKS und RECHTS eingeben.

28.3.6 Anlegen eines Preflight-Profils

Nun haben wir einen umfassenden Überblick über die Parameter, die zur Prüfung von Layoutdokumenten in InDesign zur Verfügung stehen, erhalten. Eine doch sehr umfangreiche Anzahl möglicher Checks kann herangezogen werden. Eine umfassendere Überprüfung der Inhalte kann jedoch erst in der PDF-Datei über PREFLIGHT in Acrobat 9 Professional erfolgen, da es sich dabei ja schließlich um die Druckdaten handelt und somit alle möglichen Fehler der PDF-Erstellung ebenfalls eingeschlossen sind. Fehler, die zwar im Layoutdokument vorliegen, jedoch durch die PDF-Erstellung – sei es durch eine unbeabsichtigte Farbkonvertierung – behoben wurden, können in einer PDF-Datei natürlich nicht mehr erkannt werden.

In der nachfolgenden Schritt-für-Schritt-Anleitung wollen wir Ihnen zeigen, wie Sie ein Preflight-Profil für InDesign erstellen, das für die klassische 4c-Produktion von InDesign-Dokumenten herangezogen werden kann. Das Preflight-Profil »offset_4c_v1.idpp« steht auf der beigefügten DVD zum Laden zur Verfügung. Ziehen Sie dieses Profil als Grundlage zur Adaptierung für Ihre speziellen Arbeitsweisen heran.

Unterschiedlicher Anschnitt

Wenn Druckereien die Datenersteller immer wieder mit unterschiedlichen Anschnittwerten konfrontieren, so führt das dazu, dass diese genau aus diesem Grund unterschiedliche Prüfprofile anlegen müssten, um keine Fehlermeldung durch PREFLIGHT angezeigt zu bekommen.

Wir empfehlen, einfach generell einen Anschnitt von 3 mm den Dokumenten hinzuzufügen und damit auch immer die Prüfung durchzuführen. Sollte ein Druckdienstleister jedoch 5 mm benötigen, so kann dies dann am Ende vor der Ausgabe noch umgestellt werden.

Auf der Buch-DVD finden Sie im Ordner SETTINGS • PRUEF-PROFIL das finale Prüfprofil mit der Bezeichnung »offset_4c_v1.idpp«.

Schritt für Schritt: Erstellen eines Preflight-Profils

Zum Anlegen eines Preflight-Profils muss kein Dokument geöffnet sein. Es ist aber ratsam, sich zuerst ein Dokument mit bewusst angelegten Fehlern zurechtzulegen, um sofort beim Erstellen des Profiles Rückmeldungen hinsichtlich Verhaltensweisen von Optionen zu erhalten.

1 Ausgangspunkt Preflight-Bedienfeld

Öffnen Sie das Preflight-Bedienfeld, wählen Sie in der Option PROFIL den Eintrag [GRUNDPROFIL] (ARBEITSPROFIL) ❸ aus, und aktivieren Sie die Checkbox EIN ❶, um sofort die Prüfung für das geöffnete Testdokument durchzuführen.

Abbildung 28.8 ▶
Das Standard-Preflight-Bedienfeld

2 Anlegen des Preflight-Profils

Wählen Sie aus dem Bedienfeldmenü ❷ des Preflight-Bedienfelds den Eintrag PROFILE DEFINIEREN aus. Der Dialog aus Abbildung 28.9 wird Ihnen angezeigt, das [GRUNDPROFIL] ❺ ist ausgewählt.

Abbildung 28.9 ▶
Anlegen eines Preflight-Profils auf
Basis des Grundprofils

Graue Kästchen ❻ bei den Hauptgruppen zeigen, dass dieses Grundprofil nicht alle Parameter hinsichtlich VERKNÜPFUNGEN und TEXT abfragt. Der Eintrag CALIBRATE_OFFSET_4C_V1 ❹ zeigt, dass das geöffnete Dokument mit diesem Profil geprüft wird. Der Eintrag ⓫ am Fuße des Dialoges zeigt darüber hinaus an, dass dieses Prüfprofil dem InDesign-Dokument angehängt wurde.

Das Anlegen eines neuen Preflight-Profils erfolgt durch Klick auf das Symbol 🔲 ❾, wodurch ein Duplikat vom zuvor ausgewählten Preflight-Profil angelegt wird. Benennen Sie das Profil mit der Bezeichnung »offset_4c_v1« im Feld PROFILNAME ❼.

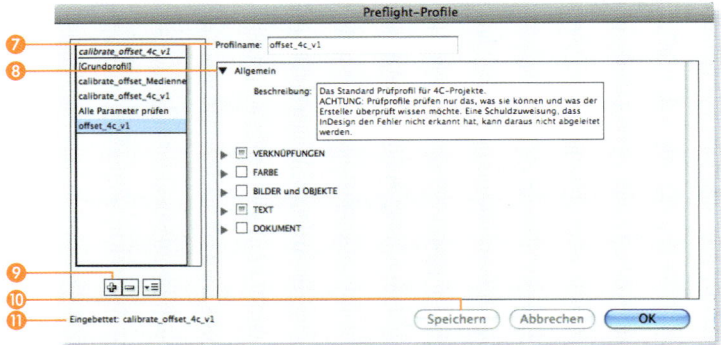

◀ **Abbildung 28.10**
Das Register ALLGEMEIN beim
Anlegen eines Preflight-Profils

Durch Klick auf das Symbol ▼ ❽ vor dem Haupteintrag ALLGE-MEIN können Sie eine Beschreibung zum Profil eingeben. Die Beschreibung sollte zumindest den Zweck und eventuelle Warnungen wiedergeben.

Klicken Sie nach der Anlage des Profils zwischenzeitlich einmal auf den Button SPEICHERN ❿, um zumindest den Grundstein einmal abzuspeichern.

3   **Festlegen der Parameter in »Verknüpfungen«**

In diesem Hauptbereich ist die Überprüfung hinsichtlich fehlender und geänderter Verknüpfungen vollkommen ausreichend, da die OPI-Kommentare aus den Einträgen bei Bildern in der PDF/X-Erstellung ohnedies eliminiert werden.

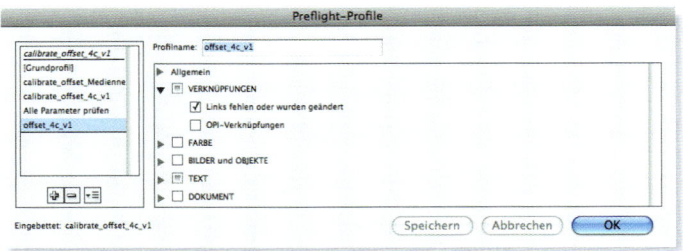

◀ **Abbildung 28.11**
Das Register VERKNÜPFUNGEN beim
Anlegen eines Preflight-Profils

Nehmen Sie also keine Änderungen in diesem Bereich vor, und gehen Sie nun weiter zum Hauptbereich FARBE.

4   **Festlegen der Parameter in »Farbe«**

Lassen Sie hier immer eine Überprüfung auf den ERFORDERLICHEN TRANSPARENZFÜLLRAUM auf CMYK ❶ und hinsichtlich UNZULÄSSI-

GER FARBRÄUME ❷ zumindest auf RGB, VOLLTONFARBEN und LAB durchführen.

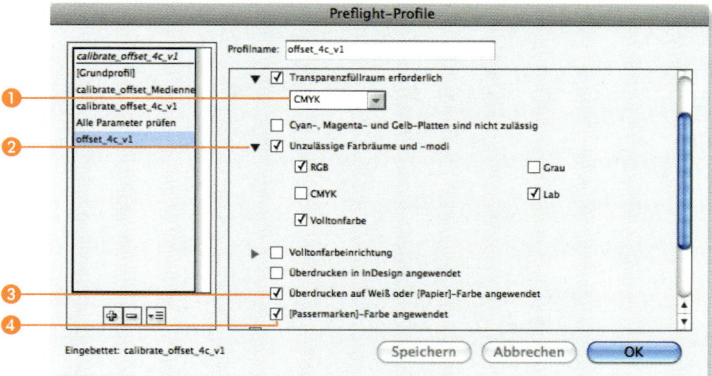

Abbildung 28.12 ▶
Das Register FARBE beim Anlegen eines Preflight-Profils

Die Optionen ÜBERDRUCKEN AUF WEISS ODER [PAPIER]-FARBE ANGEWENDET ❸ und [PASSERMARKEN]-FARBE ANGEWENDET ❹ können auch für jedes Projekt als Standardcheck aktiviert werden.

5 Festlegen der Parameter in »Bilder und Objekte«

In Abhängigkeit von Rasterweite und Druckverfahren legen Sie hier in der Option BILDAUFLÖSUNG die MINIMALAUFLÖSUNGEN ❺ für FARBBILDER, GRAUSTUFENBILDER und 1-BIT-BILD fest. Die in der Abbildung gezeigten Werte entsprechen den Empfehlungen für das 60er-Raster.

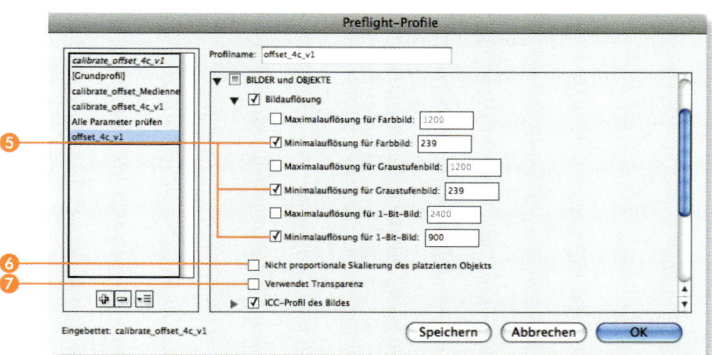

Abbildung 28.13 ▶
Das Register BILDER UND OBJEKTE beim Anlegen eines Preflight-Profils

Die Option NICHT PROPORTIONALE SKALIERUNG DES PLATZIERTEN OBJEKTS ❻ sollte bei ungeübten Anwendern von InDesign oder bei klassischen Tageszeitungs- oder Magazinproduktionen eventuell aktiviert werden.

Wenn es für die Ausgabe ein Problem darstellt, mit Transparenzen korrekt umzugehen, oder wenn Sie vor der Ausgabe in ein PDF entscheiden müssen, ob Sie ein PDF/X-3 oder ein PDF/X-4 (mit Transparenzen) ausgeben wollen, können Sie die Option VERWENDET TRANSPARENZ ❼ aktivieren.

Das Aufspüren von Bildern mit ICC-Profilen, die entweder vom gewählten Arbeitsfarbraum abweichen oder überhaupt fehlen, kann in jedem Fall auf mögliche Farbkonvertierungen in der Ausgabe hinweisen. Speziell wenn Sie eine medienabhängige Produktion vom Beginn an umsetzen, sollten Sie immer die Option ICC-PROFIL DES BILDES ❽ und allen Suboptionen aktivieren.

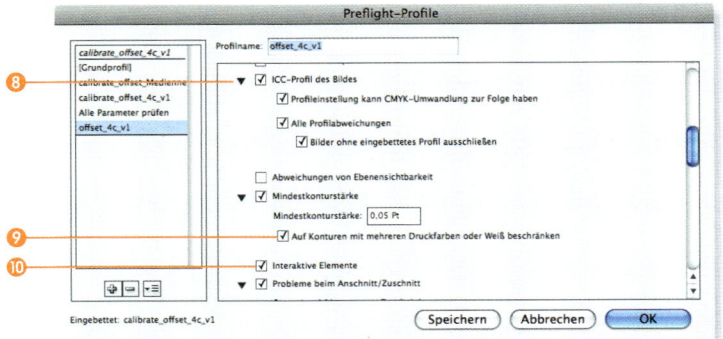

◄ **Abbildung 28.14**
Das Register BILDER UND OBJEKTE (Fortsetzung) beim Anlegen eines Preflight-Profils

Das Finden von MINDESTKONTURSTÄRKEN sollte über die Suboption AUF KONTUREN MIT MEHREREN DRUCKFARBEN ODER WEISS BESCHRÄNKEN ❾ eingeengt und die zu findende Stärke auf 0,05 Pt gesetzt werden.

INTERAKTIVE ELEMENTE ❿ gehören nicht zu Druckdokumenten und müssen somit gefunden und eliminiert werden.

Die Möglichkeit, Objekte zu prüfen, die zu nahe am Zuschnitt bzw. Anschnitt sind, kann in Abhängigkeit vom zu bewältigenden Projekt über die Parameter in der Option PROBLEME BEIM ANSCHNITT/ZUSCHNITT ⓫ aktiviert werden. Grundsätzlich sollten Layouter für klassische Tageszeitungs- und Magazinproduktionen zumindest auf die möglichen Fehler aufmerksam gemacht werden. Optional können Sie auch noch AUF OBJEKTE IN DER NÄHE DES RÜCKENS PRÜFEN ⓬.

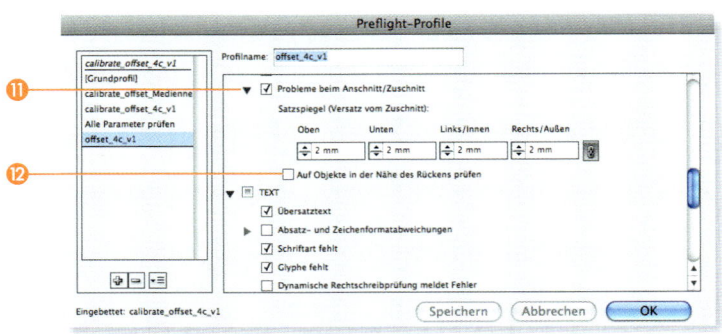

◄ **Abbildung 28.15**
Das Register BILDER UND OBJEKTE (Fortsetzung) beim Anlegen eines Preflight-Profils

6 Festlegen der Parameter in »Text«

Hinsichtlich der Prüfung auf Text sollten zumindest die Optionen Übersatztext ❶, Schriftart fehlt ❷ und Glyphe fehlt ❸ aktiviert werden. Bezüglich unzulässiger Schrifttypen empfehlen wir, unbedingt nach Geschützte Schriftarten ❹ zu suchen und optional nach Bitmap-Fonts ❺ – diese sind für die Verwendung am Monitor konzipiert und enthalten keine Outlinebeschreibung für eine hochauflösende Ausgabe – und ATC ❻, da Sie speziell bei diesem Fonttyp sicherlich noch keine große Erfahrung haben.

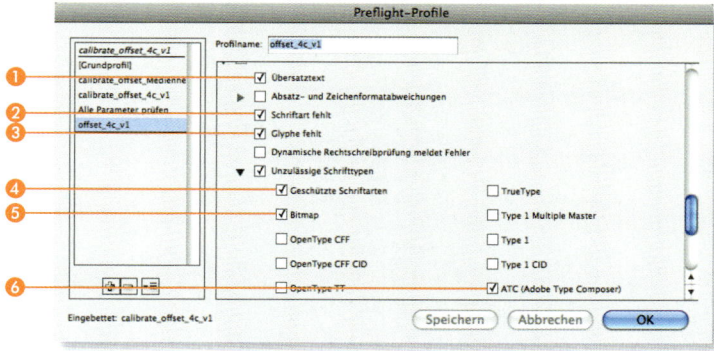

Abbildung 28.16 ▶
Das Register Text beim Anlegen eines Preflight-Profils

Wenn Sie überhaupt auf die Mindestschriftgröße überprüfen wollen, so sollten Sie die Prüfung über die Option Auf Text mit mehreren Druckfarben oder Weiss beschränken ❼.

Speziell bei längeren Dokumenten und bei der Arbeit mit Büchern innerhalb von InDesign sollte zumindest die Option Querverweise sind veraltet ❽ und optional die Option Querverweise sind ungelöst aktiviert werden. Im ersten Fall würde eine falsche Seitenzahl oder Textstelle im Druck erscheinen.

Unbedingt sollten Sie jedoch die Option Kennzeichen für bedingten Text werden gedruckt ❾ aktivieren, denn diese Möglichkeit im Bedienfeld Bedingter Text ist nur für die Erstellung eines Korrekturabzuges gedacht. Im Druck sollte in keinem Fall diese Kennzeichnung erfolgen!

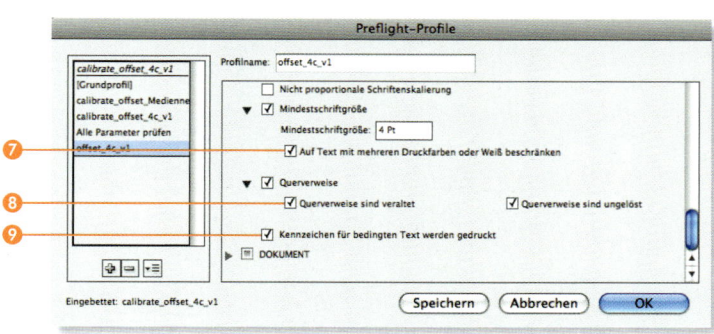

Abbildung 28.17 ▶
Das Register Text (Fortsetzung) beim Anlegen eines Preflight-Profils

7 **Festlegen der Parameter in »Dokument«**

Die Parameter für den Bereich DOKUMENT müssen dokumenten-spezifisch angelegt werden. Eine Grundeinstellung könnte zumindest die Überprüfung der Anzahl von Seiten im Dokument umfassen. Bestimmen Sie dann in der Option ANZAHL ERFORDERLICHER SEITEN **10**, dass diese zumindest ein VIELFACHES VON 2 sein soll.

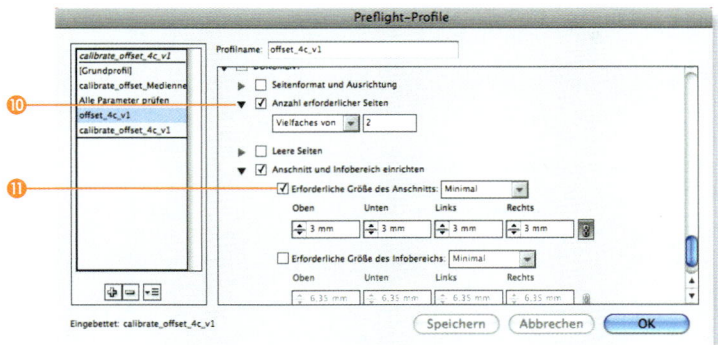

◄ **Abbildung 28.18**
Das Register DOKUMENT beim Anlegen eines Preflight-Profils

Dass generell immer ein Anschnitt von 3 mm beim Anlegen des Dokuments vorgesehen werden soll, können Sie über die Option ANSCHNITT UND INFOBEREICH EINRICHTEN über die Suboption ERFORDERLICHE GRÖSSE DES ANSCHNITTS **11** mit MINIMAL 3 MM festlegen.

8 **Profil speichern**

Damit haben wir die notwendigen Parameter, die für fast jede 4c-Offsetproduktion eingehalten werden müssen, festgelegt. Speichern Sie nun das Profil durch einen Klick auf den Button SPEICHERN. Durch Klick auf OK gelangen Sie wiederum zurück in das Preflight-Bedienfeld, wo InDesign nun das Dokument anhand der getroffenen Einstellungen überprüft. ■

28.4 Mit Profilen arbeiten

Das Preflight-Profil ist erstellt und die Prüfung des Dokuments aktiviert. Nun stellen sich für uns noch einige Fragen: Gibt es Grundeinstellungen, die man berücksichtigen muss? Kann ich festlegen, dass zukünftig jedes Dokument beim Anlegen standardmäßig mit meinem erstellten Profil geprüft wird? Müssen Dokument und Preflight-Profil getrennt voneinander abgespeichert und dem Dienstleister übergeben werden? Kann man die Anzahl der dargestellten Fehler minimieren? All diese Fragen möchten wir Ihnen in diesem Abschnitt beantworten.

28.4.1 Festlegen der Preflight-Optionen

Bevor Sie mit PREFLIGHT in InDesign arbeiten, sollten Sie sich eine Strategie zurechtlegen, wie zukünftig Ihre selbsterstellten sowie übernommene Dokumente geprüft werden sollen. Diese Arbeitsweisen können als Grundeinstellung für InDesign in den PREFLIGHT-OPTIONEN hinterlegt werden.

Rufen Sie den Menüeintrag PREFLIGHT-OPTIONEN aus dem Bedienfeldmenü des Preflight-Bedienfelds auf.

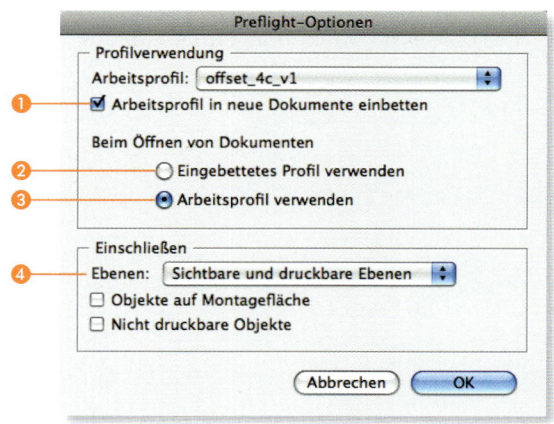

Abbildung 28.19 ▶
Die PREFLIGHT-OPTIONEN regeln das generelle Verhalten und die Verfahrensweise, mit welchem Preflight-Profil geprüft werden soll.

Nehmen Sie in den PREFLIGHT-OPTIONEN nachstehende Einstellungen vor:

▶ **Arbeitsprofil:** Wählen Sie darin unser zuvor erstelltes Profil – OFFSET_4C_V1 – aus. Durch Wahl des Arbeitsprofils wird dieses standardmäßig für neu angelegte Dokumente verwendet.

▶ **Arbeitsprofil in neue Dokumente einbetten:** ❶ Wenn das Arbeitsprofil in neue Dokumente eingebettet werden soll, wählen Sie diese Option aus. Dadurch stellen Sie sicher, dass jeder Layouter, der dieses Dokument weiterverarbeiten muss, auf das mitgegebene Profil hin überprüfen kann.

▶ **Beim Öffnen von Dokumenten:** Durch die Wahl der Option EINGEBETTETES PROFIL VERWENDEN ❷ wird im Falle, dass ein Preflight-Profil im Dokument eingebettet wurde, Ihr gewähltes Abeitsprofil zur Prüfung deaktiviert. Die Prüfung erfolgt somit auf Basis des eingebetteten Profils. Wir empfehlen die Aktivierung der Option ARBEITSPROFIL VERWENDEN ❸. Denn nur so sind Sie immer im Bilde, was im Dokument geprüft wird.

▶ **Einschließen:** Durch die Wahl der dort ansässigen Optionen können Sie die Prüfung generell erweitern bzw. eingrenzen.

　　▶ EBENEN: Wählen Sie hier SICHTBARE UND DRUCKBARE EBENEN ❹, wenn Sie Objekte von ausgeblendeten Ebenen nicht prüfen wollen.

▶ OBJEKTE AUF MONTAGEFLÄCHE: Wenn PREFLIGHT auch alle Objekte der Montagefläche prüfen soll, so müssen Sie diese Option aktivieren. Da Objekte der Montagefläche nicht gedruckt werden, ist die Aktivierung dieser Option nur in sehr speziellen Fällen sinnvoll.

▶ NICHT DRUCKBARE OBJEKTE: So wie zuvor beschrieben stellt sich die Prüfung von nicht druckbaren Objekten ebenfalls als nicht wirklich sinnvoll dar.

28.4.2 Exportieren, Löschen, Laden und Einbetten von Preflight-Profilen

Das Laden, Löschen, Exportieren und Einbetten von Preflight-Profilen können Sie im PREFLIGHT-PROFILE-Dialog erledigen. Rufen Sie dazu den Eintrag PROFILE DEFINIEREN aus dem Bedienfeldmenü des Preflight-Bedienfelds auf.

◄ **Abbildung 28.20**
Das Laden, Exportieren, Löschen und Einbetten von Preflight-Profilen erfolgt über den PREFLIGHT-PROFILE-Dialog.

▶ **Profile löschen:** Das Löschen von Profilen erfolgt durch Auswahl des entsprechenden Profils und Klick auf das Symbol ▣ ❺. InDesign warnt Sie, sofern Sie nicht die ⌨Alt- bzw. ⌥-Taste drücken.

▶ **Profile laden:** Um das Preflight-Profil von der beigefügten DVD in InDesign zu laden, drücken Sie das Symbol ▤ ❻ und wählen im erscheinenden Menü den Eintrag PROFIL LADEN aus. Im erscheinenden Dialog können Sie nun entweder alle Dateien mit der Endung ».idpp« oder ein InDesign-Dokument auswählen, in dem das gewünschte Preflight-Profil eingebettet ist, und importieren.

▶ **Profile exportieren:** Das Exportieren von Profilen erfolgt durch Auswahl des entsprechenden Profils und Ausführen des Befehls PROFIL EXPORTIEREN (Klick auf das Symbol).

▶ **Profile einbetten:** Das Einbetten von Profilen in InDesign-Dokumente kann auf zweierlei Art und Weise erfolgen. Sie können einerseits das entsprechende Profil auswählen und den Befehl PROFIL EINBETTEN, den Sie durch Drücken des Symbols

IDPP-Dateien

Die Endung IDPP steht für »InDesign Preflight Profile«. Solche Dateien besitzen das in der Headline gezeigte Icon und können in InDesign nur über PROFIL LADEN hinzugefügt werden.

HINWEIS

Beim Laden von Preflight-Profilen werden diese den InDesign-Präferenzen hinzugefügt. Sichern Sie somit immer alle erstellten Profile, damit Sie im Falle des Resets der Präferenzen alle Profile erneut laden können.

erhalten, ausführen oder das Profil im Preflight-Bedienfeld auswählen und das Symbol 🔊 anklicken.

28.4.3 Einbettung von Profilen ändern oder aufheben

Sind Preflight-Profile durch den Befehl PROFIL EINBETTEN dem InDesign-Dokument hinzugefügt worden, so besteht öfter seitens der weiterverarbeitenden Betriebe der Wunsch, das eingebettete Profil zu entfernen, abzuändern oder gegen das eigene Profil auszutauschen. Die Vorgehensweisen sind:

▶ **Austausch des eingebetteten Profils:** Wählen Sie im Preflight-Bedienfeld oder im PREFLIGHT-PROFILE-Dialog das gewünschte Profil aus, und führen Sie eine der beiden Möglichkeiten zum Einbetten des Profils durch.

▶ **Abändern des eingebetteten Profils:** In einigen Fällen ist es sinnvoll, dass Sie das eingebettete Prüfprofil abändern. Ist beispielsweise die Überprüfung der Auflösung für Sie zu »katholisch« eingestellt, so ändern Sie den Schwellenwert im Prüfprofil, indem Sie den PREFLIGHT-PROFIL-Dialog aufrufen, das eingebettete Profil auswählen und dann die Parameter in der jeweiligen Hauptkategorie ändern.

▶ **Entfernen des eingebetteten Profils:** Dazu rufen Sie den PREFLIGHT PROFILE-Dialog auf, wählen das eingebettete Profil aus ❶ und führen den Befehl PROFILEINBETTUNG AUFHEBEN ❷, den Sie durch Drücken des Symbols 🔳 erhalten, aus.

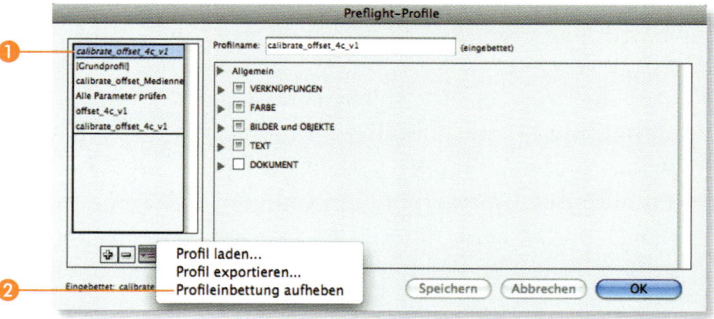

Abbildung 28.21 ▶
Das Aufheben der Profileinbettung ist etwas versteckt.

Damit haben Sie die Zuordnung des Prüfprofils zum InDesign-Dokument aufgehoben.

28.5 Anzeigen und Beheben von Fehlern

Nachdem wir nun die Voreinstellung und ein für uns allgemein gültiges 4c-Profil definiert und angelegt haben, können wir ein Dokument öffnen und an dessen Analyse gehen.

Alle gefundenen Fehler werden in der Fehlerliste angezeigt. Es werden dabei nur jene Hauptkategorien aufgeführt, in denen auch tatsächlich Fehler gefunden wurden. Die Zahl hinter dem Kategorieeintrag ❸ besagt, wie viele Fehler in dieser Kategorie festgestellt wurden.

Klicken Sie auf den Pfeil ❹ neben der jeweiligen Kategorie, um sie zu maximieren bzw. zu minimieren. Alle gefundenen Fehler dieser Kategorie werden angezeigt. Durch einen weiteren Klick auf den Pfeil ❻ neben der jeweiligen Subkategorie können Sie die Liste aller gefundenen Objekte einsehen. Beachten Sie jedoch beim Anzeigen der Fehlerliste folgende Aspekte:

▶ Wurde beispielsweise ein RGB-Bild platziert, so werden zwei Fehler, einer für den Grafikrahmen und der andere für die Grafik (das Bild selbst), angezeigt. Das Konvertieren des Bildes nach CMYK behebt somit zwei Fehler.

▶ In manchen Fällen verursachen Designobjekte wie Farbfelder, Absatz- oder Zeichenformate ein Problem. Das Designobjekt selbst wird dabei nicht als Fehler in der Fehlerliste angezeigt. Stattdessen werden alle Seitenobjekte aufgeführt, auf die das Designobjekt angewendet wurde. Achten Sie in diesem Fall darauf, das Problem im Designobjekt zu beheben.

▶ Fehler, die in Übersatztext, ausgeblendetem bedingten Text (siehe Seite 592) und Notizen (siehe Seite 581) auftreten, werden nicht aufgeführt. Gelöschter Text, der noch als Teil der Änderungsverfolgung (siehe Zusatzkapitel D, »InCopy«) vorhanden ist, wird ebenfalls ignoriert.

▶ Ein Musterseitenobjekt, in dem ein Fehler aufgetreten ist, wird nicht aufgeführt, wenn das Muster nicht angewendet wird oder wenn sich keine der Seiten, auf die es angewendet wurde, im aktuellen Bereich befindet. Wenn in einem Musterseitenobjekt ein Fehler vorliegt, wird es in der PREFLIGHT-Fehlerliste nur einmal aufgeführt, obwohl es auf jeder Seite, auf die das Muster angewendet wurde, vorhanden ist.

▶ Durch Klick auf die Seitennummer ❺ eines Seitenobjektes können Sie sehr schnell das fehlerhafte Seitenobjekt anspringen. Wird jedoch keine Seitennummer angezeigt, so handelt es sich um gefundene Fehler wie »Falsche Einstellungen im Druckfarben-Manager« oder »Falsche Anzahl von Volltonfarben«, die nicht einzelnen Seitenobjekten zuzuordnen sind. In manchen Fällen stehen anstelle einer Seitennummer andere Buchstabenkombinationen.

  ▶ **A:** Damit ist ein Seitenobjekt, das sich auf der A-MUSTERVORLAGE befindet, gemeint.

  ▶ **MF:** Seitenobjekte befinden sich auf der Montagefläche.

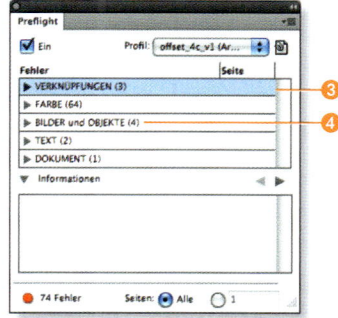

▲ **Abbildung 28.22**
Durch die Prüfung wurden 74 Fehler in allen fünf Hauptkategorien gefunden.

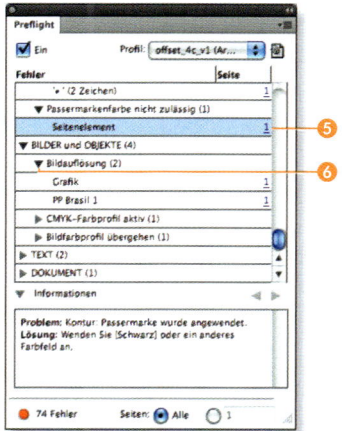

▲ **Abbildung 28.23**
Durch das Maximieren der Haupt- und Unterkategorien kann auf jedes fehlerhafte Seitenobjekt zugegriffen werden.

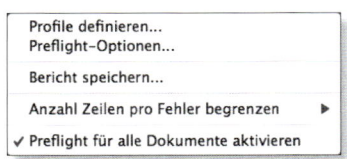

▲ **Abbildung 28.24**
Das Bedienfeldmenü des Preflight-Bedienfelds

▶ Fehler, die in nicht druckbaren Seitenobjekten, in Seitenobjekten auf der Montagefläche oder auf verborgenen oder nicht druckbaren Ebenen auftreten, werden nur dann in der Fehlerliste aufgeführt, wenn in den Preflight-Optionen die entsprechenden Optionen – siehe dazu Seite 742 – angegeben sind.

▶ Es werden unter Umständen nicht alle Fehler angezeigt, da die Anzahl der Einträge pro Fehler begrenzt sein kann. Die Begrenzung der Fehlereinträge erfolgt dabei über das Menü Anzahl Zeilen pro Fehler begrenzen aus dem Bedienfeldmenü des Preflight-Bedienfelds. Standardmäßig ist die Anzahl auf 100 Einträge beschränkt. Um jedoch die Übersichtlichkeit zu wahren, sollten Sie die Anzahl der Einträge auf 25 begrenzen.

▶ Wenn Sie nur bestimmte Seiten ausgeben möchten, können Sie die Preflight-Prüfung auf einen bestimmten Seitenbereich einschränken. Geben Sie unten im Preflight-Bedienfeld einen Seitenbereich an.

Aus dem Preflight-Bedienfeld können Sie durch Doppelklick auf die Seitennummer oder auf den Eintrag in der Fehlerliste direkt zum betroffenen Seitenobjekt springen. Lösungsvorschläge zur Behebung des Fehlers können Sie dem Informationen-Bereich des Preflight-Bedienfelds entnehmen.

28.6 Fehlerberichte speichern

Fehlerberichte, in denen alle Fehler aufgeführt werden, die im Preflight-Bedienfeld angezeigt wurden, können als reine Textdatei oder als PDF-Datei abgespeichert werden. Darüber hinaus enthält der Bericht zusätzliche statistische Angaben wie Zeit, Dokumentname und Profilname.

Das Speichern eines Fehlerberichts erfolgt durch Ausführen des Befehls Bericht speichern aus dem Preflight-Bedienfeldmenü. Im erscheinenden Dialog wählen Sie dann aus, ob die Datei als PDF- oder als Textdatei gespeichert werden soll.

Benutzerdefinierten Fehlerbericht erstellen

Sie können auf den vordefinierten Fehlerbericht in InDesign zurückgreifen oder sich einen eigenen zurechtlegen.

Dazu müssen Sie nur das Template »PreflightReport.indt« öffnen und abändern. Die Datei liegt im Programmordner Adobe InDesign CS4/Scripts/Preflight.

▼ **Abbildung 28.25**
Ausschnitt aus einem Preflight-Bericht

BILDER und OBJEKTE (3)

Bildauflösung (1)

PP Brasil 1   1

Problem: Mindesteinstellung für Farbbilder: 149 dpi
Effektive Auflösung: 148 dpi
Lösung: Wählen Sie das Bild aus und ändern Sie die Skalierung mit dem Befehl "Objekt" > "Transformieren" > "Skalieren" oder beheben Sie das Auflösungsproblem in der Quelldatei.

CMYK-Farbprofil aktiv (1)

Bild_mitProfil.jpg   1

Problem: Es wird ein ICC-Profil auf ein CMYK-Bild angewendet.
Lösung: Wählen Sie "Objekt" > "Farbeinstellungen für Bild" und dann im Menü "Profil" die Option

---

29 Prüfung bei Übernahme von Dokumenten nach InDesign

In vielen Umstellungsprojekten soll eine große Zahl von Dokumenten, Seitenobjekten, Bibliotheken und Musterseiten möglichst rasch auf InDesign-Niveau angehoben werden. Adobe hat seit der Einführung von InDesign immer darauf Wert gelegt, dass eine Übernahme von Adobe-PageMaker- und QuarkXPress-Dokumenten möglich ist. Dieses Kapitel möchte sich nun ausschließlich mit den jeweiligen Problemfeldern beschäftigen, die sich aus der Konvertierung nach InDesign CS4 von anderen Formaten, aber auch von InDesign-Dokumenten, ergeben.

29.1 Übernahme und Prüfung von älteren InDesign-Dokumenten

Generell können in InDesign CS4 Dokumente aller Vorversionen geöffnet werden. Durch Doppelklick auf das Dokument-Icon wird je nach Hinterlegung im Betriebssystem bzw. in Adobe Bridge CS4 das Dokument mit InDesign CS4 geöffnet.

Das Öffnen von Dokumenten aus Vorversionen stellt in InDesign immer eine Konvertierung dar. Wenn Sie ein Dokument öffnen, so beobachten Sie bitte immer die Titelleiste des Dokuments. Wenn es sich um ein Dokument einer älteren Version handelt, so wird dem Dokumentnamen der Text [UMGEWANDELT]

`*01_Programm_entdecken_V3.indd @ 158 % [Umgewandelt]  ×` angehängt. Es stellt sich gerade für Druckdienstleister dann die Frage, wie Sie damit umgehen sollen.

29.1.1 Konvertieren von InDesign 1.x-Dokumenten

Das Öffnen von InDesign 1.x-Dokumenten ist grundsätzlich möglich. Sollten nach dem Öffnen noch Korrekturen – speziell bei Texten – im Dokument durchgeführt werden müssen, so ist darauf zu achten, dass es dabei zu geänderten Textumbrüchen kommen kann. Das Ausgeben von InDesign 1.x-Dokumenten ohne Änderungen sollte allerdings funktionieren.

Ausgabe von älteren InDesign-Dokumenten

Geben Sie grundsätzlich die Dokumente in der InDesign-Version aus, mit der sie auch erstellt wurden. Auch Adobe nimmt zwischen den Programmversionen entscheidende Änderungen vor, was nach der Konvertierung zu geänderten Textumbrüchen und Verschiebungen in der Bildplatzierung und in der Darstellung der platzierten Bilder führen kann.

29.1.2 Konvertieren von ID 2.x- bis CS3-Dokumenten

Es wurden bis dato keine Probleme bei der Konvertierung von InDesign 2.0- bis CS3-Dokumenten nach InDesign CS4 festgestellt. Dennoch sollten Sie vorsichtig sein, denn mit der Einführung von InDesign CS wurde im Einstellungsdialog für die Silbentrennung der Schieberegler zur Bestimmung der Trennungsanzahl eingeführt. Der Schieberegler müsste ganz links stehen, wenn die Einstellungen des InDesign 2.0-Dokuments erhalten geblieben sind. Bei Konvertierungen von InDesign CS-Dokumenten ist dies nicht gegeben. Änderungen im Textumbruch können dennoch passieren, wenn benutzerdefinierte Silbentrennungen nicht im Dokument abgespeichert wurden.

Natürlich treten bei der Konvertierung von InDesign-Dokumenten nicht so viele Unannehmlichkeiten wie bei QuarkXPress- und PageMaker-Dokumenten auf.

29.1.3 Wissenswertes bei der Konvertierung von InDesign-Dokumenten

Wenn Sie Magazine, Zeitungen oder einfache Inserate von früheren InDesign-Versionen nach InDesign CS4 übernehmen, gibt es gewisse Bereiche, die adressiert werden müssen, damit das konvertierte Dokument vollständig die Möglichkeiten der aktuellen Version ausnutzt. Diese Bereiche sind:

Farbmanagement | Mit der Weiterentwicklung von InDesign wurden unter anderem auch die grundlegenden Farbstandards überarbeitet und dabei den aktuellen Gegebenheiten, z. B. ISO-Coated v2, angepasst. Deshalb kann es bei der Konvertierung des InDesign-Dokuments dazu kommen, dass Farbwarnungen erscheinen, die auf diesen Umstand hinweisen. Wie Sie dabei vorgehen und welche Strategie Sie dabei verfolgen sollten, lesen Sie in Abschnitt 23.4, »Farbeinstellungen für Dokumente anpassen«, auf Seite 682.

Wörterbücher | Frühere InDesign-Versionen haben die aktuellste neue deutsche Rechtschreibung verwendet. Diese »alte« neue deutsche Rechtschreibung ist natürlich auch noch in InDesign CS4 vorhanden. Die aktuellste neue deutsche Rechtschreibung steht mit dem Wörterbuch DEUTSCH: RECHTSCHREIBREFORM 2006 zur Verfügung. Wenn Sie also zukünftig mit dieser Rechtschreibung die Silbentrennung und die Rechtschreibprüfung durchführen wollen, so müssen Sie diese in allen Absatz- und Zeichenformaten entsprechend umstellen. Ein einfaches Umstellen in den VOREINSTELLUNGEN von InDesign CS4 ist nicht ausreichend.

Übernahme von älteren Dokumenten

Bei der Übernahme von älteren Dokumenten in InDesign CS4 steht einerseits die Konvertierung des Dokuments in den aktuell eingestellten Farbraum oder andererseits die weitere Verwendung des damals definierten Farbraumes zur Verfügung.

Fehlerbehebung – Wörterbuch

Umstellung aller Absatz- und Zeichenformate auf: DEUTSCH: RECHTSCHREIBREFORM 2006

Plug-ins | Wenn in alten InDesign-Dokumenten Plug-ins zur Formatierung verwendet wurden, sollten Sie prüfen, ob Sie diese Plug-ins auch in der aktuellen Version installiert haben. Das Fehlen dieser Plug-ins könnte zu einer Veränderung im Textumbruch oder im Layout führen.

Schriften | Speziell bei der Konvertierung von InDesign CS-Dokumenten kann es bei einigen Schriften vorkommen, dass, obwohl Sie nichts am System oder bei den Schriften geändert haben, viele Textstellen rosarot hinterlegt dargestellt werden. Der Grund liegt darin, dass bei InDesign CS Fonts anders angesprochen wurden und somit beispielsweise anstelle des Schriftschnittes REGULAR die Bezeichnung BOOK oder NORMAL verwendet wurde. Seit InDesign CS2 werden Fonts wiederum korrekt angesprochen.

Volltonfarben | Pantone-Farben besitzen einen Alternate Color Space, der unter anderem für die Konvertierung nach CMYK genutzt werden kann. Im Laufe der Jahre haben sich Farbzusammensetzungen, bedingt durch bessere Farbpigmentierung, geändert, was auch dazu geführt hat, dass die CMYK-Pendant-Werte für Pantone-Farben ebenfalls angepasst wurden. Mit der Einführung der Creative Suite 3 wurde letztmalig die Pantone-Farbbibliothek geändert. Beachten Sie also immer bei Konvertierungen von Volltonfarben bei älteren Dokumenten, dass in der Ausgabe andere Farbwerte für diese Volltonfarbe entstehen würden.

Absatz- und Zeichenformate | Die einzige Möglichkeit, Absatz- und Zeichenformate in irgendeiner Weise sortiert im Bedienfeld anzuzeigen, war bis inklusive InDesign CS2 das Hinzufügen von führenden Zahlen, z. B. »01_Head_1, »02_Head_2«. In InDesign CS3 und 4 können Sie natürlich noch mit dieser Ordnung weiterarbeiten. Wäre es aber nicht sinnvoller, diese Struktur aufzulösen und auf die Ordnerstruktur in den Bedienfeldern zurückzugreifen?

Verschachtelte Formate | Mussten in früheren InDesign-Versionen noch mit sehr viel Mühe Auszeichnungen für Absätze mit einleitenden Fettwörtern durchgeführt werden, kann das Umstellen des konvertierten Dokumentes auf verschachtelte Formate in der täglichen Arbeit sehr viel Zeit sparen.

Aufzählungszeichen | Bis InDesign CS2 konnten Aufzählungszeichen direkt im AUFZÄHLUNGSZEICHEN UND NUMMERIERUNG-Dialog hinsichtlich verwendeter Schrift und Größe definiert werden. Seit InDesign CS3 fällt diese Möglichkeit weg, denn seither müssen

---

Fehlerbehebung – Plug-ins

Die Lösung für dieses Problem wäre durch das InDesign-Austauschformat gegeben.

Fehlerbehebung – Schriften

Diesen Fehler können Sie nur beheben, indem Sie eine Schriftzuweisung über den SCHRIFTART SUCHEN-Dialog erzwingen. Markieren Sie dort auch die Option SCHNITT BEIM ÄNDERN ALLER INSTANZEN NEU DEFINIEREN.

Fehlerbehebung – Volltonfarben

Volltonfarben müssen in einer 4c-Produktion bereits vor der Ausgabe in die entsprechenden CMYK-Werte umgestellt werden, da es durch die Konvertierung von Volltonfarben durch InDesign CS4 zu anderen CMYK-Farbwerten kommen kann. Speziell bei Nachdrucken ist darauf zu achten!

Aufzählungszeichen über Zeichenformate formatiert werden. Die Konvertierung von älteren Dokumenten führt also dazu, dass automatisch Zeichenformate mit der Bezeichnung Aufzählungszeichen 1, Aufzählungszeichen 2 usw. erzeugt werden.

29.1.4 Öffnen von InDesign-Dokumenten mit unterschiedlichen Wörterbüchern

Wenn Sie ein InDesign-Dokument öffnen, das nicht auf Ihrer Arbeitsstation erstellt worden ist, kann es zu einem Konflikt zwischen dem Silbentrennungswörterbuch der Originaldatei – der Ersteller hat Modifikationen im Benutzerwörterbuch vorgenommen – und dem aktuell installierten Benutzerwörterbuch kommen. Ist dies der Fall, so wird die Fehlermeldung aus Abbildung 29.1 angezeigt:

Hinweis für die Druckvorstufe

Aus Sicht eines Druckvorstufenbetriebs ist auf das Wörterbuch des Dokuments zurückzugreifen, da es sonst zu unerwünschten Textumbrüchen durch geänderte Silbentrennungen kommen kann. Stellen Sie in den Voreinstellungen von InDesign im Register Wörterbuch in der Option Erstellen mit standardmäßig Dokument ein. Dadurch greift InDesign beim Öffnen nie auf Ihr geändertes Benutzerwörterbuch zurück. Das Erscheinen dieser Fehlermeldung ist somit nicht mehr möglich.

Es stehen Ihnen nun zwei Möglichkeiten zur Verfügung:
▶ **Dokument:** Dadurch werden die Änderungen im Wörterbuch des Originaldokuments beibehalten.
▶ **Benutzerwörterbuch:** Dadurch wird das Dokument durch das installierte und wahrscheinlich divergierende Wörterbuch aktualisiert.

Völlig unverständlich ist, dass Adobe als Standardaktion vorschlägt, man solle den Button Benutzerwörterbuch drücken, wodurch es zu geänderten Textumbrüchen kommt, da der Ersteller sicherlich eine Modifizierung der Silbentrennung im Wörterbuch abgespeichert hat. Selbst bei QuarkXPress wird dem Anwender in diesem Fall vorgeschlagen, dass er den Button Einstellungen erhalten aktivieren soll.

29.1.5 Konvertieren von InDesign-Bibliotheken

Auch wenn die Konvertierung von Bibliotheken anscheinend reibungslos funktioniert – Sie werden bei Dokumenten vor CS3 nur nach dem neuen Speicherort gefragt –, raten wir Ihnen dennoch, alle Bibliotheksobjekte zuerst in einem neuen InDesign-Dokument zu platzieren, für CS4 zu optimieren und davon eine neue CS4-Bibliothek anzulegen.

29.2 PageMaker-Dateien konvertieren

InDesign konnte immer schon Dokument- und Vorlagendateien aus Adobe PageMaker 6.0 und höher konvertieren. Durch das Öffnen der PageMaker-Datei werden die ursprünglichen Dateiinformationen in native InDesign-Daten konvertiert.

29.2.1 Vorbereitende Schritte vor der Konvertierung

Vor der Konvertierung der PageMaker-Datei sollten bestimmte Vorkehrungen getroffen werden, damit nicht allzu viele Konvertierungsfehler die weitere Verwendung des Dokumentes beeinträchtigen.

▶ Kopieren Sie das zu konvertierende PageMaker-Dokument und alle dazugehörenden Verknüpfungen unbedingt auf Ihre Festplatte. Wenn sich Dokumente auf einem Netzwerkserver oder einem Wechsellaufwerk befinden, kann die Datei auf Grund einer instabilen Netzwerkverbindung möglicherweise nicht richtig geöffnet werden.

▶ Fehlerhafte Grafikverknüpfungen in der PageMaker-Satzdatei müssen vor der Konvertierung repariert werden. Dies sollte durch letztmaliges Öffnen der Datei im Adobe PageMaker durchgeführt werden. Sollten Sie jedoch keinen PageMaker besitzen, so kopieren Sie alle verknüpften Dateien in denselben Ordner, in dem die PageMaker-Satzdatei gespeichert ist. Dadurch haben Sie sichergestellt, dass für die Konvertierung alle Verknüpfungen gefunden werden können.

▶ Wenn Sie das Programm Adobe PagerMaker besitzen, sollten Sie, auf Grund des inkrementellen Speichervorganges von PageMaker, die Datei letztmalig damit öffnen und vor der Konvertierung die Datei mit dem Befehl SPEICHERN UNTER erneut speichern. Damit werden unnötige verborgene Daten gelöscht, und die Datei wird vor der Konvertierung linearisiert.

▶ Stellen Sie sicher, dass alle benötigten Schriftarten dem Programm InDesign CS4 zur Verfügung stehen. Wird bei der Konvertierung festgestellt, dass eine Schrift nicht im Zugriff steht, so werden Sie in einer Warnmeldung über die fehlende Schrift informiert.

▶ Wenn beim Konvertieren großer PageMaker-Dokumente Probleme auftreten, teilen Sie die PageMaker-Datei in Teile auf, um so das Problem zu isolieren.

Haben Sie alle diese Vorkehrungen getroffen, so steht der Konvertierung der PageMaker-Datei nichts im Wege. Öffnen Sie dazu in InDesign CS4 über den Befehl DATEI • ÖFFNEN das zu konver-

---

**TOP-TIPP
Defekte PageMaker-Dateien reparieren**

Wenn Sie ein beschädigtes PageMaker-Dokument in PageMaker nicht öffnen können, versuchen Sie, es in InDesign zu öffnen. InDesign kann die meisten Dokumente wiederherstellen, die von PageMaker nicht geöffnet werden können.

[Inkrementelles Speichern]

Unter einer inkrementellen Speicherung wird der Speichervorgang verstanden, bei dem nur das zuletzt Geänderte am Ende der Datei hinzugefügt wird. Dadurch wächst die Dateigröße, auch wenn Sie Seiten löschen, permanent an. Der Vorteil dieser Speicherung liegt darin, dass der Speichervorgang schnell durchgeführt werden kann. Der Nachteil liegt in der immer größer werdenden Datei. Durch das Ausführen des SPEICHERN UNTER-Befehls wird eine Vollspeicherung und damit eine Linearisierung der Dateistruktur erzwungen. Unnötige Daten werden eliminiert, und die Dateigröße wird auf das Minimum reduziert.

tierende PageMaker-Dokument. InDesign beginnt mit der seitenweisen Konvertierung. Sollten Fehler bei der Konvertierung auftreten, so werden diese in Form einer Warnmeldung angezeigt. Ignorieren Sie diese Warnmeldungen nicht, und lösen Sie, soweit möglich, alle Problemfelder, bevor Sie mit dem Dokument in InDesign weiterarbeiten.

29.2.2 Hinweise zum konvertierten Dokument

Eine Konvertierung kann nur dann wirklich gut funktionieren, wenn dieselben Programmkonstrukte im Erstellungs- und im Weiterverarbeitungsprogramm vorhanden sind. Nachdem Adobe PageMaker schon über 20 Jahre auf dem Buckel hat, können Sie sich sicherlich vorstellen, dass heutzutage andere Konstrukte zur Abbildung von Seitenobjekten in einer Datei verwendet werden. Eine Konvertierung ist somit eine Überführung von ehemaligen PageMaker-Konstrukten in InDesign-Objekte. Was aus den einzelnen Konstrukten in InDesign wird und auf was Sie verzichten müssen, kann wie folgt dargestellt werden:

▶ **Standardseiten werden Mustervorlagen:** Standardseiten in PageMaker werden in InDesign-Mustervorlagen umgewandelt und behalten sämtliche Objekte wie Seitennummerierung und Hilfslinien bei.

▶ **Zwei Ebenen werden erzeugt:** Um die Anordnung sich überlappender Objekte beizubehalten, erstellt InDesign beim Umwandeln einer PageMaker-Satzdatei zwei Ebenen: die STANDARD- und die MUSTERSTANDARDEBENE. Alle Mustervorlagenobjekte werden auf die MUSTERSTANDARDEBENE gesetzt.

▶ **Hilfslinien:** PageMaker-Dokumenthilfslinien werden auf der STANDARDEBENE des konvertierten Dokuments platziert.

▶ **Objekte der Montagefläche:** Alle Objekte, die sich auf der PageMaker-Montagefläche befunden haben, werden auf die Montagefläche des ersten Druckbogens im InDesign-Dokument verschoben und angezeigt.

▶ **Nicht druckbare Objekte:** Alle Objekte, die in PageMaker als NICHT DRUCKBAR gekennzeichnet sind, werden in InDesign-Objekte umgewandelt und mit dem Attribut NICHT DRUCKBAR aus dem Attribute-Bedienfeld versehen.

▶ **Gruppierte Objekte:** Gruppierte Objekte bleiben gruppiert, sofern keine nicht druckbaren Elemente in der Gruppe enthalten sind.

▶ **Texte und Tabellen:** Text wird in InDesign-Textrahmen und Tabellen werden in InDesign-Tabellen umgewandelt.

▶ **PageMaker-Stilvorlagen:** Diese werden in InDesign-Formate konvertiert. Die Auswahl [KEIN FORMAT] in PageMaker entspricht der Auswahl [Einfacher Absatz] in InDesign. Welche Attribute dem Absatzformat [Einfacher Absatz] bei der Konvertierung zugewiesen werden, ist abhängig davon, welche Attribute für das Textwerkzeug in PageMaker hinterlegt waren, als Sie Text in die PageMaker-Satzdatei eingegeben haben.

▶ **Absatzsetzer wird automatisch zugewiesen:** Jedem Text wird bei der Konvertierung automatisch der Adobe-Absatzsetzer zugewiesen. Damit ist Ihnen ein geänderter Textumbruch sicher! Durch das Umstellen der Texte auf den Adobe Ein-Zeilen-Setzer entsprechen die erstellten Zeilenumbrüche eher denen der PageMaker-Satz-Engine. Text kann aber immer noch neu umbrochen werden.

▶ **Geänderte Zeilenabstandsberechnung:** In InDesign wird der Zeilenabstand von Grundlinie zu Grundlinie angegeben. Das Konstrukt des proportionalen Zeilenabstands kennt InDesign nicht. Deshalb werden dieses Konstrukt und an der Großbuchstabenhöhe ausgerichteter Zeilenabstand aus PageMaker in den Grundlinien-Zeilenabstand von InDesign umgewandelt. Textumbrüche sind damit unvermeidlich.

▶ **Versatz der ersten Grundlinie:** Die erste Grundlinie im konvertierten Text ist auf Zeilenabstand, die erste Grundlinie von in InDesign erstellten Textrahmen jedoch standardmäßig auf Oberlänge eingestellt. Stellen Sie somit alle Textrahmen auf denselben Wert um, damit es nicht zu einem Versatz bei der ersten Grundlinie für alle neu aufgezogenen Textrahmen kommt.

▶ **Geänderte Silbentrennung:** In InDesign wird eine andere Silbentrennung als in PageMaker verwendet. Es kann daher zu Unterschieden bei den Zeilenumbrüchen und in der Silbentrennung kommen.

▶ **Text mit Schatten:** Da es in Adobe PageMaker noch das Attribut Schatten für die Auszeichnung von Text gegeben hat und InDesign diesen Blödsinn Gott sei Dank nicht zur Verfügung stellt, werden mit Schatten versehene Texte in gewöhnlichen Text umgewandelt.

▶ **Text mit Outline:** Auch das Attribut Outline steht in InDesign nicht mehr zur Verfügung. Texte in PageMaker, die mit diesem Attribut versehen waren, werden in Text mit einer Konturstärke von 0,25 Pt konvertiert und mit der Farbe [Papier] gefüllt.

▶ **Indexeinträge:** Indexeinträge der PageMaker-Satzdateien werden sauber im Index-Bedienfeld von InDesign eingefügt. Texte mit Querverweisen, bei denen die Optionen Siehe hier oder Siehe auch hier verwendet werden, werden in Siehe- bzw. Siehe auch-Verweise konvertiert.

Verändern der Einstellungen im Absatzformat [Einfacher Absatz]

Suchen Sie den Eintrag [Einfacher Absatz] im Absatzformate-Bedienfeld. Klicken Sie doppelt auf diesen Eintrag, und nehmen Sie alle gewünschten Änderungen darin vor.

Vereinheitlichen der Einstellung für die erste Grundlinie

Egal, ob Sie die Erste Grundlinie in den Grundlinienoptionen des Textrahmenoptionen-Dialogs auf Zeilenabstand oder Oberlänge stellen wollen, können Sie die Gleichschaltung aller Rahmen über den Suchen/Ersetzen-Dialog schnell über Objektformat suchen und ersetzen erledigen.

Auf die aktuelle Silbentrennung umstellen

Um die bestmögliche Silbentrennung in InDesign zu erhalten, müssen Sie alle Zeichen- und Absatzformate auf die aktuelle Rechtschreibung umstellen.

Konvertieren von Buchlisten

Wenn Sie alle PageMaker-Dokumente einer Buchliste auf einmal konvertieren möchten, führen Sie zuvor in PageMaker das Zusatzmodul MONTAGE aus, und wählen Sie in der Option LAYOUT den Eintrag OHNE aus. Dadurch werden alle PageMaker-Dokumente zu einer gemeinsamen Buchsatzdatei zusammengefasst. Beachten Sie dabei, dass Textblöcke und Rahmen dann nicht mehr verkettet sind.

Vervollständigen der Farbfelder

Wenn in der PageMaker-Datei nicht alle Objekte mit einer in PageMaker definierten Farbe versehen wurden, so können Farben im Dokument vorkommen, die nicht im Farbfelder-Bedienfeld zu finden sind.

Führen Sie deshalb aus dem Bedienfeldmenü den Befehl UNBENANNTE FARBEN HINZUFÜGEN aus. Damit haben Sie die Liste der Farbfelder vervollständigt und können danach mit der korrekten Umsetzung – alle Farben nach CMYK umzustellen – beginnen.

Farbfeld [Schwarz]

Achten Sie darauf, dass sich nicht zwei Farbfelder SCHWARZ und [SCHWARZ] im Farbfelder-Bedienfeld befinden. Gemäß den Voreinstellungen von Adobe InDesign werden nur Objekte, die mit dem Farbfeld [SCHWARZ] ausgezeichnet wurden, in der Ausgabe überdruckt. Führen Sie beide Farbfelder zusammen, indem Sie das Farbfeld SCHWARZ löschen und durch [SCHWARZ] ersetzen.

▶ **Buchlisten aus PageMaker:** Buchlisten werden beim Konvertieren nach InDesign ignoriert. Wie Sie dennoch ein ganzes Buch konvertieren können, lesen Sie im Infokasten.

▶ **Inhaltsverzeichnis:** Text im Inhaltsverzeichnis wird in ein InDesign-Inhaltsverzeichnis konvertiert, wobei im Menü LAYOUT • INHALTSVERZEICHNISFORMATE das PageMaker-Inhaltsverzeichnisformat zur Verfügung steht.

▶ **Text- und Grafikverknüpfungen:** Diese bleiben erhalten und werden im Verknüpfungen-Bedienfeld angezeigt. Wenn InDesign die Originalverknüpfung mit einer Grafik nicht finden kann, werden Sie in einer Warnmeldung aufgefordert, die Verknüpfung zuvor in PageMaker zu reparieren.

▶ **OLE (Object Linking and Embedding):** Diese Funktion wird von InDesign nicht unterstützt. OLE-Grafiken werden deshalb im InDesign-Dokument nicht angezeigt.

▶ **Farben:** Diese werden exakt in InDesign-Farben konvertiert. PageMaker-HLS-Farben werden in RGB-Farben und Farben aus anderen Farbbibliotheken werden anhand ihrer CMYK-Werte umgewandelt.

▶ **Farbtöne:** Diese werden als prozentuale Anteile der übergeordneten Farbe umgewandelt. Wenn die übergeordnete Farbe nicht im Farbfelder-Bedienfeld enthalten ist, wird sie beim Umwandeln hinzugefügt.

▶ **Farbmanagement:** Farbprofile für PageMaker-Dateien werden direkt konvertiert. Alle Hexachrome-Farben werden in RGB-Werte konvertiert. Nicht ICC-konforme Profile werden entsprechend den Profilen, die von Ihnen im InDesign-Farbmanagement vorgenommen wurden, ersetzt.

▶ **Alle Konturen und Linien (einschließlich Absatzlinien):** Diese werden in Konturenstile aus dem Standardumfang umgewandelt, denen sie am ehesten entsprechen. Benutzerdefinierte Konturen und Striche in PageMaker werden in benutzerdefinierte Konturen und Striche konvertiert.

▶ **Effektraster für Bilder:** Rastermuster oder -winkel, die über die Option BILD NACHBEARBEITEN auf TIFF-Bilder angewendet wurden, werden von InDesign nicht unterstützt. Diese Einstellungen werden aus den Bildern entfernt.

▶ **Schwarz überdrucken:** Wenn in den Voreinstellungen von PageMaker die Option zum AUTOMATISCHEN ÜBERDRUCKEN VON SCHWARZEN KONTUREN oder FLÄCHEN (oder von beiden Elementen) ausgewählt ist, so wird diese Einstellung in InDesign übernommen. Die Optionen KONTUR ÜBERDRUCKEN und FLÄCHE ÜBERDRUCKEN sind jedoch im Attribute-Bedienfeld deaktiviert.

Eine Menge an Dingen, die bei einer Konvertierung zu überprüfen und auch zu korrigieren sind. Nehmen Sie sich die notwendige Zeit, anhand der voranstehenden Liste wirklich alles zu überprüfen und zu korrigieren. Diese Korrekturen und das Umstellen von Absatz- und Zeichenformaten auf InDesign CS4-Niveau sind notwendig, um in der Weiterverarbeitung nicht immer daran erinnert werden zu müssen, dass typische PageMaker-Fehler oder -Einstellungen der Grund sind, weshalb das Objekt mit solchen Attributen versehen ist.

29.3 QuarkXPress-Dateien konvertieren

InDesign konnte bereits mit der Vorstellung des Programmes im Jahre 1999 **einsprachige** Dokument- und Vorlagendateien aus QuarkXPress der Versionen 3.x bis 4.11 konvertieren. Seit der Version CS3 können Sie auch Dokument- und Vorlagendateien aus **mehrsprachigen** QuarkXPress-Passport 4.1x-Dateien konvertieren, so dass es nicht länger notwendig ist, diese Dateien zuerst als einsprachige Dateien zu speichern.

Durch das Öffnen der QuarkXPress-Datei werden die ursprünglichen XPress-Objekte in native InDesign-Objekte konvertiert.

29.3.1 Vorbereitende Schritte vor der Konvertierung

Vor der Konvertierung der QuarkXPress-Datei sollten bestimmte Vorkehrungen getroffen werden, damit nicht allzu viele Konvertierungsfehler die weitere Verwendung des Dokumentes beeinträchtigen.

▶ Zum Konvertieren von Dokumenten aus QuarkXPress 5.0 oder höher müssen Sie die Dokumente in QuarkXPress öffnen und im 4.0-Format speichern. Dies kann, wenn Sie QuarkXPress 8 verwenden, in einen immensen Arbeitsaufwand ausarten, da Sie immer nur eine Version niedriger abspeichern können. Durch diese Rückkonvertierung können bereits erste Fehler entstehen.

▶ Kopieren Sie das zu konvertierende XPress-Dokument und alle dazugehörenden Verknüpfungen unbedingt auf Ihre Festplatte. Wenn sich Dokumente auf einem Netzwerkserver oder einem Wechsellaufwerk befinden, kann die Datei auf Grund instabiler Netzwerkzugriffe möglicherweise nicht richtig geöffnet, ja sogar zerstört werden.

▶ Fehlerhafte Grafikverknüpfungen im XPress-Dokument müssen vor der Konvertierung repariert werden. Dies sollte entweder durch letztmaliges Öffnen der Datei in QuarkXPress durchgeführt und über den Befehl FÜR AUSGABE SAMMELN vervollstän-

Q2ID-Plug-in

Sollte es Ihnen nicht möglich sein, in eine frühere Version von QuarkXPress zurückzukonvertieren – Sie arbeiten mit QuarkXPress 6.5, 7.5 oder 8 und besitzen kein QuarkXPress 5 –, so müssen Sie wohl oder übel auf ein kostenpflichtiges Plug-in von Markzware mit der Bezeichnung Q2ID zurückgreifen – *www.markzware.com*.

digt werden. Sollten Sie jedoch keine QuarkXPress-Version
besitzen, so kopieren Sie alle verknüpften Dateien in denselben
Ordner, in dem das XPress-Dokument gespeichert ist. Dadurch
haben Sie sichergestellt, dass für die Konvertierung alle Verknüpfungen gefunden werden können.

▶ Stellen Sie sicher, dass alle benötigten Schriftarten dem Programm InDesign CS4 zur Verfügung stehen. Wird bei der Konvertierung festgestellt, dass eine Schrift nicht im Zugriff steht,
so werden Sie in einer Warnmeldung über die fehlende Schrift
informiert.

▶ Wenn beim Konvertieren großer XPress-Dokumente Probleme
auftreten, teilen Sie das Dokument mit QuarkXPress in Teile
auf, um so das Problem zu isolieren.

Haben Sie alle diese Vorkehrungen getroffen, so steht der Konvertierung der XPress-Datei nichts im Wege. Doch bevor wir die
Konvertierung anhand einer Schritt-für-Schritt-Anleitung durchspielen, sollten Sie die Hinweise, was sich bei der Konvertierung
von XPress-Dokumenten abspielt, durchlesen.

29.3.2   Hinweise zum konvertierten Dokument

Durch eine Konvertierung werden die ursprünglichen Daten in
native InDesign-Daten umgewandelt. Folgende Einschränkungen
bzw. Änderungen müssen Ihnen für eine fehlerfreie Weiterverarbeitung der Dokumente in InDesign bekannt sein.

▶ **Seitenformate:** Standardseitenformate wie DIN A4 werden
durch die Konvertierung nicht verändert. Bei benutzerdefinierten Seitenformaten kann es durch die Konvertierung zu geringen Abweichungen in der Dateianlage des Dokumentenfor-
mats kommen.

▶ **Stilvorlagen:** QuarkXPress-Stilvorlagen werden in InDesign-
Absatz- und Zeichenformate umgewandelt. Auf Grund anderer
Konzepte, die Sie im Aufbau von Zeichen- und Absatzformaten
in InDesign CS4 anwenden würden, sollten Sie unbedingt alle
Absatz- und Zeichenformate überarbeiten und eine Entkoppe-
lung der gesetzten Texte von zugewiesenen Zeichenformaten
erwirken, denn meistens sind den Texten gleichnamige Absatz-
und Zeichenformate zugewiesen. Durch diese Doppelgleisig-
keit würde das Überarbeiten von Absatzformaten in der Formatierung des InDesign-Textes keine allzu große Auswirkung
zeigen.

▶ **Konturenführung:** XPress-Textfelder werden positionsgenau in
InDesign-Textrahmen, Bildrahmen aus XPress in InDesign-
Rechteckrahmen umgewandelt.

- **Grafikverknüpfungen:** Diese bleiben erhalten und werden im Verknüpfungen-Bedienfeld von InDesign CS4 angezeigt. Grafiken, die über die Zwischenablage in ein QuarkXPress-Dokument eingefügt wurden, werden nicht konvertiert.
- **Colormanagement:** Da das Farbmanagement einerseits bei QuarkXPress 4 von den meisten Anwendern nie aktiviert war und andererseits komplett anders aufgebaut ist, werden Farbprofile in InDesign ignoriert und dem konvertierten Dokument die aktuellen Farbeinstellungen aus InDesign CS4 zugewiesen.
- **OLE (Object Linking and Embedding):** OLE wird von InDesign CS4 nicht unterstützt. Daher werden OLE-Grafiken bei der Konvertierung ausgelassen und somit auch nicht angezeigt.
- **QuarkXTension:** Erweiterungen zu QuarkXPress können von InDesign CS4 nicht verarbeitet werden.
- **Tabellen:** Da es in QuarkXPress 4.0 keine Tabellen gibt, können somit auch keine Tabellen durch die Konvertierung erstellt werden. Sind Tabellen in einer XPress-Datei vorhanden, so wurden diese durch Absatzlinien, Textstellen und händisch angebrachte Trennlinien erstellt. Eine Konvertierung dieser Objekte erfolgt analog zu den InDesign-Objekten. Eine Überführung in eine InDesign-Tabelle ist nicht gegeben.
- **Musterseiten:** Diese werden in saubere Mustervorlagen umgewandelt. Die Namensgebung bleibt erhalten, die Zuweisung der Mustervorlagen zu den Originalseiten ebenfalls.
- **Ebenen:** Da QuarkXPress 4.1x keine Ebenenfunktion besessen hat, müssen Ebenen nicht konvertiert werden. Ebenen aus höheren QuarkXPress-Versionen werden durch das Rückspeichern sowieso im Vorfeld eliminiert.
- **Hilfslinien:** Diese werden standgerecht auf den jeweiligen Seiten und Mustervorlagen platziert. Alle Hilfslinien werden dabei der Ebene EBENE 1 zugewiesen.
- **Gruppierte Objekte:** Diese bleiben gruppiert, sofern keine nicht druckbaren Elemente in der Gruppe enthalten sind.
- **Alle Konturen und Linien (einschließlich Absatzlinien):** Diese werden in jene Konturenstile konvertiert, denen sie am ehesten entsprechen. Benutzerdefinierte Konturen und Striche werden in benutzerdefinierte Konturenstile umgewandelt.
- **Versatz von Absatzlinien:** Absatzlinien, deren Position durch Versatz in Prozent eingegeben wurde, werden auf einen Millimeterwert gesetzt. Speziell bei Tabellen mit Absatzlinien stimmen die Positionen der Linien nicht mehr.
- **Geänderte Silbentrennung:** In InDesign wird eine andere Silbentrennung als in QuarkXPress verwendet. Es kann daher zu

Unterschieden bei den Zeilenumbrüchen und in der Silbentrennung kommen.

▶ **Spezielle Zeichen:** In QuarkXPress gibt es spezielle Zeichen, denen keine Entsprechungen in InDesign gegenüberstehen. So wird z.B. das flexible Leerzeichen in ein Halbgeviert-Leerzeichen konvertiert.

▶ **Künstliche Fettung und Kursivierung:** Texte, denen das Attribut KURSIV oder FETT in der QuarkXPress-Steuerleiste zugewiesen wurden, werden nicht den entsprechenden Schriftschnitten ITALIC und BOLD zugewiesen. Nach der Konvertierung werden diese Texte rosarot unterlegt im Dokument angezeigt.

▶ **Text mit Schatten:** Das in QuarkXPress noch verfügbare Attribut SCHATTEN – zum Auszeichnen von Text – steht InDesign Gott sei Dank nicht mehr zur Verfügung. Deshalb werden alle mit Schatten versehenen Textstellen in gewöhnlichen InDesign-Text umgewandelt.

▶ **Text mit Outline:** Auch das Attribut OUTLINE steht in InDesign nicht mehr zur Verfügung. Texte in QuarkXPress, die mit diesem Attribut versehen waren, werden in Text mit einer Konturstärke von 0,25 Pt konvertiert und mit der Farbe [PAPIER] gefüllt.

▶ **S&B:** Die Einstellungen der Silbentrennung und Blocksatzmethode aus QuarkXPress werden übernommen. Es kommt dennoch zu gravierenden Textumbrüchen, da für konvertierte Texte der Adobe-Absatzsetzer zugewiesen wird.

▶ **Index:** Alle Zeichen, die in QuarkXPress in der Steuerleiste durch INDEX ausgezeichnet wurden, werden in InDesign CS4 in hochgestellt ausgezeichnete Zeichen umgewandelt.

▶ **Farben:** Wurden nur RGB- und CMYK-Farben in einem QuarkXPress-Dokument angelegt, so sollten auch keine Probleme bei der Konvertierung auftreten. HSB- und Lab-Farben werden durch die Konvertierung in RGB umgewandelt. Pantone-, Truematch- und Focoltone-Farben werden in die CMYK-Entsprechungen konvertiert.

▶ **Farbfeld Schwarz:** Die Farbe SCHWARZ aus QuarkXPress wird als Farbfeld SCHWARZ im Farbfelder-Bedienfeld angelegt. Beachten Sie, dass diese Farbe standardmäßig in InDesign CS4 aussparend angelegt ist, womit alle Texte, denen diese Farbe zugewiesen ist, in der Ausgabe nicht überdrucken. Die Folge könnten »Blitzer« in der Ausgabe sein.

▶ **Farbfeld Weiß:** Die in QuarkXPress angelegte Standardfarbe WEISS wird als Farbfeld WEISS im Farbfelder-Bedienfeld angelegt. Eine automatische Konvertierung in die InDesign-Farbe [PAPIER] erfolgt leider nicht.

- **Eingefärbte Bilder:** Wurden in QuarkXPress Bilder eingefärbt, so werden diese nur dann richtig konvertiert, wenn es sich dabei um TIFF-Schwarzweiß-Bilder handelt. Bei anderen Dateiformaten geht die Zuweisung der Farben verloren.
- **Beschneidungspfade:** Wurden Beschneidungspfade in Quark-XPress zum Freistellen der Bilder ausgewählt, so werden sie in der Regel auch richtig konvertiert. In einigen Fällen geht jedoch dieser Beschneidungspfad verloren. Sie müssen alle Beschneidungspfade nach der Konvertierung überprüfen.

Es könnten noch viele weitere Themenbereiche beschrieben werden. Wie bei allen Konvertierungen gilt auch hier, dass eine Konvertierung eben eine Konvertierung ist und sich somit meistens von der Originaldatei gravierend unterscheidet. Obwohl sich die Konvertierung von QuarkXPress-Dokumenten schon in früheren InDesign-Versionen stark verbessert hat, müssen Sie noch viel Arbeit in das übernommene InDesign CS4-Dokument stecken.

Schritt für Schritt: Speichern von XPress-Dokumenten und Konvertieren in InDesign CS4

1 **QuarkXPress 4.1x-Datei erzeugen**

Kopieren Sie alle Daten, die zum Verarbeiten des XPress-Dokuments benötigt werden, auf Ihre lokale Festplatte, um bei einer Konvertierung mögliche Aktualisierungsfehler auszuschalten.

Laden Sie alle Schriften, die für das Dokument benötigt werden, und öffnen Sie das Dokument in Ihrer aktuellen Version von QuarkXPress. Aktualisieren Sie alle externen Verknüpfungen, und speichern Sie das Dokument als Version 4.x ab.

2 **Voreinstellungen in InDesign CS4 ändern**

Bevor Sie nun das Dokument in InDesign CS4 öffnen, empfehlen wir, zuerst in den Voreinstellungen im Register Satz die Option Konturenführung wirkt sich nur auf Text unterhalb aus auszuwählen. Dadurch verhält sich InDesign CS4 in Bezug auf die Konturenführung (Umfließen) wie QuarkXPress.

3 **Öffnen des QuarkXPress-Dokuments**

Öffnen Sie danach in InDesign CS4 das QuarkXPress-Dokument über den Befehl Datei • Öffnen. Achten Sie darauf, dass zuvor die Originaldatei in QuarkXPress geschlossen wurde.

Wählen Sie im Öffnen-Dialog unter Windows den Dateityp QuarkXPress (3.3 oder 4.1x) aus, und klicken Sie auf Öffnen.

Sollten nicht aktualisierte Verknüpfungen im Dokument gefunden werden, so erscheint die Fehlermeldung aus Abbildung 29.2.

Abbildung 29.2 ▶
Warnmeldung bei einer Konvertierung eines XPress-Dokuments nach InDesign, wenn die Verknüpfungen im zu konvertierendem Dokument nicht zuvor aktualisiert wurden

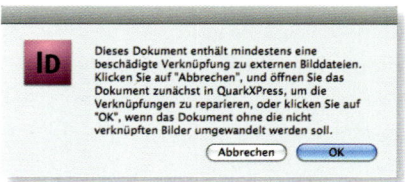

Aktualisieren Sie die Verknüpfungen zuvor im Originaldokument, und führen Sie die Konvertierung erneut durch.

4 **Warnmeldungen der Konvertierung beachten**
Nach dem Konvertieren erscheint immer eine Warnmeldung, die manchmal lediglich darauf hinweist, dass gruppierte Objekte weiterhin als gruppierte Objekte in InDesign CS4 vorliegen oder dass bestimmte Schriften nicht verfügbar sind. Falls darüber hinausgehende Warnungen vorliegen, so sollten Sie diesen nachgehen.

Abbildung 29.3 ▶
Anzeigen der WARNUNGEN, die beim Konvertieren angetroffen wurden

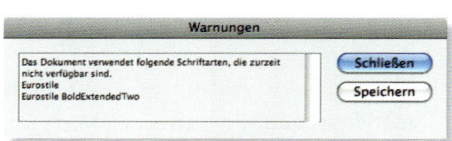

5 **Dokumentformat überprüfen**
Nach der Konvertierung überprüfen Sie zuerst das Dokumentformat. Gehen Sie dazu auf DATEI • DOKUMENT EINRICHTEN. Falls ein Fehler vorliegt, stellen Sie die InDesign-Datei wieder in Originalgröße her.

6 **Farbfelder-Definitionen überprüfen**
Das Aussehen des Farbfelder-Bedienfelds nach einer Konvertierung mit den angelegten Farben SCHWARZ, WEISS und PASSKREUZE ist typisch für ein konvertiertes XPress-Dokument.

Abbildung 29.4 ▶
Das typische Aussehen des Farbfelder-Bedienfelds einer aus Quark-XPress konvertierten Datei

Korrigieren Sie alle Farbeinträge im Farbfelder-Bedienfeld. Durch die Konvertierung werden alle in QuarkXPress angelegten Farben, auch wenn sie nicht verwendet wurden, an InDesign CS4 übergeben.

Löschen Sie alle überflüssigen Farben. Führen Sie dazu den Befehl ALLE NICHT VERWENDETEN AUSWÄHLEN aus dem Bedienfeldmenü des Farbfelder-Bedienfelds aus. Es werden dadurch alle nicht verwendeten Farben markiert. Durch einfachen Klick auf das Symbol 🗑 werden alle markierten Farben entfernt.

Löschen Sie auch die Farbe WEISS, und weisen Sie dieser beim Löschen die Ersatzfarbe [PAPIER] zu. Genauso verfahren Sie mit der Farbe SCHWARZ. Weisen Sie ihr beim Löschen die Farbe [SCHWARZ] zu. Dadurch werden mit einem Schlag alle schwarzen Texte auf ÜBERDRUCKEND gestellt.

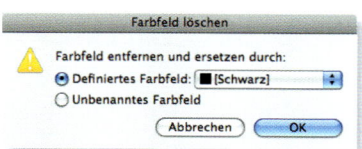

◄ **Abbildung 29.5**
Beim Löschen eines Farbfelds kann dieses durch ein anderes Farbfeld ersetzt werden.

7 **Absatz- und Zeichenformate überprüfen**

Überprüfen Sie die Absatz- und Zeichenformate. Gehen Sie dabei strukturiert vor, und löschen Sie nicht einfach die Einträge aus der Liste. Definieren Sie zuerst in InDesign CS4 die korrekten Absatz- und Zeichenformate, und beginnen Sie erst dann, einzelne Formate zu löschen. InDesign CS4 fragt Sie beim Löschen, welchem Absatz- bzw. Zeichenformat der Text zugeordnet werden soll.

Stellen Sie in den Absatzformaten im Register ABSTÄNDE die Option SETZER auf ADOBE EIN-ZEILEN-SETZER. Dadurch kommt es zu weniger geänderten Zeilenumbrüchen. Der Adobe-Absatzsetzer – er wird standardmäßig für die Konvertierung verwendet – versucht, Weißräume im Mengensatz durch eine geänderte Silbentrennung zu entfernen, womit geänderte Textumbrüche vorprogrammiert sind.

Ändern Sie beim Flattersatz die SILBENTRENNZONE auf 0 mm. Damit sollten Textumbrüche nicht allzu unterschiedlich sein.

Speziell bei Absatzlinien sollten Sie in den Absatzformaten versuchen, durch Eingabe eines Millimeterwerts für den Versatz der Linie – Register ABSATZLINIEN und Option OFFSET – eine entsprechende Position für die in QuarkXPress durch Prozentwerte definierten Abstände einzugeben.

Zeichen, die in XPress künstlich gefettet oder kursiviert wurden, werden in den meisten Fällen auf den korrekten Schriftschnitt überführt. Da jedoch InDesign CS4 anders als Quark-

HINWEIS

Stand in QuarkXPress bereits der Schriftschnitt »Bold« nicht zur Verfügung – weshalb auch künstlich gefettet wurde –, so steht natürlich in InDesign dieser richtige Schnitt auch nicht zur Verfügung. Eine korrekte Zuweisung entfällt dadurch sicherlich!

XPress auf die Schriftnamen zugreift, könnte die eine und andere Falschzuordnung in den Schriftschnitten die Folge sein. Das Ergebnis der Falschzuordnung wäre, dass bestimmte Textstellen rosarot unterlegt angezeigt werden. Lösen Sie das Problem, indem Sie den Befehl SCHRIFT • SCHRIFTART SUCHEN aufrufen und darin fehlende Schriften korrekt zuweisen. Damit die korrekte Zuweisung auch in allen Absatz- und Zeichenformaten durchgeführt wird, aktivieren Sie die Option SCHNITT BEIM ÄNDERN ALLER INSTANZEN NEU DEFINIEREN.

8 Positionen der Rahmen und Rahmeninhalte überprüfen

Überprüfen Sie auch alle Rahmenpositionen und die Positionen der platzierten Bilder innerhalb der Bildrahmen. Vor allem bei Bitmap-Bildern kommt es gerne zu unerwünschtem Versatz.

Ersetzen Sie bei Bildrahmen die zugewiesene Flächenfarbe WEISS bzw. [PAPIER] durch [KEINE]. Hierdurch werden überflüssige Fehlermeldungen in der PDF-Prüfung vermieden. Ein Muss ist dies jedoch nicht.

Bei Konturenführungen (Umfließungen) können, bedingt durch die geänderte Maßgenauigkeit, teilweise gravierende Änderungen im Textumfluss festgestellt werden.

Wenn platzierte Bilder nach der Konvertierung von einer weißen Linie umrandet werden, so lösen Sie das Problem am elegantesten, indem Sie im Kontur-Bedienfeld die AUSRICHTUNG der Rahmen von MITTIG auf NACH INNEN stellen.

9 Speichern des InDesign-Dokuments

Speichern Sie das Dokument nun als InDesign-Dokument bzw. als InDesign-Vorlage ab.

Durch die Konvertierung haben Sie sich in einigen Fällen viel Zeit erspart. Wir möchten Sie dennoch darauf hinweisen, dass es eben immer nur eine Konvertierung bleibt. ■

Die Tatsache, dass InDesign in der Lage ist, komplexe Dokumente, die mit einer anderen Layoutsoftware erstellt worden sind, zu importieren, ist sehr beeindruckend und ermöglicht eine vereinfachte Dokumentenübernahme. Darauf basierend jedoch einen völlig identischen Nachdruck eines Dokuments zu realisieren, ist leider utopisch.

Es stellt sich somit immer die Frage, wann eine Konvertierung erfolgen soll und ab wann es sich lohnt, in InDesign ein gesamtes Projekt vollkommen von der Pike auf zu erstellen. Letztere Variante würden wir bei der Umstellung von Periodika bevorzugen.

Übernahme von Dokumenten

In der Praxis werden einseitige Dokumente wie Inserate oder Flyer meist ohne mit der Wimper zu zucken übernommen. Kleine Ungenauigkeiten in der Positionierung bzw. der Dokumentengröße, mögliche Farbverschiebungen durch nicht korrekt umgesetzte RGB- oder CMYK-Farben oder nicht ordnungsgemäß umgesetzte Absatz- und Zeichenformatierung spielen für solche Produktionen nicht unbedingt die tragende Rolle. Bei umfangreicheren Projekten, Tageszeitungen, Magazinen, Jahresberichten, Katalogen und Büchern ist eine Konvertierung meist mit mehr Arbeitsaufwand verbunden, als dies durch einen Neuaufbau der Dokumentvorlagen der Fall wäre.

30 Lösung von Schriftproblemen

Ohne Schriftprobleme hätten die Druckvorstufen-Mitarbeiter einige graue Haare weniger. Auch InDesign CS4 reagiert speziell bei Schriftproblemen wie Schriftnummernkollisionen von geladenen Schriften oder bei Verwendung von defekten Schriften mit absoluter Arbeitsverweigerung – das Starten von InDesign scheint dann nicht mehr möglich zu sein.

Damit ein Druckjob richtig ausgegeben werden kann, müssen alle verwendeten Schriften geladen sein. Die Möglichkeiten, wie Sie Schriften für InDesign zur Verfügung stellen können, haben Sie ja schon in Abschnitt 14.1.3, »Schriften laden und der InDesign-Fonts-Ordner«, auf Seite 354 kennengelernt.

Man glaubt, alle Schriften geladen zu haben, und dennoch können Sie beim Öffnen von Fremddokumenten mit der Fehlermeldung konfrontiert werden, dass Schriften fehlen. Nachstehende Ausführungen gehen der Frage nach, wie Sie divers gelagerte Sachverhalte erkennen können. Dies sind:

▶ Welche Schrift fehlt eigentlich?
▶ Welche Schriften werden in den importierten Grafiken benutzt?
▶ Welche Fonttypen werden eigentlich verwendet?
▶ In welchen Absatz- und Zeichenformaten werden Schriften verwendet?
▶ Verwendet InDesign CS4 auch wirklich die Kundenschriften, oder greift das Programm auf andere Schriften im Dateisystem zurück?
▶ Verwende ich geschützte, nicht einbettbare Schriften?

30.1 Arbeitsweise bei nicht geladenen oder fehlenden Schriften

Beim Öffnen eines Dokuments, das Schriften verwendet, die nicht in Ihrem System installiert, nicht über das Schriftverwaltungsprogramm geladen oder dem InDesign-Font-Ordner nicht hinzugefügt worden sind, zeigt InDesign eine Fehlermeldung an, in der alle fehlenden Schriften – auch jene, die in importierten Grafiken fehlen – aufgelistet werden.

InDesign CS4 stürzt unter Mac OS X beim Starten ab

Der Hauptgrund, weshalb Adobe InDesign bereits beim Starten des Programms abstürzt, liegt meistens in Problemen mit Fonts. Um der Sache auf den Grund zu gehen, raten wir Ihnen, zuerst einmal alle geladenen Schriften über Ihr Schriftverwaltungssystem zu deaktivieren und erneut einen Start zu versuchen.

Sollte dennoch InDesign wiederum abstürzen, so müssen Sie die Schriftenverzeichnisse des Systems – den Benutzer-Font- und den globalen Font-Ordner – ebenfalls entleeren. Falls weitere Probleme auftauchen, so sollten Sie den Font-Cache der Programme und des Systems löschen. Dazu könnten Sie den Linotype FontExplorer X – *www.linotype.com* – oder andere Hilfsprogramme, die diese Funktion unterstützen, benutzen. Ein Neustart des Systems ist dabei erforderlich.

Automatisches Aktualisieren von Schriften

InDesign erkennt manchmal Schriften als fehlend, bevor Suitcase bzw. Linotype FontExplorer diese durch die automatische Aktualisierung laden können. Wir empfehlen ohnehin, die automatische Aktualisierung von Schriften zu unterbinden.

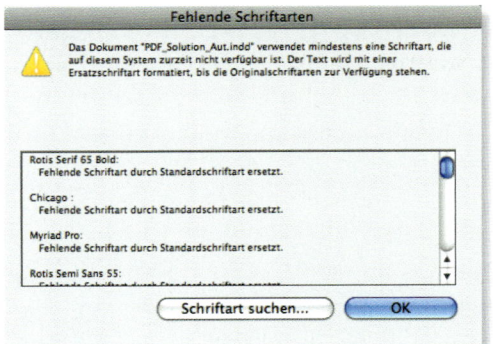

Abbildung 30.1 ▶
Warnmeldung zu fehlenden Schriften beim Öffnen eines Dokuments

Fehlende Schriften in importierten Grafiken

InDesign erkennt in der Schrift-
analyse auch alle fehlenden
Schriften in platzierten EPS-,
PSD-, TIFF und PDF-Dateien.
Fehlt eine Schrift in mehreren
Grafiken, so wird in der Liste im
Dialogfeld Schriftart suchen für
jede Grafik einzeln die Schrift
angezeigt. QuarkXPress-Anwender wurden auf fehlende Schriften innerhalb von platzierten
Dateien erst beim Drucken aufmerksam. Dabei kam es vor, dass
der Druckdialog viele Male ausgeführt werden musste, bis alle
Schriften nachgeladen waren.

Entweder möchten Sie nun gleich den Schriftart suchen-Dialog
aufrufen, oder Sie akzeptieren die Fehlermeldung durch Bestätigung des Buttons OK und führen den Befehl Schrift • Schriftart
suchen zu einem späteren Zeitpunkt aus. Nach dem Bestätigen
wird das Dokument geöffnet, und alle fehlenden Schriften werden
durch eine Ersatzschrift, die dem Original aber sehr nahekommt,
dargestellt. Visuell erkennen Sie fehlende Schriften im Dokument,
wenn Sie den Normal-Modus ⊡ im Werkzeug-Bedienfeld aktivieren. Alle ersetzten Textstellen, nicht jedoch Texte in importierten Grafiken, werden in Rosarot – Standardeinstellung – hinterlegt. Deaktivieren Sie in den Voreinstellungen im Register Satz
die Option Ersetzte Schriftarten, wenn Sie diese farbliche
Kennzeichnung fehlender Schriften nicht wünschen. Wir empfehlen, diese Einstellung nicht zu deaktivieren. Speziell QuarkXPress-
Umsteiger werden diese einfache Kennzeichnung bald nicht mehr
missen wollen.

Fehlen beim Platzieren von Grafiken bereits Schriften, so werden Sie unmittelbar auf den Missstand aufmerksam gemacht.
Beheben Sie diesen Umstand sofort, und gehen Sie bitte nicht
davon aus, dass der Druckerei die Schrift vorliegt. Für Fehler in
der Ausgabe von Schriften ist immer der Ersteller verantwortlich.

30.2 Der »Schriftart suchen«-Dialog

Um zu überprüfen, ob und welche Schriften fehlen, können Sie
jederzeit über den Befehl Schrift • Schriftart suchen die Liste
aller verwendeten Schriften im Dokument einsehen. Dies entspricht dem Register Schrift im Verwendung-Dialog von Quark-
XPress, wo der Zugriff sowohl auf die Bilder als auch auf die Schriften vereint wird.

Im Schriftart suchen-Dialog können Sie die Schriftenliste ❶
einsehen und damit alle fehlenden Schriften im Dokument erken-

nen. Die Schriftenliste ist in erster Linie nach den Gruppen **fehlende**, **geladene**, **in Grafiken fehlende** und **in Grafiken geladene**
Schriften sortiert, in der jeweiligen Gruppe erfolgt die Sortierung
dann alphabetisch. Die Schriften sind mit einem Schrifttyp-Symbol dargestellt. Fehlende Schriften des Dokuments, zu erkennen
am Symbol ⚠, stehen am Anfang der Liste. Anhand der Symbole
ist zu erkennen, welcher Schrifttyp verwendet wird. Dabei steht
das Symbol ***a*** für Type 1-Schriften, das Symbol **T̄** für TrueType-
Schriften und das Symbol ***O*** für OpenType-Schriften.

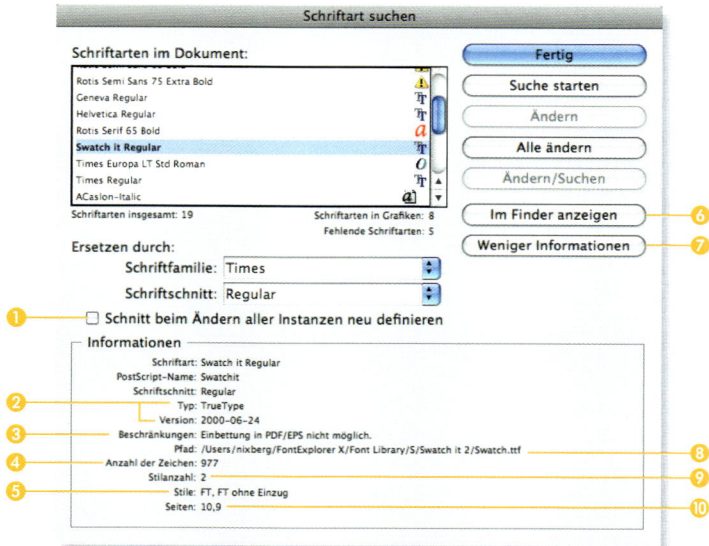

◄ **Abbildung 30.2**
Sie erkennen im Schriftart suchen-Dialog, welche Schriften im
Dokument verwendet werden und
welche InDesign zurzeit nicht zur
Verfügung stehen. Dort finden Sie
auch alle Schriften, die durch importierte Grafiken im Dokument
benötigt werden.

Über den Button Mehr Informationen ❼ sind wichtige Detailinformationen zur aktivierten Schrift einzusehen.

▶ **Typ und Version ❷:** Damit können Sie das verwendete Schriftformat und die der Schrift zugrundeliegende Version ausfindig
machen. Diese Funktion wird seit InDesign CS2 angeboten, da
es in der Vergangenheit gewisse Probleme mit Schriften gab,
die zwar vom Namen her identisch waren, sich jedoch in der
Darstellung oder in der Laufweite unterschieden.

▶ **Beschränkungen ❸:** Welchen Beschränkungen der verwendete Font unterliegt, erfahren Sie aus diesem Eintrag. Normal
lässt eine uneingeschränkte Verarbeitung beim Exportieren zu.
Erscheint jedoch, wie in Abbildung 30.2 zu sehen ist, der Eintrag Einbettung in PDF/EPS nicht möglich, dann kann ein
PDF/X-Export nicht vorgenommen werden. Lösen können Sie
dieses Problem durch eine Umwandlung der Texte in Pfade.
Dies können Sie entweder über den entsprechenden Menübefehl Schrift • In Pfade umwandeln oder während der Aus-

Geschützte Schriften

Innerhalb von TrueType- und
OpenType-Schriften können
Schriftdesigner ihre Schriften gegen eine Weitergabe in Form einer Einbettung schützen. Achten
Sie vor dem Erstellen von Post-
Script- und PDF-Dateien darauf,
ob für Ihre Dokumentenschriften
solche Beschränkungen vorliegen. Spätestens beim PDF-Export werden Sie jedoch auf diesen Umstand hingewiesen.

gabe im Zuge der Transparenzreduzierung durch die Verwendung einer Transparenzreduzierungsvorgabe, die Schriften beim Reduzieren in Pfade umwandelt, erledigen.

▶ **Pfad ❽:** Von großer Bedeutung ist diese Information, um sicherzugehen, dass wirklich die vom Kunden mitgelieferten Schriften verwendet werden. Da Sie sicherlich mehrere Varianten der Schriften Helvetica, Times, Arial oder ZapfDingbats auf Ihrer Festplatte besitzen, kann InDesign beim Öffnen des Dokuments auf eine dieser Varianten zurückgreifen. Für InDesign ist dieser Zustand okay, weshalb für diese Schrift auch keine Fehlermeldung ausgegeben wird. Ob die geladene Schrift auch wirklich identisch mit der verwendeten Schrift im Kundendokument ist, kann nicht mit Sicherheit gesagt werden. Überprüfen Sie also vor der Ausgabe immer, auf welche Schrift InDesign für die Verarbeitung des Dokuments zurückgreift!

▶ **Anzahl der Zeichen ❹:** Das Erkennen, wie viele Zeichen von der ausgewählten Schrift betroffen sind, ist deshalb interessant, da es in einigen Fällen oft nur um ein Zeichen – z. B. einen Leerraum – geht, wo eine Zuweisung der Brotschrift schnell durchgeführt werden kann.

▶ **Stilanzahl ❾:** Gibt Ihnen an, in wie vielen Stilen die ausgewählte Schrift verwendet wird.

▶ **Stile ❺:** Auf einen Blick können Sie erkennen, in welchen Absatz- und Zeichenformaten die ausgewählte Schrift verwendet werden.

▶ **Seiten ❿:** Die Anzeige, welche Seite bzw. welche Seiten die Schrift verwenden, hilft Ihnen bei der Suche nach den Zeichen und Textstellen mit falsch zugewiesener Schrift.

▶ **Im Finder anzeigen (Mac)** bzw. **Im Explorer anzeigen (PC) ❻:** Damit öffnen Sie das Verzeichnis, in dem die verwendete Schrift abgelegt ist. So können Sie sehr schnell eine im System doppelt verwendete Schrift lokalisieren und eliminieren.

▶ **Schnitt beim Ändern aller Instanzen neu definieren ❶:** Sie können damit alle falschen Schriftzuordnungen in Absatz- und Zeichenformaten in einem Aufwasch auflösen. Diese sehr wichtige Option wurde erst mit InDesign CS3 zur Verfügung gestellt. Zuvor mussten alle Absatz- und Zeichenformate manuell geändert werden, was extrem mühselig war, wenn Schriftänderungen in Magazinen durchgeführt wurden und Hunderte von Formaten zu ändern waren.

30.2.1 Verwendete Schriften in platzierten Grafiken

Der SCHRIFTART SUCHEN-Dialog zeigt Ihnen auch, welche Schriften in importierten Grafiken vorhanden sind. Befindet sich eine für

InDesign verfügbare Schrift in einer Grafik (PSD, TIFF, PDF, EPS), so wird dies mit dem Symbol **⊞T** gekennzeichnet. Durch Drücken des Buttons GRAFIK SUCHEN **❻** (in Abbildung 30.3 steht SUCHE STARTEN, da keine verwendete Schrift aus einer Grafik aktiviert ist) kann die entsprechende Grafik angezeigt werden. Steht jedoch nach dem Symbol **⊞** kein Schrifttyp-Symbol, so bedeutet dies, dass eine Schrift in der Grafik verwendet wird, die zurzeit nicht geladen ist oder als fehlend erkannt wurde. Beachten Sie jedoch, dass Sie fehlende Schriften in eingebetteten Grafiken nicht über InDesign ersetzen können. Das Erkennen des Fehlers bzw. die Lokalisierung und Behebung des Problems kann zusammen mit dem Dokumentenhersteller damit aber sehr schnell durchgeführt werden.

30.2.2 Ersetzen von Schriften

Gerade bei Umstellungen von Periodika, Zeitungen oder auch Buchprojekten von anderen Layoutprogrammen auf InDesign wird auch gleichzeitig gerne die verwendete Schrifttechnologie auf OpenType umgestellt.

Wie Sie beispielsweise am schnellsten diesen Arbeitsschritt nach der Konvertierung in ein InDesign-Dokument durchführen, beschreibt nachstehende Schritt-für-Schritt-Anleitung.

Laden von Schriften schlägt fehl

Wenn Schriften beim Laden über die Schriftverwaltung Probleme machen, so legen Sie diese Schriften einfach in den Ordner ADOBE INDESIGN CS4/FONTS. Dieses Verzeichnis wird als erstes beim Zugriff von InDesign auf Schriften herangezogen.

Beachten Sie auch, dass hier unter Mac OS X auch Windows-Type 1-Schriften verarbeitet werden können.

Schritt für Schritt: Ersetzen fehlender Schriften

1 **Dokument öffnen**

Öffnen Sie zuerst das zuvor konvertierte Dokument. Sollte eine Warnung zu fehlenden Schriften erscheinen, so ignorieren Sie dies an dieser Stelle und drücken den Button OK.

Das Dokument ist geöffnet, und alle Textstellen – ausgenommen bei importierten Grafiken –, denen keine installierte Schrift zuzuordnen ist, werden rosarot unterlegt angezeigt.

2 **»Schriftart suchen«-Dialog aufrufen**

Führen Sie den Befehl SCHRIFT • SCHRIFTART SUCHEN aus. Sollte sich der SCHRIFTART SUCHEN-Dialog nicht wie in Abbildung 30.2 darstellen, so müssen Sie noch auf den Button MEHR INFORMATIONEN klicken. Kann InDesign die Schriften einer am Rechner installierten Schrift zuweisen, so wird das Schrittypen-Symbol ***a*** **T** **O** für Dokumentenschriften angezeigt, bei platzierten Grafiken das Symbol **⊞T** . Fehlende Schriften im Dokument sind mit dem Symbol **⚠** gekennzeichnet, fehlende Schriften in importierten Grafiken zeigen nur das Symbol **⊞** .

Wenn Sie jedoch die Schriften nicht ersetzen, sondern nachladen wollen, so können Sie während des Hinzuladens von Schriften den SCHRIFTART SUCHEN-Dialog geöffnet lassen. Sobald dem System eine neue Schriftart zur Verfügung steht, aktualisiert InDesign automatisch – etwas Geduld ist schon erforderlich – die Schriftenliste im SCHRIFTART SUCHEN-Dialog.

3 Schriften markieren und Textstellen lokalisieren

Markieren Sie den Eintrag einer fehlenden Dokumentenschrift in der Schriftenliste. Beachten Sie dabei im INFORMATIONEN-Bereich, wie viele Zeichen ❹ und welche Stile ❺ die gesuchte Schrift nutzen. Durch Drücken des Buttons SUCHE STARTEN ❻ wird Ihnen das erste Vorkommen der Schrift im Text angezeigt. Der Button wandelt sich dann in WEITERSUCHEN, womit Sie durch weiteres Drücken zu den jeweils nächsten Vorkommen im Dokument springen können.

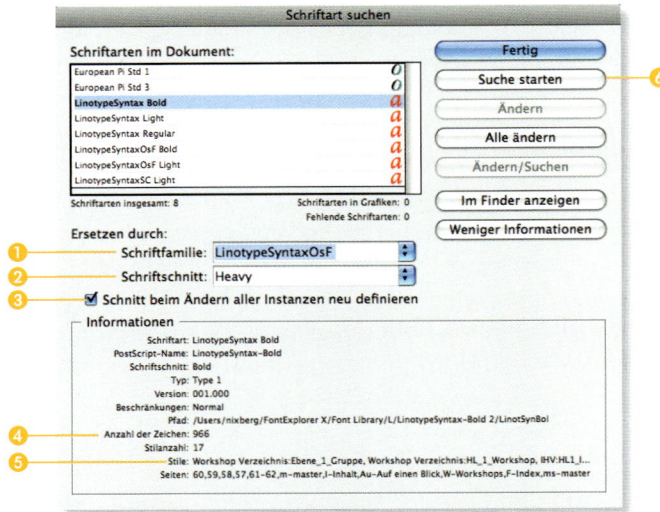

Abbildung 30.3 ▶
Der SCHRIFTART SUCHEN-Dialog beim Ersetzen von Schriften

Grafiken, in denen eine Schrift fehlt, können Sie finden, indem Sie den entsprechenden Eintrag in der Schriftliste markieren und den Button GRAFIK SUCHEN drücken.

4 Ersetzen der Schrift

Wählen Sie jetzt die Ersatzschrift im Feld SCHRIFTFAMILIE ❶ und SCHRIFTSCHNITT ❷ aus. Durch Drücken des Buttons ÄNDERN bzw. ALLE ÄNDERN kann dann die gewünschte Schrift ersetzt werden. Sollen auch alle Absatz- und Zeichenformate durch diesen Vorgang geändert werden, so vergessen Sie nicht, die Option SCHNITT BEIM ÄNDERN ALLER INSTANZEN NEU DEFINIEREN ❸ zu aktivieren. Bei Grafiken kann keine Schriftersetzung durchgeführt werden.

5 Kontrollieren der verwendeten Schriften

Bevor Sie den SCHRIFTARTEN SUCHEN-Dialog wieder schließen, nehmen Sie sich noch bitte die Zeit und markieren alle Einträge, um zu überprüfen, aus welchen Verzeichnis InDesign CS4 die Schrift zur Darstellung und Ausgabe aktuell bezieht. ■

31   Verpacken

Nachdem wir nun zuerst eine umfassende Prüfung der Layoutda-
ten mit PREFLIGHT durchgeführt und darüber hinaus alle produktionsrelevanten Überprüfungen abgeschlossen haben, kann ein
vollständiges Paket geschnürt werden. Das Paket muss dabei
neben der eigentlichen InDesign-Datei auch alle verwendeten
Schriften und Bilder bzw. Grafiken enthalten. Wirklich vollständig
ist das Paket erst dann, wenn es auch die Schriften aller verknüpften Dateien, die selbstverständlich zur perfekten Ausgabe benötigt werden, umfasst.

31.1   Warum werden Pakete geschnürt?

Die Erstellung von Paketen kann aus verschiedenen Motiven heraus erfolgen. Dazu zählen:

▶ Übergabe von »offenen« Datenbeständen zur Weiterverarbeitung durch andere Layouter, Grafiker, Motiondesigner und
Datenbankverantwortliche.

▶ Übergabe von »offenen« Datenbeständen zur Ausgabe in der
Druckvorstufe. Vor allem bei spezifischen OPI-Workflows ist
der Übergabe in dieser Form oft der Vorzug zu geben.

▶ Erstellen von Paketen für nachfolgende PDF-Workflows, die
automatisiert aus dem InDesign-Dokument eine PDF-Datei
erstellen und dabei auf alle verwendeten Schriften und Bilder
zugreifen müssen. Eine automatisierte Verarbeitung kann dabei
nur garantiert werden, wenn Schriften und Verknüpfungen in
vordefinierten Ordnern gesammelt zur Verfügung stehen.

▶ Zur vollständigen Archivierung von Projekten, so dass auch
noch in einigen Jahren auf den Bildbestand und vor allem auf
die damals verwendeten Schriften zurückgegriffen werden
kann.

Das Erstellen von InDesign-Paketen ist ein Kinderspiel. Nur
wenige Schritte sind dabei erforderlich. Es sollte jedoch zuvor
sichergestellt sein, dass InDesign zum Verpacken auf alle benötigten Daten Zugriff hat.

> **Automatisierte PDF-Generie-
> rung aus InDesign-Paketen**
>
> Zu den PDF-Workflow-Syste-
> men, die eine automatisierte
> PDF-Erstellung auf Basis von In-
> Design-Paketen durchführen
> können, zählen die **Switch**-Pro-
> dukte Power- und FullSwitch
> von Enfocus – *www.enfocus.com*
> – und das InDesign-Plug-in
> **Made to Print** aus dem Hause
> Axaio – *www.axaio.com*.

31.2 Verpacken eines Dokuments

Bevor Sie ein Dokument verpacken, sollten alle Verknüpfungen aktualisiert und das Dokument gespeichert sein. Die nachstehende Schritt-für-Schritt-Anleitung zeigt Ihnen, wie Sie ein vollständiges Paket für die Druckvorstufe erstellen können.

Schritt für Schritt: Verpacken von InDesign-Dokumenten

1 **Befehl »Verpacken« ausführen**

Führen Sie DATEI • VERPACKEN oder `Strg`+`Alt`+`⇧`+`P` bzw. `⌘`+`⌥`+`⇧`+`P` am geöffneten Dokument aus.

Eine automatische Dokumentenüberprüfung – wie wir sie noch aus InDesign CS3 kennen – wird gestartet. Es wird der PAKET-Dialog angezeigt, der Sie darüber informiert, ob bestimmte Fehler in der InDesign-Datei gefunden wurden oder nicht.

2 **Gesamtanalyse im Register »Übersicht«**

Auf einen Blick erkennen Sie, dass in unserem Dokument Probleme mit Schriften und importierten Bildern vorliegen. Dies wird durch das verwendete Symbol ⚠ ❶ sofort jedem Anwender klar.

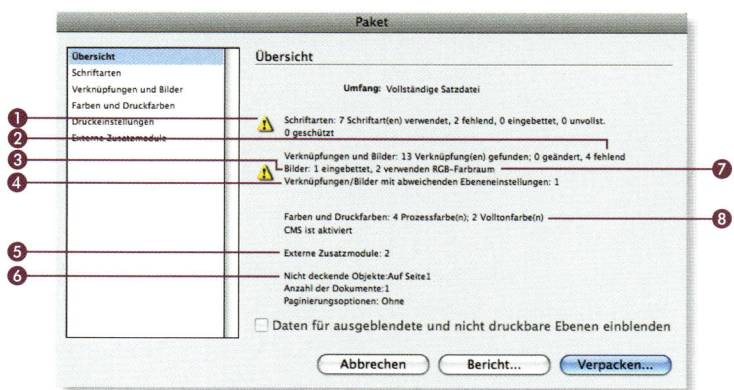

Abbildung 31.1 ▶
Das Register ÜBERSICHT im PAKET-Dialog, den Sie durch den VERPACKEN-Befehl aufrufen.

Wenn Sie den Dialog jedoch etwas genauer betrachten, können Sie darüber hinaus feststellen, dass vier Bilder fehlen ❷, eine Datei eingebettet ❸ ist, zwei RGB-Bilder ❼ und ein Bild mit abweichender Ebeneneinstellung ❹ verwendet werden und neben CMYK-Farbbeständen zwei Volltonfarben ❽ sowie zwei EXTERNE ZUSATZMODULE ❺ im Dokument zur Anwendung gekommen sind. Durch den Eintrag NICHT DECKENDE OBJEKTE ❻ wird Ihnen mitgeteilt, dass sich Transparenzen auf dieser Seite befinden.

Mehr Informationen zu den einzelnen Fehlern können in den jeweiligen Registern eingesehen werden.

3 Fehler in »Schriftarten« analysieren und beheben

Werden beim Verpacken fehlende Schriften, inklusive fehlender Schriften aus platzierten PDF- und EPS-Dateien, im Dokument gefunden, so wird die erste Fundstelle ausgewiesen.

Wenn Sie die Option NUR PROBLEME ANZEIGEN **9** aktivieren, werden Ihnen nur die fehlenden Schriften in der Liste aufgeführt. Über SCHRIFTART SUCHEN **10** können Sie alle Informationen zur Schrift auslesen und die entsprechende Zuweisung vornehmen.

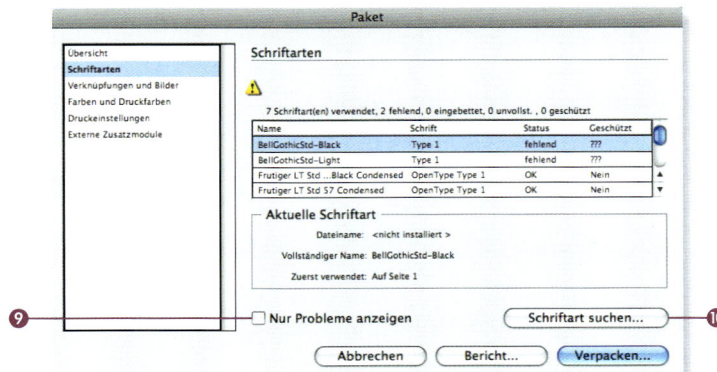

◄ **Abbildung 31.2**
Das Register SCHRIFTARTEN im PAKET-Dialog. Lassen Sie sich hier alle Problemfelder hinsichtlich verwendeter Schriften anzeigen.

4 Fehler in »Verknüpfungen und Bilder« analysieren und beheben

Hier werden alle Informationen zum Status der platzierten Dateien in Bezug auf Farbraum, Dateityp, Status der Verknüpfung und ICC-Profil angezeigt. Zusätzlich können die Informationen zur Auflösung **11** – PPI TATSÄCHLICH und PPI EFFEKTIV – und der Speicherort **12** für jedes einzelne Bild ausgelesen werden.

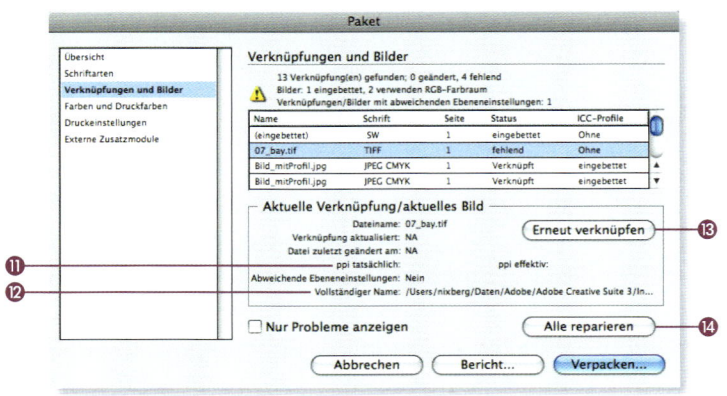

◄ **Abbildung 31.3**
Das Register VERKNÜPFUNGEN UND BILDER im PAKET-Dialog. Fehlende Bilder können noch beim Verpacken der InDesign-Datei erneut verknüpft werden.

Als Fehler werden Bildverknüpfungen, die nicht aktualisiert sind, und verwendete RGB-Bilder erkannt. Auch platzierte Layoutbilder, die über Adobe Stock Photos heruntergeladen wurden, werden in diesem Dialog als problematisch angeführt.

Mit dem Button AKTUALISIEREN bzw. ERNEUT VERKNÜPFEN ⑬ werden modifizierte bzw. fehlende Verknüpfungen aktualisiert. Mit ALLE REPARIEREN ⑭ werden fehlende Bilder durch Neuzuweisung aktualisiert. Zu empfehlen ist dies in diesem Stadium nicht. Führen Sie eine Aktualisierung immer kontrolliert im Dokument durch, da Sie sonst meistens in der Ausgabe eine ungute Überraschung erwartet.

⑤ Register »Farben und Druckfarben«
Hier können alle verwendeten Prozess- und Volltonfarben inklusive aller Farben, die in platzierten EPS- und PDF-Dateien verwendet worden sind, auf einen Blick erfasst werden. Die verwendeten Winkel- und Rasterweiteneinträge – für eine Composite-Ausgabe spielen diese keine Rolle – basieren auf der aktuell ausgewählten PPD-Datei (PostScript Printer Description).

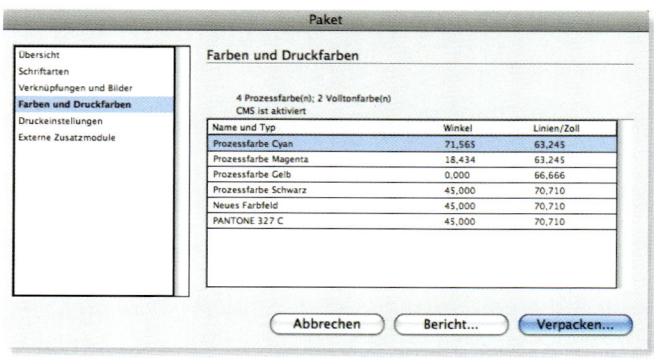

Abbildung 31.4 ▶
Das Register FARBEN UND DRUCK-
FARBEN im PAKET-Dialog

Wenn es sich beim zu verpackenden Dokument um eine reine 4c-Datei handeln soll, so müssen beide überflüssigen Volltonfarben eliminiert werden. Aus dem PAKET-Dialog heraus kann dieser Schritt nicht erfolgen. Sie müssen dafür zuerst den Verpacken-Vorgang abbrechen und die Farben im Farbfelder-Bedienfeld in CMYK-Farbfelder umwandeln oder im Druckfarben-Manager zur Konvertierung kennzeichnen.

⑥ Register »Druckeinstellungen«, »Externe Zusatzmodule«
Im Register DRUCKEINSTELLUNGEN werden die aktuell gewählten Parameter für das Drucken zusammengefasst. Im Register EXTERNE ZUSATZMODULE sind jene zusätzlichen Plug-ins aufgelistet, die neben den Standard-Plug-ins von InDesign CS4 in Ver-

wendung sind. Zum Öffnen des Dokuments auf einer anderen Station dürften diese Plug-ins jedoch nicht benötigt werden.

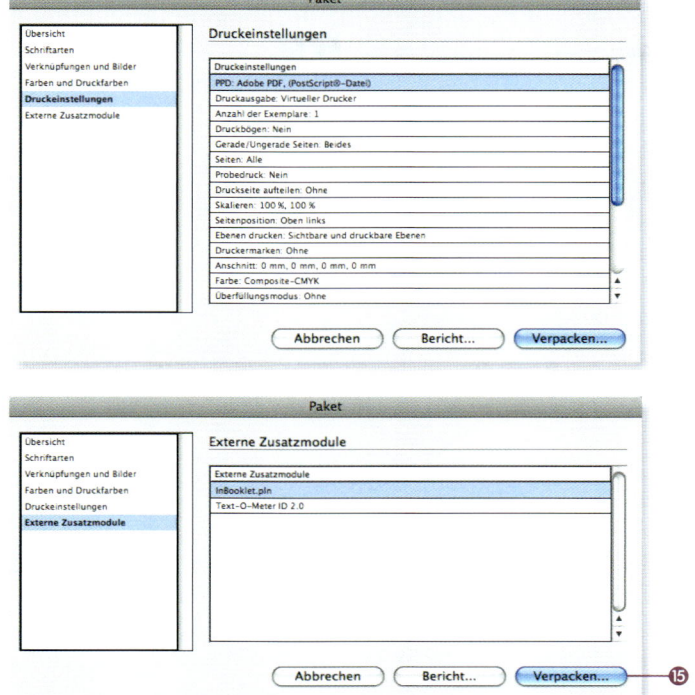

◄ **Abbildung 31.5**
Das Register DRUCKEINSTELUNGEN im PAKET-Dialog

◄ **Abbildung 31.6**
Das Register EXTERNE ZUSATZMODULE im PAKET-Dialog

Um beide überflüssige Zusatzmodule entfernen zu können, müssten Sie zuerst den Vorgang des Verpackens abbrechen und die »Waschmaschinen-Funktion« in InDesign durch Export in das InDesign-Markup-Format – dazu mehr in Abschnitt 35.3.2, »IDML – InDesign Markup-Format«, auf Seite 865 – durchführen.

7 Vorbereitungen zum Verpacken treffen

Sind alle Probleme behoben, so kann mit dem Verpacken – das Anlegen einer Sammlung in Form eines Ordners, in dem sich neben dem InDesign-Dokument zwei Ordner mit der Bezeichnung FONTS und LINKS befinden – des gesamten Jobs begonnen werden. Klicken Sie dazu auf den Button VERPACKEN ⑮. Wurde vor dem Ausführen des VERPACKEN-Befehls das Dokument nicht gespeichert, so erscheint die Warnmeldung aus Abbildung 31.7.

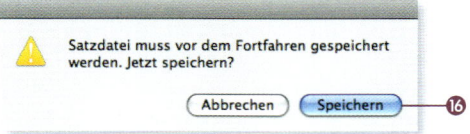

◄ **Abbildung 31.7**
Vor dem Verpacken eines Dokuments muss dieses selbstverständlich gespeichert werden.

Sie müssen den Button SPEICHERN ⑯ drücken, damit das geöffnete Dokument im aktuellen Zustand gespeichert wird und der Verpacken-Vorgang fortgeführt werden kann.

Danach erscheint ein Dialog, in dem Sie die Informationen zum Dokument, Adressinformationen und Anweisungen für die Druckerei hinterlegen können. Nach dem Ausfüllen drücken Sie auf FORTFAHREN.

Abbildung 31.8 ▶
Geben Sie die Grundinformationen zum Auftrag im DRUCKANLEITUNGEN-Dialog ein. Diese Eingaben werden als Textdatei im verpackten Ordner abgespeichert.

Sie werden aufgefordert, einen Namen für den Verpackungsordner im Eingabefeld SICHERN UNTER ❶ zu vergeben. Standardmäßig schlägt InDesign CS4 den Dateinamen mit dem Zusatz »Ordner« vor. Wählen Sie danach den Speicherort aus, und aktivieren Sie die von Ihnen gewünschten Parameter im Optionenbereich ❷ des VERPACKUNGSORDNER ERSTELLEN-Dialogs.

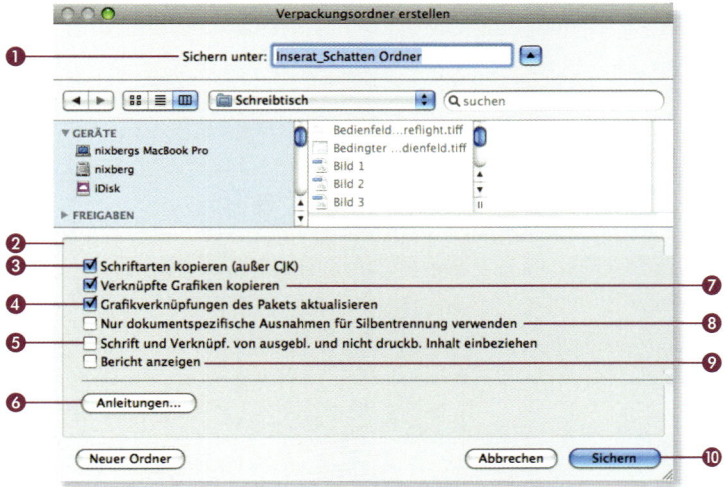

Abbildung 31.9 ▶
Bestimmen Sie im Dialog VERPACKUNGSORDNER ERSTELLEN, welche Zusätze zur aktuellen InDesign-Satzdatei mit verpackt werden.

Durch die Option SCHRIFTARTEN KOPIEREN (AUSSER CJK) ❸ – C = Chinesisch, J = Japanisch, K = Koreanisch – werden alle benötigten Schriften, nicht jedoch die gesamte Schriftfamilie, kopiert.

Aktivieren Sie immer die Option VERKNÜPFTE GRAFIKEN KOPIE-REN **❼**, da dadurch alle verknüpften Grafiken, Bilder, InDesign-Dateien, Texte und Tabellen in einen Ordner mit der Bezeichnung LINKS kopiert werden. Wurden unterschiedliche Bilder mit demselben Namen in einem InDesign-Dokument platziert, so wird dieser Konflikt bereits beim Importieren in InDesign durch eine interne Namensänderung behoben. Somit kann eine Kollision, wie dies bei früheren QuarkXPress-Versionen möglich war, in InDesign beim Verpacken überhaupt nicht auftreten. **Wichtig:** Verknüpfte Textdateien werden unabhängig von dieser Option immer kopiert.

Durch die Aktivierung der Option GRAFIKVERKNÜPFUNGEN DES PAKETS AKTUALISIEREN **❹** werden alle Pfade auf den neuen Speicherort aktualisiert, und die Vorschaudatei wird neu errechnet. Textverknüpfungen werden selbstverständlich nicht aktualisiert!

Um alle platzierten Dateien, auch die der nicht aktiven Ebenen, ebenfalls zu übertragen, müssen Sie die Option SCHRIFT UND VER-KNÜPF. VON AUSGEBL. UND NICHT DRUCKB. INHALT EINBEZIEHEN **❺** aktivieren.

Die Option BERICHT ANZEIGEN **❾** öffnet nach dem Verpacken automatisch die erstellte Druckanleitung.

Aktivieren Sie die Option NUR DOKUMENTSPEZIFISCHE AUSNAHMEN FÜR SILBENTRENNUNG VERWENDEN **❽**, wenn Sie das Dokument einem Druckvorstufenbetrieb zur Weiterverarbeitung übergeben. Dadurch wird das Dokument mit Kennzeichnungen versehen, damit kein neuer Textumbruch stattfindet, wenn ein anderer Benutzer die Datei auf einem anderen Computer öffnet.

Um die Druckanleitung einzusehen, aktivieren Sie den Button ANLEITUNGEN **❻**.

8 Verpacken der InDesign-Datei

Starten Sie nun das Verpacken des Jobs durch Drücken des Buttons SICHERN **❿**. Bevor InDesign jedoch den Auftrag erledigt, werden Sie mit einem Warndialog konfrontiert, der Sie darauf aufmerksam macht, dass die Weitergabe von Schriften illegal ist.

Kein Konflikt durch Verknüpfungen mit gleichem Namen

Wurden in einem InDesign-Dokument Dateien aus verschiedenen Ordnern/Verzeichnissen, jedoch mit gleichen Namen, platziert, so kommt es beim Verpacken zur Umbenennung einzelner Dateien. Aus diesem Grunde ist es sehr wichtig, dass nach dem Verpacken die Grafikverknüpfungen noch aktualisiert werden.

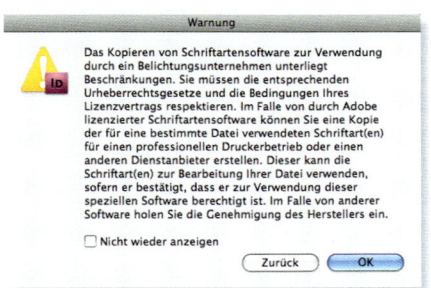

◀ **Abbildung 31.10**
Warnung von InDesign, dass es illegal ist, Schriften zu kopieren

Die Weitergabe von Schriften innerhalb einer PDF-Datei würde in den meisten Fällen nicht zu einer Lizenzverletzung führen. Drücken Sie OK, und InDesign erstellt einen vollständigen Job-ordner. Das erstellte Paket sieht dann schön geordnet aus wie in Abbildung 31.11 gezeigt.

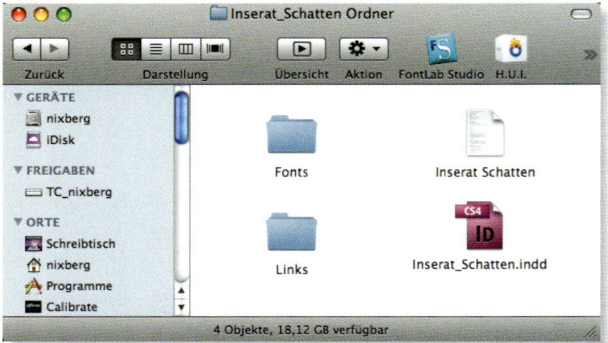

Abbildung 31.11 ▶
Die Struktur eines verpackten Ordners

Beachten Sie, dass Sie zur Übergabe von Paketen an den Druck-dienstleister diesen Ordner darüber hinaus noch ZIP-komprimie-ren sollten, da speziell bei Schriften – ausgenommen es sind nur OpenType-Schriften – eine Übertragung über Plattformen hinweg immer noch Probleme bereitet. ■

31.3 Verpacken von Büchern

Verpacken bei OPI-Workflows

Bitte beachten Sie Folgendes: Wurden Low-Res-Bilder (OPI-Daten) platziert, so werden beim Verpacken natürlich nur die Low-Res-Bilder verpackt. Ein Austausch durch Hi-Res-Bilder ist über die VERPACKEN-Funktion nicht möglich.

Besonders angenehm beim Verpacken ist, dass die Funktionalität, über ein gesamtes InDesign-Buch hinweg das Verpacken durch-zuführen, zur Verfügung steht. Wenn Sie mehrere oder alle Doku-mente eines Buches auswählen, kopiert InDesign die ausgewähl-ten Dateien in einen Ordner und legt ebenfalls die Unterordner FONTS und LINKS an. Zusätzlich wird die Buchdatei (».indb«) mit-gespeichert. Die Buchdatei enthält die Verknüpfungen zu allen im Ordner befindlichen InDesign-Dateien.

Abbildung 31.12 ▶
Das Inhaltsverzeichnis eines über ein InDesign-Buch hinweg erzeug-ten Pakets

TEIL VII
Dokumente ausgeben

32   Grundfragen der Ausgabe

InDesign hat sich in den letzten Versionen zu einem Gestaltungswerkzeug entwickelt, das Grafiker und Designer für jegliche Print- und PDF-Ausgabe als auch für die Ausgabe bzw. Übergabe von Inhalten für den Online-Auftritt oder auch für Animationen verwenden können. Speziell mit InDesign CS4 wurde letzterer Bereich sehr umfangreich ausgebaut.

Bevor Sie Daten ausbelichten, an den Druckdienstleister, an die Webagentur, an den Motion-Spezialist oder an Datenbanken weiterleiten, sind für den Datenersteller einige Fragen zu klären. Wir wollen in diesem Kapitel kurz die wichtigsten Fragen für die Datenübergabe aufwerfen. Die entscheidenden Schritte zur Ausgabe bzw. Übergabe von Daten an andere Personen in der Produktionskette werden in den jeweiligen Kapiteln dieses Teiles behandelt.

32.1   Datenübergabe für den Druck

Die Ausgabe oder Übergabe für den Druck bzw. für die Druckvorstufe ist weiterhin die verbreitetste Form, um InDesign-Dokumente schlussendlich auf Papier zu bringen. Zur Übergabe von Druckdaten erweisen sich nur zwei Ausgabeformen – Übergabe offener Datenbestände oder PDF-Dateien – als praxisrelevant. Dabei ist unabhängig von der gewählten Form der Übergabe bereits im Vorfeld bei der Datenerstellung die Frage zu stellen, für welches Ausgabemedium die Daten angelegt werden müssen und welche Strategie in der Umsetzung dabei verfolgt wird. Lassen Sie uns zuerst den ersten Gesichtspunkt betrachten.

32.1.1   Offene Datenübergabe

Als »offen« werden Daten bezeichnet, wenn das Layoutdokument, inklusive der damit verknüpften Dateien wie Bilder, Grafiken und Tabellen und der Originalschriften in einem Paket übergeben wird.

Das Erstellen eines Paketes, das alle diese Daten enthält, haben Sie ja bereits in Abschnitt 31.2, »Verpacken eines Dokuments«, auf Seite 770 gelernt. Für InDesign-Anwender keine große Zauberei, sondern nur das Ausführen des Befehls Datei • Verpacken.

Die Problematik, die sich durch die Übergabe von offenen Daten ergibt, liegt in der plattformübergreifenden Verarbeitung, den unterschiedlichen Dateiformaten und der getroffenen Farbeinstellungen. Worin liegen die Vor- und die Nachteile?

▶ **Vorteile:**

- ▶ Alle Daten eines Layouts können im vollen Umfang bearbeitet werden. Dabei können beispielsweise Textstellen korrigiert, Bilder in den gewünschten Farbraum konvertiert oder nachträglich bearbeitet, Grafiken in der Form angepasst und Positionen im Layout auf Stellung gebracht werden.
- ▶ Daten können für andere Ausgabeformen durch die Spezialisten aufbereitet werden, womit unter anderem der Aufwand zur Übergabe von Inhalten in Datenbanken enorm reduziert werden kann.
- ▶ Die Transparenzreduzierung und eine Farbverrechnung könnten durch den Druckvorstufenbetrieb betriebskonform angewandt werden.

▶ **Nachteile:**

- ▶ Sind die Daten nicht vollständig übermittelt worden, kann eine Ausgabe nicht erfolgen.
- ▶ Die Daten müssen für das jeweilig eingesetzte Betriebssystem korrekt abgespeichert sein, damit eine einwandfreie Verarbeitung sichergestellt ist. Hier treffen wir sehr oft auf Fehler, die eine Ausgabe unmöglich machen.
- ▶ Das Unternehmen muss die jeweilige Version von Adobe InDesign besitzen und installiert haben. Nachdem Sie laut **EULA** (Enduser License Agreement) nicht berechtigt sind, nach dem Durchführen eines Updates die Vorgängerversion auf dem Rechner installiert zu lassen, um damit zu arbeiten, müssten Sie für jede Version (beispielsweise jede Versionsnummer von InDesign) eine Lizenz für eine Vollversion käuflich erworben haben. Von einer Konvertierung – egal ob aufwärts oder abwärts – sollten Sie in jedem Fall vor der Ausgabe Abstand nehmen.
- ▶ Die in der verpackten Datei übermittelten Fonts müssen auf zwei Punkte überprüft werden:
  Erstens: Wurden für die plattformunabhängige Weiterverarbeitung OpenType-Fonts verwendet?
  Zweitens: Besitzen Sie die notwendigen Lizenzrechte zur Ausgabe, oder müssen Sie zuvor noch alle verwendeten Schriften käuflich erwerben?

Fazit: Übergabe offener Daten

Die Übergabe von offenen Datenbeständen ist unerlässlich, wenn Daten durch den weiterverarbeitenden Betrieb wesentlich verändert werden müssen. Dazu zählen Änderungen am Text, an der Layoutposition, am Farbmanagement, an den Illustrationen usw. Für diesen Fall muss im Vorfeld sichergestellt werden, dass alle Beteiligten dieselbe Versionsnummer desselben Programms und identische Schriften verwenden.

Die Übergabe von offenen Datenbeständen an Druckdienstleister nur zum Zweck der Ausgabe ist nicht unbedingt erstrebenswert. Zu viele mögliche Fehlerquellen und vor allem Kostengründe sprechen eindeutig für die Übergabe von geschlossenen Daten.

32.1.2   Geschlossene Datenübergabe

Als »geschlossen« gelten Daten, die alle relevanten Informationen gekapselt transportieren, also mit dem Erstellungswerkzeug wie InDesign nicht zu editieren sind. Geschlossene Formate sind Post-Script-, EPS- sowie PDF-Dateien, die sowohl über die PDF Library aus InDesign als auch via Distiller aus PageMaker oder Quark-XPress oder mittels PDF-Maker aus Office- oder CAD-Anwendungen erstellt werden.

Während PostScript-Dateien nicht zur Übergabe an den Druckdienstleister, sondern im Wesentlichen nur für die Ausgabe auf einem PostScript-fähigen Drucker oder zur Übergabe an den Adobe Distiller erzeugt werden, hat sich PDF als das Austauschformat in der Druckvorstufe etabliert. Schon über 75 % aller Druckdaten werden heutzutage als PDF den Druckdienstleistern übergeben.

Obwohl Daten in Form von PDF schon mit Acrobat 4.0 – aus dem Jahr 1999 – für die Druckvorstufe erstellt werden konnten, wurde die Umstellung von offenen zu geschlossenen Daten erst in den letzten Jahren vollzogen. Warum dauerte das eigentlich so lange? Viele Faktoren mussten für die Umstellung berücksichtigt werden:

▶ **Verwendeter RIP:** Für die Separation und Rasterung der Composite-Daten in hochauflösende Schwarzweiß-Bitmaps wird ein RIP benötigt. Und obwohl den Druckvorstufenbetrieben PDF-Daten angeliefert werden, müssen diese über den RIP immer nach PostScript konvertiert werden, damit die Separation stattfinden kann. Genau hier liegt das Problem. Denn in den PDF-Daten gibt es Konstrukte – beispielsweise CID –, die in Post-Script ihre Abbildung finden müssen. Die notwendigen Adaptierungen hat Adobe dafür in PostScript 3 in der Version 3011 durchgeführt. Somit müssen alle RIPs, die PDF verarbeiten wollen, zumindest diese PostScript-Version besitzen.

▶ **Prüf- und Korrekturprogramme:** Vor einer Ausgabe müssen Druckdienstleister die eingehenden Daten auf mögliche Fehler untersuchen, denn das Auffinden von Fehlern auf der Druckplatte oder sogar erst im Druck verursacht immer enorme Kosten und eine starke Zeitverzögerung. Die ersten Prüf- und Korrekturprogramme für PDF stammen aus dem Hause Enfocus. Heutzutage gibt es für dieses Segment eine große Zahl von Werkzeugen, die sowohl prüfen als auch korrigieren und farbverrechnen können. Die wichtigsten Hersteller solcher Werkzeuge sind Enfocus, Callas Software, Quite und Heidelberg.

▶ **Ausschießen:** Ähnlich wie bei den Korrekturprogrammen hat sich der Sachverhalt bei den Ausschussprogrammen dargestellt.

EPS

EPS hat sich auf Grund der Beschränkung auf eine Seite als Austauschformat in der Druckvorstufe nur im Bereich von Grafiken durchgesetzt. Doch auch in diesem Segment wird zunehmend PDF oder das PDF-kompatible AI-Format (Adobe Illustrator) eingesetzt.

[RIP]

Ein RIP – Raster Image Processor – ist eine Recheneinheit, die eingehende PostScript-Daten analysiert und interpretiert, daraus eine Displayliste erstellt und diese dann für die Ausgabe je nach gewählter Rasterweite und Rasterwinkel als 1-Bit-Bitmap-Datei erstellt und schlussendlich an den Belichter (Laser) zur Zeichnung übergibt.

Die daraus resultierenden Investitionen und das Schaffen von Wissen in diesem Bereich haben also dazu geführt, dass die Übergabe von geschlossenen Daten in Form von PDF in der Druckvorstufe etwas Zeit in Anspruch genommen hat. Die Vor- und Nachteile der geschlossenen Daten können wie folgt beschrieben werden:

▶ **Vorteile:**
  ▶ Durch den Aufbau einer PDF-Datei sind alle relevanten Informationen zu einer Seite immer beigefügt. Einzelne Seiten können damit für eine unterschiedliche Verwendung extrahiert oder für den Ausschuss vollständig verwendet werden.
  ▶ Die Ursprungsapplikationen in den verschiedenen Versionen werden nicht mehr benötigt.
  ▶ PDF ist betriebssystemunabhängig, auflösungsunabhängig, gerätunabhängig und abwärtskompatibel. Es werden somit keine verschiedenen Programmversionen auf verschiedenen Betriebssystemen in verschiedenen Ausprägungen benötigt. Es reichen beispielsweise die aktuelle Acrobat-Version und die für die Korrektur benötigten Zusatzprogramme, die meistens als Plug-in zu Acrobat zur Verfügung stehen.
  ▶ Daten, die bereits in PDF vorliegen, haben ja bereits in irgendeiner Weise einen Interpretationsprozess durchlaufen. Damit wird die Verarbeitbarkeit durch den RIP fast immer zu 100 % sichergestellt.
  ▶ Die Prüfung und die Korrektur von PDF-Daten – ausgenommen davon sind Textkorrekturen – sind vielfach schneller und einfacher, da diese schon auf den Ausgabedaten basieren. Selbst wenn Ihnen Preflight in InDesign hinsichtlich der verwendeten Auflösung keinen Fehler anzeigt, so sind Sie sich damit noch immer nicht sicher, ob wirklich die richtige Auflösung in den Druckdaten vorliegt. Nur ein einziger falscher Parameter, und schon ist Ihre ganze Vorarbeit zunichtegemacht.
  ▶ Die schnellere Verarbeitung der Daten für den Ausschuss und für die Farbverarbeitung spricht für PDF.
  ▶ Aus den Druckdaten können Kunden-PDF erstellt werden, die sehr nahe an der Ausgabe liegen.

▶ **Nachteile:**
  ▶ Neue Programme und Plug-ins müssen erworben und Anwender entsprechend geschult werden.
  ▶ Das Editieren der PDF-Dateien lässt zu wünschen übrig. Selbst kleine Textkorrekturen können in Wutausbrüchen enden und eine PDF-Datei für die Ausgabe zerstören.

Fazit: Übergabe geschlossener Daten

Die Übergabe von geschlossenen Daten in Form von PDF stellt die praktikablere Art und Weise dar, um nur Druckdaten an den Druckdienstleister zu übergeben. Die Vollständigkeit, die Kompaktheit und die visuelle Prüfbarkeit der Druckdaten sprechen für die Verwendung von PDF in der Druckvorstufe. Die Verrechnung der Daten in den für den Produktionsweg beabsichtigten Farbraum ist auf Basis dieser Daten und der aktuell zur Verfügung stehenden Technik für den Druckdienstleister eigentlich kein Hindernis mehr. Eine Kostenreduktion durch das Entfallen des Checks aller offenen Daten ist meistens die Folge.

Müssen nur kleine Änderungen an den Daten gemacht werden, so macht dies die Verarbeitung von PDF-Daten schon wieder aufwendig. Es könnten dabei sogar höhere Kosten entstehen, als dies durch die Übergabe von offenen Daten der Fall wäre.

Aus diesen Überlegungen heraus ist es für uns somit extrem wichtig, Ihnen zu zeigen, wie Sie zumindest in der PDF-Erstellung für die Druckvorstufe keine Fehler machen. Eine fehlerfreie PDF-Erstellung aus InDesign CS4 heraus ist absolut möglich, die fehlerfreie Produktion der InDesign-Daten wurde durch die neue PREFLIGHT-Möglichkeit in Version 6 von InDesign eher möglich.

32.1.3 Medien- oder geräteneutral

Schon in der Anlage der InDesign-Datei und zu Beginn eines Projektes sollte feststehen, wie Daten für die Ausgabe aufbereitet werden sollen. Zwei Schlagwörter, die dabei immer wieder in der Diskussion fallen, sind »medienneutral« und »geräteneutral«. Was ist damit gemeint?

Medienneutral | Der medienneutrale Weg beschreibt die Aufbereitung aller Daten in Lab- bzw. RGB-Farben, um eine für das gewählte Papier, Druckverfahren, die festgelegte Rasterweite und dergleichen optimierte Ausgabe durch die Farbkonvertierung zum letztmöglichen Zeitpunkt zu ermöglichen. Die Bedingungen dafür sind:

▸ Allen Bildern müssen die Quellprofile hinzugefügt werden.
▸ Vektorgrafiken sollten für eine medienneutrale Aufbereitung in RGB bzw. Lab vorbereitet werden. Aus der Praxis kommend möchten wir Sie davor dringend warnen. Bereiten Sie alle Vektorgrafiken für die medienneutrale Verarbeitung im Druck immer in CMYK auf.
▸ Farbmanagement muss aktiviert sein.
▸ Objekte in InDesign können, bis auf schwarze Objekte, medienneutral aufbereitet werden. In der Praxis werden jedoch auch diese geräteabhängig angelegt.
▸ Bei der PDF-Erstellung darf es zu keiner Farbverrechnung kommen. Achten Sie deshalb darauf, dass auch die Transparenzen nicht verrechnet werden, da dabei, wie Sie in Abschnitt 24.1.1, »Reduzierte Transparenzen«, auf Seite 683 schon gelesen haben, alle vorliegenden Farbräume nach CMYK konvertiert werden. Der PDF/X-4-Standard bietet dafür die notwendige Basis.
▸ Der Druckdienstleister muss die notwendigen Techniken zur Farbkonvertierung und Transparenzreduzierung zur Verfügung stellen und die Verantwortung dabei auch tragen.

Die Vorteile einer medienneutralen Verarbeitung liegen auf der Hand: Die Daten werden in einem sehr großen Farbraum angelegt und erst zum letztmöglichen Zeitpunkt für das gewählte Papier und Druckverfahren separiert. Datenersteller müssen somit die verwendeten Daten nicht optimiert für das Verfahren abspei-chern, wodurch auch die Datenmengen – jedes Bild müsste andernfalls ja für den jeweiligen Farbraum optimiert abgespei-chert werden – enorm sinken. Eine Verwechslung bei platzierten Daten wäre somit auch nicht möglich.

Geräteneutral | Die Alternative liegt weiterhin im herkömmli-chen Verfahren, das Ausgabeverfahren und somit auch den Ziel-farbraum von Anfang an zu bestimmen. Somit würden alle Daten, von der Digitalfotografie über den Scan bis hin zu den Vektorgra-fiken und natürlich auch die Layoutdatei, bereits für den Zielfarb-raum aufbereitet. Eine spätere Farbraumkonvertierung der Daten würde maximal noch über DeviceLink-Profile zur Verrechnung der gesamten Daten in einem vom ISO-Standard abweichenden Farb-raum erfolgen. Im Gegensatz zum medienneutralen Workflow müssen Daten jeweils für ein bestimmtes Ausgabeverfahren auf-bereitet und gegebenenfalls in separaten Ordnern für den Offset-druck, Digitaldruck, Zeitungsrotation usw. abgelegt werden.

32.1.4 Fragen, die zu stellen sind

Stellen Sie sich bereits vor Projektbeginn ein paar Fragen. Dadurch könnten sich so einige Fehler bzw. Mehrarbeiten in der Produk-tion selbst erledigen.

▶ Legen wir das Projekt medienneutral oder geräteneutral an?

▶ Wird es geräteneutral angelegt, so müssen das Druckverfahren, der Bedruckstoff und die Druckerei bekannt sein. Die Abspra-che mit den Verantwortlichen in der Produktion ist dabei uner-lässlich.

▶ In welcher Auflösung sollen Bilder bereitgestellt werden? Beachten Sie dabei nur, dass darunter die effektive Auflösung verstanden wird.

▶ In welchen Speicherformaten sind Pixelbilder abzuspeichern? TIFF, JPEG und PSD eignen sich dafür hervorragend. Auch zu verwendende Kompressionen sollten angesprochen werden.

▶ Wurde bei Vektorgrafiken darauf geachtet, dass dort auch schwarze Linien und Texte auf überdruckend gestellt wurden?

▶ Wurde beispielsweise in Adobe Illustrator die Raster-Effekt-Einstellung für die Druckproduktion umgestellt?

▶ Müssen offene Daten oder können die Daten als PDF an den Druckvorstufenbetrieb übergeben werden? Im Falle von offe-nen Daten müssen Programme und Version, die verwendeten Schriften und die verwendete Betriebssystemversion zwischen beiden Parteien abgesprochen werden. Im Falle von PDF soll die verwendete PDF-Version oder der PDF/X-Standard schon

[effektive Auflösung]
Darunter wird die Ausgabeauflö-sung verstanden. Die effektive Auflösung errechnet sich aus der tatsächlichen Auflösung multipli-ziert mit dem/dividiert durch den Skalierungsfaktor.

im Vorfeld abgesprochen sein. Der Verwendung von PDF/X-4 in Verbindung mit der unveränderten Übergabe von allen Elementen in die PDF-Datei ist hier absolut den Vorzug zu geben.

▶ Müssen Proofs oder zumindest ausgedruckte und abgezeichnete Ausdrucke mit den digitalen Daten übergeben werden?

▶ Wann und wie erfolgt die Freigabe der Druckdaten?

32.2 Übergabe für den Online-Bereich

Schon in früheren Versionen von InDesign wurden Möglichkeiten angeboten, Daten für den Online-Bereich zur Verfügung zu stellen. In erster Linie beschränkte sich dabei das Angebot auf 1:1-Abbildungen gedruckter Daten für den Download und die Möglichkeit, InDesign-Dokumente als HTML- bzw. XHTML-Datei auszugeben. Mit InDesign CS4 wurde dieses Angebot noch einmal kräftig erweitert.

32.2.1 Übergabe von statischen Inhalten

Die Übergabe von statischen Inhalten kann mit InDesign CS4 in Form von PDF oder als JPEG erfolgen. Alle anderen Speicherformate wie TIFF, PSD usw. können nur über PDF und die Rasterung der Inhalte über Adobe Photoshop generiert werden.

PDF | Mehrseitig gestaltete Dokumente, deren Inhalt zum Download zur Verfügung gestellt werden soll und bei denen das visuelle Erscheinungsbild von enormer Bedeutung ist, sollten als PDF exportiert werden. Dabei ist nur darauf zu achten, welche PDF-Version für den Adressatenkreis ausreichend ist.

JPEG | Einseitige Dokumente wie Titelseiten von Magazinen, Sujets für Post- und Glückwunschkarten und dergleichen können zur Betrachtung im Web auch als JPEG exportiert werden. Da in diesen Fällen fast zu 100 % die visuelle Erscheinung – Text muss nicht lesbar sein und muss nicht von Suchmaschinen im Netz gefunden werden – zum Tragen kommt, ist eine bildhafte Abbildung, die darüber hinaus noch sehr klein ist, allemal ausreichend.

32.2.2 Übergabe von dynamischen und interaktiven Inhalten

Die Übergabe von interaktiven Inhalten war aus InDesign, zumindest was Hyperlinks, Videoinhalte und Buttons betrifft, in gewisser Form schon in früheren Versionen möglich. Mit InDesign CS4 wurde dieser Bereich durch die neuen Möglichkeiten in Hyperlink-Bedienfeld und die komplett neu eingeführten Funktionen zur Festlegung von Übergängen beim Seitenwechsel (siehe dazu die Funktionen des Seitenübergänge-Bedienfelds in Abschnitt 36.5, »Seitenübergänge«, auf Seite 898) enorm ausgeweitet und neben PDF auch noch SWF als Exportformat eingeführt.

PDF | Mehrseitig gestaltete Dokumente, deren Inhalt zum Download zur Verfügung gestellt werden soll und bei denen das visuelle Erscheinungsbild und die Verlinkung mit anderen Medien und Dateien von enormer Bedeutung sind, sollten als interaktive PDF-Datei exportiert werden. Dabei ist besonders darauf zu achten, dass hier nur PDF-Version ab PDF 1.6 verwendet werden sollte. Es stellt sich die Frage, ob der Adressatenkreis die notwendigen Programme zum Lesen der interaktiven PDF-Datei besitzt.

Auch einfache Präsentationen können über die zur Verfügung gestellten Seitenübergänge nett animiert und über Buttons zur besseren Steuerung der Präsentation verlinkt werden.

SWF | Gilt es, mehrseitige Dokumente für die Präsentation im Web mit dem Umblättern-Effekt zu versehen, um somit das spielerische Element in der Präsentation zu verstärken, so ist sicherlich mit der Implementierung von SWF als Exportformat ein guter Sprung gelungen. Beachten Sie, dass damit nur Übergänge und hochauflösende Grafiken und Texte zur Verfügung gestellt werden, jedoch zusätzliche Animationen, wie man es aus Flash-Dateien gewohnt ist, natürlich nicht hineingezaubert werden.

32.2.3 Fragen, die zu stellen sind

Zur Aufbereitung von interaktiven und dynamischen Daten in InDesign CS4 müssen andere Fragen als für die Aufbereitung für den Druck beantwortet werden:

▶ Wird eine SWF- oder eine PDF-Datei für den Online-Bereich zur Verfügung gestellt? Speziell bei SWF sollte im Vorfeld alles ausgetestet werden, was für die Interaktion und für die Einsprungstellen hinsichtlich anderer Medien an Funktionen möglich sein muss. Bei PDF können, ausgenommen der Umblättern-Effekt, alle in InDesign möglichen Funktionen abgebildet werden.

▶ Besitzen die Kunden den aktuellen Adobe Reader? Interaktive PDF-Dateien für den Online-Bereich sollten zumindest als PDF 1.6 oder höher abgespeichert werden, da dadurch Video- und SWF-Daten in der PDF-Datei eingebettet werden können.

▶ Müssen Daten durchgängig in RGB aufgebaut werden? Diesbezüglich muss sich der Datenersteller keine Gedanken machen, denn mit PDF können alle gängigen Farbräume abgebildet werden, und beim SWF-Export werden notwendige Farbkonvertierungen vom Exportfilter durchgeführt.

▶ Müssen für die Erstellung interaktiver Dokumente Daten mit niedriger Auflösung in InDesign platziert werden? Auch hier kann der Benutzer ohne Einschränkung auf seinen Datenpool zurückgreifen. Die notwendige Reduktion der Datenmenge kann bei der PDF-Erstellung genau bestimmt werden, und beim SWF-Export wird eine Berechnung auf Basis der zu generierenden Größe durchgeführt.

▶ Können Druckprojekte einfach 1:1 für den Online-Bereich ausgegeben werden? Wenn es sich um eine Präsentation handelt, dann ja; wenn es sich jedoch um eine spezielle Aufbereitung der Daten für den Online-Bereich handelt, so müssen Format, Texte und auch oft Farben angepasst werden. Speziell bei Texten können mit den Möglichkeiten über das Bedienfeld BEDINGTER TEXT interessante Arbeitsweisen für einen schnellen Print- und Online-Workflow abgebildet werden.

32.3 Übergabe für Adobe Flash

Vollkommen neu in InDesign CS4 ist die Möglichkeit, gesamte Projekte über das neue Austauschformat **XFL** an Adobe Flash CS4 zu übertragen. InDesign CS4 fungiert hier für den Grafiker, der sich in Flash nicht auskennt, nur als Layouttool. InDesign bietet dabei keine Möglichkeiten an, irgendwelche Animationen, Überblendungen und Interaktionen schon vor dem Export im Programm vorzugeben. Über XFL können lediglich – das ist aber schon eine ganze Menge an Zeitersparnis – InDesign-Objekte quasi in Flash-Objekte standgerecht zur Verfügung gestellt werden. Das lästige Übernehmen einzelner Bilder und Logos, das Aufbereiten der einzelnen Bilder und Logos und das Platzieren der Bilder und Logos auf der Bühne in Flash entfallen damit zur Gänze.

32.3.1 Fragen, die zu stellen sind

Obwohl mit XFL schnell Objekte übergeben werden können, müssen dennoch einige Fragen vorab geklärt werden:

▶ In welcher Größe wird das Layout angelegt? Hier muss die Absprache mit dem Flash-Programmierer getroffen werden. Das falsche Format bedeutet wiederum, alle Objekte in Flash neu zu positionieren.

▶ Welche Dateiformate, Farbräume und Auflösungen sind zu verwenden? So wie bei SWF übernimmt auch hier der neu eingebaute Exportfilter die notwendigen Arbeiten, womit Dateiformat, Farbräume und Auflösung eine etwas untergeordnete Rolle spielen.

▶ Welche Elemente werden zur Animation herangezogen? Diese wichtige Frage muss geklärt sein, da der Exportfilter ja nur InDesign-Objekte in Flash-Objekte umwandelt. Beispielsweise wenn ein Stern in einem Bild animiert werden muss, so muss dieser Stern auch als eigenes Objekt platziert werden.

▶ Besitzt der Empfänger Adobe Flash CS4? XFL-Daten können nur mit dieser Version importiert werden.

32.4 Übergabe von Inhalten

[INX]
Werden InDesign-Dokumente für frühere InDesign-Versionen abgespeichert, so bekommen sie die Endung ».inx«.

[ICML]
Werden InDesign-Dokumente für InCopy CS4 abgespeichert, so bekommen sie die Endung ».icml«.

In vielen Workflows müssen Sie nicht das Layout, sondern nur die Inhalte bestehend aus Bildern und Texten für die Weiterverarbeitung übergeben. InDesign CS4 stellt zum Austausch von Content für andere Anwendungen Dateiformate wie XML, XHTML und natürlich auch nur TXT und RTF zur Verfügung. Austauschformate wie InDesign-Tag-Textdateien, ICML, INX und INCX dienen für den Austausch von Inhalten innerhalb des InDesign- und InCopy-Verbundes.

Die Arbeitsweisen sind dabei so unterschiedlich, dass von Projekt zu Projekt, von Austauschformat zu Austauschformat jedes Mal eine Absprache zwischen Datenersteller und Datenübernehmer stattfinden muss. Einige Beispiele dazu werden Sie in den jeweiligen Kapiteln noch kennenlernen. Allgemeine Fragestellungen zur Übergabe von Inhalten gibt es nicht. Die Fragestellungen ergeben sich von Projekt zu Projekt.

33 Drucken

Die Broschüre, der Flyer, das Magazin oder der Geschäftsbericht ist fertig gestaltet und muss nun erstmals auf Papier ausgegeben werden. Die Ausgabe auf Papier, aber auch die Ausgabe in eine PostScript-Datei erfolgen in InDesign CS4 über den Druckdialog, in dem Sie je nach Ausgabeabsicht die Parametrierung vornehmen können. Damit Sie Ihre Arbeit auch in der gewünschten Qualität ausgeben können, sollten Sie diesem Kapitel die notwendige Aufmerksamkeit schenken, denn ein falscher Klick, eine missbräuchlich aktivierte Option oder die Wahl der falschen PPD-Datei kann zu einer ungewollten, fehlerhaften oder niedrigauflösenden Ausgabe führen und damit Ihre gesamte Arbeit vernichten.

In diesem Kapitel möchten wir Ihnen zuerst die einzelnen Bereiche des Druckdialoges vorstellen, dann die verschiedenen Möglichkeiten der PostScript-Datei-Erstellung für die verschiedenen Ausgabeformen und danach die einzelnen Druckoptionen und deren Auswirkungen auf die Ausgabe exakt beschreiben. Zum Schluss werden noch Spezialgebiete im Druckdialog und der Broschürendruck behandelt. Sie sollten danach in der Lage sein, jegliche gewünschte Form der PostScript-Datei zu erstellen, und für den Hausgebrauch eine Ausgabe einer Broschüre meistern können.

33.1 Bereiche des Druckdialogs

Im Druckdialog können zur Ausgabe von Dokumenten alle druckerspezifischen Parameter wie z.B. Seitenformate, der Ausgabefarbraum, die Transparenzreduzierung sowie der Umgang mit Schriften eingestellt werden. Immer wiederkehrende Einstellungen im Druckdialog können als Druckvorgabe abgespeichert und somit zur rascheren Verarbeitung von Druckjobs aufgerufen und ausgeführt werden.

Bereits mit der Vorstellung der ersten Creative Suite – in der Druckvorstufe sprach man bereits von PDF/X – wurde der Druckdialog mit den notwendigen Colormanagement-Funktionen ausgestattet, um unter anderem eine medienneutrale Produktion zu

Erster Aufruf des Druckdialoges

Wenn Sie unter Mac OS X erstmalig den Druckdialog aufrufen, so werden Sie feststellen, dass der Aufruf einige Zeit in Anspruch nehmen kann. InDesign muss beim erstmaligen Aufruf alle zur Verfügung stehenden Drucker überprüfen und die Druckerliste aktualisieren. Wenn Sie den Druckdialog später wiederum aufrufen, so wird er Ihnen schnell zur Verfügung gestellt.

ermöglichen. Mit der Markteinführung von InDesign CS3 flossen die Neuerungen im Bereich PDF/X und die Änderungen in Bezug auf Ebenen in den Druckdialog ein. InDesign CS4 stellt die Umsteiger von InDesign CS3 vor keinerlei Änderungen und präsentiert denselben Druckdialog mit denselben Einstellungen.

Den Druckdialog können Sie über den Befehl Datei • Drucken oder über das Tastaturkürzel Strg+P bzw. ⌘+P aufrufen.

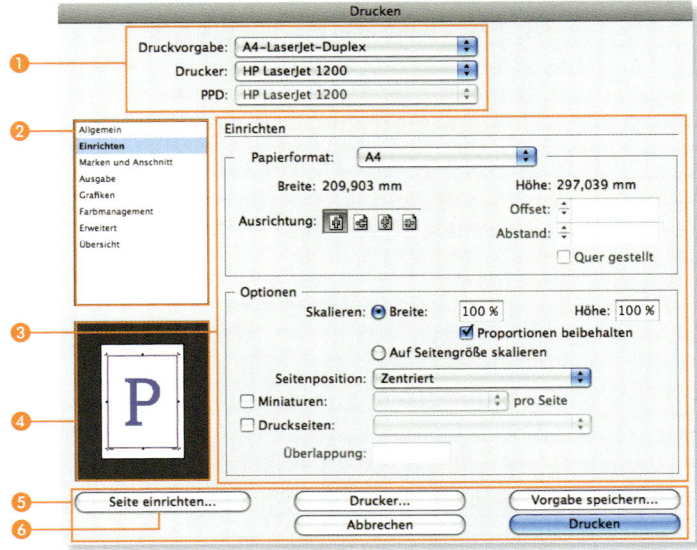

Abbildung 33.1 ▶
Der Druckdialog ist in fünf Bereiche – Wahl des Druckers ❶, Wahl des Registers ❷, Vornehmen der Einstellungen für das gewählten Register ❸, die Vorschauansicht ❹ und die Wahl der gerätespezifischen Optionen ❺ – eingeteilt.

33.1.1 Wahl des Druckers

Das Einstellen von Druckvorgabe, Drucker und PPD-Datei steht logischerweise am Beginn des Druckdialogs, da von deren Auswahl auch der Inhalt der einzelnen Registerbereiche abhängt. Alle drei Menüs sind voneinander abhängig. Die Auswahl sollte jedoch von oben nach unten erfolgen.

[PPD]
Verwechseln Sie nicht den Begriff Druckertreiber mit dem Begriff PPD! PPD steht für PostScript Printer Description. In ihr stehen alle gerätespezifischen Parameter wie RIP-Version, verfügbare Schriften, verwendete Farbräume und die zur Verfügung stehenden Papierformate. Der geräteunabhängige PostScript-Code aus InDesign wird durch die Wahl der zum Ausgabegerät passenden PPD-Datei in einen geräteabhängigen PostScript-Code gewandelt.

Druckvorgabe | Druckvorgaben sind Sets von Einstellungen, die für eine bestimmte Ausgabe auf einem dafür gewählten Ausgabegerät erstellt worden sind. Mit der Auswahl einer Druckvorgabe können Sie somit sehr schnell Druckaufträge absetzen, ohne dabei immer wieder die Voreinstellungen Ihres Druckers überarbeiten zu müssen. Wie Sie Druckvorgaben definieren, erfahren Sie später in Abschnitt 33.6, »Druckvorgaben«.

Drucker und PPD | Mit den Optionen Drucker und PPD bestimmen Sie, wie die Ausgabe Ihres Dokuments über PostScript erfolgen soll. InDesign kann dabei geräteabhängiges und geräteunabhängiges PostScript generieren. Dazu aber später mehr.

Die Auswahl der PPD-Datei ist meistens durch den ausgewählten PostScript-Drucker bestimmt und deshalb ausgegraut dargestellt. Wenn Sie jedoch eine PostScript-Datei über eine bestimmte PPD generieren wollen, so ist in der Option DRUCKER der Eintrag POST-SCRIPT-DATEI zu wählen. Dadurch können Sie auf alle verfügbaren PPD-Dateien zugreifen.

33.1.2 Wahl des Registers

In der Liste der Registereinträge ❷ kann auf die unterschiedlichen Bereiche des Druckdialogs zugegriffen werden. Mit den Cursorpfeilen ⬆/⬇ springen Sie schnell zwischen den Registern hin und her.

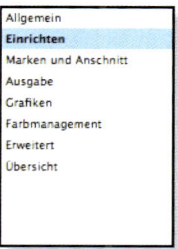

▲ **Abbildung 33.2**
Verschiedene Registereinträge stehen zur genaueren Einstellung zur Verfügung.

33.1.3 Vornahme der Einstellungen für gewählte Register

Wurde ein Register ausgewählt, können die Einstellungen für das Register im OPTIONEN-Bereich ❸ vorgenommen werden. Welche Optionen zu wählen sind und was die einzelnen Optionen, Werte und Checkboxen bedeuten, erfahren Sie in diesem Kapitel in Abschnitt 33.3, »Druckoptionen«.

33.1.4 Vorschauansicht

In der Vorschauansicht ❹ können Sie jene Informationen auslesen, die benötigt werden, um zu beurteilen, ob sich die bisherigen Einstellungen auch mit den Einstellungen des Papierformats decken. Die Darstellung wird permanent aktualisiert und lässt somit zu jedem Zeitpunkt eine Kontrolle zu.

Durch einfachen Klick in die Fläche können Sie zwischen drei verschiedenen Vorschauansichten wählen. Damit werden Ihnen wichtige Informationen zugänglich gemacht.

▲ **Abbildung 33.3**
Durch Klick in diesen Bereich kann der Anwender zwischen drei Vorschauansichten wählen.

Standard-Vorschauansicht | Diese Art der Darstellung gibt Antwort auf die Fragen: »Wie steht die Seite bzw. der Bogen relativ zum Papierformat?« »Wurde ein Anschnitt – durch den rötlichen Bereich ersichtlich – angelegt?«

Alle Änderungen in den verschiedenen Optionen, wie Papierformat, Beschnittzugabe, Seitenmarken und die Miniaturansicht, werden hier angezeigt.

▲ **Abbildung 33.4**
Die Standard-Vorschauansicht

Ansicht für benutzerdefinierte Seiten oder Einzelblätter | Diese benutzerdefinierte Ansicht zeigt die Auswirkungen bestimmter Druckeinstellungen. Sie können erkennen, wie das Medium an das Ausgabegerät angepasst wird, welchen maximalen druckbaren Bereich das Ausgabegerät besitzt und welche Werte für Offset, Abstand und Querstellung festgelegt wurden.

▲ **Abbildung 33.5**
Die Vorschau für benutzerdefinierte Seiten. Hier ist das gewählte Papierformat um einiges kleiner als die zur Verfügung stehende Mediengröße (die Papiergröße im Drucker).

▲ **Abbildung 33.6**
Die Vorschau in der Textansicht

Bei Einzelseiten, z. B. einer A4-Seite, zeigt die Vorschau das Verhältnis zwischen druckbarem Bereich und Mediengröße an. Es wird mit dieser Ansicht die Frage »Wie steht die Seite auf dem Ausgabemedium?« beantwortet.

Ein kleines Symbol in der linken unteren Ecke gibt darüber Auskunft, in welchem Ausgabemodus – SEPARIERT ▣, COMPOSITE-GRAU ▣, COMPOSITE-RGB ▣ oder COMPOSITE-CMYK ▣ – ausgegeben wird. Der Ausgabemodus COMPOSITE UNVERÄNDERT bedient sich keines eigenen Symbols. Das Symbol ▣ in Abbildung 33.5 sagt uns, dass derzeit eine Ausgabe in COMPOSITE-GRAU erfolgt und ein Schwarzweiß-Drucker ausgewählt ist.

Textansicht | Die Vorschau in der Textansicht zeigt die numerischen Werte des Medien-Rahmens, des Endformat-Rahmens und des Skalierungsfaktors auf Basis der getroffenen Druckeinstellungen an. Wenn Sie ein Übersichtblatt ausgeben, so wird Ihnen im Bereich MINIATUREN **❼** angezeigt, wie viele Seiten auf dem gewählten Papierformat in der Übersicht erscheinen. Müssen Sie ein großes Plakat auf einen A4/A3-Drucker ausgeben, so muss eine Zerteilung erfolgen. Ob die Ausgabe für eine Teilung angelegt wurde, können Sie an dem Eintrag in UNTERTEILUNGEN **❽** sehen.

33.1.5 Gerätespezifische Optionen

Einige Ausgabegeräte haben spezielle Funktionen, die nicht in einem Druckdialog untergebracht werden können. Um auf gerätespezifische Funktionen **❺** – beispielsweise die Ansteuerung einer Duplex- und Heftungseinheit, die Anordnung der Seiten auf einem Ausschussbogen sowie die Ansteuerung der Papierladen – zurückzugreifen, müssen Sie den Button SEITE EINRICHTEN **❻** (Abbildung 33.1) drücken (Windows: EINRICHTEN) und im erscheinenden Dialog in den Druckoptionen jene Parameter auswählen, die Sie zur Ausgabe benötigen.

Achten Sie dabei jedoch darauf, dass die entsprechenden Einstellungen, wenn Sie Parameter verändern, nicht bereits getroffene Einstellungen im Druckdialog beeinflussen. Die gewählten Optionen können jedoch zu den Einstellungen im Druckdialog auch in einem Druckformat abgespeichert werden.

33.2 PostScript-Einstellungen für verschiedene Ausgabeformen

Mit Adobe InDesign CS4 können Sie sowohl geräteabhängigen als auch geräteunabhängigen PostScript-Level-2- bzw. -3-Code erzeugen. Damit kann der korrekte PostScript-Code für jegliches Vorhaben in der Ausgabe erzeugt werden.

Normalerweise wird jeder Ausgabe-Workflow durch die Auswahl eines Druckers und der dazu passenden PPD-Datei bestimmt. Damit stehen die geräteabhängigen Parameter für den Druckdialog zur Verfügung. Nachstehende Ausführungen – sie sind nur für Druckvorstufen-Profis bestimmt – erläutern, wie Sie darüber hinaus für jede Ausgabeform eine PostScript-Datei erstellen können, denn PostScript bleibt, obwohl schon weit mehr als 50 % der Anwender den PDF-Export-Workflow benutzen, nach wie vor eine wesentliche Ausgabeform.

33.2.1 Treiber- und geräteunabhängiges PostScript

Diese Ausgabeform wählen Sie, wenn Sie eine PostScript-Datei erstellen wollen, die weder mit einem Druckertreiber noch mit einer PPD-Datei in Berührung kommen soll. Der Einsatzzweck ist dabei der Prepress-Workflow, in dem PostScript-Dateien

- weiterverarbeitet werden müssen
- 100 % DSC-konform sind
- komplett geräteunabhängig sein müssen
- zur nachträglichen Verarbeitung von Composite-CMYK mit Schmuckfarben benötigt werden
- zu einem späteren Zeitpunkt separiert werden.

Der PostScript-Code wird nur von der PostScript-Engine in InDesign erzeugt. Bezüglich der Geräteparameter haben Sie keine Wahlmöglichkeiten. Beachten Sie in diesem Zusammenhang, dass das Standardpapierformat im Distiller-Set definiert werden muss.

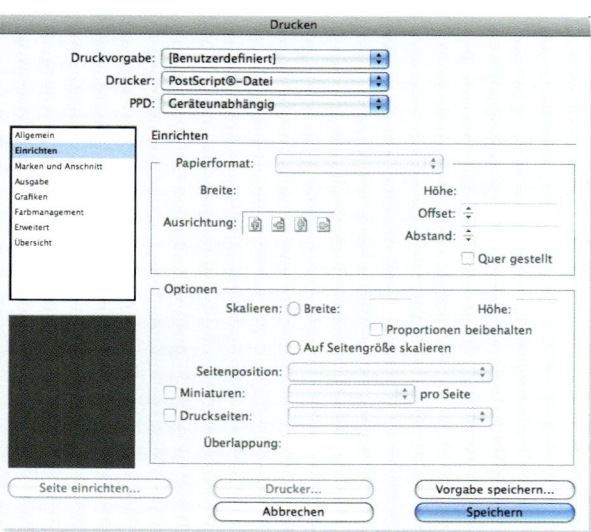

Tipp für Windows-Anwender

Unter Windows sollten Sie das PostScript-Ausgabeformat ändern. Dazu klicken Sie im Druckdialog den Button SEITE EINRICHTEN, wählen den Drucker aus und klicken dort auf EINSTELLUNGEN. Im Register LAYOUT klicken Sie dann rechts unten auf ERWEITERT. Stellen Sie dann im Bereich POSTSCRIPT-OPTIONEN die Option PORTABILITÄT OPTIMIEREN ein.

[DSC]
Durch die **D**ocument **S**tructuring **C**onvention von Adobe wurde festgelegt, wie die Struktur (der Aufbau) einer PostScript-Datei für die reibungslose Weiterverarbeitung aufgebaut sein muss.

ACHTUNG

Da diese Ausgabeform wirklich geräte- und treiberunabhängig ist, kann kein Ausgabeformat (Medienformat) bestimmt werden. Wenn Sie jedoch eine PDF-Datei daraus erstellen wollen, so sollten Sie im Adobe Distiller im Register ALLGEMEIN das STANDARDPAPIERFORMAT auf das zu erzeugende Medienformat einstellen.

◄ **Abbildung 33.7**
Da bei der Erstellung einer treiber- und geräteunabhängigen PostScript-Datei keinerlei Seiteninformationen seitens des Treibers noch des Ausgabegerätes vorhanden sind, können keine weiteren Einstellungen im Register EINRICHTEN vorgenommen werden. Beachten Sie also immer wachsam dieses Register, denn wenn Sie hier keine Einstellungen vornehmen können, so haben Sie eine PPD-Datei gewählt, die keinerlei Geräteinformationen enthält.

Um eine solche PostScript-Datei zu erstellen, müssen Sie im Druckdialog unter DRUCKER die Option POSTSCRIPT®-DATEI und unter PPD die Option GERÄTEUNABHÄNGIG auswählen.

Abbildung 33.8 ▶
Erzeugen einer treiber- und geräteunabhängigen PostScript-Datei

Druckvorgabe:	[Benutzerdefiniert]	⬍
Drucker:	PostScript®-Datei	⬍
PPD:	Geräteunabhängig	⬍

33.2.2 Treiberunab- und geräteabhängiges PostScript

Diese Ausgabeform wählen Sie, wenn Sie eine PostScript-Datei, die mit keinem Druckertreiber, jedoch mit einer PPD-Datei in Berührung gekommen ist, erstellen wollen. Die Anwendungsgebiete für diese Ausgabeform finden sich

▶ in vorseparierten Workflows, die zu einem späteren Zeitpunkt ausgeschossen werden sollen;

▶ in Workflows, in denen In-RIP-Einstellungen aus InDesign an das Ausgabe-RIP übergeben bzw. auch das In-Host-Trapping (built-in) verwendet werden sollen;

▶ in Workflows, in denen spezielle Geräteparameter, die durch die PPD bestimmt sind, benötigt werden;

▶ in Workflows, in denen ebenso 100 % DSC-konforme PostScript-Dateien erstellt werden müssen;

▶ in Workflows, wo gerätespezifische Informationen über Rasterweite, Mediengröße und Auflösung festgelegt werden müssen.

▶ in Workflows, in denen alle Farbausgabemodi, egal ob composite oder separiert, unterstützt werden müssen;

▶ in Workflows, in denen bereits bei der PostScript-Erstellung Überfüllungen (nur in Verbindung mit dem Ausgabemodus SEPARIERT) berechnet werden müssen.

Die dabei entstehende PostScript-Datei wird wiederum nur durch die PostScript-Engine in InDesign CS4 erstellt, jedoch dabei mit den geräteabhängigen Parametern aus der PPD-Datei versehen.

Um eine solche PostScript-Datei zu erstellen, müssen Sie im Druckdialog unter DRUCKER die Option POSTSCRIPT®-DATEI und unter PPD die gewünschte PPD-Datei auswählen.

Abbildung 33.9 ▶
Erzeugen einer treiberunabhängigen, jedoch geräteabhängigen PostScript-Datei

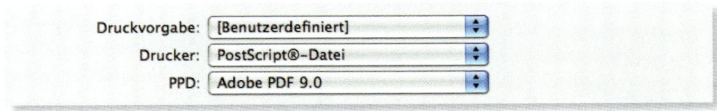

Druckvorgabe:	[Benutzerdefiniert]	⬍
Drucker:	PostScript®-Datei	⬍
PPD:	Adobe PDF 9.0	⬍

33.2.3 Treiber- und geräteabhängiges PostScript

Diese Vorgehensweise wählen Sie, wenn Sie über den installierten Druckertreiber eine PostScript-Datei für ein spezielles Ausgabege-

---

> **TOP-TIPP**
> **Bevorzugte Ausgabeform für die Druckvorstufe**
>
> Wählen Sie diese Vorgehensweise, um aus Adobe InDesign eine PostScript-Datei zu erstellen, die für die Konvertierung in eine PDF-Datei über den **Adobe Distiller**, den **Normalizer** von Agfa oder den **Prinergy Refiner** von Heidelberg bestimmt ist. Wählen Sie dazu immer die vom Workflow empfohlene PPD-Datei aus. Sollten Sie keine derartige PPD-Datei besitzen, wählen Sie ADOBE PDF 9.0. Falls Sie nur Acrobat 8 oder 7 installiert haben, so verwenden Sie natürlich ADOBE PDF 8.0 bzw. ADOBE PDF 7.0.

rät (z. B. AGFA Avantra, Linotronic, Harlequin, Adobe Distiller) erstellen wollen. Diese Ausgabeform ist ideal für

▶ alle Druckdienstleister, die sämtliche Prepress-Aktivitäten über einen PostScript-RIP abwickeln wollen, vor allem auch, wenn dabei das Überfüllen, die OPI-Bildersetzung und das Ausschie-ßen übernommen werden sollen;

▶ die direkte Ausgabe auf einen RIP, da alle geräteabhängigen Parameter wie Rasterweite, Rasterwinkelung, Mediengröße und Auflösung bekannt sind und darüber hinaus gerätespezifi-sche Parameter mitgeliefert werden müssen;

▶ Anwender, die über den Adobe Distiller aus InDesign heraus die PDF-Erstellung erledigen wollen. Dazu wird der durch die Installation von Acrobat 9 Professional angelegte Drucker **Adobe PDF 9.0** ausgewählt. Durch die Wahl des Druckers wird eine interne PostScript-Datei erstellt, die dem Adobe Distiller automatisiert übergeben wird. Der Adobe Distiller wandelt den PostScript-Code in PDF um. Die Güte der PDF-Datei hängt dabei von den hinterlegten Distiller-Einstellungen ab.

▶ Workflows, in denen größtmögliche DSC-Konformität gewähr-leistet sein muss;

▶ Workflows, in denen alle Ausgabemodi, egal ob composite oder separiert, unterstützt werden müssen;

▶ Workflows, in denen Überfüllungen sowohl In-Host als auch In-RIP abgewickelt werden müssen;

▶ Workflows, in denen die PostScript-Datei in eine Datei oder direkt an den RIP übergeben werden kann.

Der PostScript-Code wird dabei von der PostScript-Engine in InDesign in Verbindung mit dem Druckertreiber des Betriebssys-tems erstellt. Alle geräteabhängigen Parameter werden darüber hinaus über die PPD-Datei dem PostScript-Code beigemengt.

Um eine solche PostScript-Datei zu erstellen, müssen Sie im Druckdialog unter DRUCKER den über das Betriebssystem konfi-gurierten Drucker auswählen. Da eine Zuweisung der PPD-Datei in der Konfiguration des Druckers auf Systemebene bereits erfolgt ist, bleibt die Auswahl der PPD-Datei ausgegraut.

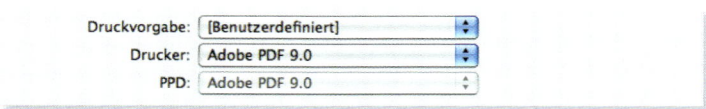

Entspricht der Eintrag der PPD-Option nicht, so müssen Sie über das Betriebssystem den Drucker korrekt konfigurieren. Gehen Sie dazu unter Windows im START-Menü auf EINSTELLUNGEN • DRU-

TIPP

Welche Distiller-Einstellungen zur Erstellung druckvorstufen-tauglicher (PDF/X-konformer) PDF-Dateien zu setzen sind, ent-nehmen Sie dem Buch »PDF in der Druckvorstufe«, ISBN 978-3-89842-673-2, das ebenfalls bei Galileo Press erschienen ist.

[DCS ist nicht DSC]
DCS (Desktop Color Separations) wurde von Quark entwickelt und ist eine Variante des Standardfor-mats EPS. Das Format DCS 2.0 unterstützt Mehrkanal-CMYK-Da-teien mit mehreren Volltonkanä-len, die in InDesign als Volltonfar-ben im Farbfelder-Bedienfeld angezeigt werden. Das Format DCS 1.0 unterstützt CMYK-Da-teien ohne Volltonkanäle. In-Design erkennt Beschneidungs-pfade in in Photoshop erstellten DCS 1.0- und DCS 2.0-Dateien.

◀ **Abbildung 33.10**
Erzeugen von treiber- und geräte-abhängigem PostScript-Code über den DRUCKER ADOBE PDF 9.0

CKER, und überarbeiten Sie dort die Einstellungen des Druckers. Unter Mac OS X gehen Sie in das Drucker-Dienstprogramm bzw. über die Systemeinstellungen, wählen Sie den Drucker aus, und klicken Sie dort auf INFORMATIONEN EINBLENDEN. Im sich öffnenden Dialog wählen Sie in der Option DRUCKERMODELL die geänderte PPD-Datei aus.

33.3 Druckoptionen

HINWEIS

Wenn Sie die Einstellungsempfehlungen aus diesem Abschnitt für die Erstellung von PostScript-Dateien für die Druckvorstufe wählen, sind Sie immer auf der sicheren Seite. Die gewählten Einstellungen versuchen, alle Informationen aus InDesign **unverändert** zu übergeben. Lediglich die Transparenzreduzierung muss, bedingt durch die Ausgabe in eine PostScript-Datei, die Daten verändern.

Die ideale Form zur Übergabe von Druckdaten erfolgt über eine PDF-Datei. Deshalb wird nachstehend exemplarisch der Druckdialog anhand der Generierung einer PostScript-Datei, die zur Erstellung von PDF-Dateien verwendet wird, erklärt. Diese PostScript-Datei sollte alle hochaufgelösten Bilder, Schriften, Farben und die zur Produktion relevanten Druckermarken sowie den Anschnitt und eventuell auch den Infobereich enthalten. Einer Weitergabe für den Adobe Distiller, den Normalizer von Agfa und den Prinergy Refiner von Heidelberg steht dann nichts mehr im Wege.

Nach dem Ausführen des Befehls DATEI • DRUCKEN erscheint der Druckdialog. Bevor Sie mit den Einstellungen in den einzelnen Registern beginnen, sollten Sie zuerst unter DRUCKER POSTSCRIPT®-DATEI ❶ auswählen. Damit wird Ihnen die Möglichkeit geboten, direkt im Druckdialog eine PostScript-Datei auf der Festplatte zu speichern, ohne separat den Drucker zu konfigurieren. Der Button DRUCKEN wird durch die Auswahl von POSTSCRIPT®-DATEI sofort in SPEICHERN ❶ umbenannt.

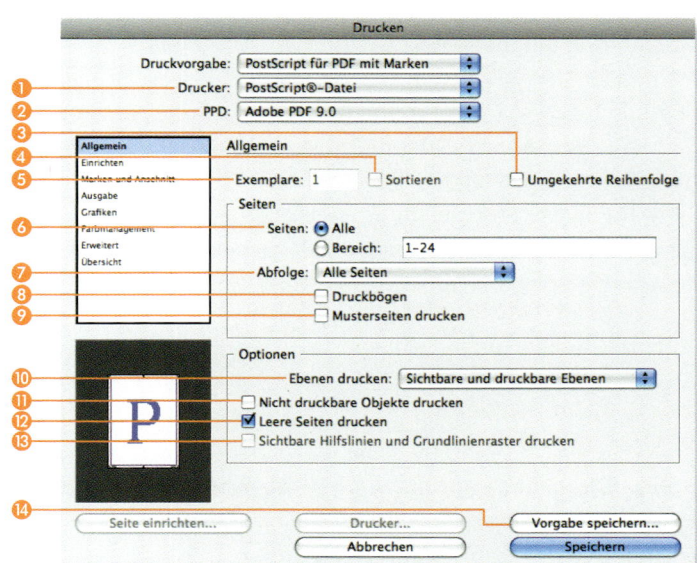

Abbildung 33.11 ▶
Das Register ALLGEMEIN des Druckdialogs. Darin legen Sie Grundeinstellungen wie die Anzahl der zu druckenden Kopien, die zu druckenden Seiten und die Seitenfolge fest. In den OPTIONEN können darüber hinaus bestimmte Objekte vom Druckvorgang ausgeschlossen oder darin aufgenommen werden.

Wählen Sie unter PPD ADOBE PDF 9.0 ❷ aus. Die Verwendung dieser PPD ist, genau wie Normalizer und Prinergy Refiner, für die Druckvorstufe fast immer die richtige Wahl. Nachdem Sie den Drucker und die dazu passende PPD-Datei gewählt haben, werden Ihnen nun im OPTIONEN-Bereich die entsprechenden geräteabhängigen Optionen in den einzelnen Registern angezeigt.

Wie bereits erwähnt, wählen Sie die Registereinträge am einfachsten über die ↓/↑-Tasten aus. Das Register ALLGEMEIN wird standardmäßig beim Öffnen des Druckdialogs angezeigt.

33.3.1 Register »Allgemein«

Legen Sie bei der Ausgabe auf einen Laserdrucker zuerst fest, wie viele EXEMPLARE ❺ Sie für die Ausgabe benötigen. Der Einsatz der Optionen EXEMPLARE und SORTIEREN ❹ ist nur in Zusammenhang mit der direkten Ausgabe auf einem Laserdrucker oder einer Kopierstation möglich, bei der Erstellung einer PostScript-Datei machen diese Optionen keinen Sinn. Die Option UMGEKEHRTE REIHENFOLGE ❸ kann hingegen auch bei der Erstellung einer PDF-Datei über den ADOBE PDF 9.0-Drucker angewandt werden. Die Sinnhaftigkeit dieser Option bei der PDF-Erstellung lassen wir jedoch hier einmal im Raum stehen. Mit den letzten beiden Optionen können Sie sich viel manuelle Sortierarbeit ersparen; der Druckvorgang wird dadurch jedoch drastisch verlängert.

Bereich »Seiten« | Hier können Sie über die Auswahl SEITEN ❻ bestimmen, ob ALLE oder nur bestimmte Bereiche des Dokuments ausgegeben werden sollen. Die Angabe von Seitenbereichen kann dabei in absoluter Nummerierung – die Position der Seite im aktuellen Dokument – oder in der Abschnittsnummerierung – die der Seite zugewiesene Abschnitts- und Seitennummer – erfolgen. Standardmäßig wird im Druckdialog der im Menü VOREINSTELLUNGEN • ALLGEMEIN • SEITENNUMMERIERUNG angegebene Eintrag – meistens ABSCHNITTSNUMMERIERUNG – verwendet. Die folgende Betrachtung geht von der ABSCHNITTSNUMMERIERUNG aus.

Wenn Sie z. B. unter BEREICH »1–8« eingeben, so werden nur die Seiten 1 bis 8 ausgegeben. Wenn Sie »1–8,15,19–24« eingeben, werden die Seiten 1 bis 8, die Seite 15 und die Seiten 19 bis 24 in eine PostScript-Datei ausgegeben.

Ein Spezialfall ist gegeben, wenn Sie im Bedienfeldmenü des Seiten-Bedienfelds in den NUMMERIERUNGS- & ABSCHNITTSOPTIONEN ein Präfix – »Abs1:« für Abschnitt 1 und »Abs2:« für Abschnitt 2 – eingegeben haben. In diesem Fall müssen Sie diese Präfixangabe zur Seitennummer hinzufügen. Wenn Sie z. B. Seite 1 (liegt im ersten Abschnitt) bis Seite 17 (liegt im zweiten Abschnitt) aus-

[Absolute Nummerierung]
Durch die Wahl des Eintrages ABSOLUTE NUMMERIERUNG entsprechen die Nummern, die Sie für Seiten oder Seitenbereiche angeben, der absoluten Position der Seiten im Dokument. Um zum Beispiel die fünfte Seite eines Dokuments zu drucken, würden Sie im Druckdialog unter BEREICH die Zahl 5 eingeben.

[Abschnittsnummerierung]
Durch die Wahl des Eintrages ABSCHNITTSNUMMERIERUNG entsprechen die Nummern, die Sie für Seiten oder Seitenbereiche angeben haben, den Seitennummern, wie sie im Layout bezeichnet sind.

> **TOP-TIPP**
> **Ausgabe von Bereichen**
>
> »5–« gibt Seiten von Seite 5 bis zum Ende des Dokuments aus.
> »–5« gibt alle Seiten vom Anfang bis einschließlich Seite 5 aus.
> »+–5« gibt alle Seiten mit Ausnahme von Seite 5 aus.

[Standbogen]

Unter einem Standbogen versteht man eine Papiervorlage der Doppelseite eines Layouts, auf der alle Ränder, Grundlinien und Hilfslinien zum Scribbeln bzw. Reinzeichnen eines Layouts zur Verfügung stehen.

Alle Ebenen
Sichtbare Ebenen
✓ Sichtbare und druckbare Ebenen

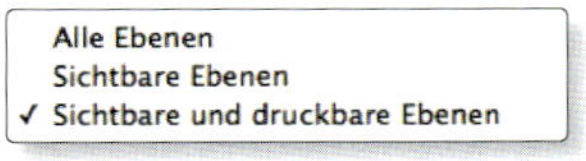

▲ **Abbildung 33.12**
Möglichkeiten, noch in der Ausgabe auf den Status von Ebenen Rücksicht zu nehmen

geben wollen, müssen Sie unter BEREICH »Abs1:1–Abs2:17« eingeben. Dieser Sachverhalt ist langjährigen InDesign-Anwendern ein bekanntes Phänomen, da InDesign bis einschließlich Version CS3 automatisch beim Anlegen von Abschnitten ein Präfix wie »Abs1:«, »Abs2:« usw. vergab. Mit InDesign CS4 wurde Gott sei Dank diese Vorgabe eliminiert. Damit sollten sich in der Ausgabe solche Phänomene in Zukunft weniger oft zeigen.

Wählen Sie mit der Option ABFOLGE ❼, ob ALLE SEITEN, NUR GERADE SEITEN oder NUR UNGERADE SEITEN ausgegeben werden sollen. Die Checkbox DRUCKBÖGEN ❽ entspricht der Checkbox MONTAGEFLÄCHE im Druckdialog von QuarkXPress. Durch die Anwahl dieser Option wird der Druckbogen – gegenüberliegende bzw. nebeneinander angeordnete Seiten – auf einer (größeren) Seite ausgegeben. Aktivieren Sie diese Option, wenn Sie auf Ihrem A3-Drucker zwei A4-Seiten nebeneinander ausgeben möchten. Zur Produktion von PDF-Dateien ist die Checkbox DRUCKBÖGEN fast immer zu deaktivieren. Die Checkbox MUSTERSEITEN DRUCKEN ❾ ist nur zu aktivieren, wenn Sie den Standbogen Ihrer Musterseiten zur Kontrolle ausdrucken möchten.

Bereich »Optionen« | Hier befindet sich die Option EBENEN DRUCKEN ❿, mit der Sie seit InDesign CS3 im Druckdialog auf die gewählte Sichtbarkeit und Druckbarkeit der Ebenen in InDesign reagieren können. Diese Funktion ist speziell für den Verpackungsbereich wichtig, in dem Stanzformen für einen Korrekturauszug ausgedruckt und in der hochaufgelösten Ausgabe in ein PDF nicht ausgedruckt werden sollen. Wählen Sie zur Ausgabe aller Ebenen den Eintrag ALLE EBENEN und zur Ausgabe aller aktuell sichtbaren Ebenen den Eintrag SICHTBARE EBENEN aus. Zur Ausgabe aller druckbaren Ebenen wählen Sie jedoch den Eintrag SICHTBARE UND DRUCKBARE EBENEN aus, da damit nur als sichtbar und druckbar gekennzeichnete Ebenen ausgegeben werden. Wurde beispielsweise eine »nicht druckbare« Ebene für das Anbringen von internen Layout- und Korrekturanweisungen im Dokument angelegt, so werden diese Objekte für die Ausgabe ausgeblendet. Über die Checkbox NICHT DRUCKBARE OBJEKTE DRUCKEN ⓫ – das sind Objekte, die über das Attribute-Bedienfeld auf NICHT DRUCKBAR gestellt worden sind – können Sie auch diese Objekte in den PostScript-Stream übergeben. Es sei hier darauf hingewiesen, dass es im Druckdialog nur die Möglichkeit gibt, alle nicht druckbaren Elemente auf druckbar zu stellen. Eine selektive Auswahl, wie es in QuarkXPress möglich ist, gibt es nicht.

Aktivieren Sie die Checkbox LEERE SEITEN DRUCKEN ⓬, damit freigeschlagene Seiten – echte Vakatseiten – auch in einer PDF-

Datei erhalten bleiben. Die Ausgabe von Leerseiten ist bei Laserdruckern und auch für so manche PDF-Workflows oft unerwünscht.
Sprechen Sie sich diesbezüglich mit Ihrem Druckdienstleister ab.
Die Checkbox SICHTBARE HILFSLINIEN UND GRUNDLINIENRASTER
DRUCKEN ⑬ kann Sie beim Layouten unterstützen. Durch Aktivierung der Checkboxen DRUCKBÖGEN und SICHTBARE HILFSLINIEN
UND GRUNDLINIENRASTER DRUCKEN können Sie einen Standbogen
inklusive aller Grundelemente Ihres Layouts ausgeben – eine ideale Ausgangsbasis, um das Layout im Vorfeld reinzuzeichnen.

HINWEIS

Die Auswahl der Checkbox
SICHTBARE HILFSLINIEN UND
GRUNDLINIENRASTER DRUCKEN ist
bei der Erstellung einer Post-
Script-Datei nicht möglich.

33.3.2 Register »Einrichten«

In EINRICHTEN sind die Parameter zu definieren, die sich auf den
Medien-Rahmen, die Positionierung innerhalb des Medien-Rah-
mens sowie die Skalierung des Ausgangsformats beziehen.

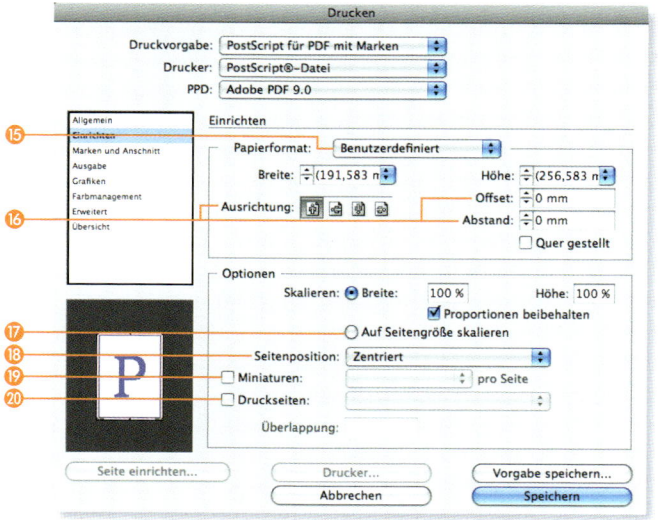

◄ **Abbildung 33.13**
Das Register EINRICHTEN des Druckdialogs. Darin legen Sie das Ausga-
bepapierformat und die Position
der zu druckenden Seite auf dem
Papier fest.

Bereich »Papierformat« | Hier können Sie im Popup-Menü aus
den in der PPD-Datei hinterlegten Standardpapierformaten auswählen. Wollen Sie eine bestimmte Größe für die Ausgabe festlegen oder wird Ihnen vom Druckdienstleister eine bestimmte
Größe vorgegeben, so wählen Sie BENUTZERDEFINIERT ⑮ aus.
Dadurch können Sie beispielsweise die BREITE auf 240 mm und
die HÖHE auf 327 mm setzen, um somit A4 + 15 mm Rand pro
Seite festzulegen. A4 ist dabei das Seitenformat, das Papierformat
ist dabei um 30 mm höher und breiter. Diese Maße sind für den
Medien-Rahmen (Papierformat) – entspricht der MediaBox in PDF
– zuständig und sorgen somit dafür, dass genügend Rand zur
Abbildung von Anschnitt und Druckermarken zur Verfügung
steht. Wenn Sie von Ihrem Druckdienstleister kein spezielles

[MediaBox]
Unter einer MediaBox wird der
Medien-Rahmen in einer PDF-
Datei verstanden – die Papier-
größe entspricht dem Netto-
zuzüglich Bruttoformat und dem
Weißraum, auf dem die Drucker-
marken platziert sind.

[Papier- oder Seitenformat]

Es ist wichtig, zwischen Seitenformat, wie im Dialogfeld DOKUMENT EINRICHTEN eingestellt, und Papierformat – dem Papierbogen, Filmstück oder bedruckten Bereich der Platte – zu unterscheiden. So kann es vorkommen, dass Sie als Seitenformat A4 verwenden, zum Druck jedoch einen größeren Bogen oder Film verwenden müssen, damit Druckermarken und der Anschnitt- und Infobereich eingefügt werden können.

Abbildung 33.14 ▶

Durch die Auswahl der Option MINIATUREN ⑲ kann auf sehr schnelle Art und Weise ein Kontaktabzug für die Ausgabe erstellt werden. In der Vorschauansicht können Sie das daraus resultierende Ergebnis sofort ableiten.

Papierformat vorgegeben bekommen, ändern Sie die BREITE und HÖHE nicht. InDesign CS4 berechnet die für die Ausgabe benötigten Größen automatisch. BREITE und HÖHE Breite: ⬍(191,583 m) Höhe: ⬍(256,583 m) stehen dann innerhalb runder Klammern.

Wählen Sie durch Klicken auf eines der Symbole 🔲🔲🔲🔲, wie die AUSRICHTUNG des Inhalts im Medien-Rahmen erfolgen soll. Über die Eingabe eines Werts im Feld OFFSET können Sie den Versatz der Belichtung, ausgehend vom linken Rand des Materials, eingeben. Im Eingabefeld ABSTAND definieren Sie den Seitenvorschub, der zwischen zwei Belichtungen erfolgen soll. Aktivieren Sie die Checkbox QUER GESTELLT, womit Sie bei der Filmausgabe von A4-Seiten einiges an Filmmaterial sparen können. Diese Option ist nur bei einem benutzerdefinierten Papierformat zugänglich und auch nur für die separierte Ausgabe auf Film – nicht mehr bei CTP oder einer Composite-Ausgabe – von Bedeutung. Bei der Erstellung einer PostScript-Datei sind deshalb die Optionen AUSRICHTUNG, OFFSET und ABSTAND ⑯ unbedeutend.

Bereich »Optionen« | Hier können Sie eine Skalierung der Ausgabe erreichen. Sollten Sie eine unproportionale Verzerrung wünschen, müssen Sie die Checkbox PROPORTIONEN BEIBEHALTEN deaktivieren. Wollen Sie, dass Ihr Dokument automatisch auf den verfügbaren Druckbereich verkleinert/vergrößert wird, so aktivieren Sie die Checkbox AUF SEITENGRÖSSE SKALIEREN ⑰. Achten Sie dabei darauf, dass der druckbare Bereich in den meisten Fällen nicht mit der verwendeten Papiergröße identisch ist. Oft beträgt der druckbare Bereich eines Tintenstrahldruckers das Papierformat abzüglich Rand von bis zu 1,5 cm auf allen Seiten. Nähere Informationen erhalten Sie aus dem Handbuch des jeweiligen Druckers.

Die Option SEITENPOSITION ⑱ stellen Sie auf ZENTRIERT. Somit kann in der Weiterverarbeitung, z. B. beim Ausschießen, mit konstanten Rändern gerechnet werden. Aktivieren Sie die Checkbox MINIATUREN ⑲, um ein mehrseitiges Dokument verkleinert und in Form eines Übersichtsblatts (Kontaktabzug) ausdrucken zu lassen. Sobald Sie die Checkbox aktiviert haben, können Sie im Popup-Menü aus vordefinierten Schemata von 1 x 2 bis 7 x 7 auswählen.

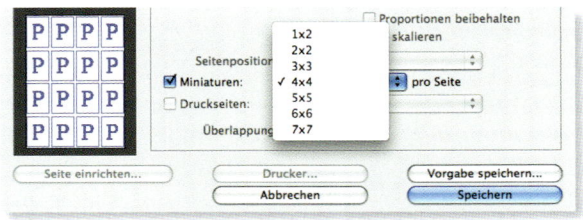

Durch Aktivieren der Checkbox DRUCKSEITEN ⓴ haben Sie die Möglichkeit, beispielsweise ein A0-Plakat auf einem A3-Drucker, aufgeteilt auf mehrere Seiten, auszugeben. Damit beim Zusammenkleben der Einzelseiten noch genügend überlappende Bereiche zur Verfügung stehen, können Sie den Bereich definieren, in dem sich Teilbereiche der Seite überlappen sollen. Auch hierbei hilft die Vorschauansicht enorm.

33.3.3 Register »Marken und Anschnitt«

Hier haben Sie die Möglichkeit, alle druckrelevanten Parameter wie SCHNITTMARKEN, BESCHNITTZUGABEMARKEN, PASSERMARKEN, FARBKONTROLLSTREIFEN, SEITENINFORMATIONEN sowie eine Erweiterung des Ausgabebereichs um die Beschnittzugabe (Anschnitt) oder den Infobereich einzustellen. Auch hier sehen Sie in der Vorschauansicht die Auswirkungen der aktivierten Optionen.

[Beschnittzugabemarken]
Beschnittzugabemarken sind Schnittmarken, die den Anschnittbereich kennzeichnen. In manchen Fällen, in denen zuerst auf den Anschnitt beschnitten wird, sind somit auch diese Marken von zentraler Bedeutung.

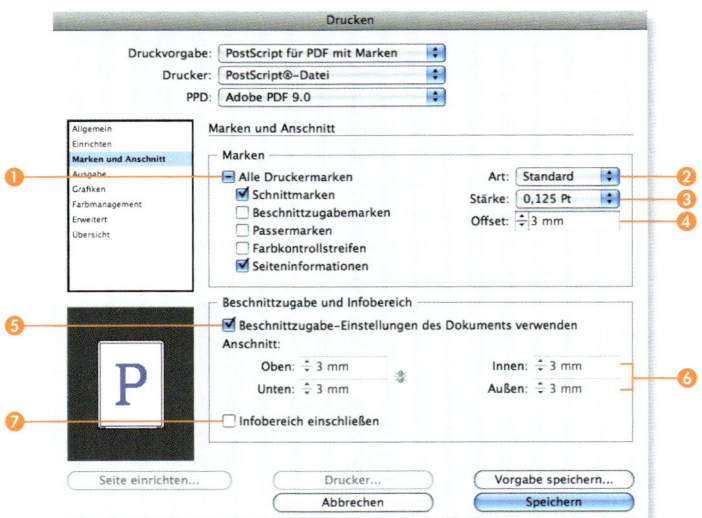

◄ **Abbildung 33.15**
Das Register MARKEN UND ANSCHNITT des Druckdialogs. Darin können alle druckrelevanten Parameter wie SCHNITTMARKEN, BESCHNITTZUGABEMARKEN, PASSERMARKEN, FARBKONTROLLSTREIFEN und die SEITENINFORMATIONEN gesetzt werden. Auch die Ausgabe des Anschnitt- bzw. des Infobereiches kann hier für die verschiedensten Workflows ein- oder ausgeblendet werden.

Bereich »Marken« | Aktivieren Sie hier jene DRUCKERMARKEN ❶, die Sie für die Weiterverarbeitung benötigen. Unser Vorschlag in Abbildung 33.15 stellt einen guten Wert dar, sobald Sie mit Druckermarken arbeiten müssen. Wählen Sie bei ART ❷ den Typ der verwendeten Passermarken aus. Im Lieferumfang von InDesign CS4 steht dabei nur STANDARD zur Verfügung. Setzen Sie die STÄRKE ❸, die zur Abbildung der Druckermarken verwendet wird, auf 0,125 Pt, und legen Sie den Versatz für diese Marken in der Option OFFSET ❹ mit 3 mm fest. Damit werden alle Druckermarken mit der angegebenen Stärke erstellt und außerhalb des Anschnitts positioniert. In manchen Fällen ist es jedoch erwünscht, dass die Schnittmarken in den Anschnitt wachsen, damit auch

[TrimBox]

Unter der TrimBox wird der **End-format-Rahmen** – das Nettoformat des beschnittenen Produktes – in einer PDF-Datei verstanden.

[BleedBox]

Unter der BleedBox wird der **Anschnitt-Rahmen** – das Bruttoformat inklusive des abfallenden Bereichs – in einer PDF-Datei verstanden.

Infobereich wird BleedBox

Wenn Sie die Checkbox INFO-BEREICH EINSCHLIESSEN aktivieren, so wird dieser Bereich zur **Bleed Box** innerhalb der PDF-Datei. Aktivieren Sie somit diese Option nicht, wenn Sie lediglich 3 mm Anschnitt in der PDF-Datei benötigen.

Wichtig für InDesign CS-Anwender

Wenn Sie noch InDesign CS verwenden, so ist bei der Ausgabe in Composite-Grau dringend das Farbmanagement zu deaktivieren. Ist es aktiviert, wandelt InDesign CS – auf Grund der fehlenden Graustufenimplementierung im CMM-Modul – alle Bestände mit dem Device-Grey-Profil um. Dies hat zur Folge, dass schwarzer Text in 97 % Grau ausgegeben wird. Der Fehler wurde bereits mit InDesign CS2 behoben.

nach dem Beschnitt auf die Beschnittzugabemarken immer noch die Schnittmarken ersichtlich sind. Vermeiden Sie jedoch in jedem Falle, dass die Schnittmarken zu nahe an das Endformat (Seitenformat) verschoben werden.

Bereich »Beschnittzugabe und Infobereich« | In diesem Bereich bestimmen Sie, ob eine Erweiterung des gedruckten Bereichs erfolgen soll. Ist für das Dokument kein Anschnitt festgelegt, so werden alle über die Seiten hinausstehenden Teile am Seitenrand abgeschnitten. Haben Sie jedoch einen Anschnitt eingestellt, so müssen Sie nur die Checkbox BESCHNITTZUGABE-EINSTELLUNGEN DES DOKUMENTS VERWENDEN ❺ aktivieren. Ein fehlender Anschnitt im Dokument kann über die vier Eingabefelder nachträglich für die Ausgabe hinzugefügt werden. Geben Sie in den vier Feldern ANSCHNITT 3 mm für alle Seitenränder ein. Ist Ihr Dokument ein doppelseitiges Dokument, so steht statt der Werte LINKS und RECHTS ❻ die Bezeichnung INNEN und AUSSEN. In diesem Fall sollten Sie den INNEN-Wert, er liegt ja im Bund, mit 0 mm definieren. Bei einseitigen Dokumenten sollten alle Werte gleichmäßig mit 3 mm beschneiden. Der einzugebende Wert ist in der Regel 3 mm, es empfiehlt sich jedoch, dies vorher mit dem Druckdienstleister abzusprechen.

Wurde für das Dokument zusätzlich ein **Infobereich** – Sie haben z. B. außerhalb des Endformates eine Textvariable zur Ausgabe des gesamten Dokumentenpfads eingefügt – festgelegt, so können Sie diesen durch Aktivierung der Checkbox INFOBEREICH EINSCHLIESSEN ❼ ausgeben. Alles, was über den Infobereich hinausragt, wird abgeschnitten und nicht ausgegeben.

33.3.4 Register »Ausgabe«

Bestimmen Sie in diesem Register die Form der Ausgabe in Bezug auf Farbe, Ausgabe als Composite oder Ausgabe als separierter Farbauszug.

Wählen Sie unter FARBE ❽ aus, ob Sie eine der Composite- oder eine der Separationsvarianten ausgeben möchten: Wählen Sie z. B. COMPOSITE-GRAU, um eine Graustufenversion der Seiteninhalte an den Drucker zu schicken.

Wenn Sie zusätzlich die Checkbox TEXT IM SCHWARZEN ❾ – kann beim Schreiben einer PostScript-Datei nicht ausgewählt werden – aktivieren, bedeutet dies, dass Text immer als 100 % K gedruckt wird, unabhängig davon, ob es sich um farbigen oder weißen Text handelt und ob das Layoutdokument mit CMYK- oder RGB-Farben angelegt wurde. Diese Option ist für Textkorrekturabzüge sinnvoll, es sollten dazu jedoch auch die Bilddaten für die Ausgabe deaktiviert werden. Beachten Sie aber, dass damit Texte in platzierten EPS-Daten nicht in Schwarz gedruckt werden.

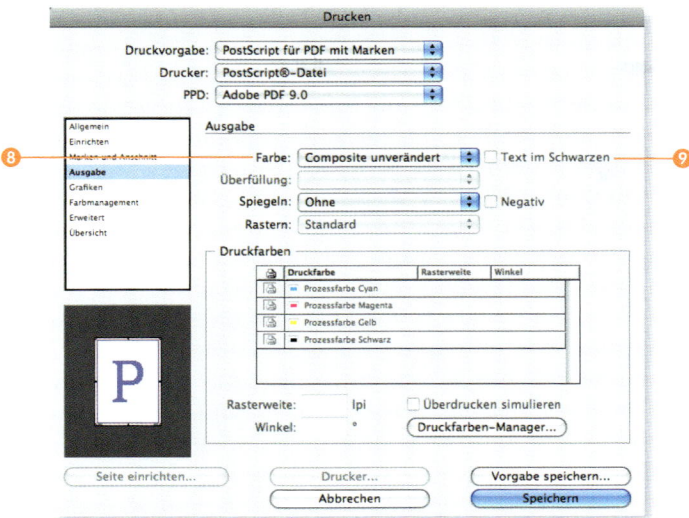

Composite-Modi | Die Composite-Ausgabe von InDesign-Dokumenten wirkt sich auf platzierte Pixelbilder und auf InDesign-Objekte aus. Platzierte EPS- und PDF-Dateien bleiben in einigen Fällen – meist in Verbindung mit alten Logos – unverändert!

An einem einfachen Beispiel wollen wir Ihnen zeigen, was bei der Ausgabe in einen definierten Composite-Modus alles passieren kann. Die Ausgabedatei, versehen mit einigen Schmankerln, in InDesign CS4 sieht aus wie in Abbildung 33.17.

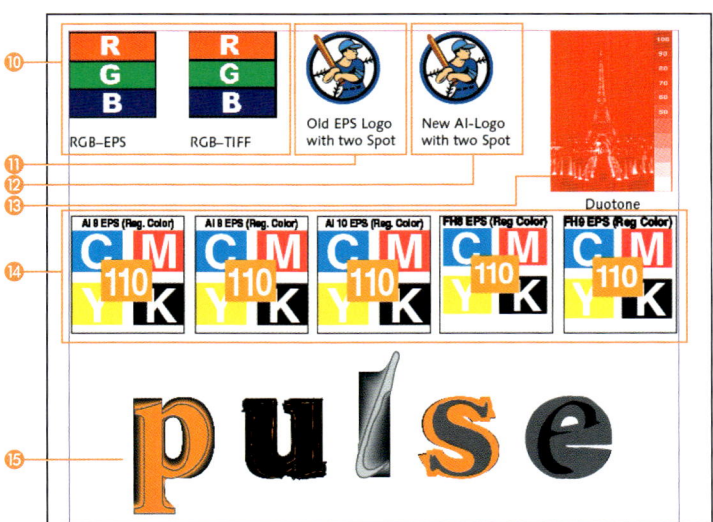

Text im Schwarz

Die Checkbox TEXT IM SCHWARZEN ❾ ist in Verbindung mit COMPOSITE-GRAU, -RGB und -CMYK aktivierbar. Während dabei in InDesign farbig markierter Text in 100 % K gewandelt wird, werden Texte aus importierten EPS- oder PDF-Dateien nicht berücksichtigt.

◄ **Abbildung 33.16**
Das Register AUSGABE des Druckdialogs. Darin kann die Ausgabe als Composite oder als separierte Einzelseite erfolgen. Speziell bei der separierten Ausgabe müssen zusätzliche Informationen im Vergleich zur Composite-Ausgabe vorgegeben werden.

Auf der Buch-DVD finden Sie dieses Beispiel im Ordner BEISPIELMATERIAL • KAPITEL_33 unter der Bezeichnung »Farbausgabe Testseite.indd«.

◄ **Abbildung 33.17**
Die Originaldatei besteht aus einem RGB-Bild als EPS bzw. als TIFF abgespeichert ❿, einem EPS-Logo mit zwei Schmuckfarben, einmal als altes EPS ⓫ und einmal als neueres AI-Logo ⓬ abgespeichert, aus einem Duotone-Bild aus Magenta und Pantone 110 ⓭, aus einem EPS-Logo bestehend aus CMYK und einer Pantone 110. Dieses Arrangement wurde jeweils in Illustrator 8, 9 und 10 und FreeHand 8 und 9 erstellt und abgespeichert ⓮. Das Logo »pulse« ⓯ ist ein 4c-Vektor.

Nachstehende Screenshots belegen, dass ein einfaches Umwandeln in den gewünschten Composite-Modus meistens ein Zufallsergebnis bleibt.

Wählen Sie COMPOSITE-GRAU aus, um eine Graustufen-Version der Seiteninhalte in die PostScript-Datei zu übergeben und dabei im besten Fall alle platzierten Objekte in Grau zu wandeln.

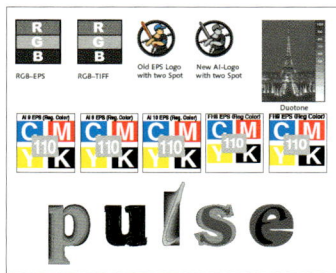
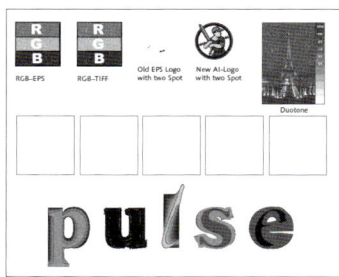
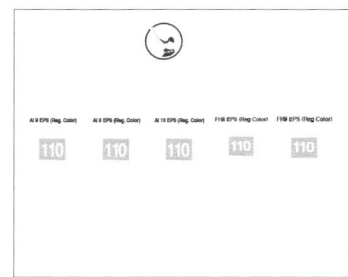

Fazit-Composite-Grau

COMPOSITE-GRAU ist nur geeignet, um auf Schwarzweiß-Laserdruckern auszugeben. Die Umwandlung einer 4c-Satzdatei für die reine Ausgabe in einem Kanal ist nicht zu empfehlen.

Das Ergebnis: CMYK-Werte aus platzierten EPS-Dateien werden nicht konvertiert; Duotone-Bilder werden konvertiert; Volltonfarben bleiben erhalten, werden aber in ein äquivalentes Grau – jedoch als Volltonfarbe – konvertiert. Eine unbrauchbares Ergebnis, wenn man die Ausgabe in Schwarzweiß in einer PDF-Datei beabsichtigt.

Wählen Sie COMPOSITE-RGB, um eine RGB-Version der Seiteninhalte in die PostScript-Datei zu übergeben. Dabei werden nicht alle im Dokument verwendeten Farben nach RGB konvertiert. In welchen RGB-Farbraum dabei konvertiert wird, hängt von den Einstellungen im Register FARBMANAGEMENT ab bzw. davon, welche Einstellungen im Adobe Distiller vorgenommen wurden.

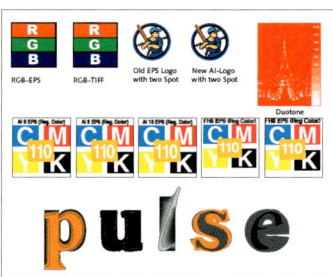
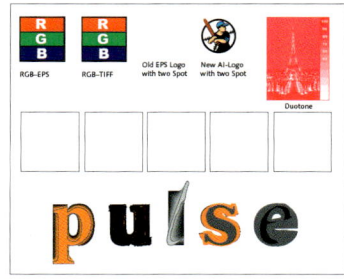
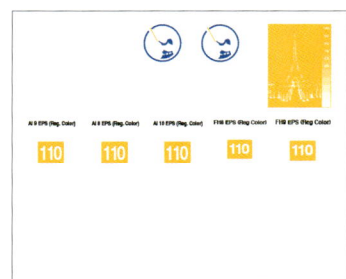

Fazit-Composite-RGB

COMPOSITE-RGB funktioniert nur sauber, wenn keine Volltonfarben verwendet werden und aktuelle Dateiformate platziert werden.

Das Ergebnis: Bis auf die Volltonfarben und das alte EPS-Logo werden alle Inhalte sauber nach RGB konvertiert. Die Volltonfarben bleiben sauber als Volltonfarbe in der PDF-Datei erhalten. Ein etwas ungewöhnliches Konstrukt ergibt das Duotone-Bild: Der Magenta-Kanal wird nach RGB konvertiert, die Volltonfarbe bleibt erhalten.

Wählen Sie COMPOSITE-CMYK aus, um eine 4c-Variante mit Voll-
tonfarben in die PostScript-Datei zu übergeben. Die Ausgabe nach
Composite-CMYK führt bei fast allen Dateien zum gewünschten
Ergebnis.

▼ **Abbildung 33.20**
Links: Gesamtergebnis nach der
Ausgabe; Mitte: Anzeige aller
CMYK-Objekte; rechts: Anzeige der
Volltonfarben

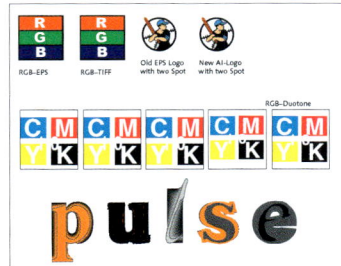

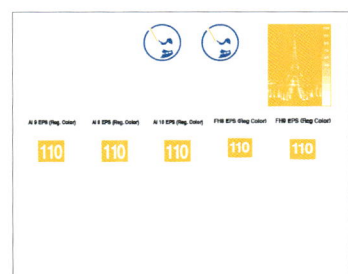

Das Ergebnis: Bis auf die Volltonfarben werden alle Objekte nach
CMYK konvertiert bzw. bleiben in CMYK sauber erhalten. In welchen Ausgabefarbraum RGB-Objekte und ob CMYK-Objekte konvertiert werden, hängt von den Einstellungen im Register FARB-
MANAGEMENT ab.

Mit COMPOSITE UNVERÄNDERT – die Ausgabeform für eine
medienneutrale und PDF/X-konforme Erstellung einer PostScript-
Datei – erstellen Sie eine PostScript-Datei, in der die verwendeten
Farbräume auch als solche erhalten bleiben. Wurden RGB-Dateien
platziert, so bleiben diese RGB. CMYK-, Graustufen-, Bitmap- und
Volltonfarbdateien bleiben ebenfalls als solche erhalten, solange
sich keine Transparenzen auf der entsprechenden Seite befinden.
Sobald sich Transparenzen auf der Seite befinden, werden alle
RGB-, Lab- und Bitmap-Informationen nach CMYK konvertiert.
Schmuckfarben bleiben jedoch auch in diesem Falle immer erhal-
ten. Eine Konvertierung dieser kann nur über den Druckfarben-
Manager erfolgen.

Fazit-Composite-CMYK

COMPOSITE-CMYK funktioniert in
den meisten Situationen. Die
Volltonfarben bleiben jedoch er-
halten. Das Umwandeln der
Volltonfarben kann nur über den
Druckfarben-Manager erfolgen.

▼ **Tabelle 33.1**
Eine Zusammenfassung zur Frage:
»Welcher Farbraum wird durch
welchen Modus in welchen Zielfarbraum konvertiert?«

Farbraum	Composite-Grey	Composite-RGB	Composite-CMYK	Comp.-unverändert
Bitmap	Graustufen	RGB	Bitmap	Bitmap*
Graustufen	Graustufen	RGB	Graustufen	Graustufen*
RGB	Graustufen	RGB	CMYK	RGB*
CMYK	Graustufen, bis auf 4c-EPS-Dateien	RGB, bis auf ältere 4c-EPS-Dateien	CMYK	CMYK
Volltonfarben	Volltonfarben wer-den in graue Voll-töne konvertiert.	Volltonfarben bleiben erhalten.	Volltonfarben bleiben erhalten.	Volltonfarben bleiben erhalten.

* Solange keine Transparenz in der zu exportierenden Seite angebracht wurde, bleiben die Farbräume erhalten. Sind Transparenzen enthalten, so werden alle Objekte, auch wenn diese nicht mit der Transparenz in Berührung kommen, in den Transparenzreduzierungsfarbraum – ist standardmäßig auf CMYK gestellt – konvertiert.

Separierte Ausgabe | Während für die Composite-Ausgabe die Parameter für Rasterweite, Rasterwinkel und Punktform nicht benötigt werden, gewinnen Rastereinstellungen bei der vorseparierten Ausgabe an Bedeutung. Wählen Sie **Separationen** in der Option FARBE ❶ aus, wenn Sie aus InDesign CS4 Farbseparationen für eine direkte Ausgabe auf Film oder Platte durchführen wollen.

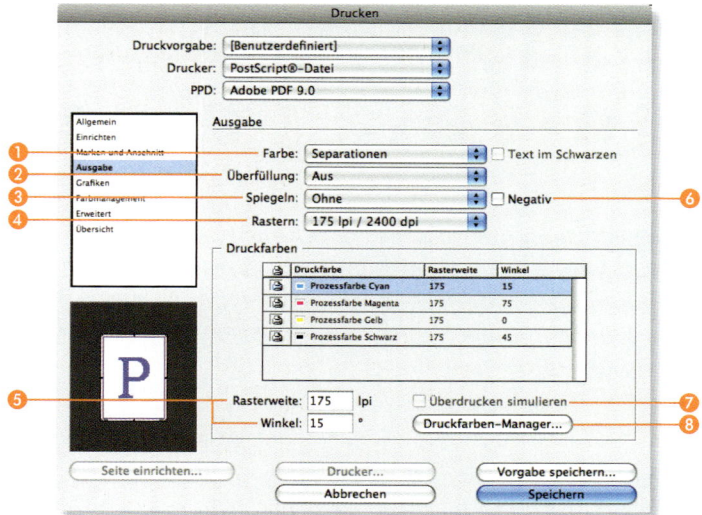

Abbildung 33.21 ▶
Das Register AUSGABE des Druck-dialogs. Darin können alle für die separierte Ausgabe benötigten Parameter wie Rasterweite, Raster-winkel und die Spiegelung be-stimmt werden.

Wählen Sie **In-RIP-Separationen** in der Option FARBE ❶ aus, wenn Sie quasi eine Composite-Ausgabe mit hinterlegten Raster-einstellungen an den RIP übertragen wollen. Die übertragenen Rastereinstellungen werden durch den RIP ausgewertet, sofern der RIP nicht generell alle Informationen dieser Art ignoriert. Die Wahl dieses Ausgabemodus bedarf einer klaren Absprache zwischen Kunde und Dienstleister. Die Vergabe falscher Werte würde in den meisten Fällen zu einem Moiré im Druck führen.

Wenn Sie eine PDF-Datei erstellen wollen, wählen Sie immer eine der Composite-Varianten aus, denn für die korrekte Wahl der Rastereinstellungen ist der Dienstleister bei der Ausgabe der PDF-Datei verantwortlich. Dieser logischen Folgerung wurde im Druckdialog von InDesign CS4 Rechnung getragen. Im Gegensatz zu QuarkXPress können bei InDesign CS4 unter RASTERN ❺ keine Werte in Verbindung mit der Composite-Ausgabe ausgewählt werden.

Bereich »Druckfarben« | Sobald Sie einen dieser Ausgabemodi gewählt haben, können Sie zusätzlich in den Optionen ÜBERFÜL-LUNG sowie SPIEGELN und RASTERN Einstellungen vornehmen und die Checkbox NEGATIV aktivieren. Diese drei Optionen sind für eine direkte Ausgabe auf PostScript-RIPs sehr wichtig.

Wählen Sie in der Option ÜBERFÜLLUNG ❷ jene Überfüllungsvorgabe aus, die Sie sich für den jeweiligen Ausgabefall angelegt haben. Wie Sie Überfüllungsvorgaben definieren, können Sie in Abschnitt 26.1.3, »Überfüllungsvorgaben definieren«, auf Seite 703 nachlesen.

Die Option SPIEGELN ❸ erlaubt es Ihnen, für die Ausgabe auf Film oder Folie die zu wählende Schichtseite zu berücksichtigen. Die Option NEGATIV ❻ ermöglicht in Kombination auch noch die Negativausgabe auf Film. Die Angaben unter RASTERN ❹ sind feste Voreinstellungen, die aus der gewählten PPD-Datei ausgelesen werden. Die Wahl des Rasters und die dazu passenden Rasterwinkelungen ist je nach Produktionsweise temporär in den Optionen RASTERWEITE und WINKEL ❺ vorzunehmen. Wollen Sie andere Rasterwinkel und Rasterweitenkombinationen standardmäßig in der Auswahlliste angeboten bekommen, so sind diese in der PPD-Datei unter Zuhilfenahme eines einfachen Texteditors einzutragen. Das permanente Ändern der Werte in den Optionen RASTERWEITE und WINKEL würde dadurch entfallen.

Die Option ÜBERDRUCKEN SIMULIEREN ❼ ist eine hervorragende Möglichkeit, eine Visualisierung aller überdruckten Elemente in einem Composite-Workflow zu ermöglichen. Dadurch werden Elemente, die im Layout oder in importierten EPS- und PDF-Dateien auf überdruckend gestellt wurden, in der Ausgabe farblich miteinander verrechnet, was einer Simulation der überdruckten Farben im Druck gleichkommt. Für den Druck ist diese Option jedoch unbrauchbar! Achten Sie daher darauf, dass die Option ÜBERDRUCKEN SIMULIEREN nur im Zusammenhang mit elektronischen Bürstenabzügen über PDF oder für die Ausgabe auf einem Farbkopierer zu verwenden ist.

Die Funktion vom DRUCKFARBEN-MANAGER ❽ wurde bereits in Abschnitt 12.7.3, »Druckfarben-Manager«, auf Seite 322 beschrieben. Sie haben damit im Druckdialog vor der Ausgabe einer Composite- oder vorseparierten Datei noch einmal die Möglichkeit, Volltonfarben zu »mappen«, Volltonfarben für die PDF-Erstellung in CMYK-Farben zu wandeln oder durch Einstellung der Farbdichten den Überfüllungsprozess zu beeinflussen.

33.3.5 Register »Grafiken«

Im Register GRAFIKEN werden die Parameter in Sachen vollauflösende Daten, Laden von Schriften und unterstützte PostScript-Level festgelegt. Die Wahl der richtigen Parameter ist dabei sehr produktionsentscheidend.

Überfüllen

InDesign kann seit Version 2.0 sehr fein einstellbare Überfüllungen für Seiten bzw. Seitenbereiche verarbeiten. Überfüllen ist ein sehr komplexes Thema, weshalb dieses den Spezialisten in der Druckvorstufe vorbehalten bleiben soll, denn nur sie wissen, bei welchen Druckmaschinen, in Verbindung mit welchem Papier bzw. bei welchen Druckern eine Überfüllung überhaupt notwendig ist.

Das Überfüllen **(Trappen)** sollte somit immer einer der letzten Schritte in der Ausgabe einer Datei sein.

TOP-TIPP
Überdrucken simulieren

Verwenden Sie ÜBERDRUCKEN SIMULIEREN ❼ nur im Zusammenhang mit elektronischen Bürstenabzügen über PDF oder für die Ausgabe auf einem Farbkopierer oder Farbtintenstrahldrucker.

Fehler, wie weiße Schrift, die auf einer farbigen Fläche auf überdruckend gestellt wurde, sind somit sofort im Korrekturabzug erkennbar.

Druckfarben-Manager

Die getroffenen Einstellungen im Druckfarben-Manager gelten nach Bestätigung der Änderung im Dialog mit OK für das gesamte Dokument und sind somit nicht nur temporär für die Ausgabe von Bedeutung.

Abbildung 33.22 ►
Das Register GRAFIKEN des Druckdialogs. In welcher Auflösung Bilder, ob überhaupt Bilder und
Schriften in die PostScript-Datei
übergeben werden, bestimmt entscheidend, wie das gedruckte Ergebnis schlussendlich aussieht. Profis aus der Druckvorstufe fragen sich
berechtigt, weshalb man überhaupt
hier Änderungen machen kann.
InDesign wird nicht nur im professi-
onellen Umfeld eingesetzt, sondern
auch im Marketing- und Office-Bereich. Und gerade hier spielt die
Optimierung des PostScript-Codes
eine wichtige Rolle in Sachen Performance.

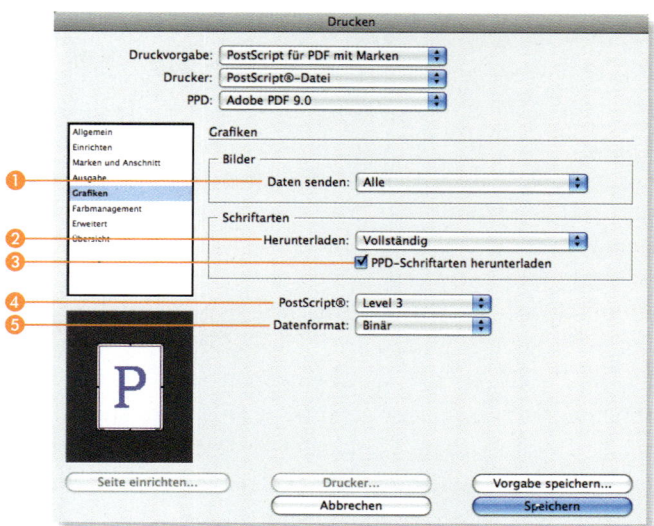

Subsampling und TIFF

InDesign hat die Eigenschaft,
dass TIFF-Bilder – Halbtonbilder
– bei der Ausgabe auf das Zwei-
fache der eingestellten Auflö-
sungseinstellung (Rasterweite in
lpi) heruntergerechnet werden.
Es erfolgt somit ein Subsampling.
Ein Bild, das beispielsweise in
einer effektiven Auflösung von
450 dpi in InDesign vorliegt,
wird bei der Ausgabe für ein
30er-Raster = 76,2 lpi (30 x 2,54
= 76,2) auf 152,4 dpi heruntergerechnet.

Bereich »Bilder« | Hier wählen Sie über die Option DATEN SEN-
DEN ❶, welche Bildauflösung bzw. ob überhaupt ein Bild an den
Drucker gesendet werden soll.

► **Alle:** Wählen Sie für eine hochaufgelöste Ausgabe immer ALLE
aus dem Popup-Menü aus. Diese Option sollte für die Erzeugung von PDF-Dateien immer gewählt sein.

► **Optimierte Abtastauflösung:** Diese Option eignet sich hervorragend zur Ausgabe von Dateien mit importierten TIFF-
Beständen auf PostScript-fähigen Laserdruckern und Farbkopierern, da damit die Berechnungszeiten des RIP drastisch
verringert werden können. Beachten Sie jedoch, dass, wenn Sie
diese Wahl vornehmen, das Phänomen des Subsamplings von
platzierten TIFF-Bildern auftreten kann. QuarkXPress-Anwender würden denselben Effekt erzielen, wenn sie im Druckdialog
im Reiter OPTIONEN die Checkbox VOLLAUFLÖSENDE TIFF-AUS-
GABE deaktiviert hätten.

► **Proxy:** Durch die Wahl dieses Eintrags werden alle platzierten
Bitmap-Bilder mit der Bildschirmauflösung an das Ausgabegerät bzw. den PostScript-Code übergeben. Es empfiehlt sich,
diese Einstellung nur zu wählen, wenn Sie einen Probedruck
erstellen möchten.

► **Ohne:** Wählen Sie OHNE, so werden bei der Ausgabe alle Bildrahmen als graue Fläche dargestellt, um die Position der Grafiken und Bilder auf den Seiten sehen zu können. Die Ausgabe
ohne diese grauen Flächen ist leider nicht möglich, was sich in
manchen Situationen – wenn über die Option KANTEN SUCHEN
im Menü OBJEKT • BESCHNEIDUNGSPFAD Bilder freigestellt wurden und oberhalb des Textes stehen – ungünstig auswirkt.

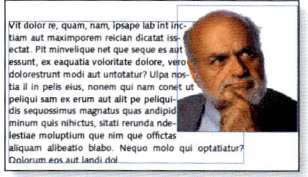 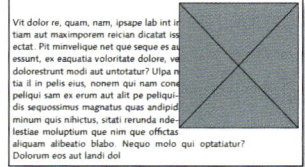

▲ Abbildung 33.23
Bild links: Der Mann wurde über die Option KANTEN SUCHEN des BE-
SCHNEIDUNGSPFAD-Dialogs freigestellt. Der Text umfließt den gefundenen
Bereich. Bild rechts: Die Ausgabe mit gewählter Option PROXY. Da das
Bild nicht sauber über einen Beschneidungspfad freigestellt wurde, ver-
deckt die graue Fläche natürlich Teile des umfließenden Textes.

Bereich »Schriftarten« | In diesem Bereich regeln Sie, in welcher
Form die Schriftinformationen in die PostScript-Datei geschrieben
werden. Wählen Sie in der Option HERUNTERLADEN ❷ einen der
drei Einträge OHNE, VOLLSTÄNDIG oder UNTERGRUPPE aus.

▶ **Vollständig:** Wählen Sie diesen Eintrag, wenn Sie die Schriften
vollständig in den PostScript-Stream einbinden möchten. Ob
damit wirklich der gesamte Font eingebettet wird, hängt von
verschiedenen Faktoren ab. Aufgrund der Voreinstellungen des
Programms werden bei OpenType- und TrueType-Schriften
lediglich Schriften, die weniger als 2.000 Zeichen besitzen,
vollständig in den PostScript-Stream eingebunden. Hat die
OpenType-Schrift mehr als 2.000 Zeichen, so wird ein Subset
(nur alle verwendeten Glyphen der Schrift) eingebettet.

▶ **Untergruppe:** Wird der Eintrag UNTERGRUPPE aktiviert, so werden dagegen Subsets von allen verwendeten Schriften in die
PostScript-Datei eingebunden.

▶ **Ohne:** Diese Auswahl ist nur in Verbindung mit einem PDF/X-2-
bzw. PDF/X-5-Workflow von Interesse oder wenn Sie erzwingen möchten, dass die Schriften des Druckers für die Ausgabe
verwendet werden. Ein Risiko!

Aktivieren Sie in jedem Fall die Checkbox PPD-SCHRIFTARTEN HER-
UNTERLADEN ❸. Wird diese nicht aktiviert, so werden alle in der
PPD aufgelisteten Fonts – jene Schriften, die ein PostScript-RIP
lokal im RIP vorrätig hat – nicht in die PostScript-Datei gepackt.
Es wird dabei davon ausgegangen, dass diese Schrift dem Adobe
Distiller (bzw. dem RIP) zur Verfügung steht. Allein diese Kleinigkeit kann Produktionen vernichten, wenn beispielsweise der Distiller zwar auf eine Times zugreifen kann, diese Version der Times
aber im Gegensatz zur verwendeten Schrift kein Euro-Zeichen
besitzt.

Wählen Sie unter POSTSCRIPT® ❹, wenn möglich, LEVEL 3 aus.
InDesign unterstützt nur PostScript-Level-2- und PostScript-3-

[Volleinbettung]
Die Volleinbettung veranlasst,
dass alle Zeichen des verwendeten Schriftschnittes vollständig
eingebettet werden.

[Fontuntergruppe]
Unter einer Fontuntergruppe
(Font-Subset) versteht man nicht
etwa einen Schriftschnitt einer
Schriftfamilie, sondern nur die
verwendeten Zeichen eines
Schriftschnittes.

Vorteile von PostScript 3

Smooth Shading – Damit werden Verläufe erst beim Rastern
der Ausgabe berechnet und
nicht im Vorfeld durch Aneinan-
derreihung von farbig abgestuften Farbflächen erzeugt.
Device-N – Das Abbilden von
Duplexbildern und die Verarbeitung von mehreren Volltonfarben sind damit kein Problem
mehr.
Flate-Kompression – Alle LZW-
komprimierten Bildbestände
werden in die lizenzfreie Flate-
Kompression gewandelt.
Idiom Recognition – Existieren-
der »alter« PostScript-Code wird
dynamisch durch modernen, optimierten PostScript-Code ersetzt.
CID-Fonts – Die Verarbeitung
von »Zwei-Byte-Schriften« ist
nun vollständig möglich.

RIPs. Die Ausgabe auf PostScript-Level-1-Geräten war bereits seit
der ersten Version von InDesign nicht möglich. Bei der Erstellung
von PostScript-Dateien für die PDF-Erstellung wählen Sie immer
LEVEL 3 aus, da alle Acrobat-Distiller-Versionen seit Acrobat 4.0
auf einem PostScript 3-Interpreter basieren.

Wenn Sie darüber hinaus das DATENFORMAT ❺ auf BINÄR stellen, wird eine Datenreduktion, die bis zu 25 % der Dateigröße
ausmachen kann, vorgenommen.

33.3.6 Register »Farbmanagement«
Im Register FARBMANAGEMENT nehmen Sie die Einstellungen für
eine mögliche Farbverrechnung vor. Die in diesem Dialog gezeig-
ten Parameter sind dabei von den getroffenen Einstellungen im
Register AUSGABE und dem definierten Farbmanagement für das
Dokument abhängig.

Bereich »Drucken« | Hier kann zwischen den Optionen DOKU-
MENT und PROOF ausgewählt werden. Wählen Sie DOKUMENT ❻,
wenn Sie eine Ausgabe auf einen RIP oder eine PostScript-Datei
für die PDF-Erstellung wünschen. Damit wird der im Druckdialog
ausgewählte Ausgabefarbraum zur Verrechnung der Bildbestände
verwendet. Wählen Sie PROOF ❼, wenn Sie den über den Menübefehl ANSICHT • PROOF EINRICHTEN hinterlegten Farbraum als
Arbeitsfarbraum für die Ausgabe verwenden wollen. Das Einrichten eines Soft-Proofs sowie die Wahl der korrekten Einstellungen
für die Durchführung eines Hard-Proofs werden in Abschnitt 33.5,
»Proofen«, auf Seite 819 noch in Form von Schritt-für-Schritt-Anleitungen näher ausgeführt.

Abbildung 33.24 ▶
Das Register FARBMANAGEMENT des
Druckdialogs. Die abgebildete Einstellung entspricht dabei der Empfehlung für die Erstellung einer medienneutralen PDF-Datei. Die
Durchführung einer Farbkonvertierung beim Drucken bzw. bei der Erstellung einer PostScript-Datei ist
aus unserer Sicht der falsche Zeitpunkt. Sie sind dabei auf die Will-
kür einer Implementierung von
Adobe angewiesen. Eine »sichere«
Farbkonvertierung ist nicht in allen
Fällen gewährleistet.

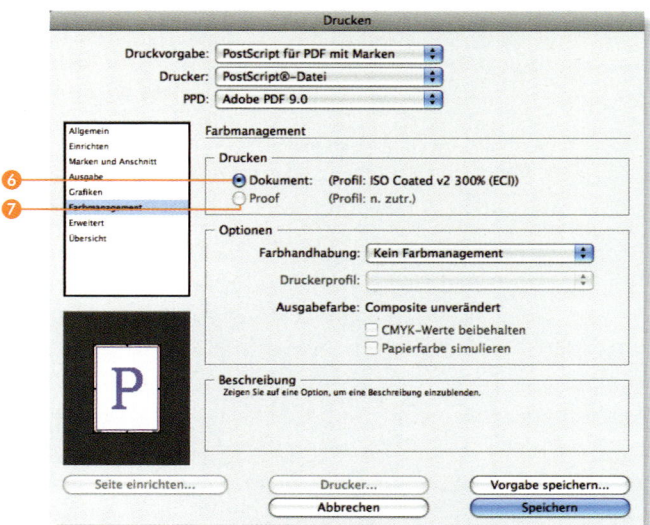

Bereich »Optionen« | Hier müssen Sie zuerst entscheiden, ob eine Farbkonvertierung in den Ausgabefarbraum von InDesign CS4 oder erst im RIP erfolgen soll. Haben Sie sich im Register Ausgabe für den Farbmodus Composite unverändert entschieden, so können Sie in der Option Farbhandhabung ❽ nur zwischen Kein Farbmanagement und PostScript®-Drucker bestimmt Farbe wählen. In diesem Fall ist dieses Register für Sie nicht von Bedeutung. Haben Sie sich jedoch für Composite-CMYK oder einen der anderen Composite-Modi entschieden, so können Sie verschiedene Arbeitsweisen abbilden. Nachstehende Ausführungen beschreiben die Ausgabe im Composite-CMYK-Modus, durch den Lab- und RGB-Daten beim Drucken nach CMYK gewandelt werden sollen.

▶ **Die Farbkonvertierung erfolgt erst im RIP:** Diese Ausgabeform bleibt den Druckvorstufenbetrieben vorbehalten, denn nur sie wissen, welche Parameter auf ihren Ausgabesystemen verwendet werden. Durch die Einstellung der Option PostScript®-Drucker bestimmt Farbe ❿ werden alle platzierten Bildbestände, denen ein ICC-Profil zugewiesen ist, unverändert in ihrem Farbraum in den PostScript-Stream übergeben. Bilder ohne zugewiesenes Profil und InDesign-Objekte (Farbflächen, Konturen und vor allem schwarzer Text) bekommen den eingestellten Arbeitsfarbraum als CSA – Quellprofile werden in PostScript als CSA beschrieben – zugewiesen. Gerade für letzteren Fall spielt die Option CMYK-Werte beibehalten ❾ eine wichtige Rolle.

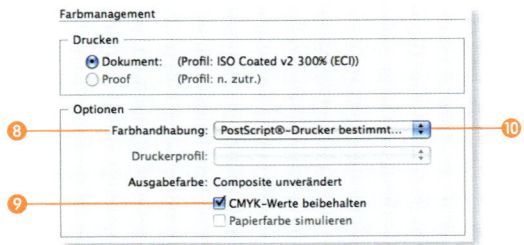

◀ **Abbildung 33.25**
Das Register Farbmanagement des Druckdialogs mit eingestellten Optionen zur Ausgabe von PostScript-Dateien, wobei eine mögliche Farbkonvertierung durch den RIP erfolgen soll

Ist die Option aktiviert, so bleiben die Farbnummern aller Bilder ohne zugewiesenes Profil wie auch alle InDesign-Objekte – und hier vor allem der schwarze Text – von einer Farbkonvertierung durch das im RIP eingestellte Color Rendering Dictionary (CRD = Ausgabeprofil) verschont. Damit haben Sie sichergestellt, dass schwarzer Text sich in der Ausgabe nicht plötzlich aus allen vier Farbauszügen aufbaut und dass sich reine Farbtöne, die Sie in InDesign CS4 erstellt haben (z. B. ein Rot: C = 0, M = 100, Y = 100, K = 0), nicht farbnummernmäßig verändern.

▶ **Die Farbkonvertierung erfolgt in InDesign CS4:** Liegen Bild- und Vektorbestände in einem Farbraum, der nicht dem Farbraum des Zielfarbraumes entspricht, vor, so muss eine Konvertierung erfolgen. Wählen Sie dazu INDESIGN BESTIMMT FARBEN in der Option FARBHANDHABUNG ⑪ aus. InDesign CS2 bis CS4 bieten dazu – im Unterschied zur Version CS – vollkommen neue Formen an.

Sie wollen ein InDesign-Dokument inklusive aller InDesign- und Vektor-Grafiken sowie Pixelbilder, egal in welchem Farbraum sie vorliegen, in ein PDF überführen, das nur aus Vollton- und CMYK-Farben besteht. Wählen Sie dabei aus den drei möglichen Vorgehensweisen aus:

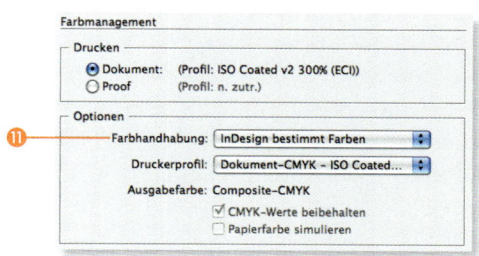

Abbildung 33.26 ▶
Standardeinstellung des Registers FARBMANAGEMENT im Druckdialog bei gewähltem COMPOSITE-CMYK-Ausgabeverfahren

TIPP

Um PDF/X-1a-konforme PDF-Dateien zu erstellen, wählen Sie eine der ersten beiden Vorgehensweisen. Es empfiehlt sich dabei jedoch, die Option CMYK-WERTE BEIBEHALTEN zu aktivieren, da sonst schwarzer Text in 4c aufgelöst wird.

1. Druckerprofil: Dokument-CMYK – Profilname

Abbildung 33.26 zeigt die Standardeinstellung, die Ihnen angeboten wird, wenn Sie COMPOSITE-CMYK ausgeben wollen. Das Profil des Dokuments ist dabei dem Druckerprofil (Zielprofil in der Ausgabe) gleichgeschaltet. Die Option CMYK-WERTE BEIBEHALTEN ist hier standardmäßig aktiviert. Das Ergebnis dieses Vorgangs lässt sich folgendermaßen darstellen: Volltonfarben-, CMYK-, Graustufen- und 1c-Bilder bleiben in ihrem Farbraum erhalten; alle Lab- oder RGB-Daten werden nach CMYK – auf Basis des Druckerprofils – transformiert. Schwarzer Text wird nicht konvertiert und bleibt somit auf 1c.

2. Druckerprofil: Dokumentenprofil ist nicht identisch mit dem Zielprofil

Galt in InDesign 2 und CS noch die Regel: »Finger weg von der Auswahl eines vom Dokumentenprofil abweichenden Zielprofils«, so hat Adobe bereits mit InDesign CS2 gute Arbeit geleistet. Sie können nun – auch wenn wir der Ansicht sind, dass eine Farbverrechnung im Druckvorgang nicht 100-prozentig zielgerichtet sein kann – eine Verrechnung des gesamten Inhalts in einen anderen Farbraum vornehmen. Wählen Sie dazu das gewünschte Profil in der Option

Druckerprofil **⑫**, und aktivieren Sie dringend die Checkbox CMYK-Werte beibehalten.

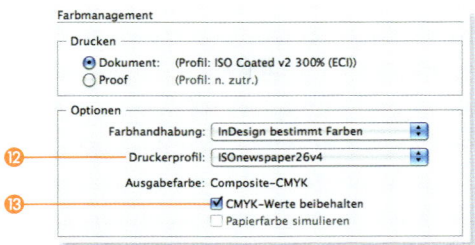

◄ **Abbildung 33.27**
Das Register Farbmanagement im Druckdialog mit eingestellten Optionen zur Ausgabe in einem anderen Zielfarbraum

Das Ergebnis dieser Einstellungen kann wie folgt beschrieben werden: Volltonfarben-, Graustufen- und Bitmap-Bilder bleiben in ihrem Farbraum erhalten, alle Lab- oder RGB-Daten werden auf Basis des neuen Zielprofils – ISOnewspaper26v4 – nach CMYK transformiert. CMYK-Bilder mit angehängtem ICC-Profil sowie in InDesign erstellte Objekte – sie haben das Dokumentenprofil hinterlegt – werden durch die Aktivierung der Checkbox CMYK-Werte beibehalten nicht farbverrechnet. Schwarzer Text bleibt auf 1c-Schwarz. Liegen jedoch CMYK-Bilder ohne angehängtes ICC-Profil vor, erfolgt eine CMYK-Konvertierung. Unter Zuhilfenahme dieser Einstellungen werden also CMYK-Bilder nicht in den Zielfarbraum konvertiert. Somit tritt der erhoffte Effekt, dass ich damit den Gesamtfarbauftrag der Bilder in den Gesamtfarbauftrag des Zielfarbraums transformieren kann, nicht ein.

3. **Druckerprofil: Dokumentenprofil ist nicht identisch mit dem Zielprofil, und »CMYK-Werte beibehalten« ist nicht aktiviert**

   Wird die Checkbox CMYK-Werte beibehalten **⑬** deaktiviert, so werden alle CMYK-Bestände (Bilder und InDesign-Objekte) in den Zielfarbraum konvertiert – zum Erschrecken aller wird auch der schwarze Text in ein 4c-Schwarz gewandelt. Diesen Zustand kennen alle Anwender von InDesign CS (oder früheren Versionen), die versucht haben, ihre Dokumente in der Ausgabe in einen anderen Zielfarbraum zu konvertieren. Seit InDesign CS2 ist diese Verfahrensweise nicht mehr standardisiert möglich. Der Anwender muss schon gezielt diesen Zustand herbeiführen.

Die sauberste Produktionsweise wäre es, wenn Sie alle Bilder in einem vereinbarten Zielfarbraum – mit angehängtem ICC-Profil – abspeicherten und eine Ausgabe Composite unverändert durchführten. Alle Bilder und InDesign-Objekte sind damit in der PDF-

TIPP

Wenn Sie Ihr Dokument durchgängig medienneutral – alle platzierten Bilder liegen in RGB mit angehängtem Profil vor – aufgebaut haben, so führt diese Einstellung im Druckdialog dazu, dass alle Bilder in den Zielfarbraum konvertiert werden und dabei auch den gewünschten Gesamtfarbauftrag besitzen. Sobald ein gemischter Aufbau des Dokuments vorliegt, empfiehlt es sich, eher Variante 1 zu wählen.

Vorsicht beim Konvertieren

Die Konvertierung ganzer Seiten in den Zielfarbraum kann mit dieser Einstellung erzwungen werden. Das Einsatzgebiet dafür ist relativ klein, da sich schließlich in jeder Datei schwarzer Text befindet und dieser in diesem Fall in ein 4c-Schwarz konvertiert würde.

Datei – selbst Bilder ohne eingebettetes Profil – mit dem vereinbarten CMYK- oder RGB-Profil versehen. Ein optimaler Ansatz zur PDF/X-3-Generierung.

33.3.7 Register »Erweitert«

Im Register ERWEITERT nehmen Sie die zusätzlichen Einstellungen in Bezug auf Ausgabeauflösung, OPI und Transparenzreduzierung vor.

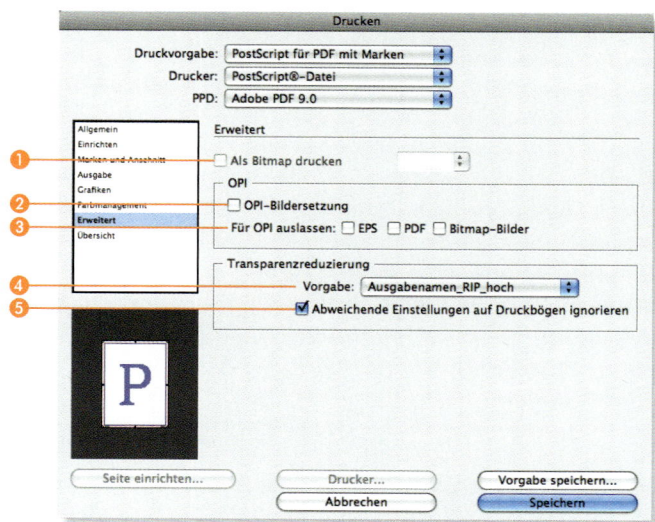

Abbildung 33.28 ▶
Das Register ERWEITERT des Druck-dialogs. Vor allem die Optionen im Bereich Transparenzreduzierung sind von essentieller Bedeutung für die Qualität des Druckergebnisses.

Durch die neue Option ALS BITMAP DRUCKEN ❶ können Sie auf nicht-PostScript-fähigen Druckern alle Grafiken bereits für die Ausgabe durch InDesign rastern lassen. Besonders wichtig ist diese Option beim Drucken von Dokumenten mit komplexen Objekten (Objekte mit weichen Kanten oder Verläufen) auf nicht-PostScript-fähigen Druckern unter Windows, da dadurch die Feh-lerwahrscheinlichkeit verringert wird.

Abbildung 33.29 ▶
Ausgeben auf nicht-PostScript-fähigen Druckern

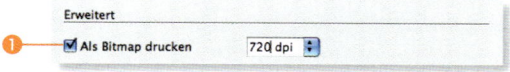

Stellen Sie die Auflösung für den Bitmapdruck auf denselben Wert, wie er für die gewählte Papierart und die gewählte Ausga-beauflösung im Druckertreiber hinterlegt ist. Damit sollten Sie höchste Qualität aus InDesign heraus auf Ihrem nicht-PostScript-fähigen Drucker ausgeben können.

Bereich »OPI« | Deaktivieren Sie die Option OPI-BILDERSETZUNG ❷ zur Erstellung einer PostScript-Datei, die für die Generierung einer PDF/X-Datei gedacht ist. Verwenden Sie diese Option nur, wenn die Ausgabe über einen OPI-Server erfolgt. In diesem Fall können Sie über die Checkboxen EPS, PDF und BITMAP-BILDER in der Option FÜR OPI AUSLASSEN ❸ bestimmen, welche Bilddaten in PostScript nur mit einem OPI-Kommentar gekennzeichnet sind oder ob die Originaldaten inklusive des OPI-Kommentares in der PostScript-Datei vorliegen sollen. Bei Transparenzen wird InDesign dazu angehalten, alle Bildinformationen, die für die Transparenzreduzierung benötigt werden, durch Originaldaten auszutauschen und danach in den PostScript-Stream als verflachten Datenbestand einzubetten.

Bereich »Transparenzreduzierung« | Da die Übergabe von nativen Transparenzen in PostScript nicht möglich ist, müssen Sie die Option VORGABE: AUSGABENAMEN_RIP_HOCH ❹ (die definierte Transparenzreduzierungseinstellung Ihres Ausgabegerätes – siehe dazu Abschnitt 24.2.2, »Die Transparenzreduzierungsvorgaben«, auf Seite 686) aktivieren.

Zusätzlich aktivieren Sie ABWEICHENDE EINSTELLUNGEN AUF DRUCKBÖGEN IGNORIEREN ❺, um sicherzustellen, dass keine benutzerdefinierte Transparenzreduzierung zur Anwendung kommt.

33.3.8 Register »Übersicht«

Alle im Druckmenü vorgenommenen Einstellungen werden in diesem Register zusammengefasst und lassen sich als Textdatei, quasi als Report, abspeichern. Der Bericht kann mit den Daten archiviert werden und erlaubt bei einem späteren Nachdruck einen schnelleren Abgleich der Ausgabesituation.

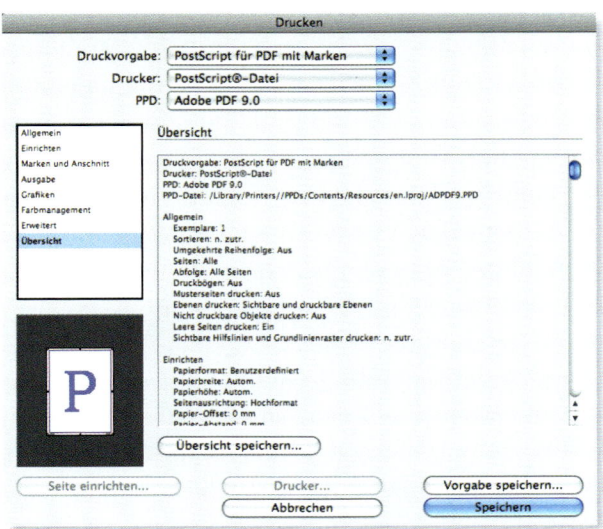

◄ **Abbildung 33.30**
Das Register ÜBERSICHT des Druckdialogs. Die gewählten Druckeinstellungen werden zusammengefasst und können als Textdatei abgespeichert und dem Auftrag in digitaler Form hinzugefügt werden.

33.4 Tintenstrahl- und PCL-Drucker

Für einen Probedruck, einen Korrekturauszug oder eine Präsentation müssen Sie eventuell das Layout auf einem Tintenstrahldrucker ausgeben. Bei den meisten Tintenstrahldruckern handelt es sich um nicht-PostScript-fähige Ausgabegeräte. Aus diesem Grund wird die Aufbereitung der Druckdaten über den installierten Druckertreiber vorgenommen, wodurch es nicht möglich ist, einen positionsgenauen Druck anzufertigen. So werden Linienstärken anders berechnet als in der Ausbelichtung, oder das Kerning der Schrift wird nicht präzise umgesetzt. Viele Laserdrucker hingegen verfügen über einen eingebauten PostScript-RIP oder eine PCL-Emulation. Ist dem Tintenstrahldrucker kein PostScript-RIP vorgeschaltet und der Laserdrucker auf die Verarbeitung von PCL-Daten eingestellt, so liegen die Unterschiede zu der bisher gezeigten Vorgehensweise in der fehlenden PPD-Datei und den Einträgen in den Registern Ausgabe, Farbmanagement und Ausgabe.

Wählen Sie zuerst den gewünschten Tintenstrahldrucker bzw. Laserdrucker in der Option Drucker aus. Wird in der Option PPD ein Eintrag angezeigt, so handelt es sich um einen Tintenstrahldrucker bzw. Laserdrucker, der über ein PostScript-RIP angesteuert wird. Die Verarbeitung der Druckdaten erfolgt somit wie zuvor beschrieben. Ist hingegen kein Eintrag in der Option PPD zu sehen, so wird für den Tintenstrahldrucker der eingebaute Druckertreiber des Druckerherstellers bzw. PCL als Druckersprache verwendet.

Im Folgenden zeigen wir Ihnen die Einstellungen, die Sie brauchen, um eine Ausgabe eines »Layout-Dummys« optimal aufzubereiten. Dabei können wir die Register Allgemein (nähere Informationen auf Seite 797) und Einrichten (nähere Informationen auf Seite 799) überspringen, da hier keine Abweichungen hinsichtlich der Einstellungsmöglichkeiten gegeben sind. Sie müssen, da es sich um einen nicht-PostScript-fähigen Drucker handelt, darin nur auf einige Optionen verzichten.

33.4.1 Register »Marken und Anschnitt«

Obwohl es sich um keinen PostScript-fähigen Drucker handelt, können Sie dennoch die Schnittmarken, Beschnittzugabemarken, Passermarken, Farbkontrollstreifen, Seiteninformationen sowie eine Erweiterung des Ausgabebereichs um die Beschnittzugabe (Anschnitt) oder den Infobereich einstellen.

Wenn Ihnen einige Optionen dabei nicht geläufig sind, lesen Sie auf Seite 801 in diesem Kapitel nach.

[PCL]
PCL – Printer Command Language – ist eine von Hewlett-Packard entwickelte Befehlssprache zum Steuern von Laser- und Tintenstrahldruckern. PCL ist viel einfacher als PostScript (eine komplexe Programmiersprache, die einen Interpreter voraussetzt) aufgebaut.

33.4.2 Register »Ausgabe«

Tintenstrahldrucker arbeiten zwar in der Ausgabe mit CMYK bzw. mit sechs oder acht Farben (CMYK + helles Magenta + helles Cyan + Grau + helles Schwarz), intern werden die Daten jedoch durch den Druckertreiber nach RGB konvertiert, da so die Berechnung der Farbwerte für die Ausgabe auf Basis der acht Farben optimiert erfolgen kann. Im Unterschied zu PostScript-Druckern kann somit im Popup-Menü FARBE nur noch COMPOSITE-GRAU oder COMPOSITE-RGB ❶ ausgewählt werden. Der Druckertreiber liefert dadurch nur RGB-Informationen – selbst wenn Sie COMPOSITE-GRAU aktiviert haben – an den Drucker.

Die Aktivierung der Checkbox TEXT IM SCHWARZEN ❷ ist daher auch nicht zielführend, da generell alle Farben nach RGB transformiert werden. Auch Text wird dabei nach RGB transformiert, da es in RGB ja kein Schwarz gibt, sondern dies immer als $R=0$, $G=0$, $B=0$ definiert ist.

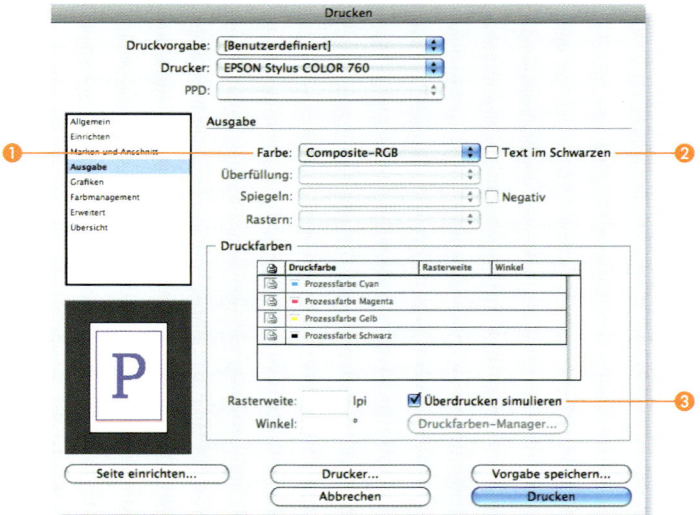

◄ Abbildung 33.31
Das Register AUSGABE des Druckdialogs, wenn ein nicht-PostScriptfähiger Drucker gewählt ist. Bei den meisten Tintenstrahldruckern werden dabei die Farbinformationen nach RGB gewandelt, um somit den größeren Farbumfang dieser Ausgabegeräte besser abbilden zu können. Die Wahl der Option ÜBERDRUCKEN SIMULIEREN ist in den meisten Fällen die richtige Wahl. Somit lassen sich bereits in der Ausgabe eines Probedruckes Fehler bei überdruckenden Elementen erkennen.

Die Aktivierung der Option ÜBERDRUCKEN SIMULIEREN ❸ ist bei der Ausgabe auf Tintenstrahl- oder PCL-Druckern sinnvoll, da Sie dadurch alle im Dokument versteckten Überdruckeinstellungen, egal ob in InDesign CS4 erstellt oder über eine PDF- oder EPS-Datei importiert, erkennen können.

33.4.3 Register »Farbmanagement«

Durch die Erkenntnis aus dem Register AUSGABE (Informationen dazu erhalten Sie auf Seite 810 in diesem Kapitel) ist somit die Wahl des Profils von großer Wichtigkeit. Wählen Sie, um gute und sehr farbenkräftige Ergebnisse zu erzielen, eines der vom Hersteller

Profile installieren

Kopieren Sie die ICC-Profile des Herstellers unter Mac OS X in das Verzeichnis FESTPLATTE/LIBRARY/COLORSYNC/PROFILES und unter Windows XP unter C:\WINDOWS\SYSTEM32\SPOOL\DRIVERS\COLOR. Somit haben Sie in den Adobe-Programmen den Zugriff darauf.

Drucktests durchführen

Die Qualität der mitgelieferten Profile lässt bei einigen Herstellern zu wünschen übrig bzw. ist natürlich nur auf die vom Hersteller empfohlenen Papiersorten abgestimmt. Führen Sie deshalb zuerst einen Drucktest durch. Sollte keines der Profile für Sie adäquat sein, so müssen Sie sich ein Druckprofil erstellen lassen.

mitgelieferten RGB-Profile aus. Beachten Sie, dass die meisten Hersteller verschiedene Profile für das jeweils verwendete Papier zur Verfügung stellen.

Wählen Sie in der Option DRUCKERPROFIL ❹ das Profil, das zum verwendeten Papier passt. Aufgrund der unterschiedlichen Farbräume, die durch verschiedene Papiersorten abgebildet werden können, sind die Unterschiede durch die Verwendung der Profile enorm.

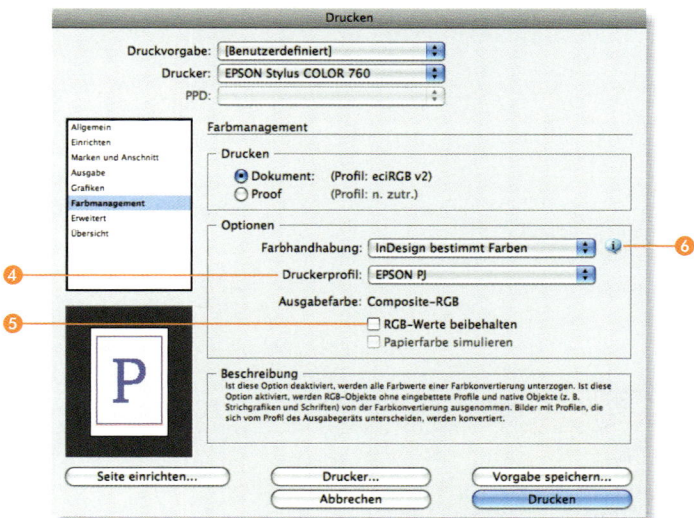

Abbildung 33.32 ►
Das Register FARBMANAGEMENT des Druckdialogs wenn ein nicht-PostScript-fähiger Drucker gewählt ist. Greifen Sie in der Wahl des Druckerprofils in erster Linie auf Profile zurück, die Ihnen der Hersteller zu dem gewählten Gerät zur Verfügung stellt. In den meisten Fällen können damit auch sehr gute Ergebnisse erzielt werden.

Eine kleine Sprechblase ❻ neben der Option FARBHANDHABUNG fordert Sie auf, die Colormanagement-Funktionalität in Ihrem Druckertreiber zu deaktivieren, da es ansonsten zu einer doppelten Verrechnung der Daten käme.

Aktivieren Sie die Option RGB-WERTE BEIBEHALTEN ❺, wenn für platzierte RGB-Bilder und RGB-Objekte keine Farbverrechnung in den Zielfarbraum – EPSON PJ – erfolgen soll. Die Verrechnung aller RGB-Daten in den Zielfarbraum führt jedoch meistens zu besseren Ergebnissen.

33.4.4 Register »Erweitert«

Um einen homogeneren Ausdruck zwischen Text, Pixeln und Grafik zu erhalten, aktivieren Sie die Option ALS BITMAP DRUCKEN ❼, und stellen Sie dabei die Ausgabeauflösung des Druckers ein.

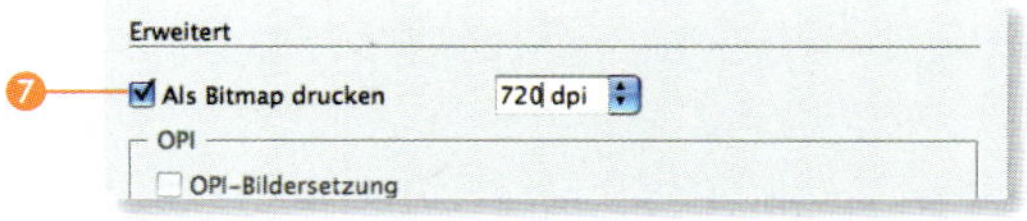

Abbildung 33.33 ►
Durch die Option ALS BITMAP DRUCKEN wird Ales vor der Ausgabe in ein Bitmap gewandelt.

33.5 Proofen

Sollten Sie kein hochwertiges Proof-System zur Verfügung haben, so bietet Ihnen InDesign dennoch die Möglichkeit, auf einfache Art und Weise den Abzug Ihrer Daten zu simulieren. Alles, was Sie dazu brauchen, ist ein geeignetes Proof-Profil. Entweder greifen Sie auf die entsprechenden Profile der Hersteller von Tintenstrahl- und Farblaserdruckern zurück oder besser: Sie erstellen sich ein Profil selbst.

Um ein Druckprofil zu erstellen, müssen Sie zuerst die Testtargets ohne eingeschaltetes Farbmanagement ❶ aus Adobe Photoshop CS4 über den Befehl DATEI • DRUCKEN (in älteren Photoshop-Versionen müssen Sie hier den Befehl DATEI • DRUCKEN MIT VORSCHAU wählen) auf dem zu profilierenden Papier ausdrucken.

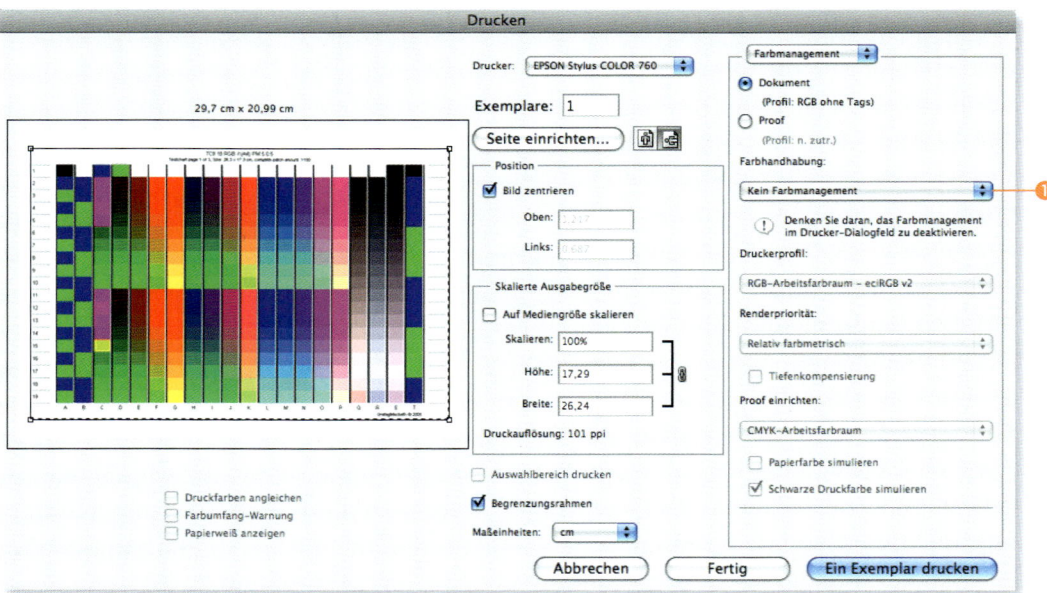

▲ **Abbildung 33.34**
Der Druckdialog aus Adobe Photoshop CS4 mit deaktiviertem Farbmanagement für die Ausgabe. Achten Sie jedoch zuvor darauf, dass auch Farbmanagementfunktionen im Druckertreiber deaktiviert sind.

Im Anschluss müssen Sie dann Ihre ausgedruckten Testcharts farbmetrisch vermessen. Hersteller wie X-Rite, Gretag-Macbeth (wurde von der Firma X-Rite übernommen) oder Color Solution bieten dazu Softwarepakete und geeignete Messgeräte an. Wer sich jedoch diese Kosten nicht antun möchte, der hat immer noch die Möglichkeit, sich so ein Profil ausmessen und berechnen zu lassen. Es gibt sicherlich auch in Ihrem Umfeld einen Farbexperten, der diese Arbeit gegen Entgeld ausführt. Beachten Sie, dass Sie für jedes Papier, das Sie gedenken zu verwenden, ein eigenes Druckprofil erstellen müssen. Die ICC-Profile müssen Sie dann nur noch in das richtige Verzeichnis kopieren (siehe dazu den Hinweis »Profile installieren« auf Seite 817) und in einigen Fällen die verwendeten Applikationen neu starten. Damit sind wir nun bereit, einen Proof-Ausdruck auf unserem gewählten Papier durchzuführen.

In nachstehender Schritt-für-Schritt-Anleitung gehen wir davon aus, dass Sie auf Ihrem **Dell Farblaserdrucker 3130cn** simulieren wollen, wie das Inserat in der Tageszeitung aussehen wird.

Schritt für Schritt: Proofen auf einem Farblaserdrucker

Bevor Sie einen Proof-Druck durchführen können, müssen Sie zuerst in InDesign CS4 die Proof-Bedingungen für einen Soft-Proof – simulierende Farbwiedergabe am Monitor – festlegen.

1   **Proof-Bedingung einrichten**

Wählen Sie dazu den Befehl ANSICHT • PROOF EINRICHTEN • BENUTZERDEFINIERT aus. Diese Simulationseinstellung wird in der Ausgabe für die Simulation auf dem Druckpapier verwendet.

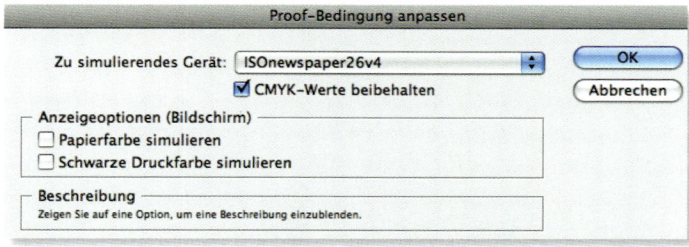

Abbildung 33.35 ▶
Anpassen der Proof-Bedingung zur Simulation am Monitor. Diese hat auch für die Ausgabesimulation eine große Bedeutung.

Wählen Sie in der Option ZU SIMULIERENDES GERÄT das Zielprofil der Tageszeitung aus, und aktivieren Sie RGB-WERTE BEIBEHALTEN oder CMYK-WERTE BEIBEHALTEN. Das Aktivieren dieser Option wird beim sicheren CMYK-Workflow empfohlen, bei RGB-Ausdrucken müssen Sie diese Checkbox nicht aktivieren.

Aktivieren Sie auch die Option PAPIERFARBE SIMULIEREN, wenn Sie den »Graustich« des Zeitungspapiers am Proof bzw. am Monitor sehen möchten, und drücken Sie auf OK. Nicht erschrecken, am Monitor sehen Sie nun den Soft-Proof mit dem Graustich.

Ob Sie einen Farbdruck am Monitor simulieren oder nicht, erkennen Sie im Dokumentenreiter. Das simulierte Profil wird in Klammern   36_Drucken.indd @ 200 % (ISOnewspaper26v4) ×   angegeben.

2   **Druckbefehl aufrufen und Einrichten der Parameter**

Führen Sie den Druckbefehl über DATEI • DRUCKEN aus, und wählen Sie im Register ALLGEMEIN in der Option DRUCKER den Proof-Drucker aus.

Nehmen Sie in allen Registern die gewünschte Einstellung vor, und schalten Sie dann auf das Register FARBMANAGEMENT.

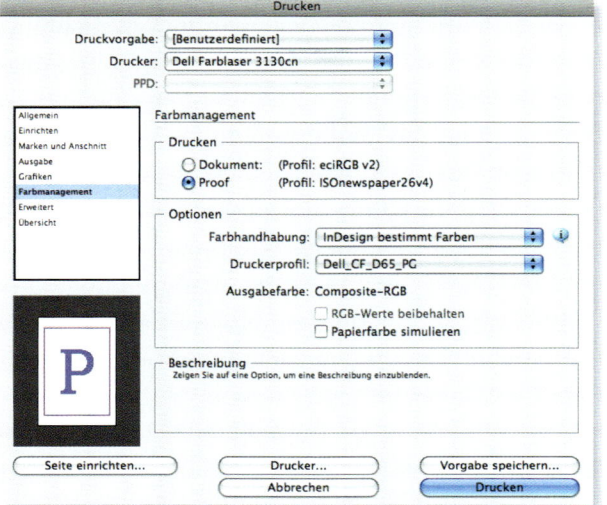

◄ Abbildung 33.36
Das Register FARBMANAGEMENT für die Ausgabe eines Proofs

Im Bereich **Drucken** wählen Sie den Button PROOF aus. Das zuvor eingestellte Profil für den Soft-Proof wird daraufhin angezeigt. Durch die Option PROOF kann eine Simulation des Zielprofiles auf Basis des gewählten Druckerprofiles erfolgen. Um auch die Anmutung des Bedruckstoffes zu simulieren, kann die Option PAPIERFARBE SIMULIEREN aktiviert werden.

Im Bereich **Optionen** wählen Sie bei FARBHANDHABUNG die Option INDESIGN BESTIMMT FARBEN. In der Option DRUCKERPROFIL wählen Sie das zum Papier passende Proof-Profil – in unserem Fall das selbsterstellte Profil DELL_CF_D65_PG – aus. Aktivieren Sie die Checkbox PAPIERFARBE SIMULIEREN nur dann, wenn Sie auch im Ausdruck den »Graustich« des Papiers simuliert bekommen möchten.

3   Überprüfen der Druckertreiber-Einstellung

Überprüfen Sie noch einmal Ihre Druckertreiber-Einstellungen, und schalten Sie das Farbmanagement im Druckertreiber aus. Durch Drücken des Buttons DRUCKER können Sie die Druckertreiber-Einstellungen ändern. Sollte der Druckertreiber das Deaktivieren der Farbeinstellungen nicht zulassen, so ist eine farbverbindliche Ausgabe nicht gewährleistet.

Nach Deaktivierung des Farbmanagements im Druckertreiber und Bestätigen der geänderten Einstellungen können Sie mit dem Ausdruck beginnen. ■

33.6 Druckvorgaben

Die aus QuarkXPress bekannten Druckstile werden in InDesign CS4 als Druckvorgaben bezeichnet. Der Unterschied zu QuarkXPress besteht darin, dass mit den Druckvorgaben auch Einstellungen des Druckers, wie Auflösung oder Endfertigungsoptionen (Duplexdruck, Anordnungen, Farbmanagement, verwendetes Papier und Ausgabeprofil usw.) gespeichert werden können.

Schritt für Schritt: Anlegen einer Druckvorgabe

Diese Schritt-für-Schritt-Anleitung zeigt Ihnen, wie Sie eine Druckvorgabe zur Ausgabe einer Doppelseite mit Anschnitt verkleinert auf A4 auf Ihrem Dell-Farblaserdrucker einrichten sollten.

1 Aufrufen des Druckvorgaben-Dialogs
Führen Sie den Menübefehl DATEI • DRUCKVORGABEN • DEFINIEREN aus. Im erscheinenden Dialog können Sie Druckvorgaben neu erstellen, bearbeiten, löschen, laden oder speichern. Das Verteilen von Druckvorgaben wird dem Systemadministrator somit sehr erleichtert.

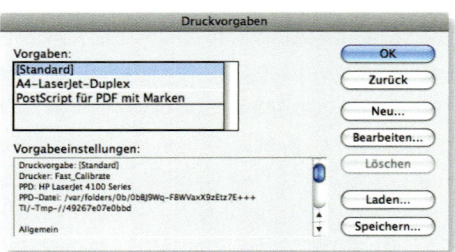

Abbildung 33.37 ►
Der DRUCKVORGABEN-Dialog zum Verwalten und Anlegen von Druckstilen (wie es QuarkXPress-Anwender noch in Erinnerung haben)

▶ **Neu:** Durch Drücken des Buttons NEU öffnet sich der Dialog NEUE DRUCKVORGABE, in dem Sie den Namen der Druckvorgabe eingeben sowie die für die jeweilige Ausgabeform bestimmten Druckparameter in den jeweiligen Registern angeben können.

▶ **Bearbeiten:** Wählen Sie eine bestehende Druckvorgabe aus, und drücken Sie BEARBEITEN, um darin Änderungen vorzunehmen.

▶ **Löschen:** Wählen Sie die zu löschende Vorlage aus, und drücken Sie LÖSCHEN.

▶ **Laden:** Importieren Sie gespeicherte Druckvorgaben durch Drücken des Buttons LADEN. Werden Druckvorgaben importiert, die auf einen im System nicht vorhandenen Drucker oder eine nicht vorhandene PPD-Datei verweisen, so erscheint eine Fehlermeldung, die auf diesen Zustand hinweist. In diesem Fall müssen Sie die importierte, jedoch fehlerhafte Druckvorgabe überarbeiten, indem Sie den Button BEARBEITEN drücken und den korrekten Drucker bzw. die PPD-Datei auswählen.

▶ **Speichern:** Markieren Sie jene Druckvorlagen, die Sie für die Verwendung auf anderen Rechnern exportieren wollen. Sie können durch Drücken der ⎇Strg⎈- bzw. ⌘-Taste weitere Einträge aus der Liste markieren. Durch Drücken des Buttons SPEICHERN öffnet sich der SPEICHERN-Dialog, in dem Sie den Namen der Druckvorlage eingeben können. Achten Sie darauf, dass die Endung ».prst« dabei erhalten bleibt.

2   Neue Druckvorgabe anlegen

Drücken Sie im DRUCKVORGABEN-Dialog nun den Button NEU. Im erscheinenden Dialog geben Sie im Feld NAME den Namen der Druckvorgabe – in unserem Fall »Farblaser A4-Doppelseite-Proof« – ein.

3   Die Register »Allgemein« und »Einrichten«

In diesen Registern wählen Sie die Optionen aus Abbildung 33.38. Da wir beabsichtigen, zwei Seiten verkleinert auf einer Seite auszugeben, müssen abweichend von den zuvor gezeigten Einstellungen die Option DRUCKBÖGEN im Register ALLGEMEIN und die Option AUF SEITENGRÖSSE SKALIEREN im Register EINRICHTEN aktiviert werden.

Sollten Sie Fragen zu den Optionen im Register ALLGEMEIN haben, so lesen Sie in diesem Kapitel auf Seite 797 nach. Zusätzliche Informationen zum Register EINRICHTEN erhalten Sie ab Seite 799 in diesem Kapitel.

▼ **Abbildung 33.38**
Die Register ALLGEMEIN und EINRICHTEN

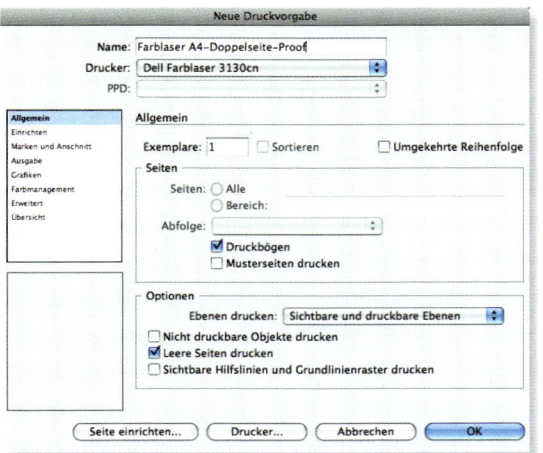

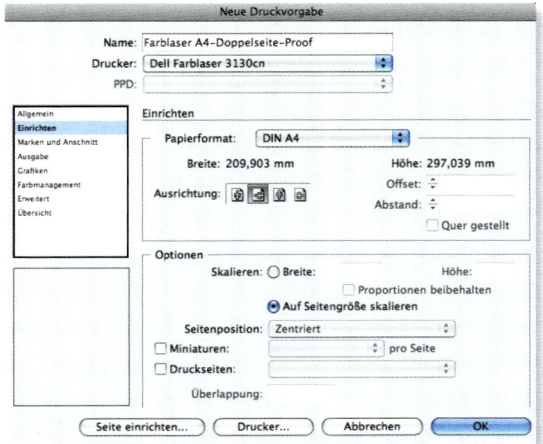

4 **Die Register »Marken und Anschnitt« und »Ausgabe«**

In diesen Registern wählen Sie die Optionen aus Abbildung 33.39. Da beim Dell-Farblaserdrucker über PCL alle Daten nach RGB konvertiert werden müssen, können im Register Ausgabe nur Composite-Grau und Composite-RGB aktiviert werden.

Sollten Sie Fragen zu den Optionen im Register Marken und Anschnitt haben, so lesen Sie in diesem Kapitel auf Seite 801 nach. Zusätzliche Informationen zu den Optionen im Register Ausgabe erhalten Sie ab Seite 802 in diesem Kapitel.

▼ **Abbildung 33.39**
Die Register Marken und Anschnitt und Ausgabe

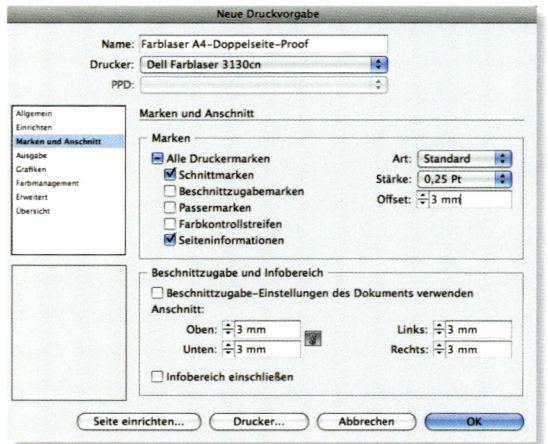
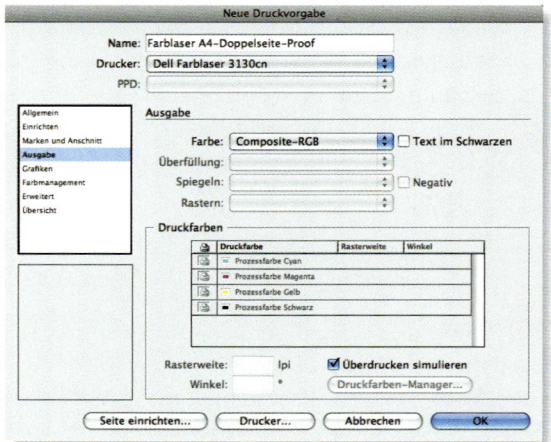

5 **Die Register »Grafiken« und »Farbmanagement«**

In diesen Registern wählen Sie die Optionen aus Abbildung 33.40. Im Register Farbmanagement müssen Sie die Option Proof aktivieren und in der Option Druckerprofil das von Ihnen erstellte bzw. das vom Druckerhersteller zur Verfügung gestellte Druckerprofil auswählen. Für die Proof-Ausgabe sollten Sie auch die Option Überdrucken simulieren aktivieren.

▼ **Abbildung 33.40**
Die Register Grafiken und Farbmanagement

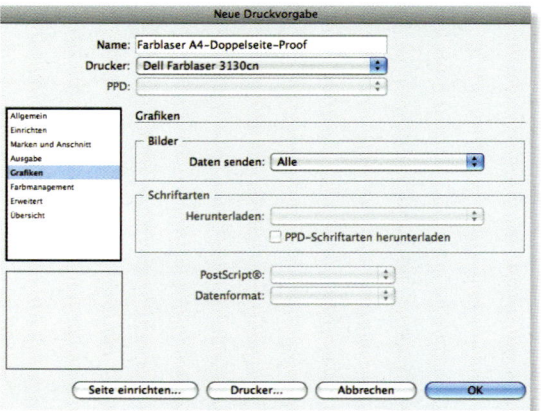
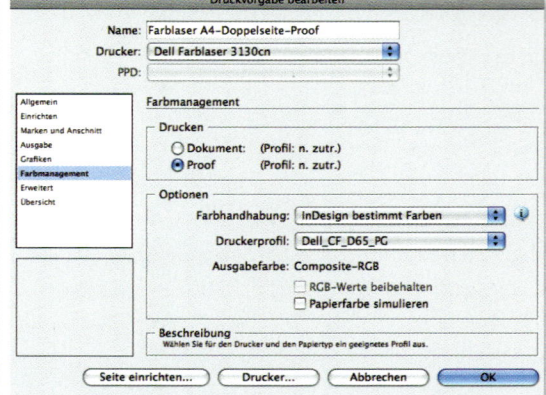

Sollten Sie Fragen zu den Optionen im Register GRAFIKEN haben, so lesen Sie in diesem Kapitel auf Seite 807 nach. Zusätzliche Informationen zu den Optionen im Register FARBMANAGEMENT erhalten Sie ab Seite 810 in diesem Kapitel.

6 Die Register »Erweitert« und »Übersicht«

Im Register ERWEITERT wählen Sie, wenn es sich um einen Tintenstrahldrucker handelt bzw. der Druckertreiber dies für die Ausgabe anbietet, noch die Ausgabeauflösung des Druckers aus. Damit erfolgt auch die Transparenzreduzierung auf Basis dieser Auflösung für die Ausgabe.

Im Register ÜBERSICHT können Sie noch die Zusammenfassung der gewählten Optionen nachlesen.

▼ **Abbildung 33.41**
Die Register ERWEITERT und
ÜBERSICHT

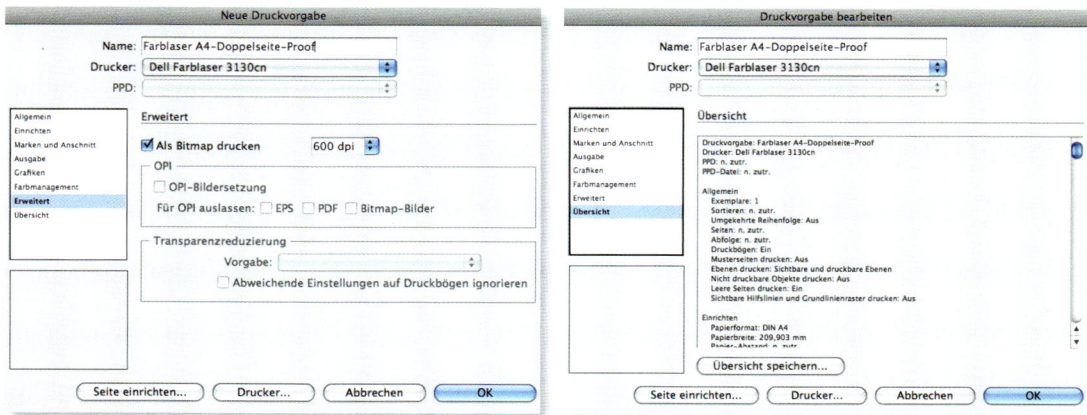

Sollen noch Parameter des Druckertreibers – Anpassung der Farbe, Wahl des Papierschachtes, Wahl des Papieres, Wahl der Ausgabeauflösung und dergleichen – in der Druckvorgabe berücksichtigt werden, so drücken Sie den Button DRUCKER. Damit rufen Sie den Einstellungsdialog des Druckertreibers auf. Treffen Sie dort die gewünschten Einstellungen. Achten Sie bei der Proof-Ausgabe darauf, dass das Farbmanagement im Druckertreiber in jedem Fall deaktiviert ist. Eine doppelte Verrechnung der Farben – einmal durch InDesign und ein zweites Mal durch den Druckertreiber – kann in der Praxis nicht funktionieren.

7 Finalisierung der Druckvorgabe

Nachdem wir nun alle Parameter – im Druckdialog und im Einstellungsdialog des Druckertreibers – gewählt haben, muss nur noch der Button OK gedrückt werden. Damit haben wir die Einstellungen abgeschlossen und kommen wiederum zurück in den DRUCKVORGABEN-Dialog.

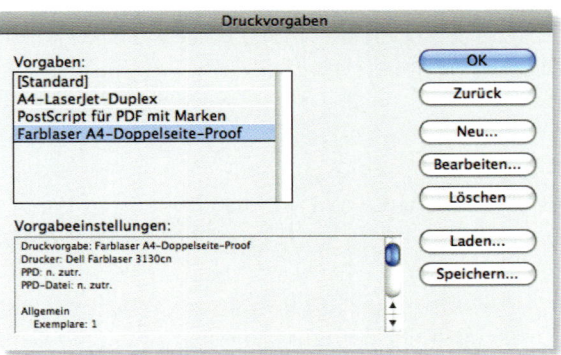

Abbildung 33.42 ▶
Der DRUCKVORGABEN-Dialog mit
dem angelegten Druckstil

Die Druckvorgabe ist nun definiert und kann über den Button SPEICHERN für die Verwendung auf anderen Systemen exportiert werden. Sichern Sie in jedem Fall immer Ihre definierten Druckvorgaben, da diese nur in den InDesign-Präferenzen abgespeichert werden. Sollten Sie zu einem bestimmten Anlass die Präferenzen löschen müssen, so sind auch Ihre Druckvorgaben eliminiert. Durch erneutes LADEN der Druckvorgaben ersparen Sie sich dann eine Menge Zeit. ◼

33.6.1 Alternative Vorgehensweise zum Anlegen einer Druckvorgabe

Sie können eine Druckvorgabe nicht nur wie in der Schritt-für-Schritt-Anleitung gezeigt anlegen. Sie können auch einfach den Druckbefehl ausführen, die gewünschten Parameter im Druckdialog und im Einstellungsdialog des Druckertreibers vornehmen und dann über den Button VORGABE SPEICHERN eine Druckvorgabe direkt aus dem Druckdialog anlegen.

Notwendige Anpassungen für die Druckvorgabe führen Sie dann über den Befehl DATEI • DRUCKVORLAGEN • DEFINIEREN und dort über den Button BEARBEITEN aus.

33.6.2 Ausführen des Druckbefehls über Druckvorgaben

Um auf die getroffene Druckvorgabe für die Ausgabe zurückzugreifen, stehen Ihnen zwei Möglichkeiten zur Verfügung:

▶ Führen Sie den Befehl DATEI • DRUCKEN aus. Im Druckdialog können Sie dann über die Option DRUCKVORGABE die zuvor gespeicherte Vorgabe auswählen.

▶ Führen Sie den Befehl DATEI • DRUCKVORGABEN • NAME DER DRUCKVORGABE aus. Dadurch öffnet sich der Druckdialog, und die gewählte Druckvorgabe ist bereits in der Option DRUCKVORGABE ausgewählt.

Default-Einstellung im Druckdialog

InDesign merkt sich die zuletzt getätigte Einstellung, auch wenn das Dokument zwischenzeitlich geschlossen wurde.

HINWEIS

Das Aufrufen des Druckdialogs mit einer bereits gewählten Druckvorgabe über ein Tastaturkürzel ist leider nicht möglich. Sie können lediglich den Druckdialog über ⌃Strg⌄+P bzw. ⌘+P aufrufen und dann in der Option DRUCKVORGABE auf die gewünschte Einstellung zurückgreifen.

Sie sehen, dass man sich durch die Definition von Druckvorgaben in der Ausgabe viel Zeit ersparen kann.

33.7 Broschüre drucken

Nachdem Sie nun die Parameter des Druckdialogs kennen und für bestimmte Ausgabeformen die entsprechenden Druckvorgaben angelegt haben, sollten wir nun noch eine spezielle Ausgabe, das Ausschießen von umfangreicheren Dokumenten direkt auf dem Drucker oder in eine PDF-Datei, behandeln.

33.7.1 Was ist ausschießen, und was ist montieren?

Das Ausschießen beschreibt den Vorgang, einzelne Dokumentenseiten in der richtigen Reihenfolge und Ausrichtung für den Druckbogen zu sortieren. Die Montage ist hingegen die passergenaue Fixierung auf dem gesamten Druckbogen. Dabei ist wichtig, je nach Größe des Druckbogens und späterer Verarbeitung wie Schneiden, Binden, Klammern, Heften, Falzen oder Stanzen die Seiten in der richtigen Position und Ausrichtung zu platzieren, so dass das Endprodukt – z. B. ein gebundenes Buch – eine richtige Seitenfolge erhält.

Mit der Funktion BROSCHÜRE DRUCKEN aus dem Menü DATEI können Sie Druckbögen für die professionelle Druckausgabe – ausgeschossen – ausgeben. Damit können Agenturen sehr schnell Dummys von kleinen Broschüren korrekt drucken, so dass diese nur mehr zusammengetragen werden müssen.

33.7.2 Ausgabe einer Broschüre auf einem Laserdrucker

Ein achtseitiger abfallend gesetzter Folder soll im Digitaldruck auf einen Farblaserdrucker ausgeschossen ausgegeben werden. Der Folder hat eine Breite von 105 mm und eine Höhe von 210 mm. Der Folder wird einmal gefalzt und am Rücken durch zwei Klammern zusammengefasst.

Der achtseitige Folder wird dazu in InDesign CS4 geöffnet und über den Befehl DATEI • BROSCHÜRE DRUCKEN direkt auf dem Farblaserdrucker auf A4-Papier ausgegeben. Durch das Ausführen des Befehls erscheint der BROSCHÜRE DRUCKEN-Dialog. Dieser ist in die drei Register EINRICHTEN, VORSCHAU und ÜBERSICHT unterteilt.

Register »Einrichten« | Gehen Sie in das Register EINRICHTEN, in dem Sie zuerst das gewünschte Ausgabegerät durch Wahl der DRUCKVORGABE ❶ auswählen. Steht keine entsprechende Vorgabe

zur Verfügung, so können Sie über den Button DRUCKEINSTELLUN-
GEN ❺ in den Druckdialog schalten, wo Sie die zuerst beschriebenen Einstellungen in den jeweiligen Registern für den Ausdruck
vornehmen können.

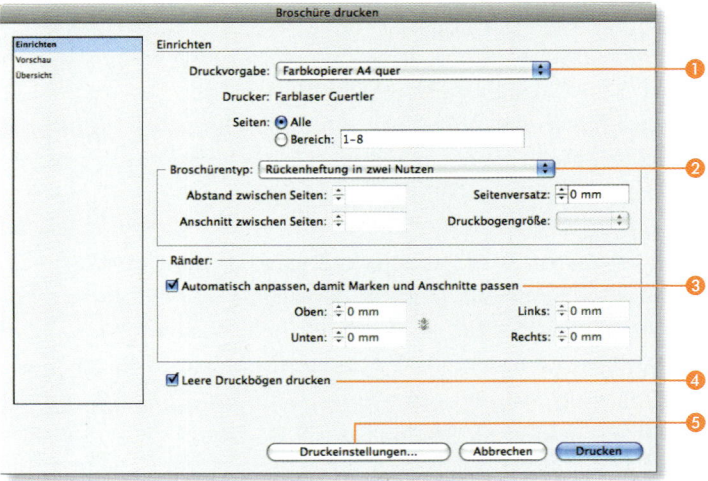

Abbildung 33.43 ▶
Der Dialog Broschüre drucken aus
InDesign CS4. Wählen Sie den BRO-
SCHÜRENTYP aus, und definieren Sie
die dazu notwendigen Parameter.

Sind der Drucker und speziell das Papierformat gewählt, so
bestimmen Sie als Nächstes die Art des Ausschusses über die
Option BROSCHÜRENTYP ❷. Es stehen dabei fünf Typen zur Auswahl – siehe Abbildung 33.44.

Wählen Sie für unseren Folder-Dummy die Option RÜCKENHEF-
TUNG IN ZWEI NUTZEN. Damit ist sichergestellt, dass Seite 8 und
1, 7 und 2, 6 und 3, 5 und 4 gegenüberliegend auf der Seite ausgegeben werden. Beachten Sie besonders genau – wenn Ihr Laserdrucker doppelseitig drucken kann –, ob die Position auf der Vor-
der- und Rückseite nach der Ausgabe stimmt. Ansonsten müssen
Sie noch in den DRUCKEINSTELLUNGEN die Feinabstimmung dafür
vornehmen.

Markieren Sie im Bereich RÄNDER die Option AUTOMATISCH AN-
PASSEN, DAMIT MARKEN UND ANSCHNITT PASSEN ❸, um die Druckmarken in entsprechender Entfernung zum Endformat zu positionieren. Die Option LEERE DRUCKBÖGEN DRUCKEN ❹ kann in
einigen Fällen sinnvoll sein, führt jedoch bei der direkten Ausgabe
auf einem Laserdrucker möglicherweisezur unnötigen Ausgabe
von weißem Papier. Beachten Sie den Hinweis in der Marginalie!

Register »Vorschau« | Hier können Sie sich vor der Ausgabe
noch einmal visuell versichern, ob sich Ihre Einstellungen auch
wirklich so verhalten, wie Sie es beabsichtigen. Sind alle Einstellungen OK, so steht der Ausgabe nichts mehr im Wege.

✓ Rückenheftung in zwei Nutzen
  Klebebindung in zwei Nutzen
  Zwei Nutzen – fortlaufend
  Drei Nutzen – fortlaufend
  Vier Nutzen – fortlaufend

▲ **Abbildung 33.44**
Broschürentypen des Dialogfelds
BROSCHÜRE DRUCKEN

Leere Seiten

Als leer gilt in InDesign auch
dann eine Seite, wenn sie nur
Elemente der Mustervorlage –
z. B. die Pagina – enthält.

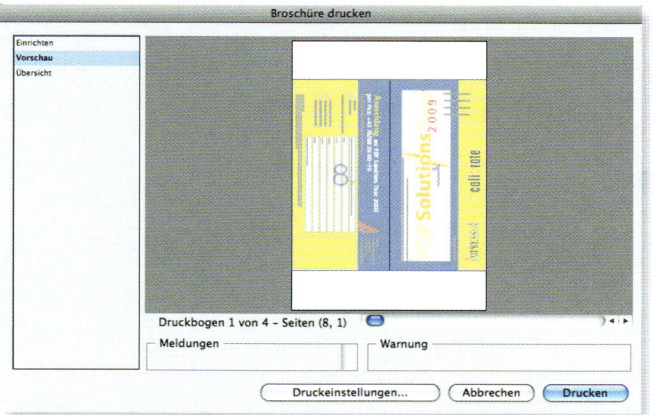

◄ **Abbildung 33.45**
Das Register VORSCHAU im Dialog
BROSCHÜRE DRUCKEN. Darin wird
visuell noch einmal das gezeigt, was
Sie nach der Ausgabe erwarten
wird.

33.7.3 Ausgabe eines Buches als PDF

Zur Ausgabe eines Buches, das durch Klebebindung am Rücken
verleimt werden soll, sollte nachstehende Einstellung gewählt
werden.

Nach dem Aufruf des Befehls DATEI • BROSCHÜRE DRUCKEN
wählen Sie die in diesem Kapitel beschriebene Druckvorgabe
POSTSCRIPT FÜR PDF MIT MARKEN und in der Option BROSCHÜREN-
TYP den Eintrag KLEBEBINDUNG IN ZWEI NUTZEN ❻ aus.

[Nutzen]
Als Nutzen wird die größtmögliche Anzahl darstellbarer Seiten
pro Seite oder Doppelseite inklusive Anschnitt und weiterer
Druckermarken bezeichnet.

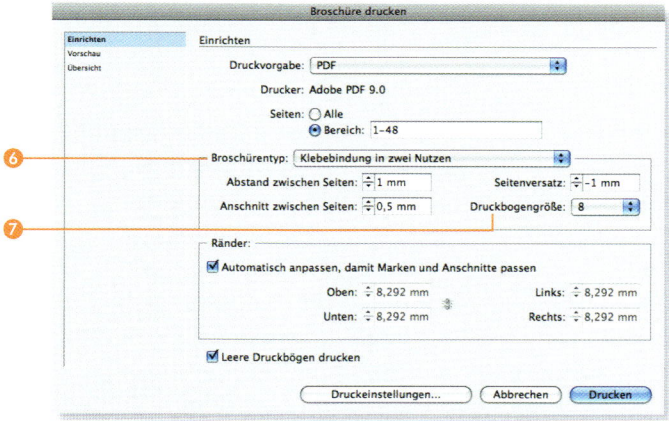

◄ **Abbildung 33.46**
Das Register EINRICHTEN im Dialog
BROSCHÜRE DRUCKEN, wenn der
BROSCHÜRENTYP KLEBEBINDUNG IN
ZWEI NUTZEN gewählt ist. Durch
die zusätzlichen Optionen können
Papierstärke und die dazu benötigte
Verjüngung für die Ausgabe berück-
sichtigt werden.

Wir wollen ein achtundvierzigseitiges Dokument in KLEBEBIN-
DUNG IN ZWEI NUTZEN ausgeben. Bei einer DRUCKBOGENGRÖSSE ❼
von acht Seiten (vier Seiten auf der Schön- und vier Seiten auf der
Widerdruckseite) benötigen wir zur Ausgabe somit sechs Bögen
(Signatur).

Abstand zwischen Seiten | Diese Option gibt die Größe des
Abstandes zwischen den gegenüberliegenden Seiten an. Sie legt
fest, um wie viel die Außenseite eines Bogens – diese besitzt die

[Schön- und Widerdruck]
Als Schöndruckseite wird die Vorderseite (erstdruckende) des Papieres bezeichnet. Die Widerdruckseite ist somit die Rückseite.

▼ **Abbildung 33.47**
Auf einen Bogen werden acht Seiten ausgeschossen und dann zusammengefalzt. Daraus ergeben sich zwei Blätter, die ineinandergesteckt werden. Auf dem äußeren Blatt (zwei linke Abbildungen) befinden sich auf der Schöndruckseite die Seiten 8 und 1 und auf der Widerdruckseite 2 und 7. Auf dem inneren Blatt befinden sich auf der Schöndruckseite die Seiten 6 und 3 und auf der Widerdruckseite die Seiten 5 und 4. Bedingt durch die Papierstärke muss das äußere Blatt aus dem Bund heraus etwas verschoben werden, damit auf der linken und der rechten Kante des Bogens kein Versatz stattfindet und somit die orangefarbene Randmarke nicht flattert.

größte Breite bedingt durch den entstandenen Bug – durch Hinzufügen eines Abstandes vergrößert werden muss. In unserem Beispiel wurde der Außenseite des Druckbogens 1 mm Abstand gegeben.

Anschnitt zwischen Seiten | Diese Einstellung gibt den Anschnittbereich an, der bei gegenüberliegenden Seiten in die andere Seite hineinragen darf, um keine weißen Ränder zwischen den ausgeschossenen Seiten entstehen zu lassen. Der Wert liegt zwischen 0 und der Hälfte des eingegebenen Abstands zwischen den Seiten.

Seitenversatz | Durch die Eingabe des Seitenversatzes bestimmen Sie die Verdrängung – Verringerung des Abstands zwischen den gegenüberliegenden Seiten –, die pro Seite im Druckbogen durchgeführt werden soll. Werden, wie in unserem Fall, acht Seiten pro Bogen ausgeschossen und wird der Abstand zwischen den Seiten mit 1 mm festgelegt, so kann der SEITENVERSATZ für die Innenseite des Druckbogens auf –1 mm gestellt werden.

Druckbogengröße | Hier geben Sie an, wie viele Seiten die einzelnen Signaturen (Druckbögen) enthalten. Wenn die Anzahl der auszuschießenden Seiten nicht durch den Wert für die DRUCKBOGENGRÖSSE teilbar ist, werden am Ende des Dokuments so viele Leerseiten wie notwendig eingefügt.

Markieren Sie im Bereich RÄNDER die Option AUTOMATISCH ANPASSEN, damit Marken und Anschnitt passen, um die Druckmarken in entsprechender Entfernung zum Endformat zu positionieren. Aktivieren Sie die Option LEERE DRUCKBÖGEN DRUCKEN.

▼ **Abbildung 33.48**
Die fünf Broschürentypen. Den Seitenabstand können Sie dabei ausgenommen von der Rückenheftung bei jedem Broschürentyp eingeben.

33.7.4 Unterschiede in den Broschürentypen
Wie sich die Broschürentypen unterscheiden, entnehmen Sie den schematischen Illustrationen in Abbildung 33.48.

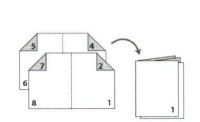

Rückenheftung in zwei Nutzen

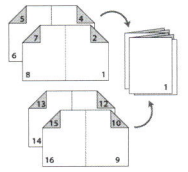

Klebebindung in zwei Nutzen

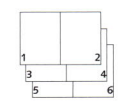
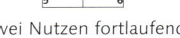

Zwei Nutzen fortlaufend

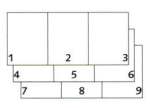

Drei Nutzen fortlaufend

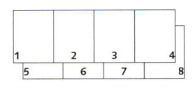

Vier Nutzen fortlaufend

34 PDF-Export für die Druckvorstufe

Ob für das Internet, für den Digitaldruck, für die Druckvorstufe oder als PDF/X: InDesign bietet für jede Ausgabeform eine PDF-Vorgabe an, die Sie verwenden könnten. Doch nicht immer entsprechen vordefinierte Sets den geforderten Qualitäten. Das Erstellen von eigenen Vorgaben ist aus unserer Sicht unerlässlich, denn der Anwender sollte verstehen, was bei den gewählten Einstellungen eigentlich mit den Originaldaten passiert.

In diesem Kapitel wollen wir Ihnen zuerst einmal das notwendige Hintergrundwissen zu PDF vermitteln und Ihnen danach an einem Beispiel die PDF-Export-Einstellungen näherbringen. Nach dem Studium des Kapitels sollten Sie in der Lage sein, für jegliches Anwendungsgebiet – Internet, Office-Umgebung, Digitaldruck oder Druckvorstufe – das richtige PDF zu erstellen. Einstellungen, die Ihnen ein Druckdienstleister zur Verfügung stellt, können Sie somit ignorieren, denn leider sind sich auch in dieser Branche nicht alle wirklich sicher, was denn eingestellt werden muss.

> **PDF-Dateien über PostScript**
>
> Wie Sie eine korrekte PostScript-Datei für die Erstellung einer PDF-Datei über den Adobe Distiller erstellen, haben Sie bereits in Kapitel 33.3, »Druckoptionen«, auf Seite 796 erfahren.

34.1 PDF-Grundlagen

Mit dem Portable Document Format (PDF) ist ein plattformübergreifender Austausch von Dokumenten zur Darstellung von Inhalten ermöglicht worden. Dabei spielt es keine Rolle, auf welchem Betriebssystem und in welcher Applikation das Dokument erstellt worden ist. PDF wurde aber nicht nur zur Abbildung von druckbaren Inhalten entwickelt, vielmehr hat sich das Format wegen der Abbildung multimedialer Elemente einen Namen gemacht.

PDF ist ein sehr mächtiges Format. Unterschiedlichste Inhalte können darin abgebildet werden, wodurch nicht jeder Empfänger – Druckerei, Webagentur, Konsument – in der Lage ist, mit den angelieferten Daten etwas anzufangen. PDF-Dateien müssen in der Erstellung somit exakt für das Verwendungsgebiet aufbereitet werden. Die dafür notwendigen Einstellungen müssen im Exportdialog oder auch im Adobe Distiller korrekt gesetzt werden.

> **PDF als Container**
>
> Neben grafischen Elementen – Pixel, Vektoren, Text und seit PDF 1.4 auch Transparenzen – können in einer PDF-Datei auch Videos, Sounds und Animationen integriert werden. Ja, sogar ganze Dokumente anderen Ursprungs können in einer PDF-Datei eingebettet sein. PDF fungiert dabei als reiner Container für verschiedene Inhalte. Das Zauberwort **PDF-Portfolio** wurde dafür seit Acrobat 9 eingeführt.

34.1.1 PDF-Erstellung

Zur Erstellung von PDF-Dateien unterscheiden wir grundsätzlich zwei Vorgehensweisen:

▶ **PDF-Erstellung über PostScript:** In Kapitel 33, »Drucken«, haben Sie bereits erfahren, wie Sie eine PostScript-Datei erstellen, die für die Generierung einer PDF-Datei optimal ist. Die Erstellung der PostScript-Datei ist Basis für die Generierung einer PDF-Datei mit dem Adobe Distiller. Das Ergebnis hängt allerdings von den Konvertierungseinstellungen des Adobe Distillers ab. In der PDF-Datei sind somit alle Informationen vorhanden, die für eine hochauflösende Ausgabe von Inhalten auf Papier benötigt werden. Multimediale Inhalte können über PostScript nicht in der notwendigen Qualität und Intelligenz transportiert werden. PostScript ist und bleibt eine Seitenbeschreibungssprache zur Beschreibung von druckbaren Inhalten in einem Dokument. Worin liegen die Vor- und die Nachteile?

> ▶ Der **Vorteil** dieses Erstellungsprozesses ist, dass mit diesem Zwischenschritt die Produzierbarkeit eines Dokuments überprüft werden kann. Würde die Konvertierung fehlschlagen, so würde auch eine Ausgabe auf einem RIP nicht funktionieren. Somit können Sie sicher sein, dass PDF-Dateien, die über PostScript mit dem Distiller erstellt wurden, auch ausgegeben werden können.

> ▶ Ein **Nachteil** dieses Erstellungsprozesses ist, dass Anwender sowohl bei der Erstellung der PostScript-Datei als auch bei der Wahl von Konvertierungsoptionen im Adobe Distiller Fehler begehen können, was in diesem Fall zu einem unbrauchbaren Ergebnis führen würde. Des Weiteren kann InDesign CS4 in der PDF-Erstellung für den multimedialen Gebrauch nicht eingesetzt werden, da PostScript diese Inhalte nicht transportiert.

> Der wesentlichste Nachteil ist jedoch, dass durch die Erstellung einer PostScript-Datei alle in InDesign erstellten und importierten nativen Transparenzen verflacht werden müssen. Damit werden alle Bilder mit Transparenzen in Teilsegmente zerlegt, was eine Editierbarkeit der PDF-Datei unmöglich macht. Es können somit bei Farbkonvertierung leichte Farbunterschiede an den Grenzen zu den Teilsegmenten entstehen, da Teilsegmente teilweise als Pixel- und als Vektorbild vorliegen.

▶ **PDF-Erstellung über nativen Export:** Adobe hat die Erstellung von PDF-Dateien in den eigenen Applikationen durch einen einfachen Export in eine PDF-Datei implementiert. Dabei werden in InDesign alle InDesign-Objekte in PDF-Objekte

---

[PostScript versus PDF]
Während PostScript eine Seitenbeschreibungssprache (Programmiersprache zur Beschreibung von Elementen auf einer Seite) darstellt, ist PDF ein Dateiformat, in dem beschriebene Elemente gespeichert werden.

HINWEIS

Wenn Sie PDF-Dateien über den Exportdialog von InDesign mit unseren empfohlenen Einstellungen erzeugen, sollten Sie den Produktionsweg zuvor mit dem Druckdienstleister absprechen. Fragen Sie Ihren Druckdienstleister, ob er exportierte PDF-Dateien aus InDesign verarbeiten kann oder ob Sie die PDF-Datei über den Adobe Distiller erstellen sollen. Sollte der Dienstleister exportierte PDF-Dateien aus InDesign verarbeiten können, so fragen Sie ihn auch, ob sein Workflow auch PDF/X-4-Dateien verarbeiten kann. Folgen Sie in jedem Fall den Empfehlungen des Dienstleisters.

übertragen, ohne zuvor nach PostScript gewandelt werden zu müssen. Die hierzu notwendige Technologie liegt in Form der Adobe PDF Library vor, die auch von anderen Software-herstellern lizenziert werden kann. Damit kann ein PDF-to-PDF-Workflow von InDesign ausgehend angestoßen werden.

▶ Die **Vorteile** dieses Erstellungsprozesses liegen in einer ver-kürzten Erstellungszeit, einer Minimierung der möglichen Anwenderfehler und in der Abbildung aller in InDesign ver-fügbaren Inhalte, wodurch nun auch PDF-Dateien für Mul-timedia erstellt werden können.

▶ Der **Nachteil** dieser Art des Erstellungsprozesses ist, dass nicht alle Druckdienstleister – moderne PDF-Workflow-Sys-teme haben damit überhaupt kein Problem – in der Lage sind, solche PDF-Dateien überhaupt auszugeben, da sie zur Ausgabe in fast allen Fällen einen PostScript-RIP (Version 3011) benötigen.

34.1.2 PDF-Spezifikationen

In diesem Abschnitt wollen wir uns ausschließlich mit der Erstel-lung von PDF-Dateien – und hier nur mit dem direkten Export aus InDesign heraus – beschäftigen.

Die Programme zur Erstellung, Be- und Verarbeitung von PDF-Dateien sind der Adobe Reader sowie Adobe Acrobat Standard bzw. Adobe Acrobat Professional und Adobe Distiller. Im Jahre 1993 wurde die erste Suite von Programmen unter dem Namen Acrobat vorgestellt. Seither gab es einige Updates, die sowohl den Funktionsumfang als auch die Bearbeitbarkeit von PDF-Dateien wesentlich erweitert haben.

Mit jeder neuen Acrobat-Version wurde auch eine neue PDF-Spezifikation eingeführt. Tabelle 34.1 soll die jeweilige Acrobat-Version, die damit eingeführte PDF-Spezifikation und auch die unterstützte PostScript-Version des Distillers verdeutlichen.

Acrobat-Version	PDF-Version	PostScript-Version	PostScript-Bezeichnung	Jahr
Carousell	1.0	PostScript Level 1	–	1992
Acrobat 2.0	1.1	PostScript Level 2	2014	1993
Acrobat 3.0	1.2	PostScript Level 2	2017	1996
Acrobat 4.0	1.3	PostScript 3	3010	1999
Acrobat 5.0	1.4	PostScript 3	3011	2001
Acrobat 6.0	1.5	PostScript 3	3015	2003

◄ **Tabelle 34.1**
Zu jeder Acrobat-Version – ausge-nommen Acrobat 9 – wurde eine neue PDF-Spezifikation vorgestellt.

Acrobat-Version	PDF-Version	PostScript-Version	PostScript-Bezeichnung	Jahr
Acrobat 7.0	1.6	PostScript 3	3016	2004
Acrobat 8.0	1.7	PostScript 3	3016	2006
Acrobat 9.0	1.7	PostScript 3	3018	2008

▲ **Tabelle 34.1 (Forts.)**
Zu jeder Acrobat-Version – ausgenommen Acrobat 9 – wurde eine neue PDF-Spezifikation vorgestellt.

PDF 1.3

Verwenden Sie PDF 1.3, wenn Sie nicht wissen, welche Reader-Version der Empfänger des PDF-Dokuments besitzt. Da durch PDF 1.3 alles, was in PostScript beschrieben werden kann, auch abgebildet wird, ist dies die ideale Basis für den Austausch von WYSIWYG-Dokumenten. Somit ist PDF 1.3 die richtige Wahl, wenn Sie über den Adobe Distiller PDF-Dateien erzeugen.

PDF 1.4

Verwenden Sie PDF 1.4 bzw. PDF/X-4, wenn Sie aus InDesign PDF-Dateien exportieren und dabei sichergehen wollen, dass bei der Erzeugung der PDF-Datei die Originaldaten bedingt durch die Transparenzreduzierung nicht verändert werden. Sprechen Sie dies aber mit dem Druckdienstleister ab.

Wie aus der Tabelle hervorgeht, wurden, im Gegensatz zu PostScript, die PDF-Spezifikationen stetig weiterentwickelt. Mit jeder neuen PDF-Version überraschte Adobe den Anwender durch teilweise strategisch wichtige Neuerungen. PostScript wurde hingegen lediglich geringfügig angepasst, damit eine Abbildung der neuen Funktionen in der Druckvorstufe in gewissen Teilen möglich ist.

Mit der Vorstellung der PDF-Version 1.3 wurde die erste Gleichschaltung zwischen PostScript und PDF für die Ausgabe von Printmedien erreicht. Seither haben sich beide Technologien auseinanderentwickelt. PDF hat mit der PDF-Spezifikation 1.4 PostScript bereits überholt.

Mit der PDF-Version 1.7 kam die kontinuierliche Weiterentwicklung der PDF-Spezifikation etwas zum Stillstand. Der Grund dafür liegt darin, dass Adobe die PDF-Spezifikation der ISO übergeben hat. Diese strategische Entscheidung verlangsamt zwar einerseits die permanente Weiterentwicklung des Funktionsumfangs, hat jedoch andererseits die Basis für die ISO geschaffen, PDF weit über die Druckvorstufe hinaus als das Standardformat für viele Bereiche in der Industrie zu etablieren.

Der Druckvorstufe ist diese Verlangsamung nur willkommen, denn es gibt wirklich fast keinen offenen Wunsch mehr, der in PDF berücksichtigt werden muss, damit alles Druckbare das entsprechende Gegenstück in der PDF-Datei findet. Der Standard für die Druckvorstufe wurde PDF/X. Was sich dahinter verbirgt und welchen Standard Sie zukünftig verwenden sollten, lesen Sie noch in diesem Kapitel.

Wer PDF-Dateien erstellen möchte, sollte die notwendigen Hintergrundinformationen zu den PDF-Versionen kennen und verstanden haben. Nur wer dieses Hintergrundwissen mitbringt, kann für das jeweilige Anwendungsgebiet eine perfekte PDF-Datei erstellen. In Tabelle 34.2 weisen wir die Eigenschaften und die Anwendungsgebiete den PDF-Versionen zu. Prüfen Sie also vor der PDF-Erstellung anhand der Tabelle, für welches Anwendungsgebiet Sie die PDF-Datei benötigen.

PDF	Neuerungen	Anwendungsgebiet
1.0	Urversion, die die Abbildung von Dokumenten in WYSIWYG ermöglicht	Keines – es können nur RGB-Bestände abgebildet werden.
1.1	▸ Darstellung von geräteabhängigen Farben (Device-Grey, -RGB und -CMYK) ▸ Dokumentenschutz und Artikelfluss ▸ Hyperlinks in Verbindung mit Aktionen ▸ Binärdaten abspeichern ▸ Dateiinformationen	**Austausch von Office-Dokumenten**. Hat heute keine Bedeutung mehr und ist für die Druckvorstufe nicht geeignet.
1.2	▸ Radio Buttons und Checkboxen ▸ TrueType-Einbettung ▸ Movies und Sounds ▸ CID – Composite Fonts ▸ Mouse Events ▸ Unbeschränkte Anzahl von Hyperlinks ▸ Halbtonraster und Transferfunktionen abspeicherbar ▸ CIE-basierende Farben	**zum Austausch von PDF-Dokumenten im Office-Umfeld**, wenn von einer installierten Basis des Acrobat Readers der Version 3.0 ausgegangen werden muss **Dokumente für die Druckvorstufe**, ohne Schmuckfarben, eingefärbte TIFF-Dateien sowie Verläufe Erstellen **einfacher Formulare**
1.3	▸ Konvertierung von HTML nach PDF ▸ Digitale Signaturen ▸ »Named Destinations« ▸ Speichern von alternativen Bildauflösungen für die Monitordarstellung ▸ Einbetten jeglichen Objekttyps als Dateianlage ▸ JavaScript-Unterstützung ▸ Speichern von Überfüllungen ▸ DeviceN – ICC-basierende Farben sind implementiert. ▸ Smooth Shades – mathematische streifenfreie Verläufe ▸ CID-Fonts (Doppelbyte für asiatische Zeichensätze) ▸ Portable Job Ticket (PJTF) ▸ OPI 2.0	Erstellen **intelligenter Formulare**, die auf JavaScript basieren zum **Archivieren von HTML-Seiten** im PDF-Format **Dokumente für die Druckvorstufe**, die nun alle Formen von Farbräumen, Spezialfarben und Verläufen enthalten können. Alles, was durch PostScript abbildbar war, kann nun auch in PDF abgespeichert werden. **Austausch von Office-Dokumenten**, in denen Dateiinformationen und Hyperlinks verwendet wurden
1.4	▸ Animierte GIFs ▸ Erweitertes JavaScript ▸ Transparenzen ▸ Objektkompression	für alle **Druckvorstufen-Dokumente**, die native Transparenzen aus Adobe-Applikationen in PDF speichern und somit einen PDF-to-PDF-Workflow abbilden wollen
1.5	▸ JPEG2000 ▸ Erweiterte DeviceN-Farbtiefe ▸ Ebenen (optional Content) ▸ Video- und Sounddateien können innerhalb von PDF-Dateien gespeichert werden. ▸ Integrieren von Flash-Animationen	Alle PDF-Dokumente, die auf Ebenen aufbauen und auf die neue Kompressionsform JPEG2000 zurückgreifen wollen. Anwendung findet das PDF 1.5 in **technischen Zeichnungen** oder **Dokumentationen** wie auch im Layout, wo **alternative Inhalte** in einem Dokument in Ebenen angelegt werden.
1.6	▸ OpenType-Fonts einbettbar ▸ Korrekte Farbdarstellung von Sonderfarben (Pantone) ▸ Das Dokumentformat kann über 5 x 5 m betragen. ▸ Ebenen können »intelligent« zugeordnet werden.	**große PDF-Dokumente**, die u. a. zur korrekten Abbildung von Farben erstellt wurden
1.7	▸ NChannel	große PDF-Dokumente, die u. a. zur korrekten Abbildung von Farben und speziell mit vielen Schmuckfarben erstellt wurden

▲ **Tabelle 34.2**
Mit jeder PDF-Version wurden Neuerungen hinzugefügt. Damit hat sich auch das Anwendungsgebiet erweitert.

34.1.3 PDF/X

Wie Sie aus den vorangegangenen Ausführungen erkennen konnten, können in einer PDF-Datei sehr unterschiedliche Datenbestände integriert sein. Der Traum der Druckvorstufe, vom Kunden ein zum Drucken optimal aufbereitetes PDF-Dokument zu erhalten, schien mit jeder PDF-Spezifikation in weitere Ferne zu rücken. Durch PDF/X könnte der Traum in der Praxis in Erfüllung gehen. Besserungen sind in jedem Fall schon erzielt worden.

Bei PDF/X handelt es sich nicht um eine neue PDF-Spezifikation, sondern um ISO-Normen, die die Erfahrungen der letzten zehn Jahre aus dem Bereich »PDF-Erstellung für die Druckvorstufe« zusammenfassen. Die PDF/X-Norm beschreibt, was nicht in einer PDF-Datei enthalten sein darf, was enthalten sein muss, was enthalten sein kann und, wenn es enthalten ist, wie es dann beschaffen sein muss. PDF/X und Empfehlungen für den Dokumentenersteller ermöglichen es, ein für die Druckvorstufe geeignetes PDF zu erstellen.

Doch auch bei PDF/X gibt es verschiedene Normen. Es können dabei zwei Gruppen unterschieden werden:

▶ PDF/X-Normen, die einen **vollständigen** Datenaustausch zwischen Datenersteller und Druckdienstleister ermöglichen.

▶ PDF/X-Normen, die einen **unvollständigen** Datenaustausch zwischen den beteiligten Gruppen ermöglichen. Dabei geht man davon aus, dass u. a. der Datenersteller nur mit Layoutbildern arbeitet und die Originalbilder beim Druckdienstleister vor der Ausgabe ausgetauscht werden. Dasselbe gilt hier auch für Schriften. Sie müssen nicht in der PDF-Datei hinterlegt sein.

▼ Tabelle 34.3
Alle aktuell gültigen ISO-Normen zu PDF/X im Überblick.

Tabelle 34.3 gibt über den aktuellen Stand der ISO-Normen zu PDF/X einen Überblick.

PDF/X-Bezeichnung	Part of ISO	Vollständiger Austausch	CMM möglich	Unterstützte Farbräume	Zulässige PDF-Versionen
PDF/X-1a:2001	1	Ja	Nein	S/W, Grau, CMYK, Spot	1.2 – 1.3
PDF/X-1a:2003	4	Ja	Nein	S/W, Grau, CMYK, Spot	1.2 – 1.4
PDF/X-2:2003	5	Nein	Ja	S/W, Grau, RGB, CMYK, Spot, ICCbased	1.2 – 1.4
PDF/X-3:2002	3	Ja	Ja	S/W, Grau, RGB, CMYK, Spot, ICCbased	1.2 – 1.3
PDF/X-3:2003	6	Ja	Ja	S/W, Grau, RGB, CMYK, Spot, ICCbased	1.2 – 1.4
PDF/X-4:2008	7	Ja	Ja	S/W, Grau, RGB, CMYK, Spot, ICCbased	1.2 – 1.6
PDF/X-4p:2008	7	Nein	Ja	S/W, Grau, RGB, CMYK, Spot, ICCbased	1.2 – 1.6
PDF/X-5g:2008	8	Nein	Ja	S/W, Grau, RGB, CMYK, Spot, ICCbased	1.2 – 1.6
PDF/X-5pg:2008	8	Nein	Ja	S/W, Grau, RGB, CMYK, Spot, ICCbased	1.2 – 1.6
PDF/X-5n:2008	8	Nein	Ja	zuzüglich n-colorant	1.2 – 1.6

Für die Ausgabe aus InDesign CS4 stehen nur PDF/X-1a, PDF/X-3 und PDF/X-4 in Verbindung mit der Erstellung druckfähiger PDF-Dateien zur Verfügung. Während der Unterschied zwischen PDF/X-1a und PDF/X-3 in den verwendbaren Farbräumen liegt – PDF/X-3 kann alles, was PDF/X-1a kann; es können jedoch zusätzlich RGB-, Lab- und ICC-basierte Farbräume enthalten sein –, kommt mit PDF/X-4 zu den bisherigen Elementen (Pixel, Vektor und Text) einer Seite noch die Transparenz als Seitenbeschreibungsobjekt hinzu. Damit kann erstmals ein nativer PDF-Export innerhalb einer ISO-Norm abgebildet werden. Die Verantwortung zur Reduzierung liegt in diesem Falle beim Druckdienstleister.

In Tabelle 34.4 sind exemplarisch einige Bestimmungen (Spielregeln), die einer PDF/X-1a- und PDF/X-3-Datei zugrunde liegen, aufgelistet.

PDF-Export für andere Normen in InDesign nicht möglich

Während mit dem Acrobat Distiller 7.0 bereits PDF/A Einzug gehalten hat, ist die Implementierung anderer ISO-Normen in InDesign nicht vorgesehen.

▼ **Tabelle 34.4**
PDF/X-Spielregeln, die zur Erstellung einer PDF/X-Datei eingehalten werden müssen.

Spielregel	Bedeutung
Vollständige Einbettung von Fonts	Es müssen alle Schriften als Font-Untergruppen oder vollständig eingebettet vorliegen.
Empfohlene Dateinamen	PDF/X-Dateien sollen immer im Dateinamen die zugrundeliegende Norm enthalten, z. B. »name_x1.pdf«.
Eindeutige Dateikennungen	Informationen darüber, wer das Dokument wann mit welcher Ausgangsapplikation und mit welchem PDF-Erstellungstool generiert hat
Keine Druckkennlinien	Druckkennlinien dienen der Gegensteuerung in Sachen Punktzuwachs. Sie müssen im PDF entfernt oder eingerechnet sein.
PDF-Version	PDF/X-1a aus 2001 und PDF/X-3 aus 2002 müssen in PDF 1.3 oder älter abgespeichert sein. Die überarbeiteten Versionen PDF/X-1a und PDF/X-3 aus 2003 basieren bereits auf PDF 1.4, dürfen jedoch keine nativen Transparenzen enthalten.
Composite-PDF-Datei	Dateien dürfen nicht separiert vorliegen.
Alle für die Wiedergabe benötigten Ressourcen müssen in der PDF/X-1a- und PDF/X-3-Datei enthalten sein.	Neben Schriften müssen auch alle Bilder vollständig in der PDF-Datei vorliegen. Somit sind OPI-Workflows in Verbindung mit PDF/X-1a und PDF/X-3 nicht zulässig. Mögliche Varianten dafür sind PDF/X-2 und PDF/X-5.
Farbräume	PDF/X-1a-Dateien können neben Bitmap- auch Graustufen- und CMYK-Farbbestände sowie Schmuckfarben beinhalten. PDF/X-3 hingegen kann Farbbestände von PDF/X-1a und darüber hinausgehend Lab- und RGB-Farbbestände enthalten.
Transparenzen	Obwohl auch PDF 1.4 bei PDF/X-1a und PDF/X-3 erlaubt ist, müssen alle Transparenzen in der Ausgabe verflacht vorliegen.
Output-Intent (Ausgabeabsicht)	Mit dem Output-Intent wird dem Druckdienstleister mitgeteilt, auf welcher Basis die Bilddaten und die Layoutdatei aufgebaut wurde.
Anmerkungen; JavaScripts und PostScript-XObjects	Anmerkungen, wie Haftnotizen usw., dürfen in der PDF-Datei enthalten sein; sie müssen jedoch außerhalb des druckbaren Bereiches positioniert sein. Programmiersprachen wie JavaScript und PostScript dürfen nicht in einer PDF-Datei verwendet werden.

Die vorher aufgelisteten Spielregeln gelten natürlich auch für den aktuellen PDF/X-4-Standard. Worin liegt denn dann der Unterschied? Der Unterschied zwischen PDF/X-3 und PDF/X-4 ist, dass PDF/X-4 alles, was PDF/X-3 enthalten kann, und darüber hinaus zusätzlich die PDF-Spezifikation 1.6 unterstützt, womit neben **nativen Transparenzen** auch noch **Ebenen** (Optional Content) und **OpenType-Schriften** in der PDF-Datei sein können.

PDF/X-Normen beschreiben jedoch nur die technischen Rahmenbedingungen, die einer PDF-Datei zugrunde liegen müssen. Ob bzw. wie viele Schmuckfarben verwendet werden, mit welcher Auflösung Bildbestände vorliegen sollen, ob ein Anschnitt definiert wurde, ob Haarlinien in der PDF-Datei vorkommen und ob RGB-Farbräume vorliegen, wird in der ISO-Norm nicht beschrieben. Eine qualitative Überprüfung der PDF-Datei wird somit auf Basis der PDF/X-Rahmenbedingungen durch den Anwender immer noch erfolgen müssen. Die hierzu notwendigen Prüfungen stehen innerhalb von Acrobat 9.0 Professional durch das Werkzeug PREFLIGHT zur Verfügung.

Wer jedoch nicht nur prüfen, sondern bei der Prüfung zugleich kleine automatische Korrekturen vornehmen oder eine PDF-Datei als PDF/X abspeichern will, kann dies mit dem Acrobat 9.0 Professional, dem Plug-in PitStop sowie mit der pdfToolbox 4 aus dem Hause callas innerhalb von Acrobat 9.0 erledigen.

34.2 PDF-Export

Das Exportieren von PDF-Dateien über die Exportfunktion von InDesign CS4 erfolgt auf Basis der eingebauten aktuellen Adobe PDF Library 9.0. InDesign-Objekte werden dabei in PDF-Objekte überführt. Ob es dabei zu einer Veränderung der Objekte kommt, hängt von den getroffenen Einstellungen ab.

34.2.1 Überlegungen zum PDF-Export

Bevor wir Ihnen die Einstellungen in den einzelnen Registern näherbringen, möchten wir vorab die Diskussion »Welche PDF-Datei ist die richtige?« aufs Papier bringen.

Viele Druckereien und Druckdienstleister fordern von den Kunden »druckfähige« PDF-Dateien. »Druckfähig« ist ein sehr weiter Begriff, mit dem der Datenersteller eigentlich nicht wirklich viel falsch machen kann. Einige Druckereien hingegen fordern von ihren Zulieferern bereits PDF/X-Dateien und verlangen dabei besonders gerne PDF/X-3. PDF/X-3 ist für viele das Zauberwort, mit dem sichergestellt werden soll, dass es sich um eine sehr gute

und druckfähige PDF-Datei handelt. Aus unserer Sicht ist das Fordern einer PDF/X-Datei sicherlich niemals falsch. Dennoch sollten
zum Begriff PDF/X zusätzliche Fragen abgeklärt werden. Diese
wären:

▶ Welche Mindestauflösung ist gefordert?
▶ In welchen Farbräumen sollten die angelieferten Daten vorlie-
  gen, und dürfen Schmuckfarben enthalten sein oder nicht?
▶ Sind die Anschnitte (Beschnittzugaben) gesetzt, und wurden
  auch alle Objekte ausreichend im Anschnitt gesetzt?
▶ Sind technische Raster im Dokument vorgesehen oder nicht?
▶ Sind Druckkennlinien in Bildern hinterlegt?
▶ Sollte PDF/X-1a, PDF/X-3 oder PDF/X-4 verwendet werden?

Die Aufforderung der Druckerei an den Datenersteller, dieser
möge eine 4c-PDF/X-4-Datei mit 3 mm Anschnitt erstellen, in der
die Bildauflösung von 300 ppi für Farbbilder und 800 ppi für
Schwarzweiß-Bilder gegeben sein soll, ist sicherlich noch perfekter, als nur eine PDF/X-Datei zu fordern. Absolut perfekt wäre
dann noch der Hinweis der Druckerei, dass alle technischen Raster und Druckkennlinien im Workflow eliminiert werden. Eine
solche Formulierung würde so einige Diskussionen überflüssig
werden lassen.

Doch bevor Sie die »druckfähige« PDF/X-Datei erstellen und
es möglicherweise bereits beim Exportieren je nach gewählter
PDF/X-Norm zu Änderungen an den Daten kommt, sollten Sie aus
unserer Sicht nachstehende Checkliste in der PDF/X-Datei-Erstellung
durchlaufen:

1. Daten nach bestem Gewissen in InDesign erstellen.
2. Erstellen einer unveränderten PDF/X-4-Datei über den PDF-
   Export-Dialog von InDesign CS4. Damit bleiben alle Auflösungen, Farbräume, Kompressionen und vor allem auch Transparenzen erhalten, womit jeglicher Fehler, den Sie schon in der
   Datenerstellung gemacht haben, sich auch in der PDF-Datei
   wiederfindet.
3. Prüfen der PDF-Dateien mit dem Werkzeug PREFLIGHT aus
   Acrobat 9.0 Professional. Dabei sollte nur eine Qualitätsprü-
   fung hinsichtlich Farben, Auflösungen, überdruckenden Inhalten, Strichstärken, Druckkennlinien, OPI-Informationen, technischen Rastern und nicht hinsichtlich der vom Druckdienstleister geforderten PDF/X-Version erfolgen. Eine visuelle
   Überprüfung der Daten, ob alle Bilddaten korrekt an der Position stehen und ob Objekte, die im Anschnitt verschoben wurden, auch genügend im Anschnitt stehen, muss natürlich auch
   erfolgen.

4. Gefundene Fehler werden in der Originaldatei behoben, erneut unverändert als PDF/X-4 exportiert und erneut geprüft. Dieser Kreislauf sollte sich so lange fortsetzen, bis keine qualitativen Probleme mehr in den Originaldateien erkennbar sind und Sie somit alle Ihre Eigenfehler eliminiert haben.

5. Zum Schluss kann nun die geforderte »druckfähige« PDF/X-Datei auf zweierlei Wegen erstellt werden. Der erste Weg ist die Erstellung der PDF/X-Datei in Acrobat oder über erneuten Export aus InDesign CS4 heraus, wobei nur die notwendigen Änderungen in den Einstellungen des PDF-Export-Dialogs vorgenommen werden müssen. Unsere Empfehlung geht eher dahin, dass Sie die geforderte PDF/X-Konvertierung in der aktuellen Acrobat-Version durchführen. Besonders zu empfehlen ist dabei die pdfToolbox 4 von callas software, die als Plug-in käuflich erworben werden kann.

Wenn Sie diese Checkliste bei allen Ihren Produktionen einhalten, kann technisch gesehen nicht wirklich viel schiefgehen.

Nachstehend möchten wir Ihnen demnach die Erstellung einer unveränderten PDF-Datei näherbringen. In den Hinweiskästen mit der Bezeichnung »Kunden-PDF« sind darüber hinaus die jeweiligen Einstellungen im gerade besprochenen Register zur Erzeugung einer PDF-Datei, die zu Korrekturzwecken erstellt werden soll, aufgeführt.

Führen Sie den Befehl DATEI • EXPORTIEREN oder das Tastaturkürzel Strg+E bzw. ⌘+E aus. Es erscheint der EXPORTIEREN-Dialog, in dem Sie aufgefordert werden, den Dateinamen, das gewünschte FORMAT ❷ – wir wollen eine PDF-Datei erstellen – und den ORT ❶ der Speicherung auszuwählen. Dann klicken Sie auf SICHERN ❸.

Abbildung 34.1 ▶
Wählen Sie das gewünschte Exportformat aus. Neben ADOBE PDF stehen weitere Formate zur Verfügung. Mit InDesign CS4 sind XFL, SWF und IDML für den Export von animierten Inhalten dazugekommen.

34.2.2 Register »Allgemein«

Nach dem Absetzen des Speichern-Befehls kommen Sie zu den Einstellungen im Register ALLGEMEIN. Hier werden grundlegende Einstellungen zur PDF-Version, zur zugrundegelegten PDF/X-

Norm, für die Seitenbereiche und diverse allgemeine Einstellungen, die vor allem für den Multimedia-Bereich von Bedeutung sind, vorgenommen. Der einzige Unterschied zu InDesign CS3 liegt in der korrekten Benennung des PDF/X-4-Standards durch den Eintrag PDF/X-4:2008.

Damit Sie Ihr benutzerdefiniertes Set erstellen können, empfiehlt es sich, auf eine der vordefinierten Vorgaben zurückzugreifen. Wir raten, unter der Option ADOBE PDF-VORGABE ❹ das Set [PDF/X-4:2008] auszuwählen. Damit ist eine sehr gute Grundeinstellung für die Erstellung von unveränderten PDF-Dateien gegeben. Durch die Wahl dieser Vorgabe werden in den Optionen STANDARD ❺ und KOMPATIBILITÄT ❻ sofort die entsprechenden Einträge aktiviert. Obwohl wir [PDF/X-4:2008] ausgewählt haben, wird PDF 1.4 aktiviert. PDF 1.6 wäre laut ISO-Norm erlaubt, kann aber in InDesign in Verbindung mit der PDF/X-4-Erstellung nicht aktiviert werden.

HINWEIS

InDesign CS4 greift mit der Option ADOBE PDF-VORGABE auf alle Einstellungsdateien zurück, die Sie im Adobe Distiller 8.0 bzw. 9.0, in InDesign CS3 und CS4 und allen anderen Programmen der Creative Suite 3 und 4 erstellt haben. Der Abgleich der Sets bietet einerseits dem Anwender eine große Vereinfachung in der Handhabung der vielen Einstellungsdateien, bringt jedoch andererseits in der Anwendung immer wieder Fehler mit sich, da die Einstellungsdateien für die jeweilige Applikation entsprechend adaptiert werden müssen.

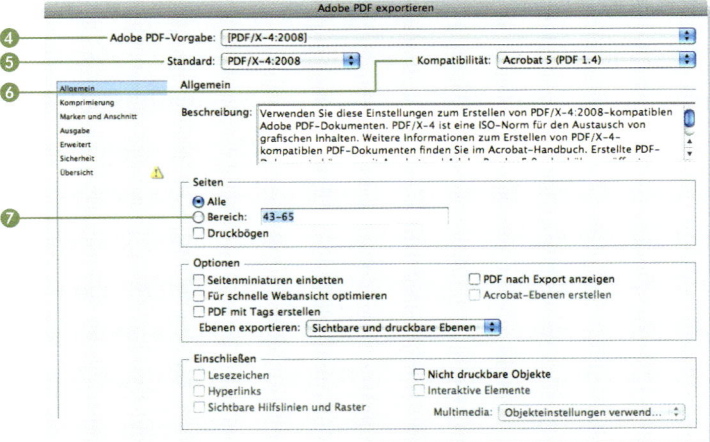

◄ **Abbildung 34.2**
Das Register ALLGEMEIN. Hier werden die entscheidenden Weichen für das Anwendungsgebiet der PDF-Datei gestellt. Die Wahl der PDF-Version bildet dabei die entscheidende Basis.

Damit möglichst jeglicher Inhalt – auch die Ebenen der InDesign-Datei – in die PDF-Datei übergeben wird, muss als nächster Schritt in der Option KOMPATIBILITÄT ❻ eine höhere PDF-Spezifikation ausgewählt werden. Wählen Sie dort ACROBAT 7 (PDF 1.6) aus, womit jeglicher Inhalt für eine PDF/X-4-kompatible PDF-Datei geschrieben werden kann. Durch die Wahl der höheren PDF-Spezifikation wird in der Option STANDARD die zuvor gewählte PDF/X-4-Norm wiederum auf OHNE umgestellt.

Seiten | Wählen Sie hier aus, ob Sie das gesamte Dokument oder nur einen BEREICH ❼ ausgeben möchten. Das Bestimmen des Bereiches folgt denselben Regeln, die in Kapitel 33, »Drucken«, beschrieben worden sind.

HINWEIS

Obwohl in PDF/X-4 bereits PDF 1.6 und somit Transparenzen, Ebenen und OpenType-Schriften erlaubt sind, können davon nur Transparenzen in eine PDF/X-4-Datei aus InDesign übergeben werden. Selbst PDF 1.6 ist in InDesign CS4 noch immer nicht in vollem Befehlsumfang implementiert. Der Export von in InDesign verwendeten Open-Type-Schriften ist leider noch immer nicht möglich.

Ob Sie Einzelseiten oder Druckbögen – in QuarkXPress auch Montageflächen genannt – ausgeben wollen, bestimmen Sie durch Aktivieren der Option Druckbögen **8**.

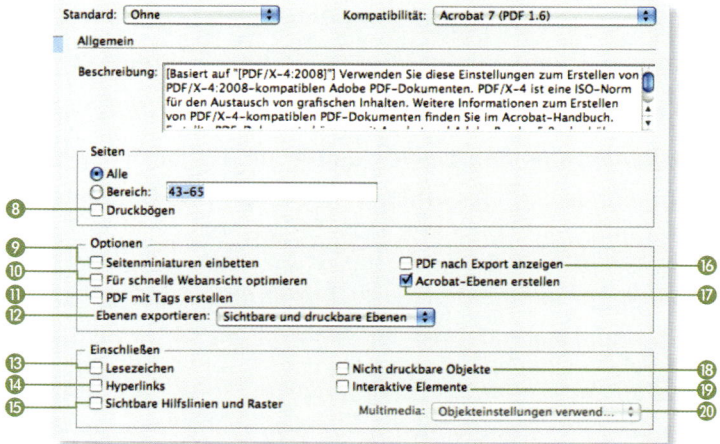

Optionen | Hier können Sie die Optionen Seitenminiaturen einbetten, PDF nach Export anzeigen und Für schnelle Webansicht optimieren **10** optional aktivieren. Die Wahl der Option Seitenminiaturen einbetten **9** ist überflüssig, da Acrobat ohnehin selbständig die Vorschauansichten im Seiten-Fenster von Acrobat immer neu berechnet. Die Option PDF nach Export anzeigen **16** kann in einigen Arbeitsweisen – wenn Sie immer gleich nach dem Export eine Prüfung der PDF-Datei vornehmen wollen – sehr hilfreich sein und den Prüfprozess beschleunigen.

Da wir auch alle Ebenen aus InDesign CS4 in die PDF-Datei überführen und auch die Registermarken auf eine eigene Ebene in der PDF-Datei legen wollen, aktivieren wir die Option Acrobat-Ebenen erstellen **17**. Die Auswahl der Option ist erst ab PDF-Version 1.5 möglich. Für die derzeit implementierte PDF/X-4-Norm ist das leider noch kein Thema.

Die Funktion, Ebenen als sichtbar, aber nicht druckbar zu kennzeichnen, findet ihren Niederschlag in der Option Ebenen exportieren **12**. Wählen Sie den Eintrag Sichtbare und druckbare Ebenen aus, wenn Sie die aktuell sichtbaren Ebenen mit Ausnahme der als »nicht druckbar« gekennzeichneten Ebenen ausgeben wollen. Achtung: Diese Funktion ist immer, auch wenn nur eine Ebene in der InDesign-Datei angelegt ist, aktivierbar; darüber hinaus muss dazu nicht die Option Acrobat-Ebenen erstellen gewählt sein.

Das Aktivieren der Option PDF mit Tags erstellen **11** hat in einer PDF-Datei, die zur Ausgabe erstellt wird, keinen Sinn. Die

Aktivierung der Option bewirkt, dass in der PDF-Datei Absätze, Formatierungen, Listen und Tabellen mit entsprechenden Tags versehen werden, wodurch eine mögliche Weiterverarbeitung formatierter Inhalte aus PDF-Dateien künftig vereinfacht wird. Die Aktivierung der Option in Verbindung mit einer Kompatibilitätseinstellung höher als PDF 1.5 bewirkt, dass diese Tags zusätzlich in der PDF-Datei komprimiert werden.

Einschließen | In diesem Bereich sind alle Optionen für die Erstellung einer PDF/X-Datei zu deaktivieren. Die Aktivierung der Checkboxen – mit Ausnahme der Option Nicht druckbare Objekte – ist nur möglich, wenn Sie die Option Standard auf Ohne gestellt haben.

Durch die Aktivierung der Option Lesezeichen ⑬ und Hyperlinks ⑭ werden alle in InDesign CS4 erstellten Lesezeichen und Hyperlinks in die PDF-Datei übergeben. Wurde darüber hinaus beim Erstellen eines Inhaltsverzeichnisses in InDesign CS4 die Option PDF-Lesezeichen erstellen aktiviert, so werden dadurch alle Einträge im Inhaltsverzeichnis mit einem Hyperlink hinterlegt, was einer Navigation in der PDF-Datei sehr dienlich ist.

Sind Objekte über das Bedienfeld Attribute auf Nicht druckbar – in QuarkXPress als »Ausgabe unterdrücken« bezeichnet – gestellt worden, so werden sie durch Aktivierung der Option Nicht druckbare Objekte ⑱ dennoch gedruckt. Selektiv können nicht druckbare Objekte im PDF-Export-Dialog nicht auf druckbar gestellt werden. Hier lautet die Formel immer »alles oder nichts«. Kontrollieren Sie dies jedoch vorher visuell über die Vorschau ▣, im Werkzeug-Bedienfeld, um nicht in der PDF-Datei mit Überraschungen konfrontiert zu werden.

Durch die Aktivierung der Option Sichtbare Hilfslinien und Raster ⑮ können Sie alle Hilfslinien und das Grundlinienraster als sichtbare Objekte in die PDF-Datei übernehmen. Eine sehr nützliche Option, wenn es darum geht, ganze Standbögen in eine PDF-Datei zu überführen.

34.2.3 Register »Komprimierung«

Im Register Komprimierung sind alle Einstellungen zur Neuberechnung bzw. Komprimierung von Bildbeständen vorzunehmen, und es ist zu bestimmen, ob über den Objektrand hinausstehende Bildbestände beschnitten werden.

Aktivieren Sie für die Erstellung einer unveränderten PDF-Datei die Einstellungen wie in Abbildung 34.4 dargestellt, wodurch keine Neuberechnung und eine verlustfreie Kompression für Bilder vorgenommen wird. Diese Einstellung garantiert, dass alle

Multimedia-PDF

Aktivieren Sie die Option Interaktive Elemente ⑲, wenn platzierte Animationen, Sounds und Movies mit in die PDF-Datei übernommen werden sollen. Die Option Multimedia ⑳ kann dabei jedoch nur in Verbindung mit PDF 1.5 ausgewählt werden, da erst mit dieser Version die Multimedia-Inhalte in die PDF-Datei eingebettet werden können. Wenn PDF 1.3 oder 1.4 aktiviert ist, werden Movies und Sounds nur verlinkt. Vergessen Sie dann nicht, dem Empfänger auch die verlinkten Dateien zu übermitteln.

Lesezeichen exportieren

Damit Lesezeichen überhaupt in ein PDF überführt werden können, müssen sie zuerst in InDesign über das Lesezeichen-Bedienfeld angelegt werden. Das Anlegen eines Lesezeichens dort erfolgt einfach durch Markieren des entsprechenden Wortes bzw. Objekts und das Hinzufügen des Lesezeichens über das Symbol ⬛ im Bedienfeld.

Bildbestände, die in InDesign CS4 platziert wurden, auch in der PDF-Datei unverändert vorliegen.

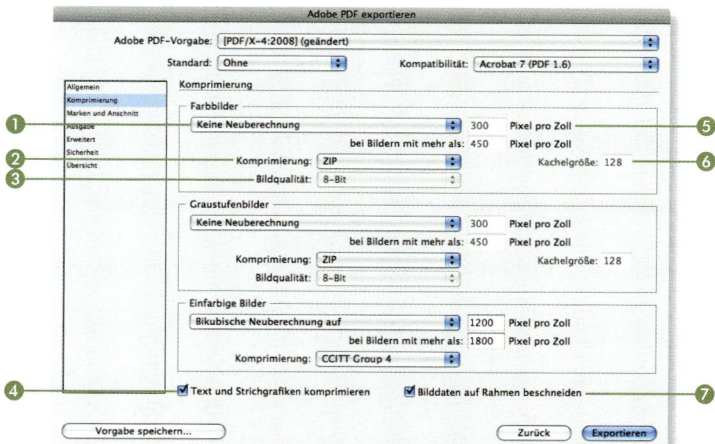

Abbildung 34.4 ▸
Das Register Komprimierung. In den Bereichen Farbbilder, Graustufenbilder und Einfarbige Bilder können Sie die dafür vorgesehene Endauflösung und die zu verwendende Komprimierung auswählen.

Abtastauflösung ändern

Bei dieser Methode wird der Farbton des mittleren bzw. rechten unteren Pixels für das neu berechnete Pixel verwendet.

Durchschnittliche Neuberechnung

Bei dieser Methode wird der Durchschnittswert der betroffenen Pixel ermittelt und damit das neu berechnete Pixel eingefärbt.

Bikubische Neuberechnung

Bei dieser Methode wird die Bildung des Mittelwerts im Unterschied zur durchschnittlichen Neuberechnung gewichtet. Die Gewichtung des Mittelwerts ist dabei von der Umgebung der einzelnen Pixel abhängig. Noch geringere Qualitätseinbußen sind die Folge, und Verläufe lassen sich so besser darstellen.

Ob eine Neuberechnung der Bilder erfolgen soll, können Sie über die Auswahl Keine Neuberechnung ❶, Durchschnittliche Neuberechnung auf, Abtastauflösung ändern auf und Bikubische Neuberechnung auf bestimmen. Welcher Neuberechnungsalgorithmus gewählt wird, hängt vom gewünschten Ergebnis ab. In der Praxis werden Halbtonbilder – **Farb-** und **Graustufenbilder** – fast ausschließlich mit der bikubischen Neuberechnung heruntergerechnet, **einfarbige Bilder** hingegen meistens nie reduziert. Wird dennoch eine Reduktion gewünscht, so wählen Sie Durchschnittliche Neuberechnung auf, da hier die bikubische Berechnung zu einer stärkeren »Ausfransung« der »scharfen« Kanten führen würde. In der Praxis werden zur Erstellung einer PDF-Datei für das 60er-Raster nicht die Einstellungen aus Abbildung 34.4 verwendet, da dadurch zu speicherintensive Dateien entstünden. Die Wahl der Option Bikubische Neuberechnung auf mit einer Auflösung von 300 ppi für die Farb- und Graustufenbilder und einer Komprimierung: Automatisch (JPEG) mit Bildqualität: Maximal stellt für gängige Produktionsweisen und »druckfähige« PDF-Dateien akzeptable Parameter dar.

Den gewünschten Auflösungsbereich, in den hochaufgelöste Bilder heruntergerechnet werden, können Sie in den dahinterstehenden Eingabefeldern ❺ wählen. Geben Sie im oberen Feld die zu erreichende Zielauflösung an. Die Empfehlung für den unteren Wert lautet: Eingabe von zumindest der 1,5fachen Zielauflösung. Doch auch dieser Wert hat in einigen Fällen schon zu »Verzahnung« von feinen Linien geführt, da InDesign einen anderen (schlechteren) Downsamplingalgorithmus als Adobe Photoshop besitzt. Die Eingabe von zumindest der 2fachen Zielauflösung hat für fast alle Fälle das gewünschte Ergebnis gebracht.

Ob komprimiert wird oder nicht, legen Sie mit der Option KOMPRIMIERUNG ❷ fest. Dabei stehen **ZIP** – eine verlustfreie Kompression –, **JPEG** – eine verlustbehaftete Kompression – und bei EINFARBIGE BILDER noch **CCITT** und **Lauflänge**, beides verlustfreie Kompressionsverfahren, zur Verfügung. Durch die Wahl von AUTOMATISCH (JPEG) in der Option BILDQUALITÄT ❸ werden 8-Bit-Graustufen- und 8-, 16-, 24- und 32-Bit-Farbbilder mit fließenden Farbverläufen mit JPEG komprimiert; 2- und 4-Bit-Graustufen- wie auch 4-Bit-Farbbilder und indizierte Farbbestände werden mit ZIP komprimiert. Zu ZIP sei nur noch angemerkt, dass ZIP im Grunde zu den verlustfreien Kompressionsverfahren zählt. Werden jedoch 32-Bit-Farbbilder platziert und beim PDF-Export mit ZIP komprimiert, so wird die Farbtiefe dabei auf 8-Bit pro Kanal reduziert.

Wenn Sie von PDF 1.5 bzw. PDF 1.6 ausgehen, so können Sie darüber hinaus noch auf **JPEG2000** in einer verlustbehafteten (MINIMUM, NIEDRIG, MITTEL, HOCH, MAXIMUM) und einer verlustfreien (VERLUSTFREI) Komprimierung zurückgreifen. Erst durch die Auswahl von JPEG2000 können Sie Werte im Eingabefeld KACHEL-GRÖSSE ❻ eingeben. Der Vorteil von JPEG2000 liegt darin, dass sich beim Bildaufbau zunehmend die Qualität von unscharf bis scharf verbessert (progressiv). Die Berechnung erfolgt hierbei auf Basis verschiedener Auflösungen, die in den jeweiligen Kacheln hinterlegt werden.

Aktivieren Sie die Optionen TEXT UND STRICHGRAFIKEN KOMPRI-MIEREN ❹ – unter Strichgrafik wird hier eine Vektorgrafik verstanden – und BILDDATEN AUF RAHMEN BESCHNEIDEN ❼. Ersteres reduziert zusätzlich die Dateigröße der PDF-Datei durch »verkürzte« Kodierung (Flate Compression) von Zeichen und Vektorgrafiken. Die Flate-Kompression ist der ZIP-Kompression von Pixelbeständen sehr ähnlich. Die Option BILDDATEN AUF RAHMEN BESCHNEI-DEN bettet nur den Ausschnitt des Bildes ein, der durch die Beschneidung des Bildes durch den Objektrahmen in InDesign festgelegt wurde. Wird die Option nicht aktiviert, so wird das gesamte Bild in die PDF-Datei eingebettet. Da für die Ausgabe im Druck die restlichen Informationen nicht mehr benötigt werden, ist diese Option in der Druckvorstufe zur Erzeugung kleinerer PDF-Dateien immer zu aktivieren. Lediglich zur Erstellung von universellen, weiterbearbeitbaren PDF-Dateien kann die Deaktivierung der Option zielführend sein.

In Tabelle 34.5 möchten wir Ihnen typische Einträge des Registers KOMPRIMIERUNG, die je nach Anwendungsgebiet eingestellt

[Verlustfreie Kompression]
Bei verlustfreien Kompressionen werden sich wiederholende Informationen in Dateien zusammengefasst und durch kleinere Einheiten abgespeichert.

[Verlustbehaftete Kompression]
Eine verlustbehaftete Kompression führt zur Erzeugung von Dateien mit sehr kleinen Dateigrößen. Dies wird dadurch erreicht, dass Bildinformationen aus dem Bild genommen bzw. Farbpixel mit den benachbarten Farbpixeln gleichgeschaltet werden. JPEG ist der prominenteste Vertreter.

Downsampling

Das Reduzieren von Dateigrößen durch Reduzieren der Bildauflösung ist die effektivste Variante, Bilder möglichst kompakt abzuspeichern. Es stehen Ihnen dazu drei Verfahren zur Auswahl. Verwenden Sie in fast allen Fällen BIKUBISCHE NEUBERECHNUNG AUF, da dadurch auch die Farben der Umfeldpixel zur Berechnung des neuen, reduzierten Pixels einbezogen werden.

Wir weisen jedoch darauf hin, dass durch Downsampling schneller Störungen im Bild erkennbar sind als durch eine verlustbehaftete Kompression.

»Kunden-PDF« Komprimierung

▶ Farb- und Graustufenbilder: BIKUBISCHE NEUBERECHNUNG AUF; 150–200 ppi; AUTOMA-TISCH (JPEG); MITTEL
▶ Einfarbige Bilder: DURCH-SCHNITTLICHE NEUBERECHNUNG AUF; 600–900 ppi; CCITT-GROUP 4; MITTEL
▶ Text und Strichgrafiken komprimieren: ja
▶ Bilddaten auf Rahmen beschneiden: ja

werden sollten, vorschlagen. In der Spalte »Neuberechnung« steht dabei der erste Wert für alle Farb- und Graustufenbilder, der zweite Wert steht für einfarbige Bilder.

Verwendung	Neuberechnung	Komprimierung
High-End-PDF ohne Verluste (entspricht der direkten Ausgabe)	Keine Neuberechnung	ZIP – 8 Bit CCITT Group 4
High-End-PDF für das 60er-Raster ohne sichtbare Verluste	Bikubische Neuberechnung auf 300 bis 600 ppi für Farb- und Graustufenbilder und Keine Neuberechnung für einfarbige Bilder	JPEG – maximal CCITT Group 4
High-End-PDF für das 80er-Raster ohne Verluste (Kunstdruckpapier)	Bikubische Neuberechnung auf 350 bis 700 ppi für Farb- und Graustufenbilder und Keine Neuberechnung für einfarbige Bilder	ZIP – 8 Bit CCITT Group 4
High-End-PDF für das 30er-Raster ohne sichtbare Verluste (Zeitungspapier)	Bikubische Neuberechnung auf 150 bis 300 ppi für Halbtonbilder und Durchschnittliche Neuberechnung auf 900–1.200 ppi für einfarbige Bilder	JPEG – mittel CCITT Group 4
PDF-Dateien für den Austausch, zum Ausdruck auf Farbdruckern ausreichend	Bikubische Neuberechnung auf 100 bis 200 ppi für Farb- und Graustufenbilder und Durchschnittliche Neuberechnung auf 600 ppi für einfarbige Bilder	JPEG – mittel CCITT Group 4
PDF-Dateien zum Betrachten im Web, ein Ausdruck der PDF-Datei wird nicht erwartet	Bikubische Neuberechnung auf 72 bis 108 ppi für Farb- und Graustufenbilder und Durchschnittliche Neuberechnung auf 300 ppi für einfarbige Bilder	JPEG – minimal CCITT Group 4
PDF-Dateien für Multimedia	Wie bei PDF-Dateien zum Betrachten im Web	JPEG2000 verlustfrei
PDF zur Archivierung	Keine Neuberechnung für Farb- und Graustufenbilder und einfarbige Bilder	ZIP – 8 Bit

▲ Tabelle 34.5
Komprimierungseinstellungen für verschiedene Anwendungsgebiete

Art, Stärke und Offset

Die Form der Passkreuze kann in der Option Art ausgewählt werden. InDesign stellt keine anderen Formen zur Verfügung. Mit Stärke bestimmen Sie die Linienstärke, die für die Schneidemarken verwendet wird. Der Wert von 0,125 Pt ist für die Ausgabe über CtP (Computer to Plate) ideal. Setzen Sie den Offset auf denselben Wert, den Sie für die Beschnittzugabe definiert haben. Dadurch ragen die Schnittmarken nicht mehr in den Anschnittbereich hinein.

34.2.4 Register »Marken und Anschnitt«

Die korrekte Definition der Optionen im Register Marken und Anschnitt ist dafür verantwortlich, dass die produktionsrelevanten Parameter wie **Passkreuze** und **Schnittmarken** sowie der **Anschnitt**, egal ob im Dokument ein Anschnittbereich hinterlegt ist oder nicht, in die PDF-Datei übernommen werden. Natürlich entbindet die Aktivierung des Anschnittes den Datenersteller nicht davon, die Objekte genügend weit im Anschnitt zu positionieren.

Marken | Aktivieren Sie hier die gewünschten Druckermarken ❶, deren Art ❺, Stärke ❻ und den benötigten Offset (Versatz) ❼ der Marken vom Endformat. Zusätzliche Informationen zu den Marken können Sie in Abschnitt 33.3.3, »Register ›Marken und Anschnitt‹«, auf Seite 801 nachlesen.

Beschnittzugabe | Aktivieren Sie hier die Option BESCHNITTZU-
GABE-EINSTELLUNGEN DES DOKUMENTS VERWENDEN ❷ nur dann,
wenn für den Export die BleedBox – das ist der Anschnittbereich
in einer PDF-Datei – auf den Wert, den der Benutzer beim Anlegen des Dokuments beim Anschnitt vorgesehen hat, gesetzt und
in die PDF-Datei eingebettet werden soll. Sollte kein Anschnitt im
Dokument festgelegt sein, so können Sie den gewünschten
Anschnittwert für den Export in den Eingabefeldern ❸ OBEN,
UNTEN, INNEN und AUSSEN eintragen. Haben Sie kein doppelseitiges Dokument angelegt, so steht anstelle von INNEN und AUSSEN
RECHTS und LINKS. Das Festlegen eines Anschnittes von 3 mm ist
hier eigentlich nie falsch. Halten Sie diesbezüglich aber Rückspra-
che mit Ihrem Druckdienstleister. Alle Objekte, die über den
Anschnitt im Originaldokument ragen, werden in der Ausgabe nur
bis zum Anschnitt gedruckt.

[BleedBox]
Die BleedBox ist eine der fünf Boxen in einer PDF-Datei. Mit der
BleedBox wird der Anschnittbereich der Seite in der PDF-Datei
gekennzeichnet.

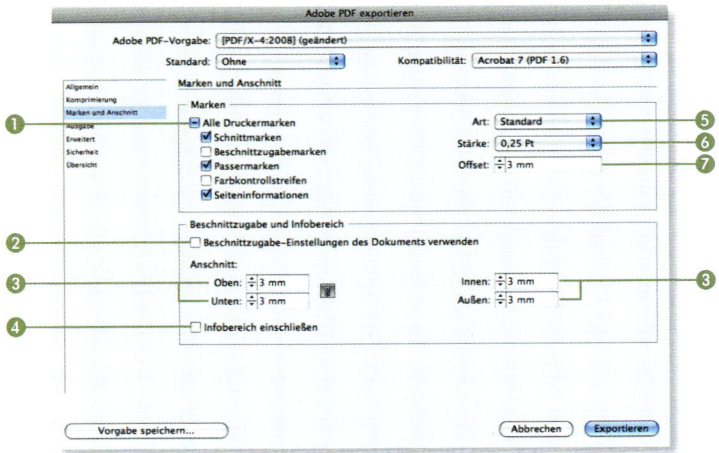

◄ **Abbildung 34.5**
Das Register MARKEN UND AN-
SCHNITT. Alle Druckermarken wer-
den durch die Aktivierung der Op-
tion ACROBAT-EBENEN ERSTELLEN im
Register ALLGEMEIN auf eine eigene
Ebene in der PDF-Datei gesetzt.

Durch die Aktivierung der Option INFOBEREICH EINSCHLIESSEN ❹
wird der Anschnitt erweitert bzw., wenn der Infobereich im
Dokument kleiner als der Anschnitt angelegt wurde, verkleinert,
und alle Objekte werden durch den Infobereich in der Ausgabe
beschnitten. Verwenden Sie den Infobereich unter anderem dazu,
Dokumentname und Dokumentpfad in der Ausgabe über die
Textvariablen in InDesign CS4 auszugeben.

**»Kunden-PDF« Marken und
Anschnitt**

Deaktivieren Sie in diesem Register alle Checkboxen. Den Betrachter des PDFs würden solche
Marken verwirren.

34.2.5 Register »Ausgabe«

Im Register AUSGABE sind alle Einstellungen in Bezug auf Farbverarbeitung und Kennzeichnung von PDF/X-Dateien vorzunehmen.
Ob eine Farbverarbeitung im Zuge der PDF-Erstellung sinnvoll ist,
sei aus unserer Sicht in Frage gestellt. Die Konvertierung von Farben sollte aus unserer Sicht entweder ganz zu Beginn oder mög-

lichst am Ende der Produktionsstrecke erfolgen. Nachstehend werden vier mögliche Vorgehensweisen im Umgang mit Farbkonvertierungen beschrieben.

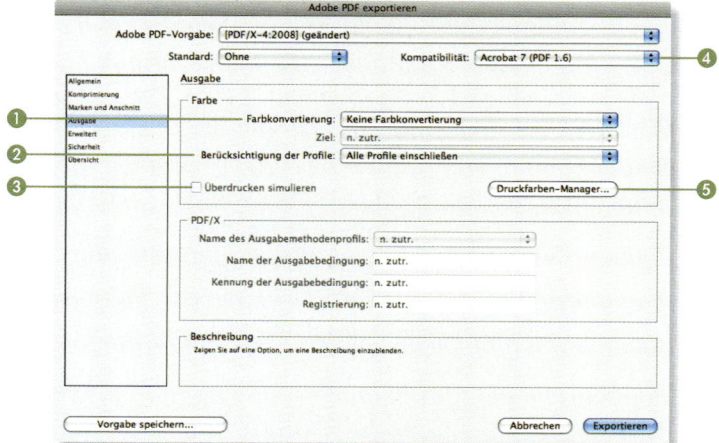

Erstellen einer medienneutralen PDF-Datei (Option »Standard«: »Ohne«) | Wählen Sie Keine Farbkonvertierung in der Option Farbkonvertierung ❶ aus. Damit stellen Sie sicher, dass alle ursprünglichen Farbräume in die PDF-Datei übergeben werden. Der Eintrag Alle Profile einschliessen ❷ in der Option Berücksichtigung der Profile weist darauf hin, dass Bilder mit getagten ICC-Profilen, die in InDesign CS4 importiert wurden, das ICC-Profil beibehalten; InDesign-Objekte und -Bilder ohne zugewiesenes Profil hingegen besitzen kein Profil in der PDF-Datei. Bedingt durch die von uns in diesem Buch getroffene Farbeinstellung – Werte beibehalten (verknüpfte Profile ignorieren) – verlieren CMYK-Bilder, die in InDesign mit einem Profil versehen waren, in der PDF-Datei das Profil, da die entsprechende Ausgabekennzeichnung über den Output-Intent erfolgt.

Die Optionen Überdrucken simulieren ❸ und Druckfarben-Manager ❺ verhalten sich identisch, wie dies bereits in Abschnitt 33.3.4, »Register ›Ausgabe‹«, auf Seite 802 und in Abschnitt 12.7.3, »Druckfarben-Manager«, auf Seite 322 beschrieben wurde.

Das **Ergebnis der Konvertierung** sieht wie folgt aus:
▶ Alle Farbräume bleiben im PDF erhalten.
▶ Wenn die Option Kompatibilität ❹ höher als Acrobat 4.0 (PDF 1.3) gestellt ist, dann bleiben auch alle nativen Transparenzen in der PDF-Datei erhalten. Wird hingegen Acrobat 4 (PDF 1.3) eingestellt, so verhält sich das Ergebnis wie im nächsten Szenario – Erstellung einer PDF/X-3-Datei – beschrieben.

Überdrucken simulieren

Wählen Sie diese Option nur, wenn Sie auf einen Farblaserdrucker ausgeben oder ein Kontroll-PDF erstellen. Die Aktivierung der Checkbox bei der Ausgabe auf Proofern führt zu einer falschen Farbsimulation.

Erstellen einer medienneutralen PDF/X-3-Datei (Option »Standard«: »PDF/X-3:2002« | Wählen Sie KEINE FARBKONVERTIERUNG ❼ in der Option FARBKONVERTIERUNG aus. Damit stellen Sie sicher, dass alle ursprünglichen Farbräume in die PDF-Datei übergeben werden. Der Eintrag ALLE PROFILE EINSCHLIESSEN ❽ in der Option BERÜCKSICHTIGUNG DER PROFILE weist darauf hin, dass Bilder mit getagten ICC-Profilen, die in InDesign CS4 importiert wurden, das ICC-Profil beibehalten; InDesign-Objekte und -Bilder ohne zugewiesenes Profil besitzen hingegen kein Profil in der PDF-Datei. Bedingt durch die von uns in diesem Buch getroffene Farbeinstellung – WERTE BEIBEHALTEN (VERKNÜPFTE PROFILE IGNORIEREN) – verlieren CMYK-Bilder, die in InDesign mit einem Profil versehen waren, in der PDF-Datei das Profil, da die entsprechende Ausgabekennzeichnung über den Output-Intent in der PDF/X-Datei erfolgt.

Alle Optionen im Bereich PDF/X sind nun, da unter STANDARD ❻ eine PDF/X-Version PDF/X-3:2003 ausgewählt ist, anwählbar. Da in diesem Szenario eine PDF/X-Datei erstellt wird, muss das für eine PDF/X-Datei erforderliche Ausgabemethodenprofil in der Option NAME DES AUSGABEMETHODENPROFILS ❾ festgelegt werden. Die Ausgabeabsicht (Output-Intent) wird dabei am einfachsten durch die Auswahl eines ICC-Profils beschrieben. Es ist ratsam, immer DOKUMENT-CMYK – NAME DES ICC-PROFILS ⓭ auszuwählen, da damit automatisch der dem Dokument aktuell zugewiesene Farbraum in Form eines Ausgabeprofils hinzugefügt wird.

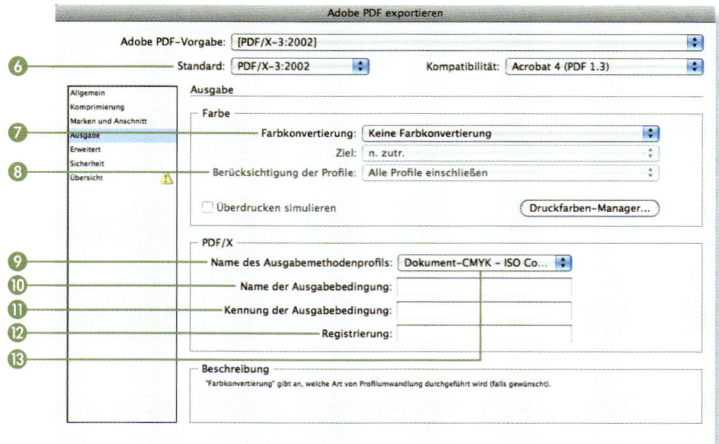

◄ **Abbildung 34.7**
Das Register AUSGABE zur Ausgabe von medienneutralen PDF/X-3-Dateien, wobei alle platzierten RGB-Objekte auf einer Seite durch die erzwungene Transparenzreduzierung nach CMYK gewandelt werden

Im Eingabefeld NAME DER AUSGABEBEDINGUNG ❿ können zusätzliche Erläuterungen optional erfolgen. Die KENNUNG DER AUSGABEBEDINGUNG ⓫ kennzeichnet eine Ausgabeabsicht in einer maschinen- und menschenlesbaren Form. Ist das ausgewählte Profil beim Server der ICC registriert, so wird die Kennung automatisch eingetragen. Dasselbe gilt für den Eintrag im Feld REGISTRIERUNG ⓬. In diesem Feld wird die URL der Registratur hinterlegt. Das Ändern der Einträge ist nicht immer möglich. Führen Sie Änderungen nur durch, wenn Sie wissen, was Sie tun. Ein falscher Eintrag könnte zu missverständlichen Anweisungen führen.

Das **Ergebnis der Konvertierung** sieht wie folgt aus:

▶ Alle CMYK-Objekte werden auf Basis der getroffenen Farbeinstellungen unangetastet in das PDF überführt. Dabei werden die in InDesign zugewiesenen Farbprofile – sie liegen aufgrund der Farbeinstellung alle im CMYK-Dokumentenfarbraum vor – entfernt, da für alle CMYK-Objekte die Kennzeichnung des Dokumentenfarbraumes über den Output-Intent erfolgt.

▶ Alle RGB-Objekte bleiben, solange sich keine Transparenz auf der Seite befindet, im Ursprungsfarbraum (RGB) erhalten. RGB-Objekte, denen in InDesign ein ICC-Profil zugewiesen wurde, behalten ihr ursprüngliches Farbprofil. RGB-Objekte, die ohne ein Farbprofil platziert wurden, bekommen das Profil des RGB-Dokumentenfarbraumes zugewiesen.

▶ Sobald sich jedoch eine Transparenz auf der Seite befindet, werden alle RGB-, Graustufen- und Schwarzweiß-Objekte, egal ob sie mit der Transparenz in Berührung kommen oder nicht, nach CMYK – in den Farbraum der Ausgabeabsicht – konvertiert. Dabei werden jedoch alle Graustufen- und Schwarzweiß-Objekte sauber in den K-Kanal der CMYK-Datei überführt. Durch die Transparenzreduzierung wird den konvertierten Objekten das Zielprofil – Ausgabeabsicht – zugewiesen. Aufgrund dieser Tatsache wird die Erzeugung einer PDF/X-3-Datei empfohlen, da hier keine Verrechnung erfolgt.

▶ Schwarzer Text bleibt als schwarzer Text erhalten. Bei transparenzreduziertem Text wird dieser auf K = 100 % gestellt.

Korrekte Konvertierung der Farben in einen vom Arbeitsfarbraum abweichenden Zielfarbraum | Wählen Sie bei FARBKONVERTIERUNG ⓰ den Eintrag IN ZIELPROFIL KONVERTIEREN (NUMMERN BEIBEHALTEN) und bei ZIEL das gewünschte Zielprofil (hier ISONEWSPAPER26V4) ⓱ aus. Entscheiden Sie darüber hinaus, ob Sie das neue Zielprofil den Bildern und Objekten in der PDF-Datei hinterlegen wollen oder nicht. Die Einträge in der Option BERÜCKSICHTIGUNG DER PROFILE ⓲ – ZIELPROFIL EINSCHLIESSEN bzw. PROFILE NICHT EINSCHLIESSEN – sind dafür maßgebend. Diese Option kann jedoch nur ausgewählt werden, wenn die Option STAN-

DARD ⑮ auf OHNE gestellt ist. Wird, wie in Abbildung 34.8, jedoch der STANDARD: PDF/X-1A:2001 ausgewählt, so wird die Option BERÜCKSICHTIGUNG DER PROFILE automatisch auf PROFILE NICHT EINSCHLIESSEN ⑱ gestellt. Denn in PDF/X-1a dürfen wie bereits erwähnt keine ICC-basierten Farbräume vorliegen.

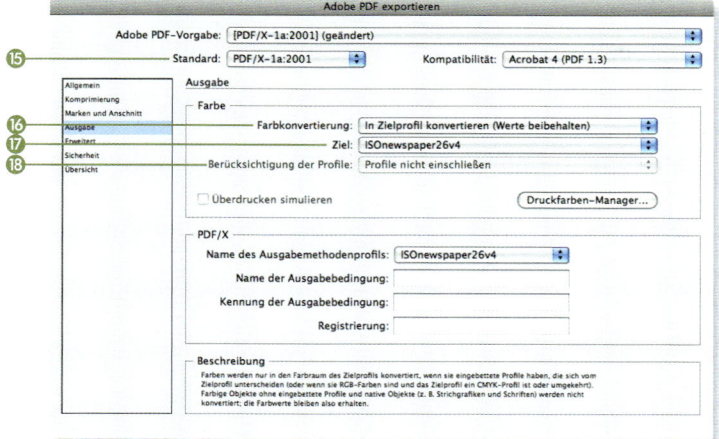

◄ **Abbildung 34.8**
Das Register AUSGABE zur Konvertierung in ein vom Arbeitsfarbraum abweichendes Zielprofil, wobei bereits in CMYK vorliegende Bild- und Vektordaten unangetastet bleiben

Das **Ergebnis dieser Konvertierung** sieht wie folgt aus:

▶ RGB-Bilder und -Objekte werden in den neuen Zielfarbraum konvertiert.

▶ Auf Basis unserer getroffenen Farbeinstellungen werden CMYK-Bilder und -Objekte mit den definierten Farbnummern durchgereicht – eine Reduzierung des Gesamtfarbauftrages erfolgt nicht.

▶ Schwarzer Text bleibt somit auf K = 100 % erhalten. Wenn Sie eine Reduzierung des Gesamtfarbauftrages erreichen wollen, müssten Sie von vornherein die Farbeinstellungen überdenken und in der CMYK-Farbmanagement-Richtlinie den Wert auf PROFILE BEIBEHALTEN einstellen.

▶ Ist die Option BERÜCKSICHTIGUNG DER PROFILE ⑱ auf ZIELPROFIL EINSCHLIESSEN gestellt, so besitzen alle Objekte in der PDF-Datei das Zielprofil. Durch die Wahl von PROFILE NICHT EINSCHLIESSEN werden zwar alle Objekte mit angehängtem Profil konvertiert, die Kennzeichnung der Objekte mit dem Zielfarbraum entfällt jedoch.

▶ Befinden sich Transparenzen auf der Seite, so werden alle Daten analog wie zuvor beschrieben konvertiert.

Konvertierung aller Farben in einen vom Arbeitsfarbraum abweichenden Zielfarbraum | Wählen Sie wie zuvor in der Option FARBKONVERTIERUNG den Eintrag IN ZIELPROFIL KONVERTIEREN ❶

TIPP

Wählen Sie zur Konvertierung in einen Zielfarbraum immer die Option IN ZIELPROFIL KONVERTIEREN (WERTE BEIBEHALTEN) ⑯. Dieser Empfehlung folgt auch die von Adobe vordefinierte PDF-Vorgabe PDF/X-1A.

und in der Option ZIEL ❷ das gewünschte Zielprofil aus. Sofort nach Auswahl dieses Eintrages erscheint ein Warndreieck ❹, das einen Umstand signalisiert, der wahrscheinlich nicht dem gewünschten Ergebnis entspricht. Besonders der Satzteil »ALLE FARBEN WERDEN IN DEN FARBRAUM DES ZIELPROFILS UMGEWANDELT (ES SEI DENN , IHRE PROFILE STIMMEN MIT DEM ZIELPROFIL ÜBEREIN)«, den Sie im Bereich WARNUNG ❺ lesen können, sollte Sie schon etwas stutzig machen. Die Einträge in der Option BERÜCKSICHTIGUNG DER PROFILE ❸ – ZIELPROFIL EINSCHLIESSEN bzw. PROFILE NICHT EINSCHLIESSEN – regeln die Vorgehensweise, ob ICC-Profile den einzelnen Objekten in der PDF-Datei zugewiesen werden oder nicht.

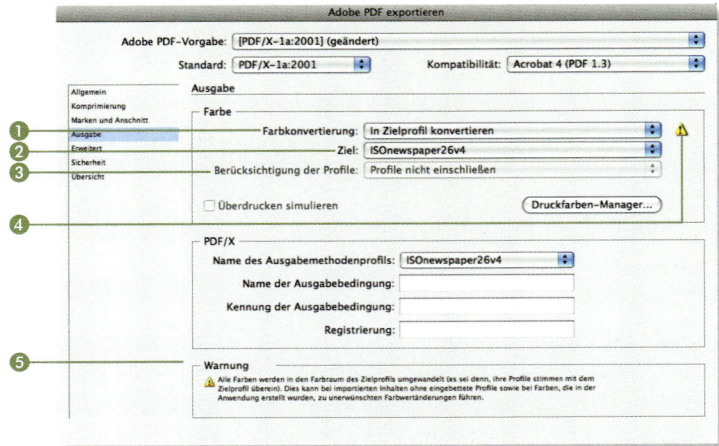

Abbildung 34.9 ▶
Das Register AUSGABE zur Konvertierung in ein vom Arbeitsfarbraum abweichendes Zielprofil, wobei alle Objekte des InDesign-Dokumentes in den Zielfarbraum konvertiert werden

HINWEIS

Die unsinnige Vorgehensweise, alle Farben in einen Zielfarbraum zu konvertieren, entsprach den Einstellungen aus InDesign CS, wenn in ein anderes Zielprofil konvertiert wurde. Verwenden Sie diese Einstellungen **nie** oder nur dann, wenn kein Text im Dokument ist – also **nie**!

Das **Ergebnis dieser Konvertierung** sieht folgendermaßen aus:

▶ Alle Bilder und Objekte, egal ob sie in InDesign mit einem Profil versehen waren oder nicht, werden in den Zielfarbraum konvertiert. Damit werden auch alle in InDesign definierten Farben in den Zielfarbraum verrechnet, wodurch schwarzer Text nun in 4c aufgelöst wird. (Wir wollen ja viel erreichen, aber diesen Zustand kann ein Druckvorstufenbetrieb am wenigsten benötigen!)

▶ Durch die Wahl von PROFILE NICHT EINSCHLIESSEN entfällt die Kennzeichnung der Objekte.

34.2.6 Register »Erweitert«
Im Register ERWEITERT sind die Einstellungen in Bezug auf Schriften, OPI, Transparenzreduzierung und JDF vorzunehmen.

Bereich »Schriftarten« | Stellen Sie den Prozentwert in der Option SCHRIFTEN TEILWEISE LADEN, WENN ANTEIL VERWENDETER ZEICHEN

KLEINER ALS auf 0 % ❼, damit theoretisch die Einbettung der Schrift in vollem Umfang möglich ist. Werden OpenType- und TrueType-Fonts, die mehr als 2.000 Glyphen besitzen, verwendet, so werden sie standardmäßig als Fontuntergruppe eingebettet. Möchten Sie Fontuntergruppen – zur sicheren Ausgabe – in die PDF-Datei einbetten, so wählen Sie den gewünschten Prozentsatz. Der Prozentwert 100 % garantiert, dass alle Schriftarten mit Ausnahme jener, die das Schutz-Flag gegen eine unerlaubte Einbettung enthalten, nur als Untergruppe in die PDF-Datei eingebettet werden. Seit InDesign CS2 werden nicht mehr zwingend alle Schriften beim Export in CID gewandelt. OpenType-Schriften, die mehr als 2.000 Glyphen besitzen – der Wert ist durch die Voreinstellung in InDesign CS4 bestimmt (siehe Zusatzkapitel A, »Voreinstellungen«, im Ordner ZUSATZKAPITEL der Buch-DVD) – müssen jedoch weiterhin in CID-Fonts konvertiert werden.

OPI | Das Aktivieren der Option FÜR OPI AUSLASSEN ❽, mit der Grob- und Feindaten wie EPS, PDF und BITMAP-BILDER innerhalb eines OPI-Workflows für die PDF-Generierung ausgelassen werden können, ist nur möglich, wenn die Option STANDARD ❻ auf OHNE gestellt ist.

Für die Erstellung von Composite-PDF-Dateien in Verbindung mit niedrigauflösenden »Layoutbildern« sind die PDF/X-Standards PDF/X-2 und PDF/X-5 vorgesehen. Da diese Arbeitsweisen in sehr wenigen Workflows Niederschlag finden, wurden diese Standards in InDesign CS4 nicht implementiert. Sollten Sie dennoch innerhalb Ihrer Produktionsstrecke mit OPI-Servern arbeiten, so kann diese Arbeitsweise auch ohne die Wahl eines Standards durch einen PDF-Export abgebildet werden. Beachten Sie dazu die Hinweise auf Seite 814 in Kapitel 33, »Drucken«.

HINWEIS

Auch wenn Sie den Prozentsatz in diesem Register auf 0 % und die Vorgabe in InDesign hinsichtlich Grenze von 2.000 Glyphen zur Volleinbettung auf 70.000 Glyphen stellen und die PDF-Version 1.6 wählen, kann InDesign CS4 selbst in der aktuellen Version noch keine OpenType-Schriften einbetten.

[CID]
CID-Schriften sind Zwei-Byte-Schriften, die mehr als 256 Zeichen pro Schriftschnitt abbilden. Dies wurde für Adobe durch die Ausweitung der Technologie im asiatischen Markt ein Muss.

»Kunden-PDF« Erweitert

▶ Schriften: 100 %
▶ OPI: DEAKTIVIEREN
▶ Transparenzreduzierung: [MITTLERE AUFLÖSUNG]
▶ JDF-Datei mit Acrobat erstellen: Deaktivieren

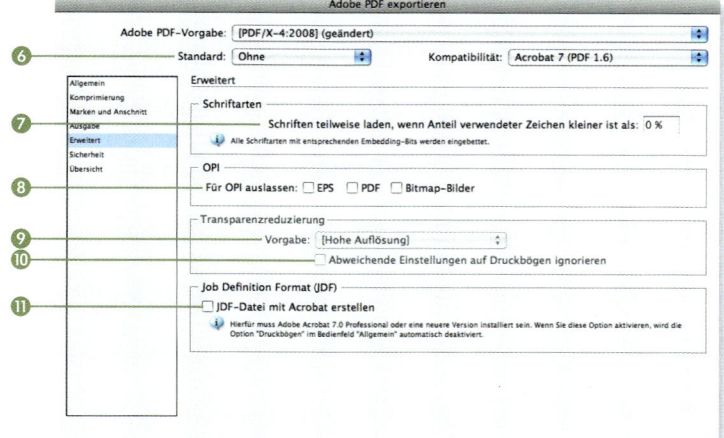

◀ **Abbildung 34.10**
Das Register ERWEITERT regelt das Schrifthandling, das Einfügen von OPI-Kommentaren, die Transparenzreduzierung und die Verarbeitung der PDF-Datei mit JDF in Verbindung mit Acrobat 8 und 9.

[JDF]
JDF ist ein offenes, auf XML ba-
sierendes Dateiformat, das sich als
Standard für die grafische Industrie durchgesetzt hat. JDF wird
zum Datenaustausch zwischen
verschiedenen Systemen verwendet – ausgehend von der Erstellung über die Druckvorstufe und
die anschließende Weiterverarbeitung bis hin zu E-Business-
Anwendungen.

Transparenzreduzierung | Hier wählen Sie in der Option VOR-
GABE ❾ das für Ihr Ausgabegerät bestimmte Set aus. Falls Ihnen
von Ihrem Druckvorstufenbetrieb kein Set zur Verfügung gestellt
wurde, wählen Sie das in Abschnitt 24.2.2, »Die Transparenzreduzierungsvorgaben«, auf Seite 686 erstellte Set »Ausgabename_
RIP_hoch« oder [HOHE AUFLÖSUNG] aus. Aktivieren Sie die Option
ABWEICHENDE EINSTELLUNGEN AUF DRUCKBÖGEN IGNORIEREN ❿,
da Anwender im Dokument eigene Einstellungen zur Transparenzreduzierung für diverse Druckbögen definiert haben könnten, die
Ihre Auswahl überschreiben würden. Sobald Sie eine PDF-Version
höher als PDF 1.3 oder den STANDARD: PDF/X-4 ❻ ausgewählt
haben, ist dieser Bereich ausgegraut. Alle Transparenzen werden
nativ – ohne eine Reduzierung – in die PDF-Datei überführt.

Job Definition Format (JDF) | Im Bereich JOB DEFINITION FORMAT
(JDF) können Sie durch Aktivieren der Checkbox JDF-DATEI MIT
ACROBAT ERSTELLEN ⓫ eine separate JDF-Datei zur PDF-Datei
erstellen. Nach der Erstellung wird Acrobat – dies ist nur in Verbindung mit Acrobat 7.0, 8.0 oder Acrobat 9.0 Professional möglich – gestartet und die JDF-Datei in die JDF-Auftragsinformatio-
nen von Acrobat Professional übergeben. Deaktivieren Sie diese
Option so lange, bis Ihnen ein Druckdienstleister die Verwendung
empfiehlt. Zukünftige Workflows werden in wenigen Jahren auf
einer durchgängigen Protokollierung des Arbeitsauftrages basieren. Verfolgen Sie die Entwicklungen um JDF genau!

34.2.7 Register »Sicherheit«
Im Register SICHERHEIT können Sie Schutzrechte, die das Drucken,
das Entnehmen von Inhalten und das Öffnen der PDF-Datei in
einfacher Art und Weise regeln, festlegen.

Abbildung 34.11 ▶
Das Register SICHERHEIT regelt die
Beschränkungen hinsichtlich Editie-
rung und Entnahme von Inhalten
der exportierten PDF-Datei.

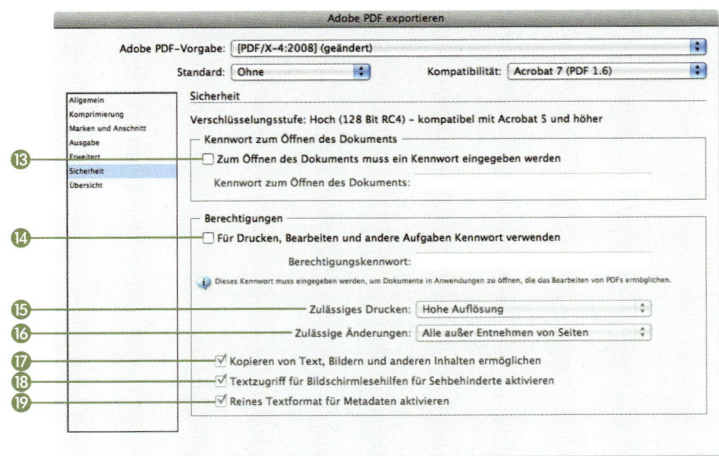

Kennwort zum Öffnen des Dokuments | Ob die exportierte PDF-Datei für jedermann zum Öffnen bestimmt ist, können Sie durch die Eingabe eines Kennwortes und die Aktivierung der Option Zum Öffnen des Dokuments muss ein Kennwort eingegeben werden ⓭ bestimmen. Das Kennwort muss mindestens achtstellig sein.

Der Schutz erfolgt dabei über den **RC4-Standard**, der mit PDF 1.3 in 48 Bit und seit PDF 1.4 mit einer Schlüssellänge von 128 Bit erfolgen kann. Obwohl seit PDF 1.6 auch der **AES** (Advanced Encryption Standard) zur Verschlüsselung herangezogen werden kann, ist die Wahl dieses Verschlüsselungsstandards beim Exportieren aus InDesign CS4 in Verbindung mit PDF 1.6 und PDF 1.7 noch immer nicht möglich.

Berechtigungen | Mit den Optionen in diesem Bereich können Sie den Zugriff auf den Inhalt sowie die Ausgabequalität beim Drucken bestimmen. Dafür müssen Sie zuerst die Option Für Drucken, Bearbeiten und andere Aufgaben Kennwort verwenden ⓮ aktivieren und anschließend ein Kennwort eingeben.

Durch die Wahl des Eintrages Hohe Auflösung in der Option Zulässiges Drucken ⓯ kann der Betrachter des Dokuments eine hochauflösende Druckversion auf seinem Drucker ausgeben. Wählen Sie hier jedoch den Eintrag Niedrige Auflösung (150 dpi) oder Ohne, so kann der Empfänger nur eine niedrigauflösende Version bzw. gar nicht ausdrucken.

In der Option Zulässige Änderungen ⓰ beschränken Sie den Betrachter der PDF-Datei im Funktionsumfang, also was mit dem Text bzw. mit den Bildern im PDF angestellt werden kann. Die Möglichkeiten in dieser Option sind selbsterklärend. Eine genauere Beschreibung entfällt aus diesem Grund.

Ohne
Einfügen, Löschen und Drehen von Seiten
Ausfüllen von Formularfeldern und Unterschreiben
Einfügen von Kommentaren, Ausfüllen von Formularfeldern und Unterschreiben
✓ Alle außer Entnehmen von Seiten

Die Optionen Kopieren von Text, Bildern und anderen Inhalten ermöglichen ⓱, Textzugriff für Bildschirmlesehilfen für Sehbehinderte aktivieren ⓲ und Reines Textformat für Metadaten aktivieren ⓳ können darüber hinaus aktiviert werden.

Auf Grund der beschränkten Möglichkeiten und des doch eher alten Sicherheitsstandards, der aus InDesign CS4 exportiert werden kann, empfehlen wir, Sicherheitsbestimmungen für PDF-Dateien in Acrobat hinzuzufügen. Die Möglichkeiten dort sind vielfältiger und sicherer. Darüber hinaus kann dort u. a. auch ein

HINWEIS

Die Beschränkung der PDF-Dateien durch Vergabe von Passwörtern stellt einen einfachen Schutz dar. Wir warnen eindringlich davor, darin eine absolute Sicherheit zu sehen! Zu einfach können Passwörter entfernt werden bzw. ignorieren gewisse Programme beim Öffnen von PDF-Dateien jeglichen Schutz!

◄ **Abbildung 34.12**
Die Möglichkeiten der Option Zulässige Änderungen beschränken

Schutz des Dokumenteninhaltes und nicht nur des Dokumentencontainers abgebildet werden.

PDF-Dateien für die Druckvorstufe | PDF/X-Dateien dürfen und PDF-Dateien, die unverändert für die Überprüfung in Acrobat übergeben werden, sollen nicht geschützt werden. Deaktivieren Sie somit für die Druckvorstufe immer jegliche Option in diesem Register.

PDF-Dateien für das Office-Umfeld | Nehmen Sie Einstellungen in diesem Register nur bei der Erstellung von PDF-Dateien im Office-Umfeld, für Kunden-PDF oder in Verbindung mit Formularen vor. Speziell bei der Erstellung von Kunden-PDF ist es ratsam, den Zugriff auf Änderungsmöglichkeiten mit den Acrobat-Werkzeugen zu beschränken.

34.2.8 Register »Übersicht«

Im Register ÜBERSICHT werden alle von Ihnen getroffenen Einstellungen noch einmal zusammengefasst. Sollte ein Warndreieck ⚠ den Eintrag zieren, so beachten Sie dieses, um eventuell falsch vorgenommene Einträge noch im Vorfeld zu korrigieren. Lesen Sie dazu die Warnmeldung im Feld WARNUNGEN ❷ durch.

Durch Drücken auf den Button ÜBERSICHT SPEICHERN ❸ können Sie die getroffenen Einstellungen inklusive der BESCHREIBUNG ❶ aus dem Register ALLGEMEIN als Textdatei exportieren. Es gibt hier leider keine Möglichkeit, diese Übersicht in die erzeugte PDF-Datei einzufügen oder beim Export automatisch als eigene Datei zu erzeugen. Diese Erweiterung wäre, solange JDF beim PDF-Erstellen noch keine Bedeutung hat, für eine eventuelle spätere Fehlersuche oft von essentieller Bedeutung.

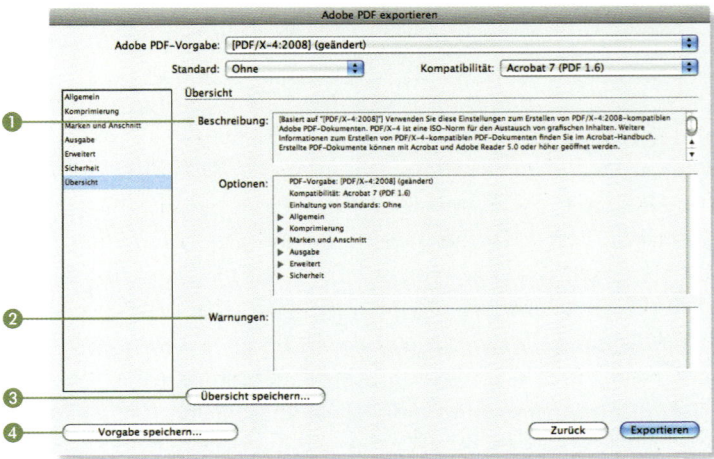

Abbildung 34.13 ▶
Das Register ÜBERSICHT. Alle getroffenen Einstellungen können im Überblick eingesehen und für die Dokumentation exportiert werden.

34.3 Adobe PDF-Vorgaben anlegen, speichern und importieren

Nachdem Sie alle Einstellungen in den Registern vorgenommen haben, sollten Sie die Einstellungen als Vorgabe speichern. Klicken Sie dazu den Button VORGABE SPEICHERN ❹. Im erscheinenden Dialog geben Sie die Bezeichnung für die Vorgabe ein. Hinsichtlich Namensgebung sollten Sie zwei Punkte berücksichtigen:

▸ **Voranstellen der Applikationskennzeichnung:** Da sich alle Vorgaben aus allen Adobe CS3-, CS4-Applikationen und Adobe Distiller im selben Ordner befinden, ist es ratsam, jedem Setting eine Kennzeichnung im Dateinamen der Vorgabe zu geben, damit eine Unterscheidung beim Export aus den einzelnen Programmen erfolgen kann.

▸ **Namensbezeichnung:** Namen wie »PDF-High-End«, »Druck-PDF«, »PDF-hochauflösend« und dergleichen sagen dem jeweiligen Anwender nicht viel. Sie geben sogar oft nur den Schein vor, ein geglücktes Set zu sein. Klare Informationen im Dateinamen erinnern Sie bei jedem Export an die getroffenen Einstellungen. **Unser Vorschlag:** Vergeben Sie Namen wie:

  ▸ »ID_PDF_UV_Ebenen_16«: Damit ist klar, dass das Set für den Export aus InDesign erstellt wurde und dabei alle Informationen unverändert, inklusive aller Ebenen und in der PDF-Version 1.6 exportiert werden.

  ▸ »ID_PDFX4_Bikub_300_JPEGmax_14«: Dieser Name bedeutet, dass mit dieser Vorgabe eine PDF/X-4-Datei aus InDesign erstellt wird, wobei die Farb- und Graustufenbilder auf 300 ppi mit JPEG-Kompression unter Beibehaltung der maximalen Qualität in der PDF-Version 1.4 erstellt wird.

Adobe-Standardsettings

Die von Adobe zur Verfügung gestellten Standardsettings sind in jedem Fall zu überdenken und für das entsprechende Anwendungsgebiet anzupassen. Machen Sie sich diese Mühe. Ihre Arbeit wird dadurch vereinfacht.

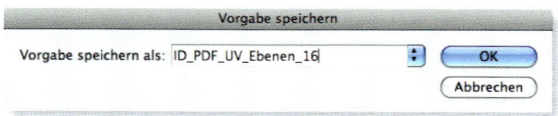

◂ **Abbildung 34.14**
Der VORGABE SPEICHERN-Dialog

Die gespeicherte Vorgabe wird unter FESTPLATTE/BENUTZER/LIBRARY/APPLICATION SUPPORT/ADOBE/ADOBE PDF/SETTINGS (Mac OS X) oder unter C:\DOKUMENTE UND EINSTELLUNGEN\ALL USERS\ANWENDUNGSDATEN\ADOBE\ADOBE PDF\SETTINGS (Windows) abgelegt. Diese Dateien können sehr einfach vom Systemadministrator über ein Roll-out betriebssystemübergreifend verteilt werden.

Haben Sie bereits zuvor mit InDesign CS2 gearbeitet, so können Sie nicht sofort auf die dort angelegten Settings zurückgreifen. Verschieben Sie zuerst die Dateien aus den Verzeichnissen

Festplatte/Library/Application Support/Adobe PDF/Settings (Mac OS X) oder C:\Dokumente und Einstellungen\All Users\ Dokumente\Adobe\Adobe PDF\Settings (Windows) an die oben aufgezeigten Speicherorte für Vorgaben im Umfeld der Adobe Creative Suite 3 und 4.

Weitere Vorgaben können Sie durch Aufrufen des Befehls Datei • Adobe PDF-Vorgaben • Definieren festlegen. Legen Sie sich zumindest vier Vorgaben – »ID_PDF_UV_16«, »ID_PDFX4_JPEGmax_300_14«, »ID_PDFX3_JPEGmax_300_13« und »ID_PDF_JPEGmin_72_ueberdrucken_13« – an, um jederzeit eine entsprechende hochaufgelöste und eine zur Korrektur gedachte PDF-Datei exportieren zu können.

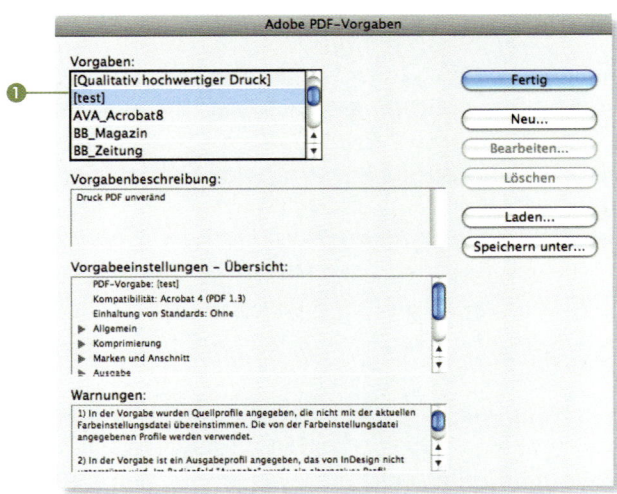

Abbildung 34.15 ▶
Im Adobe PDF-Vorgaben-Dialog können Sie ausgewählte Vorgaben durch Drücken des Buttons Speichern unter exportieren. Gespeicherte Vorgaben können über den Button Laden importiert werden. PDF-Vorgaben ❶ in eckiger Klammer befinden sich in der globalen Library, alle anderen PDF-Vorgaben sind in der Benutzer-Library gespeichert.

Das Löschen, Bearbeiten und Anlegen neuer PDF-Vorgaben erfolgt in derselben Form, wie wir es bereits im Druckvorgaben-Dialog beschrieben haben. Weitere Informationen hierzu erhalten Sie in Abschnitt 33.6, »Druckvorgaben«, auf Seite 822.

34.3.1 PDF-Export über PDF-Export-Vorgaben ausführen

Um mit einer gespeicherten Vorgabe zu drucken, führen Sie den Befehl Datei • Adobe PDF-Vorgaben • Name der Vorgabe aus. Legen Sie nur noch den Seitenbereich fest – alle anderen Vorgaben sind bereits hinterlegt –, und drücken Sie auf Sichern bzw. Drucken.

35 Daten per Export austauschen

Die zentrale Möglichkeit, InDesign-Daten mit anderen Benutzern per PDF auszutauschen, haben Sie gerade kennengelernt. Darüber hinaus haben Sie die Möglichkeit, Texte mit anderen Benutzern auszutauschen, InDesign-Dokumente oder Teile daraus als Bilder zu speichern, für eine Weiterverwendung in InDesign (z. B. zur Verwendung in früheren Versionen oder Teile eines Dokuments, um sie erneut zu platzieren) oder zur Weiterverarbeitung in anderen Programmen (für Web oder andere Medien) zu exportieren.

35.1 Text-Export

InDesign bietet drei Möglichkeiten, Text entweder neutral, formatiert – zumeist für Word-Benutzer – und für InDesign formatiert zu exportieren.

35.1.1 Nur Text

Um einen neutralen Text zu exportieren, wählen Sie einen Text aus oder stellen Sie den Textcursor in einen Textrahmen (in diesem Fall wird der gesamte Text in diesem und allen damit verketteten Rahmen exportiert), und wählen Sie DATEI • EXPORTIEREN, oder drücken Sie ⌨Strg+⌨E bzw. ⌨⌘+⌨E. Legen Sie einen Namen und ein Verzeichnis für die exportierte Datei fest, wählen Sie unter DATEITYP (Windows) bzw. FORMAT (Mac OS) die Option NUR TEXT, und klicken Sie auf SICHERN.

> **Statische Inhalte**
>
> Alle hier aufgeführten Exportmöglichkeiten erzeugen einen aktuellen Schnappschuss der Daten. Wie Sie dynamische, interaktive Dokumente erstellen und exportieren, zeigen wir Ihnen in Kapitel 36, »Interaktive Dokumente«.

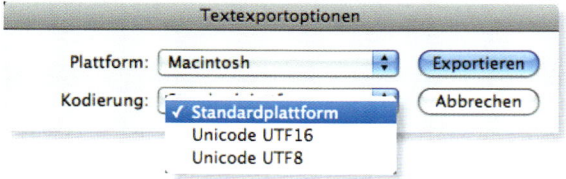

◀ **Abbildung 35.1**
PLATTFORM bezieht sich hier auf den Prozessor Ihres Computers. Macs mit Intel-Prozessoren unterscheiden sich hier eigentlich nicht mehr von den üblichen Windows-PCs.

Wählen Sie die PLATTFORM, auf der der Text weiter bearbeitet werden soll (MACINTOSH oder PC), und lassen Sie zunächst die KODIERUNG auf STANDARDPLATTFORM. Dadurch wird der Text so kodiert, wie es den Gepflogenheiten der jeweiligen Hardware-

Plattform entspricht. Sollten die Empfänger der Daten Probleme – nationale Sonderzeichen werden falsch dargestellt – mit dem Text haben, versuchen Sie eine der Optionen Unicode UTF8 oder Unicode UTF16. Dadurch wird die Kodierung des Textes auf Unicode-Kodierung mit 8 bzw. 16 Bit umgestellt. Die Software, mit der der Text weiter bearbeitet wird, muss diese Standards unterstützen. Dann allerdings funktionieren auch exotische Glyphen.

Eine generelle Empfehlung können wir hier leider nicht geben, weil die korrekten Einstellungen eben von der Empfänger-Applikation, aber auch von der Sprache des Textes abhängen.

35.1.2 RTF

Wenn Sie die Formatierung des Textes übernehmen wollen, wählen Sie den Export als RTF-Text. Das RTF-Format wurde von Microsoft für MS Word definiert. Soll der Text in Word weiter bearbeitet werden, ist RTF also die erste Wahl. Allerdings hat sich RTF als Standard-Austauschformat für Texte etabliert und wird von den meisten Programmen unterstützt, die zur Textverarbeitung gedacht sind.

Um einen RTF-Text zu exportieren, gehen Sie wie beim Export eines neutralen Textes vor, wählen Sie unter Dateityp bzw. Format die Option Rich Text Format, und klicken Sie auf Sichern. Da der kleinste gemeinsame Nenner von Word und InDesign den Rahmen des Exports vorgibt, gibt es keine Optionen, die Sie beim Export festlegen könnten.

35.1.3 Adobe InDesign-Tagged-Text

Um Text innerhalb der InDesign-Produktlinie auszutauschen und dabei die Formatierung inklusive Definitionen von Absatz- und Zeichenformaten zu erhalten, können Sie auf Tagged-Text zurückgreifen.

Dabei ist auch ein Austausch zwischen unterschiedlichen Versionen von InDesign möglich, allerdings können Textattribute, die es nur in der neueren Version gibt, verständlicherweise nicht oder nur begrenzt übertragen werden.

Neben der Möglichkeit, Texte zwischen unterschiedlichen InDesign-Versionen auszutauschen, kann das Tagged-Text-Format zum Einsatz kommen, wenn Texte zur Gänze außerhalb von InDesign entstehen, dann aber bereits formatiert platziert werden sollen. Da Tagged-Text eben ein Textformat ist, kann er leicht bearbeitet oder bereits beim Export von Daten aus einer Datenbank den eigentlichen Daten hinzugefügt werden. In einem solchen Fall ist es sinnvoll, einen Text-Prototypen, der lediglich beschreibt, wie der Text auszusehen hat, als Tagged-Text zu exportieren, um daraus die Syntax der Tags zu übernehmen und Platzhalter zu definieren, die beim Export der Daten aus der Datenbank zu ersetzen sind.

Um einen Tagged-Text zu exportieren, gehen Sie wie beim Export eines neutralen Textes vor, wählen Sie unter DATEITYP bzw. FORMAT die Option ADOBE INDESIGN-TAGGED-TEXT, und klicken Sie auf SICHERN.

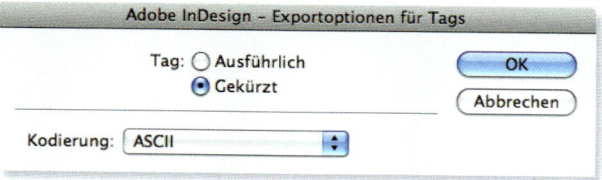

◀ **Abbildung 35.2**
AUSFÜHRLICH erzeugt größere, dafür aber besser lesbare Dateien. Das Ergebnis des Exports ist in jedem Fall eine Textdatei mit Dateierweiterung ».txt«.

Exportoptionen | Tags folgen einer strengen Syntax, die in InDesign jedoch zwei Schreibweisen vorsieht. In der Version AUSFÜHRLICH liest sich das Tag zur Anwendung eines Absatzformats z. B. `<ParaStyle:Name>`, in der Version GEKÜRZT dagegen `<pstyle:Name>`.

Die KODIERUNG sieht einige Alternativen vor, allerdings sind Sie mit der Option ASCII immer auf der sicheren Seite, da dann alle Zeichen – auch nationale Sonderzeichen – so kodiert werden, dass sie in jedem Fall sauber rekonstruiert werden können.

Tagged-Text importieren | Obwohl es in diesem Kapitel um den Export geht, möchten wir Ihnen noch kurz den Import von Tagged-Text zeigen. Platzieren Sie einen Tagged-Text wie einen anderen Text auch, aktivieren Sie jedoch IMPORTOPTIONEN ANZEIGEN im PLATZIEREN-Fenster:

> **TOP-TIPP**
> **Definitionen auslesen**
>
> Wenn Sie einen InDesign-Tagged-Text-Export mit ausführlicher Tag-Kennzeichnung durchführen, können Sie in textueller Form alle Formatbeschreibungen der einzelnen Absatz- und Zeichenformate auslesen. Speziell wenn Sie eine Dokumentation zu einem Projekt erstellen müssen, ersparen Sie sich damit eine Menge Arbeit.

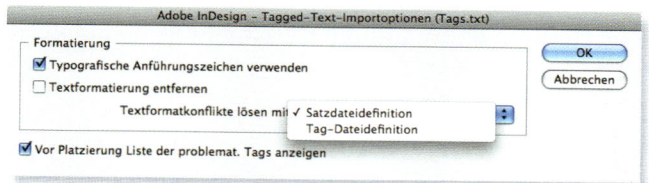

◀ **Abbildung 35.3**
InDesign erkennt einen Tagged-Text beim Platzieren zwar selbständig, die dazugehörigen Importoptionen werden jedoch nur auf Ihre Anweisung hin angezeigt.

Legen Sie unter FORMATIERUNG fest, ob der platzierte Text TYPOGRAFISCHE ANFÜHRUNGSZEICHEN VERWENDEN soll – gemeint ist hier »entsprechend den aktuellen Einstellungen Ihres Dokuments« – und ob Sie die TEXTFORMATIERUNG ENTFERNEN wollen.

Wenn der Text formatiert platziert wird, legen Sie im Menü TEXTFORMATKONFLIKTE LÖSEN MIT fest, wie zu verfahren ist, wenn im Tagged-Text Absatz- und Zeichenformate definiert werden, die in Ihrem Dokument bereits existieren. SATZDATEIDEFINITION bedeutet, dass die Definitionen des Tagged-Textes verworfen werden, TAG-DATEIDEFINITION dagegen, dass die Format-Definitionen in Ihrer Datei vom Tagged-Text überschrieben werden.

Da in einem Tagged-Text Tags verwendet werden können, die von Ihrer InDesign-Version nicht interpretiert werden können (z. B. wenn Sie einen Tagged-Text aus InDesign CS4 in InDesign CS3 platzieren), sollten Sie VOR PLATZIERUNG LISTE DER PROBLEM. TAGS ANZEIGEN auswählen. Stößt InDesign dann beim Platzieren auf Tags, die nicht verarbeitet werden können, werden Sie darauf aufmerksam gemacht und können bereits abschätzen, welche Textteile davon betroffen sind.

35.2 Bild-Export

Um Seiten Ihres InDesign-Dokuments oder Teile daraus in anderen Programmen platzieren zu können, gibt es die Möglichkeit, Ihre Dokumente auch als Bild zu exportieren.

35.2.1 EPS
So wie PDF-Dateien können auch EPS-Dateien mit den notwendigen Informationen für die Druckvorstufe wie Anschnitt, Schriften und OPI-Kommentare exportiert werden. Legen Sie den zu exportierenden Bereich ❶ – InDesign CS4 kann keine Auswahl als EPS-Datei exportieren – fest, und wählen Sie bei Bedarf die Option DRUCKBÖGEN ❷ für die Ausgabe gegenüberliegender Seiten aus.

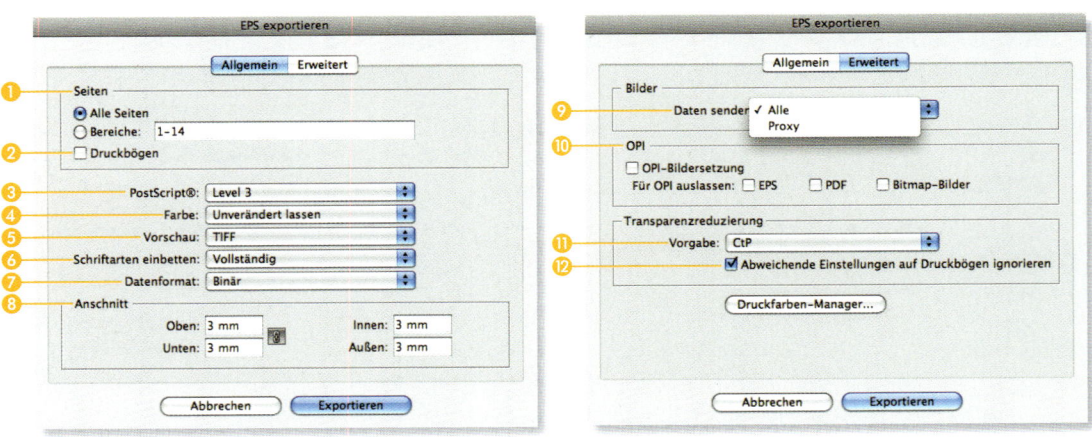

▲ **Abbildung 35.4**
Für jede Seite des Bereiches wird eine eigene EPS-Datei gespeichert. Sie können nur ganze Seiten und keine Auswahl exportieren.

Allgemein | Legen Sie den gewünschten POSTSCRIPT-Level ❸, die Farben ❹ für CMYK, RGB, Graustufen oder medienneutrale Übergabe, die Schrifteinbettung ❻ und das DATENFORMAT ❼ fest. Wählen Sie immer unter VORSCHAU ❺ die Option TIFF – damit ist eine plattformübergreifende Verwendbarkeit garantiert –, und fügen Sie, wenn gewollt, einen ANSCHNITT ❽ zur EPS-Datei hinzu. Schriften sollten Sie immer vollständig in die EPS-Datei exportieren.

Erweitert | Bestimmen Sie, welche Daten – ALLE oder PROXY (Vorschaubilder) ❾ – in der PostScript-Datei eingeschlossen sein sollen, ob Sie mit OPI ❿ arbeiten wollen und vor allem, welche Transparenzreduzierungsvorgabe ⓫ zum Verflachen der Transparenzen verwendet werden soll. Aktivieren Sie auch hier die Option ABWEICHENDE EINSTELLUNGEN AUF DRUCKBÖGEN IGNORIEREN ⓬.

35.2.2 JPEG

Während beim Export in eine PDF- oder EPS-Datei immer nur ganze Seiten oder Druckbögen exportiert werden können, ist mit JPEG-Export das Exportieren einzelner Seiten, Druckbögen und Objekte möglich.

Um ein Objekt zu exportieren, muss das gewünschte Objekt mit dem Auswahl-Werkzeug ► ausgewählt werden. Wird kein Objekt auf der Seite ausgewählt, so wird die ganze Seite oder, wenn die Option DRUCKBÖGEN markiert ist, auch der gesamte Druckbogen in eine JPEG-Datei exportiert. Führen Sie dazu den Befehl DATEI • EXPORTIEREN oder das Tastaturkürzel ⌨Strg⌨+⌨E⌨ bzw. ⌨⌘⌨+⌨E⌨ aus. Treffen Sie Ihre Einstellungen entsprechend den bisherigen Export-Operationen, und wählen Sie in der Option DATEITYP (Windows) bzw. FORMAT (Mac OS) JPEG aus.

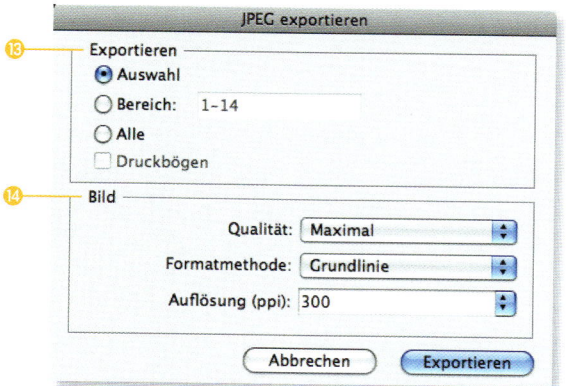

Exportieren | Hier ⓭ können Sie zwischen AUSWAHL, der Anzahl der zu exportierenden Seiten – BEREICH und ALLE – wählen und bestimmen, ob Seiten als Einzelseiten oder als DRUCKBÖGEN exportiert werden sollen. Ist die Option AUSWAHL gewählt, so können selbstverständlich keine DRUCKBÖGEN angewählt werden.

Hinweis

Im Unterschied zu PDF können EPS-Dateien nur einseitig sein. Wenn Sie mehrere Seiten als EPS exportieren, so erhalten Sie für jede Seite eine eigene Datei. Die Größe der »BoundingBox« in der EPS-Datei wird dabei durch das Seitenformat zuzüglich des eingetragenen Werts für den Anschnitt bestimmt.

Verwendbarkeit des JPEG-Exports

Bis InDesign CS2 erfolgte generell ein Downsampling auf 72 dpi. Die Bilder waren somit – je nach Ausgabegröße – nur beschränkt für den Druck geeignet.

Mit InDesign CS3 wurde zumindest dieser Fehler behoben. Allerdings werden auch in InDesign CS4 nach wie vor alle Bilder nach RGB konvertiert.

◄ **Abbildung 35.5**
Der JPEG-Export-Dialog aus InDesign CS4. Die Option AUFLÖSUNG (PPI) wurde erst mit InDesign CS3 eingeführt.

Bilder | Legen Sie hier ⑭ die Qualität – Maximal, Hoch, Mittel und Niedrig –, die Formatmethode – Grundlinie und Mehrere Durchgänge – und die Zielauflösung in ppi fest.

Durch die Wahl der Formatmethode Grundlinie werden JPEG-Dateien, die im Internet zur Betrachtung geladen werden, erst dann angezeigt, wenn die gesamte Datei übertragen ist. Die Option Progressiv baut die JPEG-Datei schichtweise auf, womit eine Darstellung von unscharf bis scharf im Browser erzielt wird.

35.3   Weiterverarbeitung in InDesign

Das Speichern von InDesign-Dokumenten zur Verarbeitung mit InDesign klingt zunächst merkwürdig, ist aber die Voraussetzung, um Dokumente in der jeweiligen Vorgängerversion von InDesign bearbeiten zu können. Mit InDesign CS4 ist ein neues Format definiert worden, das es leichter ermöglicht, InDesign-Dokumente ganz ohne InDesign zu erstellen.

Um nur einzelne Objekte oder Objektgruppen innerhalb von InDesign auszutauschen, können Sie auf Snippets zurückgreifen.

35.3.1   Speichern einer InDesign CS4-Datei für InDesign CS3

Beim Sprung von InDesign 2.0 zu InDesign CS hatte Adobe zwar eine Möglichkeit angekündigt, Daten von CS für InDesign 2.0 zu speichern. Allerdings wurde diese Funktion nie fertiggestellt. Innerhalb der Creative Suite hat jedoch jede InDesign-Version die Möglichkeit, Dokumente über das Interchange-Format (Dateiendung ».inx«) auf den jeweiligen Vorgänger umzuspeichern.

Eine InDesign CS3-Datei erzeugen | Das Exportieren der InDesign CS3-Datei erfolgt abermals über den Befehl Datei • Exportieren oder das Tastaturkürzel ⌨Strg+E bzw. ⌘+E. Es erscheint der Exportieren-Dialog. Wählen Sie im Menü Format bzw. Dateityp die Option InDesign CS3 Interchange-Format (INX) aus. Durch das Drücken des Buttons Sichern wird eine XML-Datei erstellt, die vom XML-Reader in InDesign CS3 interpretiert werden kann. Nun sind Sie in der Lage, über den Befehl Datei • Öffnen in InDesign CS3 die zuvor exportierte ».inx«-Datei zu öffnen. Bedenken Sie dabei immer, dass es sich um eine Konvertierung handelt. Alle neuen Funktionen, wie außenliegende Konturen für Schrift, Querverweise, GREP-Stile, bedingter Text u. dgl. können dabei nicht abgebildet werden. Eine Überprüfung des konvertierten Dokuments ist daher unumgänglich.

Snippets

Snippets haben wir Ihnen bereits als Alternative zu Bibliotheken in Abschnitt 22.2, »Snippets«, auf Seite 667 vorgestellt.

XML-Reader

».inx«-Dateien sind XML-Daten, die vom in InDesign eingebauten XML-Reader interpretiert werden müssen. Damit dieser XML-Reader auch immer die aktuellen Definitionen verwendet, müssen Sie auch ältere InDesign-Versionen aktuell halten, solange sie noch im Einsatz sind.

Auch nachdem eine neue Version erschienen ist, können durchaus noch Wartungsupdates für die Vorgängerversion erscheinen. Lassen Sie also regelmäßig die Update-Funktion von InDesign bzw. der Creative Suite laufen, um eventuelle Updates nicht zu übersehen.

Ältere Versionen | Wer nun glaubt, dass dieser Weg durch einfaches Exportieren im InDesign-Austauschformat aus InDesign CS4 und durch anschließendes Öffnen der Datei in InDesign CS2 oder früher erfolgen kann, der irrt. Sie müssen in diesem Fall zuerst die Seiten aus InDesign CS3 für InDesign CS2 exportieren, dann in InDesign CS2 die Austauschdatei öffnen und erneut wie beschrieben vorgehen. Bei jedem Schritt werden Eigenschaften des Dokuments, die es in der älteren Version noch nicht gab, auf der Strecke bleiben.

Eine 1:1-Übernahme für InDesign CS aus InDesign CS4 heraus ist damit unmöglich. Es fragt sich aber auch, wer eine derartige Vorgehensweise benötigt, da eine Rückkonvertierung immer mit Problemen behaftet ist.

Veranstaltungskalender.inx

▲ **Abbildung 35.6**
Das Icon einer InDesign-Austauschdatei

35.3.2 IDML – InDesign Markup-Format

Das InDesign Markup-Format wurde in InDesign CS4 eingeführt und kann von früheren Versionen nicht verarbeitet werden. Die Besonderheit ist, dass es ein reines XML-Format ist, womit es möglich wird, InDesign-Dokumente vollkommen ohne InDesign – theoretisch mit einem Texteditor – zu erstellen. In der Realität würde diese Aufgabe allerdings ebenfalls per Software erledigt, da die Angelegenheit nicht so einfach ist.

Die praktische Bedeutung des IDML-Formats liegt eher darin, dass Sie aufgrund der sehr starren Strukturen von XML damit Störungen in Dokumenten beheben können. Bei einem Export nach IDML müssen alle Dokumentstrukturen in das streng strukturierte XML gewandelt und somit strukturelle Schäden aufgelöst werden – Adobe empfiehlt, z.B. dann auf IDML zurückzugreifen, wenn sich Farbfelder nicht löschen lassen.

Um eine InDesign Markup-Datei zu exportieren, wählen Sie DATEI • EXPORTIEREN, oder drücken Sie [Strg]+[E] bzw. [⌘]+[E]. Legen Sie einen Namen und ein Verzeichnis für die exportierte Datei fest, wählen Sie unter DATEITYP bzw. FORMAT die Option INDESIGN MARKUP-FORMAT, und klicken Sie auf SICHERN.

Der Export ist nicht parametrierbar, deshalb gibt es auch keine Exportoptionen. Öffnen Sie die Datei erneut in InDesign CS4 – wie bereits angedeutet, können ältere InDesign-Versionen damit nichts anfangen. Die IDML-Datei wird wieder in eine InDesign-Datei konvertiert. Bei Dateien, die schon länger in Verwendung sind, werden Sie jedoch feststellen, dass die neue Datei wesentlich kleiner geworden ist, da alle nicht mehr benötigten Altlasten beim Export entfernt wurden. Dies ist besonders dann bedeutsam, wenn Sie Dateien von QuarkXPress, PageMaker oder älteren InDesign-Versionen übernommen und damit Probleme haben.

Magazin.idml

▲ **Abbildung 35.7**
Das Icon einer InDesign Markup-Datei. Diese Datei ist tatsächlich ein ZIP-Archiv, das Sie auch entpacken können (fügen Sie notfalls die Dateiendung ».zip« hinzu). Dabei entsteht ein Ordner, der Ihr komplettes InDesign-Dokument auf mehrere XML-Dateien aufgeteilt enthält. Der Ordner STORIES enthält z.B. die Texte der einzelnen Textrahmen.

Versuchen Sie in diesen Fällen, die Probleme mit einem Export nach IDML zu beheben.

35.4 Medienübergreifender Export

Inhalte müssen heutzutage übergreifend – sei es in gedruckter Form, als Webseite oder auf Ihrem Handy oder Palm-Pilot – publiziert werden. Der einmal erstellte Content soll so schnell wie möglich, ohne großen Aufwand, für ein anderes Medium bereitgestellt werden. Dieser Traum wird, vor allem was den Aufwand betrifft, immer ein Traum bleiben.

35.4.1 Für Dreamweaver exportieren

Um InDesign-Inhalte in eine internetfähige Form zu bringen, stellt der Export in XHTML eine einfache Möglichkeit dar. Beim Exportieren können Sie festlegen, wie mit den Bildern verfahren werden soll und wie Absatz-, Zeichen-, Objekt-, Tabellen- und Zellenformate aus InDesign auf die exportierten Inhalte angewendet werden sollen. Letzteres erfolgt durch Kennzeichnung der InDesign-Formatnamen durch gleichnamige CSS-Formatklassen in der XHTML-Datei. Beachten Sie dabei jedoch folgende Vorgaben:

▶ **Exportiert werden können:** Es können alle markierten Textabschnitte, verknüpfte und eingebettete Bilder, SWF-Filmdateien, Fußnoten, Textvariablen – sie werden nicht als Variablen, sondern als Text exportiert –, Aufzählungslisten und nummerierte Listen sowie auf Text verweisende Hyperlinks exportiert werden. Tabellen können darüber hinaus auch exportiert werden, bestimmte Formatierungen wie Tabellen- und Zellkonturen können leider nicht übernommen werden.

▶ **Nicht exportiert werden können:** Objekte wie Polygone, Kreise, Rechtecke usw., die Sie in InDesign erstellt haben, platzierte Film-Dateien (außer FLV-Dateien), in Pfade konvertierte Texte, Hyperlinks (außer auf Text verweisende Hyperlinks) und Lesezeichen sowie Indexmarken und Objekte, die auf der Montagefläche stehen, können nicht exportiert werden. Beachten Sie auch, dass Objekte der Mustervorlagen, solange sie nicht herausgelöst wurden, nicht in eine XHTML-Datei exportiert werden können.

In welcher Reihenfolge die Objekte exportiert werden, hängt von der Anordnung in InDesign ab. Standardmäßig wird die Lesereihenfolge von Seitenobjekten durch Scannen von links nach rechts und von oben nach unten beim Export ermittelt.

CSS – Cascading Stylesheets

CSS sind gesammelte Formatierungsregeln, die das Erscheinungsbild von Inhalten auf einer Webseite steuern. Durch CSS kann der Inhalt von der Darstellung getrennt werden. Der Inhalt der Seite befindet sich in der HTML-Datei selbst. Die CSS-Regeln, aus denen sich die Präsentation des Codes ableitet, befinden sich in einer anderen Datei (in einem externen Stylesheet) oder im HTML-Dokument (normalerweise im Head-Abschnitt).

Exportreihenfolge

Manchmal werden die Elemente nicht in der gewünschten Lesereihenfolge angezeigt – dies kann insbesondere bei komplexen Dokumenten mit mehreren Spalten der Fall sein. Vor dem Exportieren kann es daher sinnvoll sein, die Lesereihenfolge durch Gruppieren zusammengehöriger Objekte zu strukturieren, denn gruppierte Objekte in InDesign CS4 bleiben auch in XHTML gruppiert.

Um Teile Ihres Dokuments als XHTML zu exportieren, wählen Sie die zu exportierenden Textrahmen, Textbereiche, Tabellenzellen oder Grafiken in InDesign CS4 aus, und führen Sie den Befehl Datei • Für Dreamweaver exportieren aus. Geben Sie einen Namen und Speicherort für das HTML-Dokument an.

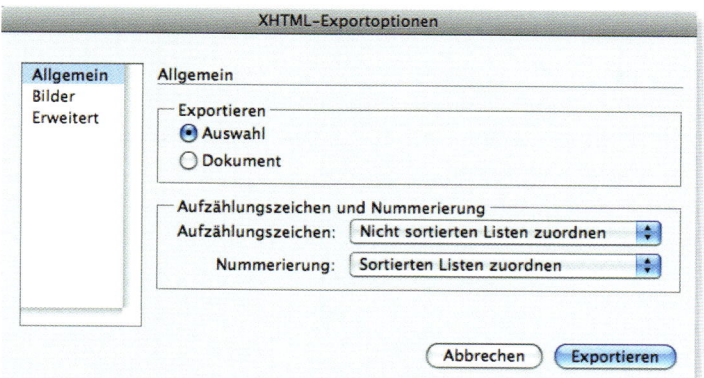

Allgemein | Im Bereich Exportieren legen Sie fest, ob Sie das gesamte Dokument oder nur die Auswahl exportieren möchten. Im Bereich Aufzählungszeichen und Nummerierung bestimmen Sie die Zuordnung von InDesign-Nummerierungs- und Aufzählungslisten zu unordered oder ordered list in der XHTML-Datei.

Wählen Sie in der Option Aufzählungszeichen den Eintrag Nicht sortierten Listen zuordnen, wenn Sie nummerierte Listen aus InDesign in Listenelemente mit dem Tag <UL> in HTML formatieren möchten. Wählen Sie jedoch In Text konvertieren, wenn Sie Aufzählungszeichen unter Verwendung des Tags <p> als Text formatieren möchten.

Wählen Sie in der Option Nummerierung den Eintrag Sortierten Listen zuordnen, wenn Sie Absätze mit Aufzählungszeichen aus InDesign in Listenelemente mit dem Tag <OL> in HTML formatieren möchten. Wählen Sie Statisch sortierten Listen zuordnen, wenn Sie nummerierte Listen aus InDesign in Listenelemente umwandeln möchten. Es wird dabei jedoch, basierend auf der aktuellen Nummer, in InDesign ein Attribut <value> zugewiesen. Wählen Sie In Text konvertieren, wenn Sie nummerierte Listen in Absätze, die mit der aktuellen Absatznummer als Text beginnen, formatieren möchten.

Bilder | Wählen Sie in der Option Bilder kopieren den Wert Originalbilder aus, wenn die Originalbilder in den Unterordner für Webbilder verschoben werden sollen. Dies setzt allerdings voraus,

In Text konvertierte Listen

Da es in HTML ebenfalls automatisch nummerierte Listen und Aufzählungslisten gibt, sollten Sie diese auch verwenden, da der exportierte Text sonst per HTML-Editor (nicht nur Dreamweaver) nur mehr mit zusätzlichem Aufwand umgestellt werden kann.

dass die platzierten Bilder in InDesign bereits in einem optimierten Zustand für das Web vorliegen.

Wählen Sie in der Option BILDER KOPIEREN den Wert OPTIMIERT
aus, wenn Sie Änderungen zur Optimierung des Bildexportes fest-
legen wollen. Aktivieren Sie die Checkbox FORMATIERT, wenn Sie
InDesign-Formatierungen wie Drehungen oder Skalierungen bei
Webbildern so weit wie möglich beibehalten wollen. Über die
Option BILDUMWANDLUNG können Sie noch auf die Qualität der
Bildkonvertierung für die Formate GIF und JPEG Einfluss nehmen.
Wählen Sie AUTOMATISCH, wenn InDesign automatisch entschei-
den soll, welches Format jeweils verwendet wird.

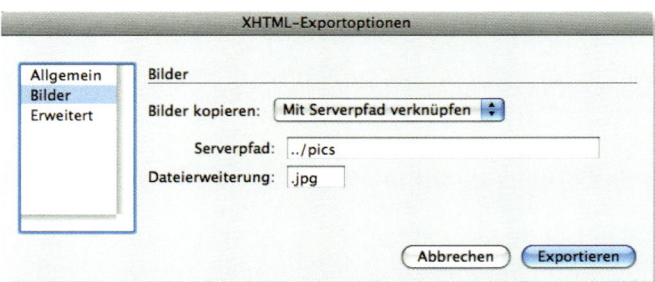

Abbildung 35.9 ▶
Mit diesen Einstellungen für den
Bild-Export wird davon ausgegangen, dass die Bilder bereits existieren und lediglich der relative Pfad
zu diesen Bildern bekanntgegeben
werden muss.

Manuelle Bildwandlung

Webdesigner bevorzugen in der
Regel unbearbeitetes Bildmaterial, weil sie dann direkte Kontrolle über das Ergebnis haben.
Es kann also durchaus sinnvoll
sein, keine Bilder exportieren zu
lassen.

Wenn Sie in der Option BILDER KOPIEREN den Eintrag MIT SERVER-
PFAD VERKNÜPFEN wählen, werden Bilder nicht in einen Unterordner exportiert. Sie haben dann die Möglichkeit, einen lokalen
Serverpfad einzugeben, der vor die Bilddaten in der HTML-Datei
gesetzt wird (z. B. `<img src="../pics/aquo_red.jpg"`
`alt="aquo_red.psd" />`). Diese Option ist besonders effektiv,
wenn Sie Bilder selbst in webkompatible Bilder konvertieren.

Erweitert | Hier können Sie im Bereich CSS-OPTIONEN wählen,
ob Sie auf eine bereits definierte CSS-Datei referenzieren möchten
oder ob eine leere CSS-Klassendeklaration im Header der HTML-
Datei eingebettet werden soll. Diese können Sie dann später in
einem HTML-Editor überarbeiten.

Wenn Sie auf eine externe CSS-Datei referenzieren, so handelt
es sich normalerweise um einen relativen URL wie `style/style.`
`css`. InDesign überprüft beim Exportieren nicht, ob der Pfad gültig ist.

Im Bereich JAVASCRIPT-OPTIONEN können Sie die erstellte
HTML-Datei mit einem externen JavaScript verknüpfen, das beim
Öffnen der Webseite geladen werden soll. Auch hier handelt es
sich in der Regel um einen relativen URL, der auch in diesem Falle
beim Exportieren nicht auf Gültigkeit hin überprüft wird.

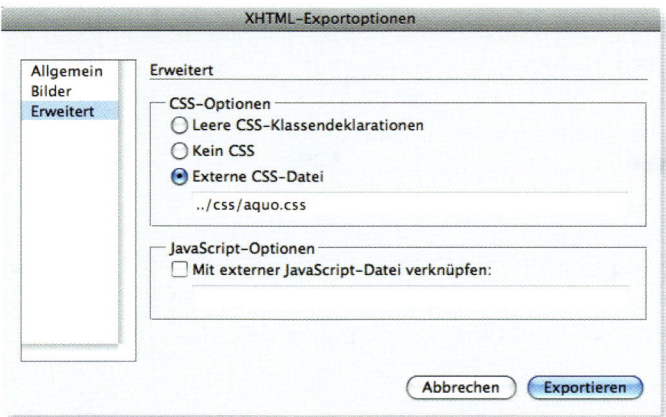

◀ **Abbildung 35.10**
Wenn keine externe CSS-Datei existiert, sollten Sie die Option LEERE
CSS-KLASSENDEKLARATIONEN wählen. Auch wenn die CSS-Definitio-
nen leer bleiben, sind sie wichtige
Informationen, wie die einzelnen
Texte im Original formatiert waren
bzw. welche Texte **gleich** formatiert
waren.

Nachdem Sie nun alle Parameter sorgfältig eingestellt haben, müssen Sie nur noch den Button EXPORTIEREN drücken. Ein Dokument
mit dem angegebenen Namen und der Erweiterung ».html« wird
erstellt. Sofern angegeben, wird am selben Speicherort auch ein
Unterordner mit Bildern für das Web angelegt.

35.4.2 Für Digital Editions exportieren

Digital Editions ist ein E-Book-Reader, den Sie von der Adobe-
Website herunterladen können. Mit einem Export Ihrer Dokumente für Digital Editions soll die Möglichkeit sichergestellt sein,
eigene E-Books zu erzeugen, die auch in ungünstigen Größen-
und Auflösungsverhältnissen (z. B. PDAs oder Mobiltelefonen)
anzeigbar bzw. lesbar sind. Im Kern geht es also darum, Dokumente systemunabhängig vertreiben zu können.

Die Kerntechnologie kümmert sich dabei auch um die Verwaltung der Lizenzrechte und verfügt über Methoden, die das Kopieren und Verwalten von E-Books unter Einhaltung der Lizenzrechte
ermöglicht. Auf der Ebene des Exports aus InDesign können Sie
diese Methoden jedoch nicht beeinflussen, und es stellt sich insgesamt die Frage, warum Adobe eine weitere Methode eingeführt
hat, E-Books zu erstellen, da sich PDF auch in diesem Bereich gut
etabliert hat.

Die Ergebnisse des Exports haben bei etwas komplexeren
Dokumenten auch recht wenig mit dem Original zu tun. Da
E-Books frei umbrechen können, scheiden die meisten Layout-
Konstellationen für eine 1:1-Abbildung aus. Ein zusätzliches Pro-
blem ist die mangelnde Möglichkeit, Schriften systemübergrei-
fend in ein E-Book zu integrieren.

Um ein Dokument als E-Book (Dateiendung ».epub«) zu exportieren, wählen Sie den Befehl DATEI • FÜR DIGITAL EDITIONS

Bücher für Digital Editions

Im Bedienfeldmenü des Bedienfelds eines Buch-Dokuments finden Sie den Befehl BUCH FÜR DI-
GITAL EDITIONS EXPORTIEREN, der
den Export für Ihr gesamtes
Buch erledigt.

EXPORTIEREN aus, geben Sie einen Namen und Speicherort für das E-Book-Dokument an, und klicken Sie auf SICHERN.

Allgemein | Hier legen Sie fest, wie InDesign bei der Erstellung des E-Books vorgehen soll:

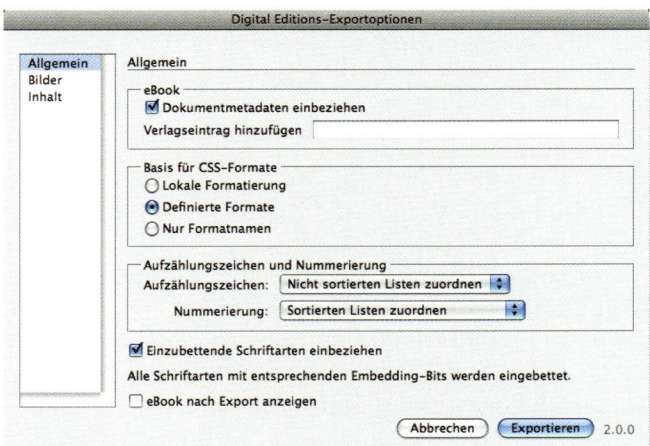

Abbildung 35.11 ▶
Die allgemeinen Einstellungen für einen Export eines E-Books im ».epub«-Format. Das Ergebnis kann nach dem Export nur angezeigt werden, wenn Sie das Programm **Adobe Digital Editions** auf Ihrem Computer installiert haben.

Metadaten bei Buch-Dateien

Wenn Sie den Export für Digital Editions aus dem Buch-Bedienfeld aufrufen, werden die Metadaten dem Dokument entnommen, das als Formatquelle definiert ist.

▶ EBOOK: Wählen Sie, ob die Metadaten des Dokuments in das E-Book übertragen werden sollen, indem Sie die Option DOKUMENTMETADATEN EINBEZIEHEN aktivieren.
Um die Metadaten einzugeben oder zu editieren, wählen Sie vor dem Export DATEI • DATEIINFORMATIONEN, oder drücken Sie ⌨Strg+⌨Alt+⌨⇧+⌨I bzw. ⌨⌘+⌨⌥+⌨⇧+⌨I. Tragen Sie unter VERLAGSEINTRAG HINZUFÜGEN z. B. einen URL zum Verlagsprogramm ein oder jede andere Information, die Sie für sinnvoll erachten.
▶ BASIS FÜR CSS-FORMATE: E-Books im ».epub«-Format sind XHTML- oder alternativ XML-Dateien, die über Cascading Stylesheets formatiert sind (wie beim Export für Dreamweaver auch). Legen Sie in diesem Bereich fest, wie diese CSS-Formate erstellt werden sollen:
  ▶ LOKALE FORMATIERUNG: Alle manuellen Formatierungen und alle Formatierungen, die über Absatz- und Zeichenformate vorgenommen wurden, bleiben erhalten.
  ▶ DEFINIERTE FORMATE: Es werden nur Formatierungen mit Absatz- und Zeichenformaten übernommen. Manuelle Formatierungen gehen verloren.
  ▶ NUR FORMATNAMEN: Es werden zwar Stylesheets erstellt, aber deren Definition bleibt leer und muss folglich nachträglich hinzugefügt werden.

- ▶ AUFZÄHLUNGSZEICHEN UND NUMMERIERUNG: Diese Einstellungen entsprechen den gleichnamigen Einstellungen und Optionen für den Export für Dreamweaver – siehe Seite 867.
- ▶ EINZUBETTENDE SCHRIFTEN EINBEZIEHEN: Es werden nur Schriften in das E-Book eingebettet, bei denen dies explizit erlaubt ist. InDesign zeigt in der Funktion SCHRIFT • SCHRIFTART SUCHEN aber lediglich an, bei welchen Schriften die Einbettung explizit untersagt ist. Solche Schriften sind natürlich nicht einbettbar. Eine Erlaubnis zum Einbetten wird von InDesign jedoch nicht angezeigt – deshalb ist schlecht vorhersehbar, ob die verwendete Schrift eingebettet werden kann. Viele Schriften verfügen über diese Information nämlich nicht.
- ▶ EBOOK NACH EXPORT ANZEIGEN: Eine Anzeige des Ergebnisses kann natürlich nur erfolgen, wenn Sie das Programm Adobe Digital Editions installiert haben.

Bilder | Sämtliche Einstellungen entsprechen den gleichnamigen Einstellungen und Optionen, die Sie auch für den Dreamweaver-Export festlegen können – siehe Seite 867.

◀ **Abbildung 35.12**
Die Option OPTIMIERT überlässt InDesign die Entscheidung über das Dateiformat der exportierten Bilder. Sie können jedoch Qualitätsvorgaben für die beiden möglichen Formate GIF und JPEG festlegen.

Inhalt | Legen Sie fest, in welchem Format das E-Book gespeichert werden und ob es ein Inhaltsverzeichnis geben soll:

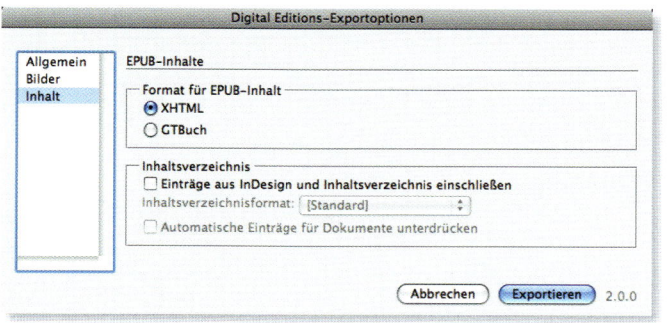

◀ **Abbildung 35.13**
E-Books können als XHTML oder GTBUCH (XML) exportiert werden. Dabei unterscheiden sich die Ergebnisse in der Darstellung – wenn Sie also mit dem Ergebnis nicht zufrieden sind, versuchen Sie die jeweils andere Version.

▶ FORMAT FÜR EPUB-INHALT: Die Option XHTML packt den Text Ihres Dokuments in eine XHTML-Datei, die mit jedem beliebigen HTML-Editor geöffnet und bearbeitet werden kann. GTBUCH erzeugt stattdessen eine XML-Datei, die wiederum leichter in andere Datenformate konvertiert werden kann. Es unterscheiden sich dabei auch die Darstellungen in Adobe Digital Editions, das mit der XML-Version anscheinend etwas besser umgehen kann.

▶ INHALTSVERZEICHNIS: Adobe Digital Editions kann links neben dem Inhalt das Inhaltsverzeichnis des E-Books anzeigen (ähnlich der Darstellung einer PDF-Datei). Um ein solches Inhaltsverzeichnis zu erzeugen, aktivieren Sie die Option EINTRÄGE AUS INDESIGN UND INHALTSVERZEICHNIS EINSCHLIESSEN, und wählen Sie ein INHALTSVERZEICHNISFORMAT aus, mit dem das Inhaltsverzeichnis erstellt werden soll.

▶ AUTOMATISCHE EINTRÄGE FÜR DOKUMENTE UNTERDRÜCKEN: Im E-Book landet auch der Name der Datei, aus der es erstellt wurde. Das ist vor allem bei E-Books, die über ein InDesign-Buch aus mehreren Dateien erstellt wurden, lästig. Um die den/die Dateinamen nicht im E-Book erscheinen zu lassen, deaktivieren Sie diese Option.

Um den Export zu starten, klicken Sie auf EXPORTIEREN. Das E-Book kann dann mit dem Adobe Digital Editions Reader geöffnet, als ZIP-Datei entpackt und nachbearbeitet werden.

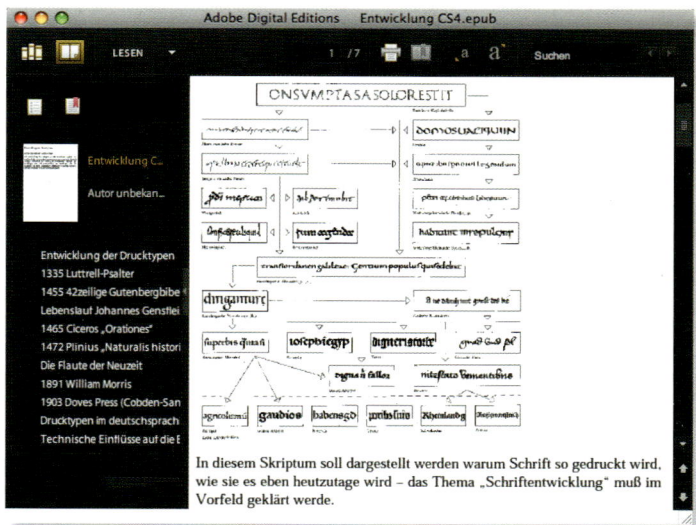

Abbildung 35.14 ▶
Ein E-Book als Ergebnis des Exports für Digital Editions. Das Inhaltsverzeichnis am linken Rand ist aus einem Inhaltsverzeichnisformat entstanden. Inhaltsverzeichnisse, die sich im Dokument befinden, werden nicht in das Ergebnis übernommen.

TEIL VIII
Vernetztes und automatisiertes Layout

36 Interaktive Dokumente

Einmal produzieren, mehrfach publizieren – das wäre das Ziel in der Medienproduktion. Aus einer Satzdatei entstehen die gedruckte Ausgabe eines Werkes, die elektronische Variante, z. B. als E-Book, sowie der Internet-Auftritt. Allerdings sind die Medien zu unterschiedlich, als dass das auch wirklich funktionieren könnte. In einem gedruckten Buch gibt es keine Möglichkeit, einen Film abzuspielen oder direkt einem Verweis zu folgen. Trotzdem bietet InDesign für den Übergangsbereich verschiedener Medien viele Möglichkeiten.

36.1 Lesezeichen

Lesezeichen kommen für die PDF-Version einer Publikation in Frage. Sie übernehmen dort die Funktion von Inhaltsverzeichnissen und dienen der Navigation. Ein Klick auf ein Lesezeichen führt direkt zu einem vorgegebenen Ziel im Dokument. Mit Acrobat und dem Adobe Reader können Sie diese Lesezeichen einblenden und direkt zur Navigation im Dokument verwenden.

36.1.1 Lesezeichen aus Inhaltsverzeichnissen

Mit Lesezeichen haben Sie deshalb bereits in Abschnitt 21.2, »Inhaltsverzeichnisse«, auf Seite 643 kurz Bekanntschaft gemacht. Sie können beim Erstellen von Inhaltsverzeichnissen festlegen, dass Sie die Einträge mit Lesezeichen hinterlegen möchten. Wird das Dokument als PDF ausgegeben, sorgt InDesign automatisch dafür, dass die Einträge des Inhaltsverzeichnisses als Lesezeichen im PDF-Dokument landen.

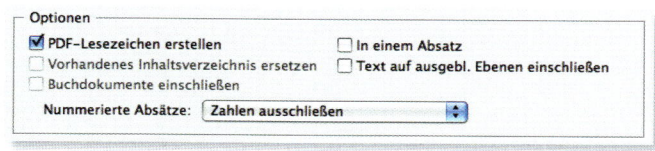

◄ **Abbildung 36.1**
Optionen beim Erstellen eines Inhaltsverzeichnisses. PDF-Lesezeichen erstellen erzeugt Lesezeichen für die Ausgabe in eine PDF-Datei.

Zusätzlich erzeugt InDesign ein Inhaltsverzeichnis, das die Lesezeichen direkt in sich trägt. Die einzelnen Einträge im Dokument

Hyperlinks
Technisch ist ein Hyperlink etwas komplexer aufgebaut als ein einfaches Lesezeichen – wir werden den Unterschied gleich in Abschnitt 36.2, »Hyperlinks«, noch näher behandeln.

werden mit Hyperlinks versehen, die ebenfalls die Funktion eines Lesezeichens übernehmen.

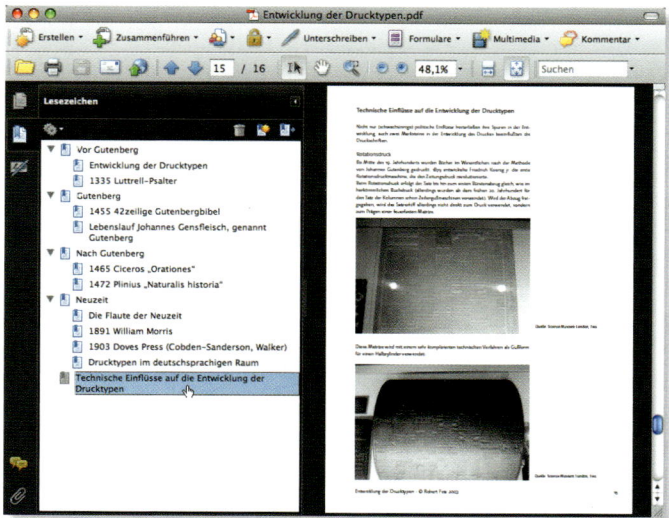

Abbildung 36.2 ▶
Lesezeichen in Adobe Acrobat, die bei der Erstellung eines Inhaltsverzeichnisses automatisch entstanden sind

Auf der Ebene von Acrobat können Sie das Verhalten eines Lesezeichens sehr umfangreich beeinflussen. Ein automatisch erstelltes Lesezeichen in InDesign können Sie in seiner Funktion nicht näher bestimmen. Allerdings ist das zumeist auch nicht notwendig. Ein Lesezeichen, das von InDesign erstellt wurde, können Sie jedoch mit Acrobat bearbeiten, wie jedes andere Lesezeichen auch.

36.1.2 Eigene Lesezeichen anlegen

Wenn Ihre Publikation kein Inhaltsverzeichnis enthält, müssen Sie die Lesezeichen manuell anlegen. Da auch hier die Möglichkeiten von Acrobat nicht angeboten werden, ist das Erstellen von Lesezeichen extrem einfach. Rufen Sie das Lesezeichen-Bedienfeld über das Menü Fenster • Interaktiv • Lesezeichen auf.

Im Lesezeichen-Bedienfeld finden Sie keine besonderen Funktionen, die Sie nicht auch schon von anderen Bedienfeldern kennen würden, und auch im Bedienfeldmenü tut sich hier nicht allzu viel.

▲ Abbildung 36.3
Lesezeichen-Bedienfeld mit einigen Lesezeichen. Lesezeichen, die auf Seiten und Bilder zeigen, werden mit dem gleichen Symbol dargestellt.

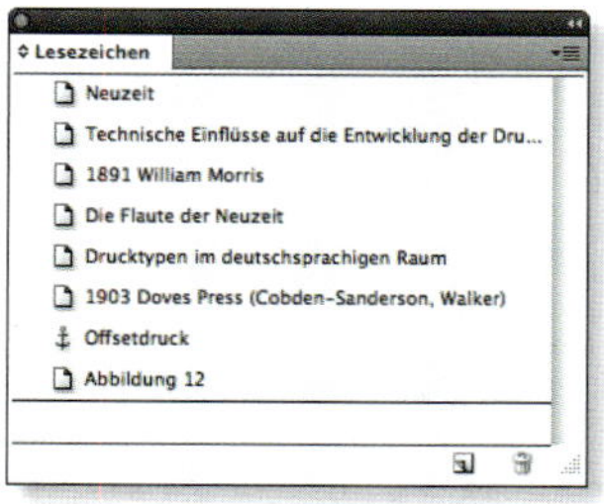

Beim Anlegen eines neuen Lesezeichens legen Sie letztlich nur das Ziel fest, das bei einem Klick auf das Lesezeichen in der PDF-Datei angezeigt werden soll – dafür haben Sie grundsätzlich drei Möglichkeiten:

1. Setzen Sie den Textcursor in einen Text, oder wählen Sie einen Text aus – der ausgewählte Text wird dann automatisch als Name für das Lesezeichen vorgeschlagen.
2. Wählen Sie eine Grafik aus.

3. Wählen Sie eine Dokumentseite aus, indem Sie im Seiten-Bedienfeld einen Doppelklick darauf ausführen.

Klicken Sie nun auf NEUES LESEZEICHEN ERSTELLEN 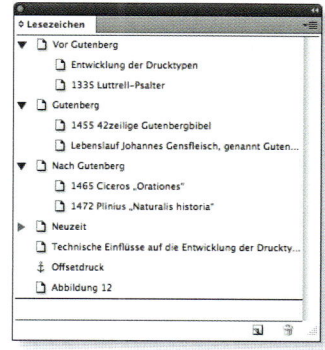, oder wählen Sie NEUES LESEZEICHEN aus dem Bedienfeldmenü des Lesezeichen-Bedienfelds. Im Lesezeichen-Bedienfeld erscheint ein neuer Eintrag. War ein Text ausgewählt, ist der Eintrag bereits mit dem ausgewählten Text als Name versehen, ansonsten wird der Name mit »Lesezeichen Nr.« angegeben. In beiden Fällen ist der Name für Sie ausgewählt, so dass Sie ihn leicht eingeben bzw. verändern können. Um den Namen nachträglich zu verändern, wählen Sie ein Lesezeichen aus, und machen Sie einen Klick auf den Namen.

Abhängig von Ihrer Auswahl kann ein Lesezeichen mit verschiedenen Symbolen gekennzeichnet sein: ‡ – es handelt sich um einen Texteintrag; ⌷ – das Ziel ist eine Seite, ein Seitenbereich oder ein Bild.

Haben Sie einen Eintrag im Lesezeichen-Bedienfeld ausgewählt, während Sie ein neues Lesezeichen anlegen, so wird das neue Lesezeichen dem bestehenden untergeordnet. So können Sie Hierarchien von Lesezeichen aufbauen und Gruppen bilden, die miteinander aus- und eingeblendet werden können.

▲ **Abbildung 36.4**
Hierarchisch organisierte Lesezeichen: Die untergeordneten Lesezeichen können mit einem Klick auf den schwarzen Pfeil des übergeordneten Lesezeichens ein- bzw. ausgeblendet werden.

36.1.3 Lesezeichen verwalten

Die Lesezeichen erscheinen in der PDF-Datei genauso, wie sie auch im Lesezeichen-Bedienfeld gereiht sind. Um die Anordnung zu verändern, ziehen Sie ein Lesezeichen an die gewünschte Position. An welcher Position das Lesezeichen abgelegt werden wird, wird dabei von einem schwarzen Balken angezeigt.

Position in der Hierarchie ändern | Um ein Lesezeichen einem anderen zu unterstellen, ziehen Sie es auf das gewünschte Lesezeichen. Wenn Sie ein Lesezeichen auf eine höhere Ebene befördern wollen, ziehen Sie es zunächst an die gewünschte Position und so weit nach links, bis die Hierarchiestufe stimmt – der schwarze Einfügebalken zeigt Ihnen nicht nur die Position, sondern über seinen Abstand zum linken Rand auch die Stufe innerhalb der Hierarchie an. Die Ziele der Lesezeichen (und nur diese werden ja beim Anlegen eines Lesezeichens definiert) ändern sich damit selbstverständlich nicht.

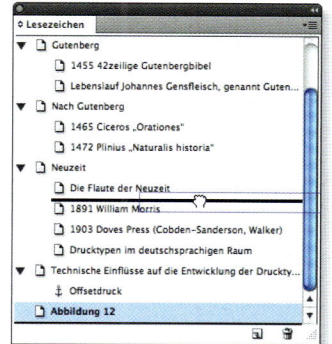

▲ **Abbildung 36.5**
Verschieben eines Lesezeichens

Lesezeichen sortieren | Zumeist wird sich die Reihung der Lesezeichen mit der realen Abfolge innerhalb des Dokuments decken. Beim Anlegen der Lesezeichen kann diese Reihenfolge aber u. U. durcheinandergeraten. Um die Reihung im Lesezeichen-Bedienfeld an die Abfolge der Ziele im Dokument anzupassen, wählen Sie LESEZEICHEN SORTIEREN aus dem Bedienfeldmenü des Lesezeichen-Bedienfelds.

Sortiert wird in diesem Fall lediglich innerhalb der gleichen Hierarchiestufe und Gruppe. Zuerst werden also die Lesezeichen der obersten Stufe sortiert, dann alle Lesezeichen innerhalb der Gruppen. Sollte eine Gruppe eine weitere Gruppe enthalten, wird die untergeordnete Gruppe zunächst wie ein normales Lesezeichen gereiht, und dann werden alle Einträge innerhalb der Gruppe sortiert.

Ziel eines Lesezeichens | Im InDesign-Dokument selbst können keine Lesezeichen als funktionale Elemente eingeblendet werden. Um zu einem Ziel eines Lesezeichens zu gelangen, machen Sie einen Doppelklick auf das entsprechende Lesezeichen im Lesezeichen-Bedienfeld, oder wählen Sie ein Lesezeichen im Bedienfeld aus und rufen Sie GEHE ZU AUSGEWÄHLTEM LESEZEICHEN aus dem Bedienfeldmenü auf.

Das Ziel eines Lesezeichens kann nicht verändert werden – der einzige Weg, ein Lesezeichen-Ziel zu verändern, ist also, das Lesezeichen zu löschen und neu anzulegen.

Lesezeichen umbenennen und löschen | Um ein Lesezeichen umzubenennen, wählen Sie es im Bedienfeld aus, und rufen Sie LESEZEICHEN UMBENENNEN aus dem Bedienfeldmenü auf.

Sie können Lesezeichen und Gruppen von Lesezeichen löschen, indem Sie die zu löschenden Lesezeichen auswählen und auf AUSGEWÄHLTES LESEZEICHEN LÖSCHEN 🗑 klicken oder LESEZEICHEN LÖSCHEN aus dem Bedienfeldmenü des Lesezeichen-Bedienfelds aufrufen. Sie müssen das Löschen zusätzlich bestätigen, es sei denn, sie halten beim Klick auf 🗑 die [Alt]- bzw. [⌥]-Taste gedrückt. Sie können die Löschwarnung auch dauerhaft unterdrücken, indem Sie im Warnungsfenster die Option NICHT WIEDER ANZEIGEN aktivieren.

36.2 Hyperlinks

Lesezeichen sind genau auf die Navigation in PDF-Dateien abgestimmt. Der Ausgangspunkt ist im fertigen PDF-Dokument das Lesezeichen-Register in Acrobat oder im Adobe Reader. In Zeiten des World Wide Web erwarten Benutzer elektronischer Dokumente allerdings weitergehende Navigationsmöglichkeiten innerhalb eines Dokuments oder zu anderen Dokumenten.

36.2.1 Wozu Hyperlinks?

Um den Unterschied zu Lesezeichen klarer zu machen, können wir abermals die Erstellung von Inhaltsverzeichnissen mit InDesign strapazieren. Mit der Option PDF-LESEZEICHEN ERSTELLEN werden nämlich nicht nur Lesezeichen erstellt, sondern den Einträgen des Inhaltsverzeichnisses auch Hyperlinks überlagert. Wenn Sie mit dem Mauszeiger einen solchen Eintrag in der PDF-Datei berühren, verwandelt sich der Mauszeiger in eine Hand mit einem ausgestreckten Zeigefinger; ein Klick auf den Eintrag führt Sie zu der entsprechenden Stelle im Dokument.

Der Unterschied zu den Lesezeichen auf dieser Ebene ist also, dass nicht nur ein Ziel festgelegt werden muss, sondern dass der Hyperlink selbst einen Platz im Inhalt einnimmt – diesen Platz nennt man die Quelle des Hyperlinks. Die Quelle beschreibt zum einen die Fläche, die auf einen Klick des Benutzers reagiert, und zum anderen den an dieser Stelle sichtbaren Inhalt. »Quelle« und »Ziel« zeigen deutlich die nahe Verwandschaft zu den Querverweisen, die Sie aus Abschnitt 20.3, »Querverweise«, auf Seite 618 bereits kennen. Die beiden haben gemeinsam, dass sie in PDF- oder SWF-Dateien auf Klicks reagieren, allerdings gibt es folgende Unterschiede:

1. Mit Hyperlinks können viele Arten von Zielen angesprungen werden, die auch außerhalb eines InDesign-Dokuments liegen können, inklusive der Möglichkeit, Mails zu erstellen.
2. Die Quelle eines Hyperlinks wird inhaltlich nicht mit dem Ziel abgestimmt – das bedeutet, dass Sie den Text oder die Fläche, der/die einen Hyperlink darstellt, frei festlegen können. Bei einem Querverweis wird der Inhalt über Querverweisformate festgelegt und blendet immer einen Teil eines InDesign-Dokuments ein.

36.2.2 Das Hyperlink-Bedienfeld

Öffnen Sie das Hyperlinks-Bedienfeld über das Menü FENSTER • INTERAKTIV • HYPERLINKS. Sie kennen es bereits aus Abschnitt 20.3, »Querverweise«. Es teilt sich den Platz und einige Funktionen nämlich mit den Querverweisen.

Neben den üblichen Funktionen NEUEN HYPERLINK ERSTELLEN ❹ und AUSGEWÄHLTE HYPERLINKS UND QUERVERWEISE LÖSCHEN ❺ können Sie mit GEHE ZUR QUELLE DES AUSGEWÄHLTEN HYPERLINKS ODER QUERVERWEISES ❷ und GEHE ZUM ZIEL DES AUSGEWÄHLTEN HYPERLINKS ODER QUERVERWEISES ❸ alle Hyperlinks kontrollieren. Im Feld URL ❶ können sogenannte »freigegebene Hyperlink-Ziele« angelegt und – einmal angelegt – über das zugehörige Menü ausgewählt werden.

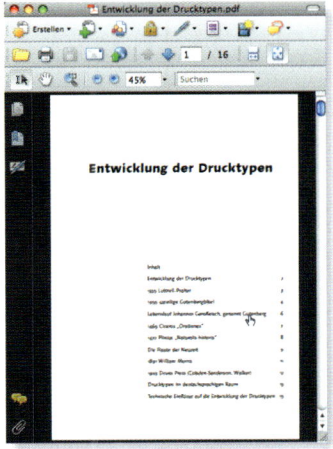

▲ **Abbildung 36.6**
Hyperlinks, wie sie beim Erstellen von Inhaltsverzeichnissen entstehen können. Hyperlinks können jedoch auch in SWF-Dateien exportiert werden und sind dort natürlich ebenfalls voll funktionsfähig.

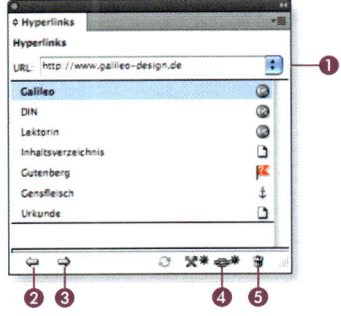

▲ **Abbildung 36.7**
Der Bereich QUERVERWEISE des Hyperlinks-Bedienfelds wurde ausgeblendet, indem die Trennlinie zwischen den beiden Bereichen an den unteren Rand verschoben wurde. Die hier nicht bezeichneten Elemente gehören exklusiv zum Bereich QUERVERWEISE.

36.2.3 Einen Hyperlink erstellen

Um einen Hyperlink anzulegen, wählen Sie einen Text, einen Rahmen oder ein Grafik-/Bildobjekt aus, und klicken Sie auf NEUEN HYPERLINK ERSTELLEN ✎ ❹ oder wählen Sie NEUER HYPERLINK aus dem Bedienfeldmenü des Hyperlinks-Bedienfelds. Ihre Auswahl bestimmt dabei die Fläche, die auf einen Klick des Benutzers reagieren soll.

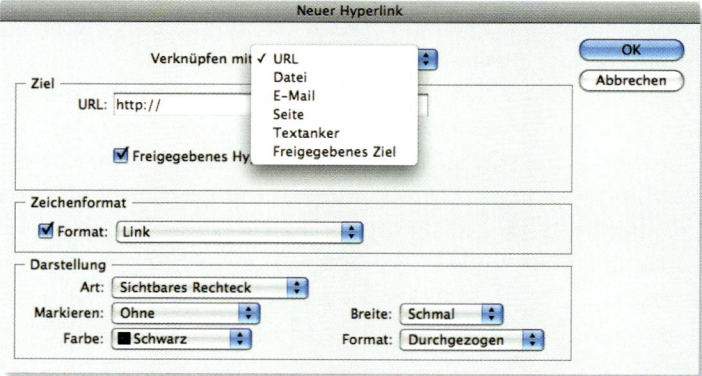

Abbildung 36.8 ▶
Die Möglichkeiten für Hyperlinks wurden in InDesign CS4 im Vergleich zu InDesign CS3 spürbar ausgebaut, und das Fenster NEUER HYPERLINK wirkt auch etwas aufgeräumter und übersichtlicher.

Im Fenster NEUER HYPERLINK legen Sie das ZIEL des Hyperlinks fest – Sie haben insgesamt sechs Möglichkeiten – und bestimmen darin auch das Aussehen der Hyperlink-Quelle im Ergebnis. Da diese Einstellungen für alle Ziele gleich sind, klären wir zuerst diese Optionen.

Zeichenformat und Darstellung | Sofern Sie einen Text ausgewählt haben, können Sie unter ZEICHENFORMAT die Option FORMAT aktivieren und im dazugehörigen Menü ein Zeichenformat – in unserer Abbildung das FORMAT • LINK – auswählen, mit dem die Hyperlink-Quelle versehen sein soll.

Die Einstellungen unter DARSTELLUNG bestimmen, wie die Fläche, die auf einen Klick reagieren soll, dargestellt werden soll. Diese Optionen haben wir bereits beim Thema Querverweise beschrieben – lesen Sie nötigenfalls auf Seite 618 nach.

36.2.4 Ziele für Hyperlinks

Bei den Zielen, auf die ein Hyperlink zeigen kann, ist zu unterscheiden, ob sich das Ziel in einem Dokument befindet (oder ein Dokument ist), ob es ein Ziel im Internet ist (auch hier wird natürlich auf eine Datei gezeigt, die aber in der Regel in einem Webbrowser dargestellt wird) oder ob es eine Mailadresse ist – in diesem Fall wird die weitere Behandlung in der Regel an die lokale Mailclient-Software des Benutzers übergeben.

URL | Der klassische Fall eines Hyperlinks ist ein Verweis auf ein Ziel im Internet. Einen solchen Hyperlink können Sie auf folgende Arten anlegen:

▶ **Eintrag im Feld URL:** Wählen Sie einen Text oder ein Objekt aus, und tragen Sie im Feld URL im Hyperlinks-Bedienfeld einen gültigen URL ein. InDesign schlägt als Verbindungsprotokoll hier immer http:// vor, Sie können aber jedes gültige Protokoll (z. B. *ftp://* oder auch *mailto://*) verwenden. Drücken Sie die ⏎- bzw. ⤒- oder die ⇆-Taste. Der Hyperlink wird mit den aktuellen Einstellungen für die Darstellung angelegt. Um die Darstellung zu ändern, machen Sie einen Doppelklick auf den Hyperlink im Hyperlinks-Bedienfeld, oder wählen Sie den Link aus und rufen Sie HYPERLINKOPTIONEN aus dem Bedienfeldmenü des Hyperlinks-Bedienfelds auf. Hier können Sie auch das ZIEL des Hyperlinks verändern.

Durch den Eintrag im Feld URL wird automatisch ein FREIGEGEBENES HYPERLINK-ZIEL angelegt, das Sie auch für weitere Hyperlinks verwenden können, indem Sie es im Menü URL auswählen.

▶ **Bestehendes freigegebenes Hyperlink-Ziel:** Wenn Sie bereits freigegebene Hyperlink-Ziele gespeichert haben, können Sie einen Text oder ein Objekt markieren und dann das Hyperlink-Ziel aus dem Menü URL im Hyperlinks-Bedienfeld auswählen. Es wird dann ein Hyperlink mit dem ausgewählten Text als Name und dem gewählten Hyperlink-Ziel angelegt. Haben Sie ein Objekt ausgewählt, lautet der Name einfach »Hyperlink« mit einer laufenden Nummer.

▶ **Neuer Hyperlink aus URL:** Wenn Sie einen Text ausgewählt haben, der einen vollwertigen URL (also mit Protokoll) darstellt, können Sie auch NEUER HYPERLINK AUS URL aus dem Bedienfeldmenü des Hyperlinks-Bedienfelds aufrufen. Name und Ziel des Hyperlinks werden dann direkt aus Ihrem ausgewählten Text erstellt.

▶ **Neuer Hyperlink:** Wieder ausgehend von einer Text- oder Objektauswahl, machen Sie einen Klick auf NEUEN HYPERLINK ERSTELLEN ✒️, oder wählen Sie NEUER HYPERLINK aus dem Bedienfeldmenü des Hyperlinks-Bedienfelds.

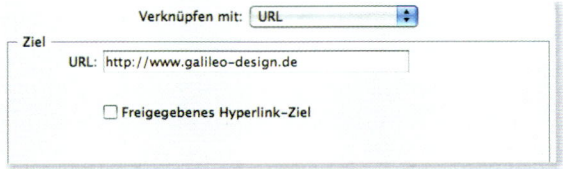

[URL]
Uniform Resource Locator: Gibt ein eindeutiges Ziel eines Datenbestandes an (z. B. *www.adobe. com/de/products/indesign/*) und wie – mit welchem Protokoll – dieses Ziel zu erreichen ist (z. B. *http://*).

Hyperlink-Name ändern

Warum in den Hyperlinkoptionen der Name des Hyperlinks nicht geändert werden kann, ist ein Rätsel – um den Namen eines Hyperlinks zu ändern, müssen Sie ihn im Bedienfeld auswählen und HYPERLINK UMBENENNEN aus dem Bedienfeldmenü des Hyperlinks-Bedienfelds aufrufen.

◀ **Abbildung 36.9**
Ausschnitt aus dem Fenster NEUER HYPERLINK bzw. HYPERLINK BEARBEITEN mit den Optionen für einen URL

Im Fenster NEUER HYPERLINK wählen Sie aus VERKNÜPFEN MIT die Option URL aus. Unter ZIEL tragen Sie in URL das Ziel des Hyperlinks ein oder wählen ein bereits bestehendes freigegebenes Hyperlink-Ziel aus. Wenn Sie ein neues Hyperlink-Ziel in URL eintragen, können Sie entscheiden, ob dieses Ziel für weitere Hyperlinks gespeichert werden soll, indem Sie die Option FREIGEGEBENES HYPERLINK-ZIEL aktivieren.

Datei | Um einen Hyperlink auf eine Datei zu definieren, treffen Sie wieder eine Auswahl wie bisher auch, und klicken Sie auf NEUEN HYPERLINK ERSTELLEN ✎✱, oder wählen Sie NEUER HYPERLINK aus dem Bedienfeldmenü des Hyperlinks-Bedienfelds.

Abbildung 36.10 ▶
Einstellungen für einen Hyperlink zu einer Datei. Der dabei intern verwendete URL benutzt als Protokoll »file:« und zeigt somit nur auf lokal verfügbare Dateien (auf Ihrer Festplatte oder auf einem Fileserver).

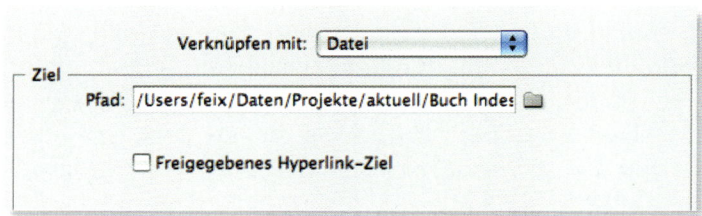

Tragen Sie unter PFAD den vollständigen Pfad zur gewünschten Datei ein, oder klicken Sie auf 🗀, um eine Datei auszuwählen.

E-Mail | Wählen Sie die gewünschte Hyperlink-Quelle – Text oder Objekt – aus, und erzeugen Sie einen neuen Hyperlink.

Abbildung 36.11 ▶
Einstellungen für einen Hyperlink, der eine E-Mail erstellt. Prinzipiell können Sie Mails auch als normalen URL mit der Protokoll-Angabe mailto: erzeugen, allerdings fehlt Ihnen dann das Eingabefeld für die Betreffzeile.

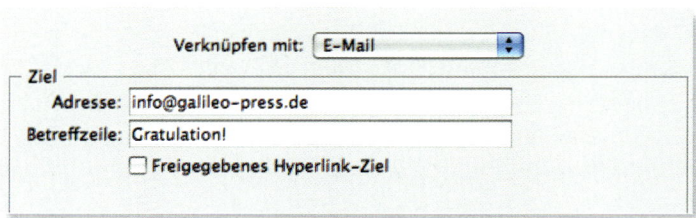

Legen Sie ADRESSE und BETREFFZEILE fest. Klickt ein Benutzer in der Ergebnis-Datei (PDF oder SWF) auf einen solchen Hyperlink, wird der Mail-Client des Benutzers aufgerufen und eine neue Mail erzeugt, in der diese beiden Informationen bereits für den Benutzer eingetragen sind. Ob diese Mail weiter mit Inhalt gefüllt und abgeschickt wird, muss der Benutzer dann selbst entscheiden.

Seite | Erzeugen Sie einen neuen Hyperlink, und stellen Sie VERKNÜPFEN MIT auf SEITE. Die Seite kann sich im selben Dokument befinden oder in einer anderen derzeit geöffneten Datei. Sollte die gewünschte Datei noch nicht geöffnet sein, wählen Sie im

mailto

Um trotzdem einen Betreff in einem mailto:-URL festzulegen, können Sie ihn »mailto:info@galileo-press.de?subject=Gratulation« formulieren. Das Rufzeichen wurde hier weggelassen, weil es anders kodiert werden müsste, was auch genau das Problem bei dieser Methode ist.

Menü DOKUMENT die Option DURCHSUCHEN aus, und bestimmen Sie dann die zu öffnende Datei. Mit diesem Menü können Sie auch zwischen den geöffneten Dokumenten umschalten.

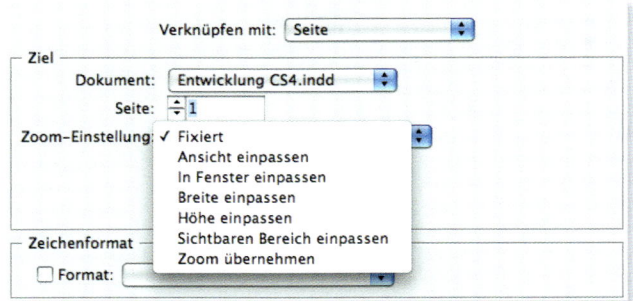

◄ **Abbildung 36.12**
Hyperlink zu einer Seite. Die konkrete Auswirkung der ZOOM-EINSTELLUNG hängt auch immer von der Größe und den Proportionen des Fensters ab, in dem die Datei letztlich dargestellt wird.

Die Seitennummer, auf die Sie verweisen wollen, tragen Sie unter SEITE ein oder benutzen die Pfeile neben dem Eingabefeld, um durch die Seitenziffern zu blättern. Zusätzlich müssen Sie festlegen, wie die ausgewählte Seite im Dokumentfenster dargestellt werden soll. Dabei können Sie aber lediglich die Größe der Darstellung in ZOOM-EINSTELLUNG verändern:

▶ FIXIERT: Die Seite wird im PDF-Dokument mit der gleichen Skalierung dargestellt, mit der das InDesign-Dokument zum Zeitpunkt der Erstellung des Zieles skaliert war.

▶ ANSICHT EINPASSEN: Der derzeit sichtbare Teil der Seite im InDesign-Dokument wird auch im PDF-Dokument angezeigt.

▶ IN FENSTER EINPASSEN: Die gesamte Seite wird in das Fenster des PDF-Dokuments eingepasst.

▶ BREITE EINPASSEN: Die Seite wird im PDF-Dokument auf die gesamte Fensterbreite skaliert.

▶ HÖHE EINPASSEN: Die Seite wird im PDF-Dokument auf die gesamte Fensterhöhe skaliert.

▶ SICHTBAREN BEREICH EINPASSEN: Es wird der Teil der Seite in das Fenster eingepasst, der sichtbare Elemente enthält. Die Seitenränder werden bei dieser Option dann ausgeblendet.

▶ ZOOM ÜBERNEHMEN: Die Seite wird im PDF-Dokument mit dem Skalierungsfaktor angezeigt, der zuletzt in Acrobat bzw. im Adobe Reader eingestellt war – die Darstellung wird also nicht aus dem InDesign-Dokument abgeleitet.

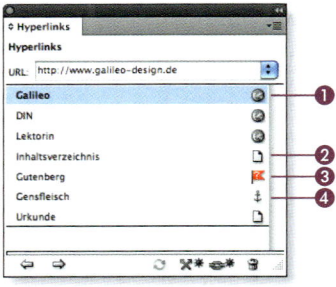

▲ **Abbildung 36.13**
Die verschiedenen Ziele eines Hyperlinks werden im Hyperlinks-Bedienfeld mit bestimmten Symbolen gekennzeichnet: URL, DATEI, E-MAIL und FREIGEGEBENE ZIELE mit Symbol ❶, SEITE mit Symbol ❷ und TEXTANKER mit ❸, wenn das Ziel noch unbestimmt ist, und mit ❹, wenn das Ziel bereits bestimmt ist.

Textanker | Ein Textanker ist ein benanntes Ziel in einem InDesign-Dokument. Sie haben Textanker in Abschnitt 20.3, »Querverweise«, kennengelernt. Um einen Hyperlink auf einen Textanker verweisen zu lassen, müssen Sie das Ziel zunächst definieren. Lesen Sie bitte ab Seite 618 nach, wie Sie dabei vorgehen.

Ein Textanker stellt nur einen Teil eines Hyperlink-Ziels dar und ist deshalb im Hyperlinks-Bedienfeld nicht sichtbar, sondern nur bei der Definition des Hyperlinks auswählbar.

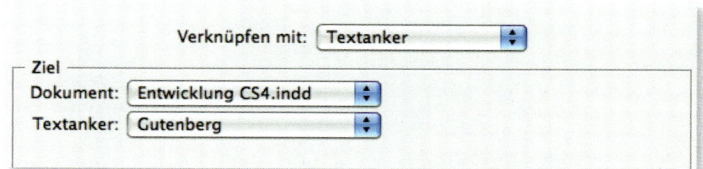

Abbildung 36.14 ▶
Optionen für einen HYPERLINK, der auf einen TEXTANKER in einem InDesign-Dokument zeigt

Wählen Sie zunächst das DOKUMENT aus, in dem sich der Textanker befindet, oder öffnen Sie das betreffende Dokument. Im Menü TEXTANKER werden Ihnen dann alle in diesem Dokument vorhandenen Textanker angeboten.

Freigegebenes Ziel | Da Sie auf freigegebene Hyperlink-Ziele ohnehin direkt zugreifen können, benötigen Sie diese Art des Hyperlinks nur, wenn Sie auf Hyperlink-Ziele in anderen als Ihrem aktuellen Dokument zugreifen wollen.

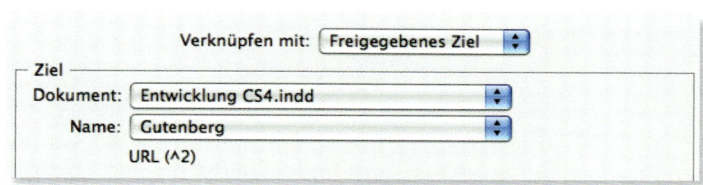

Abbildung 36.15 ▶
Das FREIGEGEBENE ZIEL »Gutenberg« ist ein URL und befindet sich in der Datei »Entwicklung CS4.indd«.

Hyperlink-Ziel Seite und URL

Bei der Definition von Hyperlink-Zielen können Sie auch SEITE und URL als Ziel festlegen. Die beiden Optionen sind in InDesign CS4 überflüssig geworden, weil diese Ziele direkt mit einem Hyperlink definiert werden können. Bis InDesign CS3 war es notwendig, für jeden Hyperlink zunächst das Ziel gesondert zu definieren, und es gab nur die drei Möglichkeiten SEITE, TEXTANKER und URL. Da sich die Methode in InDesign CS4 geändert hat, müssen wir davon ausgehen, dass die beiden zusätzlichen Optionen bei der Umstellung von den Adobe-Entwicklern übersehen wurden.

Wählen Sie also das Dokument, das das freigegebene Ziel enthält, im Menü DOKUMENT aus, oder öffnen Sie die gewünschte Datei. Im Menü NAME können Sie dann alle freigegebenen Ziele dieses Dokuments auswählen. Wie Sie ja gesehen haben, können Sie in einigen Definitionen von Hyperlinks bestimmen, dass das Ziel des Hyperlinks für eine weitere Verwendung gespeichert werden soll. Deshalb können die unterschiedlichsten Ziele hier auftauchen. Welcher Art dieses Ziel ist, wird, nachdem Sie Ihre Wahl getroffen haben, unter dem Menü NAME eingeblendet.

36.2.5 Hyperlinks verwalten

Um einen Hyperlink zu löschen, wählen Sie ihn im Hyperlinks-Bedienfeld aus, und klicken Sie auf AUSGEWÄHLTE QUERVERWEISE UND HYPERLINKS LÖSCHEN 🗑 oder wählen Sie HYPERLINK/QUERVERWEIS LÖSCHEN aus dem Bedienfeldmenü. Standardmäßig werden Sie mit einer Warnung konfrontiert, die sich jedoch auf Querverweise bezieht, die in dieser Situation in einen Text gewandelt werden. Sie können diese Warnung also getrost ignorieren oder den Klick auf 🗑 mit gedrückter [Alt]- bzw. [⌥]-Taste durchführen, um die Warnmeldung zu übergehen.

Hyperlink-Quelle ändern | Bei der Änderung der Hyperlink-Quelle sind zwei Möglichkeiten zu unterscheiden:

▶ **Änderung des Namens:** Wählen Sie den zu ändernden Hyperlink, und rufen Sie Hyperlink umbenennen aus dem Bedienfeldmenü des Hyperlinks-Bedienfelds auf.

▶ **Änderung von Ort/Fläche der Quelle:** Wählen Sie einen Text oder ein Objekt aus. Um einem bestehenden Hyperlink nun diese Auswahl als neue Quelle zuzuordnen, wählen Sie den betreffenden Hyperlink im Hyperlinks-Bedienfeld aus, und rufen Sie Hyperlink zurücksetzen aus dem Bedienfeldmenü auf. Wenn die Quelle einen sichtbaren Rahmen hatte, werden Sie sehen, dass dieser Rahmen nun gelöscht wird und bei Ihrer neuen Auswahl wieder auftaucht.

Hyperlink-Ziele aktualisieren | Um ein verändertes Hyperlink-Ziel in einem anderen Dokument zu aktualisieren, markieren Sie den betreffenden Hyperlink im Hyperlinks-Bedienfeld, und wählen Sie Hyperlink aktualisieren aus dem Bedienfeldmenü.

Die Hyperlinkoptionen einen Hyperlinks erreichen Sie durch einen Doppelklick auf den Hyperlink im Hyperlink-Bedienfeld oder indem Sie den Hyperlink auswählen und Hyperlinkoptionen aus dem Bedienfeldmenü aufrufen. Im Fenster Hyperlink bearbeiten können Sie nun das Ziel und die Formatierung ändern.

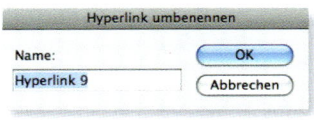

▲ **Abbildung 36.16**
Umbenennen eines Hyperlinks – Sie benötigen diese Funktion vor allem, wenn Ihre Hyperlink-Quelle ein InDesign-Objekt, also kein Text, war. Die Hyperlinks werden dann nämlich einfach als »Hyperlink« mit einer laufenden Nummer benannt.

36.3 Schaltflächen

Hyperlinks waren das zentrale Element in der Frühzeit des World Wide Webs. Man erkannte aber bald, dass eine Navigation auf Basis grafischer Elemente nicht nur attraktiver aussieht, sondern wesentlich erweiterte Strukturierungsmöglichkeiten bot. Die Benutzer sind es von diversen Programmen gewohnt, eine Anwendung über grafische Elemente zu bedienen und zu steuern. Neben Menüs sind hier Schaltflächen – auch als **Buttons** bezeichnet – das Hauptwerkzeug.

36.3.1 Die Mechanik von Schaltflächen

Obwohl Ihnen selbstverständlich vollkommen klar ist, was eine Schaltfläche ist und wie Sie damit umzugehen haben, müssen wir trotzdem einen kleinen theoretischen Einschub machen: Eine Schaltfläche ist ein Element, das auf den Benutzer reagieren kann.

▲ **Abbildung 36.17**
Die drei möglichen Zustände einer
Schaltfläche

Dabei gibt es einerseits verschiedene Verhaltensweisen, die der Benutzer setzen kann, und andererseits unterschiedliche Aktionen, die durch dieses Verhalten ausgelöst werden können. Eine Aktion, die ein Benutzer setzt, wird auch **Ereignis** genannt. Das gängigste Ereignis ist ein Klick auf eine Schaltfläche. Aber auch das reine »Berühren« einer Schaltfläche kann ein Ereignis sein.

Als **Aktionen**, die aufgrund des Ereignisses stattfinden, kommen alle Navigationsfunktionen in Frage, die Sie schon kennengelernt haben. Zusätzlich können andere Aktionen, wie das Öffnen einer Datei, das Abspielen eines Films u. dgl. ausgelöst werden.

Darüber hinaus hat eine Schaltfläche eine Darstellung, die sich unabhängig von der internen Funktion je nach Situation ändern kann. Hier wird üblicherweise zwischen drei Zuständen unterschieden:

▶ **Die Schaltfläche ist nicht aktiviert:** Die Schaltfläche ist an keinem Benutzer-Ereignis beteiligt – Abbildung 36.17 oben.

▶ **Der Mauszeiger befindet sich über der Schaltfläche:** Der Benutzer berührt die Schaltfläche zwar, hat aber noch kein Ereignis in Form eines Klicks auf die Schaltfläche ausgelöst – Abbildung 36.17 Mitte.

▶ **Die Schaltfläche ist aktiviert:** Der Benutzer hält die Maustaste über der Schaltfläche gedrückt. Das ist also der Moment des Klicks auf die Schaltfläche – Abbildung 36.17 unten.

In jeder dieser drei Situationen kann eine Schaltfläche ein bestimmtes Aussehen haben – InDesign nennt das **Statusdarstellung**. Die zwei Zustände, bei denen der Benutzer mit der Schaltfläche in Kontakt tritt, können Aktionen auslösen, müssen aber nicht. Auf welches Ereignis wie zu reagieren ist, wird in Form von Aktionen festgelegt, indem z. B. definiert wird, dass eine Schaltfläche die Eigenschaft besitzt, auf einen Mausklick reagieren zu können, und wie diese Reaktion aussieht, wobei noch feiner unterschieden werden kann, ob der Benutzer die Maustaste gerade drückt oder gerade losgelassen hat.

Eine Schaltfläche kann dabei auf mehrere Ereignisse reagieren, aber auch mehrere Aktionen ausführen, wie z. B. erst einen Sound abspielen und dann auf die nächste Seite des Dokuments blättern. Einige Aktionen schließen sich dabei allerdings logisch aus, obwohl sie technisch möglich wären, z. B. erst eine Seite vor- und dann eine Seite zurückblättern.

Schaltflächen werden in InDesign erzeugt, indem ein Objekt in eine Schaltfläche gewandelt wird, wobei Sie nahezu jedes Objekt wandeln können. Lediglich dynamische Daten – platzierte Video- und Audio-Clips – können nicht in eine Schaltfläche gewandelt

Schaltflächen bis InDesign CS3

Bis InDesign CS3 gab es ein eigenes Werkzeug zum Erstellen von Schaltflächen. Da Schaltflächen aber auch über die Wandlung bestehender InDesign-Objekte erzeugt werden konnten, war dieses Werkzeug eigentlich immer bedeutungslos und wurde deshalb mit InDesign CS4 ersatzlos gestrichen. Gleiches gilt für die Schaltflächen-Optionen, die in InDesign CS4 nun über das Schaltflächen-Bedienfeld gesteuert werden.

werden, dafür haben diese beiden Objektarten jedoch eigene Fähigkeiten, um sich sozusagen selbst abzuspielen, wenn auf sie geklickt wird oder ein anderes Ereignis eintritt.

36.3.2 Das Schaltflächen-Bedienfeld

Seit InDesign CS4 ist das Schaltflächen-Bedienfeld das zentrale Element zur Bearbeitung von Schaltflächen – es vereinigt sowohl Ereignisse, deren Aktionen als auch die Statusdarstellung. Rufen Sie es über FENSTER • INTERAKTIV • SCHALTFLÄCHEN auf.

Jede Schaltfläche hat einen NAMEN ❶ und kann auf insgesamt sechs Ereignisse reagieren, die im gleichnamigen Menü ❷ ausgewählt werden. In Abbildung 36.18 ist das Ereignis »Benutzer hat die Maustaste losgelassen«, kurz BEI LOSLASSEN, zu sehen. Zu jedem Ereignis können AKTIONEN ❸ definiert werden, die das Ereignis auslösen soll. Aktionen werden über das Menü ⊕ hinzugefügt und mit ⊟ wieder gelöscht.

Abhängig von der aktuell ausgewählten Aktion können weitere Optionen im Bedienfeld auftauchen ❹, müssen aber nicht. In diesem Fall kann für die Aktion GEHE ZU NÄCHSTER SEITE festgelegt werden, ob/wie die Ansicht der Seite angepasst werden soll.

Von den drei möglichen Statusdarstellungen ❺ muss zumindest die Darstellung [NORMAL] ❻ existieren. Die anderen beiden Darstellungen können existieren ❼ oder auch nicht ❽. Wenn eine Darstellung existiert, kann sie über einen Klick auf 👁 aktiviert bzw. deaktiviert werden. Ist sie deaktiviert, bleibt sie erhalten, wird aber nicht wirksam.

Um eine Darstellung tatsächlich zu löschen, wählen Sie sie aus, und klicken Sie auf OPTIONALEN STATUS UND DESSEN INHALT LÖSCHEN ❿. Der Status selbst wird dabei nicht gelöscht, er wird lediglich deaktiviert und muss neu mit einem Aussehen befüllt werden, wenn er wieder aktiviert werden soll.

Um der Schaltfläche ihre Fähigkeit zur Interaktion zu nehmen und sie somit wieder in ein normales InDesign-Objekt zurückzuverwandeln, klicken Sie auf SCHALTFLÄCHE IN OBJEKT KONVERTIEREN ❾. Haben Sie ein Objekt ausgewählt, das noch keine Schaltfläche ist, nennt sich diese Funktion OBJEKT IN SCHALTFLÄCHE KONVERTIEREN und wird als 🔲 dargestellt, womit auch geklärt wäre, wie Sie eine Schaltfläche erzeugen können.

36.3.3 Eine Schaltfläche erstellen

Eine Alternative zur Funktion OBJEKT IN SCHALTFLÄCHE KONVERTIEREN im Schaltflächen-Bedienfeld wäre der Menübefehl OBJEKT • INTERAKTIV • IN SCHALTFLÄCHE UMWANDELN. Einen entsprechenden Befehl im Bedienfeldmenü des Schaltflächen-Bedienfelds gibt

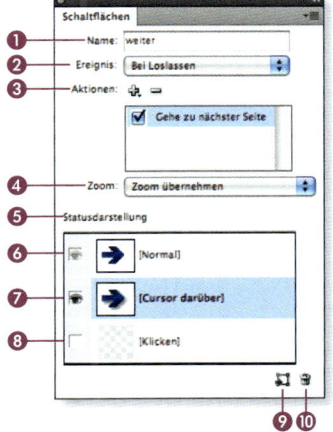

▲ **Abbildung 36.18**
Das Schaltflächen-Bedienfeld für eine Schaltfläche, die bei einem Klick zur nächsten Seite weiterblättert, ohne die Seitendarstellung zu verändern. Diese Schaltfläche ändert ihr Aussehen, wenn sie mit dem Mauszeiger berührt wird, aber nicht, wenn darauf geklickt wird.

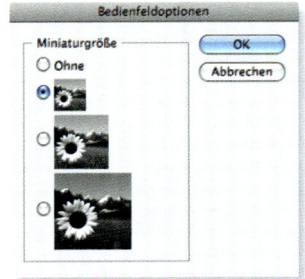

▲ **Abbildung 36.19**
Um in der Statusdarstellung das Aussehen der Zustände besser beurteilen zu können, können Sie über die BEDIENFELDOPTIONEN aus dem Bedienfeldmenü des Schaltflächen-Bedienfelds die Größe der Vorschaubilder verändern.

es interessanterweise nicht. Beide Methoden führen dazu, dass das Objekt zwar in eine Schaltfläche gewandelt und dass auch die Normaldarstellung festgelegt wird – die Schaltfläche reagiert aber noch nicht auf irgendwelche Ereignisse und löst somit auch keine Aktionen aus.

Schritt für Schritt: Eine Schaltfläche erstellen

Wir erstellen eine Schaltfläche, die in einer PDF-Datei eine andere PDF-Datei mit weiteren Informationen, z. B. ein Handbuch oder eine andere Hilfe-Datei, öffnet.

Abbildung 36.20 ►
Die Statusdarstellungen von links nach rechts: [Normal], [Cursor darüber], [Klicken]

Für die Schaltfläche werden alle drei Statusdarstellungen wie oben dargestellt definiert.

Effekte = Transparenz

Transparenzen in Schaltflächen können dazu führen, dass die Schaltflächen in SWF-Dateien nicht ordnungsgemäß funktionieren.

1 Ein Objekt für die Schaltfläche erstellen

Erstellen Sie einen Kreis mit dem Ellipse-Werkzeug, indem Sie beim Aufziehen der Ellipse die ⟨⇧⟩-Taste gedrückt halten. Durchmesser ca. 15 mm, keine Kontur, Füllung: Cyan. Um der Schaltfläche eine kleine 3D-Anmutung zu verleihen, stellen Sie für den Kreis den Effekt aus Abbildung 36.21 ein:

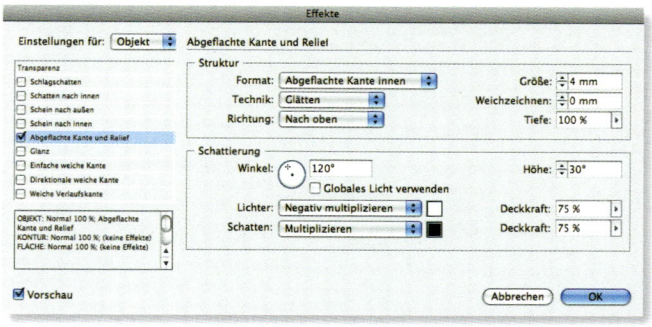

Abbildung 36.21 ►
Eine Abgeflachte Kante innen soll unserer Schaltfläche etwas mehr Tiefe geben – Informationen zu den Effekten finden Sie ab Seite 691.

Unsere Schaltfläche soll mit einem Fragezeichen beschriftet werden. Da die Grundform ein Kreis ist, wäre es mit etwas Tüftelei verbunden, das Fragezeichen direkt im Kreis (der dann eben ein Textrahmen würde) zu platzieren. Die horizontale Ausrichtung wäre dann nämlich etwas schwieriger zu kontrollieren. Deshalb wählen wir einen anderen Weg. Legen Sie zuerst einen Textrahmen an, und tippen Sie ein Fragezeichen (Helvetica in 30 Pt).

Verkleinern Sie den Textrahmen auf seine Mindestdimension, indem Sie einen Doppelklick auf den rechten unteren Anfasser des Rahmens machen.

Schneiden Sie den Rahmen aus, wählen Sie den Kreis aus, und rufen Sie BEARBEITEN • IN DIE AUSWAHL EINFÜGEN auf. Der Textrahmen wird nun zentriert in den Kreis eingesetzt.

2 Schaltfläche erzeugen

Das nun erstellte Objekt wird unsere Normalansicht für die neue Schaltfläche werden. Wenn Sie das Schaltflächen-Bedienfeld noch nicht geöffnet haben, öffnen Sie es nun über FENSTER • INTERAKTIV • SCHALTFLÄCHEN, wählen Sie den Kreis aus, und klicken Sie auf OBJEKT IN SCHALTFLÄCHE KONVERTIEREN 🔄. Dadurch wird eine Schaltfläche erzeugt und mit einem eigenen Symbol 🔲 gekennzeichnet, das in der rechten unteren Ecke eingeblendet wird. Benennen Sie die Schaltfläche unter NAME als »Hilfe«.

3 Die restlichen Statusdarstellungen festlegen

Klicken Sie auf die Statusdarstellung [CURSOR DARÜBER] – dadurch wird die Normaldarstellung in [CURSOR DARÜBER] kopiert. Wählen Sie das Fragezeichen aus, und stellen Sie die Farbe auf [PAPIER]. Damit ändert sich auch die Darstellung in [CURSOR DARÜBER]. Jede Änderung, die Sie an einer Schaltfläche machen, während eine Statusdarstellung im Schaltflächen-Bedienfeld ausgewählt ist, wird in genau diese Statusdarstellung übertragen.

Klicken Sie nun in die Statusdarstellung [KLICKEN]. Dadurch wird wieder die Normaldarstellung nach [KLICKEN] kopiert. Ändern Sie den Farbton des Kreises auf 50 %. Damit sind alle drei Statusdarstellungen laut Abbildung 36.22 festgelegt.

4 Ereignis und Aktion definieren

Da wir nicht möchten, dass die Aktion bereits ausgelöst wird, sobald die Maustaste gedrückt wurde, sondern erst, nachdem sie losgelassen wurde, wählen Sie BEI LOSLASSEN im Menü EREIGNIS. Wählen Sie dann aus dem Menü NEUE AKTION FÜR AUSGEWÄHLTES EREIGNIS HINZUFÜGEN 🔆 die Option DATEI ÖFFNEN.

Sie sollten nun eine Datei vorbereiten, die Sie als Hilfe-Datei auswählen können. Der Standardfall wäre eine PDF-Datei, Sie können aber grundsätzlich jede beliebige Datei auswählen. Es fällt dann in die Zuständigkeit des Betriebssystems, auf dem Ihre Datei geöffnet werden soll, eine passende Applikation zu finden und dieser die Zieldatei zur Darstellung zu übergeben.

Klicken Sie nun auf 📁, und wählen Sie die gewünschte Datei aus. Die Definition unserer Schaltfläche ist damit abgeschlossen.

Auch Gruppierung möglich

Sie können den Textrahmen auch frei über dem Kreis platzieren und die beiden Objekte dann gruppieren. Unsere Methode hat jedoch den Vorteil, dass Sie einer Schaltfläche damit ein sehr komplexes Innenleben aus Pixelbild, Vektorgrafik und Schrift geben können, das dabei vom Kreis beschnitten wird.

Beachten Sie lediglich, dass Sie alle Objekte, die Sie in die Schaltfläche einsetzen wollen, vorher gruppieren müssen.

▲ **Abbildung 36.22**
Nach Schritt 3 sollten die Statusdarstellungen so aussehen, es sind aber noch keine Ereignisse oder Aktionen definiert.

▲ **Abbildung 36.23**
Unsere Schaltfläche reagiert nun auf
einen Klick und öffnet dabei eine
Datei.

5 **Die Schaltfläche testen**

Wählen Sie DATEI • ADOBE PDF-VORGABEN • [KLEINSTE DATEI-
GRÖSSE], um eine PDF-Datei zu erzeugen. [KLEINSTE DATEIGRÖSSE]
gehört zu den Standardeinstellungen und sollte deshalb sicher
verfügbar sein. Wenn Sie eine andere Einstellung verwenden
wollen, beachten Sie, dass in den druckvorstufentauglichen
PDF/X-Dateien keine interaktiven Elemente enthalten sein dürfen, und deshalb bei der Erstellung von InDesign entfernt werden. Die notwendigen Einstellungen zum Export der Schaltfläche
können in den entsprechenden Voreinstellungen deshalb gar
nicht vorgenommen werden.

Wählen Sie im Fenster ADOBE PDF EXPORTIEREN im Register
ALLGEMEIN die Option INTERAKTIVE ELEMENTE, und klicken Sie auf
EXPORTIEREN, um die PDF-Datei zu erstellen.

Stellen Sie sicher, dass sich die Datei, die geöffnet werden soll,
entweder am gleichen Ort befindet wie zu dem Zeitpunkt, als sie
ausgewählt wurde, oder stellen Sie sie in denselben Ordner, in
dem sich auch die neu exportierte Datei mit der Schaltfläche
befindet.

Die Schaltfläche sollte nun reagieren, wenn sie mit dem Mauszeiger berührt wird und natürlich auch, wenn auf sie geklickt
wird. Einerseits sollte sie ihr Aussehen ändern, und andererseits
sollte nach dem Klick die Hilfe-Datei geöffnet werden. ◼

36.3.4 Beispielschaltflächen

Das Erstellen von Schaltflächen ist also nicht allzu schwierig.
Adobe hat InDesign trotzdem eine eigene Bibliothek mit Beispielschaltflächen mitgegeben, die für unterschiedliche Zwecke mit
den verschiedensten Verhaltensweisen ausgestattet sind.

Sie erreichen diese Bibliothek über BEISPIELSCHALTFLÄCHEN im
Bedienfeldmenü des Schaltflächen-Bedienfelds. Die dazugehörige
Datei finden Sie im Ordner BUTTON LIBRARY im Ordner PRESETS
des InDesign-Programmordners unter dem Namen »ButtonLib-
rary.indl«, wo Sie die Bibliothek auch über einen Doppelklick öffnen können.

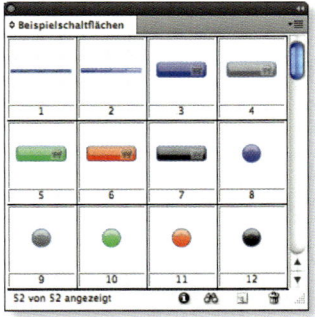

▲ **Abbildung 36.24**
Bibliotheks-Bedienfeld mit den Beispielschaltflächen, die zum Liefer-
umfang von InDesign CS4 gehören

Da die Beispielschaltflächen in einer InDesign-Bibliothek untergebracht sind, können Sie zur Verwaltung natürlich auf alle Biblio-
theks-Funktionen zurückgreifen und Elemente ergänzen, löschen
oder hinzufügen. Leider hat Adobe bei der Beschreibung der Beispielschaltflächen gespart und keinerlei Kommentare hinterlegt,
wofür die einzelnen Schaltflächen gedacht und geeignet sind.
Deshalb müssen Sie sich selbst über Ereignisse und Aktionen dieser Schaltflächen informieren und gegebenenfalls Kommentare zu
den einzelnen Schaltflächen in die Bibliothek aufnehmen.

36.3.5 Ereignisse

Jede Schaltfläche kann auf sechs unterschiedliche Ereignisse reagieren; die ersten vier sind Ereignisse, die der Betrachter des Dokuments nur mit der Maus auslösen kann:

▶ Bei Loslassen: Der Benutzer hat auf die Schaltfläche geklickt und die Maustaste wieder losgelassen.

▶ Bei Klicken: Der Benutzer hat auf die Schaltfläche geklickt, aber die Maustaste noch nicht losgelassen.

▶ Bei Cursor darüber: Der Benutzer hat die Schaltfläche mit dem Mauszeiger berührt, aber die Maustaste nicht gedrückt. Hier ist zu beachten, dass jede Schaltfläche einen rechteckigen Hotspot (Fläche, auf die reagiert wird) beschreibt. Auch unsere runde Schaltfläche aus der letzten Schritt-für-Schritt-Anleitung reagiert hier auf den quadratischen Bereich, der den Kreis umfasst.

▶ Bei Cursor weg: Der Benutzer hat mit dem Mauszeiger den Hotspot wieder verlassen.

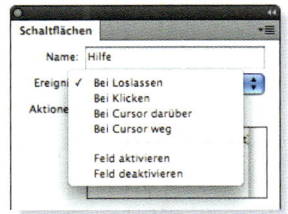

▲ **Abbildung 36.25**
Die sechs Ereignisse, auf die jede Schaltfläche reagieren kann. In PDF-Dateien werden Schaltflächen auch »Felder« genannt, diese Namensgebung wird hier auch für zwei Ereignisse verwendet.

Wenn sich mehrere Schaltflächen in Ihrem Dokument befinden, können die einzelnen Schaltflächen mit der ⇥-Taste angesprungen werden; ⇥ springt zur nächsten Schaltfläche, ⇧+⇥ zur vorherigen – Sie kennen das ja aus den verschiedenen Programmen. Für diese Fälle sind die letzten beiden Ereignisse gedacht:

▶ Feld aktivieren: Drückt der Benutzer die ⇥-Taste und erreicht dabei die Schaltfläche, dann gilt diese als aktiviert, und dieses Ereignis wird ausgelöst. Da die Schaltfläche auch mit einem Mausklick aktiviert werden kann, wird dieses Ereignis also auch bei einem Klick ausgelöst.

▶ Feld deaktivieren: Ist die Schaltfläche aktiviert und drückt der Benutzer wieder die ⇥-Taste, um zur nächsten Schaltfläche zu gelangen, oder klickt auf ein anderes Objekt, wird die Aktivierung der Schaltfläche aufgehoben und dieses Ereignis ausgelöst.

Wie Sie die Reihenfolge festlegen können, in der die Schaltflächen über die ⇥-Taste angesprungen werden, zeigen wir Ihnen noch in diesem Kapitel.

36.3.6 Aktionen

Ein jedes Ereignis kann eine oder mehrere oder auch gar keine Aktion auslösen. Alle sechs beschriebenen Ereignisse werden von der betroffenen Schaltfläche empfangen (und sind deshalb auswählbar); ob und wie auf die Ereignisse regiert wird, definiert sich ganz allein über die Aktionen, die Sie für ein Ereignis festlegen.

▲ Abbildung 36.26
Die verschiedenen Aktionen müssen zum Teil mit weiteren Parametern ergänzt werden.

Audio- und Video-Daten

Platzierte Audio- und Video-Clips bringen eigene Steuerungsmöglichkeiten mit, die wir Ihnen in Abschnitt 36.4, »Audio und Video«, vorstellen werden.

Die meisten Aktionen betreffen dabei die Navigation zu bestimmten Stellen in einem Dokument, Seiten oder anderen Dokumenten. Als Dateiformat für interaktive Elemente kommen PDF und SWF in Frage, aber nicht alle Aktionen funktionieren in beiden Formaten. Wir geben deshalb in der folgenden Übersicht an, welche der Aktionen in welchem Format funktionieren.

▶ SCHLIESSEN (PDF): Schließt das PDF-Dokument.

▶ BEENDEN (PDF): Beendet die Applikation, in der das PDF-Dokument geöffnet ist, z. B. Adobe Reader oder Acrobat. Mit dieser Aktion sollten Sie eher sparsam umgehen, weil Sie sich in den seltensten Fällen Freunde damit machen werden.

▶ GEHE ZU ANKER (PDF und SWF): Springt zu einem Lesezeichen oder Textanker, den Sie in den Zusatzoptionen DOKUMENT und TEXTANKER festlegen. In der Option ZOOM bestimmen Sie, wie die Zielansicht in das Dokumentfenster eingepasst werden soll.

▶ GEHE ZU ERSTER, LETZTER, NÄCHSTER, VORHERIGER SEITE (PDF und SWF): Da die betreffenden Seiten im gleichen Dokument liegen müssen, gibt es lediglich die Zusatzoption ZOOM.

▶ GEHE ZU VORHERIGER ANSICHT (PDF): Springt zur zuletzt angezeigten Seite im PDF-Dokument. Hat der Benutzer allerdings die Zoom-Stufe verändert, wird die vorherige Zoom-Stufe wiederhergestellt.

▶ GEHE ZU NÄCHSTER ANSICHT (PDF): Diese Aktion funktioniert nur, wenn vorher die Aktion GEHE ZU VORHERIGER ANSICHT ausgeführt wurde. So können Sie zwischen Ansichten hin und her blättern wie bei einem Webbrowser.

▶ GEHE ZU SEITE (nur SWF): Springt zu der Seite, die Sie in der Zusatzoption SEITE ausgewählt haben. Zusätzlich haben Sie wieder die Möglichkeit, über die Option ZOOM festzulegen, wie das Ziel im Dokumentfenster angezeigt werden soll.

▶ GEHE ZU URL (PDF und SWF): Öffnet das Ziel des URLs, den Sie in der Zusatzoption URL eintragen, im Webbrowser – bei einer PDF-Datei wird dieser also aufgerufen, bei einer SWF-Datei, die bereits im Browser angezeigt wird, wird einfach die Seite gewechselt.

▶ FILM und AUDIO (PDF): Ermöglicht die Steuerung von Film- und Audio-Clips. Im Zusatzmenü FILM bzw. AUDIO können Sie nur Film-/Audio-Clips auswählen, die zuvor im InDesign-Dokument platziert wurden. Wählen Sie unter OPTIONEN, ob Sie den Clip ABSPIELEN, unterbrechen (PAUSE), FORTSETZEN oder ANHALTEN wollen.

▶ DATEI ÖFFNEN (PDF): Diese Aktion und ihre Optionen haben Sie bereits in unserer Anleitung auf Seite 888 kennengelernt.

- SCHALTFLÄCHEN EINBLENDEN/AUSBLENDEN (PDF und SWF): Stellt die SICHTBARKEIT der in der gleichnamigen Option dargestellten Schaltflächen her, wobei eine Schaltfläche unverändert sein kann ✖, sichtbar 👁 oder unsichtbar 👁 gemacht werden kann. Den aktuellen Status ändern Sie mit einem Klick auf das Symbol neben dem Namen der Schaltfläche oder indem Sie eine Schaltfläche in der Liste SICHTBARKEIT auswählen und den entsprechenden Status über die Buttons unter der Liste aktivieren. Wie Sie die Sichtbarkeit von Schaltflächen grundsätzlich festlegen können, erfahren Sie gleich im nächsten Abschnitt.
- ANSICHTSZOOM (PDF): Die aktuelle Seite wird entsprechend den Einstellungen in der Zusatzoption ZOOM dargestellt. Hierbei handelt es sich um sämtliche Zoom-Stufen, die von Adobe Reader bzw. Acrobat angeboten werden (z. B. Fortlaufend - Doppelseiten oder gedreht).

▲ **Abbildung 36.27**
Die Sichtbarkeit der Schaltflächen wird entweder über die Symbole der jeweiligen Schaltflächen oder – z. B. für mehrere Schaltflächen – über die drei Statusfunktionen unter der Liste festgelegt.

36.3.7 Sichtbarkeit und Aktivierreihenfolge

Sie können die Sichtbarkeit von Schaltflächen über Aktionen steuern, wie Sie gerade gesehen haben. Eine Schaltfläche, die jedoch von vornherein nicht sichtbar sein soll, können Sie so nicht definieren. Dafür gibt es eigene Funktionen, die sich jedoch nur in PDF-Dateien auswirken.

Ausblenden und Drucken von Schaltflächen | Sie haben einerseits die Möglichkeit, die Sichtbarkeit einer Schaltfläche zum Zeitpunkt des Öffnens einer Datei festzulegen, und können andererseits definieren, ob eine Schaltfläche gedruckt werden soll oder nicht – und zwar unabhängig davon, ob der Benutzer die Schaltfläche sehen kann.

Markieren Sie eine Schaltfläche mit dem Direktauswahl-Werkzeug, und wählen Sie eine der Optionen SICHTBAR IN PDF, SICHTBAR IN PDF, WIRD JEDOCH NICHT GEDRUCKT, VERBORGEN IN PDF oder VERBORGEN IN PDF, IST JEDOCH DRUCKBAR aus dem Bedienfeldmenü des Schaltflächen-Bedienfelds aus. Die vier Funktionen dürften selbsterklärend sein. Sie können sie nutzen, um z. B. eigene QuickTipps zu Ihren Schaltflächen einzublenden.

Aktivierreihenfolge festlegen | Wenn Sie zwischen mehreren Schaltflächen mit ⇥ bzw. ⇧+⇥ navigieren, stellt sich die Frage, welche Schaltfläche eigentlich die nächste ist. Die ursprüngliche Reihenfolge wird aus der Reihenfolge abgeleitet, in der die Schaltflächen erstellt wurden. Da selten alle Schaltflächen in genau der Reihenfolge erstellt werden, wie sie der Benutzer letztlich vor sich sieht, haben Sie die Möglichkeit, die Aktivierreihen-

Ruft die Hilfe-Datei auf

▲ **Abbildung 36.28**
Die gelbe Fläche ist ein Textrahmen, der zur Schaltfläche gemacht wurde. Unsere Hilfe-Schaltfläche reagiert auf den Mauscursor und blendet die gelbe Schaltfläche ein, wenn sich die Maus über dem Hotspot befindet, und wieder aus, sobald der Mauscursor den Hotspot wieder verlässt.

folge – also die genaue Abfolge, wie die einzelnen Schaltflächen mit der ⎘-Taste angesprungen werden – festzulegen. Dabei werden auch Schaltflächen berücksichtigt, die sich auf ausgeblendeten Ebenen befinden, nicht jedoch Schaltflächen, die sich auf Mustervorlagen befinden!

Wählen Sie OBJEKT • INTERAKTIV • AKTIVIERREIHENFOLGE FESTLEGEN, um ins Fenster AKTIVIERREIHENFOLGE zu gelangen:

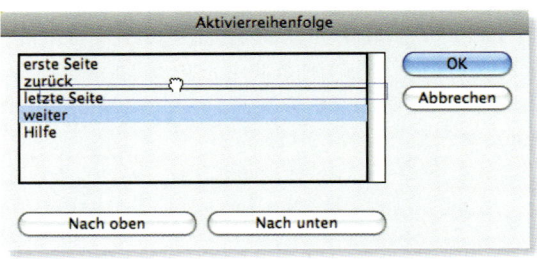

Abbildung 36.29 ▶
Die Aktivierreihenfolge, die Sie hier festlegen, wirkt sich sowohl in PDF- als auch in SWF-Dateien aus.

Hier finden Sie alle Schaltflächen Ihres Dokuments aufgelistet. Die Reihenfolge für die Navigation mittels ⎘-Taste beginnt in dieser Liste mit dem obersten Eintrag. Verschieben Sie die einzelnen Einträge mit der Maus, oder wählen Sie einen Eintrag und klicken Sie auf NACH OBEN bzw. NACH UNTEN, um seine Position in der Abfolge zu verändern.

36.4 Audio und Video

Eine Präsentation kann mit zusätzlichen dynamischen Daten wie Sound oder Film wesentlich aufgewertet werden. InDesign erlaubt es Ihnen, auch solche Daten in einem Layout zu platzieren.

36.4.1 Kompatibilitäts-Überlegungen

InDesign ist relativ restriktiv, was die Möglichkeiten betrifft, dynamische Daten zu platzieren. Die Unterstützung eines bestimmten Mediums auf Betriebssystem-Ebene bedeutet nicht, dass dieses Medium auch in InDesign verwendet werden kann.

Obwohl InDesign CS4 einen Schritt weiter Richtung Universal-Medienwerkzeug gemacht hat, so ist der Schwerpunkt nach wie vor die Produktion von Print-Daten. Deshalb halten wir es nicht für klug, mit einem typischen Werkzeug für Print-Medien Audio- und Videodaten zu bearbeiten, wollen Ihnen aber nicht verschweigen, welche Möglichkeiten Sie grundsätzlich hätten.

Beachten Sie folgende Voraussetzungen: Für Film-Daten wird QuickTime 6.x vorausgesetzt. Sie können dann QuickTime- (».mov«), AVI-, MPEG- und SWF-Clips abspielen, wobei die

Sichtbar, aber nicht abspielbar

Dynamische Daten können zwar platziert, aber nicht in InDesign abgespielt werden.

QuickTime-Unterstützung von SWF aber ziemlich dürftig ist. An Audiodaten können Sie WAV-, AIF- und AU-Clips verwenden. Die WAV-Clips müssen als 8-Bit- oder 16-Bit-Versionen vorliegen und dürfen nicht komprimiert sein.

36.4.2 Audiodaten

Wenn Sie Audiodaten in Ihrem Layout platzieren, erscheinen diese zunächst einmal mit einem Platzhaltersymbol. Allerdings können Sie in den AUDIOOPTIONEN festlegen, wie die Audiodatei dargestellt werden soll, indem Sie ihr ein Bild zuordnen.

Die AUDIOOPTIONEN erreichen Sie, indem Sie den Rahmen mit den Audiodaten doppelklicken oder den Rahmen auswählen und AUDIOOPTIONEN aus dem Menü OBJEKT • INTERAKTIV aufrufen.

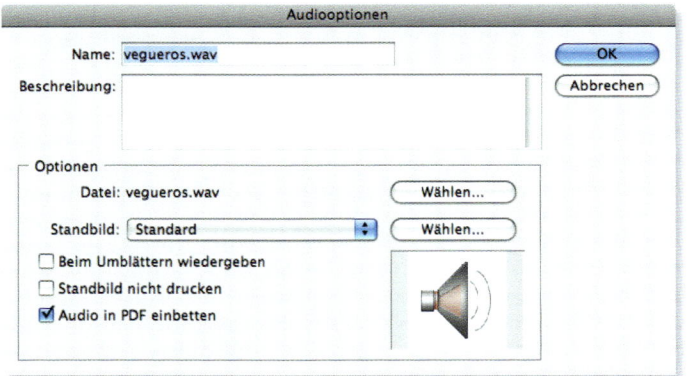

◄ **Abbildung 36.30**
Wenn die Audiodatei nicht in die PDF-Datei eingebettet wird oder werden kann, müssen Sie sich um die Verwaltung der Audiodatei selbst kümmern und sie manuell in denselben Ordner, in dem sich auch die PDF-Datei befindet, kopieren.

Der NAME der Audiodaten wird vom Dateinamen abgeleitet, Sie können ihn allerdings ändern – dieser Name hat primär eine interne Bedeutung, wenn Sie die Tondaten z. B. über eine Schaltfläche abspielen wollen. Unter BESCHREIBUNG können Sie einen Kommentar zu den Daten eingeben.

Im Abschnitt OPTIONEN bleibt der Name der Datei in jedem Fall unverändert. Die Datei kann aber über WÄHLEN neu zugewiesen werden. Unter STANDBILD können Sie – in Kombination mit WÄHLEN – ein Bild auswählen, das dann anstelle des STANDARD-Bildes angezeigt wird. Als dritte Alternative können Sie OHNE auswählen – das Vorhandensein von Audiodaten macht sich dann im Ergebnis optisch nicht mehr bemerkbar.

BEIM UMBLÄTTERN WIEDERGEBEN bewirkt, dass die Audiodaten automatisch abgespielt werden, sobald der Benutzer die Seite, die die Daten enthält, erreicht. STANDBILD NICHT DRUCKEN zeigt den Platzhalter in der PDF-Datei zwar an, er würde aber bei der Ausgabe auf einen Drucker nicht sichtbar werden (was außerordentlich sinnvoll ist).

AUDIO IN PDF EINBETTEN kann nur ab PDF-Version 1.5 (Acrobat 6) verwendet werden. Somit entscheiden Sie erst bei der Ausgabe, ob diese Option tatsächlich wirksam wird, sofern sie hier aktiviert wurde.

36.4.3 Filmdaten

Filme können in einer InDesign-Datei platziert werden, oder Sie greifen mittels URL auf einen Film im Internet zu.

Einen Film platzieren | Wenn Sie Filmdaten platziert haben, können Sie die FILMOPTIONEN wiederum über einen Doppelklick oder über INTERAKTIV • FILMOPTIONEN aus dem Menü OBJEKT aufrufen. Sie finden hier alle Optionen der AUDIOOPTIONEN wieder. Einige Optionen kommen für Filme allerdings dazu.

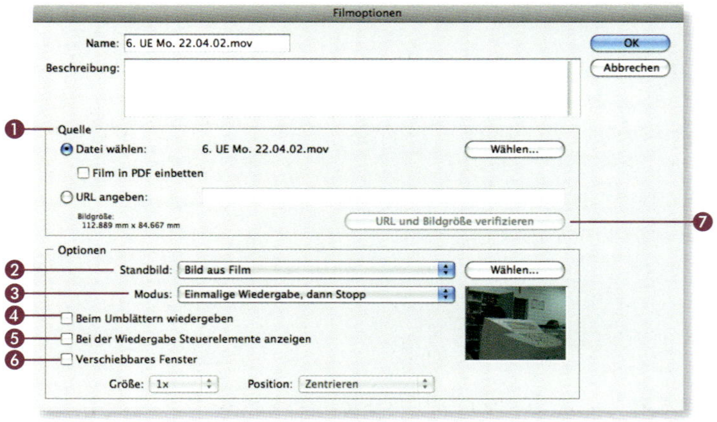

Abbildung 36.31 ►
Wenn Sie das STANDBILD ❷ dem Film entnehmen wollen, wählen Sie FILMBILD ALS STANDBILD AUSWÄHLEN, und klicken Sie auf WÄHLEN. Sie erhalten dann einen Standard-Filmbrowser, in dem Sie die gewünschte Position im Film einstellen können. In diesem Browser können Sie den Film auch abspielen, obwohl das bei der platzierten Datei nicht möglich ist. Sobald das Bild ausgewählt ist, erscheint im Menü STANDBILD die Option BILD AUS FILM.

Im Abschnitt OPTIONEN unter STANDBILD ❷ haben Sie wieder die Möglichkeit, einen Platzhalter zu bestimmen, der entweder von InDesign vorgegeben wird oder von Ihnen als externes Bild oder als Bild aus der Filmdatei festgelegt werden kann. Mit MODUS ❸ steuern Sie, wie der Film abgespielt werden soll:

▶ EINMALIGE WIEDERGABE, DANN STOPP: Wird der Film in der PDF-Datei abgespielt, dann wird am Ende des Films die Ansicht wieder in den Originalzustand versetzt.

▶ EINMALIGE WIEDERGABE, DANACH WEITER GEÖFFNET: Nachdem der Film abgespielt wurde, bleibt die letzte Ansicht bestehen.

▶ WIEDERGABE WIEDERHOLEN: Der Film wird in einer Schleife wiederholt.

Grundsätzlich wird ein Film abgespielt, wenn der Benutzer auf den Platzhalter klickt. Aber auch bei einem Film haben Sie die Möglichkeit, diesen automatisch zu starten, sobald die Seite, auf der der Film enthalten ist, angezeigt wird – BEIM UMBLÄTTERN WIEDERGEBEN ❹. Darüber hinaus haben Sie die Möglichkeit, dem Benutzer die Kontrolle über den Film zu überlassen, indem Sie die Option BEI DER WIEDERGABE STEUERELEMENTE ANZEIGEN ❺ aktivieren. In der PDF-Datei werden während der Wiedergabe des Films die üblichen Steuerelemente für Start, Stopp, Pause sowie ein Navigationsregler angezeigt.

Im Normalfall wird der Film an der Stelle des Platzhalters abgespielt. Sie können ihn allerdings in einem eigenen Fenster anzeigen, indem Sie die Option VERSCHIEBBARES FENSTER ❻ aktivieren.

In diesem Fall müssen Sie jedoch zusätzlich die GRÖSSE des Fensters festlegen (bezogen auf die Größe des Films) und an welcher Stelle des PDF-Fensters das neue Fenster erscheinen soll – POSITION. Diese Option ist sinnvoll, wenn der Film größer ist als der Platzhalter.

Einen Film über URL beziehen | Im Abschnitt QUELLE ❶ können Sie einen URL angeben, von dem die Filmdatei bezogen werden soll. In diesem Fall wird tatsächlich nur der URL gespeichert. Ein Einbetten der Datei ist somit nicht mehr möglich, und beim Abspielen des Films in der PDF-Datei muss dann natürlich auch ein Zugriff auf die Quelle möglich sein.

Klicken Sie auf URL UND BILDGRÖSSE VERIFIZIEREN ❼, um die Verfügbarkeit des Ziels zu überprüfen – hierzu muss natürlich eine Internetverbindung bestehen.

36.4.4 Ausgabe von Audio- und Videodaten

Sie können Audio- und Videodaten nur in eine PDF-Datei ausgeben (Sie können zwar eine SWF-Datei erstellen, die dynamischen Daten können dann aber nicht abgespielt werden).

Verwenden Sie zumindest die PDF-Version 1.5 für den Export, in früheren Versionen funktionieren viele Dinge noch nicht, aber auch bei PDF 1.5 oder höher gibt es Einschränkungen:

▶ Ein nicht-rechteckiger Medienrahmen wird nicht angezeigt.
▶ Auf dynamische Medien angewendete Hyperlinks funktionieren nicht, können aber in Acrobat hinzugefügt werden.
▶ Medien, deren Standbilder gedreht oder verbogen wurden, werden unter Umständen nicht korrekt dargestellt.
▶ Auf Standbilder angewendete Masken werden nicht korrekt oder gar nicht dargestellt.
▶ Transparenzen, die mit dynamischen Daten in Berührung kommen, können eigenwillige Ergebnisse liefern.

Weitergabe von PDF-Dateien

Der Empfänger der PDF-Datei, die dynamische Daten enthält, sollte zumindest Adobe Reader 6 oder Acrobat 6 verwenden.

PDF 1.3 und 1.4

In diesen PDF-Versionen gibt es zusätzliche Einschränkungen, weshalb wir Ihnen die Verwendung nicht empfehlen können:
▶ Nicht-RGB-Standbilder werden nicht angezeigt.
▶ MPEG- und SWF-Clips können nicht abgespielt werden.
▶ Beschneidungspfade in Standbildern werden nicht wirksam.
▶ Filmdaten können nicht eingebettet und Audiodaten nicht verknüpft werden.

36.5 Seitenübergänge

Sie haben nun eine Reihe von Steuermöglichkeiten kennengelernt, um in aus InDesign exportierten PDF- und SWF-Dateien
zwischen Seiten zu wechseln und zu blättern. Um den Übergang
von einer Seite zur nächsten etwas attraktiver zu gestalten, können Sie auf vordefinierte Seitenübergänge zurückgreifen, die
Ihnen InDesign seit Version CS4 zur Verfügung stellt.

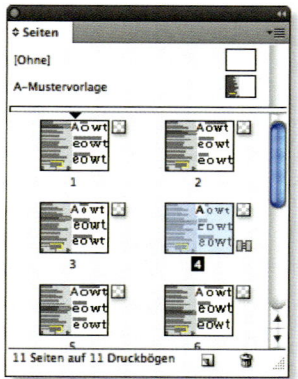

▲ **Abbildung 36.32**
Bögen, denen ein Seitenübergang
zugewiesen ist, werden im Seiten-
Bedienfeld mit dem Symbol ▦ gekennzeichnet (hier Seite 4). Dazu
muss die Seitendarstellung in den
BEDIENFELDOPTIONEN jedoch zumindest auf GROSS gestellt werden. In
den BEDIENFELDOPTIONEN des Seiten-Bedienfelds können Sie die
Darstellung der SEITENÜBERGÄNGE
auch ganz abschalten.

Seitenübergänge und PDF

Wie alle interaktiven Funktionen
können Sie auch Seitenübergänge nicht in der InDesign-
Datei sehen oder ausprobieren,
sondern nur, wenn Sie Ihre Datei
als PDF- oder SWF-Datei exportieren.

Für PDF-Dateien können Sie
in Adobe Reader oder Acrobat
allerdings eigene Seitenübergänge festlegen – diese werden
von den Seitenübergängen, die
Sie mit InDesign erstellen, allerdings übergangen.

In jedem Fall sind Seitenübergänge in PDF-Dateien aber nur
im VOLLBILDMODUS wirksam, den
Sie über [Strg]+[L] bzw. [⌘]+[L]
aktivieren/deaktivieren können.

36.5.1 Grundlegende Informationen

Sie haben zwei Möglichkeiten, einem Druckbogen(!) einen Seitenübergang hinzuzufügen, die natürlich die gleichen Funktionen
verwenden und sich lediglich in den Auswahl- und Einstellmetho-
den unterscheiden. Bei beiden Wegen können Sie einen Übergang
auf alle Bögen des Dokuments anwenden. Dabei sollten Sie
grundsätzlich folgende Informationen beachten:

▶ Seitenübergänge werden nur auf den Druckbogen angewen-
det. Da interaktive Dokumente immer den Charakter einer
Präsentation haben, sollten Sie bei der Erstellung der InDesign-
Dokumente immer von einseitigen Dokumenten ausgehen.

▶ Ein Seitenübergang ist immer der Seite zugewiesen, von der
aus zur nächsten Seite geblättert wird. Wenn Seite 1 also keinen Seitenübergang verwendet und Seite 2 schon, wird beim
Übergang auf Seite 2 kein Effekt sichtbar sein, beim Weiterblät-
tern auf Seite 3 dagegen schon.

▶ In PDF-Dateien wird der Seitenübergang auch sichtbar, wenn
Sie mit den Cursortasten navigieren. Bei SWF-Dateien hängt es
davon ab, ob die SWF-Datei im Flash Player betrachtet wird
(Cursortasten funktionieren) oder im Browserumfeld (Cursortasten werden in der Regel vom Browser verwendet).

36.5.2 Seitenübergänge anwenden

Um Seitenübergänge auf eine Seite anzuwenden und dabei das
Verhalten des Übergangs auch nach Ihren Wünschen einzustellen,
verwenden Sie das Seitenübergänge-Bedienfeld, das Sie über
FENSTER • INTERAKTIV • SEITENÜBERGÄNGE aufrufen. Alternativ
können Sie Seitenübergänge auch über das Bedienfeldmenü des
Seiten-Bedienfelds zuweisen und hier SEITENÜBERGÄNGE • WÄH-
LEN aufrufen. So gelangen Sie in das Fenster SEITENÜBERGÄNGE,
wo Sie den gewünschten Seitenübergang aus einer Übersicht aufrufen können. Nachdem Sie das erledigt haben, öffnet InDesign
allerdings zusätzlich das Seitenübergänge-Bedienfeld, um Ihnen
die Feineinstellung Ihres Seitenübergangs zu ermöglichen.

Seitenübergänge-Fenster | Wählen Sie eine Seite im Seiten-Bedienfeld aus, und rufen Sie aus dem Bedienfeldmenü des Seitenbedienfelds SEITENÜBERGÄNGE • WÄHLEN auf, um in das Fenster SEITENÜBERGÄNGE zu gelangen. Von den 12 möglichen Seitenübergängen funktionieren alle in SWF-Dateien, aber der Effekt UMBLÄTTERN (NUR SWF) als einziger nicht in PDF-Dateien.

◄ **Abbildung 36.33**
Eine Vorschau, wie die einzelnen Seitenübergänge aussehen, erhalten Sie, wenn Sie den Mauszeiger über einen der Seitenübergänge stellen.

Wählen Sie den gewünschten Seitenübergang aus. Dieser Übergang wird grundsätzlich auf die ausgewählte Seite angewendet, es sei denn, Sie aktivieren die Option AUF ALLE DRUCKBÖGEN ANWENDEN.

Seitenübergänge-Bedienfeld | Im Seitenübergänge-Bedienfeld müssen Sie zunächst einen ÜBERGANG ❷ auswählen, um die entsprechende Vorschau ❶ zu erhalten. Für die meisten Übergänge können Sie eine RICHTUNG ❸ (Ausnahme: AUFLÖSEN, VERBLASSEN, UMBLÄTTERN (NUR SWF)) und eine GESCHWINDIGKEIT ❹ festlegen (Ausnahme: UMBLÄTTERN (NUR SWF)). Um den ausgewählten Übergang auf alle Bögen anzuwenden, klicken Sie auf 🔲 AUF ALLE DRUCKBÖGEN ANWENDEN ❺.

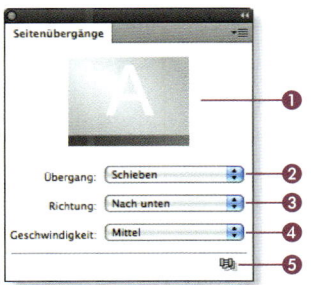

▲ **Abbildung 36.34**
Seitenübergänge-Bedienfeld

36.5.3 Seitenübergänge ändern und löschen

Um einen Seitenübergang zu ändern, wählen Sie den betreffenden Bogen aus, stellen Sie im Seitenübergänge-Bedienfeld den neuen Seitenübergang ein, und ändern Sie die RICHTUNG und GESCHWINDIGKEIT nach Ihren Vorstellungen. Sie können einzelne Seitenübergänge natürlich auch verändern, wenn Sie ursprünglich einen Übergang auf alle Seiten angewendet haben. Wenn Sie im Seiten-Bedienfeld die Funktion Seitenübergänge • Bearbeiten aus dem Bedienfeldmenü aufrufen, landen Sie nicht mehr im Fenster Seitenübergänge, es wird lediglich das Seitenübergänge-Bedienfeld geöffnet, sofern es nicht ohnehin geöffnet ist.

Seitenübergänge löschen | Um einen einzelnen Seitenübergang zu löschen, gehen Sie genauso, wie beim Ändern eines Übergangs vor, wählen allerdings den Übergang Ohne aus.

Alle Seitenübergänge können Sie löschen, indem Sie die Funktion Alle löschen aus dem Bedienfeldmenü des Seitenübergänge-Bedienfelds oder Seitenübergänge• Alle löschen aus dem Bedienfeldmenü des Seiten-Bedienfelds aufrufen.

36.5.4 Ausgabe von Seitenübergängen

Allgemeingültige Hinweise zur Ausgabe von Dokumenten mit interaktiven Elementen geben wir Ihnen gleich im nächsten Abschnitt. Speziell für Seitenübergänge beachten Sie bitte:

▶ Der Effekt Umblättern (nur SWF) kann nur – wie es der Name ja andeutet – in eine SWF-Datei ausgegeben werden. Sollten Sie versuchen, eine PDF-Datei mit diesem Übergang zu erzeugen, macht Sie InDesign auf diesen Umstand aufmerksam. Eine PDF-Datei wird dabei allerdings erstellt; der Übergang wird jedoch entfernt.

▶ Für PDF-Dateien müssen Sie eine PDF-Einstellung verwenden, die interaktive Elemente erlaubt (bei den PDF/X-Standards ist das nicht der Fall) und im Fenster Adobe PDF exportieren die Option Interaktive Elemente aktivieren.

▶ Für SWF-Dateien müssen Sie im Fenster SWF exportieren die Option Seitenübergänge einschliessen aktivieren. Wenn Sie zusätzlich Interaktives Aufrollen der Seite einschliessen aktivieren, kann der Übergang Umblättern (nur SWF) zusätzlich zu den ausgewählten Übergängen verwendet werden.

▲ **Abbildung 36.35**
Der Seitenübergang Umblättern (nur SWF) ist exklusiv Dokumenten vorbehalten, die in SWF-Dateien exportiert werden. Es ist der einzige Effekt, dessen Bewegung vom Benutzer mit der Maus gesteuert wird, und er kann zusätzlich zu den anderen Übergängen verwendet werden.

36.6 Interaktive Dokumente ausgeben

Wir haben bei den verschiedenen interaktiven Elementen, die Sie in InDesign-Dokumenten verwenden können, bereits einige Hinweise gegeben, was Sie beim Export berücksichtigen müssen. Dabei haben wir uns auf die beiden Dateiformate PDF und SWF beschränkt, die allein als Formate geeignet sind, um das Ergebnis einem »normalen« Benutzer zu übergeben. Hier werden wir einige Informationen ergänzen und Ihnen zusätzliche Informationen zum Format XFL geben. Mit diesem Format wird der End-kunde im Normalfall nicht viel anfangen können. Es ist dafür gedacht, Ihre InDesign-Dokumente so zu konvertieren, dass die einzelnen Elemente in Adobe Flash CS4 weiterverarbeitet werden können.

36.6.1 PDF

Sie können folgende interaktive Elemente in PDF-Dateien ver-wenden:

▶ **Lesezeichen:** Die von Ihnen erstellten Lesezeichen (siehe Seite 875) erscheinen in Acrobat oder dem Adobe Reader in einem eigenen optional einblendbaren Bereich am linken Rand der Dokumentanzeige. Lesezeichen können auch beim Erstellen von Inhaltsverzeichnissen erzeugt werden und werden dann behandelt wie selbst erzeugte Lesezeichen.

▶ **Audio- und Video-Clips:** Solche dynamische Daten (siehe Seite 894) können je nach PDF-Version eingebettet werden oder als externer Datenbestand erhalten werden. Video-Clips kön-nen auch über einen URL als externer Datenbestand angespro-chen werden.

▶ **Hyperlinks:** Hyperlinks (siehe Seite 878) landen als funktionsfä-hige Links in der PDF-Datei und können mit Acrobat natürlich auch bearbeitet werden.

▶ **Querverweise:** Querverweise (siehe Seite 618) bleiben eben-falls als Navigationselement erhalten und werden als Hyperlink in der PDF-Datei gespeichert.

▶ **Schaltflächen:** Werden in der PDF-Datei ebenfalls als Hyper-link abgebildet. Einen Überblick, welche Hyperlink-Ziele in einer PDF-Datei möglich sind, finden Sie auf Seite 891.

▶ **Seitenübergänge:** Lediglich der Seitenübergang UMBLÄTTERN (NUR SWF) kann nicht in eine PDF-Datei übergeben werden, alle anderen Übergänge überschreiben die Seitenübergänge, die in Adobe Reader oder Acrobat als Voreinstellung definiert sein können.

Video und PDF

Vermeiden Sie PDF-Versionen vor Version 1.5, da Sie dann we-der MPEG- noch SWF-Clips ab-spielen können.

Darüber hinaus können Film-daten nicht eingebettet und Au-diodaten nicht verknüpft wer-den.

PDF ausgeben | Da PDF ein universelles Containerformat ist, gestaltet sich die Ausgabe recht unkompliziert. Beachten Sie lediglich, dass im Fenster ADOBE PDF EXPORTIEREN die Optio-nen LESEZEICHEN, HYPERLINKS und INTERAKTIVE ELEMENTE für die betreffenden Funktionen aktiviert sein müssen und dass die druckvorstufentauglichen PDF-Exportoptionen keine Ausgabe von interaktiven Elementen erlauben und dass Sie zumindest PDF-Version 1.5 verwenden sollten – diese Version entspricht dem Acrobat Reader 6.

36.6.2 Export für Flash

Die beiden Formate SWF und XFL greifen auf die Flash-Technologien zurück, die seit der Übernahme von Macromedia durch Adobe auch Teil der Creative Suite sind. Das Format ist dafür gedacht, Daten für den Endbenutzer zu erstellen, das Format XFL dagegen dafür bestimmt, InDesign-Daten an Flash zur Bearbeitung zu übergeben.

Da die beiden Formate aber auf die gleiche Technologie aufbauen (SWF wäre wiederum das Ergebnis, das aus einer XFL-Datei nach der Bearbeitung mit Flash entsteht), beachten Sie die folgenden Hinweise:

▶ **InDesign-Seiten:** Aus jedem Druckbogen wird ein eigenständiger Clip erstellt, dem ein Keyframe zugeordnet ist.

▶ **Schaltflächen:** Einige Aktionen von Schaltflächen funktionieren in SWF-Dateien nicht – eine Übersicht finden Sie auf Seite 891. Bei einem Export nach XFL werden Schaltflächen nicht berücksichtigt und müssen in Flash neu aktiviert werden.

▶ **Hyperlinks:** Hyperlinks werden nicht in XFL übergeben.

▶ **Seitenübergänge:** Alle von InDesign angebotenen Seitenübergänge funktionieren in SWF-Dateien – und nur dort. In eine XFL-Datei werden Seitenübergänge nicht übergeben.

▶ **Text:** Text kann beim Export als Flash-Text, als vektorisiertes Objekt oder gerastert gespeichert werden. Eine Weiterbearbeitung ist in Flash verständlicherweise nur bei Flash-Text möglich. Soll der Text in einer SWF-Datei durchsuchbar – und somit barrierefrei – sein, muss er ebenfalls als Flash-Text gespeichert werden.

▶ **Bilder:** Beim SWF-Export können Sie auf Qualität und Kompression von Bildern Einfluss nehmen. Bei einem Export nach XFL werden Bilder als unkomprimierte PNG-Bilder gespeichert. In beiden Fällen wird die Auflösung der Bilder auf Screenauflösung reduziert. Komplexe Vektorgrafiken aus Adobe Illustrator sollten platziert werden, damit sie beim XFL-Export nicht in viele eigenständige Vektor-Elemente zerlegt werden.

▶ **Farben:** Flash-Daten liegen im RGB-Farbraum vor. Deshalb werden alle Daten aus anderen Farbräumen inklusive Schmuckfarben nach sRGB konvertiert. Damit sich die Farben von transparenten Objekten nicht unerwartet verschieben, stellen Sie den Transparenzfarbraum über BEARBEITEN • TRANSPARENZFARBRAUM • DOKUMENT-RGB auf RGB um.

▶ **Transparenzen:** Interaktive Objekte, die mit Transparenzen in Berührung kommen, können ihre interaktiven Fähigkeiten beim Export verlieren. Verwenden Sie, wo immer möglich, bereits reduzierte Daten.

Seitenformat

Wenn ein Dokument für die Ausgabe als reine Bildschirm-Version gedacht ist, sollten Sie das Seitenformat beim Erstellen gleich über eine entsprechende Vorgabe in Pixel unter SEITENFORMAT festlegen. Sie finden dort die üblichen Dimensionen und Proportionen.

Mehrfach verwendete Bilder

Bilder, die auf jeder Seite an der gleichen Position verwendet werden, sollten Sie unbedingt auf der Mustervorlage platzieren. In diesem Fall wird die Bilddatei beim Export für Flash auch nur einmal gespeichert, womit Sie die resultierende Datei viel schlanker halten.

Bilder, die Sie über die Zwischenablage eingesetzt haben – was Sie nicht tun sollten –, werden immer als eigenständiges Objekt behandelt, auch wenn sie mehrfach verwendet werden.

▶ **Audio- und Video-Clips:** Dynamische Daten werden weder nach SWF noch nach XFL exportiert. In den exportierten Dateien landen lediglich die Standbilder, sofern welche existieren. Mit XFL können Sie natürlich die Daten in Flash wieder hinzufügen.

36.6.3 SWF-Exportoptionen

Um eine InDesign-Datei als SWF-Datei zu speichern, wählen Sie DATEI • EXPORT, und stellen Sie im EXPORTIEREN-Fenster unter FORMAT SWF ein.

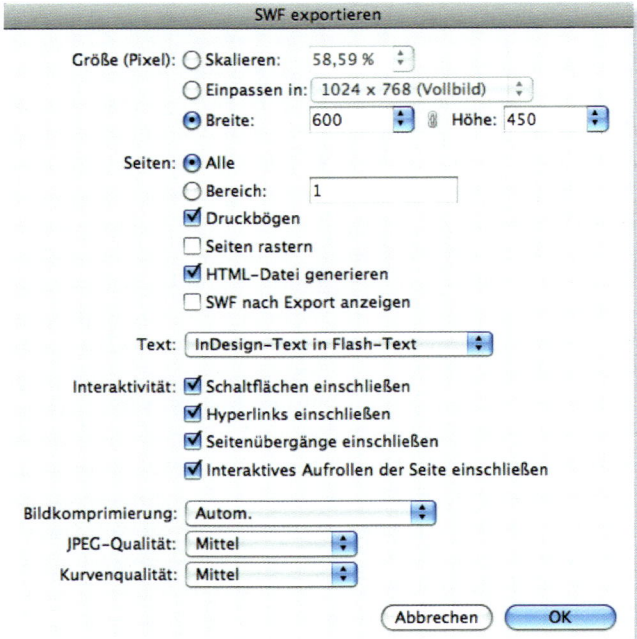

◀ **Abbildung 36.36**
Dateien, die als SWF exportiert werden, können unmittelbar mit dem Flash Player geöffnet werden oder auch mit Ihrem Webbrowser, sofern das Flash-Plug-in installiert ist (was in der Regel aber der Fall sein dürfte).

Aus den Optionen, die Sie im Fenster SWF EXPORTIEREN einstellen können, dürfen Sie schließen, dass Ihr Dokument vollkommen transformiert wird:

▶ GRÖSSE (PIXEL): Mit der Option SKALIEREN können Sie die Größe der resultierenden Datei sozusagen stufenlos einstellen. In der Regel werden Sie aber eine absolute Größe in Pixel auswählen, die Sie entweder unter EINPASSEN IN bestimmen (hier sind einige Bildschirmformate auswählbar) oder über BREITE und HÖHE selbst festlegen.

▶ SEITEN: Hier wählen Sie zum einen aus, ob Sie ALLE oder nur einen BEREICH von Seiten exportieren wollen. Zum anderen bestimmen Sie die Beschaffenheit der Seiten und wie sie betrachtet werden sollen.

- ▶ DRUCKBÖGEN: Wenn Sie diese Option aktivieren, werden alle Seiten, die zu einem Druckbogen zusammengefasst sind, als ein Clip in die SWF-Datei gespeichert. Das entspricht einer gemeinsamen Darstellung auf einer Bildschirmseite. Wenn Sie diese Option deaktivieren, werden alle Seiten separat dargestellt.
- ▶ SEITEN RASTERN: Alle Seitenobjekte werden in Pixelbilder umgerechnet. Dadurch wird das Ergebnis größer und schlecht skalierbar.
- ▶ HTML-DATEI GENERIEREN: Wenn Sie das Ergebnis mit einem Webbrowser betrachten wollen (das Flash-Plug-in muss installiert sein), aktivieren Sie diese Option. Dann wird eine HTML-Seite erstellt, die Sie unmittelbar mit Ihrem Browser öffnen können und die alle Informationen enthält, um die SWF-Datei darstellen zu können.
- ▶ SWF NACH EXPORT ANZEIGEN: Die Anzeige erfolgt mit Ihrem Standard-Webbrowser – deshalb kann diese Option nur aktiviert werden, wenn Sie auch die Option HTML-DATEI GENERIEREN ausgewählt haben.

▶ TEXT: Wählen Sie die Option INDESIGN-TEXT IN FLASH-TEXT, wenn der Text frei skalierbar und auch durchsuchbar bleiben soll. INDESIGN-TEXT IN VEKTOR-PFADE wandelt den Text in Vektoren – ähnlich der Funktion SCHRIFT • IN PFADE UMWANDELN. Der Text bleibt zwar skalierbar, aber nicht mehr durchsuchbar. INDESIGN-TEXT IN RASTERGRAFIK wandelt den Text in Pixelbilder um, was den Text nicht nur nicht mehr durchsuchbar und schlecht skalierbar macht, sondern die Ergebnisdatei auch noch größer.

▶ INTERAKTIVITÄT: SCHALTFLÄCHEN EINSCHLIESSEN und HYPERLINKS EINSCHLIESSEN sorgen dafür, dass beide Navigationsfunktionen auch in der SWF-Datei landen, sofern möglich. SEITENÜBERGÄNGE EINSCHLIESSEN inkludiert die eingestellten Seitenübergänge, wobei Sie zusätzlich zu diesen Übergängen noch mit INTERAKTIVES AUFROLLEN DER SEITEN EINSCHLIESSEN dafür sorgen können, dass der Betrachter die Seiten zusätzlich manuell mit dem Mauszeiger umblättern kann – dies entspricht dem Seitenübergang UMBLÄTTERN (NUR SWF).

▶ BILDKOMPRIMIERUNG: Wählen Sie AUTOM., um die Kontrolle der Bildgröße und -komprimierung InDesign zu überlassen – die Ergebnisse sind dabei zumeist brauchbar. Wenn Sie JPEG wählen, werden alle Bildbestände JPEG-komprimiert, wobei Sie festlegen können, wie sich die Komprimierung auswirken soll. VERLUSTFREI (KEINE AKTION) komprimiert die Bilder zwar auch per JPEG, hält die Verluste aber so gering wie möglich.

Unterschied »interaktives Aufrollen« und »Blättern«

Wenn Sie in Ihrer Datei eigene Blätterfunktionen über Schaltflächen oder Hyperlinks vorgesehen haben, dann wird beim Blättern auf die Seitenübergänge zugegriffen. Wenn Sie BLÄTTERN (NUR SWF) eingestellt haben, wird also auch bei einem Klick auf eine Blättern-Funktion dieser Effekt wirksam.

Wenn Sie einen der anderen Seitenübergänge gewählt haben und zusätzlich die Option INTERAKTIVES AUFROLLEN DER SEITEN EINSCHLIESSEN beim Export aktivieren, dann wird bei einem Klick auf ein Navigationselement der eingestellte Seitenübergang wirksam, aber der Benutzer hat zusätzlich die Möglichkeit, mit dem Mauszeiger zu blättern. Das Aussehen des Effekts ist dabei gleich.

- JPEG-Qualität: Diese Option wird wirksam (und ist nur einstellbar), wenn Sie unter Bildkomprimierung entweder Autom. oder JPEG gewählt haben. Legen Sie fest, ob die Qualitätsstufe Minimal, Niedrig, Mittel, Hoch oder Maximum sein soll. Je höher die Qualitätsstufe, umso größer wird die resultierende Datei.
- Kurvenqualität: Flash arbeitet vektororientiert mit Bézier-Kurven. Legen Sie hier die Genauigkeit fest, mit der Vektoren in der SWF-Datei erzeugt werden sollen. Je höher die Qualität, umso größer wird das Ergebnis. Diese Größenunterschiede sind aber zumeist relativ gering.

36.6.4 XFL-Exportoptionen

Um eine InDesign-Datei als XFL-Datei zu speichern, wählen Sie Datei • Export, und stellen Sie im Exportieren-Fenster unter Format die Option Adobe Flash CS4 Pro (XFL) ein.

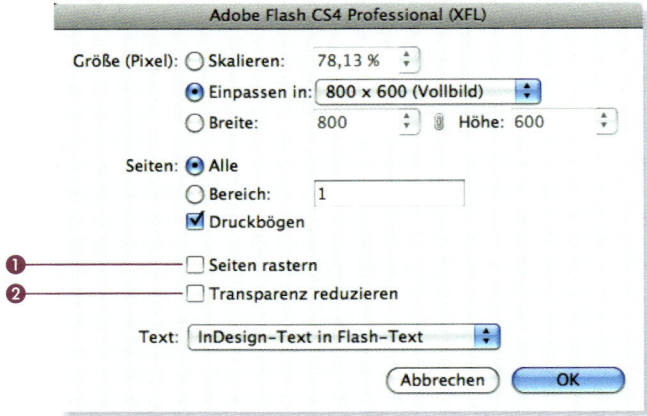

◄ **Abbildung 36.37**
Die Optionen für den Export von XFL-Dateien entsprechen – mit einer Ausnahme – den Einstellungen für SWF, stellen jedoch nur eine Untermenge dar. Die fehlenden Optionen werden beim Erstellen der SWF-Datei in Flash festgelegt.

Mit einer XFL-Datei erzeugen Sie noch nicht das Endergebnis, deshalb können Sie nur auf einen Teil der Optionen für SWF-Dateien zugreifen. Diese Optionen haben genau die gleiche Wirkung wie beim SWF-Export.

Transparenz reduzieren | Die einzige zusätzliche Option Transparenz reduzieren ❷ bewirkt, dass alle transparenten Objekte bereits verflacht werden. Da dabei Objekte in Pixelbilder gewandelt werden und auch in mehrere Objekte zerfallen können, ist die Weiterbearbeitung dieser Objekte in Flash eventuell nicht mehr möglich oder zumindest erschwert.

Wenn Sie die Option Seiten rastern ❶ auswählen, entstehen in der XFL-Datei nur noch Bilder und keine Objekte mehr, die in Flash z. B. noch animiert werden könnten. Da davon auch der Text betroffen ist, können Sie keine weiteren Optionen für die Text-handhabung einstellen. Eine in ein Pixelbild gewandelte Seite kann natürlich auch keine Transparenzen mehr enthalten, weshalb auch die Option TRANSPARENZ REDUZIEREN deaktiviert wird.

XFL in Flash öffnen | Sofern Sie Adobe Flash CS4 installiert haben, können Sie das Resultat des Exports in Flash über DATEI • ÖFFNEN oder über einen Doppelklick öffnen. Dabei wird die XFL-Datei ins Flash-Format gewandelt und muss auch als Flash-Datei (».fla«)gespeichert werden. Einen Weg von Flash zurück in InDesign gibt es nicht.

37 Database-Publishing mit Bordwerkzeugen

Wenn von Database-Publishing gesprochen wird, so fallen im gleichen Atemzug auch Begriffe wie »XML« und »Skripting«. Database-Publishing kann jedoch auch für Arbeiten wie die Erstellung von Serienbriefen, Produktdatenblättern, Urkunden oder Visitenkarten schon mit dem Bordwerkzeug **Datenzusammenführung** aus InDesign einfach umgesetzt werden. Wie das geht, zeigen wir Ihnen in diesem Kapitel anhand der Erstellung von Badges, die für die Besucher einer Konferenz, versehen mit Symbolen und Texten, möglichst rasch ausgegeben werden müssen.

Eine Datenzusammenführung in InDesign basiert auf wenigen Elementen:

▶ eine gestaltete InDesign-Datei, in der die notwendigen Platzhalter für die variablen Daten mit den notwendigen Attributen versehen worden sind

▶ eine Datenquelle für die Texte, die dafür als reine Text- oder CSV-Datei abgespeichert worden sein muss

▶ die Bilder, die zum Platzieren benötigt werden

Alle diese Daten können der Einfachheit halber in ein Verzeichnis kopiert und über das Datenzusammenführung-Bedienfeld verschmolzen werden. Dazu müssen Sie vor der Ausgabe zuerst den Platzhaltern in der InDesign-Datei die Werte aus dem Bedienfeld zuordnen.

Auf der Buch-DVD finden Sie im Ordner BEISPIELMATERIAL • KAPITEL_37 alle Daten und alle InDesign-Zwischendokumente, die Sie zum Nachvollziehen der Anleitung benötigen.

[CSV]
Comma-separated Values sind Textdaten, deren Spaltenwerte nicht wie üblich durch einen Tabulator, sondern durch ein Komma getrennt werden. CSV ist nicht standardisiert und basiert meistens auf dem 7-Bit-ASCII-Code.

37.1 Vorbereitende Schritte

Die Arbeitsvorbereitung ist bei Database-Publishing sehr wichtig. Die **Aufgabenstellung**: Wir wollen für den Kongress der Firma Calibrate Besucherbadges erstellen, auf denen einerseits der Name mit der Anrede und die Bezeichnung dargestellt und andererseits der Zutritt zu den einzelnen Vorträgen und Seminaren, anhand von variierenden Symbolen, für die Kontrollorgane leicht ersichtlich gemacht werden soll.

▲ Abbildung 37.1
Beispiel möglicher Bildzustände. Ist
eine Person für das InDesign-Semi-
nar zugelassen, so soll das linke
Icon erscheinen. Wenn diese Person dazu nicht berechtigt ist, soll
das rechte Icon erscheinen.

**Ein Komma in komma-
separierten Dateien**

Wenn Sie in einem Datenfeld ein
Komma benutzen und diese Datei kommasepariert abspeichern
wollen, so müssen Sie das
Komma in Anführungsstriche
setzen. Damit wird das Komma
nicht als Trennung zum nächsten
Datenfeld, sondern als Textinformation erkannt.

Abbildung 37.2 ▶
Die Liste für die Besucherbadges als
Excel-Liste aufbereitet. Schwierigkeiten ergeben sich in Excel nur
durch das @-Zeichen, das vor der
Spaltenbeschriftung eines Bildauf-
rufs eingegeben werden muss.

37.1.1 Bilddaten vorbereiten

Alle Bilder, die für den variablen Austausch benötigt werden, müssen erstellt und mit einem eindeutigen Namen abgespeichert werden. Welches Dateiformat dabei verwendet wird, ist unbedeutend, es muss lediglich für InDesign importierbar sein.

Für unser Vorhaben geben wir dem linken Icon aus Abbildung
37.1 den Namen »IDJ« (InDesign-Ja) und dem rechten Icon logischerweise den Namen »IDN« (InDesign-Nein). Für die anderen
Icons für die Seminare Photoshop, Illustrator, Acrobat, Flash und
Dreamweaver verfahren wir analog.

37.1.2 Datenquellen erstellen

Werden die Daten aus einer Datenbank exportiert, so müssen sie
in eine bestimmte Form gebracht werden:

1. Die Spalten müssen entweder mit einem Tabulator oder mit
   einem Komma getrennt werden.
2. Die erste Zeile dient der Spaltenbeschriftung. Handelt es sich
   dabei um einen Texteintrag, so muss nur die Bezeichnung eingetragen werden. Handelt es sich jedoch um einen Bildaufruf,
   so muss vor der Spaltenkopfbezeichnung ein @-Zeichen eingefügt werden, da dieses Zeichen für die Datenzusammenführung der Hinweis ist, dass es sich um den Bildaufruf handelt.
3. Die Werte zu den einzelnen Datensätzen müssen dann,
   getrennt durch eine Zeilenschaltung, jeweils tab- bzw. komma-
   getrennt aufgelistet werden.

Datenquelle in Excel erstellen | In vielen Fällen werden die
Daten als Excel-Liste angeliefert. Im Excel-Arbeitsblatt können die
Daten noch über Funktionen in Excel für die Ausgabe vorbereitet
werden. Wenn Sie beispielsweise die Anrede »Sehr geehrte Frau«
bzw. »Sehr geehrter Herr« für einen Serienbrief benötigen, so ist
es immer notwendig, diese Verbindungen in Excel vorweg zu erledigen, da über die Datenzusammenführung in InDesign keine
Wenn-dann-Abfragen durchgeführt werden können.

Für die Bildaufrufe muss vor der Spaltenbeschriftung ein @-Zei-
chen einfügen werden, und das ist nicht einfach. Da Tabellenkal-

kulationsprogramme die Eingabe eines @-Zeichens für den Text nicht erlauben – sie vermuten dahinter sofort eine Funktion oder einen Link –, muss vor der Spaltenbeschriftung ein Apostroph gesetzt werden: '@Spaltenbeschriftung.

Datenquellen in Word | Auf ähnliche Weise kann eine Datenquelle in Word oder jeglichen anderen Texteditoren aufbereitet werden. Hinsichtlich der Eingabe gibt es hier beim @-Zeichen keine Beschränkung, jedoch ist die Eingabe in vielen Fällen unübersichtlicher.

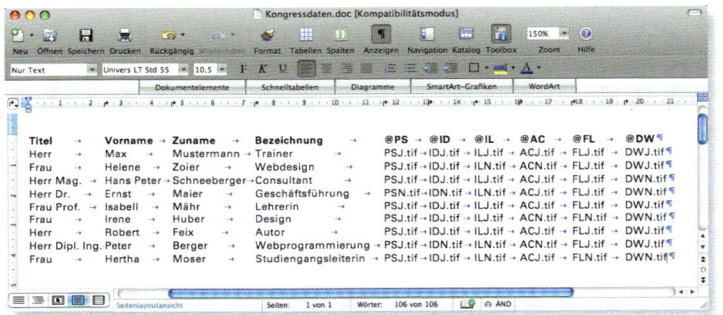

◄ **Abbildung 37.3**
Die Liste der Besucher in Word aufbereitet. Zur übersichtlicheren Darstellung wurden in Word Tabulatoren gesetzt, was in jedem Fall für die Eingabe von großen Datenmengen zu empfehlen ist.

Die Liste muss aus Excel bzw. aus Word nun nur noch als Text- oder CSV-Datei abgespeichert werden. Achten Sie dabei immer auf die zu verwendende Kodierung bei Textdateien.

37.1.1 InDesign-Layoutvorlage erstellen

Erstellen Sie in InDesign die Layoutvorlage für den Badge. Sie können dabei auf alle Funktionen, die Ihnen bekannt sind, zurückgreifen. Bedenken Sie jedoch bei der Erstellung immer, dass irgendwann die Badges erstellt und ausgegeben werden müssen, was Sie nun indirekt auffordert, mit Effekten etwas zu geizen.

◄ **Abbildung 37.4**
Der Badge wurde in einer InDesign-Datei in Originalgröße abfallend angelegt. Auf der Hintergrundebene wurden das Hintergrundbild, das Firmenlogo und der Kongresstitel platziert, auf der Arbeitsebene wurden die Textfelder für die Datenfelder Titel, Zuname, Vorname und Bezeichnung und auch die Platzhalter für die Icons angebracht. Damit die leeren Bildrahmen besser sichtbar sind, wurden diese für diese Abbildung weiß eingefärbt.

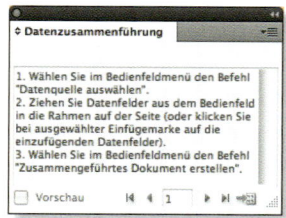

▲ Abbildung 37.5
Das Datenzusammenführung-
Bedienfeld im Originalzustand

37.2 Datenzusammenführung

Nachdem nun alle Bilder, die Datenquelle für den Text und das Layout in InDesign erstellt sind, steht einer Datenzusammenführung nichts mehr im Weg. Öffnen Sie die InDesign-Vorlage, und bringen Sie das Datenzusammenführung-Bedienfeld über FENSTER • AUTOMATISIERUNG • DATENZUSAMMENFÜHRUNG in den Vordergrund.

Ein kurzer Erklärungstext im Bedienfeld gibt Ihnen schon den Hinweis, welche Schritte Sie nun durchführen müssen.

37.2.1 Datenquelle wählen

Rufen Sie den Befehl DATENQUELLE WÄHLEN aus dem Bedienfeldmenü des Datenzusammenführung-Bedienfelds auf. Im erscheinenden Dialog wählen Sie die Datenquelle aus und öffnen diese.

Abbildung 37.6 ▶
Die Importoptionen beim Datenimport, wenn die Datenquelle eine
Textdatei ist. Bei CSV-Dateien werden andere Optionen angeboten.

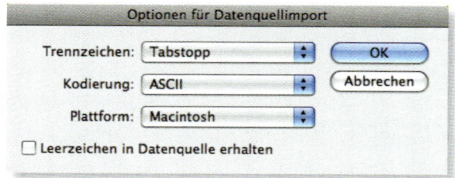

Sollten irgendwelche Importoptionen festgelegt werden müssen, so aktivieren Sie die Checkbox IMPORTOPTIONEN im DATEI ÖFFNEN-Dialog. Bestätigen Sie den Import durch Klick auf OK. Damit werden die Bezeichnungen der Datenfelder aus der ersten Zeile in der Besucherliste ausgelesen und als Liste im Bedienfeld angezeigt. Anhand der Symbole ist nun klar erkennbar, was ein Text-Datenfeld **T** und was eine Bildreferenz 🖼 ist. Die Zuweisung ist für das Bedienfeld durch das @-Zeichen erfolgt.

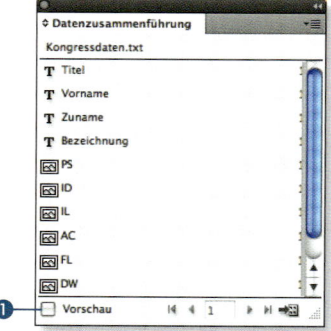

▲ Abbildung 37.7
Das Bedienfeld nach Auswahl einer
Datenquelle. Aktivieren Sie VOR-
SCHAU **❶**, wenn Sie das Ergebnis
sehen wollen.

▲ Abbildung 37.8
Badge mit verlinkten Datenfeldern

37.2.2 Datenfelder in das Layout übertragen

Das Verknüpfen der InDesign-Platzhalter mit den Einträgen aus dem Bedienfeld erfolgt auf intuitive Art und Weise.

▶ **Text-Platzhalter:** Markieren Sie die Textstelle, die zuvor bereits vorformatiert beim Erstellen des InDesign-Layouts angelegt wurde, und führen Sie einen Doppelklick auf den Eintrag im Bedienfeld aus. Dadurch wird anstelle des Textes – z. B. Zuname – die Bezeichnung des Datenfelds in doppelten Tag-Klammern – <<Zuname>> in der formatierten Form eingesetzt.

▶ **Bild-Referenzen:** Das Zuweisen der Bildrahmen erfolgt durch Ziehen des Eintrags aus dem Bedienfeld auf einen leeren Bildrahmen. Eine Zuweisung wird durch die Anzeige des Texteintrages <<PS>> im Bildrahmen angezeigt.

37.2.3 Optionen für die Inhaltsplatzierung festlegen

In unserem Beispiel liegen die Bilder alle in derselben Größe und Proportion, jedoch nicht in Originalgröße, vor. Aus diesem Grund müssen noch die OPTIONEN FÜR INHALTSPLATZIERUNG festgelegt werden.

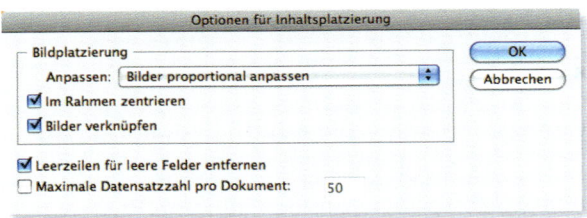

◄ **Abbildung 37.9**
Die OPTIONEN FÜR INHALTSPLATZIE-
RUNG sind hinsichtlich der Bildplatzierung in der Grundeinstellung fast
immer brauchbar. Probieren Sie die
verschiedenen Optionen aus.

Bildplatzierung | In diesem Bereich regeln Sie, wie InDesign beim Import des Bildes hinsichtlich der Bildskalierung und Bildanpassung vorgehen soll.

▶ ANPASSEN: In dieser Option finden Sie altbekannte Optionen. Sollten Sie diesbezüglich mehr Informationen benötigen, so schlagen Sie dazu auf Seite 243 nach.

▶ IM RAHMEN ZENTRIEREN: Wenn Sie unter ANPASSEN die Option BILDER PROPORTIONAL ANPASSEN gewählt haben, so ist es je nach Layout von Vorteil, dass Sie die Bilder auch gleich IM RAHMEN ZENTRIEREN. Ist letztere Option deaktiviert, so wird immer von der linken oberen Kante als Ursprung ausgegangen und entsprechend platziert.

▶ BILDER VERKNÜPFEN: Diese Option sollte immer aktiviert bleiben, um damit ein zusammengeführtes InDesign-Dokument nicht durch das Einbetten von Bildern zu stark aufzublähen.

Restliche Optionen | Damit regeln Sie, wie InDesign mit leeren Datenfeldern umgehen soll und wie viele Datensätze in einem zusammengeführten Dokument angelegt werden sollen.

▶ LEERZEILEN FÜR LEERE FELDER ENTFERNEN: Wenn in der Datenquelle einzelne Felder leer sind, so würde InDesign ohne Aktivierung dieser Option den Platzhalter mit einem Leerzeichen befüllen. Wäre die Anordnung <<Titel>> <<Zuname>> <<Vorname>> im Layout in einer Zeile vorgegeben, so würde das dazu führen, dass bei einem Namen ohne Titel die Zeile um ein Leerzeichen eingerückt gedruckt würde. Durch die Aktivierung dieser Option würden unschöne Leerzeichen und Leerzeilen unterbunden. Für unser Beispiel wäre die Aktivierung der Option nicht sinnvoll, da dadurch im Falle eines fehlenden Titels die erste Zeile gelöscht und somit der ganze Textblock eine Zeile nach oben verschoben würde (siehe Abbildung 37.11).

✓ Bilder proportional anpassen
Bilder an Rahmen anpassen
Rahmen an Bilder anpassen
Rahmen- und Bildgrößen beibehalten
Rahmen proportional füllen

▲ **Abbildung 37.10**
Bilder unterschiedlicher Formate
aus der Datenquelle müssen eventuell angepasst werden. Dazu kann
aus der Liste der Möglichkeiten in
der Option ANPASSEN ausgewählt
werden. Wenn Sie jedoch im Layout die Bildrahmen bereits mit den
Rahmeneinpassungsoptionen versehen haben, so müssen Sie den Eintrag RAHMEN- UND BILDGRÖSSE BEI-
BEHALTEN aktivieren.

▲ **Abbildung 37.11**
Bild oben: mit aktivierter Option
LEERZEILEN FÜR LEERE FELDER ENT-
FERNEN; Bild unten: ohne Aktivie-
rung dieser Option

▶ MAXIMALE DATENSATZANZAHL PRO DOKUMENT: Bis zu 9.999 Datensätze können für den Import bei der Datenzusammenführung verarbeitet werden. Sollten Sie Tausende von Datensätzen in einem Dokument zusammenführen, so würde dieses extrem groß und zweitens durch die vielen Verknüpfungen auch extrem langsam werden. Aus diesem Grunde können Sie die Anzahl der Datensätze pro Dokument beschränken.

37.3 Ausgabe zusammengeführter Daten

Bevor wir zur Zusammenführung des Dokuments schreiten, müssen folgende Überlegungen angestellt werden:

▶ Benötigen wir ein Dokument pro Datensatz, oder benötigen wir Mehrfachnutzen von einem Datensatz?

▶ Sollen Produktionskosten minimiert werden und deshalb auf einem Blatt Papier mehrere Datensätze ausgegeben werden?

In unserem Fall der Produktion von Besucherbadges möchten wir natürlich Produktionskosten minimieren und nur einen Badge pro Besucher ausdrucken. Dem Wunsch, von einigen Besuchern mehrere Badges auszudrucken, kann nur über einen Mehrfacheintrag desselben Datensatzes in der Datenquelle Rechnung getragen werden. Optionen dazu stehen in InDesign nicht zur Verfügung.

37.3.1 Vorbereitende Arbeiten

Nachdem wir unseren Badge in InDesign in der Endgröße von 85 x 55 mm angelegt haben und da wir auf einem A4-quer-Blatt neun Badges ausgeben wollen, müssen wir vor dem Zusammenführen das Dokument auf A4 quer stellen.

Diesen Schritt erledigen Sie am schnellsten, indem Sie die Seitengröße des Badges über den Befehl DATEI • DOKUMENT EINRICHTEN auf A4 quer stellen und den Dialog bestätigen. Da für die Zusammenführung mit mehreren Datensätzen pro Seite auf alle Objekte des Layouts zugegriffen werden muss, müssen wir Objekte der Mustervorlage über den Befehl ALLE MUSTERSEITENOBJEKTE ÜBERGEHEN aus dem Bedienfeldmenü des Seiten-Bedienfelds – ⌜Strg⌟+⌜Alt⌟+⌜⇧⌟+⌜L⌟ bzw. ⌜⌘⌟+⌜⌥⌟+⌜⇧⌟+⌜L⌟ – herauslösen. Sie können den Badge an jeder Stelle stehen lassen, da InDesign bei der Zusammenführung den gesamten Inhalt auf der Seite ausrichtet.

Nachdem am Ende mehrere Badges auf einer Seite stehen sollen und sie somit zusammengeschnitten werden müssen, ist es noch ratsam, im Vorfeld Schneidemarken hinzufügen. Dieses Vor-

---

Schneidemarken mit dem Skript »CropMarks.jsx« anlegen

Nachdem das Skript »CropMarks« Schneide- und Passmarken auf Basis der getroffenen Auswahl oder für jedes einzelne Objekt der Auswahl erstellen würde und wir einen abfallend zu druckenden Badge ausgeben möchten, müssten Sie folgende Schritte durchführen, um mit dem Skript zu einem sinnvollen Ergebnis zu kommen:

1. Gruppieren Sie alle Objekte des Badges.
2. Erstellen Sie einen Leerrahmen in der Größe 85 x 55 mm, und positionieren Sie diesen exakt an die Endformatposition des Badges.
3. Markieren Sie den Leerrahmen, und führen Sie erst dann das Skript »CropMarks.jsx« aus dem Skripten-Bedienfeld aus. Entscheiden Sie sich dabei nur für die CropMarks. REGISTRATION MARKS wären für unseren und auch für die meisten anderen Fälle überflüssig.

haben können Sie durch einfaches Zeichnen von Linien an den Ecken erreichen, oder Sie greifen dazu auf das standardmäßig installierte Skript »CropMarks.jsx« zurück. Wie Sie dabei am besten vorgehen, lesen Sie im Infokasten auf der vorherigen Seite nach.

◄ Abbildung 37.12
Das Template vor der Datenzusammenführung. Der »verlinkte« Badge ist abfallend angelegt und mit Schnittmarken versehen. Die Position des Badges ist nicht relevant, da InDesign beim Zusammenführen alle Objekte auf der Seite als ein Objekt ausliest und dieses zur Anordnung auf der Seite heranzieht. Achten Sie darauf, dass sich gewiss kein leerer Text- oder Bildrahmen auf dem Druckbogen befindet!

Eine Zusammenführung konnte bis InDesign CS3 nur durch Erzeugen eines neuen InDesign-Dokuments erfolgen. Seit CS4 kann eine Zusammenführung gleich durch die PDF-Erstellung erfolgen. Führen Sie, wenn Sie ein neues InDesign-Dokument erstellen wollen, den Befehl ZUSAMMENGEFÜHRTES DOKUMENT ERSTELLEN, wenn Sie jedoch ein PDF erzeugen wollen, den Befehl ALS PDF EXPORTIEREN aus dem Bedienfeldmenü des Datenzusammenführung-Bedienfelds aus.

Im erscheinenden Dialog müssen Sie noch entscheiden, ob Sie einen Datensatz pro Seite oder mehrere Datensätze pro Seite ausgeben wollen. Je nachdem, welche Wahl Sie treffen, können weitere Optionen im Dialog eingestellt werden.

▲ Abbildung 37.13
Durch Drücken des Symbols ❶ wird der Befehl ZUSAMMENGEFÜHRTES DOKUMENT ERSTELLEN aufgerufen.

37.3.2 Zusammenführen einzelner Datensätze

Das Zusammenführen einzelner Datensätze ist für die Erstellung von Serienbriefen, Urkunden und allen Dokumenten, die bereits in einem Standardformat wie A4 oder A3 angelegt wurden, eigentlich immer die richtige Wahl.

Wenn Sie jedoch Visitenkarten oder unsere Badges im Mehrfachnutzen ausgeben wollen, so müssten Sie das Template vor der Datenzusammenführung so aufbauen, dass ein und derselbe »verlinkte« Badge mehrfach auf der Seite platziert wird. InDesign würde somit einen Datensatz in allen Platzhaltern einfügen und somit einen Mehrfachnutzen erstellen.

▲ Abbildung 37.14
Die Mustervorlage für den Mehrfachnutzen

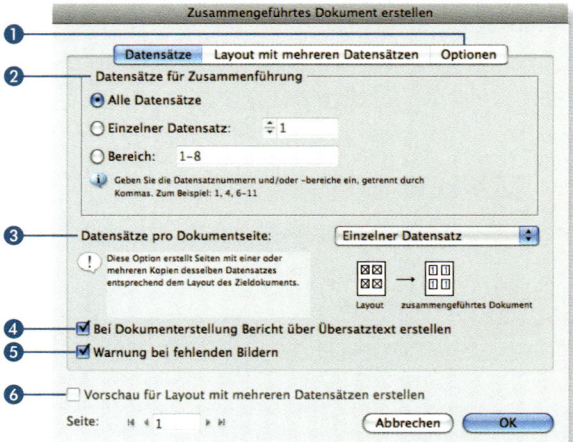

Abbildung 37.15 ▶
Das Register DATENSÄTZE des ZU-
SAMMENGEFÜHRTES DOKUMENT ER-
STELLEN-Dialogs. Darin regeln Sie
die entscheidende Frage, ob Sie
MEHRERE DATENSÄTZE oder nur ei-
nen EINZELNEN DATENSATZ pro Do-
kumentseite erzeugen wollen.

Register »Layout mit mehreren Datensätzen«

Dieses Register ist nur verfügbar, wenn in der Option DATENSÄTZE PRO DOKUMENTSEITE der Eintrag MEHRERE DATENSÄTZE ausgewählt ist.

Datensätze | In diesem Register bestimmen Sie, welche Daten-
sätze beim Zusammenführen verwendet werden, ob einzelne
Datensätze oder mehrere Datensätze pro Dokument angebracht
werden und ob Fehlermeldungen angezeigt werden sollen.

▶ **Datensätze für Zusammenführung ❷:** Bestimmen Sie hier, ob
Sie ALLE DATENSÄTZE, EINZELNE oder einen bestimmten BEREICH
von Daten aus den Datenquellen verarbeiten wollen.

▶ **Datensätze pro Dokumentseite ❸:** Wählen Sie damit, ob nur
ein EINZELNER DATENSATZ pro Seite oder ob MEHRERE DATEN-
SÄTZE pro Seite verarbeitet werden sollen.

▶ **Warnmeldungen:** Sie sollten immer beide Warnmeldungen,
BEI DOKUMENTERSTELLUNG BERICHT ÜBER ÜBERSATZTEXT ERSTEL-
LEN ❹ und WARNUNG BEI FEHLENDEN BILDERN ❺, aktiviert lassen. Damit könnten eventuelle Fehler – ein zu langer Name
kann nicht abgebildet werden und erzeugt somit einen Übersatz; der Dateiname eines aufgerufenen Bildes ist nicht korrekt – vor dem Ausdruck noch behoben werden.

Optionen | Im Register OPTIONEN ❶ können Sie alle Parameter
zur Platzierung von Bildern – siehe dazu Abschnitt 37.2.3, »Optionen für die Inhaltsplatzierung festlegen«, auf Seite 911 – festlegen.

Leider ist in diesem Dialog keine Vorschau ❻ möglich, was Sie
somit dazu zwingt, einen Test mit einem Datenbereich durchzuführen, um das Ergebnis zu sehen.

37.3.3 Erstellen von mehreren Datensätzen pro Seite

Die Anzahl der DATENSÄTZE PRO DOKUMENTSEITE kann in der
gleichnamigen Option ❸ umgestellt werden. Der Dialog im Register DATENSÄTZE ändert sich nur marginal.

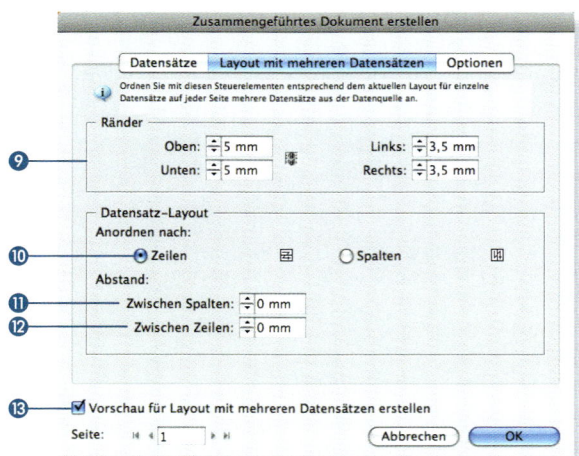

◄ **Abbildung 37.16**
Das Register DATENSÄTZE mit ge-
wählter Option MEHRERE DATEN-
SÄTZE

Die Symboldarstellung ❼ unterhalb des gewählten Eintrags MEH-
RERE DATENSÄTZE signalisiert uns genau, was damit nun erzielt
werden kann. Darüber hinaus können Sie sich nun auch eine Vorschau ❽ anzeigen lassen, um sicherzugehen, dass Ihr Ergebnis so
aussieht wie erwartet.

Layout mit mehreren Datensätzen | Bestimmen Sie in diesem
Register, mit welchem Seitenrand – OBEN, UNTEN, LINKS und
RECHTS ❾ – eine Positionierung der Badges auf der A4-quer-Seite
erfolgen soll und welcher Abstand zwischen den Badges ZWI-
SCHEN ZEILEN ⓬ und ZWISCHEN SPALTEN ⓫ von InDesign eingefügt
werden soll.

TOP-TIPP
**Zeitersparnis bei der Zusam-
menführung von Dokumenten**

Seit InDesign CS4 müssen Sie
nicht mehr zuerst ein zusammengeführtes InDesign-Dokument erstellen, das Sie danach in
ein PDF exportieren oder über
den Druckdialog ausdrucken. Sie
können sofort über den Befehl
ALS PDF EXPORTIEREN aus dem
Bedienfeldmenü eine direkte
Ausgabe in ein PDF erwirken.
Damit ersparen Sie sich sehr viel
Zeit.

◄ **Abbildung 37.17**
Bestimmen Sie im Register LAYOUT
MIT MEHREREN DATENSÄTZEN, in
welchem Versatz die Positionierung
von den RÄNDERN und die Objekte
zueinander angelegt werden sollen.
Über die Option ANORDNEN
NACH ❿ können Sie auswählen, ob
die Datensätze der Zeile oder der
Spalte nach eingetragen werden.

Wenn Sie dabei die Option VORSCHAU FÜR LAYOUT MIT MEHREREN
DATENSÄTZEN ERSTELLEN ⓭ aktiviert haben, so können Sie sich
schnell ein Bild über die Auswirkungen machen.

Haben Sie die Parameter nach Ihren Bedürfnissen eingestellt, so müssen Sie das Zusammenführen nur durch Klick auf OK bestätigen.

37.4 Weiterführende Hinweise

Im Aufbau des Projektes »Zusammenführung von Daten« sollten Sie noch gewisse Kleinigkeiten berücksichtigen.

Bildauflösung | Stellen Sie beim Anlegen der Bilder sicher, dass genügend Auflösung für die Ausgabe zur Verfügung steht, denn durch die automatische Bildeinpassung kann es auch zur Vergrößerung von Bildern und somit zur Reduktion der effektiven Auflösung kommen.

Aktualisieren von Datenquellen | Beachten Sie, dass durch die Wahl des Befehls DATENQUELLE AUSWÄHLEN aus dem Bedienfeldmenü die Daten für InDesign importiert werden. Ändert sich die Datenquelle, so greift InDesign beim Zusammenführen nicht auf die geänderten Daten zurück. Sie müssen aus diesem Grund den Befehl DATENQUELLE AKTUALISIEREN aus dem Bedienfeldmenü des Datenzusammenführung-Bedienfelds ausführen.

Bilder in anderen Verzeichnissen | In unserem Beispiel sind wir davon ausgegangen, dass sich die Datenquelldatei, die InDesign-Datei und die gesamten Bilder im selben Verzeichnis befinden. Bei größeren Projekten ist diese Vorgehensweise oft unrealistisch. Sollten beispielsweise alle Bilder aus ihren Ursprungsverzeichnissen aufgerufen werden, so müsste im Texteintrag in der Quelldatei nicht nur der Dateiname für das Bild sondern auch der gesamte absolute Pfad zum Bild eingetragen werden.

Beachten Sie in diesem Fall, dass Sie die Pfadangaben betriebssystemabhängig eingeben müssen. Typische Beispiele wären:

▶ **Für Mac OS X:**
```
Festplatte:Benutzer:Benutzername:Bilder:PSJ.tif
```
▶ **Für Windows:**
```
C:\Eigene Dateien\Bilder\PSJ.tif
```

Datenfeldbezüge eingeben | Wenn Sie einen Bezug zur Datenquelle erzeugen wollen, so müssen Sie den Platzhalter aus dem Datenzusammenführung-Bedienfeld einfügen. Das einfache Tippen der Zeichenkette <<Vorname>> stellt noch keinen Bezug zur Datenquelle her.

Löschen von Datenquellen

Wenn Sie Ihre »verlinkte« Vorlage von der Datenquelle entkoppeln möchten, so führen Sie den Befehl DATENQUELLE ENTFERNEN aus dem Bedienfeldmenü des Datenzusammenführung-Bedienfelds aus.

---

38 Publishing mit XML

XML – Extensible Markup Language – ist eine Metasprache zur Beschreibung und Strukturierung beliebiger Dokumente. Layout-dokumente erhalten durch XML in InDesign eine zusätzliche Datenstruktur, die sowohl von InDesign als auch von anderen XML-fähigen Anwendungen verstanden wird.

38.1 Was kann man mit XML erreichen?

In vielen Publishing-Projekten tauchen immer häufiger Fragen auf wie »Können wir die Daten aus InDesign für unser Online-Archiv in einer gewissen Struktur exportieren?«, »Können wir Daten aus unserer Datenbank in InDesign zur automatischen Befüllung von statischen Seiten verwenden?« oder »Können wir unseren Katalog aus Daten unserer Datenbank in InDesign automatisch aufbauen lassen?«.

Während sich die ersten beiden Fragen klar mit »Ja« beantworten lassen, muss bei der dritten Frage die Antwort ganz klar »Ja. Aber ohne zusätzliche Programmierung geht dabei gar nichts« lauten.

38.1.1 Sinnvoller XML-Einsatz

Warum soll man auf XML zurückgreifen, wenn doch das automatische Erstellen von Katalogen aus einem Datenkonvolut nicht möglich ist? Auch wenn Sie bislang Ihre Onlinedatenbank durch Kopieren und Einsetzen von Texten schon befüllt haben und wenn Sie den Kleinanzeiger Ihrer Wochenzeitschrift durch einfaches Setzen oder bereits durch Import von InDesign-Tagged-Text oder XPress-Tagged-Text erzeugt haben, sollten Sie sich mit dem Thema XML auseinandersetzen. Folgende Gründe sprechen dafür:

▶ Durch das Exportieren von Texten in eine XML-Struktur können Formatierungen aus dem Layout gekennzeichnet übergeben werden, was eine Zuweisung – auch Mappen genannt – von Formaten für die Onlinepräsenz über CSS-Dateien wesentlich vereinfacht und händische Zuweisungsarbeit überflüssig macht.

> **InDesign-Tagged-Text**
>
> Etwas mehr Informationen zum Im- und Export von InDesign-Tagged-Text-Dateien erfahren Sie in Abschnitt 35.1.3, »Adobe InDesign-Tagged-Text«, auf Seite 860.

- Wenn Sie beispielsweise den Kleinanzeiger der Wochenzeitung mit QuarkXPress und dem Import von XPress-Tagged-Text erledigen und auf InDesign umsteigen wollen, so liegt eigentlich nahe, dass Sie in InDesign ebenfalls die InDesign-Tagged-Text-Technologie verwenden werden. An dieser Stelle überlegen Sie sich, ob Sie sich den Arbeitsaufwand der Umstellung auf InDesign mit InDesign-Tagged-Text – dieser unterscheidet sich gravierend von den XPress-Tagged-Text-Strukturen – antun wollen oder doch, mit sicherlich geringerem Zeitaufwand, sich mit der XML-Thematik auseinandersetzen sollten.
- Wenn Sie ein standardisiertes Publishing-Projekt regelmäßig mit Inhalten befüllen und eine oder mehrere Personen damit die Zeit totschlagen, Absätze zu formatieren und bestimmte Wörter auszuzeichnen, so ist es wirklich an der Zeit, dieses Projekt durch den Import von strukturierten Daten auf Basis von XML umzustellen.

Was mit XML sichergestellt wird, ist, dass Sie, wenn Sie auf diese Beschreibung der Daten umstellen, somit die Daten in keinem proprietären Format abgespeichert haben, sondern ganz im Gegenteil eine Struktur vorfinden, mit der Layouter, Datenbanker, Programmierer und Webler liebend gerne Daten weiterverarbeiten würden. Also – nichts wie ran!

38.2 XML-Struktur

Bevor wir tiefer in unser Beispiel und somit die XML-Thematik einsteigen, müssen hier drei Grundprinzipien erläutert werden:
- Jeder Inhalt besteht aus gleichwertigen Elementen.
- Elemente sind hierarchisch gegliedert.
- Form und Inhalt sind voneinander getrennt.

38.2.1 Ein Beispiel
Ein umfangreicher Kleinanzeiger besteht im Wesentlichen aus den variablen **Seitenelementen** – Ausgabedatum und Ausgabenummer –, die Sie auf jeder Seite aktualisiert ausgeben lassen wollen, und die eigentlichen **Kleinanzeigern**. Der Kleinanzeiger selbst ist gegliedert in die Elemente **Hauptrubriken**, **Subrubriken** und dem **Inserat**. Das Inserat hingegen kann darüber hinaus Schlagwörter, Bilder und den eigentlichen Text enthalten.

Diese möglichen Elemente müssen in eine geordnete Reihenfolge gebracht werden. Dabei können einige Elemente als Unterelemente in verschiedener Tiefe eingesetzt werden. Meistens sind

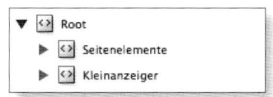

▲ Abbildung 38.1
Die Hauptstruktur des Kleinanzeigenprojektes

bei solchen Strukturen die Elemente nicht nur hierarchisch gegliedert, sondern besitzen auch eine Reihenfolge, die nicht verändert werden darf. Setzen Sie beispielsweise das Schlagwort an das Ende eines Inserates, so wäre die Logik eines Inserates gestört, womit der Leser wahrscheinlich das Schlagwort dem nachfolgenden Inserat zuordnen würde.

38.2.2 Tag-Definition

Eine XML-Struktur verhält sich vergleichbar. Die Elemente eines Kleinanzeigers, die wir zuvor beschrieben haben, werden in einer XML-Struktur mit den sogenannten Tags markiert, die den Gültigkeitsumfang eines Elements kennzeichnen. Tags stehen in spitzen Klammern. So wird mit dem Tag `<Hauptrubrik>` der Anfang und mit dem Tag `</Hauptrubrik>` das Ende der Kennzeichnung unserer Hauptrubrik vorgenommen. Zu Tags sollten Sie noch folgende Hinweise berücksichtigen:

- ▶ XML-Tags können in der Bezeichnung frei gewählt werden, womit sich XML ganz klar von Beschreibungssprachen wie HTML, das eine klare Tag-Definition benötigt, unterscheidet.
- ▶ XML unterscheidet zwischen Groß- und Kleinschreibung. Verwenden Sie daher einheitliche Schreibweisen beim Anlegen von Tag-Definitionen.
- ▶ XML-Tags dürfen Zeichen und Zahlen beinhalten. Tag-Bezeichnungen mit voranstehender Zahl sind jedoch verboten.
- ▶ Während bei HTML das Fehlen eines `</Ende>`-Tags von vielen Browsern ignoriert werden kann, wird bei XML das Fehlen eines schließenden Tags nicht verziehen.

38.2.3 DTD und Validierung

Der große Vorteil von XML ist, dass eine strukturierte Datenbasis für andere Anwendungen erstellt werden kann. Beim Empfänger der Datenbasis müssen somit auch die Tags verstanden werden. Das bedeutet, dass die Tags in ihrer Bezeichnung und der Hierarchie genau vereinbart werden müssen. Wenn dies nicht der Fall ist und in der Datei statt eines erwarteten Tags `<Inserat>` ein Tag namens `<inserat>` beim Importieren angetroffen wird, werden sowohl das Tag als auch sein Inhalt ignoriert!

Und genau hier setzt unter anderem eine DTD ein. In einer XML-Umgebung wird die Überprüfung der XML-Datei auf Basis der DTD vorgenommen, in der einerseits die Struktur und andererseits alle aufzurufenden Definitionen zur XML-Datei hinterlegt sind. Beim Importieren kann die XML-Datei gegenüber der DTD validiert – Aufbau und Hierarchie werden mit der vorgegebenen Struktur verglichen – werden. Stimmt die Struktur der XML-Datei

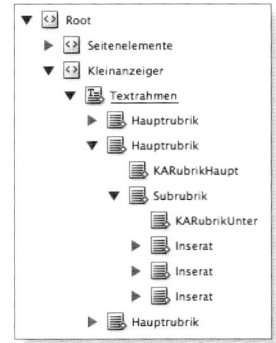

▲ Abbildung 38.2
Die erweiterte und hierarchisch gegliederte Struktur des Kleinanzeigenprojektes

[DTD]
Eine Dokumenttyp-Definition – Document Type Definition – ist ein Satz an Regeln, der benutzt wird, um Dokumente eines bestimmten Typs zu deklarieren. Dabei werden in der Hauptsache zwei Definitionen, die Dokumenttyp-Deklaration und die Markup-Deklaration, beschrieben.

Neues Element...
Neues übergeordnetes Element...
Neues Attribut...
Neuer Kommentar...
Neue Verarbeitungsanweisung...
Löschen
Bearbeiten

Tag für Element entfernen

Gehe zu Objekt

Ab Stammelement validieren
Ab ausgewähltem Element validieren
Fehlerliste anzeigen...

DTD laden...
DTD löschen
DTD-Optionen...
DTD anzeigen...

XML importieren...
XML exportieren...

Attribute ausblenden
Kommentare ausblenden
Verarbeitungsanweisungen ausblenden
Textausschnitte einblenden

Objekte ohne Tags hinzufügen

Tags zu Formaten zuordnen...
Formate zu Tags zuordnen...
Tag-Vorgabeoptionen...

▲ **Abbildung 38.3**
Das Fenstermenü des Strukturfensters

mit der DTD überein, wird das Dokument akzeptiert; weist die
Datei dagegen Abweichungen auf, wird das Dokument zunächst
abgelehnt.

DTD-Datei importieren | Eine DTD-Datei kann in InDesign über
das Fenstermenü des Strukturfensters geladen werden. Öffnen Sie
dazu das Strukturfenster über ANSICHT • STRUKTUR • STRUKTUR
EINBLENDEN, oder drücken Sie ⌜Strg⌟+⌜Alt⌟+⌜1⌟ bzw. ⌜⌘⌟+⌜⌥⌟+⌜1⌟.
Damit erscheint am linken Dokumentrand das Strukturfenster, in
dem alle für das Handling mit XML notwendigen Befehle versteckt
sind.

Da sich die Arbeit mit einer DTD immer nach der Komplexität der
XML-Struktur richtet, können wir Ihnen an dieser Stelle keine all-
gemeingültigen Vorgehensweisen empfehlen. Für unseren Fall des
Kleinanzeigers wäre die Verwendung einer DTD wohl etwas über
das Ziel hinausgeschossen. Es ist auch in den meisten Fällen eher
gefragt, dass Sie sich vor dem Import der XML-Daten mit der
Struktur der XML-Daten aus Ihrer Datenbank beschäftigen und
bei Bedarf einen Programmierer hinzuziehen, der eventuelle
Importprobleme durch eine Umformung der XML-Datei löst.
Dabei fallen für Programmierer immer wieder die Schlagwörter
XSLT – quasi ein CSS für XML – und GREP, eine Technologie, die
Sie ja schon in unserem Buch kennengelernt haben.

38.2.4   XML-Regelsätze
Neben der eigentlichen Datenquelle im XML-Format, der DTD
und dem Tagging im Layout bietet InDesign CS4 eine weitere
Möglichkeit, über das reine Zuweisen von XML-Inhalten durch
Tagging konkrete Regeln festzulegen.

Dies kann der Fall sein, wenn beispielsweise in der XML-Struktur auf die Rubriküberschrift ein Absatzelement folgt. Dann kann
festgelegt werden, wie unter dieser Bedingung vorgegangen werden soll. Wird der Überschrift und dem Absatz ein konkretes
Absatzformat zugewiesen? Werden für andere Bedingungen Platz-
halterrahmen mit vorgegebenen Rahmeneinpassungsoptionen
angelegt?

Solche Bedingungen werden in Skriptsprachen wie **JavaScript**,
AppleScript oder **VBScript** abgefragt. Trifft der Fall zu, so wird
durch das Skript eine Aktion – beispielsweise das Zuweisen des
Absatzformates; das Aufziehen eines Bildrahmens und das Zuweisen von Rahmeneinpassungsoptionen; das Einpassen von Bildern
in vordefinierte Rahmengrößen – ausgeführt.

38.3 XML exportieren

In den meisten Produktionsumgebungen kommt zuerst immer die Frage »Wie kann ich die vorhandene InDesign-Datei in eine bestimmte XML-Struktur bringen und exportieren?«. Genau dieser Gedankengang ist für uns immer der erste, denn es muss zunächst geklärt werden, wie eine InDesign-Datei aufgebaut sein muss, damit durch einen XML-Import auch wirklich ein zufriedenstellendes Ergebnis erreicht wird.

Und genau diesen Schritt machen Sie am besten, wenn Sie zuerst das InDesign-Layout mit allen Kniffen und Tricks aufbauen und sich dann überlegen, in welcher Form Sie nun die XML-Daten für eine Übergabe benötigen.

38.3.1 Aufbau des Beispiels

Unser Kleinanzeiger wurde in InDesign erstellt. Bei der Erstellung wurde darauf geachtet, möglichst viele Symbole und Auszeichnungen auf Basis von verschachtelten Absatzformaten zu stellen.

◄ **Abbildung 38.4**
Das Beispiel: ein Kleinanzeiger aus einer Wochenzeitung, gespickt mit einigen kleinen InDesign-Schmankerln

Schauen wir uns einmal das Beispiel etwas genauer an und erklären, wie es aufgebaut wurde:

▶ **Seitenelemente ❶:** In der Kopfzeile der Wochenzeitung müssen die Ausgabenummer und das Ausgabedatum mit der importierten XML-Datei übereinstimmen. Beide Felder wurden als Textvariablen auf der Musterseite angelegt.

▶ **Hauptrubrik ❷:** Für den Kleinanzeiger stellt die Hauptrubrik die oberste Hierarchie dar. Die Formatierung erfolgt durch eine Absatzlinie und durch ein vorangestelltes Aufzählungszeichen.

▶ **Subrubrik ❸:** Unterhalb der Hauptrubrik gibt es mehrere Subrubriken, die ähnlich wie die Hauptrubrik – lediglich mit einer helleren Absatzlinie und einem anderen vorangestellten Aufzählungszeichen – formatiert wurden.

Auf der Buch-DVD finden Sie im Ordner BEISPIELMATERIAL • KAPITEL_38 • KLEINANZEIGER_BEISPIEL die Datei »Kleinanzeiger_Start.indd«. Öffnen Sie diese Datei, und folgen Sie damit unseren Beschreibungen.

- **Superwörter ❹**: Ein Inserat kann mit einem Superwort einge-
leitet werden. Es wurden zur vielfältigeren Auszeichnung mehrere Superwörter-Formatierungen, die sich nur in der Farbe
unterscheiden, angelegt.
- **Kleinanzeiger-Text ❻**: Ein normaler Text, der nur in einer
bestimmten Schrift in Blocksatz gesetzt wird.
- **Kleinanzeiger-Initial ❺**: Bei manchen Kleinanzeigen wurden
Eyecatcher (Logos) dazuverkauft. Damit die Logos verankert
über zwei Zeilen vorangestellt werden können, wurde ein verankerter Rahmen vor der Kleinanzeige in einer bestimmten
Größe eingefügt und, wie der Name KLEINANZEIGER-INITIAL
schon andeutet, die Absatzformatierung mit einem zweizeiligen Initial ausgestattet.
- **Bilder ❼**: Bilder von Immobilien oder Autos wurden auch verkauft. Diese Bilder sind ebenfalls, in voller Spaltenbreite und
einer beliebigen Höhe, im Text verankert.

Bevor wir starten, muss nun an dieser Stelle klargelegt werden,
dass ein automatisiertes Zuweisen der XML-Tags nur dann erfolgen kann, wenn jedem Absatz ein eindeutiges Absatzformat und
jeder Auszeichnung – Fettwörter – ebenfalls ein eindeutiges Zeichenformat zugewiesen wurde.

Aus diesem Grunde besitzt unsere Datei eine gewisse Anzahl
von Absatz- und Zeichenformaten, die alle mit der Bezeichnung
»KAName« – »KARubrikHaupt«, »KARubrikUnter«, »KASuperC«,
»KASuperM«, »KASuperk« bzw. »KATextFett« – benannt wurden.

38.3.2 Anlegen der Tags

Nachdem alle Absatz- und Zeichenformate korrekt angelegt und
den jeweiligen Texten zugewiesen wurden, können wir nun an
den nächsten Schritt, Tags für das Dokument anzulegen, herangehen. Dazu rufen Sie das Bedienfeld TAGS über das Menü FENS-
TER • TAGS auf.

Wir müssen nun alle Tags, die der Strukturierung und der Kenn-
zeichnung in der XML-Datei dienen sollen, anlegen. Dabei unter-
scheiden wir zwischen dreierlei Sorten von Tags:
- Tags, die der Kennzeichnung im Text mit den Absatz- und
Zeichenformaten – »KARubrikHaupt«, »KARubrikUnter«, »KA-
TextFett« usw. – dienen
- Tags, die wir zur hierarchischen Abbildung einer Struktur –
Hauptrubrik, Subrubrik, Inserat – verwenden wollen
- Tags, die InDesign zur Kennzeichnung von Rahmen – Bild, Bild-
Initial, Kleinanzeige – benötigt, damit eine Zuweisung des XML-
Textes zu den Rahmen ermöglicht wird

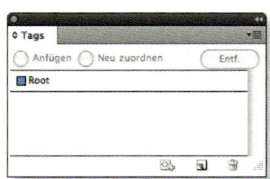

▲ Abbildung 38.5
Das Tags-Bedienfeld im Originalzustand.

Legen Sie nun alle benötigten Tags an. Das machen Sie, wie gewohnt, durch einen Klick auf das Symbol ▣ am Bedienfeldrand.

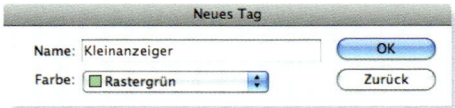

◀ **Abbildung 38.6**
Der Eingabedialog zum Definieren eines Tags

Vergeben Sie den Namen des Tags. Bedenken Sie bei der Namensvergabe einerseits, dass bestimmte Namen für die Struktur benötigt werden – diesen geben wir »normale« Namen –, und andererseits Tags für eine automatische Zuordnung den gleichen Namen, wie dieser in den Absatz- und Zeichenformaten bestimmt wurde, besitzen müssen. Letztere Tags beginnen somit immer mit »KA«. Damit können wir in der XML-Struktur immer schnell erkennen, ob das Tag für die Formatierung benötigt wird oder der Strukturkennzeichnung dient.

Die Kennzeichnung durch Farbe hat den Sinn, dass Tags, die ähnlichen Inhalt adressieren – »KASuperK«, »KASuperM«, u. dgl. – optisch auch beim Betrachten der Tags in InDesign als gleichwertig erkennbar sind.

Legen Sie nun alle Tags an. Das Tag-Bedienfeld müsste sich dann schlussendlich wie in Abbildung 38.7 präsentieren. Damit diese Arbeit nicht in wirklich viel Arbeit auswächst, lesen Sie bitte den Hinweiskasten auf der vorherigen Seite.

38.3.3 Rahmen mit Tags versehen

Im nächsten Schritt müssen wir nun den Textrahmen, in denen Texte aus der Datenbank landen sollen, die dafür angelegten Tags zuordnen. Zuvor öffnen Sie das Strukturfenster – Ansicht • Struktur • Struktur einblenden –, damit Sie mitverfolgen können, was in Folge in der XML-Struktur passiert.

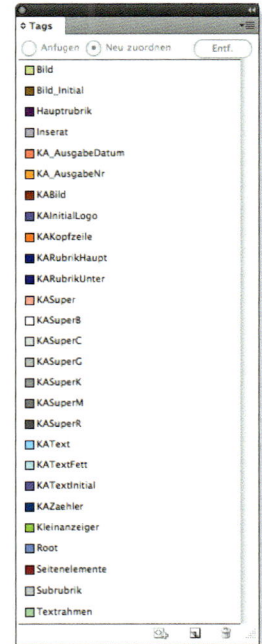

▲ **Abbildung 38.7**
Alle Tags sind im Bedienfeld für das Projekt angelegt.

Seitenelemente-Rahmen taggen | Gehen Sie dazu auf die Mustervorlage, und markieren Sie beide Textrahmen – darin stehen Ausgabedatum und Ausgabenummer – in der Mitte des Druckbogens, und klicken Sie im Tags-Bedienfeld auf den Tag-Eintrag KAKopfzeile. Damit haben Sie dem Textrahmen dieses Tag zugewiesen, und die ersten beiden Einträge im Strukturfenster werden sichtbar.

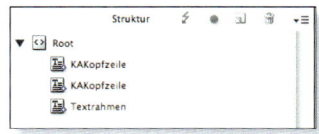

▲ **Abbildung 38.8**
Das Strukturfenster nach erfolgreichem Zuweisen der Tags auf die jeweiligen Textrahmen

Textrahmen für Inserate taggen | Gehen Sie nun auf die Originalseite, und markieren Sie den Textrahmen, in dem die ganzen Inserate gesetzt werden sollen. Sind Textrahmen über Seiten hinweg verkettet, so reicht die Aktivierung des ersten Textrahmens

in der Kette. Verfahren Sie nun wie zuvor, und weisen Sie dem Textrahmen das Tag TEXTRAHMEN aus dem Tag-Bedienfeld zu. Auch hier können Sie beobachten, dass im Strukturfenster ein weiteres Tag hinzugefügt wurde.

Rahmen mit Tags einblenden | Wenn Sie sich nicht ganz sicher sind, welchem Rahmen ein Tag zugewiesen wurde, so können Sie das kontrollieren, indem Sie den Befehl ANSICHT • STRUK-TUR • RAHMEN MIT TAGS EINBLENDEN ausführen. Damit sehen Sie alle Rahmen, denen ein Tag zugewiesen wurde, in der dem Tag zugewiesenen Farbe.

38.3.4 Formaten den Tags zuordnen

Eigentlich müssten Sie nun jeden Absatz auswählen und das entsprechende Tag aus dem Tag-Bedienfeld zuweisen. Bitte hören Sie nun nicht auf zu lesen!

InDesign bietet für diesen Schritt den Befehl FORMATE ZU TAGS ZUORDNEN, welchen Sie aus dem Bedienfeldmenü des Tags-Bedienfelds aufrufen können.

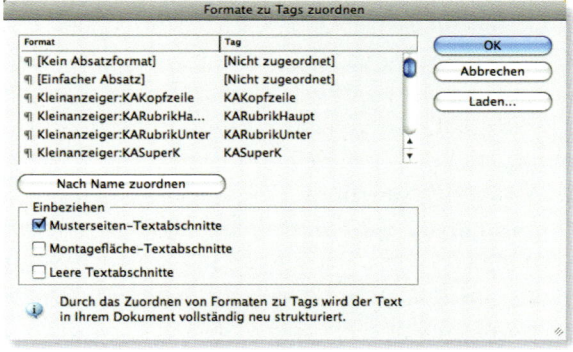

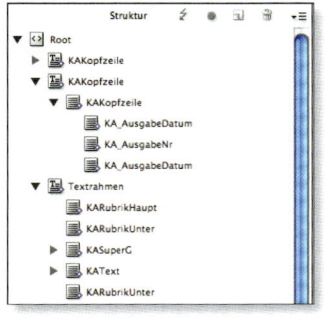

Und hier zahlt es sich aus, wenn Sie im Vorfeld mitgedacht haben. Durch Drücken des Buttons NACH NAME ZUORDNEN erfolgt die Zuweisung der gleichnamigen Tag-Bezeichnungen zu den Absatz- und den Zeichenformaten. Sie können aber auch händisch den einzelnen Formaten denselben Tag zuweisen. Ein Beispiel dafür wäre, wenn Sie »KASuperC«, »KASuperM« usw., die nur der unterschiedlichen Auszeichnung in InDesign dienen, beim Exportieren einem Tag mit der Bezeichnung »KASuper« zuweisen wollen. Damit haben Sie Struktur erhalten und die Formatierung gleichgeschaltet.

Hierdurch haben Sie sich viel Arbeit erspart, und mit Drücken von OK erfolgt die Generierung aller Tags in unserer XML-Struktur im Strukturfenster.

Ganz sind wir noch nicht fertig. Durch das Zuordnen von Tags zu Formaten wurde zwar das Taggen aller absatz- und zeichenformatierter Textstellen erledigt – Sie sehen, dass ein sauberes Zuordnen von Absatz- und Zeichenformaten notwendig war, da sonst gewisse Textstellen nicht in die Struktur aufgenommen worden wären –, die Bilder wurden damit jedoch nicht getaggt. Und genau hier gibt es keine andere Möglichkeit, als diese Bilder, wenn Sie in den XML-Export aufgenommen werden sollen, händisch zu taggen. Ziehen Sie somit auf alle großen Bilder das Tag »Bild« und auf alle kleinen Bilder/Logos, die im Inseratentext verankert sind, das Tag »Bild_Initial« aus dem Tag-Bedienfeld.

38.3.5 Anzeige von Struktur und Tags

Um einen Überblick über die Struktur und die Tags zu bekommen, können Sie zwei Wege einschlagen.

Tag-Marken einblenden | Durch Ausführen des Befehls TAG-MARKEN EINBLENDEN aus dem Menü ANSICHT • STRUKTUR werden Ihnen vor und nach jedem getaggtem Eintrag eckige Klammern in der jeweils definierten Tag-Farbe angezeigt. In sehr komplexen Strukturen und tiefen Verschachtelungen kann das schon mal in ein unüberschaubares Farbspiel ausarten.

Im Textmodus betrachten | Wenn Sie in den Text klicken und dann den Textmodus über BEARBEITEN • IM TEXTMODUS BEARBEITEN aufrufen, sehen Sie die angefügten Tags in einer etwas markanteren Form. Wichtig ist: Wenn Sie darin oder im Layoutmodus einen Text markieren und wissen wollen, wo in der XML-Struktur im Strukturfenster sich dieser Eintrag befindet, so können Sie dies durch Ausführen des Befehls IN STRUKTUR MARKIEREN tun. Den Befehl erreichen Sie im Kontextmenü oder im Strukturmenü des Strukturfensters.

38.3.6 Struktur verfeinern

Das, was wir bis hierhin geschaffen haben, wäre eigentlich schon genug, um einen vollständigen XML-Export zu bewerkstelligen. Doch wenn man XML richtig versteht, so sollten über die Struktur ganz klar geschlossene Einheiten (Elemente) erkennbar sein. Wenn Sie sich Ihre XML-Struktur ansehen, so können Sie beispielsweise eine ganze Subrubrik, ja nicht einmal das einzelne Inserat, nicht isoliert angreifen. Damit sind das Löschen, das Verschieben oder das Auswählen eines Inserates fast nicht möglich. Probieren Sie es. Es stehen zu viele Tags herum, so dass das Markieren damit nicht vereinfacht wird.

Objekte aus der Struktur schnell auswählen

Wenn Sie im Strukturfenster einen Eintrag auswählen, so können Sie den dazugehörenden Text im Layout durch den Befehl OBJEKT AUSWÄHLEN markieren. Den Befehl erreichen Sie im Kontextmenü.

▲ **Abbildung 38.12**
Darstellung der getaggten Rahmen inklusive der Tag-Marken

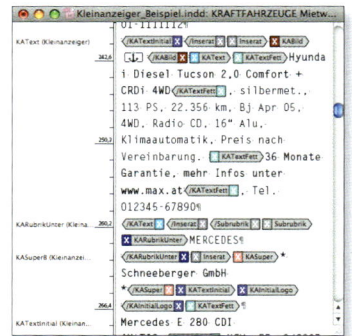

▲ **Abbildung 38.13**
Tags werden im Textmodus etwas markanter dargestellt.

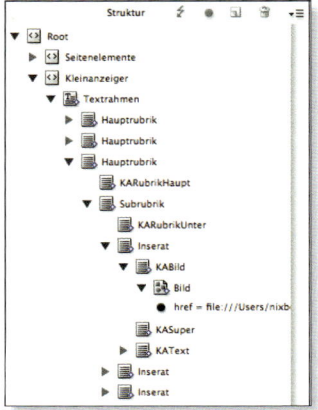

▲ Abbildung 38.14
Ein sauber strukturierter Kleinanzeiger. Das Verschieben von einzelnen Inseraten ist damit ganz einfach durch Drag&Drop innerhalb der Struktur möglich.

Abbildung 38.15 ▶
Über Attribute können Werte, die von Skripten aufgegriffen werden können, hinterlegt werden.

▼ Abbildung 38.16
In zwei Registern – ALLGEMEIN und BILDER – können Sie die Parameter für den Export einer XML-Datei festlegen.

Um die Struktur zu perfektionieren, sollten zumindest Überbegriffe wie »Hauptrubrik«, »Unterrubrik« und »Inserat« als übergeordnetes Element eingefügt werden.

Dies erledigen Sie, indem Sie zusammengehörende Tags im Strukturfenster auswählen und aus dem Strukturfenstermenü (auch über das Kontextmenü möglich) den Befehl NEUES ÜBERGEORDNETES ELEMENT aufrufen und im erscheinenden Dialog das dafür geeignete Tag (»Inserat«) auswählen. Damit werden alle ausgewählten Tags dem neuen Element hierarchisch untergeordnet.

Fassen Sie alle dazugehörende Elemente zusammen. Beginnen Sie dabei bei der untersten Ebene – das sind die Inserate –, und arbeiten Sie sich so schön langsam bis zu den Hauptrubriken durch. Das Ergebnis Ihrer Bemühungen sollte schlussendlich in einer sehr übersichtlichen Struktur im Strukturfenster enden.

Sollten noch Knoten für Programmierer eingefügt werden – damit können Werte für Regelsätze in der Struktur hinterlegt werden –, so bietet sich der Befehl NEUES ATTRIBUT aus dem Strukturmenü des Strukturfensters an.

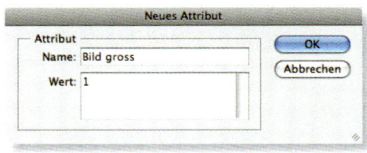

Durch diese Knoten können Werte in der XML-Datei hinterlegt werden, die bestimmte Aktionen, die über ein Skript ausgeführt werden müssen, auslösen.

38.3.7 Exportieren

Wollen Sie alles exportieren, so markieren Sie dazu den obersten Eintrag in der Struktur und führen den Befehl XML EXPORTIEREN aus dem Strukturmenü oder aus dem Kontextmenü aus.

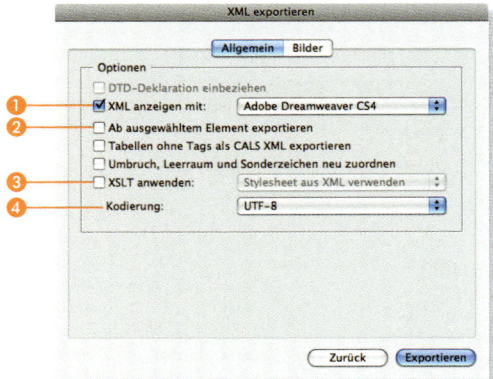

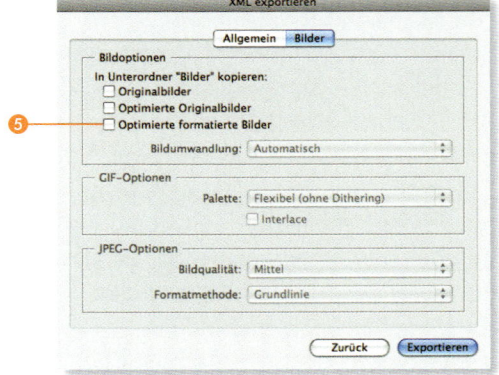

Allgemein | Bestimmen Sie mit XML ANZEIGEN MIT ❶, mit welchem XML-Editor die erzeugte XML-Datei nach dem Export angezeigt werden soll. Durch die Anwahl eines Tags in der XML-Struktur können Sie über die Option AB AUSGEWÄHLTEM ELEMENT EXPORTIEREN ❷ bestimmen, dass nur ein Teil der Struktur exportiert werden soll. Wollen Sie gleich beim Export die XML-Datei für eine andere Verarbeitung »transformieren«, so können Sie dies durch das Zuweisen einer XSLT – entspricht in etwa einer CSS-Datei bei einer HTML-Datei – durch die Option XSLT ANWENDEN ❸ erledigen. Beachten Sie auch, dass unterschiedliche KODIERUNGEN ❹ für den Export zur Verfügung stehen.

Bilder | Wenn Sie beim Export gleichzeitig die Bilder verschieben und darüber hinaus optimieren ❺ – skalieren und komprimieren – wollen, so können Sie dies in diesem Register erledigen. Die Beschreibung zu diesen Möglichkeiten entnehmen Sie Abschnitt 35.4.1, »Für Dreamweaver exportieren«, auf Seite 866.

38.3.8 Die XML-Datei

Die XML-Datei sieht dann in Dreamweaver wie in Abbildung 38.17 dargestellt aus. Diese Testdatei übergeben Sie den Datenbank- Programmierern, die aus der Datenbank heraus diese Struktur liefern sollen, damit ein XML-Import in InDesign ohne zusätzliche Plug-ins ermöglicht wird.

◄ **Abbildung 38.17**
Ausschnitt aus dem XML-Code. Dieser steht auf der beiliegenden DVD im vollen Umfang zum Austesten zur Verfügung.

38.4 XML importieren

Damit wir die soeben erstellte XML-Datei wiederum in ein neues Layout importieren können, sind nur wenige Schritte zu erledigen.

38.4.1 Datei vorbereiten

Wir benötigen ein neues InDesign-Dokument, in dem alle Absatz- und Zeichenformate angelegt sind. Legen Sie also dazu ein neues Dokument an, und übertragen Sie die Absatz- und Zeichenformatierungen durch Ausführen des Befehls ALLE FORMATE LADEN aus

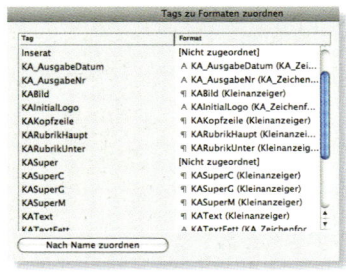

Auf der Buch-DVD finden Sie im Ordner Beispielmaterial • Kapitel_38 • Kleinanzeiger_Beispiel die Datei »Kleinanzeiger_Leer.indd«, mit der Sie den XML-Import durchspielen können.

dem Bedienfeldmenü des Absatzformate-Bedienfelds. Damit werden alle Zeichen-, Absatzformate und die dazu benötigten Farben im neuen Dokument angelegt.

Sie können auch das auf der Buch-DVD befindliche Dokument »Kleinanzeiger_leer.indd« verwenden, das lediglich den Textrahmen und die definierten Absatz- und Zeichenformate beherbergt.

38.4.2   XML importieren

Führen Sie aus dem Fenstermenü des Strukturfensters den Befehl XML importieren aus, und aktivieren Sie im erscheinenden Dialog nur die Option Wiederholte Textelemente kopieren.

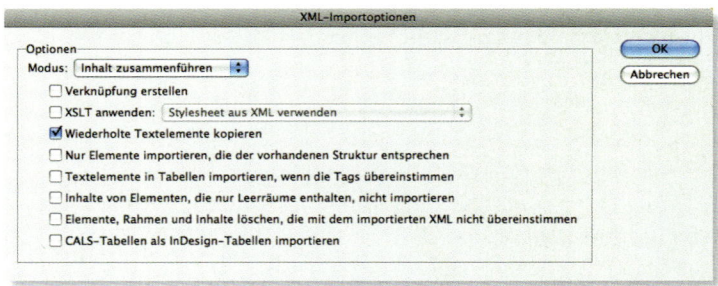

Abbildung 38.18 ▶
Die Importoptionen zum Import von XML-Dateien. Die Optionen sprechen für sich und können bei bestimmten Konstellationen angewählt werden.

Nachdem Bestätigen des OK-Buttons wird die XML-Datei eingelesen. Sie erkennen das nur im Strukturfenster, wo nun alle Tags und die zuvor abgespeicherte Struktur auftauchen.

Sie müssen nun InDesign bekanntgeben, wo der Text einfließen soll. Dies erledigen Sie einfach damit, dass Sie das Tag Textrahmen aus der XML-Struktur im Strukturfenster auf den leeren Textrahmen im Dokument ziehen. Die XML-Struktur wird nun unformatiert im Textrahmen abgebildet, und die Bilder werden in neu angelegte Bildrahmen importiert.

38.4.3   Tags zu Formaten zuordnen

So wie wir zuvor Formate den einzelnen Tags zugeordnet haben, können Sie nun durch Aufrufen des Befehls Tags zu Formaten zuordnen die umgekehrte Zuordnung vornehmen.

Im erscheinenden Dialog – Abbildung 38.19 – können Sie durch Drücken des Buttons Nach Name zuordnen eine Zuweisung sehr schnell vornehmen. Drücken Sie dann OK, und InDesign weist damit den getaggten Textstellen die entsprechenden Absatz- und Zeichenattribute zu.

Sie sehen, dass der einfache Import einer XML-Datei nicht ohne größere Vorbereitungen abläuft und ohne Absprache mit dem XML-Datei-Ersteller scheitern muss.

▲ **Abbildung 38.19**
Mit Tags zu Formaten zuordnen werden getaggte Textstellen mit den Absatz- und Zeichenformatierungen versehen.

TEIL IX
Infoteil

39 Plug-ins

Mit jeder neuen Version von InDesign werden natürlich auch Funktionen hinzugefügt. Aber nicht alle Funktionen sind auch für alle Problemlösungen geeignet oder einfach zu handhaben. Folgende Plug-ins können Ihnen bei speziellen Produktionsproblemen helfen oder ergänzen InDesign um sinnvolle Funktionen.

Woodwing Smart Catalog | Dieses Plug-in unterstützt Sie beim automatisierten Erstellen von Katalogen, indem es aus unterschiedlichen Datenquellen (ODBC, XML, Text) die entsprechenden Daten importiert und platziert. Es kann dabei mit anderen Plug-ins aus dem Hause Woodwing kombiniert werden, um ein flexibles Layout einzurichten. Darüber hinaus können Layoutbestandteile als Bibliotheksobjekte abgelegt und somit wiederverwendet und mit neuen Daten befüllt werden.

▶ Windows und Mac

▶ *www.woodwing.com/en/Smart_Catalog*

Codeware Xactuell | Auch »Xactuell« ermöglicht den direkten Zugriff auf SQL-Datenbanken über ODBC, aber auch auf Datenquellen in XML- und Textform. Wie bei »Smart Catalog« erlaubt die ODBC-Schnittstelle auch den Einsatz von Desktop-Datenbanken wie MS Access und Filemaker.

▶ Windows und Mac

▶ *www.codeware.de*

Em Software InData | Um große und komplex strukturierte Datenmengen (z. B. Datenbank-Exporte, Spreadsheets) zu bändigen, hilft »InData«. Sie können über eine eigene Skriptsprache die Datenstruktur und ihre Formatierung in InDesign festlegen und steuern, wobei Sie auch Bedingungen festlegen und so die Datenübernahme und -formatierung feiner kontrollieren können. Bilder können ebenfalls importiert und nach Ihren Vorgaben skaliert werden.

▶ Windows und Mac

▶ *www.emsoftware.com/products/indata/*

Linkliste im Netz
Wollen Sie diese Links nicht mühselig abtippen, finden Sie eine Linkliste auf der Buch-Website im Bereich »BuchUpdates«:
http://www.galileodesign.de/1885

Em Software InCatalog | Während »InData« aus von Ihnen definierten Vorlagen immer neue Daten erstellt, kann »InCatalog« direkt auf die Datenquelle zugreifen und bereits erstellte Dokumente mit geänderten Daten aktualisieren bzw. Änderungen an den Daten im InDesign-Dokument wieder auf die Datenquelle zurückschreiben.

- ▶ Windows und Mac
- ▶ *www.emsoftware.com/products/incatalog/*

Eine Demo-Version von »Smart Styles« für Windows und Mac OS finden Sie auf der Buch-DVD.

Woodwing Smart Styles | Obwohl InDesign Objektstile und Tabellen-/Zellenformate sehr flexibel auf die unterschiedlichsten Objekte anwenden kann, so zeigt »Smart Styles« doch, dass es noch komfortabler geht. Darüber hinaus können mit diesem Plug-in Berechnungen und Summenbildungen in Tabellen vorgenommen werden. Beliebige InDesign-Objekte können über eigene Bibliotheken verwaltet und flexibel wiederverwendet werden. Objektstile können – ähnlich wie mit der Pipette – auf vorhandene Objekte übertragen werden. Den Einsatz dieses Plug-ins im Tabellen-Satz haben wir Ihnen in Abschnitt 17.8, »Aktualisieren von importierten Inhalten«, bereits vorgestellt.

- ▶ Windows und Mac
- ▶ *www.woodwing.com/en/Smart_Styles*

DTP Tools History | Wie viele Schritte Ihrer Arbeit machen Sie pro Tag rückgängig? InDesign kann viele Schritte wieder rückgängig machen, aber es fehlt eine Übersicht, wie sie Photoshop mit der Protokoll-Palette bietet. Das Plug-in »History« bietet genau das. Sie sehen in einem eigenen Bedienfeld alle aufgezeichneten Schritte und können Sie einzeln oder in Gruppen wieder rückgängig machen.

- ▶ Windows und Mac
- ▶ *www.dtptools.com/product.asp?id=hsin*

Knowbody Cool Kerning | Nicht alle Schriften sind gut zugerichtet – das gilt vor allem für Freeware-Schriften aus dem Internet. Um die Spationierung dieser Schriften zu korrigieren und die Laufweiten der Schrift zu verbessern, können Sie auf dieses Plug-in zurückgreifen. Leider war es bei der Drucklegung noch nicht für InDesign CS4 verfügbar – beobachten Sie bei Interesse und Bedarf die Website des Herstellers.

- ▶ (InDesign CS3)
- ▶ Windows und Mac (InDesign CS3)
- ▶ *www.knowbody.dk*

vjoon Overset-Manager | Die Preflight-Funktion wurde in In-Design CS4 wesentlich verbessert und kann Sie unmittelbar warnen, sobald in einem Textrahmen ein Übersatz auftritt. Über das Preflight-Bedienfeld finden Sie den betroffenen Rahmen einfach und schnell. Nur können Sie diesen Fehler hier nicht sofort korrigieren, sondern müssen dazu in die Textansicht wechseln. Und obwohl diese in InDesign CS4 gerade für Tabellen ebenfalls deutlich verbessert wurde, ist die Arbeit mit ihr oft kein Vergnügen. Der »Overset Manager« blendet Übersatz ein, macht ihn so bearbeitbar und sogar druckbar.

▶ Windows und Mac
▶ *www.vjoon.com*

axaio MadeToPrint | Ein wichtiges Plug-in für Druckdienstleister und PDF-Produzenten. Damit können Sie die Ausgabe mehrerer Dateien auf mehreren Ausgabegeräten über einen zentralen Dialog steuern. Über den MadeToPrint-Server können Sie so in Verbindung mit dem InDesign-Server automatisierte Produktionsstrecken erstellen und betreiben.

▶ Windows und Mac
▶ *www.axaio.com*

Eine Demo-Version von »MadeToPrint« für Windows und Mac OS finden Sie auf der Buch-DVD.

Markzware Q2ID | Die Möglichkeit der direkten Übernahme von QuarkXPress-Daten nach InDesign endete mit Dateien der XPress-Version 4, da Quark das Datenformat der neueren XPress-Versionen geheim hält. Wie »Q2ID« es trotzdem schafft, XPress-Dateien der Versionen 3 bis 8.x zu öffnen, wird dagegen das Geheimnis von Markzware bleiben. Wenn Sie oft XPress-Daten unterschiedlicher Versionen übernehmen müssen, sollten Sie unbedingt einen Blick auf dieses Plug-in werfen.

▶ Windows und Mac
▶ *www.markzware.com*

Recosoft PDF2ID | Auch PDF-Dateien können in editierbare InDesign-Dateien verwandelt werden. Sie können dabei entscheiden, ob Sie nur bestimmte Elemente wie Texte und Bilder oder komplette Seiten übernehmen wollen. Dabei werden Textfluss und auch Tabellen so gut es geht rekonstruiert. Dass eine solche Konvertierung nicht perfekt sein kann, ist aber offensichtlich und wird vom Hersteller auch nicht versprochen.

▶ Windows und Mac
▶ *www.recosoft.com/products/pdf2id/index.htm*

Duden Korrektor | Die Rechtschreibprüfung von InDesign ist wirklich keine Offenbarung. Um Ihre Dokumente in InDesign und InCopy nach Duden-Standard zu prüfen (inklusive Trennung, Grammatik- und Stilprüfung), können Sie auf dieses Plug-in zurückgreifen. Die Wörterbücher können im Netzwerk verwendet und konfiguriert werden, um sicherzustellen, dass eine Arbeitsgruppe immer auf die gleiche Rechtschreibprüfung zugreift.

▶ Windows und Mac
▶ *www.duden.de/deutsche_sprache/detail.php? isbn=3-411-06716-0*

Woodwing Smart Speller und Smart Hyphen | Für andere Sprachen (inklusive österreichische Abweichungen der Duden-Rechtschreibung) können Sie auf »Smart Speller« zurückgreifen. Um die korrekte Silbentrennung kümmert sich »Smart Hyphen«.

▶ Windows und Mac
▶ *www.woodwing.com/en/Smart_Speller*
▶ *www.woodwing.com/en/Smart_Hyphen*

Eine Demo-Version von »Smart Image« für Windows und Mac OS finden Sie auf der Buch-DVD.

Woodwing Smart Image | Die lästige Arbeit, Bilder mit Bildunterschriften und Quellenangaben zu versehen, kann Ihnen »Smart Image« abnehmen. Sie definieren damit für Ihr Dokument einen Stil, der festlegt, wo und wie diese Informationen im Bildumfeld erscheinen sollen. Die dazugehörigen Informationen liest »Smart Image« aus den Metadaten des Bildes aus und platziert sie in Textrahmen, die es mit vorgegebenen Objektstilen, Absatz- und Zeichenformaten gestaltet. Diese Textrahmen sind mit dem Bild verbunden, können aber entkoppelt werden. Ihr Inhalt kann aktualisiert werden, wenn sich die Metadaten ändern.

▶ Windows und Mac
▶ *www.woodwing.com/en/Smart_Image*

Diese kleine Übersicht kann keinen Anspruch auf Vollständigkeit erheben. Wenn Sie ein Plug-in für eine bestimmte Problemlösung suchen, oder sich einen Überblick verschaffen wollen, welche Probleme lösbar sind (auch wenn sie bei Ihnen noch nicht aufgetreten sind), sollten Sie den Plug-in-Bereich auf der Adobe-Website unter *http://www.adobe.com/products/plugins/indesign/* besuchen.

40 Links

Wir freuen uns, dass Sie unser Buch als Informationsquelle gewählt haben, aber uns ist auch bewusst, dass wir nicht auf jedes Detail eingehen konnten. Darüber hinaus können wir Ihnen auch nur einen Schnappschuss bieten: Adobe führt in InDesign (hoffentlich) fortlaufend Wartungsarbeiten durch und ändert bei Fehlerkorrekturen auch Verhaltensweisen. Wir haben einige Informationsquellen im Internet für Sie ausgewählt, wo Sie weitergehende Informationen zu InDesign oder Hintergrundinformationen zu grundlegenden Technologien finden.

Linkliste im Netz
Wollen Sie diese Links nicht mühselig abtippen, finden Sie eine Linkliste auf der Buch-Website im Bereich BuchUpdates:
http://www.galileodesign.de/1885

40.1 Informationen von Adobe

Adobe bietet eine Fülle von Informationen zu den verschiedenen Komponenten der Creative Suite und somit auch zu InDesign und InCopy, aber auch zu Grundsatzthemen wie Scripting und datenzentrierte Produktion.

www.adobe.com/designcenter/index.html | Der zentrale Anlaufpunkt zu allen Adobe-Produkten und deren Support- und Hilfe-Seiten.

www.adobe.com/products/indesign/index.html | Die Homepage von InDesign. Hier finden Sie technische Hintergründe, eine Übersicht zu Plug-ins und viele weitere Informationsquellen, z. B. auch einen Verweis zu:

www.adobe.com/products/indesign/scripting/index.html | Skripting und Dokumentverabeitung auf XML-Basis erfordert einiges an Zusatzinformationen – diese finden Sie hier. Vor allem in Form von verschiedenen Handbüchern für die einzelnen Skriptsprachen.

Eine Scripting-Einführung, die Handbücher zu den Skriptsprachen und zum Entwicklungssystem »ExtendScript Toolkit« finden Sie auch auf der Buch-DVD im Ordner SONSTIGES.

www.adobe.com/products/incopy/index.html | Die Homepage für InCopy-User.

www.indesignusergroup.com | Adobe betreibt auch ein eigenes InDesign-User-Forum. Hier müssen Sie sich allerdings (kostenlos) anmelden.

http://forums.adobe.com/community/international_forums/ deutsche | Ein deutschsprachiges Forum zu allen Adobe-Produkten.

40.2 Andere Organisationen und Unternehmen

www.eci.org | Die European Color Initiative bietet Farbprofile und deren Dokumentation an. Zusätzlich werden hier die ISO-Normen zu den PDF/X-Standards verwaltet. Die Informationen sind sehr technisch, aber für die farbverbindliche Produktion werden Sie zumindest um die ECI-Profile nicht herumkommen, die Sie hier herunterladen können.

www.fogra.de | In der Standardisierung der drucktechnischen Farbproduktion spielt auch die Forschungsgesellschaft Druck e. V. eine wichtige Rolle. Auf deren Website finden Sie viele PDF-Dokumente zu grundsätzlichen, aber auch sehr speziellen Themen der Druckvorstufe.

40.3 Foren und Blogs

http://indesignsecrets.com | Der Name sagt eigentlich alles: Hier finden Sie viele Tipps und Tricks, wie Sie InDesign dazu bringen, Dinge zu tun, die es eigentlich nicht kann.

http://blogs.ulrich-media.ch | Die ulrich-media GmbH bietet in ihrem Blog ebenfalls viele nützliche Tipps unter anderem zu InDesign.

http://hilfdirselbst.org | Hier finden Sie Tutorials zu den unterschiedlichsten Themen der Druckproduktion, aber auch eine Linksammlung für InDesign-Skripte.

www.desktoppublishingforum.com | Etwas allgemeiner geht es in diesem Forum zu – hier werden nicht nur Themen zur Druckvorstufe, sondern auch zu Webpublishing und Typografie diskutiert.

41   Die DVD zum Buch

Damit Sie sowohl als Einsteiger als auch Umsteiger zügig mit InDesign CS4 loslegen können, haben wir für Sie auf der dem Buch beiliegenden DVD einige wichtige Hilfsmittel und Informationen zusammengestellt. Neben Demoversionen von InDesign und InCopy finden Sie alle Materialien, mit denen Sie unsere Schritt-für-Schritt-Anleitungen leichter nachvollziehen können und zusätzlich einige Bonuskapitel, die wir aus Platzgründen leider nicht mehr im Buch unterbringen konnten.

41.1   Adobe-Testversionen

Im Ordner »Adobe-Testversionen« finden Sie aktuelle Demoversionen von InDesign CS4 und InCopy CS4, jeweils für Windows und Mac OS. Diese Versionen laufen 30 Tage; um sie zu installieren, starten Sie die jeweiligen Installer-Programme.

Bitte beachten Sie: Wenn Sie bereits eine Demoversion installiert haben, diese aber schon abgelaufen ist, können Sie die Laufzeit mit diesen Testversionen nicht verlängern.

41.2   Beispielmaterial und Settings

Ordner »Beispielmaterial« | Hier finden Sie weitere Ordner mit Materialien, die Sie für unsere Schritt-für-Schritt-Anleitungen in den einzelnen Kapiteln verwenden können (aber natürlich nicht müssen). Im Ordner zu Kapitel 14, »Typografie«, finden Sie zusätzlich die Datei »Mikrotypografie.pdf« mit den wichtigsten Tastenkürzeln zur mikrotypografischen Gestaltung.

Ordner »Settings« | Die Einstellungen für Arbeitsbereiche und Tastenkürzel, die wir im Buch empfehlen, erscheinen uns so wichtig, dass wir sie in einem eigenen Ordner im Hauptverzeichnis der DVD untergebracht haben.

41.3 Zusatzkapitel

Leider war es nicht möglich, alle Informationen im Buch unterzubringen. Damit Sie aber auf diese Informationen nicht verzichten müssen, haben wir im Ordner »Zusatzkapitel« drei zusätzliche Kapitel als PDF-Dateien für Sie hinterlegt:

▶ **A_Voreinstellungen.pdf:** Eine Übersicht zu den sehr umfangreichen Voreinstellungen von InDesign CS4, die den Rahmen des Buchs gesprengt hätten. Dort, wo wir bestimmte Voreinstellungen voraussetzen, haben wird die betreffenden Einstellungen natürlich im Buch erwähnt.

▶ **B_Skripten.pdf:** Skripte ergänzen InDesign um Funktionen, die es von Haus aus nicht mitbringt. In diesem Kapitel finden Sie eine tiefergehende Erklärung der Skripte, eine Übersicht zu den Standardskripten und Hinweise, wie Sie eigene Skripte erstellen können.

▶ **C_Tastenkuerzel.pdf:** InDesign lässt sich über weite Strecken über die Tastatur bedienen, manche Funktionen sind sogar ausschließlich über die Tastatur erreichbar. Die wichtigsten Tastaturbefehle haben wir an den entsprechenden Stellen im Buch natürlich angegeben, eine vollständige Übersicht aller Tastenkürzel hätte den Rahmen jedoch gesprengt – bei Bedarf finden Sie alle Tastenkürzel in dieser Datei.

Bitte beachten Sie auch die dem Buch beiliegende Referenzkarte und die Datei »Mikrotypografie.pdf« im Ordner Beispielmaterial • Kapitel_14.

41.4 Sonstiges

Im Ordner »Sonstiges« finden Sie eine Scripting-Einführung, die Handbücher zu den Skriptsprachen JavaScript, VBScript und AppleScript sowie das Handbuch des Entwicklungssystems »ExtendScript Toolkit«.

41.5 Plugins_Demoversionen

In Kapitel 39, »Plug-ins«, haben wir Ihnen eine Auswahl an sinnvollen Plug-ins vorgestellt. Einige dieser Plug-ins haben wir als Demo-Versionen für Windows und Mac OS in diesem Ordner untergebracht. Die Beschreibung dieser Plug-ins finden Sie ab Seite 931.

41.6 Video-Lektionen

In diesem Ordner finden Sie ein attraktives Special: Als Ergänzung zum Buch möchten wir Ihnen relevante Lehrfilme zur Verfügung stellen. So haben Sie die Möglichkeit, dieses neue Lernmedium kennenzulernen und gleichzeitig Ihr Wissen um InDesign CS4 zu vertiefen. Sie schauen einem Trainer bei der Arbeit zu und verstehen intuitiv, wie man die erklärten Funktionen anwendet. Die Video-Lektionen wurden dem Video-Training »Adobe InDesign CS4 – Layouts entwerfen und gestalten«, von Andreas Kuhn (ISBN 978-3-8362-1277-9) entnommen.

Um das Video-Training zu starten, klicken Sie als Windows-Benutzer die Datei »Start.exe« auf der obersten Ebene doppelt an (als Mac-Anwender die Datei »Start.app«). Alle anderen Dateien können Sie ignorieren. Sie finden folgende Lektionen:

Kapitel 1: Grundlagen und Anpassungen
1.1 Arbeitsbereiche anpassen & speichern (02:02 min)
1.2 Lineale und Hilfslinien (07:56 min)
1.3 Ansichten steuern (04:01 min)

Kapitel 2: Professionell gestalten
2.1 Inhalte platzieren und anpassen (09:24 min)
2.2 Transparenzeffekte (09:03 min)
2.3 Erneut transformieren (08:33 min)

Kapitel 3: Perfekt ausgeben
3.1 InDesign-Farbmanagement (07:08 min)
3.2 Suchen und Ersetzen (08:17 min)
3.3 Dokumente überprüfen (09:33 min)

Sollten Sie Probleme bei der Verwendung des Video-Trainings haben, so finden Sie Hilfe unter *http://www.galileodesign.de/hilfe/Videotrainings_FAQ*.

Viel Spaß beim Lernen am Bildschirm!

Index

Produktionssicherheit im PDF-Workflow

PDF/X-1 bis PDF/X-4, PDF/A und XPS,
OPI, Trapping und JDF

PDF mit Photoshop, InDesign,
QuarkXPress, Illustrator u.a.

Hans Peter Schneeberger

PDF in der Druckvorstufe

PDF-Dateien erstellen, prüfen, korrigieren, automatisieren und ausgeben

Dieses Handbuch erläutert die verschiedenen Standards der PDF-Technologie, erklärt die Erzeugungsmethoden für Druckvorstufen-PDFs und zeigt, wie Sie Ihre PDFs prüfen, korrigieren und ausgeben. Themen sind: Farbmanagement, Schriften, Überfüllungen, Softproofs und Preflight-Checks.

827 S., 2008, mit Farbseiten, 69,90 Euro, 115,– CHF
ISBN 978-3-89842-673-2

>> www.galileodesign.de/996

Alle Prinzipien und Layouttechniken sicher im Griff

Gestalten mit Schrift und Farbe

DTP-Grundlagen: Papier, Druckverfahren, Bindung

Perfekte Drucksachen erstellen

Markus Wäger

Grafik und Gestaltung

Das umfassende Handbuch

Was macht eine Drucksache perfekt? Dieses umfassende Praxisbuch zeigt Ihnen, wie Sie mit Form, Farbe, Schrift und typografischen Rastern und Bildern ansprechende Layouts erstellen. Es erwartet Sie wertvolles Hintergrundwissen zur Druckvorstufe sowie zahlreiche Exkurse zu Korrekturzeichen, Maßeinheiten, Abkürzungen, Formaten u.v.m.

ca. 600 S., komplett in Farbe, 39,90 Euro, 67,90 CHF
ISBN 978-3-8362-1206-9, März 2010

>> www.galileodesign.de/1812

Galileo Design

Das Praxishandbuch zum
Nachschlagen

Werten Sie Ihre Printprodukte durch
gute Typografie auf

Mit Anwendungsbeispielen in
InDesign CS3 und QuarkXPress 7

Claudia Runk

Grundkurs Typografie und Layout

Für Ausbildung und Praxis

Erst gute Typografie macht ein perfektes Schriftstück aus! Diese liebevoll
gestaltete Einführung zeigt, wie es geht – von der passenden Schriftwahl
über Abstände bis hin zu Grundlinienrastern und den optimalen Seitenformaten. Beispiele aus Print und Internet, umgesetzt mit QuarkXPress
und InDesign, vervollständigen das Buch.

320 S., 2. Auflage 2008, mit Infoklappen, 24,90 Euro, 42,90 CHF
ISBN 978-3-8362-1207-6

>> www.galileodesign.de/1813

In unserem Webshop finden Sie unser aktuelles
Programm mit ausführlichen Informationen,
umfassenden Leseproben, kostenlosen Video-Lektionen –
und dazu die Möglichkeit der Volltextsuche in allen Büchern.

www.galileodesign.de

Galileo Design

Know-how für Kreative.